浙江省统计局　国家统计局浙江调查总队·编
ZHEJIANG STATISTICS BUREAU NBS SURVEY OFFICE IN ZHEJIANG

2010

浙江统计年鉴

ZHEJIANG STATISTICAL YEARBOOK

中国统计出版社
China Statistics Press

2010年

浙江统计年鉴协办单位

（排名不分先后）

浙江省发展和改革委员会

浙江省公安厅

浙江省国家税务局

嘉兴市人民政府

舟山市人民政府

桐乡市人民政府

杭州市萧山区宁围镇人民政府

浙江省交通投资集团有限公司

《浙江统计年鉴—2010》编辑委员会和编辑部

Editorial Board and Editorial Department of Zhejiang Statistical Yearbook-2010

百万农民信箱工程

▲ 浙江农民信箱首页

浙江农民信箱系统是为农民量身定制，集网络通信、电子商务、电子政务、农技服务、办公交流、信息集成等功能于一体的公共信息服务平台，具有真名实姓注册、手机邮箱捆绑、网上门牌号码、农民坐等服务、各级共同管理的特点。2005年，省政府决定实施百万农民信箱工程以来，各地秉承服务理念，创新服务模式，农民信箱工程取得积极进展，深受广大农民群众欢迎，曾被评为全省“群众最满意的实事”之一。

一、信箱功能日益拓展。近五年来，农民信箱功能逐步完善，实用性不断增强。目前，已具备了信息资源集成、买卖信息对接、农业科技咨询、网上信息调查、外联邮箱通信等功能，汇集了1.3万多个农业技术和农产品市场信息的网站，囊括了省、市、县、乡3.6万名农技专家和农技人员的资讯。

二、服务体系全面构建。经过几年来的建设，农民信箱初步形成了横向到边、纵向到底的服务体系，市、县、乡、村农民信箱服务站（点）实现全覆盖。各级共有农民信箱管理员897名、信息员47266名。截止2009年12月底，全省19688个行政村、6783个农业企业、1272个农家乐在农民信箱建立了子网站。

三、应用群体迅速扩张。截止2009年12月底，农民信箱实名注册用户已超过240万户，注册用户的范围不断拓展，涵盖了普遍农户、专业大户、农村经纪人、农民专业合作社、农业龙头企业、集团采购商、农业系统干部等群体，还吸引了省外农业生产经营主体的加入。

四、信箱作用逐步显现。几年来，农民信箱在信息发布、产品展示、产销对接、科技咨询、灾害预警等方面发挥了积极作用。2005年以来，累计发送信件15.8亿封，短信14.4亿条，发布买卖信息120.3万条，达成农产品交易额约57.3亿元，降低营销成本约2.7亿元。随着农民信箱“每日一助”、“网上农博会”、营销专场等活动的深入开展，农民信箱的网上营销作用进一步显现。2009年农民信箱网上农博会共吸引10202家农业生产经营主体参展设立买卖摊位，展示展销农产品3万多种，平均每天发布农产品供求信息超过5000条，网上询盘1.5万多次，成交金额达1.5亿元，成为永不落幕的农产品大市场。2009年5月18日，全省开展了农民信箱“每日一助”农产品供求信息服务活动，进一步拓展了农民信箱农产品供求信息对接功能，增强了农产品市场竞争能力，促进了农业稳定发展、农民持续增收。截止2009年12月31日，累计发送信息6963条，接到反馈信息35万余次，达成农产品交易和意向3.5亿元。

▲ 首届浙江农民信箱网上农博会

▲ 农技人员指导农民操作使用农民信箱

承办单位：浙江省农业厅
详细地址：杭州市凤起东路29号
邮政编码：310020
联系电话：0571－86757787

浙江省发展和改革委员会

▲ 2009年1月4日，赵洪祝书记考察杭州湾大桥

▲ 2009年9月1日，吕祖善省长在全省深化医药卫生体制改革工作会议上作重要讲话

2009年，省发改委积极贯彻落实中央和省委、省政府扩大内需、促进经济平稳较快发展的决策部署，紧紧围绕“保增长、调结构、抓改革、重民生、强服务”的工作主线，恪尽职守、扎实苦干、奋发进取，全面完成了省委省政府赋予我们的各项目标任务，不断促进了全省经济的企稳回升和持续向好。简要概括有以下十大亮点。

1. 以铁路、能源为重点的重大项目全面推进，促进了投资，拉动了经济增长。

发扬“白+黑”、“5+2”的苦干精神，全面加快政府主导性重大建设项目、“三个千亿”工程以及年度重点建设计划的组织实施，全年全省重大项目投资额达历史最高水平。温福铁路、甬台温铁路已建成通车。钱江隧道、三门核电一期等一大批重点项目建设加快推进。电源开工项目642万千瓦，完成年度计划的144%。投产机组340万千瓦，完成年度目标。全年全省重点项目建设完成投资1431亿元，超计划36%，全省完成全社会固定资产投资超万亿元，增长15.2%。

2. 新增中央投资四批次项目计划迅速实施，“三个百分之百”的要求及时落实到位。

全力做好2009年四批次中央投资项目计划争取及组织实施工作。我省已累计争取四批中央投资项目1537个，总投资989亿元，中央补助资金51.12亿元。按照开工建设、资金配套、整改到位“三个百分之百”的要求，积极开展专项检查，不断强化稽察工作，确保了中央投资项目的落实到位。

3. 服务业发展速度加快，占比显著提高，成为保增长、促调整的重要支撑。

积极实施我省促进服务业发展的规划、政策、项目，服务业发展成效更加明显，服务业增长速度成为近年来较快的一年。重点是编制服务业集聚区等4项重点专项规划，制订出台服务业品牌建设等8项配套政策；顺利推进159个全省服务业重大项目。全省第三产业增加值增长12.5%，对GDP增长贡献率达到57.6%，占GDP比重达43%，成为拉动经济增长的重要支撑。

4. 汽车、船舶、石化、钢铁等重点产业转型升级规划编制实施，促进工业转型力度持续加大。

编制并组织实施全省汽车、船舶、石化、钢铁等11大工业产业转型升级规划；积极实施一批重大产业项目计划；加快推进国家和省级高技术产业基地建设。牵头推进的我省首只产业投资基金已签约并获省政府批准组建。牵头编制并组织实施《浙江省循环经济试点实施方案》和《浙江省应对气候变化方案》，深入实施循环经济“991行动计划”，加快推动形成我省节约资源能源和保护生态环境的产业结构。

▲ 2009年8月11日，厉志海主任参加浙江在线访谈

▲ 2009年11月30日，省政府和铁道部在杭州召开沪杭客专部省市建设领导小组第二次会议

▲ 2009年8月6日，全省重大项目前期推进工作会议在杭州召开

浙江省发展和改革委员会

▲2010年3月22日，全省铁路建设工作推进会召开

▲2009年6月10日，浙江省能源装备企业与中广核集团对接信息发布会

5. 规划和政策引导工作取得明显成效，推动了经济社会和区域的协调发展。

全面启动了“十二五”规划前期工作，初步形成“十二五”规划基本思路，编制形成主体功能区规划。组织编制海洋经济发展带规划，争取上升为国家发展战略的工作取得重要进展。启动全省产业集聚区建设工作，编制完成重大产业转型升级、文化创意产业和低丘缓坡重点区块开发等8项重大规划，全面启动能源、交通等一批“十二五”专项规划前期工作。制订出台了促进投资、加快服务业发展等20多项重要政策文件，并大多以省委省政府的文件印发，有力地推动了我省保稳促调、改善民生各项工作。

6. 综合配套改革、扩权强县等一批重点改革取得新突破，增强了区域发展的动力和活力。

深入推动三大省级综合配套改革试点，积极开展我省转变经济发展方式综合配套改革试点工作。全面实施扩权强县改革工作，34个省级放权部门和11个市及义乌市的放权事项已全部落实。积极推进中心镇扩权强镇改革试点。制定并组织实施我省医改实施意见，医药卫生体制五项重点改革取得实质性进展。

7. 基本公共服务均等化工作扎实推进，工作创新力度大，有效保障和改善民生。

牵头组织实施基本公共服务均等化行动计划，全年6方面36项任务顺利推进，十大工程81个项目完成投资756.6亿，超计划17.9%。组织开展县乡村医疗卫生资源统筹配置改革试点，扎实推进农村医疗卫生服务体系建设。着力加大了民生领域投资力度，全面推进以“三水工程”为重点的重大水利项目建设，加大对景宁结对帮扶工作指导力度。同时，全面完成了援川、援疆、援藏年度项目建设计划。

8. 积极争取国家层面的支持，重大项目前期工作成效显著，央企对接工作全方位推进。

加大了重大项目上报衔接争取力度，今年上报国家审批、核准的37个重大项目前期工作取得了重要进展。同时，加大推进67个省审批、核准的重大项目前期工作力度。加大与央企合作力度，积极落实省政府与18家央企签署战略合作协议，2009年又新签约10家。成功举办了能源装备企业对接信息发布会和全省铁路建设供需信息发布会，有力地提高了企业和产业的竞争力。

9. 经济监测分析和重大问题调研质量有了新提升，参谋作用进一步发挥。

加大经济运行监测分析力度，准确把握各季度的发展趋势及存在的突出问题，及时提出针对性和可操作性强的对策建议。从今年起，我委的季度经济形势分析报告被省委省政府直接采用，充分体现了对我委工作的信任和肯定。加强了涉及全局和长远发展的41项委重大课题研究，召开了2010年思路研讨会，形成了一批重要研究成果。2009年，我委有5项课题获得国家发改委系统和省委省政府优秀课题研究成果奖。

10. 机关作风建设富有特色和成效，机构改革积极有序推进，发展改革职能全面增强。

认真组织开展学习实践科学发展观整改和“回头看”各项工作，受到了中央巡回检查组和省活动办的充分肯定。开展深化“双服务”专项活动，牵头做好第一服务组对口杭州的各项工作；积极开展我委“双服务”集中服务月活动，受到基层好评。高度重视委机关机构改革，形成了较高质量的委机关和省能源局的“三定”规定草案，经省政府审定，实现了职能、机构和编制三加强的目标。同时，注重加强法制建设，为建设一支高素质的发展改革干部队伍打下了坚实的基础。

详细地址：杭州市省府大楼1号楼
法定代表人：厉志海
邮政编码：310025
联系电话：0571－87055073

浙江省公安厅

▲ 省委常委、政法委书记、公安厅长王辉忠在嘉兴检查指导世博会“环沪护城河”安保工作

2009年，全省公安机关在省委、省政府和公安部的正确领导下，坚持以邓小平理论和“三个代表”重要思想为指导，深入学习实践科学发展观，忠实履行职能，积极应对挑战，有效维护全省社会政治稳定和治安平稳，公安工作和队伍建设取得了新的进步。据统计部门调查，全省群众的安全感为95.35%，群众对社会治安的认可度为99.14%，知情群众对公安队伍的满意度为98.60%。

一、以新中国成立60周年安保为重点，有效维护社会稳定。认真组织开展命案侦破、打击整治“两抢”犯罪大会战、打黑除恶、打击假币犯罪“09”行动、涉黄涉赌整治、禁毒人民战争等一系列专项行动，大力整治各类突出治安问题。2009年，全省刑事立案同比下降1.41%，全部刑事案件破案率同比提高0.63个百分点，命案破案率保持在95%以上；全省道路交通事故起数、死亡人数、受伤人数和经济损失数同比分别下降9.77%、2.97%、11.95%和10.18%；火灾事故起数、死亡人数和经济损失数同比分别下降8.7%、7.1%和6.8%。

二、统筹推进城乡警务一体化建设，不断改进和加强公安行政管理工作。按照公共安全服务均等化的要求，合理摆布工作重心，统筹推进城乡社会治安动态防控体系建设，不断织严织密社区群防、街面巡逻、重点部位监控、卡点堵截等四张防控网。认真落实《浙江省流动人口居住登记条例》，进一步加强流动人口服务管理工作。加快推进城市、治安复杂集镇社会治安动态视频监控系统建设，并积极向城市公交车延伸。进一步深化社区和农村警务工作，认真落实社区警务分级管理制度，不断推进派出所和社区警务室规范化建设。扎实推进企业防控机制建设，进一步落实警企协作和“一案一建议”制度，有效防范经济犯罪发生。进一步统筹城乡治安行政管理与服务工作，制定下发全省公安机关“扩权强县”工作实施细则，将省、市两级公安机关77项权限下放到县级公安机关。

三、深入推进“三项建设”，进一步夯实公安基层基础。制定下发“三项建设”指导性文件，通过量化目标任务、明确责任分工、细化推进步骤和强化督促指导，协调有序地推动全省公安机关“三项建设”向纵深发展。在信息化建设方面，省市县三级公安机关均成立了信息化工作领导小组及“信息办”，并启动以指挥中心为龙头、业务警种和部门为支撑，以专业研判为核心、全警应用为基础，技术建设与机制建设并行、研判与行

浙江省公安厅

动并举，条块结合、上下衔接的大情报信息体系建设。在执法规范化建设方面，以推行岗位执法资格等级化认证工作为抓手，大力强化执法主体建设，全省有4.4万名民警通过岗位执法认证考试，同时在宁波、衢州两地开展执法岗位分级化管理试点工作。在和谐警民关系建设方面，扎实开展“公安民警大走访”爱民实践活动，共走访机关、企事业单位4.57万家，走访群众53万人次，竭力帮助困难企业和群众解决实际困难。

四、认真开展学习实践科学发展观和人民警察核心价值观教育活动，不断加强公安队伍正规化、职业化建设。根据省委统一部署，市、县两级公安机关从3月份开始，扎实开展学习科学发展观活动，通过强化学习实践，进一步增强了各级公安机关和广大民警的大局意识、责任意识、创新意识和服务意识，提升了维护稳定、服务民生的能力和水平。同时，在全省公安机关组织开展以“忠诚、为民、公正、廉洁、奉献”为主要内容的人民警察核心价值观学习教育活动，积极引导广大民警树立正确的理想信念和价值取向，最大限度激发广大民警的归属感、荣誉感。进一步加强公安机关反腐倡廉建设，加大对违法违纪问题的查处力度。进一步规范全省警用车辆管理，全面停止使用公安专段民用浙“O”号牌。

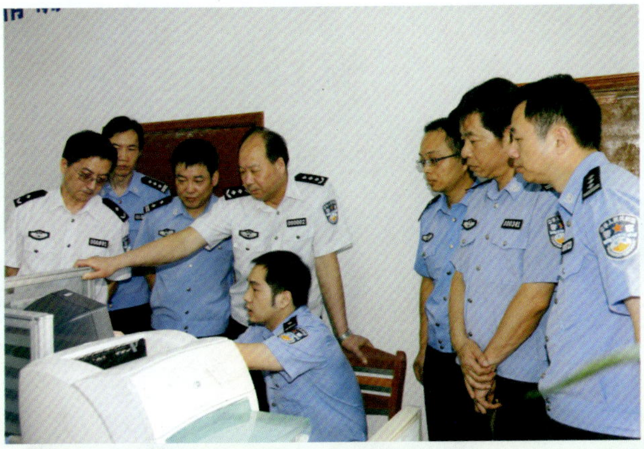

▲ 省公安厅党委副书记、副厅长张景华在基层指导公安大情报平台建设和应用工作

▲ 公安民警为偏远山区群众优先办理证照

▲ 加强队伍建设，强化队伍训练

▲ 公安民警在清理短信诈骗案作案现场

详细地址：杭州市清泰街民生路66号
法定代表人：王辉忠
邮政编码：310009
联系电话：0571－87286102

浙江省民政厅

▲ 深入开展双拥共建活动。图为2009年“八一”前夕，民政厅厅长吴桂英随省委书记赵洪祝慰问部队

2009年，全省各级民政部门认真贯彻落实科学发展观，紧紧围绕省委“创业富民，创新强省”总战略，认真落实省政府“全面小康六大行动计划”，坚持以体制机制创新为动力，突出改善民生、发展民主工作主线，全省民政事业发展取得了新成绩。

民生保障工作扎实有效

健全完善社会救助工作机制。在率先全国建立新型社会救助体系基础上，不断健全工作机制。低保标准动态调整，全省现有69.64万低保对象，生活水准大幅提高。医疗救助不断降低救助门槛，实施分类、即时救助，12.65万人受益。自然灾害救助形成覆盖全省城乡的工作网络。

积极推进养老服务体系建设。以老年福利为主体，推进新型社会福利体系建设。建立养老服务的制度、政策体系，构建市、县、乡镇、村四级养老服务网络。截至10月底，全省新增养老机构床位数1.1万张，养老服务网点3386个。全年发行福利彩票49亿元，筹集公益金17亿元。

完善优抚对象医疗保障体系。全面完成重点优抚对象“四位一体” 的医疗保障制度建设，重点优抚对象总体保障水平基本达到或接近城镇职工基本医疗保障水平。不断加大优抚医疗财政资金投入，全面推行优抚医疗“一站式”即时结算服务。城镇退役义务兵自谋职业率达到97.31%。

社会建设和管理工作稳步推进

探索创新社会组织监管机制。健全社会组织民主选举、民主决策、财务管理制度，探索资金扶持、职能转移、购买服务等培育机制，组织开展社会组织评估工作。牵头组织新社会组织深入学习科学发展观活动。

进一步加强城乡社区建设。按照城乡基本公共服务均等化部署，统筹推进城乡社区建设，开展创建和谐社区活动，建成各类社区服务中心4600个，切实打造城乡基本公共服务新平台。

推进社会工作人才队伍建设。社会工作人才队伍专业化、职业化建设取得初步成果，进一步明确了全省社

浙江省民政厅

会工作人才队伍建设的目标路径。

专项社会公共服务能力不断提高

稳步推进移民帮扶工作。扎实做好新建大中型水库移民后期扶持人口核定工作，及时发放移民直补资金。积极开展移民后期项目扶持，全面推进库区和移民安置区基础设施建设和经济发展规划实施工作。

加强地名公共服务和区划管理。提前一年完成全省地名公共服务建设五年规划任务。牵头开展“平安边界”建设，促进了边界地区经济发展、社会稳定。

全面推进殡葬管理工作。加快以绿色殡葬为主题的生态葬法改革步伐，圆满完成公墓清理整顿工作。围绕民主评议行风创建部署，不断提升殡仪服务规范化水平。

2010年，省民政厅将以科学发展观为统领，认真贯彻落实省委、省政府各项决策部署，以改善和保障民生为根本，提升服务水平，提高规范化程度，努力为推动全省经济社会又好又快发展作出新的贡献。

▲ 大力发展慈善事业。图为表彰优秀慈善工作者

▲ 积极构建新型社会福利体系。图为新建的杭州儿童福利院

▲ 重视理论研究工作。图为省民政厅和浙江大学签署厅校共建民政研究中心协议

▲ 2009年5月9日，省民政厅在广场宣传防灾减灾知识

详细地址：杭州市保俶路32号
法定代表人：吴桂英
邮政编码：310007
联系电话：0571－87050227

浙江省司法厅

▲ 2009年3月31日上午，省工商联、省司法厅在杭州联合召开法律服务民营企业工作推进会，省委副书记夏宝龙出席会议并讲话

2009年，浙江省司法厅围绕省委“创业富民、创新强省”总战略，按照“保增长、保民生、保稳定”的目标要求，着力推进一系列制度、措施的落实，各项工作取得全面发展。中央、司法部和省委省政府领导对我省司法行政工作的批示达135次。

针对金融危机的影响，通过搭建法律服务企业平台、向政府和企业宣传推介法律服务、加强服务经济转型升级法律专业知识培训等，组织引导律师等法律服务工作者，积极参与企业重整重组、化解企业债务危机；配合国家拉动内需政策，服务重大项目建设；开展企业“法律体检”，帮助企业建立风险监测预警机制；组织律师公证法律服务企业宣讲团在全省巡回宣讲。

针对人民群众的新需求，加强工、青、妇、老龄、残联、部队等部门的法律援助工作站建设，部署开展“法律援助农民工讨薪”、“法律援助百万农民工维权”等专项行动，积极维护特殊群体、困难群众的合法权益；召开全省法律援助工作电视电话会议，推动“三个纳入”，促进法律援助事业与经济社会协调发展。开展法制宣传“三级联动”活动，深化“乡村法律顾问”工作。引导律师业履行社会责任，帮助解决大学生就业难问题。

▲ 2009年12月11日，省司法厅在杭州隆重召开纪念大会，来自全省各地的律师代表和社会各界代表1000余人欢聚一堂，共同庆祝律师制度走过三十年历程。省委常委、政法委书记王辉忠出席会议并讲话，省委书记赵洪祝专门作出批示

浙江省司法厅

针对艰巨的维稳任务，认真落实“首要标准”，不断提高教育改造质量，实现了国庆安保“零事故”。积极探索劳教工作转型发展的规律，劳教场所强制隔离戒毒工作开局良好。行业性专业人民调解组织建设取得新进展，诉调衔接机制建设进一步深化。推进社区矫正规范化管理，严防社区服刑人员脱管漏管和再犯罪。加强归正人员安置帮教，最大限度地减少社会不安定因素。坚持律师办理重大、敏感案件报告制度，指导律师做好重大敏感案件的代理工作。

针对新形势对司法行政基层工作的新要求，专题研究加强和改进县级司法行政工作；大力推进直属司法所建设。深入调研，制定规划，推进信息化建设。深化现代化文明监所创建活动，优化监狱布局调整。2009年，全省司法行政系统涌现出了以柯甫贤同志为代表的一大批先进模范人物；在省直机关第九届运动会上，省司法厅代表团顽强拼搏、敢于胜利，取得了竞赛成绩和体育道德风尚的双丰收，为司法行政系统赢得了荣誉。

▲2009年11月11日，全省监狱系统“落实首要标准 建设平安浙江”教育改造成果展在省乔司监狱隆重举行，省委常委、副省长葛慧君专程参加成果展，司法部副部长陈训秋发来贺信

▲2009年10月，乐清市司法局建立“集中受理、分类办理、限时办结”的“一站式”县级司法行政法律服务中心

▲在省直机关第九届运动会上，省司法厅参赛运动员团结拼搏、敢于胜利，奖牌数和总积分均位居省直机关第一，并被组委会授予“优秀组织奖”、“体育道德风尚奖”和“开幕式创意奖”

▲2009年5月，杭州市委、市政府下发了《关于进一步加强住宅小区综合管理的若干意见》。杭州市司法局积极跟进，构建了物业纠纷调处工作机制

详细地址：杭州市省府路11号
法定代表人：赵光君
邮政编码：310007
联系电话：0571－87054383

浙江省国土资源厅

▲ 2009年9月，国土资源部和浙江省政府签署关于深化改革推进农村土地整治工作合作协议

▲ 2009年4月，国土资源部徐绍史部长在嘉兴调研

2009年，在省委、省政府和国土资源部正确领导下，全省国土资源系统坚持以科学发展观为指导，积极主动服务，严格规范管理，稳步推进国土资源管理改革，较好地完成了各项工作目标任务，为促进我省经济社会平稳较快发展作出了积极贡献。

1. **保障保护取得新成效**。去年，全省国土资源系统广泛开展了“双保双服务”行动，既较好地保障了经济社会发展用地需求，又有效地保护了耕地资源。创新开展了重点项目建设用地保障服务专项行动，确保了国家和省重点等大批项目的及时开工建设。扎实推进新一轮土地利用总体规划修编，《浙江省土地利用总体规划（2006—2020年）》于去年8月获国务院批准。创新开展了“百万”造地保障工程，全年新增耕地23.96万亩，全省连续14年实现耕地占补平衡。扎实推进“365”节约集约用地行动计划，六大节地工程建设各项年度目标任务全面完成。全年盘活存量建设用地5.18万亩，消化转而未供土地11.64万亩。执法监管更加严格规范。进一步加强土地执法监察动态巡查，全面落实执法监管共同责任，严肃查处违法用地，较好地维护了土地管理秩序。

2. **矿产资源保障服务能力得到新提升**。根据国土资源部的统一部署，2009年，在全系统开展了地质找矿改革发展大讨论活动，对思想观念、体制机制、规范标准三个层面进行系统梳理，并在实际工作中取得了新的进展。矿产资源勘查开发整合有序推进。研究制订了全省矿产资源勘查开发整合工作方案，提前储备一批重点项目后备资源基地，认真做好重点项目建筑用矿产资源审批和服务工作，有力保障了经济社会发展对矿产资源的需求。继续实行全省矿山总量和新设采矿权的“双控”制度，到2009年底，全省矿山总数2592个，比年初减少470个。全省矿业权实地核查工作顺利推进，长兴县部级矿业权实地核查试点全面完成。矿山自然生态环境保护与治理深入推进，全年新创建省、市、县三级绿色矿山56家。全省废弃矿山生态环境治理率达85.5%，超额完成年度目标。

▲ 2009年2月，楼小东厅长调研重点项目建设

3. **群众合法权益得到有效保障**。深入开展了“国土资源信访积案化解年”活动，信访矛盾得到有效化解。切实加强地质灾害防治工作。全省共安排地质灾害避让搬迁、勘查治理等项目144个，使1万人脱离了地质灾害的威胁。进一步规范了征地补偿安置

浙江省国土资源厅

▲ 2009年6月25日，省国土资源厅举办纪念第19个全国“土地日”专场服务活动

▲ 2009年8月，楼小东厅长在缙云县调研新农村建设和农村土地综合整治

工作。征地补偿标准明显提高，征收耕地最低保护标准提高至28800元/亩（区片综合价提高至30000元/亩）。

4.国土资源基础工作更加扎实。去年，国土资源部和省政府签订《关于深化改革推进农村土地整治工作的合作协议》，农村土地综合整治稳妥有序开展。第二次土地调查工作顺利推进，县级农村土地调查任务全面完成，城镇村庄数字地籍调查完成6075平方公里，实现总任务的72%。法制工作取得新进展，《浙江省地质灾害防治条例》经省人大常委会审议通过并下发实施。

5.队伍建设进一步加强。开展了“民主评议行风”活动，全系统共出台各类惠农、强农、护农政策和规定300多项，提出整改措施900多条，为服务“三农”作出新贡献。层层落实党风廉政建设责任制，进一步加强反腐倡廉建设。开展了“六个一”主题教育活动，筑牢系统干部拒腐防变的思想道德防线。建立和完善了岗位廉政风险预防机制、勤政廉政评价考核监督机制。加大对土地出让和矿产权市场等的监督管理，严肃查处违法违纪案件，为国土资源管理工作提供可靠保障。

▲ 临安市龙岗镇汤家湾村坞龙塘垦造耕地项目

▲ 通过综合治理后的舟山市庆丰采石场

详细地址：杭州市西溪路118号
法定代表人：楼小东
邮政编码：310007
联系电话：0571－88877805

浙江省广播电影电视局

张宝贵局长到基层调研指导

2009年，全省广播影视系统在省委、省政府和省委宣传部的正确领导下，以邓小平理论和“三个代表”重要思想为指导，以科学发展观统领广播影视工作全局，牢牢把握省委“保增长、抓转型、重民生、促稳定、强党建、求实效”的工作主线，按照推进文化大发展大繁荣的重大部署，围绕广播影视“三大主体任务”和“六大主攻方向”，开拓创新，奋发有为，保持了积极健康向上的良好态势，为全省经济社会平稳较快发展提供了强大的精神动力、舆论支持和思想保证。

全省82家广播电视播出机构共办有106套广播节目、114套电视节目，各级广电媒体积极加强自身建设，认真开展重大主题宣传，努力提高舆论引导能力。市、县两级办有广播和电视对农栏目总数超过350档；完成了11个海岛乡镇（行政村）微波联网工程和240个行政村有线电视联网任务，全省1215个乡镇和32976个行政村有线电视联网率分别达到100%和99%以上；完成了15813个行政村有线广播“村村响”任务，累计有31701个行政村“村村响”；提前完成了第三期中央农村广播电视节目无线覆盖工程，更新改造了18个发射台站和19部发射机；完成了16.94万户城乡低保户免费收看有线电视任务，累计有36.12万户城乡低保户免费收看有线电视；完成了“彩虹行动”，共筹资8351.6万元，减免相关费用7106.5万元，151848户无电视机的困难群众看上有线电视；完成了25万场农村电影放映任务；构建了以华数为主体全省统一的数字电视发展平台，用户数已突破300万户，其中农村数字电视用户98万多户；新批影视公司99家，全省共有影视节目制作机构525家；全省完成电影21部、电视剧37部1273集、动画片43部32758分钟；全省有1个全国影视产业实验区，4个国家级动画产业教学研究基地，举办了第五届杭州中国国际动漫节和第四届中国义乌文化产品交易博览会；组建了浙江移动多媒体广播电视有限公司，浙江网视联盟达到50家，浙江卫视实现电视节目高标清同播；全省取缔非法销售境外电视接收设施窝点12个，缴获接收设施10000多套，查处了43家传播有害视听节目网站。全省广播影视经营收入（含电影票房收入4.2亿元）为121.9亿元，提前一年实现全省广播影视业“十一五”发展规划目标。

2010年全省广播影视工作的总体要求是：高举中国特色社会主义伟大旗帜，坚持以邓小平理论和“三个代表”重要思想为指导，深入贯彻落实科学发展观，认真贯彻落实党的十七大、十七届四中和省委十二届六次全会精神，按照国务院《文化产业振兴规划》和《浙江省推动文化大发展大繁荣纲要（2008－2012）》的总体部署，围绕全省广播影视“发展繁荣、惠民服务、行政监管”的主体任务，以深化改革创新为动力，以增强传播影响力和综合发展实力为核心，以提高为民服务的质量和效果为目标，更加注重加强主流媒体建设，更加注重提升影视动画产业，更加注重加快数字电视发展，更加注重构建广电惠民服务体系，更加注重推进广播影视科技创新，更加注重依法加强和改进管理，更加注重夯实基层基础工作，促进广播影视事业产业全面协调可持续发展，更好地服从和服务于全省经济社会发展的工作大局，不断开创浙江广播影视繁荣发展的新局面。

浙江省委常委、副省长葛慧君出席全省广电惠民服务工作会议，充分肯定广电惠民服务工作

浙江广电歌唱新中国60周年金歌赛落幕

全省基层广电系统为敬老院免费开通有线电视

详细地址：杭州市莫干山路111号
法定代表人：张宝贵
邮政编码：310005
联系电话：0571－56353225

浙江省海洋与渔业局

▲ 省委常委、副省长葛慧君视察省海洋预报中心

▲ 省海洋与渔业局党组书记、局长：赵利民

浙江省海洋与渔业局是负责全省海洋事务综合协调管理和渔业行业管理的省政府直属行政机构。包括设在该局的省海洋经济领导小组办公室，目前主要承担五大职责，即海洋经济组织协调、海域使用管理、海洋环境保护、海岛保护、渔业行业管理；履行国家《海域使用管理法》、《海洋环境保护法》、《海岛保护法》、《渔业法》、《农产品质量安全法》等五部法律赋予的法定职能。

2009年，在省委省政府的正确领导下，全局以深入学习实践科学发展观为载体，认真贯彻落实省委“两创”总战略和“标本兼治、保稳促调”各项举措，积极应对金融危机不利影响，服务企业服务基层，转变发展方式，提升产业水平，全省海洋与渔业工作取得了良好的业绩。

据初步核算，2009年我省海洋经济生产总值为2809亿元，约比上年增长9%；渔业经济总产值1235亿元，其中捕养产值（一产）490亿元，增长6.2%；水产品总产量498万吨，与上年持平；水产品市场交易活跃、供应充足，价格稳中有升；渔民人均纯收入12022元，比上年同期增长9%。

▲ 全国渔业发展“十二五”规划战略研讨会2009年9月在杭州召开。左一：中国水产科学研究院院长张显良。左二：农业部渔业局局长李健华。左三：浙江省海洋与渔业局局长赵利民。左四：全国水产技术推广总站站长魏宝振

▲ 赵利民局长在基层指导检查工作

▲ 海上养殖场

详细地址： 杭州市天目山路102号
法定代表人： 赵利民
邮政编码： 310007
联系电话： 0571－88007070

浙江省体育局

▲ 省委书记、省人大常委会主任赵洪祝，省委副书记、省长吕祖善与参加第十一届全运会运动员合影

▲ 省体育局局长李云林在第十一届全运会浙江体育代表团庆功表彰大会上汇报我省代表团参加全运会的简况

2009年是中华人民共和国成立60周年及第十一届全运会举办之年。一年来，在省委、省政府的正确领导下，按照省委提出的保增长、保民生、保稳定要求，深入贯彻落实科学发展观，以增强人民体质为根本任务，全面推动群众体育工作开展，全力备战决战第十一届全运会，努力提高竞技体育水平，积极发展体育产业，加强体育基础设施建设，有力地推进了我省体育各项工作再上新台阶。

[群众体育]全面部署体育创强工作，2009年全省共创建7个体育强县（市、区）、142个体育强镇（乡）。对义乌等7个首批体育强县（市、区）和首批体育强镇（乡）进行了复评。精心谋划全民健身活动，分别开展富有地方特色的融体育、休闲为一体的全民健身活动。认真筹备首个全民健身日活动，在8月8日成功举行浙江省暨杭州市“全民健身日”活动启动仪式。圆满举行第十一届全运会火炬在浙江的传递活动及省首届社区运动会，成功承办第一届全国老年人体育健身大会闭幕式。继续加大体彩公益金投入力度，全年体彩公益金用于全民健身达1个亿，分别投入农村、青少年、社区、幼儿体育等。认真做好全国群众体育先进单位和先进个人推荐工作，我省的12名先进代表与全国同行代表一起受到了党和国家领导人亲切接见。

[竞技体育] 全力备战决战第十一届全运会，共有516名运动员参加29个大项、36个分项、220个小项的决赛，并以16枚金牌、27枚银牌、25枚铜牌、总分1515分的好成绩，分居金牌榜第11名、奖牌榜第7名、总分榜第8名，实现了奖牌、总分双进前十的目标，并获得体育道德风尚奖。加强业余训练工作，召开全省各级体育后备人才基地总结表彰会，表彰2009-2012周期国家级和省级体育后备人才基地，启动新周期基地建设，研究起草《浙江省体育局关于开展浙江省青少年业余训练工作扶持的意见（草案）》。加强“体教结合”工作，联合省教育厅继续开展省级“阳光体育后备人才基地”和“体育特色学校”的认定工作，加大与省教育厅联合办赛的力度，组织开展2009年度省级体育特色学校系列竞赛活动，认真做好赛风赛纪和反兴奋剂工作。在第十一届全运会上，浙江体育代表团未发生一例赛风赛纪及兴奋剂事件，表现了浙江良好的体育道德风尚。

▲ 省委书记、省人大常委会主任赵洪祝在浙江出征全运会代表团举行授旗仪式上讲话并亲切接见我省运动员

[体育产业]积极开展《浙江省体育产业发展指导意见》（以下简称《意见》）的调研起草工作，继续推进浙江省体育及相关产业专项调查统计工作，积极加强体育产业发展引导工作，推动富阳市成功创建全

浙江省体育局

▲ 浙江出征全运会代表团举行授旗仪式，代表团旗帜由省委副书记、省长吕祖善逐次转授给副省长、代表团团长郑继伟以及省体育局有关负责人，最后来到我省游泳运动员吴鹏手中

▲ 我省体育代表团获得第十一届运动会体育道德风尚奖，李云林局长在领奖台上

国体育产业（运动休闲）基地工作，并于2009年9月被国家体育总局正式授予国家体育产业基地和国家首个运动休闲产业示范区称号。制定《浙江省体育运动休闲基地建设标准》，推动全省运动休闲产业的发展。积极拓展国际国内品牌赛事，首届中国五人制室内足球国际锦标赛在黄龙体育馆举行并取得圆满成功，积极承办曼联亚洲之旅（杭州站）比赛、2009年世界速度轮滑锦标赛（海宁）等国际性赛事23个、全国性赛事49个。体育彩票销售稳中有升，全年销量达45.28亿元，列全国第四位。

[赛事筹备]积极做好第八届全国残运会筹委会竞赛部工作，协助省残联抓好训练参赛部工作，同时积极配合参与办公室、财务筹资部、大型活动部、场馆与无障碍建设部和医学分级委员会相关工作。加强与嘉兴市的协调与沟通，对省运会群体活动、场馆建设、竞赛、宣传、市场开发、大型活动等方方面面的筹备工作进行具体对接。联合嘉兴市人民政府召开浙江省第十四届运动会暨公开征集吉祥物、会徽、会歌、主题口号新闻发布会，征集并顺利评出会徽、吉祥物及会歌，督促、指导省运会场馆建设。成立省首届体育大会筹备工作领导机构，制定浙江省首届体育大会工作方案。举办省体育大会运动员注册系统操作培训班，启动运动员注册工作。下发《浙江省非奥项目运动员参加全国、省级体育竞赛和体育展示活动兴奋剂违规处理意见》，严肃赛风赛纪及反兴奋剂管理。

[其他工作] 加强体育普法教育，坚持每月“机关学法日”的普法制度。开展以游泳场馆安全为重点的体育市场管理，完成对全省游泳场所安全检查。加快省本级体育场馆建设，萧山体育训练基地综合训练馆和竞技体育馆综交付使用，长兴体育训练基地25米射击馆、决赛馆、运动员公寓楼主体结顶，教学大楼工程部分结顶，完成飞碟靶场综合训练馆及看台结构施工。联合省人事厅等部门制订《浙江省运动员聘用暂行办法》，将运动员招聘纳入到事业单位公开招聘人员范围。

▲ 徐东香和队友在领奖台上

▲ 浙江八人艇金牌

浙江省体育局

▲ 省委常委、原宣传部长黄坤明参观浙江体育60年图片展

▲ 副省长郑继伟看望我省群众体育先进代表

▲ 新中国体育60年辉煌成就展浙江展台体现特色

▲ 中萃可口可乐杯 浙江省2008年度 十佳运动员、体彩杯我最喜爱的男女运动员暨突出贡献运动员奖揭晓

▲ 授予有关运动员、教练员和体育工作者“浙江青年五四奖章”和浙江省“三八”红旗手称号

浙江省体育局

▲ 2009年全省体育局长会议

▲ 省体育局深入学习实践科学发展观

▲ 2009年第六届浙江国际传统武术比赛

▲ 2009年8月8日首届浙江省暨杭州市全民健身日

▲ 2009浙江首届社区运动会

▲ 2009杭州国际马拉松赛

详细地址：杭州市体育场路212号
法定代表人：李云林
邮政编码：310004
联系电话：0571－85177228

浙江旅游

Zhejiang Tourism

●舟山/嵊泗列岛

●杭州/桐庐大奇山

2009年是浙江旅游形势最严峻、工作压力最大、工作任务最繁重的一年，也是创新多、工作举措实、成效显著的一年。在省委、省政府的正确领导和全省旅游发展大会的强力推动下，全省旅游系统坚定信心、迎难而上，走出了一条在危机中调整转型、在改革中创新提升的发展路子。

率先在全国发放旅游消费券、率先将省内旅游交易会移师上海举办，成功召开规模空前的全省旅游发展大会、成功举办首届“互利共赢”浙台旅游合作大会、成功举办首届中国国际旅游商品博览会和国际生态（乡村）旅游节。旅游增长率先复苏。全年全省实现接待入境旅游者570.6万人次，同比增长5.7%；实现旅游外汇收入32.2亿美元，同比增长6.6%；接待国内旅游者2.44亿人次，同比增长16.8%；实现国内旅游收入2424亿元，同比增长18.8%；实现旅游总收入2644亿元，同比增长17.5%。明显高于全国旅游增长水平，高于我省GDP增长速度，高于全省第三产业总体发展水平。市场营销有声有色。把发展国内旅游摆上优先位置，先后成功举办浙江新春旅游总动员、浙江山水旅游节及地方性100多个旅游节庆和宣传营销活动。项目建设如火如荼。全省在建旅游项目达540个，总投资1790亿元，当年完成投入348亿元。在建项目中，总投资上亿元的有220个，其中超10亿元的有43个。品质提升稳扎稳打。举办浙江饭店发展论坛，倡导培育特色文化主题酒店，召开全省旅行社行业大会，提出“做大、做强、做精、做优”旅行社，加速推进大型旅行社集团化、中型旅行社专业化、小型旅行社门市化。

●杭州/西湖风景区

http://www.tourzj.gov.cn

《国务院关于加快发展旅游业的意见》出台，把旅游业定位为国民经济的战略性支柱产业和人民群众更加满意的现代服务业，定位之高、分量之重史无前例，浙江旅游业发展必将迎来新的春天。2010年，浙江旅游将始终贯穿一条主线、实施两个计划、举办十大活动、做好“六个抓”。即以“转型升级、争创强省”为主线；全面实施旅游项目建设“551”计划，全省加快推进500个在建项目建设，重点支持50个总投资上10亿元项目建设，确保超过100个项目建成营业和旅游服务质量提升计划；认真举办好中日韩旅游部长会议、第二届中国国际旅游商品博览会、第二届浙台旅游合作大会、浙江（上海）旅游交易会活动周、港澳浙江周等十大旅游宣传促销活动；通过抓贯彻、进一步营造发展氛围，抓规划、进一步明确发展定位，抓投资、进一步增强发展后劲，抓营销、进一步扩大发展空间，抓延伸、进一步提升发展层次，抓品质、进一步优化发展质量。

我深信，在国务院《意见》的指引下，在省委、省政府的坚强领导和社会各界的大力支持下，浙江旅游不仅大有可为、而且大有作为。

浙江省旅游局局长：

浙江省旅游局
ZHEJIANG PROVINCIAL TOURISM BUREAU
浙江省旅游服务热线: 96118

地址/ADD/中国杭州石函路一号
1 Shihan Road,Hangzhou,China
TEL/0086-571-85150647 FAX/0086-571-85157073
PC./310007 http://www.tourzj.gov.cn

浙江省国家税务局

▲ 召开全省国税工作会议

▲ 钱宝荣局长赴重点企业调研税收政策落实情况

自1997年机构进一步分设以来，浙江省国税系统始终一贯地致力于发挥税收基本职能、服务地方经济社会发展，推进依法治税，深化税收改革，强化科学管理，优化纳税服务，加强队伍建设，国税收入呈现持续、较快、优质增长的良好态势，为浙江经济社会发展提供了强大的财力保障和政策支持。

依法科学组织收入，促进经济税收协调发展。2009年，面对国际金融危机下严峻复杂的经济税收形势，全省各级国税机关全力做好组织收入工作，圆满完成“保八争十”组织收入目标，全年全省国税总收入完成3016.08亿元，同比增长2.82%；全省国税部门直接组织收入2326.64亿元，同比增长13.29%。全省国税部门组织收入从1998年完成302.91亿元到2009年实现2326.64亿元，逐年跨上新台阶，累计组织国税收入突破1万亿元，达13018.5亿元，年均增长20.45%。各税种收入屡创新高，国税收入结构更趋优化，增长质量不断提高，区域协调性逐步加强，2009年国税收入规模超百亿的市地达7个，超十亿的县（市、区）达36个。1998年以来全省国税收入占全省地区生产总值的比重持续攀升、稳定增长，2009年达10.19%，促进了经济税收协调增长。

全面落实结构性减税，促进经济转型升级与社会和谐。全省国税系统充分发挥税收职能作用，全面实施结构性减税、推进经济转型升级及“八八”战略、“两创”总战略等税收政策，有效落实节能减排、促进就业再就业及改善社会民生等税收优惠政策。一是落实增值税转型改革政策，全省企业申报抵扣税额124.87亿元，已抵扣88.68亿元。二是落实小规模纳税人征收率降低政策，为全省个体工商户和小规模纳税人减轻增值税负担16.5亿元。三是落实小排气量乘用车车辆购置税减半征收政策，减免车辆购置税额14.12亿元。四是2009年累

▲ 全省国税系统纳税服务工作会议在杭州召开

▲ 开展“四项工程”建设成果斐然

浙江省国家税务局

▲推进管理创新活动深入开展

计办理各类减免税和先征后退税超过200亿元，其中落实促进企业技术创新的税收优惠政策，全年共有829户高新技术企业减按15%税率征收企业所得税，减免税额12亿元；落实研究开发费用加计扣除政策，办理加计扣除额32.17亿元；办理福利企业退税22.90亿元，资源综合利用退税5.92亿元，软件产品退税10.79亿元，8万余户小型微利企业减免税款3.35亿元。五是加快出口退税审核审批进度，落实历次出口退税率调整政策，办理出口退税1088.85亿元，年度出口退税额首次突破千亿大关，同比增长16.50%。

大力推进依法治税，营造良好税收法治环境。深入开展税收执法检查和执法监察，严格过错责任追究，规范申辩调整办法，探索建立税收执法风险防范机制。应用税收执法管理信息系统开展执法考核，2009年税收执法实际过错仅209户次，执法正确率达99.99%。根据国务院统一部署，会同公安等部门，开展打击发票违法犯罪专项整治行动，破获、查处制售假发票和非法代开发票案件908件，捣毁制售假发票窝点、团伙176个，缴获各类发票525.12万份。改进稽查工作方法，施行自查、辅导式检查与重点检查相结合的方式，有效促进纳税人遵从。深入实施举报案件下查一级制度，加大大要案查处力度，完善重大案件审理制度，开展税收专项检查和重点税源企业检查。2009年全省共入库查补税款47.17亿元，同比增长115.56%，占国税收入的2.03%。

▲参加省直机关“红歌中国”大合唱比赛

详细地址：杭州市华浙广场5号
法定代表人：钱宝荣
邮政编码：310006
联系电话：0571－85273736

浙江省统计研究与信息发布中心

浙江省统计研究与信息发布中心为浙江省统计局所属社会公益类纯公益性事业单位，主要承担为党政领导和社会公众提供统计服务，负责社会经济信息的评价与发布，组织开展统计科研、统计学术交流、统计信息开发等工作，是一家集市场研究、信息咨询、资料开发、专项培训等为一体的综合性、权威性统计咨询机构。

主要职能：

1. 组织实施国家统计局和省统计局统计科研计划与任务；
2. 承担全国性(含国际性)统计科研活动的组织发动、论文征集和推荐工作，承接全国社会科学规划基金项目、国家统计局科研课题、省社联课题、省科技厅软科学课题以及省政府有关部门的课题；
3. 负责省级统计科研课题的立项、进度检查、成果鉴定以及推广应用，定期发布全省统计科学研究课题指南；
4. 组织开展统计学理论、统计工作实务和社会经济问题的科学研究。会同省统计学会举办全省性的统计科学讨论会或专题研讨会；
5. 组织开展全省统计科学技术进步奖评选，编辑出版全省优秀统计科研成果；
6. 负责全省各级统计局、业务主管部门、大专院校以及企事业单位统计科研爱好者的业务指导，开展省内外及国际间的统计科研学术交流与合作；
7. 宣传党和国家统计工作方针和政策，统计改革、管理和发展，会同上海市、江苏省统计局，编辑、出版和发行《统计科学与实践》杂志；
8. 制订全省统计科研工作规章制度，管理全省统计科研工作的重要资料和文件。

《统计科学与实践》由浙江省统计研究与信息发布中心主管主办，江苏省统计科学研究所、上海市统计科学应用研究所协办，是国内外公开发行、长三角地区唯一的统计类综合期刊。《统计科学与实践》遵照“围绕大局，关注大势；立足统计，服务社会”的办刊宗旨，立足统计科学，关注经济热点，倡导科学发展，引导工作实践，致力于为统计、经济和社会各界人士服务，已成为长三角相关专家学者和广大统计工作者发表真知灼见的宝贵园地，解读经济社会形势、传播统计信息、引导统计工作、普及统计知识的重要载体。

详细地址： 浙江省杭州市教工路79号五楼
邮政编码： 310012
联系电话： 0571-88087228　56774710

·编者说明·

一、《浙江统计年鉴-2010》是一部全面反映浙江国民经济和社会发展情况的资料性年刊，本年鉴收录了浙江及各市、县2009年经济和社会各方面大量的统计数据，以及改革开放以来浙江主要统计数据。

二、全书内容分为18部分，即：1. 综合；2. 人口和从业人员；3. 固定资产投资；4. 价格；5. 人民生活；6. 农业；7. 工业和能源；8. 建筑业；9. 交通运输和邮电通信业；10. 批发、零售贸易和餐饮业；11. 对外经济贸易和旅游；12. 财政、金融和保险；13. 城市建设和生态环境；14. 教育、科技、专利、测绘和标准计量；15. 文化、体育和卫生；16. 档案、司法、社会福利和工会组织；17. 各市、县国民经济主要指标；18. 附录（企业统计情况、开发区（园区）统计情况、投入产出表及部分企业简介）。为便于读者使用，部分统计表下作了简要注释，每篇章后附有《主要统计指标解释》。

三、本年鉴对过去发表的统计资料重新予以核实，凡与本年鉴数据有出入的，以本年鉴为准。

四、本年鉴凡带续表的资料，如有注解均注在最后一张续表的下方。

五、本年鉴中符号使用说明："…"表示数据不足本表最小单位数；"#"表示其中主要项；"空格"表示该项统计指标数据不详或无该项数据。

《浙江统计年鉴》自公开出版以来，受到了社会各界的关心和支持，对年鉴编辑工作提出了许多宝贵意见，对此我们深表谢意。为进一步提高统计年鉴的编辑水平，欢迎读者继续对年鉴的不足之处给予批评和指正。

· Preface ·

Zhejiang Statistical Yearbook 2010 is an annual statistics publication, which contains very comprehensive statistics of Zhejiang' s social and economic development in 2009 and selected data since China adopted the policy of reforming and opening to the outside world.

The yearbook is composed of 18 parts. 1. General Survey 2. Population and Employment 3. Investment in Fixed Assets 4. Prices 5. People' s Livelihood 6. Agriculture 7. Industry and Energy 8. Construction 9. Transportation, Posts and Telecommunications 10. Wholesale and Retail Sale Trade and Catering Trade 11. Foreign Economy and Trade, Tourism 12. Public Finance, Banking and Insurance 13. City Construction and Environment 14. Education, Science, Patent, Surveying and Mapping and Standard Calculating 15. Culture, Sports and Public Health 16. Archives, Judicature, Social Welfare and Labour Union 17. Major Indicators of National Economy by City and County 18. Appendix. In addition, brief notes are placed at lower part of some tables and explanatory notes on main indicators are provided at end of each part.

The statistics in former statistical yearbook have been already checked. The data in Zhejiang statistical yearbook 2010 shall be regarded as authentic ones. The footnotes are placed at the last page, if the table is a continued one.

Notations used in this yearbook:

"…" indicates that the figure is not large enough to be measured with the smallest unit in the table. "#" indicates the major items of the total. "blank" indicates that the data not available.

Since issued openly, Previous Editions of Zhejiang Statistics Yearbook have enjoyed wide concern and support, all circles have made many valuable suggestions, we express heartfelt thanks. In order to enhance yearbook editorial level, we welcome all candid comments and criticism from our readers.

目录
CONTENTS

一、综　合
Chapter 1 GENERAL SURVEY

二、人口和从业人员
Chapter 2 POPULATION AND EMPLOYMENT

三、固定资产投资
Chapter 3 INVESTMENT IN FIXED ASSETS

四、价　格
Chapter 4 PRICES

五、人民生活
Chapter 5 PEOPLE'S LIVELIHOOD

六、农 业
Chapter 6 AGRICULTURE

七、工业和能源
Chapter 7 INDUSTRY AND ENERGY

八、建筑业
Chapter 8 CONSTRUCTION

九、交通运输和邮电通信业
Chapter 9 TRANSPORT, POSTS AND TELECOMMUNICATIONS

十、批发、零售贸易和餐饮业
Chapter 10 WHOLESALE AND RETAIL SALE TRADE AND CATERING TRADE

十一、对外经济贸易和旅游
Chapter 11 FOREIGN ECONOMY AND TRADE,TOURISM

十二、财政、金融和保险
Chapter 12 PUBLIC FINANCE, BANKING AND INSURANCE

十三、城市建设和环境保护
Chapter 13 CITY CONSTRUCTION AND ENVIRONMENT

十四、教育、科技、专利、测绘和标准计量
Chapter 14 EDUCATION, SCIENCE, PATENT, SURVEYING AND MAPPING AND STANDARD CALCULATING

十五、文化、体育和卫生
Chapter 15 CULTURE, SPORTS AND PUBLIC HEALTH

十六、档案、司法、社会福利和工会组织
Chapter 16 ARCHIVES,JUDICATURE,SOCIAL WELFARE AND LABOUR UNION

十七、各市、县国民经济主要经济指标
Chapter 17 MAJOR INDICATORS OF NATIONAL ECONOMY BY CITY, PREFECTURE AND COUNTY

2010

浙江统计年鉴

ZHEJIANG STATISTICAL YEARBOOK

CHAPTER 1

综　合

General Survey

1-1 国民经济和社会发展总量与速度
Main Aggregate Indicators on National Economic and Social Development and Their Related Indices

指标		Item		1978	1990	1995	2000	2004
人口		**Population**						
年末总人口	(万人)	Year-end Population	(10000 persons)	3750.96	4234.91	4369.63	4501.22	4577.22
年末从业人员数	**(万人)**	**Year-end Employment**	**(10000 persons)**	**1794.96**	**2554.46**	**2621.47**	**2726.09**	**2991.95**
全省生产总值	**(亿元)**	**Gross Domestic Product**	**(100 million yuan)**	**123.72**	**904.69**	**3557.55**	**6141.03**	**11648.7**
第一产业		Primary Industry		47.09	225.04	549.96	630.98	814.1
第二产业		Secondry Industry		53.52	408.18	1854.52	3273.93	6250.38
第三产业		Tertiary Industry		23.11	271.47	1153.07	2236.12	4584.22
人均生产总值	**(元)**	**Per Capital GDP**	**(yuan)**	**331**	**2138**	**8149**	**13416**	**24352**
交通运输		**Transportation**						
旅客周转量	(亿人公里)	Turnover Volume of Passenger Traffic	(100 million passenger-km)	66.68	257.29	483.06	606.73	795.32
货物周转量	(亿吨公里)	Turnover Volume of Freight Traffic	(100 million ton-km)	164.19	400.65	874.29	1199.74	2701.48
全社会固定资产投资总额	**(亿元)**	**Total Investment in Fixed Assets**	**(100 million yuan)**	**23.23**	**186.96**	**1357.90**	**2267.22**	**6059.78**
财政收支		**Finance**						
财政总收入	(亿元)	Financial Revenue	(100 million yuan)	27.45	101.59	248.5	658.42	1805.16
#地方财政收入	(亿元)	Local Financial Revenue	(100 million yuan)	27.45	101.59	116.82	342.77	900.99
财政支出	(亿元)	Financial Expenditure	(100 million yuan)	17.43	80.23	180.29	431.3	1062.94

2005	2006	2007	2008	2009	指数 Indices(2009年为以下各年%)(2009 as Percentage of the Following Years) 1978	2004	2008	1979－2009年平均增长(%) Average Annual Growth Rate (%)	2005－2009年平均增长(%) Average Annual Growth Rate (%)
4602.11	4629.4	4659.34	4687.85	4716.18	125.7	103.0	100.6	0.7	0.6
3100.76	**3172.38**	**3405.01**	**3486.53**	**3591.98**	**200.1**	**120.1**	**103.0**	**2.3**	**3.7**
13417.68	**15718.47**	**18753.73**	**21462.69**	**22990.35**	**4417.9**	**176.5**	**108.9**	**13.0**	**12.0**
892.83	925.1	986.02	1095.96	1163.08	338.1	115.0	102.4	4.0	2.8
7164.75	8511.51	10154.25	11567.42	11908.49	9225.2	173.9	106.8	15.7	11.7
5360.10	6281.86	7613.46	8799.31	9918.78	5467.7	192.1	112.5	13.8	13.9
27661	**31825**	**37358**	**42166**	**44641**	**3206.5**	**164.0**	**107.7**	**11.8**	**10.4**
848.49	929.15	1010.6	1071.33	1152.38	1728.2	144.9	103.0	9.6	7.7
3416.9	4363.71	4701.3	4883.46	5659.78	3447.1	209.5	103.4	12.1	15.9
6696.25	**7593.66**	**8420.43**	**9323.00**	**10742.32**	**46243.3**	**177.3**	**115.2**	**21.9**	**12.1**
2115.36	2567.7	3239.89	3730.06	4121.89	15016.0	228.3	110.5	17.5	18.0
1066.60	1298.2	1649.5	1933.39	2142.51	7805.1	237.8	110.8	15.1	18.9
1265.53	1471.86	1806.79	2208.58	2653.35	15222.9	249.6	120.1	17.6	20.1

续表 Continued

指标		Item		1978	1990	1995	2000	2004
贸易		**Trade**						
社会消费品零售总额	(亿元)	Total Retail Sales of Consumer Goods	(100 million yuan)	46.86	353.75	1472.66	2553.59	4055.50
进出口总额	(亿美元)	Total Imports and Exports Value	(USD100 million)	0.7	27.73	115.12	278.34	852.13
#出口总额	(亿美元)	Total Exports Value	(USD100 million)	0.52	21.89	76.98	194.44	581.46
价格指数		**Price Indices**						
居民消费价格指数(上年=100)		General Consumer Price Index(preceding year=100)			102.1	116.6	101.1	103.9
城乡居民收入		**Living Standard**						
城镇居民人均可支配收入	(元)	Per Capital Disposable Income of Urban Households	(yuan)	332	1932	6221	9279	14546
农村居民人均纯收入	(元)	Per Capital Annual Net Income of Rural Households	(yuan)	165	1099	2966	4254	6096
教育和文化		**Education and Culture**						
高等学校在校学生数	(万人)	Students Enrollment in Institutions of Higher Education	(10000 persons)	2.4	6	9.3	22.2	59.5
普通中学在校学生数	(万人)	Student Enrollment in Regular Secondary Schools	(10000 persons)	214.7	169.6	210.5	249.6	266.1
小学在校学生数	(万人)	Students Enrollment in Primary Schools	(10000 persons)	501.4	372.4	353.8	353.8	344.3
报纸出版数量	(万份)	Number of Newspapers Published	(10000 copies)	24080	66865	113514	173526	255639
杂志出版数量	(万份)	Number of Magazines Published	(10000 copies)	393	4716	8417	8736	8925
图书出版数量	(万份)	Number of Books Published	(10000 copies)	12033	19596	22608	27014	26919

注：1. 本表价值量指标按当年价格计算,发展速度按可比价格计算。
2. 城镇居民人均可支配收入,农村居民人均纯收入发展速度均已扣除价格变动因素。

2005	2006	2007	2008	2009	指数 Indices(2009 年为以下各年%)(2009 as Percentage of the Following Years) 1978	2004	2008	1979－2009 年平均增长(%) Average Annual Growth Rate (%)	2005－2009 年平均增长(%) Average Annual Growth Rate (%)
4645.85	5357.97	6271.32	7533.30	8622.26	18400.0	212.6	114.5	18.3	16.3
1073.91	1391.47	1768.56	2111.09	1877.35	268187.1	220.3	88.9	29.0	17.1
768.04	1008.94	1282.73	1542.67	1330.10	255794.2	228.8	86.2	28.8	18.0
101.3	101.1	104.2	105.0	98.5					
16294	18265	20574	22727	24611	1134.1	153.5	109.7	8.1	8.9
6660	7335	8265	9258	10007	1249.6	146.3	109.5	8.5	7.9
67.7	74.7	80.9	86.8	91.0	3756.3	153.0	104.8	12.4	8.9
261.1	262.3	266.6	269.8	262.3	122.2	98.5	97.2	0.6	－0.3
342.4	339.4	335.5	332.3	325.1	64.8	94.4	97.9	－1.4	－1.1
264913	280261	291048	298677	314033	1304.1	122.8	105.1	8.6	4.2
9016	8009	8082	7407	7596	1932.8	85.1	102.6	10.0	－3.2
27443	27026	25656	29564	31221	259.5	116.0	105.6	3.1	3.0

1. Figures in value terms are calculated at current price, while the indices and growth rates are calculated at comparable price.
2. The indices of per－capital Annual Disposable income of urban households and per－capital Annual net income of rural households are deducted the factor of changes in price.

1-2 国民经济社会发展结构指标 Structural Indicators on National Economic and Social Development

单位:%(%)

指标	Item	1978	1990	1995	2000	2005	2006	2007	2008	2009
人口	**Population**									
城乡结构	Urban and Rural Structure									
城镇	Urban	14.5	31.2	32.6	48.7	56.0	56.5	57.2	57.6	57.9
乡村	Rural	85.5	68.8	67.4	53.3	44.0	43.5	42.8	42.4	42.1
性别结构	Sexual									
男	Male	51.9	51.8	51.7	51.5	51.2	51.1	51.0	51.0	50.9
女	Female	48.1	48.2	48.3	48.5	48.8	48.9	49.0	49.0	49.1
就业	**Employment**									
产业结构	Industrial Structure									
第一产业	Primary Industry		53.2	44.0	35.6	24.5	22.6	20.1	19.2	18.3
第二产业	Secondary Industry		29.8	33.7	35.5	45.1	45.8	46.8	47.6	48.1
第三产业	Tertiary Industry		17.0	22.3	29.0	30.4	31.6	33.1	33.2	33.6
国民核算	**National Accounting**									
生产总值产业结构	Industrial Structure of GDP									
第一产业	Primary Industry	38.1	24.9	15.5	10.3	6.6	5.9	5.3	5.1	5.1
第二产业	Secondary Industry	43.3	45.1	52.1	53.3	53.4	54.0	54.0	53.9	51.8
第三产业	Tertiary Industry	18.7	30.0	32.4	36.4	40.0	40.1	40.7	41.0	43.1
居民消费结构	Structure of Resident Consumption									
农村居民	Rural Consumption	75.3	58.6	45.6	39.6	29.0	27.6	24.4	23.2	22.3
城镇居民	Urban Consumption	24.7	41.4	54.4	60.4	71.0	72.4	75.6	76.8	77.7
固定资产投资结构	Structure of Total Investment in Fixed Assets									
城镇	Urban		51.0	55.9	68.3	71.8	71.5	71.2	70.3	69.4
乡村	Rural		49.0	44.1	31.7	28.2	28.5	28.8	29.7	30.6
财政	**Government Finance**									
财政收入结构	Strucure of Government Revenue									
中央	Central Enterprises			53.0	47.9	49.6	49.4	49.1	48.2	48.0
地方	Local Governments			47.0	52.1	50.4	50.6	50.9	51.8	52.0
利用外资	**Utilization of Foreign Capital**									
实际利用外资结构	Structure of Foreign Capital Actually Utilized									
对外借款	Loans From Abroad		69.6	18.0	35.0	41.8	33.5	8.3	15.5	6.9
外商直接投资	Direct Investment By Foreign Entrepreneurs		29.8	81.7	64.8	55.4	61.3	72.4	81.0	91.4
外商其他投资	Other Investment By Foreign Entrepreneurs		0.5	0.3	0.2	2.8	5.2	19.3	3.5	1.7

续表 1 Continued 单位:%(%)

指标	Item	1978	1990	1995	2000	2005	2006	2007	2008	2009
产业	**Industrial**									
农业	**Agriculture**									
农林牧渔业产值结构	Structure of Cross Output Value of Agriculture									
农业	Farming	77.4	59.4	55.5	49.3	45.8	48.1	46.1	45.7	46.9
林业	Forestry	3.0	4.7	5.8	5.2	5.8	6.0	6.0	6.0	6.3
牧业	Animal Husbandry	14.3	23.7	16.3	17.4	20.0	19.6	23.0	23.5	21.6
渔业	Fishery	5.3	12.2	22.4	28.1	26.7	24.4	23.2	22.9	23.2
农林牧渔服务产值	Services for Agriculture					1.6	1.8	1.8	1.9	1.9
工业	**Industry**									
规模以上工业总产值结构	Structure of Gross Output Value of Industry Above Designated Size									
轻工业	Light Industry	60.2	65.2	62.7	54.1	46.0	43.8	43.0	41.5	41.9
重工业	Heavy Industry	39.8	34.8	37.3	45.9	54.0	56.2	57.0	58.5	58.1
建筑业	**Construction**									
建筑业总产值结构	Structure of Gross Output Value of Construction									
国有企业	State - owned Enterprises		25.4	16.0	10.6	3.2	2.4	2.3	1.9	1.6
集体企业	Collective owned Enterprises		74.6	79.0	28.6	3.0	2.1	1.4	1.3	1.2
其他	Others			5.0	60.8	93.8	95.5	96.3	96.8	97.2
交通运输业	**Transportation**									
货运量结构	Structure of Freight Traffic									
按运输方式分	By Means of Transportation									
铁路	Railways	16.7	5.1	3.1	2.6	2.3	2.3	2.3	2.1	2.3
公路	Highways	31.8	68.3	72.3	73.5	64.6	63.8	64.4	65.4	63.3
水运	Waterways	51.5	26.6	24.6	23.9	33.1	33.9	33.3	32.5	34.4

续表 2 Continued

单位:%(%)

指标	Item	1978	1990	1995	2000	2005	2006	2007	2008	2009
国内商业	**Domestic Trade**									
社会消费品零售总额构成	Composition of Retail Sales of Comsumer Goods									
市	Cities	20.8	43.3	53.7	54.6	65.8	66.1	66.3	66.6	66.9
县	Counties	30.9	13.7	9.7	9.8	9.9	9.7	9.7	9.8	9.7
县以下	Below Counties	48.3	43.0	36.6	35.6	24.3	24.2	24.0	23.6	23.4
对外经济贸易	**Foreign Trade**									
出口商品结构	Structure of Exports									
初级产品	Primary Goods		26.2	18.3	10.1	5.0	4.4	3.8	3.6	3.5
工业制成品	Manufactured Goods		73.8	81.7	89.9	95.0	95.6	96.2	96.4	96.5
进口商品结构	Structure of Imports									
初级产品	Primary Goods		17.8	27.2	24.2	19.7	20.9	21.1	25.7	25.2
工业制成品	Manufactured Goods		82.2	72.8	75.8	80.3	79.1	78.9	74.3	74.8
国际旅游	**International Tourism**									
来华旅游人数结构	Structure of Tourists									
外国人	Foreigners		23.5	54.5	57.2	66.9	65.9	67.2	67.8	66.2
港澳台同胞	Hong Kong and Macao Compatriots, Taiwan Compatriots		69.0	42.1	42.8	33.1	34.1	32.8	32.2	33.8
教育、科技、文化	**Education, Science and Culture**									
在校学生结构	Structure of Student Enrollment									
大学生	College and University Students		1.1	1.5	3.2	9.1	9.6	10.7	11.5	12.2
中学生	Secondary School Students		32.9	39.5	43.9	44.6	45.4	44.9	44.7	44.3
小学生	Primary School Students		66.0	59.0	52.9	46.3	45.0	44.4	43.8	43.5

续表 3 Continued

单位:%(%)

指标	Item	1978	1990	1995	2000	2005	2006	2007	2008	2009
专任教师结构	Full-time Teachers By Type									
大学生	College and University Students	1.9	4.6	4.1	5.8	10.3	10.3	11.1	11.3	11.4
中学生	Secondary School Students	36.3	41.5	44.8	45.2	46.0	49.6	48.7	49.1	49.3
小学生	Primary School Students	61.8	53.9	51.1	49.0	43.7	40.1	40.2	39.6	39.3
生活	**People's Livelihood**									
城镇居民消费结构	Consumption Structure of Urban Residents									
食品	Food			47.1	39.2	33.8	32.9	34.7	36.4	33.6
衣着	Clothing			11.5	8.1	10.3	10.4	10.0	10.2	9.7
家庭设备用品及服务	Household Facilities, Articles and Services			12.1	9.4	5.0	4.6	4.7	4.7	5.0
医疗保健	Medical Services			3.7	7.7	6.8	6.4	6.1	6.2	5.9
交通和通讯	Transportation and Communications			5.8	8.9	17.1	18.7	17.6	15.8	19.7
娱乐教育、文化	Recreation, Education and Culture			8.0	13.1	15.1	14.6	15.3	14.5	13.7
居住	Residence			7.1	8.6	8.6	9.2	8.3	8.8	8.9
其他商品和服务	Others			4.6	5.1	3.3	3.2	3.3	3.4	3.5
农村居民消费结构	Consumption Structure of Rural Residents									
食品	Food			50.4	43.5	38.6	37.2	36.4	38.0	37.4
衣着	Clothing			6.6	5.2	5.9	6.3	6.2	6.2	6.3
家庭设备用品及服务	Household Facilities, Articles and Services			6.2	4.5	5.0	4.8	5.3	5.0	4.8
医疗保健	Medical Services			4.3	6.2	7.7	7.9	7.2	7.2	8.3
交通和通讯	Transportation and Communications			3.2	8.5	11.3	11.0	11.8	11.0	11.7
娱乐教育、文化	Recreation, Education and Culture			5.3	10.2	13.0	12.5	11.4	10.4	10.9
居住	Residence			18.6	18.0	16.2	18.2	19.6	20.2	18.5
其他商品和服务	Others			3.7	3.9	2.3	2.1	2.1	2.0	2.1

注：工业总产值1978－1995为乡及乡以下独立核算工业企业，2000－2009年为规模以上工业企业。
The gross industrial output value from 1978 to 1995 is calculated by industrial enterprises at township level and above, and the figures from 2000 to 2009 refers to industrial enterprise above designated size.

1-3 人均主要工农业产品产量(1978-2009年)
Per Capita Output of Major Industrial and Agricultural Products(1978-2009)

年份 Year	粮食 (公斤) Grain (kg)	棉花 (公斤) Cotton (kg)	油料 (公斤) Oil-bearing Crops (kg)	糖料 (公斤) Sugar Crops (kg)	茶叶 (公斤) Tea (kg)	水果 (公斤) Fruit (kg)	猪牛羊肉 (公斤) Pork, Beef and Mutton (kg)	水产品 (公斤) Aquatic Products (kg)
1978	393.44	1.95	5.92	17.20	1.57	3.92	11.33	23.47
1980	376.81	2.18	7.58	15.43	1.98	5.91	18.52	21.46
1985	404.18	2.03	11.02	27.43	2.32	11.12	19.10	26.13
1986	396.34	1.87	10.60	32.63	2.58	12.85	20.03	28.94
1987	387.97	1.60	9.68	26.56	2.83	17.32	18.60	30.52
1988	374.78	1.05	10.39	20.01	3.09	12.45	19.56	30.92
1989	371.01	1.00	9.14	16.74	2.81	23.57	19.67	30.84
1990	375.68	1.52	11.45	14.87	2.77	25.35	20.28	32.92
1991	386.05	1.77	10.72	16.19	2.69	31.66	20.13	35.57
1992	363.51	1.39	11.72	17.55	2.79	23.95	22.73	39.72
1993	334.03	1.35	8.97	18.43	2.84	34.63	22.74	44.02
1994	324.46	1.28	7.99	16.21	2.47	40.64	22.68	59.62
1995	328.53	1.43	11.48	15.11	2.34	49.28	23.61	73.03
1996	345.91	1.56	11.88	14.57	2.26	51.91	16.85	78.03
1997	338.58	1.08	11.08	13.61	2.31	61.07	18.44	90.61
1998	323.64	1.46	8.02	13.97	2.55	46.55	19.05	95.33
1999	312.52	0.91	12.14	15.94	2.64	62.64	19.27	99.33
2000	266.91	0.65	12.91	21.97	2.60	84.89	22.65	104.70
2001	238.47	0.70	12.91	23.49	2.67	114.54	24.67	104.83
2002	211.89	0.49	10.37	25.05	3.06	110.62	26.37	106.16
2003	178.10	0.46	9.63	27.27	2.92	125.09	26.90	106.26
2004	185.74	0.50	10.65	23.22	3.03	138.09	28.78	107.82
2005	180.45	0.47	10.90	19.55	3.14	125.59	28.34	105.12
2006	181.34	0.51	7.69	19.04	3.29	141.83	23.53	90.29
2007	172.06	0.55	7.07	18.75	3.44	150.55	24.57	89.10
2008	165.44	0.60	8.80	18.23	3.46	159.54	27.67	85.03
2009	167.33	0.60	9.17	17.25	3.06	151.06	27.77	91.09

续表 Continued

年份 Year	布（米）Cloth (m)	纱（公斤）Yarn (kg)	原煤（公斤）Coal (kg)	发电量（千瓦小时）Electricity (kw. h)	成品钢材（公斤）Steel (kg)	水泥（公斤）Cement (kg)
1978	9.28	1.95	42.71	135.66	8.58	48.54
1980	12.81	2.47	37.56	213.83	15.14	59.85
1985	21.79	3.93	37.55	329.14	15.80	199.44
1986	27.73	4.31	36.46	365.89	17.01	246.43
1987	27.64	4.89	35.23	422.43	18.70	296.90
1988	30.85	5.46	34.51	458.95	17.41	316.97
1989	29.91	5.15	34.30	478.23	18.36	307.44
1990	37.09	4.77	32.45	494.23	19.27	317.39
1991	31.85	4.78	32.76	570.41	21.80	381.81
1992	30.96	5.77	33.67	674.23	27.94	460.03
1993	41.03	5.53	32.24	717.55	32.15	517.72
1994	41.92	5.44	29.88	767.05	38.53	623.49
1995	74.55	6.51	28.76	921.77	61.13	749.64
1996	36.38	6.42	27.97	1022.52	53.47	808.92
1997	84.67	7.47	26.07	1101.22	61.53	777.57
1998	23.66	6.73	20.63	1109.71	57.33	771.21
1999	27.87	7.10	18.57	1185.80	59.92	851.53
2000	36.10	7.62	16.27	1393.36	65.15	944.64
2001	51.88	8.73	15.96	1581.83	68.20	1061.36
2002	70.54	10.64	16.23	1718.67	89.41	1268.31
2003	89.79	12.04	14.57	2083.88	110.64	1496.20
2004	182.10	19.10	11.72	2506.37	173.52	1820.77
2005	170.76	19.68	8.43	2762.27	146.38	1802.65
2006	195.72	23.26	2.70	3336.57	229.64	1997.41
2007	227.04	28.94	2.44	3727.57	313.97	2084.09
2008	266.56	32.84	2.56	3635.61	380.11	1984.92
2009	268.76	37.76	2.55	4234.11	455.48	2084.26

注：2003 年起按常住人口计算。 Data in this table are calculated at permanent residence since 2003.

1-4 平均每天主要社会经济活动
Indicators on Average Daily Social and Economic Activities

指标	Item	1978	1990	2000	2004	2005	2006	2007	2008	2009
平均每天创造财富	**Daily Production**									
生产总值 （亿元）	Gross Domestic Product （100 million yuan）	0.34	2.48	16.82	31.91	36.76	43.06	51.38	58.80	62.99
第一产业	Primary Industry	0.13	0.62	1.73	2.23	2.45	2.53	2.70	3.00	3.19
第二产业	Secondary Industry	0.15	1.12	8.97	17.12	19.63	23.32	27.80	31.69	32.63
#工业	Industry	0.13	1.00	8.07	15.04	17.38	20.80	24.91	28.30	28.82
建筑业	Construction	0.02	0.12	0.90	2.08	2.25	2.54	2.91	3.39	3.81
第三产业	Tertiary Industry	0.06	0.74	6.13	12.56	14.69	17.21	20.86	24.11	27.17
财政收入 （亿元）	Financial Revenue （100 million yuan）	0.08	0.28	1.80	4.95	5.80	7.03	8.88	10.22	11.29
粮食 （万吨）	Grain （10000 tons）	4.02	4.35	3.28	2.29	2.23	2.42	2.20	2.12	2.16
棉花 （万吨）	Cotton （10000 tons）	0.02	0.02	0.01	0.01	0.01	0.01	0.01	0.01	0.01
油料 （万吨）	Oil-bearing Crops （10000 tons）	0.06	0.13	0.16	0.13	0.14	0.13	0.12	0.11	0.12
猪牛羊肉产量（万吨）	Meat （10000 tons）	0.12	0.21	0.28	0.36	0.36	0.30	0.31	0.36	0.36
水产品 （万吨）	Aquatic Products （10000 tons）	0.24	0.38	1.29	1.35	1.33	1.15	1.14	1.09	1.18
原煤 （万吨）	Coal （10000 tons）	0.44	0.38	0.20	0.15	0.11	0.04	0.03	0.04	0.04
发电量（亿千瓦小时）	Electricity （100 million km.h）	0.14	0.57	1.71	3.30	3.71	4.55	5.17	5.10	6.01
成品钢材 （万吨）	Steel Products （10000 tons）	0.09	0.22	0.80	2.28	1.96	3.13	4.35	5.33	6.46
水泥 （万吨）	Cement （10000 tons）	0.50	3.67	11.61	23.96	24.19	27.25	28.89	27.84	29.58
每天消费量	**Daily National Consumption**									
最终消费 （亿元）	Final Consumption Expenditure （100 million yuan）	0.21	1.63	8.63	14.84	17.39	20.31	23.34	26.54	29.25
居民消费	Resident Consumption	0.20	1.42	6.39	10.71	12.70	15.06	17.55	19.87	22.28
#农村居民	Rural Residents	0.15	0.83	2.53	3.38	3.69	4.15	4.28	4.61	4.96

续表 Continued

指标	Item	1978	1990	2000	2004	2005	2006	2007	2008	2009
城镇居民	Urban Residents	0.05	0.59	3.86	7.33	9.02	10.90	13.27	15.26	17.32
政府消费	Government Consumption Expenditure	0.02	0.20	2.24	4.13	4.69	5.25	5.78	6.67	6.97
社会消费品零售总额（亿元）	Total Retail Sales of Consumer Goods (100 million yuan)	0.13	0.97	7.00	11.11	12.73	14.68	17.18	20.64	23.62
每天其他经济活动	**Other Daily Economic Activities**									
资本形成总额（亿元）	Gross Capital Formation (100 million yuan)	0.09	0.69	7.27	15.75	17.67	19.99	23.73	25.55	29.06
固定资产形成	Fixed Capital Formation	0.06	0.51	6.21	15.24	17.18	19.36	21.90	24.10	28.00
存货增加	Changes in Stock	0.03	0.18	1.06	0.51	0.49	0.63	1.83	1.45	1.06
竣工住宅面积（万平方米）	Residential Buildings Completed (10000 sq. m)		12.34	17.61	18.15	19.96	19.72	21.26	23.26	23.62
客运量（万人）	Passenger Traffic (10000 persons)	56	165	340	412	440	478	520	595	609
货运量（万吨）	Freight Traffic (10000 tons)	23	92	205	321	346	384	420	402	414
沿海主要港口货物吞吐量（万吨）	Cargo Handled at Principal Seaports (10000 tons)	2.4	11.8	53.8	111.8	131.2	151.3	170.2	189.1	215.3
邮电业务量（万元）	Business Volume of Postal and Telecom-munications Services (10000 yuan)	19	241	8879	18552	22750	26632	36358	42349	45654
进出口总额（万美元）	Total Imports and Exports (USD 10000)		760	7625	23346	29422	38122	48448	57838	51434
出口总额	Exports		600	5327	15930	21042	27642	35150	42265	36441
进口总额	Imports		160	2298	7416	8380	10480	13299	15573	14993
实际利用外资额（万美元）	Foreign Capital Actually Used (USD 10000)		44	682	2670	3819	3974	3923	3407	2975
每天人口变动和婚姻	**Daily Population Changes and Marriages**									
出生（人）	Births (person)	1856	1774	1318	1373	1490	1391	1428	1422	1442
死亡（人）	Deaths (person)	596	730	784	757	816	733	766	784	789
结婚（对）	Marriages (couple)		1013	1052	1094	967	1132	1043	1134	1172
离婚（对）	Divorces (couple)		21	56	127	143	165	184	202	227

注：本表价值量指标按当年价格计算。
The data in Value terms in the table are calculated at current price.

1-5 全省生产总值(1978-2009年)
Gross Domestic Product(1978-2009)

年份 Year	全省生产总值 (亿元) Gross Domestic Product (100 million yuan)	第一产业 Primary Industry	第二产业 Secondary Industry	#工业 Industry	#建筑业 Construction	第三产业 Tertiary Industry	人均生产总值(元) Percapita GDP (yuan)
1978	123.72	47.09	53.52	46.97	6.55	23.11	331
1979	157.75	67.56	64.07	55.59	8.48	26.12	417
1980	179.92	64.61	84.07	73.71	10.36	31.24	471
1981	204.86	69.06	94.68	84.08	10.60	41.12	531
1982	234.01	84.88	98.44	87.21	11.23	50.69	599
1983	257.09	82.89	113.12	102.55	10.57	61.08	650
1984	323.25	104.40	141.48	127.91	13.57	77.37	810
1985	429.16	123.88	198.91	178.68	20.23	106.37	1067
1986	502.47	136.29	230.89	206.63	24.26	135.29	1237
1987	606.99	159.41	281.47	249.69	31.78	166.11	1478
1988	770.25	195.68	354.39	315.36	39.03	220.18	1853
1989	849.44	210.95	386.25	346.50	39.75	252.24	2023
1990	904.69	225.04	408.18	363.74	44.44	271.47	2138
1991	1089.33	245.22	494.11	438.36	55.75	350.00	2558
1992	1375.70	262.67	653.43	581.73	71.70	459.60	3212
1993	1925.91	315.97	983.96	876.26	107.70	625.98	4469
1994	2689.28	438.65	1398.12	1243.37	154.75	852.51	6201
1995	3557.55	549.96	1854.52	1645.51	209.01	1153.07	8149
1996	4188.53	594.94	2232.17	1983.90	248.27	1361.42	9552
1997	4686.11	618.90	2554.57	2285.24	269.33	1512.64	10624
1998	5052.62	609.30	2766.95	2484.97	281.97	1676.37	11394
1999	5443.92	606.31	2974.74	2679.68	295.06	1862.87	12214
2000	6141.03	630.98	3273.93	2945.70	328.23	2236.12	13416
2001	6898.34	659.78	3572.88	3181.93	390.94	2665.68	14713
2002	8003.67	685.20	4090.48	3640.84	449.64	3227.99	16978
2003	9705.02	717.85	5096.38	4462.97	633.42	3890.79	20444
2004	11648.70	814.10	6250.38	5491.33	759.05	4584.22	24352
2005	13417.68	892.83	7164.75	6344.71	820.03	5360.10	27661
2006	15718.47	925.10	8511.51	7585.47	926.04	6281.86	31825
2007	18753.73	986.02	10154.25	9090.74	1063.51	7613.46	37358
2008	21462.69	1095.96	11567.42	10328.72	1238.70	8799.31	42166
2009	22990.35	1163.08	11908.49	10518.21	1390.28	9918.78	44641

注：1. 本表按当年价格计算。2000年以后人均生产总值均按常住人口计算。
The figures in this table are calculated at current price. The per capita GDP have calculated at permanent residence since 2000.
2. 从2004年起第一产业包括农林牧渔服务业。The Value Added of Primary Industry includes Services for Agriculture since 2004.

1-6 按新行业和构成分的全省生产总值
Gross Domestic Product by New Sector and Structure

单位:亿元(100 million yuan)

指标	Item	2005	2006	2007	2008	2009
全省生产总值	**Gross Domestic Product**	**13417.68**	**15718.47**	**18753.73**	**21462.69**	**22990.35**
按行业分	**by Sector**					
第一产业(农业)	Primary Industry(Agriculture)	892.83	925.10	986.02	1095.96	1163.08
第二产业	Secondary Industry	7164.75	8511.51	10154.25	11567.42	11908.49
工业	Industry	6344.71	7585.47	9090.74	10328.72	10518.21
建筑业	Construction	820.03	926.04	1063.51	1238.70	1390.28
第三产业	Tertiary Industry	5360.10	6281.86	7613.46	8799.31	9918.78
交通运输、仓储和邮政业	Transpor,Storage and Post	513.74	635.16	748.61	843.20	888.02
信息传输、计算机服务和软件业	Information Transmission,Computer Service and Software	310.80	364.25	442.69	482.28	515.40
批发和零售业	Wholesale and Retail Sale Trade	1258.21	1411.69	1650.15	1899.02	2119.39
住宿和餐饮业	Hotels and Catering Services	224.84	262.15	321.39	388.01	416.84
金融业	Finance	686.32	906.37	1251.43	1653.45	1899.33
房地产业	Real Estate	688.86	794.41	981.42	1052.03	1316.83
租赁和商务服务业	Leasing and Services and Other Services	224.96	266.71	309.84	338.74	364.97
科学研究、技术服务和地质勘查业	Scientific Research,Technic Serv - ices and Geological Prospecting	118.34	138.99	164.04	182.85	185.04
水利、环境和公共设施管理业	Water Conservancy,Environment and Public Facilities Management	60.44	62.49	70.26	77.25	87.63
居民服务和其他服务业	Resident Services and Other Services	141.46	173.12	220.01	266.11	289.42
教育	Education	388.68	430.64	477.83	523.63	606.56
卫生、社会保障和社会福利业	Health Care,Social Securities and Social Welfare	209.96	230.37	262.78	294.18	337.07
文化、体育和娱乐业	Culture,Sports and Recreation	67.81	83.80	102.51	121.99	138.07
公共管理和社会组织	Public Administration and Social Organization	465.69	521.70	610.51	676.56	754.21
按构成分	**by Structure**					
劳动者报酬	Remuneration of Laborers	5329.85	6341.43	7441.94	8852.48	9105.37
生产税净额	Net - taxes on Production	1914.54	2296.81	2870.06	3260.31	3417.94
固定资产折旧	Depreciation of Fixed Assets	1891.20	2156.69	2533.56	2906.36	2965.97
营业盈余	Operating Surplus	4282.09	4923.54	5908.17	6443.54	7501.08

1-7 全省生产总值指数(1978-2009年)
Indices of Gross Domestic Product (1978-2009)

(上年=100)(preceding year=100)

年份 Year	全省生产总值 Gross Domestic Product	第一产业 Primary Industry	第二产业 Secondary Industry	#工业 Industry	#建筑业 Construction	第三产业 Tertiary Industry	人均生产总值 Percapita GDP
1978	121.9	118.7	128.6	126.5	146.4	113.5	120.2
1979	113.6	110.8	118.0	117.1	124.3	108.1	112.3
1980	116.4	97.3	132.0	133.3	123.5	112.9	115.1
1981	111.5	104.7	111.3	113.1	98.8	126.1	110.5
1982	111.4	116.5	104.9	104.9	105.7	118.1	109.9
1983	108.0	93.9	115.5	118.5	92.1	116.0	106.8
1984	121.7	119.3	124.0	124.4	120.7	120.3	120.6
1985	121.7	101.9	135.3	135.0	138.9	119.2	120.8
1986	112.1	104.0	114.0	114.2	111.2	116.8	110.9
1987	111.8	101.0	116.8	116.4	121.4	110.9	110.6
1988	111.2	99.0	116.3	117.5	104.2	109.8	109.9
1989	99.4	100.2	100.8	101.7	90.5	94.9	98.4
1990	103.9	102.7	105.2	105.4	102.3	101.4	103.1
1991	117.8	107.9	118.2	118.4	117.1	125.6	117.1
1992	119.0	100.6	125.2	126.6	113.9	123.4	118.3
1993	122.0	104.8	133.2	135.3	113.7	116.0	121.3
1994	120.0	104.4	127.5	128.0	121.4	115.8	119.2
1995	116.8	107.5	118.4	117.8	124.6	118.3	116.0
1996	112.7	104.4	115.5	115.8	112.2	111.1	112.2
1997	111.1	104.5	112.8	113.3	107.5	110.5	110.4
1998	110.2	103.2	110.8	111.1	106.2	111.7	109.6
1999	110.0	103.3	111.4	111.8	106.1	109.9	109.5
2000	111.0	104.5	111.7	112.0	108.9	111.8	108.1
2001	110.6	104.8	111.0	111.0	111.9	111.7	108.0
2002	112.6	104.5	113.4	113.6	111.5	113.7	112.0
2003	114.7	103.6	116.8	115.7	126.6	114.4	113.9
2004	114.5	103.7	116.4	117.0	111.7	114.0	113.6
2005	112.8	101.5	112.7	113.1	108.8	115.2	111.2
2006	113.9	103.2	114.3	114.6	112.0	115.1	111.8
2007	114.7	102.3	115.6	116.4	108.8	115.3	112.8
2008	110.1	104.8	109.3	110.0	103.2	111.7	108.5
2009	108.9	102.4	106.8	105.9	115.3	112.5	107.7

注：本表按可比价格计算。The figures in this table are calculated at comparable price.

1 -8 全省生产总值指数(1978 -2009 年)
Indices of Gross Domestic Product(1978 -2009)

(1978 年 =100)(1978 =100)

年份 Year	全省生产总值 Gross Domestic Product	第一产业 Primary Industry	第二产业 Secondary Industry	#工业 Industry	#建筑业 Construction	第三产业 Tertiary Industry	人均生产总值 Percapita GDP
1978	100.0	100.0	100.0	100.0	100.0	100.0	100.0
1979	113.6	110.8	118.0	117.1	124.3	108.1	112.3
1980	132.2	107.9	155.7	156.0	153.6	122.1	129.2
1981	147.4	113.0	173.4	176.5	151.8	154.0	142.8
1982	164.2	131.6	182.0	185.1	160.4	181.9	157.0
1983	177.4	123.6	210.3	219.2	147.7	211.0	167.7
1984	215.9	147.5	260.8	272.6	178.2	253.8	202.2
1985	262.8	150.3	352.9	367.9	247.6	302.6	244.3
1986	294.5	156.2	402.1	420.2	275.3	353.4	271.0
1987	329.3	157.8	469.9	489.2	334.2	392.1	299.7
1988	366.3	156.3	546.6	574.9	348.1	430.6	329.4
1989	364.1	156.7	551.2	584.8	315.2	408.5	324.1
1990	378.5	160.9	579.9	616.7	322.3	414.1	334.3
1991	446.0	173.6	685.8	730.1	377.5	520.3	391.4
1992	530.8	174.7	858.8	924.3	429.8	642.1	463.2
1993	647.7	183.1	1143.9	1250.7	488.8	744.6	561.8
1994	777.0	191.1	1458.0	1601.1	593.2	862.0	669.7
1995	907.4	205.6	1725.8	1886.5	739.2	1019.5	776.9
1996	1022.5	214.7	1993.3	2184.7	829.4	1132.7	871.6
1997	1136.1	224.3	2249.0	2475.3	891.5	1251.9	962.7
1998	1251.6	231.5	2491.0	2751.1	946.7	1398.5	1055.0
1999	1377.2	239.1	2773.8	3075.1	1004.4	1537.0	1155.0
2000	1529.2	249.9	3099.2	3442.6	1093.7	1719.0	1248.7
2001	1692.0	261.9	3441.6	3819.5	1224.1	1920.4	1348.9
2002	1905.9	273.6	3902.3	4338.9	1364.9	2183.6	1511.2
2003	2186.0	283.5	4557.4	5020.2	1728.5	2497.3	1721.2
2004	2502.5	294.1	5305.3	5872.5	1930.8	2846.4	1955.4
2005	2821.9	298.4	5977.6	6642.9	2101.0	3279.0	2174.4
2006	3213.5	308.0	6833.9	7614.1	2353.8	3772.8	2431.9
2007	3684.8	315.2	7897.9	8865.1	2559.8	4350.5	2743.6
2008	4055.2	330.1	8634.4	9755.6	2642.5	4860.4	2977.9
2009	4417.9	338.1	9225.2	10331.9	3046.6	5467.7	3206.5

注：本表按可比价格计算。The figures in this table are calculated at comparable price.

1－9 全省生产总值构成(1978－2009 年)
Structure of Gross Domestic Product(1978－2009)

单位:%(%)

年份 Year	生产总值 Gross Domestic Product	第一产业 Primary Industry	第二产业 Secondary Industry	#工业 Industry	#建筑业 Construction	第三产业 Tertiary Industry
1978	100	38.1	43.3	38.0	5.3	18.7
1979	100	42.8	40.6	35.2	5.4	16.6
1980	100	35.9	46.7	41.0	5.8	17.4
1981	100	33.7	46.2	41.0	5.2	20.1
1982	100	36.3	42.1	37.3	4.8	21.7
1983	100	32.2	44.0	39.9	4.1	23.8
1984	100	32.3	43.8	39.6	4.2	23.9
1985	100	28.9	46.3	41.6	4.7	24.8
1986	100	27.1	46.0	41.1	4.8	26.9
1987	100	26.3	46.4	41.1	5.2	27.4
1988	100	25.4	46.0	40.9	5.1	28.6
1989	100	24.8	45.5	40.8	4.7	29.7
1990	100	24.9	45.1	40.2	4.9	30.0
1991	100	22.5	45.4	40.2	5.1	32.1
1992	100	19.1	47.5	42.3	5.2	33.4
1993	100	16.4	51.1	45.5	5.6	32.5
1994	100	16.3	52.0	46.2	5.8	31.7
1995	100	15.5	52.1	46.3	5.9	32.4
1996	100	14.2	53.3	47.4	5.9	32.5
1997	100	13.2	54.5	48.8	5.7	32.3
1998	100	12.1	54.8	49.2	5.6	33.2
1999	100	11.1	54.6	49.2	5.4	34.2
2000	100	10.3	53.3	48.0	5.3	36.4
2001	100	9.6	51.8	46.1	5.7	38.6
2002	100	8.6	51.1	45.5	5.6	40.3
2003	100	7.4	52.5	46.0	6.5	40.1
2004	100	7.0	53.6	47.1	6.5	39.4
2005	100	6.7	53.4	47.3	6.1	39.9
2006	100	5.9	54.1	48.3	5.9	40.0
2007	100	5.3	54.1	48.5	5.7	40.6
2008	100	5.1	53.9	48.1	5.8	41.0
2009	100	5.1	51.8	45.8	6.0	43.1

注：1. 本表按当年价格计算。The figures in this table are calculated at current price.
2. 从 2004 年起第一产业包括农林牧渔服务业。The Value Added of Primary Industry includes Services for Agriculture since 2004.

1-10 按新行业分的第三产业增加值指数
Indices of Value-added of the Tertiary Industry by New Sector

(2004年=100)(2004=100)

行业	Sector	2004	2005	2006	2007	2008	2009
总计	**Total**	**100.0**	**115.2**	**132.5**	**152.8**	**170.8**	**192.1**
交通运输、仓储和邮政业	Transpor, Storage and Post	100.0	113.3	132.3	150.9	164.5	171.1
信息传输和计算机服务	Information Transmission, Computer Service	100.0	114.3	132.9	162.7	200.5	218.0
批发和零售业	Wholesale and Retail Sale Trade	100.0	110.7	123.1	137.6	149.4	170.4
住宿和餐饮业	Hotels and Catering Services	100.0	109.5	126.3	144.6	161.7	170.1
金融业	Finance	100.0	128.5	166.7	207.0	255.4	296.7
房地产业	Real Estate	100.0	115.0	130.1	146.7	150.3	184.1
租赁和商务服务业	Leasing and Services and Other Services	100.0	111.3	129.2	148.0	163.1	174.7
科学研究、技术服务和地质勘查业	Scientific Research, Technic Services and Geological Prospecting	100.0	123.3	141.9	163.5	183.8	188.1
水利、环境和公共设施管理业	Water Conservancy, Environment and Public Facilities Management	100.0	113.2	115.8	124.9	138.4	154.8
居民服务和其他服务业	Resident Services and Other Services	100.0	125.5	151.2	187.6	228.8	253.4
教育	Education	100.0	114.5	125.6	141.0	154.7	177.6
卫生、社会保障和社会福利业	Health Care, Social Securities and Social Welfare	100.0	116.1	125.3	140.0	148.1	164.5
文化、体育和娱乐业	Culture, Sports and Recreation	100.0	122.3	151.2	179.2	211.3	236.6
公共管理和社会组织	Public Administration and Social Organization	100.0	116.9	128.3	144.1	153.5	166.5

1-11 按支出法计算的全省生产总值(2003-2009年)
Gross Domestic Product Calculated by Expenditure Approach (2003-2009)

单位:亿元(100 million yuan)

指标	Item	2003	2004	2005	2006	2007	2008	2009
全省生产总值	**Gross Domestic Product Calculated with Expenditure Approach**	**9705.02**	**11648.70**	**13417.68**	**15718.47**	**18753.73**	**21462.69**	**22990.35**
最终消费	**Final Consumption**	**4623.26**	**5416.73**	**6347.60**	**7411.81**	**8517.36**	**9688.82**	**10675.95**
居民消费	Resident Consumption	3338.66	3909.82	4636.46	5496.55	6406.39	7253.92	8131.75
农村居民	Rural	1137.44	1235.12	1345.39	1516.36	1562.32	1683.64	1811.22
城镇居民	Urban	2201.22	2674.70	3291.07	3980.19	4844.07	5570.28	6320.53
政府消费	Government Consumption	1284.60	1506.91	1711.14	1915.26	2110.97	2434.90	2544.20
资本形成总额	**Total Capital Formation**	**4663.83**	**5748.87**	**6448.72**	**7297.05**	**8662.44**	**9326.26**	**10607.33**
固定资本形成总额	Fixed Capital Formation	4479.98	5563.87	6269.16	7065.65	7992.86	8798.01	10220.13
存货增加	Changes in Inventories	183.85	185.00	179.56	231.40	669.58	528.25	387.20
货物和服务净出口	**Net Export**	**417.93**	**483.10**	**621.36**	**1009.61**	**1573.93**	**2447.61**	**1707.07**

注：本表按当年价格计算。The figures in this table are calculated at current price.

1-12 总产出(2003-2009年)
Total Output(2003-2009)

单位:亿元(100 million yuan)

指标	Item	2003	2004	2005	2006	2007	2008	2009
总产出	**Total Output**	**32552.25**	**39465.06**	**45910.04**	**54717.38**	**65875.71**	**78414.74**	**81997.22**
第一产业	Primary Industry	1169.26	1332.27	1428.28	1514.56	1597.15	1780.01	1873.40
第二产业	Secondary Industry	24451.53	30009.01	34954.26	41992.73	50677.40	59464.11	61012.00
工业	Industry	21484.66	26442.03	31199.03	37666.62	45838.19	54076.00	54964.56
建筑业	Construction	2966.87	3566.98	3755.23	4326.11	4839.21	5388.10	6047.44
第三产业	Tertiary Industry	6931.46	8123.78	9527.49	11210.09	13601.16	17170.63	19111.82

注：1. 本表按当年价格计算。The figures in this table are calculated at current price.
2. 从2004年起第一产业包括农林牧渔服务业。The Output of Primary Industry includes Services for Agriculture since 2004.

1-13 居民消费水平和指数(1978-2009 年)
Resident Consumption Level and Its Indices(1978-2009)

单位:%(%)

年份 Year	居民总消费水平(元/人) Resident Consumption level (yuan/person)	农村居民总消费水平 Rural Resident	城镇居民总消费水平 Urban Resident	居民总消费水平指数(1978=100) Indices of Resident Consumption Level (1978=100)	农村居民消费水平指数 Rura Resident	城镇居民消费水平指数 Urban Resident
1978	193	164	410	100.0	100.0	100.0
1979	218	183	466	112.1	111.1	110.6
1980	240	198	511	120.1	119.6	111.0
1981	317	271	595	156.2	161.6	127.0
1982	354	305	630	173.4	181.4	132.0
1983	383	328	672	184.3	192.8	137.0
1984	439	369	788	206.7	213.5	154.9
1985	580	472	1063	237.6	238.7	181.4
1986	702	558	1283	270.5	266.1	206.1
1987	828	655	1492	295.2	293.4	216.1
1988	1070	829	1959	314.6	309.8	229.9
1989	1186	914	2145	293.7	285.6	215.5
1990	1227	930	2235	297.5	285.2	220.0
1991	1353	1005	2493	317.7	303.4	232.5
1992	1528	1091	2882	335.6	314.5	245.9
1993	1850	1244	3608	351.2	325.1	253.6
1994	2536	1654	4920	389.0	348.7	282.4
1995	3217	2053	6141	423.2	374.0	301.9
1996	3906	2486	7268	473.5	423.7	325.4
1997	4233	2665	7649	496.8	444.8	330.0
1998	4397	2774	7607	515.1	466.5	326.6
1999	4539	2845	7566	534.7	485.6	326.6
2000	5099	3278	8020	587.5	547.9	339.1
2001	5551	3621	8404	641.2	605.3	356.8
2002	6098	4012	8839	711.6	675.3	379.8
2003	7033	4504	9907	810.6	737.4	423.5
2004	8174	4918	11771	912.3	769.7	489.6
2005	9558	5439	13843	1066.5	851.3	575.8
2006	11129	6235	15877	1211.5	957.7	642.6
2007	12762	7179	17033	1352.1	1081.2	668.9
2008	14251	7765	19065	1469.7	1136.4	729.8
2009	15790	8324	21251	1646.0	1235.3	821.7

注：本表绝对数按当年价格计算,指数按可比价格计算。
The absolute figures in this table are calculated at current price,while the indices are calculated at comparable price.

浙/江/统/计/年/鉴

主要统计指标解释

■ 生产总值

是按市场价格计算的国内生产总值的简称。它是一个国家(地区)所有常住单位在一定时期内生产活动的最终成果。生产总值有三种表现形态,即价值形态、收入形态和产品形态。从价值形态看,它是所有常住单位在一定时期内所生产的全部货物和服务价值超过同期投入的全部非固定资产货物和服务价值的差额,即所有常住单位增加值之和;从收入形态看,它是所有常住单位在一定时期内所创造并分配给常住单位和非常住单位的初次分配收入之和;从产品形态看,它是最终使用的货物和服务减去进口货物和服务。在实际核算中,国内生产总值的三种表现形态表现为三种计算方法,即生产法、收入法和支出法。三种方法分别从不同的方面反映国内生产总值及其构成。

■ 三次产业

根据社会生产活动历史发展的顺序对产业结构的划分,产品直接取自自然界的部门称为第一产业,对初级产品进行再加工的部门称为第二产业,为生产和消费提供各种服务的部门称为第三产业。它是世界上通用的产业结构分类,但各国的划分不尽一致。我国的三次产业划分是:

第一产业:农林牧渔业(包括农业、林业、畜牧业、渔业和农林牧渔服务业)。

第二产业:包括采矿业、制造业、电力、燃气、及水的生产和供应业、建筑业。

第三产业:除第一、第二产业以外的其他各业。

■ 支出法国内生产总值

指一个国家(或地区)所有常住单位在一定时期内用于最终消费、资本形成总额,以及货物和服务的净出口总额,它反映本期生产的国内生产总值的使用构成。

■ 最终消费

指常住单位在一定时期内对于货物和服务的全部消费支出,也就是常住单位为满足物质文化和精神生活的需要,从本国经济领土和国外购买的货物和服务的支出;不包括非常住单位在本国经济领土内的消费支出。最终消费分为居民消费和政府消费。

■ 居民消费

指常住住户对货物和服务的全部最终消费指出。居民消费按市场价格计算,既按居民支付的购买者价格计算。购买者价格是购买者取得货物所支付的价格包括购买者支付的运输和商业费用。居民消费除了直接以货币形式购买货物和服务的消费之外,还包括以其他方式获得的货物和服务的消费支出既所谓的虚拟消费支出。居民虚拟消费支出包括以下几种类型:单位以实物报酬及实物转移的形式提供给劳动者的货物和服务;住户生产并由本住户消费了的货物和服务,其中的服务仅指住户的自有住房服务;金融机构提供的金融媒介服务;保险公司提供的保险服务。

■ 政府消费

指政府部门为全社会提供公共服务的消费支出和免费或以较低价格向住户提供的货物和服务的净支出前者等于政府服务的产出价值减去政府单位所获得的经营收入的价值,政府服务的产出价值等于它的经常性业务支出加上固定资产折旧;后者等于政府部门免费或以较低价格向住户提供的货物和服务的市场减去向住户收取的价值。

■ 资本形成总额

指常住单位在一定时期内获得的减去处置的固定资产加存货的变动,包括固定资本形成总额和存货增加。

■ 固定资本形成总额

指常住单位购置、转入和自产自用的固定资产,扣除固定资产的销售和转让,分有形固定资产形成总额和无形固定资产形成总额。有形固定资产形成总额包括一定时期内完成的建筑工程、安装工程和设备工器具(减处置)价值,以及土地改良、新增役种奶毛娱乐用牲畜和新增林木价值。无形固定资产总额包括矿藏的勘探、计算机软件、娱乐和文学艺术品原件等获得减处置。

主要统计指标解释

■ 存货增加

指常住单位存货实物量变动的市场价值，即期末价值减期初价值的差额。存货量增加可以是正值，也可以是负值；正值表示存货上升，负值表示存货下降。它包括生产单位购进的原材料燃料和储备物资等存货，以及生产单位生产的产成品在制品等存货等。

■ 货物和服务净出口

指货物和服务出口减货物和服务进口的差额。出口包括常住单位从非常住单位出售或无偿转让的各种货物和服务的价值；进口包括常住单位从非常住单位购买或无偿得到的各种货物和服务的价值。由于服务活动的提供与使用同时发生，因此服务的进出口业务并不发生出入境现象，一般把常住单位从国外得到的服务作为进口，非常住单位从本国得到的服务作为出口。货物的进口和出口都按离岸价格计算。

■ 劳动者报酬

指劳动者因从事生产活动所获得的全部报酬。包括劳动者获得的各种形式的工资，奖金和津贴，既包括货币形式的，也包括实物形式的；还包括劳动者所享受的公费医疗和医药卫生费上下班交通补贴和单位支付的社会保险费等。对于个体经济来说其所有者所获得的劳动报酬和经营利润不易区分，这两部分统一作为劳动者报酬处理。

■ 生产税净额

指生产税减生产补贴后的余额。生产税指政府对生产单位生产销售和从事经营活动以及因从事生产活动使用某些生产要素（如固定资产土地劳动力）所征收的各种税、附加费和规费。生产补贴和生产税相反，指政府对生产单位的单方面收入转移，因此视为负生产税，包括政策亏损补贴、粮食系统价格补贴、外贸企业出口退税收入等。

■ 固定资产折旧

在一定时期内为弥补固定资产损耗按照核定的固定资产损耗率提取的固定资产折旧，或按国民经济核算统一规定的折旧率虚拟计算的固定资产折旧。它反映了固定资产在当期生产中的转移价值。各类企业和企业化管理的事业单位的固定资产折旧是指实际计提并计入成本费中的折旧费；不计提折旧的政府机关非企业化管理的事业单位和居民住房的固定资产折旧是按照统一规定的折旧率和固定资产原值计算的虚拟折旧。原则上，固定资产折旧应按固定资产的重置价值计算，但是目前我国尚不具备对全社会固定资产进行重估价的基础，所以暂时只能采用上述方法。

■ 营业盈余

指常住单位创造的增加值扣除劳动者报酬生产税净额和固定资产折旧后的余额。它相当于企业的营业利润加上生产补贴，但要扣除从利润中开支的工资和福利等。

ZHEJIANG STATISTICAL YEARBOOK

Explanatory Notes on Main Statistical Indicators

□ Gross Domestic Product(GDP)

refers to gross domestic product calculated at market prices, which is the final products of all resident units in a country (or region) during a certain period of time. Gross domestic product is expressed in three different forms, i. e. value added, income, and products respectively. The form of value added refers to the total value of all products and services produced by all resident units during a certain period of time minus total value of input of materials and services of the nature of non-fixed assets or the summation of the value added of all resident units; the form of income includes all the income created by all resident units and distributed primarily to all resident and non-resident units; the form of products refers to all final goods and services minus imports of goods and services. In the practice of national accounting, gross domestic product is calculated with three approaches, i. e. product approach, income approach, and expenditure approach respectively to reflect gross domestic product and its composition from different aspects.

□ Three Industries

Industry structure has been classified according to the historical sequence of development. Primary industry refers to extraction of natural resources; secondary industry involves processing of primary products ; and tertiary industry provides services of various kinds for production and consumption. The above classification is universal although it varies to some extent from country to country. Industry in China comprises:

Primary industry: agriculture, forestry, animal husbandry and fishery, including farming animal husbandry, fishery industry and service industry for farming, animal husbandry and fishery.

Secondary industry: mining, manufacturing, power、steam and water production and supply, construction.

Tertiary industry: all other industries not included in primary or secondary industry.

□ GDP Calculated by Expenditure Approach

refers to total expenditure on final consumption, total capital formation and net export of goods and services by resident units of a country in a certain period of time. It reflects the composition of GDP by its use.

□ Final Consumption

refers to the total expenditure of resident units on final consumption of goods and services in a certain period, namely the expenditure of the resident units for perchases of good and services from domestic economic territory and abroad to meet the requirements of meterial, cultural and spritual life. It excludes the expenditure of non-resident units on consumption in the economic territory of the country. The final consumption is classified into household consumption and government consumption.

□ Households Consumption

refers to the total expenditure of resident households on the final consumption of goods and services. The households consumption is calculated at market prices, namely the purchaser's prices which the households pay; the purchaser's prices of goods are the prices the households pay when they obtain the goods including the transport and commercial expenses paid by the households. In addition to the consumption of goods and services bought by the households directly with money, the expenditure on goods and services obtained by the households in other ways, i. e. the so-called imputed expenditure on consumption, is also included in the households consumption. The imputation expenditure of the households on consumption includes the following types: (a) the goods and services privided to the households by the units in the form of payment in kind and transfer in kind; (b) the goods and services produced

EXPLANATORY NOTES ON MAIN STATISTICAL INDICATORS

and consumed by the households themselves, in which the services refer only to the services provided by the residential buildings owned by the households; (c) the services of financial intermediary provided by the financial institution; (d) the insurance services provided by the insurance companies.

□ Government Consumption

refers to the expenditure on the consumption of the public services provided by the government to the whole society and the net expenditure on the goods and services provided by the government to the households at free charge or lower prices. The former equals to the output value of the government services minus the value of operating income obtained by the government departments. (The output value of the government services equals to its current operating expenditure plus depreciation of fixed assets). The latter equals to the market value of the goods and services provided by the government free of charge or at low prices to the households minus the value received by the government from the households.

□ Total Capital Formation

refers to the fixed assets acquired minus those disposed and the change in inventory including the total fixed assets formation and the increase in inventory.

□ Total Fixed Capital Formation

refers to the value of fixed assets purchased, transferred in by the resident units and those produced and used by themselves deducting the value of fixed assets sold and transferred out. It can be classfied into total tangible assets formation and total intangible asset formation. The total tangible assets formation and total intangible assets formation. The total tangible assets formation include the value of construction projects, installation projects completed and the equipment apparatus and instruments purchasedas well as the value of land improved, the value of draught animals, breeding stock, milk, wool and recreational animals and the newly increased economic forest in a certain period. The total ingangible assets formation includes the prospecting of minerals, the acquisition of computer software, the orginals of recreational works and works of literature and arts minus the disposal of them.

□ Increase in Inventory

refers to the market value of the change in inventory, i. e. the difference of value between the beginning and the end of the period. The increase in inventory can be positive or negative. A positive value indicates the increase in inventory while a negative value indicates the decrease in stock. The inventory includes the raw materials, fuels, and reserve materials purchased by the production units as well as the inventory of finished products, semifinished products work-in-progress, ect.

□ Net Export of Goods and Services

refers to the difference of the exports of goods and services minus the imports of goods and services. The imports include the value of various goods and services sold or gratuitously transferred by the resident units to the non-resident units. The imports include the value of various goods and services purchased or gratuitously acquired by the resident units from the non-resident units. Because the provision of services and the use of them happen simultaneously, the import and export of services do not appear to have the phenomena of crossing the border of the country. The acquisition of services by the resident units from abroad is uaually treated as import while the acquisition of services by non-resident units in this country is uaually treated as export. The export and import of goods are calculated at FOB.

□ Labourer's Remuneration

refers to the whole payment of various forms earned by the labourers from the productive activities they are engaged in. It includes wages, bonuses and allowances the labourers earned in monetary form and in kind. It also includes the free medical services provided to the labourers and the medicine expenses, traffic subsidies and social insurance free paid by the labourers' working units for them. As the individual economy is concerned, since the labourers' remuneration is not easily distingushed from the operating profit, both are treated as labourers remuneration.

EXPLANATORY NOTES ON MAIN STATISTICAL INDICATORS

□ Net Taxes on Production

refers to the residual of the taxes on production minus the subsidies on production. The taxes on production refer to the various taxes, extra charges and fees levied on the production units on their production, sail and business activities as well as on some factors of production, such as fixed assets, land and labour force, used in the production activities they are engaged in. In contrast to the taxes on production, the subsidies on production refer to the unilateral transfer of part of the government's revenue to the production units and is therefore regarded as negative taxes on production. They include sunsidies on the loss due to implementation of government policies, price subsidies to the grain institutions, foreign trade corporations' receipts from drawback, ect.

□ Depreciation of Fixed Assets

refers to the depreciation of fixed assets of a given period, drawn in accordance with the stipulated depreciation rate for purpose of compensating the wear loss of the fixed assets of the depreciation of fixed assets calculated in a fictitious way in accordance with the stipulated unified depreciation rate in the national economic accounting system. It reflects the value of transfer of the fixed assets in the production of the current period. The depreciation of fixed assets in various enterprises and institutions managed as enterprises refers to the depreciation expenses actually drawn-and calculated as part of the cost. In government agencies and institutions not managed as enterprises which do not draw the depreciation expenses, as well as for the house of residents, the depreciation of fixed assets is the imputed depreciation, which is calculated in accordance with the stipulated unified depreciation rate. In principle, the depreciation of fixed assets should bs calculated on the basis of the repurchased value of the fixed assets. However, there is no actual condition to reevaluated all the fixed assets in China. Therefore, the abovementioned methods are temporarily adopted at present.

□ Operating Surplus

refers to the balance of the value added created by the resident units deducting the laboures' remuneration, net taxes on production and the depreciation of fixed assets. It is equivalent to the business profit of the enterprises plus subsidies on production, but the wages and welfare expenses paid from the profits should be deducted.

2010

浙江统计年鉴

ZHEJIANG STATISTICAL YEARBOOK

CHAPTER 2

人口和从业人员

Population and Employment

2-1 历年总户数和总人口数(年底数)
Total Population and Households(year-end)

年份 Year	总户数(万户) Total Households (10000 households)	总人口数(万人) Total Population (10000 persons)	按性别分 By Sex 男性 Male	女性 Female	按农业和非农业分 By Agriculture and Non-agriculture 农业人口 Agriculture	非农业人口 Non-agriculture
1978	897.62	3750.96	1948.29	1802.67	3321.96	429.00
1979	905.32	3792.33	1967.40	1824.93	3332.57	459.76
1980	923.58	3826.58	1985.59	1840.99	3346.40	480.18
1981	965.92	3871.51	2007.55	1863.96	3362.04	509.47
1982	990.66	3924.32	2034.98	1889.34	3387.79	536.53
1983	1014.03	3963.10	2056.06	1907.04	3413.05	550.05
1984	1038.85	3993.09	2071.46	1921.63	3425.47	567.62
1985	1081.20	4029.56	2090.69	1938.87	3395.35	634.21
1986	1122.09	4070.07	2112.05	1958.02	3417.19	652.88
1987	1167.30	4121.19	2137.38	1983.81	3455.14	666.05
1988	1211.08	4169.85	2161.26	2008.59	3487.61	682.24
1989	1240.41	4208.88	2180.83	2028.05	3515.46	693.42
1990	1259.49	4234.91	2193.71	2041.20	3538.13	696.78
1991	1276.80	4261.37	2206.65	2054.72	3555.37	706.00
1992	1297.81	4285.91	2218.72	2067.19	3560.13	725.78
1993	1311.07	4313.30	2232.72	2080.58	3563.24	750.06
1994	1321.54	4341.20	2246.57	2094.63	3565.19	776.01
1995	1339.82	4369.63	2259.54	2110.09	3567.14	802.49
1996	1353.99	4400.09	2273.54	2126.55	3570.17	829.92
1997	1369.79	4422.28	2282.85	2139.43	3557.19	865.09
1998	1389.44	4446.86	2293.29	2153.57	3539.78	907.08
1999	1410.25	4467.46	2302.64	2164.82	3519.79	947.67
2000	1440.40	4501.22	2316.54	2184.68	3506.20	995.02
2001	1447.67	4519.84	2323.87	2195.97	3473.63	1046.21
2002	1466.19	4535.98	2330.30	2205.68	3438.76	1097.22
2003	1485.72	4551.58	2335.61	2215.97	3394.08	1157.50
2004	1509.29	4577.22	2345.26	2231.96	3353.16	1224.06
2005	1534.16	4602.11	2354.19	2247.91	3335.30	1266.81
2006	1556.53	4629.43	2364.97	2264.46	3317.26	1312.17
2007	1578.85	4659.34	2377.12	2282.22	3308.21	1351.13
2008	1595.70	4687.85	2388.98	2298.87	3292.37	1395.48
2009	1604.17	4716.18	2400.16	2316.02	3282.23	1433.95

注：本表资料为公安年报数。
Data in this table were taken from the annual reports of the Bureau of Public Security.

2-2 各市、县总户数和总人口数(2009 年底)
Total Households and Population by City and County(End of 2009)

地区 Region		总户数(万户) Total Households (10000 households)	总人口数(万人) Total Population (10000 persons)	按性别分 By Sex		按农业和非农业分 By Agriculture and Non-agriculture	
				男性 Male	女性 Female	农业人口 Agriculture	非农业人口 Non-agriculture
合计	**Total**	**1604.17**	**4716.18**	**2400.16**	**2316.02**	**3282.23**	**1433.95**
杭州市	**Hangzhou**	**215.28**	**683.38**	**344.51**	**338.87**	**328.90**	**354.48**
市辖区	District	126.92	429.44	215.56	213.87	131.61	297.83
上城区	Shangcheng	11.52	32.52	16.40	16.12		32.52
下城区	Xiacheng	12.46	39.84	20.32	19.52	0.01	39.84
江干区	Jianggan	11.22	44.25	22.38	21.87	2.71	41.54
拱墅区	Gongshu	10.37	30.74	15.70	15.04	0.22	30.52
西湖区	Xihu	16.16	61.78	31.87	29.91	7.49	54.29
滨江区	Bingjiang	3.72	14.47	7.33	7.14	1.35	13.12
萧山区	Xiaoshan	37.67	120.99	59.67	61.32	76.90	44.09
余杭区	Yuhang	23.82	84.84	41.90	42.94	42.94	41.90
桐庐县	Tonglu	15.07	40.07	20.25	19.82	28.15	11.92
淳安县	Chunan	15.06	45.27	23.21	22.06	37.65	7.63
建德市	Jiande	17.49	51.34	26.33	25.01	38.47	12.87
富阳市	Fuyang	21.88	64.67	32.79	31.88	51.38	13.29
临安市	Linan	18.86	52.59	26.37	26.21	41.64	10.94
宁波市	**Ningbo**	**222.46**	**571.02**	**285.96**	**285.05**	**368.98**	**202.04**
市辖区	District	88.81	221.83	110.02	111.81	87.41	134.42
海曙区	Haishu	11.34	30.46	15.05	15.41	0.01	30.46
江东区	Jiangdong	10.47	27.63	13.71	13.93		27.63
江北区	Jiangbei	9.81	23.67	11.72	11.95	8.55	15.11
北仑区	Beilun	15.30	37.32	18.57	18.75	18.13	19.19
镇海区	Zhenhai	9.22	22.46	11.35	11.10	6.34	16.13
鄞州区	Yinzhou	32.66	80.28	39.61	40.67	54.38	25.90
象山县	Xiangshan	19.08	53.71	27.44	26.28	42.58	11.13
宁海县	Ninghai	22.41	60.50	31.41	29.08	51.12	9.38
余姚市	Yuyao	31.14	83.25	41.47	41.78	65.07	18.18
慈溪市	Cixi	42.75	103.52	51.17	52.35	85.25	18.28
奉化市	Fenhua	18.27	48.21	24.45	23.76	37.56	10.65
温州市	**Wenzhou**	**228.11**	**779.11**	**405.07**	**374.04**	**611.99**	**167.12**
市辖区	District	43.29	144.77	73.28	71.49	77.66	67.10
鹿城区	Luchen	22.69	70.70	35.28	35.42	16.79	53.91
龙湾区	Longwan	8.58	33.41	17.29	16.12	27.24	6.17
瓯海区	Ohai	12.02	40.66	20.71	19.95	33.63	7.03
洞头县	Dongtou	3.86	12.74	6.59	6.15	11.08	1.66
永嘉县	Yongjia	28.06	93.45	49.27	44.18	82.04	11.41
平阳县	Pingyang	24.44	86.26	45.02	41.24	69.76	16.50
苍南县	Cangnan	34.37	127.59	67.29	60.30	98.12	29.47

续表 1 Continued

地区 Region		总户数（万户）Total Households (10000 households)	总人口数（万人）Total Population (10000 persons)	按性别分 By Sex		按农业和非农业分 By Agriculture and Non－agriculture	
				男性 Male	女性 Female	农业人口 Agriculture	非农业人口 Non-agriculture
文成县	Wenchen	12.52	37.37	19.95	17.42	34.02	3.36
泰顺县	Taishun	11.41	35.69	18.85	16.84	32.25	3.44
瑞安市	Ruian	32.02	118.75	60.97	57.78	97.27	21.48
乐清市	Yueqing	38.15	122.49	63.85	58.64	109.79	12.70
嘉兴市	**Jiaxing**	**102.83**	**339.60**	**168.33**	**171.27**	**199.68**	**139.92**
市辖区	District	27.12	83.12	41.28	41.84	40.70	42.42
南湖区	Xuichen	16.26	47.16	23.48	23.68	17.76	32.40
秀洲区	Xuizhou	10.86	35.96	17.80	18.16	25.94	10.02
嘉善县	Jiashan	12.43	38.29	18.97	19.32	20.36	17.93
海盐县	Haiyan	12.05	37.07	18.40	18.67	29.72	7.35
海宁市	Haining	18.27	65.50	32.33	33.17	42.83	22.68
平湖市	Pinghu	14.65	48.51	23.89	24.62	25.28	23.23
桐乡市	Tongxiang	18.29	67.10	33.46	33.64	40.79	26.31
湖州市	**Huzhou**	**85.00**	**259.17**	**129.78**	**129.39**	**177.33**	**81.84**
市辖区	District	34.49	108.56	54.03	54.53	65.05	43.51
吴兴区	Wuxing	19.94	59.52	29.65	29.87	28.05	31.47
南浔区	NanXun	14.54	49.04	24.38	24.66	37.00	12.04
德清县	Deqing	13.57	42.85	21.35	21.50	30.34	12.51
长兴县	ChangXing	21.38	62.05	31.49	30.56	45.90	16.15
安吉县	Anji	15.57	45.71	22.92	22.79	36.03	9.67
绍兴市	**Shaoxing**	**162.39**	**437.74**	**220.19**	**217.55**	**294.27**	**143.46**
市辖区	District	23.88	64.90	32.01	32.89	17.52	47.38
越城区	Yuechen	23.88	64.90	32.01	32.89	17.52	47.38
绍兴县	shaoxing	25.66	71.78	35.45	36.33	42.36	29.43
新昌县	Xinchang	16.51	43.59	22.60	20.99	34.63	8.96
诸暨市	Zhuji	40.15	106.67	53.70	52.98	90.55	16.12
上虞市	Shangyu	29.29	77.42	38.48	38.94	52.28	25.14
嵊州市	Shengzhou	26.90	73.37	37.95	35.42	56.94	16.43
金华市	**Jinhua**	**181.96**	**463.68**	**237.62**	**226.05**	**356.61**	**107.06**
市辖区	District	37.22	92.70	47.04	45.66	60.98	31.72
婺城区	Wuchen	24.13	61.81	31.41	30.40	33.29	28.52
金东区	JIndong	13.10	30.89	15.64	15.26	27.69	3.20
武义县	Wuyi	13.32	33.63	17.31	16.32	28.23	5.40
浦江县	Pujiang	14.92	38.95	20.28	18.67	31.88	7.07
磐安县	Panan	8.00	20.96	10.91	10.05	17.99	2.97
兰溪市	Lanxi	23.08	65.97	34.41	31.55	53.15	12.82
义乌市	Yiwu	31.35	73.02	37.21	35.81	50.36	22.66
东阳市	Dongyang	32.14	81.62	41.44	40.19	67.00	14.62

续表 2 Continued

地区	Region	总户数（万户）Total Households (10000 households)	总人口数（万人）Total Population (10000 persons)	按性别分 By Sex		按农业和非农业分 By Agriculture and Non – agriculture	
				男性 Male	女性 Female	农业人口 Agriculture	非农业人口 Non-agriculture
永康市	Yongkang	21.93	56.82	29.02	27.80	47.02	9.80
衢州市	**Quzhou**	**85.17**	**249.86**	**129.23**	**120.63**	**197.43**	**52.43**
市辖区	District	29.17	82.18	42.38	39.81	54.89	27.29
柯城区	Kechen	15.73	41.87	21.35	20.52	18.71	23.16
衢江区	Qujiang	13.44	40.32	21.03	19.29	36.18	4.13
常山县	Changshan	10.30	32.93	17.25	15.68	28.61	4.33
开化县	Kaihua	10.94	35.06	18.16	16.90	30.67	4.39
龙游县	Longyou	15.25	40.31	20.62	19.69	33.79	6.52
江山市	Jiangshan	19.52	59.38	30.83	28.55	49.47	9.90
舟山市	**Zhoushan**	**36.69**	**96.77**	**48.37**	**48.40**	**60.67**	**36.10**
市辖区	District	25.54	69.66	34.97	34.69	41.91	27.75
定海区	Dinghai	14.33	37.53	18.87	18.65	21.71	15.82
普陀区	Putuo	11.21	32.13	16.09	16.04	20.20	11.93
岱山县	Daishan	8.14	19.14	9.49	9.65	14.26	4.88
嵊泗县	Shengsi	3.02	7.97	3.91	4.06	4.51	3.47
台州市	**Taizhou**	**193.34**	**578.47**	**297.54**	**280.93**	**474.08**	**104.39**
市辖区	District	50.17	153.77	77.83	75.94	123.01	30.76
椒江区	Jiaojiang	17.36	50.40	25.54	24.86	36.75	13.65
黄岩区	Huangyan	19.21	59.41	30.12	29.29	48.52	10.89
路桥区	Luqiao	13.61	43.96	22.17	21.79	37.75	6.21
玉环县	Yuhuan	14.07	41.47	21.11	20.36	22.21	19.26
三门县	Sanmen	13.20	42.60	22.36	20.25	38.22	4.38
天台县	Tiantai	19.57	57.50	30.14	27.36	47.07	10.42
仙居县	Xianju	14.98	49.21	15.63	23.58	44.21	5.00
温岭市	Wenling	42.90	118.45	60.29	58.16	98.85	19.61
临海市	Linhai	38.45	115.47	60.18	55.29	100.50	14.97
丽水市	**Lishui**	**90.95**	**257.39**	**133.54**	**123.84**	**212.29**	**45.10**
市辖区	District	15.88	38.46	19.58	18.88	25.84	12.62
莲都区	Liandu	15.88	38.46	19.58	18.88	25.84	12.62
青田县	Qingtian	15.56	49.86	25.92	23.94	41.61	8.26
缙云县	Jinyun	17.74	45.02	23.29	21.74	40.48	4.55
遂昌县	Suichang	8.10	23.12	12.10	11.02	19.29	3.83
松阳县	Songyang	8.45	23.69	12.39	11.30	20.74	2.95
云和县	Yunhe	3.54	11.26	5.86	5.40	9.18	2.08
庆元县	Qingyuan	7.34	20.24	10.49	9.74	16.86	3.38
景宁自治县	Jingning	5.35	17.02	9.04	7.98	13.95	3.07
龙泉市	Longquan	8.99	28.71	14.87	13.84	24.35	4.37

注：本表资料为公安年报数。
Data in this table were taken from the annual reports of the Bureau of Public Security.

2-3 人口自然变动情况(1978-2009年)
Population Natural Changes(1978-2009)

年份 Year	年末常住人口(万人) Total Population with Permanent Residence (10000 persons)	出生 Birth		死亡 Death		自然增长 Natural Growth	
		人数(万人) Population (10000 persons)	出生率(‰) Birth Rate (‰)	人数(万人) Population (10000 persons)	死亡率(‰) Death Rate (‰)	人数(万人) Population (10000 persons)	自然增长率(‰) Natural Growth Rate(‰)
1978		67.75	18.17	21.75	5.83	46.00	12.34
1979		67.82	17.98	22.23	5.89	45.59	12.09
1980		59.40	15.59	23.97	6.29	35.43	9.30
1981		69.00	17.93	24.12	6.27	44.89	11.66
1982		71.38	18.31	23.17	5.94	48.21	12.37
1983		62.66	15.89	25.13	6.37	37.53	9.52
1984		49.80	12.52	23.82	5.99	25.97	6.53
1985		50.59	12.61	24.25	6.05	26.34	6.56
1986		64.64	15.96	24.06	5.94	40.58	10.02
1987		69.67	17.01	28.34	6.92	41.33	10.09
1988		64.42	15.54	26.32	6.35	38.10	9.19
1989		63.68	15.20	26.85	6.41	36.83	8.79
1990	4238.00	64.75	15.33	26.65	6.31	38.10	9.02
1991	4269.50	61.59	14.48	27.18	6.39	34.41	8.09
1992	4304.40	63.10	14.72	28.17	6.57	34.93	8.15
1993	4334.80	58.79	13.61	28.42	6.58	30.37	7.03
1994	4363.70	56.67	13.24	28.25	6.64	28.42	6.60
1995	4389.00	54.52	12.66	29.07	6.75	25.45	5.91
1996	4413.00	53.21	12.09	28.96	6.58	24.25	5.51
1997	4434.80	50.47	11.41	28.66	6.48	21.81	4.93
1998	4456.20	49.57	11.15	28.14	6.33	21.43	4.82
1999	4475.40	47.51	10.64	28.36	6.35	19.15	4.29
2000	4679.91	48.09	10.30	28.63	6.13	19.46	4.17
2001	4697.27	46.14	10.02	28.78	6.25	17.39	3.77
2002	4730.76	46.19	9.98	28.65	6.19	17.54	3.79
2003	4763.46	44.96	9.66	29.70	6.38	15.26	3.28
2004	4803.48	50.12	10.71	26.95	5.76	23.16	4.95
2005	4898.00	54.37	11.10	29.78	6.08	24.59	5.02
2006	4980.00	50.78	10.29	26.75	5.42	24.03	4.87
2007	5060.00	52.11	10.38	27.96	5.57	24.15	4.81
2008	5120.00	51.92	10.20	28.61	5.62	23.31	4.58
2009	5180.00	52.63	10.22	28.79	5.59	23.84	4.63

注：本表为人口抽样调查数据。
Data in this table are obtained from the sample survey on population changes.

2-4 各市人口自然变动情况
Population Natural Changes by City

单位:‰(‰)

地区 Region		年末常住人口(万人) Population with Permanent Residence (10000 persons)			自然增长率 Natural Growth Rate			出生率 Birth Rate			死亡率 Death Rate			城镇人口比重(%) Percentage of the urban population(%)		
		2007	2008	2009	2007	2008	2009	2007	2008	2009	2007	2008	2009	2007	2008	2009
全　省	**Total**	**5060.0**	**5120.0**	**5180.0**	**4.81**	**4.58**	**4.63**	**10.38**	**10.20**	**10.22**	**5.57**	**5.62**	**5.59**	**57.2**	**57.6**	**57.9**
杭州市	Hangzhou	786.2	796.6	810.0	2.68	2.82	3.35	7.99	8.23	8.45	5.31	5.41	5.10	69.0	69.3	69.5
宁波市	Ningbo	689.5	707.0	719.0	2.94	3.33	3.86	8.48	8.71	8.87	5.54	5.38	5.01	63.2	63.6	63.7
温州市	Wenzhou	790.1	799.8	807.6	7.73	8.16	7.88	13.55	13.81	13.73	5.82	5.65	5.85	60.3	60.5	60.7
嘉兴市	Jiaxing	418.6	423.2	431.2	2.14	2.38	2.48	7.95	8.20	8.34	5.81	5.82	5.86	49.4	50.0	51.2
湖州市	Huzhou	280.0	282.0	285.0	2.53	2.52	2.73	8.09	8.17	8.35	5.56	5.65	5.63	49.3	50.0	50.7
绍兴市	Shaoxing	458.1	463.6	470.3	1.37	1.26	1.39	8.10	8.08	8.20	6.73	6.82	6.81	56.9	57.5	57.7
金华市	Jinhua	510.0	515.1	520.7	5.03	5.25	5.37	10.88	11.09	11.15	5.85	5.84	5.78	57.8	58.2	58.4
衢州市	Quzhou	222.0	222.9	223.5	4.42	4.29	4.27	10.15	10.12	10.04	5.73	5.83	5.77	40.3	41.0	41.1
舟山市	Zhoushan	103.5	105.4	106.3	0.18	0.37	0.37	6.08	6.11	6.06	5.90	5.74	5.69	61.5	61.9	62.4
台州市	Taizhou	573.4	574.4	575.5	6.65	6.81	6.86	11.88	11.96	11.94	5.23	5.15	5.07	51.1	51.5	51.7
丽水市	Lishui	228.6	230.0	230.9	6.11	6.07	5.83	11.82	11.88	11.81	5.71	5.81	5.98	40.8	41.5	41.8

注：全省及各市均为人口抽样调查数。
Data in this table are obtained from the sample survey on population changes.

2-5 各市、县户籍人口年龄构成(2009 年底)
Population by Age, City and County (End of 2009)

单位:人(person)

地区 Region		18 岁以下 Age 0-18		18-35 岁 Age 18-35		35-60 岁 Age 35-60		60 岁以上 Age 60 and over	
		人数 Population	占总人口% Percentage to Total	人数 Population	占总人口% Percentage to Total	人数 Population	占总人口% Percentage to Total	人数 Population	占总人口% Percentage to Total
浙江省	**Total**	**8216035**	**17.42**	**11420560**	**24.22**	**19878301**	**42.15**	**7646894**	**16.21**
杭州市	**Hangzhou**	**1043074**	**15.26**	**1795722**	**26.28**	**2854282**	**41.77**	**1140696**	**16.69**
杭州市区	District	625513	14.57	1194815	27.82	1740126	40.52	733899	17.09
上城区	Shangcheng	32616	10.03	83016	25.53	135085	41.54	74499	22.91
下城区	Xiacheng	43984	11.04	127725	32.06	149952	37.63	76779	19.27
江干区	Jianggan	56471	12.76	166428	37.61	154358	34.88	65222	14.74
拱墅区	Gongshu	36154	11.76	84485	27.48	125816	40.93	60954	19.83
西湖区	Xihu	85687	13.87	233580	37.81	213511	34.56	85006	13.76
滨江区	Bingjiang	25321	17.50	49082	33.92	51919	35.88	18389	12.71
萧山区	Xiaoshan	212789	17.59	261459	21.61	526672	43.53	209015	17.27
余杭区	Yuhang	132491	15.62	189040	22.28	382813	45.12	144035	16.98
桐庐县	Tonglu	64327	16.05	94573	23.60	175833	43.88	65956	16.46
淳安县	Chunan	75395	16.65	106332	23.49	200996	44.40	69995	15.46
建德市	Jiande	84526	16.46	118268	23.04	222479	43.33	88149	17.17
富阳市	Fuyang	115670	17.89	154866	23.95	277556	42.92	98621	15.25
临安市	Linan	77643	14.76	126868	24.13	237292	45.12	84056	15.98
宁波市	**Ningbo**	**866897**	**15.18**	**1332789**	**23.34**	**2533493**	**44.37**	**976993**	**17.11**
宁波市区	District	316321	14.26	559623	25.23	965690	43.53	376629	16.98
海曙区	Haishu	40992	13.46	82397	27.05	127015	41.69	54229	17.80
江东区	Jiangdong	42204	15.27	71347	25.82	120102	43.46	42688	15.45
江北区	Jiangbei	30721	12.98	66147	27.95	99558	42.06	40265	17.01
北仑区	Beilun	52398	14.04	96065	25.74	160948	43.13	63760	17.09
镇海区	Zhenhai	30557	13.60	49142	21.88	103015	45.86	41928	18.66
鄞州区	Yinzhou	119449	14.88	194525	24.23	355052	44.23	133759	16.66
象山县	Xiangshan	83128	15.48	130820	24.36	236847	44.09	86340	16.07
宁海县	Ninghai	106030	17.53	152555	25.22	256921	42.47	89451	14.79
余姚市	Yuyao	124941	15.01	171088	20.55	381470	45.82	154957	18.61
慈溪市	Cixi	163532	15.80	217643	21.02	466738	45.09	187311	18.09
奉化市	Fenhua	72945	15.13	101060	20.96	225827	46.84	82305	17.07
温州市	**Wenzhou**	**1534142**	**19.69**	**2233156**	**28.66**	**2942826**	**37.77**	**1081011**	**13.87**
温州市区	District	254932	17.61	409587	28.29	570243	39.39	212919	14.71
鹿城区	Luchen	117819	16.67	186456	26.37	288494	40.81	114197	16.15
龙湾区	Longwan	69405	20.77	97653	29.23	126577	37.88	40505	12.12
瓯海区	Ohai	67708	16.65	125478	30.86	155172	38.17	58217	14.32
洞头县	Dongtou	23997	18.83	34808	27.32	51574	40.47	17046	13.38
永嘉县	Yongjia	210174	22.49	266850	28.56	332100	35.54	125358	13.41
平阳县	Pingyang	162123	18.79	241349	27.98	333472	38.66	125694	14.57
苍南县	Cangnan	250931	19.67	378521	29.67	477974	37.46	168493	13.21

续表 1 Continued 单位:人(person)

地区 Region		18 岁以下 Age 0 - 18		18 - 35 岁 Age 18 - 35		35 - 60 岁 Age 35 - 60		60 岁以上 Age 60 and over	
		人数 Population	占总人口% Percentage to Total	人数 Population	占总人口% Percentage to Total	人数 Population	占总人口% Percentage to Total	人数 Population	占总人口% Percentage to Total
文成县	Wenchen	72999	19.53	109102	29.19	134156	35.90	57482	15.38
泰顺县	Taishun	69833	19.57	104298	29.22	130597	36.59	52160	14.62
瑞安市	Ruian	229811	19.35	329878	27.78	461696	38.88	166099	13.99
乐清市	Yueqing	259342	21.17	358763	29.29	451014	36.82	155760	12.72
嘉兴市	**Jiaxing**	**534912**	**15.75**	**687345**	**20.24**	**1523858**	**44.87**	**649861**	**19.14**
嘉兴市区	District	128363	15.44	179853	21.64	366056	44.04	156935	18.88
南湖区	Xuichen	68678	14.56	105804	22.43	207090	43.91	90053	19.09
秀洲区	Xuizhou	59685	16.60	74049	20.59	158966	44.21	66882	18.60
嘉善县	Jiashan	57905	15.12	71221	18.60	174122	45.47	79659	20.80
海盐县	Haiyan	57915	15.62	74320	20.05	169496	45.72	68971	18.61
海宁市	Haining	99325	15.16	139000	21.22	291547	44.51	125177	19.11
平湖市	Pinghu	76347	15.74	91705	18.90	223551	46.08	93510	19.28
桐乡市	Tongxiang	115057	17.15	131246	19.56	299086	44.57	125609	18.72
湖州市	**Huzhou**	**405852**	**15.66**	**555801**	**21.45**	**1155421**	**44.58**	**474620**	**18.31**
湖州市区	District	160466	14.78	230503	21.23	479753	44.19	214902	19.80
吴兴区	Wuxing	93119	15.64	137337	23.07	254514	42.76	110253	18.52
南浔区	NanXun	67347	13.73	93166	19.00	225239	45.93	104649	21.34
德清县	Deqing	65832	15.36	87536	20.43	195177	45.55	79949	18.66
长兴县	ChangXing	107367	17.30	134553	21.68	273782	44.12	104814	16.89
安吉县	Anji	72187	15.79	103209	22.58	206709	45.23	74955	16.40
绍兴市	**Shaoxing**	**745792**	**17.04**	**916121**	**20.93**	**1960313**	**44.78**	**755151**	**17.25**
绍兴市区	District	109448	16.86	14294620	22.03	283983	43.76	112619	17.35
越城区	Yuechen	109448	16.86	142946	22.03	283983	43.76	112619	17.35
绍兴县	shaoxing	130424	18.17	143946	20.05	318209	44.33	125266	17.45
新昌县	Xinchang	71678	16.44	102163	23.44	191067	43.83	71009	16.29
诸暨市	Zhuji	186739	17.51	214461	20.10	483087	45.29	182457	17.10
上虞市	Shangyu	127377	16.45	157071	20.29	351427	45.39	138332	17.87
嵊州市	Shengzhou	120126	16.37	155534	21.20	332540	45.33	125468	17.10
金华市	**Jinhua**	**843144**	**18.18**	**1105096**	**23.83**	**1934550**	**41.72**	**753985**	**16.26**
金华市区	District	153766	16.59	232501	25.08	392984	42.39	147794	15.94
婺城区	Wuchen	102961	16.66	155816	25.21	261724	42.34	97611	15.79
金东区	JIndong	50805	16.45	76685	24.82	131260	42.49	50183	16.24
武义县	Wuyi	53390	15.87	78359	23.30	146514	43.56	58060	17.26
浦江县	Pujiang	74921	19.24	89151	22.89	162443	41.71	62973	16.17
磐安县	Panan	40058	19.11	46113	22.00	89743	42.81	33698	16.18
兰溪市	Lanxi	112444	17.05	146403	22.19	285428	43.27	115388	17.49
义乌市	Yiwu	148657	20.36	177711	24.34	291270	39.89	112545	15.41
东阳市	Dongyang	154670	18.95	184400	22.59	341690	41.86	135488	16.60

续表 2　Continued　单位:人(person)

地区 Region		18 岁以下 Age 0－18		18－35 岁 Age 18－35		35－60 岁 Age 35－60		60 岁以上 Age 60 and over	
		人数 Population	占总人口% Percentage to Total	人数 Population	占总人口% Percentage to Total	人数 Population	占总人口% Percentage to Total	人数 Population	占总人口% Percentage to Total
永康市	Yongkang	105238	18.52	150458	26.48	224478	39.51	88039	15.49
衢州市	**Quzhou**	**462120**	**18.50**	**579837**	**23.21**	**1060754**	**42.45**	**395870**	**15.84**
衢州市区	District	145750	17.74	183949	22.38	352140	42.85	139976	17.03
柯城区	Kechen	73424	17.54	93557	22.35	179896	42.97	71810	17.15
衢江区	Qujiang	72326	17.94	90392	22.42	172244	42.73	68166	16.91
常山县	Changshan	65851	19.99	88329	26.82	130055	39.49	45107	13.70
开化县	Kaihua	65064	18.56	87891	25.07	147934	42.20	49687	14.17
龙游县	Longyou	70943	17.60	87399	21.68	177206	43.96	67538	16.76
江山市	Jiangshan	114512	19.29	132289	22.28	253419	42.68	93562	15.76
舟山市	**Zhoushan**	**121231**	**12.53**	**212459**	**21.95**	**458419**	**47.37**	**175612**	**18.15**
舟山市区	District	88630	12.72	158058	22.69	325214	46.69	124698	17.90
定海区	Dinghai	50190	13.37	86827	23.14	170943	45.55	67314	17.94
普陀区	Putuo	38440	11.96	71231	22.17	154271	48.01	57384	17.86
岱山县	Daishan	22264	11.63	38633	20.18	93240	48.71	37266	19.47
嵊泗县	Shengsi	10337	12.97	15768	19.78	39965	50.13	13648	17.12
台州市	**Taizhou**	**1150925**	**19.90**	**1361070**	**23.53**	**2411544**	**41.69**	**861193**	**14.89**
台州市区	District	290430	18.89	357957	23.28	645880	42.00	243429	15.83
椒江区	Jiaojiang	94830	18.82	126520	25.10	207354	41.14	75289	14.94
黄岩区	Huangyan	108964	18.34	131217	22.09	252985	42.58	100949	16.99
路桥区	Luqiao	86636	19.71	100220	22.80	185541	42.21	67191	15.28
玉环县	Yuhuan	75391	18.18	107775	25.99	170989	41.24	60509	14.59
三门县	Sanmen	85607	20.09	108180	25.39	176293	41.38	55958	13.13
天台县	Tiantai	127168	22.12	144232	25.08	224719	39.08	78871	13.72
仙居县	Xianju	119516	24.29	98534	20.02	206242	41.91	67807	13.78
温岭市	Wenling	207615	17.53	285528	24.11	503737	42.53	187630	15.84
临海市	Linhai	245198	21.23	258864	22.42	483684	41.89	166989	14.46
丽水市	**Lishui**	**507946**	**19.73**	**641144**	**24.91**	**1042841**	**40.52**	**381922**	**14.84**
丽水市区	District	70684	18.38	95875	24.93	159718	41.53	58284	15.16
莲都区	Liandu	70684	18.38	95875	24.93	159718	41.53	58284	15.16
青田县	Qingtian	110883	22.24	136690	27.41	179670	36.03	71405	14.32
缙云县	Jinyun	86422	19.19	110096	24.45	184895	41.07	68827	15.29
遂昌县	Suichang	40889	17.69	52050	22.51	101379	43.85	36879	15.95
松阳县	Songyang	45617	19.26	56688	23.93	100199	42.29	34403	14.52
云和县	Yunhe	20494	18.20	26892	23.88	47847	42.48	17388	15.44
庆元县	Qingyuan	42639	21.07	53264	26.32	81114	40.08	25353	12.53
景宁自治县	Jingning	34339	20.18	43779	25.73	67759	39.82	24294	14.28
龙泉市	Longquan	55979	19.50	65810	22.92	120260	41.88	45089	15.70

注：本表资料为公安年报数。
Data in this table were taken from the annual reports of the Bureau of Public Security.

2－6 非农业人口变动情况
Changes of Non－agriculture Population

单位：万人（10000 persons）

项目	Item	2004	2005	2006	2007	2008	2009
增加人口数合计	**Increased Population**	**129.45**	**110.46**	**110.58**	**101.90**	**133.00**	**102.43**
出生人口	Birth Population	10.22	10.16	10.51	12.21	12.34	12.56
非农业人口迁入	Non-agriculture Population Transfered into	56.59	55.02	55.87	55.82	52.90	50.44
农业人口转非农业人口	Population Changed into Non-agriculture	57.21	34.09	36.52	27.44	26.66	18.90
#招生	Students Recruited	7.91	7.59	4.97	3.77	1.92	1.15
招工	Workers Recruited	0.91	0.61	0.22	0.08	0.10	0.13
复员转业	Demobilized Soldiers	0.84	0.65	0.64	0.52	0.57	0.50
其他人口	Others	4.59	10.54	7.04	5.91	40.53	20.03
减少人口数合计	**Decreased Population**	**63.38**	**67.72**	**65.22**	**62.93**	**88.65**	**63.97**
死亡人口	Death Population	5.72	5.75	5.92	6.21	6.53	7.23
非农业人口迁出	Non-agriculture Population Transfered out	51.50	49.64	50.39	48.97	45.64	43.44
服兵役	Enlisting in the Army	0.42	0.44	0.44	0.44	0.51	0.55
其他人口	Others	5.74	11.89	8.47	7.31	35.97	12.75

注：本表资料为公安年报数。 Data in this table were taken from the annual reports of Bureau of Public Security.

2－7 计划生育情况
Family Planning

单位：%（%）

地 区	Region	计划生育率 Birth Rate Control					已婚育龄妇女独生子女领证率 Proportion of Only Child Certificate				
		2005	2006	2007	2008	2009	2005	2006	2007	2008	2009
合 计	**Total**	**94.82**	**94.04**	**91.37**	**91.80**	**92.61**	**25.01**	**26.80**	**27.99**	**29.11**	**29.34**
杭州市	Hangzhou	98.06	98.01	98.03	97.99	98.36	38.90	39.24	39.50	40.63	39.84
宁波市	Ningbo	98.12	97.78	97.85	97.65	96.47	36.33	40.27	40.71	41.08	40.61
温州市	Wenzhou	86.79	86.82	76.38	84.32	84.82	12.80	13.26	13.45	13.80	14.03
嘉兴市	Jiaxing	98.49	98.21	98.55	98.63	98.59	51.82	54.88	56.32	57.82	57.85
湖州市	Huzhou	97.88	97.76	97.64	98.17	98.30	36.14	39.19	40.17	42.72	43.94
绍兴市	Shaoxing	98.31	98.02	97.54	97.43	97.49	25.02	27.12	28.07	30.90	31.63
金华市	Jinhua	97.32	93.30	93.95	93.02	93.39	12.99	14.98	16.65	18.04	18.72
衢州市	Quzhou	96.39	95.98	95.06	93.51	93.62	15.74	18.69	19.90	21.17	21.71
舟山市	Zhoushan	99.21	98.70	98.05	98.79	98.82	30.99	34.22	36.02	37.80	38.62
台州市	Taizhou	94.48	94.48	92.59	86.95	88.89	12.19	13.70	17.36	18.45	18.94
丽水市	Lishui	92.17	91.52	91.09	86.35	90.18	9.75	10.88	13.68	14.72	16.10

注：本表资料为人口和计划生育部门年报数。
Data in this table were taken from the annual reports of the Population and Family Planning Commrssion.

2-8 从业、失业人员情况(1978-2009年,年底数) Employed and Unemployed Persons(1978-2009,Year-end)

单位:万人(10000 persons)

年份 Year	从业人员总数 Employed Persons	在岗职工合计 Fully employed Staff and Workers	国有单位 State owned Units	城镇集体单位 Urban Collective Owned Units	其他单位 Others	城镇私营和体从业人员 Urban Private Enterprises and Individuals Employed Persons	乡村从业人员 Rural Employed Persons	其它从业人员 Other Employed Persons	年末城镇登记失业人员 Unemployed Persons in Urban Areas (10000 Persons)	城镇登记失业率(%) Unemployment Rate in Urban Areas
1978	1794.96	312.89	183.14	129.75		1.51	1480.56		24.4	7.2
1979	1829.90	339.91	196.78	143.13		2.00	1487.99		13.22	3.7
1980	1856.42	359.73	208.50	151.23		3.51	1493.18		10.23	2.7
1981	1954.53	397.35	223.62	155.73		4.11	1571.07		5.24	1.3
1982	2021.74	374.33	232.29	142.04		5.25	1642.16		9.27	2.4
1983	2141.16	382.75	237.68	145.07		7.61	1750.80		7.15	1.8
1984	2248.91	402.51	228.26	172.72	1.53	9.55	1836.85		4.69	1.1
1985	2318.56	426.57	240.71	183.81	2.05	12.09	1879.90		3.45	0.8
1986	2386.42	443.04	251.92	188.73	2.39	12.87	1930.51		5.5	1.2
1987	2444.73	459.65	263.46	192.97	3.22	15.69	1969.39		7.51	1.6
1988	2502.73	475.74	274.30	196.97	4.47	22.54	2004.45		7.73	1.5
1989	2522.86	470.12	274.95	189.34	5.83	27.03	2025.71		10.53	2.1
1990	2554.46	476.02	280.87	189.12	6.03	29.84	2048.60		11.24	2.2
1991	2579.36	492.81	293.41	191.09	8.31	30.98	2049.22	6.35	10.87	2
1992	2600.38	491.37	297.96	181.62	11.79	38.29	2065.04	5.68	12.97	2.4
1993	2615.89	502.36	300.59	176.12	25.65	52.54	2052.66	8.33	14.68	2.6
1994	2640.51	500.88	294.13	170.42	36.33	82.39	2024.39	32.85	16.09	2.6
1995	2621.47	498.61	294.59	161.89	42.13	96.44	2015.45	10.97	17.72	2.8
1996	2625.06	495.35	290.22	156.25	48.88	108.99	2010.21	10.51	16.22	2.6
1997	2619.66	482.26	285.05	144.53	52.68	110.27	2016.20	10.93	18.75	3
1998	2612.54	455.80	256.61	102.94	96.25	122.86	2021.56	12.32	19.96	3.3
1999	2625.17	427.45	233.15	80.21	114.09	163.34	2021.24	13.14	21.17	3.4
2000	2726.09	398.53	208.19	58.93	131.41	208.56	2106.14	12.86	21.82	3.4
2001	2796.65	372.39	185.36	41.28	145.75	236.00	2173.63	14.63	23.99	3.7
2002	2858.56	367.14	179.67	35.49	151.98	280.97	2185.87	24.58	27.73	4
2003	2918.74	373.21	170.40	30.53	172.28	349.19	2168.74	27.60	28.27	3.7
2004	2991.95	447.47	176.44	36.05	234.98	383.11	2144.28	17.09	30.14	4.1
2005	3100.76	522.93	177.93	31.17	313.83	373.22	2196.42	8.19	28.97	3.7
2006	3172.38	590.47	182.27	28.51	379.70	467.05	2094.49	20.37	29.1	3.51
2007	3405.01	641.17	185.94	27.68	427.56	630.48	2107.84	25.52	28.6	3.27
2008	3486.53	689.35	186.98	25.30	477.07	685.34	2009.99	101.85	31.08	3.49
2009	3591.98	749.57	191.00	28.1	530.44	748.44	2006.63	87.34	30.68	3.26

注:1978-2000年按户籍统计,2001-2009年按所在地统计。在岗职工合计2008年前为职工数,以后各表同。
Date in this table from 1978 to 2000 were calculated at registered residence, data were calculated at location from 2001 to 2009.
Data on fully employed staff and workers refer to staff and workers before 2008, the same for other tables.

2-9 分行业从业人员总数(年末数)
Number of Employed Persons by Sector(Year-end)

单位:万人(10000 persons)

行业	Sector	城乡合计 Total			城镇 Urban			乡村 Rural		
		2007	2008	2009	2007	2008	2009	2007	2008	2009
总　计	**Total**	**3405.01**	**3486.53**	**3591.98**	**1297.17**	**1476.54**	**1585.34**	**2107.84**	**2009.99**	**2006.63**
农、林、牧、渔业	Farming, Forestry, Animal Husbandry and Fishery	683.32	670.16	657.95	5.28	3.81	4.40	678.04	666.35	653.55
采矿业	Mining and Quarrying	4.52	5.33	5.19	2.11	2.61	2.27	2.41	2.72	2.92
制造业	Manufacturing	1290.51	1324.56	1368.79	505.61	646.43	688.22	784.90	678.13	680.56
电力、煤气及水的生产和供应业	Electricity, Gas and Water Production and Supply	14.00	13.79	14.74	12.04	12.81	13.69	1.96	0.98	1.05
建筑业	Construction	283.82	316.36	337.33	130.33	158.37	172.83	153.49	158.00	164.50
交通运输、仓储及邮政业	Transport, Storage and Post	133.98	139.83	143.66	34.26	35.66	38.41	99.72	104.17	105.25
信息传输、计算机服务和软件业	Information Transmission, Computer Services and Software	65.09	57.61	59.80	51.85	42.83	43.59	13.24	14.79	16.21
批发和零售业	Wholesale and Retail Sale Trade	434.36	434.47	438.21	226.62	202.76	214.75	207.74	231.71	223.46
住宿和餐饮业	Hotels and Catering Services	112.41	127.53	139.45	44.31	57.01	64.35	68.10	70.52	75.10
金融业	Finance	22.40	27.40	29.56	22.40	27.02	29.13		0.38	0.43
房地产业	Real Estate	19.37	20.75	23.41	16.40	18.79	22.95	2.97	1.96	0.46
租赁与商务服务业	Leasing and Commercial Services	47.68	35.63	49.12	42.05	31.86	44.88	5.63	3.78	4.24
科学研究、技术服务与地质勘查业	Scientific Research and Technic Services and Geological Prospecting	15.46	14.99	18.88	12.68	14.25	15.81	2.78	0.74	3.08
水利、环境和公共设施管理业	Water Conservancy, Environment and Public Facilities Management	13.49	15.60	16.03	9.89	9.74	9.80	3.60	5.86	6.23
居民服务和其他服务业	Resident Services and Other Services	90.75	111.99	114.43	34.75	59.50	61.56	56.00	52.49	52.87
教育	Education	67.76	65.53	64.62	59.56	59.26	58.38	8.20	6.28	6.24
卫生、社会保障和社会福利业	Health Care, Social Security and Social Welfare	41.02	36.14	37.16	27.47	31.42	32.33	13.55	4.72	4.83
文化、体育与娱乐业	Culture, Sports and Recreation	14.52	16.43	17.47	9.01	10.01	11.82	5.51	6.42	5.65
公共管理和社会组织	Public Management and Social Organization	50.56	52.40	56.14	50.56	52.40	56.14			

2-10 分所有制城镇单位从业人员总数(年末数)
Number of Urban Employed Persons by Ownership(Year-end)

单位:万人(10000 persons)

行业	Sector	合计 Total			国有单位 State-owned Units		
		2007	2008	2009	2007	2008	2009
总 计	**Total**	**666.69**	**741.20**	**813.93**	**191.45**	**201.23**	**207.25**
农、林、牧、渔业	Farming, Forestry, Animal Husbandry and Fishery	1.58	1.58	1.49	1.42	1.37	1.23
采矿业	Mining and Quarrying	1.50	1.59	1.66	0.22	0.22	0.29
制造业	Manufacturing	284.73	319.23	333.08	4.77	6.28	6.00
电力、煤气及水的生产和供应业	Electricity, Gas and Water Production and Supply	11.03	12.17	12.47	6.86	7.76	7.23
建筑业	Construction	105.77	121.73	155.84	4.01	5.07	4.79
交通运输、仓储及邮电业	Transport, Storage and Post	20.51	22.08	23.94	11.51	12.27	12.99
信息传输、计算机服务和软件业	Information Transmission, Computer Services and Software	7.24	8.87	10.03	1.53	1.74	2.20
批发和零售业	Wholesale and Retail Sale Trade	21.00	24.68	28.09	3.01	3.00	3.28
住宿和餐饮业	Hotels and Catering Services	11.41	14.31	14.93	2.22	2.34	1.99
金融业	Finance	22.40	25.48	27.98	8.06	8.22	6.55
房地产业	Real Estate	8.32	9.31	10.39	1.72	1.83	1.59
租赁与商务服务业	Leasing and Commercial Services	17.04	20.42	23.96	6.67	7.71	8.33
科学研究、技术服务与地质勘查业	Scientific Research and Technic Services and Geological Prospecting	8.91	9.57	10.48	5.91	6.24	6.56
水利、环境和公共设施管理业	Water Conservancy, Environment and Public Facilities Management	6.81	7.35	8.30	4.37	4.66	5.75
居民服务和其他服务业	Resident Services and Other Services	1.02	1.25	1.58	0.54	0.56	0.64
教育	Education	54.99	55.95	57.84	51.92	52.57	53.49
卫生、社会保障和社会福利业	Health Care, Social Security and Social Welfare	26.59	28.06	29.81	22.12	23.48	25.09
文化、体育与娱乐业	Culture, Sports and Recreation	5.30	5.17	5.91	4.83	4.63	5.22
公共管理和社会组织	Public Management and Social Organization	50.56	52.40	56.14	49.75	51.28	54.02

续表 Continued 单位:万人(10000 persons)

行业	Sector	城镇集体单位 Urban Collective Owned Units			其它单位 Others		
		2007	2008	2009	2007	2008	2009
总 计	**Total**	**28.06**	**26.56**	**29.43**	**447.19**	**513.41**	**577.25**
农、林、牧、渔业	Farming, Forestry, Animal Husbandry and Fishery	0.05	0.07	0.06	0.11	0.14	0.20
采矿业	Mining and Quarrying	0.29	0.36	0.38	0.98	1.01	0.99
制造业	Manufacturing	4.83	4.31	5.78	275.13	308.64	321.30
电力、煤气及水的生产和供应业	Electricity, Gas and Water Production and Supply	0.31	0.31	0.33	3.85	4.10	4.91
建筑业	Construction	7.86	6.28	7.68	93.91	110.38	143.38
交通运输、仓储及邮电业	Transport, Storage and Post	1.07	1.05	1.15	7.94	8.76	9.80
信息传输、计算机服务和软件业	Information Transmission, Computer Services and Software	0.07	0.06	0.08	5.64	7.07	7.76
批发和零售业	Wholesale and Retail Sale Trade	1.02	0.99	0.96	16.97	20.69	23.85
住宿和餐饮业	Hotels and Catering Services	0.79	0.78	0.68	8.40	11.19	12.26
金融业	Finance	2.13	2.10	1.45	12.21	15.16	19.98
房地产业	Real Estate	0.22	0.24	0.44	6.38	7.24	8.36
租赁与商务服务业	Leasing and Commercial Services	2.45	2.71	3.20	7.92	10.00	12.44
科学研究、技术服务与地质勘查业	Scientific Research and Technic Services and Geological Prospecting	0.31	0.33	0.45	2.69	3.00	3.47
水利、环境和公共设施管理业	Water Conservancy, Environment and Public Facilities Management	1.34	1.41	1.16	1.10	1.28	1.39
居民服务和其他服务业	Resident Services and Other Services	0.19	0.26	0.19	0.29	0.43	0.75
教育	Education	1.05	1.10	1.29	2.02	2.28	3.06
卫生、社会保障和社会福利业	Health Care, Social Security and Social Welfare	3.90	4.01	3.85	0.57	0.57	0.87
文化、体育与娱乐业	Culture, Sports and Recreation	0.09	0.10	0.07	0.38	0.44	0.61
公共管理和社会组织	Public Management and Social Organization	0.07	0.09	0.24	0.73	1.03	1.88

2-11 分行业城镇单位从业人员总数(2009 年底)
Number of Urban Employed Persons by Sector(End of 2009)

单位:万人(10000 persons)

行业	Sector	单位从业人员 Employed Persons	#女性 Feamle	#在岗职工合计 Fully employed Staff and Workers	其他从业人员 Others
总计	**Total**	**813.93**	**303.73**	**749.57**	**64.36**
农、林、牧、渔业	Farming, Forestry, Animal Husbandry and Fishery	1.49	0.42	1.38	0.11
采矿业	Ming and Quarrying	1.66	0.27	1.52	0.14
制造业	Manufacturing	333.08	154.78	321.98	11.10
电力、燃气及水的生产和供应业	Electricity, Gas and Water Production and Supply	12.47	3.00	11.30	1.17
建筑业	Construction	155.85	10.33	133.41	22.44
交通运输、仓储和邮政业	Transpor, Storage and Post	23.94	6.31	21.37	2.56
信息传输、计算机服务和软件业	Information Transmission, Computer Service and Software	10.03	4.14	8.21	1.82
批发和零售业	Wholesale and Retail Sale Trade	28.09	14.23	26.10	1.99
住宿和餐饮业	Hotels and Catering Services	14.93	8.29	13.52	1.41
金融业	Finance	27.98	15.14	20.59	7.39
房地产业	Real Estate	10.39	3.70	9.43	0.96
租赁和商务服务业	Leasing and Services and Other Services	23.96	8.13	22.01	1.95
科学研究、技术服务和地质勘查业	Scientific Research, Technic Services and Geological Prospecting	10.48	2.83	9.38	1.10
水利、环境和公共设施管理业	Water Conservancy, Environment and Public Facilities Management	8.30	3.22	7.25	1.05
居民服务和其他服务业	Resident Services and Other Services	1.58	0.67	1.42	0.17
教育	Education	57.84	32.45	55.03	2.80
卫生、社会保障和社会福利业	Health Care, Social Securities and Social Welfare	29.81	18.63	27.98	1.83
文化、体育和娱乐业	Culture, Sports and Recreation	5.91	2.66	5.05	0.86
公共管理和社会组织	Public Administration and Social Organization	56.14	14.54	52.63	3.51

2－12　分行业国有单位从业人员总数(2009 年底)
Number of Urban Employed Persons in State－owned Units by Sector(End of 2009)

单位:万人(10000 persons)

行业	Sector	单位从业人员 Employed Persons	#女性 Female	#在岗职工合计 Fully employed Staff and Workers	其他从业人员 Others
总计	**Total**	**207.25**	**82.87**	**191.00**	**16.25**
农、林、牧、渔业	Farming, Forestry, Animal Husbandry and Fishery	1.23	0.34	1.13	0.10
采矿业	Ming and Quarrying	0.29	0.05	0.20	0.09
制造业	Manufacturing	6.00	1.75	5.76	0.23
电力、燃气及水的生产和供应业	Electricity ,Gas and Water Production and Supply	7.23	1.61	6.30	0.93
建筑业	Construction	4.79	0.66	4.16	0.63
交通运输、仓储和邮政业	Transpor, Storage and Post	12.99	3.36	11.22	1.77
信息传输、计算机服务和软件业	Information Transmission, Computer Service and Software	2.20	0.90	1.84	0.36
批发和零售业	Wholesale and Retail Sale Trade	3.28	1.15	2.95	0.33
住宿和餐饮业	Hotels and Catering Services	1.99	1.12	1.87	0.13
金融业	Finance	6.55	3.57	5.61	0.94
房地产业	Real Estate	1.59	0.58	1.40	0.19
租赁和商务服务业	Leasing and Services and Other Services	8.33	1.98	7.28	1.05
科学研究、技术服务和地质勘查业	Scientific Research, Technic Services and Geological Prospecting	6.56	1.82	5.96	0.59
水利、环境和公共设施管理业	Water Conservancy, Environment and Public Facilities Management	5.75	2.24	5.02	0.73
居民服务和其他服务业	Resident Services and Other Services	0.64	0.27	0.55	0.09
教育	Education	53.49	29.67	51.07	2.43
卫生、社会保障和社会福利业	Health Care, Social Securities and Social Welfare	25.09	15.76	23.58	1.51
文化、体育和娱乐业	Culture, Sports and Recreation	5.22	2.33	4.41	0.81
公共管理和社会组织	Public Administration and Social Organization	54.02	13.74	50.67	3.35

2－13 分行业城镇集体单位从业人员总数(2009 年底)
Number of Urban Employed Persons in Collective Owned Units by Sector(End of 2009)

单位:万人(10000 persons)

行业	Sector	单位从业人员 Employed Persons	#女性 Female	#在岗职工合计 Fully employed Staff and Workers	其他从业人员 Others
总计	**Total**	**29.43**	**10.12**	**28.13**	**1.30**
农、林、牧、渔业	Farming, Forestry, Animal Husbandry and Fishery	0.06	0.02	0.07	
采矿业	Ming and Quarrying	0.38	0.04	0.38	
制造业	Manufacturing	5.78	2.44	5.72	0.06
电力、燃气及水的生产和供应业	Electricity, Gas and Water Production and Supply	0.33	0.08	0.31	0.02
建筑业	Construction	7.68	0.87	7.47	0.20
交通运输、仓储和邮政业	Transpor, Storage and Post	1.15	0.25	1.07	0.09
信息传输、计算机服务和软件业	Information Transmission, Computer Service and Software	0.08	0.04	0.07	0.01
批发和零售业	Wholesale and Retail Sale Trade	0.96	0.40	0.86	0.10
住宿和餐饮业	Hotels and Catering Services	0.68	0.40	0.66	0.02
金融业	Finance	1.50	0.77	1.39	0.06
房地产业	Real Estate	0.44	0.15	0.39	0.05
租赁和商务服务业	Leasing and Services and Other Services	3.20	0.66	3.08	0.12
科学研究、技术服务和地质勘查业	Scientific Research, Technic Services and Geological Prospecting	0.45	0.11	0.42	0.03
水利、环境和公共设施管理业	Water Conservancy, Environment and Public Facilities Management	1.16	0.50	1.01	0.15
居民服务和其他服务业	Resident Services and Other Services	0.19	0.07	0.18	0.02
教育	Education	1.30	0.91	1.20	0.09
卫生、社会保障和社会福利业	Health Care, Social Securities and Social Welfare	3.85	2.31	3.61	0.24
文化、体育和娱乐业	Culture, Sports and Recreation	0.07	0.03	0.06	0.01
公共管理和社会组织	Public Administration and Social Organization	0.24	0.09	0.21	0.02

2-14 分行业其他单位从业人员总数(2009 年底)
Number of Urban Employed Persons in Other Ownership Units by Sector(End of 2009)

单位:万人(10000 persons)

行业	Sector	单位从业人员 Employed Persons	#女性 Female	#在岗职工合计 Fully emplloyed Staff and Workers	其他从业人员 Others
总计	**Total**	**577.25**	**210.74**	**530.44**	**46.81**
农、林、牧、渔业	Farming, Forestry, Animal Husbandry and Fishery	0.20	0.07	0.19	0.01
采矿业	Ming and Quarrying	0.99	0.17	0.94	0.05
制造业	Manufacturing	321.30	150.60	310.50	10.80
电力、燃气及水的生产和供应业	Electricity, Gas and Water Production and Supply	4.91	1.31	4.69	0.22
建筑业	Construction	143.38	8.80	121.78	21.60
交通运输、仓储和邮政业	Transpor, Storage and Post	9.80	2.70	9.09	0.71
信息传输、计算机服务和软件业	Information Transmission, Computer Service and Software	7.76	3.20	6.31	1.45
批发和零售业	Wholesale and Retail Sale Trade	23.85	12.68	22.29	1.56
住宿和餐饮业	Hotels and Catering Services	12.26	6.78	11.00	1.26
金融业	Finance	19.98	10.81	13.59	6.39
房地产业	Real Estate	8.36	2.97	7.64	0.72
租赁和商务服务业	Leasing and Services and Other Services	12.44	5.49	11.65	0.78
科学研究、技术服务和地质勘查业	Scientific Research, Technic Services and Geological Prospecting	3.47	0.91	3.00	0.47
水利、环境和公共设施管理业	Water Conservancy, Environment and Public Facilities Management	1.39	0.48	1.22	0.17
居民服务和其他服务业	Resident Services and Other Services	0.75	0.33	0.69	0.06
教育	Education	3.06	1.88	2.77	0.29
卫生、社会保障和社会福利业	Health Care, Social Securities and Social Welfare	0.87	0.56	0.78	0.08
文化、体育和娱乐业	Culture, Sports and Recreation	0.61	0.29	0.57	0.04
公共管理和社会组织	Public Administration and Social Organization	1.88	0.72	1.75	0.14

2-15 按三次产业分的从业人员总数(年底数)
Number of Employed Persons by Type of Industry(Year-end)

年份 Year	从业人员总数(万人) Total(10000 persons)			构成(以合计为100) Composition(Total=100)		
	第一产业 Primary Industry	第二产业 Secondary Industry	第三产业 Tertiary Industry	第一产业 Primary Industry	第二产业 Secondary Industry	第三产业 Tertiary Industry
1985	1273.25	735.22	310.09	54.90	31.70	13.40
1986	1275.22	765.13	346.07	53.40	32.10	14.50
1987	1272.01	802.04	370.68	52.00	32.80	15.20
1988	1282.16	803.67	416.90	51.20	32.10	16.70
1989	1330.74	770.12	422.00	52.70	30.50	16.70
1990	1358.28	762.48	433.70	53.20	29.80	17.00
1991	1366.99	770.86	441.51	53.00	29.90	17.10
1992	1359.49	770.81	470.08	52.30	29.60	18.10
1993	1248.22	886.90	480.77	47.70	33.90	18.40
1994	1193.56	917.87	529.08	45.20	34.80	20.00
1995	1152.15	882.82	586.50	44.00	33.70	22.30
1996	1129.34	886.02	609.70	43.00	33.80	23.20
1997	1113.27	881.42	624.97	42.50	33.60	23.90
1998	1108.81	854.14	649.59	42.40	32.70	24.90
1999	1078.16	784.29	762.73	41.00	29.90	29.10
2000	969.97	966.30	789.82	35.58	35.45	28.97
2001	935.24	1009.55	851.86	33.44	36.10	30.46
2002	885.29	1070.13	903.14	30.97	37.44	31.59
2003	826.03	1201.30	891.41	28.30	41.20	30.50
2004	779.65	1304.94	907.36	26.06	43.61	30.33
2005	759.53	1397.69	943.54	24.50	45.07	30.43
2006	717.81	1452.29	1002.28	22.63	45.78	31.59
2007	683.32	1592.84	1128.85	20.07	46.78	33.15
2008	670.16	1660.04	1156.30	19.22	47.61	33.17
2009	657.95	1726.06	1207.97	18.32	48.05	33.63

注：按三次产业划分口径从2000年开始作调整。
The data by sector were adjusted since 2000.

2－16 按三次产业分的城镇从业人员人数(年底数)
Number of Urban Employed Persons by Type of Industry(Year－end)

年份 Year	绝对数(万人) Absolute Value(10000 persons)			构成(以合计为100) Composition(Total＝100)		
	第一产业 Primary Industry	第二产业 Secondary Industry	第三产业 Tertiary Industry	第一产业 Primary Industry	第二产业 Secondary Industry	第三产业 Tertiary Industry
1985	11.23	245.45	181.98	2.60	56.00	41.50
1986	11.55	254.98	189.38	2.50	55.90	41.50
1987	11.60	256.34	198.40	2.40	55.80	41.70
1988	11.26	273.97	213.05	2.30	55.00	42.80
1989	10.76	267.93	218.46	2.20	53.90	43.90
1990	10.44	270.95	224.47	2.10	53.60	44.40
1991	10.39	284.91	234.84	2.00	53.70	44.30
1992	10.31	280.89	244.14	1.90	52.50	45.60
1993	9.06	297.13	257.04	1.60	52.80	45.60
1994	5.17	247.36	267.83	1.00	47.50	51.50
1995	5.08	243.01	281.42	1.00	45.90	53.10
1996	4.77	244.64	294.06	0.90	45.00	54.10
1997	4.72	242.85	298.45	0.80	44.50	54.70
1998	4.69	237.67	308.43	0.90	43.10	56.00
1999	4.87	231.31	328.84	0.90	40.90	58.20
2000	4.61	237.18	342.04	0.80	40.60	58.60
2001	4.03	255.90	363.09	0.60	41.10	58.30
2002	3.21	270.12	399.36	0.48	40.15	59.37
2003	3.07	314.18	432.75	0.40	41.90	57.70
2004	3.26	389.98	454.43	0.38	46.01	53.61
2005	2.95	439.68	461.71	0.33	48.62	51.05
2006	4.89	548.33	524.67	0.45	50.87	48.68
2007	5.28	650.08	641.81	0.41	50.12	49.48
2008	3.81	820.22	652.51	0.26	55.55	44.19
2009	4.40	877.02	703.91	0.28	55.32	44.40

2－17 分行业城镇单位在岗职工人数(年底数)
Number of Urban Fully Employed Persons by Sector(Year－end)

单位:万人(10000 persons)

行业	Sector	合 计 Total			国有单位 State－owned Units		
		2007	2008	2009	2007	2008	2009
总 计	**Total**	**641.17**	**689.35**	**749.57**	**185.94**	**186.98**	**191.00**
农、林、牧、渔业	Farming, Forestry, Animal Husbandry and Fishery	1.68	1.51	1.38	1.52	1.32	1.13
采矿业	Mining and Quarrying	1.66	1.44	1.52	0.26	0.15	0.20
制造业	Manufacturing	280.06	310.45	321.98	5.59	6.04	5.76
电力、煤气及水的生产和供应业	Electricity, Gas and Water Production and Supply	10.81	10.93	11.30	6.68	6.74	6.30
建筑业	Construction	97.27	104.91	133.41	3.24	4.17	4.16
交通运输、仓储及邮政业	Transport, Storage and Post	19.84	19.82	21.37	10.69	10.58	11.22
信息传输、计算机服务和软件业	Information Transmission, Computer Services and Software	6.20	7.31	8.21	1.47	1.62	1.84
批发和零售业	Wholesale and Retail Sale Trade	20.72	23.15	26.10	2.99	2.71	2.95
住宿和餐饮业	Hotels and Catering Services	11.12	13.23	13.52	2.22	2.25	1.87
金融业	Banking	18.63	18.83	20.59	7.69	7.16	5.61
房地产业	Real Estate	7.73	8.46	9.43	1.62	1.63	1.40
租赁与商务服务业	Leasing and Commercial Services	16.86	19.12	22.01	6.79	7.10	7.28
科学研究、技术服务与地质勘查业	Scientific Research and Technic Services and Geological Prospecting	8.29	8.58	9.38	5.66	5.65	5.96
水利、环境和公共设施管理业	Water Conservancy, Environment and Public Facilities Management	6.37	6.54	7.25	4.11	4.22	5.02
居民服务和其他服务业	Resident Services and Other Services	0.94	1.12	1.42	0.53	0.54	0.55
教育	Education	53.52	53.24	55.03	50.78	50.21	51.07
卫生、社会保障和社会福利业	Health Care, Social Security and Social Welfare	25.59	26.47	27.98	21.36	22.17	23.58
文化、体育与娱乐业	Culture, Sports and Recreation	4.64	4.46	5.05	4.19	3.96	4.41
公共管理和社会组织	Public Management and Social Organization	49.25	49.78	52.63	48.54	48.76	50.67

续表 Continued 单位:万人(10000 persons)

行业	Sector	城镇集体单位 Urban Collective Owned Units			其他单位 Others		
		2007	2008	2009	2007	2008	2009
总 计	**Total**	**27.68**	**25.30**	**28.13**	**427.56**	**477.07**	**530.44**
农、林、牧、渔业	Farming, Forestry, Animal Husbandry and Fishery	0.05	0.06	0.06	0.10	0.13	0.19
采矿业	Mining and Quarrying	0.29	0.36	0.38	1.11	0.93	0.94
制造业	Manufacturing	4.86	4.23	5.72	269.61	300.18	310.50
电力、煤气及水的生产和供应业	Electricity, Gas and Water Production and Supply	0.31	0.30	0.31	3.81	3.89	4.69
建筑业	Construction	7.56	6.07	7.47	86.46	94.67	121.78
交通运输、仓储及邮政业	Transport, Storage and Post	1.09	1.02	1.07	8.06	8.22	9.09
信息传输、计算机服务和软件业	Information Transmission, Computer Services and Software	0.07	0.06	0.07	4.66	5.63	6.31
批发和零售业	Wholesale and Retail Sale Trade	1.20	0.91	0.86	16.53	19.53	22.29
住宿和餐饮业	Hotels and Catering Services	0.79	0.76	0.66	8.11	10.22	11.00
金融业	Banking	2.28	2.01	1.39	8.66	9.66	13.59
房地产业	Real Estate	0.24	0.21	0.39	5.87	6.62	7.64
租赁与商务服务业	Leasing and Commercial Services	2.39	2.60	3.08	7.68	9.42	11.65
科学研究、技术服务与地质勘查业	Scientific Research and Technic Services and Geological Prospecting	0.30	0.31	0.42	2.33	2.62	3.00
水利、环境和公共设施管理业	Water Conservancy, Environment and Public Facilities Management	1.25	1.24	1.01	1.01	1.08	1.22
居民服务和其他服务业	Resident Services and Other Services	0.18	0.21	0.18	0.23	0.37	0.69
教育	Education	0.94	0.99	1.20	1.80	2.04	2.77
卫生、社会保障和社会福利业	Health Care, Social Security and Social Welfare	3.72	3.78	3.61	0.51	0.52	0.78
文化、体育与娱乐业	Culture, Sports and Recreation	0.09	0.10	0.06	0.36	0.40	0.57
公共管理和社会组织	Public Management and Social Organization	0.06	0.08	0.21	0.65	0.94	1.75

注：本表2008年前为职工人数。
Data in this table refer to staff and workers before 2008.

2－18 分行业城镇单位女性从业人员（年末数）
Number of Urban Female Employed Persons by Sector(Year－end)

单位：万人（10000 persons）

行业	Sector	合计 Total			国有单位 State－owned Units		
		2007	2008	2009	2007	2008	2009
总　计	**Total**	**259.72**	**284.86**	**303.73**	**77.07**	**80.09**	**82.87**
农、林、牧、渔业	Farming, Forestry, Animal Husbandry and Fishery	0.44	0.44	0.42	0.39	0.37	0.34
采矿业	Mining and Quarrying	0.27	0.27	0.27	0.04	0.04	0.05
制造业	Manufacturing	135.34	149.66	154.78	1.52	1.87	1.75
电力、煤气及水的生产和供应业	Electricity, Gas and Water Production and Supply	2.74	2.86	3.00	1.66	1.70	1.61
建筑业	Construction	8.16	8.86	10.33	0.47	0.57	0.66
交通运输、仓储及邮政业	Transport, Storage and Post	5.63	5.88	6.31	3.23	3.34	3.36
信息传输、计算机服务和软件业	Information Transmission, Computer Services and Software	2.99	3.70	4.14	0.52	0.60	0.90
批发和零售业	Wholesale and Retail Sale Trade	10.24	12.14	14.23	1.00	0.99	1.15
住宿和餐饮业	Hotels and Catering Services	6.32	7.95	8.29	1.26	1.34	1.12
金融业	Finance	11.97	13.29	15.14	4.37	4.39	3.57
房地产业	Real Estate	2.94	3.31	3.70	0.57	0.66	0.58
租赁与商务服务业	Leasing and Commercial Services	5.48	6.51	8.13	1.95	2.10	1.98
科学研究、技术服务与地质勘查业	Scientific Research and Technic Services and Geological Prospecting	2.45	2.60	2.83	1.66	1.75	1.82
水利、环境和公共设施管理业	Water Conservancy, Environment and Public Facilities Management	2.63	2.85	3.22	1.62	1.75	2.24
居民服务和其他服务业	Resident Services and Other Services	0.41	0.57	0.67	0.20	0.21	0.27
教育	Education	29.98	30.89	32.45	28.11	28.79	29.67
卫生、社会保障和社会福利业	Health Care, Social Security and Social Welfare	16.66	17.59	18.63	14.01	14.86	15.76
文化、体育与娱乐业	Culture, Sports and Recreation	2.36	2.29	2.66	2.15	2.04	2.33
公共管理和社会组织	Public Management and Social Organization	12.71	13.20	14.54	12.35	12.72	13.74

续表 Continued 单位:万人(10000 persons)

行业	Sector	城镇集体经济单位 Urban Collective Owned Units			其他单位 Others		
		2007	2008	2009	2007	2008	2009
总　计	**Total**	**9.56**	**9.25**	**10.12**	**173.08**	**195.52**	**210.74**
农、林、牧、渔业	Farming, Forestry, Animal Husbandry and Fishery	0.01	0.01	0.02	0.04	0.06	0.07
采矿业	Mining and Quarrying	0.05	0.05	0.04	0.18	0.18	0.17
制造业	Manufacturing	2.12	1.82	2.44	131.70	145.97	150.60
电力、煤气及水的生产和供应业	Electricity, Gas and Water Production and Supply	0.07	0.07	0.08	1.01	1.09	1.31
建筑业	Construction	0.60	0.49	0.87	7.09	7.80	8.80
交通运输、仓储及邮政业	Transport, Storage and Post	0.25	0.24	0.25	2.16	2.30	2.70
信息传输、计算机服务和软件业	Information Transmission, Computer Services and Software	0.03	0.03	0.04	2.44	3.07	3.20
批发和零售业	Wholesale and Retail Sale Trade	0.46	0.43	0.40	8.78	10.72	12.68
住宿和餐饮业	Hotels and Catering Services	0.48	0.46	0.40	4.59	6.15	6.78
金融业	Finance	1.11	0.99	0.77	6.49	7.91	10.81
房地产业	Real Estate	0.09	0.07	0.15	2.27	2.58	2.97
租赁与商务服务业	Leasing and Commercial Services	0.47	0.55	0.66	3.07	3.86	5.49
科学研究、技术服务与地质勘查业	Scientific Research and Technic Services and Geological Prospecting	0.07	0.07	0.11	0.71	0.78	0.91
水利、环境和公共设施管理业	Water Conservancy, Environment and Public Facilities Management	0.61	0.62	0.50	0.40	0.48	0.48
居民服务和其他服务业	Resident Services and Other Services	0.09	0.14	0.07	0.12	0.22	0.33
教育	Education	0.68	0.74	0.91	1.18	1.36	1.88
卫生、社会保障和社会福利业	Health Care, Social Security and Social Welfare	2.30	2.38	2.31	0.34	0.35	0.56
文化、体育与娱乐业	Culture, Sports and Recreation	0.05	0.06	0.03	0.17	0.19	0.29
公共管理和社会组织	Public Management and Social Organization	0.03	0.03	0.09	0.34	0.45	0.72

2-19 按行业和经济类型分的工业、建筑业企业在岗职工人数(年底数)
Number of Fully Employed Staff and Workers in Industry and Construction Enterprises by Sector and Ownership(Year-end)

单位:万人(10000 persons)

分类	Category	2004	2005	2006	2007	2008	2009
总　计	**Total**	**232.64**	**297.81**	**348.60**	**389.80**	**454.72**	**468.21**
采矿业	**Ming and Quarrying**	**1.96**	**2.03**	**2.04**	**1.66**	**1.59**	**1.52**
按经济类型分组	**By Ownership**						
国有经济单位	State-owned Units	0.59	0.33	0.33	0.26	0.22	0.20
城镇集体经济单位	Urban Collective Owned Units	0.04	0.23	0.38	0.29	0.36	0.38
其他各种经济类型	Units of Other Types of Ownership	1.33	1.46	1.33	1.11	1.01	0.94
按行业分组	**By Sector**						
煤炭开采和洗选业	Coal Mining and Dressing	0.80	0.74	0.56	0.37	0.21	0.21
石油和天然气开采业	Petroleum and Natural Gas Extraction						
黑色金属矿采选业	Ferrous Metals Mining and Dressing	0.17	0.17	0.15	0.14	0.14	0.14
有色金属矿采选业	Nonferrous Metals Mining and Dressing	0.25	0.22	0.27	0.28	0.28	0.19
非金属矿采选业	Nonmetal Minerals Mining and Dressing	0.72	0.90	1.06	0.88	0.96	0.98
其他采矿业	Other Minerals Mining and Dressing	0.02					
制造业	**Manufacturing**	**156.11**	**204.16**	**242.41**	**280.06**	**319.23**	**321.98**
按经济类型分组	**By Ownership**						
国有经济单位	State-owned Units	8.50	8.87	5.82	5.59	6.28	5.76
城镇集体经济单位	Urban Collective Owned Units	9.18	6.25	6.11	4.86	4.31	5.72
其他各种经济类型单位	Units of Other Types of Ownership	138.43	189.05	230.47	269.61	308.64	310.50
按行业分组	**By Sector**						
食品加工业	Non-staple Food Processing	3.46	3.46	3.21	3.52	3.55	3.37
食品制造业	Food Manufacturing	3.50	3.97	3.75	3.68	3.92	4.46
饮料制造业	Beverage Manufacturing	2.64	2.74	3.26	3.81	4.54	4.45
烟草制品业	Tobacco Processing	0.39	0.35	0.34	0.39	0.33	0.32
纺织业	Textile Industry	14.95	23.34	27.06	31.91	40.30	41.11
纺织服装、鞋、帽制造业	Garments, Shoes and Hats Manufacturing	16.11	19.99	25.84	30.76	37.23	36.13
皮革、毛皮、羽毛及其制品业	Leather, Furs, Down and Related Products	9.08	13.53	17.16	19.78	17.90	16.64
木材加工及木、竹、藤、棕、草制品业	Timber Processing, Bamboo, Cane Palm Fiber and Straw Products	1.60	2.07	2.82	2.88	3.01	2.55
家具制造业	Furniture Manufacturing	1.73	4.15	6.34	7.22	7.07	7.87
造纸及纸制品业	Papermaking and Paper Products	2.42	4.14	4.53	5.66	6.12	6.10
印刷业和记录媒介的复制	Printing and Record Medium Reproduction	1.89	2.03	2.39	2.40	2.69	2.68
文教体育用品制造业	Cultural, Educational and Sports Goods	2.20	2.84	3.66	4.33	4.35	5.15

续表 Continued 单位:万人(10000 persons)

分类	Category	2004	2005	2006	2007	2008	2009
石油加工、炼焦及核燃料加工业	Petroleum Processing, Cooking and Nuclear Fuel Processing	0.82	0.84	0.79	0.85	0.92	0.85
化学原料及化学制品制造业	Raw Chemical Materials and Chemical Products	8.25	10.04	11.15	12.54	14.19	14.44
医药制造业	Medical and Pharmaceutical Products	4.35	5.38	5.82	6.60	7.44	7.23
化学纤维制造业	Chemical Fiber	1.72	3.54	4.00	4.65	6.20	5.82
橡胶制品业	Rubber Products	2.69	2.99	3.66	4.22	4.60	4.23
塑料制品业	Plastic Products	5.50	6.88	7.85	9.31	10.25	10.41
非金属矿物制品业	Nonmetal Mineral Products	5.50	7.32	7.83	7.92	8.74	9.19
黑色金属冶炼及压延加工业	Smelting and Pressing of Ferrous Metals	2.75	3.41	2.12	2.38	4.66	4.19
有色金属冶炼及压延加工业	Smelting and Pressing of Nonferrous Metals	1.60	2.61	3.16	3.39	3.64	3.58
金属制品业	Metal Products	5.93	8.73	9.74	11.42	12.34	12.49
通用设备制造	Equipment in Common Use	13.41	14.05	18.00	20.43	22.73	23.07
专用设备制造业	Special Purpose Equipment	4.63	4.43	6.00	7.79	10.50	9.83
交通运输设备制造业	Transport Equipment	6.63	10.55	12.44	14.78	17.80	18.25
电气机械及器材制造业	Electric Equipment and Machinery	15.48	20.40	24.74	27.30	31.78	33.38
电信设备、计算机及其他电子设备制造业	Telecommunications Equipment, Computer and Other Electronic Equipment	10.06	13.83	15.65	19.37	19.48	19.48
仪器仪表及文化、办公用机械制造业	Instruments, Meters, Cultural and Office Machinery	3.34	3.44	4.79	4.98	6.13	6.84
工艺品及其他制造业	Handicraft Article and Other Manufacturing Indust	3.48	3.02	4.08	5.47	6.33	7.31
废弃资源和废旧材料回收加工工业	Recovery of Resource Discarded and Useless Material		0.08	0.22	0.29	0.49	0.53
电力、煤气及水的生产和供应业	**Electricity, Gas and Water Production and Supply**	**9.50**	**10.08**	**10.76**	**10.81**	**12.17**	**11.30**
按经济类型分组	**By Ownership**						
国有经济单位	State - owned Units	6.42	6.72	6.59	6.68	7.77	6.30
城镇集体经济单位	Urban Collective Owned Units	0.47	0.37	0.33	0.31	0.31	0.31
其他各种经济类型单位	Units of Other Types of Ownership	2.61	2.99	3.84	3.81	4.09	4.69
按行业分组	**By Sector**						
电力、蒸汽、热水的生产和供应业	Production and Supply of Electricity and Heating Power	7.28	7.77	8.22	8.27	9.41	8.41
煤气生产和供应业	Production and Supply of Gas	0.39	0.38	0.36	0.37	0.38	0.44
自来水的生产和供应业	Production and Supply of Water	1.83	1.93	2.18	2.16	2.38	2.45
建筑业	**Construction**	**65.07**	**79.50**	**93.40**	**97.27**	**121.73**	**133.41**
按经济类型分组	**By Ownership**						
国有经济单位	State - owned Units	3.99	3.48	3.27	3.24	5.07	4.16
城镇集体经济单位	Urban Collective Owned Units	11.12	9.47	8.08	7.56	6.28	7.47
其他各种经济类型单位	Units of Other Types of Ownership	49.96	66.55	82.04	86.46	110.38	121.78

注：本表2008年前为职工人数。
Data in this table refer to sfaff and workers before 2008.

2-20 分行业城镇私营从业人员和个体从业人员人数(年底数)
Employed Persons in Urban Private Enterprises and Self-employed Individuals by Sector (Year-end)

单位:万人(10000 persons)

行业	Sector	合计 Total			城镇私营 Private Enterprises			城镇个体 Individuals		
		2007	2008	2009	2007	2008	2009	2007	2008	2009
总 计	**Total**	**630.48**	**685.34**	**749.84**	**387.05**	**443.93**	**491.28**	**243.43**	**241.41**	**258.57**
农、林、牧、渔业	Farming, Forestry, Animal Husbandry and Fishery	3.70	2.23	4.32	2.39	0.87	2.65	1.31	1.36	1.66
采矿业	Mining and Quarrying	0.61	1.02	0.62	0.45	0.85	0.48	0.16	0.17	0.14
制造业	Manufacturing	220.88	327.20	355.14	170.99	277.90	302.02	49.88	49.29	53.12
电力、煤气及水的生产和供应业	Electricity, Gas and Water Production and Supply	1.01	0.64	1.22	0.93	0.57	1.16	0.08	0.07	0.06
建筑业	Construction	24.56	36.64	16.99	22.79	35.95	16.21	1.77	0.69	0.78
交通运输、仓储及邮政业	Transport, Storage and Post	13.75	13.59	14.48	6.93	6.84	8.46	6.83	6.75	6.01
信息传输、计算机服务和软件业	Information Transmission, Computer Services and Software	44.61	33.95	33.56	43.95	33.26	32.93	0.66	0.70	0.63
批发和零售业	Wholesale and Retail Sale Trade	205.62	158.08	186.67	80.04	34.24	55.87	125.58	123.83	130.80
住宿和餐饮业	Hotels and Catering Services	32.90	42.70	49.42	6.68	17.96	22.93	26.22	24.74	26.49
金融业	Finance		1.55	1.15		1.54	1.14		0.01	0.01
房地产业	Real Estate	8.08	9.49	12.56	7.53	8.97	10.55	0.55	0.52	2.00
租赁与商务服务业	Leasing and Commercial Services	25.01	11.44	20.92	22.45	8.55	17.73	2.56	2.89	3.19
科学研究、技术服务与地质勘查业	Scientific Research and Technic Services and Geological Prospecting	3.77	4.68	5.33	3.34	4.52	5.17	0.43	0.15	0.15
水利、环境和公共设施管理业	Water Conservancy, Environment and Public Facilities Management	3.09	2.39	1.50	2.73	2.25	1.38	0.36	0.14	0.12
居民服务和其他服务业	Resident Services and Other Services	33.72	28.24	39.98	9.74	2.45	9.55	23.98	25.79	30.43
教育	Education	4.57	3.31	0.54	4.05	3.24	0.45	0.53	0.07	0.09
卫生、社会保障和社会福利业	Health Care, Social Security and Social Welfare	0.88	3.35	1.05	0.57	1.52	0.66	0.31	1.83	0.39
文化、体育与娱乐业	Culture, Sports and Recreation	3.71	4.84	4.41	1.51	2.44	1.93	2.21	2.40	2.48
公共管理和社会组织	Public Management and Social Organization									

2－21 单位从业人员变动情况(2002－2009 年)
Changes of Employed Persons (2002－2009)

单位:万人(10000 persons)

分类	Category	2002	2003	2004	2005	2006	2007	2008	2009
本年增加人数	**Total Increment**	**44.68**	**58.58**	**62.76**	**91.25**	**110.88**	**125.15**	**166.43**	**183.33**
#从农村招收	Recruited from Rural Area	17.15	27.05	28.57	53.54	59.65	67.85	94.76	105.19
从城镇招收	Recruited from Urban Area	7.14	8.95	9.63	12.11	15.76	19.39	24.01	24.53
录用的退伍军人	Demobilized Soldiers	0.64	0.66	0.88	0.98	0.99	0.95	1.16	1.15
录用的大、中专、技工学校毕业生	Graduates from Universities, Secondary Technical Schools and Worker Training Schools	6.59	8.57	9.84	11.60	15.43	16.49	21.88	25.07
调入	Transfered Into	5.88	6.12	5.67	5.54	6.32	5.62	6.04	6.38
其它	Others	7.28	7.23	8.16	7.49	12.73	14.85	18.58	21.01
本年减少人数	**Total Decrement**	**41.34**	**42.54**	**43.89**	**93.07**	**101.15**	**96.55**	**153.28**	**151.51**
#离休退休退职	Retired and Resigned Persons	5.02	4.69	5.28	39.76	24.75	8.67	10.89	10.94
开除除名辞退	Discharged Persons	3.12	4.00	3.19	3.87	10.41	7.69	9.92	8.56
终止解除合同	Terminated Contracts	19.12	20.92	22.37	33.95	47.62	59.27	103.48	103.87
离开本单位仍保留劳动关系的职工	Staff and Workers Leaving Their Working Units While Keeping Their Labour Contract	2.58	1.86	1.38	1.08	1.84	1.41	1.79	1.09
死亡	Death			0.24	0.24	0.25	0.22	0.24	0.23
调出	Transfered Out	5.42	5.19	4.90	5.39	5.46	6.07	6.97	6.77
其它	Others	6.08	5.89	6.54	8.79	10.83	13.22	19.99	20.04

2－22 按经济类型分的单位从业人员变动情况
Changes of Employed Persons by Ownership

单位：万人(10000 persons)

分类	Category	合计 Total			国有经济单位 State－owned Units			城镇集体经济单位 Urban Collective Owned Units			其他单位 Others		
		2007	2008	2009	2007	2008	2009	2007	2008	2009	2007	2008	2009
本年增加人数	**Total Increment**	**125.15**	**166.43**	**183.33**	**16.56**	**18.99**	**18.17**	**3.64**	**3.88**	**6.22**	**104.95**	**143.56**	**158.94**
#从农村招收	Recruited from Rural Area	67.85	94.76	105.19	2.43	3.17	3.14	2.16	2.01	3.93	63.26	89.58	98.12
从城镇招收	Recruited from Urban Area	19.39	24.01	24.53	2.31	2.61	2.70	0.44	0.67	0.80	16.64	20.73	21.04
录用的退伍军人	Demobilized Soldiers	0.95	1.16	1.15	0.25	0.35	0.28	0.09	0.05	0.06	0.61	0.76	0.81
录用的大、中专、技工学校毕业生	Graduates from Universi－ties, Secondary Technical Schools and Worker Training Schools	16.49	21.88	25.07	4.32	4.88	4.92	0.37	0.47	0.58	11.80	16.53	19.57
调入	Transfered Into	5.62	6.04	6.38	3.51	3.51	3.34	0.15	0.20	0.17	1.96	2.33	2.87
其它	Others	14.85	18.58	21.01	3.74	4.47	3.79	0.43	0.48	0.69	10.68	13.63	16.53
本年减少人数	**Total Decrement**	**96.55**	**153.28**	**151.51**	**12.44**	**14.49**	**13.75**	**2.57**	**3.37**	**3.90**	**81.54**	**135.42**	**133.86**
#离休退休退职	Retired and Resigned Persons	8.67	10.89	10.94	2.67	2.55	2.62	0.28	0.33	0.37	5.73	8.01	7.95
开除除名辞退	Discharged Persons	7.69	9.92	8.56	0.38	0.41	0.35	0.10	0.20	0.50	7.20	9.31	7.69
终止解除合同	Terminated Contracts	59.27	103.48	103.87	3.44	5.07	4.79	1.44	1.98	2.22	54.39	96.43	96.86
离开本单位仍保留劳动关系的职工	Staff and Workers Leaving Their Working Units While Keeping Their Labour Contract	1.41	1.79	1.09	0.36	0.24	0.19	0.13	0.09	0.08	0.92	1.46	0.82
死亡	Death	0.22	0.24	0.23	0.13	0.13	0.13	0.01	0.01	0.01	0.07	0.10	0.10
调出	Transfered Out	6.07	6.97	6.77	3.15	3.09	3.21	0.18	0.23	0.21	2.74	3.65	3.36
其它	Others	13.22	19.99	20.04	2.31	3.00	2.45	0.44	0.53	0.50	10.48	16.46	17.09

2-23 各市企业年末单位从业人员 Employed Persons in Enterprises by City(Year-end)

单位:万人(10000 persons)

城市	City	年末单位从业人员 Number of Employed Persons at the Year-end			#在岗职工 Fully Employed Staff and Workers			离岗职工 Laid-off Staff and Workers		
		2007	2008	2009	2007	2008	2009	2007	2008	2009
全省	**Total**	**516.03**	**585.15**	**649.20**	**488.00**	**541.95**	**595.21**	**9.69**	**8.33**	**7.33**
杭州市	Hangzhou	121.02	148.55	168.75	108.84	128.36	140.78	2.27	1.73	1.72
宁波市	Ningbo	84.64	93.95	110.51	80.66	89.64	100.39	0.48	0.51	0.39
温州市	Wenzhou	81.54	82.67	86.10	79.50	80.39	83.47	2.28	2.05	1.83
嘉兴市	Jiaxing	60.89	62.67	63.62	59.05	60.64	60.88	0.65	0.41	0.39
湖州市	Huzhou	21.83	25.04	25.88	20.90	23.93	24.69	0.58	0.41	0.33
绍兴市	Shaoxing	58.71	73.63	81.72	55.92	66.63	79.63	0.75	0.68	0.58
金华市	Jinhua	26.24	25.93	31.52	25.40	25.04	30.58	0.53	0.53	0.43
衢州市	Quzhou	8.18	9.18	9.67	7.07	7.71	8.47	0.48	0.40	0.33
舟山市	Zhoushan	7.50	8.82	10.92	7.32	7.95	9.71	0.52	0.49	0.41
台州市	Taizhou	34.92	42.62	48.31	33.07	40.51	45.21	0.89	0.78	0.67
丽水市	Lishui	6.90	7.76	7.78	6.62	6.96	7.02	0.25	0.26	0.18

2-24 各市国有控股企业年末单位从业人员 Employed Persons in State-owned and State Holding Majority Shares Enterprises by City (Year-end)

单位:万人(10000 persons)

城市	City	年末单位从业人员 Number of Employed Persons at the Year-end			#在岗职工 Fully Employed Staff and Workers			离岗职工 Laid-off Staff and Workers		
		2007	2008	2009	2007	2008	2009	2007	2008	2009
全　省	**Total**	**131.24**	**138.62**	**137.74**	**119.80**	**121.31**	**115.93**	**6.67**	**5.41**	**4.72**
杭州市	Hangzhou	47.46	52.39	59.07	42.27	43.80	46.23	1.94	1.44	1.31
宁波市	Ningbo	16.51	17.63	18.87	15.31	15.50	16.53	0.31	0.21	0.19
温州市	Wenzhou	17.85	16.40	11.17	16.74	15.20	9.94	1.47	1.30	1.22
嘉兴市	Jiaxing	6.41	7.07	7.76	5.55	5.98	6.51	0.38	0.24	0.22
湖州市	Huzhou	6.46	6.51	5.13	5.87	5.93	4.58	0.45	0.31	0.28
绍兴市	Shaoxing	7.86	8.00	6.81	7.34	7.08	6.07	0.34	0.29	0.23
金华市	Jinhua	5.28	5.10	5.64	5.00	4.83	5.25	0.26	0.21	0.17
衢州市	Quzhou	3.67	3.90	4.19	3.15	3.18	3.53	0.41	0.34	0.30
舟山市	Zhoushan	3.82	4.00	4.22	3.71	3.72	3.94	0.37	0.34	0.26
台州市	Taizhou	8.64	9.46	8.19	7.77	8.40	6.96	0.55	0.49	0.36
丽水市	Lishui	3.63	3.84	2.26	3.45	3.49	2.03	0.17	0.16	0.11

2－25 各市事业年末单位从业人员 Employed Persons in Institations by City(Year－end)

单位:万人(10000 persons)

城市	City	年末单位从业人员 Number of Employed Persons at the Year－end			#在岗职工 Fully Employed Staff and Workers			离岗职工 Laid－off Staff and Workers		
		2007	2008	2009	2007	2008	2009	2007	2008	2009
全　省	**Total**	**107.85**	**111.13**	**113.64**	**103.11**	**104.60**	**106.43**	**1.85**	**1.32**	**1.22**
杭州市	Hangzhou	23.58	25.15	24.67	22.02	23.17	22.36	0.36	0.26	0.23
宁波市	Ningbo	14.26	14.60	15.18	13.76	13.84	14.28	0.13	0.11	0.09
温州市	Wenzhou	14.08	14.18	14.77	13.70	13.59	14.22	0.38	0.29	0.29
嘉兴市	Jiaxing	8.65	9.08	9.08	8.30	8.67	8.67	0.07	0.04	0.02
湖州市	Huzhou	5.35	5.58	5.55	4.86	4.95	4.92	0.06	0.02	0.02
绍兴市	Shaoxing	8.96	9.33	9.69	8.57	8.77	9.12	0.14	0.11	0.14
金华市	Jinhua	9.61	9.96	10.83	9.47	9.78	10.61	0.18	0.14	0.12
衢州市	Quzhou	3.76	3.90	4.00	3.57	3.63	3.74	0.05	0.04	0.03
舟山市	Zhoushan	2.66	2.63	3.01	2.55	2.53	2.85	0.06	0.04	0.03
台州市	Taizhou	11.12	11.46	11.56	10.60	10.57	10.54	0.18	0.15	0.14
丽水市	Lishui	5.31	5.26	5.29	5.20	5.10	5.12	0.16	0.12	0.10

2－26 各市机关年末单位从业人员 Employed Persons in Government Agencies by City(Year－end)

单位:万人(10000 persons)

城市	City	年末单位从业人员 Number of Employed Persons at the Year－end			#在岗职工 Fully Employed Staff and Workers			离岗职工 Laid－off Staff and Workers		
		2007	2008	2009	2007	2008	2009	2007	2008	2009
全　省	**Total**	**42.80**	**44.92**	**46.72**	**41.57**	**42.80**	**43.96**	**0.38**	**0.33**	**0.25**
杭州市	Hangzhou	8.23	8.72	9.29	8.05	8.35	8.82	0.14	0.11	0.10
宁波市	Ningbo	5.83	6.07	6.37	5.60	5.80	6.01	0.02	0.01	0.01
温州市	Wenzhou	6.11	6.38	6.63	5.99	6.11	6.19	0.06	0.07	0.03
嘉兴市	Jiaxing	2.67	2.85	2.81	2.59	2.72	2.66	0.01		
湖州市	Huzhou	2.03	2.09	2.23	1.82	1.90	2.10	0.02	0.02	0.01
绍兴市	Shaoxing	3.13	3.17	3.17	3.02	2.93	2.86	0.02	0.02	0.02
金华市	Jinhua	4.43	4.55	4.86	4.39	4.48	4.74	0.02	0.02	0.01
衢州市	Quzhou	2.55	2.58	2.57	2.45	2.43	2.39	0.05	0.04	0.04
舟山市	Zhoushan	1.33	1.61	1.54	1.32	1.53	1.43	0.01	0.02	
台州市	Taizhou	3.97	4.10	4.27	3.87	3.84	3.87	0.02	0.01	0.01
丽水市	Lishui	2.52	2.80	3.00	2.47	2.71	2.89	0.01	0.01	0.01

2-27 各市单位年末人才资源
Trained Personnel Resources by City (Year-end)

单位:万人(10000 persons)

城市	City	人才资源年末人数 Number of Trained Personnel Resources				专业技术人员 Specialized Technical Personnel			
		2006	2007	2008	2009	2006	2007	2008	2009
全 省	**Total**	**259.25**	**301.51**	**399.47**	**438.61**	**141.37**	**146.23**	**171.58**	**186.40**
杭州市	Hangzhou	63.48	73.96	99.42	114.01	33.64	34.10	43.03	48.22
宁波市	Ningbo	38.62	40.39	65.33	68.05	19.55	21.11	26.69	27.97
温州市	Wenzhou	35.31	39.96	50.29	55.04	20.55	20.63	21.49	24.46
嘉兴市	Jiaxing	22.61	27.06	34.96	36.65	10.96	11.60	13.00	13.31
湖州市	Huzhou	10.29	13.69	17.17	18.71	6.33	6.44	7.58	7.97
绍兴市	Shaoxing	24.01	31.76	42.07	46.31	12.68	13.97	16.64	18.51
金华市	Jinhua	18.58	20.48	24.90	27.80	11.48	11.16	12.27	13.10
衢州市	Quzhou	9.26	9.75	11.09	11.43	4.40	4.56	4.98	4.97
舟山市	Zhoushan	6.45	7.18	8.35	10.28	3.20	3.48	3.57	4.25
台州市	Taizhou	19.40	25.29	33.20	37.35	11.94	12.96	15.66	16.77
丽水市	Lishui	9.84	10.65	11.32	11.75	5.93	5.65	6.00	6.21

2-28 各市按经济类型分的年末全部单位专业技术人员
Specialized Technical Personnel by City and Ownership(Year-end)

单位:万人(10000 persons)

城市	City	总计 Total			国有 State owned Units			城镇 Collective Owned Units			其他 Other Types of Ownership		
		2007	2008	2009	2007	2008	2009	2007	2008	2009	2007	2008	2009
全 省	**Total**	**146.23**	**171.58**	**186.40**	**82.05**	**87.91**	**90.39**	**7.31**	**8.08**	**8.34**	**56.86**	**75.59**	**87.67**
杭州市	Hangzhou	34.10	43.03	48.22	18.01	20.46	20.34	1.22	1.45	1.43	14.87	21.12	26.46
宁波市	Ningbo	21.11	26.69	27.97	11.37	11.82	12.50	0.98	1.12	1.29	8.77	13.75	14.18
温州市	Wenzhou	20.63	21.49	24.46	11.44	12.19	12.84	1.10	1.11	1.02	8.09	8.19	10.60
嘉兴市	Jiaxing	11.60	13.00	13.31	6.18	6.70	6.69	0.40	0.49	0.42	5.02	5.81	6.20
湖州市	Huzhou	6.44	7.58	7.97	3.55	3.90	3.98	0.37	0.46	0.48	2.52	3.22	3.52
绍兴市	Shaoxing	13.97	16.64	18.51	6.60	6.76	6.91	0.63	0.70	0.78	6.74	9.18	10.82
金华市	Jinhua	11.16	12.27	13.10	6.95	7.28	7.80	0.94	0.96	1.18	3.27	4.03	4.12
衢州市	Quzhou	4.56	4.98	4.97	3.24	3.49	3.65	0.39	0.38	0.17	0.93	1.11	1.15
舟山市	Zhoushan	3.48	3.57	4.25	2.13	2.06	2.34	0.22	0.28	0.26	1.12	1.23	1.65
台州市	Taizhou	12.96	15.66	16.77	8.09	8.55	8.61	0.71	0.76	0.89	4.16	6.35	7.27
丽水市	Lishui	5.65	6.00	6.21	4.30	4.45	4.59	0.35	0.39	0.43	1.00	1.16	1.19

2-29 分行业年末单位专业技术人员
Specialized Technical Personnel by Sector(Year-end)

单位:万人(10000 persons)

行业	Sector	合计 Total			#国有单位 State-owned Units			#城镇集体单位 Urban Collective owned Units		
		2007	2008	2009	2007	2008	2009	2007	2008	2009
总 计	**Total**	**146.23**	**171.58**	**186.40**	**82.05**	**87.90**	**90.39**	**7.31**	**8.08**	**8.34**
农、林、牧、渔业	Farming, Forestry, Animal Husbandry and Fishery	0.69	0.65	0.58	0.64	0.60	0.51	0.03	0.02	0.03
采矿业	Ming and Quarrying	0.20	0.24	0.25	0.03	0.03	0.05	0.02	0.03	0.04
制造业	Manufacturing	27.36	35.63	38.44	0.84	1.08	1.16	0.39	0.42	0.60
电力、燃气及水的生产和供应业	Electricity, Gas and Water Production and Supply	3.28	3.31	3.50	2.23	2.22	2.03	0.06	0.06	0.06
建筑业	Construction	12.79	18.08	22.29	0.92	1.28	1.14	1.01	1.07	1.24
交通运输、仓储和邮政业	Transpor, Storage and Post	2.98	3.16	3.24	1.72	1.68	1.73	0.08	0.09	0.10
信息传输、计算机服务和软件业	Information Transmission, Computer Service and Software	2.84	4.57	5.23	0.59	0.82	0.84	0.01	0.01	0.01
批发和零售业	Wholesale and Retail Sale Trade	4.31	4.63	4.92	0.74	0.72	0.78	0.21	0.20	0.20
住宿和餐饮业	Hotels and Catering Services	1.34	1.29	1.39	0.20	0.18	0.20	0.11	0.13	0.08
金融业	Finance	9.99	12.44	13.69	4.27	4.68	3.93	1.26	1.34	0.95
房地产业	Real Estate	2.26	2.72	2.81	0.51	0.56	0.47	0.04	0.06	0.08
租赁和商务服务业	Leasing and Services and Other Services	3.23	3.66	4.23	1.46	1.51	1.46	0.24	0.25	0.44
科学研究、技术服务和地质勘查业	Scientific Research, Technic Services and Geological Prospecting	5.29	6.30	6.96	3.66	4.15	4.38	0.17	0.20	0.30
水利、环境和公共设施管理业	Water Conservancy, Environment and Public Facilities Management	0.94	1.02	1.16	0.70	0.73	0.81	0.07	0.08	0.10
居民服务和其他服务业	Resident Services and Other Services	0.13	0.14	0.17	0.08	0.07	0.10	0.01	0.02	0.01
教育	Education	44.23	45.98	47.29	42.48	43.86	44.69	0.66	0.77	0.87
卫生、社会保障和社会福利业	Health Care, Social Securities and Social Welfare	19.65	22.12	23.82	16.45	18.46	20.09	2.87	3.25	3.18
文化、体育和娱乐业	Culture, Sports and Recreation	2.36	2.78	3.10	2.25	2.64	2.93	0.06	0.05	0.04
公共管理和社会组织	Public Administration and Social Organization	2.35	2.86	3.35	2.28	2.63	3.09	0.01	0.03	0.07

2-30 城镇新就业人数
Number of Newly Employed Persons in Urban Areas

单位:万人(10000 persons)

项目	Item	2000	2004	2005	2006	2007	2008	2009
总　计	**Total**	**67.97**	**78.33**	**109.21**	**134.46**	**162.98**	**179.73**	**202.67**
按就业人员主要来源分	**By Source of Major Employment**							
城镇失业人员	Urban Unemployment	35.73	25.91	28.75	35.47	33.01	33.48	35.06
农村劳动力	Rural Labor Force	8.66	28.57	53.54	59.65	81.47	104.24	115.70
大学、中专、技工学校毕业生	Graduates from Universities, Secondary Technical Schools and Worker Training Schools	5.82	9.85	11.60	15.43	30.11	21.89	25.07
部队转业干部和退伍军人	Demobilized Soldiers and Armymen Transferred to Civilian Work	0.85	0.88	0.98	0.99	0.95	1.16	1.15
其他	Others	16.91	13.12	14.34	22.92	17.44	18.96	25.69
按就业人员安置去向分	**By Direction of Employment Assignment**							
国有经济单位	State owned Units	6.90	10.29	19.88	10.01	10.54	11.01	12.12
城镇集体经济单位	Urban Collective Owned Units	2.38	3.95	4.26	3.14	3.23	3.21	5.72
其他经济单位	Others	13.37	39.67	56.98	81.87	94.73	127.59	142.77
城镇私营和个体劳动	Urban Private Enterprises and Individual Laborers	45.32	24.42	28.09	39.44	54.48	37.92	42.06

2-31 社会保险参保人员基本情况(2002-2009)
Basic Statistics of Persons Participating in Social Insurance(2002-2009)

单位:万人(10000 persons)

项目	Item	2002	2003	2004	2005	2006	2007	2008	2009
参保总人数	Total Persons Participating in Insurance	1934.17	2211.06	2485.96	2784.51	3274.22	4114.68	5123.75	5567.38
#养老保险	Endowment Insurance	701.06	801.18	887.99	962.26	1052.59	1167.10	1386.91	1527.43
失业保险	Unemployment Insurance	390.02	396.84	428.44	444.68	504.38	584.75	731.10	784.46
医疗保险	Insurance for Medical Care	423.40	510.30	569.24	639.56	730.59	854.97	1053.92	1173.73
工伤保险	Work-related Injury Insurance	226.00	287.70	360.44	453.07	603.94	1002.90	1261.84	1331.09
生育保险	Childbirth Insurance	193.69	215.04	239.85	284.94	382.72	504.96	689.98	750.67

2－32 五次人口普查基本情况
Basic Statistics on National Population Census

项目	Item	第一次 The First Time 1953.7.1	第二次 The Second Time 1964.7.1	第三次 The Third Time 1982.7.1	第四次 The Fourth Time 1990.7.1	第五次 The Fifth Time 2000.11.1
总户数(万户)	**Total Family Households(10000 Households)**	**579.16**	**656.63**	**960.36**	**1176.77**	**1478.97**
平均每户人数(人)	Average Size of Family Households	3.87	4.31	3.96	3.46	3.00
总人口(万人)	**Total Population(10000 persons)**	**2241.57**	**2831.86**	**3888.46**	**4144.59**	**4593.06**
按性别分	**By Sex**					
男	Male	1178.00	1479.06	2016.70	2136.48	2358.15
女	Female	1063.00	1352.80	1871.76	2008.11	2234.91
按城乡分	**By Residence**					
市镇人口	Urban	289.27	306.86	999.69	1516.57	2235.66
乡村人口	Rural	1925.30	2525.00	2888.77	2628.02	2357.40
按民族分	**By Nationality**					
汉族	The Han Nationality	2233.22	2821.19	3872.30	4123.45	4553.52
少数民族	Minority Nationality	8.35	10.67	16.16	21.14	39.54
#畲族	The She Nationality	5.27	10.06	14.83	17.27	17.10
苗族	The Miao Nationality	2.84	0.04	0.05	0.32	5.34
回族	The Hui Nationality	0.19	0.38	0.94	1.72	1.96
满族	The Man Nationality	0.04	0.09	0.12	0.27	0.51
蒙古族	The MengGu Nationality		0.02	0.02	0.06	0.36
壮族	The Zhuang Nationality		0.03	0.11	0.77	1.90
按文化程度分	**By Educational Level**					
大学	University		8.05	18.21	48.50	146.79
高中	Senior Secondary School		31.86	202.19	290.37	495.36
初中	Junior Secondary School		120.27	691.55	983.98	1531.94
小学	Primary School		809.63	1531.44	1643.92	1683.34
文盲、半文盲(15岁及15岁以上)	Illiterate and Semiliterate(15 years old and over)		.	930.67	723.64	321.85

浙/江/统/计/年/鉴

主要统计指标解释

■ 人口数

指一定时点、一定地区范围内的有生命的个人的总和。

年度统计的年末人口数是指每年12月31日24时的人口数。

■ 出生率(又称粗出生率)

指一定时期内(通常为一年)平均每千人所出生的人数的比率,一般用千分率表示。计算公式:

$$出生率=\frac{年出生人数}{年平均人数}\times 1000‰$$

出生人数是指活产婴儿,即胎儿脱离母体时(不管怀孕月数),有过呼吸或其他生命现象。

年平均人数是年初、年底人口数的平均数,也可用年中人口数代替。

■ 死亡率(又称粗死亡率)

指一定时期内(通常为一年)一定地区的死亡人数与同期平均人数(或期中人数)之比,一般用千分率表示。计算公式:

$$死亡率=\frac{年死亡人数}{年平均人数}\times 1000‰$$

■ 人口自然增长率

指一定时期内(通常为一年)人口自然增加数(出生人数减死亡人数)与该时期内平均人数(或期中人数)之比,一般用千分率表示。计算公式:

$$人口自然增长率=\frac{本年出生人数-本年死亡人数}{年平均人数}\times 1000‰$$

$$人口自然增长率=人口出生率-人口死亡率$$

■ 从业人员

指从事一定社会劳动并取得劳动报酬或经营收入的人员。包括:

(1)在岗职工

(2)再就业的离退休人员

(3)私营业主

(4)个体户主

(5)私营和个体从业人员

(6)乡镇企业从业人员

(7)农村从业人员

(8)其他从业人员(包括民办教师、宗教职业者等)。

这一指标反映了一定时期内全部劳动力资源的实际利用情况,是研究我省基本省情省力的重要指标。

■ 各单位从业人员

指在各级国家机关、政党机关、社会团体及企业、事业单位中工作,并取得工资或其他劳动报酬的全部人员。包括:在岗职工、再就业的离退休人员、民办教师以及在各单位中工作的外方人员和港澳台方人员、兼职人员、借用的外单位人员和第二职业者。不包括离开本单位仍保留劳动关系的职工。各单位的从业人员反映了各单位实际参加生产或工作的全部劳动力。

■ 城镇私营和个体从业人员

城镇私营从业人员指在工商行政管理部门注册登记,其经营地址设在县城关镇(含城关镇)以上的私营企业从业人员;包括私营企业投资者和雇工。城镇个体从业的人员指在工商管理部门注册登记,并持有城镇户口或在城镇长期居住,经批准从事个体工商经营的从业人员;包括个体经营者和在个体工商户劳动的家庭帮工和雇工。

■ 城镇登记失业人员

指有非农业户口,在一定的劳动年龄内,有劳动能力,无业而要求就业,并在当地就业服务机构进行求职登记的人员。

■ 城镇登记失业率

指城镇登记失业人数同城镇单位从业人数、城镇私营企业及个体从业人数和城镇登记失业人数之和的比。计算公式为:

主要统计指标解释

$$城镇登记失业率 = \frac{城镇登记失业人数}{城镇单位从业人数+城镇私营企业及个体从业人员+城镇登记失业人数} \times 100\%$$

■ 职　工

指在国有经济、城镇集体经济、联营经济、股份制经济、外商和港、澳、台投资经济、其他经济单位及其附属机构工作，并由其支付工资的各类人员，不包括返聘的离退休人员、民办教师、在国有经济单位工作的外方人员和港、澳、台人员（1998 年以后的数据均为在岗职工数据，其他相关指标如职工工资总额，职工平均工资等指标也从 1998 年按此口径进行了相应的调整）。

■ 国有单位职工

指在国有经济单位及其附属机构工作，并由其支付工资的各类人员。

■ 城镇集体单位职工

指在城镇集体经济单位及其管理部门工作，并由其支付工资的各类人员。

■ 其他单位职工

指在联营经济、股份制经济、外商投资经济、港、澳、台投资经济单位工作，并由其支付工资的各类人员。

■ 在岗职工

指在本单位工作并由单位支付工资的人员，以及有工作岗位，但由于学习、病伤、产假等原因暂未工作，仍由单位支付工资的人员。

ZHEJIANG STATISTICAL YEARBOOK

Explanatory Notes on Main Statistical Indicators

□ Total Population

refers to the total number of people alive at a certain point of time within a given area.

The annual statistics on total population is taken at midnight , the 31st of December.

□ Birth Rate (or Crude Birth Rate)

refers to the ratio of the number of births to the average population during a certain period of time (usually a year), which is often expressed in ‰. The following formula is used:

$$\text{Birth Rate} = \frac{\text{Number of Births}}{\text{Average Number of Population}} \times 1000‰$$

Number of Births refers to live births ,i. e. the births when babies had showed any vital phenomena regardless of the length of pregnancy.

Annual Average Number of Population is the average of the number of population at the beginning of the year and that at the end of the year. Sometimes it is substituted for with the mid - year population.

□ Death Rate (or Crude Death Rate)

refers to the ratio of the number of deaths to the average population (or mid - year population) during a certain period of time (usually a year), which is often expressed in‰. The following formula is uesd:

$$\text{Death Rate} = \frac{\text{Number of Deaths}}{\text{Annual Average Number of Population}} \times 1000‰$$

□ Natural Growth Rate of Population

refers to the ratio of natural increase in population (number of births minus number of deaths) in a certain period of time (usually a year) to the average population (or mid - year population) of the same period, which is often expressed in ‰. The following formulas are applied:

$$\text{Natural Growth of Population} = \frac{\text{Number of Births} - \text{Number of Deaths}}{\text{Average Number of Population}} \times 1000‰$$

$$\text{Natural Growth of Population} = \text{Birth Rate} - \text{Death Rate}$$

□ Employed Persons

refers to the persons who are engaged in social labour and receive remuneration payment or earn business income, including :

(1) total staff and workers,

(2) re-employed retirees,

(3) employers of private enterprises,

(4) self-employed workers,

(5) employees in private enterprises and individual economy,

(6) employees in town enterprises,

(7) employed persons in the rural areas,

(8) other employed persons (including teachers in the schools run by the local people,people engaged in religious profession,etc.).

This indicator reflacts the actual utilization of total labour force during a certain period of time and is often used for the research on provincial economic situation and power.

□ Persons Employed in Various Units

refer to all the persons working in government agencies of various levels,political and party organizations,social organizations,enteprises and institutions,and receiving wages or other forms of payment. they include fully - employed staff and workers,reemployed retirees,teachers in schools run by local people,foreigners and Chinese compatriots from Hong Kong,Macao,Taiwan working in various units,parttime employees,employees of other units working temporarily at current posts, and employees holding the second job, but exclude staff and workers who have left their working units while keeping their labour contract (employment relation) unchanged. This indicator reflacts the total number of laborers actually engaged in production or other operations in various units.

EXPLANATORY NOTES ON MAIN STATISTICAL INDICATORS

□ Persons Employed in private Enterprrises and Selfemployed Individuals in Urban Areas

Persons employed in private enterprises refer to the persons employed in the private enterprises which have been registered at the departments of industrial and commercial administration and are situated at a country town(i. e. a town where the country government is located) for business operationor at urban areas with the level higher than a country town. The selfemployed individuals in urban areas refer to persons who hold the certificates of resience in urban areas or have resided in the urban areas for a long time and have been registered at the department of industrial and commercial administration and approved to be engaged in individual industrial or commercial business including selfemployed persons as well as helpers and hire labourers who work in the indvidual households engaged in industrial or commercial business.

□ Registered Urban Unemployed Persons

The registered unemployed persons in urban areas refer to persons who are registered as permanent residents in urban areas engaged in nonagricultural activities, aged within the range of working age, capable to labour, unemployed but desirous to be employed and have been registered at the local government service agencies to apply for a job.

□ Registered Urban Unemployment Rate

Registered unemployment rate in urban areas refers to the ratio of the number of the registered unemployed persons to the sum of the number of the person employed in various units and in private enterprises in urban areas, urban selfemployed individuals and the registered urban unemployed persons. The formula is as follows:

Registered urban unemployment rate = 100% × (number of registered urban unemployed persons)/(number of persons employed in urban units + number of persons employed in urban private enterprises + and selfemployed individual in urban Areas + number of registered urban unemployed persons)

□ Staff and Workers

refer to the persons who work in (and receive payment therefrom) enterprises and institutions of state ownership, collective ownership , joint ownership , share holding , foreign ownership, and ownership by entrepreneurs from Hong Kong, Macao, and Taiwan , and other types of ownership and their affiliated units, excluding the retired persons invited to work in the units again, teachers in the schools run by the local people and foreigners and persons coming from Hong Kong, Macao and Taiwan and working in the state – owned economic units. (Number of staff and workers in this yearbook include only fully employed staff and worker, excluding those who have left their working units while keeping their labour contract employment relation unchanged).

□ Staff and Workers in State – owned Economic Units

refer to the person who work in the state – owned economic units or their attached units and are listed in their payrolls.

□ Staff and Workers in Collective Owned Units

refer to the persons who work in collective owned units in urban areas and their administration departments and recieve payment therefrom.

□ Staff and Workers in Units of Other types of Ownership

refer to those who work in (and receive payment therefrom) enterprises and institutions of joint ownership, share holding, foreign ownership, and ownership by enterpreneurs from Hong Kong, Macao and Taiwan.

□ Fully Employed Staff and Workers

refers to persons who work in, and receive wages from their working units, as well.

2010

浙江统计年鉴

ZHEJIANG STATISTICAL YEARBOOK

CHAPTER 3

固定资产投资

Investment in Fixed Assets

3-1 全社会固定资产投资(1978-2009年)
Total Investment in Fixed Assets(1978-2009)

单位:亿元(100 million yuan)

年份 Year	全社会投资 Total Investment	总计中: 限额以上投资 Investment Above Designated Size	投资项目投资 Investment Inprojects	房地产开发投资 Real Estate Development
1978	23.23			
1979	26.11			
1980	33.25			
1981	34.16			
1982	41.72			
1983	44.04			
1984	64.89			
1985	102.20			
1986	127.39			
1987	156.20			
1988	188.95			
1989	179.49			
1990	186.96			9.54
1991	239.75			11.73
1992	361.18			24.23
1993	683.83			93.15
1994	1006.39			155.82
1995	1357.90			246.38
1996	1617.53			243.54
1997	1694.57			215.44
1998	1847.93			226.69
1999	1886.04			271.99
2000	2267.22			362.18
2001	2776.69			544.91
2002	3596.31			728.80
2003	4993.57	4180.38	3200.33	980.05
2004	6059.78	5384.38	4031.31	1353.07
2005	6696.25	6138.39	4681.90	1456.49
2006	7593.66	6964.28	5390.01	1574.28
2007	8420.43	7704.90	5883.23	1821.67
2008	9323.00	8550.71	6527.59	2023.12
2009	10742.32	9906.46	7652.19	2254.27

3-2 全社会固定资产投资和房屋建筑面积(2002-2009)
Total Investment in Fixed Assets and Floor Space of Buildings(2002-2009)

指标	Item	2002	2003	2004	2005	2006	2007	2008	2009
投资总额(亿元)	**Total Investment (100 million yuan)**	**3596.31**	**4993.57**	**6059.78**	**6696.25**	**7593.66**	**8420.43**	**9323.00**	**10742.32**
城镇以上投资	**Investment at Town Level and Above**	**2364.95**	**3182.09**	**4056.60**	**4809.5**	**5432.7**	**5996.93**	**6551.10**	**7454.33**
农村投资	**Rural Investment**	**1231.36**	**1811.48**	**2003.18**	**1886.76**	**2160.95**	**2423.50**	**2771.90**	**3287.99**
农户投资	Peasant Household	201.49	211.39	232.00	254	312.7	328.30	396.4	434.72
非农户投资	Non-peasant Household	1029.87	1600.09	1771.18	1632.56	1848.28	2095.20	2375.6	2853.27
按构成分	**by Structure**								
建筑安装工程	Construction and Installa-tion	1968.09	2665.83	3320.65	3867.51	4338.96	4644.26	5332.22	6190.23
设备工器具购置	Purchase of Equipment and Instruments	878.99	1197.03	1569.47	1598.66	1785.46	1982.14	2122.52	2396.73
其他费用	Others	749.2	1130.71	1169.67	1230.08	1469.24	1794.03	1868.26	2155.36
总投资中:住宅投资	**Residential Buildings**	**777.25**	**968.54**	**1270.73**	**1376.15**	**1458.63**	**1685.07**	**1883.63**	**2154.25**
房屋建筑面积(万平方米)	**Floor Space of Buildings(10000 sq.m)**								
施工面积	Floor Space under Construction	22287.56	31213.37	34458.66	36678.31	40963.31	46774.80	50976.9	53252.58
#住宅	Residential Buildings	11061.61	13584.14	16474.85	17378.98	18263.70	19719.7	20850.82	22408.46
竣工面积	Floor Space Completed	12365.31	16019.71	16541.40	14987.5	14924.94	16373.21	18233.63	18446.67
#住宅	Residential Buildings	5991.46	6793.84	6625.78	7286.72	7197.72	7760.96	8490.18	8622.27

3-3 限额以上固定资产投资完成情况(2005-2009年)
Investment In Fixed Assets Above Designated Size(2005-2009)

单位:万元(10000 yuan)

指标	Item	2005	2006	2007	2008	2009
投资额	**Total Investment**	**61383891**	**69642812**	**77049017**	**85507062**	**99064618**
投资项目	Projects	46819006	53900056	58832327	65275885	76521954
房地产开发	Real Estate Development	14564885	15742756	18216690	20231177	22542664
按登记注册类型分	**by Registered Type**					
内资	Domestic Funds	53440502	60039996	66363733	73756466	87884929
国有	State-owned	16323618	17916646	18206864	19815623	25090107
集体	Collective Owned	1024168	1368049	1350079	1567198	2449190
股份合作	Share-cooperations	464459	433555	311303	265500	361462
国有联营	State Joint	187463	292758	375164	233780	315211
集体联营	Collective Joint	20044	6931	6216	8201	29648
国有与集体联营	State-collective Joint	38415	29892	27801	39142	74847
其他联营	Other Joint	10816	23528	19517	5055	990
国有独资公司	State Sole Funds	1081250	1563397	1648740	1954491	3002406
其他有限责任公司	Other Limited Liability Corporations	19102752	20242350	22160915	25255256	26923568
股份有限公司	Share-holding Corporations Ltd.	2622824	2507488	2794641	3581851	4806410
私营	Private	11698328	14774633	18373320	19604954	23489681
其他	Others	866365	880769	1089173	1425415	1341409
港澳台商投资	Investment from HongKong, Macao and Taiwan	3421947	3947373	5040047	5748215	5598224
外商投资	Investment from Foreign	4449566	5509868	5553520	5835723	5257211
个体经营	Individual	71876	145575	91717	166658	324254
按国有及非国有情况分	**by State and Non-state Owned**					
国有及国有控股企业投资	State-owned and State-holding	22703019	25354985	26598096	28987458	36440415
非国有投资	Non-state-owned	38680872	44287827	50450921	56519604	62624203
#民间投资	Nongovernmental	31681691	36944948	41383799	46604929	52984298

续表 Continued 单位:万元(10000 yuan)

指标	Item	2005	2006	2007	2008	2009
按构成分	**by Structure**					
建筑工程	Construction	32095690	35991747	38322194	43603631	50441764
安装工程	Installation	3345179	3824122	4039508	4782241	6128274
设备工器具购置	Purchase of Equipment and Instruments	14148381	15686952	17197507	18777560	21276993
购置旧设备	Purchase of Old Equipment	71781	39708	30500	50783	63406
用于更新的设备	Renewal of Equipment	1553495	1605074	2202597	2571391	2655067
其他费用	Others	11794641	14139991	17489808	18343630	21217587
旧建筑物购置费	Purchase of Old Buildings	131343	234821	67315	87820	41801
土地购置费	Purchase of Land	7204360	8766877	11038000	10627604	11667948
施工项目个数(个)	Projects under Construction(unit)	20715	23392	24409	26323	29912
全投项目个数(个)	Projects Completed and Put into Use(unit)	10246	10348	9243	10729	13942
施工房屋面积(平方米)	Floor Space under Construction (sq. m)	317719915	356371436	410303555	446562673	467346528
竣工房屋面积(平方米)	Floor Space Completed(sq. m)	106439028	102471650	111633593	125675171	124991182
新增固定资产	Newly Increased Fixed Assets	37840183	40040021	42935406	48249716	58378404
资金来源合计	**Source of Funds**	**72277026**	**84713949**	**98343669**	**106749552**	**133281142**
上年末结余资金	Funds Surplus Last Year	5938024	6509562	7395803	10079929	10620369
本年资金来源小计	Funds This Year	66339002	78204387	90947866	96669623	122660773
#国家预算内资金	State Budgetary Appropriations			1807171	3287429	4428858
国内贷款	Domestic Loans	14339951	15551648	16869548	18064324	21553469
债券	Debenture			26712	7416	71988
利用外资	Foreign Investment	3315031	3862122	3159294	2995644	2428194
自筹资金	Fundraising	34767612	41964250	48795967	54641587	62360835
其他资金	Others	12622441	15508225	20289174	17673223	31817429

3－4 限额以上分行业施工和投产项目个数
Number of Projects Under Construction and Put Into Use Above Designated Size by Sector

指标	Item	施工项目个数(个) Projects Under Constructio (unit)		投产项目个数(个) Projects Completed and Put Into Use (unit)		项目建成投产率(%) Rate of Projects Completed and Put Into Use (%)	
		2008	2009	2008	2009	2008	2009
总计	**Total**	**26323**	**29912**	**10729**	**13942**	**40.8**	**46.6**
第一产业	Primary Industry	215	376	99	182	46.0	48.4
第二产业	Secondary Industry	19180	20679	8080	10039	42.1	48.5
第三产业	Tertiary Industry	6928	8857	2550	3721	36.8	42.0
按国民经济行业分组	**by Sector**						
农林牧渔业	**Farming, Forestry, Animal Husbandry and Fishery**	**215**	**376**	**99**	**182**	**46.0**	**48.4**
农业	Farming	40	90	17	46	42.5	51.1
林业	Forestry	14	35	2	16	14.3	45.7
畜牧业	Animal Husbandry	38	79	18	28	47.4	35.4
渔业	Fishery	12	34	6	13	50.0	38.2
农、林、牧、渔服务业	Services	111	138	56	79	50.5	57.2
采矿业	**Ming and Quarrying**	**56**	**108**	**35**	**68**	**62.5**	**63.0**
煤炭采选业	Coal Mining and Dressing	2	2	2	1	100.0	50.0
黑色金属矿采选业	Ferrous Metals Mining and Dressing	2	1	1		50.0	
有色金属矿采选业	Nonferrous Metals Mining and Dressing	6	12	1	10	16.7	83.3
非金属矿采选业	Nonmetal Minerals Mining and Dressing	45	92	31	57	68.9	62.0
其他采矿业	Other Minerals Mining and Dressing	1	1				
制造业	**Manufacturing**	**17798**	**19232**	**7413**	**9280**	**41.7**	**48.3**
农副食品加工业	Non－staple Food Processing	245	322	98	173	40.0	53.7
食品制造业	Food Manufacturing	184	184	67	99	36.4	53.8
饮料制造业	Beverage Manufacturing	131	127	61	60	46.6	47.2
烟草加工业	Tobacco Processing	2	2				
纺织业	Textile Industry	2108	2315	1002	1328	47.5	57.4
纺织服装、鞋、帽制造业	Garments, Shoes and Hats Manufacturing	868	758	338	338	38.9	44.6
皮革、毛皮、羽毛(绒)及其制品业	Leather, Furs, Down and Related Products	502	429	197	197	39.2	45.9
木材加工及木、竹、藤、棕、草制品业	Timber Processing, Bamboo, Cane Palm Fiber and Straw Products	305	364	190	226	62.3	62.1
家具制造业	Furniture Manufacturing	363	353	171	190	47.1	53.8
造纸及纸制品业	Papermaking and Paper Products	370	416	165	215	44.6	51.7

续表 1 Continued

指标	Item	施工项目个数(个) Projects Under Constructio (unit)		投产项目个数(个) Projects Completed and Put Into Use (unit)		项目建成投产率(%) Rate of Projects Completed and Put Into Use (%)	
		2008	2009	2008	2009	2008	2009
印刷业和记录媒介的复制	Printing and Record Medium Reproduction	268	283	102	153	38	54.1
文教体育用品制造业	Cultural, Educational and Sports Goods	352	362	117	187	33.2	51.7
石油加工、炼焦及核燃料加工业	Petroleum Processing, Cooking and Nuclear Fuel Processing	46	55	20	32	43.5	58.2
化学原料及化学制品制造业	Raw Chemical Materials and Chemical Products	767	883	311	402	40.5	45.5
医药制造业	Medical and Pharmaceutical Products	267	323	84	139	31.5	43.0
化学纤维制造业	Chemical Fiber	165	181	77	105	46.7	58.0
橡胶制品业	Rubber Products	205	236	62	79	30.2	33.5
塑料制品业	Plastic Products	861	931	353	445	41.0	47.8
非金属矿物制品业	Nonmetal Mineral Products	614	783	281	400	45.8	51.1
黑色金属冶炼及压延加工业	Smelting and Pressing of Ferrous Metals	204	234	83	93	41	39.7
有色金属冶炼及压延加工业	Smelting and Pressing of Nonferrous Metals	196	199	82	108	41.8	54.3
金属制品业	Metal Products	1397	1435	539	696	38.6	48.5
通用设备制造业	Equipment in Common Use	2126	2306	864	1125	40.6	48.8
专用设备制造业	Special Purpose Equipment	910	1009	372	462	40.9	45.8
交通运输设备制造业 ..	Transport Equipment	1430	1495	533	617	37	41.3
电气机械及器材制造业	Electric Equipment and Machinery	1516	1730	696	775	45.9	44.8
通信设备、计算机及其他电子设备制造业	Telecommunications Equipment, Computer and Other Electronic Equipment	481	551	201	234	41.8	42.5
仪器仪表及文化、办公用机械制造业	Instruments, Meters, Cultural and Office Machinery	277	251	129	119	46.6	47.4
工艺品及其他制造业	Handicraft Article and Other Manufacturing Indust	591	632	189	251	32	39.7
废弃资源和废旧材料回收加工业	Recovery of Resource Discarded and Useless Material	49	83	29	32	59.2	38.6
电力、燃气及水的生产和供应业	**Production and Supply of Electricity, Gas and Water**	**1200**	**1216**	**584**	**629**	**48.7**	**51.7**
电力、热力的生产和供应业	Production and Supply of Electricity and Heating Power	782	735	444	449	56.8	61.1
燃气生产和供应业	Production and Supply of Gas	42	45	10	15	23.8	33.3
水的生产和供应业	Production and Supply of Water	376	436	130	165	34.6	37.8
建筑业	**Construction**	**126**	**123**	**48**	**62**	**38.1**	**50.4**
房屋和土木工程建筑业	Housing and Civil Engineering	108	103	38	49	35.2	47.6

续表 2 Continued

指标	Item	施工项目个数(个) Projects Under Constructio (unit)		投产项目个数(个) Projects Completed and Put Into Use (unit)		项目建成投产率(%) Rate of Projects Completed and Put Into Use (%)	
		2008	2009	2008	2009	2008	2009
建筑安装业	Installation	5	2	4		80	
建筑装饰业	Building Decoration	4	7	2	4	50	57.1
其他建筑业	Others	9	11	4	9	44	81.8
交通运输、仓储和邮政业	**Transpor, Storage and Post**	**1105**	**1330**	**537**	**719**	**48.6**	**54.1**
铁路运输业	Railway Transport	22	30	2	6	9.1	20.0
道路运输业	Highway Transport	645	750	289	347	44.8	46.3
城市公共交通业	City Public Transport	24	29	6	7	25.0	24.1
水上运输业	Waterway Transport	297	369	212	289	71.4	78.3
航空运输业	Air Transport	12	13	2	6	16.7	46.2
管道运输业	Pipeline Transport	4	6	1	4	25	66.7
装卸搬运和其他运输服务业	Carrying and Other Transport Services	8	20	2	7	25	35.0
仓储业	Storage	84	104	22	46	26.2	44.2
邮政业	Postal Services	9	9	1	7	11.1	77.8
信息传输和计算机服务和软件业	**Information Transmission, Computer Service and Software**	**364**	**324**	**185**	**156**	**50.8**	**48.1**
电信和其他信息传输服务业	Telecommunication and Other Information Transmission Services	337	291	184	148	54.6	50.9
计算机服务业	Computer Services	1	3		2		66.7
软件业	Software	26	30	1	6	3.8	20.0
批发和零售业	**Wholesale and Retail Sale Trade**	**422**	**547**	**174**	**269**	**41.2**	**49.2**
批发业	Wholesale	175	221	52	99	29.7	44.8
零售业	Retail Sale	247	326	122	170	49.4	52.1
住宿和餐饮业	**Hotels and Catering Services**	**235**	**354**	**99**	**158**	**42.1**	**44.6**
住宿业	Hotels	143	209	44	76	30.8	36.4
餐饮业	Catering Services	92	145	55	82	59.8	56.6
金融业	**Finance**	**39**	**54**	**11**	**23**	**28.2**	**42.6**
银行业	Bank	36	52	9	23	25.0	44.2
保险业	Insurance	1	1				
其他金融活动	Other Financial Activities	2	1	2		100.0	
房地产业	**Real Estate**	**517**	**921**	**163**	**334**	**31.5**	**36.3**
房地产业	Real Estate	517	921	163	334	31.5	36.3
租赁和商务服务业	**Leasing and Services and Other Services**	**180**	**235**	**59**	**71**	**32.8**	**30.2**
租赁业	Leasing	3	5	1	4	33.3	80.0

续表 3 Continued

指标	Item	施工项目个数(个) Projects Under Constructio (unit)		投产项目个数(个) Projects Completed and Put Into Use (unit)		项目建成投产率(%) Rate of Projects Completed and Put Into Use (%)	
		2008	2009	2008	2009	2008	2009
商务服务业	Commercial Services	177	230	58	67	32.8	29.1
科学研究、技术服务和地质勘查业	**Scientific Research, Technic Services and Geological Prospecting**	**87**	**111**	**29**	**42**	**33.3**	**37.8**
研究与试验发展	Research and Experiment Development	15	25	3	7	20.0	28.0
专业技术服务业	Technical Services	56	64	21	28	37.5	43.8
科技交流和推广服务业	Scientific and Technical Interchange and Popularization	15	19	5	7	33.3	36.8
地质勘查业	Geological Prospecting	1	3				
水利、环境和公共设施管理业	**Water Conservancy, Environment and Public Facilities Management**	**2539**	**3129**	**806**	**1189**	**31.7**	**38.0**
水利管理业	Water Conservancy	410	553	125	201	30.5	36.3
环境管理业	Environment	190	232	78	116	41.1	50.0
公共设施管理业	Public Facilities	1939	2344	603	872	31.1	37.2
居民服务和其他服务业	**Resident Services and Other Services**	**35**	**63**	**16**	**32**	**45.7**	**50.8**
居民服务业	Resident Services	27	47	11	22	40.7	46.8
其他服务业	Other Services	8	16	5	10	62.5	62.5
教育	**Education**	**524**	**641**	**190**	**261**	**36.3**	**40.7**
教育	Education	524	641	190	261	36.3	40.7
卫生、社会保障和社会福利业	**Health Care, Social Securities and Social Welfare**	**238**	**293**	**76**	**90**	**31.9**	**30.7**
卫生	Health Care	174	230	47	66	27.0	28.7
社会福利业	Social Welfare	63	61	29	23	46.0	37.7
文化、体育和娱乐业	**Culture, Sports and Recreation**	**201**	**274**	**64**	**111**	**31.8**	**40.5**
新闻出版业	Press Publishing	3	6	1		33.3	
广播、电视、电影和音像业	Radio, Film, Television and Audio – video	12	19	3	11	25.0	57.9
文化艺术业	Culture and Arts	109	132	31	43	28.4	32.6
体育	Sports	37	39	9	15	24.3	38.5
娱乐业	Recreation	40	78	20	42	50.0	53.8
公共管理和社会组织	**Public Administration and Social Organization**	**442**	**581**	**141**	**266**	**32**	**45.8**
中国共产党机关	Communist Party Agencies	3	4		1		25.0
国家机构	Government Agencies	340	427	93	184	27.4	43.1
人民政协和民主党派	The Chinese People's Political Consulta – tive Conference and Democratic Parties	1	1		1		100.0
群众团体、社会团体和宗教组织	Mass Organizations, Social Organizations and Religion Organizations	28	44	12	20	43	45.5
基层群众自治组织	Mass Grassroot Organizations	70	105	36	60	51.4	57.1

3－5 限额以上分行业投资和新增固定资产
Investment and Newly Increased Fixed Assets Above Designated Size by Sector

指标	Item	投资额(万元) Investment (10000 yuan) 2008	2009	新增固定资产(万元) Newly Increased Fixed Assets (10000 yuan) 2008	2009	固定资产交付使用率(%) Rate of Fixed Put Into Use (%) 2008	2009
总计	**Total**	**85507062**	**99064618**	**48249716**	**58378404**	**56.4**	**58.9**
第一产业	Primary Industry	360715	572078	197256	334369	54.7	58.4
第二产业	Secondary Industry	39389553	42868623	23849072	27526819	60.5	64.2
第三产业	Tertiary Industry	45756794	55623917	24203388	30517216	52.9	54.9
按国民经济行业分组	**by Sector**						
农林牧渔业	**Farming, Forestry, Animal Husbandry and Fishery**	**360715**	**572078**	**197256**	**334369**	**54.7**	**58.4**
农业	Farming	72612	108682	27800	52410	38.3	48.2
林业	Forestry	9617	21790	4780	15392	49.7	70.6
畜牧业	Animal Husbandry	49222	62808	39709	41225	81.0	65.6
渔业	Fishery	21517	43904	14196	14915	66.0	34.0
农、林、牧、渔服务业	Services	207747	334894	110771	210427	53.3	62.8
采矿业	**Mining and Quarrying**	**91715**	**175616**	**53686**	**119043**	**58.5**	**67.8**
煤炭采选业	Coal Mining and Dressing	1380	1600	1980	1600	144.0	100.0
黑色金属矿采选业	Ferrous Metals Mining and Dressing	2360	465	1500		64.0	
有色金属矿采选业	Nonferrous Metals Mining and Dressing	6176	9640	1455	7820	23.6	81.1
非金属矿采选业	Nonmetal Minerals and Dressing	81599	161711	48751	109623	59.7	67.8
其他矿采选业	Others	200	2200				
制造业	**Manufacturing**	**34027081**	**36559129**	**21209779**	**23579480**	**62.3**	**64.5**
农副食品加工业	Non－staple Food Processing	360216	456643	184945	360950	51.3	79.0
食品制造业	Food Manufacturing	373006	318193	162232	304883	43.5	95.8
饮料制造业	Beverage Manufacturing	393227	283822	241795	193475	61.5	68.2
烟草加工业	Tobacco Processing	4291	31983	4291		100.0	
纺织业	Textile Industry	3369519	3693483	2641202	2643613	78.4	71.6
纺织服装、鞋、帽制造业	Garments, Shoes and Hats Manufacturing	1360195	1182821	870925	881937	64.0	74.6
皮革、毛皮、羽毛(绒)及其制造业	Leather, Furs, Feather and Related Products	525407	434383	399369	477701	76.0	110.0
木材加工及竹、藤、棕、草制品业	Timber Processing, Bamboo, Cane, Palm Fiber and Straw Products	400336	483688	280212	404682	70.0	83.7
家具制造业	Furniture Manufacturing	553658	497822	407635	392234	74.0	78.8
造纸及纸制品业	Papermaking and Paper Products	890416	939068	552527	558937	62.1	59.5

续表 1 Continued

指标	Item	投资额(万元) Investment (10000 yuan)		新增固定资产(万元) Newly Increased Fixed Assets (10000 yuan)		固定资产交付使用率(%) Rate of Fixed Put Into Use (%)	
		2008	2009	2008	2009	2008	2009
印刷业、记录媒介的复制	Printing and Record Medium Reproduction	377188	447174	244390	368138	64.8	82.3
文教体育用品制造业	Cultural,Educational and Sports Goods	452578	465082	232250	306662	51.3	65.9
石油加工、炼焦及核燃料加工业	Petroleum Processing,Cooking and Nuclear Fuel Processing	126504	194721	120621	98253	95.3	50.5
化学原料及化学制品制造业	Materials and Chemical Products	2683657	3664385	1450216	1489715	54.0	40.7
医药制造业	Medical and Pharmaceutical Products	527555	707187	285245	401056	54.1	56.7
化学纤维制造业	Chemical Fiber	818231	673006	635821	487559	77.7	72.4
橡胶制品业	Rubber Products	286268	375337	125758	162368	43.9	43.3
塑料制品业	Plastic Products	1236734	1272905	764388	917386	61.8	72.1
非金属矿物制品业	Nonmetal Mineral Products	1338383	1530787	819505	1000060	61.2	65.3
黑色金属冶炼及压延加工业	Smelting and Pressing of Ferrous Metals	820338	794517	319233	635540	38.9	80.0
有色金属冶炼及压延加工业	Smelting and Pressing of Nonferrous Metals	486829	443746	345131	355278	70.9	80.1
金属制品业	Metal Products	2117768	2183538	1235522	1516034	58.3	69.4
通用设备制造业	Equipment in Common Use	3370253	3549154	2224706	2517639	66.0	70.9
专用设备制造业	Equipment for Special Purpose	1566029	1850265	929837	1189181	59.4	64.3
交通运输设备制造业	Transportation Equipment	4014884	3998958	1803444	2027957	44.9	50.7
电气机械及器材制造业	Electric Equipment and Machinery	2881388	3497524	1805138	2086055	62.6	59.6
通信设备、计算机及其他电子设备制造业	Telecommunications Equipment, Computer and Other Electronic Equipment	1416844	1260075	1272547	851884	89.8	67.6
仪器仪表及文化、办公用机械制造业	Instruments,Meters,Cultural and Office Machinery	394140	301627	334007	273290	84.7	90.6
工艺品及其他制造业	Handicraft Article and Other Manufacturing Industry	776507	817910	459538	569079	59.2	69.6
废弃资源和废旧材料回收加工业	Recovery of Resource Discarded and Useless Material	104732	209325	57349	107934	54.8	51.6
电力、燃气及水的生产和供应业	**Production and Supply of Electricity,Gas and Water**	**5017376**	**5796060**	**2400113**	**3638578**	**47.8**	**62.8**
电力、热力的生产和供应	Production and Supply of Electricity and Heating Power	3766192	4508785	1579422	2798275	42.0	62.1
燃气生产和供应业	Production and Supply of Gas	118471	127060	53597	43834	45.2	34.5
水的生产和供应业	Production and Supply of Water	1132713	1160215	767094	796469	67.7	68.6
建筑业	**Construction**	**253381**	**337818**	**185494**	**189718**	**73.0**	**56.2**
房屋和土木工程建筑业	Civil Engineering	235098	294394	159640	156623	67.9	53.2

续表 2 Continued

指标	Item	投资额(万元) Investment (10000 yuan)		新增固定资产(万元) Newly Increased Fixed Assets (10000 yuan)		固定资产交付使用率(%) Rate of Fixed Put Into Use (%)	
		2008	2009	2008	2009	2008	2009
建筑安装业	Installation	5306	8969	6983	1546	131.6	17.2
建筑装饰业	Decoratio	3699	13390	2947	10656	79.7	79.6
其他建筑业	Other Constructionn	9278	21065	15924	20893	172.0	99.2
交通运输、仓储和邮政业	**Transport, Storage and Postal Services**	**7408014**	**9796338**	**5369486**	**7617176**	**72.5**	**77.8**
铁路运输业	Railway Transport	481509	1275594	106416	1567721	22.1	122.9
道路运输业	Highway Transport	3477162	4425306	3778723	3418847	108.7	77.3
城市公共交通业	City Public Transport	594405	954096	107039	46413	18.0	4.9
水上运输业	Waterway Transport	1654103	2217016	1230181	1387270	74.4	62.6
航空运输业	Air Transport	184825	169478	37280	60014	20.2	35.4
管道运输业	Pipeline Transport	21313	19258	1793	16708	8.4	86.8
装卸搬运和其他运输服务业	Carrying and Other Transport Services	3815	44747	960	19455	25.2	43.5
仓储业	Storage	976688	668172	102567	1073982	10.5	160.7
邮政业	Postal Services	14194	22671	4527	26766	31.9	118.1
信息传输、计算机服务和软件业	**Information Transmission, Computer Services and Software**	**1345793**	**1575903**	**220727**	**1235340**	**16.4**	**78.4**
电信和其他信息传输服务业	Telecommunication and Other Information Transmission Services	1259125	1396326	203655	1137644	16.2	81.5
计算机服务业	Computer Services	1052	5351		1752		32.7
软件业	Software	85616	174226	17072	95944	19.9	55.1
批发和零售业	**Wholesale and Retail Trade**	**1506781**	**1615665**	**597145**	**1002579**	**39.6**	**62.1**
批发业	Wholesale Trade	832097	667996	287245	343253	34.5	51.4
零售业	Retail Trade	674684	947669	309900	659326	45.9	69.6
住宿和餐饮业	**Hotels and Catering Services**	**806179**	**1210811**	**335916**	**779296**	**41.7**	**64.4**
住宿业	Hotels	578347	886209	259653	510927	44.9	57.7
餐饮业	Catering Services	227832	324602	76263	268369	33.5	82.7
金融业	**Finance**	**191824**	**215795**	**111971**	**110403**	**58.4**	**51.2**
银行业	Bank	174762	214444	95573	110403	55.0	51.5
保险业	Insurance	7050	958	6016		85.0	
其他金融活动	Other Financial Activities	2110	393	2480		117.5	
房地产业	**Real Estate**	**22284957**	**26407488**	**12290825**	**11468092**	**55.2**	**43.4**
房地产业	Real Estate	22284957	26407488	12290825	11468092	55.2	43.4
租赁和商务服务业	**Leasing and Commercial Services**	**929939**	**1174422**	**372326**	**436553**	**40.0**	**37.2**
租赁业	Leasing	2240	8480	1300	7578	58.0	89.4

续表 3 Continued

指标	Item	投资额(万元) Investment (10000 yuan)		新增固定资产(万元) Newly Increased Fixed Assets (10000 yuan)		固定资产交付使用率(%) Rate of Fixed Put Into Use (%)	
		2008	2009	2008	2009	2008	2009
商务服务业	Commercial Services	927699	1165942	371026	428975	40.0	36.8
科学研究、技术服务和地质勘查业	**Scientific Research, Technic Services and Geological Prospecting**	**240728**	**310717**	**110796**	**180850**	**46.0**	**58.2**
研究与试验发展	Research and Experiment Development	94084	66863	14504	95421	15.4	142.7
专业技术服务业	Technical Services	104438	189088	62154	63313	59.5	33.5
科技交流和推广服务业	Scientific and Technical Interchange and Popularization	41306	50762	32738	22116	79.0	43.6
地质勘查业	Geological Prospecting	900	4004	1400		156.0	
水利、环境和公共设施管理业	**Water Conservancy, Environment and Public Facilities Management**	**8166892**	**9520636**	**2983035**	**5250855**	**36.0**	**55.2**
水利管理业	Water Conservancy	1342026	1624269	457397	790379	34.1	48.7
环境管理业	Environment	398336	334987	212729	242404	53.0	72.4
公共设施管理业	Public Facilities	6426530	7561380	2312909	4218072	36.0	55.8
居民服务和其他服务业	**Resident Services and Other Services**	**35798**	**89900**	**33159**	**45018**	**92.6**	**50.1**
居民服务业	Resident Services	23158	70460	20704	34593	89.4	49.1
其他服务业	Other Services	12640	19440	12455	10425	98.5	53.6
教育	**Education**	**1015424**	**1207205**	**743597**	**976908**	**73.2**	**80.9**
教育	Education	1015424	1207205	743597	976908	73.2	80.9
卫生、社会保障和社会福利业	**Health Care, Social Security and Social Welfare**	**559534**	**759260**	**453882**	**312915**	**81.0**	**41.2**
卫生	Health Care	493777	631699	413359	258856	84.0	41.0
社会福利业	Social Welfare	65571	63011	40323	53509	61.5	84.9
文化、体育和娱乐业	**Culture, Sports and Recreation**	**439530**	**803811**	**162888**	**461352**	**37.1**	**57.4**
新闻出版业	Press Publishing	10452	29852	3650		34.9	
广播、电视、电影和音像业	Radio, Film, Television and Audio - video	22613	23506	15080	23253	66.7	98.9
文化艺术业	Culture and Arts	263840	451313	61590	254063	23.3	56.3
体育	Sports	83549	126621	40630	102255	48.6	80.8
娱乐业	Recreation	59076	172519	41938	81781	71.0	47.4
公共管理和社会组织	**Public Management and Social Organization**	**825401**	**935966**	**417635**	**639879**	**50.6**	**68.4**
中国共产党机关	Communist Party Agencies	10092	13805		17150		124.2
国家机构	Government Agencies	660698	747414	317106	480127	48.0	64.2
人民政协和民主党派	The Chinese People's Political Consultative Conference and Democratic Parties	6000	1480		15160		1024.3
群众团体、社会团体和宗教组织	Mass Organizations, Social Organizations and Religion Organizations	80565	67659	53552	56989	66.5	84.2
基层群众自治组织	Mass Grassroot Organizations	68046	105608	46977	70453	69.0	66.7

3-6 限额以上分行业施工和竣工面积
Floor Space of Buildings Under Construction and Completed Above Designated Size by Sector

指标	Item	施工房屋面积（平方米）Floor Space of Buildings Under Construction (sq. m) 2008	2009	竣工房屋面积（平方米）Floor Space of Buildings Completed (sq. m) 2008	2009	房屋建筑面积竣工率（%）Rate of Floor Space of Buildings Completed (%) 2008	2009
总计	**Total**	**446562673**	**467346528**	**125675171**	**124991182**	**28.1**	**26.7**
第一产业	Primary Industry	524877	641750	234256	235611	44.6	36.7
第二产业	Secondary Industry	176471426	167520517	62643256	61441721	35.5	36.7
第三产业	Tertiary Industry	269566370	299184261	62797659	63313850	23.3	21.2
按国民经济行业分组	**by Sector**						
农林牧渔业	**Farming, Forestry, Animal Husbandry and Fishery**	**524877**	**641750**	**234256**	**235611**	**44.6**	**36.7**
农业	Farming	155810	39402	33250	15762	21.3	40.0
林业	Forestry		11175		5175		46.3
畜牧业	Animal Husbandry	235880	448612	114993	174670	48.8	38.9
渔业	Fishery	63474	10170	59824	2650	94.2	26.1
农、林、牧、渔服务业	Services	69713	132391	26189	37354	37.6	28.2
采矿业	**Mining and Quarrying**	**48825**	**118328**	**30867**	**42428**	**63.2**	**35.9**
煤炭采选业	Coal Mining and Dressing	300	600	300	600	100.0	100.0
黑色金属矿采选业	Ferrous Metals Mining and Dressing	5000		5000		100.0	
有色金属矿采选业	Nonferrous Metals Mining and Dressing	400	8600		6600		76.7
非金属矿采选业	Nonmetal Minerals and Dressing	43125	88128	25567	35228	59.3	40.0
其他矿采选业	Others		21000				
制造业	**Manufacturing**	**172635655**	**163775248**	**61449984**	**60093651**	**35.6**	**36.7**
农副食品加工业	Non-staple Food Processing	2545234	2825758	627201	1002368	24.6	35.5
食品制造业	Food Manufacturing	1949599	1864760	463274	544565	23.8	29.2
饮料制造业	Beverage Manufacturing	1573467	1163209	646967	384008	41.1	33.0
烟草加工业	Tobacco Processing		260000				
纺织业	Textile Industry	17753914	13902668	7903544	6155134	44.5	44.3
纺织服装、鞋、帽制造业	Garments, Shoes and Hats Manufacturing	11136622	9185366	4025912	3355797	36.2	36.5
皮革、毛皮、羽毛(绒)及其制造业	Leather, Furs, Feather and Related Products	7123898	5799890	2288697	2376425	32.1	41.0
木材加工及竹、藤、棕、草制品业	Timber Processing, Bamboo, Cane, Palm Fiber and Straw Products	1441936	1513579	963535	853169	66.8	56.4
家具制造业	Furniture Manufacturing	4361758	3143287	2123265	1454533	48.7	46.3
造纸及纸制品业	Papermaking and Paper Products	3097420	2872963	823801	1057493	26.6	36.8

续表 1 Continued

指标	Item	施工房屋面积（平方米）Floor Space of Buildings Under Construction (sq. m) 2008	2009	竣工房屋面积（平方米）Floor Space of Buildings Completed (sq. m) 2008	2009	房屋建筑面积竣工率(%) Rate of Floor Space of Buildings Completed (%) 2008	2009
印刷业、记录媒介的复制	Printing and Record Medium Reproduction	2045256	1932779	706335	784525	34.5	40.6
文教体育用品制造业	Cultural, Educational and Sports Goods	3479143	3034804	1139463	1278192	32.8	42.1
石油加工、炼焦及核燃料加工业	Petroleum Processing, Cooking and Nuclear Fuel Processing	43862	117805	11220	51887	25.6	44.0
化学原料及化学制品制造业	Raw Chemical Materials and Chemical Products	5961540	6288624	2036775	1898755	34.2	30.2
医药制造业	Medical and Pharmaceutical Products	1868618	2075438	644342	548711	34.5	26.4
化学纤维制造业	Chemical Fiber	2230822	3856781	875143	780848	39.2	20.2
橡胶制品业	Rubber Products	1094151	1109882	292410	324748	26.7	29.3
塑料制品业	Plastic Products	6220613	5743266	2533785	2422722	40.7	42.2
非金属矿物制品业	Nonmetal Mineral Products	3684256	4897472	1447868	2063550	39.3	42.1
黑色金属冶炼及压延加工业	Smelting and Pressing of Ferrous Metals	4899919	4944032	568111	762438	11.6	15.4
有色金属冶炼及压延加工业	Smelting and Pressing of Nonferrous Metals	2362550	1741346	1072185	742315	45.4	42.6
金属制品业	Metal Products	11650329	10309041	4037584	4195749	34.7	40.7
通用设备制造业	Equipment in Common Use	17275692	15922298	5997465	6523777	34.7	41.0
专用设备制造业	Equipment for Special Purpose	9237413	9299272	3238568	3274902	35.1	35.2
交通运输设备制造业	Transportation Equipment	15542471	14664624	4759988	4787829	30.6	32.6
电气机械及器材制造业	Electric Equipment and Machinery	18084666	19395145	6400080	6325280	35.4	32.6
通信设备、计算机及其他电子设备制造业	Telecommunications Equipment, Com-puter and Other Electronic Equipment	7413853	7885302	2342992	2530201	31.6	32.1
仪器仪表及文化、办公用机械制造业	Instruments, Meters, Cultural and Office Machinery	2946787	2230109	1373673	999635	46.6	44.8
工艺品及其他制造业	Handicraft Article and Other Manufacturing Industry	4823244	4955032	1851022	2153365	38.4	43.5
废弃资源和废旧材料回收加工业	Recovery of Resource Discarded and Useless Material	786622	840716	254779	460730	32.4	54.8
电力、燃气及水的生产和供应业	**Production and Supply of Electricity, Gas and Water**	**2038229**	**2332967**	**637077**	**566931**	**31.3**	**24.3**
电力、热力的生产和供应	Production and Supply of Electricity and Heating Power	1344529	1638665	469341	384532	34.9	23.5
燃气生产和供应业	Production and Supply of Gas	46743	45395	9600	10790	20.5	23.8
水的生产和供应业	Production and Supply of Water	646957	648907	158136	171609	24.4	26.4
建筑业	**Construction**	**1748717**	**1293974**	**525328**	**738711**	**30.0**	**57.1**
房屋和土木工程建筑业	Civil Engineering	1671292	1186731	496200	665756	29.7	56.1

续表 2　Continued

指标	Item	施工房屋面积（平方米）Floor Space of Buildings Under Construction (sq. m)		竣工房屋面积（平方米）Floor Space of Buildings Completed (sq. m)		房屋建筑面积竣工率(%) Rate of Floor Space of Buildings Completed (%)	
		2008	2009	2008	2009	2008	2009
建筑安装业	Installation	21328	14523	21328		100.0	
建筑装饰业	Decoration	23705	59228	300	39763	1.3	67.1
其他建筑业	Other Construction	32392	33492	7500	33192	23.2	99.1
交通运输、仓储和邮政业	**Transport, Storage and Postal Services**	**3438706**	**3854513**	**760668**	**842112**	**22.1**	**21.8**
铁路运输业	Railway Transport	45463	156705		5370		3.4
道路运输业	Highway Transport	765387	828480	202027	312709	26.4	37.7
城市公共交通业	City Public Transport	100221	49021	18270	15239	18.2	31.1
水上运输业	Waterway Transport	307528	301961	57459	15100	18.7	5.0
航空运输业	Air Transport	222696	138465	84231	17000	37.8	12.3
管道运输业	Pipeline Transport	3000	7750		7750		100.0
装卸搬运和其他运输服务业	Carrying and Other Transport Services	10510	141917	300	49051	2.9	34.6
仓储业	Storage	1886635	2176032	384881	385191	20.4	17.7
邮政业	Postal Services	97266	54182	13500	34702	13.9	64.0
信息传输、计算机服务和软件业	**Information Transmission, Computer Services and Software**	**1169382**	**1160771**	**135404**	**421272**	**11.6**	**36.3**
电信和其他信息传输服务业	Telecommunication and Other Information Transmission Services	279152	249318	112404	116562	40.3	46.8
计算机服务业	Computer Services		26000				
软件业	Software	890230	885453	23000	304710	2.6	34.4
批发和零售业	**Wholesale and Retail Trade**	**9572369**	**10720445**	**2069067**	**2956818**	**21.6**	**27.6**
批发业	Wholesale Trade	5714170	4840273	1236745	1264223	21.6	26.1
零售业	Retail Trade	3858199	5880172	832322	1692595	21.6	28.8
住宿和餐饮业	**Hotels and Catering Services**	**4322073**	**5457808**	**672038**	**1258716**	**15.5**	**23.1**
住宿业	Hotels	3453363	4327499	531372	923569	15.4	21.3
餐饮业	Catering Services	868710	1130309	140666	335147	16.2	29.7
金融业	**Finance**	**633284**	**918334**	**90266**	**164679**	**14.3**	**17.9**
银行业	Bank	605041	915091	65266	164679	10.8	18.0
保险业	Insurance	3243	3243				
其他金融活动	Other Financial Activities	25000		25000		100.0	
房地产业	**Real Estate**	**213412803**	**232756397**	**50048998**	**46175821**	**23.5**	**19.8**
房地产业	Real Estate	213412803	232756397	50048998	46175821	23.5	19.8
租赁和商务服务业	**Leasing and Commercial Services**	**5201607**	**7720207**	**943826**	**1022935**	**18.1**	**13.3**
租赁业	Leasing	18715	25421	5100	16768	27.3	66.0

续表 3 Continued

指标	Item	施工房屋面积（平方米）Floor Space of Buildings Under Construction (sq. m)		竣工房屋面积（平方米）Floor Space of Buildings Completed (sq. m)		房屋建筑面积竣工率（%）Rate of Floor Space of Buildings Completed (%)	
		2008	2009	2008	2009	2008	2009
商务服务业	Commercial Services	5182892	7694786	938726	1006167	18.1	13.1
科学研究、技术服务和地质勘查业	**Scientific Research, Technic Services and Geological Prospecting**	**1815229**	**2146856**	**228573**	**655130**	**12.6**	**30.5**
研究与试验发展	Research and Experiment Development	690420	855938	36747	317300	5.3	37.1
专业技术服务业	Technical Services	767731	906105	126020	257882	16.4	28.5
科技交流和推广服务业	Scientific and Technical Interchange and Popularization	357078	384813	65806	79948	18.4	20.8
地质勘查业	Geological Prospecting						
水利、环境和公共设施管理业	**Water Conservancy, Environment and Public Facilities Management**	**10022501**	**8921220**	**2602327**	**2214361**	**26.0**	**24.8**
水利管理业	Water Conservancy	633732	267961	7600	16827	1.2	6.3
环境管理业	Environment	1346344	200320	1149613	146469	85.4	73.1
公共设施管理业	Public Facilities	8042425	8452939	1445114	2051065	18.0	24.3
居民服务和其他服务业	**Resident Services and Other Services**	**49848**	**348955**	**32477**	**113597**	**65.2**	**32.6**
居民服务业	Resident Services	29231	256830	23160	59422	79.2	23.1
其他服务业	Other Services	20617	92125	9317	54175	45.2	58.8
教育	**Education**	**9033218**	**10944540**	**2545008**	**4098348**	**28.2**	**37.4**
教育	Education	9033218	10944540	2545008	4098348	28.2	37.4
卫生、社会保障和社会福利业	**Health Care, Social Security and Social Welfare**	**4361681**	**5521849**	**1156009**	**835142**	**26.5**	**15.1**
卫生	Health Care	3663420	4900734	858439	649915	23.4	13.3
社会福利业	Social Welfare	698261	615615	297570	179727	42.6	29.2
文化、体育和娱乐业	**Culture, Sports and Recreation**	**2118494**	**2468430**	**371342**	**648618**	**17.5**	**26.3**
新闻出版业	Press Publishing	139514	168219	13115		9.4	
广播、电视、电影和音像业	Radio, Film, Television and Audio – video	53323	53406	26439	1000	49.6	1.9
文化艺术业	Culture and Arts	1374716	1383569	137693	388256	10.0	28.1
体育	Sports	416985	417601	134061	173707	32.2	41.6
娱乐业	Recreation	133956	445635	60034	85655	44.8	19.2
公共管理和社会组织	**Public Management and Social Organization**	**4415175**	**6243936**	**1141656**	**1906301**	**25.9**	**30.5**
中国共产党机关	Communist Party Agencies	54228	152694		35200		23.1
国家机构	Government Agencies	3344426	4826366	763886	1330136	22.8	27.6
人民政协和民主党派	The Chinese People's Political Consultative Conference and Democratic Parties	42758	42758		42758		100.0
群众团体、社会团体和宗教组织	Mass Organizations, Social Organizations and Religion Organizations	395974	396934	96446	178458	24.4	45.0
基层群众自治组织	Mass Grassroot Organizations	577789	825184	281324	319749	48.7	38.7

3-7 限额以上国有及国有控股经济分行业投资和资金来源(2005-2009年)
Investment and Sources of Funds in State-owned and State-holding Units Above Designated Size by Sector(2005-2009)

单位:万元(10000 yuan)

指标	Item	2005	2006	2007	2008	2009
投资总计	**Total**	**22703019**	**25354985**	**26598096**	**28987458**	**36440415**
第一产业	Primary Industry	118518	130939	229245	246337	358351
第二产业	Secondary Industry	5948695	5495328	6510538	6311166	7840006
第三产业	Tertiary Industry	16635806	19728718	19858313	22429955	28242058
按国民经济行业分组	**by Sector**					
农林牧渔业	**Farming, Forestry, Animal Husbandry and Fishery**	**118518**	**130939**	**229245**	**246337**	**358351**
农业	Farming	42340	49409	56855	43456	52779
林业	Forestry	14328	3099	7241	7157	14824
畜牧业	Animal Husbandry	8420	391	717	9709	6918
渔业	Fishery	2400	4377	4089	5433	3826
农、林、牧、渔服务业	Services	51030	73663	160343	180582	280004
采矿业	**Mining and Quarrying**	**4450**	**447**	**6365**	**5068**	**6866**
煤炭采选业	Coal Mining and Dressing					
黑色金属矿采选业	Ferrous Metals Mining and Dressing	1141	447			
有色金属矿采选业	Nonferrous Metals Mining and Dressing	3		1370	1210	1170
非金属矿采选业	Nonmetal Minerals and Dressing	3306		4995	3858	5696
制造业	**Manufacturing**	**1469759**	**1468992**	**1628388**	**2007269**	**2634755**
农副食品加工业	Non-staple Food Processing	20123	31895	15048	19145	29419
食品制造业	Food Manufacturing	2643	1352	3941	18279	5051
饮料制造业	Beverage Manufacturing	48553	35604	14243	8846	12111
烟草加工业	Tobacco Processing	28204	57138	6919	4291	31637
纺织业	Textile Industry	44038	43927	43949	35571	59519
纺织服装、鞋、帽制造业	Garments, Shoes and Hats Manufacturing	28587	24157	64306	73911	71535
皮革、毛皮、羽毛(绒)及其制造业	Leather, Furs, Down and Related Products	16486	15119	352	4118	
木材加工及竹、藤、棕、草制品业	Timber Processing, Bamboo, Cane, Palm Fiber and Straw Products	44666	9961	7757	10092	4801
家具制造业	Furniture Manufacturing	45208	7730	3080	2365	
造纸及纸制品业	Papermaking and Paper Products	323619	15400	7937	9412	5269
印刷业、记录媒介的复制	Printing and Record Medium Reproduction	12360	19986	14227	7639	10916
文教体育用品制造业	Cultural, Educational and Sports Goods	4157	4832	3520	3591	938

续表 1 Continued 单位:万元(10000 yuan)

指标	Item	2005	2006	2007	2008	2009
石油加工、炼焦及核燃料加工业	Petroleum Processing, Cooking and Nuclear Fuel Processing	81771	101543	116415	101501	84205
化学原料及化学制品制造业	Raw Chemical Materials and Chemical Products	206543	191641	346532	681250	1310607
医药制造业	Medical and Pharmaceutical Products	64443	63332	54978	37894	27356
化学纤维制造业	Chemical Fiber	3472	1306	2743	273	4040
橡胶制品业	Rubber Products	5400	40350	57226	49552	55457
塑料制品业	Plastic Products	22287	6227	2311	450	234
非金属矿物制品业	Nonmetal Mineral Products	28766	21932	54672	53030	85924
黑色金属冶炼及压延加工业	Smelting and Pressing of Ferrous Metals	177194	475475	357603	329707	142412
有色金属冶炼及压延加工业	Smelting and Pressing of Nonferrous Metals	1490	976		16442	16502
金属制品业	Metal Products	20171	24176	39367	43403	27248
通用设备制造业	Equipment in Common Use	28675	79092	127500	200109	217679
专用设备制造业	Equipment for Special Purpose	30389	58694	94646	41140	95672
交通运输设备制造业	Transportation Equipment	89980	61759	57433	91245	96564
电气机械及器材制造业	Electric Equipment and Machinery	37183	26685	26680	37432	58868
通信设备、计算机及其他电子设备制造业	Telecommunications Equipment, Computer and Other Electronic Equipment	31915	14934	42398	44754	77821
仪器仪表及文化、办公用机械制造业	Instruments, Meters, Cultural and Office Machinery	3487	5152	5562	1171	736
工艺品及其他制造业	Handicraft Article and Other Manufacturing Indust	17949	28617	45520	66501	80269
电力、燃气及水的生产和供应业	**Production and Supply of Electricity, Gas and Water**	**4378416**	**3966414**	**4826024**	**4194404**	**5034664**
电力、热力的生产和供应	Production and Supply of Electricity and Heating Power	3695300	3187416	3889095	3177373	3981450
燃气生产和供应业	Production and Supply of Gas	308384	169229	59880	65817	86361
水的生产和供应业	Production and Supply of Water	374732	609769	877049	951214	966853
建筑业	**Construction**	**96070**	**59475**	**49761**	**104425**	**163721**
房屋和土木工程建筑业	Civil Engineering	96070	54351	48278	96380	152345
建筑安装业	Installation		457	1483	3813	
其他建筑业	Other Construction		4667		2625	11376
交通运输、仓储和邮政业	**Transpor, Storage and Post**	**5688345**	**7562248**	**6539819**	**6567084**	**8763519**
铁路运输业	Railway Transport	197441	681475	701729	481509	1275594
道路运输业	Highway Transport	4297516	5386697	4087174	3278366	4286990
城市公共交通业	City Public Transport	34727	55008	330218	574970	942192
水上运输业	Waterway Transport	848634	1140396	944299	1263288	1553054
航空运输业	Air Transport	16079	25740	63319	184825	169478

续表 2 Continued 单位:万元(10000 yuan)

指标	Item	2005	2006	2007	2008	2009
管道运输业	Pipeline Transport	35234	7802	190	17700	7699
装卸搬运和其他运输服务业	Carrying and Other Transport Services	2594	8051	3294	513	28613
仓储业	Storage	250941	252524	405011	758156	489431
邮政业	Postal Services	5179	4555	4585	7757	10468
信息传输、计算机服务和软件业	**Information Transmission, Computer Services and Software**	**820648**	**902703**	**1121560**	**1199695**	**1306736**
电信和其他信息传输服务业	Telecommunication and Other Information Transmission Services	810643	887344	1100959	1186867	1288671
软件业	Software	10005	15359	20601	11776	18065
批发和零售业	**Wholesale and Retail Trade**	**142776**	**134530**	**338429**	**333554**	**238827**
批发业	Wholesale Trade	107296	77862	193975	265419	139845
零售业	Retail Trade	35480	56668	144454	68135	98982
住宿和餐饮业	**Hotels and Catering Services**	**32111**	**63083**	**248121**	**136336**	**237449**
住宿业	Hotels	25726	38047	94600	92350	164225
餐饮业	Catering Services	6385	25036	153521	43986	73224
金融业	**Finance**	**31144**	**67770**	**69199**	**156459**	**126209**
银行业	Bank	26815	64464	69199	7902	125251
保险业	Insurance	3428	1756		7050	958
其他金融活动	Other Financial Activities	901	1550			
房地产业	**Real Estate**	**2614441**	**3190670**	**3322142**	**3678148**	**5160902**
房地产业	Real Estate	2614441	3190670	3322142	3678148	5160902
租赁和商务服务业	**Leasing and Commercial Services**	**337289**	**174577**	**444670**	**485273**	**512120**
租赁业	Leasing					
商务服务业	Commercial Services	337289	174577	444670	485273	512120
科学研究、技术服务和地质勘查业	**Scientific Research, Technic Services and Geological Prospecting**	**67629**	**62895**	**71148**	**109843**	**201908**
研究与试验发展	Research and Experiment Development	15287	15603	11033	21479	20002
专业技术服务业	Technical Services	45373	34024	40445	48504	140300
科技交流和推广服务业	Scientific and Technical Interchange and Popularization	5589	12732	18970	38960	37602
地质勘查业	Geological Prospecting	1380	536	700	900	4004
水利、环境和公共设施管理业	**Water Conservancy, Environment and Public Facilities Management**	**4515779**	**5280456**	**5764773**	**7350878**	**8669328**
水利管理业	Water Conservancy	756433	917933	1181460	1207503	1463224
环境管理业	Environment	136491	139686	251810	350609	273554
公共设施管理业	Public Facilities	3622855	4222837	4331503	5792766	6932550

续表 3 Continued 单位:万元(10000 yuan)

指标	Item	2005	2006	2007	2008	2009
居民服务和其他服务业	**Resident Services and Other Services**	**271533**	**8255**	**17399**	**14043**	**31772**
居民服务业	Resident Services	267209	8255	8887	13173	30087
其他服务业	Other Services	4324		8512	870	1685
教育	**Education**	**913229**	**863946**	**836747**	**913665**	**1031158**
教育	Education	913229	863946	836747	913665	1031158
卫生、社会保障和社会福利业	**Health Care, Social Security and Social Welfare**	**284163**	**428574**	**397247**	**438383**	**676290**
卫生	Health Care	253438	403529	371072	415200	575071
社会福利业	Social Welfare	30725	23842	25090	23183	36669
文化、体育和娱乐业	**Culture, Sports and Recreation**	**196754**	**261685**	**228687**	**337831**	**563566**
新闻出版业	Press Publishing	4920	2636	4418	10452	25037
广播、电视、电影和音像业	Radio, Film, Television and Audio video	20733	28804	23082	22613	22171
文化艺术业	Culture and Arts	103769	142561	130760	215787	390204
体育	Sports	56023	67264	58040	81164	102594
娱乐业	Recreation	11309	20420	12387	7815	23560
公共管理和社会组织	**Public Management**	**719965**	**727326**	**458372**	**708763**	**722274**
中国共产党机关	Communist Party Agencies	21761	9120	5916	10092	13805
国家机构	Government Agencies	637430	667078	417849	641605	676748
人民政协和民主党派	The Chinese People's Political Consultative Conference and Democratic Parties	492	3431	9371	6000	1480
群众团体、社会团体和宗教组织	Mass Organizations, Social Organizations and Religion Organizations	55763	14361	19416	46996	25462
基层群众自治组织	Mass Grassroot Organizations	4519	33336	5820	4070	4779
自年初累计资金来源合计	**Source of Funds**	**25047332**	**28442803**	**30996930**	**33745976**	**41773508**
上年末结余资金	Surplus Funds Last Year	2084557	2176495	2239230	2509199	2840833
本年资金来源小计	Funds This Year	22962775	26266308	28757700	31236777	38932675
#国家预算内资金	State Budgetary Appropriations	1047925	1227519	1642584	3203006	4245010
国内贷款	Domestic Loans	6545518	7313381	7598396	8425650	9561367
债券	Debenture	195697	45644	23865	5556	54428
利用外资	Foreign Investment	322208	84779	100802	28936	101412
自筹资金	Fundraising	12191894	14344462	15881287	16569031	19786377
其他资金	Others	2659533	3250523	3510766	3004598	5184081

3－8 限额以上非国有经济分行业投资和资金来源(2005－2009年)
Investment and Sources of Funds in Non－state－owned Units Above Designated Size by Sector (2005－2009)

单位:万元(10000 yuan)

指标	Item	2005	2006	2007	2008	2009
投资总计	**Total**	**38680872**	**44287827**	**50450921**	**56519604**	**62624203**
第一产业	Primary Industry	82578	87599	100934	114378	213727
第二产业	Secondary Industry	22588686	26812806	29675366	33078387	35028617
第三产业	Tertiary Industry	16009608	17387422	20674621	23326839	27381859
按国民经济行业分组	**by Sector**					
农林牧渔业	**Farming, Forestry, Animal Husbandry and Fishery**	**82578**	**87599**	**100934**	**114378**	**213727**
农业	Farming	26424	26574	23731	29156	55903
林业	Forestry	1277	4084	4451	2460	6966
畜牧业	Animal Husbandry	17770	20664	19848	39513	55890
渔业	Fishery	5450	9392	15294	16084	40078
农、林、牧、渔服务业	Services	31657	26885	37610	27165	54890
采矿业	**Mining and Quarrying**	**71672**	**88319**	**94845**	**86647**	**168750**
煤炭采选业	Coal Mining and Dressing	3400	1800	1100	1380	1600
黑色金属矿采选业	Ferrous Metals Mining and Dressing	4745	221	340	2360	465
有色金属矿采选业	Nonferrous Metals Mining and Dressing	2521	5751	7638	4966	8470
非金属矿采选业	Nonmetal Minerals and Dressing	60141	78698	84567	77741	156015
其他矿采选业	Others	865	1849	1200	200	2200
制造业	**Manufacturing**	**21370047**	**25213213**	**28630774**	**32019812**	**33924374**
农副食品加工业	Non－staple Food Processing	230494	258971	262298	341071	427224
食品制造业	Food Manufacturing	180116	265803	297144	354727	313142
饮料制造业	Beverage Manufacturing	173305	209000	304375	384381	271711
烟草加工业	Tobacco Processing					346
纺织业	Textile Industry	2825262	3333128	3566811	3333948	3633964
纺织服装、鞋、帽制造业	Garments, Shoes and Hats Manufacturing	1029467	1342418	1470770	1286284	1111286
皮革、毛皮、羽毛(绒)及其制造业	Leather, Furs, Down and Related Products	458477	531157	590060	521289	434383
木材加工及竹、藤、棕、草制品业	Timber Processing, Bamboo, Cane, Palm Fiber and Straw Products	221610	381055	383888	390244	478887
家具制造业	Furniture Manufacturing	358038	530806	573753	551293	497822
造纸及纸制品业	Papermaking and Paper Products	556454	595054	732499	881004	933799
印刷业、记录媒介的复制	Printing and Record Medium Reproduction	255863	313103	351985	369549	436258
文教体育用品制造业	Cultural, Educational and Sports Goods	306912	317526	395686	448987	464144

续表 1　Continued　　　　单位:万元(10000 yuan)

指标	Item	2005	2006	2007	2008	2009
石油加工、炼焦及核燃料加工业	Petroleum Processing, Cooking and Nuclear Fuel Processing	20759	9333	34054	25003	110516
化学原料及化学制品制造业	Raw Chemical Materials and Chemical Products	1803139	2251789	1507274	2002407	2353778
医药制造业	Medical and Pharmaceutical Products	500384	551738	465704	489661	679831
化学纤维制造业	Chemical Fiber	504603	497365	752389	817958	668966
橡胶制品业	Rubber Products	195420	248566	254429	236716	319880
塑料制品业	Plastic Products	983315	1024533	1042577	1236284	1272671
非金属矿物制品业	Nonmetal Mineral Products	959627	895385	1078921	1285353	1444863
黑色金属冶炼及压延加工业	Smelting and Pressing of Ferrous Metals	631442	473135	437274	490631	652105
有色金属冶炼及压延加工业	Smelting and Pressing of Nonferrous Metals	323781	410955	384775	470387	427244
金属制品业	Metal Products	1185578	1542914	1822304	2074365	2156290
通用设备制造业	Equipment in Common Use	1777932	2151082	2963078	3170144	3331475
专用设备制造业	Equipment for Special Purpose	810313	912450	1253007	1524889	1754593
交通运输设备制造业	Transportation Equipment	1530849	2096519	2914421	3923639	3902394
电气机械及器材制造业	Electric Equipment and Machinery	1754454	2022073	2523392	2843956	3438656
通信设备、计算机及其他电子设备制造业	Telecommunications Equipment, Computer and Other Electronic Equipment	784751	914536	1099152	1372090	1182254
仪器仪表及文化、办公用机械制造业	Instruments, Meters, Cultural and Office Machinery	271632	273768	388183	392969	300891
工艺品及其他制造业	Handicraft Article and Other Manufacturing Indust	649621	794039	695549	710006	737641
废弃资源和废旧材料回收加工业	Recovery of Resource Discarded and Useless Material	86449	65012	85022	90577	187360
电力、燃气及水的生产和供应业	**Production and Supply of Electricity, Gas and Water**	**1069508**	**1373324**	**856896**	**822972**	**761396**
电力、热力的生产和供应	Production and Supply of Electricity and Heating Power	915430	1157454	664522	588819	527335
燃气生产和供应业	Production and Supply of Gas	27235	56691	37245	52654	40699
水的生产和供应业	Production and Supply of Water	126843	159179	155129	181499	193362
建筑业	**Construction**	**77459**	**137950**	**92851**	**148956**	**174097**
房屋和土木工程建筑业	Civil Engineering	71062	125717	82687	138718	142049
建筑安装业	Installation	2067	4315	1501	1493	8969
建筑装饰业	Decoration	1511	1960	526	2092	13390
其他建筑业	Other Construction	2819	5958	8137	6653	9689
交通运输、仓储和邮政业	**Transpor, Storage and Post**	**1017646**	**546759**	**679727**	**840930**	**1032819**
铁路运输业	Railway Transport	5296	1670			
道路运输业	Highway Transport	829952	178677	144005	198796	138316
城市公共交通业	City Public Transport	4571	8849	28123	19435	11904

续表 2 Continued

单位:万元(10000 yuan)

指标	Item	2005	2006	2007	2008	2009
水上运输业	Waterway Transport	135089	266771	420360	390815	663962
装卸搬运和其他运输服务业	Air Transport	6449	10765	7331	3302	16134
仓储业	Storage	36289	77489	79448	218532	178741
信息传输、计算机服务和软件业	**Information Transmission, Computer Services and Software**	**146299**	**125780**	**131971**	**146098**	**269167**
电信和其他信息传输服务业	Telecommunication and Other Information Transmission Services	125916	84534	86978	72258	107655
计算机服务业	Computer Services		2545			5351
软件业	Software	20383	38701	44993	73840	156161
批发和零售业	**Wholesale and Retail Trade**	**365021**	**734946**	**1067346**	**1173227**	**1376838**
批发业	Wholesale Trade	148991	340614	574815	566678	528151
零售业	Retail Trade	216030	394332	492531	606549	848687
住宿和餐饮业	**Hotels and Catering Services**	**385551**	**530297**	**735969**	**669843**	**973362**
住宿业	Hotels	283023	431543	592238	485997	721984
餐饮业	Catering Services	102528	98754	143731	183846	251378
金融业	**Finance**	**15369**	**20456**	**25180**	**35365**	**89586**
银行业	Bank	15369	17121	25180	33255	89193
其他金融活动	Other Financial Activities		2760		2110	393
房地产业	**Real Estate**	**12749170**	**13740424**	**16461600**	**18606809**	**21246586**
房地产业	Real Estate	12749170	13740424	16461600	18606809	21246586
租赁和商务服务业	**Leasing and Commercial Services**	**258020**	**376398**	**384228**	**444666**	**662302**
租赁业	Leasing	2276	4409	1245	2240	8480
商务服务业	Commercial Services	255744	371989	382983	442426	653822
科学研究、技术服务和地质勘查业	**Scientific Research, Technic Services and Geological Prospecting**	**32511**	**59732**	**49214**	**130885**	**108809**
研究与试验发展	Research and Experiment Development	16648	49007	32718	72605	46861
专业技术服务业	Technical Services	12013	4634	15396	55934	48788
科技交流和推广服务业	Scientific and Technical Interchange and Popularization	3850	6091	1100	2346	13160
水利、环境和公共设施管理业	**Water Conservancy, Environment and Public Facilities Management**	**672368**	**804412**	**672519**	**816014**	**851308**
水利管理业	Water Conservancy	33750	81768	61335	134523	161045
环境管理业	Environment	46616	38605	36165	47727	61433
公共设施管理业	Public Facilities	592002	684039	575019	633764	628830

续表 3 Continued 单位:万元(10000 yuan)

指标	Item	2005	2006	2007	2008	2009
居民服务和其他服务业	**Resident Services and Other Services**	**53773**	**24713**	**32318**	**21755**	**58128**
居民服务业	Resident Services	29669	13564	20526	9985	40373
其他服务业	Other Services	24104	11149	11792	11770	17755
教育	**Education**	**108821**	**94224**	**96130**	**101759**	**176047**
教育	Education	108821	94224	96130	101759	176047
卫生、社会保障和社会福利业	**Health Care,Social Security and Social Welfare**	**68948**	**133286**	**95443**	**121151**	**82970**
卫生	Health Care	62864	96748	54558	78577	56628
社会福利业	Social Welfare	6084	36035	40687	42388	26342
文化、体育和娱乐业	**Culture,Sports and Recreation**	**85197**	**98384**	**118706**	**101699**	**240245**
广播、电视、电影和音像业	Radio,Film,Television and Audio video	30	6000	6200		1335
文化艺术业	Culture and Arts	21712	55717	33299	48053	61109
体育	Sports	483	1390	12431	2385	24027
娱乐业	Recreation	62972	35277	66776	51261	148959
公共管理和社会组织	**Public Management**	**50914**	**97611**	**124270**	**116638**	**213692**
国家机构	Government Agencies	15403	30968	22879	19093	70666
群众团体、社会团体和宗教组织	Mass Organizations,Social Organizations and Religion Organizations	10314	8816	24070	33569	42197
基层群众自治组织	Mass Grassroot Organizations	25197	57827	77321	63976	100829
自年初累计资金来源合计	**Source of Funds**	**47229694**	**56271146**	**67346739**	**73003576**	**91507634**
上年末结余资金	Surplus Funds Last Year	3853467	4333067	5156573	7570730	7779536
本年资金来源小计	Funds This Year	43376227	51938079	62190166	65432846	83728098
#国家预算内资金	State Budgetary Appropriations	47258	40544	164587	84423	183848
国内贷款	Domestic Loans	7794433	8238267	9271152	9638674	11992102
债券	Debenture	3087	4435	2847	1860	17560
利用外资	Foreign Investment	2992823	3777343	3058492	2966708	2326782
自筹资金	Fundraising	22575718	27619788	32914680	38072556	42574458
其他资金	Others	9962908	12257702	16778408	14668625	26633348

3-9 限额以上港澳台经济分行业投资和资金来源(2005-2009年)
Investment and Sources of Funds in HongKong, Macao and Taiwan Units Above Designated Size by Sector (2005-2009)

单位:万元(10000 yuan)

指标	Item	2005	2006	2007	2008	2009
投资总计	**Total**	**3421947**	**3947373**	**5040047**	**5748215**	**5598224**
第一产业	Primary Industry	550		1150		2100
第二产业	Secondary Industry	2637025	2842441	2976700	3445692	3143894
第三产业	Tertiary Industry	784372	1104932	2062197	2302523	2452230
按国民经济行业分组	**by Sector**					
农林牧渔业	**Farming, Forestry, Animal Husbandry and Fishery**	**550**		**1150**		**2100**
农业	Farming	550				900
渔业	Forestry					
采矿业	**Mining and Quarrying**	**9000**	**3500**			
非金属矿采选业	Nonmetal Minerals and Dressing	9000	3500			
制造业	**Manufacturing**	**2569937**	**2779571**	**2926926**	**3409893**	**3062052**
农副食品加工业	Non-staple Food Processing	11901	101115	11087	24093	32811
食品制造业	Food Manufacturing	23351	57379	34972	44534	31565
饮料制造业	Beverage Manufacturing	28334	16196	44397	128179	21501
纺织业	Textile Industry	339078	493921	440396	457540	344293
纺织服装、鞋、帽制造业	Garments, Shoes and Hats Manufacturing	190706	183087	260785	224206	151128
皮革、毛皮、羽毛(绒)及其制造业	Leather, Furs, Down and Related Products	27692	39478	49618	28842	32329
木材加工及竹、藤、棕、草制品业	Timber Processing, Bamboo, Cane, Palm Fiber and Straw Products	15032	16795	29602	24608	20191
家具制造业	Furniture Manufacturing	43897	82586	63936	52532	69561
造纸及纸制品业	Papermaking and Paper Products	66215	71028	151910	192331	175469
印刷业、记录媒介的复制	Printing and Record Medium Reproduction	8431	19057	19110	25115	11438
文教体育用品制造业	Cultural, Educational and Sports Goods	52640	39675	37210	41148	43225
石油加工、炼焦及核燃料加工业	Petroleum Processing, Cooking and Nuclear Fuel Processing	1819		30689	81502	32352
化学原料及化学制品制造业	Raw Chemical Materials and Chemical Products	652965	605158	186741	238295	315722
医药制造业	Medical and Pharmaceutical Products	43540	36978	56309	47783	88616
化学纤维制造业	Chemical Fiber	52839	48208	146046	206222	135333
橡胶制品业	Rubber Products	40664	881	7138	6734	9037

续表 1　Continued　单位:万元(10000 yuan)

指标	Item	2005	2006	2007	2008	2009
塑料制品业	Plastic Products	89702	57447	96104	106671	94032
非金属矿物制品业	Nonmetal Mineral Products	56811	38953	61069	57375	64077
黑色金属冶炼及压延加工业	Smelting and Pressing of Ferrous Metals	40278	44415	50219	21300	43399
有色金属冶炼及压延加工业	Smelting and Pressing of Nonferrous Metals	15313	33369	22775	22540	21533
金属制品业	Metal Products	86861	123813	115666	133440	125179
通用设备制造业	Equipment in Common Use	134916	79314	112879	179122	201540
专用设备制造业	Equipment for Special Purpose	76949	96182	145270	207893	181774
交通运输设备制造业	Transportation Equipment	59732	84695	172466	214403	194602
电气机械及器材制造业	Electric Equipment and Machinery	149450	164617	203077	256552	293207
通信设备、计算机及其他电子设备制造业	Telecommunications Equipment, Computer and Other Electronic Equipment	159855	252309	327260	308946	287896
仪器仪表及文化、办公用机械制造业	Instruments, Meters, Cultural and Office Machinery	27780	33625	28052	38161	12666
工艺品及其他制造业	Handicraft Article and Other Manufacturing Indust	69536	49590	22143	29458	21713
废弃资源和废旧材料回收加工业	Recovery of Resource Discarded and Useless Material	3650	700		10368	5517
电力、燃气及水的生产和供应业	**Production and Supply of Electricity, Gas and Water**	**55688**	**54595**	**49054**	**35799**	**81842**
电力、热力的生产和供应	Production and Supply of Electricity and Heating Power	39959	53522	25927	25120	72397
燃气生产和供应业	Production and Supply of Gas	2169	1073	780	841	4840
水的生产和供应业	Production and Supply of Water	13560		22347	9838	4605
建筑业	**Construction**	**2400**	**4775**	**720**		
房屋和土木工程建筑业	Civil Engineering	2400	4775	720		
交通运输、仓储和邮政业	**Transpor, Storage and Post**	**121439**	**274805**	**366235**	**452888**	**253712**
道路运输业	Railway Transport	97479	257103	280920	250582	93324
水上运输业	Highway Transport	15624	17212	69365	144246	142111
仓储业	Storage	8336	490	15950	58060	18277
信息传输、计算机服务和软件业	**Information Transmission, Computer Services and Software**	**78610**	**45129**	**735682**	**866343**	**802257**
电信和其他信息传输服务业	Telecommunication and Other Information Transmission Services	78610	45129	726890	837509	749370
批发和零售业	**Wholesale and Retail Trade**	**11015**	**35939**	**51937**	**40879**	**86905**
零售业	Retail Trade	11015	33209	51937	35467	81995

续表 2　Continued　　单位:万元(10000 yuan)

指标	Item	2005	2006	2007	2008	2009
住宿和餐饮业	**Hotels and Catering Services**	**56806**	**49885**	**91854**	**78019**	**91347**
住宿业	Hotels	44813	40566	85011	71773	77047
餐饮业	Catering Services	11993	9329	6843	6246	14300
金融业	**Finance**					**1163**
银行业	Bank					1163
房地产业	**Real Estate**	**497591**	**650099**	**775601**	**762729**	**1097914**
房地产业	Real Estate	497591	650099	775601	762729	1097914
租赁和商务服务业	**Leasing and Commercial Services**	**5073**	**1740**	**10650**	**35648**	**69905**
商务服务业	Commercial Services	5073	1740	10650	35648	69905
科学研究、技术服务和地质勘查业	**Scientific Research, Technic Services and Geological Prospecting**	**3438**	**34938**	**18973**	**51705**	**25919**
研究与试验发展	Research and Experiment Development	3438	34938	18973	51705	25919
水利、环境和公共设施管理业	**Water Conservancy, Environment and Public Facilities Management**	**7733**	**12397**	**11265**	**14312**	**14593**
公共设施管理业	Public Facilities	7733	12397	11265	14312	14593
文化、体育和娱乐业	**Culture, Sports and Recreation**	**2667**				**6115**
娱乐业	Recreation	2667				6115
教育	**Education**					
教育	Education					
公共管理和社会组织	**Public Administration and Social Organization**					**2400**
国家机构	Government Agencies					2400
资金来源合计	**Source of Funds**	**3785746**	**4541167**	**5961244**	**6580075**	**7374071**
上年末结余资金	Surplus Funds Last Year	236373	303786	376891	614742	654296
本年资金来源小计	Funds This Year	3549373	4237381	5584353	5965333	6719775
#国家预算内资金	State Budgetary Appropriations	4248	282	650	2584	5211
国内贷款	Domestic Loans	468313	439404	1038711	756735	985910
利用外资	Foreign Investment	1217896	1312254	1026644	984194	920203
自筹资金	Fundraising	1469859	2022334	2937702	3582318	3606367
其他资金	Others	389057	461422	580646	639502	1202084

3-10 限额以上外商经济分行业投资和资金来源(2005-2009年)
Investment and Sources of Funds in Foreign-owned Units Above Designated Size by Sector (2005-2009)

单位:万元(10000 yuan)

指标	Item	2005	2006	2007	2008	2009
投资总计	**Total**	**4449566**	**5509868**	**5553520**	**5835723**	**5257211**
第一产业	Primary Industry		929	1380	948	2136
第二产业	Secondary Industry	3810114	4557283	4322638	4566568	3867226
第三产业	Tertiary Industry	639452	951656	1229502	1268207	1387849
按国民经济行业分组	**by Sector**					
农林牧渔业	**Farming, Forestry, Animal Husbandry and Fishery**		**929**	**1380**	**948**	**2136**
农业	Farming		929	1380	948	500
采矿业	**Mining and Quarrying**	**2920**	**10099**			
非金属矿采选业	Nonmetal Minerals and Dressing	2920	10099			
制造业	**Manufacturing**	**3348004**	**3978084**	**4269311**	**4487375**	**3768066**
农副食品加工业	Non-staple Food Processing	27415	28482	26542	19693	18179
食品制造业	Food Manufacturing	31539	49078	56198	75743	57354
饮料制造业	Beverage Manufacturing	17333	81971	67084	65127	46576
纺织业	Textile Industry	342980	354184	427717	268298	293098
纺织服装、鞋、帽制造业	Garments, Shoes and Hats Manufacturing	178344	196751	208472	193748	196738
皮革、毛皮、羽毛(绒)及其制造业	Leather, Furs, Down and Related Products	104154	95775	84383	92753	52783
木材加工及竹、藤、棕、草制品业	Timber Processing, Bamboo, Cane, Palm Fiber and Straw Products	13191	14680	10386	11833	13069
家具制造业	Furniture Manufacturing	64683	72387	91050	81155	53061
造纸及纸制品业	Papermaking and Paper Products	322084	29359	77718	120017	157161
印刷业和记录媒介的复制	Printing and Record Medium Reproduction	7572	9094	13616	20272	23335
文教体育用品制造业	Cultural, Educational and Sports Goods	50001	32405	53022	47325	26079
石油加工、炼焦及核燃料加工业	Petroleum Processing, Cooking and Nuclear Fuel Processing	5549	432	4746	2181	21586
化学原料及化学制品制造业	Raw Chemical Materials and Chemical Products	304420	673297	409313	499681	452448
医药制造业	Medical and Pharmaceutical Products	41448	60959	58715	45568	60809
化学纤维制造业	Chemical Fiber	97045	112666	177109	156539	80622
橡胶制品业	Rubber Products	56502	123588	108461	62824	58089
塑料制品业	Plastic Products	107690	70087	96360	139538	96943
非金属矿物制品业	Nonmetal Mineral Products	118485	155878	172414	213941	236542
黑色金属冶炼及压延加工业	Smelting and Pressing of Ferrous Metals	193387	486021	399533	328497	186343

续表 1 Continued

单位:万元(10000 yuan)

指标	Item	2005	2006	2007	2008	2009
有色金属冶炼及压延加工业	Smelting and Pressing of Nonferrous Metals	42456	43229	49197	63025	30551
金属制品业	Metal Products	74292	121621	137325	102486	125975
通用设备制造业	Equipment in Common Use	189769	209712	302884	351372	255554
专用设备制造业	Equipment for Special Purpose	81207	94231	182062	178642	185093
交通运输设备制造业	Transportation Equipment	231869	268871	399949	458500	374860
电气机械及器材制造业	Electric Equipment and Machinery	282985	256952	288975	282295	321637
通信设备、计算机及其他电子设备制造业	Telecommunications Equipment, Computer and Other Electronic Equipment	198475	227603	251814	470246	266727
仪器仪表及文化、办公用机械制造业	Instruments, Meters, Cultural and Office Machinery	42852	38665	41799	36628	33009
工艺品及其他制造业	Handicraft Article and Other Manufacturing Indust	79207	47181	66193	90379	24921
废弃资源和废旧材料回收加工业	Recovery of Resource Discarded an-d Useless Material	41070	22925	6274	9069	18924
电力、燃气及水的生产和供应业	**Production and Supply of Electricity, Gas and Water**	**458929**	**567600**	**53327**	**79193**	**99160**
电力、热力的生产和供应	Production and Supply of Electricity and Heating Power	455502	561414	44035	65318	90117
燃气生产和供应业	Production and Supply of Gas	3427	5627	3992	12171	9043
水的生产和供应业	Production and Supply of Water		559	5300	1704	
建筑业	**Construction**	**261**	**1500**			
建筑装饰业	Decoration	261	1500			
交通运输、仓储和邮政业	**Transpor, Storage and Post**	**140978**	**190356**	**90787**	**89994**	**56621**
道路运输业	Highway Transport	77392		3688		
水上运输业	Waterway Transport	60791	164337	10361	24492	15838
仓储业	Storage	2795	23481	75778	63682	37877
信息传输、计算机服务和软件业	**Information Transmission, Computer Services and Software**	**56445**	**48987**	**76318**	**72738**	**123947**
电信和其他信息传输服务业	Telecommunication and Other Information Transmission Services	54171	35883	60244	56131	79360
计算机服务业	Computer Services					
软件业	Software	2274	13104	16074	16607	44587
批发和零售业	**Wholesale and Retail Trade**		**34519**	**41931**	**49624**	**66764**
批发业	Wholesale Trade		7534	1261	784	4051
零售业	Retail Trade		26985	40670	48840	62713
住宿和餐饮业	**Hotels and Catering Services**	**78673**	**124860**	**92320**	**116974**	**159891**

续表 2 Continued 单位:万元(10000 yuan)

指标	Item	2005	2006	2007	2008	2009
住宿业	Hotels	52603	105187	66982	73223	138087
餐饮业	Catering Services	26070	19673	25338	43751	21804
房地产业	**Real Estate**	**316851**	**500535**	**854870**	**878489**	**961414**
房地产业	Real Estate	316851	500535	854870	878489	961414
租赁和商务服务业	**Leasing and Commercial Services**	**7340**	**1070**	**32042**	**12781**	**11948**
商务服务业	Commercial Services	7340	1070	32042	12781	11948
水利、环境和公共设施管理业	**Water Conservancy, Environment and Public Facilities Management**	**11814**	**31748**	**23451**	**8680**	**1960**
水利管理业	Water Conservancy	8050	30050	20000	7150	
公共设施管理业	Public Facilities	3764	1698	973	1530	1960
居民服务和其他服务业	**Resident Services and Other Services**	**4839**	**385**	**446**		
居民服务业	Resident Services	4839	385	446		
教育	**Education**	**4000**	**4000**			**700**
教育	Education	4000	4000			700
卫生、社会保障和社会福利业	**Health Care, Social Security and Social Welfare**	**6500**	**10826**	**15500**	**30865**	**4054**
卫生	Health Care	6500	10826	15500	30865	4054
文化、体育和娱乐业	**Culture, Sports and Recreation**	**12012**	**2040**	**1837**	**3942**	**550**
体育	Sports	483	1040	1		
娱乐业	Recreation	11529	1000	1836	3942	550
自年初累计资金来源合计	**Source of Funds**	**4988469**	**6118816**	**6464338**	**7517148**	**6656819**
上年末结余资金	Surplus Funds Last Year	330906	347269	533462	782806	811234
本年资金来源小计	Funds This Year	4657563	5771547	5930876	6734342	5845585
#国家预算内资金	State Budgetary Appropriations			2729	100	9550
国内贷款	Domestic Loans	602007	920401	787083	1011774	802831
债券	Debenture				50	600
利用外资	Foreign Investment	1835504	2188504	1851693	1874187	1259113
自筹资金	Fundraising	1784364	2247954	2583656	2911772	2628666
其他资金	Others	245865	414688	705715	936459	1144825

3-11 限额以上私营个体经济分行业投资和资金来源(2005-2009年)
Investment and Sources of Funds in Private-owned Units Above Designated Size by Sector(2005-2009)

单位:万元(10000 yuan)

指标	Item	2005	2006	2007	2008	2009
投资总计	**Total**	**11770204**	**14920208**	**18465037**	**19771612**	**23813935**
第一产业	Primary Industry	21210	19440	31194	52635	87234
第二产业	Secondary Industry	6464689	8107325	10048416	11290021	13627460
第三产业	Tertiary Industry	5284305	6793443	8385427	8428956	10099241
按国民经济行业分组	**by Sector**					
农林牧渔业	**Farming, Forestry, Animal Husbandry and Fishery**	**21210**	**19440**	**31194**	**52635**	**87234**
农业	Farming	6165	8750	6254	19491	21409
畜牧业	Animal Husbandry	8212	3583	11390	20893	31607
渔业	Fishery	3330	4524	11118	8044	29759
农、林、牧、渔服务业	Services	3503	2583	2432	2827	1185
采矿业	**Mining and Quarrying**	**17639**	**20618**	**46728**	**51151**	**100484**
煤炭采选业	Coal Mining and Dressing			1100	1380	1600
黑色金属矿采选业	Ferrous Metals Mining and Dressing	500	221	340	2360	
非金属矿采选业	Nonmetal Minerals and Dressing	16274	19548	43986	2308	91284
其他矿采选业	Others	865	849		45103	
制造业	**Manufacturing**	**6361208**	**7925308**	**9860745**	**11069472**	**13383495**
农副食品加工业	Non-staple Food Processing	75347	92848	105180	133248	186328
食品制造业	Food Manufacturing	38554	80771	96191	104276	121185
饮料制造业	Beverage Manufacturing	47352	32925	34048	50293	59744
纺织业	Textile Industry	971966	1178384	1421581	1442263	1468596
纺织服装、鞋、帽制造业	Garments, Shoes and Hats Manufacturing	325423	433176	403443	370586	392539
皮革、毛皮、羽毛(绒)及其制造业	Leather, Furs, Down and Related Products	118810	139140	193363	160417	170133
木材加工及竹、藤、棕、草制品业	Timber Processing, Bamboo, Cane, Palm Fiber and Straw Products	73995	121123	166756	172234	291709
家具制造业	Furniture Manufacturing	129975	134619	232872	212508	192460
造纸及纸制品业	Papermaking and Paper Products	214844	239598	266552	229098	262268
印刷业、记录媒介的复制	Printing and Record Medium Reproduction	151383	152853	122386	155542	210986
文教体育用品制造业	Cultural, Educational and Sports Goods	142308	164778	228254	222262	252716
石油加工、炼焦及核燃料加工业	Petroleum Processing, Cooking and Nuclear Fuel Processing	5312	1602	4535	13378	13957
化学原料及化学制品制造业	Raw Chemical Materials and Chemical Products	181290	244170	342054	422118	573900
医药制造业	Medical and Pharmaceutical Products	65388	93590	66133	102177	114849
化学纤维制造业	Chemical Fiber	134492	134867	178583	184464	212517
橡胶制品业	Rubber Products	48752	70830	68578	91262	129989
塑料制品业	Plastic Products	240283	331754	397920	492826	602591
非金属矿物制品业	Nonmetal Mineral Products	257287	251139	305436	422753	550263

续表 1 Continued 单位:万元(10000 yuan)

指标	Item	2005	2006	2007	2008	2009
黑色金属冶炼及压延加工业	Smelting and Pressing of Ferrous Metals	166460	182899	176367	191224	277667
有色金属冶炼及压延加工业	Smelting and Pressing of Nonferrous Metals	82505	119701	144464	200267	259333
金属制品业	Metal Products	475759	644932	815516	958199	1089603
通用设备制造业	Equipment in Common Use	732015	889755	1246655	1229512	1403686
专用设备制造业	Equipment for Special Purpose	259262	272014	352889	511446	636182
交通运输设备制造业	Transportation Equipment	402759	605978	882219	1195323	1528114
电气机械及器材制造业	Electric Equipment and Machinery	547092	788881	1016733	1140959	1521655
通信设备、计算机及其他电子设备制造业	Telecommunications Equipment, Computer and Other Electronic Equipment	149037	144342	185488	241883	310395
仪器仪表及文化、办公用机械制造业	Instruments, Meters, Cultural and Office Machinery	96750	83988	120398	134347	137735
工艺品及其他制造业	Handicraft Article and Other Manufacturing Indust	213243	278624	260019	251099	365908
废弃资源和废旧材料回收加工业	Recovery of Resource Discarded and Useless Material	13565	16027	26132	33508	46487
电力、燃气及水的生产和供应业	**Production and Supply of Electricity, Gas and Water**	**71735**	**93090**	**97804**	**143592**	**110384**
电力、热力的生产和供应	Production and Supply of Electricity and Heating Power	59224	72150	81883	107004	89843
燃气生产和供应业	Production and Supply of Gas	476	12444	6520	14523	3720
水的生产和供应业	Production and Supply of Water	12035	8496	9401	22065	16821
建筑业	**Construction**	**14107**	**68309**	**43139**	**25806**	**33097**
房屋和土木工程建筑业	Civil Engineering	11958	63539	40412	23140	21138
建筑安装业	Installation	599	200	1000	600	8969
建筑装饰业	Decoration	1250	1560	526	50	1655
其他建筑业	Other Construction	300	3010	1201	2016	1335
交通运输、仓储和邮政业	**Transpor, Storage and Post**	**72364**	**95103**	**307288**	**299980**	**524636**
道路运输业	Highway Transport	21519	19321	12119	47037	39645
城市公共交通业	City Public Transport	2241	546	1318	2747	1110
水上运输业	Waterway Transport	36678	47834	281756	214990	410643
装卸搬运和其他运输服务业	Air Transport	6449	5413	2650	1050	6722
仓储业	Storage	5477	21989	9445	32706	63217
信息传输、计算机服务和软件业	**Information Transmission, Computer Services and Software**	**2300**	**7159**	**5092**	**5549**	**17132**
计算机服务业	Computer Services		1165			700
软件业	Software	2300	5994	5092	5549	15232
批发和零售业	**Wholesale and Retail Trade**	**125065**	**173256**	**284339**	**365272**	**379597**
批发业	Wholesale Trade	48587	105835	149268	152854	131704
零售业	Retail Trade	76478	67421	135071	212418	247893
住宿和餐饮业	**Hotels and Catering Services**	**87161**	**139879**	**223158**	**171401**	**334185**
住宿业	Hotels	58424	92173	156979	95875	186805

续表 2 Continued 单位:万元(10000 yuan)

指标	Item	2005	2006	2007	2008	2009
餐饮业	Catering Services	28737	47706	66179	75526	147380
房地产业	**Real Estate**	**4850927**	**6078078**	**7278409**	**7303051**	**8440442**
房地产业	Real Estate	4850927	6078078	7278409	7303051	8440442
租赁和商务服务业	**Leasing and Commercial Services**	**43680**	**111973**	**73738**	**81285**	**100577**
租赁业	Leasing	1100	3362	500	2240	6342
商务服务业	Commercial Services	42580	108611	73238	79045	94235
科学研究、技术服务和地质勘查业	**Scientific Research, Technic Services and Geological Prospecting**	**718**	**5299**	**8411**	**11039**	**22761**
专业技术服务业	Technical Services	718	1464	7311	9426	17277
水利、环境和公共设施管理业	**Water Conservancy, Environment and Public Facilities Management**	**38085**	**60612**	**83773**	**99402**	**90284**
环境管理业	Environment		2130	6090	16639	16347
公共设施管理业	Public Facilities	38085	58482	76683	82263	73643
居民服务和其他服务业	**Resident Services and Other Services**	**16498**	**5030**	**15780**	**6190**	**30160**
居民服务业	Resident Services	10828	2200	11904	2590	19609
其他服务业	Other Services	5670	2830	3876	3600	10551
教育	**Education**	**18271**	**26841**	**16566**	**18589**	**27559**
教育	Education	18271	26841	16566	18589	27559
卫生、社会保障和社会福利业	**Health Care, Social Security and Social Welfare**	**7996**	**52601**	**7921**	**19442**	**29592**
卫生	Health Care	7996	52601	2919	14702	20419
社会福利业	Social Welfare			5002	4740	9173
文化、体育和娱乐业	**Culture, Sports and Recreation**	**18123**	**36491**	**60311**	**32870**	**86845**
文化艺术业	Culture and Arts	550	24913	6570	10070	14588
娱乐业	Recreation	17573	10828	43161	20500	67837
公共管理和社会组织	**Public Management**	**3117**	**1121**	**20641**	**10686**	**15471**
国家机构	Government Agencies	3117	1121	6531	3686	10971
自年初累计资金来源合计	**Source of Funds**	**14577667**	**18868058**	**24536155**	**24269918**	**32796180**
上年末结余资金	Surplus Funds Last Year	1217923	1308047	1807993	2102031	2390916
本年资金来源小计	Funds This Year	13359744	17560011	22728162	22167887	30405264
#国家预算内资金	State Budgetary Appropriations			1110	3799	17816
国内贷款	Domestic Loans	2052896	2475855	3125898	2666678	3937179
债券	Debenture			700	300	860
利用外资	Foreign Investment	52564	169136	86444	37120	23489
自筹资金	Fundraising	7479842	10054401	12901072	14399851	16870786
其他资金	Others	3774192	4859119	6612938	5060139	9555134

3-12 城镇固定资产投资
Investment in Fixed Assets in Urban Area

单位:万元(10000 yuan)

指标名称	Item	2008 年	2009 年
本年完成投资	**Investment Completed**	**65511014**	**74543262**
其中:非国有	Non-state	38067350	40961522
其中:民间投资	Nongovernmental	30354022	33632010
其中:房地产开发投资	Real Estate Investment	20231177	22542664
其中:工业投资	Industrial Investment	21940094	23170402
其中:工业技术改造投资	IndustrialTransformation investment	12294834	12459488
按三次产业分:	**By Industry**		
第一产业	Primary Industry	167809	252177
第二产业	Secondary Industry	22109187	23349369
第三产业	Tertiary Industry	43234018	50941716
按登记注册类型分:	**by Registered Type**		
内资企业	Domestic Funded Enterprises	56044013	65889383
国有企业	State-owned Enterprises	18564677	22708314
集体企业	Collective owned Enterprises	761742	980888
股份合作企业	Cooperative Enterprises	166737	263882
联营企业	Joint Ownership Enterprises	247518	289361
国有联营企业	State Joint Ownership Enterprises	229898	263094
集体联营企业	Collective Joint Ownership Enterprises	6391	21469
国有与集体联营企业	Joint State-collective Enterprises	10254	3745
其他联营企业	Other Joint Ownership Enterprises	975	1053
有限责任公司	Limited Liability Corporations	20529966	22594250
国有独资公司	State Sole Funded Corporations	1918836	2898196
其他有限责任公司	Other Limited Liability Corporations	18611130	19696054
股份有限公司	Share-holding Corporations Ltd.	2783853	3731571
私营企业	Private Enterprises	12123831	14700500
其他	others	865689	620617
港、澳、台商投资企业	Enterprises With Funds From Hong Kong, Macao and Taiwan	4671089	4388951
外商投资企业	Foreign Funded Enterprises	4703538	4148855
个体经营	Individual	92374	116073

3－13 分行业城镇固定资产投资和资金来源
Investment and Sources of Funds in Urban Fixed Assets by Sector

单位:万元(10000 yuan)

指标名称	Item	2008 年	2009 年
按国民经济行业分	**By Sector**		
农、林、牧、渔业	**Farming, Forestry, Animal Husbandry and Fishery**	**167809**	**252177**
农业	Farming	36839	56343
林业	Forestry	5478	12671
牧业	Animal Husbandry	13286	7903
渔业	Fishery	5406	955
农林牧渔服务业	Services	106800	174305
采矿业	**Mining industry**	**12731**	**6925**
煤炭开采和洗选业	Coal Mining and Dressing		703
石油和天然气开采业	Oil and Natural Gas		
黑色金属矿采选业	Ferrous Metals Mining and Dressing	2515	
有色金属矿采选业	Nonferrous Metals Mining and Dressing	1560	1170
非金属矿采选业	Nonmetal Minerals Mining and Dressing	8656	5052
其他采矿业	Other Minerals Mining and Dressing		
制造业	**Manufacturing**	**17548048**	**18127195**
农副食品加工业	Non－staple Food Processing	154388	157613
食品制造业	Food Manufacturing	205753	166064
饮料制造业	Beverage Manufacturing	252873	179375
烟草制品业	Tobacco Processing	4291	31983
纺织业	Textile Industry	1549196	1383065
纺织服装、鞋、帽制造业	Garments, Shoes and Hats Manufacturing	712981	689528
皮革、毛皮、羽毛(绒)及其制品业	Leather, Furs, Down and Related Products	281823	198843
木材加工及木、竹、藤、棕、草制品业	Timber Processing, Bamboo, Cane Palm Fiber and Straw Products	213543	229602
家具制造业	Furniture Manufacturing	266864	202598
造纸及纸制品业	Papermaking and Paper Products	561861	533771
印刷业和记录媒介的复制	Printing and Record Medium Reproduction	226375	221476
文教体育用品制造业	Cultural, Educational and Sports Goods	216825	239128
石油加工、炼焦及核燃料加工业	Petroleum Processing, Cooking and Nuclear Fuel Processing	109866	173393
化学原料及化学制品制造业	Raw Chemical Materials and Chemical Products	1919851	2626197
医药制造业	Medical and Pharmaceutical Products	367480	414129
化学纤维制造业	Chemical Fiber	486826	354841
橡胶制品业	Rubber Products	123297	205046

续表 1 Continued 单位:万元(10000 yuan)

指标名称	Item	2008 年	2009 年
塑料制品业	Plastic Products	579605	556478
非金属矿物制品业	Nonmetal Mineral Products	614154	663437
黑色金属冶炼及压延加工业	Smelting and Pressing of Ferrous Metals	568153	394082
有色金属冶炼及压延加工业	Smelting and Pressing of Nonferrous Metals	183800	223603
金属制品业	Metal Products	772087	870524
通用设备制造业	Equipment in Common Use	1618387	1671071
专用设备制造业	Special Purpose Equipment	842215	973592
交通运输设备制造业	Transport Equipment	1751168	1718346
电气机械及器材制造业	Electric Equipment and Machinery	1295919	1604075
通信设备、计算机及其他电子设备制造业	Telecommunications Equipment, Computer and Other Electronic Equipment	1010978	783183
仪器仪表及文化、办公用机械制造业	Instruments, Meters, Cultural and Office Machinery	235990	173983
工艺品及其他制造业	Handicraft Article and Other Manufacturing Indust	375489	422488
废弃资源和废旧材料回收加工工业	Recovery of Resource Discarded and Useless Material	46010	65681
电力、燃气及水的生产和供应业	**Production and Supply of Electricity, Gas and Water**	**4379315**	**5036282**
电力、热力的生产和供应业	Production and Supply of Electricity and Heating Power	3442335	4058927
燃气生产和供应业	Production and Supply of Gas	107073	102295
水的生产和供应业	Production and Supply of Water	829907	875060
建筑业	**Construction**	**169093**	**178967**
房屋和土木工程建筑业	Housing and Civil Engineering	157260	159315
建筑安装业	Installation	5596	2331
建筑装饰业	Building Decoration	3180	11635
其他建筑业	Others	3057	5686
交通运输、仓储和邮政业	**Transpor, Storage and Post**	**7052857**	**8999799**
铁路运输业	Railway Transport	481509	1267320
道路运输业	Highway Transport	3231374	3992225
城市公共交通业	City Public Transport	595713	957277
水上运输业	Waterway Transport	1596576	1944750
航空运输业	Air Transport	185191	166547
管道运输业	Pipeline Transport	20113	18398
装卸搬运和其他运输服务业	Carrying and Other Transport Services	2305	41682
仓储业	Storage	927331	591601

续表 2 Continued

单位:万元(10000 yuan)

指标名称	Item	2008 年	2009 年
邮政业	Postal Services	12745	19999
信息传输和计算机服务和软件业	**Information Transmission, Computer Service and Software**	**1347945**	**1575067**
电信和其他信息传输服务业	Telecommunication and Other Information Transmission Services	1258825	1395899
计算机服务业	Computer Services	3354	5972
软件业	Software	85766	173196
批发和零售业	**Wholesale and Retail Sale Trade**	**1254735**	**1257148**
批发业	Wholesale	719792	521484
零售业	Retail Sale	534943	735664
住宿和餐饮业	**Hotels and Catering Services**	**670156**	**925197**
住宿业	Hotels	486422	686102
餐饮业	Catering Services	183734	239095
金融业	**Finance**	**187245**	**216244**
银行业	Bank	172977	213818
证券业	Securities Industry	8252	1183
保险业	Insurance	6016	67
其他金融活动	Other Financial Activities		1176
房地产业	**Real Estate**	**21718767**	**25266381**
房地产业	Real Estate	21718767	25266381
租赁和商务服务业	**Leasing and Services and Other Services**	**868662**	**1003881**
租赁业	Leasing	1016	5238
商务服务业	Commercial Services	867646	998643
科学研究、技术服务和地质勘查业	**Scientific Research, Technic Services and Geological Prospecting**	**217335**	**267241**
研究与试验发展	Research and Experiment Development	92943	61869
专业技术服务业	Technical Services	85397	149714
科技交流和推广服务业	Scientific and Technical Interchange and Popularization	38095	51654
地质勘查业	Geological Prospecting	900	4004
水利、环境和公共设施管理业	**Water Conservancy, Environment and Public Facilities Management**	**7284997**	**8087773**
水利管理业	Water Conservancy	1151308	1282104
环境管理业	Environment	339581	263856
公共设施管理业	Public Facilities	5794108	6541813
居民服务和其他服务业	**Resident Services and Other Services**	**20739**	**58551**

续表 3 Continued 单位:万元(10000 yuan)

指标名称	Item	2008 年	2009 年
居民服务业	Resident Services	15075	41880
其他服务业	Other Services	5664	16671
教育	**Education**	**974972**	**1098828**
教育	Education	974972	1098828
卫生、社会保障和社会福利业	**Health Care, Social Securities and Social Welfare**	**539104**	**697843**
卫生	Health Care	485700	594988
社会保障业	Social security industry	276	64670
社会福利业	Social Welfare	53128	38185
文化、体育和娱乐业	**Culture, Sports and Recreation**	**381800**	**711061**
新闻出版业	Press Publishing	10452	25037
广播、电视、电影和音像业	Radio, Film, Television and Audio - video	19779	23351
文化艺术业	Culture and Arts	232069	403489
体育	Sports	76482	121720
娱乐业	Recreation	43018	137464
公共管理和社会组织	**Public Administration and Social Organization**	**714704**	**776702**
中国共产党机关	Communist Party Agencies	10524	13806
国家机构	Government Agencies	600191	677423
人民政协和民主党派	The Chinese People's Political Consultative Conference and Democratic Parties	6000	1700
群众团体、社会团体和宗教组织	Mass Organizations, Social Organizations and Religion Organizations	65741	35667
基层群众自治组织	Mass Grassroot Organizations	32248	48106
国际组织	**International Organizations**		
国际组织	International Organizations		
新增固定资产	**Newly Increased Fixed Assets**	**34973800**	**42160614**
本年资金来源合计	**Total sources of funds this year**	**86181168**	**108075960**
上年末结余资金	Surplus Funds Last Year	9726605	10200673
本年资金来源小计	Funds This Year	76454563	97875287
国家预算内资金	State Budgetary Appropriations	3053262	3952895
国内贷款	Domestic Loans	16316063	19215123
债券	Debenture	6011	70830
利用外资	Foreign Investment	2328005	1790343
自筹资金	Fundraising	37676094	41786739
其他资金来源	Others	17075128	31059357

3-14 房地产开发投资主要指标(2004-2009年)
Main Indicators of Investment in Real Estate Development (2004-2009)

单位:万元(10000 yuan)

指标	Item	2004	2005	2006	2007	2008	2009
开发投资额	**Development**	**13530715**	**14564885**	**15742756**	**18216690**	**20231177**	**22542664**
#土地开发	Land Development	489329	324198	431975	500797	461715	389052
按登记注册类型分	**by Registered Type**						
内资	Domestic Funds	12794874	13758290	14601347	16592949	18599127	20521843
国有	State-owned	482643	492300	491799	619342	656301	660546
集体	Collective Owned	164410	93836	89786	64904	86280	101154
股份合作	Share-cooperations	86981	56510	40733	11820	27417	90698
国有联营	State Joint	38792	124166	74878	126378	90943	56245
集体联营	Collective Joint	2320	8550				
国有与集体联营	State-collective Joint	4766	2835	22529	13506	1087	379
其他联营	Other Joint			6400	2920		
国有独资公司	State Sole Funds	303522	389301	480023	351616	312954	424239
其他有限责任公司	Other Limited Liability Corporations	6179665	7236316	7014266	7805396	9051924	9674632
股份有限公司	Share-holding Corporations Ltd.	385792	429472	342407	332041	836800	1039728
私营	Private	5145983	4838152	6010753	7221073	7203952	8287717
其他	Others		86852	27773	43953	331469	186505
港澳台商投资	Investment from HongKong, Macao and Taiwan	463076	497591	641924	775101	757479	1064832
外商投资	Investment from Foreign	272765	309004	499485	848640	874571	955989
按构成分	**by Structure**						
建筑工程	Construction	7507646	8603191	8793185	9343628	11069093	12078762
安装工程	Installation	528423	567247	745921	875825	926074	1203992
设备工器具购置	Purchase of Equipment and Instruments	117683	128675	167616	199768	244823	253561
其他费用	Others	5376963	5265772	6036034	7797469	7991187	9006349
旧建筑物购置费	Purchase of Old Buildings	5635	36365	89674	21283	10763	5626
土地购置费	Purchase of Land	4205023	4164098	4792568	6318669	6043533	6971415

续表 Continued

单位:万元(10000 yuan)

指标	Item		2004	2005	2006	2007	2008	2009
按用途分	**by Purpose**							
住宅	Residential Buildings		9972777	10895057	11437869	13082714	14265508	15813232
#别墅、高档公寓	Villas and High - grade		814816	925300	978785	1163730	1444881	1373868
经济适用房	Economical Houses		554557	616628	708946	594537	491452	556000
办公楼	Office Buildings		667550	678772	1069573	1095616	1374590	1472648
商业营业用房	Commercial Buildings		1762338	1705982	1813326	2079326	2087399	2509853
其他	Others		1128050	1285074	1421988	1959034	2503680	2746931
新增固定资产	Newly Increased Fixed Assets		5692650	7534411	7437546	9933824	11316600	10069785
开发土地面积(平方米)	Land Space Developed	(sq. m)	18615359	13116238	12610789	13706918	12518811	10620784
购置的土地面积(平方米)	Land Space Purchased	(sq. m)	30235973	18018722	18911172	18292615	18342911	13083337
施工面积(平方米)	Floor Space Under Construction	(sq. m)	140300356	156517364	169700779	183701512	192733308	199326869
#住宅	Residential Buildings		107599438	120099149	127233559	134499342	136884433	139459813
竣工面积(平方米)	Floor Space Completed	(sq. m)	35637288	41308025	38774688	41001313	44582633	38438207
#住宅	Residential Buildings		28005155	32088977	29953398	30544759	32608268	27832306
销售面积(平方米)	Floor Space of Selling House	(sq. m)	30513831	33058402	35449637	45419663	29921980	55381334
#住宅	Residential Buildings		25653054	28246482	30395413	39249182	24807376	47601161
资金来源合计	**Source of Funds**		**23714807**	**23026682**	**27520978**	**35442068**	**36706349**	**52430976**
上年末结余资金	Surplus Funds Last Year		2975413	3625096	3915802	4662970	6834125	7147900
本年资金来源小计	Funds This Year		20739394	19401586	23605176	30779098	29872224	45283076
#国家预算内资金	State Budgetary Appropriations		4027					
国内贷款	Domestic Loans		4251726	4338618	5074701	6159442	6646244	8641190
债券	Debenture							
利用外资	Foreign Investment		131403	65182	370897	172269	274651	154644
自筹资金	Fundraising		4327419	4340125	5103420	6329102	7566981	7829873
其他资金	Others		12024819	10657661	13056158	18118285	15384348	28657369

3－15 按资质等级分的房地产开发投资(2009 年)
Investment in Real Estate Development by Classification(2009)

单位:万元(10000 yuan)

指标	Item	投资额 Investment	一级 The First Grade	二级 The Second Grade	三级 The Third Grade
开发投资额	**Development**	**22542664**	**1807354**	**4211184**	**5895887**
土地开发	Land Development	389052	3898	24535	147698
按登记注册类型分	**by Registered Type**				
内资	Domestic Funds	20521843	1797858	3929769	5322590
国有	State－owned	660546		107581	305847
集体	Collective Owned	101154	9600	56655	21789
股份合作	Share－cooperations	90698		17080	19592
国有联营	State Joint	56245	51557		3774
集体联营	Collective Joint				
国有与集体联营	State－collective Joint	379			379
其他联营	Other Joint				
国有独资公司	State Sole Funds	424239		99091	151106
其他有限责任公司	Other Limited Liability Corporations	9674632	943594	1335866	2418759
股份有限公司	Share－holding Corporations Ltd.	1039728	440355	167010	176269
私营	Private	8287717	309878	2101817	2205523
其他	Others	186505	42874	44669	19552
港澳台商投资	Investment from HongKong, Macao and Taiwan	1064832	9496	200023	367603
外商投资	Investment from Foreign	955989		81392	205694
按构成分	**by Structure**				
建筑工程	Construction	12078762	950211	2237961	3692998
安装工程	Installation	1203992	82628	175335	359030
设备工器具购置	Purchase of Equipment and Instruments	253561	26880	32621	89235
其他费用	Others	9006349	747635	1765267	1754624
旧建筑物购置费	Purchase of Old Buildings	5626	1		1354
土地购置费	Purchase of Land	6971415	569768	1386324	1155553

续表 Continued 单位:万元(10000 yuan)

指标	Item	投资额 Investment	一级 The First Grade	二级 The Second Grade	三级 The Third Grade
按用途分	**by Purpose**				
住宅	Residential Buildings	15813232	1235544	3013152	4243682
别墅、高档公寓	Villas and High – grade	1373868	114145	133928	337048
经济适用房	Economical Houses	556000	21749	92383	230395
办公楼	Office Buildings	1472648	166749	267347	275857
商业营业用房	Commercial Buildings	2509853	155473	355319	656348
其他	Others	2746931	249588	575366	720000
新增固定资产	Newly Increased Fixed Assets	10069785	754409	1944189	3692289
开发土地面积 (平方米)	Land Space Developed(sq. m) (sq. m)	10620784	486393	1593093	2200374
购置的土地面积 (平方米)	Land Space Purchased(sq. m) (sq. m)	13083337	1356798	1526627	2462003
施工面积 (平方米)	Floor Space Under Construction (sq. m)	199326869	13561193	37476710	63823673
#住宅	Residential Buildings	139459813	9244253	26455352	45983797
竣工面积 (平方米)	Floor Space Completed (sq. m)	38438207	2842546	7810603	14198890
#住宅	Residential Buildings	27832306	2055406	5843494	10468580
销售面积 (平方米)	Floor Space of Selling House (sq. m)	55381334	3609073	9989495	17421319
#住宅	Residential Buildings	47601161	3095274	8526250	14822362
资金来源合计	**Source of Funds**	**52430976**	**4699974**	**10169892**	**13442653**
上年末结余资金	Surplus Fundas Last Year	7147900	569244	1438825	1646904
本年资金来源小计	Funds This Year	45283076	4130730	8731067	11795749
#国家预算内资金	State Budgetary Appropriations				
国内贷款	Domestic Loans	8641190	846839	1612003	2050990
债券	Debenture				
利用外资	Foreign Investment	154644	8560		8557
自筹资金	Fundraising	7829873	963506	1027181	1767266
其他资金	Others	28657369	2311825	6091883	7968936

3－16 各市限额以上固定资产投资完成情况
Investment In Fixed Assets Above Designated Size by City

城市	City	投资额(亿元) Investment (100 million yuan)		#投资项目 Projects		#房地产开发 Real Estate Development		施工项目个数(个) Projects Under Construction (unit)	
		2008	2009	2008	2009	2008	2009	2008	2009
合　计	**Total**	**8550.71**	**9906.46**	**6527.59**	**7652.20**	**2023.12**	**2254.27**	**26323**	**29912**
杭州市	Hangzhou	1882.29	2195.17	1266.89	1490.50	615.41	704.68	3509	3810
宁波市	Ningbo	1610.86	1860.45	1303.11	1485.93	307.75	374.51	4290	4833
温州市	Wenzhou	655.84	724.48	436.45	471.14	219.39	253.34	2385	2432
嘉兴市	Jiaxing	906.86	1123.02	725.74	935.84	181.12	187.18	3262	3599
湖州市	Huzhou	485.50	592.59	378.66	481.29	106.84	111.30	1895	2244
绍兴市	Shaoxing	820.01	952.37	617.96	741.90	202.06	210.46	2726	3272
金华市	Jinhua	535.72	585.39	394.76	452.75	140.96	132.64	2371	2798
衢州市	Quzhou	325.10	380.96	280.71	343.37	44.39	37.59	1530	1864
舟山市	Zhoushan	333.63	388.63	294.68	339.64	38.95	48.99	367	488
台州市	Taizhou	654.76	729.78	528.51	577.50	126.25	152.27	2804	3173
丽水市	Lishui	231.71	256.61	191.71	215.30	39.99	41.30	1182	1397

续表 Continued

城市	City	全投项目个数(个) Projects Completed and Put Into Use (unit)		房屋施工面积(平方米) Floor Space Under Construction (sq. m)		房屋竣工面积(平方米) Floor Space Completed(sq. m)		新增固定资产(亿元) Newly increased Fixed Assets (100 million yuan)	
		2008	2009	2008	2009	2008	2009	2008	2009
合　计	**Total**	**10729**	**13942**	**446562673**	**467346528**	**125675171**	**124991182**	**4824.97**	**5837.84**
杭州市	Hangzhou	1357	1642	94714134	102976357	20578606	20098969	857.52	979.84
宁波市	Ningbo	2444	2952	90083870	89872184	30870933	27111703	1065.34	1426.01
温州市	Wenzhou	839	881	53713335	54089951	14874830	11743935	415.89	465.85
嘉兴市	Jiaxing	1364	1841	53271486	61038772	14478388	17945955	688.20	706.89
湖州市	Huzhou	997	1056	20243268	21345905	5721310	5608694	273.43	311.32
绍兴市	Shaoxing	1216	1756	42804094	42998783	12624777	13901618	504.48	644.51
金华市	Jinhua	331	1099	24604487	24622670	5983486	8766493	216.71	296.02
衢州市	Quzhou	736	889	14953951	15025594	5585650	6352721	195.94	300.11
舟山市	Zhoushan	110	176	6479887	8820049	1582087	1858330	130.71	151.55
台州市	Taizhou	924	1169	32993622	33882527	9414969	8428778	298.04	315.96
丽水市	Lishui	411	480	12700539	12673736	3960135	3173986	178.72	169.04

3-17 各市按资质等级分的房地产开发企业个数
Number of Enterprises for Real Estate Development by Classification and by City

单位:个(unit)

城市	City	合计 Total		一级企业 The First Enterprises		二级企业 The Second Enterprises		三级企业 The Third Enterprises		四级企业 The Fourth Enterprises		暂定 Undefined Enterprises		其他 Others	
		2008	2009	2008	2009	2008	2009	2008	2009	2008	2009	2008	2009	2008	2009
合　计	**Total**	**5600**	**5335**	**116**	**117**	**539**	**549**	**1686**	**1670**	**768**	**774**	**1678**	**1601**	**813**	**624**
杭州市	Hangzhou	1315	1298	49	46	182	178	337	338	93	89	312	335	342	312
宁波市	Ningbo	786	656	15	15	56	58	253	258	79	65	210	182	173	78
温州市	Wenzhou	557	528	7	7	78	81	276	262	18	17	127	118	51	43
嘉兴市	Jiaxing	570	565	3	3	24	26	105	102	125	130	243	253	70	51
湖州市	Huzhou	340	297	4	5	14	13	48	52	70	70	171	130	33	27
绍兴市	Shaoxing	631	631	10	12	61	61	181	189	77	91	246	231	56	47
金华市	Jinhua	464	460	7	7	37	43	139	127	109	118	124	124	48	41
衢州市	Quzhou	238	234	5	6	20	22	69	68	65	72	78	65	1	1
舟山市	Zhoushan	179	171	2	2	14	12	96	96	51	47	13	12	3	2
台州市	Taizhou	332	324	4	4	35	35	113	110	53	49	116	115	11	11
丽水市	Lishui	188	171	10	10	18	20	69	68	28	26	38	36	25	11

3－18 各市按登记注册类型分的房地产开发企业个数
Number of Enterprises for Real Estate Development by Registered Type and by City

单位:个(unit)

城市	City	合计 Total		国有 State－owned		集体 Collective Owned		股份合作 Share－cooperations		国有独资公司 State Sole Funds	
		2008	2009	2008	2009	2008	2009	2008	2009	2008	2009
合　计	**Total**	**5600**	**5335**	**163**	**162**	**67**	**54**	**15**	**15**	**56**	**58**
杭州市	Hangzhou	1315	1298	48	51	7	8	5	5	12	11
宁波市	Ningbo	786	656	23	21	35	22			12	12
温州市	Wenzhou	557	528	21	20	7	7	9	8	10	10
嘉兴市	Jiaxing	570	565	15	14	4	3			4	5
湖州市	Huzhou	340	297	11	10	3	3	1	1		1
绍兴市	Shaoxing	631	631	16	15	6	6		1	1	1
金华市	Jinhua	464	460	8	11	3	3			3	5
衢州市	Quzhou	238	234	4	4					1	1
舟山市	Zhoushan	179	171	7	7	1	1			1	1
台州市	Taizhou	332	324	9	8	1	1			12	10
丽水市	Lishui	188	171	1	1						1

续表　Continued

单位:个(unit)

城市	City	其他有限责公司 Other Limited Liability Corporations		股份有限公司 Share－holding Corporations Ltd.		私营 Private		港澳台商投资 Investment from HongKong, Macao and Taiwan		外商投资 Investment from Foreign	
		2008	2009	2008	2009	2008	2009	2008	2009	2008	2009
合　计	**Total**	**1915**	**1906**	**119**	**114**	**2885**	**2698**	**162**	**155**	**149**	**128**
杭州市	Hangzhou	611	611	44	41	482	476	43	47	28	25
宁波市	Ningbo	158	148	17	12	463	375	49	43	27	22
温州市	Wenzhou	198	199	6	4	273	250	5	5	26	23
嘉兴市	Jiaxing	175	172	11	12	307	311	19	17	28	24
湖州市	Huzhou	151	144	11	13	125	100	13	9	15	11
绍兴市	Shaoxing	210	214	15	16	358	361	10	10	6	6
金华市	Jinhua	101	104	4	6	321	308	11	12	10	7
衢州市	Quzhou	26	23	1	1	206	205				
舟山市	Zhoushan	87	81			81	79	1	1	1	1
台州市	Taizhou	177	192	9	9	107	85	11	11	5	6
丽水市	Lishui	21	18	1		162	148			3	3

3-19 各市按资质等级分的房地产开发从业人员数
Number of Employed Persons In Real Estate Development by Classification Type and by City

单位:人(person)

城市	City	合计 Total		一级企业 The First Enterprises		二级企业 The Second Enterprises		三级企业 The Third Enterprises		四级企业 The Fourth Enterprises		暂定 Undefined Enterprises		其他 Others	
		2008	2009	2008	2009	2008	2009	2008	2009	2008	2009	2008	2009	2008	2009
合　计	**Total**	**95183**	**94520**	**6027**	**5935**	**18456**	**18898**	**31115**	**30747**	**9296**	**9315**	**23248**	**23148**	**7041**	**6477**
杭州市	Hangzhou	25135	25300	3028	2872	6108	6114	6468	6534	946	891	5282	5508	3303	3381
宁波市	Ningbo	12882	12327	784	809	1751	1797	4962	5014	967	835	3287	3243	1131	629
温州市	Wenzhou	10292	10208	351	350	2718	2811	4761	4604	271	265	1654	1604	537	574
嘉兴市	Jiaxing	8474	8877	94	94	774	960	2310	2086	1598	1727	3197	3587	501	423
湖州市	Huzhou	5494	5310	207	261	806	847	865	973	860	1001	2240	1737	516	491
绍兴市	Shaoxing	9227	9171	474	538	1915	1688	2774	2982	941	986	2813	2671	310	306
金华市	Jinhua	7558	7507	281	217	1177	1387	2528	2207	1497	1550	1753	1841	322	305
衢州市	Quzhou	2357	2377	142	151	339	405	816	829	535	547	510	431	15	14
舟山市	Zhoushan	3492	3350	38	38	1040	924	1761	1777	526	509	107	96	20	6
台州市	Taizhou	6794	6859	315	315	1355	1417	2297	2328	695	597	1901	1949	231	253
丽水市	Lishui	3478	3234	313	290	473	548	1573	1413	460	407	504	481	155	95

3-20 各市按登记注册类型分的房地产开发从业人员数
Number of Employed Persons In Real Estate Development by Registered Type and by City

单位:人(person)

城市	City	合计 Total 2008	合计 Total 2009	国有 State-owned 2008	国有 State-owned 2009	集体 Collective Owned 2008	集体 Collective Owned 2009	股份合作 Share-cooperations 2008	股份合作 Share-cooperations 2009	国有独资公司 State Sole Funds 2008	国有独资公司 State Sole Funds 2009
合　计	**Total**	**95183**	**94520**	**3734**	**3799**	**718**	**674**	**227**	**247**	**1255**	**1525**
杭州市	Hangzhou	25135	25300	1112	1138	35	61	79	81	244	240
宁波市	Ningbo	12882	12327	287	281	316	251			399	602
温州市	Wenzhou	10292	10208	793	792	135	128	138	145	298	298
嘉兴市	Jiaxing	8474	8877	164	178	21	18			39	70
湖州市	Huzhou	5494	5310	671	706	41	38	10	11		12
绍兴市	Shaoxing	9227	9171	222	230	128	122		10	3	3
金华市	Jinhua	7558	7507	78	134	27	41			68	92
衢州市	Quzhou	2357	2377	50	49					1	2
舟山市	Zhoushan	3492	3350	152	152	6	6			10	10
台州市	Taizhou	6794	6859	200	134	9	9			193	186
丽水市	Lishui	3478	3234	5	5						10

续表　Continued

单位:人(person)

城市	City	其他有限责任公司 Other Limited Liability Corporations 2008	其他有限责任公司 Other Limited Liability Corporations 2009	股份有限公司 Share-holding Corporations Ltd. 2008	股份有限公司 Share-holding Corporations Ltd. 2009	私营 Private 2008	私营 Private 2009	港澳台商投资 Investment from HongKong, Macao and Taiwan 2008	港澳台商投资 Investment from HongKong, Macao and Taiwan 2009	外商投资 Investment from Foreign 2008	外商投资 Investment from Foreign 2009
合　计	**Total**	**34240**	**34798**	**2696**	**2702**	**44306**	**43420**	**3527**	**3568**	**3087**	**2954**
杭州市	Hangzhou	12330	12314	1159	1113	7595	8131	869	914	845	842
宁波市	Ningbo	2841	2933	352	265	7085	6488	1037	989	560	514
温州市	Wenzhou	3384	3603	272	266	4692	4432	83	83	479	443
嘉兴市	Jiaxing	2507	2788	244	284	4437	4500	489	494	469	440
湖州市	Huzhou	2131	2149	191	299	1540	1300	460	425	271	224
绍兴市	Shaoxing	3322	3265	265	251	4873	5038	114	105	132	137
金华市	Jinhua	1787	1762	38	51	5147	4992	215	239	152	128
衢州市	Quzhou	272	257	10	11	2024	2058				
舟山市	Zhoushan	1404	1254			1899	1907	15	15	6	6
台州市	Taizhou	3945	4213	153	162	1951	1694	245	304	92	141
丽水市	Lishui	317	260	12		3063	2880			81	79

3-21 各市按资质等级分的房地产开发投资额
Investment In Real Estate Development by Classification and by City

单位:亿元(100 million yuan)

城市	City	合计 Total		一级企业 The First Enterprises		二级企业 The Second Enterprises		三级企业 The Third Enterprises		四级企业 The Fourth Enterprises		暂定 Undefined Enterprises		其他 Others	
		2008	2009	2008	2009	2008	2009	2008	2009	2008	2009	2008	2009	2008	2009
合　计	**Total**	**2023.12**	**2254.27**	**179.04**	**180.74**	**369.11**	**421.12**	**608.23**	**589.59**	**99.88**	**104.56**	**622.52**	**765.08**	**144.34**	**193.19**
杭州市	Hangzhou	615.41	704.68	64.34	72.25	134.65	129.44	158.05	127.15	7.08	7.62	148.82	237.66	102.47	130.55
宁波市	Ningbo	307.75	374.51	32.44	26.99	44.42	49.14	113.78	141.76	6.04	2.50	101.34	134.93	9.73	19.20
温州市	Wenzhou	219.39	253.34	6.43	5.17	80.09	111.81	79.79	73.19	1.96	0.78	36.09	44.93	15.03	17.47
嘉兴市	Jiaxing	181.12	187.18	5.82	3.59	14.72	15.62	43.32	43.07	20.11	20.70	94.94	96.16	2.21	8.04
湖州市	Huzhou	106.84	111.30	11.73	7.65	4.55	4.48	16.66	18.70	9.26	28.87	63.39	49.96	1.26	1.64
绍兴市	Shaoxing	202.06	210.46	12.05	14.56	31.71	33.48	62.08	57.97	7.12	10.97	82.35	89.37	6.74	4.11
金华市	Jinhua	140.96	132.64	19.77	25.59	16.66	27.76	31.02	17.78	29.05	17.28	40.53	36.80	3.93	7.44
衢州市	Quzhou	44.39	37.59	3.67	2.05	6.14	10.49	15.53	8.16	5.26	7.16	13.56	9.65	0.23	0.08
舟山市	Zhoushan	38.95	48.99	0.88	1.44	10.25	9.56	23.75	32.75	2.03	3.14	2.05	2.11		
台州市	Taizhou	126.25	152.27	9.72	11.54	17.26	19.53	51.79	61.88	7.91	3.46	36.90	52.02	2.66	3.84
丽水市	Lishui	39.99	41.30	12.19	9.91	8.67	9.81	12.45	7.19	4.06	2.09	2.55	11.49	0.07	0.81

3-22 各市按登记注册类型分的房地产开发投资额
Investment In Real Estate Development by Registered Type and by City

单位:亿元(100 million yuan)

城市	City	合计 Total		国有 State - owned		集体 Collective Owned		股份合作 Share - cooperations		国有独资公司 State Sole Funds	
		2008	2009	2008	2009	2008	2009	2008	2009	2008	2009
合　计	**Total**	**2023.1**	**2254.3**	**65.6**	**66.1**	**8.6**	**10.1**	**2.7**	**9.1**	**31.3**	**42.4**
杭州市	Hangzhou	615.4	704.7	27.3	25.2	0.9	0.4	1.1	6.4	6.1	10.1
宁波市	Ningbo	307.8	374.5	8.8	9.9	2.3	0.7			11.1	13.2
温州市	Wenzhou	219.4	253.3	16.9	17.1	0.5	2.0	1.6	2.4	7.6	14.2
嘉兴市	Jiaxing	181.1	187.2	3.6	4.0	0.2				4.4	1.0
湖州市	Huzhou	106.8	111.3	1.3	1.2	0.7	0.4		0.3		
绍兴市	Shaoxing	202.1	210.5	3.4	3.1	3.3	5.6				
金华市	Jinhua	141.0	132.6	1.5	1.7	0.5	1.0			0.2	0.2
衢州市	Quzhou	44.4	37.6	1.0	0.2						
舟山市	Zhoushan	39.0	49.0	0.6	0.5						
台州市	Taizhou	126.2	152.3	1.3	3.1	0.2				1.9	3.0
丽水市	Lishui	40.0	41.3								0.7

续表 Continued

单位:亿元(100 million yuan)

城市	City	其他有限责任公司 Other Limited Liability Corporations		股份有限公司 Share - holding Corporations Ltd.		私营 Private		港澳台商投资 Investment from HongKong, Macao and Taiwan		外商投资 Investment from Foreign	
		2008	2009	2008	2009	2008	2009	2008	2009	2008	2009
合　计	**Total**	**905.2**	**967.5**	**83.7**	**104.0**	**720.4**	**828.8**	**75.7**	**106.5**	**87.5**	**95.6**
杭州市	Hangzhou	352.8	400.1	38.7	42.7	110.5	132.3	30.0	48.3	31.2	21.5
宁波市	Ningbo	113.5	121.2	11.1	10.6	123.1	162.1	23.0	32.7	14.9	24.0
温州市	Wenzhou	79.1	61.7	6.8	15.3	86.6	117.1	2.6	3.2	17.7	20.4
嘉兴市	Jiaxing	61.0	73.5	7.1	9.9	81.9	76.1	10.7	12.6	9.5	9.2
湖州市	Huzhou	59.5	62.0	8.8	9.7	20.8	25.2	1.7	1.4	5.0	5.6
绍兴市	Shaoxing	74.2	71.9	8.8	7.0	92.3	112.2	0.7	1.4	5.4	9.2
金华市	Jinhua	52.6	55.7	0.2	1.0	79.4	70.3	4.2	2.6	2.4	0.2
衢州市	Quzhou	6.1	3.5	1.0	1.7	36.4	32.1				
舟山市	Zhoushan	19.6	23.0			18.3	20.7	0.4	0.4		4.3
台州市	Taizhou	84.3	94.1	1.1	6.1	34.5	41.1	2.4	3.9	0.6	0.7
丽水市	Lishui	2.4	0.9	0.1		36.7	39.4			0.8	0.3

3-23 各市房地产开发企业建造的商品房屋面积和价格
Floor Space and Price of Building for Real Estate Development Enterprises by City

城市	City	施工面积（万平方米）Floor Space of Buildings Under Construction (10000sq. m)		竣工面积（万平方米）Floor Space of Buildings Completed (10000sq. m)		房屋面积竣工率（%）Rate of Floor Space of Buildings Completed(%)		竣工房屋价值（万元）Value of Buildings Completed (10000 yuan)		竣工房屋造价（元/平方米）Cost of Buildings Completed (yuan/sq. m)	
		2008	2009	2008	2009	2008	2009	2008	2009	2008	2009
合 计	**Total**	**19273.3**	**19932.7**	**4458.3**	**3843.8**	**23.1**	**19.3**	**9507644**	**8535363**	**2133**	**2221**
杭州市	Hangzhou	4987.4	5140.8	1030.6	837.0	20.7	16.3	2758858	1916183	2677	2289
宁波市	Ningbo	3105.3	3104.3	833.6	666.0	26.8	21.5	1762674	1534463	2114	2304
温州市	Wenzhou	2395.7	2320.2	594.1	341.1	24.8	14.7	1128923	696179	1900	2041
嘉兴市	Jiaxing	1979.6	2202.3	424.9	505.0	21.5	22.9	868848	1134001	2045	2246
湖州市	Huzhou	999.0	1139.3	182.9	223.7	18.3	19.6	423590	479013	2316	2141
绍兴市	Shaoxing	1803.6	1902.5	390.4	469.2	21.6	24.7	886824	1248678	2271	2661
金华市	Jinhua	1160.4	1275.5	251.3	288.2	21.7	22.6	460305	653465	1832	2267
衢州市	Quzhou	590.2	518.5	244.9	187.1	41.5	36.1	255456	245523	1043	1312
舟山市	Zhoushan	385.1	464.0	97.3	70.9	25.3	15.3	191005	143712	1964	2027
台州市	Taizhou	1364.5	1454.6	296.2	171.4	21.7	11.8	604153	334377	2040	1951
丽水市	Lishui	502.5	410.6	112.0	84.2	22.3	20.5	167008	149769	1491	1779

3-24 各市房地产开发企业建造的住宅面积和价格
Floor Space and Price of Residential Buildings for Real Estate Development Enterprises by City

城市	City	施工面积（万平方米）Floor Space of Buildings Under Construction (10000sq. m)		竣工面积（万平方米）Floor Space of Buildings Completed (10000sq. m)		房屋面积竣工率（%）Rate of Floor Space of Buildings Completed(%)		竣工房屋价值（万元）Value of Buildings Completed (10000 yuan)		竣工房屋造价（元/平方米）Cost of Buildings Completed (yuan/sq. m)	
		2008	2009	2008	2009	2008	2009	2008	2009	2008	2009
合 计	**Total**	**13688.4**	**13946.0**	**3260.8**	**2783.2**	**23.8**	**20.0**	**6848107**	**5976338**	**2100**	**2147**
杭州市	Hangzhou	3623.4	3666.5	772.7	626.6	21.3	17.1	2079078	1411386	2691	2252
宁波市	Ningbo	2007.0	1911.6	594.5	423.2	29.6	22.1	1227685	900728	2065	2128
温州市	Wenzhou	1759.8	1665.2	455.6	246.6	25.9	14.8	839044	478946	1842	1942
嘉兴市	Jiaxing	1312.8	1482.2	264.5	368.8	20.1	24.9	519735	816599	1965	2214
湖州市	Huzhou	746.8	831.4	138.6	171.5	18.6	20.6	296146	364196	2137	2123
绍兴市	Shaoxing	1230.9	1295.9	274.3	332.2	22.3	25.6	612659	842901	2234	2537
金华市	Jinhua	885.0	993.2	189.0	219.5	21.4	22.1	363219	488711	1922	2226
衢州市	Quzhou	466.3	405.2	188.8	148.7	40.5	36.7	197970	195547	1049	1315
舟山市	Zhoushan	288.1	310.3	82.7	53.3	28.7	17.2	152932	108923	1848	2042
台州市	Taizhou	980.0	1072.0	218.1	130.1	22.3	12.1	441742	260631	2025	2003
丽水市	Lishui	388.4	312.5	82.1	62.4	21.1	20.0	117897	107770	1437	1727

3-25 各市房地产开发企业商品房屋销售面积和价格
Floor Space and Price of Selling of Commercial Houses for Real Estate Development Enterprises by City

城市	City	销售面积（万平方米）Floor Space Sold of Commercial Houses (10000sq. m)			销售额（万元）Total Sales of Commercial Houses (10000yuan)			商品房屋销售价格（元/平方米）Average Selling Price of Commercial Houses (yuan/sq. m)		
		2007	2008	2009	2007	2008	2009	2007	2008	2009
合　计	**Total**	**4542.0**	**2992.2**	**5538.1**	**26279951**	**18736825**	**43339772**	**5786**	**6262**	**7826**
杭州市	Hangzhou	1150.3	775.0	1456.4	8760181	6517463	15372226	7616	8409	10555
宁波市	Ningbo	804.4	448.4	815.2	5028878	3239083	7329806	6251	7224	8991
温州市	Wenzhou	297.1	172.8	314.0	2231490	1527456	4265350	7510	8839	13584
嘉兴市	Jiaxing	418.8	333.2	681.4	1688401	1471968	3406393	4032	4417	4999
湖州市	Huzhou	288.1	196.3	432.3	1111066	822804	2197669	3857	4191	5084
绍兴市	Shaoxing	479.4	216.9	476.5	2423011	1161205	3029877	5054	5354	6359
金华市	Jinhua	367.1	336.8	420.1	1747632	1470670	2291788	4760	4367	5455
衢州市	Quzhou	184.6	129.1	231.3	515985	394926	861451	2796	3058	3724
舟山市	Zhoushan	136.5	74.1	161.3	669226	456949	1077598	4903	6167	6681
台州市	Taizhou	281.3	227.9	422.4	1435164	1226328	2715370	5101	5381	6428
丽水市	Lishui	134.4	81.6	127.4	668917	447973	792244	4977	5487	6219

3-26 各市房地产开发企业住宅销售面积和价格
Floor Space and Price of Selling of Residential Buildings for Real Estate Development Enterprises by City

城市	City	销售面积（万平方米）Floor Space Sold of Commercial Houses (10000sq. m)			销售额（万元）Total Sales of Commercial Houses (10000yuan)			商品房屋销售价格（元/平方米）Average Selling Price of Commercial Houses (yuan/sq. m)		
		2007	2008	2009	2007	2008	2009	2007	2008	2009
合　计	**Total**	**3924.9**	**2480.7**	**4760.1**	**22070890**	**15241113**	**37555286**	**5623**	**6144**	**7890**
杭州市	Hangzhou	1043.7	677.0	1314.4	7756308	5559079	13949554	7432	8212	10613
宁波市	Ningbo	658.0	357.1	652.0	4011641	2443518	5911842	6097	6843	9067
温州市	Wenzhou	262.9	140.5	272.5	1984524	1210030	3838416	7550	8615	14086
嘉兴市	Jiaxing	341.7	255.3	548.7	1343958	1093599	2698514	3933	4284	4918
湖州市	Huzhou	245.5	157.3	363.5	923231	645906	1849313	3760	4107	5088
绍兴市	Shaoxing	406.0	182.1	409.3	1963114	921627	2569714	4835	5061	6278
金华市	Jinhua	328.8	280.6	379.1	1336461	1274443	1976674	4065	4543	5214
衢州市	Quzhou	158.1	102.4	186.3	411568	297632	686067	2604	2908	3683
舟山市	Zhoushan	124.8	67.6	148.2	600158	411537	962386	4809	6091	6494
台州市	Taizhou	241.7	197.4	378.9	1201307	1046742	2461015	4971	5304	6495
丽水市	Lishui	113.9	63.7	107.2	538620	337000	651791	4731	5289	6080

3－27 主要年份基础设施投资
Investment in Infrastructure

单位:亿元(100 million yuan)

年份 Year	基础设施投资合计 Total Investment in Infrastructure	#水利、环境和公共设施 Water, Environment and Public Facilities	#电力、燃气及水的生产供应业 Production and Supply of Electricity, Gas and Water	#交通运输 Transportation	#邮电通信 Post & Telecommuni－cations	#教育设施 Education Facilities	#卫生设施 Sanitary Facilities
1990	37.58		15.67	10.18	2.96		
1995	230.39		72.03	68.40	23.75		
2000	876.33		214.22	221.65	127.53		
2001	999.28		191.84	223.18	155.60		
2002	1066.80		188.28	227.28	95.49		
2003	1360.40	558.85	239.25	295.54	88.09	114.66	26.76
2004	1724.69	521.36	429.63	476.16	102.98	122.98	30.34
2005	1981.97	518.81	544.79	641.36	94.18	102.21	31.63
2006	2226.57	608.49	533.97	777.44	97.64	95.82	50.03
2007	2215	643.73	568.29	673.05	119.25	93.29	42.56
2008	2373.06	816.69	501.74	740.80	125.91	101.54	49.38
2009	2894.97	952.06	579.61	979.63	139.63	120.72	63.17

注：2003年以前为城镇以上范围,2003年(含)以后为限额以上范围。
The figures in this table refer to the investment at town level and above before 2003, while above designated size since 2003.

浙/江/统/计/年/鉴

主要统计指标解释

■ 全社会固定资产投资额

固定资产投资额是以货币表现的建造和购置固定资产活动的工作量,它是反映固定资产投资规模、速度、比例关系和使用方向的综合性指标。全社会固定资产投资包括国有经济单位投资、城乡集体经济单位投资、其他各种经济类型的单位投资和城乡居民个人投资。按照我国现行计划管理体制,全社会固定资产投资总额分为基本建设、更新改造、房地产开发投资和其他固定资产投资四个部分;城乡集体经济单位投资包括城镇集体所有制单位投资和农村集体所有制单位投资;其他各种经济类型单位投资包括联营经济、股份制经济、中外合资经营、中外合作经营、外资、与大陆合资经营、与大陆合作经营、港澳台独资及其他经济的单位投资。城乡居民个人投资包括城市、县城、镇、工矿区所辖范围内的个人建房和农村个人建房及购买生产性固定资产的投资。

■ 房地产开发投资

包括各种经济类型的房地产开发公司、商品房建设公司及其他房地产开发单位统一开发的包括统代建、拆迁还建的住宅、厂房、仓库、饭店、宾馆、度假村、写字楼、办公楼等房屋建筑物和配套的服务设施、土地开发工程,如道路、给水、排水、供电、供热、通讯、平整场地等基础设施工程的投资。包括非房地产企业实际从事房地产开发或经营活动,不包括单纯的土地交易活动。

■ 施工项目

指报告期内曾进行建筑或安装工程施工活动的建设项目。包括报告期内新开工项目、报告期以前开工跨入报告期继续施工的项目以及报告期施工过并在报告期内全部建设投产或停缓建的项目。

■ 全部建成投产项目

工业项目是指设计文件规定形成生产能力的主体工程及其相应配套的辅助设施全部建成,经负荷试运转,证明具备生产设计规定合格产品的条件,并经过验收鉴定合格或达到竣工验收标准,与生产性工程配套的生产福利设施可以满足近期正常生产的需要,正式移交生产的建设项目。非工业项目是指设计文件规定的主体工程和相应的配套工程全部建成,能够发挥设计规定的全部效益,经验收鉴定合格或达到竣工验收标准,正式移交使用的建设项目。

■ 施工和竣工房屋建筑面积

房屋建筑面积是从房屋外墙线算起的各层平面面积的总和,包括房屋结构(如柱、墙)占用的面积和地下室面积。多层建筑按各自然层面积总和计算,包括房屋内的楼隔层,突出墙面的眺望间、门斗、有柱雨罩的面积。不包括突出墙面结构的构件、艺术装饰等所占的面积,如台阶等。凹阳台、挑阳台按其水平投影面积一半计算建筑面积。

■ 新增固定资产

指通过投资活动所形成的新的固定资产价值。包括已经建成投入生产或交付使用的工程价值和达到固定资产标准的设备、工具、器具的价值及有关应摊入的费用。它是以价值形式表示的固定资产投资成果的综合性指标,可以综合反映不同时期、不同部门、不同地区的固定资产投资成果。

ZHEJIANG STATISTICAL YEARBOOK

Explanatory Notes on Main Statistical Indicators

□ Total Investmentin in Fixed Assets

Amount of investment in fixed assets refers to the volume of activities in construction and purchases of fixed assets in monetary terms. It is a comprehensive indicator which shows the size, pace, proportional relations and use orientation of the investment in fixed assets. Total investment in fixed assets in the whole country includes the investment by the state-owned units, the investment by the urban and rural collective units, the investment by the units of other types of ownership and the investment by the individuals in the urban and rural areas. According to China's current planning management system, the investment in fixed assets in the whole country is classified into the following four parts: investment in capital construction, investment in innovation, investment in real estates development and other investment in fixed assets. The investment by the urban and rural collective units includes the investment by the urban collective units and the investment by the rural collective units. The investment by the units of other types of ownership includes the investment by the units of joint – owned economy, share – holding economy, Sino – foreign joint economy, Sino – foreign cooperative economy, economy exclusively with foreign investment, Mainland – Hong kong or Mainland – Macao or Mainland – Taiwan joint economy, Mainland – Hong kong or Mainland – Macao or Mainland – Taiwan coope rative economy, and economy exclusively with investment of Hong Kong or Macao or Taiwan. The investment by the individuals in the urban and rural areas includes the investment in personal house building in the areas under the jurisdiction of city ,county, town and special industrial and mining areas as well as the investment in personal house building and purchase of productive fixed assets in the rural areas.

□ Investment in Real Estate Development

It includes the investment by the real estate development companies, commercial buildings construction companies and other real estate development units of various types of ownership in the construction of house buildings, such as residential buildings, factory buildings, warehouses, hotels, guesthouses, holiday villages, office buildings, and the complementary service facilities and land development projects, such as roads, watersupply, water drainage, power supply, heating, telecommunications, land levelling and other projects of infrastructure. It covers the activities of the non – real estate companies in real estate development or management, but excludes the activities in simple land transactions.

□ Projects Under Construction

refer to projects having construction and installation activities undertaken in the reference period, including projects started in the reference period, or continued from the previous period, or completed and put into production or suspended in the reference period.

□ Projects Completed and Put into Use

Industrial projects refer to the major projects and accessory facilities completed which result in forming production capacity and have been checked and accepted while the living and welfare facilities have been completed and can ensure normal production and formally put into production. Non – industrial projects refer to the major projects and accessory facilities completed which possess the disigned capacity and have been checked, accepted and formally put into production.

□ Floor Space of Buildings Under Construction and Completed

refers to total floor space in each story of buildings calculated from the outside line of building walls, including the space occupied by constructions like pillars or walls and basements. The floor space of multi – story building includes the total floor space of each story,

EXPLANATORY NOTES ON MAIN STATISTICAL INDICATORS

including area occupied by separating walls, watching rooms, doorways, and pillars, but excluding protruding wall structures, artistic decoration, etc. (for example, flight of steps). The space of recessed verand and tantilevered balcony is counted by half of the projection area.

□ Newly Increased Fixed Assets

refer to the newly increased value of fixed assets through investment, including the value of projects completed and put into production, the value of equipment, tools, and vessels considered as fixed assets, as well as the relevant expenses as investment in fixed assets . This is a comprehensive indicator of investment in fixed assets, reflecting the achievements of investment in fixed assets in different periods, different sectors, and different regions.

2010

浙江统计年鉴

ZHEJIANG STATISTICAL YEARBOOK

CHAPTER 4

价　格

Prices

4-1 各种价格总指数(1978-2009年) General Price Indices(1978-2009)

(上年=100)(preceding year=100)

年份 Year	居民消费价格指数 General Consumer Price Index 全省 Total	城市 Urban Areas	农村 Rural Areas	商品零售价格指数 General Retail Price Index of Commodities 全省 Total	城市 Urban Areas	农村 Rural Areas	工业品出厂价格指数 Ex-Factory Price Index of Industrial Products
1978		100.0		100.1	99.9	100.1	
1979		102.6		102.1	103.4	101.5	
1980		108.8		108.0	109.5	106.9	
1981		101.7		101.5	101.6	101.4	
1982		101.9		100.9	102.1	100.1	
1983		102.8		102.0	102.9	101.2	
1984	103.0	103.7	101.8	103.4	103.5	103.4	
1985	114.8	115.1	114.3	114.0	115.2	112.9	
1986	106.2	106.3	106.1	106.0	106.1	105.9	
1987	108.8	110.9	106.4	109.5	111.3	107.4	
1988	121.5	123.4	119.8	122.1	124.2	120.5	
1989	118.2	116.8	119.6	117.8	116.6	118.7	
1990	102.1	102.1	102.0	101.6	101.4	101.8	100.4
1991	103.5	105.6	101.5	103.0	105.2	101.4	101.8
1992	107.5	109.2	104.8	106.6	108.9	104.1	104.8
1993	119.8	121.4	117.4	116.7	119.1	115.2	117.3
1994	124.8	124.7	124.9	121.7	120.0	124.8	117.5
1995	116.6	117.0	116.4	113.5	113.0	114.3	112.3
1996	107.9	109.8	107.0	105.8	106.4	105.1	99.5
1997	102.8	104.1	102.1	100.3	100.9	99.4	99.2
1998	99.7	100.5	99.3	98.4	98.4	98.4	95.6
1999	98.8	99.5	98.5	97.7	97.7	97.7	96.8
2000	101.0	100.9	101.1	99.0	98.8	99.1	101.1
2001	99.8	99.6	100.0	98.1	97.4	99.0	98.3
2002	99.1	98.8	99.3	98.7	98.4	99.3	96.9
2003	101.9	100.5	102.9	99.6	99.4	99.9	100.6
2004	103.9	102.8	104.6	102.7	102.0	103.6	105.0
2005	101.3	101.5	101.2	100.9	101.0	100.7	102.3
2006	101.1	101.1	101.0	100.8	100.7	101.0	103.8
2007	104.2	103.9	104.4	103.8	103.7	103.9	102.4
2008	105.0	104.8	105.3	106.3	106.3	106.1	104.3
2009	98.5	98.7	98.2	98.8	98.9	98.6	94.9

4－2 历年各种价格总指数(1986－2009 年)
General Price Indices(1986－2009)

(1985 年＝100)(1985＝100)

年份	居民消费价格指数 General Consumer Price Index			商品零售价格指数 General Retail Price Index of Commodities
	全省 Total	城市 Urban Areas	农村 Rural Areas	
1986	106.2	106.3	106.1	106.0
1987	115.5	117.9	112.9	116.1
1988	140.4	145.5	135.2	141.7
1989	165.9	169.9	161.8	166.9
1990	169.4	173.5	165.0	169.6
1991	175.4	183.2	167.5	174.7
1992	188.5	200.0	175.5	186.2
1993	225.8	242.9	206.0	217.3
1994	281.8	302.8	257.3	264.5
1995	328.6	354.3	299.5	300.2
1996	354.6	389.1	320.5	317.6
1997	364.5	405.0	327.2	318.6
1998	363.4	407.0	324.9	313.5
1999	359.1	405.0	320.1	306.3
2000	362.6	408.6	323.6	303.2
2001	361.9	407.0	323.6	297.4
2002	358.6	402.1	321.3	293.5
2003	365.4	404.1	330.6	292.3
2004	379.7	415.4	345.8	300.2
2005	384.6	421.6	349.9	302.9
2006	388.8	426.2	353.4	305.3
2007	405.1	442.8	368.9	316.9
2008	425.4	464.1	388.5	336.9
2009	419.0	458.1	381.5	332.9

4-3 价格总指数(2009年)
General Price Indices(2009)

年份 Year	居民消费价格指数 General Consumer Price Index 全省 Total	城市 Urban Areas	农村 Runal Areas	商品零售价格指数 General Retail Price Index of Commodities
1978 = 100		650.5		452.1
1980 = 100		582.6		410.0
1985 = 100	419.0	458.0	381.5	332.9
1986 = 100	394.6	430.9	359.5	314.1
1987 = 100	362.6	388.5	337.9	286.8
1988 = 100	298.5	314.9	282.1	234.9
1989 = 100	252.5	269.6	235.9	199.4
1990 = 100	247.3	264.3	231.1	196.2
1995 = 100	127.6	129.4	127.4	110.9
1996 = 100	118.2	117.7	119.1	104.9
1997 = 100	115.1	113.1	116.6	104.5
1998 = 100	115.4	112.5	117.6	106.3
1999 = 100	116.8	113.1	119.3	108.7
2000 = 100	115.6	112.1	118.0	109.8
2001 = 100	115.9	112.5	118.0	112.0
2002 = 100	116.9	113.9	118.7	113.4
2003 = 100	114.8	113.3	115.5	113.8
2004 = 100	110.4	110.3	110.3	110.9
2005 = 100	109.0	108.7	109.0	109.9
2006 = 100	107.8	107.5	108.0	109.0
2007 = 100	103.4	103.4	103.4	105.0
2008 = 100	98.5	98.7	98.2	98.8

4－4 居民消费价格指数(2004－2009 年)
Consumer Price Indices(2004－2009)

(上年＝100)(preceding year＝100)

项目	Item	2004	2005	2006	2007	2008	2009
居民消费价格指数	**General Consumer Price Index**	**103.9**	**101.3**	**101.1**	**104.2**	**105.0**	**98.5**
城市	Urban Areas	102.8	101.5	101.1	103.9	104.8	98.7
农村	Rural Areas	104.6	101.2	101.0	104.4	105.3	98.2
食品	**Food**	**111.1**	**103.0**	**101.9**	**111.0**	**113.9**	**100.7**
粮食	Grain	135.5	98.0	103.6	103.9	105.4	105.5
油脂	Oil and Fat	119.0	95.2	99.1	131.4	126.3	78.1
肉禽及其制品	Meal, Poultry and Their Products	119.8	103.2	95.7	131.2	119.2	89.5
蛋	Eggs	122.6	107.4	94.8	124.5	105.4	101.6
水产品	Aquatic Products	111.6	106.0	102.5	104.9	113.3	106.2
鲜菜	Fresh Vegetables	96.2	112.6	103.4	106.4	112.3	110.2
烟酒及用品	**Tobacco, Liquor and Articles**	**101.4**	**100.0**	**99.5**	**101.8**	**102.1**	**100.5**
衣着	**Clothing**	**97.3**	**97.0**	**97.8**	**99.8**	**97.9**	**98.2**
家庭设备用品及维修服务	**Household Facilities Articles and Maintenance Services**	**98.3**	**100.1**	**101.8**	**102.1**	**103.4**	**99.8**
医疗保健和个人用品	**Health Care Articles and Personal Goods**	**95.1**	**100.8**	**101.7**	**102.1**	**105.8**	**102.4**
交通和通信	**Transportation and Communication**	**97.7**	**98.9**	**100.3**	**98.8**	**95.6**	**96.0**
娱乐教育文化用品及服务	**Recreation, Education, Culture Articles and Services**	**102.8**	**100.2**	**98.0**	**98.1**	**99.0**	**98.4**
居住	**Residence**	**104.4**	**104.4**	**104.8**	**105.3**	**105.0**	**92.7**

4-5 城乡居民消费价格分类指数
Consumer Price Indices by Urban and Rural Areas

(上年=100)(preceding year=100)

项目	Item	全省 Total		城市 Urban Areas		农村 Rural Areas	
		2008	2009	2008	2009	2008	2009
居民消费价格总指数	**General Consumer Price Index**	**105.0**	**98.5**	**104.8**	**98.7**	**105.3**	**98.2**
非食品价格指数	**Non-food Price Index**	**101.0**	**97.5**	**100.6**	**97.2**	**101.3**	**97.7**
服务项目价格指数	**Price Index of Services**	**99.2**	**96.7**	**99.1**	**96.0**	**99.3**	**97.4**
扣除鲜菜鲜果总指数	**General Price Index Except Fresh Vegetables and Fruits**	**104.8**	**97.9**	**104.5**	**98.2**	**104.9**	**97.6**
消费品价格指数	**Price Index of Consumer Goods**	**106.9**	**99.0**	**106.8**	**99.7**	**107.0**	**98.5**
食品	**Food**	**113.9**	**100.7**	**114.2**	**102.1**	**113.6**	**99.5**
粮食	Grain	105.4	105.5	105.5	105.7	105.3	105.3
淀粉	Starches	108.4	103.0	110.6	105.4	106.1	100.5
干豆类及豆制品	Dried Bean and Related Products	143.0	98.1	136.9	100.2	146.8	97.0
油脂	Oil and Fat	126.3	78.1	127.0	77.4	125.8	78.5
肉禽及其制品	Meat, Poultry and Their Products	119.2	89.5	121.0	92.3	118.2	87.9
蛋	eggs	105.4	101.6	105.9	101.8	105.0	101.4
水产品	Aquatic Products	113.3	106.2	114.0	106.5	112.7	105.4
菜	Vegetables	112.4	109.1	109.7	107.1	114.5	110.8
调味品	Condiment	103.5	103.4	104.6	103.5	103.0	103.4
糖	Sugar	104.6	102.8	105.8	102.5	103.7	102.9
茶及饮料	Tea and Beverage	106.0	102.3	106.4	103.2	105.6	101.5
干鲜瓜果	Dried and Fresh, Melons and Fruits	111.0	107.0	113.6	107.1	108.6	106.9
糕点饼干面包	Cakes Cookies and Bread	108.8	103.1	110.0	103.5	107.6	102.4
奶及奶制品	Milk and Related Products	115.4	101.1	119.1	100.9	112.1	101.2
在外用膳食品	Eating Outside	111.1	102.5	112.4	102.6	109.4	102.5
其它食品及食品加工服务	Other Foods and Foods Processing Services	110.1	100.1	110.9	100.7	109.5	99.5
烟酒及用品	**Tobacco, Liquor and Articles**	**102.1**	**100.5**	**102.2**	**100.9**	**102.1**	**100.2**
烟草	Tobacco	100.3	99.6	100.1	99.8	100.4	99.4
酒	Liquor	107.2	102.8	108.0	103.7	106.8	102.3
吸烟饮酒用品	Clothing	100.7	101.4	101.0	101.6	100.4	101.1

续表 Continued (上年=100)(preceding year=100)

项目	Item	全省 Total		城市 Urban Areas		农村 Rural Areas	
		2008	2009	2008	2009	2008	2009
衣着	**Clothing**	**97.9**	**98.2**	**97.5**	**98.9**	**98.4**	**97.8**
服装	Garments	97.9	98.7	97.4	99.6	98.3	97.9
衣着材料	Clothing Material	102.0	99.6	102.2	102.1	102.0	99.0
鞋袜帽	Shoes, Stockings and Hats	97.0	96.3	96.6	95.9	97.5	96.8
衣着加工服务	Processing Services for Clothing	104.0	101.0	107.8	102.0	101.4	100.5
家庭设备用品及维修服务	**Household Facilities Articles and Maintenance Services**	**103.4**	**99.8**	**104.5**	**100.6**	**102.5**	**99.2**
耐用消费品	Durable Consumer Goods	101.4	98.0	101.5	98.8	101.3	97.2
室内装饰品	Interior Decorations	101.7	100.4	102.1	101.0	101.5	100.0
床上用品	Bed Articles	101.4	98.9	100.5	98.8	102.3	98.9
家庭日用杂品	Daily Use Household Articles	105.4	103.3	105.5	103.8	105.2	102.9
家庭服务及加工维修服务	Household and Processing Maintenance Services	111.7	102.9	117.1	103.5	105.4	102.3
医疗保健和个人用品	**Health Care Articles and Personal Goods**	**105.8**	**102.4**	**106.8**	**101.7**	**105.0**	**103.0**
医疗保健	Health Care Articles	106.1	103.4	107.8	102.4	104.7	104.1
个人用品及服务	Personal Goods and Services	105.1	99.8	104.4	100.1	105.9	99.4
交通和通信	**Transportation and Communication**	**95.6**	**96.0**	**94.4**	**95.8**	**96.9**	**96.3**
交通	Transportation	101.3	97.0	100.1	96.5	102.6	97.5
通信	Communication	86.4	94.2	85.5	94.4	87.4	93.9
娱乐教育文化用品及服务	**Recreation, Education. Culture Articles and Services**	**99.0**	**98.4**	**99.8**	**98.0**	**98.3**	**98.7**
文娱用耐用消费品及服务	Durable Consumer Goods for Recreational Use	91.9	91.1	92.6	89.9	91.2	92.3
教育	Education	99.9	100.9	100.6	100.9	99.3	101.0
文化娱乐用品	Culture and Recreational Articles	100.9	101.1	101.3	101.3	100.6	100.9
旅游及外出	Tourism and Going out	101.3	93.1	102.8	92.6	99.7	93.0
居住	**Residence**	**105.0**	**92.7**	**104.0**	**92.0**	**105.7**	**93.3**
建房及装修材料	Building and Decoration Articles	107.9	98.8	106.9	99.3	108.4	98.6
租房	Rent Houses	103.8	101.2	103.8	102.1	103.8	99.6
自有住房	Personal Housing	103.5	79.1	103.6	77.2	103.4	81.6
水、电、燃料	Water, Electricity and Fuels	103.4	93.4	102.8	95.1	104.0	91.7

4-6 城乡商品零售价格分类指数
General Retail Price Indices of Commodities by Urban and Rural Areas

(上年=100)(preceding year=100)

项目	Item	全省 Total		城市 Urban Areas		农村 Rural Areas	
		2008	2009	2008	2009	2008	2009
商品零售价格指数	**General Retail Price Indices**	**106.3**	**98.8**	**106.3**	**98.9**	**106.1**	**98.6**
食品类	**Food**	**114.0**	**100.9**	**114.3**	**101.9**	**113.3**	**99.1**
粮食	Grain	105.1	105.7	104.9	105.7	105.5	105.7
油脂	Oil and Fat	126.8	78.1	128.8	78.0	123.7	78.4
肉禽及其制品	Meat,Poultry and Their Products	119.2	90.5	120.1	92.0	117.5	88.1
蛋	eggs	105.5	101.9	105.6	102.0	105.2	101.5
水产品	Aquatic Products	114.1	105.7	114.1	106.0	113.9	104.3
饮料、烟酒类	**Beverages,Tobacco and Liquor**	**103.8**	**101.3**	**104.2**	**101.7**	**103.3**	**100.7**
饮料	Beverages	106.1	102.2	106.5	102.5	105.2	101.7
烟草	Tobacco	100.2	99.7	100.0	99.8	100.3	99.4
酒	Liquor	107.5	103.3	108.2	104.0	106.7	102.3
服装、鞋帽类	**Garments,Shoes and Hats**	**97.1**	**98.2**	**96.8**	**98.3**	**97.7**	**97.7**
服装	Garments	97.2	98.9	96.9	99.1	97.9	98.0
鞋袜帽	Shoes,Stockings and Hats	96.9	96.0	96.6	95.7	97.6	96.4
其它	Other	95.6	100.3	99.0	97.7	94.3	102.0
纺织品类	**Textiles**	**101.5**	**100.0**	**101.0**	**100.1**	**102.4**	**99.8**
衣着材料	Material for Clothing	102.1	101.2	102.3	102.4	101.7	99.4
床上用品	Bed Articles	101.1	99.2	100.2	98.8	103.1	100.3
家用电器及音像器材	**Household Appliances and Audiovisual Equipment**	**98.0**	**95.7**	**98.5**	**95.9**	**96.9**	**95.3**
家庭设备	Household Facilities	100.9	97.7	101.0	98.1	100.7	97.0
文娱用耐用消费品	Durable Consumer Goods for Recreation Use	91.7	89.9	91.9	88.9	91.2	91.6
音像器材类	Audiovisual Equipment	99.4	99.4	99.2	100.0	99.9	98.2
文化办公用品	**Culture and Official Articles**	**98.3**	**97.4**	**98.3**	**96.6**	**98.3**	**99.5**
日用品类	**Articles for Daily Use**	**104.0**	**101.8**	**103.8**	**101.2**	**104.5**	**102.9**
日用百货	General Merchandise	103.5	100.4	103.5	99.4	103.7	102.0

续表 Continued (上年=100)(preceding year=100)

项目	Item	全省 Total 2008	全省 Total 2009	城市 Urban Areas 2008	城市 Urban Areas 2009	农村 Rural Areas 2008	农村 Rural Areas 2009
日用杂品	Sundries for Daily Use	100.4	101.7	99.2	101.1	102.4	102.8
洗涤用品	Washing Goods	108.3	105.0	108.5	104.7	107.9	105.7
其它日用品	Others for Daily Use	102.5	100.1	102.3	100.1	102.8	100.1
体育娱乐用品	**Sports and Recreation**	**100.1**	**99.4**	**99.9**	**99.4**	**100.6**	**99.4**
体育用品	Sports Goods	101.9	101.5	102.2	101.3	101.1	101.8
娱乐用品	Recreation Goods	99.0	98.3	98.5	98.3	100.2	98.2
交通、通信用品	**Transportation and Communication Articles**	**95.3**	**95.4**	**95.5**	**95.2**	**94.8**	**96.0**
交通运输机械	Transportation Mechanism	98.2	97.4	98.0	97.0	98.8	98.4
通讯器材类	Communication Appliance	83.7	85.5	85.1	85.1	80.7	86.2
家具	**Furniture**	**102.1**	**100.2**	**101.7**	**99.9**	**102.7**	**100.5**
化妆品类	**Cosmetics**	**101.0**	**100.6**	**101.2**	**100.6**	**100.8**	**100.5**
金银珠宝类	**Jewelry**	**117.7**	**96.2**	**117.7**	**95.8**	**117.8**	**97.1**
中西药品及医疗保健用品类	**Traditional Chinese - Westen Medicines and Medical Health Articles**	**108.5**	**103.7**	**110.2**	**102.9**	**105.3**	**105.0**
医疗器具及用品	Medical Appliances and Articles	100.8	102.6	101.1	103.6	100.4	100.1
中药材及中成药	Traditional Chinese Medicine	110.8	103.4	111.2	102.6	110.3	104.4
西药	Westen Medicines	108.4	104.4	111.4	103.2	102.5	106.3
保健器具及用品	Health Care Appliances and Articles	107.4	102.8	108.1	102.7	105.7	103.0
书报杂志及电子出版物类	**Newspaper, Magazines and Electronic Publication**	**100.8**	**103.0**	**101.0**	**103.0**	**100.4**	**103.1**
教材及参考书	Teaching Materials and Reference Books	101.4	103.5	101.9	103.8	100.7	103.1
书报杂志	Newspaper and Magazines	100.8	104.2	101.2	104.2	100.1	104.2
电子音像制品	Electronic Publication	99.7	99.0	99.0	98.7	100.7	99.3
燃料类	**Fuels**	**114.5**	**88.3**	**113.7**	**88.6**	**116.1**	**87.7**
煤炭及制品类	Coal and Its Products	122.7	101.0	120.6	99.0	126.8	104.5
石油及制品类	Petroleum and Its Products	113.3	86.2	112.8	87.1	114.4	84.5
建筑材料及五金电料类	**Building Materials and Hardware and Electric Materials**	**108.1**	**97.8**	**107.0**	**98.0**	**110.1**	**97.5**
建筑装璜材料	Building Decoration Materials	109.5	97.1	108.8	97.4	110.6	96.3
五金电料类	Hardware and Electric Materials	104.4	99.9	102.8	99.5	107.9	100.9

4－7 农业生产资料价格分类指数(2001－2009年)
Price Indices of Agricultural Means of Production by Category(2001－2009)

(上年＝100)(preceding year＝100)

项目	Item	2001	2002	2003	2004	2005	2006	2007	2008	2009
农业生产资料价格指数	Price Indices of Agricultural Means of Production	99.7	99.5	102.9	113.2	105.8	99.6	107.3	118.9	95.9
小农具	Small Farm Tools	101.9	99.2	101.5	103.4	104.3	105.2	110.9	110.4	104.5
饲料	Forage	104.6	100.0	103.3	120.1	102.7	98.1	108.8	113.4	97.8
产品畜	Livestock Products	100.2	93.8	112.3	134.7	105.1	83.9	143.2	114.3	79.1
半机械化农具	Semi－mechanized Farm Tools	98.1	99.3	100.8	100.3	102.2	100.3	100.5	111.3	100.4
机械化农具	Mechanized Farm Tools	97.5	98.4	100.5	103.3	103.3	103.5	102.6	114.2	98.8
化学肥料	Chemical Fertilizer	100.0	101.4	102.3	115.4	110.0	99.0	102.9	138.4	93.2
农药及农药器械	Pesticide and Its Appliances	97.0	99.6	99.1	104.1	103.7	99.8	100.8	105.9	98.4
化学农药	Chemical Pesticide	97.1	99.7	99.0	104.2	103.8	99.7	100.9	106.4	98.4
农药器械	Pesticide Appliances	96.2	98.2	99.5	103.4	102.5	100.8	99.5	100.7	99.1
农用机油	Oil for Farm Machinery	94.4	99.9	107.2	105.5	107.7	111.7	104.3	111.8	92.0
其它农业生产资料	Others	100.3	97.3	101.4	101.9	105.3	102.6	103.7	102.5	99.8
农业生产服务	Agricultural Production Service						104.0	109.6	107.0	102.1

4-8 各市、县居民消费价格指数(2009年)
Residents Consumer Price Indices by City and County(2009)

(上年=100)(preceding year=100)

市(县)名称	City(County)	居民消费价格指数 Consumer Price Index	食品类 Food	粮食 Grain	肉禽及其制品 Meat and Poultry	蛋类 Eggs	水产品 Aquatic Products	鲜菜 Fresh Vegetables
杭州市	Hangzhou	98.6	101.7	105.1	92.5	104.2	105.2	106.8
宁波市	Ningbo	99.4	102.3	105.2	94.3	98.7	107.2	106.9
温州市	Wenzhou	99.0	102.4	110.4	93.1	100.3	106.0	108.6
嘉兴市	Jiaxing	99.1	100.4	105.0	92.7	103.6	102.8	104.4
湖州市	Huzhou	99.2	101.0	106.4	91.9	103.2	106.5	115.6
绍兴市	Shaoxing	99.2	101.7	104.4	92.9	100.0	102.9	102.4
金华市	Jinhua	99.7	103.1	107.9	90.7	103.1	102.6	118.8
衢州市	Quzhou	99.2	104.5	104.7	92.0	100.9	109.9	113.4
舟山市	Zhoushan	99.2	102.5	103.4	93.2	103.4	108.7	108.0
台州市	Taizhou	99.4	103.3	103.3	91.1	100.9	109.7	108.9
丽水市	Lishui	98.9	99.8	104.1	89.6	103.0	99.2	109.1
萧山区	Xiaoshan	98.6	99.7	107.1	90.0	102.5	102.9	116.8
建德市	Jiande	98.6	98.5	104.3	88.3	100.7	103.3	109.9
海宁市	Haining	98.6	98.3	105.0	85.9	100.2	102.1	114.2
安吉县	Anji	99.1	99.8	103.9	90.2	101.3	105.4	118.2
新昌县	Xinchang	99.1	99.9	108.5	87.1	98.8	109.7	107.5
浦江县	Pujiang	99.4	104.1	101.5	87.2	101.7	101.9	116.8
兰溪市	Lanxi	98.3	101.3	105.4	88.9	104.7	107.1	113.5
江山市	Jiangshan	98.5	99.1	100.8	90.6	99.0	102.2	112.4
临海市	Linhai	98.7	99.8	105.8	89.1	99.3	104.2	108.1
龙泉市	Longquan	99.2	97.7	101.5	87.7	101.2	101.8	110.5

续表 Continued (上年=100)(preceding year=100)

市(县)名称	City(County)	烟酒及用品类 Tobacco, Liquor and Articles	衣着类 Clothing	家庭设备用品及维修服务类 Household Appliances and Articles	医疗保健个人用品类 Health Care Services	交通和通讯工具类 Means of Transportation and Communication	娱乐教育文化及服务类 Recreation, Education and Culture	居住类 Residence
杭州市	Hangzhou	100.7	100.6	100.9	100.6	95.2	96.9	91.8
宁波市	Ningbo	99.3	99.4	100.0	101.8	95.4	98.2	95.9
温州市	Wenzhou	103.4	98.1	101.1	102.2	97.3	97.2	91.0
嘉兴市	Jiaxing	101.7	97.3	100.0	103.4	94.8	99.9	96.1
湖州市	Huzhou	102.0	99.0	101.9	103.6	99.2	96.0	94.1
绍兴市	Shaoxing	100.8	99.1	99.8	102.1	96.4	98.2	93.9
金华市	Jinhua	101.2	96.3	101.3	102.3	98.4	98.7	92.8
衢州市	Quzhou	101.8	97.7	96.9	99.6	97.7	98.2	90.9
舟山市	Zhoushan	100.4	98.5	98.5	102.0	97.7	97.8	92.8
台州市	Taizhou	99.9	91.8	100.3	101.9	98.4	102.7	90.4
丽水市	Lishui	100.9	99.7	96.8	101.7	97.6	103.0	91.6
萧山区	Xiaoshan	99.8	98.2	99.8	100.9	97.1	99.3	94.5
建德市	Jiande	100.5	99.9	100.2	102.6	96.2	99.3	94.6
海宁市	Haining	100.4	95.6	99.7	105.3	97.2	98.8	96.3
安吉县	Anji	100.9	101.2	102.8	106.4	95.8	96.3	93.8
新昌县	Xinchang	100.3	102.8	100.3	101.2	94.5	100.1	95.7
浦江县	Pujiang	99.7	97.7	95.4	101.4	95.4	97.1	95.2
兰溪市	Lanxi	99.9	88.5	94.6	103.6	96.2	99.6	95.5
江山市	Jiangshan	100.9	95.6	100.1	102.9	97.5	98.7	95.1
临海市	Linhai	101.1	98.2	99.3	103.8	97.2	96.9	94.5
龙泉市	Longquan	100.5	100.6	100.5	102.4	99.6	101.4	95.8

4-9 各市、县商品零售价格指数和农业生产资料零售价格指数(2009年)
General Retail Price Indices of Commodities and Agricultural Means of Production by City and County(2009)

(上年=100)(preceding year=100)

市(县)名称	City(County)	商品零售价格指数 General Retail Price Index of Commodities	食品类 Food	饮料、烟酒类 Beverages, Tobacco and Liquor	服装、鞋帽类 Garments, Shoes and Hats	纺织品类 Textiles	家用电器及音响器材类 Household Appliances and Audiovisual Eqiupment
杭州市	Hangzhou	98.6	101.6	101.7	100.1	100.7	96.4
宁波市	Ningbo	98.8	102.3	100.3	99.5	96.1	96.2
温州市	Wenzhou	99.1	102.4	103.3	98.1	100.0	92.3
嘉兴市	Jiaxing	98.2	100.2	102.1	97.0	100.7	94.4
湖州市	Huzhou	100.2	101.1	102.3	99.4	104.3	100.5
绍兴市	Shaoxing	99.7	101.4	100.8	99.0	95.0	98.3
金华市	Jinhua	99.8	103.0	101.2	96.0	100.9	99.6
衢州市	Quzhou	98.7	103.8	101.7	97.1	98.2	86.9
舟山市	Zhoushan	99.2	102.4	100.7	98.4	99.6	91.9
台州市	Taizhou	99.5	103.5	99.9	91.4	105.0	96.4
丽水市	Lishui	98.7	99.6	101.4	99.0	94.0	98.1
萧山区	Xiaoshan	98.7	99.7	100.3	98.1	99.7	98.0
建德市	Jiande	98.3	98.6	100.6	100.2	97.3	91.7
海宁市	Haining	98.8	98.5	100.7	95.1	99.2	96.1
安吉县	Anji	99.7	99.6	100.3	100.6	109.1	95.7
新昌县	Xinchang	99.1	99.9	100.4	102.9	101.3	97.2
浦江县	Pujiang	99.1	104.0	99.8	98.0	99.9	90.2
兰溪市	Lanxi	97.9	101.0	100.1	87.3	101.2	88.0
江山市	Jiangshan	98.3	98.9	101.0	95.2	98.0	96.6
临海市	Linhai	98.8	99.9	101.3	98.1	92.5	96.1
龙泉市	Longquan	99.0	97.1	100.5	100.5	100.6	99.7

续表 1 Continued (上年 = 100)(preceding year = 100)

市(县)名称	City(County)	文化办公用品类 Culture and Official Articles	日用品类 Articles for Daily Use	体育娱乐用品类 Sports and Recreation	交通通讯用品类 Transportation and Communication Articles	家具类 Furniture	化妆品类 Cosmetics
杭州市	Hangzhou	98.8	99.3	102.4	93.2	100.5	99.3
宁波市	Ningbo	94.2	101.7	97.8	92.8	101.0	99.5
温州市	Wenzhou	94.1	101.4	96.2	96.7	101.8	101.3
嘉兴市	Jiaxing	96.9	101.5	96.9	92.3	100.3	99.5
湖州市	Huzhou	95.2	103.1	97.1	102.2	100.1	99.8
绍兴市	Shaoxing	99.1	102.0	98.7	97.0	103.2	106.9
金华市	Jinhua	93.6	100.4	99.9	97.6	97.9	104.4
衢州市	Quzhou	100.2	103.8	100.1	98.5	96.4	99.8
舟山市	Zhoushan	93.3	101.7	100.8	97.1	103.3	109.3
台州市	Taizhou	97.6	101.1	94.2	100.6	90.4	98.4
丽水市	Lishui	97.4	102.5	100.8	97.6	95.4	100.1
萧山区	Xiaoshan	99.5	103.1	102.1	96.8	99.8	100.8
建德市	Jiande	94.4	104.4	100.2	95.3	100.5	102.9
海宁市	Haining	98.0	100.3	96.2	97.0	100.3	101.0
安吉县	Anji	99.4	106.8	95.7	94.4	99.4	102.7
新昌县	Xinchang	105.4	100.2	98.0	95.0	100.8	100.0
浦江县	Pujiang	97.9	101.1	102.5	94.2	99.6	97.3
兰溪市	Lanxi	98.6	103.1	98.4	96.1	97.9	99.6
江山市	Jiangshan	99.5	101.1	98.6	97.9	103.1	98.9
临海市	Linhai	96.2	103.1	99.8	98.0	101.9	100.0
龙泉市	Longquan	98.7	107.3	100.8	94.4	101.5	106.5

续表 2 Continued (上年 = 100)(preceding year = 100)

市(县)名称	City(County)	金银珠宝类 Jewelry	中西药品及医疗保健用品类 Traditional Chinese Westen Medicines and Medicines and Health Care	书报杂志及电子出版物类 Newspaper, Magazines and Electronic Publication	燃料类 Fuels	建筑材料及五金电料类 Building Materials and Hardware and Electric Mater	农业生产资料零售价格指数 Retail Price Indices of Agricultural Means of Production
杭州市	Hangzhou	93.5	100.8	101.3	89.7	96.8	
宁波市	Ningbo	91.5	103.4	101.9	92.0	97.4	
温州市	Wenzhou	98.3	104.2	104.7	87.2	96.7	
嘉兴市	Jiaxing	95.9	106.6	102.2	86.2	102.9	
湖州市	Huzhou	99.5	105.5	101.9	87.5	98.6	
绍兴市	Shaoxing	96.5	104.0	102.7	89.6	96.3	
金华市	Jinhua	101.9	103.0	104.2	87.8	95.5	
衢州市	Quzhou	95.5	101.5	106.3	82.6	95.7	
舟山市	Zhoushan	93.8	102.4	102.9	89.5	96.6	
台州市	Taizhou	99.3	103.5	106.1	85.1	99.2	
丽水市	Lishui	100.9	103.4	102.0	87.4	96.3	
萧山区	Xiaoshan	96.7	101.1	101.6	88.4	99.3	96.5
建德市	Jiande	95.7	104.0	101.8	88.1	97.7	95.6
海宁市	Haining	103.9	110.1	103.7	87.1	97.4	93.6
安吉县	Anji	104.5	110.3	103.7	85.3	96.1	93.8
新昌县	Xinchang	92.9	103.5	101.9	87.1	98.0	100.9
浦江县	Pujiang	96.0	103.3	102.1	86.8	98.0	94.6
兰溪市	Lanxi	87.9	106.7	103.1	86.2	97.4	96.6
江山市	Jiangshan	94.3	104.0	106.2	84.5	98.8	95.8
临海市	Linhai	94.1	105.7	101.7	86.7	96.6	98.2
龙泉市	Longquan	108.3	101.6	103.7	94.2	95.5	93.5

4－10 分月各种价格指数(2009 年)
Price Indices by Month(2009)

(上年同期＝100)(preceding period＝100)

项目	Item	1 月	2 月	3 月	4 月	5 月	6 月
居民消费价格指数	**Consumer Price Index**	**99.2**	**97.0**	**97.7**	**97.6**	**97.4**	**97.2**
城市	Urban Areas	99.3	97.1	98.1	98.0	97.8	97.7
农村	Rural Areas	99.2	96.8	97.5	97.2	97.0	96.9
#服务项目价格指数	Services Price Index	95.2	93.6	96.1	96.5	96.9	97.0
城市	Urban Areas	94.1	92.2	95.2	95.6	96.4	96.3
农村	Rural Areas	96.3	95.0	97.1	97.4	97.5	97.6
商品零售价格指数	**Retail Price Index of Commodities**	**100.1**	**98.0**	**98.0**	**97.8**	**97.4**	**97.4**
城市	Urban Areas	100.2	98.2	98.2	98.1	97.6	97.6
农村	Rural Areas	99.8	97.5	97.7	97.4	97.1	97.1
农业生产资料零售价格指数	**Price Index of Agricultural Means of Production**	**106.3**	**103.3**	**100.4**	**97.0**	**94.4**	**91.6**

续表 Continued

(上年同期＝100)(preceding period＝100)

项目	Item	7 月	8 月	9 月	10 月	11 月	12 月
居民消费价格指数	**Consumer Price Index**	**97.1**	**98.6**	**98.7**	**99.1**	**100.3**	**101.9**
城市	Urban Areas	97.6	99.1	98.8	99.1	100.4	102.2
农村	Rural Areas	96.7	98.3	98.6	99.2	100.2	101.6
#服务项目价格指数	Services Price Index	97.0	96.7	96.7	97.2	97.8	99.6
城市	Urban Areas	96.5	96.1	95.9	96.5	97.6	99.5
农村	Rural Areas	97.5	97.4	97.5	97.8	98.0	99.7
商品零售价格指数	**Retail Price Index of Commodities**	**97.1**	**98.7**	**98.8**	**99.3**	**100.6**	**102.2**
城市	Urban Areas	97.3	98.8	98.8	99.1	100.6	102.3
农村	Rural Areas	96.7	98.4	98.8	99.5	100.7	102.1
农业生产资料零售价格指数	**Price Index of Agricultural Means of Production**	**90.4**	**91.1**	**91.3**	**92.9**	**96.1**	**98.5**

4－11 固定资产投资价格指数(2002－2009 年)
Price Indices of Investment in Fixed Assets(2002－2009)

(上年＝100)(preceding year＝100)

项目	Item	2002	2003	2004	2005	2006	2007	2008	2009
固定资产投资价格指数	**Price Index of Investment in Fixed Assets**	**100.4**	**103.5**	**105.9**	**100.3**	**101.5**	**104.3**	**109.3**	**96.7**
建筑安装工程	**Construction and Installation**	**101.3**	**106.1**	**108.7**	**99.3**	**100.3**	**105.6**	**113.7**	**94.6**
#人工费	Manpower	103.3	102.9	104.2	104.8	104.6	107.9	115.5	107.7
机械使用费	Using Expenses of Machanism	99.8	101.0	101.6	100.9	101.5	102.6	104.6	101.9
材料费	Materials	101.1	107.6	112.1	97.6	99.2	105.5	114.5	90.8
钢材	Steel Products	100.3	113.0	120.9	99.0	95.8	108.5	123.2	82.6
木材	Timber	101.9	101.0	102.1	101.6	103.5	104.1	109.3	100.9
水泥	Cement	101.2	106.1	110.3	86.6	98.3	104.5	108.4	96.1
地方材料	Local Materials	101.8	104.9	105.4	97.5	101.7	102.5	107.4	101.3
化工材料	Chemical Materials	103.6	102.1	104.7	105.1	109.1	105.1	109.8	99.0
电料	Electrical Material	100.0	101.0	104.7	104.8	115.7	106.3	104.7	96.1
其他材料	Others	101.3	100.2	101.7	100.9	101.7	102.5	104.1	100.3
设备、工器具购置	**Purchase of Equipment,Tools and Instruments**	**96.4**	**98.2**	**102.1**	**100.3**	**101.7**	**100.5**	**101.2**	**96.2**
金属制品业	Metal Products	98.8	100.7	107.1	103.8				
机械工业	Machanical Industry	97.8	99.3	103.8	101.7				
交通运输设备	Transport Equipment	95.8	96.9	99.6	100.2				
电气机械及器材	Electric Equipment and Machinery	95.8	99.2	104.5	102.7				
电子及通信设备制造业	Electronic and Telecommunication Equipment	93.6	96.1	95.1	92.8				
仪器仪表及其他计量器	Instruments,Meters and Others	98.3	98.6	101.4	100.1				
其他费用投资	**Others**	**102.1**	**101.7**	**103.4**	**103.1**	**104.5**	**105.2**	**106.6**	**102.5**

4-12 工业品出厂价格指数(2003-2009年) Ex-factory Price Indices of Industrial Products(2003-2009)

(上年=100)(preceding year=100)

项目	Item	2003	2004	2005	2006	2007	2008	2009
全　省	**General Index**	**100.6**	**105.0**	**102.3**	**103.8**	**102.4**	**104.3**	**94.91**
轻工业	**Light Industry**	**99.9**	**103.3**	**101.6**	**101.9**	**102.0**	**103.6**	**96.4**
以农产品为原料	Using Farm Products as Raw Materials	100.3	103.7	101.2	101.4	101.5	103.1	97.9
以非农产品为原料	Using Non-farm Products as Raw Materials	99.7	103.0	101.9	102.5	102.5	104.0	95.1
重工业	**Heavy Industry**	**101.9**	**106.8**	**103.0**	**106.6**	**102.9**	**105.3**	**92.6**
采掘	Mining and Quarrying Industry	102.4	125.7	116.7	105.1	105.8	110.1	94.6
原料	Raw Material Industry	104.1	108.5	105.7	106.6	103.0	107.4	93.5
加工	Manufacturing Industry	100.3	106.1	101.6	106.7	102.8	104.0	92.1
生产资料	**Means of Production**	**101.2**	**106.3**	**102.8**	**104.9**	**102.7**	**104.8**	**93.4**
采掘	Mining and Quarrying Industry	102.4	125.7	116.7	105.1	105.8	110.1	94.6
原料	Raw Material Industry	103.9	108.7	107.2	106.4	103.0	105.0	92.6
加工	Manufacturing Industry	100.0	105.4	101.1	104.4	102.5	104.7	93.7
生活资料	**Means of Subsistence**	**99.4**	**101.7**	**101.1**	**101.1**	**101.7**	**102.8**	**98.6**
食品	Food	101.4	102.5	99.8	101.0	104.9	105.8	99.6
衣着	Clothing	98.9	102.0	101.3	100.9	100.5	101.4	99.2
一般日用品	Articles for Daily Use	99.8	102.0	101.6	101.5	101.4	103.2	97.3
耐用消费品	Durable Consumer Goods	97.1	99.4	101.7	100.9	101.7	102.0	98.9
分部门	**by Sector**							
冶金工业	Metallurgical Industry	104.8	117.5	106.2	114.9	108.1	106.3	85.9
电力工业	Power Industry	100.0	102.5	104.6	102.0	100.6	100.9	101.5
煤炭及炼焦工业	Coal Industry	101.4	116.1	121.4	103.5	105.1	107.7	99.3
石油工业	Petroleum Industry	112.7	115.8	122.0	117.0	102.1	123.8	88.8
化学工业	Chemical Industry	101.6	107.3	104.9	102.6	103.1	104.3	89.9
机械工业	Machinery Industry	98.4	101.5	99.7	102.8	101.2	103.2	95.6
建筑材料工业	Building Materials Industry	104.4	109.0	89.9	102.8	104.7	109.6	97.2
森林工业	Timber Industry	99.7	100.8	103.4	103.5	102.1	102.2	99.3
食品工业	Food Industry	101.9	104.2	99.6	100.6	105.4	106.4	99.3
纺织工业	Textile Industry	99.8	104.6	102.0	102.7	100.5	101.9	97.0
缝纫工业	Tailoring Industry	98.7	102.2	100.9	100.9	100.5	101.7	99.3
皮革工业	Leather Industry	99.6	101.3	102.3	100.5	101.4	102.3	98.2
造纸工业	Paper Industry	98.2	101.7	100.8	99.9	101.8	108.4	93.3
文教艺术品工业	Cultural, Educational & Handicrafts Articles Industry	99.4	100.0	101.3	100.3	101.2	102.1	98.4
其他工业	Others	102.4	103.2	102.2	103.8	103.8	103.6	97.9

4-13 按行业分的工业品出厂价格指数(2006-2009年) Ex-factory Price Indices of Industrial Products by sector(2006-2009)

(上年=100)(preceding year=100)

项目	Item	2006	2007	2008	2009
全省	**Total**	**103.8**	**102.4**	**104.3**	**94.9**
煤炭开采和洗选业	Coal Mining and Dressing	98.8	105.1	106.0	99.6
黑色金属矿采选业	Ferrous Metals Mining and Dressing	96.8	115.0	145.1	58.1
有色金属矿采选业	Nonferrous Metals Mining and Dressing	169.6	149.3	87.6	75.7
非金属矿采选业	Nonmetal Minerals Mining and Dressing	102.6	101.2	106.1	102.3
其他采矿业	Other Minerals Mining and Dressing				
农副食品加工业	Non-staple Food Processing	100.4	111.0	110.3	97.1
食品制造业	Food Manufacturing	101.4	101.3	106.7	100.5
饮料制造业	Beverage Manufacturing	99.6	99.2	102.2	99.0
烟草制品业	Tobacco Processing	100.9	101.1	100.0	102.6
纺织业	Textile Industry	102.3	100.5	101.8	97.5
纺织服装、鞋帽制造业	Garments, Shoes and Hats Manufacturing	101.0	100.4	102.0	99.6
皮革、毛皮、羽毛(绒)及其制品业	Leather, Furs, Down and Related Products	100.6	101.2	101.8	97.9
木材加工及木、竹、藤、棕、草制品业	Timber Processing, Bamboo, Cane, Palm Fiber&Straw Products	104.6	103.2	103.3	98.8
家具制造业	Furniture Manufacturing	100.0	99.8	101.1	100.2
造纸及纸制品业	Papermaking and Paper Products	99.9	101.8	108.4	93.3
印刷业和记录媒介的复制	Printing and Record Medium Reproduction	99.1	100.0	101.9	98.3
文教体育用品制造业	Cultural, Educational and Sports Goods	102.3	102.8	102.5	98.9
石油加工、炼焦及核燃料加工业	Petroleum Processing, Cooking and Nuclear Fuel Processing	117.4	101.9	124.4	88.8
化学原料及化学制品制造业	Raw Chemical Materials and Chemical Products	101.3	106.5	112.9	86.6
医药制造业	Medical and Pharmaceutical Products	96.8	97.4	103.7	98.2
化学纤维制造业	Chemical Fiber	105.1	102.0	95.5	86.8
橡胶制品业	Rubber Products	104.1	103.5	103.1	97.1
塑料制品业	Plastic Products	103.2	102.2	103.6	92.6
非金属矿物制品业	Nonmetal Mineral Products	102.8	104.8	110.1	96.9
黑色金属冶炼及压延加工业	Smelting and Pressing of Ferrous Metals	94.3	112.4	122.3	80.8
有色金属冶炼及压延加工业	Smelting and Pressing of Nonferrous Metals	148.9	106.3	89.2	80.3
金属制品业	Metal Products	102.9	105.3	106.4	95.0
通用设备制造业	Equipment in Common Use	101.1	102.7	108.6	96.9
专用设备制造业	Special Purpose Equipment	99.8	100.5	104.1	99.0
交通运输设备制造业	Transport Equipment	98.9	100.2	102.2	98.0
电气机械及器材制造业	Electric Equipment and Machinery	111.8	103.7	102.5	93.0
通信设备、计算机及其他电子设备制造业	Electronic and Telecommunications Equipment Manufacturing	96.9	96.0	96.7	92.9
仪器仪表及文化办公用机械制造业	Instruments, Meters, Cultural and Office Machinery	102.2	103.4	102.6	96.3
工艺品及其他制造业	Handicraft Article and Other Manufacturing Indust	103.9	102.9	102.1	97.8
废弃资源和废旧材料回收加工工业	Retrieve Processing of Abandoned Resources and old Materials	118.7	111.2	110.4	82.0
电力、热力的生产和供应业	Production and Supply of Electricity and Heat Power	102.1	100.7	101.0	101.6
燃气生产和供应业	Production and Supply of Gas	108.6	105.3	107.5	91.2
水的生产和供应业	Production and Supply of Water	108.2	107.4	110.2	101.7

4－14 主要原材料、燃料、动力购进价格分类指数(2001－2009 年)

Purchasing Price Indices of Raw Material, Fuels and Motive Power by Category (2001－2009)

(上年＝100)(preceding year＝100)

项目	Item	2001	2002	2003	2004	2005	2006	2007	2008	2009
总指数	**General Purchasing Price Index**	**99.6**	**97.5**	**105.8**	**113.4**	**105.4**	**105.6**	**105.3**	**110.58**	**92.62**
燃料动力类	Fuels and Motive Power	102.0	103.9	105.8	114.5	115.5	109.8	103.9	120.51	91.68
黑色金属材料类	Ferrous Metal Material	100.0	97.1	110.1	123.5	104.9	94.3	108.7	119.81	84.66
有色金属材料和电线类	Nofferrous Metal Materials and Electric Wire	94.6	95.9	106.9	126.4	113.4	137.2	112.9	94.08	83.40
化工原料类	Chemical Raw Materials	96.5	96.7	103.6	111.7	107.7	101.5	106.0	107.76	88.16
木材及纸浆类	Logging and Paper Pulp	94.3	96.5	101.0	102.5	102.3	102.6	102.9	106.20	96.39
建筑材料类及非金属矿类	Building Materials and Nonmetal Minerals	97.6	96.2	100.8	111.6	93.7	99.9	104.4	110.05	94.79
其他工业原材料及半成品类	Other Industrial Raw Materials	97.7	95.4	100.7	109.8	101.8	105.0	106.8	106.97	96.61
农副产品类	Farm Products	108.5	95.2	112.2	114.4	97.8	104.0	104.3	105.00	95.78
纺织原料类	Textile Raw Materials	98.7	95.3	102.6	104.6	102.7	103.0	101.9	101.93	97.82

4－15 房地产价格指数(2005－2009年)
Price Indices of Real Estate(2005－2009)

(上年＝100)(preceding year＝100)

项目	Item	2005	2006	2007	2008	2009
房屋销售价格指数	**Selling Price Indices of Houses**	**108.4**	**102.5**	**108.1**	**107.4**	**103.0**
新建房	**New Building Houses**	**109.7**	**102.9**	**108.5**	**108.4**	**103.4**
住宅	Residential Buildings	109.6	103.1	109.4	109.3	103.7
经济适用房	Economically Affordable Housing	101.4	100.9	100.4	100.0	100.0
商品住宅	Commercialized Residential Buildings				109.8	103.9
普通住宅	General Residential Buildings	110.2	103.2	109.6	109.2	103.9
高档住宅	Luxury Residential Buildings	109.2	103.7	113.0	116.8	104.7
非住宅	Non－Residential Buildings	110.1	102.2	105.1	103.7	102.5
办公楼	Office Buildings	109.6	102.4	106.5	106.4	103.7
商业营业用房	Business	111.0	101.9	104.6	103.9	102.2
其他用房	Others	110.0	102.9	104.8	100.8	101.5
二手房	**Used Houses**	**105.7**	**101.7**	**107.2**	**105.4**	**102.4**
住宅	Residential Buildings	105.9	101.5	107.7	106.2	103.1
普通住宅	General Residential Buildings	106.5	102.0	108.2	106.2	103.0
高档住宅	Luxury Residential Buildings	105.4	101.5	107.2	106.5	103.6
非住宅	Non－Residential Buildings	104.6	102.7	104.8	102.9	100.8
土地交易价格指数	**Transactions Price Indices of Land**	**120.4**	**110.7**	**142.1**	**123.9**	**113.9**
居住用地	Land for Residential Buildings Use	121.9	111.9	145.9	130.6	128.5
工业用地	Land for Industry Use	114.3	109.5	128.4	109.8	101.4
商业、旅游、娱乐用地	Land for Business, Tourism and Entertainment	117.5	106.8	139.6	139.6	111.2
其他用地	Land for Other Use	123.5	107.0	114.5	110.3	118.3

续表 Continued (上年=100)(preceding year=100)

项目	Item	2005	2006	2007	2008	2009
房屋租赁价格指数	**Renting Price Indices of Houses**	**104.0**	**101.9**	**104.2**	**103.4**	**101.6**
住宅	Residential Buildings	105.3	102.3	103.7	104.6	102.0
经济适用房	Economical Houses	100.0	100.0	100.0	100.0	100.0
廉租房	Cut - price Rented Houses	99.9	99.3	100.1	98.8	87.6
商品住宅	Commercialized Residential Budildings				104.8	102.5
普通住宅	General Residential Buildings	104.0	102.6	103.8	104.9	102.5
高档住宅	Luxury Residential Buildings	118.6	102.1	104.8	103.7	102.5
非住宅	Residential Buildings				102.7	101.2
办公楼	Office Buildings	102.9	102.0	105.3	103.1	103.6
商业营业用房	Business	103.6	101.7	104.5	101.5	100.5
其他	Others	104.9	101.1	101.3	107.2	100.1
物业管理价格指数	**Property Management Price Indices**	**100.2**	**100.7**	**100.9**	**101.1**	**100.7**
住宅	Residential Buildings	99.7	100.6	100.8	100.9	100.8
经济适用房	Economically Affordable Housing	100.4	100.0	100.0	100.0	100.0
商品住宅	Commercialized Residential Budildings				101.0	100.9
普通住宅	General Residential Buildings	99.4	100.6	101.0	101.1	101.0
高档住宅	Luxury Residential Buildings	100.6	100.9	100.3	100.5	100.1
非住宅	Non - Residential Buildings				101.5	100.6
办公楼	Office Buildings	100.9	100.6	101.2	102.8	100.7
商业营业用房	Business	100.8	101.8	100.9	100.4	100.1
其他	Others	100.4	100.2	100.0	99.9	102.7

4－16 各城市房地产价格指数
Price Indices of Real Estate by City

（上年＝100）（preceding year＝100）

城市	City	房屋销售价格指数 Selling Price Indices of Houses			土地交易价格指数 Transactions Price Indices of Land			房屋租赁价格指数 Renting Price Indices of Houses			物业管理价格指数 Property Management Price Indices		
		2007	2008	2009	2007	2008	2009	2007	2008	2009	2007	2008	2009
全　省	**Total**	**108.1**	**107.4**	**103.0**	**142.1**	**123.9**	**113.9**	**104.2**	**103.4**	**101.6**	**100.9**	**101.1**	**100.7**
杭州市	Hangzhou	107.3	108.6	102.8	155.2	127.8	129.7	102.7	102.5	101.8	100.4	101.9	100.9
宁波市	Ningbo	108.6	109.2	103.4	138.3	149.5	104.4	103.8	106.7	101.1	102.3	100.2	100.1
温州市	Wenzhou	107.0	103.5	104.7	145.3	122.0	112.3	109.9	102.6	100.5	99.9	101.9	100.3
嘉兴市	Jiaxing	104.4	105.3	105.0	125.8	111.0	125.8	102.2	100.7	100.9	102.6	102.8	101.8
湖州市	Huzhou	103.3	101.9	102.0	131.7	108.5	101.0	100.9	102.5	102.5	100.0	100.0	100.3
绍兴市	Shaoxing	107.9	105.4	102.6	143.6	114.5	101.9	102.7	103.9	101.4	100.0	100.0	100.2
金华市	Jinhua	101.1	105.9	105.8	108.6	109.0	104.8	100.1	100.0	101.3	100.0	100.0	100.0
衢州市	Quzhou	103.4	107.1	103.5	103.9	106.4	104.2	103.6	103.3	101.0	101.7	101.3	100.7
舟山市	Zhoushan	117.9	114.3	104.2	143.8	116.7	105.2	125.4	106.5	102.0	101.1	100.2	101.2
台州市	Taizhou	105.0	106.1	101.8	102.7	105.4	99.8	103.7	104.6	101.2	100.3	100.3	100.5
丽水市	Lishui	121.7	110.6	98.9	126.0	110.9	100.7	103.8	105.8	102.0	100.0	100.0	100.0

4－17 全国和70个大中城市房地产价格指数
Price Indices of Real Estate In China and 70 Large－scale and Medium－scale Cities

(上年＝100)(preceding year＝100)

城市	City	土地交易价格指数 Transactions Price Indices of Houses			房屋租赁价格指数 Renting Price Indices of Houses			物业管理价格指数 Property Management Price Indices		
		2007	2008	2009	2007	2008	2009	2007	2008	2009
全　国	**Total**	**112.3**	**109.4**	**105.4**	**102.6**	**101.4**	**99.4**	**100.5**	**100.5**	**100.4**
北　京	Beijing	109.4	111.6	104.0	102.7	101.8	98.9	100.1	100.2	100.0
天　津	Tianjin	122.1	111.1	107.0	100.3	100.4	102.4	100.0	100.0	100.0
石家庄	Shijiazhuang	101.6	100.6	100.0	100.6	102.9	107.5	100.0	100.0	100.0
太　原	Taiyuan	102.2	102.1	102.0	105.6	104.2	101.6	102.6	101.1	100.4
呼和浩特	Huhehaote	108.7	107.0	100.9	105.4	104.2	102.4	100.0	100.0	100.0
沈　阳	Shenyang	106.6	105.3	101.5	101.8	100.9	100.0	100.2	99.7	100.0
大　连	Dalian	105.9	104.2	101.7	99.8	101.2	103.0	100.3	100.5	100.5
长　春	Changchun	100.7	100.0	100.0	100.0	102.6	100.0	99.5	108.2	103.9
哈尔滨	Haerbin	108.2	104.6	98.4	100.2	102.2	103.7	100.0	100.0	103.5
上　海	Shanghai	107.9	107.9	102.2	105.1	104.6	100.6	100.0	100.0	100.0
南　京	Nanjing	103.9	103.6	102.6	101.8	102.0	100.8	101.4	100.3	99.6
杭　州	Hangzhou	155.2	127.8	129.7	102.7	102.5	101.8	100.4	101.9	100.9
宁　波	Ningbo	138.3	149.5	104.4	103.8	106.7	101.1	102.3	100.2	100.1
合　肥	Hefei	104.1	104.9	100.6	100.6	100.5	101.2	100.0	101.1	100.1
福　州	Fuzhou	117.1	107.7	110.4	102.6	101.7	101.0	100.1	100.0	100.2
厦　门	Xiamen	111.3	104.2	108.8	103.8	102.6	102.3	100.0	101.5	100.5
南　昌	Nanchang	103.9	109.4	107.2	101.3	100.8	100.6	101.8	100.2	100.6
济　南	Jinan	105.0	102.7	101.9	101.2	100.8	100.8	100.1	100.1	100.0
青　岛	Qingdao	101.8	102.1	102.4	108.3	106.5	103.5	100.4	100.3	100.4
郑　州	Zhengzhou	105.3	100.3	102.0	100.9	101.4	100.5	100.6	100.0	100.0
武　汉	Wuhan	100.9	101.3	100.0	100.3	100.1	100.0	100.1	100.0	100.1
长　沙	Changsha	122.1	109.0	102.6	102.5	100.6	100.5	100.1	100.3	100.0
广　州	Guangzhou	100.0	100.0	100.0	102.8	100.1	96.0	100.5	101.0	100.7
深　圳	Shenzhen	100.1	100.0	100.0	104.8	102.2	100.0	100.2	100.7	100.4
南　宁	Nanning	121.5	110.6	100.1	99.6	103.4	101.8	100.0	101.1	100.2
海　口	Haikou	118.5	120.9	108.8	100.6	101.4	102.3	100.0	100.0	100.0
重　庆	Chongqing	109.7	102.6	101.7	104.2	100.0	100.5	99.7	100.0	103.2
成　都	Chengdu	110.2	109.5	98.1	100.9	104.2	102.1	100.2	100.3	100.1
贵　阳	Guiyang	109.9	104.8	108.1	101.1	103.8	101.5	100.2	100.2	100.1
昆　明	Kunning	101.3	108.3	101.4	100.4	101.5	103.8	100.0	100.3	100.0
西　安	Xi'an	106.8	109.0	101.2	106.4	106.9	100.3	100.7	102.6	100.2
兰　州	Lanzhou	100.0	100.0	100.0	100.3	101.5	102.7	102.0	100.1	101.4
西　宁	Xining	103.2	103.2	104.0	104.2	102.4	101.9	100.8	101.9	100.7
银　川	Yinchuan	105.7	106.0	106.1	101.3	101.3	101.3	99.8	103.0	101.7
乌鲁木齐	Wulumuqi	102.6	106.5	112.1	100.8	101.1	105.0	100.1	101.0	101.0

续表 Continued (上年 = 100)(preceding year = 100)

城市	City	土地交易价格指数 Transactions Price Indices of Houses			房屋租赁价格指数 Renting Price Indices of Houses			物业管理价格指数 Property Management Price Indices		
		2007	2008	2009	2007	2008	2009	2007	2008	2009
唐 山	Tangshan	107.8	107.1	106.6	102.3	103.1	99.8	100.0	100.0	100.2
秦皇岛	Qinhuangdao	111.1	113.7	105.1	101.0	101.3	105.0	100.3	100.6	100.7
包 头	Baotou	106.0	105.2	100.1	103.2	101.7	101.2	100.3	100.0	100.1
丹 东	Dandong	104.5	101.0	100.0	100.5	100.2	100.1	100.0	100.0	100.1
锦 州	Jinzhou	104.5	102.5	100.4	101.6	100.8	99.9	103.2	100.0	112.1
吉 林	Jilin	131.0	100.0	100.0	100.3	100.0	100.2	100.0	100.0	100.0
牡丹江	Mudanjiang	117.0	115.5	109.1	102.5	100.0	100.0	96.9	100.0	100.0
无 锡	Wuxi	117.3	106.1	95.9	105.5	103.5	100.7	100.0	100.0	100.1
扬 州	Yangzhou	102.9	105.0	103.4	101.4	101.9	100.6	100.0	100.0	100.0
徐 州	Xuzhou	105.7	101.9	102.7	101.3	102.1	101.3	101.3	101.3	100.0
温 州	Wenzhou	145.3	122.0	112.3	109.9	102.6	100.5	99.9	101.9	100.3
金 华	Jinhua	108.6	109.0	104.8	100.1	100.0	101.3	100.0	100.0	100.0
蚌 埠	Bengbu	106.8	104.0	100.3	100.5	116.1	100.2	100.0	100.0	100.0
安 庆	Anqing	106.0	104.5	104.1	102.8	100.6	101.2	100.0	100.8	100.3
泉 州	Quanzhou	117.1	105.4	97.6	106.3	104.6	102.3	100.2	100.2	100.9
九 江	Jiujiang	106.1	105.0	102.5	102.2	102.9	104.0	100.1	100.6	100.5
赣 州	Ganzhou	105.3	106.3	103.1	100.9	101.6	100.3	103.3	101.6	100.6
烟 台	Yantai	104.6	102.6	102.6	101.4	100.3	103.8	100.2	100.1	100.0
济 宁	Jining	103.9	105.5	102.6	101.9	105.1	104.2	100.1	100.9	100.6
洛 阳	Luoyang	109.6	109.1	101.3	100.1	102.0	100.6	100.0	100.1	100.1
平顶山	Pingdingshan	110.8	104.6	103.1	104.5	100.9	100.7	102.0	102.0	101.1
宜 昌	Yichang	104.3	114.7	101.4	101.8	104.6	114.4	103.3	103.8	101.3
襄 樊	Xiangfan	110.6	114.5	122.1	100.0	100.0	100.0	103.0	101.8	100.0
岳 阳	Yueyang	109.7	112.8	105.6	104.4	100.4	100.3	99.9	102.4	100.0
常 德	Changde	122.6	112.5	102.7	100.3	100.2	100.1	100.1	101.1	100.4
惠 州	Huizhou	100.0	100.0	99.8	102.3	99.3	100.3	103.8	100.6	100.9
湛 江	Zhanjiang	100.0	100.0	100.0	103.4	112.1	100.2	100.2	100.6	100.5
韶 关	Shaoguan	113.3	104.4	100.1	103.5	101.1	100.1	100.0	100.1	105.6
桂 林	Guilin	112.2	110.2	101.3	102.6	101.1	101.2	100.6	100.9	101.4
北 海	Beihai	139.5	115.8	101.1	102.2	104.4	117.8	108.8	100.0	100.1
三 亚	Sanya	100.8	111.9	111.5	103.9	100.7	100.5	100.0	100.2	100.1
泸 州	Luzhou	115.8	109.3	106.3	100.8	102.1	101.1	100.2	100.5	100.1
南 充	Nanchong	126.9	111.7	100.5	103.1	110.1	107.8	100.2	100.0	100.0
遵 义	Zunyi	104.7	103.7	101.1	101.8	101.4	100.1	99.8	101.8	103.1
大 理	Dali	102.7	100.0	101.7	100.4	101.3	99.1	100.0	100.0	100.9

浙/江/统/计/年/鉴

主要统计指标解释

■ 居民消费价格指数

是反映一定时期内城乡居民所购买的生活消费品价格和服务项目价格变动趋势和程度的相对数。是综合了城市居民消费价格指数和农民消费价格指数计算取得。利用居民消费价格指数，可以观察和分析消费品的零售价格和服务价格变动对城乡居民实际生活支出的影响程度。

■ 城市居民消费价格指数

是反映城市职工及其家庭所购买的生活消费品和服务项目价格变动趋势和程度的相对数。编制城市居民消费价格指数，可以观察和分析消费品的零售价格和服务项目价格变动对职工货币工资的影响，作为研究职工生活和确定工资政策的依据。

■ 农村居民消费价格指数

是反映农村居民家庭所购买的生活消费品的价格和服务项目价格变动趋势和程度的相对数。用它可以观察农村消费品的零售价格和服务项目价格变动对农村居民生活消费支出的影响，直接反映农民生活水平的实际变化情况，为分析和研究农村居民生活问题提供依据。

■ 农村工业品零售价格指数

是反映农村市场工业品零售价格水平变动趋势和程度的相对数。通过农村工业品零售价格指数，可以观察工业品零售价格变动对农民货币支出的影响。

■ 工业品出厂价格指数

是反映全部工业产品出厂价格总水平的变动趋势和程度的相对数。其中除包括工业企业售给商业、外贸、物资部门的产品外，还包括售给工业和其他部门的生产资料以及直接售给居民的生活消费品。通过工业生产价格指数能观察出厂价格变动对工业总产值的影响。

■ 固定资产投资价格指数

是反映固定资产投资额价格变动趋势和程度的相对数。固定资产投资额是由建筑安装工程投资完成额、设备、工器具购置投资完成额和其他费用投资完成额三部分组成的。编制固定资产投资价格指数应首先分别编制上述三部分投资的价格指数，然后采用加权算术平均法求出固定资产投资价格总指数。

编制固定资产投资价格指数可以准确地反映固定资产投资中涉及的各类商品和取费项目价格变动趋势和变动幅度，消除按现价计算的固定资产投资指标中的价格变动因素，真实地反映固定资产投资的规模、速度、结构和效益，为国家科学地制定，检查固定资产投资计划并提高宏观调控水平，为完善国民经济核算体系提供科学的、可靠的依据。

■ 商品零售价格指数

是反映城乡商品零售价格变动趋势的一种经济指数。零售物价的调整变动直接影响到城乡居民的生活支出和国家的财政收入，影响居民购买力和市场供需平衡，影响消费与积累的比例。因此，计算零售价格指数，可以从一个侧面对上述经济活动进行观察和分析。

■ 原材料、燃料和动力购进价格指数

是反映工业企业作为生产投入，而从物资交易市场和能源、原材料生产企业购买原材料、燃料和动力产品时，所支付的价格水平变动趋势和程度的统计指标，是扣除工业企业物质消耗成本中的价格变动影响的重要依据。

目前，我国编制的原材料、燃料和动力购进价格指数所调查的产品，包括燃料动力、黑色金属、有色金属、化工、建材等九大类的近1800种产品。

■ 房地产价格指数

是反映一定时期内房地产价格变动趋势和程度的相对数，包括房屋销售价格指数、房屋租赁价格指数、土地交易价格指数和物业管理价格指数。这四套指数的计算方法相似，均采用由下到上逐级汇总的方法。

ZHEJIANG STATISTICAL YEARBOOK

Explanatory Notes on Main Statistical Indicators

□ Consumer Price Index

reflects the relative change in prices of consumer goods and services purchased by urban and rural residents, and is a composite index derived from the urban consumer price index and the rural consumer price index. Consumer price index can be used to analyze the impact of consumer price change on actual expenditure for living cost of urban and rural residents.

□ Urban Consumer Price Index

reflects the relative change in prices of consumer goods and services purchased by urban staff and workers and their families and can be used to observe and analyze the impact of price changes in consumer goods and services on money wages of staff and workers, and provide basis for policy making concerning the living cost and wages of staff and workers.

□ Rural Consumer Price Index

reflects the relative change in prices of consumer goods and services purchased by rural households and can be used to observe the impact of change in prices of consumer goods and services on living expenditure and actual change in peasants' living cost. It provides basis for analysis and research on peasants' living cost and welfare.

□ Retail Price Index of Rural Industrial Products

reflects the relative change in prices of industrial products in rural market and can be used to observe the impact of the price change on farmers' money expenditure.

□ Ex – factory Price Index of Industrial Products

reflects the change in general ex – factory prices of all industrial products, including sales of industrial products to commercial enterprises, foreign trade sectors, materials supplying and distributing sectors as well as sales of production means to industry and other sectors and sales of consumer goods to residents. It can be used to analyze the impact of ex – factory prices on gross industrial output value.

□ Price Index of Investment in Fixed Assets

reflects the change in prices of investment in fixed assets. The investment in fixed assests consists of three components, namely the investment in construction and installation, the investment in purchases of equipment and instrument, and the investment in other items. Price index of investment in fixed assets is calculated as the weighted arithmetic mean of the price indices of the three components of investment in fixed assets.

Price index of investment in fixed assets reflects the changes of prices in various goods and services involved in investment in fixed assets and therefore can be used to observe the actual size, speed, structure, and efficiency of investment in fixed assets and provides reliable and scientific data for government planning, management, decision making, and further improving the current national accounting system.

□ Retail Price Index

reflects the general change in retail prices of commodities. The change and adjustment in retail prices directly affect the living expenditure of urban and rural residents, government revenue, purchasing power of residents and the equilibrium of market supply and demand, and the ratio of consumption to accumulation. Therefore, the calculation of retail price index is useful to analyze the changes of the above economic activities.

EXPLANATORY NOTES ON
MAIN STATISTICAL INDICATORS

□ Purchasing Price Indices for Raw Materials, Fuels and Power

reflect changes in the level and degree of prices paid by industrial enterprises when they purchase production input such as raw materials, fuels and power from the market or from other energy or raw materials producing enterprises. These indices provide an important basis for measuring the material consumption of industrial enterprises after removing the influence of price changes.

At present, close to 1,800 products in 9 categories, including fuels and power, ferrous metals, non - ferrous-metals, chemicals, building materials, are covered in China for the survey to produce indices for purchasing prices of raw materials, fuels and power.

□ Price Indices for Real Estate

reflect the trend and degree of changes in prices of real estate during a given period, including sale price indices for houses, price indices for renting houses, price indices for land transactions and price indices for management of properties. The methods for the compilation of these four sets of indices are similar in that they all use the bottom - up approach under which data are reported from lower level to higher level.

2010

浙江统计年鉴

ZHEJIANG STATISTICAL YEARBOOK

CHAPTER 5

人民生活

People's Livelihood

5-1 人民物质文化生活 People's Material and Cultural Life

项目		Item		2002	2003	2004	2005	2006	2007	2008	2009
城乡居民收入与支出	（元）	**Income and Expenditure of Urban and Rual Residents**	（yuan）								
农村居民人均纯收入		Annual Per Capita Net Income of Rural Residents		4940	5431	6096	6660	7335	8265	9258	10007
农村居民人均生活消费支出		Annual Per Capita Living Expenditure of Rural Residents		3693	4287	4659	5215	5762	6442	7072	7375
城镇居民人均可支配收入		Annual Per Capita Disposable Income of Urban Residents		11716	13180	14546	16294	18265	20574	22727	24611
城镇居民人均消费支出		Annual Per Capita Expenditure of Urban Residents		8713	9713	10636	12254	13349	14091	15158	16683
居民消费水平	（元）	**Per Capita Consumption**	（yuan）	**6098**	**7033**	**8174**	**9558**	**11129**	**12762**	**14251**	**15790**
农村居民		Rural Residents		4012	4504	4918	5439	6235	7179	7765	8324
城镇居民		Urban Residents		8839	9907	11771	13843	15877	17033	19065	21251
居民生活质量		**Life Quality**									
居民人均住房面积	（平方米）	Per Capita Floor Space of Residents Buildings	（sq. m）								
农村居民		Rural Areas		49.53	50.73	51.29	54.98	55.57	57.06	58.50	59.29
城镇居民		Urban Areas		21.12	21.60	23.94	26.10	26.44	34.72	34.33	35.10
居民家庭恩格尔系数		Engle Coefficient									
城市		Urban		37.90	36.60	36.20	33.80	32.90	34.70	36.40	33.60
乡村		Rural		40.80	38.20	39.50	38.60	37.20	36.40	38.00	37.40
交通		**Traffic**									
农村每百户拥有家用汽车	（辆）	Number of Household Cars Per 100 Households in Rural Areas	（unit）	0.56	0.79	1.33	2.91	3.11	3.96	4.70	6.2
城镇每百户拥有家用汽车	（辆）	Number of Household Cars Per 100 Households in Urban Areas	（unit）	1.44	2.98	3.52	8.71	11.03	13.86	19.65	23.72

续表 Continued

项目		Item		2002	2003	2004	2005	2006	2007	2008	2009
储蓄		**Savings**									
城乡居民储蓄存款年末余额	(亿元)	Balance of Savings Deposit of Rural and Urban Residents	(100 million yuan)	5234	6452	7364	8746	10473	11161	14501	17833
平均每人储蓄存款余额	(元)	Per Capita Balance of Savings Deposits	(yuan)	11063	13545	15331	17856	21030	22057	28322	34427
文化、教育及卫生		**Culture, Education and Public Health**									
农村每百户拥有彩色电视机	(台)	Number of Color Tv Sets Per 100 Households in Rural Areas	(unit)	103	110	117	130	137	144	150	157
城镇每百户拥有彩色电视机	(台)	Number of Color Tv Sets Per 100 Households in Urban Areas	(unit)	152	159	163	179	181	183	176	182
农村每百户拥有家用电脑	(台)	Number of Computer Per 100 Households in Rural Areas	(unit)	3.37	5.96	6.93	10.77	14.28	19.38	23.38	28.64
城镇每百户拥有家用电脑	(台)	Number of Computer Per 100 Households in Urban Areas	(unit)	29.60	40.23	44.72	59.47	64.83	73.76	79.45	84.53
每百人每天有报纸杂志	(份)	Daily Newspapers and Magazines Per 100 persons	(copy)	12.8	14.4	15.1	15.3	15.9	16.2	16.4	17.0
学龄儿童入学率	(%)	Enrollment Ratio of School age Children	(%)	99.99	99.98	99.99	99.99	99.99	99.99	99.99	99.99
每千人口拥有在校大学生数	(人)	Students Enrollment in University Per 1000 Persons	(person)	8.31	10.17	11.92	13.30	14.46	16.00	16.95	17.57
每千人口拥有医疗床位数	(张)	Number of Hospital Beds Per 1000 Persons	(Piece)	2.64	2.78	2.95	3.07	3.21	3.34	3.15	3.29
每千人口拥有医生数	(人)	Number of Doctors Per 1000 Persons	(person)	1.64	1.66	1.74	1.80	1.90	1.98	1.99	2.08
就业		**Employment**									
城镇登记失业率	(%)	Registered Unemployment Rate in Urban Areas	(%)	4.00	3.70	4.10	3.70	3.51	3.27	3.49	3.26
农村居民家庭每一劳动力负担人数	(人)	Number of Dependents Per Rural Laborer in Rural Households	(person)	1.39	1.37	1.37	1.37	1.36	1.36	1.36	1.36
城镇每一就业者负担人数	(人)	Number of Dependents Per Urban Employee	(person)	1.89	1.86	1.87	1.93	1.91	1.86	1.96	1.96
邮电通信		**Post and Telecommumication**									
电话普及率	(部/每人)	Telephone Popularization Rate	(set/person)	78.4	88.8	91.0	100.4	108.5	117.2	122.6	126.5
固定电话	(部/每人)	Fixed Telephones	(set/person)	46.1	46.5	41.8	45.6	48.0	47.5	44.9	40.9
移动电话	(部/每人)	Niduke Telephones	(set/person)	32.4	42.3	49.2	54.8	60.5	69.7	77.7	85.6

注：1. 自2004年起固定电话普及率统计口径已作调整。The Statistical Coverage of Telephone Popularization Rate was adjusted since 2004.
2. 每百人每天拥有报纸、每千人口拥有医疗床位和拥有医生数均按常住人口计算。
Daily Newspapers and Magazines Per 100 Persons, Number of Hospital Beds and Number of Doctors Per 1000 Persons are calculated at permanent residence.

5-2 城镇单位在岗职工工资总额(1985-2009年)
Total Wages of Fully Employed Staff and Workers in Urban Units(1985-2009)

单位:亿元(100 million yuan)

年份	工资总额 Total Wages of Fully Employed Staff and Workers	国有单位职工 State-owned Units	城镇集体单位职工 Urban Collective Owned Units	其他经济单位职工 Units of Other Types of Ownership
1985	47.85	28.69	18.91	0.25
1986	58.01	35.45	22.23	0.33
1987	66.62	40.68	25.44	0.50
1988	85.04	52.71	31.50	0.83
1989	94.46	59.08	34.17	1.21
1990	102.76	66.10	35.33	1.33
1991	115.98	74.42	39.39	2.17
1992	138.04	90.82	43.44	3.78
1993	192.98	123.08	58.80	11.10
1994	274.27	175.09	76.99	22.19
1995	324.25	201.67	90.46	32.12
1996	361.84	222.18	98.06	41.60
1997	402.01	251.85	100.13	50.03
1998	422.51	257.01	74.83	90.67
1999	456.04	273.77	66.23	116.04
2000	501.07	293.83	56.99	150.25
2001	589.48	351.40	47.61	190.47
2002	664.01	397.69	47.24	219.08
2003	797.54	469.63	49.68	278.23
2004	1016.42	573.10	60.76	382.56
2005	1311.93	676.28	59.54	576.11
2006	1591.84	762.03	61.34	768.47
2007	1937.41	886.50	67.71	983.20
2008	2359.05	990.08	72.33	1296.64
2009	2752.31	1128.21	82.18	1541.92

注：本表2008年前为职工工资总额。Data on total wages in this table refer wages of staff and workers before 2008.

5－3 分行业城镇单位在岗职工工资总额
Total Wages of Fully Employed Staff and Workers in Urban Units by Sector

单位:亿元(100 million yuan)

行业	Sector	工资总额 Total Wages of Staff and Worker		国有单位 State－owned Units		城镇集体单位 Urban Collective Owned Units		其他单位 Units of Other Types of Ownership	
		2008	2009	2008	2009	2008	2009	2008	2009
总计	**Total**	**2359.05**	**2752.31**	**990.08**	**1128.21**	**72.33**	**82.18**	**1296.64**	**1541.92**
农、林、牧、渔业	Farming, Forestry, Animal Husbandry and Fishery	4.71	4.69	4.25	4.03	0.20	0.22	0.26	0.44
采矿业	Ming and Quarrying	3.94	4.14	0.37	0.55	0.90	0.82	2.67	2.77
制造业	Manufacturing	748.61	803.75	19.90	21.70	8.39	11.91	720.32	770.14
电力、燃气及水的生产和供应业	Production and Supply of Electricity, Gas and Water	74.08	80.80	54.04	51.21	0.98	1.05	19.06	28.54
建筑业	Construction	262.88	349.48	15.34	16.11	13.18	13.85	234.36	319.52
交通运输、仓储和邮政业	Transpor, Storage and Post	80.88	94.98	46.67	56.10	3.40	4.11	30.81	34.77
信息传输、计算机服务和软件业	Information Transmission, Com－puter Service and Software	50.38	62.15	11.40	13.92	0.18	0.26	38.80	47.97
批发和零售业	Wholesale and Retail Sale Trade	78.32	92.85	16.46	18.67	2.47	2.38	59.39	71.80
住宿和餐饮业	Hotels and Catering Services	28.65	31.56	5.29	5.00	1.41	1.42	21.96	25.14
金融业	Finance	168.98	204.28	66.33	56.15	11.54	9.18	91.11	138.95
房地产业	Real Estate	32.33	38.21	7.34	6.47	0.65	1.56	24.34	30.18
租赁和商务服务业	Leasing and Services and Other Services	53.51	64.65	22.95	23.17	5.99	8.17	24.57	33.31
科学研究、技术服务和地质勘查业	Scientific Research, Technology Services and Geological Prospecting	44.21	51.66	30.98	35.51	1.34	1.79	11.89	14.35
水利、环境和公共设施管理业	Water Conservancy, Envi－ronment and Public Facili－ties Management	19.93	23.48	14.43	17.43	2.49	2.48	3.00	3.57
居民服务和其他服务业	Resident Services and Other Services	3.58	4.41	2.22	2.51	0.51	0.39	0.85	1.51
教育	Education	264.55	331.51	253.27	316.20	3.66	5.29	7.61	10.02
卫生、社会保障和社会福利业	Health Care, Social Securities and Social Welfare	134.11	158.18	118.00	138.93	14.39	16.15	1.72	3.10
文化、体育和娱乐业	Culture, Sports and Recreation	22.98	27.75	21.41	25.46	0.33	0.26	1.25	2.02
公共管理和社会组织	Public Administration and Social Organization	282.42	323.78	279.43	319.09	0.32	0.87	2.67	3.83

注：本表2008年前为职工工资总额。Data on total wages in this table refer wages of staff and workers before 2008.

5-4 分行业全社会单位在岗职工年平均工资
Average Wage of Fully Employed Staff and Workers in the Whole Society Units By Sector

项目	Item	全社会单位在岗职工年平均工资 Average Wage of Fully Employed Staff and Workers In The Whole Society Units		不含私营的单位 Units without the private		私营单位 Private units	
		2008	2009	2008	2009	2008	2009
总计	**Total**	**25918**	**27480**	**34146**	**37395**	**19419**	**20629**
农、林、牧、渔业	Farming, Forestry, Animal Husbandry and Fishery	23090	21759	31071	34271	16157	17698
采矿业	Ming and Quarrying	23496	26058	27385	27326	21389	25362
制造业	Manufacturing	20125	21184	23629	25287	18234	19202
电力、燃气及水的生产和供应业	Production and Supply of Electricity, Gas and Water	64246	64069	68050	71959	20676	22372
建筑业	Construction	23173	24499	25252	27220	22168	23030
交通运输、仓储和邮政业	Transpor, Storage and Post	37179	37801	40991	44661	24592	25984
信息传输、计算机服务和软件业	Information Transmission, Computer Service and Software	63168	56561	70982	78660	25690	34314
批发和零售业	Wholesale and Retail Sale Trade	27528	24529	34163	36544	20688	20050
住宿和餐饮业	Hotels and Catering Services	18921	20223	22052	23418	16155	17441
金融业	Finance	92167	101015	92509	102433	59500	51180
房地产业	Real Estate	32900	32965	38444	40986	25947	25726
租赁和商务服务业	Leasing and Services and Other Services	28310	28805	29297	30479	24064	27163
科学研究、技术服务和地质勘查业	Scientific Research, Technic Services and Geological Prospecting	45396	42936	52261	56145	22133	27264
水利、环境和公共设施管理业	Water Conservancy, Environment and Public Facilities Management	28147	29224	30675	32552	17570	18898
居民服务和其他服务业	Resident Services and Other Services	21816	20523	31991	31253	15861	17641
教育	Education	48389	58091	50090	60698	23187	27973
卫生、社会保障和社会福利业	Health Care, Social Securities and Social Welfare	50756	55796	51938	57861	22913	23245
文化、体育和娱乐业	Culture, Sports and Recreation	44968	43984	51605	54959	16422	18615
公共管理和社会组织	Public Administration and Social Organization	57346	61906	57346	61906		

5-5 城镇单位在岗职工平均工资(1985-2009年)
Average Wage of Fully Employed Staff and Workers in Urban Units(1985-2009)

单位:元(yuan)

年份 Year	平均工资 Average Wage	国有单位 State-owned Units	城镇集体单位 Urban Collective Owned Units	其他单位 Units of Other Types of Ownership
1985	1159	1226	1071	1247
1986	1346	1442	1271	1455
1987	1493	1584	1365	1635
1988	1841	1961	1667	2014
1989	2031	2158	1838	2209
1990	2220	2383	1964	2412
1991	2422	2583	2152	2831
1992	2884	3088	2507	3368
1993	3932	4168	3439	4544
1994	5597	6034	4671	6334
1995	6619	6952	5702	7813
1996	7413	7734	6414	8672
1997	8386	8847	7026	9584
1998	9259	10012	7230	9432
1999	10632	11684	8229	10167
2000	12414	13775	9479	11539
2001	15770	18926	11281	13508
2002	18227	22195	13281	14650
2003	20853	26651	15174	16036
2004	23101	32736	17265	16653
2005	25572	38313	19659	18813
2006	27567	42258	21856	20823
2007	30854	48130	25005	23597
2008	34146	53476	29137	26963
2009	37395	59550	31653	29618

注：本表2008年前为职工平均工资。Data on total wages in this table refer wages of staff and workers before 2008.

5-6 城镇单位在岗职工平均工资指数(1986-2009 年)
Indices of Average Wage of Fully Employed Staff and Workers in Urban Units (1986-2009)

(1985 年 = 100) (1985 = 100)

年份 Year	平均工资指数 Indices of Average Wage		国有单位职工 State owned Units		城镇集体单位职工 Urban Collective Owned Units	
	货币指数 Average Money Wage	实际指数 Average Real Wage	货币指数 Average Money Wage	实际指数 Average Real Wage	货币指数 Average Money Wage	实际指数 Average Real Wage
1986	116.1	109.2	117.6	110.6	118.7	111.7
1987	128.8	109.2	129.2	109.6	127.5	108.1
1988	158.8	109.1	160.0	110.0	155.6	106.9
1989	175.2	103.1	176.0	103.6	171.6	101.0
1990	191.5	110.4	194.4	112.0	183.4	105.7
1991	209.0	114.1	210.7	115.0	200.9	109.7
1992	248.8	124.4	251.9	126.0	234.1	117.1
1993	339.3	139.7	340.0	140.0	321.1	132.2
1994	482.9	159.4	492.2	162.4	436.1	143.9
1995	571.1	161.1	567.0	160.0	532.4	150.2
1996	639.6	164.4	630.8	162.1	598.9	153.9
1997	723.6	178.6	721.6	178.1	656.0	161.9
1998	798.9	196.3	816.6	200.6	675.1	165.9
1999	917.3	226.6	953.0	235.4	768.3	189.8
2000	1071.1	262.1	1123.6	275.0	885.1	216.6
2001	1360.7	334.3	1543.7	379.3	1053.3	258.8
2002	1572.6	391.1	1810.4	450.2	1240.1	308.4
2003	1799.2	445.2	2173.9	537.9	1416.9	350.6
2004	1993.2	479.8	2670.1	642.8	1612.0	388.1
2005	2206.4	523.3	3125.0	741.2	1835.6	435.4
2006	2378.5	558.1	3446.8	808.7	2040.7	478.8
2007	2662.1	601.2	3925.8	886.5	2334.8	527.2
2008	2946.2	634.9	4361.8	939.8	2720.5	586.2
2009	3226.5	704.5	4857.3	1060.3	2955.5	645.2

注：本表 2008 年前为职工平均工资指数。Data on indices of average wage refer to indices of average wage of staff and workers before 2008.

5－7 分行业城镇单位在岗职工平均工资
Average Wage of Fully Employed Staff and Workers in Urban Units by Sector

单位:元(yuan)

行业	Sector	平均工资 Total Wages of Staff and Workers		国有单位 State－owned Units		城镇集体单位 Urban Collective owned Units		其他单位 Units of Other Types of Ownership	
		2008	2009	2008	2009	2008	2009	2008	2009
总计	**Total**	**34146**	**37395**	**53476**	**59550**	**29137**	**31653**	**26963**	**29618**
农、林、牧、渔业	Farming, Forestry, Animal Husbandry and Fishery	31071	34271	32080	35636	33840	37935	19564	24521
采矿业	Ming and Quarrying	27385	27326	23740	26953	25084	21562	28884	29750
制造业	Manufacturing	23629	25287	33355	36852	19371	21126	23499	25141
电力、燃气及水的生产和供应业	Electricity, Gas and Water Production and Supply	68050	71959	80641	81928	33257	33216	48987	61220
建筑业	Construction	25252	27220	33839	38304	22328	24414	25021	26961
交通运输、仓储和邮政业	Transpor, Storage and Post	40991	44661	44202	49842	33826	37199	37722	39039
信息传输、计算机服务和软件业	Information Transport, Computer Services and Software	70982	78660	70622	76559	32987	39464	71480	79730
批发和零售业	Wholesale and Retail Sale	34163	36544	60871	63086	26915	28200	30765	33235
住宿和餐饮业	Hotels and Catering Services	22052	23418	23622	26319	18750	21033	21948	23060
金融业	Banking	92509	102433	93843	102294	58935	68840	98602	105908
房地产业	Real Estate Trade	38444	40986	45549	46808	30008	40536	36981	39943
租赁和商务服务业	Leasing and Commercial Services	29297	30479	34243	33151	25160	28114	26760	29436
科学研究、技术服务和地质勘查业	Science Research, Technology Services and Geological Prospecting	52261	56145	55342	60306	43201	44050	46602	49403
水利、环境和公共设施管理业	Water Conservancy, Environment and Public Facilities Management	30675	32552	34401	34759	20423	24622	27792	29974
居民服务和其他服务业	Resident and Other Services	31991	31253	41298	45257	24641	22410	22678	22146
教育	Education	50090	60698	50835	62328	37575	45092	37736	36948
卫生、社会保障和社会福利业	Health Care, Social Securities and Social Welfare	51938	57861	54564	60291	38894	45591	34726	41223
文化、体育和娱乐业	Culture, Sports and Entertainment	51605	54959	54225	57881	33065	41583	30714	34476
公共管理和社会组织	Public Management and Social Organization	57346	61906	57926	63371	38580	40951	28829	22016

注：本表2008年前为职工平均工资。Data on average wage refer to average wage of staff and workers before 2008.

5-8 各市城镇单位在岗职工工资总额和平均工资
Total Wages and Average Wage of Fully Employed Staff and Workers in Urban Units by City

地区	Region	2005	2006	2007	2008	2009
工资总额 （万元）	**Total Wages(10000 yuan)**	**13119269**	**15918431**	**19374101**	**23590498**	**27523110**
浙东北	**Eastern&Northern Region**	**8600195**	**10435370**	**13172568**	**16360544**	**19118592**
杭州市	Hangzhou	3010148	3851573	4996876	6416424	7549145
宁波市	Ningbo	2144151	2583481	3223794	3991251	4696906
嘉兴市	Jiaxing	1219593	1488325	1813124	2149705	2302949
湖州市	Huzhou	543473	651602	775459	966985	1065337
绍兴市	Shaoxing	1410955	1566240	1981463	2381040	2923702
舟山市	Zhoushan	271875	294148	381852	455139	580553
浙西南	**Western&Southern Region**	**4473079**	**5235442**	**6071019**	**7074745**	**8262550**
温州市	Wenzhou	1708080	2099973	2534372	2968090	3367158
金华市	Jinhua	917653	1130792	1129801	1255955	1588234
衢州市	Quzhou	327142	361093	431859	488287	565293
台州市	Taizhou	1173844	1255154	1522302	1831658	2130097
丽水市	Lishui	346360	388430	452685	530755	611768
平均工资 （元）	**Average Wage(yuan)**	**25572**	**27567**	**30854**	**34146**	**37395**
浙东北	**Eastern&Northern Region**	**26358**	**28290**	**31977**	**35198**	**38270**
杭州市	Hangzhou	30580	32440	36200	40193	43947
宁波市	Ningbo	27986	28899	32892	35835	39139
嘉兴市	Jiaxing	20552	22511	25883	29219	31965
湖州市	Huzhou	23488	25674	28053	31455	33843
绍兴市	Shaoxing	24440	26739	29807	30636	32502
舟山市	Zhoushan	24678	27561	32580	38714	40560
浙西南	**Western&Southern Region**	**24300**	**25585**	**28652**	**31874**	**35583**
温州市	Wenzhou	21279	22758	25740	29594	33893
金华市	Jinhua	23752	24873	28638	31594	34769
衢州市	Quzhou	25802	28007	32185	35930	39106
台州市	Taizhou	30550	31470	33058	34126	36822
丽水市	Lishui	24613	27518	31206	36233	41124

注：本表2008年前为职工工资总额和平均工资。Data in this table refer to total wages and average wages of staff and workers before 2008.

5－9 分行业城镇单位从业人员劳动报酬(2009 年)
Remuneration Payment to Employed Persons in Urban Units by Sector(2009)

单位:亿元(100 million yuan)

行业	Sector	单位从业人员劳动报酬 Total Remuneration	在岗职工工资总额 Wages of Staff and Workers at Work	其他从业人员劳动报酬 Remuneration Payment to Other Employed Persons	离开本单位仍保留劳动关系的职工生活费 Living Paying for Staff and Workers Leaving Their Working Units While Keeping Their Labour Contract
总计	**Total**	**2917.79**	**2752.31**	**165.48**	**12.48**
农、林、牧、渔业	Farming, Forestry, Animal Husbandry and Fishery	4.87	4.69	0.18	0.07
采矿业	Ming and Quarrying	4.34	4.14	0.20	0.14
制造业	Manufacturing	833.72	803.75	29.97	2.54
电力、燃气及水的生产和供应业	Electricity, Gas and Water Production and Supply	84.84	80.80	4.04	0.23
建筑业	Construction	400.00	349.48	50.52	0.59
交通运输、仓储和邮政业	Transpor, Storage and Post	102.46	94.98	7.48	1.18
信息传输、计算机服务和软件业	Information Transmission, Computer Service and Software	69.43	62.15	7.28	0.26
批发和零售业	Wholesale and Retail Sale	97.61	92.85	4.75	0.76
住宿和餐饮业	Hotels and Catering Services	33.01	31.56	1.46	0.15
金融业	Banking	229.94	204.28	25.65	3.45
房地产业	Real Estate Trade	40.65	38.21	2.44	0.14
租赁和商务服务业	Leasing and Commercial Services	68.66	64.65	4.00	0.30
科学研究、技术服务和地质勘查业	Scientific Research, Tech－nology Services and Geological Prospecting	55.18	51.66	3.53	0.29
水利、环境和公共设施管理业	Water Conservancy, Envi－ronment and Public Facil－ities Management	25.27	23.48	1.80	0.21
居民服务和其他服务业	Resident Services and Other Services	4.69	4.41	0.28	0.02
教育	Education	338.45	331.51	6.94	0.90
卫生、社会保障和社会福利业	Health Care, Social Securities and Social Welfare	164.34	158.18	6.16	0.30
文化、体育和娱乐业	Culture, Sports and Entertainment	29.41	27.74	1.66	0.08
公共管理和社会组织	Public Management and Social Organization	330.94	323.78	7.15	0.87

5－10 分行业国有单位从业人员劳动报酬(2009 年)
Remuneration Payment to Employed Persons in State－owned Units by Sector(2009)

单位:亿元(100 million yuan)

行业	Sector	单位从业人员劳动报酬 Total Remuneration	在岗职工工资总额 Wages of Staff and Workers at Work	其他从业人员劳动报酬 Remuneration Payment to Other Employed Persons	离开本单位仍保留劳动关系的职工生活费 Living Paying for Staff and Workers Leaving Their Working Units While Keeping Their Labour Contract
总计	**Total**	**1170.24**	**1128.21**	**42.03**	**6.81**
农、林、牧、渔业	Farming, Forestry, Animal Husbandry and Fishery	4.18	4.03	0.15	0.07
采矿业	Ming and Quarrying	0.69	0.55	0.14	0.03
制造业	Manufacturing	22.24	21.70	0.54	1.26
电力、燃气及水的生产和供应业	Electricity, Gas and Water Production and Supply	54.58	51.21	3.37	0.14
建筑业	Construction	17.52	16.11	1.41	0.10
交通运输、仓储和邮政业	Transpor, Storage and Post	61.51	56.10	5.41	0.76
信息传输、计算机服务和软件业	Information Transmission, Computer Service and Software	15.35	13.92	1.43	0.08
批发和零售业	Wholesale and Retail Sale Trade	19.44	18.67	0.77	0.22
住宿和餐饮业	Hotels and Catering Services	5.26	5.00	0.25	0.10
金融业	Banking	59.90	56.15	3.75	1.34
房地产业	Real Estate Trade	6.79	6.47	0.32	0.06
租赁和商务服务业	Leasing and Commercial Services	25.15	23.17	1.98	0.09
科学研究、技术服务和地质勘查业	Science Research, Technology Services and Geological Prospecting	37.38	35.51	1.87	0.25
水利、环境和公共设施管理业	Water Conservancy, Environment and Public Facilities Management	18.56	17.43	1.13	0.20
居民服务和其他服务业	Resident Services and Other Services	2.66	2.51	0.15	0.01
教育	Education	322.06	316.20	5.85	0.89
卫生、社会保障和社会福利业	Health Care, Social Securities and Social Welfare	143.99	138.93	5.06	0.28
文化、体育和娱乐业	Culture, Sports and Entertainment	26.94	25.46	1.48	0.08
公共管理和社会组织	Public Management and Social Organization	326.04	319.09	6.95	0.85

5-11 分行业城镇集体单位从业人员劳动报酬(2009年)
Remuneration Payment to Employed Persons in Urban Collective-owned Units by Sector(2009)

单位:亿元(100 million yuan)

行业	Sector	单位从业人员劳动报酬 Total Remuneration	在岗职工工资总额 Wages of Staff and Workers at Work	其他从业人员劳动报酬 Remuneration Payment to Other Employed Persons	离开本单位仍保留劳动关系的职工生活费 Living Paying for Staff and Workers Leaving Their Working Units While Keeping Their Labour Contract
总计	**Total**	**85.33**	**82.18**	**3.15**	**0.78**
农、林、牧、渔业	Farming, Forestry, Animal Husbandry and Fishery	0.22	0.22		
采矿业	Ming and Quarrying	0.82	0.82		
制造业	Manufacturing	12.01	11.91	0.10	0.11
电力、燃气及水的生产和供应业	Electricity, Gas and Water Production and Supply	1.14	1.05	0.09	
建筑业	Construction	14.19	13.85	0.34	0.06
交通运输、仓储和邮政业	Transpor, Storage and Post	4.35	4.11	0.24	0.06
信息传输、计算机服务和软件业	Information Transmission, Computer Service and Software	0.29	0.26	0.02	0.01
批发和零售业	Wholesale and Retail Sale	2.59	2.38	0.20	0.13
住宿和餐饮业	Hotels and Catering Services	1.47	1.42	0.04	0.01
金融业	Finance	9.42	9.18	0.24	0.25
房地产业	Real Estate	1.65	1.56	0.08	0.02
租赁和商务服务业	Leasing and Commercial Services	8.39	8.17	0.22	0.06
科学研究、技术服务和地质勘查业	Science Research, Technology Services and Geological Prospecting	1.90	1.79	0.11	
水利、环境和公共设施管理业	Water Conservancy, Environment and Public Facilities Management	2.83	2.48	0.34	0.01
居民服务和其他服务业	Resident Services and Other Services	0.41	0.39	0.02	0.01
教育	Education	5.48	5.29	0.19	0.01
卫生、社会保障和社会福利业	Health Care, Social Securities and Social Welfare	16.95	16.15	0.79	0.02
文化、体育和娱乐业	Culture, Sports and Entertainment	0.33	0.26	0.07	
公共管理和社会组织	Public Management and Social Organization	0.90	0.87	0.03	0.01

5-12 分行业城镇其他单位从业人员劳动报酬(2009年)
Remuneration Payment to Employed Persons in Urban Other Ownership Units by Sector(2009)

单位:亿元(100 million yuan)

行业	Sector	单位从业人员劳动报酬 Total Remuneration	在岗职工工资总额 Wages of Staff and Workers at Work	其他从业人员劳动报酬 Remuneration Payment to Other Employed Persons	离开本单位仍保留劳动关系的职工生活费 Living Paying for Staff and Workers Leaving Their Working Units While Keeping Their Labour Contract
总计	**Total**	**1662.22**	**1541.92**	**120.31**	**4.89**
农、林、牧、渔业	Farming, Forestry, Animal Husbandry and Fishery	0.46	0.44	0.02	
采矿业	Ming and Quarrying	2.83	2.77	0.06	0.11
制造业	Manufacturing	799.46	770.14	29.32	1.17
电力、燃气及水的生产和供应业	Electricity, Gas and Water Production and Supply	29.12	28.54	0.58	0.09
建筑业	Construction	368.29	319.52	48.76	0.43
交通运输、仓储和邮政业	Transpor, Storage and Post	36.60	34.77	1.83	0.35
信息传输和计算机服务和软件业	Information Transmission, Computer Service and Software	53.79	47.97	5.83	0.17
批发和零售业	Wholesale and Retail Sale Trade	75.58	71.80	3.78	0.41
住宿和餐饮业	Hotels and Catering Services	26.29	25.14	1.16	0.05
金融业	Banking	160.62	138.95	21.67	1.87
房地产业	Real Estate Trade	32.21	30.18	2.03	0.06
租赁和商务服务业	Leasing and Commercial Services	35.11	33.31	1.81	0.13
科学研究、技术服务和地质勘查业	Science Research, Technology Services and Geological Prospecting	15.90	14.35	1.55	0.03
水利、环境和公共设施管理业	Water Conservancy, Environment and Public Facilities Management	3.89	3.57	0.32	
居民服务和其他服务业	Resident Services and Other Services	1.62	1.51	0.11	
教育	Education	10.91	10.02	0.89	
卫生、社会保障和社会福利业	Health Care, Social Securities and Social Welfare	3.41	3.10	0.30	
文化、体育和娱乐业	Culture, Sports and Entertainment	2.13	2.02	0.11	
公共管理和社会组织	Public Management and Social Organization	3.99	3.83	0.17	0.01

5-13 各市企业单位从业人员劳动报酬
Remuneration Payment to Employed Persons in Enterprises by City

单位:亿元(100 million yuan)

城市	City	单位从业人员劳动报酬 Remuneration Payment to Employed Persons			#在岗职工工资总额 Wages of Staff and Workers at Work			在岗职工平均工资(元) Average Wage of Staff and Workers at Work (yuan)		
		2007	2008	2009	2007	2008	2009	2007	2008	2009
总 计	**Total**	**1307.65**	**1713.15**	**1989.72**	**1239.32**	**1596.98**	**1848.70**	**26034**	**29294**	**31707**
杭州市	Hangzhou	370.05	518.32	614.18	340.14	464.76	544.82	32087	36209	39092
宁波市	Ningbo	226.30	297.39	362.08	215.48	283.55	331.62	27440	30827	33241
温州市	Wenzhou	166.06	200.70	216.56	161.23	195.29	210.74	20781	24120	26671
嘉兴市	Jiaxing	139.10	167.14	176.65	132.20	159.78	167.95	22554	25617	27844
湖州市	Huzhou	48.90	63.55	67.65	47.06	61.17	64.48	23188	25593	26549
绍兴市	Shaoxing	141.48	191.47	221.32	136.49	172.98	216.32	25098	26146	27760
金华市	Jinhua	59.38	66.83	87.87	57.77	64.87	85.52	22940	25326	28899
衢州市	Quzhou	19.55	23.68	26.50	17.70	21.07	23.92	25771	27843	28760
舟山市	Zhoushan	21.68	29.78	39.78	21.08	26.38	35.71	28435	34059	36520
台州市	Taizhou	84.94	114.42	135.92	80.53	109.00	128.51	25942	27622	29521
丽水市	Lishui	18.49	23.87	26.84	17.97	22.61	24.91	27294	32612	35953

5-14 各市国有控股企业单位从业人员劳动报酬
Remuneration Payment to Employed Persons in Enterprises with Controling Share Hold by state by city

单位:亿元(100 million yuan)

城市	City	单位从业人员劳动报酬 Remuneration Payment to Employed Persons			#在岗职工工资总额 Wages of Staff and Workers at Work			在岗职工平均工资(元) Average Wage of Staff and Workers at Work(yuan)		
		2007	2008	2009	2007	2008	2009	2007	2008	2009
总 计	**Total**	**502.66**	**609.89**	**655.80**	**472.85**	**560.58**	**592.60**	**39866**	**46316**	**51820**
杭州市	Hangzhou	186.38	238.03	282.69	172.52	212.74	246.30	41443	48511	53875
宁波市	Ningbo	71.23	89.02	102.06	67.45	81.73	93.55	44626	52488	57424
温州市	Wenzhou	57.71	63.63	55.70	54.40	60.43	52.66	32535	39197	54883
嘉兴市	Jiaxing	27.58	32.24	37.63	25.86	29.39	33.93	45880	51167	53535
湖州市	Huzhou	21.50	24.61	21.89	20.41	23.35	20.23	35447	39407	44381
绍兴市	Shaoxing	33.22	36.78	31.06	31.79	34.18	28.95	43463	48115	48596
金华市	Jinhua	20.01	22.35	27.66	19.15	21.79	26.49	38560	45563	50427
衢州市	Quzhou	11.09	12.73	15.75	10.36	11.42	14.07	33234	36316	39661
舟山市	Zhoushan	13.50	17.16	18.36	13.09	16.29	17.60	35483	43843	45011
台州市	Taizhou	34.85	40.19	37.09	32.53	37.21	33.72	42042	45373	48519
丽水市	Lishui	13.92	17.09	11.54	13.66	16.44	10.92	40278	47414	54329

5－15 各市事业单位从业人员劳动报酬
Remuneration Payment to Employed Persons in Institutions by City

单位:亿元(100 million yuan)

城市	City	单位从业人员劳动报酬 Remuneration Payment to Employed Persons			#在岗职工工资总额 Wages of Staff and Workers at Work			在岗职工平均工资(元) Average Wage of Staff and Workers at Work(yuan)		
		2007	2008	2009	2007	2008	2009	2007	2008	2009
总 计	**Total**	**469.70**	**526.73**	**626.52**	**459.43**	**511.96**	**608.59**	**45091**	**49530**	**57789**
杭州市	Hangzhou	110.26	127.55	147.49	106.87	122.41	141.08	49060	53279	63610
宁波市	Ningbo	71.19	77.53	93.99	69.59	75.51	91.26	51485	55192	64713
温州市	Wenzhou	61.03	68.77	88.01	60.02	67.31	86.79	44548	50650	61829
嘉兴市	Jiaxing	34.72	39.61	44.22	34.15	38.85	43.32	41671	45633	50591
湖州市	Huzhou	20.78	24.90	29.12	19.91	23.76	27.71	41191	48170	56716
绍兴市	Shaoxing	42.25	47.33	56.75	41.52	46.14	55.41	48599	53270	61279
金华市	Jinhua	36.35	40.20	48.28	36.00	39.79	47.74	38324	40972	45560
衢州市	Quzhou	13.96	15.69	19.74	13.58	15.14	19.10	38147	41952	51528
舟山市	Zhoushan	10.53	11.63	14.23	10.32	11.41	13.90	40902	45703	49263
台州市	Taizhou	50.14	54.23	62.00	49.20	52.61	59.91	47136	50385	57525
丽水市	Lishui	17.25	19.29	22.70	17.01	19.02	22.37	32964	37676	44018

5－16 各市机关单位从业人员劳动报酬
Remuneration Payment to Employed Persons in Government Agencies by City

单位:亿元(100 million yuan)

城市	City	单位从业人员劳动报酬 Remuneration Payment to Employed Persons			#在岗职工工资总额 Wages of Staff and Workers at Work			在岗职工平均工资(元) Average Wage of Staff and Workers at Work(yuan)		
		2007	2008	2009	2007	2008	2009	2007	2008	2009
总 计	**Total**	**227.77**	**254.53**	**290.31**	**225.48**	**250.11**	**284.54**	**54917**	**59060**	**65137**
杭州市	Hangzhou	48.79	55.29	66.08	48.47	54.47	65.01	60773	65560	73950
宁波市	Ningbo	36.82	40.71	47.36	36.28	40.07	46.52	65692	70076	78041
温州市	Wenzhou	31.19	34.80	39.61	30.93	34.20	38.77	51958	56647	63096
嘉兴市	Jiaxing	14.16	16.60	18.18	14.05	16.34	17.88	54821	60828	65721
湖州市	Huzhou	10.19	12.19	13.78	9.81	11.76	13.49	54189	61699	64781
绍兴市	Shaoxing	19.64	19.56	20.89	19.42	18.99	20.18	65180	65486	71070
金华市	Jinhua	18.49	21.09	23.59	18.43	20.93	23.36	42779	47283	49781
衢州市	Quzhou	11.21	12.87	13.73	11.05	12.62	13.39	45361	52287	56401
舟山市	Zhoushan	6.18	7.87	8.05	6.16	7.72	7.80	47246	50994	55334
台州市	Taizhou	21.38	21.95	24.99	21.24	21.56	24.28	56398	57177	63687
丽水市	Lishui	9.72	11.59	14.06	9.63	11.44	13.87	39497	42913	48541

5－17 历年城镇居民生活水平(1978－2009)
Living Standard of Urban Resident(1978－2009)

年份 Year	人均可支配收入(元) Per Capita Disposable Income(yuan)	人均可支配收入指数(上年＝100) Growth Rate of Per Capita Disposable Income (Preceding year＝100)	人均消费性支出(元) Per Capita Consumption Expenditure (yuan)	#食品支出 Food	恩格尔系数 Engel Coefficient	人均住房建筑面积(平方米) Per capita floor space of Residential Buildings(sq. m)
1978	332		301			
1980	488		428			
1981	523	105.4	476	264	55.6	
1982	530	99.4	471	270	57.3	
1983	551	101.2	484	288	59.5	9.44
1984	669	117.1	562	316	56.2	9.95
1985	904	117.4	795	407	51.3	11.07
1986	1104	114.9	969	492	50.8	11.76
1987	1228	100.3	1100	570	51.8	12.15
1988	1589	104.9	1453	741	51.0	12.49
1989	1797	96.8	1556	851	54.7	13.05
1990	1932	105.3	1604	885	55.1	13.55
1991	2143	105.0	1806	992	55.0	13.71
1992	2619	111.9	2154	1111	51.6	14.13
1993	3626	114.0	2856	1417	49.4	14.47
1994	5066	112.0	4079	1945	47.4	15.58
1995	6221	105.0	5263	2476	47.0	15.64
1996	6956	101.8	5764	2704	46.9	15.91
1997	7359	101.6	6170	2709	43.9	16.25
1998	7837	105.3	6218	2644	42.5	18.25
1999	8428	108.0	6522	2629	40.3	19.47
2000	9279	109.1	7020	2752	39.2	19.87
2001	10465	113.3	7952	2888	36.3	20.30
2002	11716	113.4	8713	3474	37.9	21.12
2003	13180	111.9	9713	3558	36.6	21.60
2004	14546	107.4	10636	3851	36.2	23.90
2005	16294	110.4	12254	4140	33.8	26.10
2006	18265	110.9	13349	4393	32.9	26.44
2007	20574	108.4	14091	4893	34.7	34.72
2008	22727	105.4	15158	5523	36.4	34.33
2009	24611	109.7	16683	5605	33.6	35.10

注：1. 人均可支配收入指数扣除价格变动因素。Growth rate of per capita disposable income was excluded price changes.
2. 人均住房建筑面积2007年前为使用面积。The data of Per capita floor space of residential buildings is adjusted since2007.

5－18 城镇居民家庭基本情况(2003－2009 年)
Basic Statistics on Urban Households(2003－2009)

项目		Item		2003	2004	2005	2006	2007	2008	2009
调查户数	(户)	Number of Households Surveyed	(household)	2250	2380	4150	4100	4300	4450	4450
平均每户家庭人口数	(人)	Average Household Size	(person)	2.81	2.81	2.80	2.78	2.74	2.72	2.68
平均每户就业人口数	(人)	Average Employed Persons Per Household	(person)	1.51	1.50	1.45	1.45	1.47	1.39	1.37
平均每户就业面	(%)	Percentage of Employed Persons Per Household	(%)	53.74	53.38	51.79	52.16	53.65	51.10	51.12
平均每一就业者负担人数(包括就业者本人)	(人)	Number of Persons Supported by Each Laborer(Including the Employee Himself or Herself)	(person)	1.86	1.87	1.93	1.91	1.86	1.96	1.96
家庭总收入	(元/人)	Per Capita Household income	(Yuan / person)	14295	15882	17877	19954	22584	24981	27119
#可支配收入	(元/人)	Per Capita Disposal Income	(Yuan / person)	13180	14546	16294	18265	20574	22727	24611
工资性收入	(元/人)	Wage income	(Yuan / person)	9693	10753	11941	13016	14510	15539	16701
经营净收入	(元/人)	Net Business Income	(Yuan / person)	1172	1336	1922	2172	2612	3162	3294
财产性收入	(元/人)	Property Income	(Yuan / person)	374	384	553	889	1080	1325	1415
转移性收入	(元/人)	Transfer Income	(Yuan / person)	3057	3409	3462	3877	4382	4955	5709
出售财物收入	(元/人)	Income of Properties Sold	(Yuan / person)	322	596	158	904	482	483	781
平均每人消费性支出	(元/人)	Per Annual Expenditure for Consumption	(Yuan / person)	9713	10636	12254	13349	14091	15158	16683
食品	(元/人)	Food	(Yuan / person)	3558	3851	4140	4393	4893	5523	5605
衣着	(元/人)	Clothing	(Yuan / person)	830	942	1264	1384	1406	1546	1615

续表 Continued

项目		Item		2003	2004	2005	2006	2007	2008	2009
居住	（元/人）	Residence	(Yuan / person)	953	971	1059	1229	1168	1334	1486
家庭设备用品及服务	（元/人）	Household Facilities Articles and Services	(Yuan / person)	593	597	609	615	666	713	829
医疗保健	（元/人）	Medicine and Medical Services	(Yuan / person)	738	829	832	852	859	933	985
交通和通讯	（元/人）	Transportation and Communications	(Yuan / person)	1224	1419	2097	2492	2473	2393	3291
娱乐教育、文化	（元/人）	Recreation, Education and Culture	(Yuan / person)	1487	1681	1850	1946	2158	2196	2295
杂项商品和服务	（元/人）	Miscellaneous Commodities and Services	(Yuan / person)	330	346	402	436	468	521	579
平均每人消费性支出构成（人均消费支出 = 100）	（%）	Composition of Per Capita Annual Expenditure for Consumption (Per Capita Expenditure Consumption = 100)	(%)	100	100	100	100	100	100	100
食品	（%）	Food (yuan)	(%)	36.64	36.20	33.80	32.91	34.72	36.44	33.59
衣着	（%）	Clothing	(%)	8.55	8.90	10.30	10.37	9.98	10.20	9.70
居住	（%）	Residence	(%)	9.81	9.10	8.60	9.21	8.29	8.80	8.90
家庭设备用品及服务	（%）	Household Facilities Articles and Services	(%)	6.10	5.60	5.00	4.61	4.73	4.71	4.97
医疗保健	（%）	Medicine and Medical Services	(%)	7.60	7.80	6.80	6.38	6.10	6.16	5.90
交通和通讯	（%）	Transportation and Communications	(%)	12.60	13.30	17.10	18.67	17.55	15.78	19.72
娱乐教育、文化	（%）	Recreation, Education and Culture	(%)	15.31	15.80	15.10	14.58	15.32	14.48	13.76
杂项商品和服务	（%）	Miscellaneous Commodities and Services	(%)	3.39	3.30	3.30	3.27	3.32	3.44	3.47

5-19 城镇居民家庭基本情况(2009 年)
Basic Statistics on Urban Households(2009)

项目		Item		总平均 Average	按可支配收入分组 Grouped by Disposable Income 最低收入户 Lowest Income Households	低收入户 Low Income Households	中等偏下户 Lower Middle Income Households	中等收入户 Middle Income Households	中等偏上户 Upper Middle Income Households	高收入户 High Income Households	最高收入户 Highest Income Households
调查户数	(户)	Number of Household Surveyed	(Household)	4450	445	445	890	890	890	445	445
比重	(%)	Proportio	(%)	100	10	10	20	20	20	10	10
平均每户家庭人口数	(人)	Average Household Size	(person)	2.68	2.92	3.05	2.76	2.53	2.60	2.56	2.50
有收入者人数	(人)	Persons with Incom	(person)	1.93	1.54	1.85	1.95	1.95	2.02	2.01	1.98
#离退休人口数	(人)	Retired	(person)	0.51	0.26	0.34	0.55	0.69	0.60	0.47	0.34
无收入者人数	(人)	Persons with - out Income	(person)	0.76	1.40	1.20	0.82	0.58	0.59	0.54	0.53
平均每户就业人口数	(人)	Average Employed Persons Per Household	(person)	1.37	1.13	1.44	1.33	1.23	1.39	1.53	1.63
平均每户就业面	(%)	Percentage of Employed Persons Per Household	(%)	51.12	38.70	47.21	48.19	48.62	53.46	59.77	65.20
平均每一就业者负担人数	(人)	Number of Persons Supported by Each Laborer	(person)	1.96	2.58	2.12	2.08	2.06	1.87	1.67	1.53
家庭总收入	(元/人)	Household Income Per Capita	(Yuan/person)	27119	9020	12970	17022	22562	30824	41942	70348
#可支配收入	(元/人)	Disposable Income	(Yuan/person)	24611	7845	11444	15371	20796	28028	37809	64240
家庭总支出	(元/人)	Household Expenditure Per Capita	(Yuan/person)	24111	9537	12366	15290	19312	28011	36899	60292
#消费性支出	(元/人)	Ann - ual Expenditure for Consumption	(Yuan/person)	16683	7681	9776	11790	14622	19650	22836	36245
食品	(元/人)	Food	(Yuan/person)	5605	3361	3987	4713	5709	6379	6858	8655
衣着	(元/人)	Clothing	(Yuan/person)	1615	627	830	1053	1340	1931	2464	3787
居住	(元/人)	Residence	(Yuan/person)	1486	902	795	1287	1439	1474	1695	3224
家庭设备用品及服务	(元/人)	Household Facilities, Articles and Services	(Yuan/person)	829	307	376	535	758	939	1134	2129
医疗保健	(元/人)	Medicine and Medical Services	(Yuan/person)	985	616	768	876	916	1156	1145	1469
交通和通讯	(元/人)	Transportation and Communications	(Yuan/person)	3291	738	1409	1509	2093	4457	5424	9736
娱乐教育、文化	(元/人)	Education and Culture	(Yuan/person)	2295	948	1385	1557	1896	2617	3224	5514
杂项商品和服务	(元/人)	Miscellaneous Commodities and Services	(Yuan/person)	579	182	227	260	470	698	893	1731

5－20 城镇居民家庭平均每人收支情况(2002－2009年)
Per Capita Annual Income and Expenditures of Urban Households(2002－2009)

单位:元(yuan)

项目	Item	2002	2003	2004	2005	2006	2007	2008	2009
家庭总收入	**Total Income**	**12682**	**14295**	**15882**	**17877**	**19954**	**22584**	**24981**	**27119**
工资性收入	Wage income	8534	9693	10753	11941	13016	14510	15539	16701
经营净收入	Net Business Income	761	1172	1336	1922	2172	2612	3162	3294
财产性收入	Property Income	202	374	384	553	889	1080	1325	1415
转移性收入	Transfer Income	3185	3057	3409	3462	3877	4382	4955	5709
出售财物收入	**Income of Properties Sold**	**77**	**322**	**596**	**158**	**904**	**482**	**483**	**781**
借贷收入	**Borrowing Money and Loans**	**2632**	**3647**	**4204**	**5134**	**6037**	**7125**	**6069**	**8295**
#提取储蓄存款	Drawing Money from Banks	2097	2573	3080	4120	4428	5744	5687	6592
借入款	Borrowed Money	276	286	244	277	264	337	105	298
住房贷款	Asking for Banks Loan for Purchasing Houses	103	472	446	191	691	463	45	539
家庭总支出	**Tolal Expenditure**	**11836**	**13692**	**15220**	**16906**	**18984**	**20097**	**20642**	**24111**
消费性支出	Consumption Expenditure	8713	9713	10636	12254	13349	14091	15158	16683
财产性支出	Property Expenditure	9	20	48	77	143	193	280	254
转移性支出	Transfer Expenditure	1237	1526	1602	1966	2155	2331	2573	2697
#缴纳个人收入税	Income Tax	112	134	163	206	194	240	250	254
捐赠支出	Expenditure for Presentation	786	896	948	1149	1259	1348	1522	1509
赡养支出	Expenditure for Alimony	269	406	389	453	507	522	505	637
社会保障支出	Expenditure for Social Security	797	918	1089	1277	1387	1642	1860	2085
购房与建房支出	Purchasing and Building Houses	1079	1516	1844	1333	1951	1841	771	2391
借贷支出	**Lend Money and Savings**	**3127**	**3734**	**4933**	**5226**	**7356**	**8995**	**9306**	**11906**
#存入储蓄款	Savings Deposits	2590	2909	3901	3973	5688	7124	7873	10594
借出款	Lend Money	16	55	64	67	75	86	104	125
储蓄性保险支出	Expenditure for Savings and Insurance	106	142	195	138	141	118	139	154
期末手存现金	**Cash Now Available**	**1623**	**1770**	**1888**	**1920**	**2279**	**2826**	**2223**	**1986**

5-21 城镇居民家庭平均每人全年收支(2009年)
Per Capita Annual Cash Income and Expenditures of Urban Households(2009)

单位:元(yuan)

项目	Item	总平均 Average	按可支配收入分组 Grouped by Disposable Income 最低收入户 Lowest Income House-holds	低收入户 Low Income House-holds	中等偏下户 Lower Middle Income House-holds	中等收入户 Middle Income House-holds	中等偏上户 Upper Middle Income House-holds	高收入户 High Income House-holds	最高收入户 Highest Income House-holds
家庭总收入	**Total Income**	**27119**	**9020**	**12970**	**17022**	**22562**	**30824**	**41942**	**70348**
工资性收入	Wage income	16701	5859	8367	10487	12681	18565	27554	44102
经营净收入	Net Business Income	3294	962	1642	1652	2523	3669	4810	10348
财产性收入	Property Income	1415	228	278	561	854	1306	1852	6657
转移性收入	Transfer Income	5709	1971	2683	4321	6504	7283	7726	9241
出售财物收入	**Income of Properties Sold**	**781**	**20**	**4**	**10**	**103**	**643**	**1530**	**4986**
借贷收入	**Borrowing Money and Loans**	**8295**	**2422**	**4365**	**4164**	**5379**	**8799**	**12733**	**27970**
#提取储蓄存款	Drawing Money from Banks	6592	2291	3146	3740	5166	7446	11045	17743
借入款	Borrowed Money	298	115	970	124	103	231	353	529
住房贷款	Asking for Banks Loan for Purchasing Houses	539		169	29	59	859	978	2460
家庭总支出	**Tolal Expenditure**	**24111**	**9537**	**12366**	**15290**	**19312**	**28011**	**36899**	**60292**
消费性支出	Consumption Expenditure	16683	7681	9776	11790	14622	19650	22836	36245
财产性支出	Property Expenditure	254	39	84	102	179	272	482	880
转移性支出	Transfer Expenditure	2697	600	802	1306	2219	3308	4952	7476
#缴纳个人收入税	Income Tax	254	8	25	40	100	230	498	1338
捐赠支出	Expenditure for Presentation	1509	407	532	836	1333	2075	2570	3343
赡养支出	Expenditure for Alimony	637	112	175	332	611	657	1247	1771
社会保障支出	Expenditure for Social Security	2085	1018	1360	1456	1485	2387	3452	4571
购房与建房支出	Purchasing and Building Houses	2391	199	344	637	808	2393	5176	11120
借贷支出	**Lend Money and Savings**	**11906**	**1604**	**4865**	**5653**	**8226**	**11948**	**18998**	**44089**
#存入储蓄款	Savings Deposits	10594	1460	3864	5109	7516	10675	16860	39145
借出款	Lend Money	125	13	637	7	15	162	39	111
储蓄性保险支出	Expenditure for Savings and Insurance	154	13	48	71	89	129	200	727
期末手存现金	**Cash Now Available**	**1986**	**1247**	**1341**	**1727**	**2201**	**2110**	**2380**	**2978**

5－22 城镇居民家庭平均每人全年消费性支出(2002－2009年)
Per Capita Annual Consumption Expenditures of Urban Households(2002－2009)

单位:元(yuan)

项目	Item	2002	2003	2004	2005	2006	2007	2008	2009
消费性支出	**Consumption Expenditure**	**8713**	**9713**	**10636**	**12254**	**13349**	**14091**	**15158**	**16683**
食品	**Food**	**3474**	**3558**	**3851**	**4140**	**4393**	**4893**	**5523**	**5605**
粮油类	Oils Class	274	304	379	391	395	438	537	525
粮食	Grain	172	183	240	239	244	256	298	306
淀粉及薯类	Starches and Potatoes	10	13	13	21	22	25	28	32
干豆类及豆制品	Dried Bean and Related Products	41	45	52	53	52	56	70	73
油脂类	Fat or Oil	51	63	74	78	78	101	141	115
肉禽蛋水产品类	Meat,Poultry Eggs and Aquatic Products	1057	1070	1088	1151	1157	1336	1483	1471
肉类	Meat	296	314	376	398	383	458	568	537
禽类	Poultry	161	161	161	181	166	214	245	237
蛋类	Eggs	48	48	52	57	55	66	74	75
水产品类	Aquatic Products	552	547	500	516	552	598	596	623
蔬菜类	Vegetables	319	311	336	335	365	385	414	448
调味品	Condiment	35	36	36	36	38	40	45	49
糖烟酒饮料	Sugar,Tobacco,Liquor and Beverage	409	456	506	553	604	649	671	695
糖类	Sugar	28	28	33	33	37	36	40	40
烟草类	Tobacco	233	255	292	326	371	405	398	416
酒	Liquor	88	103	108	116	115	122	139	137
饮料	Beverage	60	70	73	78	81	86	93	101
干鲜瓜果类	Dried and Fresh Melons,Fruits	232	255	281	297	334	362	382	421
糕点、奶及奶制品	Cake,Milk and Related Products	178	202	213	227	234	253	310	312
糕点	Cakes	58	63	69	72	73	83	100	106
奶及奶制品	Milk and Related Products	120	139	144	155	160	169	210	207
其他食品	Other Food	88	95	101	85	81	72	81	72
饮食服务	Catering Services	880	828	911	1065	1186	1358	1600	1610
#在外饮食	Eating Outside	879	828	911	1064	1185	1356	1599	1610

续表　Continued　单位:元(yuan)

项目	Item	2002	2003	2004	2005	2006	2007	2008	2009
衣着	**Clothing**	**744**	**830**	**942**	**1264**	**1384**	**1406**	**1546**	**1615**
#服装	Garments	543	628	718	970	1057	1070	1184	1232
衣着材料	Clothing Materials	15	11	10	11	11	11	13	16
鞋类	Shoes	152	159	183	241	272	285	306	320
其他衣着用品	Other Clothing	23	22	23	34	35	33	35	38
衣着加工服务费	Service Expenses of Clothing Processing	11	10	8	9	9	8	8	8
居住	**Residence**	**739**	**953**	**971**	**1059**	**1229**	**1168**	**1334**	**1486**
住房	Housing	292	428	447	368	478	401	480	652
水电燃料及其他	Water, Electricity and Fuels	421	492	496	641	698	713	784	763
居住服务费	Residence Services	25	34	28	50	53	54	70	71
家庭设备、用品及服务	**Household Facilities, Articles and Services**	**522**	**593**	**597**	**609**	**615**	**666**	**713**	**829**
#耐用消费品	Durable Consumer Goods	283	320	316	285	288	316	307	391
室内装饰品	Interior Decorations	19	24	23	27	23	22	20	23
床上用品	Bed Articles	46	48	52	74	60	77	85	86
家庭日用杂品	Articles for Daily Use	117	141	147	155	162	175	214	231
家具材料	Furniture Materials	6	13	13	10	18	12	9	12
家庭服务	Services	51	47	46	58	65	65	79	86
医疗保健	**Medicines and Medical Services**	**668**	**738**	**829**	**832**	**852**	**859**	**933**	**985**
交通和通讯	**Transportations and Communications**	**899**	**1224**	**1419**	**2097**	**2492**	**2473**	**2393**	**3291**
交通	Transportation	410	640	794	1299	1628	1531	1455	2360
通讯	Communication	489	584	625	798	864	942	938	931
娱乐、教育、文化	**Recreation, Educatrion and Cultural Services**	**1407**	**1487**	**1681**	**1850**	**1946**	**2158**	**2196**	**2295**
文化娱乐用品	Goods for Recreational	408	389	415	412	449	465	438	471
文化娱乐服务	Services for Recreation	264	296	407	465	445	495	579	643
教育	Educational	735	802	860	973	1053	1198	1179	1181
其它商品和服务	**Other goods and services**	**261**	**330**	**346**	**402**	**436**	**468**	**521**	**579**

注：其它商品和服务自2002年起数据统计口径调整。The data of Other goods and services are adjusted since 2002.

5－23 城镇居民家庭平均每人全年消费性支出(2009 年)
Per Capita Annual Consumption Expenditures of Urban Households(2009)

单位:元(yuan)

项目	Item	总平均 Average	按可支配收入分组 Grouped by Disposable Income						
			最低收入户 Lowest Income House－holds	低收入户 Low Income House－holds	中等偏下户 Lower Middle Income House－holds	中等收入户 Middle Income House－holds	中等偏上户 Upper Middle Income House－holds	高收入户 High Income House－holds	最高收入户 Highest Income House－holds
消费性支出	**Consumption Expenditure**	**16683**	**7681**	**9776**	**11790**	**14622**	**19650**	**22836**	**36245**
食品	**Food**	**5605**	**3361**	**3987**	**4713**	**5709**	**6379**	**6858**	**8655**
粮油类	Oils Class	525	455	482	519	584	559	499	503
粮食	Grain	306	263	272	295	341	334	293	302
淀粉及薯类	Starches and Potatoes	32	23	27	30	35	34	34	36
干豆类及豆制品	Dried Bean and Related Products	73	66	65	75	84	74	67	65
油脂类	Fat or Oil	115	104	117	119	124	118	105	99
肉禽蛋水产品类	Meat,Poultry Eggs and Aquatic Products	1471	1037	1221	1443	1606	1644	1505	1611
肉类	Meat	537	419	498	556	590	570	515	510
禽类	Poultry	237	167	206	241	263	253	240	247
蛋类	Eggs	75	60	66	72	80	83	77	75
水产品类	Aquatic Products	623	392	450	574	673	739	673	779
蔬菜类	Vegetables	448	354	401	463	487	484	422	442
调味品	Condiment	49	36	43	49	55	52	47	52
糖烟酒饮料	Sugar,Tobacco,Liquor and Beverage	695	391	465	538	717	789	976	1094
糖类	Sugar	40	19	25	34	40	50	50	64
烟草类	Tobacco	416	252	289	306	432	485	629	589
酒	Liquor	137	73	88	113	146	135	171	265
饮料	Beverage	101	47	63	85	100	119	126	175
干鲜瓜果类	Dried and Fresh Melons,Fruits	421	225	284	362	423	499	532	638
糕点、奶及奶制品	Cake,Milk and Related Products	312	182	201	261	303	390	410	445
糕点	Cakes	106	57	71	90	102	133	140	144
奶及奶制品	Milk and Related Products	207	126	130	170	201	257	271	302
其他食品	Other Food	72	39	46	65	80	80	86	108
饮食服务	Catering Services	1610	641	843	1014	1453	1880	2380	3762
#在外饮食	Eating Outside	1610	640	842	1013	1452	1879	2380	3760

续表 Continued 单位:元(yuan)

项目	Item	总平均 Average	按可支配收入分组 Grouped by Disposable Income 最低收入户 Lowest Income House－holds	低收入户 Low Income House－holds	中等偏下户 Lower Middle Income House－holds	中等收入户 Middle Income House－holds	中等偏上户 Upper Middle Income House－holds	高收入户 High Income House－holds	最高收入户 Highest Income House－holds
衣着	**Clothing**	**1615**	**627**	**830**	**1053**	**1340**	**1931**	**2464**	**3787**
#服装	Garments	1232	452	608	766	1003	1487	1905	3012
衣着材料	Clothing Materials	16	10	13	19	13	14	23	27
鞋类	Shoes	320	143	184	233	286	375	470	652
其他衣着用品	Other Clothing	38	19	20	31	32	45	52	78
衣着加工服务费	Service Expenses of Clothing Processing	8	3	5	5	7	11	14	17
居住	**Residence**	**1486**	**902**	**795**	**1287**	**1439**	**1474**	**1695**	**3224**
住房	Housing	652	341	172	531	612	543	655	2092
水电燃料及其他	Water,Electricity and Fuels	763	545	597	724	777	846	876	953
居住服务费	Residence Services	71	17	26	32	51	85	164	179
家庭设备用品及服务	**Household Facilities,Articles and Services**	**829**	**307**	**376**	**535**	**758**	**939**	**1134**	**2129**
#耐用消费品	Durable Consumer Goods	391	120	163	249	375	389	539	1123
室内装饰品	Interior Decorations	23	3	5	11	17	24	31	92
床上用品	Bed Articles	86	28	45	64	80	108	133	164
家庭日用杂品	Articles for Daily Use	231	138	151	181	221	268	308	391
家具材料	Furniture Materials	12	1	0	1	5	20	2	71
家庭服务	Services	86	18	12	30	60	130	121	288
医疗保健	**Neducube abd Neducak Servuces**	**985**	**616**	**768**	**876**	**916**	**1156**	**1145**	**1469**
交通和通讯	**Transportations and Communications**	**3291**	**738**	**1409**	**1509**	**2093**	**4457**	**5424**	**9736**
交通	Transportation	2360	242	754	752	1247	3401	4127	8119
通讯	Communication	931	496	655	756	846	1056	1298	1618
娱乐、教育、文化	**Recreation,Educatrion and Cultural Services**	**2295**	**948**	**1385**	**1557**	**1896**	**2617**	**3224**	**5514**
文化娱乐用品	Goods for Recreational	471	135	191	278	360	533	820	1295
文化娱乐服务	Services for Recreation	643	103	161	343	512	802	978	2000
教育	Educational	1181	710	1033	936	1024	1282	1426	2219
其它商品和服务	**Other goods and services**	**579**	**182**	**227**	**260**	**470**	**698**	**893**	**1731**

5－24 城镇居民家庭平均每人全年购买主要商品数量(2003－2009年)
Per Capita Annual Purchases of Major Commodities of Urban Households(2003－2009)

名称		Item		2003	2004	2005	2006	2007	2008	2009
大米	(公斤)	Rice	(kg)	58.40	58.88	54.15	54.09	51.07	52.61	51.14
面粉	(公斤)	Flour	(kg)	1.12	1.27	1.46	1.55	1.38	1.73	1.75
食用植物油	(公斤)	Edible Vegetables Oil	(kg)	7.37	7.76	8.18	7.95	8.10	8.61	8.23
猪肉	(公斤)	Pork	(kg)	17.58	18.19	18.73	18.24	16.30	16.76	17.45
牛肉	(公斤)	Beef	(kg)	0.88	0.93	1.24	1.48	1.58	1.34	1.54
羊肉	(公斤)	Mutton	(kg)	0.22	0.26	0.41	0.41	0.36	0.30	0.40
鸡	(公斤)	Chicken	(kg)	5.13	4.34	5.02	4.48	5.09	5.25	4.89
鸭	(公斤)	Duck	(kg)	3.14	3.13	3.35	3.13	2.93	3.00	3.00
鲜蛋	(公斤)	Fresh Eggs	(kg)	7.24	6.49	6.40	6.49	6.32	6.77	6.62
鱼	(公斤)	Fish	(kg)	15.18	13.02	13.65	13.55	14.27	13.33	13.47
虾	(公斤)	Shrimp	(kg)	3.60	3.28	3.01	3.17	3.53	3.07	3.20
鲜菜	(公斤)	Fresh Vegetables	(kg)	101.50	102.28	88.71	91.15	91.32	88.65	89.92
白酒	(公斤)	White Spirit	(kg)	1.56	1.95	1.93	2.04	2.02	1.54	1.68
啤酒	(公斤)	Beer	(kg)	10.52	11.14	9.97	10.26	9.15	7.53	7.05
茶叶	(公斤)	Tea	(kg)	0.14	0.16	0.17	0.17	0.17	0.18	0.17
鲜果	(公斤)	Fresh Fruits Fresh melon	(kg)	39.39	41.45	37.07	37.24	39.14	36.16	37.14
鲜瓜	(公斤)	Fresh melon	(kg)	26.66	24.96	23.43	25.60	25.52	18.83	19.93
糕点	(公斤)	Cake	(kg)	4.00	4.13	4.08	4.06	4.32	4.63	4.75
鲜奶	(公斤)	Fresh Milk	(kg)	16.55	16.07	13.45	13.35	13.30	11.42	10.89
服装	(件)	Garments	(piece)	8.37	8.33	9.71	9.54	8.91	8.84	8.83
鞋	(双)	Shoes	(pair)	2.82	2.62	2.97	2.89	2.82	2.76	2.81
水	(吨)	Water	(ton)	42.39	43.68	56.38	56.92	56.80	58.65	59.29
电	(千瓦时)	Electricity	(kw. h)	543.50	542.11	656.07	717.25	726.23	805.66	850.44
煤炭	(公斤)	Coal	(kg)	12.31	12.37	11.56	8.82	6.25	4.58	2.87
罐装液化气	(公斤)	Tank LPG	(kg)	28.92	25.44	30.23	28.10	27.71	26.38	25.43
管道液化气	(立方米)	Pipeline LPG	(cu. m)						0.90	0.90
管道煤气	(立方米)	Pipeline Gas	(cu. m)						2.17	1.12
天然气	(立方米)	Natural Gas	(cu. m)						11.21	12.45

5-25 城镇居民家庭平均每人全年购买主要商品数量(2009 年)
Per Capita Annual Purchases of Major Commodities of Urban Households(2009)

名称		Item		总平均 Average	按可支配收入分组 Grouped by Disposable Income 最低收入户 Lowest Income House-holds	低收入户 Low Income House-holds	中等偏下户 Lower Middle Income House-holds	中等收入户 Middle Income House-holds	中等偏上户 Upper Middle Income House-holds	高收入户 High Income House-holds	最高收入户 Highest Income House-holds
大米	(公斤)	Rice	(kg)	51.14	48.9	51.67	54.12	57.03	51.94	42.55	41.71
面粉	(公斤)	Flour	(kg)	1.75	2.09	1.55	1.64	2.28	1.64	1.78	1
食用植物油	(公斤)	Edible Vegetables Oil	(kg)	8.23	7.94	8.33	8.77	8.99	8.2	7.05	6.97
猪肉	(公斤)	Pork	(kg)	17.45	14.93	17.51	18.47	19.77	17.63	15.69	14.57
牛肉	(公斤)	Beef	(kg)	1.54	1.16	1.44	1.71	1.49	1.61	1.6	1.64
羊肉	(公斤)	Mutton	(kg)	0.4	0.33	0.24	0.4	0.35	0.39	0.33	0.42
鸡	(公斤)	Chicken	(kg)	4.89	3.79	4.8	5.23	5.20	5.2	4.27	4.68
鸭	(公斤)	Duck	(kg)	3	2.3	2.49	3.25	3.28	3.17	2.77	2.5
鲜蛋	(公斤)	Fresh Eggs	(kg)	6.62	5.65	6.30	6.74	7.12	7.06	6.41	6.04
鱼	(公斤)	Fish	(kg)	13.47	11.0	11.63	13.78	14.87	14.73	12.62	12.99
虾	(公斤)	Shrimp	(kg)	3.20	2.37	2.56	3.11	3.49	3.68	3.11	3.49
鲜菜	(公斤)	Fresh Vegetables	(kg)	89.92	79.58	87.09	95.28	98.59	92.09	80.90	79.81
白酒	(公斤)	White Spirit	(kg)	1.68	1.45	1.58	1.74	2.21	1.54	1.55	1.25
啤酒	(公斤)	Beer	(kg)	7.05	5.48	6.02	7.60	8.63	6.42	6.92	6.98
茶叶	(公斤)	Tea	(kg)	0.17	0.10	0.12	0.14	0.2	0.2	0.19	0.24
鲜果	(公斤)	Fresh Fruits	(kg)	37.14	24.24	29.89	33.45	39.61	42.44	41.81	46.22
鲜瓜	(公斤)	Fresh melon	(kg)	19.93	13.18	15.99	19.58	20.84	22.69	20.5	24.14
糕点	(公斤)	Cake	(kg)	4.75	3.06	3.54	4.38	4.84	5.75	5.62	5.55
鲜奶	(公斤)	Fresh Milk	(kg)	10.89	6.71	7.31	10.56	11.13	12.40	14.08	13.42
服装	(件)	Garments	(piece)	8.83	5.51	6.4	6.99	8.27	10.66	11.23	13.92
鞋	(双)	Shoes	(pair)	2.81	2.14	2.31	2.39	2.83	3.12	3.40	3.66
水	(吨)	Water	(ton)	59.29	43.95	48.14	55.40	59.60	68.94	66.29	68.97
电	(千瓦时)	Electricity	(kw.h)	850.44	560.79	630.47	796.05	844.09	960.82	1020.63	1137.15
煤炭	(公斤)	Coal	(kg)	2.87	3.80	2.52	5.20	2.86	1.7	2.31	0.39
罐装液化气	(公斤)	Liquefied Petroleum Gas	(kg)	25.43	26.85	27.83	27.86	28	24.08	21.13	17.10
管道液化气	(立方米)	Pipeline LPG	(cu.m)	0.9	0.64	0.41	0.3	0.99	1.02	1.54	2
管道煤气	(立方米)	Pipeline Gas	(cu.m)	1.12	0.73	1.33	1.29	1.03	1.11	0.86	1.39
天然气	(立方米)	Natural Gas	(cu.m)	12.45	2.85	6.18	9.79	11.6	16.27	16.69	24.85

5-26 城镇居民家庭平均每百户耐用消费品购买量(2003-2009年)
Per 100 Urban Households Annual Average Purchases of Durable Consumer Goods(2003-2009)

名称		Item		2003	2004	2005	2006	2007	2008	2009
摩托车	(辆)	Motorcycle	(unit)	1.44	2.28	1.44	0.96	0.76	0.78	1.02
助力车	(辆)	Electric Bicycle	(unit)	6.72	6.96	5.40	5.64	4.97	5.35	5.13
家用汽车	(辆)	Household Car	(unit)	0.60	0.84	1.92	2.16	1.96	1.03	2.90
洗衣机	(台)	Washing Machine	(unit)	4.68	4.56	3.72	2.76	3.07	3.62	3.18
电冰箱	(台)	Refrigerator	(unit)	4.20	4.80	4.56	3.96	3.73	3.74	4.74
彩色电视机	(台)	Color TV Set	(unit)	7.80	8.04	7.44	7.20	6.12	7.84	8.63
家用电脑	(台)	Household Electronic Computer	(unit)	7.32	6.48	6.12	7.20	7.77	5.97	8.25
组合音响	(台)	Hi-Fi Stereo Component System	(unit)	0.84	0.96	0.48	0.48	1.36	0.34	0.40
摄像机	(架)	Pickup Camera	(unit)	0.24	0.24	0.36	0.36	0.36	0.43	0.22
照相机	(架)	Camera	(unit)	2.28	2.64	3.24	3.96	4.28	3.29	2.96
钢琴	(架)	Piano	(unit)	0.12	0.12	0.24	0.12	0.05	0.22	0.21
中高档乐器	(架)	Medium or High Rank Instrument	(unit)	0.72	0.60	1.08	1.08	1.04	0.78	0.97
微波炉	(台)	Microwave Oven	(unit)	4.92	5.16	3.00	3.12	1.80	2.60	2.30
空调器	(台)	Air Conditioner	(unit)	16.08	13.32	9.60	7.92	9.45	6.68	8.33
淋浴热水器	(个)	Shower	(unit)	5.52	4.56	5.64	4.92	3.90	3.68	4.41
消毒碗柜	(台)	Disinfecting Cupboard	(unit)	0.96	0.72	0.72	0.48	0.53	0.42	0.42
洗碗机	(台)	Dishwasher	(unit)		0.12			0.01	0.02	0.01
健身器材	(件)	Fitness Equipment	(unit)					0.13	0.48	7.50
固定电话	(部)	Telephone	(unit)	8.52	6.96	6.24	5.04	4.58	5.61	4.58
移动电话	(部)	Mobile Phone	(unit)	26.04	25.08	26.52	27.72	31.18	25.47	25.53

5－27 城镇居民家庭平均每百户耐用消费品购买量(2009 年)
Per 100 Urban Households Annual Average Purchases of Durable Consumer Goods(2009)

名称		Item		总平均 Average	按可支配收入分组 Grouped by Disposable Income						
					最低收入户 Lowest Income House－holds	低收入户 Low Income House－holds	中等偏下户 Lower Middle Income House－holds	中等收入户 Middle Income House－holds	中等偏上户 Upper Middle Income House－holds	高收入户 High Income House－holds	最高收入户 Highest Income House－holds
洗衣机	(台)	Washing Machine	(unit)	3.18	1.04	2.10	2.05	4.05	3.55	3.52	5.47
电冰箱	(台)	Refrigerator	(unit)	4.74	2.05	1.54	3.47	4.60	5.6	6.5	9.40
微波炉	(台)	Microwave oven	(unit)	2.3	2.58	5.40	2.15	1.3	1.09	1.70	4.09
空调器	(台)	Air conditioner	(unit)	8.33	2.48	5.89	6.29	9.50	7.04	9.72	18.64
淋浴热水器	(个)	Shower	(unit)	4.41	1.86	3.78	4.8	4.78	3.42	5.73	6.55
消毒碗柜	(台)	Disinfecting Cupboard	(unit)	0.42	0.04		0.29	0.1	0.37	1.17	1.48
洗碗机	(台)	Dishwasher	(unit)	0.01							0.13
摩托车	(辆)	Motorcycle	(unit)	1.02		0.9	0.64	2.1	0.84	1.00	0.90
助力车	(辆)	Electric Bicycle	(unit)	5.13	7.00	6.71	5.28	5.27	5.61	3.61	1.95
家用汽车	(辆)	Household Car	(unit)	2.90		1.00	0.66	1.11	4.7	4.75	9.76
固定电话机	(部)	Telephone	(unit)	4.58	1.79	2.21	3.59	4.39	5.89	7.82	5.90
移动电话	(部)	Mobile Phone	(unit)	25.53	9.83	20.6	20.04	21.87	31.01	37.47	39.29
彩色电视机	(台)	Color TV Set	(unit)	8.63	2.94	1.82	5.99	9.53	6.82	16.10	19.94
家用电脑	(台)	Household Electronic Computer	(unit)	8.25	3.05	6.11	5.84	5.99	10.21	13.68	14.76
组合音响	(台)	Hi－Fi Stereo Component System	(unit)	0.40			0.04	0.34	0.35	1.70	0.83
摄像机	(架)	Pickup Camera	(unit)	0.22		0.05	0.26	0.04	0.21	0.25	0.85
照相机	(架)	Camera	(unit)	2.96	0.24	1.47	1.49	3.11	4.50	4.74	4.56
钢琴	(架)	Piano	(unit)	0.21			0.17	0.02	0.05	0.24	1.3
中高档乐器	(架)	Medium or High Rank Instrument	(unit)	0.97	0.32	0.09	0.88	0.31	1.26	0.63	3.56
健身器材	(件)	Fitness Equipment	(unit)	7.50		0.15	0.36	0.45	34.5	0.16	2.34

5－28 城镇居民家庭平均每百户耐用消费品拥有量(2003－2009年) Per 100 Urban Households Annual Average Possession of Durable Consumer Goods(2003－2009)

名称		Item		2003	2004	2005	2006	2007	2008	2009
摩托车	（辆）	Motorcycle	(unit)	25.53	29.41	32.65	31.84	30.38	25.85	25.63
助力车	（辆）	Electric Bicycle	(unit)	15.89	23.18	30.12	34.75	37.67	39.82	42.76
家用汽车	（辆）	Household Car	(unit)	2.98	3.52	8.71	11.03	13.86	19.65	23.72
洗衣机	（台）	Washing Machine	(unit)	92.69	94.94	91.45	93.06	92.91	91.23	92.91
电冰箱	（台）	Refrigerator	(unit)	98.60	98.93	97.79	99.27	100.04	97.87	99.23
彩色电视机	（台）	Color TV Set	(unit)	159.39	163.14	178.62	181.02	182.89	176.18	181.63
家用电脑	（台）	Household Electronic Computer	(unit)	40.23	44.72	59.47	64.83	73.76	79.45	84.53
组合音响	（台）	Hi－Fi Stereo Component System	(unit)	28.11	30.41	36.56	36.47	38.26	33.40	33.36
摄像机	（架）	Pickup Camera	(unit)	2.76	3.07	5.24	6.24	6.30	8.55	9.22
照相机	（架）	Camera	(unit)	50.72	51.47	51.35	52.51	52.15	45.80	47.87
钢琴	（架）	Piano	(unit)	2.00	2.28	2.64	2.48	2.62	2.70	2.97
中高档乐器	（架）	Medium or High Rank Instrument	(unit)	6.50	8.19	7.83	8.99	7.16	4.59	5.85
微波炉	（台）	Microwave oven	(unit)	51.21	51.65	58.24	60.06	65.67	66.35	69.35
空调器	（台）	Air conditioner	(unit)	105.23	115.70	146.89	152.42	161.02	170.73	180.05
淋浴热水器	（个）	Shower	(unit)	82.98	80.70	90.35	91.41	95.17	96.68	99.20
消毒碗柜	（台）	Disinfecting Cupboard	(unit)	16.08	16.60	21.70	21.55	22.40	23.67	23.89
洗碗机	（台）	Dishwasher	(unit)	0.99	0.85	0.84	0.63	0.57	1.00	1.16
健身器材	（件）	Fitness Equipment	(unit)	5.68	4.45	6.29	7.13	6.99	5.40	5.82
固定电话	（部）	Telephone	(unit)	100.10	99.37	96.84	95.81	95.54	90.07	89.71
移动电话	（部）	Mobile Phone	(unit)	130.64	144.58	174.73	182.63	190.69	188.95	191.57

5-29 城镇居民家庭平均每百户耐用消费品拥有量(2009年)
Per 100 Urban Households Annual Average Possession of Durable Consumer Goods(2009)

名称		Item		总平均 Average	最低收入户 Lowest Income House-holds	低收入户 Low Income House-holds	中等偏下户 Lower Middle Income House-holds	中等收入户 Middle Income House-holds	中等偏上户 Upper Middle Income House-holds	高收入户 High Income House-holds	最高收入户 Highest Income House-holds
					按可支配收入分组 Grouped by Disposable Income						
摩托车	(辆)	Motorcycle	(unit)	25.63	19.67	30.7	28.61	26.65	24.39	25.70	20.52
助力车	(辆)	Electric Bicycle	(unit)	42.76	45.24	48.48	44.43	41.82	44.6	37.69	34.92
家用汽车	(辆)	Household Car	(unit)	23.72	1.78	10.65	10.48	17.79	27.68	43.66	65.25
洗衣机	(台)	Washing Machine	(unit)	92.91	80.58	89.82	92.92	89.95	96.90	97.31	100.12
电冰箱	(台)	Refrigerator	(unit)	99.23	95.0	97.58	98.09	97.30	100.55	102.28	104.84
彩色电视机	(台)	Color TV Set	(unit)	181.63	151.00	167.05	170.09	176.48	191.33	206.44	211.20
家用电脑	(台)	Household Computer	(unit)	84.53	56.2	72.34	74.88	71.94	92.69	111.51	121.54
组合音响	(台)	Hi-Fi Stereo Component System	(unit)	33.4	13.38	23.56	28.60	29.30	39.28	46.22	52.95
摄像机	(架)	Pickup Camera	(unit)	9.22	1.88	3.85	4.10	7.64	11.18	16.99	22.27
照相机	(架)	Camera	(unit)	47.87	20.42	34.19	34.47	43	57.70	69.61	80.16
钢琴	(架)	Piano	(unit)	3.0	1.31	0.99	0.92	2.30	3.82	5.21	7.71
中高档乐器	(件)	Medium or HighGrade Instrument	(unit)	5.85	2.20	3.65	5.11	6.4	6.67	9.34	6.41
微波炉	(台)	Microwave oven	(unit)	69.35	46.91	58.9	63.20	68.31	77.68	81.39	84.50
空调器	(台)	Air conditioner	(unit)	180.05	113.13	139.50	158.07	164.51	203.97	227.6	256.18
淋浴热水器	(个)	Shower	(unit)	99.20	79.27	92.76	89.97	93.12	109.56	108.16	123.02
消毒碗柜	(台)	Disinfecting Cupboard	(unit)	23.89	11.73	11.48	20.94	22.24	27.44	32.20	40.25
洗碗机	(台)	Dishwasher	(unit)	1	0.45	0.11	0.87	0.95	1.90	1.7	1.80
健身器材	(件)	Fitness Equipment	(unit)	5.8	0.6	2.03	2.48	4.51	8.23	8.59	15.46
固定电话	(部)	Telephone	(unit)	89.71	82.4	85.86	88.00	88.71	93.1	93.20	94.87
移动电话	(部)	Mobile Phone	(unit)	191.57	162.75	191.46	183.94	179.05	196.29	218.78	219.84

5-30 城镇居民家庭居住情况(2003-2009年) Living Conditions of Urban Households(2003-2009)

单位:%(%)

项目	Item	2003	2004	2005	2006	2007	2008	2009
调查总户数	**Number of Households Surveyed**	**100**	**100**	**100**	**100**	**100**	**100**	**100**
按房屋产权分	**By Property Right of House**							
租赁公房	Rental State-owned House	6.4	5.2	4.1	4.2	3.6	3.30	2.80
租赁私房	Rental Private House	1.6	1.5	2.9	3.2	3.1	6.08	5.29
自有房	Private House	90.8	92.3	90.4	90.3	92.3	89.70	90.7
原有私房	Original Private House	14.7	16.5	12.7	12.6	10.7	10.43	10.64
房改私房	Private House after House Reforming	50.5	48.3	32.1	31.7	32.0	27.00	26.00
商品房	Commercial House	25.7	27.6	45.5	46.0	49.6	52.26	54.39
其他	Others	1.2	1.0	2.7	2.4	1.0	0.92	1.23
按住宅建筑式样分	**By Building Type**							
单栋住宅	One Household	5.8	8.7	8.7	8.5	7.8	6.40	6.60
四居室	Four Bedrooms	5.9	4.5	6.7	5.7	4.0	4.60	4.70
三居室	Three Bedrooms	25.4	29.9	32.4	33.5	36.0	36.82	37.71
二居室	Two Bedrooms	52.9	46.0	42.0	42.1	42.5	43.42	42.02
一居室	One Bedroom	3.3	3.5	3.4	3.9	4.0	4.46	4.47
普通楼房	Common House	5.2	5.8	5.6	4.9	3.4	3.50	3.70
平房及其他	Others	1.4	1.6	1.3	1.3	1.3	0.80	0.80
按用水情况分	**By Water Using**							
独用自来水	Tap Water Owned Per Household	99.2	99.1	97.9	98.4	99.7	99.87	99.84
公用自来水	Public Tap Water	0.6	0.7	1.8	1.3	0.2	0.11	0.13
井水、河水	Wall Water and River	0.2	0.2	0.3	0.3	0.1	0.02	0.02
按卫生设备情况分	**By Health Facilities**							
无卫生设备	Without Health Facilities	3.0	2.1	2.6	2.7	1.3	0.90	0.80
有浴室厕所	Bathroom and Toilet Room Owned Per Household	87.6	88.2	91.4	90.3	93.1	92.67	93.37
有厕所无浴室	Toilet Room Owned But Without Bath Room	8.7	9.0	5.7	6.7	5.4	6.19	5.58
公用卫生设备	Public Health Facilities	0.8	0.8	0.3	0.3	0.3	0.25	0.22
按取暖设备情况分	**By Heating Facilities**							
无取暖设备	Without Heating Equipment	36.2	33.2	19.5	17.3	14.3	10.81	9.35
空调设备	Air Coditioner Owned	62.2	65.7	80.4	82.5	85.5	88.97	90.46
暖气	Warm Gas							
其他	Others	1.6	1.1	0.1	0.2	0.2	0.23	0.19
按炊用燃料使用情况分	**By Fuel Types**							
煤炭	Coal	0.7	0.8	0.5	0.3	0.2	0.32	0.31
灌装液化石油气	Tank LPG	81.1	82.9	80.7	79.9	79.7	74.04	71.77
管道液化石油气	Pipeline LPG						4.38	3.95
管道煤气	Pipeline Gas						1.60	1.70
管道天然气	Pipeline Gas						19.21	21.90
其他燃料	Others	0.1	0.2	0.4	0.3	0.3	0.45	0.39

5-31 历年农村居民生活水平(1978-2009年)
Living Standard of Rural Resident(1978-2009)

年份	人均纯收入(元) Per Capita Net Income (yuan)	人均纯收入指数(上年=100) Growth Rate of Per Capita Net Income (Preceding year=100)	人均消费性支出(元) Per Capita Consumption Expenditure (yuan)	#食品支出 Food	恩格尔系数 Engel Coefficient	人均居住面积(平方米) Per Captia Floor Space of Residential Buildings (sq. m)
1978	165		157	93	59.1	
1979	195	115.2	175	100	57.1	
1980	219	103.3	192	109	56.8	16.07
1981	286	129.0	267	147	55.2	14.02
1982	346	120.4	302	170	56.3	16.57
1983	359	102.3	326	183	56.2	19.32
1984	446	123.5	369	202	54.6	20.45
1985	549	112.5	474	247	52.1	22.08
1986	609	105.0	561	282	50.3	23.02
1987	725	113.6	659	320	48.6	24.73
1988	902	108.1	839	389	46.4	25.98
1989	1011	97.4	927	445	48.0	27.09
1990	1099	102.7	946	436	46.1	29.26
1991	1211	108.9	1027	518	50.5	30.77
1992	1359	108.8	1112	548	49.2	31.34
1993	1746	110.2	1263	633	50.2	32.62
1994	2225	104.1	1680	800	47.6	32.77
1995	2966	105.3	2378	1198	50.4	34.14
1996	3463	106.1	2702	1367	50.6	35.78
1997	3684	103.8	2839	1378	48.5	37.30
1998	3815	104.7	2891	1362	47.1	38.53
1999	3948	105.6	2806	1293	46.1	40.27
2000	4254	107.8	3231	1406	43.5	46.42
2001	4582	106.9	3479	1449	41.6	47.82
2002	4940	108.4	3693	1508	40.8	49.53
2003	5431	107.8	4287	1637	38.2	50.73
2004	6096	107.4	4659	1839	39.5	51.29
2005	6660	106.4	5215	2011	38.6	54.98
2006	7335	109.3	5762	2141	37.2	55.57
2007	8265	108.2	6442	2347	36.4	57.06
2008	9258	106.2	7072	2690	38.0	58.50
2009	10007	109.5	7375	2756	37.4	59.29

注：人均纯收入指数扣除价格因素。Growth rate of per-capita net income was excluded price changes.

5-32 农村居民家庭基本情况(2003-2009年)
Basic Statistics on Rural Households(2003-2009)

项目		Item		2003	2004	2005	2006	2007	2008	2009
调查户数	**(户)**	**Number of Household Surveyed**	**(household)**	**2700**	**2700**	**4700**	**4700**	**4700**	**4700**	**4700**
常住人口	**(人)**	**Permanent Residents**	**(person)**	**9636**	**9532**	**16709**	**16675**	**16629**	**16477**	**16416**
户均常住人口	(人)	Average Permanent Residents Per Household	(person)	3.57	3.53	3.56	3.55	3.54	3.51	3.49
户均整半劳动力	**(人)**	**Average Ablebodied and Semiablebodied Laborers**	**(person)**	**2.61**	**2.58**	**2.60**	**2.60**	**2.60**	**2.58**	**2.57**
整半劳动力占人口比重	(%)	Percentage of Ablebodied and Semiablebodied	(%)	73.16	73.08	73.02	73.36	73.53	73.65	73.63
每百个劳动力中人数		**Among Per 100 Laborers**								
乡村企业人数	**(人)**	**Laborers in Rural Enterprise**	**(person)**	**14.79**	**21.72**	**22.32**	**23.11**	**27.13**	**28.34**	**28.29**
外出劳动力人数	**(人)**	**Laborers OutSide**	**(person)**	**12.68**	**12.98**	**10.70**	**10.81**	**9.94**	**9.69**	**12.87**
平均每百个劳动力中人数:	**(人)**	**Among Per 100 Laborers**	**(person)**							
不识字或识字很少	(人)	Illiterate or Semiliterate	(person)	6.31	7.05	6.84	6.69	6.09	5.72	5.75
小学程度	(人)	Primary School	(person)	33.77	32.86	32.25	31.34	31.51	31.28	30.48
初中程度	(人)	Junior Secondary School	(person)	45.60	45.20	45.06	45.72	44.70	44.02	43.59
高中程度	(人)	Senior Secondary School	(person)	11.32	11.73	12.23	12.30	12.74	12.98	13.56
中专程度	(人)	Specialized Secondary School	(person)	2.13	2.12	2.17	2.28	2.70	3.11	3.23
大专程度	(人)	College	(person)	0.87	1.03	1.46	1.67	2.27	2.89	3.39
按人均纯收入分组的户数占调查户数的比重	**(%)**	**Percentage of Households Grouped by Per Capita Net Income**	**(%)**							
2000元以下		<2000 yuan		10.78	8.15	9.04	6.51	5.28	3.94	3.26
2000-4000元		2000-4000 yuan		27.96	23.44	19.47	16.30	13.70	11.53	10.21
4000-6000元		4000-6000 yuan		26.52	25.56	22.36	21.00	18.26	15.36	13.81
6000-8000元		6000-8000 yuan		15.41	18.15	17.94	18.32	17.66	16.98	15.04
8000-10000元		8000-10000 yuan		9.37	11.11	12.26	14.32	14.04	14.45	15.38
10000-12000元		10000-12000 yuan		4.11	5.67	7.83	8.34	11.02	12.17	12.09
12000-14000元		12000-14000 yuan		2.15	2.96	4.23	5.89	6.89	8.30	8.60
14000-16000元		14000-16000 yuan		1.30	1.63	2.26	3.62	4.38	5.34	6.47
16000-18000元		16000-18000 yuan		0.96	1.04	1.30	1.77	2.96	3.47	4.81
18000-20000元		18000-20000 yuan		0.15	0.48	0.98	0.96	1.43	2.32	2.36
20000元以上		>=20000 yuan		1.30	1.81	2.34	2.98	4.38	6.15	7.98
人均经营耕地面积	**(亩)**	**Cultivated Areas Run by Per Capita**	**(mu)**	**0.72**	**0.73**	**0.70**	**0.67**	**0.66**	**0.65**	**0.64**
人均经营山地面积	(亩)	Hilly Areas Runned by Per Capita	(mu)	0.39	0.43	0.66	0.42	0.45	0.43	0.41

5－33 农村居民家庭基本情况(2009 年)
Basic Statistics on Rural Households(2009)

项目		Item		总平均 Average	低20%收入户 Lower Income Households (20%)	次低20%收入户 Low Income Households (20%)	中等20%收入户 Middle Income Households (20%)	次高20%收入户 High Income Households (20%)	高20%收入户 Higher Income Households (20%)
					按人均纯收入等级分组 Grouped by Level of Net Income				
调查户数	**(户)**	**Number of Household Surveyed**	**(household)**	**4700**	**940**	**940**	**940**	**940**	**940**
家庭常住人口	**(人)**	**Permanent Residents**	**(person)**	**16416**	**3467**	**3411**	**3384**	**3246**	**2908**
户均常住人口	(人)	Average Permanent Residents Per Household	(person)	3.49	3.69	3.63	3.60	3.45	3.09
户均整半劳动力	**(人)**	**Average Ablebodied and Semiablebodied Laborers**	**(person)**	**2.57**	**2.65**	**2.60**	**2.61**	**2.56**	**2.44**
整半劳动力占人口比重	(%)	Percentage of Able－bodiedand Semiablebodied	(%)	73.63	71.94	71.56	72.64	74.00	78.82
平均每百个劳动力中:	**(人)**	**Among Per 100 Laborers**	**(person)**						
乡村企业人数		Laborers in Rural Enterprise		28.29	9.82	20.93	30.96	38.01	37.61
外出劳动力人数		Laborers OutSide		12.87	17.40	15.12	11.80	9.53	10.21
平均每百个劳动力中:	**(人)**	**Among Per 100 Laborers**	**(person)**						
不识字或识字很少		Illiterate or Semiliterate		5.75	14.56	9.96	9.73	8.57	8.13
小学程度		Primary School		30.48	68.34	57.70	49.16	48.72	46.31
初中程度		Junior Secondary School		43.59	76.96	78.54	78.72	74.80	77.42
高中程度		Senior Secondary School		13.56	19.26	24.14	22.44	24.25	30.62
中专程度		Specialized Secondary School		3.23	3.24	4.67	6.32	6.74	7.72

续表 Continued

项目	Item	总平均 Average	低20%收入户 Lower Income House－holds (20%)	次低20%收入户 Low Income House－holds (20%)	中等20%收入户 Middle Income House－holds (20%)	次高20%收入户 High Income House－holds (20%)	高20%收入户 Higher Income House－holds (20%)
大专及以上程度 (人)	College (person)	3.39	2.85	4.37	4.58	7.25	11.33
人均经营耕地面积 (亩)	**Cultivated Areas Run by Per Capita (mu)**	**0.64**	**0.66**	**0.55**	**0.57**	**0.59**	**0.84**
人均经营山地面积 (亩)	Hilly Areas Runned by Per Capita (mu)	0.41	0.51	0.47	0.39	0.30	0.41
人均新建(购)住房面积 (平方米)	**Living Floor Space of House Newly Built Per Capita (sq.m)**	**1.09**	**0.94**	**1.05**	**0.72**	**1.02**	**1.83**
#钢筋混凝土结构面积	Reinforced Concrete Structure	0.97	0.81	0.92	0.65	0.85	1.72
砖木结构面积	Brick and Wood Structure	0.12	0.12	0.13	0.07	0.17	0.12
新建(购)住房每平方米价值 (元)	**Value of Houses Newly Built Per Square Meter (yuan)**	**979**	**882**	**702**	**850**	**834**	**1372**
年末人均住房面积 (平方米)	Per Capita Living Floor Space (sq.m)	59.3	41.36	48.00	54.38	60.61	71.40
#钢筋混凝土结构面积	Reinforced Concrete Structure	40.47	28.29	33.05	39.78	45.40	59.01
砖木结构面积	Brick and Wood Structure	17.42	16.88	17.86	16.87	19.10	16.33
户均年末使用住房屋价值 (元)	**Houses Value Per Households(the End of the Year) (yuan)**	**108764**	**74416**	**87260**	**104703**	**123020**	**154420**

5-34 农村居民家庭房屋状况(2003-2009年)
Housing Conditions of Rural Households(2003-2009)

项目		Item		2003	2004	2005	2006	2007	2008	2009
年内新建房屋户数	**(户)**	**Number of Houses Households Newly Built**	**(household)**	**72**	**45**	**105**	**114**	**325**	**78**	**106**
新建房户比重	(%)	Percentage of Houses Households Newly Built	(%)	2.67	1.67	2.23	2.43	6.91	1.66	2.26
新建房屋每平方米价值	**(元)**	**Value of Newly Built House Per Square Meter**	**(yuan)**	**468**	**546**	**553**	**594**	**732**	**878**	**979**
人均新建生活用房面积	**(平方米)**	**Living Floor Space of House Newly Built Per Capita**	**(sq.m)**	**1.26**	**0.62**	**1.07**	**1.27**	**1.38**	**0.99**	**1.09**
#新建楼房面积	(平方米)	Per Capita Floor Space of Multi-floor Buildings Newly Built	(sq.m)	1.20	0.59	1.01	1.19	1.36	0.95	1.06
人均年末使用生活用房面积	**(平方米)**	**Per Capita Living Floor Space (the End of Year)**	**(sq.m)**	**50.73**	**51.29**	**54.98**	**55.57**	**57.06**	**58.50**	**59.29**
#砖木结构		Brick and Wood Structure		21.69	20.88	16.20	17.26	16.89	17.13	17.42
钢筋混凝土结构		Reinforced Concrete Structure		27.30	28.55	36.49	36.19	37.41	39.91	40.47
年末每平方米生活用房价值	**(元)**	**Value of Living House Per Square Meter**	**(yuan)**	**327**	**362**	**400**	**427**	**467**	**483**	**525**
户均年末使用房屋价值	**(元)**	**Houses Value Per Household (the End of Year)**	**(yuan)**	**59156**	**65569**	**78179**	**84157**	**94340**	**98988**	**108764**

5－35 农村居民人均总收入和纯收入(2002－2009 年)
Per Capita Annual Total Income and Net Income of Rural Households(2002－2009)

单位:元(yuan)

项目	Item	2002	2003	2004	2005	2006	2007	2008	2009
全年总收入	**Gross Income**	**6152**	**6709**	**7584**	**8580**	**9164**	**10391**	**11748**	**12695**
全年纯收入	**Net Income**	**4940**	**5431**	**6096**	**6660**	**7335**	**8265**	**9258**	**10007**
工资性收入	**Wage Income**	**2437**	**2613**	**2987**	**3299**	**3646**	**4093**	**4713**	**5195**
在非企业组织中劳动得到	Remuneration from The Organizations of Non－enterprises	467	411	456	250	276	306	344	389
在本地劳动得到	Remuneration from locality			2144	2615	2887	3271	3769	4149
常住人口外出从业得到	Income of Permanent			388	434	482	516	600	657
家庭经营收入	**Income from Household Business**	**2075**	**2336**	**2554**	**2766**	**3030**	**3422**	**3654**	**3788**
农业收入	Planting	734	754	805	810	879	949	923	974
林业收入	Forestry	19	28	35	117	148	157	157	189
牧业收入	Animal Husbandry	200	211	239	268	281	358	460	365
渔业收入	Fishery	39	37	45	53	69	87	111	133
工业收入	Industry	312	377	399	406	442	496	526	573
建筑业收入	Construction	160	205	258	247	244	292	322	370
运输业收入	Transportation	151	194	223	272	317	305	322	344
批发零售贸易餐饮业收入	Wholesale, Retail Sale and Catering Trade	255	299	334	340	357	428	460	447
服务业收入	Service Trade	107	116	118	126	107	109	120	149
文教卫生业收入	Culture, Education and Public Health	12	55	18	28	38	45	38	53
其他家庭经营收入	Others	86	99	79	99	149	196	215	190
转移性收入	**Transfer Income**			**296**	**300**	**340**	**399**	**472**	**519**
财产性收入	**Property Income**			**259**	**295**	**319**	**351**	**420**	**506**

5－36 农村居民人均总收入和纯收入(2009年)
Per Capita Annual Total Income and Net Income of Rural Households(2009)

单位:元(yuan)

项目	Item	总平均 Average	按人均纯收入等级分组 Grouped by Level of Net Income				
			低20%收入户 Lower Income House－holds (20%)	次低20%收入户 Low Income House－holds (20%)	中等20%收入户 Middle Income Hous－eholds (20%)	次高20%收入户 High Income Hous－eholds (20%)	高20%收入户 Higher Income Hous－eholds (20%)
全年总收入	**Gross Income**	**12695**	**7366**	**7665**	**10178**	**13864**	**26571**
全年纯收入	**Net Income**	**10007**	**2988**	**6374**	**8963**	**12139**	**21473**
工资性收入	**Wage Income**	**5195**	**1796**	**3638**	**5356**	**6850**	**9036**
在非企业组织中劳动得到	From Orgazinations of Non-enterprises	389	82	153	275	474	1068
在本地劳动得到	Remuneration from locality	4149	1369	2854	4377	5660	7033
常住人口外出从业得到	Income of Permanent Population Going out to Work	657	346	632	705	715	935
家庭经营收入	**Income from Household Business**	**3788**	**840**	**2197**	**2900**	**4230**	**9707**
农业收入	Planting	974	627	740	794	1027	1812
林业收入	Forestry	189	79	115	182	208	395
牧业收入	Animal Husbandry	365	20	206	164	249	1331
渔业收入	Fishery	133	－63	83	152	248	273
工业收入	Industry	573	－25	162	302	612	2042
建筑业收入	Construction	370	59	183	280	458	968
交通、运输和邮电业收入	Transportation,Posts and Telecommunication	344	8	188	273	331	1022
批发和零售贸易、餐饮业收入	Wholesale,Retail Sale and Catering Trade	447	76	287	401	626	928
社会服务业收入	Social Service Trade	149	－5	91	137	208	351
文教卫生业收入	Culture,Education and Public Health	53	9	17	49	40	169
其他家庭经营收入	Others	190	55	126	166	223	417
财产性收入	**Property Income**	**519**	**80**	**174**	**315**	**538**	**1662**
转移性收入	**Transfer Income**	**506**	**272**	**365**	**392**	**521**	**1068**

5-37 农村居民人均总支出(2002-2009年)
Per Capita Annual Expenditure of Rural Households(2002-2009)

单位:元(yuan)

项目	Item	2002	2003	2004	2005	2006	2007	2008	2009
全年总支出	**Total Expenditure**	**5175**	**5908**	**6574**	**7534**	**8121**	**9071**	**10246**	**10762**
生活消费支出	Living Expenditure for Consumption	3693	4287	4659	5215	5762	6442	7072	7375
食品	Food	1507	1637	1839	2011	2141	2347	2690	2756
主食	Staple Food	247	237	250	257	263	264	285	302
副食	Non-Staple Food	674	690	774	870	890	1015	1225	1194
其他食品	Other Food	403	492	553	617	672	718	772	811
在外饮食	Eating Outside	173	194	225	240	296	331	387	423
衣着	Clothing	207	229	259	310	362	399	441	462
居住	Residence	577	775	799	843	1048	1262	1425	1366
#住房	Housing	391	596	589	597	776	970	1069	1038
电费	Electricity	63	77	80	97	119	148	168	184
燃料	Fuel	49	72	80	94	104	107	121	102
家庭设备、用品及服务	Household Facilities, Articles and Services	170	207	242	259	274	338	354	354
医疗保健	Medicines and Medical Services	267	306	326	399	455	465	512	615
#医药卫生保健用品	Medical Articles	155	156	176	173	178	183	181	226
交通和通讯	Transportations and Communications	359	496	497	592	635	761	777	866
#交通工具	Means of Transportation	107	184	152	164	178	55	240	317
交通费	Traffic Fare	48	66	65	87	85	94	105	93
邮电通讯费	Postage	131	148	166	189	204	216	233	243

续表 Continued 单位:元(yuan)

项目	Item	2002	2003	2004	2005	2006	2007	2008	2009
文教娱乐用品及服务	Cultural, Educational and Recreational Services	504	531	598	679	723	736	733	803
文化教育娱乐用品	Cultural, Educational and Recreational Articles	50	63	63	73	79	94	107	116
书报杂志	Botes, Newpapers and Magazines	6	7	8	8	11	12	10	10
教育服务费	Educational Services	394	412	461	526	546	522	499	530
旅游休闲娱乐费	Tourism and Pecreation	28	28	40	44	52	79	68	93
其他商品和服务	Other Commodities and Services	102	105	100	121	124	135	141	154
家庭经营费用支出	Expenditure for Household Business	812	938	1151	1525	1429	1708	2059	2192
农业生产支出	Planting	262	266	270	345	375	407	449	395
林业生产支出	Forestry	13	22	24	23	28	24	19	23
牧业生产支出	Animal Husbandry	253	268	429	595	459	674	981	1258
渔业生产支出	Fishery	37	35	39	88	114	150	160	140
工业生产支出	Industry	141	242	273	246	237	217	214	159
建筑业支出	Construction	8	7	8	25	25	31	35	33
运输产支出	Transportation	58	50	53	74	104	100	88	81
批发和零售贸易餐饮业	Wholesale, Retail Sale and Catering Trade	23	25	39	91	61	82	93	73
服务业支出	Service Trade	10	15	6	17	14	14	11	20
文教卫生产支出	Culture, Education and Public Health	2	1	1	2	1	1	2	2
其他经营支出	Others	7	9	10	20	11	8	7	7
购置生产用固定资产支出	Expenditure for Purchasing Productive Fixed Assets	126	152	222	163	249	150	149	219
税费支出	Expenditure for Taxes and Expenses	58	44	33	25	24	23	17	12
#缴纳税金	Taxes	30	28	16	14	13	14	9	5

5－38 农村居民人均总支出(2009 年)
Per Capita Annual Expenditure of Rural Households(2009)

单位:元(yuan)

项目	Item	总平均 Average	按人均纯收入等级分组 Grouped by Level of Net Income				
			低 20% 收入户 Lower Income House－holds (20%)	次低 20% 收入户 Low Income House－holds (20%)	中等 20% 收入户 Middle Income House－holds (20%)	次高 20% 收入户 High Income House－holds (20%)	高 20% 收入户 Higher Income House－holds (20%)
全年总支出	**Gross Expenditure**	**10762.34**	**8702.92**	**7327.85**	**8114.72**	**10984.44**	**20079.30**
生活消费支出	Living Expenditure for Consumption	7374.58	4012.50	5641.18	6405.11	8391.04	13409.73
#服务性支出	Living Expenditure for Consumption	2342.79	1153.61	1844.08	2107.69	2775.31	4136.33
食品	Food	2755.56	1711.46	2338.38	2656.90	3213.80	4094.16
#谷物	Cereal	290.70	245.13	269.08	290.19	312.59	346.56
食用油	Oil Edible	69.54	51.40	59.52	70.56	81.72	88.13
蔬菜及制品	Vegetables and Producted	211.81	157.44	190.64	209.02	235.72	278.01
肉禽、蛋奶及制品	Meat,Poultry Eggs and Their Products	595.55	422.04	527.13	603.85	672.46	787.18
水产品及制品	Aquatic Products	317.45	148.50	249.37	320.63	378.25	527.16
烟、酒	Tobacco and Liquor	443.54	263.53	342.27	392.38	525.97	744.47
在外饮食	Eating Outside	422.87	169.92	359.00	374.19	532.16	734.03
衣着	Clothing	462.48	223.57	334.18	434.65	562.30	818.76
居住	Residence	1365.61	711.43	969.37	954.84	1439.16	3006.21
家庭设备、用品及服务	Household Facilities,Articles and Services	353.68	195.84	274.36	300.26	387.80	658.98
交通和通讯	Transportations and Communications	865.88	324.64	490.49	653.75	952.18	2102.03
文教娱乐用品及服务	Cultural,Educational and Recreational Services	802.52	334.90	600.22	724.83	1042.34	1420.03
医疗保健	Medicines and Medical Services	614.92	450.52	531.61	534.58	614.78	1002.29
其他商品和服务	Other Commodities and Services	153.73	60.15	102.58	145.30	178.67	307.27
家庭经营费用支出	Expenditure for Household Business	2191.67	4000.61	961.45	861.98	1211.68	4119.22
农业生产	Planting	394.51	381.39	318.94	279.95	411.90	612.70
林业生产	Forestry	23.37	10.31	21.08	15.68	27.38	46.08
牧业生产	Animal Husbandry	1257.72	2944.99	329.53	325.87	346.23	2436.67
渔业生产	Fishery	139.59	290.66	174.18	56.37	75.47	87.29
工业生产	Industry	159.38	91.30	56.78	96.26	151.06	443.62
农村居民生产费用现金支出	Productive Expenditure Pay for Cash of Rural Inhabitant	2398.47	4249.79	1005.20	934.40	1440.73	4598.31
农村居民生活消费现金支出	Living Expenditure Pay for Cash of Rural Inhabitant	7128.37	3755.71	5383.24	6167.98	8154.30	13168.76

续表 Continued 单位:元(yuan)

项目	Item	总平均 Average	按人均纯收入等级分组 Grouped by Level of Net Income 低20%收入户 Lower Income House-holds (20%)	次低20%收入户 Low Income House-holds (20%)	中等20%收入户 Middle Income House-holds (20%)	次高20%收入户 High Income House-holds (20%)	高20%收入户 Higher Income House-holds (20%)
食品	Food	2755.76	1473.88	2101.65	2434.19	3005.46	3868.15
#谷物	Cereal	156.59	117.03	136.40	154.62	181.65	201.75
食用油	Oil Edible	69.24	51.28	59.23	70.26	81.27	87.74
蔬菜及制品	Vegetables and Producted	164.70	95.53	139.58	167.65	195.84	238.44
肉禽、蛋奶及制品	Meat,Poultry Eggs and Their Products	572.59	397.03	504.03	579.64	653.43	763.86
水产品及制品	Aquatic Products	314.89	146.69	246.77	317.39	376.35	523.83
烟、酒	Tobacco and Liquor	443.54	263.53	342.27	392.38	525.96	744.47
茶叶、饮料	Tea,Beverage	45.33	25.56	36.78	43.76	52.40	72.86
其他类食品	Other Food	306.11	186.79	247.59	302.83	369.35	450.22
在外饮食	Eating Outside	422.87	169.92	359.00	374.19	532.16	734.03
食品加工费	Food Processing	21.07	14.13	20.11	17.65	22.78	32.56
衣着	Clothing	461.98	222.97	334.13	434.50	562.13	817.09
#服装	Garments	335.44	153.79	240.86	312.81	410.81	605.18
鞋、帽、袜类	Shoes,Hats and Stockings	107.32	58.29	77.46	102.73	130.15	180.66
居住	Residence	1346.59	692.83	948.24	941.21	1411.16	2992.92
#装饰、装修	Decorating	425.84	221.56	250.38	294.32	485.53	961.60
购买生活用房	Housing	253.75	2.42	140.72	140.31	272.89	796.65
燃料	Fuel	83.26	59.40	73.08	83.48	94.90	110.36
电费	Electricity	184.24	105.98	145.31	180.46	217.41	290.58
家庭设备、用品及服务	Household Facilities,Articles and Services	353.49	195.83	274.33	299.63	387.56	658.98
交通和通讯	Transportations and Communications	865.88	324.64	490.49	653.75	952.18	2102.03
#交通工具	Means of Transportation	317.04	74.11	115.54	196.23	287.94	1016.12
通讯工具	Means of Communitation	46.30	15.44	31.76	38.54	62.00	91.65
交通消费服务	Traffic Fare	134.71	66.21	100.00	101.95	153.88	273.82
邮电费	Postage	242.81	133.20	186.39	226.68	291.82	403.73
文教娱乐用品及服务	Cultural,Educational and Recreational Services	802.52	334.90	600.22	724.83	1042.34	1420.03
#文化教育娱乐用品	Cultural,Educational and Recreational Articles	157.50	55.95	107.85	122.51	209.26	319.75
学杂费	Tuition Fee	349.32	161.64	290.36	353.60	467.93	504.86
成人培训费	Training Fee	19.30	7.80	7.44	13.42	20.42	52.50
文教娱乐服务	Cultural,Educational and Recreational Services	115.37	44.92	65.19	89.41	135.29	266.20
医疗保健	Medicines and Medical Services	614.92	450.52	531.61	534.58	614.78	1002.29
#购买医疗保健用品	Medical Articles	226.31	205.91	206.47	199.16	216.51	316.44
医疗保健服务消费	Medical Services	388.61	244.61	325.14	335.42	398.27	685.85
其他商品和服务	Other Commodities and Services	153.73	60.15	102.58	145.30	178.67	307.27

5－39 农村居民平均每人主要食品消费量(2003－2009年)
Per Capita Annual Foods Consumption of Major Commodities of Rural Households(2003－2009)

名称		Item		2003	2004	2005	2006	2007	2008	2009
粮食	(公斤)	Grain	(kg)	207.26	203.17	187.85	187.64	180.59	183.23	178.39
#稻谷	(公斤)	Rice	(kg)	194.37	190.56	169.63	170.22	164.08	165.81	161.05
小麦	(公斤)	Wheat	(kg)	3.54	3.78	4.25	3.77	3.59	3.82	3.72
蔬菜及菜制品	(公斤)	Vegetable	(kg)	83.91	81.40	80.95	77.45	79.47	79.02	76.48
植物油	(公斤)	Vegetable Oil	(kg)	4.62	4.39	4.45	4.47	5.34	5.49	5.18
动物油	(公斤)	Animal Oil	(kg)	1.19	1.05	0.97	0.93	0.81	0.76	0.69
猪肉	(公斤)	Pork	(kg)	15.51	14.09	17.31	17.16	14.05	13.88	14.71
牛羊肉	(公斤)	Beef and Mutton	(kg)	0.91	0.92	1.04	1.05	1.08	0.96	1.05
奶及奶制品	(公斤)	Milk and Its Prooducts	(kg)	3.15	3.07	3.52	4.18	4.50	4.67	4.78
家禽	(公斤)	Poultry	(kg)	6.03	5.36	5.64	5.12	5.43	5.82	5.47
蛋及蛋制品	(公斤)	Eggs	(kg)	5.33	5.37	4.58	4.77	4.55	4.96	4.95
鱼类	(公斤)	Fish	(kg)	9.11	9.06	9.75	9.46	10.02	10.01	10.04
虾、贝、蟹类	(公斤)	Shrimps	(kg)	3.41	3.57	3.66	4.07	4.34	4.38	4.61
食糖	(公斤)	Sugar	(kg)	2.13	1.89	1.67	1.59	1.55	2.11	1.59
卷烟	(盒)	Cigarettes	(box)	34.18	34.98	37.88	38.04	37.23	35.89	35.18
酒	(公斤)	Wine	(kg)	24.15	23.63	25.88	27.03	27.38	25.18	25.48
#啤酒	(公斤)	Beer	(kg)	15.63	15.56	17.95	19.49	19.96	18.19	18.63
水果	(公斤)	Fruit	(kg)	18.92	18.49	17.08	16.36	18.57	17.22	17.41

5-40 农村居民按纯收入等级分组的人均主要食物消费量(2009年)
Per Capita Annual Consumption of Major Commodities of Rural Households(2009)

名称		Item		总平均 Average	按人均纯收入等级分组 Grouped by Level of Net Income 低20%收入户 Lower Income House-holds (20%)	次低20%收入户 Low Income House-holds (20%)	中等20%收入户 Middle Income House-holds (20%)	次高20%收入户 High Income House-holds (20%)	高20%收入户 Higher Income House-holds (20%)
粮食	(公斤)	Grain	(kg)	178.39	158.21	170.34	178.68	185.71	203.42
#小麦	(公斤)	Wheat	(kg)	161.05	5.49	4.32	3.33	1.77	3.56
稻谷	(公斤)	Rice	(kg)	3.72	139.50	152.22	161.72	171.07	185.15
豆类及豆制品	(公斤)	Beans and Related Products	(kg)	8.92	7.65	8.86	9.48	9.30	9.40
蔬菜及菜制品	(公斤)	Vegetable	(kg)	76.48	75.69	74.85	74.92	76.41	81.24
油脂类	(公斤)	Oil	(kg)	5.87	4.36	5.08	6.01	6.87	7.34
#植物油	(公斤)	Vegetable Oil	(kg)	5.18	3.73	4.30	5.32	6.18	6.67
动物油	(公斤)	Animal Oil	(kg)	0.69	0.64	0.77	0.69	0.68	0.66
肉禽及其制品	(公斤)	Meat, Poulty and Their Products	(kg)	27.60	20.43	23.90	27.77	32.87	34.41
#猪肉	(公斤)	Pork	(kg)	14.71	13.18	14.07	14.58	15.12	16.98
牛肉	(公斤)	Beef	(kg)	0.64	0.37	0.53	0.66	0.78	0.93
羊肉	(公斤)	Mutton	(kg)	0.4	0.10	0.30	0.70	0.30	0.60
家禽	(公斤)	Poultry	(kg)	5.47	3.19	4.43	5.30	6.98	7.90
蛋类及蛋制品	(公斤)	Eggs and Products	(kg)	4.95	3.73	4.76	5.03	5.31	6.11
奶和奶制品	(公斤)	Milk and Products	(kg)	4.78	2.95	4.22	4.40	5.99	6.74
水产类	(公斤)	Aquatic Products	(kg)	17.47	9.79	14.73	18.06	20.94	25.28
#鱼类	(公斤)	Fish	(kg)	10.04	6.20	8.62	10.21	12.30	13.56
虾、贝、蟹类	(公斤)	Shrimp	(kg)	4.61	1.98	3.53	5.03	5.75	7.26
藻类	(公斤)	Alga	(kg)	0.56	0.51	0.53	0.58	0.52	0.67
食糖	(公斤)	Sugar	(kg)	1.59	1.56	1.37	1.50	1.82	1.72
酒	(公斤)	Wine	(kg)	25.48	21.61	25.58	24.33	27.38	29.20
#白酒	(公斤)	White Spirit	(kg)	2.18	1.77	1.89	2.22	2.45	2.67
啤酒	(公斤)	Beer	(kg)	18.63	17.14	19.56	17.55	19.04	20.11
果酒	(公斤)	Fruit Wine	(kg)	0.23	0.07	0.22	0.25	0.27	0.36

5-41 农村居民家庭主要商品购买情况
Annual Purchases of Major Commodities of Rural Households

名称	Item	2003	2004	2005	2006	2007	2008	2009
平均每人购买服装	**Per Capita Purchases of Clothing**	**1.91**	**4.15**	**3.33**	**3.32**	**3.40**	**3.54**	**3.51**
每百户购买文化体育用品	**Per 100 Households Purchases of Cultural and Sports Goods**							
黑白电视机 (台)	Black/White TV Set (unit)	0.19	0.11	0.09	0.15	0.09	0.16	0.09
彩色电视机 (台)	Color TV Set (unit)	6.37	6.63	6.99	6.69	6.00	7.39	6.89
收录机 (台)	Radio Tape Recorder (unit)	1.04	0.93	1.52	0.70	0.91	0.53	0.51
录放像机 (台)	Videorecorder (unit)	0.37	0.04	0.15	0.13	0.13	0.15	0.09
照相机 (架)	Camera (unit)	0.22	0.33	0.32	0.47	0.32	0.55	0.55
户均购买建筑材料	**Per 100 Households Purchases of Building Materials**							
水泥 (公斤)	Cement (kg)	487.29	326.97	519.21	624.79	787.43	629.24	590.62
木材 (立方米)	Timber (cu. m)	0.24	0.07	0.11	0.18	0.12	0.62	0.12
钢材 (公斤)	Steel Products (kg)	47.16	21.72	58.73	60.92	95.81	71.49	85.32
水泥预制 (件)	Cement Prefabricated Parts (unit)	2.01	1.33	1.66	1.90	1.59	1.15	2.99
玻璃 (平方米)	Glass (sq. m)	0.31	0.28	0.27	0.75	0.11	0.35	1.01
砖瓦 (块)	Brick (unit)	714	730	966	1050	1256	832	749
每百户购买耐用消费品	**Per 100 Households Purchases of Durable Consumer goods**							
自行车 (辆)	Bicycle (unit)	7.56	6.41	6.01	6.06	5.53	3.94	3.53
缝纫机 (架)	Sewing Machine (unit)	0.30	0.19	0.28	0.23	0.15	1.40	0.14
洗衣机 (台)	Washing Machine (unit)	2.15	1.93	2.43	1.79	2.11	20.34	2.57
电风扇 (台)	Electric Fan (unit)	12.48	12.48	11.43	11.79	13.28	12.02	13.02
电冰箱 (台)	Refrigerator (unit)	2.85	3.52	4.26	5.02	6.87	5.19	5.40
摩托车 (辆)	Motorcycle (unit)	5.59	5.04	4.30	2.94	2.98	2.25	1.91
户均购买生产资料	**Per 100 Households Purchases of Means of Production**							
化肥 (公斤)	Chemical Fertilizer (kg)	328.57	351.29	295.17	301.04	289.60	262.13	248.22
饼肥 (公斤)	Cake Fertilizer (kg)	3.10	1.37	3.01	2.23	2.64	3.60	7.06
农药 (公斤)	Chemical Pesticide (kg)	12.20	18.67	22.71	27.04	19.55	25.81	23.83
农用薄膜 (公斤)	Farm Film (kg)	2.57	1.69	3.94	4.39	4.07	2.15	1.69
生产用燃料 (公斤)	Fuel for Production (kg)	37.56	43.00	64.57	54.04	59.54	63.47	59.18

5－42 农村居民主要耐用品购买情况(2009年)
Per Capita Annual Purchase of Major Commodities of Rural Households(2009)

名称	Item	总平均 Average	按人均纯收入等级分组 Grouped by Level of Net Income 低20%收入户 Lower Income House－holds (20%)	次低20%收入户 Low Income House－holds (20%)	中等20%收入户 Middle Income House－holds (20%)	次高20%收入户 High Income House－holds (20%)	高20%收入户 Higher Income House－holds 20%)
平均每人购买服装 (件)	**Per Capita Purchases of Clothing (Piece)**	**3.51**	**2.25**	**2.76**	**3.35**	**4.54**	**4.95**
每百户购买文化体育用品	**Per 100 Households Purchases of Cultural and Sports Goods**						
黑白电视机 (台)	Black/White TV Set (unit)	0.09		0.11	0.11	0.11	0.11
彩色电视机 (台)	Color TV Set (unit)	6.89	3.72	5.85	5.21	8.62	11.06
录放像机 (台)	Videorecorder (unit)	0.09	0.11	0.11		0.11	0.11
照相机 (架)	Camera (unit)	0.55	0.11		0.43	0.96	1.28
影碟机 (台)	Video Disc Player (unit)	0.83	0.53	0.85	0.64	1.06	1.06
组合音响 (台)	Composite Acoustics (unit)	0.45		0.21	0.43	1.28	0.32
家用计算机 (台)	Computer (unit)	5.55	1.60	3.62	4.68	7.45	10.43
每百户购买耐用消费品	**Per 100 Households Purchases of Durable Consumer goods**						
洗衣机 (台)	Washing Machine (unit)	2.57	1.06	1.60	3.19	2.98	4.04
电风扇 (台)	Electric Fan (unit)	13.02	8.09	12.02	14.57	15.00	15.40
电冰箱 (台)	Refrigerator (unit)	5.40	4.04	5.43	4.89	5.96	6.70
空调机 (台)	Air Conditioner (unit)	6.37	1.81	4.04	5.85	7.93	12.23
热水器 (台)	Water Heater (unit)	3.04	2.34	3.14	3.01	2.98	3.72
微波炉 (台)	Microware Oven (unit)	1.36	0.53	0.96	1.17	1.70	2.45
自行车 (辆)	Bicycle (unit)	3.53	2.23	3.19	3.94	4.04	4.23

续表 Continued

名称		Item		总平均 Average	按人均纯收入等级分组 Grouped by Level of Net Income 低20%收入户 Lower Income House－holds (20%)	次低20%收入户 Low Income House－holds (20%)	中等20%收入户 Middle Income House－holds (20%)	次高20%收入户 High Income House－holds (20%)	高20%收入户 Higher Income House－holds 20%)
摩托车	(辆)	Motorcycle	(unit)	1.91	1.06	1.70	1.49	2.66	2.66
电话机	(部)	Telephone	(unit)	5.12	2.23	5.43	4.79	6.81	6.33
移动电话	(部)	Mobile Telephone	(unit)	22.93	12.13	17.98	21.49	30.61	32.45
每户购买建筑材料		**Per 100 Households Purchases of Building Materials**							
水泥	(公斤)	Cement	(kg)	590.62	579.10	493.26	262.93	654.73	963.09
木材	(立方米)	Timber	(cu.m)	0.12	0.05	0.10	0.05	0.17	0.22
钢材	(公斤)	Steel Products	(kg)	85.32	71.46	65.71	32.61	43.85	212.95
水泥预制件	(件)	Cement Prefabricated Parts	(unit)	2.99	0.37	6.91	1.20	1.38	5.08
玻璃	(平方米)	Glass	(sq.m)	1.01	0.07	0.25	0.05	0.17	4.53
砖瓦	(块)	Brick	(unit)	749.24	778.69	610.63	443.04	670.89	1242.96
沙石	(立方米)	Asphalt Felt	(cu.m)	9.55	3.42	5.09	2.29	22.47	14.49
每户购买生产资料		**Per 100 Households Purchases of Means of Production**							
化肥	(公斤)	Chemical Fertilizer	(kg)	248.22	264.70	220.23	215.46	238.02	302.72
饼肥	(公斤)	Cake Fertilizer	(kg)	7.06	1.18	2.45	0.12	3.81	27.74
农药金额	(元)	Chemical Pesticide	(yuan)	217.67	274.98	185.46	182.69	208.66	236.57
农用薄膜	(公斤)	Farm Film	(kg)	1.69	0.83	1.89	1.27	2.64	1.81
生产用燃料金额	(元)	Fuel for Production	(yuan)	301.6	452.46	134.94	105.08	215.40	599.88

5－43 农村居民家庭平均每百户耐用消费品拥有量(2002－2009 年)
Annual Average Possession of Durable Consumer Goods Per 100 Rural Households (2002－2009)

名称		Item		2002	2003	2004	2005	2006	2007	2008	2009
自行车	(辆)	Bicycle(unit)	(unit)	175.1	168.7	161.6	129.0	124.6	125.4	123.0	125.2
家用电脑	(台)	Household Electronic Computer	(unit)	3.4	6.0	6.9	10.8	14.3	19.4	23.4	28.6
洗衣机	(台)	Washing Machine	(unit)	40.2	43.1	45.6	52.4	55.2	59.7	62.6	65.6
电冰箱	(台)	Refrigerator	(unit)	48.6	53.1	56.6	62.2	67.8	75.0	80.2	85.3
摩托车	(辆)	Motorcycle	(unit)	40.3	47.6	52.7	61.0	62.7	57.8	56.9	55.6
黑白电视机	(台)	Black/White TV Set	(unit)	45.6	39.9	33.7	22.0	17.0	11.2	9.2	7.5
彩色电视机	(台)	Color TV Set	(unit)	103.5	109.7	116.7	130.0	136.9	144.2	149.6	157.0
电话机	(部)	Telephone	(unit)	77.2	84.2	88.8	94.4	95.0	93.2	92.2	89.9
移动电话	(部)	Moble Telephone	(unit)	52.2	73.5	89.7	119.2	134.7	150.3	159.7	176.6
照相机	(架)	Camera	(unit)	8.1	7.9	8.6	8.7	9.2	9.0	9.6	11.2
抽油烟机	(台)	Range Hoods	(unit)	25.6	28.4	30.7	35.4	38.0	43.0	46.0	49.5
吸尘器	(台)	Dust Catcher	(unit)	2.7	2.8	3.4	3.8	3.6	4.0	4.4	4.7
空调机	(台)	Air Conditioner	(unit)	13.0	20.4	26.6	36.0	42.6	54.0	61.3	69.6

5-44 农村居民家庭平均每百户耐用消费品拥有量(2009年)
Annual Average Possession of Durable Consumer Goods Per 100 Rural Households(2009)

名称		Item		总平均 Average	按人均纯收入等级分组 Grouped by Level of Net Income 低20%收入户 Lower Income Households (20%)	次低20%收入户 Low Income Households (20%)	中等20%收入户 Middle Income Households (20%)	次高20%收入户 High Income Households (20%)	高20%收入户 Higher Income Households (20%)
自行车	(辆)	Bicycle	(unit)	125.15	96.17	118.30	129.57	140.43	141.28
家用电脑	(台)	Household Electronic Computer	(unit)	28.64	9.04	18.09	26.17	35.32	54.57
洗衣机	(台)	Washing Machine	(unit)	65.64	47.77	57.87	68.09	75.96	78.51
电冰箱	(台)	Refrigerator	(unit)	85.34	65.53	77.77	89.89	95.53	97.98
摩托车	(辆)	Motorcycle	(unit)	55.64	35.64	44.47	56.38	68.40	73.30
黑白电视机	(台)	Black/White TV Set	(unit)	7.49	7.87	6.81	7.66	7.87	7.23
彩色电视机	(台)	Color TV Set	(unit)	157.02	132.55	145.00	154.47	173.72	179.36
电话机	(部)	Telephone	(unit)	89.94	77.98	85.96	92.23	95.64	97.87
移动电话	(部)	Moble Telephone	(unit)	176.64	140.85	161.06	182.34	190.96	207.98
照相机	(架)	Camera	(unit)	11.23	4.36	6.28	10.21	14.47	20.85
抽油烟机	(台)	Range Hoods	(unit)	49.49	27.23	35.96	52.77	62.66	68.83
吸尘器	(台)	Dust Catcher	(unit)	4.74	1.06	2.87	5.11	5.85	8.83
空调机	(台)	Air Conditioner	(unit)	69.6	30.11	47.02	69.47	90.96	110.53

5－45 农村居民家庭拥有生产性固定资产情况(2003－2009年)
Purchases of Productive Fixed Assets in Rural Households (2003－2009)

指标		Item		2003	2004	2005	2006	2007	2008	2009
户均生产性固定资产原值	(元)	**Per Household Original Value of Productive Fixed Assets**	(yuan)	**9223**	**10078**	**12005**	**11946**	**12140**	**13107**	**14917**
役畜、产品畜		Draught Animal and Product Livestock		143	185	267	275	310	782	846
大中型铁木农具		Large and Medium－sized Iron and wood Farm Tools		280	248	238	203	229	229	618
农林牧渔业机械		Agricultural Machinery		499	1304	1459	1355	1497	1374	3598
工业		Industrial Machinery		2569	3072	4212	4296	4206	4525	5227
运输		Transportation Machinery		1437	1796	1807	1745	1825	1692	1558
平均每百户拥有:		**Possession Per 100 Households**								
汽车	(辆)	Vehicles for Agricultural Use	(unit)	2.2	2.2	1.9	1.8	2.0	1.5	1.7
大中型拖拉机	(辆)	Large and Medium sized Tractors	(unit)	1.5	1.3	1.5	1.8	1.6	1.2	1.1
小型和手扶拖拉机	(辆)	Small－sized and Walking Tractors	(unit)	4.9	4.2	2.7	2.8	3.4	2.9	2.5
机动脱粒机	(台)	Motorized Thresher	(unit)	27.5	25.6	16.5	16.4	16.6	15.8	17.0
水泵	(台)	Turbine Pump	(unit)	21.7	22.0	19.6	19.3	19.7	19.6	20.6
役畜	(头)	Draught Animal	(head)	3.0	2.0	3.5	3.0	2.4	2.8	6.1
产品畜	(头)	Product Livestock	(head)	14.0	24.7	30.2	44.7	67.6	77.4	78.8

5-46 农村居民家庭拥有生产性固定资产情况(2009年)
Investment in Fixed Assets for Production(2009)

指标	Item	总平均 Average	按人均纯收入等级分组 Grouped by Level of Net Income 低20%收入户 Lower Income Households (20%)	次低20%收入户 Low Income Households (20%)	中等20%收入户 Middle Income Households (20%)	次高20%收入户 High Income Households (20%)	高20%收入户 Higher Income Households (20%)
户均生产性固定资产原值 (元)	**Per Household Original Value of Productive Fixed Assets (yuan)**	**14917**	**12918**	**9539**	**10450**	**14084**	**27592**
农业	Farming	6190	6980	4295	3751	5383	10542
工业	Industry	5227	4339	2993	3567	4904	10331
建筑业	Construction	753	143	61	847	453	2263
交通运输业	Transpor,Storage and Post	1558	892	1005	1032	1809	3052
批发和零售贸易、餐饮业	Wholesale and Retail Sale Trade	774	289	951	949	727	952
社会服务业	Social Services	236	120	87	164	728	79
文教卫生业	Culture Education and Public Health	85	57	60	69	25	214
其它	Others	94	98	87	71	56	160
平均每百户拥有:	**Possession Per 100 Households**						
汽车 (辆)	Vehicles for Agricultural Use (unit)	1.69	0.85	0.96	1.28	2.87	2.50
大中型拖拉机 (台)	Large and Medium sized Tractors (unit)	1.06	0.74	0.96	1.17	1.28	1.17
小型和手扶拖拉机 (辆)	Small-sized and Walking Tractors (unit)	2.53	2.66	2.18	3.09	2.39	2.34
机动脱粒机 (辆)	Motorized Thresher (unit)	17.00	20.99	17.66	15.89	16.64	13.81
收割机 (台)	Reaper (unit)	0.78	0.80	1.60	0.32	0.64	0.53
农用动力机械 (台)	Dynamioal Machirery for Agricultural Use (unit)	10.33	9.93	11.04	8.18	12.35	10.14
水泵 (台)	Turbine Pump (unit)	20.56	21.17	21.28	17.61	18.14	24.63
役畜 (头)	Draught Animal (head)	6.08	2.24	3.81	2.45	2.45	19.47
产品畜 (头)	Product Livestock (head)	78.83	52.34	32.87	40.43	24.68	243.83

浙/江/统/计/年/鉴

主要统计指标解释

■ 职工工资总额

指各单位在一定时期内直接支付给本单位全部职工的劳动报酬总额。

工资总额的计算原则应以直接支付给职工的全部劳动报酬为根据。各单位支付给职工的劳动报酬以及其他根据有关规定支付的工资，不论是计入成本的还是不计入成本的，不论是按国家规定列入计征奖金税项目的，还是未列入计征奖金税项目的，不论是以货币形式支付的还是以实物形式支付的，均包括在工资总额内。

■ 计件超额工资

是计件工资的一部分，指计件工人超额完成定额任务后所得的工资。即计件工人实得的全部计件工资级别减去应提的计件标准工资后的数额。某些企业的工人由于从事生产的工作物等级高于本人工资等级，因而其计件标准工资高于本人标准工资，其计件超额也应是全部工资减去应得的计件标准工资后的数额。

■ 奖　金

指支付给职工的超额劳动报酬和增收节支的劳动报酬。

■ 津贴和补贴

指为了补偿职工特殊或额外的劳动消耗和因其他特殊原因支付给职工的津贴，以及为了保证职工工资水平不受物价影响支付给职工的物价补贴。

■ 职工平均工资

指企业、事业、机关单位的职工在一定时期内平均每人所得的货币工资额。它表明一定时期职工工资收入的高低程度，是反映职工工资水平的主要指标。计算公式为：

$$\text{职工平均工资}=\frac{\text{报告期实际支付的全部职工工资总额}}{\text{报告期全部职工平均人数}}$$

■ 职工平均实际工资

指扣除物价变动因素后的职工平均工资。计算公式为：

$$\text{职工平均实际工资}=\frac{\text{报告期职工平均工资}}{\text{报告期城镇居民消费价格指数}}$$

■ 城镇居民家庭实际收入

指调查户中生活在一起的家庭成员在调查期得到的工资性收入、经营净收入、财产性收入、转移性收入的总和。不包括出售财物收入和借贷收入。

■ 城镇居民家庭可支配收入

指调查户可以用来自由支配的收入。它是家庭总收入扣除交纳的个人所得税、个人交纳的社会保障费以及调查户的记帐补贴后的收入。

■ 城镇居民家庭消费性支出

指调查户用于满足日常生活需要的全部消费支出，包括食品、衣着、居住、家庭设备用品及服务、医疗保健、交通和通信、娱乐教育文化服务、其它商品和服务等八大类。不包括生产经营过程中发生的各项成本费用支出、购建房支出、社会保障支出、贷款利息支出、捐赠赡养及非储蓄性保险等转移性支出。

■ 农村居民家庭纯收入

指农村常住居民家庭总收入中，扣除从事生产和非生产经营费用支出、缴纳税款和上交承包集体任务金额以后剩余的，可直接用于进行生产性、非生产性建设投资、生活消费和积蓄的那一部分收入。它是反映农民家庭实际收入水平的综合性的主要指标。农民家庭纯收入，既包括从事生产性和非生产性的经营收入，又包括取自在外人口寄回带回和国家财政救济、各种补贴等非经营性收入；既包括货币收入，又包括自产自用的实物收入。但不包括向银行、信用社和向亲友贷款等属于借贷性的收入。

■ 农村居民家庭生活消费支出

指农村常住居民家庭用于日常生活的全部开支，是反映和研究农民家庭实际生活消费水平高低的重要指标。

ZHEJIANG STATISTICAL YEARBOOK

Explanatory Notes on Main Statistical Indicators

□ Total Wages of Staff and Workers

refer to the total remuneration payment to staff and workers in various units during a certain period of time.

The calculation of total wages is based on the total remuneration payment to the staff and workers. Therefore, all the wages and salaries and other payments to staff and workers are included in the total wages regardless of their sources, category, and forms (in kind or cash).

□ Extra Piece Wages

refer to the payment to workers for their extra work beyond labour quota, i. e. total amount of piece wages minus standard piece wages. For some enterprises, the standard of piece wage for some workers exceeds their normal payment. In this case, the extra piece wage is still calculated as total amount of wages minus standard picec wages.

□ Bonus

refers to remuneration payment to workers for extra work and for increasing earnings and practicing economy.

□ Subsidies and Allowances

refer to subsidies paid to staff and workers for compensating special or extra labour and allowances paid to staff and workers to offset the impact of inflation on real wages.

□ Average Wage of Staff and Workers

refers to the average wage in money terms per person during a certain period of time for staff and workers in enterprises, institutions, and government agencies, which reflects the general level of wage income during a certain period of time and is calculated as follows:

$$\text{Average Wage of Staff and Workers} = \frac{\text{Total Wages of Staff and Workers in Reference Period}}{\text{Average Number of Staff and Workers in Reference Period}}$$

□ Average Real Wage of Staff and Workers

refers to average wage of staff and workers after removing the effects of price changes, which is calculated as follows:

$$\text{Average Real Wage of Staff and Workers} = \frac{\text{Average Wage of Staff and Workers in Reference Period}}{\text{Consumer Price Index of Urban Residents in Reference Period}}$$

□ Total Income of Urban Households

refers to the sum of wage and salary; net business income; income from properties; and income from transfers of members of the households. Income from selling of properties and income from borrowing are not included.

□ Disposable Income of Urban Households

refers to the actual income at the disposal of members of the households which can be used for final consumption. This equals to total income minus income tax, personal contribution to social security and subsidy for keeping diaries in being a sample household.

□ Expenditure for Consumption

refers to total expenditure of the sample households for consumption in daily life, including expenditure for various commodities and expenses for non – commodity items such as culture and service, etc., but excluding fines and confiscation, loss, tax payments (such as income tax, license tax, real estates tax, etc.) and various expenses by individual laborers for business purposes.

□ Net Income of Rural Households

refers to the total income of the permanent residents of the rural households during a year after the deduction of the expenses for productive and non – productive business operation, the payment for taxes and the payment for collective units for their contracted tasks. The net income can

EXPLANATORY NOTES ON MAIN STATISTICAL INDICATORS

be spent for investments in productive and non - productive construction, for consumption in daily life and for savings deposit. It is a comprehensive indicator to show the actual level of the income of the peasants' household. The net income of the rural households includes not only the income from the productive and non - productive business operation, but also the income from the non business operation, such as the money remitted or brought back by the members of the household who are in other places, the government relief payment and various subsidies. It includes not only the money income, but also the income in kind. But the income from borrowing from banks, friends and relatives is excluded.

□ Consumption Expenditure of Urban Households

refers to total expenditure of households for consumption in daily life, including expenditure on the eight categories of food; clothing; housing; household appliances and services; health care and medical services; transport and communications; recreation, education and cultural services; and miscellaneous goods and services.

2010

浙江统计年鉴

ZHEJIANG STATISTICAL YEARBOOK

CHAPTER 6

农　业

Agriculture

6-1 农村基本情况(2004-2009年)
Basic Statistics on Rural Areas(2004-2009)

指标	Item	2004	2005	2006	2007	2008	2009
农村基层组织	**Rural Grass Roots Units**						
其中:乡镇政府 (个)	Number of Township and Town Governments (unit)	1281	1251	1215	1207	1197	1180
#镇政府	Number of Town Governments	763	758	754	749	747	735
村民委员会 (个)	Number of Villages' Committees (unit)	35445	34515	32976	31060	30112	29974
村民小组 (万个)	Number of Villages' Groups (10000 units)	33.28	33.22	32.98	32.92	32.65	32.60
农村住户数、人口、劳动力	**Number of Rural Households, Population and Labour Force**						
农村住户数 (万户)	Rural Households (10000 households)	1193.53	1224.62	1221.13	1226.54	1227.45	1237.44
#农业生产户数 (万人)	Agricultural Producing (10000 Persons)	920.61	903.47	808.26	793.48	781.63	778.66
农村人口 (万人)	Rural Population (10000 Persons)	3734.83	3790.49	3770.17	3770.46	3761.72	3778.86
农村劳动力资源 (万人)	Rural Labour Resource (10000 Persons)	2367.99	2430.78	2438.12	2460.57	2465.23	2495.84
农村劳动力 (万人)	Rural Labour Force (10000 Persons)	2252.34	2298.54	2303.70	2318.21	2304.33	2321.41
按性别分	By Sex						
男	Male	1202.96	1231.68	1231.33	1237.03	1232.43	1240.14
女	Female	1049.38	1066.86	1072.37	1081.18	1070.90	1081.27
按部门分	By Section						
农林牧渔业	Farming, Forestry, Animal Husbandry and Fishery	826.63	786.92	732.92	688.04	666.35	653.55
工业	Industry	700.68	754.89	796.18	844.90	849.87	869.20
建筑业	Construction	138.27	145.37	150.35	158.49	161.81	164.50
交通运输、仓储、邮政及信息传输、计算机业	Transportation, Storage, Post, Information Trasmission, Computer Service and Softwrare Imdustries	89.93	92.15	95.48	97.96	98.18	101.46
批发和零售业、住宿和餐饮业	Wholesale, Retail Sales Hoteling and Catering Trades	203.52	216.81	227.90	240.84	247.33	256.56
其他非农行业	Other Non-agricultural Sectors	293.31	302.40	300.87	287.98	280.79	276.14
#外出临时工、合同工	Temporary or Contract Workers Going Out	111.57	105.63	109.00	105.06	109.05	106.02
在农村实有劳动力中:外出劳动力 (万人)	**Among Rural Employed Persons: Transferring Out (10000 Persons)**	**404.44**	**417.68**	**435.58**	**459.25**	**456.27**	**467.40**

6－2 分行业农村从业人员(1978－2009年)
Employed Persons in Rural Areas by Sector(1978－2009)

单位:万人(10000 persons)

年份 Year	农林牧渔业 Farming, Forestry, Animal Husbandry and Fishery	工业 Industry	建筑业 Construction	交通运输、仓储、邮政及信息传输、计算机业 Transport, Storage, Post, Information Transmission, Computer Service and Software Industries	其他非农行业 Other Non－agricultural Trade
1978	1300.00				
1979	1285.80				
1980	1257.40				
1981	1218.30				
1982	1274.70				
1983	1279.90				
1984	1277.90	319.42	55.82	21.77	110.99
1985	1299.10	339.14	63.74	28.36	133.46
1986	1263.70	376.15	68.99	32.62	173.04
1987	1260.40	399.73	72.97	37.91	184.09
1988	1260.80	409.16	76.65	41.66	199.43
1989	1308.50	375.58	75.00	41.88	210.04
1990	1336.50	368.41	74.11	41.70	214.08
1991	1348.74	376.99	74.36	42.90	229.13
1992	1338.56	367.88	78.27	46.56	268.11
1993	1239.16	418.91	87.15	52.53	307.89
1994	1187.43	436.72	91.87	58.31	326.97
1995	1145.87	447.25	99.44	62.89	341.57
1996	1123.06	446.52	104.38	64.07	358.00
1997	1106.59	448.24	102.66	64.00	378.12
1998	1102.70	439.93	102.11	64.31	387.45
1999	1073.58	445.65	104.51	66.44	399.90
2000	1014.93	474.25	110.68	69.03	439.55
2001	985.11	531.89	116.49	72.82	463.77
2002	929.58	582.40	122.71	76.18	474.73
2003	872.96	647.41	130.85	79.61	489.07
2004	826.63	700.68	138.27	89.93	496.83
2005	786.92	754.89	145.37	92.15	519.21
2006	732.92	796.18	150.35	95.48	528.77
2007	688.04	844.90	158.49	97.96	528.82
2008	666.35	849.87	161.81	98.18	528.12
2009	653.55	869.20	164.50	101.46	532.70

注：本表其他非农行业包括批发和零售业、住宿和餐饮业等。
The other non－agricultural trade is including wholesale, retail, hoteling and catering services.

6-3 各市农村从业人员(2009年)
Rural Labour Force by City (2009)

单位:万人(10000 persons)

地区	Region	合计 Total	#女 Female	农、林、牧、渔业 Farming, Forestry, Animal Husbandry and Fishery	#农业 Farming	工业 Industry
全省合计	**Total**	**2321.41**	**1081.27**	**653.55**	**523.61**	**869.20**
浙东北	**Eastern & Northern Region**	**1105.29**	**518.59**	**267.00**	**201.31**	**488.41**
杭州市	Hangzhou	259.32	122.46	75.79	57.96	90.75
宁波市	Ningbo	304.12	140.66	62.29	49.37	152.60
嘉兴市	Jiaxing	157.10	75.40	35.57	25.71	87.28
湖州市	Huzhou	118.78	56.16	30.37	18.97	51.93
绍兴市	Shaoxing	226.67	107.43	52.17	44.58	96.97
舟山市	Zhoushan	39.30	16.48	10.81	4.72	8.88
浙西南	**Western & Southern Region**	**1216.12**	**562.68**	**386.55**	**322.30**	**380.79**
温州市	Wenzhou	387.37	172.59	100.18	83.66	135.88
金华市	Jinhua	279.75	134.01	90.56	83.34	103.78
其中:义乌市	Yiwu	75.24	36.77	8.75	8.11	44.14
衢州市	Quzhou	122.15	56.27	56.10	45.05	20.15
台州市	Taizhou	312.98	147.28	77.37	60.47	107.70
丽水市	Lishui	113.87	52.53	62.34	49.78	13.28

续表 Continued

单位:万人(10000 persons)

地区	Region	建筑业 Construction	交通运输、仓储、邮政及信息传输、计算机业 Transport, Storage, Post, Information Transmission, Computer Service and Software Industries	批发和零售业、住宿和餐饮业 Wholesale, Retail Sales Hoteling and Catering Services	其他非农行业 Other Non-agricultural Trade	#外出合同工、临时工 Contract or Temporary Workers Transferring Out	在农村实有劳动力中:外出 Among Rural Labour Force: Trans-ferring Out
全省合计	**Total**	**164.50**	**101.46**	**256.56**	**276.14**	**106.02**	**467.40**
浙东北	**Eastern & Northern Region**	**88.33**	**53.60**	**96.75**	**111.20**	**49.45**	**169.44**
杭州市	Hangzhou	18.10	13.20	20.10	41.38	23.08	44.58
宁波市	Ningbo	21.23	13.93	27.96	26.11	8.92	38.33
嘉兴市	Jiaxing	8.85	5.80	10.98	8.62	3.35	11.21
湖州市	Huzhou	8.90	7.53	11.62	8.43	3.76	18.98
绍兴市	Shaoxing	26.55	9.77	20.98	20.23	7.72	46.60
舟山市	Zhoushan	4.70	3.37	5.11	6.43	2.62	9.74
浙西南	**Western & Southern Region**	**76.17**	**47.86**	**159.81**	**164.94**	**56.57**	**297.96**
温州市	Wenzhou	18.67	17.75	68.13	46.76	13.32	100.18
金华市	Jinhua	20.33	8.39	27.17	29.52	12.87	54.13
其中:义乌市	Yiwu	3.71	2.12	12.42	4.10	1.08	6.02
衢州市	Quzhou	11.24	4.39	8.84	21.43	11.89	51.79
台州市	Taizhou	21.63	13.76	45.82	46.70	10.13	59.73
丽水市	Lishui	4.30	3.57	9.85	20.53	8.36	32.13

6-4 农、林、牧、渔业总产值(1978-2009年)
Gross Output Value of Farming, Forestry, Animal Husbandry and Fishery(1978-2009)

单位:亿元(100 million yuan)

年份 Year	农林牧渔业总产值 Total	农业产值 Farming	#种植业产值 Planting	林业产值 Forestry	牧业产值 Animal Husbandry	渔业产值 Fishery	农林牧渔服务产值 Services for Agriculture
1978	65.71	50.82	48.86	1.99	9.42	3.48	
1979	91.84	69.47	67.29	2.75	15.55	4.07	
1980	92.67	64.23	60.52	3.61	19.39	5.44	
1981	95.56	69.21	64.48	3.79	16.45	6.11	
1982	118.04	84.61	77.91	4.42	22.88	6.13	
1983	118.68	83.65	74.87	4.77	23.41	6.85	
1984	147.49	102.80	89.93	6.67	27.01	11.01	
1985	174.05	111.20	92.85	8.87	37.84	16.14	
1986	192.04	122.97	101.00	9.26	40.09	19.72	
1987	227.18	141.09	113.91	11.61	48.57	25.91	
1988	280.94	162.80	129.89	14.40	70.33	33.41	
1989	304.50	181.26	145.97	13.60	75.68	33.96	
1990	331.56	199.48	163.92	16.00	75.18	40.90	
1991	363.22	217.21	180.00	17.42	76.78	51.81	
1992	396.93	226.46	179.94	21.01	85.23	64.23	
1993	490.13	274.85	218.01	29.80	92.11	93.37	
1994	690.20	372.97	305.58	41.92	134.78	140.53	
1995	868.76	481.90	407.24	50.02	142.03	194.81	
1996	932.85	517.29	431.90	54.77	155.88	204.92	
1997	1004.88	516.21	426.56	59.26	190.03	239.38	
1998	1003.66	522.98	434.22	59.46	165.85	255.37	
1999	1005.22	519.00	431.57	62.31	157.00	266.91	
2000	1057.07	521.31	446.15	54.48	183.94	297.36	
2001	1053.57	488.59	471.52	60.20	195.94	308.84	
2002	1101.86	511.42	495.72	60.84	205.09	324.51	
2003	1184.04	529.44	515.24	65.67	233.01	337.11	18.81
2004	1332.27	592.59	578.22	78.36	277.89	361.99	21.44
2005	1428.28	654.81	640.20	83.51	285.95	380.81	23.20
2006	1422.60	684.00	669.44	86.04	279.01	347.53	26.03
2007	1597.15	735.92	721.63	95.47	367.60	369.90	28.27
2008	1780.01	813.10	796.12	106.95	418.86	407.82	33.28
2009	1873.40	879.05	864.47	117.64	404.88	435.48	36.35

注:1.本表按当年价格计算。The data in this table are calculated at current price.
2.2003年起农林牧渔业总产值中包括服务业产值。Gross output value includes services for agriculture since 2003.
3.2006年及以后年份农林牧渔业总产值已与农普数衔接。According to the result of agricultural census, the figures are adjusted since 2006.

6－5 农、林、牧、渔业总产值指数(1979－2009年)
Indices of Gross Output Value of Farming,Forestry,Animal Husbandry and Fishery(1979－2009)

(1978年＝100)(1978＝100)

年份 Year	农林牧渔业总产值 Gross Output Value of arming Forestry, Animal Husbandry & Fishery	农业产值 Farming	#种植业产值 Planting	林业产值 Forestry	牧业产值 Animal Husbandry	渔业产值 Fishery	农林牧渔服务业(2003年＝100) Services for Agriculture (2003＝100)
1979	112.26	109.58	110.04	109.95	131.12	93.69	
1980	109.85	105.62	103.41	115.71	133.27	94.59	
1981	110.78	107.65	104.36	115.71	128.88	96.69	
1982	128.98	127.88	123.64	113.26	148.37	102.71	
1983	124.88	122.05	114.82	116.93	149.42	99.70	
1984	145.51	145.51	132.39	149.29	156.79	116.48	
1985	151.17	146.44	125.92	155.09	176.43	136.74	
1986	159.30	152.77	126.90	149.90	185.83	162.85	
1987	164.65	158.47	125.65	161.50	181.27	184.84	
1988	168.39	162.26	122.63	157.53	189.10	182.79	
1989	170.76	166.71	124.53	152.65	185.44	182.16	
1990	175.37	170.34	128.84	166.08	187.23	198.14	
1991	186.67	181.51	137.66	185.57	192.05	217.84	
1992	193.70	179.20	129.00	198.03	209.41	251.91	
1993	202.65	184.90	127.48	240.93	203.50	286.54	
1994	221.50	191.86	127.47	283.27	204.03	383.96	
1995	242.72	205.46	135.15	302.47	202.14	482.07	
1996	258.08	221.62	142.54	319.98	203.38	516.58	
1997	270.66	223.18	142.51	340.13	222.24	570.26	
1998	280.94	223.98	143.15	328.23	230.46	640.51	
1999	294.15	233.77	153.57	351.75	242.33	669.03	
2000	307.67	230.70	150.09	391.15	265.45	741.95	
2001	322.75	240.16	160.75	414.23	288.28	769.40	
2002	336.31	155.05	171.36	417.96	300.39	787.87	
2003	348.29	267.73	180.78	429.21	306.42	811.56	
2004	363.75	171.10	190.00	458.00	310.38	848.84	109.84
2005	372.48	175.72	195.13	463.04	326.52	847.99	117.53
2006	385.52	183.80	202.34	488.51	311.42	870.04	125.87
2007	394.39	188.58	207.60	509.03	314.53	884.83	135.69
2008	412.57	198.08	217.73	554.03	323.49	918.72	152.16
2009	422.43	203.15	224.26	555.03	333.19	932.87	164.56

注：本表按可比价格计算。The data in this table are calculated at comparable price.

6－6 农、林、牧、渔业分项产值(2003－2009 年)
Gross Output Value of Farming, Forestry, Animal Husbandry and Fishery by Branch(2003－2009)

单位:亿元(100 million yuan)

指标	Item	2003	2004	2005	2006	2007	2008	2009
农林牧渔业总产值	**Total**	**1184.04**	**1332.27**	**1428.28**	**1422.60**	**1597.15**	**1780.01**	**1873.40**
农业产值	**Farming**	**529.44**	**592.59**	**654.81**	**684.00**	**735.92**	**813.10**	**879.05**
农作物种植业产值	Planting	515.24	578.22	640.20	669.44	721.63	796.12	864.47
#粮食	Grain	112.62	151.12	152.37	146.28	144.97	164.95	178.48
谷物	Cereal	93.71	128.96	128.17	134.21	131.82	144.25	156.62
豆类	Beans	10.76	12.37	13.76	8.27	8.94	11.13	11.41
薯类	Tubers	8.16	9.79	10.44	3.80	4.21	9.58	10.45
油料	Oil bearing Crops	10.18	12.71	12.97	12.27	15.69	18.47	16.88
棉花	Cotton	2.62	2.08	2.27	2.49	2.77	3.08	3.34
麻类	Fiber Crops	0.08	0.07	0.06	0.04	0.04	0.03	0.01
糖料	Sugar Crops	9.65	8.53	8.75	9.95	12.10	11.22	10.98
蔬菜	Vegetables	159.29	153.24	192.91	200.76	210.90	240.34	257.85
茶、桑、果	Tea, Mulberry, Fruit	121.42	141.89	155.62	175.33	205.61	216.13	238.26
其他农业产值	Other Farming	14.20	14.37	14.61	14.56	14.29	16.98	14.58
林业产值	**Other Farming**	**65.67**	**78.36**	**83.51**	**86.04**	**95.47**	**106.95**	**117.64**
人造林木生长	Man made Forestry Growing	7.26	6.77	9.07	9.27	9.17	6.18	8.74
林产品	Forestry Products	36.20	46.87	45.34	45.81	51.25	51.45	61.20
竹木采运	Lumbering	22.20	24.72	29.10	30.96	35.05	49.32	47.70
牧业产值	**Animal Husbandry**	**233.01**	**277.89**	**285.95**	**279.01**	**367.60**	**418.86**	**404.88**
牲畜繁殖、增长增重	Breeding and Growthing of Domestic Animals	142.90	184.57	180.01	169.03	254.69	303.61	284.61
家禽饲养	Poultry Raising	33.00	30.60	35.15	35.34	42.07	47.54	47.84
活的畜禽产品	Live Livestock Products	27.72	29.29	32.81	20.93	20.93	33.13	35.15
其他动物饲养	Other Animals Raising	29.25	33.23	37.76	53.40	49.64	34.25	36.95
渔业产值	**Fishery**	**337.11**	**361.99**	**380.81**	**347.53**	**369.90**	**407.82**	**435.48**
海水产品	Seawater Aquatic Products	240.84	261.54	279.85	255.33	268.70	277.23	304.75
淡水产品	Freshwater Aquatic Products	96.27	100.45	100.96	92.20	101.20	130.59	130.73
服务业产值	**Services for Agriculture**	**18.81**	**21.44**	**23.20**	**26.03**	**28.27**	**33.28**	**36.35**

注：1. 本表按当年价格计算。The data in this table are calculated at current price.
2. 2003 年起总产值中包括服务业产值。Total gross output value includes services for agriculture since 2003.

6-7 农、林、牧、渔业增加值(2003-2009年)
The Added Value of Farming, Forestry, Animal Husbandry and Fishery (2003-2009)

单位:亿元(100 million yuan)

指标	Item	2003	2004	2005	2006	2007	2008	2009
总产值	**Gross Output Value**	**1165.23**	**1332.27**	**1428.28**	**1422.60**	**1597.15**	**1780.01**	**1873.40**
中间消耗	**Intermediate Consumption**	**437.74**	**498.93**	**535.45**	**533.48**	**611.13**	**684.05**	**710.32**
中间物质消耗	Intermediate Material Consumption	380.92	427.52	458.04	434.95	500.94	560.24	577.60
对非物质生产部门的劳务支出	Labour Service Expenditure of Non-material Productive Sectors	56.82	71.41	77.41	98.53	110.19	123.81	132.72
增加值	**Added Value**	**727.49**	**833.34**	**892.83**	**889.12**	**986.02**	**1095.96**	**1163.08**
农业	Farming	389.31	436.38	480.83	491.03	524.65	578.93	627.03
林业	Forestry	50.25	59.91	63.07	62.55	69.53	77.85	85.64
牧业	Animal Husbandry	110.12	134.06	131.32	123.01	165.00	188.07	181.87
渔业	Fishery	177.81	192.49	206.24	200.17	213.05	234.91	250.83
服务业	Services	9.28	10.50	11.37	12.36	13.79	16.20	17.71

注：1.2003年起农林牧渔业增加值中包括服务业增加值。Gross Output Value includes Services for agricultuer since 2003.
2.2006年及以后年份农林牧渔业增加值已与农普数衔接。The gross output value are adjusted according to agricultural census result since 2006.

6-8 各市农、林、牧、渔业增加值(2009年)
The Added Value of Farming, Forestry, Animal Husbandry and Fishery by City (2009)

单位:亿元(100 million yuan)

地区	Region	农、林、牧、渔业增加值 Total	#农业增加值 Farming	#固定资产折旧 Depreciation of Fixed Assets	劳动者报酬 Compensation of Labourers	中间消耗 Intermediate Consumption
全省合计	**Total**	**1163.08**	**627.03**	**88.26**	**1110.21**	**710.32**
浙东北	**Eastern & Northern Region**	**748.52**	**396.96**	**52.92**	**713.31**	**456.52**
杭州市	Hangzhou	190.51	106.58	8.90	190.53	99.23
宁波市	Ningbo	183.54	99.81	9.26	178.55	103.25
嘉兴市	Jiaxing	107.51	59.72	6.86	102.37	75.46
湖州市	Huzhou	90.26	44.44	9.49	80.77	62.83
绍兴市	Shaoxing	124.46	81.12	8.64	116.60	65.60
舟山市	zhoushan	52.24	5.29	9.77	44.49	50.15
浙西南	**Western & Southern Region**	**422.46**	**234.43**	**35.96**	**404.16**	**275.07**
温州市	Wenzhou	80.31	40.32	5.09	77.10	52.35
金华市	Jinhua	91.53	56.17	9.50	84.24	54.67
其中:义乌市	Yiwu	14.57	8.68	1.46	13.30	6.91
衢州市	Quzhou	59.62	33.52	4.42	58.03	41.51
台州市	Taizhou	132.22	60.70	15.28	125.99	95.18
丽水市	Lishui	58.78	43.72	1.67	58.80	31.36

注：全省数为省级计算数,与分市相加不等。The total is calculated by Provincial Bureau, it is not equal to the sum of regional figures by city.

6－9 农业机械年末拥有量(2003－2009 年)
Possession of Major Agricultural Machinery (2003－2009)

指标		Item		2003	2004	2005	2006	2007	2008	2009
农业机械总动力	**(万千瓦)**	**Total Power of Agri－cultural Machinery**	**(10000 kw)**	**2039.68**	**2026.74**	**2111.27**	**2293.00**	**2331.63**	**2331.38**	**2450.64**
耕作机械动力	**(万千瓦)**	**Mechanical Power of Cultivation**	**(10000 kw)**	**201.88**	**190.10**	**187.59**	**167.90**	**174.34**	**175.12**	**190.71**
大中型拖拉机	(台)	Large and Medium Sized Tractors	(unit)	4582	4376	4482	5075	6036	5842	7366
	(万千瓦)		(10000 kw)	12.91	12.67	13.09	14.93	18.12	19.74	26.40
农用小型拖拉机	(万台)	Mini tractors for Agriculture	(10000 units)	21.82	19.93	19.75	16.65	17.03	16.62	17.01
	(万千瓦)		(10000 kw)	182.45	171.04	168.51	145.74	148.32	145.36	151.87
收获机械动力	**(万千瓦)**	**Mechanical Power of Harvesting**	**(10000 kw)**	**241.06**	**235.07**	**243.52**	**282.56**	**282.85**	**265.42**	**263.69**
联合收割机	(台)	Combine Harvesters	(unit)	12554	12634	14173	13856	14837	15165	17221
	(万千瓦)		(10000 kw)	23.13	25.70	32.82	33.04	41.67	44.51	54.39
机动收割机(割晒机)	(台)	Motorized Harvesters	(unit)	406	373	397	514	349	228	214
机动脱粒机	(万台)	Motorized Thresher	(10000 units)	131.91	126.59	127.16	147.56	145.36	131.25	121.55
植保机械动力	**(万千瓦)**	**Mechanical Power of Plant Protection**	**(10000 kw)**	**8.99**	**13.53**	**15.28**	**25.36**	**26.99**	**30.65**	**35.31**
机动喷雾(粉)器	(万架)	Motorized Sprayer	(10000 units)	6.06	7.77	7.68	11.66	12.58	13.27	15.56
排灌机械动力	**(万千瓦)**	**Mechanical Power of Drainage and Irrigation**	**(10000 kw)**	**207.13**	**212.74**	**220.26**	**280.04**	**280.45**	**281.12**	**284.15**
柴油机	(万台)	Diesel Engines	(10000 units)	8.24	7.90	8.56	8.70	9.01	8.74	9.45
	(万千瓦)		(10000 kw)	41.50	39.45	44.60	42.40	42.98	42.07	43.50
电动机	(万台)	Electric Engines	(10000 units)	36.51	39.95	41.63	86.60	85.77	86.98	85.48
	(万千瓦)		(10000 kw)	165.34	171.76	173.87	231.79	231.70	232.04	233.28
农副产品加工机械动力	**(万千瓦)**	**Mechanical Power of Farm Sideline Products Manufacturing**	**(10000 kw)**	**158.60**	**154.03**	**166.21**	**139.89**	**142.05**	**136.66**	**138.30**
粮食加工机械	(万台)	Mechanical Power for Grain	(10000 units)	13.61	12.87	12.87	12.56	12.66	12.80	12.96
棉花加工机械	(万台)	Mechanical Power for Cotton	(10000 units)	0.36	0.56	0.99	0.39	0.40	0.32	0.82
油料加工机械	(万台)	Mechanical Power for Oil bearing	(10000 units)	0.66	0.66	0.69	0.80	0.79	0.78	0.89
运输机械动力	**(万千瓦)**	**Mechanical Power of Transportation**	**(10000 kw)**	**629.83**	**617.18**	**635.73**	**551.81**	**558.22**	**542.90**	**549.87**
渔业机械动力	**(万千瓦)**	**Mechanical Power of Fishery**	**(10000 kw)**	**427.48**	**411.39**	**404.24**	**425.16**	**438.68**	**436.70**	**440.13**
机动船	(万艘)	Motorized Boats	(10000 units)	5.56	4.97	4.83	5.05	5.03	5.02	5.18
	(万吨)		(10000 tons)	227.21	217.35	213.11	224.73	226.59	226.52	234.67
	(万千瓦)		(10000 kw)	427.48	411.39	404.24	425.16	438.68	436.70	440.13
其他农业机械动力	**(万千瓦)**	**Other Mechanical Power**	**(10000 kw)**	**164.72**	**192.70**	**238.44**	**420.28**	**428.05**	**462.80**	**548.48**

6-10 各市主要农业机械拥有量(2009年末)
Possession of Major Agricultural Machinery by City (End of 2009)

地区	Region	农业机械总动力(万千瓦) Total Power of Agricultural Machinery (10000 kw)	耕作机械动力(万千瓦) Mechanical Power of Cultivation (10000 kw)	大中型拖拉机(台) Mini tractors	农用小型拖拉机 Mini tractors 万台 (10000 units)	万千瓦 (10000 kw)	收获机械动力(万千瓦) Mechanical Power of Harvesting (10000 kw)
全省合计	**Total**	**2450.64**	**190.71**	**7366**	**17.01**	**151.87**	**263.69**
浙东北	**Eastern & Northern Region**	**1374.74**	**111.30**	**4688**	**9.75**	**87.89**	**149.99**
杭州市	Hangzhou	323.53	19.82	770	1.59	14.23	29.37
宁波市	Ningbo	322.85	26.54	1868	1.93	17.69	25.30
嘉兴市	Jiaxing	159.75	22.85	814	2.10	18.68	44.90
湖州市	Huzhou	161.86	20.41	181	2.16	19.53	20.75
绍兴市	Shaoxing	233.93	20.66	902	1.93	17.45	28.24
舟山市	Zhoushan	172.82	1.03	153	0.04	0.31	1.43
浙西南	**Western & Southern Region**	**1072.08**	**79.41**	**2678**	**7.26**	**63.98**	**113.71**
温州市	Wenzhou	228.33	14.81	647	1.21	11.02	13.83
金华市	Jinhua	240.05	23.64	880	2.18	19.82	42.04
其中:义乌市	Yiwu		2.45	117	0.19	1.69	3.36
衢州市	Quzhou	156.13	12.84	265	1.40	10.74	17.66
台州市	Taizhou	346.97	18.67	880	1.47	13.82	35.76
丽水市	Lishui	100.60	9.44	6	1.00	8.58	4.41
省直属单位	**Units Directly under Province**	**3.82**					

续表 1 Continued

地区	Region	机动脱粒（打稻）机 Motorized Thresher (10000 kw)		植保机械动力（万千瓦）Mechanical Power of Plant Protection (10000 kw)	机动喷雾（粉）器 Moterized Sprayer		排灌机械动力（万千瓦）Mechanical Power of Drainage and Irrigation (10000 kw)
		（万台）(10000 units)	（万千瓦）(10000 kw)		（架）(unit)	（千瓦）(1000 kw)	
全省合计	**Total**	**121.55**	**203.68**	**35.31**	**155566**	**283047**	**284.15**
浙东北	**Eastern & Northern Region**	**78.27**	**116.58**	**12.95**	**72255**	**117462**	**163.45**
杭州市	Hangzhou	18.80	26.62	2.91	16018	27763	42.20
宁波市	Ningbo	9.18	16.59	6.03	34610	54222	29.09
嘉兴市	Jiaxing	26.45	38.61	1.12	6466	10838	27.28
湖州市	Huzhou	11.10	15.92	0.57	2706	5479	37.18
绍兴市	Shaoxing	12.21	17.99	2.19	11912	18071	24.92
舟山市	Zhoushan	0.54	0.86	0.11	543	1089	2.78
浙西南	**Western & Southern Region**	**43.28**	**87.10**	**22.36**	**83311**	**165585**	**120.70**
温州市	Wenzhou	3.05	5.66	1.04	4214	10062	17.08
金华市	Jinhua	16.53	36.99	2.94	15890	25844	29.60
其中:义乌市	Yiwu	1.34	2.83	0.31	1672	3149	3.56
衢州市	Quzhou	7.00	13.99	11.75	37419	72766	32.56
台州市	Taizhou	14.92	26.71	4.27	18201	40880	31.99
丽水市	Lishui	1.77	3.75	2.36	7587	16033	9.47
省直属单位	**Units Directly under Province**						

续表 2 Continued

地区	Region	农副产品加工机械动力（万千瓦）Mechanical Power of Farm Sideline Products Manufacturing (10000 kw)	运输机械动力（万千瓦）Mechanical Power of Transpor－tation (10000 kw)	渔业机械动力（万千瓦）Mechanical Power of Fishery (10000 kw)	其他机械动力（万千瓦）Other Mechanical Power (10000 kw)
全省合计	**Total**	**138.30**	**549.87**	**440.13**	**175.70**
浙东北	**Eastern & Northern Region**	**67.51**	**299.43**	**240.63**	**115.15**
杭州市	Hangzhou	18.19	91.21	2.89	31.11
宁波市	Ningbo	13.41	69.34	82.88	30.94
嘉兴市	Jiaxing	7.78	26.81	3.12	11.79
湖州市	Huzhou	7.36	35.69	7.95	5.76
绍兴市	Shaoxing	19.73	62.29	1.57	33.65
舟山市	Zhoushan	1.05	14.10	142.22	1.91
浙西南	**Western & Southern Region**	**70.79**	**250.43**	**199.50**	**60.55**
温州市	Wenzhou	14.27	48.81	58.91	25.20
金华市	Jinhua	15.89	73.17	0.12	9.30
其中:义乌市	Yiwu	1.46	10.55		1.27
衢州市	Quzhou	13.48	40.44	0.26	2.77
台州市	Taizhou	12.78	59.77	135.88	17.76
丽水市	Lishui	14.37	28.24	0.51	5.52
省直属单位	**Units Directly under Province**			**3.82**	

注：省直属单位指省属水产渔业公司。
Units Directly Under Province refers to aquatic fishery company attached to the Province.

6-11 农业机械化、电气化及化肥施用量(2003-2009年)
Agricultural Mechanization, Electrification, Chemical Fertilizer Applied (2003-2009)

指标	Item		2003	2004	2005	2006	2007	2008	2009
农业机械化	**Agricultural Mechanization**								
当年机耕地面积(千公顷)	Area Sown by Mac-hine at Current Year	(1000 hectares)	980.81	990.89	990.04	997.19	1009.07	1010.35	996.87
当年机械收获面积(千公顷)	Mechanical Harvest Area at Current Year	(1000 hectares)	563.34	649.30	734.61	767.09	821.55	869.05	905.00
农村能源	**Energy in Rural Areas**								
农村用电量 (亿千瓦时)	Electricity Consumed	(100 Million kw.h)	409.04	441.20	520.57	579.58	649.97	675.41	709.41
乡村办水电站 (个)	Hydropower Stations Run by Township and Village	(units)	2592	2546	2273	2332	2434	2358	2283
装机容量 (万千瓦)	Generating Capacity	(10000 kw)	154.90	179.90	192.00	213.00	247.35	240.60	230.20
农业化肥施用量	**Agricultural Consumption of Chemical Fertilizers**								
按折纯量计算 (万吨)	Calculated by 100% Effective Component	(10000 tons)	90.38	93.34	94.27	93.98	92.82	92.98	93.60
每公顷播种面积施用量 (公斤)	Fertilizer Used per Hectare Sown Area	(kg)	319	336	332	330	334	374.55	374
农用塑料薄膜使用量(万吨)	**Plastic Film Used for Agriculture**	**(10000 tons)**	**4.24**	**4.36**	**4.47**	**4.75**	**4.92**	**5.21**	**5.44**
农用柴油使用量 (万吨)	**Diesel Used for Agriculture**	**(10000 tons)**	**175.76**	**186.16**	**187.23**	**190.23**	**193.58**	**184.28**	**183.28**
农药使用量 (万吨)	**Pesticide Used**	**(10000 tons)**	**6.17**	**6.34**	**6.56**	**6.62**	**6.49**	**6.58**	**6.55**

6－12 各市农业机械化、农村能源及农业物资消耗情况(2009年)
Agricultural Mechanization, Energy and Material Consumption by City (2009)

地区	Region	农业机械化情况(千公顷) Conditions of Agricultural Mechanization(1000 ha) 机耕面积 Area Cultivated by Machine	机械收获面积 Area Harvested by Machine	农村用电量(亿千瓦小时) Electricity Consumed in Rural Areas (100 million kw.h)	农用塑料薄膜使用量(吨) Plastic Film Used for Agriculture (ton)	农用柴油使用量(吨) Diesel Used for Agriculture (ton)	农药使用量(吨) Pesticide Used (ton)
全省合计	**Total**	**996.87**	**905.01**	**709.41**	**54402**	**1832820**	**65454**
浙东北	**Eastern & Northern Region**	**615.78**	**592.98**	**523.75**	**29664**	**955349**	**37088**
杭州市	Hangzhou	130.27	104.45	98.98	7673	27336	8816
宁波市	Ningbo	134.41	112.45	147.58	7454	306208	6733
嘉兴市	Jiaxing	123.23	161.55	79.67	5682	14193	6705
湖州市	Huzhou	102.11	104.87	33.80	4780	27642	8023
绍兴市	Shaoxing	118.41	104.75	153.16	3858	13483	6407
舟山市	Zhoushan	7.35	4.91	10.56	217	566487	404
浙西南	**Western & Southern Region**	**381.09**	**312.02**	**185.66**	**24738**	**877471**	**28366**
温州市	Wenzhou	79.85	99.95	66.04	3209	283477	4152
金华市	Jinhua	103.31	69.91	35.90	6295	28698	8627
其中:义乌市	Yiwu	13.80	8.51	9.16	329	2350	507
衢州市	Quzhou	58.45	59.39	8.61	2145	14832	7380
台州市	Taizhou	107.19	78.72	70.62	7898	541420	5093
丽水市	Lishui	32.29	4.05	4.49	5191	9044	3114

6－13 各市农用化肥施用量(2009年)
Chemical Fertilizer Applied by City (2009)

单位:万吨(10000 tons)

地区	Region	氮肥 Nitrogenous Fertilizer 2008年	2009年	磷肥 Phosphate Fertilizer 2008年	2009年	钾肥 Potash Fertilizer 2008年	2009年	复合肥 Compound Fertilizer 2008年	2009年
全省合计	**Total**	**53.61**	**53.38**	**11.97**	**11.95**	**7.47**	**7.52**	**19.93**	**20.75**
浙东北	**Eastern & Northern Region**	**30.48**	**30.42**	**5.99**	**6.01**	**3.49**	**3.42**	**10.10**	**10.49**
杭州市	Hangzhou	6.18	6.02	1.31	1.38	0.87	0.89	3.57	3.60
宁波市	Ningbo	5.67	5.67	1.85	1.78	1.03	0.92	2.76	2.97
嘉兴市	Jiaxing	7.80	7.84	1.35	1.33	0.55	0.56	0.86	0.87
湖州市	Huzhou	3.42	3.47	0.61	0.62	0.33	0.34	1.27	1.29
绍兴市	Shaoxing	7.19	7.18	0.81	0.83	0.70	0.69	1.50	1.60
舟山市	Zhoushan	0.22	0.25	0.06	0.07	0.01	0.02	0.14	0.17
浙西南	**Western & Southern Region**	**23.13**	**22.95**	**5.98**	**5.94**	**3.98**	**4.11**	**9.83**	**10.26**
温州市	Wenzhou	4.99	5.13	1.41	1.46	0.85	0.89	1.19	1.25
金华市	Jinhua	5.37	5.44	1.63	1.60	1.14	1.13	2.65	2.88
其中:义乌市	Yiwu	0.57	0.52	0.18	0.15	0.07	0.11	0.32	0.48
衢州市	Quzhou	4.69	4.40	1.01	0.97	0.94	0.99	2.12	1.81
台州市	Taizhou	5.19	5.15	0.98	0.96	0.45	0.49	2.21	2.56
丽水市	Lishui	2.89	2.84	0.95	0.95	0.60	0.61	1.66	1.76

注：农用化肥施用量按折纯量计算。Chemical Fertilizer Applied are Calculated by 100% Effective Component.

6－14 农田水利建设(2004－2009 年)
Water Conservancy Facilities of Farmland(2004－2009)

指标		Item		2004	2005	2006	2007	2008	2009
水库年末累计	**(座)**	**Total Number of Reservoirs**	**(set)**	**3977**	**4061**	**4105**	**4151**	**4202**	**4207**
#大、中型水库(1000 万立方米以上)	(座)	Large and Medium－sized Reservoirs(above 10 million cu. m level)	(set)	155	162	171	174	177	180
总库容量	(亿立方米)	Capacity	(100 million cu. m)	380.70	386.40	391.60	392.75	394.76	396.20
塘坝	**(处)**	**Small Reservoirs**	**(place)**	**224892**	**221931**	**222180**	**222993**	**219864**	**208982**
蓄水量	(亿立方米)	Capacity of Retain Water	(100 million cu. m)	8.88	8.78	8.86	8.92	8.91	8.64
堰坝	**(万处)**	**Weirs**	**(10000 places)**	**4.73**	**4.82**	**4.87**	**4.81**	**5.15**	**5.18**
机电井	**(眼)**	**Motor－electricpumped Well**	**(unit)**	**2385**	**2577**	**2436**	**2440**	**2139**	**1998**
#已配套机电井	(眼)	Equiped Motor－electric pumped Well	(unit)	2154	2295	2222	2245	1857	1766
水闸	**(座)**	**Sluice**	**(set)**	**4149**	**4015**	**4545**	**4593**	**4971**	**5197**

6-15 农田水利、除涝和治理水土流失情况(2003-2009年)
Water Conservation, Waterlogging and Soil Erosion under Control(2003-2009)

指标		Item		2003	2004	2005	2006	2007	2008	2009
有效灌溉面积	**(千公顷)**	**Effective Irrigated Areas**	**(1000 ha)**	**1403.80**	**1404.88**	**1411.06**	**1422.32**	**1431.35**	**1435.85**	**1446.37**
机电排灌面积	**(千公顷)**	**Mechanical and Electrical Irrigated Areas**	**(1000 ha)**	**1038.00**	**1042.22**	**1049.02**	**1057.19**	**1038.18**	**1045.75**	**1047.96**
农田旱涝保收面积	**(千公顷)**	**Farmland Area of Stable Yields Despite Drought or Excessive Rain**	**(1000 ha)**	**1041.14**	**1051.36**	**1061.05**	**1067.43**	**1075.07**	**1087.47**	**1093.06**
抗旱能力在70天以上的水田	**(千公顷)**	**Fight Drought above 70 days**	**(1000 ha)**	**912.00**	**915.24**	**902.29**	**910.16**	**878.87**	**869.69**	**860.71**
易涝面积	**(千公顷)**	**Area Liable to Flooding or Water Logging**	**(1000 ha)**	**528.61**	**529.19**	**530.06**	**534.65**	**536.61**	**535.33**	**538.68**
#除涝面积	(千公顷)	Flooded or Water Logged Areas under Control	(1000 ha)	479.93	482.76	489.28	491.88	495.36	496.17	496.61
占易涝面积比重	(%)	Percentage to Total Area Liable to Flooding or Waterlogging	(%)	70.79	91.20	92.31	92.00	92.31	92.68	92.19
水土流失总面积	**(千公顷)**	**Total Area of Soil Erosion**	**(1000 ha)**	**2747.09**	**2758.38**	**2773.05**	**2779.00**	**2805.90**	**2830.23**	**2835.90**
#治理水土流失面积	(千公顷)	Area of Soil Erosion under Control	(1000 ha)	2134.01	2207.62	2227.95	2256.03	2336.72	2334.58	2401.85
占水土流失比重	(%)	Percentage to Total Area of Soil Erosion	(%)	77.68	80.00	80.30	81.18	83.28	82.49	84.69
堤塘长度	**(公里)**	**Total Length of Dikes**	**(km)**	**10711**	**11622**	**12077**	**12768**	**13566**	**13269**	**13587**

6-16 各市水利设施和除涝及旱涝保收面积
Water Conservancy Facilities, Waterlogging under Control by City

地区	Region	年末水库数(座) Number of Reservoirs (year end) (set)		水库总库容(亿立方米) Capacity of Reservoirs (100 million cu. m)		除涝面积(千公顷) Waterlogging Area under Control (1000 ha)		旱涝保收面积(千公顷) Area of Stable Yields Despite Drought or Excessive Rain (1000 ha)	
		2008	2009	2008	2009	2008	2009	2008	2009
全省合计	**Total**	**4202**	**4207**	**394.76**	**396.21**	**496.17**	**496.61**	**1087.47**	**1093.06**
浙东北	**Eastern & Northern Region**	**1951**	**1951**	**275.33**	**275.15**	**371.50**	**371.92**	**691.70**	**695.11**
杭州市	Hangzhou	623	623	236.40	236.40	53.49	53.27	131.47	131.07
宁波市	Ningbo	411	411	17.73	17.56	73.06	73.16	143.65	145.17
嘉兴市	Jiaxing					107.06	107.38	176.30	176.86
湖州市	Huzhou	154	154	6.81	6.81	91.25	91.27	122.47	123.88
绍兴市	Shaoxing	553	553	12.97	12.95	41.36	41.51	107.33	107.55
舟山市	Zhoushan	210	210	1.42	1.43	5.28	5.33	10.48	10.58
浙西南	**Western & Southern Region**	**2251**	**2256**	**119.43**	**121.06**	**124.67**	**124.69**	**395.77**	**397.95**
温州市	Wenzhou	304	303	26.14	26.16	66.50	66.48	74.18	73.77
金华市	Jinhua	811	814	18.46	18.29	11.30	11.36	118.22	118.82
其中:义乌市	Yiwu	107	107	2.36	2.23	0.36	0.37	15.13	15.09
衢州市	Quzhou	463	463	33.31	34.57	2.53	2.53	68.51	69.98
台州市	Taizhou	324	325	18.27	18.54	37.31	37.31	84.94	85.34
丽水市	Lishui	349	351	23.25	23.50	7.03	7.01	49.92	50.04

6-17 各市农田灌溉面积情况
Basic Statistics on Farmland Irrigated Areas by City

地区	Region	有效灌溉面积(千公顷) Effective Irrigated Areas (1000 ha)			机电排灌面积(千公顷) Mechanical and Electrical Irrigated Areas (1000 ha)		
		2007	2008	2009	2007	2008	2009
全省合计	**Total**	**1431.35**	**1435.85**	**1446.37**	**1038.18**	**1045.75**	**1047.96**
浙东北	**Eastern and Northern Region**	**847.92**	**845.36**	**856.21**	**714.46**	**718.62**	**718.66**
杭州市	Hangzhou	162.98	162.38	162.63	115.89	116.84	115.98
宁波市	Ningbo	183.16	186.59	188.07	166.30	167.73	169.16
嘉兴市	Jiaxing	200.75	197.64	198.43	203.16	197.64	198.43
湖州市	Huzhou	133.21	132.47	134.20	117.30	117.39	117.56
绍兴市	Shaoxing	155.26	153.74	160.00	102.34	109.55	108.06
舟山市	Zhoushan	12.56	12.54	12.88	9.47	9.47	9.47
浙西南	**Western and Southern Region**	**583.43**	**590.49**	**590.16**	**323.72**	**327.13**	**329.30**
温州市	Wenzhou	127.46	128.59	127.10	96.03	96.03	95.83
金华市	Jinhua	157.70	158.33	158.81	90.44	92.08	93.88
其中:义乌市	Yiwu	21.05	21.12	21.16	11.09	11.11	11.14
衢州市	Quzhou	91.79	92.630	92.72	34.62	34.66	34.42
台州市	Taizhou	125.88	127.67	127.67	89.38	91.08	91.89
丽水市	Lishui	80.60	83.27	83.86	13.25	13.28	13.28

6-18 主要农作物播种面积(2003-2009年)
Total Sown Area of Major Farm Crops(2003-2009)

单位:千公顷(1000 hectares)

指标	Item	2003	2004	2005	2006	2007	2008	2009
农作物播种面积	**Sown Area of Farm Crops**	**2834.39**	**2778.41**	**2837.94**	**2516.21**	**2491.61**	**2481.32**	**2504.79**
粮食作物	**Grain Crops**	**1482.97**	**1505.37**	**1562.56**	**1304.52**	**1270.75**	**1271.63**	**1290.09**
#春粮	Spring Grain	152.46	126.18	144.48	151.14	154.46	160.44	169.82
秋粮	Autumn Grain	1201.16	1225.09	1275.08	1020.05	995.29	1006.86	1005.40
谷物	Cereal	1136.24	1170.93	1191.37	1093.96	1059.06	1050.10	1062.21
稻谷	Rice	979.43	1028.05	1028.54	994.51	954.29	937.50	938.74
早稻及早中稻	Early Rice & Early Mid-rice	129.35	154.10	143.00	133.33	121.00	104.33	114.87
晚稻及迟中稻	Late Rice & Late Mid-rice	850.08	873.95	885.54	861.18	833.29	833.17	823.87
#单季晚稻	Single Season Rice	671.93	677.98	699.98	693.83	688.38	691.24	666.34
小麦	Wheat	71.48	59.53	67.13	45.44	49.26	54.34	60.37
大(元)麦	Barley	26.31	21.53	24.42	24.05	23.75	23.64	27.19
玉米	Corn	51.93	54.50	62.87	22.03	23.62	25.92	27.03
其他谷物	Other Cereal	7.09	7.32	8.41	7.93	8.14	8.69	8.88
豆类	Beans	193.33	184.90	209.14	120.39	121.44	129.85	129.55
大豆	Soybeans	116.48	116.58	129.74	50.58	50.54	54.43	55.54
蚕(豌)豆	Broad Bean	54.67	45.12	52.93	30.29	30.27	31.26	30.39
杂豆	Other Beans	22.17	23.20	26.47	39.52	40.63	44.17	43.62
薯类	Yam	153.40	149.54	162.05	90.17	90.25	91.68	98.33
其中:马铃薯	Potato	55.19	50.84	51.77	51.36	51.18	51.19	57.80
油料	**Oil bearing Crops**	**250.90**	**237.25**	**249.25**	**175.28**	**151.34**	**190.78**	**210.14**
油菜籽	Rapeseeds	229.49	215.79	227.19	153.50	128.80	167.50	185.76
花生	Peanuts	17.52	17.54	18.13	17.90	18.48	18.67	19.12
芝麻	Sesame	3.88	3.92	3.93	3.88	4.06	4.61	5.26
棉花(皮棉)	**Cotton**	**17.63**	**18.77**	**17.91**	**18.05**	**18.81**	**20.34**	**20.10**
麻类	**Fiber Crops**	**0.58**	**0.48**	**0.45**	**0.34**	**0.32**	**0.24**	**0.17**
糖类	**Sugar Crops**	**19.21**	**18.11**	**15.71**	**14.47**	**14.42**	**13.94**	**13.12**
烟叶	**Tobacco**	**2.16**	**1.90**	**1.75**	**1.54**	**1.27**	**1.34**	**1.50**
药材类	**Medicinal Material**	**26.16**	**27.22**	**26.47**	**25.89**	**27.01**	**29.94**	**28.76**
蔬菜	**Vegetables**	**700.77**	**661.02**	**666.73**	**647.70**	**660.62**	**617.36**	**618.86**
果用瓜	**Melon as Fruit**	**97.54**	**101.99**	**102.50**	**109.77**	**111.04**	**114.02**	**110.23**
#西瓜	Watermelon	81.43	84.58	84.41	91.82	92.09	94.24	90.04
花卉苗木	**Flowers and Plants Nursery Stock**	**114.27**	**114.10**	**107.48**	**101.93**	**102.15**	**104.37**	**103.83**
其他农作物	**Other Farm Crops**	**177.40**	**143.04**	**138.90**	**133.67**	**127.98**	**117.36**	**107.99**
#绿肥	Green Manure	92.08	66.62	69.80	65.53	62.17	57.66	54.43

注:1.粮食播种面积和产量包括马铃薯。The grain acreage and output include potato.
2.2006年及以后年份粮食、油菜籽等主要农作物播种面积和产量已按农普数衔接。
Data in this table are adjusted according to agricultural censas since 2006. The same for next tables.

6 – 19 历年主要农作物播种面积(1978 – 2009 年)
Total Sown Area of Major Farm Crops over the Years(1978 – 2009)

单位:千公顷(1000 hectares)

年份 Year	农作物 播种面积 Total Sown Area	#粮食作物 Grain Crops	油料 Oil – bearing Crops	棉花 Cotton	蔬菜 Vegetables
1978	4760.13	3472.20	207.20	85.13	126.80
1979	4731.60	3456.19	221.20	90.07	122.73
1980	4685.71	3424.40	245.60	107.27	129.33
1981	4644.13	3375.07	298.87	107.93	116.47
1982	4626.00	3437.47	253.73	106.73	124.67
1983	4578.07	3480.00	237.93	105.47	132.00
1984	4526.87	3482.53	223.93	104.80	148.40
1985	4451.70	3271.23	286.00	93.07	180.25
1986	4361.80	3166.25	294.20	80.53	199.26
1987	4374.27	3235.37	276.93	70.73	214.97
1988	4300.50	3209.85	273.40	69.00	226.61
1989	4312.87	3222.65	280.93	60.40	236.27
1990	4384.69	3266.00	302.05	68.67	248.39
1991	4379.53	3267.21	306.61	68.19	249.07
1992	4275.05	3164.20	304.08	71.09	250.02
1993	3926.16	2844.46	235.95	60.94	283.41
1994	3802.42	2741.04	235.42	61.66	298.85
1995	3923.04	2814.39	309.32	64.53	297.81
1996	3963.82	2877.17	295.71	66.71	313.12
1997	3944.16	2873.00	275.75	61.97	329.05
1998	3919.60	2799.51	281.88	62.84	368.04
1999	3899.49	2751.91	289.44	37.85	412.49
2000	3554.33	2300.26	315.58	26.58	568.86
2001	3245.93	1939.08	306.62	27.66	627.97
2002	3064.54	1718.39	289.07	18.73	696.99
2003	2834.39	1482.97	250.90	17.63	700.77
2004	2778.41	1505.37	237.25	18.77	661.02
2005	2837.94	1562.56	249.25	17.91	666.73
2006	2516.21	1304.52	175.28	18.25	620.52
2007	2491.61	1270.75	151.34	18.81	660.62
2008	2481.32	1271.63	190.78	20.34	617.36
2009	2504.79	1290.09	210.14	20.10	618.86

注: 1. 粮食播种面积包括马铃薯。The grain acreage include potato.
2. 2006 年及以后年份粮食、油料面积按农普数衔接。According to the result of agricultural census, the figures are adjusted since 2006.

6－20 主要农作物产量(1978－2009 年)
Output of Major Farm Crops(1978－2009)

单位:万吨(10000 tons)

年份 Year	#粮食 Grain	棉花 Cotton	油料 Oil－bearing Crops	蔬菜 Vegetables	茶叶 Tea	水果 Fruit	#柑桔 Orange
1978	1467.20	7.26	22.06		5.87	14.61	6.78
1979	1611.30	6.69	27.03		6.55	22.45	11.24
1980	1435.50	8.29	28.86		7.54	22.50	9.14
1981	1419.20	6.81	39.99		8.93	22.79	12.06
1982	1712.10	9.76	38.62		10.71	25.80	12.85
1983	1583.70	9.37	29.76		10.20	28.30	17.18
1984	1817.15	13.29	33.89		9.56	30.66	17.85
1985	1621.29	8.13	44.19	100.26	9.31	135.38	28.54
1986	1605.09	7.56	42.94	753.99	10.43	52.05	36.15
1987	1588.99	6.54	39.66	756.29	11.59	70.95	54.91
1988	1553.64	4.37	43.06	761.63	12.82	51.60	28.60
1989	1554.28	4.19	38.28	776.85	11.78	98.75	72.47
1990	1586.10	6.42	48.35	736.63	11.70	180.91	79.73
1991	1640.00	7.53	45.56	740.15	11.41	134.49	106.42
1992	1553.50	5.96	50.08	689.38	11.94	102.37	73.85
1993	1436.18	5.79	38.57	771.46	12.23	273.55	113.52
1994	1404.00	5.54	34.59	819.60	10.69	295.40	139.27
1995	1430.90	6.25	50.00	823.51	10.21	335.39	170.03
1996	1516.77	6.84	52.11	888.17	9.90	342.18	180.41
1997	1493.53	4.76	48.88	895.04	10.17	388.95	210.51
1998	1435.20	6.49	35.55	1009.52	11.32	359.93	149.69
1999	1392.96	4.04	54.06	1127.45	11.77	428.55	212.01
2000	1217.00	2.92	57.88	1470.04	11.64	380.67	97.19
2001	1075.61	3.16	58.22	1634.13	12.06	516.64	163.81
2002	959.41	2.24	46.97	1765.28	13.85	500.90	164.28
2003	809.23	2.10	43.77	1780.19	13.27	568.38	176.66
2004	850.17	2.28	48.77	1749.76	13.87	632.07	200.99
2005	830.42	2.16	50.14	1741.82	14.44	577.96	148.11
2006	785.50	2.38	35.61	1716.61	15.24	644.00	180.35
2007	745.07	2.54	32.95	1718.06	16.02	690.28	198.56
2008	775.55	2.82	41.27	1755.87	16.23	747.92	238.36
2009	789.15	2.81	43.24	1764.76	16.74	712.41	197.54

注：1. 粮食产量包括马铃薯。The output of grain include potato.
2. 2006 年及以后年份粮食、油料产量按农普数衔接。According to the result of agricultural census, the figures are adjusted since 2006.

6-21 主要农作物单位面积产量(1978-2009)
Output of Major Farm Crops(1978-2009)

单位:公斤/公顷(kg/hectare)

年份 Year	粮食 Grain	谷物 Cereal	油料 Oil-bearing Crops	#油菜籽 Rapeseed	棉花 Cotton	糖类 Sugar Crops
1978	4226	4268	1065	1050		
1979	4662	4758	1222	1213		
1980	4192	4239	1175	1179		
1981	4205	4283	1338	1346		
1982	4981	5105	1522	1540		
1983	4551	4618	1251	1260		
1984	5218	5338	1513	1529		
1985	4956	5065	1545	1556		
1986	5069	5221	1460	1468		
1987	4911	5032	1432	1430		
1988	4840	4965	1575	1588		
1989	4823	4952	1363	1363		
1990	4856	5000	1601	1608	935	53796
1991	5020	5176	1486	1485	1104	55164
1992	4910	5062	1647	1647	838	52404
1993	5049	5253	1635	1623	950	54498
1994	5122	5369	1469	1440	898	52896
1995	5084	5299	1617	1599	968	55848
1996	5272	5517	1762	1748	1025	56349
1997	5199	5453	1772	1754	768	54564
1998	5127	5407	1261	1205	1033	57824
1999	5062	5330	1869	1844	1068	59073
2000	5294	5735	1834	1808	1100	60289
2001	5547	6082	1899	1869	1143	60956
2002	5583	6223	1625	1565	1195	61644
2003	5475	6166	1744	1682	1193	64529
2004	5648	6313	2056	2016	1213	58703
2005	5314	5920	2012	1967	1204	57278
2006	6021	6582	2032	1958	1300	60455
2007	5863	6407	2177	2111	1351	60352
2008	6099	6724	2163	2110	1385	61283
2009	6117	6742	2058	1993	1397	62013

注：2006 年及以后年份粮食单产按农普数衔接。According to the result of agricultural census, the figures are adjusted since 2006.

6－22 主要农作物产量
Output of Major Farm Crops

指标	Item	2007		2008		2009	
		公顷产量（公斤）Output per Hectare（kg）	总产量（万吨）Total Output（10000 tons）	公顷产量（公斤）Output per Hectare（kg）	总产量（万吨）Total Output（10000 tons）	公顷产量（公斤）Output per Hectare（kg）	总产量（万吨）Total Output（10000 tons）
粮食作物	**Grain Crops**	**5863**	**745.07**	**6099**	**775.55**	**6117**	**789.15**
#春粮	Spring Grain	3348	51.71	3413	54.75	3447	58.53
秋粮	Autumn Grain	6286	625.62	6569	661.44	6592	662.75
谷物	Cereal	6407	678.50	6724	706.04	6742	716.13
稻谷	Rice	6674	636.89	7045	660.43	7102	666.67
早稻	Early Rice	5600	67.74	5690	59.36	5908	67.87
晚稻及单季稻	Late Rice & Single Season Rice	6832	569.15	7214	601.07	7268	598.80
#单季晚稻	Single Season Rice	7058	485.70	7376	509.86	7475	498.09
小麦	Wheat	3731	18.38	3903	21.21	3850	23.24
大(元)麦	Barley	4181	9.93	4251	10.05	4145	11.27
玉米	Corn	4229	9.99	4290	11.12	4310	11.65
其他谷物	Other Cereal	4068	3.31	3713	3.23	3716	3.30
豆类	Beans	2322	28.20	2353	30.55	2407	31.18
大豆	Soybeans	2344	11.85	2398	13.05	2445	13.58
蚕(豌)豆	Broad Beans	2311	6.97	2306	7.21	2363	7.18
杂豆	Other Beans	2299	9.38	1963	1.18	2388	10.42
薯类	Yams	4252	37.37	4250	38.96	4255	41.84
其中:马铃薯	Potato	3210	16.43	3180	16.28	3199	18.49
油料	**Oil bearing Crops**	**2177**	**32.95**	**2163**	**41.27**	**2058**	**43.24**
油菜籽	Rapeseeds	2111	27.19	2110	35.34	1993	37.02
花生	Peanuts	2780	5.14	2787	5.20	2819	5.39
芝麻	Sesame	1525	0.62	1572	0.72	1586	0.83
棉花(皮棉)	**Cotton**	**1351**	**2.54**	**1385**	**2.82**	**1397**	**2.81**
麻类	**Fiber Crops**	**4111**	**0.13**	**4298**	**0.10**	**3518**	**0.06**
糖类	**Sugar Crops**	**60352**	**87.00**	**61283**	**85.45**	**61994**	**81.36**
烟叶	**Tobacco**	**2566**	**0.33**	**2698**	**0.36**	**2468**	**0.37**
蔬菜	**Vegetables**	**26808**	**1170.98**	**27906**	**1725.90**	**28516**	**1764.76**
果用瓜	**Melon as Fruit**	**30131**	**334.57**	**29405**	**335.28**	**29660**	**326.94**
#西瓜	Watermelon	31735	292.23	30960	291.77	31261	281.46

注：粮食产量包括马铃薯。The output of the grain include potato.

6－23 各市粮食播种面积和产量
Sown Area and Output of Grain by City

地区	Region	2007			2008			2009		
		播种面积（千公顷）Sown Area (1000 ha)	公顷产（公斤）Output per Hectare (kg)	总产量（万吨）Total Output (10000 tons)	播种面积（千公顷）Sown Area (1000 ha)	公顷产（公斤）Output per Hectare (kg)	总产量（万吨）Total Output (10000 tons)	播种面积（千公顷）Sown Area (1000 ha)	公顷产（公斤）Output per Hectare (kg)	总产量（万吨）Total Output (10000 tons)
全省合计	**Total**	**1270.75**	**5863**	**745.07**	**1271.63**	**6099**	**775.55**	**1290.09**	**6117**	**789.15**
浙东北	**Eastern & Northern Region**	**815.98**	**6238**	**508.97**	**866.88**	**6271**	**543.62**	**869.82**	**6267**	**545.14**
杭州市	Hangzhou	183.88	5815	106.93	192.42	5725	110.16	188.99	5675	107.24
宁波市	Ningbo	134.98	5539	74.77	153.80	5749	88.42	148.14	5827	86.32
嘉兴市	Jiaxing	188.01	6776	127.40	193.36	6883	133.09	201.32	6749	135.86
湖州市	Huzhou	130.51	6660	86.91	138.36	6699	92.68	135.01	6772	91.42
绍兴市	Shaoxing	168.35	6424	108.15	177.27	6423	113.86	183.84	6439	118.37
舟山市	Zhoushan	10.25	4693	4.81	11.66	4644	5.42	12.52	4738	5.93
浙西南	**Western & Southern Region**	**689.78**	**5265**	**363.16**	**730.76**	**5553**	**405.77**	**721.41**	**5560**	**401.11**
温州市	Wenzhou	152.00	4681	71.15	157.71	5670	89.42	163.57	5738	93.85
金华市	Jinhua	144.03	5624	80.99	154.42	5677	87.66	159.38	5659	90.19
其中:义乌市	Yiwu	16.62	6046	10.05	17.80	5986	10.66	18.56	5957	11.06
衢州市	Quzhou	121.38	5950	72.22	122.53	5952	72.93	129.57	5873	76.10
台州市	Taizhou	163.08	5162	84.18	173.87	5376	93.47	158.65	5332	84.60
丽水市	Lishui	109.29	4998	54.62	122.23	5096	62.28	110.24	5114	56.37

注：全省粮食产量为抽样调查数，与分市相加不相等。
The total output of grain is obtained from the sample survey, the total is not equal to the sum of regional figures.

6－24 商品粮基地粮食播种面积和产量
Sown Area and Output of Grain in Commodity Grain Bases

地区	Region	2007			2008			2009		
		播种面积（千公顷）Sown Area (1000 ha)	公顷产（公斤）Output per Hectare (kg)	总产量（万吨）Total Output (10000 tons)	播种面积（千公顷）Sown Area (1000 ha)	公顷产（公斤）Output per Hectare (kg)	总产量（万吨）Total Output (10000 tons)	播种面积（千公顷）Sown Area (1000 ha)	公顷产（公斤）Output per Hectare (kg)	总产量（万吨）Total Output (10000 tons)
全省合计	**Total**	**1270.75**	**5863**	**745.07**	**1271.63**	**6099**	**775.55**	**1290.09**	**6117**	**789.15**
国家级小计	**Country Level**	**488.51**	**6363**	**310.86**	**519.48**	**6397**	**332.32**	**518.90**	**6397**	**331.95**
萧山区	Xiaoshan	50.14	5356	26.89	50.24	5425	27.26	50.07	5303	26.55
富阳市	Fuyang	24.04	6455	15.52	25.90	6299	16.31	25.98	6310	16.40
余杭区	Yuhang	29.16	6900	20.12	30.31	6792	20.58	29.34	6904	20.25
余姚市	Yuyao	28.05	6388	17.92	32.17	6408	20.61	32.55	6490	21.12
奉化市	Fenhua	12.83	4910	6.30	13.76	6087	8.38	13.14	5676	7.46
宁海县	Ninghai	17.57	4559	8.01	22.43	4834	10.84	20.65	5138	10.61
鄞州区	Yinzhou	26.27	6763	17.77	28.76	6871	19.76	26.84	6868	18.43
嘉兴市秀洲区	Xiuzhou, jiangxing	25.84	6899	17.83	27.21	7053	19.19	29.20	6918	20.20
嘉善县	Jiashan	26.00	6578	17.10	28.06	6663	18.70	28.81	6590	18.99
海盐县	Haiyan	28.80	6718	19.35	29.22	6711	19.61	30.11	6496	19.56
桐乡市	Tongxiang	24.00	7279	17.47	25.71	7201	18.51	26.08	7142	18.63
德清县	Deqing	13.92	7234	10.07	14.34	7219	10.35	14.30	7259	10.38
长兴县	ChangXing	44.45	6423	28.55	47.68	6365	30.35	42.38	6488	27.50
诸暨市	Zhuji	50.36	6858	34.54	53.05	6874	36.47	54.56	6895	37.62
绍兴县	shaoxing	26.36	6925	18.25	28.11	6957	19.56	29.53	7089	20.93
金东区	JIndong	4.63	5858	2.71	5.51	5695	3.14	5.39	5455	2.94
衢江区	Qujiang	26.87	5756	15.47	28.24	5706	16.13	29.69	5634	16.73
龙游县	Longyou	29.22	5814	16.99	28.78	5759	16.57	30.28	5830	17.65
省级小计	**Province Level**	**211.81**	**5800**	**122.84**	**220.40**	**5974**	**131.67**	**219.91**	**6002**	**132.00**
桐庐县	Tonglu	16.81	6248	10.50	17.81	6177	11.00	17.03	5956	10.14
瑞安市	Ruian	23.24	4925	11.45	22.73	6183	14.06	22.74	6391	14.54
海宁市	Haining	28.82	6487	18.70	28.97	6533	18.93	29.05	6512	18.92
安吉县	Anji	25.05	5908	14.80	26.20	5845	15.31	26.16	5925	15.50
嵊州市	Shengzhou	28.10	5894	16.56	28.58	5926	16.93	28.95	5972	17.29
武义县	Wuyi	16.44	5407	8.89	18.48	5545	10.25	19.42	5673	11.01
江山市	Jiangshan	32.85	6327	20.78	33.54	6188	20.75	35.27	6218	21.93
温岭市	Wenling	29.02	5422	15.73	30.42	5826	17.72	29.50	5778	17.04
松阳县	Songyang	11.48	4728	5.43	13.67	4916	6.72	11.79	4776	5.63

6-25 各市油菜籽播种面积和产量
Sown Area and Output of Repeseeds by City

地区	Region	2007			2008			2009		
		播种面积（千公顷）Sown Area (1000 ha)	公顷产（公斤）Output per Hectare (kg)	总产量（万吨）Total Output (10000 tons)	播种面积（千公顷）Sown Area (1000 ha)	公顷产（公斤）Output per Hectare (kg)	总产量（万吨）Total Output (10000 tons)	播种面积（千公顷）Sown Area (1000 ha)	公顷产（公斤）Output per Hectare (kg)	总产量（万吨）Total Output (10000 tons)
全省合计	**Total**	**128.80**	**2111**	**27.19**	**167.50**	**2110**	**35.34**	**185.76**	**1993**	**37.02**
浙东北	**Eastern & Northern Region**	**133.39**	**2230**	**29.74**	**133.98**	**2254**	**30.20**	**139.15**	**2207**	**30.71**
杭州市	Hangzhou	33.82	2055	6.95	36.79	2122	7.81	38.72	2068	8.01
宁波市	Ningbo	9.66	2051	1.98	9.60	2170	2.08	12.66	2210	2.80
嘉兴市	Jiaxing	38.14	2507	9.56	36.11	2524	9.11	33.65	2463	8.29
湖州市	Huzhou	33.57	2235	7.50	31.47	2254	7.09	31.66	2211	7.00
绍兴市	Shaoxing	16.60	2055	3.41	18.58	2053	3.81	21.06	2051	4.32
舟山市	Zhoushan	1.60	2105	0.34	1.43	2053	0.29	1.40	2119	0.30
浙西南	**Western & Southern Region**	**50.07**	**1650**	**8.26**	**70.83**	**1630**	**11.54**	**89.13**	**1659**	**14.79**
温州市	Wenzhou	3.27	1488	0.49	6.25	1553	0.97	12.82	1553	1.99
金华市	Jinhua	15.54	1663	2.59	20.40	1697	3.46	22.64	1756	3.98
其中:义乌市	Yiwu	0.93	2105	0.20	0.90	2102	0.19	1.04	2073	0.22
衢州市	Quzhou	20.91	1624	3.40	29.27	1590	4.65	33.70	1651	5.56
台州市	Taizhou	3.97	1753	0.70	8.05	1646	1.32	10.25	1587	1.63
丽水市	Lishui	6.38	1689	1.08	6.87	1651	1.13	9.72	1678	1.63

注：全省油菜籽面积和产量为国家核定数，与分市相加不相等。
Data of total sown area and output of repeseeds is verified by national bureau of statistics of china, as it is not equal to the sum of regional figures.

6－26 主要茶叶产区茶园面积和茶叶产量
Area of Tea Plantation and Output of Tea in Major Producing Regions

地区	Region	2007		2008		2009	
		茶园面积(公顷) Area of Tea Plantations (ha)	茶叶总产量(吨) Output of Tea (ton)	茶园面积(公顷) Area of Tea Plantations (ha)	茶叶总产量(吨) Output of Tea (ton)	茶园面积(公顷) Area of Tea Plantations (ha)	茶叶总产量(吨) Output of Tea (ton)
全省合计	**Total**	**168922**	**160229**	**174094**	**162345**	**175929**	**167411**
25个主产区小区	**25 Producing Regions**	**117205**	**129700**	**120748**	**130176**	**121056**	**133945**
杭州市区	Hangzhou District	5912	10756	5939	10930	5905	11197
建德市	Jiande	3601	3736	3681	3744	3601	3506
桐庐县	Tonglu	3417	1571	3466	1593	3795	1653
富阳市	Fuyang	3159	3890	3279	4808	3379	4983
临安市	Linan	3508	2132	3542	2101	3576	2112
淳安县	Chunan	11603	6122	12243	6447	12388	6753
宁波市区	Ningbo District	3763	9253	3669	7301	3651	6978
余姚市	Yuyao	3841	6259	4073	5979	4056	5449
奉化市	Fenghua	1056	2332	1046	2137	971	1640
安吉县	Anji	7857	4310	8404	4691	9102	4585
诸暨市	Zhuji	6566	11777	6571	11903	6697	12282
上虞市	Shangyu	2619	3305	2561	3376	2471	3286
嵊州市	Shengzhou	11749	17406	11947	17904	11932	18554
绍兴县	Shaoxing	5461	9244	5419	8589	5369	9509
新昌县	Xinchang	6353	5898	6424	6016	6475	6154
金华市区	Jinhua District	2245	2915	2254	3034	2030	3405
东阳市	Dongyang	2587	2351	2760	2087	2870	2172
武义县	Wuyi	7043	6580	6854	7084	6656	7523
浦江县	Pujiang	2242	1285	2845	1278	2217	1149
衢州市区	Quzhou District	1280	1455	1528	1244	1665	981
开化县	Kaihua	5942	1699	5915	1623	5857	1593
龙游县	Longyou	1458	2867	1430	2478	1442	2508
临海市	Linhai	1604	705	1632	725	1649	800
松阳县	Songyang	6703	6388	6993	7285	7284	8725
遂昌县	Suichang	5636	5464	6273	5819	6018	6448

6-27 主要蚕茧产区桑园面积和蚕茧产量
Area of Mulberry Field and Output of Silk-worm Cocoons in Major Producing Regions

地区	Region	2007		2008		2009	
		桑园面积(公顷) Area of Mulberry Field (ha)	蚕茧总产量(吨) Output of Silk-worm Cocoons (ton)	桑园面积(公顷) Area of Mulberry Field (ha)	蚕茧总产量(吨) Output of Silk-worm Cocoons (ton)	桑园面积(公顷) Area of Mulberry Field (ha)	蚕茧总产量(吨) Output of Silk-worm Cocoons (ton)
全省合计	**Total**	**77520**	**96262**	**75107**	**82159**	**71918**	**68296**
22个主产区小计	**22 Producing Regions**	**72599**	**92875**	**70344**	**78399**	**67208**	**64922**
杭州市区	Hangzhou District	2404	787	2038	545	2017	912
建德市	Jiande	1542	1241	1339	962	1405	928
桐庐县	Tonglu	2016	4189	2032	3750	1932	3625
富阳市	Fuyang	1136	1711	1053	1813	1139	2080
临安市	Linan	2812	3808	2557	3136	2157	2737
淳安县	Chunan	7729	8653	8404	8781	8403	7588
嘉兴市区	Jiaxing District	5117	5919	4699	4354	4144	2744
海宁市	Haining	6056	12365	5901	10272	5801	8015
海盐县	Haiyan	3196	5389	3115	4470	2793	3139
桐乡市	Tongxiang	10670	17636	10324	14794	9628	13247
湖州市区	Huzhou District	11188	11505	11160	9420	10988	7267
德清县	Deqing	4417	5404	4362	4456	4295	3355
长兴县	Changxing	1829	1640	1683	1388	1644	1291
安吉县	Anji	2006	2010	1851	2109	1942	1923
诸暨市	Zhuji	859	711	810	620	769	520
上虞市	Shangyu	1585	1720	1457	1308	1144	1115
嵊州市	Shengzhou	1998	1731	1940	1333	1772	956
新昌县	Xinchang	1235	1460	1160	1072	1127	820
兰溪市	Lanxi	1880	1856	1617	1120	1371	601
浦江县	Pujiang	255	114	227	115	233	79
临海市	Linhai	116	298	116	224	97	193
缙云县	Jinyu	2553	2728	2499	2357	2407	1787

6－28 林业生产(2003－2009 年)
Basic Indicators on Forestry(2003－2009)

指标	Item	2003	2004	2005	2006	2007	2008	2009
造林面积 (千公顷)	Afforestation Area (1000 ha)	22.11	20.95	20.34	11.37	11.58	8.52	27.42
用材林	Timber Forest	1.77	1.82	3.63	2.26	3.61	0.49	1.50
经济林	Economic Forest	4.53	4.31	4.30	2.98	1.60	1.14	1.79
防护林	Shelter Forest	14.75	14.68	12.23	6.12	6.00	6.85	24.13
薪炭林	Fuel Forest	0.97	0.10	0.09				
特种用途林	Forest for Special Use	0.09	0.04	0.09	0.01	0.38	0.04	
零星(四旁)植树 (万株)	Planting Trees Piecemeal (10000 trees)	2448.00	2348.00	2105.00	2535.50	2421.92	2417.73	2380.87
幼林抚育实际面积 (千公顷)	Area of Tending Seedings (1000 ha)	95.50	65.99	65.21	61.72	50.31	56.35	46.25
育苗面积 (千公顷)	Area of Growing Seedings (1000 ha)	45.10	56.39	56.00	60.94	46.72	87.02	90.19
迹地更新面积 (千公顷)	Area of Forest Updating (1000 ha)	5.32	4.46	17.60	18.57	14.32	16.02	15.74
主要林产品产量 (吨)	Output of Major Forest Products (ton)							
油茶籽	Tea oil Seeds	33035	34179	43361	38234	43833	49634	47048
竹笋干	Tallow－seeds	147701	160677	142267	148800	158441	124383	126061
山核桃	Walnuts	7363	10633	11784	13525	16046	18189	20731
板　栗	Chestnut	45884	55436	60428	61782	65402	66713	77526

6－29 水果生产
Basic Indicators on Fruits

指标	Item	2007		2008		2009	
		果园面积(千公顷) Area of Orchards (1000 Hectares)	产量(万吨) Total Output (10000 tons)	果园面积(千公顷) Area of Orchards (1000 Hectares)	产量(万吨) Total Output (10000 tons)	果园面积(千公顷) Area of Orchards (1000 Hectares)	产量(万吨) Total Output (10000 tons)
合计	**Total**	**379.80**	**690.28**	**383.97**	**747.92**	**377.68**	**712.41**
柑桔	Orange	122.23	198.56	122.13	238.36	116.70	197.54
梨	Pear	27.93	36.05	27.45	37.56	25.42	38.24
桃子	Peach	25.45	31.62	25.86	34.62	26.33	36.57
柿子	Persimmon	74.98	34.63	76.18	38.77	80.38	43.29
枇杷	Loquat	10.37	5.41	10.60	5.51	10.85	5.90
杨梅	Red Bayberry	7.80	4.26	7.73	4.61	7.77	4.87
果用瓜	Melon as Fruit		45.18		53.21		59.06
其他	Others	111.04	334.57	114.02	335.28	110.23	326.94

6－30 农产品人均产量(1978－2009年)
Per Capital Output of Agricultural Products(1978－2009)

单位:公斤(kg)

年份 Year	粮食 Grain	棉花 Cotton	油料 Oil－bearing Crops	糖料 Sugar Crops	茶叶 Tea	水果 Fruit	猪牛羊肉 Pork, Beef and Mutton	水产品 Aquatic Products
1978	393.44	1.95	5.92	17.20	1.57	3.92	11.33	23.47
1980	376.81	2.18	7.58	15.43	1.98	5.91	18.52	21.46
1985	404.18	2.03	11.02	27.43	2.32	11.12	19.10	26.13
1986	396.34	1.87	10.60	32.63	2.58	12.85	20.03	28.94
1987	387.97	1.60	9.68	26.56	2.83	17.32	18.60	30.52
1988	374.78	1.05	10.39	20.01	3.09	12.45	19.56	30.92
1989	371.01	1.00	9.14	16.74	2.81	23.57	19.67	30.84
1990	375.68	1.52	11.45	14.87	2.77	25.35	20.28	32.92
1991	386.05	1.77	10.72	16.19	2.69	31.66	20.13	35.57
1992	363.51	1.39	11.72	17.55	2.79	23.95	22.73	39.72
1993	334.03	1.35	8.97	18.43	2.84	34.63	22.74	44.02
1994	324.46	1.28	7.99	16.21	2.47	40.64	22.68	59.62
1995	328.53	1.43	11.48	15.11	2.34	49.28	23.61	73.03
1996	345.91	1.56	11.88	14.57	2.26	51.91	16.85	78.03
1997	338.58	1.08	11.08	13.61	2.31	61.07	18.44	90.61
1998	323.64	1.46	8.02	13.97	2.55	46.55	19.05	95.33
1999	312.52	0.91	12.14	15.94	2.64	62.64	19.27	99.33
2000	266.91	0.65	12.91	21.97	2.60	84.89	22.65	104.70
2001	238.47	0.70	12.91	23.49	2.67	114.54	24.67	104.83
2002	211.89	0.49	10.37	25.05	3.06	110.62	26.37	106.16
2003	178.10	0.46	9.63	27.27	2.92	125.09	26.90	106.26
2004	185.74	0.50	10.65	23.22	3.03	138.09	28.78	107.82
2005	180.45	0.47	10.90	19.55	3.14	125.59	28.34	105.12
2006	181.34	0.51	7.69	19.04	3.29	141.83	23.53	106.14
2007	172.06	0.55	7.07	18.75	3.44	150.55	24.57	91.86
2008	165.44	0.60	8.80	18.23	3.46	159.54	27.67	107.54
2009	167.33	0.60	9.17	17.25	3.06	151.06	27.77	91.09

6－31 牲畜饲养和畜产品产量(1978－2009年)
Number of Livestock and Output of Livestock Products(1978－2009)

年份 Year	大牲畜年底头数(万头) Large Animals (Year end) (10000 heads)	#牛(万头) Cattle and Buffaloes (10000 heads)	生猪年末存栏头数(万头) Number of Hogs (10000 heads)	羊年末存栏头数(万只) Number of Sheep and Goats (10000 heads)	猪、牛、羊肉产量(万吨) Output of Pork, Beef and Mutton (10000 tons)	#猪肉产量(万吨) Pork (10000 tons)
1978	82.60	82.60	1334.70	294.90	42.27	41.59
1979	84.80	84.80	1550.00	345.60	56.87	55.95
1980	83.00	83.00	1403.80	324.00	70.55	69.48
1981	82.70	82.70	1344.60	288.60	62.78	62.00
1982	82.70	82.70	1383.20	262.60	67.11	66.24
1983	80.60	80.60	1387.30	229.30	68.53	67.59
1984	78.40	78.40	1326.20	197.90	68.88	67.80
1985	76.10	76.10	1368.80	176.20	76.60	75.57
1986	75.81	75.81	1403.31	172.21	81.11	80.00
1987	74.73	74.73	1278.69	175.98	76.19	75.01
1988	71.11	71.11	1228.05	180.02	78.47	77.12
1989	69.29	69.29	1213.19	187.47	77.24	75.87
1990	68.01	68.01	1170.00	185.07	77.88	76.33
1991	65.05	65.05	1135.49	181.36	78.05	76.41
1992	60.50	60.50	1188.97	183.26	83.08	80.97
1993	54.07	54.07	1061.04	191.38	80.64	78.94
1994	50.72	50.72	989.84	205.98	78.95	76.46
1995	50.32	50.32	964.30	218.63	80.17	77.38
1996	49.48	49.48	892.68	221.31	76.31	73.47
1997	46.36	46.36	1010.06	214.55	81.33	78.40
1998	43.52	43.52	1040.56	207.58	84.48	81.38
1999	40.64	40.64	1024.36	218.95	85.87	82.55
2000	38.95	38.95	1146.88	233.51	101.57	98.03
2001	39.25	39.25	1175.10	245.02	111.28	107.39
2002	39.63	39.63	1139.17	258.61	119.40	115.09
2003	38.90	38.90	1132.38	262.90	122.22	117.24
2004	39.25	39.25	1125.27	256.72	131.72	126.43
2005	35.54	35.54	1213.15	222.35	130.44	125.14
2006	22.97	22.97	1003.00	123.90	108.91	105.61
2007	20.74	20.74	1039.10	111.90	114.50	111.40
2008	20.66	20.66	1161.85	111.35	129.70	126.90
2009	20.37	20.37	1225.80	111.55	130.95	128.17

6-32 畜牧业生产(2003-2009年)
Basic Indicators on Animal Husbandry(2003-2009)

指标	Item	2003	2004	2005	2006	2007	2008	2009
生猪年末存栏头数(含未断奶小猪) (万头)	**Pigs(year-end) (10000 heads)**	**1132.38**	**1125.27**	**1213.15**	**1003.00**	**1039.10**	**1161.85**	**1225.80**
#能繁殖的母猪 (万头)	Reproducable (10000 heads)	92.66	93.20	89.03	77.95	100.31	108.67	112.00
年内肥猪出栏头数 (万头)	Slaughtered Fattened Hogs (10000 heads)	1792.01	1893.08	1867.07	1617.28	1658.90	1888.98	1894.00
生猪出栏率 (%)	Rate of Slaughtered Fattened Hogs (%)	157.30	167.18	165.92		165.39	181.79	163.01
全年饲养量 (万头)	Number of Hogs Raised (10000 heads)	2924.39	3018.35	3080.22	2620.28	2698.00	3050.83	3119.80
牛年末存栏头数 (万头)	**Cattles(year-end) (10000 heads)**	**38.90**	**39.25**	**35.54**	**23.00**	**20.70**	**20.66**	**20.37**
良种及改良种乳牛 (万头)	Milch Cows of Fine Breed and Improved Varieties (10000 heads)	7.70	7.96	8.04	5.58	5.25	7.10	6.09
牛年内出栏头数 (万只)	**Slaughtered Cattles (10000 heads)**	**9.56**	**9.94**	**9.25**	**6.40**	**7.10**	**6.92**	**7.03**
牛奶产量 (万吨)	Milk (10000 tons)	24.73	25.95	26.67	25.48	23.71	22.51	19.93
羊年末存栏只数 (万只)	**Sheep and Goats (year-end) (10000 heads)**	**262.90**	**256.72**	**222.35**	**123.90**	**111.90**	**111.35**	**111.55**
羊年内出栏只数 (万只)	**Slaughtered Sheep (10000 heads)**	**200.21**	**212.22**	**218.03**	**134.40**	**122.80**	**107.07**	**102.85**
猪、牛、羊肉产量 (万吨)	**Output of Pork, Beef and Mutton (10000 tons)**	**122.22**	**131.72**	**130.44**	**108.91**	**114.50**	**129.70**	**130.95**
#猪肉产量 (万吨)	Pork (10000 tons)	117.24	126.43	125.14	105.61	111.40	126.90	128.17
兔年末存栏只数 (万只)	**Rabbits(year-end) (10000 heads)**	**532.65**	**581.63**	**602.03**	**470.37**	**489.67**	**427.63**	**376.59**
兔年内出栏只数 (万只)	**Slaughtered Rabbits (10000 heads)**	**683.71**	**703.58**	**759.62**	**474.62**	**511.72**	**517.37**	**476.42**
家禽年末存栏只数 (万只)	**Poultry(year-end) (10000 heads)**	**11036.92**	**10028.90**	**11910.64**	**10110.80**	**11374.70**	**11849.50**	**12352.28**
家禽年内出栏只数 (万只)	**Slaughtered Poultry (10000 heads)**	**20761.32**	**19174.84**	**21624.47**	**21232.80**	**21806.00**	**27340.00**	**26021.56**
全年饲养量 (万只)	Poultry Raised (10000 heads)	31798.24	29203.74	33535.11	31343.60	33180.70	39189.69	38373.84
禽蛋产量 (万吨)	Poultry Eggs (10000 tons)	42.20	43.07	44.52	34.50	37.90	41.40	43.28
养蜂年末箱数 (万箱)	**Number of Beehives (10000 boxs)**	**94.38**	**102.25**	**117.97**	**101.43**	**103.34**	**95.55**	**94.07**
蜂蜜产量 (万吨)	Honey (10000 tons)	8.14	7.39	7.93	8.60	8.96	8.53	8.81
蜂皇浆产量 (吨)	Royal Jelly (ton)	1652	1976	1928	2884	2209	2055	2275
蚕茧产量 (万吨)	**Output of Silkworm Cocoon (10000 tons)**	**7.91**	**8.41**	**8.54**	**9.64**	**9.63**	**8.22**	**6.83**
全年饲养蚕种张数 (万张)	Number of Silkworm Cocoon (10000 Pieces)	190.97	195.81	203.63	226.45	230.59	191.89	148.52

6－33 水产品产量(1978－2009 年)
Output of Aquatic Products(1978－2009)

单位:万吨(10000 tons)

年份 Year	水产品产量 Total Aquatic Products	海水产品产量 Seawater Aquatic Products	#养殖 Artificially Cultured	淡水产品产量 Freshwater Aquatic Products	#养殖 Artificially Cultured	远洋渔业产量 Deepsen Fishing Products
1978	87.52	81.69	3.56	5.83	4.90	
1979	81.13	74.77	3.90	6.36	5.19	
1980	81.79	75.03	6.60	6.76	6.67	
1981	84.28	76.85	4.13	7.43	6.17	
1982	87.69	78.91	4.82	8.78	7.43	
1983	83.25	73.46	6.21	9.79	8.32	
1984	95.28	83.26	7.86	12.02	10.29	
1985	104.82	89.04	9.60	15.78	13.73	
1986	117.21	97.36	10.57	19.85	17.74	
1987	124.98	102.84	11.86	22.14	19.65	
1988	128.20	104.31	12.33	23.89	21.28	
1989	129.20	104.50	13.13	24.70	22.08	
1990	138.98	113.17	13.81	25.80	23.00	
1991	151.09	123.53	15.20	27.56	24.75	
1992	169.75	140.20	17.34	29.54	26.68	
1993	189.29	156.06	19.05	33.23	29.92	
1994	258.02	222.30	24.68	35.72	32.07	
1995	318.07	278.70	31.69	39.37	34.43	
1996	342.14	299.23	39.51	42.91	37.00	
1997	377.68	331.97	38.90	45.71	38.66	
1998	422.73	372.80	46.49	49.93	42.62	
1999	442.73	389.41	58.17	53.32	45.61	
2000	469.51	410.46	70.88	59.05	51.42	
2001	472.85	406.96	77.66	65.89	58.17	
2002	480.68	409.33	85.15	71.35	63.21	
2003	482.82	406.00	91.85	76.82	68.26	
2004	493.53	414.98	92.94	78.55	69.45	
2005	483.77	402.37	88.11	81.40	72.07	
2006	418.01	344.96	76.32	73.05	65.03	15.84
2007	415.13	337.62	86.13	77.51	68.90	18.74
2008	398.59	317.40	83.08	81.19	73.09	20.20
2009	429.60	343.10	76.46	86.51	77.47	10.71

注：2006 年前的水产品产量数据为省海洋与渔业局统计年报数，2006 年至 2009 年水产品产量数据为国家核定数(不含远洋)。
Data in this table are taken from the annual report of the Bureau of Seas and Oceans and Fishery before 2006.
Data of total aquatic products is verified by national bureau of statistics of china, except deepsen fishing products since 2006.

6－34 渔业生产(2004－2009 年) Basic Indicators on Fishery(2004－2009)

单位：万吨(10000 tons)

指标	Item	2004	2005	2006	2007	2008	2009
水产品总产量	**Total Aquatic Products**	**493.53**	**483.77**	**418.01**	**415.13**	**398.59**	**429.60**
海水产品产量	**Seawater Aquatic Products**	**414.98**	**402.37**	**344.96**	**337.62**	**317.40**	**343.10**
按生产性质分	By Production Character						
海洋捕捞	Catching in Ocean	322.04	314.26	268.64	251.49	234.32	266.64
海水养殖	Seawater Aquiculture	92.94	88.11	76.32	86.13	83.08	76.46
按类别分	By Category						
鱼类	Fishes	202.06	208.61	178.48	164.96	167.01	187.62
虾蟹类	Shrimps, Prawns and Crabs	85.08	86.95	77.28	69.97	67.21	75.24
贝类	Shell-fish	76.31	72.72	62.57	69.44	67.76	62.49
藻类	Algae	4.34	3.46	3.54	4.19	3.49	4.22
头足类	Shrimps, Prawns and crabs		28.62	21.14	27.17	10.41	11.44
其他海水产品	Others	12.07	2.01	1.95	1.89	1.52	2.10
淡水产品产量	**Freshwater Aquatic Products**	**78.55**	**81.40**	**73.05**	**77.51**	**81.19**	**86.51**
按生产性质分	By Production Character						
天然生产	Naturally Grown	9.10	9.33	8.02	8.61	8.10	9.03
淡水养殖	Freshwater Aquiculture	69.45	72.07	65.03	68.90	73.09	77.47
按类别分	By Category						
鱼类	Fishes	54.27	55.91	48.89	48.85	53.14	56.42
虾蟹类	Shrimps, Prawns and Crabs	10.89	11.68	11.81	14.61	13.07	12.78
贝类	Shell-fish	4.89	4.80	4.00	4.15	3.57	4.56
其它类	Others	8.50	9.00	8.35	9.90	11.41	12.75
远洋渔业产量	**Deepsea Fishing Products**			**15.84**	**18.74**	**20.20**	**10.71**
在海水产品中	**Among Seawater Aquatic Products**						
大黄鱼	Big Yellow Croaker	0.82	0.21	0.39	0.36	0.39	0.38
小黄鱼	Small Yellow Croaker	7.57	6.72	6.28	7.85	8.76	8.96
带鱼	Hairtail	55.29	46.59	43.97	36.14	50.44	49.59
墨鱼	Cuttle Fish	5.06	3.42	2.91	2.82	2.32	2.24
海水养殖面积（千公顷）	**Seawater Aquiculture Area (1000 ha)**	**118.28**	**112.44**	**58.54**	**56.75**	**96.14**	**94.51**
淡水养殖面积（千公顷）	**Freshwater Aquiculture Area (1000 ha)**	**205.08**	**205.20**	**131.62**	**133.44**	**212.02**	**219.45**

注：2006 年前的水产品产量数据为省海洋与渔业局统计年报数，2006 年至 2009 年水产品产量数据为国家核定数(不含远洋)。
Data in this table are taken from the annual report of the Bureau of Seas and Oceans and Fishery before 2006.
Data of total aquatic products is verified by national bureau of statistics of china, except deepsen fishing products since 2006.

6-35 各市水产品产量(2009年)
Output of Aquatic Products by City (2009)

单位:万吨(10000 tons)

地区	Region	水产品总产量 Total Output of Aquatic Products	海水产品产量 Seawater Aquatic Products	#鱼类 Fishes	淡水产品产量 Freshwater Aquatic Products	#鱼类 Fishes	远洋渔业产量 Deepsea Fishing Products
全省合计	**Total**	**429.60**	**343.09**	**187.62**	**86.51**	**56.42**	**10.71**
浙东北	**Eastern & Northern Region**	**288.38**	**196.86**	**114.52**	**78.86**	**47.88**	**12.65**
杭州市	Hangzhou	20.28			20.28	12.00	
宁波市	Ningbo	93.95	83.41	44.46	8.31	5.29	2.23
嘉兴市	Jiaxing	17.54	0.69	0.18	16.85	7.83	
湖州市	Huzhou	23.90			23.90	16.94	
绍兴市	Shaoxing	8.93	0.25	0.13	8.68	5.09	
舟山市	Zhuoshan	123.78	112.51	69.75	0.84	0.73	10.42
浙西南	**Western & Southern Region**	**207.05**	**188.10**	**96.00**	**18.83**	**15.83**	**0.12**
温州市	Wenzhou	60.52	58.00	32.62	2.52	1.98	
金华市	Jinhua	6.13			6.13	5.24	
其中:义乌市	Yiwu	0.35			0.35	0.31	
衢州市	Quzhou	4.47			4.47	3.96	
台州市	Taizhou	134.05	130.10	63.38	3.83	2.86	0.12
丽水市	Lishui	1.88			1.88	1.79	
省直属	**Units Attached to the Province**	**3.27**					**3.27**

注:全省水产品总产量为国家核定数(不含远洋);各市水产品总产量为省海洋与渔业局统计年报数(包括远洋)。
Data of total output of aquitic products is verified by national bureau of statistics of china(Except deepsen fishing products); Regional figures in this table are taken from the annual report of the bureau of seas and oceans and fishery(including deepsen fishing products).

6－36 平均每个农业劳动力提供的主要农产品产量(2003－2009 年)
Output of Major Farm Products Provided by Per Rural Labour(2003－2009)

指标		Item		2003	2004	2005	2006	2007	2008	2009
粮食	（公斤）	Grain	(kg)	927.0	1028.5	1055.3	1002.3	1038.3	1163.9	1207.5
棉花	（公斤）	Cotton	(kg)	2.4	2.8	2.7	3.2	3.7	4.2	4.3
油菜籽	（公斤）	Rapeseeds	(kg)	44.2	52.6	56.8	57.0	56.6	53.0	54.1
蔬菜	（公斤）	Vegetables	(kg)	2039.3	2116.7	2213.5	2451.2	2663.0	2638.1	2700.3
茶叶	（公斤）	Tea	(kg)	15.2	16.8	18.4	20.8	23.3	24.4	25.6
柑桔	（公斤）	Oranges	(kg)	202.4	243.1	188.2	246.1	288.6	357.7	302.3
生猪	（头）	Hogs	(head)	2.1	2.3	2.4	2.5	2.4	2.8	2.9
猪牛羊肉	（公斤）	Pork,Beef and Mutton	(kg)	140.0	159.3	165.8	169.7	166.4	194.6	200.4
禽蛋	（公斤）	Poultry Eggs	(kg)	48.3	50.9	56.6	47.1	55.1	62.1	66.2
水产品	（公斤）	Aquatic Products	(kg)	553.1	597.0	614.8	670.4	726.9	756.6	657.3

6－37 农村自然灾害情况(2003－2009 年)
Basic Statistics on Rural Natural Disasters(2003－2009)

指标	Item	2003	2004	2005	2006	2007	2008	2009
受灾面积 （千公顷）	**Area Covered (1000 ha)**	**795.69**	**809.70**	**1093.30**	**412.32**	**846.30**	**1164.8**	**444.69**
#旱灾	Drought	657.02	169.51	100.80	92.46	82.90		5.90
水灾	Flood	77.46	23.24	60.80	67.48	19.10	167.72	77.19

6－38 农业事业机构和服务组织(2003－2009年)
Institutions Rendering Agricultural Services(2003－2009)

指标		Item		2003	2004	2005	2006	2007	2008	2009
农业事业机构	(个)	**Institutions Engaged in Agricultural Undertaking**	(unit)							
乡镇农技服务站		Agricultural Technical Service Stations		1530	1554	1595	1546	1704	1494	1420
家畜繁育改良站		Stations for Improving Domestic Animals Breed		10	10	10	7	2	2	3
乡镇畜牧兽医站		Veterinary Stations		1257	1381	1201	1126	905	888	768
农业服务组织		**Agricultural Service Organizations**								
县(市)农技推广中心	(个)	Centres for Spreading Agricultural Technique	(unit)	81	88	105	110	111	126	137
乡镇农技站农业技术人员	(人)	Agricultural Technical Persons	(person)	11893	13227	12011	11889	11767	11080	9945
配有农技员的村数	(万个)	Villages with Agricultural Technical Persons	(10000 units)	2.83	2.67	2.71	2.60	2.30	2.20	2.26
村不脱产农民技术人员	(万人)	Technical Peasants Unreleased from Agricultural Production in Village	(10000 persons)	6.37	6.10	8.05	8.70	8.50	8.70	8.65
科技户	(万户)	Scientific and Technological Households	(10000 households)	12.59	11.04	10.71	7.94	6.70	6.30	7.11

浙/江/统/计/年/鉴

主要统计指标解释

■ 农林牧渔业总产值

是以货币表现的农、林、牧、渔业全部产品的总量，它反映一定时期内农业生产总规模和总成果。

农、林、牧、渔业的统计范围包括国有经济的各种专业农（农、林、牧、渔）场以及国家各级机关团体学校、部队；集体所有制的乡、镇、村各级办农场；工矿企业经营的农、林、牧、渔业，农村各种经济组织和农户经营的农林牧渔业和农民家庭兼营的商品性工业等。

■ 粮食产量

指全社会的产量。包括国有经济经营的、集体统一经营的和农民家庭经营的粮食产量，还包括工矿企业办的农场和其他生产单位的产量。粮食除包括稻、小麦、玉米、高粱、谷子及其他杂粮外，还包括薯类和豆类。其产量计算方法，豆类按去豆荚后的干豆计算；薯类（包括马铃薯）1963 年以前按每 4 公斤鲜薯折 1 公斤粮食计算，从 1964 年开始及以后改为按 5 公斤鲜薯折 1 公斤粮食计算。其他粮食一律按脱粒后的原粮计算。

■ 油料产量

指全部油料作物的生产量。包括花生、油菜籽、芝麻、向日葵籽、胡麻籽（亚麻籽）和其他油料。不包括大豆，也不包括木本油料和野生油料。花生以带壳干花生计算。

■ 水产品产量

指人工养殖的水产品和天然生长的水产品的捕捞量。包括海水的鱼类、虾蟹类、贝类和藻类以及内陆水域的鱼类、虾蟹类和贝类，不包括淡水生植物。

■ 猪、牛、羊肉产量

指当年出栏并已屠宰后除去头蹄下水后带骨肉（即胴体重）的重量。

■ 谷物

指籽实主要供作粮食的作物。这类作物包括稻谷、小麦、玉米、谷子、高粱和其他谷物，不包括豆类和薯类作物。

ZHEJIANG STATISTICAL YEARBOOK

Explanatory Notes on Main Statistical Indicators

□ Gross Output Value of Farming, Forestry, Animal Husbandry and Fishery

refers to the total volume of products of farming, forestry, animal husbandry and fishery in value terms, which reflects the total scale and total result of agricultural production during a given period of time.

The statistical coverage of farming, forestry, animal husbandry and fishery are as follows: In terms of ownership, China's agriculture includes specialized state farms (farming, forestry, animal husbandry, fishery), farms managed by various government agencies, organazations, schools, research institutions, and army; farms managed by rural collective organizations at levels of township, town, and village; farming, forestry, animal husbandry, fishery run by mining and industrial enterprises; farming, forestry, animal husbandry and fishery and some commodity industries run by various rural collective organizations and individual farmers.

□ Grain Yield

refers to the yield in the whole country including grains produced by state farms, collective units, industrial enterprises and mines. Grain includes rice, wheat, corn, sorghum, millet and other miscellaneous grains as well as tubers and beans. Output of beans refers to dry beans without pods. The output of tubers was converted into that of grain at the ratio 4:1, I. e. Four kilograms of fresh tubers was equivalent to one kilogram of grain up to 1963. Since 1964 the ratio for conversion has been 5:1. Output of all other grains refers to husked grain.

□ Yield of Oil – bearing Crops

refers to the total yield of oil-bearing crops of various kinds, including peanuts, (dry, in shell) rapeseeds, sesame, sunflower seeds, flax seeds, and other oil-bearing crops. Soybeans, oil-bearing woody plants, and wild oil-bearing crops are not included.

□ Output of Aquatic Products

refers to catches of both artificially cultured and naturally grown aquatic products, including fish, shrimps, crabs and shellfish in sea and inland water as well as seaweed. Freshwater plants are not included.

□ Output of Pork, Beef, and Mutton

refers to the meat of slaughtered hogs, cattle, sheep and goats with head, feet, and offal taken away.

□ Cereals

refer to seeds of various kinds of crops which are used mainly for grain. Cereals include paddy, wheat, maize, millet, Chinese sorghum, etc., except beans and tubers.

2010

浙江统计年鉴

ZHEJIANG STATISTICAL YEARBOOK

CHAPTER 7

工业和能源

Industry and Energy

7-1 规模以上工业企业单位数(2005-2009年)
Number of Industrial Enterprises Above Designated Size(2005-2009)

单位:个(unit)

指标	Item	2005	2006	2007	2008	2009
工业企业单位数	**Number of Industrial Enterprises**	**40275**	**45686**	**51604**	**58816**	**59971**
按轻重工业分	**by Light and Heavy Industry**					
轻工业	Light Industry	21241	24153	26785	29676	30118
重工业	Heavy Industry	19034	21533	24819	29140	29853
按登记注册类型分	**by Registered Type**					
国有企业	State-owned Enterprises	430	393	295	312	304
集体企业	Collective owned Enterprises	794	658	571	426	379
股份合作企业	Cooperative Enterprises	1937	1612	1359	1423	1304
联营企业	Joint Ownership Enterprises	59	56	51	22	22
外商及港澳台商投资企业	Foreign Funded Enterprises and Enterprises Funded by Entrepreneurs from Hong Kong, Macao&Taiwan	6807	7740	8626	9553	9104
私营企业	Private	24244	28715	33381	40320	41969
其他企业	Others	6004	6512	7321	6760	6889
在总计中:国有及国有控股	**State-owned and State-holding Industrial Enterprises**	**811**	**776**	**694**	**736**	**728**
按规模分	**by Size**					
大型企业	Large-sized Enterprises	154	166	192	194	190
中型企业	Medium-sized Enterprises	3203	3700	4150	4319	4182
小型企业	Small-sized Enterprises	36918	41820	47262	54303	55599

注: 自2003年大中小型企业划分实行了新标准。
The data by size are calculated at new standard since 2003.

7-2 规模以上工业总产值(2005-2009年)
Gross Output Value of Industrial Enterprises Above Designated Size(2005-2009)

单位:亿元(100 million yuan)

指标	Item	2005	2006	2007	2008	2009
工业总产值	**Gross Industrial Output Value**	**23106.76**	**29129.94**	**36073.93**	**40832.10**	**41035.29**
按轻重工业分	**by Light and Heavy Industry**					
轻工业	Light Industry	10626.24	12756.99	15519.12	16943.47	17196.43
重工业	Heavy Industry	12480.52	16372.95	20554.82	23888.63	23838.86
按注册登记注册类型分	**by Registered Type**					
国有企业	State-owned Enterprises	1800.27	2062.04	2349.06	2609.20	2786.63
集体企业	Collective owned Enterprises	314.47	306.64	254.35	141.17	123.23
股份合作企业	Cooperative Enterprises	486.61	467.13	472.77	359.90	316.04
联营企业	Joint Ownership Enterprises	85.52	94.29	78.68	18.82	15.53
外商及港澳台商投资企业	Foreign Funded Enterprises and Enterprises Funded by Entrepreneurs from Hong Kong, Macao & Taiwan	5517.38	7601.05	9609.91	11075.29	10346.94
私营企业	Private Enterprises	8250.03	10592.06	13541.69	16817.25	17804.88
其他企业	Others	6525.02	8006.73	9767.47	9810.47	9642.03
在总计中:国有及国有控股	**State-owend and State Holding Enterprises**	**3401.17**	**4024.81**	**4637.20**	**5308.87**	**5369.11**
按规模分	**By Size**					
大型企业	Large-sized Enterprises	3803.69	4527.34	6820.05	7399.10	7348.65
中型企业	Medium-sized Enterprises	8289.28	10778.96	13546.39	15117.26	14851.53
小型企业	Small-sized Enterprises	11013.79	13823.65	15707.49	18315.74	18835.12

注：工业总产值按现行价格计算。
Gross industrial output value are calculated at current prices.

7-3 按行业分的规模以上工业企业总产值(2006-2009年)
Gross Output Value of Industrial Enterprises by Sector Above Designated Size(2006-2009)

行业	Sector	工业总产值(亿元) Gross Industrial Output Value (100 million yuan) 2006	2007	2008	2009
总计	**Total**	**29129.94**	**36073.93**	**40832.10**	**41035.29**
在总计中:轻工业	Light Industry	12756.99	15519.12	16943.47	17196.43
重工业	Heavy Industry	16372.95	20554.82	23888.63	23838.86
按工业行业分	**By Sector**				
煤炭采选业	Coal Mining and Dressing	7.51	7.73	7.71	6.58
黑色金属矿采选业	Ferrous Metals Mining and Dressing	17.26	23.57	25.17	9.48
有色金属矿采选业	Nonferrous Metals Mining and Dressing	21.76	27.62	29.61	23.17
非金属矿采选业	Nonmetal Minerals Mining and Dressing	63.92	74.10	81.94	94.37
其他采矿业	Other Minerals Mining and Dressing				
农副食品加工业	Non-staple Food Processing	454.42	542.09	637.35	653.84
食品制造业	Food Manufacturing	192.80	244.20	298.72	345.68
饮料制造业	Beverage Manufacturing	242.43	325.50	377.73	402.90
烟草制品业	Tobacco Processing	171.58	199.80	216.08	235.83
纺织业	Textile Industry	3473.57	4190.08	4482.06	4691.54
纺织服装、鞋、帽制造业	Garments, Shoes and Hats Manufacturing	1106.46	1317.04	1445.71	1392.76
皮革、毛皮、羽毛(绒)及其制品业	Leather, Furs, Down and Related Products	974.83	1109.24	1090.28	1071.38
木材加工及木、竹、藤、棕、草制品业	Timber Processing, Bamboo, Cane Palm Fiber and Straw Products	248.47	327.42	372.15	381.36
家具制造业	Furniture Manufacturing	289.45	379.44	449.91	456.91
造纸及纸制品业	Papermaking and Paper Products	591.07	718.94	865.27	843.78
印刷业和记录媒介的复制	Printing and Record Medium Reproduction	196.38	235.00	256.19	280.24
文教体育用品制造业	Cultural, Educational and Sports Goods	288.81	354.18	386.93	380.77

续表 Continued

行业	Sector	工业总产值(亿元) Gross Industrial Output Value (100 million yuan) 2006	2007	2008	2009
石油加工、炼焦及核燃料加工业	Petroleum Processing,Cooking and Nuclear Fuel Processing	838.52	885.69	1104.41	965.24
化学原料及化学制品制造业	Raw Chemical Materials and Chemical Products	1569.72	2143.97	2644.82	2704.04
医药制造业	Medical and Pharmaceutical Products	485.42	576.13	615.49	665.43
化学纤维制造业	Chemical Fiber	1241.08	1533.30	1546.34	1424.41
橡胶制品业	Rubber Products	279.57	353.51	398.18	409.68
塑料制品业	Plastic Products	1125.01	1382.05	1498.65	1544.37
非金属矿物制品业	Nonmetal Mineral Products	754.52	911.20	1123.68	1177.11
黑色金属冶炼及压延加工业	Smelting and Pressing of Ferrous Metals	805.01	1158.31	1643.93	1488.70
有色金属冶炼及压延加工业	Smelting and Pressing of Nonferrous Metals	1214.11	1403.33	1399.08	1280.28
金属制品业	Metal Products	1099.05	1452.70	1768.23	1732.98
通用设备制造业	Equipment in Common Use	2000.70	2584.46	2974.16	2835.68
专用设备制造业	Special Purpose Equipment	664.52	875.07	941.98	994.07
交通运输设备制造业	Transport Equipment	1659.37	2145.07	2624.49	2880.90
电气机械及器材制造业	Electric Equipment and Machinery	2333.31	3074.70	3668.19	3727.49
通信设备、计算机及其他电子设备制造业	Telecommunications Equipment,Computer and Other Electronic Equipment	1583.60	1814.58	1705.58	1496.57
仪器仪表及文化、办公用机械制造业	Instruments,Meters,Cultural and Office Machinery	404.97	497.40	513.21	556.83
工艺品及其他制造业	Handicraft Article and Other Manufacturing Indust	480.54	600.91	678.02	668.86
废弃资源和废旧材料回收加工业	Recovery of Resource Discarded and Useless Material	140.50	167.32	228.11	216.51
电力、热力的生产和供应业	Production and Supply of Electricity and Heating Power	2005.63	2307.79	2561.37	2805.92
燃气生产和供应业	Production and Supply of Gas	44.94	60.88	87.37	94.89
水的生产和供应业	Production and Supply of Water	59.11	69.64	84.01	94.76

注：工业总产值按现行价格计算。
Gross industrial output value are calculated at current prices.

7－4 主要工业产品产量(2005－2009 年)
Output of Major Industrial Products(2005－2009)

产品名称		Item		2005	2006	2007	2008	2009
原煤	(万吨)	Coal	(10000 tons)	41.29	13.46	12.33	13.10	13.20
原盐	(万吨)	Salt	(10000 tons)	4.92	2.40	4.55	3.78	1.75
配混合饲料	(万吨)	Forage	(10000 tons)	214.38	214.79	270.18	252.83	264.83
食用植物油	(万吨)	Edible Vegetables Oil	(10000 tons)	11.92	31.73	39.37	60.24	44.55
罐头	(万吨)	Canned Food	(10000 tons)	53.66	59.20	70.56	94.95	92.22
啤酒	(万千升)	Beer	(10000 kiloliter)	239.67	277.14	300.33	269.59	247.53
黄酒	(万千升)	Millet Wine	(10000 kiloliter)	42.50	41.17	49.30	56.70	59.16
软饮料	(万吨)	Soft Drink	(10000 tons)	331.25	336.56	537.17	827.83	652.37
卷烟	(万箱)	Cigarettes	(10000 cases)	657.65	671.73	732.86	760.99	804.20
纱	(万吨)	Yarn	(10000 tons)	96.41	115.83	146.46	168.16	195.62
布	(亿米)	Cloth	(100 million m)	83.64	97.47	114.88	136.48	139.22
毛线(绒线)	(吨)	Kniting Wool	(ton)	1715	16169	17089	22524.20	21305
呢绒	(万米)	Woolen Goods	(10000 m)	4587	5293	4928	22058.80	11503
丝	(吨)	Silk	(ton)	53139	50810	66018	15736	16434
丝织品	(亿米)	Silk－knit Goods	(100 million m)	45.69	52.67	55.72	67.66	3.28
机制纸	(万吨)	Machine－made Paper and Paperboard	(10000 tons)	817.22	1043.96	1209.44	1562.40	1422.17
汽油	(万吨)	Gasoline	(10000 tons)	288.69	254.94	259.74	288.75	321.32
煤油	(万吨)	Kerosene	(10000 tons)	130.97	127.29	153.78	129.41	146.08
柴油	(万吨)	Diesel Oil	(10000 tons)	728.09	749.50	758.73	862.33	825.89
燃料油	(万吨)	Fuel Oil	(10000 tons)	109.76	192.42	208.57	173.94	113.32
焦炭	(万吨)	Coke	(10000 tons)	55.20	52.29	52.53	166.21	229.69
硫酸	(万吨)	Sulphuric Acid	(10000 tons)	125.55	128.53	109.54	108.76	98.84
烧碱	(万吨)	Caustic Soda	(10000 tons)	76.74	88.39	111.12	103.68	98.48
纯碱	(万吨)	Soda Ash	(10000 tons)	13.28	13.95	14.55	19.26	14.89

续表 1 Continued

产品名称		Item		2005	2006	2007	2008	2009
电石(碳化钙)	(万吨)	Calcium Carbide	(10000 tons)	9.81	11.56	11.01	11.08	9.80
合成氨	(万吨)	Synthetic Ammonia	(10000 tons)	89.09	82.77	80.45	61.73	64.42
农用化肥	(万吨)	Chemical Fertilizer	(10000 tons)	59.46	55.46	54.38	47.69	46.47
#氮肥		Nitrogen Fertilizer		53.44	49.57	50.80	44.87	43.45
磷肥		Phosphate Fertilizer		6.03	5.89	3.57	2.59	2.71
农药	(吨)	Chemical Pesticide	(ton)	192478	208854	255386	216549	39134
纯苯	(吨)	Pure Benzene	(ton)	159709	215190	219920	238223	167029
肥皂	(万吨)	Soap	(10000 tons)	25.81	30.19	32.62	29.38	36.90
合成洗涤剂	(吨)	Synthetic Detergents	(ton)	454843	475029	463353	291832	555539
化学原料药	(吨)	Chemical Raw Medicine	(ton)	210114	247616	269572	191723	286603
中成药	(吨)	Traditional Chinese Medicine	(ton)	15956	15906	15568	18324	19079
化学纤维	(万吨)	Chemical Fiber	(10000 tons)	660.33	812.69	976.93	1119.81	1207.16
#粘胶纤维		Glutinous Fiber		3.89	11.68	20.66	16.55	16.03
合成纤维	(万吨)	Synthetic Fiber	(10000 tons)	656.43	801.01	956.28	1077.18	1161.86
轮胎外胎	(万条)	Outer Cover of Type	(10000 units)	2722.73	4474.16	5538.22	4661.12	6505.25
塑料制品	(万吨)	Plastic Products	(10000 tons)	439.68	555.40	766.12	1014.65	811.50
水泥	(万吨)	Cement	(10000 tons)	8829.40	9947.08	10545.51	10162.77	10796.49
平板玻璃	(万重量箱)	Plate Glass	(10000 wt. case)	2105.32	2257.51	2912.67	4301.76	3358.93
生铁	(万吨)	Pig Iron	(10000 tons)	220.56	232.89	237.78	473.65	535.96
钢	(万吨)	Steel	(10000 tons)	432.03	457.84	455.39	933.78	1045.64
成品钢材	(万吨)	Steel Products	(10000 tons)	716.98	1143.59	1588.70	1946.16	2359.40
十种有色金属	(万吨)	10 Nonferrous Metal	(10000 tons)	34.99	37.03	48.69	43.45	40.03
#铜	(吨)	Copper	(ton)	224260	249663	296315	317692	227272
锌	(吨)	Zinc	(ton)	23781	26476	65439	50377	66953
铝	(吨)	Alumminium	(ton)	83777	89070	98034	60708	100504

续表 2 Continued

产品名称	Item	2005	2006	2007	2008	2009
内燃机 （万千瓦）	Internal Combustion Engines(Commodity) (10000 kw)	931.59	921.77	964.37	3397.12	2294.39
数控机床 （台）	Numerically Controlled Machine Tools (unit)	10615	18735	28545	29404	36634
缝纫机 （万架）	Sewing Machine (10000 units)	588.11	751.19	819.97	642.44	477.63
大中型拖拉机 （台）	Large and Medium - sized Tractor (unit)	15855	21346	17670	20352	30654
小型拖拉机 （台）	Small - size Tractor (unit)	100558	70652	89481	91680	86453
汽车 （辆）	Motor Vehicle (unit)	149645	178175	207817	245350	281749
#载货汽车	Truck	6926	14551	19573	32830	22959
摩托车 （万辆）	Motorcycles (10000 units)	179.61	240.54	291.82	277.48	219.56
自行车 （万辆）	Bicycles (10000 units)	675.56	1281.16	1511.51	1808.59	1224.03
发电设备 （万千瓦）	Generating Equipment (10000 kw)	251.10	275.48	419.20	622.73	487.29
交流电动机 （万千瓦）	Alternating Current Motor (10000 kw)	1092.27	1485.54	1863.41	2761.89	1503.23
变压器 （万千伏安）	Transformer (10000 kev)	3940.13	5156.87	6036.35	6692.90	7120.44
家用洗衣机 （万台）	Household Washing Machines (10000 units)	953.63	1320.48	1429.16	1591.78	1572.51
家用电冰箱 （万台）	Household Refrigerators (10000 units)	222.99	411.52	569.85	724.21	761.81
电风扇 （万台）	Electric Fan (10000 units)	414.71	391.23	308.29	843.44	533.45
房间空气调节器 （万台）	House Air Conditioner (10000 units)	430.11	288.87	350.76	380.51	303.09
灯泡 （亿只）	Bulb (100 million units)	18.50	26.65	39.96	79.33	45.95
电视机 （万台）	Television Set (10000 units)	394.83	331.67	332.37	372.06	518.35
#彩色电视机	Color TV Set	128.54	148.67	268.30	360.45	518.35
表 （万只）	Watch (10000 units)	111.76	110.45	107.52	647.62	1366.76
发电量 （亿千瓦小时）	Electricity (100 million kw.h)	1352.96	1661.61	1886.15	1861.43	2193.27

注：本表统计范围为规模以上工业企业。
The data in this table refer to state-owned industrial enterprises and non-state-owned industrial enterprises with annual sales income over 5 million yuan.

7－5 规模以上工业企业主要指标(2006－2009 年)
Principal Indicators of Industrial Enterprises Above Designated Sized(2006－2009)

单位:亿元(100 million yuan)

指标	Item
企业单位数 （个）	Number of Enterprises (unit)
#亏损企业单位数	Loss Enterprises
工业总产值(当年价)	Gross Industrial Output Value(Current Price)
出口交货值	Export delivery value
全部职工年平均人数 （万人）	Average Number of Staff and Workers (10000 persons)
流动资产合计	Circulating Funds
固定资产合计	Fixed Assets
固定资产原值	Original Value of Fixed Assets
固定资产净值	Net Value of fixed assets
资产总计	Total Assets
流动负债合计	Circulating Liabilities
长期负债合计	Long-term Liabilities
所有者权益	Creditors' Equity
实收资本	Total Capital Hold
主营业务收入	Sales Revenue
主营业务成本	Cost of Sales
主营业务税金及附加	Sales Taxes and Extra Charges
利润总额	Total Profits
本年应交增值税	Value Added Taxes Payable
利税总额	Total Profits and Taxes

注：国有、私营分组按注册登记类型划分。固定资产净值2009年前为固定资产净值年平均余额。

合计 Total				国有企业 State – owned Units				私营企业 Private Units			
2006	2007	2008	2009	2006	2007	2008	2009	2006	2007	2008	2009
45686	51604	58816	59971	393	295	312	304	28715	33381	40320	41969
4460	4929	8918	7688	107	63	78	103	2266	2502	5058	4501
29129.94	36073.93	40832.10	41035.29	2062.04	2349.06	2609.20	2786.63	10592.06	13541.69	16817.25	17804.88
7629.39	9178.39	3810.00	4414.80	44.17	45.46	27.12	30.69	2625.57	3206.01	3790.46	3536.46
726.94	790.93	814.55	787.64	14.01	12.92	13.78	11.74	346.97	378.16	419.42	413.48
13379.78	16994.93	19668.12	22037.56	633.28	628.29	692.51	647.83	4864.93	6412.55	8236.95	9537.60
8817.64	9938.34	11887.99	13228.05	1384.50	1370.43	1530.14	1737.66	2397.57	2936.55	3586.94	4170.84
11465.31	13147.32	15478.27	17439.04	1964.11	1994.59	2271.36	2517.03	3010.97	3722.53	4561.59	5330.48
7845.94	8972.43	10438.59	11687.61	1214.14	1267.49	1379.56	1549.38	2174.25	2629.99	3212.27	3721.11
24895.59	30581.98	35550.76	39752.79	2196.03	2336.00	2544.51	2563.06	8288.22	10623.72	13398.10	15485.38
12635.46	16275.56	18996.57	20985.72	678.61	723.72	780.80	763.56	4881.45	6429.65	8173.81	9319.47
2115.65	2130.87	2778.34	3137.99	404.15	348.44	689.39	725.08	375.63	444.76	472.40	612.73
9853.51	11783.77	13524.09	15400.57	956.93	1028.68	1056.07	1072.25	2969.40	3675.64	4638.62	5420.11
5254.00	6423.02	7520.54	8226.74	324.93	327.83	326.38	337.85	1559.83	1963.06	2424.35	2808.35
28577.90	35248.46	39630.60	39873.57	2071.19	2349.48	2660.91	2771.23	10215.14	13021.05	16132.24	17041.76
24988.81	30753.86	34893.58	34333.23	1766.61	1995.65	2351.04	2431.89	9015.46	11493.49	14219.92	14969.83
217.01	256.30	286.99	439.87	91.65	110.27	119.67	149.29	53.71	62.38	80.31	84.79
1375.49	1775.47	1634.20	2115.65	104.44	128.71	67.45	79.81	425.53	549.39	663.40	745.22
801.37	974.15	1080.41	1079.28	104.26	117.09	122.60	106.77	273.58	342.93	428.38	422.45
2393.88	3005.92	3001.61	3634.80	300.35	356.08	309.72	335.87	752.83	954.69	1172.09	1252.46

The data of state – owned units and private owned units are grouped by registered type. The data of net value of fixed assets refers to annual average balance of net value of fixed assets before 2009.

7-6 按行业分的规模以上工业企业主要指标(2009年)
Main Indicators of Industrial Enterprises Above Designated Size by Sector(2009)

单位:亿元(100 million yuan)

行业	Sector	企业单位数(个) Number of Enterprises (unit)	#亏损企业 Loss	工业总产值 Gross Industrial Output Value	出口交货值 Export Delivery value
总计	**Total**	**59971**	**7688**	**41035.29**	**8499.58**
按注册登记类型分	**by Registered Type**				
#国有	#State-owned	304	103	2786.63	30.69
集体	Collective owned	379	42	123.23	6.14
私营	Private	41969	4501	17804.88	3536.46
港澳台商投资	Enterprises With Funds From Hong Kong, Macao and Taiwan	4264	882	4689.48	1419.81
外商投资	Foreign Funded Enterprises	4840	1157	5657.46	2171.24
在总计中:轻工业	Light Industry	30118	4037	17196.43	4909.13
重工业	Heavy Industry	29853	3651	23838.86	3590.45
按工业行业分	**By Sector**				
煤炭开采和洗选业	Coal Mining and Dressing	1		6.58	
黑色金属矿采选业	Ferrous Metals Mining and Dressing	6	2	9.48	
有色金属矿采选业	Nonferrous Metals Mining and Dressing	26	8	23.17	
非金属矿采选业	Nonmetal Minerals Mining and Dressing	251	39	94.37	1.61
其他采矿业	Other Minerals Mining and Dressing				
农副食品加工业	Non-staple Food Processing	1070	137	653.84	115.51
食品制造业	Food Manufacturing	449	72	345.68	49.27
饮料制造业	Beverage Manufacturing	366	46	402.90	32.76
烟草制品业	Tobacco Processing	4		235.83	1.19
纺织业	Textile Industry	8743	1126	4691.54	1282.16
纺织服装、鞋、帽制造业	Garments, Shoes and Hats Manufacturing	3233	546	1392.76	620.77
皮革、毛皮、羽毛(绒)及其制品业	Leather, Furs, Down and Related Products	2196	213	1071.38	475.47
木材加工及木、竹、藤、棕、草制品业	Timber Processing, Bamboo, Cane Palm Fiber and Straw Products	952	87	381.36	77.84
家具制造业	Furniture Manufacturing	873	154	456.91	283.91
造纸及纸制品业	Papermaking and Paper Products	1492	231	843.78	43.13
印刷业和记录媒介的复制	Printing and Record Medium Reproduction	977	115	280.24	30.22
文教体育用品制造业	Cultural, Educational and Sports Goods	1095	166	380.77	212.30

续表 1 Continued

单位:亿元(100 million yuan)

行业	Sector	企业单位数(个) Number of Enterprises (unit)	#亏损企业 Loss	工业总产值 Gross Industrial Output Value	出口交货值 Export Delivery value
石油加工、炼焦及核燃料加工业	Petroleum Processing, Cooking and Nuclear Fuel Processing	69	10	965.24	2.99
化学原料及化学制品制造业	Raw Chemical Materials and Chemical Products	2272	295	2704.04	282.82
医药制造业	Medical and Pharmaceutical Products	531	82	665.43	177.88
化学纤维制造业	Chemical Fiber	461	57	1424.41	68.91
橡胶制品业	Rubber Products	674	66	409.68	105.59
塑料制品业	Plastic Products	3551	375	1544.37	283.91
非金属矿物制品业	Nonmetal Mineral Products	1802	270	1177.11	80.92
黑色金属冶炼及压延加工业	Smelting and Pressing of Ferrous Metals	842	171	1488.70	44.01
有色金属冶炼及压延加工业	Smelting and Pressing of Nonferrous Metals	882	146	1280.28	71.55
金属制品业	Metal Products	3746	475	1732.98	429.94
通用设备制造业	Equipment in Common Use	6823	715	2835.68	641.83
专用设备制造业	Special Purpose Equipment	2348	272	994.07	187.66
交通运输设备制造业	Transport Equipment	3290	347	2880.90	776.72
电气机械及器材制造业	Electric Equipment and Machinery	5476	624	3727.49	936.47
通信设备、计算机及其他电子设备制造业	Telecommunications Equipment, Computer and Other Electronic Equipment	1627	246	1496.57	743.24
仪器仪表及文化、办公用机械制造业	Instruments, Meters, Cultural and Office Machinery	1104	101	556.83	132.33
工艺品及其他制造业	Handicraft Article and Other Manufacturing Indust	1921	256	668.86	303.87
废弃资源和废旧材料回收加工业	Recovery of Resource Discarded and Useless Material	207	63	216.51	0.36
电力、热力的生产和供应业	Production and Supply of Electricity and Heating Power	361	102	2805.92	1.17
燃气生产和供应业	Production and Supply of Gas	54		94.89	
水的生产和供应业	Production and Supply of Water	196	73	94.76	1.25

续表 2 Continued 单位:亿元(100 million yuan)

行业	Sector	资产总计 Total Assets	流动资产合计 Circulating Funds	固定资产合计 Fixed Assets	固定资产原价 Original Value of Fixed Assets
总计	**Total**	**39752.79**	**22037.56**	**13228.05**	**17439.04**
按注册登记类型分	**by Registered Type**				
#国有	#State – owned	2563.06	647.83	1737.66	2517.03
集体	Collective owned	112.81	76.37	25.80	43.90
私营	Private	15485.38	9537.60	4170.84	5330.48
港澳台商投资	Enterprises With Funds From Hong Kong, Macao and Taiwan	4881.78	2988.66	1478.93	1956.03
外商投资	Foreign Funded Enterprises	5505.65	3178.00	1876.43	2487.21
在总计中:轻工业	Light Industry	16471.69	9770.40	4889.59	6510.94
重工业	Heavy Industry	23281.10	12267.16	8338.45	10928.10
按工业行业分	**By Sector**				
煤炭开采和洗选业	Coal Mining and Dressing	9.83	3.96	4.48	9.81
黑色金属矿采选业	Ferrous Metals Mining and Dressing	31.11	25.04	3.29	5.11
有色金属矿采选业	Nonferrous Metals Mining and Dressing	26.07	13.13	4.28	5.59
非金属矿采选业	Nonmetal Minerals Mining and Dressing	68.01	31.93	24.74	33.29
其他采矿业	Other Minerals Mining and Dressing				
农副食品加工业	Non – staple Food Processing	483.05	293.96	129.34	166.74
食品制造业	Food Manufacturing	282.96	159.50	88.25	122.29
饮料制造业	Beverage Manufacturing	425.04	230.54	139.84	202.31
烟草制品业	Tobacco Processing	236.98	182.93	28.14	61.17
纺织业	Textile Industry	4583.54	2707.86	1421.27	1977.79
纺织服装、鞋、帽制造业	Garments, Shoes and Hats Manufacturing	1181.54	740.02	319.43	404.08
皮革、毛皮、羽毛(绒)及其制品业	Leather, Furs, Down and Related Products	795.95	527.98	186.10	222.66
木材加工及木、竹、藤、棕、草制品业	Timber Processing, Bamboo, Cane Palm Fiber and Straw Products	235.67	141.73	68.40	85.31
家具制造业	Furniture Manufacturing	437.20	275.31	122.47	148.45
造纸及纸制品业	Papermaking and Paper Products	1005.90	539.65	354.42	503.99
印刷业和记录媒介的复制	Printing and Record Medium Reproduction	369.55	203.90	124.42	175.21
文教体育用品制造业	Cultural, Educational and Sports Goods	344.99	202.86	95.56	120.29

续表 3 Continued 单位:亿元(100 million yuan)

行业	Sector	资产总计 Total Assets	流动资产合计 Circulating Funds	固定资产合计 Fixed Assets	固定资产原价 Original Value of Fixed Assets
石油加工、炼焦及核燃料加工业	Petroleum Processing,Cooking and Nuclear Fuel Processing	470.11	134.98	331.80	218.55
化学原料及化学制品制造业	Raw Chemical Materials and Chemical Products	2554.42	1337.42	896.24	1141.37
医药制造业	Medical and Pharmaceutical Products	808.04	462.71	243.74	303.89
化学纤维制造业	Chemical Fiber	1181.59	658.19	406.45	568.75
橡胶制品业	Rubber Products	364.51	193.40	128.71	183.13
塑料制品业	Plastic Products	1324.99	793.98	387.34	514.65
非金属矿物制品业	Nonmetal Mineral Products	1601.90	788.85	575.21	754.55
黑色金属冶炼及压延加工业	Smelting and Pressing of Ferrous Metals	1276.56	686.97	459.23	559.54
有色金属冶炼及压延加工业	Smelting and Pressing of Nonferrous Metals	859.01	562.65	157.73	200.07
金属制品业	Metal Products	1560.88	1022.74	374.86	465.04
通用设备制造业	Equipment in Common Use	2950.22	1830.74	770.07	994.06
专用设备制造业	Special Purpose Equipment	1114.44	706.69	287.64	370.14
交通运输设备制造业	Transport Equipment	2976.45	1813.33	801.76	932.27
电气机械及器材制造业	Electric Equipment and Machinery	3477.92	2275.57	734.72	909.52
通信设备、计算机及其他电子设备制造业	Telecommunications Equipment,Computer and Other Electronic Equipment	1396.30	907.26	359.10	520.77
仪器仪表及文化、办公用机械制造业	Instruments,Meters,Cultural and Office Machinery	605.06	395.34	138.09	178.03
工艺品及其他制造业	Handicraft Article and Other Manufacturing Indust	609.13	379.97	160.37	197.28
废弃资源和废旧材料回收加工业	Recovery of Resource Discarded and Useless Material	121.98	102.18	11.58	14.51
电力、热力的生产和供应业	Production and Supply of Electricity and Heating Power	3328.72	534.23	2483.94	3681.10
燃气生产和供应业	Production and Supply of Gas	116.17	26.90	71.87	83.48
水的生产和供应业	Production and Supply of Water	536.98	143.13	333.15	404.22

续表 4 Continued 单位:亿元(100 million yuan)

行业	Sector	固定资产净值 Net Value of fixed assets	年末负债合计 Total Liabilities	流动负债 Circulating Liabilities	长期负债 Long term Liabilities
总计	**Total**	**11687.61**	**24352.22**	**20985.72**	**3137.99**
按注册登记类型分	**by Registered Type**				
#国有	#State - owned	1549.38	1490.81	763.56	725.08
集体	Collective owned	23.26	63.13	57.88	4.87
私营	Private	3721.11	10065.27	9319.47	612.73
港澳台商投资	Enterprises With Funds From Hong Kong, Macao and Taiwan	1361.58	2829.02	2622.86	184.85
外商投资	Foreign Funded Enterprises	1725.07	3090.97	2768.03	307.52
在总计中:轻工业	Light Industry	4378.06	9948.64	9142.89	692.63
重工业	Heavy Industry	7309.55	14403.58	11842.84	2445.36
按工业行业分	**By Sector**				
煤炭开采和洗选业	Coal Mining and Dressing	4.48	6.59	5.05	1.54
黑色金属矿采选业	Ferrous Metals Mining and Dressing	3.17	19.68	19.26	0.41
有色金属矿采选业	Nonferrous Metals Mining and Dressing	2.58	16.04	13.89	2.08
非金属矿采选业	Nonmetal Minerals Mining and Dressing	21.76	40.81	35.83	4.74
其他采矿业	Other Minerals Mining and Dressing				
农副食品加工业	Non - staple Food Processing	115.13	307.68	279.97	24.64
食品制造业	Food Manufacturing	80.38	158.11	147.16	10.28
饮料制造业	Beverage Manufacturing	126.43	234.64	221.23	10.99
烟草制品业	Tobacco Processing	28.02	24.98	24.90	0.08
纺织业	Textile Industry	1307.82	2928.54	2749.84	139.84
纺织服装、鞋、帽制造业	Garments, Shoes and Hats Manufacturing	280.87	695.99	665.92	22.73
皮革、毛皮、羽毛(绒)及其制品业	Leather, Furs, Down and Related Products	159.31	511.92	490.85	14.46
木材加工及木、竹、藤、棕、草制品业	Timber Processing, Bamboo, Cane Palm Fiber and Straw Products	63.08	131.64	123.78	5.17
家具制造业	Furniture Manufacturing	108.91	272.49	263.81	6.04
造纸及纸制品业	Papermaking and Paper Products	337.36	630.82	555.90	67.87
印刷业和记录媒介的复制	Printing and Record Medium Reproduction	114.60	214.48	201.76	10.44
文教体育用品制造业	Cultural, Educational and Sports Goods	86.01	188.68	177.42	8.80

续表 5 Continued 单位:亿元(100 million yuan)

行业	Sector	固定资产净值 Net Value of fixed assets	年末负债合计 Total Liabilities	流动负债 Circulating Liabilities	长期负债 Long term Liabilities
石油加工、炼焦及核燃料加工业	Petroleum Processing, Cooking and Nuclear Fuel Processing	102.19	291.69	278.85	12.50
化学原料及化学制品制造业	Raw Chemical Materials and Chemical Products	796.97	1522.43	1259.12	245.34
医药制造业	Medical and Pharmaceutical Products	194.50	396.99	349.52	45.81
化学纤维制造业	Chemical Fiber	384.59	770.26	672.90	88.61
橡胶制品业	Rubber Products	122.83	217.59	198.30	18.10
塑料制品业	Plastic Products	346.24	816.17	772.55	38.77
非金属矿物制品业	Nonmetal Mineral Products	519.57	999.39	841.60	140.84
黑色金属冶炼及压延加工业	Smelting and Pressing of Ferrous Metals	402.95	872.91	800.74	67.19
有色金属冶炼及压延加工业	Smelting and Pressing of Nonferrous Metals	139.57	553.36	512.16	34.38
金属制品业	Metal Products	333.21	986.29	939.20	39.99
通用设备制造业	Equipment in Common Use	681.53	1706.36	1582.20	105.93
专用设备制造业	Special Purpose Equipment	255.94	647.87	598.81	39.29
交通运输设备制造业	Transport Equipment	698.17	1985.27	1706.81	262.42
电气机械及器材制造业	Electric Equipment and Machinery	634.09	2069.67	1937.93	115.22
通信设备、计算机及其他电子设备制造业	Telecommunications Equipment, Computer and Other Electronic Equipment	330.07	750.37	696.06	49.89
仪器仪表及文化、办公用机械制造业	Instruments, Meters, Cultural and Office Machinery	122.55	340.28	314.92	24.82
工艺品及其他制造业	Handicraft Article and Other Manufacturing Indust	142.27	365.68	347.52	11.24
废弃资源和废旧材料回收加工业	Recovery of Resource Discarded and Useless Material	10.84	100.50	99.78	0.69
电力、热力的生产和供应业	Production and Supply of Electricity and Heating Power	2304.60	2183.80	924.72	1254.09
燃气生产和供应业	Production and Supply of Gas	60.11	60.78	24.30	36.47
水的生产和供应业	Production and Supply of Water	264.89	331.49	151.17	176.32

续表 6 Continued　　单位:亿元(100 million yuan)

行业	Sector	年末所有者权益合计 Creditors´ Equity	实收资本 Total Capital Hold	主营业务收入 Revenues in Main Business	主营业务成本 Costs in Main Business
总计	**Total**	**15400.57**	**8226.74**	**39873.57**	**34333.23**
按注册登记类型分	**by Registered Type**				
#国有	#State - owned	1072.25	337.85	2771.23	2431.89
集体	Collective owned	49.67	18.02	121.36	105.33
私营	Private	5420.11	2808.35	17041.76	14969.83
港澳台商投资	Enterprises With Funds From Hong Kong, Macao and Taiwan	2052.76	1364.67	4536.52	3859.97
外商投资	Foreign Funded Enterprises	2414.68	1667.59	5547.72	4656.45
在总计中:轻工业	Light Industry	6523.05	3414.71	16778.27	14235.09
重工业	Heavy Industry	8877.52	4812.02	23095.31	20098.15
按工业行业分	**By Sector**				
煤炭开采和洗选业	Coal Mining and Dressing	3.25	3.34	9.22	7.21
黑色金属矿采选业	Ferrous Metals Mining and Dressing	11.43	2.24	10.84	10.54
有色金属矿采选业	Nonferrous Metals Mining and Dressing	10.04	4.76	20.40	15.85
非金属矿采选业	Nonmetal Minerals Mining and Dressing	27.20	17.11	92.22	76.97
其他采矿业	Other Minerals Mining and Dressing				
农副食品加工业	Non - staple Food Processing	175.37	99.37	632.28	574.78
食品制造业	Food Manufacturing	124.85	71.65	324.76	248.42
饮料制造业	Beverage Manufacturing	190.40	96.58	470.20	353.05
烟草制品业	Tobacco Processing	212.00	10.34	234.99	52.50
纺织业	Textile Industry	1655.00	950.00	4561.03	4087.83
纺织服装、鞋、帽制造业	Garments, Shoes and Hats Manufacturing	485.55	274.41	1351.64	1123.61
皮革、毛皮、羽毛(绒)及其制品业	Leather, Furs, Down and Related Products	284.03	167.28	1038.15	911.88
木材加工及木、竹、藤、棕、草制品业	Timber Processing, Bamboo, Cane Palm Fiber and Straw Products	104.04	53.81	376.20	332.72
家具制造业	Furniture Manufacturing	164.72	116.87	440.32	370.37
造纸及纸制品业	Papermaking and Paper Products	375.08	231.90	820.16	718.61
印刷业和记录媒介的复制	Printing and Record Medium Reproduction	155.07	84.16	273.05	231.49
文教体育用品制造业	Cultural, Educational and Sports Goods	156.31	89.57	365.61	311.87

续表 7 Continued 单位:亿元(100 million yuan)

行业	Sector	年末所有者权益合计 Creditors' Equity	实收资本 Total Capital Hold	主营业务收入 Revenues in Main Business	主营业务成本 Costs in Main Business
石油加工、炼焦及核燃料加工业	Petroleum Processing,Cooking and Nuclear Fuel Processing	178.42	128.00	974.42	746.58
化学原料及化学制品制造业	Raw Chemical Materials and Chemical Products	1031.99	580.39	2724.86	2310.00
医药制造业	Medical and Pharmaceutical Products	411.05	144.58	629.09	420.86
化学纤维制造业	Chemical Fiber	411.33	217.49	1402.90	1304.82
橡胶制品业	Rubber Products	146.92	69.08	413.74	346.20
塑料制品业	Plastic Products	508.82	276.88	1492.05	1311.47
非金属矿物制品业	Nonmetal Mineral Products	602.50	369.74	1139.32	973.04
黑色金属冶炼及压延加工业	Smelting and Pressing of Ferrous Metals	403.66	213.19	1404.07	1320.09
有色金属冶炼及压延加工业	Smelting and Pressing of Nonferrous Metals	305.66	142.70	1232.31	1152.69
金属制品业	Metal Products	574.59	317.47	1638.07	1424.60
通用设备制造业	Equipment in Common Use	1243.87	665.36	2751.80	2303.04
专用设备制造业	Special Purpose Equipment	466.56	252.81	954.11	788.13
交通运输设备制造业	Transport Equipment	991.18	523.02	2676.28	2321.03
电气机械及器材制造业	Electric Equipment and Machinery	1408.24	717.31	3583.79	3025.61
通信设备、计算机及其他电子设备制造业	Telecommunications Equipment,Computer and Other Electronic Equipment	645.93	359.21	1457.60	1249.38
仪器仪表及文化、办公用机械制造业	Instruments,Meters,Cultural and Office Machinery	264.78	137.93	527.26	424.05
工艺品及其他制造业	Handicraft Article and Other Manufacturing Indust	243.44	120.22	644.32	554.21
废弃资源和废旧材料回收加工业	Recovery of Resource Discarded and Useless Material	21.48	20.69	216.99	206.12
电力、热力的生产和供应业	Production and Supply of Electricity and Heating Power	1144.93	541.60	2799.95	2567.75
燃气生产和供应业	Production and Supply of Gas	55.40	32.55	97.19	85.49
水的生产和供应业	Production and Supply of Water	205.49	123.15	92.39	70.38

续表 8 Continued　　单位:亿元(100 million yuan)

行业	Sector	主营业务税金及附加 Sales Taxes and Extra Charges in Main Busines	利润总额 Total Profits	利税总额 Total Profits and Taxes	本年应交增值税 Value Added Taxes Payable	全部从业人员年平均人数(万人) Average Number of Employed Persons (10000 persons)
总计	**Total**	**439.87**	**2115.65**	**3634.80**	**1079.28**	**787.64**
按注册登记类型分	**by Registered Type**					
#国有	#State - owned	149.29	79.81	335.87	106.77	11.74
集体	Collective owned	0.87	7.27	12.85	4.71	2.96
私营	Private	84.79	745.22	1252.46	422.45	413.48
港澳台商投资	Enterprises With Funds From Hong Kong, Macao and Taiwan	30.59	278.40	433.41	124.42	98.33
外商投资	Foreign Funded Enterprises	13.02	357.21	514.82	144.59	110.62
在总计中:轻工业	Light Industry	203.48	909.27	1584.88	472.13	435.61
重工业	Heavy Industry	236.39	1206.39	2049.93	607.15	352.03
按工业行业分	**By Sector**					
煤炭开采和洗选业	Coal Mining and Dressing	0.06	0.28	0.83	0.49	0.35
黑色金属矿采选业	Ferrous Metals Mining and Dressing	0.11	-0.89	-0.34	0.44	0.15
有色金属矿采选业	Nonferrous Metals Mining and Dressing	0.40	1.12	2.27	0.75	0.44
非金属矿采选业	Nonmetal Minerals Mining and Dressing	2.48	3.97	10.38	3.93	1.77
其他采矿业	Other Minerals Mining and Dressing					
农副食品加工业	Non - staple Food Processing	1.55	19.62	28.48	7.32	8.48
食品制造业	Food Manufacturing	1.07	24.62	39.39	13.70	7.36
饮料制造业	Beverage Manufacturing	8.98	41.15	70.04	19.91	5.97
烟草制品业	Tobacco Processing	134.19	30.72	194.73	29.82	0.32
纺织业	Textile Industry	16.60	182.64	304.72	105.48	117.25
纺织服装、鞋、帽制造业	Garments, Shoes and Hats Manufacturing	5.65	78.85	127.42	42.93	66.08
皮革、毛皮、羽毛(绒)及其制品业	Leather, Furs, Down and Related Products	3.52	42.79	76.65	30.34	42.00
木材加工及木、竹、藤、棕、草制品业	Timber Processing, Bamboo, Cane Palm Fiber and Straw Products	3.41	17.54	29.86	8.91	7.84
家具制造业	Furniture Manufacturing	1.73	22.47	34.64	10.45	15.56
造纸及纸制品业	Papermaking and Paper Products	2.59	38.25	65.01	24.17	15.44
印刷业和记录媒介的复制	Printing and Record Medium Reproduction	1.28	17.33	27.69	9.07	7.68
文教体育用品制造业	Cultural, Educational and Sports Goods	1.48	24.96	34.72	8.28	13.88

续表 9　Continued　　单位:亿元(100 million yuan)

行业	Sector	主营业务税金及附加 Sales Taxes and Extra Charges in Main Busines	利润总额 Total Profits	利税总额 Total Profits and Taxes	本年应交增值税 Value Added Taxes Payable	全部从业人员年平均人数(万人) Average Number of Employed Persons (10000 persons)
石油加工、炼焦及核燃料加工业	Petroleum Processing, Cooking and Nuclear Fuel Processing	145.94	66.13	248.32	36.25	0.99
化学原料及化学制品制造业	Raw Chemical Materials and Chemical Products	9.85	185.33	266.66	71.49	24.08
医药制造业	Medical and Pharmaceutical Products	3.52	82.40	120.73	34.82	11.29
化学纤维制造业	Chemical Fiber	2.56	54.35	73.71	16.79	9.63
橡胶制品业	Rubber Products	1.45	27.55	41.64	12.63	10.26
塑料制品业	Plastic Products	5.12	73.32	114.01	35.57	32.19
非金属矿物制品业	Nonmetal Mineral Products	6.30	58.41	107.49	42.78	20.96
黑色金属冶炼及压延加工业	Smelting and Pressing of Ferrous Metals	3.70	38.70	67.56	25.16	9.99
有色金属冶炼及压延加工业	Smelting and Pressing of Nonferrous Metals	3.10	38.34	58.22	16.79	8.54
金属制品业	Metal Products	8.22	76.09	120.98	36.67	41.08
通用设备制造业	Equipment in Common Use	10.88	172.95	265.38	81.56	71.78
专用设备制造业	Special Purpose Equipment	3.75	65.13	97.39	28.51	23.82
交通运输设备制造业	Transport Equipment	13.63	152.64	222.35	56.08	49.08
电气机械及器材制造业	Electric Equipment and Machinery	12.15	208.76	311.52	90.62	78.48
通信设备、计算机及其他电子设备制造业	Telecommunications Equipment, Computer and Other Electronic Equipment	4.03	78.77	111.82	29.02	31.04
仪器仪表及文化、办公用机械制造业	Instruments, Meters, Cultural and Office Machinery	2.33	35.90	56.05	17.82	16.26
工艺品及其他制造业	Handicraft Article and Other Manufacturing Indust	3.70	29.51	48.88	15.67	23.97
废弃资源和废旧材料回收加工业	Recovery of Resource Discarded and Useless Material	0.50	2.78	7.41	4.13	1.56
电力、热力的生产和供应业	Production and Supply of Electricity and Heating Power	13.15	116.82	235.14	105.17	9.25
燃气生产和供应业	Production and Supply of Gas	0.29	5.41	7.69	1.98	0.51
水的生产和供应业	Production and Supply of Water	0.63	0.94	5.37	3.80	2.30

注：本表统计范围为规模以上工业企业。表 7－7 同。
The data in this table refer to statea2owned industrial enterprises and non－state－owned industrial enterprises with annual sales income over 5 million yuan. The same for table 7－7.

7－7 按行业分的规模以上工业企业主要经济效益指标(2009 年)
Main Economic Beneficial Indicators of Industrial Enterprises Above Designated Size by Sector(2009)

行业	Sector	每百元固定资产原值实现利税(元) Pre tax Profits per 100 Yuan Original Value of Fixed Assets(yuan)	每百元主营业务收入实现利税(元) Pre tax Profits per 100 Yuan Revenues in Main Business (yuan)	产品销售率(%) Rate of Products Sold (%)	出口交货值占销售产值比重(%) Export delivery value of the proportion of total sales value (%)	新产品产值率(%) New product ratio (%)
总计	**Total**	**20.84**	**9.12**	**97.40**	**21.27**	**17.71**
按登记注册类型分	**by Registered Type**					
#国有	State－owned	13.34	12.12	99.27	1.11	4.65
集体	Collective owned	29.28	10.59	97.95	5.09	7.26
私营	Private	23.50	7.35	96.98	20.48	16.11
港澳台商投资	Enterprises With Funds From Hong Kong, Macao and Taiwan	22.16	9.55	97.24	31.14	18.84
外商投资	Foreign Funded Enterprises	20.70	9.28	97.52	39.36	21.34
在总计中:轻工业	Light Industry	24.34	9.45	97.42	29.30	18.25
重工业	Heavy Industry	18.76	8.88	97.40	15.46	17.32
按工业行业分	**By Sector**					
煤炭采选业和洗选业	Coal Mining and Dressing	8.43	8.96	100.60		
黑色金属矿采选业	Ferrous Metals Mining and Dressing	－6.58	－3.10	113.89		
有色金属矿采选业	Nonferrous Metals Mining and Dressing	40.60	11.12	94.83		
非金属矿采选业	Nonmetal Minerals Mining and Dressing	31.19	11.26	89.97	1.90	1.56
其他采矿业	Other Minerals Mining and Dressing					
农副食品加工业	Non－staple Food Processing	17.08	4.50	96.05	18.39	7.00
食品制造业	Food Manufacturing	32.21	12.13	97.51	14.62	19.61
饮料制造业	Beverage Manufacturing	34.62	14.90	97.84	8.31	11.77
烟草制品业	Tobacco Processing	318.34	82.87	100.01	0.50	
纺织业	Textile Industry	15.41	6.68	97.54	28.02	15.20
纺织服装、鞋、帽制造业	Garments, Shoes and Hats Manufacturing	31.53	9.43	97.69	45.62	11.90
皮革、毛皮、羽毛(绒)及其制品业	Leather, Furs, Down and Related Products	34.42	7.38	97.72	45.42	14.98
木材加工及木、竹、藤、棕、草制品业	Timber Processing, Bamboo, Cane Palm Fiber and Straw Products	35.00	7.94	96.58	21.13	16.72
家具制造业	Furniture Manufacturing	23.33	7.87	96.88	64.14	18.77
造纸及纸制品业	Papermaking and Paper Products	12.90	7.93	98.43	5.19	13.30
印刷业和记录媒介的复制	Printing and Record Medium Reproduction	15.80	10.14	97.86	11.02	17.52
文教体育用品制造业	Cultural, Educational and Sports Goods	28.86	9.50	96.86	57.56	15.56

续表 Continued

行业	Sector	每百元固定资产原值实现利税(元) Pre tax Profits per 100 Yuan Original Value of Fixed Assets(yuan)	每百元主营业务收入实现利税(元) Pre tax Profits per 100 Yuan Revenues in Main Business (yuan)	产品销售率(%) Rate of Products Sold (%)	出口交货值占销售产值比重(%) Export delivery value of the proportion of total sales value (%)	新产品产值率(%) New product ratio (%)
石油加工、炼焦及核燃料加工业	Petroleum Processing,Cooking and Nuclear Fuel Processing	113.62	25.48	99.09	0.31	1.19
化学原料及化学制品制造业	Raw Chemical Materials and Chemical Products	23.36	9.79	96.76	10.81	22.78
医药制造业	Medical and Pharmaceutical Products	39.73	19.19	95.15	28.09	32.36
化学纤维制造业	Chemical Fiber	12.96	5.25	98.75	4.90	26.80
橡胶制品业	Rubber Products	22.74	10.06	101.48	25.40	20.62
塑料制品业	Plastic Products	22.15	7.64	97.43	18.87	12.17
非金属矿物制品业	Nonmetal Mineral Products	14.25	9.43	97.02	7.09	13.45
黑色金属冶炼及压延加工业	Smelting and Pressing of Ferrous Metals	12.07	4.81	95.98	3.08	9.71
有色金属冶炼及压延加工业	Smelting and Pressing of Nonferrous Metals	29.10	4.72	96.86	5.77	15.21
金属制品业	Metal Products	26.01	7.39	96.37	25.74	16.20
通用设备制造业	Equipment in Common Use	26.70	9.64	97.10	23.31	22.76
专用设备制造业	Special Purpose Equipment	26.31	10.21	96.92	19.48	25.87
交通运输设备制造业	Transport Equipment	23.85	8.31	97.11	27.76	26.66
电气机械及器材制造业	Electric Equipment and Machinery	34.25	8.69	96.82	25.95	26.14
通信设备、计算机及其他电子设备制造业	Telecommunications Equipment,Computer and Other Electronic Equipment	21.47	7.67	97.40	50.99	30.23
仪器仪表及文化、办公用机械制造业	Instruments,Meters,Cultural and Office Machinery	31.48	10.63	96.41	24.65	31.79
工艺品及其他制造业	Handicraft Article and Other Manufacturing Indust	24.78	7.59	96.81	46.93	19.49
废弃资源和废旧材料回收加工业	Recovery of Resource Discarded and Useless Material	51.07	3.42	98.58	0.17	0.75
电力、热力的生产和供应业	Production and Supply of Electricity and Heating Power	6.39	8.40	99.81	0.04	0.44
燃气生产和供应业	Production and Supply of Gas	9.21	7.91	99.58		0.48
水的生产和供应业	Production and Supply of Water	1.33	5.81	99.17	1.33	2.18

7-8 按行业分的国有及国有控股工业企业主要指标(2009年)
Main Indicators of State-owned and State Holding Industrial Enterprises by Sector(2009)

单位:亿元(100 million yuan)

行业	Sector	企业单位数(个) Number of Enterprises (unit)	亏损企业 Loss	工业总产值 Gross Industrial Output Value	出口交货值 Export Delivery value
总计	**Total**	**728**	**198**	**5369.11**	**218.60**
按注册登记类型分	**By Registered Type**				
国有	State-owned Enterprises	304	103	2786.63	30.69
集体	Collective owned Enterprises				
私营	Private Enterprises	2		0.20	0.07
港澳台商投资	Enterprises With Funds From Hong Kong, Macao and Taiwan	23	3	212.11	8.15
外商投资	Foreign Funded Enterprises	43	12	312.43	56.48
在总计中:轻工业	Light Industry	241	72	587.42	56.17
重工业	Heavy Industry	487	126	4781.69	162.42
按工业行业分	**By Sector**				
煤炭开采和洗选业	Coal Mining and Dressing	1		6.58	
黑色金属矿采选业	Ferrous Metals Mining and Dressing	1		6.03	
有色金属矿采选业	Nonferrous Metals Mining and Dressing	2		3.56	
非金属矿采选业	Nonmetal Minerals Mining and Dressing	9	2	5.11	0.04
其他采矿业	Other Minerals Mining and Dressing				
农副食品加工业	Non-staple Food Processing	17	5	10.32	1.29
食品制造业	Food Manufacturing	16	2	10.48	1.79
饮料制造业	Beverage Manufacturing	15	6	21.30	0.61
烟草制品业	Tobacco Processing	2		234.64	1.19
纺织业	Textile Industry	20	5	33.27	3.10
纺织服装、鞋、帽制造业	Garments, Shoes and Hats Manufacturing	7	1	2.60	0.96
皮革、毛皮、羽毛(绒)及其制品业	Leather, Furs, Down and Related Products	2		2.75	0.78
木材加工及木、竹、藤、棕、草制品业	Timber Processing, Bamboo, Cane Palm Fiber and Straw Products	2	1	0.52	
家具制造业	Furniture Manufacturing				
造纸及纸制品业	Papermaking and Paper Products	1		13.10	0.61
印刷业和记录媒介的复制	Printing and Record Medium Reproduction	21	3	12.42	
文教体育用品制造业	Cultural, Educational and Sports Goods	3		1.08	0.93

续表 1 Continued 单位:亿元(100 million yuan)

行业	Sector	企业单位数(个) Number of Enterprises (unit)	亏损企业 Loss	工业总产值 Gross Industrial Output Value	出口交货值 Export Delivery value
石油加工、炼焦及核燃料加工业	Petroleum Processing,Cooking and Nuclear Fuel Processing	4	1	912.26	2.99
化学原料及化学制品制造业	Raw Chemical Materials and Chemical Products	44	16	256.18	17.67
医药制造业	Medical and Pharmaceutical Products	15	4	81.27	33.74
化学纤维制造业	Chemical Fiber	2		22.52	1.87
橡胶制品业	Rubber Products	4		144.07	38.59
塑料制品业	Plastic Products	9	4	5.64	0.77
非金属矿物制品业	Nonmetal Mineral Products	52	8	127.17	
黑色金属冶炼及压延加工业	Smelting and Pressing of Ferrous Metals	7	1	313.94	6.57
有色金属冶炼及压延加工业	Smelting and Pressing of Nonferrous Metals	3		2.97	0
金属制品业	Metal Products	13	2	11.05	3.66
通用设备制造业	Equipment in Common Use	43	4	122.45	15.84
专用设备制造业	Special Purpose Equipment	17	2	32.93	8.22
交通运输设备制造业	Transport Equipment	25	4	123.91	42.44
电气机械及器材制造业	Electric Equipment and Machinery	27	5	50.29	3.38
通信设备、计算机及其他电子设备制造业	Telecommunications Equipment,Computer and Other Electronic Equipment	25	5	63.38	29.50
仪器仪表及文化、办公用机械制造业	Instruments,Meters,Cultural and Office Machinery	7	1	2.73	0.40
工艺品及其他制造业	Handicraft Article and Other Manufacturing Indust	5		1.33	0.40
废弃资源和废旧材料回收加工业	Recovery of Resource Discarded and Useless Material	4	1	6.79	
电力、热力的生产和供应业	Production and Supply of Electricity and Heating Power	178	63	2587.99	
燃气生产和供应业	Production and Supply of Gas	12		56.73	
水的生产和供应业	Production and Supply of Water	113	52	79.76	1.25

续表 2 Continued 单位:亿元(100 million yuan)

行业	Sector	资产总计 Total Assets	流动资产合计 Circulating Funds	固定资产合计 Fixed Assets	固定资产原价 Original Value of Fixed Assets
总计	**Total**	**6135.19**	**1755.21**	**3712.85**	**5093.02**
按注册登记类型分	**By Registered Type**				
国有	State - owned Enterprises	2563.06	647.83	1737.66	2517.03
集体	Collective owned Enterprises				
私营	Private Enterprises	0.13	0.07	0.06	0.07
港澳台商投资	Enterprises With Funds From Hong Kong, Macao and Taiwan	118.63	74.37	34.13	54.18
外商投资	Foreign Funded Enterprises	260.46	127.09	112.08	178.49
在总计中:轻工业	Light Industry	1076.88	546.35	404.71	554.37
重工业	Heavy Industry	5058.31	1208.86	3308.14	4538.65
按工业行业分	**By Sector**				
煤炭开采和洗选业	Coal Mining and Dressing	9.83	3.96	4.48	9.81
黑色金属矿采选业	Ferrous Metals Mining and Dressing	12.13	7.00	2.84	4.42
有色金属矿采选业	Nonferrous Metals Mining and Dressing	5.10	2.75	2.29	1.77
非金属矿采选业	Nonmetal Minerals Mining and Dressing	8.29	5.34	2.36	3.47
其他采矿业	Other Minerals Mining and Dressing				
农副食品加工业	Non - staple Food Processing	16.71	11.44	4.95	9.04
食品制造业	Food Manufacturing	8.92	5.18	3.31	5.72
饮料制造业	Beverage Manufacturing	60.99	34.33	17.12	24.11
烟草制品业	Tobacco Processing	235.49	182.37	27.47	60.36
纺织业	Textile Industry	41.76	22.30	12.46	19.39
纺织服装、鞋、帽制造业	Garments, Shoes and Hats Manufacturing	3.30	2.23	0.94	1.40
皮革、毛皮、羽毛(绒)及其制品业	Leather, Furs, Down and Related Products	13.14	7.94	5.18	2.47
木材加工及木、竹、藤、棕、草制品业	Timber Processing, Bamboo, Cane Palm Fiber and Straw Products	8.02	6.49	0.78	1.07
家具制造业	Furniture Manufacturing				
造纸及纸制品业	Papermaking and Paper Products	21.18	7.45	12.98	21.23
印刷业和记录媒介的复制	Printing and Record Medium Reproduction	27.71	11.64	12.40	17.72
文教体育用品制造业	Cultural, Educational and Sports Goods	0.89	0.71	0.09	0.18

续表 3 Continued 单位:亿元(100 million yuan)

行业	Sector	资产总计 Total Assets	流动资产合计 Circulating Funds	固定资产合计 Fixed Assets	固定资产原价 Original Value of Fixed Assets
石油加工、炼焦及核燃料加工业	Petroleum Processing, Cooking and Nuclear Fuel Processing	435.88	110.61	324.27	208.08
化学原料及化学制品制造业	Raw Chemical Materials and Chemical Products	318.88	113.21	131.08	194.32
医药制造业	Medical and Pharmaceutical Products	119.56	58.03	47.21	57.24
化学纤维制造业	Chemical Fiber	31.75	18.71	8.47	19.86
橡胶制品业	Rubber Products	94.22	47.54	36.77	57.86
塑料制品业	Plastic Products	4.41	2.21	1.95	3.22
非金属矿物制品业	Nonmetal Mineral Products	190.73	51.94	90.92	118.28
黑色金属冶炼及压延加工业	Smelting and Pressing of Ferrous Metals	419.04	136.95	229.93	286.57
有色金属冶炼及压延加工业	Smelting and Pressing of Nonferrous Metals	4.67	2.45	1.59	3.03
金属制品业	Metal Products	16.08	7.63	7.05	9.61
通用设备制造业	Equipment in Common Use	160.41	103.21	35.84	49.47
专用设备制造业	Special Purpose Equipment	45.97	33.93	5.85	8.39
交通运输设备制造业	Transport Equipment	183.42	115.04	52.07	68.70
电气机械及器材制造业	Electric Equipment and Machinery	63.68	41.75	9.89	13.66
通信设备、计算机及其他电子设备制造业	Telecommunications Equipment, Computer and Other Electronic Equipment	118.74	80.45	15.10	26.06
仪器仪表及文化、办公用机械制造业	Instruments, Meters, Cultural and Office Machinery	5.72	3.69	1.43	2.14
工艺品及其他制造业	Handicraft Article and Other Manufacturing Indust	1.44	1.21	0.22	0.32
废弃资源和废旧材料回收加工业	Recovery of Resource Discarded and Useless Material	7.07	4.21	0.91	1.32
电力、热力的生产和供应业	Production and Supply of Electricity and Heating Power	2898.87	382.14	2248.76	3352.55
燃气生产和供应业	Production and Supply of Gas	78.35	12.33	54.27	66.64
水的生产和供应业	Production and Supply of Water	462.85	116.83	299.63	363.53

续表 4 Continued 单位:亿元(100 million yuan)

行业	Sector	固定资产净值 Net fixed assets	年末负债合计 Total Liabilities	流动负债 Circulating Liabilities	长期负债 Long term Liabilities
总计	**Total**	**3167.71**	**3792.17**	**2238.98**	**1536.95**
按注册登记类型分	**By Registered Type**				
国有	State－owned Enterprises	1549.38	1490.81	763.56	725.08
集体	Collective owned Enterprises				
私营	Private Enterprises	0.05	0.03	0.03	
港澳台商投资	Enterprises With Funds From Hong Kong, Macao and Taiwan	30.95	66.84	64.76	2.08
外商投资	Foreign Funded Enterprises	110.11	159.87	135.74	24.06
在总计中:轻工业	Light Industry	330.33	475.29	328.26	146.46
重工业	Heavy Industry	2837.38	3316.88	1910.71	1390.49
按工业行业分	**By Sector**				
煤炭开采和洗选业	Coal Mining and Dressing	4.48	6.59	5.05	1.54
黑色金属矿采选业	Ferrous Metals Mining and Dressing	2.73	3.75	3.75	0.01
有色金属矿采选业	Nonferrous Metals Mining and Dressing	0.97	3.06	2.01	1.04
非金属矿采选业	Nonmetal Minerals Mining and Dressing	1.94	4.95	4.42	0.53
其他采矿业	Other Minerals Mining and Dressing				
农副食品加工业	Non－staple Food Processing	4.62	12.00	11.25	0.28
食品制造业	Food Manufacturing	2.97	5.28	4.58	0.70
饮料制造业	Beverage Manufacturing	13.17	17.52	16.26	1.19
烟草制品业	Tobacco Processing	27.47	24.75	24.75	
纺织业	Textile Industry	10.80	25.56	22.63	2.92
纺织服装、鞋、帽制造业	Garments, Shoes and Hats Manufacturing	0.91	1.40	1.37	0.04
皮革、毛皮、羽毛(绒)及其制品业	Leather, Furs, Down and Related Products	2.25	9.07	9.07	
木材加工及木、竹、藤、棕、草制品业	Timber Processing, Bamboo, Cane Palm Fiber and Straw Products	0.67	6.40	5.50	0.89
家具制造业	Furniture Manufacturing				
造纸及纸制品业	Papermaking and Paper Products	12.88	10.74	7.90	2.84
印刷业和记录媒介的复制	Printing and Record Medium Reproduction	12.30	14.00	12.99	1.00
文教体育用品制造业	Cultural, Educational and Sports Goods	0.08	0.38	0.36	0.02

续表 5 Continued 单位:亿元(100 million yuan)

行业	Sector	固定资产净值 Net fixed assets	年末负债合计 Total Liabilities	流动负债 Circulating Liabilities	长期负债 Long term Liabilities
石油加工、炼焦及核燃料加工业	Petroleum Processing, Cooking and Nuclear Fuel Processing	95.69	268.47	257.20	11.27
化学原料及化学制品制造业	Raw Chemical Materials and Chemical Products	125.61	201.07	159.93	41.03
医药制造业	Medical and Pharmaceutical Products	37.10	43.31	28.90	14.41
化学纤维制造业	Chemical Fiber	8.46	20.48	19.59	0.89
橡胶制品业	Rubber Products	36.18	63.62	51.95	11.68
塑料制品业	Plastic Products	1.75	1.94	1.92	0.02
非金属矿物制品业	Nonmetal Mineral Products	84.42	132.81	109.98	15.59
黑色金属冶炼及压延加工业	Smelting and Pressing of Ferrous Metals	197.45	285.12	249.58	35.54
有色金属冶炼及压延加工业	Smelting and Pressing of Nonferrous Metals	1.18	1.88	0.96	0.92
金属制品业	Metal Products	6.67	9.65	8.84	0.63
通用设备制造业	Equipment in Common Use	30.26	90.06	77.57	12.45
专用设备制造业	Special Purpose Equipment	5.24	31.53	26.34	4.75
交通运输设备制造业	Transport Equipment	49.75	143.64	125.14	18.09
电气机械及器材制造业	Electric Equipment and Machinery	9.66	34.49	31.25	3.24
通信设备、计算机及其他电子设备制造业	Telecommunications Equipment, Computer and Other Electronic Equipment	11.37	71.54	64.28	7.26
仪器仪表及文化、办公用机械制造业	Instruments, Meters, Cultural and Office Machinery	1.41	3.47	3.20	0.28
工艺品及其他制造业	Handicraft Article and Other Manufacturing Indust	0.20	0.59	0.48	0.11
废弃资源和废旧材料回收加工业	Recovery of Resource Discarded and Useless Material	0.90	3.95	3.95	
电力、热力的生产和供应业	Production and Supply of Electricity and Heating Power	2084.15	1918.70	749.37	1165.58
燃气生产和供应业	Production and Supply of Gas	46.54	41.36	10.82	30.52
水的生产和供应业	Production and Supply of Water	235.46	279.03	125.84	149.72

续表 6 Continued 单位:亿元(100 million yuan)

行业	Sector	年末所有者权益合计 Creditors′ Equity	实收资本 Total Capital Hold	主营业务收入 Revenues in Main Business	主营业务成本 Costs in Main Business
总计	**Total**	**2343.02**	**1037.37**	**5436.87**	**4577.89**
按注册登记类型分	**By Registered Type**				
国有	State－owned Enterprises	1072.25	337.85	2771.23	2431.89
集体	Collective owned Enterprises				
私营	Private Enterprises	0.10	0.09	0.20	0.18
港澳台商投资	Enterprises With Funds From Hong Kong, Macao and Taiwan	51.79	26.24	206.56	162.00
外商投资	Foreign Funded Enterprises	100.60	64.44	324.90	272.76
在总计中:轻工业	Light Industry	601.59	181.98	610.21	338.49
重工业	Heavy Industry	1741.43	855.39	4826.66	4239.40
按工业行业分	**By Sector**				
煤炭开采和洗选业	Coal Mining and Dressing	3.25	3.34	9.22	7.21
黑色金属矿采选业	Ferrous Metals Mining and Dressing	8.37	1.53	6.09	4.74
有色金属矿采选业	Nonferrous Metals Mining and Dressing	2.04	0.92	3.48	2.68
非金属矿采选业	Nonmetal Minerals Mining and Dressing	3.35	3.24	5.56	4.08
其他采矿业	Other Minerals Mining and Dressing				
农副食品加工业	Non－staple Food Processing	4.71	5.11	11.93	10.86
食品制造业	Food Manufacturing	3.63	2.06	9.83	7.75
饮料制造业	Beverage Manufacturing	43.47	9.81	23.41	16.14
烟草制品业	Tobacco Processing	210.74	9.76	233.82	51.90
纺织业	Textile Industry	16.20	6.98	33.72	28.96
纺织服装、鞋、帽制造业	Garments, Shoes and Hats Manufacturing	1.89	0.78	2.66	1.63
皮革、毛皮、羽毛(绒)及其制品业	Leather, Furs, Down and Related Products	4.07	0.39	2.78	1.48
木材加工及木、竹、藤、棕、草制品业	Timber Processing, Bamboo, Cane Palm Fiber and Straw Products	1.62	0.18	11.27	10.77
家具制造业	Furniture Manufacturing				
造纸及纸制品业	Papermaking and Paper Products	10.44	3.37	12.98	9.38
印刷业和记录媒介的复制	Printing and Record Medium Reproduction	13.71	7.03	14.21	11.67
文教体育用品制造业	Cultural, Educational and Sports Goods	0.51	0.17	1.07	0.85

续表 7 Continued

单位:亿元(100 million yuan)

行业	Sector	年末所有者权益合计 Creditors´ Equity	实收资本 Total Capital Hold	主营业务收入 Revenues in Main Business	主营业务成本 Costs in Main Business
石油加工、炼焦及核燃料加工业	Petroleum Processing, Cooking and Nuclear Fuel Processing	167.41	118.80	925.42	704.87
化学原料及化学制品制造业	Raw Chemical Materials and Chemical Products	117.81	55.93	296.73	253.44
医药制造业	Medical and Pharmaceutical Products	76.25	13.84	79.34	41.98
化学纤维制造业	Chemical Fiber	11.27	10.41	40.66	39.48
橡胶制品业	Rubber Products	30.60	9.45	157.07	134.61
塑料制品业	Plastic Products	2.47	2.03	6.15	5.51
非金属矿物制品业	Nonmetal Mineral Products	57.92	49.43	118.28	102.89
黑色金属冶炼及压延加工业	Smelting and Pressing of Ferrous Metals	133.92	47.87	307.73	296.05
有色金属冶炼及压延加工业	Smelting and Pressing of Nonferrous Metals	2.79	0.87	3.38	2.58
金属制品业	Metal Products	6.43	4.41	12.05	10.12
通用设备制造业	Equipment in Common Use	70.36	25.76	124.31	93.76
专用设备制造业	Special Purpose Equipment	14.43	5.87	32.86	28.40
交通运输设备制造业	Transport Equipment	39.78	26.84	103.96	94.81
电气机械及器材制造业	Electric Equipment and Machinery	29.19	12.04	47.23	38.13
通信设备、计算机及其他电子设备制造业	Telecommunications Equipment, Computer and Other Electronic Equipment	47.21	28.09	67.65	50.61
仪器仪表及文化、办公用机械制造业	Instruments, Meters, Cultural and Office Machinery	2.24	1.39	3.01	2.12
工艺品及其他制造业	Handicraft Article and Other Manufacturing Indust	0.85	0.37	1.43	0.91
废弃资源和废旧材料回收加工业	Recovery of Resource Discarded and Useless Material	3.12	2.14	6.79	5.38
电力、热力的生产和供应业	Production and Supply of Electricity and Heating Power	980.16	436.23	2584.37	2390.17
燃气生产和供应业	Production and Supply of Gas	37.00	21.42	58.91	52.70
水的生产和供应业	Production and Supply of Water	183.82	109.52	77.50	59.27

续表 8 Continued 单位:亿元(100 million yuan)

行业	Sector	主营业务税金及附加 Sales Taxes and Extra Charges in Main Busines	利润总额 Total Profits	利税总额 Total Profits and Taxes	本年应交增值税 Value Added Taxes Payable	全部从业人员年平均人数(万人) Average Number of Employed Persons (10000 persons)
总计	**Total**	**301.02**	**294.67**	**807.52**	**211.83**	**31.66**
按注册登记类型分	**By Registered Type**					
国有	State – owned Enterprises	149.29	79.81	335.87	106.77	11.74
集体	Collective owned Enterprises					
私营	Private Enterprises		0.01	0.02	0.01	0.01
港澳台商投资	Enterprises With Funds From Hong Kong, Macao and Taiwan	23.54	17.34	61.24	20.37	0.72
外商投资	Foreign Funded Enterprises	0.99	25.76	36.69	9.94	3.07
在总计中:轻工业	Light Industry	139.66	63.75	250.03	46.62	8.83
重工业	Heavy Industry	161.36	230.93	557.50	165.21	22.83
按工业行业分	**By Sector**					
煤炭开采和洗选业	Coal Mining and Dressing	0.06	0.28	0.83	0.49	0.35
黑色金属矿采选业	Ferrous Metals Mining and Dressing	0.10	0.38	0.78	0.29	0.12
有色金属矿采选业	Nonferrous Metals Mining and Dressing	0.03	0.26	0.45	0.16	0.11
非金属矿采选业	Nonmetal Minerals Mining and Dressing	0.23	0.26	0.93	0.44	0.30
其他采矿业	Other Minerals Mining and Dressing					
农副食品加工业	Non – staple Food Processing	0.02	0.76	0.88	0.10	0.38
食品制造业	Food Manufacturing	0.04	0.72	1.16	0.40	0.32
饮料制造业	Beverage Manufacturing	1.95	0.91	4.52	1.66	0.75
烟草制品业	Tobacco Processing	134.18	30.40	194.29	29.71	0.29
纺织业	Textile Industry	0.09	1.28	2.44	1.07	1.26
纺织服装、鞋、帽制造业	Garments, Shoes and Hats Manufacturing	0.03	0.20	0.42	0.18	0.15
皮革、毛皮、羽毛(绒)及其制品业	Leather, Furs, Down and Related Products	0.04	0.40	0.73	0.29	0.13
木材加工及木、竹、藤、棕、草制品业	Timber Processing, Bamboo, Cane Palm Fiber and Straw Products	0.03	0.17	0.27	0.07	0.09
家具制造业	Furniture Manufacturing					
造纸及纸制品业	Papermaking and Paper Products	0.08	1.57	2.48	0.83	0.22
印刷业和记录媒介的复制	Printing and Record Medium Reproduction	0.23	1.30	1.85	0.31	0.30
文教体育用品制造业	Cultural, Educational and Sports Goods		0.13	0.17	0.03	0.04

续表 9 Continued 单位:亿元(100 million yuan)

行业	Sector	主营业务税金及附加 Sales Taxes and Extra Charges in Main Busines	利润总额 Total Profits	利税总额 Total Profits and Taxes	本年应交增值税 Value Added Taxes Payable	全部从业人员年平均人数(万人) Average Number of Employed Persons (10000 persons)
石油加工、炼焦及核燃料加工业	Petroleum Processing, Cooking and Nuclear Fuel Processing	144.25	63.50	242.80	35.05	0.82
化学原料及化学制品制造业	Raw Chemical Materials and Chemical Products	1.09	19.55	27.41	6.78	2.81
医药制造业	Medical and Pharmaceutical Products	0.62	20.16	27.30	6.53	1.27
化学纤维制造业	Chemical Fiber	0.02	0.22	0.35	0.11	0.20
橡胶制品业	Rubber Products	0.45	12.11	16.05	3.48	1.88
塑料制品业	Plastic Products	0.01	0.10	0.29	0.18	0.09
非金属矿物制品业	Nonmetal Mineral Products	0.54	4.89	9.96	4.53	1.35
黑色金属冶炼及压延加工业	Smelting and Pressing of Ferrous Metals	0.63	4.24	11.17	6.30	1.61
有色金属冶炼及压延加工业	Smelting and Pressing of Nonferrous Metals	0.02	0.14	0.28	0.13	0.13
金属制品业	Metal Products	0.03	0.48	0.82	0.32	0.24
通用设备制造业	Equipment in Common Use	0.63	14.95	20.12	4.54	2.16
专用设备制造业	Special Purpose Equipment	0.13	1.46	2.40	0.82	0.54
交通运输设备制造业	Transport Equipment	1.29	-1.64	1.76	2.11	2.26
电气机械及器材制造业	Electric Equipment and Machinery	0.16	5.25	6.80	1.39	0.73
通信设备、计算机及其他电子设备制造业	Telecommunications Equipment, Computer and Other Electronic Equipment	0.72	12.97	15.69	2.00	0.99
仪器仪表及文化、办公用机械制造业	Instruments, Meters, Cultural and Office Machinery	0.03	0.09	0.16	0.05	0.17
工艺品及其他制造业	Handicraft Article and Other Manufacturing Indust	0.02	0.11	0.24	0.11	0.09
废弃资源和废旧材料回收加工业	Recovery of Resource Discarded and Useless Material	0.03	1.30	1.49	0.16	0.02
电力、热力的生产和供应业	Production and Supply of Electricity and Heating Power	12.50	93.36	202.46	96.60	7.28
燃气生产和供应业	Production and Supply of Gas	0.19	1.75	3.34	1.40	0.27
水的生产和供应业	Production and Supply of Water	0.54	0.69	4.44	3.22	1.94

7-9 按行业分的国有及国有控股工业企业主要经济效益指标(2009年)
Main Economic Beneficial Indicators of State - owned and State Holding Industrial Enterprises by Sector(2009)

行业	Sector	每百元固定资产原值实现利税(元) Pre tax Profits per 100 Yuan Original Value of Fixed Assets(yuan)	每百元主营业务收入实现利税(元) Pre tax Profits per 100 Yuan Revenues in Main Business (yuan)	产品销售率(%) Rate of Products Sold (%)	出口交货值占销售产值比重(%) Export delivery value of the proportion of total sales value (%)	新产品产值率(%) New product ratio (%)
总计	**Total**	**15.86**	**14.85**	**99.38**	**4.10**	**8.45**
按注册登记类型分	**by Registered Type**					
国有	State - owned	13.34	12.12	99.27	1.11	4.65
集体	Collective owned					
私营	Private	21.83	7.43	99.87	34.86	
港澳台商投资	Enterprises With Funds From Hong Kong, Macao and Taiwan	113.03	29.65	96.40	3.99	14.10
外商投资	Foreign Funded Enterprises	20.56	11.29	102.41	17.65	27.37
在总计中:轻工业	Light Industry	45.10	40.97	99.12	9.65	17.53
重工业	Heavy Industry	12.28	11.55	99.41	3.42	7.34
按工业行业分	**By Sector**					
煤炭开采和洗选业	Coal Mining and Dressing	8.43	8.96	100.60		
黑色金属矿采选业	Ferrous Metals Mining and Dressing	17.57	12.74	100.32		
有色金属矿采选业	Nonferrous Metals Mining and Dressing	25.40	12.89	101.05		
非金属矿采选业	Nonmetal Minerals Mining and Dressing	26.77	16.74	96.87	0.89	
其他采矿业	Other Minerals Mining and Dressing					
农副食品加工业	Non - staple Food Processing	9.75	7.38	101.16	12.40	
食品制造业	Food Manufacturing	20.24	11.78	94.51	18.04	1.49
饮料制造业	Beverage Manufacturing	18.74	19.30	103.26	2.75	5.66
烟草制品业	Tobacco Processing	321.88	83.09	100.02	0.51	
纺织业	Textile Industry	12.59	7.24	97.82	9.51	16.49
纺织服装、鞋、帽制造业	Garments, Shoes and Hats Manufacturing	29.80	15.69	99.08	37.37	
皮革、毛皮、羽毛(绒)及其制品业	Leather, Furs, Down and Related Products	29.44	26.20	99.37	28.70	
木材加工及木、竹、藤、棕、草制品业	Timber Processing, Bamboo, Cane Palm Fiber and Straw Products	25.30	2.40	106.67		
家具制造业	Furniture Manufacturing					
造纸及纸制品业	Papermaking and Paper Products	11.67	19.08	99.64	4.69	7.89
印刷业和记录媒介的复制	Printing and Record Medium Reproduction	10.46	13.04	100.67		2.15
文教体育用品制造业	Cultural, Educational and Sports Goods	93.65	15.69	98.47	87.05	22.95

续表　Continued

行业	Sector	每百元固定资产原值实现利税(元) Pre tax Profits per 100 Yuan Original Value of Fixed Assets(yuan)	每百元主营业务收入实现利税(元) Pre tax Profits per 100 Yuan Revenues in Main Business (yuan)	产品销售率(%) Rate of Products Sold (%)	出口交货值占销售产值比重(%) Export delivery value of the proportion of total sales value (%)	新产品产值率(%) New product ratio (%)
石油加工、炼焦及核燃料加工业	Petroleum Processing, Cooking and Nuclear Fuel Processing	116.68	26.24	99.67	0.33	0.88
化学原料及化学制品制造业	Raw Chemical Materials and Chemical Products	14.10	9.24	90.58	7.61	53.79
医药制造业	Medical and Pharmaceutical Products	47.69	34.41	97.01	42.80	58.54
化学纤维制造业	Chemical Fiber	1.77	0.86	101.18	8.20	14.39
橡胶制品业	Rubber Products	27.73	10.22	108.76	24.63	28.96
塑料制品业	Plastic Products	9.00	4.71	102.88	13.24	19.93
非金属矿物制品业	Nonmetal Mineral Products	8.42	8.42	96.65		4.33
黑色金属冶炼及压延加工业	Smelting and Pressing of Ferrous Metals	3.90	3.63	98.73	2.12	6.98
有色金属冶炼及压延加工业	Smelting and Pressing of Nonferrous Metals	9.36	8.39	110.39		0.58
金属制品业	Metal Products	8.58	6.84	101.36	32.65	28.46
通用设备制造业	Equipment in Common Use	40.68	16.19	100.47	12.87	46.72
专用设备制造业	Special Purpose Equipment	28.65	7.32	96.18	25.96	40.99
交通运输设备制造业	Transport Equipment	2.57	1.70	99.21	34.53	32.16
电气机械及器材制造业	Electric Equipment and Machinery	49.80	14.40	93.10	7.23	44.95
通信设备、计算机及其他电子设备制造业	Telecommunications Equipment, Computer and Other Electronic Equipment	60.21	23.19	97.31	47.83	57.83
仪器仪表及文化、办公用机械制造业	Instruments, Meters, Cultural and Office Machinery	7.45	5.29	102.32	14.35	27.08
工艺品及其他制造业	Handicraft Article and Other Manufacturing Indust	72.95	16.53	91.54	32.88	
废弃资源和废旧材料回收加工业	Recovery of Resource Discarded and Useless Material	112.62	21.97	100.00		
电力、热力的生产和供应业	Production and Supply of Electricity and Heating Power	6.04	7.83	99.97		0.11
燃气生产和供应业	Production and Supply of Gas	5.01	5.67	99.48		
水的生产和供应业	Production and Supply of Water	1.22	5.73	99.15	1.58	2.59

7－10 按行业分的规模以上私营工业企业主要指标(2009 年)
Main Indicators of Private Industrial Enterprises Above Designated Size by Sector (2009)

单位:亿元(100 million yuan)

行业	Sector	企业单位数(个) Number of Enterprises (unit)	#亏损企业 Loss	工业总产值 Gross Industrial Output Value	出口交货值 Export Delivery value
总计	**Total**	**41969**	**4501**	**17804.88**	**3536.46**
按注册登记类型分	**By Registered Type**				
在总计中:轻工业	Light Industry	21418	2391	8388.80	2221.63
重工业	Heavy Industry	20551	2110	9416.08	1314.83
按工业行业分	**By Sector**				
煤炭开采和洗选业	Coal Mining and Dressing				
黑色金属矿采选业	Ferrous Metals Mining and Dressing	3		1.79	
有色金属矿采选业	Nonferrous Metals Mining and Dressing	21	7	17.10	
非金属矿采选业	Nonmetal Minerals Mining and Dressing	161	24	45.56	0.98
其他采矿业	Other Minerals Mining and Dressing				
农副食品加工业	Non－staple Food Processing	787	84	345.22	62.15
食品制造业	Food Manufacturing	268	33	109.74	24.84
饮料制造业	Beverage Manufacturing	234	22	103.29	20.84
烟草制品业	Tobacco Processing	1		0.08	
纺织业	Textile Industry	6591	680	2887.44	641.45
纺织服装、鞋、帽制造业	Garments,Shoes and Hats Manufacturing	2032	301	694.96	245.19
皮革、毛皮、羽毛(绒)及其制品业	Leather,Furs,Down and Related Products	1651	119	607.26	241.96
木材加工及木、竹、藤、棕、草制品业	Timber Processing,Bamboo,Cane Palm Fiber and Straw Products	730	46	246.29	41.47
家具制造业	Furniture Manufacturing	608	94	222.23	119.29
造纸及纸制品业	Papermaking and Paper Products	1159	178	406.39	10.96
印刷业和记录媒介的复制	Printing and Record Medium Reproduction	739	91	149.57	7.67
文教体育用品制造业	Cultural,Educational and Sports Goods	761	90	178.85	89.82

续表 1 Continued 单位:亿元(100 million yuan)

行业	Sector	企业单位数(个) Number of Enterprises (unit)	#亏损企业 Loss	工业总产值 Gross Industrial Output Value	出口交货值 Export Delivery value
石油加工、炼焦及核燃料加工业	Petroleum Processing, Cooking and Nuclear Fuel Processing	47	8	20.91	
化学原料及化学制品制造业	Raw Chemical Materials and Chemical Products	1428	156	711.86	66.87
医药制造业	Medical and Pharmaceutical Products	255	36	113.45	21.14
化学纤维制造业	Chemical Fiber	326	32	474.24	15.39
橡胶制品业	Rubber Products	513	52	147.28	39.78
塑料制品业	Plastic Products	2606	241	953.77	134.74
非金属矿物制品业	Nonmetal Mineral Products	1261	167	594.59	35.93
黑色金属冶炼及压延加工业	Smelting and Pressing of Ferrous Metals	663	142	661.09	17.72
有色金属冶炼及压延加工业	Smelting and Pressing of Nonferrous Metals	636	98	593.93	13.03
金属制品业	Metal Products	2867	313	1077.59	260.38
通用设备制造业	Equipment in Common Use	4811	406	1530.01	286.61
专用设备制造业	Special Purpose Equipment	1579	135	439.07	75.60
交通运输设备制造业	Transport Equipment	2228	200	1651.54	344.81
电气机械及器材制造业	Electric Equipment and Machinery	3641	375	1626.42	383.81
通信设备、计算机及其他电子设备制造业	Telecommunications Equipment, Computer and Other Electronic Equipment	983	113	356.03	99.60
仪器仪表及文化、办公用机械制造业	Instruments, Meters, Cultural and Office Machinery	736	49	229.21	46.92
工艺品及其他制造业	Handicraft Article and Other Manufacturing Indust	1428	152	432.93	186.18
废弃资源和废旧材料回收加工业	Recovery of Resource Discarded and Useless Material	124	34	113.15	0.29
电力、热力的生产和供应业	Production and Supply of Electricity and Heating Power	60	15	40.28	1.05
燃气生产和供应业	Production and Supply of Gas	16		17.87	
水的生产和供应业	Production and Supply of Water	15	8	3.89	

续表 2 Continued 单位:亿元(100 million yuan)

行业	Sector	资产总计 Total Assets	流动资产合计 Circulating Funds	固定资产合计 Fixed Assets	固定资产原价 Original Value of Fixed Assets
总计	**Total**	**15485.38**	**9537.60**	**4170.84**	**5330.48**
按注册登记类型分	**By Registered Type**				
在总计中:轻工业	Light Industry	7264.37	4426.35	2054.13	2679.47
重工业	Heavy Industry	8221.01	5111.25	2116.71	2651.01
按工业行业分	**By Sector**				
煤炭开采和洗选业	Coal Mining and Dressing				
黑色金属矿采选业	Ferrous Metals Mining and Dressing	1.11	0.87	0.03	0.04
有色金属矿采选业	Nonferrous Metals Mining and Dressing	16.94	8.06	1.68	3.28
非金属矿采选业	Nonmetal Minerals Mining and Dressing	36.00	17.86	11.69	15.81
其他采矿业	Other Minerals Mining and Dressing				
农副食品加工业	Non - staple Food Processing	239.46	145.05	65.21	75.34
食品制造业	Food Manufacturing	104.43	59.41	32.84	40.95
饮料制造业	Beverage Manufacturing	95.62	58.04	26.87	33.83
烟草制品业	Tobacco Processing	0.26	0.09	0.02	0.03
纺织业	Textile Industry	2597.99	1535.18	799.14	1100.68
纺织服装、鞋、帽制造业	Garments, Shoes and Hats Manufacturing	536.22	333.57	139.58	173.69
皮革、毛皮、羽毛(绒)及其制品业	Leather, Furs, Down and Related Products	395.22	258.07	94.60	115.90
木材加工及木、竹、藤、棕、草制品业	Timber Processing, Bamboo, Cane Palm Fiber and Straw Products	132.50	78.87	39.53	46.15
家具制造业	Furniture Manufacturing	200.36	127.05	53.45	59.63
造纸及纸制品业	Papermaking and Paper Products	435.07	268.03	125.24	170.86
印刷业和记录媒介的复制	Printing and Record Medium Reproduction	202.18	113.14	68.29	90.12
文教体育用品制造业	Cultural, Educational and Sports Goods	158.87	91.65	47.20	56.76

续表 3 Continued 单位:亿元(100 million yuan)

行业	Sector	资产总计 Total Assets	流动资产合计 Circulating Funds	固定资产合计 Fixed Assets	固定资产原价 Original Value of Fixed Assets
石油加工、炼焦及核燃料加工业	Petroleum Processing, Cooking and Nuclear Fuel Processing	12.11	7.46	3.25	4.02
化学原料及化学制品制造业	Raw Chemical Materials and Chemical Products	527.19	330.43	133.42	176.33
医药制造业	Medical and Pharmaceutical Products	135.24	74.63	37.64	49.13
化学纤维制造业	Chemical Fiber	367.15	243.59	95.50	133.52
橡胶制品业	Rubber Products	143.38	92.16	35.73	47.33
塑料制品业	Plastic Products	731.26	449.65	209.65	277.18
非金属矿物制品业	Nonmetal Mineral Products	695.57	369.93	236.40	311.42
黑色金属冶炼及压延加工业	Smelting and Pressing of Ferrous Metals	421.67	281.96	99.68	118.87
有色金属冶炼及压延加工业	Smelting and Pressing of Nonferrous Metals	331.69	238.98	66.40	84.38
金属制品业	Metal Products	945.60	618.30	230.76	278.04
通用设备制造业	Equipment in Common Use	1470.06	922.12	384.67	481.39
专用设备制造业	Special Purpose Equipment	459.68	282.85	124.14	157.34
交通运输设备制造业	Transport Equipment	1497.56	898.69	387.72	445.53
电气机械及器材制造业	Electric Equipment and Machinery	1470.15	946.40	321.80	402.12
通信设备、计算机及其他电子设备制造业	Telecommunications Equipment, Computer and Other Electronic Equipment	312.68	193.13	81.08	104.76
仪器仪表及文化、办公用机械制造业	Instruments, Meters, Cultural and Office Machinery	250.50	157.52	60.81	75.18
工艺品及其他制造业	Handicraft Article and Other Manufacturing Indust	375.90	236.44	92.66	114.37
废弃资源和废旧材料回收加工业	Recovery of Resource Discarded and Useless Material	53.37	45.89	4.39	5.12
电力、热力的生产和供应业	Production and Supply of Electricity and Heating Power	92.47	31.52	46.54	65.52
燃气生产和供应业	Production and Supply of Gas	10.16	5.17	3.35	3.95
水的生产和供应业	Production and Supply of Water	29.79	15.85	9.86	11.91

续表 4 Continued　　单位:亿元(100 million yuan)

行业	Sector	固定资产净值 Net fixed assets	年末负债合计 Total Liabilities	流动负债 Circulating Liabilities	长期负债 Long term Liabilities
总计	**Total**	**3721.11**	**10065.27**	**9319.47**	**612.73**
按注册登记类型分	**By Registered Type**				
在总计中:轻工业	Light Industry	1857.70	4820.24	4531.76	224.22
重工业	Heavy Industry	1863.41	5245.03	4787.70	388.51
按工业行业分	**By Sector**				
煤炭开采和洗选业	Coal Mining and Dressing				
黑色金属矿采选业	Ferrous Metals Mining and Dressing	0.03	0.81	0.81	
有色金属矿采选业	Nonferrous Metals Mining and Dressing	1.37	10.31	9.28	0.98
非金属矿采选业	Nonmetal Minerals Mining and Dressing	10.29	21.04	19.52	1.39
其他采矿业	Other Minerals Mining and Dressing				
农副食品加工业	Non - staple Food Processing	57.23	148.70	138.14	9.12
食品制造业	Food Manufacturing	30.05	66.00	61.17	4.47
饮料制造业	Beverage Manufacturing	23.90	62.39	56.60	5.49
烟草制品业	Tobacco Processing	0.02	0.09	0.02	0.07
纺织业	Textile Industry	740.50	1780.79	1678.31	77.18
纺织服装、鞋、帽制造业	Garments, Shoes and Hats Manufacturing	121.96	331.07	316.71	10.51
皮革、毛皮、羽毛(绒)及其制品业	Leather, Furs, Down and Related Products	83.58	261.19	251.15	6.31
木材加工及木、竹、藤、棕、草制品业	Timber Processing, Bamboo, Cane Palm Fiber and Straw Products	35.96	76.64	72.31	2.49
家具制造业	Furniture Manufacturing	45.81	130.55	125.43	2.68
造纸及纸制品业	Papermaking and Paper Products	116.36	294.89	264.46	23.52
印刷业和记录媒介的复制	Printing and Record Medium Reproduction	60.78	126.97	117.98	7.09
文教体育用品制造业	Cultural, Educational and Sports Goods	41.07	101.78	95.39	4.07

续表 5　Continued　　单位:亿元(100 million yuan)

行业	Sector	固定资产净值 Net fixed assets	年末负债合计 Total Liabilities	流动负债 Circulating Liabilities	长期负债 Long term Liabilities
石油加工、炼焦及核燃料加工业	Petroleum Processing, Cooking and Nuclear Fuel Processing	3.12	8.19	7.78	0.07
化学原料及化学制品制造业	Raw Chemical Materials and Chemical Products	118.30	319.55	300.15	15.52
医药制造业	Medical and Pharmaceutical Products	31.67	74.38	67.68	5.78
化学纤维制造业	Chemical Fiber	86.83	259.78	239.77	16.11
橡胶制品业	Rubber Products	32.30	89.93	86.55	2.62
塑料制品业	Plastic Products	187.58	464.50	438.42	21.95
非金属矿物制品业	Nonmetal Mineral Products	204.76	428.68	367.46	52.56
黑色金属冶炼及压延加工业	Smelting and Pressing of Ferrous Metals	89.23	297.12	282.77	9.47
有色金属冶炼及压延加工业	Smelting and Pressing of Nonferrous Metals	60.78	233.14	223.65	7.78
金属制品业	Metal Products	204.23	619.32	596.30	16.89
通用设备制造业	Equipment in Common Use	335.43	923.21	861.68	52.99
专用设备制造业	Special Purpose Equipment	109.56	289.24	268.17	13.80
交通运输设备制造业	Transport Equipment	337.11	1018.61	862.15	142.82
电气机械及器材制造业	Electric Equipment and Machinery	286.05	920.53	872.68	38.68
通信设备、计算机及其他电子设备制造业	Telecommunications Equipment, Computer and Other Electronic Equipment	71.81	186.29	178.56	4.87
仪器仪表及文化、办公用机械制造业	Instruments, Meters, Cultural and Office Machinery	51.19	143.43	133.44	9.62
工艺品及其他制造业	Handicraft Article and Other Manufacturing Indust	83.48	235.97	225.10	6.22
废弃资源和废旧材料回收加工业	Recovery of Resource Discarded and Useless Material	4.11	47.80	47.46	0.31
电力、热力的生产和供应业	Production and Supply of Electricity and Heating Power	42.02	63.04	41.05	21.35
燃气生产和供应业	Production and Supply of Gas	3.09	4.83	4.83	
水的生产和供应业	Production and Supply of Water	9.51	24.49	6.52	17.95

续表 6 Continued 单位:亿元(100 million yuan)

行业	Sector	年末所有者权益合计 Creditors´ Equity	实收资本 Total Capital Hold	主营业务收入 Revenues in Main Business	主营业务成本 Costs in Main Business
总计	**Total**	**5420.11**	**2808.35**	**17041.76**	**14969.83**
按注册登记类型分	**By Registered Type**				
在总计中:轻工业	Light Industry	2444.13	1281.73	8083.40	7125.53
重工业	Heavy Industry	2975.98	1526.62	8958.36	7844.30
按工业行业分	**By Sector**				
煤炭开采和洗选业	Coal Mining and Dressing				
黑色金属矿采选业	Ferrous Metals Mining and Dressing	0.29	0.21	1.68	1.63
有色金属矿采选业	Nonferrous Metals Mining and Dressing	6.63	3.27	14.77	12.06
非金属矿采选业	Nonmetal Minerals Mining and Dressing	14.97	7.32	43.62	35.91
其他采矿业	Other Minerals Mining and Dressing				
农副食品加工业	Non – staple Food Processing	90.76	47.62	330.29	296.73
食品制造业	Food Manufacturing	38.43	18.11	105.66	88.83
饮料制造业	Beverage Manufacturing	33.23	19.40	96.78	76.88
烟草制品业	Tobacco Processing	0.17	0.02	0.08	0.03
纺织业	Textile Industry	817.20	422.00	2808.48	2544.84
纺织服装、鞋、帽制造业	Garments, Shoes and Hats Manufacturing	205.15	105.35	672.87	572.25
皮革、毛皮、羽毛(绒)及其制品业	Leather, Furs, Down and Related Products	134.02	75.74	590.33	521.67
木材加工及木、竹、藤、棕、草制品业	Timber Processing, Bamboo, Cane Palm Fiber and Straw Products	55.86	24.81	236.63	208.89
家具制造业	Furniture Manufacturing	69.81	44.18	212.38	178.83
造纸及纸制品业	Papermaking and Paper Products	140.18	87.78	391.23	350.01
印刷业和记录媒介的复制	Printing and Record Medium Reproduction	75.20	42.87	145.01	124.90
文教体育用品制造业	Cultural, Educational and Sports Goods	57.09	32.45	171.05	146.43

续表 7 Continued

单位:亿元(100 million yuan)

行业	Sector	年末所有者权益合计 Creditors´ Equity	实收资本 Total Capital Hold	主营业务收入 Revenues in Main Business	主营业务成本 Costs in Main Business
石油加工、炼焦及核燃料加工业	Petroleum Processing,Cooking and Nuclear Fuel Processing	3.92	2.85	17.73	16.33
化学原料及化学制品制造业	Raw Chemical Materials and Chemical Products	207.63	98.04	680.35	593.45
医药制造业	Medical and Pharmaceutical Products	60.86	28.97	106.64	82.81
化学纤维制造业	Chemical Fiber	107.37	58.21	460.90	431.81
橡胶制品业	Rubber Products	53.45	24.95	139.12	117.88
塑料制品业	Plastic Products	266.76	133.12	919.86	816.59
非金属矿物制品业	Nonmetal Mineral Products	266.89	147.22	564.81	486.88
黑色金属冶炼及压延加工业	Smelting and Pressing of Ferrous Metals	124.54	76.89	619.46	580.59
有色金属冶炼及压延加工业	Smelting and Pressing of Nonferrous Metals	98.55	59.57	571.71	537.55
金属制品业	Metal Products	326.27	168.44	1023.53	887.35
通用设备制造业	Equipment in Common Use	546.84	273.94	1463.41	1245.16
专用设备制造业	Special Purpose Equipment	170.44	88.16	414.08	343.92
交通运输设备制造业	Transport Equipment	478.95	227.66	1538.32	1348.11
电气机械及器材制造业	Electric Equipment and Machinery	549.63	282.16	1553.53	1334.61
通信设备、计算机及其他电子设备制造业	Telecommunications Equipment,Computer and Other Electronic Equipment	126.38	61.52	339.27	287.43
仪器仪表及文化、办公用机械制造业	Instruments,Meters,Cultural and Office Machinery	107.07	53.34	217.99	175.58
工艺品及其他制造业	Handicraft Article and Other Manufacturing Indust	139.94	62.30	416.06	360.81
废弃资源和废旧材料回收加工业	Recovery of Resource Discarded and Useless Material	5.57	6.70	113.01	111.42
电力、热力的生产和供应业	Production and Supply of Electricity and Heating Power	29.43	18.05	39.32	32.42
燃气生产和供应业	Production and Supply of Gas	5.33	1.28	18.00	16.22
水的生产和供应业	Production and Supply of Water	5.30	3.86	3.81	3.01

续表 8 Continued　　单位:亿元(100 million yuan)

行业	Sector	主营业务税金及附加 Sales Taxes and Extra Charges in Main Busine	利润总额 Total Profits	利税总额 Total Profits and Taxes	本年应交增值税 Value Added Taxes Payable	全部从业人员年平均人数(万人) Average Number of Employed Persons (10000 persons)
总计	**Total**	**84.79**	**745.22**	**1252.46**	**422.45**	**413.48**
按注册登记类型分	**By Registered Type**					
在总计中:轻工业	Light Industry	39.11	327.00	568.55	202.45	230.97
重工业	Heavy Industry	45.69	418.22	683.91	220.00	182.51
按工业行业分	**By Sector**					
煤炭开采和洗选业	Coal Mining and Dressing					
黑色金属矿采选业	Ferrous Metals Mining and Dressing	0.01	0.01	0.05	0.04	0.01
有色金属矿采选业	Nonferrous Metals Mining and Dressing	0.32	0.88	1.73	0.53	0.26
非金属矿采选业	Nonmetal Minerals Mining and Dressing	1.18	1.95	5.06	1.93	0.92
其他采矿业	Other Minerals Mining and Dressing					
农副食品加工业	Non－staple Food Processing	1.19	12.75	18.34	4.40	4.87
食品制造业	Food Manufacturing	0.69	5.49	8.86	2.69	2.74
饮料制造业	Beverage Manufacturing	1.04	5.84	10.06	3.19	1.50
烟草制品业	Tobacco Processing		0.02	0.03	0.01	0.01
纺织业	Textile Industry	12.65	97.40	174.58	64.54	66.96
纺织服装、鞋、帽制造业	Garments, Shoes and Hats Manufacturing	4.06	34.86	60.13	21.22	31.20
皮革、毛皮、羽毛(绒)及其制品业	Leather, Furs, Down and Related Products	2.62	22.58	42.43	17.23	25.25
木材加工及木、竹、藤、棕、草制品业	Timber Processing, Bamboo, Cane Palm Fiber and Straw Products	2.45	12.27	20.36	5.64	4.94
家具制造业	Furniture Manufacturing	1.17	10.94	17.69	5.59	7.47
造纸及纸制品业	Papermaking and Paper Products	1.61	14.78	27.85	11.46	9.11
印刷业和记录媒介的复制	Printing and Record Medium Reproduction	0.77	6.13	11.78	4.88	4.93
文教体育用品制造业	Cultural, Educational and Sports Goods	1.10	6.81	12.17	4.26	7.46

续表 9　Continued　　单位:亿元(100 million yuan)

行业	Sector	主营业务税金及附加 Sales Taxes and Extra Charges in Main Busine	利润总额 Total Profits	利税总额 Total Profits and Taxes	本年应交增值税 Value Added Taxes Payable	全部从业人员年平均人数(万人) Average Number of Employed Persons (10000 persons)
石油加工、炼焦及核燃料加工业	Petroleum Processing, Cooking and Nuclear Fuel Processing	0.11	0.39	0.74	0.24	0.12
化学原料及化学制品制造业	Raw Chemical Materials and Chemical Products	4.12	32.77	53.53	16.65	8.92
医药制造业	Medical and Pharmaceutical Products	0.61	8.12	12.94	4.20	2.61
化学纤维制造业	Chemical Fiber	1.20	12.45	18.91	5.26	3.87
橡胶制品业	Rubber Products	0.72	7.35	13.37	5.29	5.73
塑料制品业	Plastic Products	3.80	38.05	63.67	21.82	20.59
非金属矿物制品业	Nonmetal Mineral Products	3.56	27.56	52.15	21.03	11.28
黑色金属冶炼及压延加工业	Smelting and Pressing of Ferrous Metals	2.14	15.85	29.41	11.41	5.25
有色金属冶炼及压延加工业	Smelting and Pressing of Nonferrous Metals	1.37	13.22	24.29	9.70	4.47
金属制品业	Metal Products	5.57	49.14	78.40	23.68	26.68
通用设备制造业	Equipment in Common Use	6.90	80.99	129.56	41.67	40.97
专用设备制造业	Special Purpose Equipment	2.43	24.19	40.68	14.05	12.78
交通运输设备制造业	Transport Equipment	8.41	78.15	116.10	29.55	28.08
电气机械及器材制造业	Electric Equipment and Machinery	6.71	71.44	117.87	39.72	39.80
通信设备、计算机及其他电子设备制造业	Telecommunications Equipment, Computer and Other Electronic Equipment	1.71	17.57	28.00	8.71	10.17
仪器仪表及文化、办公用机械制造业	Instruments, Meters, Cultural and Office Machinery	1.20	13.93	23.06	7.93	8.22
工艺品及其他制造业	Handicraft Article and Other Manufacturing Indust	2.72	18.08	31.08	10.28	14.83
废弃资源和废旧材料回收加工业	Recovery of Resource Discarded and Useless Material	0.40	-0.22	2.28	2.11	0.85
电力、热力的生产和供应业	Production and Supply of Electricity and Heating Power	0.20	2.93	4.42	1.29	0.52
燃气生产和供应业	Production and Supply of Gas	0.05	1.09	1.32	0.19	0.08
水的生产和供应业	Production and Supply of Water	0.02	-0.51	-0.44	0.06	0.06

注：本表按注册登记类型划分。表 7-11 同。
The data in this table are grouped by registered type. The Same for table 7-11.

7－11 按行业分的规模以上私营工业企业主要经济效益指标(2009 年)
Main Economic Beneficial Indicators of Private Industrial Enterprises Above Designated Size by Sector(2009)

行业	Sector	每百元固定资产原值实现利税(元) Pre－tax Profits per 100 Yuan Original Value of Fixed Assets(yuan)	每百元主营业务收入实现利税(元) Pre－tax Profits per 100 Yuan Revenues in Main Business (yuan)	产品销售率(%) Rate of Products Sold (%)	出口交货值占销售产值比重(%) Export delivery value of the proportion of total sales value (%)	新产品产值率(%) New product ratio (%)
总计	**Total**	**23.50**	**7.35**	**96.98**	**20.48**	**16.11**
按登记注册类型分	**by Registration**					
在总计中:轻工业	Light Industry	21.22	7.03	97.27	27.23	15.10
重工业	Heavy Industry	25.80	7.63	96.73	14.44	17.01
按工业行业分	**by Sector**					
煤炭开采和洗选业	Coal Mining and Dressing					
黑色金属矿采选业	Ferrous Metals Mining and Dressing	107.08	2.83	93.77		
有色金属矿采选业	Nonferrous Metals Mining and Dressing	52.71	11.69	94.96		
非金属矿采选业	Nonmetal Minerals Mining and Dressing	31.99	11.59	97.66	2.20	2.53
其他采矿业	Other Minerals Mining and Dressing					
农副食品加工业	Non－staple Food Processing	24.34	5.55	96.24	18.71	7.91
食品制造业	Food Manufacturing	21.65	8.39	97.36	23.25	13.61
饮料制造业	Beverage Manufacturing	29.74	10.40	97.32	20.73	11.08
烟草制品业	Tobacco Processing	106.01	36.02	100.00		
纺织业	Textile Industry	15.86	6.22	97.73	22.73	14.79
纺织服装、鞋、帽制造业	Garments, Shoes and Hats Manufacturing	34.62	8.94	97.66	36.13	10.11
皮革、毛皮、羽毛(绒)及其制品业	Leather, Furs, Down and Related Products	36.61	7.19	97.74	40.77	13.64
木材加工及木、竹、藤、棕、草制品业	Timber Processing, Bamboo, Cane Palm Fiber and Straw Products	44.12	8.61	96.45	17.46	16.96
家具制造业	Furniture Manufacturing	29.67	8.33	96.35	55.71	14.35
造纸及纸制品业	Papermaking and Paper Products	16.30	7.12	97.56	2.76	4.35
印刷业和记录媒介的复制	Printing and Record Medium Reproduction	13.07	8.12	97.94	5.23	10.49
文教体育用品制造业	Cultural, Educational and Sports Goods	21.45	7.12	96.24	52.18	13.46

续表 Continued

行业	Sector	每百元固定资产原值实现利税(元) Pre-tax Profits per 100 Yuan Original Value of Fixed Assets(yuan)	每百元主营业务收入实现利税(元) Pre-tax Profits per 100 Yuan Revenues in Main Business (yuan)	产品销售率(%) Rate of Products Sold (%)	出口交货值占销售产值比重(%) Export delivery value of the proportion of total sales value (%)	新产品产值率(%) New product ratio (%)
石油加工、炼焦及核燃料加工业	Petroleum Processing, Cooking and Nuclear Fuel Processing	18.49	4.19	98.13	0.01	2.73
化学原料及化学制品制造业	Raw Chemical Materials and Chemical Products	30.36	7.87	96.90	9.69	16.43
医药制造业	Medical and Pharmaceutical Products	26.33	12.13	94.61	19.69	21.25
化学纤维制造业	Chemical Fiber	14.16	4.10	98.74	3.29	20.89
橡胶制品业	Rubber Products	28.24	9.61	96.80	27.91	13.52
塑料制品业	Plastic Products	22.97	6.92	97.26	14.53	11.70
非金属矿物制品业	Nonmetal Mineral Products	16.74	9.23	96.73	6.25	12.89
黑色金属冶炼及压延加工业	Smelting and Pressing of Ferrous Metals	24.74	4.75	95.48	2.81	9.19
有色金属冶炼及压延加工业	Smelting and Pressing of Nonferrous Metals	28.78	4.25	96.85	2.27	14.12
金属制品业	Metal Products	28.20	7.66	96.06	25.16	14.74
通用设备制造业	Equipment in Common Use	26.91	8.85	96.58	19.40	19.48
专用设备制造业	Special Purpose Equipment	25.85	9.82	95.59	18.01	24.11
交通运输设备制造业	Transport Equipment	26.06	7.55	97.14	21.49	21.45
电气机械及器材制造业	Electric Equipment and Machinery	29.31	7.59	96.87	24.36	21.47
通信设备、计算机及其他电子设备制造业	Telecommunications Equipment, Computer and Other Electronic Equipment	26.72	8.25	96.72	28.92	25.76
仪器仪表及文化、办公用机械制造业	Instruments, Meters, Cultural and Office Machinery	30.68	10.58	96.11	21.30	25.00
工艺品及其他制造业	Handicraft Article and Other Manufacturing Indust	27.18	7.47	96.68	44.48	20.14
废弃资源和废旧材料回收加工业	Recovery of Resource Discarded and Useless Material	44.56	2.02	98.00	0.26	1.43
电力、热力的生产和供应业	Production and Supply of Electricity and Heating Power	6.75	11.25	97.51	2.67	11.35
燃气生产和供应业	Production and Supply of Gas	33.51	7.35	99.62		
水的生产和供应业	Production and Supply of Water	-3.67	-11.48	99.86		

7－12 按行业分的外商投资和港澳台商投资工业企业主要指标(2009年)
Main Indicators of Foreign Funded Enterprises and Enterprises Funded by Entrepreneurs from Hong Kong,Macao and Taiwan by Sector(2009)

单位:亿元(100 million yuan)

行业	Sector	企业单位数(个) Number of Enterprises (unit)	#亏损企业 Loss	工业总产值 Gross Industrial Output Value	出口交货值 Export Delivery value
总计	**Total**	**9104**	**2039**	**10346.94**	**3591.05**
按注册登记类型分	**By Registered Type**				
港澳台商投资	Enterprises With Funds From Hong Kong,Macao and Taiwan	4264	882	4689.48	1419.81
外商投资	Foreign Funded Enterprises	4840	1157	5657.46	2171.24
在总计中:轻工业	Light Industry	5221	1154	5027.68	1979.71
重工业	Heavy Industry	3883	885	5319.27	1611.34
按工业行业分	**By Sector**				
煤炭开采和洗选业	Coal Mining and Dressing				
黑色金属矿采选业	Ferrous Metals Mining and Dressing	1	1	1.60	
有色金属矿采选业	Nonferrous Metals Mining and Dressing				
非金属矿采选业	Nonmetal Minerals Mining and Dressing	14	3	6.25	0.41
其他采矿业	Other Minerals Mining and Dressing				
农副食品加工业	Non－staple Food Processing	112	24	163.39	43.30
食品制造业	Food Manufacturing	105	22	182.96	20.15
饮料制造业	Beverage Manufacturing	62	17	218.84	3.41
烟草制品业	Tobacco Processing	1		1.10	
纺织业	Textile Industry	1495	338	1198.84	530.06
纺织服装、鞋、帽制造业	Garments,Shoes and Hats Manufacturing	972	207	530.14	315.32
皮革、毛皮、羽毛(绒)及其制品业	Leather,Furs,Down and Related Products	365	83	304.66	174.79
木材加工及木、竹、藤、棕、草制品业	Timber Processing,Bamboo,Cane Palm Fiber and Straw Products	139	29	94.59	27.59
家具制造业	Furniture Manufacturing	184	53	184.15	138.75
造纸及纸制品业	Papermaking and Paper Products	144	30	255.54	24.68
印刷业和记录媒介的复制	Printing and Record Medium Reproduction	39	4	54.92	16.48
文教体育用品制造业	Cultural,Educational and Sports Goods	235	65	143.44	104.82

续表 1 Continued 单位:亿元(100 million yuan)

行业	Sector	企业单位数(个) Number of Enterprises (unit)	#亏损企业 Loss	工业总产值 Gross Industrial Output Value	出口交货值 Export Delivery value
石油加工、炼焦及核燃料加工业	Petroleum Processing, Cooking and Nuclear Fuel Processing	13	1	179.86	
化学原料及化学制品制造业	Raw Chemical Materials and Chemical Products	401	81	946.48	129.14
医药制造业	Medical and Pharmaceutical Products	102	16	185.92	37.78
化学纤维制造业	Chemical Fiber	89	20	439.63	32.23
橡胶制品业	Rubber Products	60	6	212.17	59.62
塑料制品业	Plastic Products	398	77	345.31	118.36
非金属矿物制品业	Nonmetal Mineral Products	194	42	210.52	37.28
黑色金属冶炼及压延加工业	Smelting and Pressing of Ferrous Metals	65	18	277.39	14.66
有色金属冶炼及压延加工业	Smelting and Pressing of Nonferrous Metals	85	21	196.12	18.68
金属制品业	Metal Products	422	107	287.40	98.38
通用设备制造业	Equipment in Common Use	856	202	661.52	235.54
专用设备制造业	Special Purpose Equipment	399	90	291.27	72.74
交通运输设备制造业	Transport Equipment	401	90	534.01	249.28
电气机械及器材制造业	Electric Equipment and Machinery	800	145	925.80	375.25
通信设备、计算机及其他电子设备制造业	Telecommunications Equipment, Computer and Other Electronic Equipment	404	105	847.01	561.56
仪器仪表及文化、办公用机械制造业	Instruments, Meters, Cultural and Office Machinery	166	38	131.50	60.70
工艺品及其他制造业	Handicraft Article and Other Manufacturing Indust	264	73	157.94	90.03
废弃资源和废旧材料回收加工业	Recovery of Resource Discarded and Useless Material	46	23	64.12	0.07
电力、热力的生产和供应业	Production and Supply of Electricity and Heating Power	50	7	97.48	
燃气生产和供应业	Production and Supply of Gas	15		13.64	
水的生产和供应业	Production and Supply of Water	6	1	1.43	

续表 2 Continued

单位:亿元(100 million yuan)

行业	Sector	资产总计 Total Assets	流动资产合计 Circulating Funds	固定资产合计 Fixed Assets	固定资产原价 Original Value of Fixed Assets
总计	**Total**	**10387.42**	**6166.66**	**3355.37**	**4443.24**
按注册登记类型分	**By Registered Type**				
港澳台商投资	Enterprises With Funds From Hong Kong, Macao and Taiwan	4881.78	2988.66	1478.93	1956.03
外商投资	Foreign Funded Enterprises	5505.65	3178.00	1876.43	2487.21
在总计中:轻工业	Light Industry	4978.61	2981.39	1561.24	2076.57
重工业	Heavy Industry	5408.81	3185.26	1794.13	2366.68
按工业行业分	**By Sector**				
煤炭开采和洗选业	Coal Mining and Dressing				
黑色金属矿采选业	Ferrous Metals Mining and Dressing	17.80	17.10	0.40	0.63
有色金属矿采选业	Nonferrous Metals Mining and Dressing				
非金属矿采选业	Nonmetal Minerals Mining and Dressing	7.83	2.03	4.13	5.56
其他采矿业	Other Minerals Mining and Dressing				
农副食品加工业	Non-staple Food Processing	126.56	76.92	33.20	48.88
食品制造业	Food Manufacturing	133.39	77.16	39.43	58.31
饮料制造业	Beverage Manufacturing	177.32	70.86	81.32	117.66
烟草制品业	Tobacco Processing	1.23	0.47	0.65	0.78
纺织业	Textile Industry	1310.33	779.82	429.04	578.45
纺织服装、鞋、帽制造业	Garments, Shoes and Hats Manufacturing	504.86	313.37	151.56	192.43
皮革、毛皮、羽毛(绒)及其制品业	Leather, Furs, Down and Related Products	283.66	200.34	58.06	72.62
木材加工及木、竹、藤、棕、草制品业	Timber Processing, Bamboo, Cane Palm Fiber and Straw Products	68.83	40.84	20.45	27.10
家具制造业	Furniture Manufacturing	187.26	116.75	55.76	70.22
造纸及纸制品业	Papermaking and Paper Products	359.35	169.44	149.71	216.10
印刷业和记录媒介的复制	Printing and Record Medium Reproduction	58.80	34.99	15.74	23.64
文教体育用品制造业	Cultural, Educational and Sports Goods	123.02	77.36	36.32	47.30

续表 3 Continued 单位:亿元(100 million yuan)

行业	Sector	资产总计 Total Assets	流动资产合计 Circulating Funds	固定资产合计 Fixed Assets	固定资产原价 Original Value of Fixed Assets
石油加工、炼焦及核燃料加工业	Petroleum Processing, Cooking and Nuclear Fuel Processing	58.54	40.82	16.65	20.74
化学原料及化学制品制造业	Raw Chemical Materials and Chemical Products	957.33	499.03	395.76	483.43
医药制造业	Medical and Pharmaceutical Products	167.43	106.64	41.45	56.99
化学纤维制造业	Chemical Fiber	447.15	259.82	168.45	227.55
橡胶制品业	Rubber Products	182.92	79.13	80.88	119.19
塑料制品业	Plastic Products	362.80	200.96	120.60	151.23
非金属矿物制品业	Nonmetal Mineral Products	353.11	171.69	148.07	182.59
黑色金属冶炼及压延加工业	Smelting and Pressing of Ferrous Metals	223.93	135.02	77.97	115.04
有色金属冶炼及压延加工业	Smelting and Pressing of Nonferrous Metals	141.52	91.85	30.81	41.06
金属制品业	Metal Products	286.65	182.41	81.23	101.93
通用设备制造业	Equipment in Common Use	720.79	463.63	198.98	275.32
专用设备制造业	Special Purpose Equipment	352.91	228.21	97.94	126.69
交通运输设备制造业	Transport Equipment	695.77	429.14	197.63	238.63
电气机械及器材制造业	Electric Equipment and Machinery	838.92	561.96	208.59	259.28
通信设备、计算机及其他电子设备制造业	Telecommunications Equipment, Computer and Other Electronic Equipment	669.21	430.31	199.12	293.54
仪器仪表及文化、办公用机械制造业	Instruments, Meters, Cultural and Office Machinery	152.33	98.99	40.65	52.73
工艺品及其他制造业	Handicraft Article and Other Manufacturing Indust	155.10	97.33	44.20	54.04
废弃资源和废旧材料回收加工业	Recovery of Resource Discarded and Useless Material	50.88	43.58	4.01	5.83
电力、热力的生产和供应业	Production and Supply of Electricity and Heating Power	185.33	62.17	114.56	166.00
燃气生产和供应业	Production and Supply of Gas	16.41	5.46	8.60	7.91
水的生产和供应业	Production and Supply of Water	8.13	1.07	3.46	3.84

续表 4 Continued 单位:亿元(100 million yuan)

行业	Sector	固定资产净值 Net fixed assets	年末负债合计 Total Liabilities	流动负债 Circulating Liabilities	长期负债 Long term Liabilities
总计	**Total**	**3086.64**	**5919.99**	**5390.89**	**492.36**
按注册登记类型分	**By Registered Type**				
港澳台商投资	Enterprises With Funds From Hong Kong, Macao and Taiwan	1361.58	2829.02	2622.86	184.85
外商投资	Foreign Funded Enterprises	1725.07	3090.97	2768.03	307.52
在总计中:轻工业	Light Industry	1421.75	2809.00	2626.32	158.94
重工业	Heavy Industry	1664.89	3110.98	2764.57	333.42
按工业行业分	**By Sector**				
煤炭开采和洗选业	Coal Mining and Dressing				
黑色金属矿采选业	Ferrous Metals Mining and Dressing	0.40	15.10	14.69	0.41
有色金属矿采选业	Nonferrous Metals Mining and Dressing				
非金属矿采选业	Nonmetal Minerals Mining and Dressing	3.71	3.16	2.17	0.91
其他采矿业	Other Minerals Mining and Dressing				
农副食品加工业	Non – staple Food Processing	30.51	81.52	72.02	8.86
食品制造业	Food Manufacturing	35.52	66.42	63.16	2.97
饮料制造业	Beverage Manufacturing	76.70	90.23	86.73	3.19
烟草制品业	Tobacco Processing	0.53	0.14	0.14	
纺织业	Textile Industry	390.12	728.56	679.50	39.57
纺织服装、鞋、帽制造业	Garments, Shoes and Hats Manufacturing	133.84	280.30	269.15	8.09
皮革、毛皮、羽毛(绒)及其制品业	Leather, Furs, Down and Related Products	50.15	181.89	176.00	3.56
木材加工及木、竹、藤、棕、草制品业	Timber Processing, Bamboo, Cane Palm Fiber and Straw Products	19.21	35.48	34.38	0.61
家具制造业	Furniture Manufacturing	51.69	112.06	110.42	1.50
造纸及纸制品业	Papermaking and Paper Products	144.65	215.06	185.85	29.12
印刷业和记录媒介的复制	Printing and Record Medium Reproduction	15.29	25.87	25.38	0.46
文教体育用品制造业	Cultural, Educational and Sports Goods	33.77	64.45	61.66	2.79

续表 5 Continued 单位:亿元(100 million yuan)

行业	Sector	固定资产净值 Net fixed assets	年末负债合计 Total Liabilities	流动负债 Circulating Liabilities	长期负债 Long term Liabilities
石油加工、炼焦及核燃料加工业	Petroleum Processing, Cooking and Nuclear Fuel Processing	15.17	41.87	40.91	0.96
化学原料及化学制品制造业	Raw Chemical Materials and Chemical Products	362.88	560.60	475.75	81.85
医药制造业	Medical and Pharmaceutical Products	37.68	80.91	75.78	4.91
化学纤维制造业	Chemical Fiber	160.72	280.81	257.85	22.48
橡胶制品业	Rubber Products	78.87	107.95	93.11	14.84
塑料制品业	Plastic Products	107.45	209.97	197.73	12.19
非金属矿物制品业	Nonmetal Mineral Products	138.59	218.17	171.28	46.04
黑色金属冶炼及压延加工业	Smelting and Pressing of Ferrous Metals	74.99	149.06	143.34	5.71
有色金属冶炼及压延加工业	Smelting and Pressing of Nonferrous Metals	28.22	89.78	83.51	2.88
金属制品业	Metal Products	72.27	154.19	139.88	13.72
通用设备制造业	Equipment in Common Use	185.03	367.62	352.90	14.03
专用设备制造业	Special Purpose Equipment	88.93	172.30	157.35	13.00
交通运输设备制造业	Transport Equipment	180.60	423.39	363.25	59.54
电气机械及器材制造业	Electric Equipment and Machinery	180.76	488.31	455.33	28.05
通信设备、计算机及其他电子设备制造业	Telecommunications Equipment, Computer and Other Electronic Equipment	189.95	358.48	327.07	30.37
仪器仪表及文化、办公用机械制造业	Instruments, Meters, Cultural and Office Machinery	37.12	81.62	77.35	4.23
工艺品及其他制造业	Handicraft Article and Other Manufacturing Indust	38.48	86.96	81.93	3.36
废弃资源和废旧材料回收加工业	Recovery of Resource Discarded and Useless Material	3.89	39.53	39.21	0.32
电力、热力的生产和供应业	Production and Supply of Electricity and Heating Power	109.10	97.65	69.19	28.43
燃气生产和供应业	Production and Supply of Gas	6.73	6.40	5.91	0.49
水的生产和供应业	Production and Supply of Water	3.11	4.17	1.01	2.91

续表 6 Continued 单位:亿元(100 million yuan)

行业	Sector	年末所有者权益合计 Creditors′ Equity	实收资本 Total Capital Hold	主营业务收入 Revenues in Main Business	主营业务成本 Costs in Main Business
总计	**Total**	**4467.43**	**3032.26**	**10084.24**	**8516.43**
按注册登记类型分	**By Registered Type**				
港澳台商投资	Enterprises With Funds From Hong Kong, Macao and Taiwan	2052.76	1364.67	4536.52	3859.97
外商投资	Foreign Funded Enterprises	2414.68	1667.59	5547.72	4656.45
在总计中:轻工业	Light Industry	2169.61	1452.20	4865.54	4028.13
重工业	Heavy Industry	2297.83	1580.06	5218.70	4488.30
按工业行业分	**By Sector**				
煤炭开采和洗选业	Coal Mining and Dressing				
黑色金属矿采选业	Ferrous Metals Mining and Dressing	2.70	0.50	3.02	4.11
有色金属矿采选业	Nonferrous Metals Mining and Dressing				
非金属矿采选业	Nonmetal Minerals Mining and Dressing	4.67	4.36	6.23	4.82
其他采矿业	Other Minerals Mining and Dressing				
农副食品加工业	Non-staple Food Processing	45.04	30.87	159.43	148.16
食品制造业	Food Manufacturing	66.97	40.89	168.92	119.08
饮料制造业	Beverage Manufacturing	87.09	54.37	201.70	132.81
烟草制品业	Tobacco Processing	1.09	0.56	1.08	0.57
纺织业	Textile Industry	581.77	416.32	1157.39	1011.04
纺织服装、鞋、帽制造业	Garments, Shoes and Hats Manufacturing	224.56	148.72	510.86	418.28
皮革、毛皮、羽毛(绒)及其制品业	Leather, Furs, Down and Related Products	101.78	70.25	291.77	258.66
木材加工及木、竹、藤、棕、草制品业	Timber Processing, Bamboo, Cane Palm Fiber and Straw Products	33.36	22.91	90.13	78.88
家具制造业	Furniture Manufacturing	75.20	64.67	177.03	149.02
造纸及纸制品业	Papermaking and Paper Products	144.29	108.81	256.25	218.50
印刷业和记录媒介的复制	Printing and Record Medium Reproduction	32.93	14.61	52.67	42.00
文教体育用品制造业	Cultural, Educational and Sports Goods	58.57	46.98	139.99	120.48

续表 7　Continued　　单位:亿元(100 million yuan)

行业	Sector	年末所有者权益合计 Creditors′ Equity	实收资本 Total Capital Hold	主营业务收入 Revenues in Main Business	主营业务成本 Costs in Main Business
石油加工、炼焦及核燃料加工业	Petroleum Processing, Cooking and Nuclear Fuel Processing	16.67	9.99	172.91	139.40
化学原料及化学制品制造业	Raw Chemical Materials and Chemical Products	396.73	292.73	913.70	746.40
医药制造业	Medical and Pharmaceutical Products	86.52	43.83	172.62	103.20
化学纤维制造业	Chemical Fiber	166.35	112.17	439.12	405.32
橡胶制品业	Rubber Products	74.96	34.94	223.15	186.63
塑料制品业	Plastic Products	152.83	102.32	334.41	289.14
非金属矿物制品业	Nonmetal Mineral Products	134.94	100.26	202.84	167.94
黑色金属冶炼及压延加工业	Smelting and Pressing of Ferrous Metals	74.87	69.83	266.73	252.54
有色金属冶炼及压延加工业	Smelting and Pressing of Nonferrous Metals	51.74	37.08	185.49	169.74
金属制品业	Metal Products	132.46	94.50	277.27	241.40
通用设备制造业	Equipment in Common Use	353.17	229.74	653.41	530.65
专用设备制造业	Special Purpose Equipment	180.60	108.76	289.23	232.11
交通运输设备制造业	Transport Equipment	272.39	179.50	538.69	456.15
电气机械及器材制造业	Electric Equipment and Machinery	350.62	216.14	912.36	753.34
通信设备、计算机及其他电子设备制造业	Telecommunications Equipment, Computer and Other Electronic Equipment	310.73	202.54	836.87	758.97
仪器仪表及文化、办公用机械制造业	Instruments, Meters, Cultural and Office Machinery	70.71	41.52	122.82	100.07
工艺品及其他制造业	Handicraft Article and Other Manufacturing Indust	68.14	45.02	151.16	129.20
废弃资源和废旧材料回收加工业	Recovery of Resource Discarded and Useless Material	11.35	10.69	65.04	59.52
电力、热力的生产和供应业	Production and Supply of Electricity and Heating Power	87.69	64.24	95.06	76.58
燃气生产和供应业	Production and Supply of Gas	10.00	7.85	13.50	11.00
水的生产和供应业	Production and Supply of Water	3.96	3.78	1.40	0.71

续表 8 Continued 单位:亿元(100 million yuan)

行业	Sector	主营业务税金及附加 Sales Taxes and Extra Charges in Main Business	利润总额 Total Profits	利税总额 Total Profits and Taxes	本年应交增值税 Value Added Taxes Payable	全部从业人员年平均人数(万人) Average Number of Employed Persons (10000 persons)
总计	**Total**	**43.61**	**635.61**	**948.23**	**269.01**	**208.95**
按注册登记类型分	**By Registered Type**					
港澳台商投资	Enterprises With Funds From Hong Kong, Macao and Taiwan	30.59	278.40	433.41	124.42	98.33
外商投资	Foreign Funded Enterprises	13.02	357.21	514.82	144.59	110.62
在总计中:轻工业	Light Industry	11.41	317.24	466.97	138.32	133.20
重工业	Heavy Industry	32.21	318.37	481.26	130.69	75.75
按工业行业分	**By Sector**					
煤炭开采和洗选业	Coal Mining and Dressing					
黑色金属矿采选业	Ferrous Metals Mining and Dressing		-1.26	-1.15	0.10	0.01
有色金属矿采选业	Nonferrous Metals Mining and Dressing					
非金属矿采选业	Nonmetal Minerals Mining and Dressing	0.28	0.20	0.72	0.24	0.09
其他采矿业	Other Minerals Mining and Dressing					
农副食品加工业	Non-staple Food Processing	0.10	2.30	4.19	1.79	1.71
食品制造业	Food Manufacturing	0.15	15.78	25.22	9.28	3.06
饮料制造业	Beverage Manufacturing	5.43	25.52	42.28	11.32	2.93
烟草制品业	Tobacco Processing		0.31	0.41	0.10	0.02
纺织业	Textile Industry	1.58	58.70	85.88	25.60	35.85
纺织服装、鞋、帽制造业	Garments, Shoes and Hats Manufacturing	0.80	31.63	49.11	16.67	29.46
皮革、毛皮、羽毛(绒)及其制品业	Leather, Furs, Down and Related Products	0.29	10.95	19.60	8.36	11.54
木材加工及木、竹、藤、棕、草制品业	Timber Processing, Bamboo, Cane Palm Fiber and Straw Products	0.74	3.30	6.10	2.06	2.02
家具制造业	Furniture Manufacturing	0.20	9.36	13.15	3.58	6.31
造纸及纸制品业	Papermaking and Paper Products	0.35	13.15	20.45	6.96	3.24
印刷业和记录媒介的复制	Printing and Record Medium Reproduction	0.04	6.55	8.60	2.00	0.93
文教体育用品制造业	Cultural, Educational and Sports Goods	0.19	5.99	8.72	2.54	4.99

续表 9　Continued　　　　单位:亿元(100 million yuan)

行业	Sector	主营业务税金及附加 Sales Taxes and Extra Charges in Main Busine	利润总额 Total Profits	利税总额 Total Profits and Taxes	本年应交增值税 Value Added Taxes Payable	全部从业人员年平均人数(万人) Average Number of Employed Persons (10000 persons)
石油加工、炼焦及核燃料加工业	Petroleum Processing,Cooking and Nuclear Fuel Processing	25.03	7.61	51.45	18.80	0.09
化学原料及化学制品制造业	Raw Chemical Materials and Chemical Products	1.53	87.42	119.09	30.14	5.19
医药制造业	Medical and Pharmaceutical Products	0.24	24.23	35.74	11.27	2.66
化学纤维制造业	Chemical Fiber	0.37	18.68	25.72	6.67	2.69
橡胶制品业	Rubber Products	0.54	17.03	23.52	5.95	2.99
塑料制品业	Plastic Products	0.32	20.08	27.07	6.67	5.99
非金属矿物制品业	Nonmetal Mineral Products	0.33	10.53	18.14	7.27	3.92
黑色金属冶炼及压延加工业	Smelting and Pressing of Ferrous Metals	0.19	7.71	11.21	3.32	1.16
有色金属冶炼及压延加工业	Smelting and Pressing of Nonferrous Metals	0.28	7.91	9.90	1.70	1.31
金属制品业	Metal Products	0.46	12.40	18.93	6.07	6.67
通用设备制造业	Equipment in Common Use	0.97	46.97	67.70	19.76	14.74
专用设备制造业	Special Purpose Equipment	0.46	25.62	33.48	7.40	5.90
交通运输设备制造业	Transport Equipment	0.50	44.85	56.55	11.20	8.23
电气机械及器材制造业	Electric Equipment and Machinery	1.07	66.64	88.29	20.58	20.25
通信设备、计算机及其他电子设备制造业	Telecommunications Equipment,Computer and Other Electronic Equipment	0.49	23.00	32.49	8.99	14.04
仪器仪表及文化、办公用机械制造业	Instruments,Meters,Cultural and Office Machinery	0.13	9.45	12.63	3.05	4.06
工艺品及其他制造业	Handicraft Article and Other Manufacturing Indust	0.39	6.06	9.25	2.79	5.72
废弃资源和废旧材料回收加工业	Recovery of Resource Discarded and Useless Material	0.01	1.35	2.70	1.34	0.43
电力、热力的生产和供应业	Production and Supply of Electricity and Heating Power	0.10	13.36	18.54	5.07	0.62
燃气生产和供应业	Production and Supply of Gas	0.03	1.96	2.24	0.26	0.10
水的生产和供应业	Production and Supply of Water		0.26	0.34	0.08	0.03

注：本表统计范围为规模以上的外商投资和港澳台商投资工业企业。表 7－13 同。
The data in this table refer to Foreign Funded Industrial Enterprises and Enterprises Funded by Entrepreneurs from Hong Kong, Macao and Taiwan with an annual sales income over 5 million yuan. The Same for table 7－13.

7-13 按行业分的外商投资和港澳台商投资工业企业主要经济效益指标(2009年)
Main Economic Beneficial Indicators of Foreign Funded Enterprises and Enterprises Funded by Entrepreneurs from Hong Kong, Macao and Taiwan by Sector(2009)

行业	Sector	每百元固定资产原值实现利税(元) Pre-tax Profits per 100 Yuan Original Value of Fixed Assets(yuan)	每百元主营业务收入实现利税(元) Pre-tax Profits per 100 Yuan Revenues in Main Business (yuan)	产品销售率(%) Rate of Products Sold (%)	出口交货值占销售产值比重(%) Export delivery value of the proportion of total sales value (%)	新产品产值率(%) New product ratio (%)
总计	**Total**	**21.34**	**9.40**	**97.39**	**35.64**	**20.21**
按注册登记类型分	**by Registered Type**					
港澳台商投资	Enterprises Funded by Entrepreneurs from Hong Kong, Macao & Taiwan	22.16	9.55	97.24	31.14	18.84
外商投资	Foreign Funded Enterprises	20.70	9.28	97.52	39.36	21.34
在总计中:轻工业	Light Industry	22.49	9.60	97.40	40.43	19.34
重工业	Heavy Industry	20.34	9.22	97.38	31.11	21.03
按工业行业分	**By Sector**					
煤炭开采和洗选业	Coal Mining and Dressing					
黑色金属矿采选业	Ferrous Metals Mining and Dressing	-184.45	-38.24	189.11		
有色金属矿采选业	Nonferrous Metals Mining and Dressing					
非金属矿采选业	Nonmetal Minerals Mining and Dressing	12.97	11.57	100.93	6.53	2.49
其他采矿业	Other Minerals Mining and Dressing					
农副食品加工业	Non-staple Food Processing	8.58	2.63	95.03	27.89	5.55
食品制造业	Food Manufacturing	43.25	14.93	97.69	11.27	23.62
饮料制造业	Beverage Manufacturing	35.94	20.96	98.45	1.58	12.74
烟草制品业	Tobacco Processing	52.89	38.20	98.16		
纺织业	Textile Industry	14.85	7.42	96.88	45.64	13.90
纺织服装、鞋、帽制造业	Garments, Shoes and Hats Manufacturing	25.52	9.61	97.74	60.85	11.59
皮革、毛皮、羽毛(绒)及其制品业	Leather, Furs, Down and Related Products	26.99	6.72	97.71	58.72	15.60
木材加工及木、竹、藤、棕、草制品业	Timber Processing, Bamboo, Cane Palm Fiber and Straw Products	22.51	6.77	96.19	30.32	17.25
家具制造业	Furniture Manufacturing	18.73	7.43	97.38	77.38	20.68
造纸及纸制品业	Papermaking and Paper Products	9.46	7.98	99.92	9.67	24.23
印刷业和记录媒介的复制	Printing and Record Medium Reproduction	36.37	16.32	96.84	31.00	44.30
文教体育用品制造业	Cultural, Educational and Sports Goods	18.43	6.23	97.80	74.72	20.95

续表 Continued

行业	Sector	每百元固定资产原值实现利税(元) Pre-tax Profits per 100 Yuan Original Value of Fixed Assets(yuan)	每百元主营业务收入实现利税(元) Pre-tax Profits per 100 Yuan Revenues in Main Business (yuan)	产品销售率(%) Rate of Products Sold (%)	出口交货值占销售产值比重(%) Export delivery value of the proportion of total sales value (%)	新产品产值率(%) New product ratio (%)
石油加工、炼焦及核燃料加工业	Petroleum Processing, Cooking and Nuclear Fuel Processing	248.05	29.75	93.60		4.79
化学原料及化学制品制造业	Raw Chemical Materials and Chemical Products	24.63	13.03	96.82	14.09	18.89
医药制造业	Medical and Pharmaceutical Products	62.71	20.70	94.58	21.49	15.23
化学纤维制造业	Chemical Fiber	11.30	5.86	98.40	7.45	31.67
橡胶制品业	Rubber Products	19.73	10.54	105.81	26.56	23.15
塑料制品业	Plastic Products	17.90	8.09	97.49	35.16	12.91
非金属矿物制品业	Nonmetal Mineral Products	9.93	8.94	96.75	18.30	26.23
黑色金属冶炼及压延加工业	Smelting and Pressing of Ferrous Metals	9.75	4.20	95.14	5.56	9.98
有色金属冶炼及压延加工业	Smelting and Pressing of Nonferrous Metals	24.10	5.33	94.67	10.06	12.47
金属制品业	Metal Products	18.57	6.83	97.14	35.24	17.56
通用设备制造业	Equipment in Common Use	24.59	10.36	97.22	36.62	26.62
专用设备制造业	Special Purpose Equipment	26.42	11.57	99.16	25.18	17.30
交通运输设备制造业	Transport Equipment	23.70	10.50	96.91	48.17	38.19
电气机械及器材制造业	Electric Equipment and Machinery	34.05	9.68	97.28	41.67	29.34
通信设备、计算机及其他电子设备制造业	Telecommunications Equipment, Computer and Other Electronic Equipment	11.07	3.88	98.22	67.50	22.57
仪器仪表及文化、办公用机械制造业	Instruments, Meters, Cultural and Office Machinery	23.95	10.28	95.49	48.34	31.05
工艺品及其他制造业	Handicraft Article and Other Manufacturing Indust	17.11	6.12	96.27	59.21	14.79
废弃资源和废旧材料回收加工业	Recovery of Resource Discarded and Useless Material	46.37	4.15	99.30	0.11	
电力、热力的生产和供应业	Production and Supply of Electricity and Heating Power	11.17	19.50	98.06		
燃气生产和供应业	Production and Supply of Gas	28.36	16.62	100.15		3.31
水的生产和供应业	Production and Supply of Water	8.92	24.38	99.50		

7-14 大中型工业企业主要指标(2009年)
Main Indicators of Large and Medium-sized Industrial Enterprises(2009)

单位:亿元(100 million yuan)

行业	Sector	企业单位数(个) Number of Enterprises (unit)	#亏损企业 Loss	工业总产值 Gross Industrial Output Value	出口交货值 Export Delivery value
总计	**Total**	**4372**	**371**	**22200.17**	**4901.64**
按注册登记类型分	**By Registered Type**				
#国有	State-owned Enterprises	82	22	2377.91	29.38
集体	Collective owned Enterprises	9		26.31	0.52
私营	Private Enterprises	1790	117	6784.05	1570.71
港澳台商投资	Enterprises With Funds From Hong Kong, Macao and Taiwan	746	80	2714.73	885.51
外商投资	Foreign Funded Enterprises	763	97	3549.26	1475.08
在总计中:轻工业	Light Industry	2468	224	9116.83	2615.98
重工业	Heavy Industry	1904	147	13083.34	2285.66
按工业行业分	**By Sector**				
煤炭开采和洗选业	Coal Mining and Dressing	1		6.58	
黑色金属矿采选业	Ferrous Metals Mining and Dressing	1		6.03	
有色金属矿采选业	Nonferrous Metals Mining and Dressing	6		16.27	
非金属矿采选业	Nonmetal Minerals Mining and Dressing	3	1	10.09	0.04
其他采矿业	Other Minerals Mining and Dressing				
农副食品加工业	Non-staple Food Processing	46	5	164.73	34.28
食品制造业	Food Manufacturing	53	4	192.23	19.72
饮料制造业	Beverage Manufacturing	41	11	242.43	4.73
烟草制品业	Tobacco Processing	2		234.64	1.19
纺织业	Textile Industry	697	70	2241.69	630.18
纺织服装、鞋、帽制造业	Garments, Shoes and Hats Manufacturing	325	27	753.04	318.54
皮革、毛皮、羽毛(绒)及其制品业	Leather, Furs, Down and Related Products	220	17	585.44	261.57
木材加工及木、竹、藤、棕、草制品业	Timber Processing, Bamboo, Cane Palm Fiber and Straw Products	33	1	87.14	29.82
家具制造业	Furniture Manufacturing	110	14	263.27	189.25
造纸及纸制品业	Papermaking and Paper Products	89	7	381.99	26.72
印刷业和记录媒介的复制	Printing and Record Medium Reproduction	26	2	78.15	11.13
文教体育用品制造业	Cultural, Educational and Sports Goods	79	7	170.10	99.54

续表 1　Continued　　单位:亿元(100 million yuan)

行业	Sector	企业单位数(个) Number of Enterprises (unit)	#亏损企业 Loss	工业总产值 Gross Industrial Output Value	出口交货值 Export Delivery value
石油加工、炼焦及核燃料加工业	Petroleum Processing, Cooking and Nuclear Fuel Processing	3	1	887.34	2.99
化学原料及化学制品制造业	Raw Chemical Materials and Chemical Products	134	10	1423.34	152.53
医药制造业	Medical and Pharmaceutical Products	80	7	449.93	137.29
化学纤维制造业	Chemical Fiber	74	4	1112.36	57.74
橡胶制品业	Rubber Products	43	1	266.35	72.56
塑料制品业	Plastic Products	136	6	526.62	117.75
非金属矿物制品业	Nonmetal Mineral Products	119	14	443.73	39.19
黑色金属冶炼及压延加工业	Smelting and Pressing of Ferrous Metals	49	13	840.59	28.08
有色金属冶炼及压延加工业	Smelting and Pressing of Nonferrous Metals	48	6	628.20	52.97
金属制品业	Metal Products	188	10	712.79	185.61
通用设备制造业	Equipment in Common Use	374	22	1205.29	301.58
专用设备制造业	Special Purpose Equipment	116	7	406.17	92.70
交通运输设备制造业	Transport Equipment	275	13	1878.60	587.57
电气机械及器材制造业	Electric Equipment and Machinery	520	30	2060.60	574.28
通信设备、计算机及其他电子设备制造业	Telecommunications Equipment, Computer and Other Electronic Equipment	183	18	1076.23	649.01
仪器仪表及文化、办公用机械制造业	Instruments, Meters, Cultural and Office Machinery	96	8	321.53	85.00
工艺品及其他制造业	Handicraft Article and Other Manufacturing Indust	113	12	288.16	136.91
废弃资源和废旧材料回收加工业	Recovery of Resource Discarded and Useless Material	5	2	29.90	
电力、热力的生产和供应业	Production and Supply of Electricity and Heating Power	67	14	2152.13	1.17
燃气生产和供应业	Production and Supply of Gas	4		17.31	
水的生产和供应业	Production and Supply of Water	13	7	39.19	

续表 2 Continued 单位:亿元(100 million yuan)

行业	Sector	资产总计 Total Assets	流动资产合计 Circulating Funds	固定资产合计 Fixed Assets	固定资产原价 Original Value of Fixed Assets
总计	**Total**	**21514.26**	**11317.60**	**7517.01**	**10066.46**
按注册登记类型分	**By Registered Type**				
#国有	State - owned Enterprises	2120.42	527.28	1450.11	2136.90
集体	Collective owned Enterprises	33.91	22.24	5.92	10.01
私营	Private Enterprises	6029.69	3657.69	1548.34	2013.24
港澳台商投资	Enterprises With Funds From Hong Kong, Macao and Taiwan	2674.84	1629.84	815.10	1107.44
外商投资	Foreign Funded Enterprises	3149.00	1856.70	1038.05	1430.96
在总计中:轻工业	Light Industry	8868.58	5216.53	2576.11	3539.11
重工业	Heavy Industry	12645.68	6101.07	4940.89	6527.34
按工业行业分	**By Sector**				
煤炭开采和洗选业	Coal Mining and Dressing	9.83	3.96	4.48	9.81
黑色金属矿采选业	Ferrous Metals Mining and Dressing	12.13	7.00	2.84	4.42
有色金属矿采选业	Nonferrous Metals Mining and Dressing	16.04	8.61	3.07	3.82
非金属矿采选业	Nonmetal Minerals Mining and Dressing	3.50	1.49	1.92	2.89
其他采矿业	Other Minerals Mining and Dressing				
农副食品加工业	Non - staple Food Processing	120.35	72.09	33.97	47.68
食品制造业	Food Manufacturing	142.52	81.20	40.28	62.23
饮料制造业	Beverage Manufacturing	278.33	147.11	93.23	133.66
烟草制品业	Tobacco Processing	235.49	182.37	27.47	60.36
纺织业	Textile Industry	2389.33	1402.12	719.21	1042.98
纺织服装、鞋、帽制造业	Garments, Shoes and Hats Manufacturing	663.56	418.02	167.21	215.02
皮革、毛皮、羽毛(绒)及其制品业	Leather, Furs, Down and Related Products	445.36	298.43	100.55	118.80
木材加工及木、竹、藤、棕、草制品业	Timber Processing, Bamboo, Cane Palm Fiber and Straw Products	67.18	40.23	16.55	20.57
家具制造业	Furniture Manufacturing	243.64	154.44	68.52	89.59
造纸及纸制品业	Papermaking and Paper Products	502.75	231.43	209.39	308.42
印刷业和记录媒介的复制	Printing and Record Medium Reproduction	97.24	52.89	29.14	39.42
文教体育用品制造业	Cultural, Educational and Sports Goods	157.83	90.69	39.46	52.03

续表 3 Continued

单位:亿元(100 million yuan)

行业	Sector	资产总计 Total Assets	流动资产合计 Circulating Funds	固定资产合计 Fixed Assets	固定资产原价 Original Value of Fixed Assets
石油加工、炼焦及核燃料加工业	Petroleum Processing, Cooking and Nuclear Fuel Processing	428.19	104.72	322.52	205.31
化学原料及化学制品制造业	Raw Chemical Materials and Chemical Products	1316.95	638.18	468.31	617.67
医药制造业	Medical and Pharmaceutical Products	525.16	311.70	154.11	196.44
化学纤维制造业	Chemical Fiber	870.03	467.32	310.51	442.00
橡胶制品业	Rubber Products	235.96	110.74	95.32	139.77
塑料制品业	Plastic Products	416.29	245.56	117.70	161.13
非金属矿物制品业	Nonmetal Mineral Products	774.55	311.66	310.36	388.59
黑色金属冶炼及压延加工业	Smelting and Pressing of Ferrous Metals	767.76	353.16	335.58	412.62
有色金属冶炼及压延加工业	Smelting and Pressing of Nonferrous Metals	466.67	277.44	80.07	101.03
金属制品业	Metal Products	665.64	444.11	144.58	180.73
通用设备制造业	Equipment in Common Use	1316.38	796.34	329.03	432.74
专用设备制造业	Special Purpose Equipment	455.18	298.97	107.26	142.63
交通运输设备制造业	Transport Equipment	1888.21	1131.07	505.66	587.90
电气机械及器材制造业	Electric Equipment and Machinery	1904.61	1237.92	400.19	491.47
通信设备、计算机及其他电子设备制造业	Telecommunications Equipment, Computer and Other Electronic Equipment	905.76	606.34	230.11	355.71
仪器仪表及文化、办公用机械制造业	Instruments, Meters, Cultural and Office Machinery	349.49	228.88	76.44	99.18
工艺品及其他制造业	Handicraft Article and Other Manufacturing Indust	279.68	185.26	60.71	76.09
废弃资源和废旧材料回收加工业	Recovery of Resource Discarded and Useless Material	23.01	20.97	1.62	2.11
电力、热力的生产和供应业	Production and Supply of Electricity and Heating Power	2293.66	308.80	1731.13	2598.22
燃气生产和供应业	Production and Supply of Gas	37.90	9.01	22.18	33.16
水的生产和供应业	Production and Supply of Water	208.10	37.35	156.33	190.27

续表 4 Continued 单位:亿元(100 million yuan)

行业	Sector	固定资产净值 Net fixed assets	年末负债合计 Total Liabilities	流动负债 Circulating Liabilities	长期负债 Long term Liabilities
总计	**Total**	**6550.41**	**13061.15**	**10725.74**	**2237.22**
按注册登记类型分	**By Registered Type**				
#国有	State - owned Enterprises	1302.36	1266.68	628.72	636.61
集体	Collective owned Enterprises	5.45	18.30	16.84	1.46
私营	Private Enterprises	1364.18	3844.20	3456.88	346.03
港澳台商投资	Enterprises With Funds From Hong Kong, Macao and Taiwan	754.83	1597.58	1462.28	123.82
外商投资	Foreign Funded Enterprises	969.47	1834.80	1641.25	185.70
在总计中:轻工业	Light Industry	2304.14	5166.46	4671.81	437.64
重工业	Heavy Industry	4246.27	7894.68	6053.94	1799.58
按工业行业分	**By Sector**				
煤炭开采和洗选业	Coal Mining and Dressing	4.48	6.59	5.05	1.54
黑色金属矿采选业	Ferrous Metals Mining and Dressing	2.73	3.75	3.75	0.01
有色金属矿采选业	Nonferrous Metals Mining and Dressing	1.70	9.38	7.90	1.43
非金属矿采选业	Nonmetal Minerals Mining and Dressing	1.87	3.02	2.41	0.61
其他采矿业	Other Minerals Mining and Dressing				
农副食品加工业	Non - staple Food Processing	29.84	69.93	64.22	5.58
食品制造业	Food Manufacturing	36.91	77.42	72.86	4.56
饮料制造业	Beverage Manufacturing	84.19	151.28	144.50	4.92
烟草制品业	Tobacco Processing	27.47	24.75	24.75	
纺织业	Textile Industry	663.71	1504.47	1386.43	98.88
纺织服装、鞋、帽制造业	Garments, Shoes and Hats Manufacturing	146.72	374.71	358.37	15.05
皮革、毛皮、羽毛(绒)及其制品业	Leather, Furs, Down and Related Products	84.24	277.73	264.30	10.39
木材加工及木、竹、藤、棕、草制品业	Timber Processing, Bamboo, Cane Palm Fiber and Straw Products	15.08	37.61	35.63	1.97
家具制造业	Furniture Manufacturing	63.82	151.44	146.74	3.92
造纸及纸制品业	Papermaking and Paper Products	202.88	312.38	255.40	51.31
印刷业和记录媒介的复制	Printing and Record Medium Reproduction	25.97	54.47	52.40	2.07
文教体育用品制造业	Cultural, Educational and Sports Goods	35.96	73.46	68.38	4.89

续表 5 Continued 单位:亿元(100 million yuan)

行业	Sector	固定资产净值 Net fixed assets	年末负债合计 Total Liabilities	流动负债 Circulating Liabilities	长期负债 Long term Liabilities
石油加工、炼焦及核燃料加工业	Petroleum Processing, Cooking and Nuclear Fuel Processing	93.94	260.85	249.59	11.27
化学原料及化学制品制造业	Raw Chemical Materials and Chemical Products	411.75	778.08	594.17	171.01
医药制造业	Medical and Pharmaceutical Products	121.88	238.51	209.49	28.41
化学纤维制造业	Chemical Fiber	297.68	563.02	480.23	75.08
橡胶制品业	Rubber Products	92.76	139.38	123.58	15.80
塑料制品业	Plastic Products	105.72	251.73	238.75	12.48
非金属矿物制品业	Nonmetal Mineral Products	278.86	466.02	353.47	103.55
黑色金属冶炼及压延加工业	Smelting and Pressing of Ferrous Metals	288.87	523.03	470.70	52.25
有色金属冶炼及压延加工业	Smelting and Pressing of Nonferrous Metals	69.06	283.38	255.31	24.08
金属制品业	Metal Products	125.80	416.19	389.61	25.56
通用设备制造业	Equipment in Common Use	283.57	736.62	669.98	59.68
专用设备制造业	Special Purpose Equipment	97.76	265.17	238.95	20.50
交通运输设备制造业	Transport Equipment	440.64	1293.07	1070.53	217.94
电气机械及器材制造业	Electric Equipment and Machinery	337.44	1127.70	1039.33	81.14
通信设备、计算机及其他电子设备制造业	Telecommunications Equipment, Computer and Other Electronic Equipment	215.81	472.81	434.71	36.78
仪器仪表及文化、办公用机械制造业	Instruments, Meters, Cultural and Office Machinery	68.61	195.73	175.57	20.16
工艺品及其他制造业	Handicraft Article and Other Manufacturing Indust	52.33	172.17	164.59	5.38
废弃资源和废旧材料回收加工业	Recovery of Resource Discarded and Useless Material	1.61	22.16	22.16	
电力、热力的生产和供应业	Production and Supply of Electricity and Heating Power	1603.34	1582.89	595.85	984.91
燃气生产和供应业	Production and Supply of Gas	19.95	17.36	4.19	13.17
水的生产和供应业	Production and Supply of Water	115.47	122.87	51.90	70.97

续表 6　Continued　单位:亿元(100 million yuan)

行业	Sector	年末所有者权益合计 Creditors´ Equity	实收资本 Total Capital Hold	主营业务收入 Revenues in Main Business	主营业务成本 Costs in Main Business
总计	**Total**	**8453.11**	**3804.64**	**21753.45**	**18470.17**
按注册登记类型分	**By Registered Type**				
#国有	State – owned Enterprises	853.74	241.86	2360.70	2060.26
集体	Collective owned Enterprises	15.61	6.32	25.64	22.00
私营	Private Enterprises	2185.49	904.34	6500.14	5676.46
港澳台商投资	Enterprises With Funds From Hong Kong, Macao and Taiwan	1077.26	641.06	2623.56	2196.05
外商投资	Foreign Funded Enterprises	1314.20	791.95	3500.55	2912.28
在总计中:轻工业	Light Industry	3702.12	1592.02	9001.96	7410.42
重工业	Heavy Industry	4751.00	2212.62	12751.49	11059.75
按工业行业分	**By Sector**				
煤炭开采和洗选业	Coal Mining and Dressing	3.25	3.34	9.22	7.21
黑色金属矿采选业	Ferrous Metals Mining and Dressing	8.37	1.53	6.09	4.74
有色金属矿采选业	Nonferrous Metals Mining and Dressing	6.65	2.33	14.10	10.47
非金属矿采选业	Nonmetal Minerals Mining and Dressing	0.48	0.40	10.39	9.19
其他采矿业	Other Minerals Mining and Dressing				
农副食品加工业	Non – staple Food Processing	50.43	26.75	164.95	148.55
食品制造业	Food Manufacturing	65.10	31.92	176.34	124.52
饮料制造业	Beverage Manufacturing	127.05	55.98	331.36	242.50
烟草制品业	Tobacco Processing	210.74	9.76	233.82	51.90
纺织业	Textile Industry	884.87	433.19	2186.37	1941.49
纺织服装、鞋、帽制造业	Garments, Shoes and Hats Manufacturing	288.84	136.78	728.06	578.35
皮革、毛皮、羽毛(绒)及其制品业	Leather, Furs, Down and Related Products	167.63	83.71	565.96	490.79
木材加工及木、竹、藤、棕、草制品业	Timber Processing, Bamboo, Cane Palm Fiber and Straw Products	29.57	14.30	92.57	79.53
家具制造业	Furniture Manufacturing	92.20	63.45	254.29	211.07
造纸及纸制品业	Papermaking and Paper Products	190.37	116.67	376.71	323.60
印刷业和记录媒介的复制	Printing and Record Medium Reproduction	42.76	20.71	73.88	62.38
文教体育用品制造业	Cultural, Educational and Sports Goods	84.37	40.14	163.67	138.02

续表 7 Continued 单位:亿元(100 million yuan)

行业	Sector	年末所有者权益合计 Creditors´ Equity	实收资本 Total Capital Hold	主营业务收入 Revenues in Main Business	主营业务成本 Costs in Main Business
石油加工、炼焦及核燃料加工业	Petroleum Processing, Cooking and Nuclear Fuel Processing	167.34	118.40	887.30	668.79
化学原料及化学制品制造业	Raw Chemical Materials and Chemical Products	538.87	248.66	1494.28	1247.38
医药制造业	Medical and Pharmaceutical Products	286.65	68.27	426.05	267.22
化学纤维制造业	Chemical Fiber	307.00	139.83	1105.87	1027.94
橡胶制品业	Rubber Products	96.58	43.19	271.39	223.72
塑料制品业	Plastic Products	164.57	71.76	508.76	441.44
非金属矿物制品业	Nonmetal Mineral Products	308.52	177.07	439.11	370.39
黑色金属冶炼及压延加工业	Smelting and Pressing of Ferrous Metals	244.72	104.21	791.02	745.84
有色金属冶炼及压延加工业	Smelting and Pressing of Nonferrous Metals	183.29	62.27	604.27	563.27
金属制品业	Metal Products	249.45	115.45	667.36	571.31
通用设备制造业	Equipment in Common Use	579.76	253.36	1195.60	976.93
专用设备制造业	Special Purpose Equipment	190.01	83.83	390.41	321.90
交通运输设备制造业	Transport Equipment	595.14	260.16	1733.38	1509.06
电气机械及器材制造业	Electric Equipment and Machinery	776.91	333.28	1986.90	1651.86
通信设备、计算机及其他电子设备制造业	Telecommunications Equipment, Computer and Other Electronic Equipment	432.95	210.69	1053.33	915.44
仪器仪表及文化、办公用机械制造业	Instruments, Meters, Cultural and Office Machinery	153.75	70.45	302.15	241.29
工艺品及其他制造业	Handicraft Article and Other Manufacturing Indust	107.51	45.43	276.55	236.13
废弃资源和废旧材料回收加工业	Recovery of Resource Discarded and Useless Material	0.86	2.52	29.15	27.94
电力、热力的生产和供应业	Production and Supply of Electricity and Heating Power	710.77	298.41	2145.07	1991.59
燃气生产和供应业	Production and Supply of Gas	20.54	8.18	19.45	16.11
水的生产和供应业	Production and Supply of Water	85.23	48.26	38.28	30.30

续表 8 Continued 单位:亿元(100 million yuan)

行业	Sector	主营业务税金及附加 Sales Taxes and Extra Charges in Main Busine	利润总额 Total Profits	利税总额 Total Profits and Taxes	本年应交增值税 Value Added Taxes Payable	全部从业人员年平均人数(万人) Average Number of Employed Persons (10000 persons)
总计	**Total**	**357.15**	**1343.53**	**2301.83**	**601.15**	**336.03**
按注册登记类型分	**By Registered Type**					
#国有	State - owned Enterprises	146.91	65.40	302.83	90.52	8.89
集体	Collective owned Enterprises	0.11	2.55	3.32	0.66	0.43
私营	Private Enterprises	30.08	347.24	526.33	149.01	121.66
港澳台商投资	Enterprises With Funds From Hong Kong, Macao and Taiwan	26.73	184.32	290.68	79.63	55.81
外商投资	Foreign Funded Enterprises	8.11	247.55	348.10	92.43	62.53
在总计中:轻工业	Light Industry	169.16	605.29	1050.03	275.58	194.34
重工业	Heavy Industry	187.99	738.24	1251.79	325.56	141.69
按工业行业分	**By Sector**					
煤炭开采和洗选业	Coal Mining and Dressing	0.06	0.28	0.83	0.49	0.35
黑色金属矿采选业	Ferrous Metals Mining and Dressing	0.10	0.38	0.78	0.29	0.12
有色金属矿采选业	Nonferrous Metals Mining and Dressing	0.24	1.09	1.88	0.54	0.28
非金属矿采选业	Nonmetal Minerals Mining and Dressing	0.12	0.49	0.84	0.23	0.30
其他采矿业	Other Minerals Mining and Dressing					
农副食品加工业	Non - staple Food Processing	0.29	5.28	7.56	1.99	2.80
食品制造业	Food Manufacturing	0.40	15.74	25.81	9.66	4.10
饮料制造业	Beverage Manufacturing	7.14	29.26	51.44	15.04	3.84
烟草制品业	Tobacco Processing	134.18	30.40	194.29	29.71	0.29
纺织业	Textile Industry	6.72	108.20	166.36	51.44	51.72
纺织服装、鞋、帽制造业	Garments, Shoes and Hats Manufacturing	2.97	60.69	87.48	23.82	28.14
皮革、毛皮、羽毛(绒)及其制品业	Leather, Furs, Down and Related Products	1.58	29.40	47.49	16.51	20.15
木材加工及木、竹、藤、棕、草制品业	Timber Processing, Bamboo, Cane Palm Fiber and Straw Products	0.64	4.65	7.45	2.16	1.94
家具制造业	Furniture Manufacturing	0.82	16.38	23.20	6.00	8.59
造纸及纸制品业	Papermaking and Paper Products	1.03	21.46	34.14	11.65	5.30
印刷业和记录媒介的复制	Printing and Record Medium Reproduction	0.41	5.86	8.62	2.35	1.45
文教体育用品制造业	Cultural, Educational and Sports Goods	0.44	17.86	21.68	3.37	5.30

续表 9 Continued 单位:亿元(100 million yuan)

行业	Sector	主营业务税金及附加 Sales Taxes and Extra Charges in Main Busine	利润总额 Total Profits	利税总额 Total Profits and Taxes	本年应交增值税 Value Added Taxes Payable	全部从业人员年平均人数(万人) Average Number of Employed Persons (10000 persons)
石油加工、炼焦及核燃料加工业	Petroleum Processing, Cooking and Nuclear Fuel Processing	143.22	62.70	239.92	34.00	0.79
化学原料及化学制品制造业	Raw Chemical Materials and Chemical Products	4.19	112.84	156.08	39.05	10.89
医药制造业	Medical and Pharmaceutical Products	2.58	65.04	94.92	27.30	6.82
化学纤维制造业	Chemical Fiber	1.76	46.22	60.53	12.54	6.71
橡胶制品业	Rubber Products	0.76	20.55	29.45	8.14	4.62
塑料制品业	Plastic Products	1.52	33.62	46.32	11.18	8.20
非金属矿物制品业	Nonmetal Mineral Products	2.22	26.54	45.17	16.40	7.25
黑色金属冶炼及压延加工业	Smelting and Pressing of Ferrous Metals	2.30	24.14	42.85	16.42	4.72
有色金属冶炼及压延加工业	Smelting and Pressing of Nonferrous Metals	1.66	23.20	31.83	6.96	3.18
金属制品业	Metal Products	3.98	40.16	58.82	14.67	13.96
通用设备制造业	Equipment in Common Use	4.56	98.07	137.29	34.66	24.12
专用设备制造业	Special Purpose Equipment	1.04	32.37	44.36	10.95	7.15
交通运输设备制造业	Transport Equipment	9.13	110.14	148.77	29.50	22.14
电气机械及器材制造业	Electric Equipment and Machinery	5.95	134.06	191.65	51.65	38.63
通信设备、计算机及其他电子设备制造业	Telecommunications Equipment, Computer and Other Electronic Equipment	2.25	54.66	74.83	17.92	18.20
仪器仪表及文化、办公用机械制造业	Instruments, Meters, Cultural and Office Machinery	1.12	22.81	33.68	9.75	7.64
工艺品及其他制造业	Handicraft Article and Other Manufacturing Indust	1.33	15.10	22.48	6.05	8.75
废弃资源和废旧材料回收加工业	Recovery of Resource Discarded and Useless Material		-0.34	-0.20	0.13	0.20
电力、热力的生产和供应业	Production and Supply of Electricity and Heating Power	10.11	73.49	160.29	76.69	6.33
燃气生产和供应业	Production and Supply of Gas	0.06	0.46	0.81	0.30	0.21
水的生产和供应业	Production and Supply of Water	0.24	0.31	2.14	1.59	0.86

7－15 按行业分的大中型工业企业主要经济效益指标(2009 年)
Main Economic Beneficial Indicators of Large and Medium－sized Industrial Enterprises by Sector(2009)

行业	Sector	每百元固定资产原值实现利税(元) Pre－tax Profits per 100 Yuan Original Value of Fixed Assets(yuan)	每百元固定资产原值实现利税(元) Pre tax Profits per 100 Yuan Original Value of Fixed Assets(yuan)	产品销售率(%) Rate of Products Sold (%)	出口交货值占销售产值比重(%) Export delivery value of the proportion of total sales value (%)	新产品产值率(%) New product ratio (%)
总计	**Total**	**22.87**	**10.58**	**97.73**	**22.59**	**23.44**
按注册登记类型分	**by Registered Type**					
#国有	State－owned Enterprises	14.17	12.83	99.22	1.25	5.06
集体	Collective owned Enterprises	33.14	12.94	97.19	2.03	12.64
私营	Private Enterprises	26.14	8.10	97.32	23.79	25.90
港澳台商投资	Enterprises With Funds From Hong Kong, Macao and Taiwan	26.25	11.08	97.15	33.58	23.34
外商投资	Foreign Funded Enterprises	24.33	9.94	97.68	42.55	25.49
在总计中:轻工业	Light Industry	29.67	11.66	97.60	29.40	24.99
重工业	Heavy Industry	19.18	9.82	97.83	17.86	22.36
按工业行业分	**By Sector**					
煤炭开采和洗选业	Coal Mining and Dressing	8.43	8.96	100.60		
黑色金属矿采选业	Ferrous Metals Mining and Dressing	17.57	12.74	100.32		
有色金属矿采选业	Nonferrous Metals Mining and Dressing	49.17	13.31	95.66		
非金属矿采选业	Nonmetal Minerals Mining and Dressing	28.95	8.04	21.56	2.04	
其他采矿业	Other Minerals Mining and Dressing					
农副食品加工业	Non－staple Food Processing	15.86	4.58	97.00	21.46	6.52
食品制造业	Food Manufacturing	41.48	14.64	97.78	10.49	27.51
饮料制造业	Beverage Manufacturing	38.49	15.52	98.43	1.98	13.72
烟草制品业	Tobacco Processing	321.88	83.09	100.02	0.51	
纺织业	Textile Industry	15.95	7.61	97.46	28.84	22.13
纺织服装、鞋、帽制造业	Garments, Shoes and Hats Manufacturing	40.69	12.02	97.72	43.29	16.31
皮革、毛皮、羽毛(绒)及其制品业	Leather, Furs, Down and Related Products	39.97	8.39	97.68	45.74	18.97
木材加工及木、竹、藤、棕、草制品业	Timber Processing, Bamboo, Cane Palm Fiber and Straw Products	36.22	8.05	94.83	36.09	29.62
家具制造业	Furniture Manufacturing	25.90	9.12	97.28	73.89	24.55
造纸及纸制品业	Papermaking and Paper Products	11.07	9.06	99.50	7.03	20.72
印刷业和记录媒介的复制	Printing and Record Medium Reproduction	21.87	11.67	96.96	14.69	34.65
文教体育用品制造业	Cultural, Educational and Sports Goods	41.66	13.24	97.28	60.16	22.64

续表 Continued

行业	Sector	每百元固定资产原值实现利税(元) Pre-tax Profits per 100 Yuan Original Value of Fixed Assets(yuan)	每百元固定资产原值实现利税(元) Pre tax Profits per 100 Yuan Original Value of Fixed Assets(yuan)	产品销售率(%) Rate of Products Sold (%)	出口交货值占销售产值比重(%) Export delivery value of the proportion of total sales value (%)	新产品产值率(%) New product ratio (%)
石油加工、炼焦及核燃料加工业	Petroleum Processing, Cooking and Nuclear Fuel Processing	116.86	27.04	99.48	0.34	0.90
化学原料及化学制品制造业	Raw Chemical Materials and Chemical Products	25.27	10.45	96.48	11.11	29.72
医药制造业	Medical and Pharmaceutical Products	48.32	22.28	95.33	32.01	37.52
化学纤维制造业	Chemical Fiber	13.69	5.47	99.10	5.24	29.53
橡胶制品业	Rubber Products	21.07	10.85	104.03	26.19	24.90
塑料制品业	Plastic Products	28.75	9.10	98.31	22.74	18.44
非金属矿物制品业	Nonmetal Mineral Products	11.62	10.29	96.27	9.17	22.79
黑色金属冶炼及压延加工业	Smelting and Pressing of Ferrous Metals	10.38	5.42	95.81	3.49	12.61
有色金属冶炼及压延加工业	Smelting and Pressing of Nonferrous Metals	31.50	5.27	96.42	8.74	21.73
金属制品业	Metal Products	32.55	8.81	96.43	27.01	26.53
通用设备制造业	Equipment in Common Use	31.73	11.48	97.96	25.54	37.05
专用设备制造业	Special Purpose Equipment	31.10	11.36	97.57	23.39	33.16
交通运输设备制造业	Transport Equipment	25.31	8.58	97.87	31.96	33.38
电气机械及器材制造业	Electric Equipment and Machinery	39.00	9.65	96.87	28.77	34.30
通信设备、计算机及其他电子设备制造业	Telecommunications Equipment, Computer and Other Electronic Equipment	21.04	7.10	97.67	61.74	33.74
仪器仪表及文化、办公用机械制造业	Instruments, Meters, Cultural and Office Machinery	33.96	11.15	96.28	27.46	40.88
工艺品及其他制造业	Handicraft Article and Other Manufacturing Indust	29.54	8.13	96.66	49.15	34.10
废弃资源和废旧材料回收加工业	Recovery of Resource Discarded and Useless Material	-9.41	-0.68	92.85		1.05
电力、热力的生产和供应业	Production and Supply of Electricity and Heating Power	6.17	7.47	99.94	0.05	0.43
燃气生产和供应业	Production and Supply of Gas	2.45	4.18	98.30		
水的生产和供应业	Production and Supply of Water	1.13	5.60	99.73		

7-16 规模以上工业企业能源购进、消费及库存(2009年)
Purchasing, Consuming, Stocks of Energy in Industrial Enterprises Above Designated Size(2009)

能源名称		Item		年初库存 Stock at the Beginning of the Year	购进量 实物量 Number of Purchasing	消费量 Consumption	#工业生产消费 Industry	年末库存 Stock at the End of the Year
原煤	(吨)	Coal	(ton)	5870938	119478915	121063766	120911140	4282110
洗精煤	(吨)	Coal Washing	(ton)	167951	1818723	2088479	2088345	170540
其他洗煤	(吨)	Other Coal Washing	(ton)	328	57438	57359	56696	407
型煤	(吨)	Forming Coal	(ton)	603	34868	34249	33137	1221
焦炭	(吨)	Coke	(ton)	193637	1874072	4995100	4994818	128355
其他焦化产品	(吨)	Other Coking Products	(ton)	379	14655	14655	14655	380
焦炉煤气	(万立方米)	Coking Coal	(10000 cu. m)			47424	47424	
高炉煤气	(万立方米)	Blast Furnace Gas	(10000 cu. m)			1269063	1269063	
其他煤气	(万立方米)	Other Gases	(10000 cu. m)		1260	48468	48428	
天然气	(万立方米)	Natural Gas	(10000 cu. m)		150503	150503	148840	
原油	(吨)	Crude Oil	(ton)	829600	25205867	25058056	25057991	959319
汽油	(吨)	Gasoline	(ton)	3565	413998	413389	228300	4181
煤油	(吨)	Kerosene	(ton)	725	32087	31898	31515	910
柴油	(吨)	Diesel Oil	(ton)	41224	1027044	1029440	891641	43931
燃料油	(吨)	Fuel Oil	(ton)	211158	2596231	2941114	2936640	167646
液化石油气	(吨)	LPG	(ton)	2397	196554	187970	181885	2737
其他石油制品	(吨)	Other Petroleum Products	(ton)	89983	985271	3040124	3039867	45499
热力	(百万千焦)	Heat	(1000 Million J)		235832451	286338963	283836094	
电力	(万千瓦小时)	Electricity	(1000 kw. h)		12967760	14930259	14713377	
其他燃料	(吨标准煤)	Other Fuel	(Tons of SCE)	9279	710535	1159732	1158079	23792

7－17 能源生产弹性系数(1990－2009年)
Elasticity Ratio of Energy Production(1990－2009)

年份	全省能源生产量（万吨标准煤）Output of Energy Production (10000 tons of SCE)	全省电力生产量（亿千瓦小时）Output of Electricity Production (100 million Kwh)	能源生产比上年增长(%) Growth Rate of Energy Production Over Preceding year (%)	电力生产比上年增长(%) Growth Rate of Electricity Production Over Preceding year (%)	生产总值比上年增长(%) Growth Rate of GDP Over Preceding year (%)	能源生产弹性系数 Elasticity Ratio of Energy Production	电力生产弹性系数 Elasticity Ratio of Electricity Production
1990	317.18	208.58			3.93		
1991	324.1	242.25	2.18	16.14	17.83	0.12	0.91
1992	355.57	284.13	9.71	17.29	19.02	0.51	0.91
1993	388.8	308.52	9.35	8.58	22.02	0.42	0.39
1994	402.53	340.90	3.53	10.5	19.97	0.18	0.53
1995	460.7	407.11	14.45	19.42	16.78	0.86	1.16
1996	379.17	448.36	－17.7	10.13	12.69	－1.39	0.8
1997	392.16	485.77	3.43	8.34	11.1	0.31	0.75
1998	494.04	539.16	25.98	10.99	10.17	2.55	1.08
1999	454.81	597.26	－7.94	10.78	10.03	－0.79	1.07
2000	439.24	696.59	－3.42	16.63	11.04	－0.31	1.51
2001	516.41	790.35	17.57	13.46	10.65	1.65	1.26
2002	745.64	887.82	44.39	12.33	12.64	3.51	0.98
2003	945.58	1090.86	26.81	22.87	14.7	1.82	1.56
2004	1091.63	1258.81	15.45	15.4	14.48	1.07	1.06
2005	1273.02	1456.42	16.62	15.7	12.76	1.3	1.23
2006	1216.21	1765.93	－4.46	21.25	13.88	－0.32	1.53
2007	1169.43	2080.41	－3.85	17.81	14.67	－0.26	1.21
2008	1228.75	2133.87	5.07	2.57	10.05	0.50	0.26
2009	1238.39	2250.71	0.78	5.48	8.94	0.1	0.61

注：2009为初步统计数。 Data in 2009 are preliminary numbers.

7－18 能源消费弹性系数(1990－2009年) Elasticity Ratio of Energy Consumption(1990－2009)

年份	全省能源消费量(万吨标准煤) Total Energy Consumption (10000 tons of SCE)	全省电力消费量(亿千瓦小时) Total Electricity Consumption (100 million Kwh)	能源消费比上年增长(%) Growth Rate of Energy Consumption Over Preceding year (%)	电力消费比上年增长(%) Growth Rate of Electricity Consumption Over Preceding year (%)	生产总值比上年增长(%) Growth Rate of GDP Over Preceding year (%)	能源消费弹性系数 Elasticity Ratio of Energy Consumption	电力消费弹性系数 Elasticity Ratio of Electricity Consumption
1990	2732.86	230.29			3.93		
1991	3123.17	263.07	14.28	14.23	17.83	0.80	0.80
1992	3484.22	303.28	11.56	15.28	19.02	0.61	0.80
1993	4044.22	346.75	16.07	14.33	22.02	0.73	0.65
1994	4496.67	396.74	11.19	14.42	19.97	0.56	0.72
1995	4851.26	439.59	7.89	10.80	16.78	0.47	0.64
1996	5165.43	479.34	6.48	9.04	12.69	0.51	0.71
1997	5446.74	511.45	5.45	6.70	11.10	0.49	0.60
1998	5656.96	547.78	3.86	7.10	10.17	0.38	0.70
1999	5960.14	611.67	5.36	11.66	10.03	0.53	1.16
2000	6560.37	742.89	10.07	21.45	11.04	0.91	1.94
2001	7253.11	855.29	10.56	15.13	10.65	0.99	1.42
2002	8279.64	1015.84	14.15	18.77	12.64	1.12	1.49
2003	9522.56	1240.35	15.01	22.10	14.70	1.02	1.50
2004	10824.69	1419.53	13.67	14.45	14.48	0.94	1.00
2005	12031.67	1642.32	11.15	15.69	12.76	0.87	1.23
2006	13218.85	1909.23	9.87	16.25	13.88	0.71	1.17
2007	14524.13	2189.37	9.87	14.67	14.67	0.67	1.00
2008	15106.88	2322.87	4.01	6.10	10.05	0.40	0.61
2009	15566.89	2471.44	3.04	6.40	8.94	0.34	0.72

注：2009为初步统计数。Data in 2009 are preliminary numbers.

7-19 规模以下工业主要指标
Basic Indicators on Total Industry Below Designated Size

指标名称		Item		2008	2009
企业(单位)数	(万家)	Number of Enterprises	(10000 unit)	85.63	91.38
年末从业人数	(万人)	Number of Employed Persons at the Year-end	(10000 persons)	674.19	712.15
工业总产值	(亿元)	Gross Industrial Output Value	(100 million yuan)	11619.63	12849.99

7-20 规模以下工业企业主要指标
Basic Indicators on Industry Enterprises Below Designated Size

单位:亿元(100 million yuan)

指标		Item		2008	2009
企业数	(万家)	Number of Enterprises	(10000 units)	16.58	15.05
年末从业人数	(万人)	Number of Employed Persons at the Year-end	(10000 persons)	257.58	246.51
工业总产值		Gross Industrial Output Value		4506.92	4660.49
主营业务收入		Revenues in Main Business		4360.37	4507.97
税金总额		Total Taxes		224.40	214.10
所得税		Income Taxes		39.02	33.34
营业利润		Sales Profits		240.06	240.41
应付工资、福利及保险费		Expense of Payment, Benefits and Insurance		430.24	430.63
折旧		Depreciation		132.93	129.41

7-21 个体工业主要指标
Basic Indicators on Individual Industry

单位:亿元(100 million yuan)

指标		Item		2008	2009
单位数	(万家)	Number	(10000 units)	69.05	76.33
年末从业人数	(万人)	Number of Employed Persons at the Year-end	(10000 persons)	416.61	465.64
营业收入		Revenues in Business		7112.71	8189.51
生产支出		Cost of Produce		5266.21	6093.00
工资及福利		Payment and Benefits		614.93	724.91
上交税、费		Taxes and Expenses Payable		144.67	155.10

浙/江/统/计/年/鉴

主要统计指标解释

■ 工业增加值

是指工业行业在报告期内以货币表现的工业生产活动的最终成果。

■ 固定资产原价

固定资产原值指企业在建造、购置、安装、改建、扩建、技术改造某项固定资产时所支出的全部货币总额。它一般包括买价、包装费、运杂费和安装费等。

■ 固定资产净值

是指固定资产原价减去历年已提折旧额后的净额。

■ 流动资产

流动资产是指可以在一年或者超过一年的一个营业周期内变现或者耗用的资产,包括现金及各种存款、短期投资、应收及预付货款、存货等。

■ 利税总额

指企业利润总额、产品销售税金及附加和应交增值税之和。

■ 主营业务收入

指企业在销售商品(不一定是本企业生产)、提供劳务及让渡资产使用权等日常活动中所产生的收入。

■ 主营业务成本

指企业在销售商品、提供劳务及让渡资产使用权等日常活动而发生的实际成本。

■ 主营业务税金及附加

指企业日常活动应负担的税金及附加,包括营业税、消费税、城市维护建设税、资源税、土地增值税和教育费附加等。

■ 产品销售利润

指企业销售产品和提供工业性劳务等主要经营业务收入扣除其成本、费用、税金后的利润。

■ 利润总额

指企业实现的利润。

■ 应交增值税

指企业在报告期内应交纳的增值税额。

■ 资本金

指企业在工商行政管理部门登记的注册资金合计。企业资本金按投资主体可分为国家资本金、法人资本金、个人资本金和外商资本金等。资本金合计包括企业各种投资主体注册的全部资本金。

■ 总资产

指企业拥有或控制的全部资产。包括流动资产、长期投资、固定资产、无形及递延资产、其他长期资产、递延税项等,即为企业资产负债表的资产总计项。

(1) 流动资产　指企业可以在一年内或者超过一年的一个生产周期内变现或耗用的资产合计。包括现金及各种存款、短期投资、应收及预付款项、存货等。

(2) 固定资产　指企业固定资产净值、固定资产清理、在建工程、待处理固定资产损失所占用的资金合计。

(3) 无形资产　指企业长期使用而没有实物形态的资产。包括专利权、非专利技术、商标权、著作权、土地使用权、商誉等。

■ 总负债

指企业承担并需要偿还的全部债务。包括流动负债和长期负债、递延税项等,即为企业资产负债表的负债合计项。

(1) 流动负债　指企业在一年内或者超过一年的一个营业周期内需要偿还的债务合计,其中包括短期借款、应付及预收款项、应付工资、应交税金和应交利润等。

主要统计指标解释

(2) 长期负债　指企业在一年以上或者超过一年的一个生产周期以上需要偿还的债务合计,其中包括长期借款、应付债务、长期应付款项等。

■ 所有者权益

指企业投资人对企业净资产的所有权。企业净资产等于企业全部资产减去全部负债后的余额,其中包括投资者对企业的最初投入,以及资本公积金、盈余公积金和未分配利润,对股份制企业即为股东权益。

■ 流动资产周转次数

指在一定时间内流动资产完成的周转次数,反映流动资产的周转速度。计算公式为:

流动资金周转次数=产品销售收入/全部流动资产平均余额。

■ 全员劳动生产率

指根据产品的价值量指标计算的平均每一从业人员在单位时间内的产品生产量。计算公式为:

全员劳动生产率=工业增加值÷全部从业人员数。

■ 能源生产总量

指一定时期内某地区一次能源生产量的总和。该指标是观察全国能源生产水平、规模、构成和发展速度的总量指标。一次能源生产量包括原煤、原油、天然气、水电、核能及其他动力能(如风能、地热能等)发电量,不包括低热值燃料生产值、生物能、太阳能等的利用和由一次能源加工转换而成的二次能源产量。

■ 能源消费总量

指一定时期内某地区物质生产部门、非物质生产部门和生活消费的各种能源的总和。该指标是观察能源消费水平、构成和增长速度的总量指标。能源消费总量包括原煤和原油及其制品、天然气、电力,不包括低热值燃料、生物质能和太阳能等的利用。能源消费总量分为终端能源消费量、能源加工转换损失量和能源损失量三部分。

(1)终端能源消费量:指一定时期内生产和生活消费的各种能源在扣除了用于加工转换二次能源消费量和损失量以后的数量。

(2)能源加工转换损失量:指一定时期内投入加工转换的各种能源数量之和与产出各种能源产品之和的差额。该指标是观察能源在加工转换过程中损失量变化的指标。

(3)能源损失量:指一定时期内能源在输送、分配、储存过程中发生的损失和由客观原因造成的各种损失量,不包括各种气体能源放空、放散量。

■ 能源生产弹性系数

研究能源生产增长速度与国民经济增长速度之间关系的指标。计算公式为:

$$\text{能源生产弹性系数}=\frac{\text{能源生产总量年平均增长速度}}{\text{生产总值年平均增长速度}}$$

■ 电力生产弹性系数

研究电力生产增长速度与国民经济增长速度之间关系的指标。一般来说,电力的发展应当快于国民经济的发展,也就是说电力应超前发展。计算公式为:

$$\text{电力生产弹性系数}=\frac{\text{电力生产量年平均增长速度}}{\text{生产总值年平均增长速度}}$$

■ 能源消费弹性系数

反映能源消费增长速度与国民经济增长速度之间比例关系的指标。计算公式为:

$$\text{能源消费弹性系数}=\frac{\text{能源消费量年平均增长速度}}{\text{生产总值年平均增长速度}}$$

■ 电力消费弹性系数

反映电力消费增长速度与国民经济增长速度之间比例关系的指标。计算公式为:

$$\text{电力消费弹性系数}=\frac{\text{电力消费量年平均增长速度}}{\text{生产总值年平均增长速度}}$$

ZHEJIANG STATISTICAL YEARBOOK

Explanatory Notes on Main Statistical Indicators

□ Value Added of Industry

refers to the final results of industrial production of the industrial trade in money terms during the reference period.

□ Original Value of Fixed Assets

refers to the original value of all fixed assets owned by industrial enterprises, calculated at the cost paid at the time of purchase, installation, reconstruction, expansion, and technical innovation and transformation of the said assets, which includes expenses on purchase, package, transportation, and installation, etc.

□ Net Value of Fixed Assets

is obtained by deducting depreciation over years from the original value of fixed assets.

□ Circulating Assets

refers to assets which can be cashed in or spent or consumed in an operating cycle of one year or over one year, which includes cash, various deposits, short term investment, and receivable payments, and advance payments, stock, etc.

□ Total Value of Profit and Tax (Pre - tax Profits)

refers to the sum of the total profits, products sales tax and surcharges and the value added tax payable of industrial enterprises. It is also called pre - tax profits.

□ Revenue on Main Business

refers to revenues from the sales of products, labor services provided, alienation of using asset right and etc.

□ Cost on Main Business

refers to real costs from the sales of products, labor services provided, alienation of using asset right and etc.

□ Tax and Extra Charges on Main Business

refer to the tax the business tax, consumption tax, city maintenance and construction, resources tax, land increasing value tax and extra charges for education and etc.

□ Sales Profit of Products

refers to the profit gained by the enterprises by deducting cost, charges and taxes from the business income of the enterprises obtained in selling products and providing industrial services.

□ Total Profits

refer to the profits gained by the enterprises.

□ Value Added Tax Payable

refers to the amount of the value added tax which should be paid by the enterprises in the reporting period.

□ Capital

refers to the corporation's capital registered in the departments of administration for industry and commerce. According to the different nature of investors, corporations' capital can be divided into state capital, legal person's capital, personal capital, foreign capital, etc. Total capital includes total registered capital of all investors in the corporation.

□ Total Assets

refer to all assets which are owned or controlled by enterprises, including circulating assets, long - term investment, fixed assets, intangible assets and deferred assets, other long - term assets, and deferred taxes, etc. The summation of above items is equal to total assets shown in the balance sheets of the enterprises.

EXPLANATORY NOTES ON MAIN STATISTICAL INDICATORS

(1) Circulating assets (working capital) refer to assets which can be cashed in or spent or consumed in an operating cycle of one year or over one year, including cash, all kinds of deposits, short term investment, receivables, advance payment, stock, etc.

(2) Fixed assets refer to the net value of fixed assets, clearance of fixed assets, project under construction, fixed assets losses in suspense. These are corporations' fund holdings.

(3) Intangible assets refer to the assets without material form used by enterprises over a long time, such as patents, non – patent technologies, trade marks, copyright, land use right, business reputation, etc.

□ Total Liabilities

refer to the debts that enterprises are responsible for repayment, including liquid liabilities, long – term liabilities and deferred taxes, etc. Total liabilities correspond to the summation item of liabilities shown in the balance sheets of the enterprises.

(1) Liquid liabilities (also called quick liabilities or immediate liabilities) refer to enterprises total debt payable within an operating cycle of one year or over one year, including short term loans, payables and advance payments, wages payables, taxes payable and profit payable, etc.

(2) Long – term liabilities refers to total debt payable within an operating cycle of one year or over one year, including long – term loans, payable liabilities, long – term payables, etc.

□ Creditors' Equity

refers to investors' ownership of net assets of the enterprise. It is equal to the total assets of the enterprise minus its total liabilities, including the primary input from investors, capital accumulation fund, surplus accumulation fund and undistributed profit. It is the stock holders' equity in stock companies.

□ Turnover of Working Capital

refers to the number of times of turnover of working capital in a given period of time, which reflects the speed of the turnover of working capital and is calculated as follows:

Turnover of Working Capital (%) = 100% × (Sales Revenue of Products)/(Average Balance of Total Working Capital)

□ Overall Labour Productivity of Industrial Enterprises

refers to the average output per employed person in industrial enterprises in value terms. At present, the value added and the average number of staff and worders of an industrial enterprises in a given period are used to calculate the overall labour productivity. The formula used is:

Overall Labour Productivity = Value Added of Industry/Average Number of Staff and Worders

□ Total Energy Production

refers to the total production of primary energy by all energy producing enterprises in the region in a given period of time. It is a comprehensive indicator to show the capacity, scale, composition and development of energy production of the country. The production of primary energy includes that of coal, crude oil, natural gas, hydro – power and electricity generated by nuclear energy and other means such as wind power and geothermal power. However, it excludes the production of fuels of low calorific value, bio – energy, solar energy and the secondary energy converted from the primary energy.

□ Total Domestic Energy Consumption

refers to the total consumption of energy of various kinds by material production sectors, non material production sectors and households in the region in a given period of time. It is a comprehensive indicator to show the scale, composition and development of energy consumption. The total energy consumption includes that of coal, crude oil and their products, natural gas and electricity. However, it excludes the consumption of fuel of low calorific value, bioenergy and solar energy. Total domestic energy consumption can be divided into three parts: final energy consumption, loss during the process of energy conversion, and energy loss.

(1) Final Energy Consumption: It refers to the total energy consumption by material production sectors, non

EXPLANATORY NOTES ON MAIN STATISTICAL INDICATORS

material production sectors and households in the region in a given period of time, but excludes the consumption in conversion of the primary energy into the secondary energy and the loss in the process of energy conversion.

(2) Loss During the Process of Energy Conversion: It refers to the total input of various kinds of energy for conversion, minus the total output of various kinds of energy in the region in a given period of time. It is an indicator to show the loss that occurs during the process of energy conversion.

(3) Energy Loss: It refers to the total of the loss of energy during the course of energy transport, distribution and storage and the loss caused by any objective reason in a given period of time. The loss of various kinds of gas due to gas discharges and stocktaking is excluded.

□ Elasticity Ratio of Energy Production

is an indicator to show the relationship between the growth rate of energy production and the growth rate of the national economy. The formula is:

Elasticity Ratio of the Energy Production = Average Annual Growth Rate of Energy Production/Average Annual Growth Rate of GDP.

□ Elasticity Ratio of Electricity Production

is an indicator to show the relationship between the growth rate of electricity production and the growth rate of electricity production should be higher than that of the national economy.

Its formula is:

Elasticity Ratio of Electricity Production = Average Annual Growth Rate of Electricity Production/Average Annual Growth Rate of GDP.

□ Elasticity Ratio of Energy Consumption

is an indicator to show the relationship between the growth rate of energy consumption and the growth rate of the national economy. The formula is:

Elasticity Ratio of Energy Consumption = Average Annual Growth Rate of Energy Consumption/Average Annual Growth Rate of GDP.

□ Elasticity Ratio of Electricity Consumption

is an indicator to show the relationship between the growth rate of electricity consumption and the growth rate of the national economy. The formula is:

Elasticity Ratio of Electricity Consumption = Average Annual Growth Rate of Electricity Consumption/Average Annual Growth Rate of GDP.

2010

浙江统计年鉴

ZHEJIANG STATISTICAL YEARBOOK

CHAPTER 8

建筑业

Construction

8-1 建筑业企业主要指标(1990-2009年)
Key Indicators of Construction Enterprises(1990-2009)

年份	建筑业企业单位数(个) Construction Enterprises (unit)	#其他经济类型 Other types of	建筑业企业平均从业人数(万人) The average number of construction enterprises employed (10000 persons)	#其他经济类型 Other types of	建筑业总产值(亿元) Gross Output Value (100 million yuan)	#其他经济类型 Other types of
1990	2550		67.37		78.98	
1991	2503		70.46		92.83	
1992	2450	24	75.25	0.68	134.00	1.80
1993	2901	20	97.28	0.50	260.54	1.62
1994	3538	50	127.89	1.11	470.79	4.58
1995	3549	115	144.21	5.17	710.23	35.79
1996	3691	666	145.32	18.24	845.68	104.46
1997	3937	969	141.22	24.21	883.33	154.07
1998	3540	1627	142.51	45.17	942.53	306.62
1999	3657	1994	150.63	66.37	1128.28	499.57
2000	3592	3238	165.90	97.14	1383.77	841.47
2001	3370	2595	185.17	140.61	1768.45	1365.60
2002	3210	2801	201.10	171.49	2282.99	1959.72
2003	3514	3131	247.22	218.94	3127.28	2802.02
2004	4053	3756	276.87	256.39	3911.30	3623.30
2005	4226	3942	322.12	302.82	4743.30	4450.60
2006	4482	4234	370.92	353.75	5701.00	5445.70
2007	4688	4465	427.52	411.58	7036.80	6778.30
2008	5259	5042	465.48	451.42	8268.60	8004.50
2009	5392	5185	530.95	517.54	9746.21	9474.70

8-2 国有建筑企业主要经济指标(2003-2009年)
Major Economic Indicators of State-Owned Consruction Enterprises(2003-2009)

指标		Item		2003	2004	2005	2006	2007	2008	2009
建筑业总产值	(亿元)	Gross Output Value of Construction	(100 million yuan)	159.1	147.6	153.1	138.7	159.4	155.6	156.8
增加值	(亿元)	Added Value	(100 million yuan)	32.6	29.1	39.2	26.3	31.6	28.1	29.4
实现利润总额	(亿元)	Total Profits	(100 million yuan)	3.5	3.5	11.1	2.5	3.6	3.2	4.1
上缴税金	(亿元)	Taxes Turned over to State	(100 million yuan)	4.9	4.7	5.3	4.8	4.5	4.7	5.0
房屋建筑施工面积	(万平方米)	Floor Space of Buildings under Construction	(10000 sq. m)	582.1	573.4	437.4	536.7	499.7	550.5	556.5
房屋建筑竣工面积	(万平方米)	Floor Space of Buildings Completed	(10000 sq. m)	227.6	151.4	146.6	196.5	196.5	185.5	140.5
计算劳动生产率的平均人数	(万人)	Average Staff and Workers to Calculate Labor Productivity	(10000 persons)	10.8	7.7	7.1	7.2	7.7	6.8	6.1
年末拥有固定资产净值	(亿元)	Net Value of Fixed Assets Owned(year-end)	(100 million yuan)	29.0	19.9	23.0	22.4	18.9	25.6	28.5
年末拥有机械设备总功率	(万千瓦)	Total Power of Machinery and Equipment Owned(year-end)	(10000 kw)	61.9	49.0	48.0	43.3	43.5	48.1	50.0
年末拥有机械设备净值	(亿元)	Net Value of Machinery and Equipment Owned(year-end)	(100 million yuan)	15.2	11.1	12.9	10.1	10.7	8.2	9.2
全员劳动生产率		Overall Labor Productivity								
按总产值计算	(元/人)	Calculated by Gross Output Value	(yuan/person)	147228	192215	215821	193730	207121	227995	256991
按增加值计算	(元/人)	Calculated by Added value	(yuan/person)	30160	37544	55259	36678	41101	41396	48239
技术装备率	(元/人)	Value of Machines per Labourer	(yuan/person)	14502	15547	19550	15157	15058	13915	16140
动力装备率	(千瓦/人)	Power of Machines per Labourer	(kw/person)	5.9	6.9	7.2	6.5	6.2	8.2	8.8
产值利润率	(%)	Ratio of Profit to Gross Output Value	(%)	2.2	2.3	7.3	1.8	2.3	2.1	2.6

注：1. 8—2至8—18各表2004年以后数据为资质以上总承包、专业承包建筑业企业、不包括劳务分包企业。
The data in table 8-2 to 8-18 include enterprises of labor contracting which having qualification Certificates since 2004.
2. 2004年开始机械设备为年末施工机械设备。表8-3同。
The number of Machinery and Equipment Owned in 2004 refers to the machinery and equipment under construction (year end). The table 8-3 is the same.

8-3 私营建筑企业主要经济指标(2003-2009年)
Major Economic Indicators of Private Construction Enterprises(2003-2009)

指标		Item		2003	2004	2005	2006	2007	2008	2009
建筑业总产值	(亿元)	Gross Output Value of Construction	(100 million yuan)	748.7	1346.3	1688.6	2390.4	3133.4	3544.0	4280.6
增加值	(亿元)	Added Value	(100 million yuan)	166.8	281.2	360.8	511.2	655.9	750.6	866.6
实现利润总额	(亿元)	Total Profits	(100 million yuan)	18.6	37.5	48.4	70.9	91.6	101.5	135.8
上缴税金	(亿元)	Taxes Turned over to State	(100 million yuan)	23.2	42.9	53.9	80.1	99.1	114.2	136.3
房屋建筑施工面积	(万平方米)	Floor Space of Buildings under Construction	(10000 sq. m)	11051.5	19292.0	23318.3	31265.5	40081.0	40813.3	44790.2
房屋建筑竣工面积	(万平方米)	Floor Space of Buildings Completed	(10000 sq. m)	5084.7	8484.5	10548.6	13989.6	17952.6	18455.8	20118.7
计算劳动生产率的平均人数	(万人)	Average Staff and Workers to Calculate Labor Productivity	(10000 persons)	72.1	107.1	125.2	167.2	198.2	211.7	240.7
年末拥有固定资产净值	(亿元)	Net Value of Fixed Assets Owned (year-end)	(100 million yuan)	91.0	133.7	155.9	205.5	233.2	286.1	318.9
年末拥有机械设备总功率	(万千瓦)	Total Power of Machinery and Equipment Owned (year-end)	(10000 kw)	223.1	355.6	389.4	504.8	596.7	688.5	760.9
年末拥有机械设备净值	(亿元)	Net Value of Machinery and Equipment Owned (year-end)	(100 million yuan)	54.5	76.2	90.0	116.2	138.9	159.6	175.5
全员劳动生产率		Overall Labor Productivity								
按总产值计算	(元/人)	Calculated by Gross Output Value	(yuan/person)	103795	125705	134872	142975	158079	167411	177810
按增加值计算	(元/人)	Calculated by Added value	(yuan/person)	23126	26256	28818	30576	33088	35457	35998
技术装备率	(元/人)	Value of Machines per Labourer	(yuan/person)	7530	7223	7084	6831	6893	7568	7328
动力装备率	(千瓦/人)	Power of Machines per Labourer	(Kw/person)	3.1	3.4	3.1	3.0	3.0	3.3	3.2
产值利润率	(%)	Ratio of Profit to Gross Output Value	(%)	2.5	2.8	2.9	3.0	2.9	2.9	3.2

8-4 各地建筑业企业单位数(2003-2009年) Number of Construction Enterprises by Region(2003-2009)

单位:个(unit)

地区	Region	2003	2004	2005	2006	2007	2008	2009
合　计	**Total**	**3392**	**3795**	**3962**	**4129**	**4333**	**4728**	**4855**
杭州市	Hangzhou	755	805	861	929	972	1174	1230
宁波市	Ningbo	566	635	655	684	674	687	729
温州市	Wenzhou	398	477	478	498	530	561	551
嘉兴市	Jiaxing	189	194	202	214	245	248	247
湖州市	Huzhou	154	165	185	177	188	148	166
绍兴市	Shaoxing	373	414	451	466	486	530	534
金华市	Jinhua	368	456	465	472	497	543	547
衢州市	Quzhou	105	113	117	125	129	154	175
舟山市	Zhoushan	80	87	96	95	103	112	119
台州市	Taizhou	267	316	321	336	355	398	385
丽水市	Lishui	137	133	131	133	154	173	172

8-5 各地建筑业企业年末从业人员(2003-2009年) Employed Persons in Construction Enterprises by Region(Year-end,2003-2009)

单位:万人(10000 Persons)

地区	Region	2003	2004	2005	2006	2007	2008	2009
合　计	**Total**	**242.94**	**266.08**	**311.94**	**356.83**	**406.53**	**428.62**	**487.76**
杭州市	Hangzhou	45.35	49.52	56.09	67.16	75.82	80.12	92.30
宁波市	Ningbo	37.83	42.00	45.41	47.21	50.03	51.38	64.04
温州市	Wenzhou	20.12	20.27	22.33	25.64	28.29	29.11	32.26
嘉兴市	Jiaxing	9.76	10.04	11.71	13.34	15.81	18.86	22.89
湖州市	Huzhou	6.96	7.44	8.57	9.72	11.57	10.94	12.71
绍兴市	Shaoxing	59.81	69.65	88.43	99.54	112.27	117.86	128.49
金华市	Jinhua	28.61	30.47	37.71	43.33	54.30	56.39	62.56
衢州市	Quzhou	4.92	4.99	5.17	6.52	7.57	8.51	9.89
舟山市	Zhoushan	3.28	2.92	3.06	3.34	4.03	4.76	5.30
台州市	Taizhou	22.31	24.38	28.84	35.86	41.14	45.27	51.17
丽水市	Lishui	4.00	4.38	4.61	5.16	5.70	5.42	6.15

8-6 各地建筑业企业总产值(2003-2009年)
Gross Output Value of Construction Enterprises By Region(2003-2009)

单位:亿元(100 million yuan)

地区	Region	2003	2004	2005	2006	2007	2008	2009
合　计	**Total**	**3127.3**	**3895.6**	**4716.1**	**5655.7**	**6971.7**	**8158.7**	**9588.9**
杭州市	Hangzhou	710.0	873.0	1036.2	1267.3	1484.5	1800.5	2110.2
宁波市	Ningbo	474.6	595.9	659.9	716.9	796.4	921.5	1077.7
温州市	Wenzhou	194.5	220.2	260.9	319.0	395.6	458.7	540.8
嘉兴市	Jiaxing	90.8	111.2	122.9	157.0	237.3	315.5	407.2
湖州市	Huzhou	85.6	105.5	142.4	170.1	208.0	215.5	283.5
绍兴市	Shaoxing	874.3	1136.1	1407.1	1679.0	2112.6	2413.3	2750.9
金华市	Jinhua	335.3	423.9	541.2	662.8	879.4	995.3	1197.3
衢州市	Quzhou	49.3	48.6	54.6	75.8	106.8	133.8	164.5
舟山市	Zhoushan	28.6	37.7	41.4	49.0	70.6	94.1	103.7
台州市	Taizhou	242.0	293.5	392.1	490.3	600.5	716.8	852.8
丽水市	Lishui	42.2	50.0	57.3	68.6	80.2	93.8	100.4

8-7 各地区按登记注册类型分的建筑业企业单位数(2009年)
Number of Construction Enterprises by Registration Status and Region(2009)

单位:个(unit)

地区	Region	建筑业企业单位数 Number of Construction Enterprises	内资企业 Domestic Capital Enterprises	#国有企业 State-owned Enterprises	#集体企业 Collective owned Enterprises	#股份合作企业 Share Holdings Enterprises	#私营企业 Private Enterprises	港澳台商投资企业 Enterprises Funded by Entrepreneurs from Hong Kong Macao and Taiwan	外商投资企业 Foreign Funded Enterprises
合　计	**Total**	**4855**	**4833**	**98**	**104**	**12**	**3377**	**13**	**9**
杭州市	Hangzhou	1230	1225	28	15	1	868	2	3
宁波市	Ningbo	729	725	14	5		619	1	3
温州市	Wenzhou	551	551	9	31	4	354		
嘉兴市	Jiaxing	247	247	5	1	1	204		
湖州市	Huzhou	166	164	9	6		63	2	
绍兴市	Shaoxing	534	526	13	7		310	5	3
金华市	Jinhua	547	546	4	19	2	414	1	
衢州市	Quzhou	175	175	3	4		148		
舟山市	Zhoushan	119	118	5	2		81	1	
台州市	Taizhou	385	384	6	12	4	181	1	
丽水市	Lishui	172	172	2	2		135		

8－8 各地区按登记注册类型分的建筑业企业年末从业人员(2009 年底)
Number of Employed Persons in Construction Enterprises by Registration Status and Region (End of 2009)

单位:人(Person)

地区	Region	年末从业人员 Average Number of Employed Persons	内资企业 Domestic Capital Enterprises	#国有企业 State－owned Enterprises	#集体企业 Collective owned nterprises	#股份合作企业 Share Holdings Enterprises	#私营企业 Private Enterprises	港澳台商投资企业 Enterprises Funded by Enterpre－neurs from Hong Kong Macao and Taiwan	外商投资企业 Foreign Funded Enterprises
合 计	**Total**	**4877646**	**4856957**	**57477**	**70320**	**3875**	**2395379**	**10035**	**10654**
杭州市	Hangzhou	923046	921306	24115	2162	12	410092	355	1385
宁波市	Ningbo	640408	639617	5434	629		328229	32	759
温州市	Wenzhou	322580	322580	9110	28804	1498	151333		
嘉兴市	Jiaxing	228853	228853	1545	466	140	194042		
湖州市	Huzhou	127121	126993	4583	2612		19022	128	
绍兴市	Shaoxing	1284949	1266979	3800	4998		515689	9460	8510
金华市	Jinhua	625621	625616	3117	9237	639	355546	5	
衢州市	Quzhou	98879	98879	1267	529		86245		
舟山市	Zhoushan	52988	52968	1409	436		34114	20	
台州市	Taizhou	511664	511629	2769	19552	1586	250916	35	
丽水市	Lishui	61537	61537	328	895		50151		

8－9 各地区建筑业总产值构成(2009 年)
Total Construction Output Value by Structure and Region(2009)

单位:万元(10000 yuan)

地区	Region	建筑业总产值 Gross output Value of Construction	建筑工程产值 Output Value of Construction	安装工程产值 Output Value of Installation	其他产值 Others
合 计	**Total**	**95889204**	**85476792**	**7767456**	**2644956**
杭州市	Hangzhou	21101673	18280567	2193971	627135
宁波市	Ningbo	10777257	9273217	1229644	274396
温州市	Wenzhou	5407951	4919803	334340	153808
嘉兴市	Jiaxing	4071590	3597844	284334	189413
湖州市	Huzhou	2834968	2408289	309232	117447
绍兴市	Shaoxing	27508804	24598537	2041184	869083
金华市	Jinhua	11973071	10834902	860940	277229
衢州市	Quzhou	1644501	1527092	96590	20818
舟山市	Zhoushan	1037368	948711	83435	5222
台州市	Taizhou	8527762	8210588	240590	76584
丽水市	Lishui	1004259	877242	93197	33820

8－10 各地区按登记注册类型分的建筑业总产值(2009 年)
Total Construction Output Value by Registration Status and Region(2009)

单位:万元(10000 yuan)

地区	Region	建筑业总产值 Gross Output Value of Construction	内资企业 Domestic Capital Enterprises	#国有企业 State－owned Enterprises	#集体企业 Collective owned Enterprises	#股份合作企业 Share Holdings Enterprises	#私营企业 Private Enterprises	港澳台商投资企业 Enterprises Funded by Entrepre－neurs from Hong Kong Macao and Taiwan	外商投资企业 Foreign Funded Enterprises
合　计	**Total**	**95889204**	**95383844**	**1568135**	**1144359**	**55550**	**42805911**	**166235**	**339125**
杭州市	Hangzhou	21101673	21058745	663218	41484	46	8654942	7766	35162
宁波市	Ningbo	10777257	10754080	133577	8989		5564946	244	22933
温州市	Wenzhou	5407951	5407951	193289	4074049	29653	2533328		
嘉兴市	Jiaxing	4071590	4071590	70175	10101	2561	3275523		
湖州市	Huzhou	2834968	2833130	117764	52279		424824	1838	
绍兴市	Shaoxing	27508804	27072253	112597	92184		9412117	155521	281030
金华市	Jinhua	11973071	11973070	104110	158506	10751	5891511	1	
衢州市	Quzhou	1644501	1644501	37966	4607		1392327		
舟山市	Zhoushan	1037368	1037002	63501	8550		610284	366	
台州市	Taizhou	8527762	8527264	67379	354313	12539	4264297	498	
丽水市	Lishui	1004259	1004259	4560	9296		781812		

8－11 各地区按所含专业分的建筑业总产值(2009 年)
Totel Construction Output Value by Sector and Region(2009)

单位:万元(10000 yuan)

地区	Region	建筑业总产值 Gross Output Value of Construc－tion	房屋和土木工程建筑业 Housing and Civil Engineering	房屋工程建筑 Housing	土木工程建筑 Civil Engineering	#铁路、道路、隧道和桥梁工程建筑 Railways, Tunnels, Roads and Bridges	建筑安装业 Installation	建筑装饰业 Building Decoration	其他建筑业 Others
合　计	**Total**	**95889204**	**89270005**	**70047115**	**19222890**	**13535037**	**3259732**	**2608981**	**750486**
杭州市	Hangzhou	21101673	18972749	13474924	5497825	3394911	1030850	818131	279943
宁波市	Ningbo	10777257	9746075	7187850	2558225	1572330	563010	337178	130994
温州市	Wenzhou	5407951	5031434	3333291	1698143	1081182	137561	202113	36843
嘉兴市	Jiaxing	4071590	3718762	3017642	701120	544941	244009	90860	17960
湖州市	Huzhou	2834968	2691940	1973444	718496	575793	72487	56709	13832
绍兴市	Shaoxing	27508804	25810138	22997956	2812182	2202823	854299	715741	128626
金华市	Jinhua	11973071	11563940	9399522	2164418	1614138	170654	203466	35012
衢州市	Quzhou	1644501	1575582	1066702	508880	404024	24657	30380	13882
舟山市	Zhoushan	1037368	914846	763567	151279	64815	59446	26981	36095
台州市	Taizhou	8527762	8314719	6213803	2100916	1876305	79437	80810	52796
丽水市	Lishui	1004259	929821	618414	311407	203777	23322	46611	4505

8－12 各地区建筑业企业房屋建筑面积(2009 年)
Floor Space of Building Construction by Region(2009)

单位:万平方米(10000 sq. m)

地区	Region	房屋建筑施工面积 Floor Space Under Construction				房屋建筑竣工面积 Floor Space Under Construction			
		合计 Total	#国有企业 State－owned Construction Enterprises	#集体企业 Collective owned Construction Enterprises	#私营企业 Private Enterprises	合计 Total	#国有企业 State－owned Construction Enterprises	#集体企业 Collective owned Construction Enterprises	#私营企业 Private Enterprises
合 计	**Total**	**105607.4**	**556.5**	**1534.8**	**44790.2**	**40239.7**	**140.5**	**697.6**	**20118.7**
杭州市	Hangzhou	19433.8	173.3	10.6	7052.3	6610.4	26.7	5.1	3274.1
宁波市	Ningbo	11205.9	0.9	1.6	6339.2	4175.6	0.1	1.6	2766.0
温州市	Wenzhou	6113.9	295.6	978.0	2790.8	2055.4	75.0	360.0	909.8
嘉兴市	Jiaxing	4489.9		33.8	3767.7	2164.1		19.0	1873.3
湖州市	Huzhou	2446.9	3.2	10.5	378.2	1302.5		6.2	215.2
绍兴市	Shaoxing	33332.6	27.4	99.6	10198.2	12600.1	7.5	44.9	4965.2
金华市	Jinhua	15684.7	40.7	101.9	6522.4	6242.1	19.2	55.1	3063.5
衢州市	Quzhou	1653.9	13.2	0.3	1404.1	816.3	9.9		741.6
舟山市	Zhoushan	927.7	2.1	2.6	588.9	297.3	2.1	1.9	160.5
台州市	Taizhou	9317.9		284.0	4936.5	3524.7		198.4	1758.1
丽水市	Lishui	1000.1		12.0	811.7	451.5		5.2	391.4

8－13 各地区建筑业企业劳动生产率(2009 年)
Labor Productivity of Construction by Region(2009)

单位:元/人(yuan/person)

地区	Region	按建筑业总产值计算的劳动生产率 Overall Labor Productivity Calculated by Gross Output Value of Construction	#国有企业 State－owned Enterprises	#集体企业 Collective owned Enterprises	按增加值计算的劳动生产率 Overall Labor Productivity Calculated by Added Value	国有企业 State－owned Enterprises	集体企业 Collective owned Enterprises
合 计	**Zhejiang**	**198540**	**256991**	**177810**	**37583**	**48239**	**35998**
杭州市	Hangzhou	218422	266310	200479	36356	58777	35222
宁波市	Ningbo	180779	207869	176600	36748	35414	37110
温州市	Wenzhou	168625	257547	165709	34096	47486	33627
嘉兴市	Jiaxing	169743	406812	162033	32423	46518	30460
湖州市	Huzhou	220370	246213	205140	32282	41986	36320
绍兴市	Shaoxing	220437	280093	188360	40612	38289	39423
金华市	Jinhua	192306	218076	165077	41372	24657	36746
衢州市	Quzhou	167986	214494	165015	31592	23412	31385
舟山市	Zhoushan	188973	397126	184996	36509	96772	34910
台州市	Taizhou	173610	210955	164499	36722	42259	36638
丽水市	Lishui	157610	142947	151376	32127	37451	30966

8-14 各地区建筑业企业技术装备情况(2009 年)
Equipment Owned by Construction Enterprises by Region(2009)

地区	Region	自有机械设备总台数(台) Number of Machinery and Equipment Owned (unit)	自有机械设备总功率(万千瓦) Total Power of Machinery and Equipment Owned (1000kw)	自有机械设备净值(万元) Net Value of Machinery and Equipment Owned (10000 yuan)	技术装备率(元/人) Value of Machines per Labourer (yuan/person)	动力装备率(千瓦/人) Power of Machines per Labourer (Kw/person)
合　计	**Total**	**846835**	**1359.60**	**3138107**	**6434**	**2.79**
杭州市	Hangzhou	178586	274.84	683528	7405	2.98
宁波市	Ningbo	95807	140.34	441939	6901	2.19
温州市	Wenzhou	69520	133.16	281274	8720	4.13
嘉兴市	Jiaxing	69597	71.68	124564	5443	3.13
湖州市	Huzhou	25729	47.48	115386	9077	3.73
绍兴市	Shaoxing	172620	286.84	561807	4372	2.23
金华市	Jinhua	106330	185.38	442406	7071	2.96
衢州市	Quzhou	22751	41.06	75145	7600	4.15
舟山市	Zhoushan	12331	21.89	52859	9976	4.13
台州市	Taizhou	76780	132.74	306616	5993	2.59
丽水市	Lishui	16784	24.19	52584	8545	3.9

8-15 各地区建筑业企业资产与负债(2009 年)
Assets and Liabilities of Construction Enterprises by Region(2009)

单位:万元(10000 yuan)

地区	Region	资产合计 Total Assets	#流动资产 Circulating Assets	#固定资产 Fixed Assets	流动负债 Liquid Liabilities	长期负债 Long term Liabilities	所有者权益 Creditors´ Equity
合　计	**Total**	**48987573**	**38898261**	**6198764**	**29170125**	**866851**	**18950598**
杭州市	Hangzhou	12847637	10148822	1392917	8161089	259292	4427256
宁波市	Ningbo	7773221	6169311	885558	4670538	258031	2844652
温州市	Wenzhou	4205096	3516217	478158	2812887	32479	1359730
嘉兴市	Jiaxing	2072714	1693660	255647	1404489	23123	645103
湖州市	Huzhou	1834217	1498903	227315	1264654	14500	555063
绍兴市	Shaoxing	8555810	6593995	1288899	4525563	139245	3891001
金华市	Jinhua	5634766	4467419	796980	2948787	36226	2649753
衢州市	Quzhou	855812	680686	125962	443976	4274	407562
舟山市	Zhoushan	909242	762304	84506	630967	28622	249653
台州市	Taizhou	3480671	2709852	532172	1857604	68978	1554090
丽水市	Lishui	818388	657091	130649	449572	2081	366736

8－16 各地区建筑业企业总收入(2009 年)
Total Income of Construction Enterprises by Region(2009)

单位:万元(10000 yuan)

地区	Region	企业总收入 Total Income	工程结算收入 Revenue of Project Settlement Accounts	#工程结算成本 Costs of Project Settlement Accounts	#工程结算利润 Profits of Project Settlement Accounts	其他业务收入 Other Revenue from Business	#其他业务利润 Other Profits from Business
合 计	**Total**	**82993657**	**82429208**	**74577578**	**4710419**	**564449**	**135846**
杭州市	Hangzhou	19336784	19159766	17454560	1017307	177018	47493
宁波市	Ningbo	9350979	9227498	8254431	652538	123481	23417
温州市	Wenzhou	4892768	4853424	4356752	307869	39344	11883
嘉兴市	Jiaxing	3362832	3353451	3065741	167339	9381	3408
湖州市	Huzhou	2701904	2660117	2419291	149075	41787	4824
绍兴市	Shaoxing	22280250	22207383	20227584	1106719	72867	17109
金华市	Jinhua	10585785	10560937	9431616	693211	24848	11631
衢州市	Quzhou	1530357	1513544	1362665	90518	16813	2661
舟山市	Zhoushan	974629	963238	875013	48749	11391	3685
台州市	Taizhou	7024826	6983288	6305237	396384	41538	7825
丽水市	Lishui	952543	946561	824689	80710	5982	1910

8－17 各地区建筑业企业利税总额(2009 年)
Profits and Taxes of Construction Enterprises by Region(2009)

地区	Region	利税总额(万元) Total Pre－tax Profits (10000 yuan)	利润总额 Total Profits	工程结算税金及附加 Taxes and Extra Charges on Project Settlement Accounts	税金 Taxes	产值利税率(%) Ratio of Pre－tax Profits to Output Value (%)	资产利税率(%) Ratio of Pre－tax Profits to Assets (%)
合 计	**Total**	**5672935**	**2742711**	**2836993**	**93231**	**5.9**	**11.60**
杭州市	Hangzhou	1175194	509497	646066	19632	5.60	9.20
宁波市	Ningbo	695996	388997	294548	12451	6.50	9.00
温州市	Wenzhou	336486	162068	167016	7403	6.20	8.00
嘉兴市	Jiaxing	206382	90431	112169	3782	5.10	10.00
湖州市	Huzhou	168573	80747	84356	3471	6.00	9.20
绍兴市	Shaoxing	1533757	705309	804837	23611	5.60	17.90
金华市	Jinhua	828202	443942	372581	11679	6.90	14.70
衢州市	Quzhou	98769	43996	52113	2660	6.00	11.50
舟山市	Zhoushan	49533	16702	31659	1171	4.80	5.50
台州市	Taizhou	495644	252521	237396	5727	5.80	14.20
丽水市	lishui	84399	48502	34253	1645	8.40	10.30

8－18 建筑业企业财务状况(2009 年)
Financial Indicators of Construction Enterprises(2009)

单位:万元(10000 yuan)

指标	Item	资产合计 Total Assets	#流动资产小计 Liquid Assets	#长期投资 Long－term Investment	#固定资产小计 Fixed Assets	#无形及递延资产小计 Intangible and Deferred Assets	流动负债小计 Total Liquid Liabilities
总计	**Total**	**48987573**	**38898261**	**3016652**	**6198764**	**683246**	**29170125**
#特、一、二级企业	The First Enterprises	40804860	32463493	2749297	4813586	599045	24579857
#国有及国有控股	State－owend and State Holding Enterprises	3693016	2796327	236565	580582	58609	2477736
按登记注册类型分组	**by Registration**						
内资企业	Domestic Funded Enterprises	48633139	38609641	3014981	6146621	672540	28949626
#国有企业	State－owned Enterprises	1355923	1017824	33221	285174	12406	868114
集体企业	Cooperative Enterprises	869218	742583	19384	103789	3089	632939
股份合作企业	Limited Liability Corporations	60111	47024	2112	10974	1	38997
私营企业	Private Enterprises	22643262	17975303	1168480	3188753	236922	12591504
港、澳、台商投资企业	Enterprises With Funds From Hong Kong, Macao and Taiwan	108582	80360	1671	22080	4466	63329
外商投资企业	Foreign Funded Enterprises	245852	208259		30064	6240	157170
按国民经济行业分组	**by Sector**						
房屋和土木工程建筑业	Housing and Civil Engineering	43664242	34653975	2776019	5448608	603755	25973415
建筑安装业	Installation	2912311	2312910	133343	409582	52718	1853690
建筑装饰业	Building Decoration	1730940	1432206	68307	208011	17962	963638
其他建筑业	Others	680081	499171	38983	132563	8811	379382

续表 1 Continued 单位:万元(10000 yuan)

指标	Item	长期负债 Long term Liabilities	负债合计 Total Liabilities	所有者权益合计 Creditors´ Equity	工程结算收入 Revenue of Project Settled Accounts	工程结算成本 Costs of Project Settled Accounts	工程结算税金及附加 Taxes and Extra Charges on Project Settled Accounts
总计	**Total**	**866851**	**30036976**	**18950598**	**82429208**	**74577578**	**2836993**
#特、一、二级企业	The First Enterprises	771532	25351389	15453471	73017624	66482637	2516889
#国有及国有控股	State - owend and State Holding Enterprises	176404	2654140	1038876	3998677	3598645	121407
按登记注册类型分组	**by Registration**						
内资企业	Domestic Funded Enterprises	866437	29816063	18817076	81903415	74109248	2825499
#国有企业	State - owned Enterprises	26982	895096	460827	1606102	1425645	48461
集体企业	Cooperative Enterprises	3728	636667	232551	1050990	956681	35961
股份合作企业	Limited Liability Corporations	14	39011	21100	73439	61168	1910
私营企业	Private Enterprises	284996	12876500	9766761	37585371	33681818	1308689
港、澳、台商投资企业	Enterprises With Funds From Hong Kong, Macao and Taiwan	170	63499	45083	165643	145793	4523
外商投资企业	Foreign Funded Enterprises	243	157413	88439	360149	322537	6971
按国民经济行业分组	**by Sector**						
房屋和土木工程建筑业	Housing and Civil Engineering	817922	26791337	16872905	76223401	69233923	2646609
建筑安装业	Installation	37306	1890996	1021315	3132442	2674150	87261
建筑装饰业	Building Decoration	8063	971700	759239	2332610	2016495	79543
其他建筑业	Others	3560	382942	297139	740755	653010	23579

续表 2 Continued

单位:万元(10000 yuan)

指标	Item	管理费用 Manage – ment Expenses	财务费用 Financial Expenses	营业利润 Business Profits	利润总额 Total Profits	应交所得税 Income Tax Payable	本年应付工资总额 Total Wages Payable
总计	**Total**	**1744697**	**441236**	**2660332**	**2742711**	**613857**	**11159237**
#特、一、二级企业	The First Enterprises	1324762	394431	2173915	2241315	496528	10027159
#国有及国有控股	State – owend and State Holding Enterprises	175142	8992	94772	99030	21761	355597
按登记注册类型分组	**by Registration**						
内资企业	Domestic Funded Enterprises	1730003	437176	2637420	2720830	610372	11107442
#国有企业	State – owned Enterprises	89558	2342	39264	41335	10244	174375
集体企业	Cooperative Enterprises	35640	2447	21008	22216	6476	153273
股份合作企业	Limited Liability Corporations	3240	383	7138	7479	1870	8385
私营企业	Private Enterprises	864734	237056	1348677	1357917	313016	5256485
港、澳、台商投资企业	Enterprises With Funds From Hong Kong, Macao and Taiwan	4959	838	9439	9523	1298	24954
外商投资企业	Foreign Funded Enterprises	9735	3223	13473	12358	2187	26841
按国民经济行业分组	**by Sector**						
房屋和土木工程建筑业	Housing and Civil Engineering	1441156	403324	2352201	2421084	540662	10501770
建筑安装业	Installation	171393	16991	172828	187201	42612	318102
建筑装饰业	Building Decoration	101214	14331	110600	109400	24893	272618
其他建筑业	Others	30933	6590	24704	25026	5690	66746

浙/江/统/计/年/鉴

主要统计指标解释

■ 建筑业增加值

指建筑业企业在报告期内以货币表现的建筑业生产经营活动的最终成果。目前建筑业增加值采用分配法计算,即从收入的角度出发,根据生产要素在生产过程中应得的收入份额计算。具体计算公式为:

建筑业企业增加值=本年提取的固定资产折旧+应付工资+应付福利费+管理费用中的劳动待业保险金、税金+工程结算税金及附加+营业利润-转作奖金的利润。

■ 房屋建筑施工面积

指在报告期内施工的全部房屋建筑面积。包括本期内新开工的、上期施工跨入本期继续施工、上期停建本期复工的房屋建筑面积;不包括上期开工后又停工,本期未施工的房屋建筑面积。

■ 房屋建筑竣工面积

指在报告期内,按照设计所规定的工程内容全部完成,达到了设计规定的交工条件,经有关部门检查验收鉴定合格的房屋建筑面积。

■ 自有施工机械设备年末总台数

指年末本企业(或单位)自有的直接用于工程施工的各种机械设备的台数。但不包括附属辅助生产机械设备、运输机械设备、生产试验机械设备的台数。

■ 自有施工机械设备年末总功率

指年末本企业(或单位)自有的直接用于工程施工的各种机械备年末总功率,按设定能力或查定能力计算。包括施工机械本身的动力和为该机械服务的单独动力设备,如电动机等。但不包括附属辅助生产机械设备、运输机械设备、生产试验机械设备的功率。计量单位用千瓦,动力换算可按1马力=0.735千瓦折合成千瓦数。电焊机、变压器、锅炉不计算动力。

■ 工程结算收入

指企业(或单位)按工程的分部分项自行完成的建筑产品价值并已与甲方在报告期内办理结算手续的工程价款收入,以及向甲方收取的除工程价款以外的按规定列作营业收入的各种款项,如临时设施费、劳动保险费、施工机械调迁费等以及向甲方收取的各种索赔款。

■ 工程结算利润

指已结算工程实现的利润。如为亏损以“-”号表示。其计算公式为:

工程结算利润=工程结算收入-工程结算成本-工程结算税金及附加-经营费用

■ 企业总收入

指与企业生产经营直接有关的各项收入,包括工程结算收入和其他业务收入,即:

企业总收入=工程结算收入+其他业务收入

ZHEJIANG STATISTICAL YEARBOOK

Explanatory Notes on Main Statistical Indicators

□ Value Added of Construction

refers to the final result of the activities of production and management of construction in monetary terms in the reference period. At present, the value added of construction is calculated with the method of distribution. In other words, it is the sum of incomes of various production factors in the production process. The formula is as follows:

Value added of construction = depreciation of fixed assets in the year + wages payable + welfare expenses payable + insurance premium and tax for waiting for employment in the administrative expenses + taxes and surcharges on project settlement + profit gained from project settlement – profit used as bonus.

□ Floor Space of Buildings Under Construction

refers to floor space of buildings under construction during the reference period, including newly started buildings, buildings started earlier and continued during the reference period, and buildings suspended earlier but restarted during the reference period. Excluded are buildings started and then suspended earlier that have not been restarted during the reference time.

□ Floor Space of Buildings Completed

refers to the floor space of buildings that are completed in the reference period in accordance with the requirements of the design, up to the standard for putting them into use, and have been checked and accepted by concerned departments as qualified ones.

□ Total Number of Machinery and Equipment Owned by the Construction Enterprises(or Units)by the End of Year

refers to the number of machines and equipment which are used directly in constraction owned by the enterprises (or units) it does not include the number of ancilary machinery and equipment for construction, production and transportation.

□ Total Power of Machinery and Equipment Owned by the Construction Enterprises (or Units) by the End of Year

refer to the total power of machinery and equipment owned by the enterprises(or units), used directly in construction by the end of the year, including machinery and equipment for construction, production and transportation. The power of the machinery is calculated on basis of the designed or verified capacity, covering the power of the machinery/equipment and the separate power equipment serving the machinery/equipment (such as electric motors), but excluding welders, transformers and boilers. The unit use for the calculation of power is kilowatt, with horsepower converted to kilowatt by 1horsepower = 0.735 kilowatt.

□ Income from Settlement of Projects

refers to the income received by the construction enterprise/unit from the completed portion of the project through settlement procedures with the contractee during the reference period, and other charges to the contractee as operational costs, such as facility fee, labour insurance premium, moving cost of construction unit, as well as various types of claims to the contractee.

□ Profit from Settlement of Projects

refers to profit realized through settled projects. It is calculated with the following formula:

Profit from Settlement of Projects = Income from Settlement of projects – Settled Cost – Settled Taxes and Other Cost – Business Expense

□ Total Revenue of Enterprises

refers to the sum of income from production and operation of enterprises, including income from settlement of projects and other operational incomes, namely:

Total Revenue of Enterprises = Income from settlement of Projects + Other Operational Incomes

2010

浙江统计年鉴

ZHEJIANG STATISTICAL YEARBOOK

CHAPTER 9

交通运输和邮电通信业

Transport, Posts and Telecommunications

9-1 运输线路长度(2003-2009年) Length of Transportation Routes(2003-2009)

单位:公里(km)

指标	Item	2003	2004	2005	2006	2007	2008	2009
铁路线路长度	**Length of Railways**							
营业里程	In Operation	1212	1212	1255	1265	1306	1306	1665
#复线里程	Double-tracking Length	608	631	727	714	714	714	1065
公路通车里程	**Length of Highways**	**46193**	**46935**	**48600**	**95310**	**99812**	**103652**	**106942**
#一级公路	First Class Highways	2251	2487	2955	3410	3617	3795	4089
二级公路	Second Class Highways	5948	6189	6569	7710	8207	8596	8882
高速公路	Expressway	1438	1475	1866	2383	2651	3073	3298
内河通航里程	**Length of Navigable Inland Waterways**	**10539**	**9893**	**9652**	**9652**	**9667**	**9695**	**9704**
民用航空航线(条)	**Number of Civil Aviation Routes(line)**	**174**	**149**	**173**	**203**	**188**	**166**	**206**
#国内航线	Domestic Routes	158	131	147	171	148	135	170

注：2006年起公路通车里程包含村道。The length of highways is including that of village road since 2006.

9-2 主要港口货物吞吐量(2003-2009年) Cargo Handled at Principal Ports(2003-2009)

单位:万吨(10000 tons)

港口名称	Port	2003	2004	2005	2006	2007	2008	2009
合 计	**Total**	**32216**	**40810**	**47900**	**55238**	**62112**	**69036**	**78569**
杭州港	Hangzhou	2828	4864	5094	5221	5550	5299	7605
宁波-舟山港	Ningbo	18543	22586	26881	42387	47336	52047	57684
温州港	Wenzhou	2338	2630	3102	3275	3496	4958	5617
台州港	Taizhou	1457	2022	2067	2107	3312	3898	4178
舟山港	Zhoushan	5722	7359	9052				
嘉兴港	Jiaxing	1328	1349	1704	2248	2418	2834	3485

注：2006年起宁波港和舟山港合并为宁波—舟山港
The two harbors,Ningbo harbor and Zhoushan harbor,have combined to make a large one called Ningbo-Zhoushan harbor since 2006.

9-3 民用车辆拥有量
Number of Civil Vehicles Owned

单位:辆(unit)

指标	Item	合计 Total			#个人 Individual		
		2007	2008	2009	2007	2008	2009
总计	**Total**	**8730908**	**9296166**	**10234576**	**7822480**	**8296866**	**9177947**
汽车	**Vehicles**	**3032672**	**3545050**	**4333031**	**2179734**	**2601279**	**3335476**
载客汽车	Passenger Vehicles	2329315	2804070	3514725	1782401	2178289	2852000
#大型	Large - Sized	41905	46233	49253	709	812	984
中型	Medium - Sized	77143	76606	74668	25035	25232	24930
小型	Small - Sized	2066100	2536029	3237303	1627227	2020282	2684699
微型	Minicar	144167	145202	153501	129430	131963	141387
#轿车	Cars	1612120	1974152	2510077	1289366	1597160	2117164
载货汽车	Trucks	638139	669033	766460	377451	402638	464232
#重型	Heavy - Sized	34684	35681	72049	12556	12371	17832
中型	Medium - Size	100624	98705	95824	41729	41314	41577
轻型	Light - Sized	458917	495846	564825	289318	318877	378567
微型	Minicar	43914	38801	33762	33848	30076	26256
#普通载货	Ordinary	472396	489550	535422	304599	322328	367033
其它汽车	Others	65218	71947	51846	19882	20352	19244
电车	**Trolleybuses**	**3**	**3**	**3**			
#无轨	Trackless	3	3	3			
摩托车	**Motorcycles**	**5310798**	**5373996**	**5505510**	**5274940**	**5340054**	**5472480**
普通	Ordinary	4744157	4818245	4950839	4709941	4785916	4919368
轻便	Lightweigh	566641	555751	554671	564999	554138	553112
拖拉机	**Tractors**	**365602**	**353526**	**367538**	**365602**	**353526**	**367538**
#大型	Large - Sized	112524	110423	112213	112524	110423	112213
挂车	**Trailers**	**21750**	**23503**	**28406**	**2198**	**2000**	**2446**
其它类型车	**Others**	**83**	**88**	**88**	**6**	**7**	**7**
机动车驾驶员(人)	**Motor Drivers(person)**	**8450862**	**9204589**	**9973429**			
#汽车驾驶员	Automobile Drivers	5542299	6313744	7161639			

9-4 水路运输工具年末实有数
Number of Means of Waterway Transportation(Year-end)

指标		Item		合计 Total 2007	2008	2009	#私人 Individuals 2007	2008	2009
机动船	(艘)	Motor Vessels	(unit)	23290	22384	20658	16714	16048	14253
净载重量	(吨位)	Dead Weight Tonnage	(ton)	11865113	12769360	15382478	2552766	2455937	2473986
载客量	(客位)	Passenger Capacity	(seat)	70690	71865	73530	432	420	420
货船	(艘)	Cargo Ships	(unit)	21903	21022	19315	16579	15925	14148
净载重量	(吨位)	Dead Weight Tonnage	(ton)	11852311	12760311	15372249	2552765	2455936	2473985
客货船	(艘)	Passenger cargo Vessels	(unit)	57	12	55			
净载重量	(吨位)	Dead Weight Tonnage	(ton)	11866	157	8436			
载客量	(客位)	Passenger Capacity	(seat)	14985	2225	15515			
客船	(艘)	Passenger Ships	(unit)	1090	1135	1111	36	35	35
载客量	(客位)	Passenger Capacity	(seat)	55705	69640	58015	432	420	420
拖船	(艘)	Tugboats	(unit)	240	215	177	99	88	70
驳船	(艘)	Barges	(unit)	1584	1311	1073	592	518	457
净载重量	(吨位)	Dead Weight Tonnage	(ton)	173095	145951	120808	31573	27888	24571

9-5 客运量和旅客周转量(1978-2009年)
Passenger Traffic and Turnover Volume of Passenger Traffic(1978-2009)

年份 Year	客运量合计(万人) Passenger Traffic Total (10000 persons)	铁路 Railway	公路 Highway	水运 Waterway	民用航空 Civil Aviation	旅客周转量合计(亿人公里) Turnover Volume of Passenger Traffic Total (100 million person-km)	铁路 Railway	公路 Highway	水运 Waterway
1978	20535	1889	12815	5828	3	66.68	29.75	27.60	9.33
1979	23781	2068	15543	6166	4	68.22	24.77	33.26	10.19
1980	28454	2421	19326	6702	5	96.74	43.55	41.70	11.49
1981	32458	2677	22864	6909	8	111.40	49.05	50.25	12.10
1982	35988	2735	26150	7094	9	120.66	50.73	57.28	12.65
1983	37856	2919	28468	6461	8	134.73	57.46	64.54	12.73
1984	40827	3252	30882	6683	10	157.81	66.74	76.86	14.21
1985	52776	3225	39375	10163	13	201.35	75.26	107.23	18.86
1986	57973	3126	45759	9066	22	220.38	78.43	124.91	17.04
1987	61403	3258	49589	8526	30	246.98	83.94	145.85	17.19
1988	64571	3595	52560	8382	34	269.43	93.12	158.81	17.50
1989	59477	3453	48726	7275	23	257.28	87.63	153.87	15.78
1990	60347	3018	51083	6214	32	257.29	75.94	166.87	14.48
1991	64906	3040	56495	5286	85	285.85	80.91	190.95	13.99
1992	71017	3051	62767	5087	112	322.40	87.83	220.68	13.89
1993	91553	3249	83606	4560	138	398.87	98.05	288.10	12.72
1994	100068	3559	92090	4269	150	435.15	108.35	314.95	11.85
1995	109139	3566	101370	3968	235	483.06	109.80	360.09	13.17
1996	114098	3071	107317	3446	264	500.98	98.11	391.65	11.22
1997	115141	2990	108654	3231	266	529.79	101.20	417.77	10.82
1998	118329	3169	111847	3034	279	552.35	106.57	436.34	9.44
1999	118819	3750	111771	3034	264	582.71	140.01	433.50	9.20
2000	124133	3909	116996	2938	290	606.73	148.33	449.51	8.89
2001	132881	4193	126008	2371	309	651.79	164.48	479.53	7.78
2002	135995	4511	128980	2122	382	706.85	180.95	519.20	6.70
2003	140699	4338	133968	1983	410	718.39	181.03	531.63	5.73
2004	150254	5195	142177	2311	571	795.32	216.41	571.50	7.41
2005	160669	5274	152222	2510	663	848.49	222.95	617.87	7.67
2006	174626	5588	165441	2792	805	929.15	241.05	681.39	6.71
2007	189658	5931	179501	3164	1062	1026.50	258.52	761.07	6.91
2008	217209	6448	206111	3494	1156	1118.62	289.76	821.57	7.29
2009	222130	6508	210584	3680	1358	1152.38	291.30	853.63	7.45

注：1.民用航空客运量指发送量。Passenger traffic of civil aviation refers to volume of transmitting passenger.
2.2008年始公路按新的调查方法进行统计。 The data of highway is adjusted since 2008

9-6 货运量和货物周转量(1978-2009年)
Freight Traffic and Turnover Volume of Freight Traffic(1978-2009)

年份 Year	货运量合计(万吨) Freight Traffic Total (10000 ton)	铁路 Railway	公路 Highway	水运 Waterway	货物周转量合计(亿吨公里) Turnover Volume of Freight Traffic Total (100 million ton-km)	铁路 Railway	公路 Highway	水运 Waterway
1978	8460	1415	2690	4355	164.19	112.77	6.69	44.73
1979	9202	1461	2998	4743	181.29	121.50	7.62	52.17
1980	9577	1523	3012	5042	190.76	126.23	8.25	56.28
1981	9608	1495	3042	5071	192.29	121.27	9.25	61.77
1982	10746	1609	3616	5521	201.83	120.49	11.49	69.85
1983	10877	1681	3728	5468	212.49	123.02	13.58	75.89
1984	11781	1736	3988	6057	232.67	127.59	16.67	88.41
1985	22385	1781	9397	11207	293.54	132.54	33.45	127.55
1986	31775	1893	17680	12202	341.20	135.18	68.14	137.88
1987	32346	1924	19426	10996	369.21	138.07	82.52	148.62
1988	37502	1877	24128	11497	403.96	136.50	96.25	171.21
1989	36358	1911	24354	10093	408.99	146.51	92.75	169.73
1990	33474	1691	22879	8904	400.65	144.43	100.75	155.47
1991	35198	1773	24162	9263	456.00	144.95	136.25	183.80
1992	41115	1915	28957	10243	546.81	167.52	158.83	220.46
1993	49867	1989	36439	11439	617.69	179.58	160.48	277.63
1994	54765	1841	40593	12331	685.41	181.55	171.63	332.23
1995	62287	1914	45052	15321	874.29	186.75	245.16	442.38
1996	63875	1928	47400	14547	900.80	178.92	266.22	455.66
1997	60956	1721	45224	14011	914.54	172.22	262.32	480.00
1998	60369	1726	45338	13305	897.88	173.28	257.11	467.49
1999	64004	1710	45754	16540	1004.10	171.80	256.90	575.40
2000	74884	1955	55008	17921	1199.74	187.16	280.02	732.56
2001	77832	2181	55706	19945	1371.60	206.48	282.53	882.59
2002	90507	2411	63532	24564	1616.61	230.41	293.60	1092.60
2003	103163	2658	70907	29598	2047.48	252.92	313.70	1480.86
2004	117298	2887	78540	35871	2701.48	288.22	353.62	2059.64
2005	126176	2960	81448	41768	3416.90	282.85	372.66	2761.39
2006	140095	3231	89342	47522	4363.71	300.74	431.07	3631.9
2007	153318	3447	98742	51129	4962.38	336.06	493.64	4132.68
2008	146637	3398	91625	51614	5476.25	339.74	1114.50	4022.01
2009	151239	3435	95802	52002	5659.78	323.30	1188.70	4147.78

注：2008年始公路按新的调查方法进行统计。 The data of highway is adjusted since 2008

9 - 7 邮电业务基本情况(1978 - 2009 年)
Post and Telecommunications Services(1978 - 2009)

年份 Year	邮电业务总量(万元) Business Volume of Post and Telecommuni - cations (10000 yuan)	函件(万件) Number of Letters (10000 cases)	订销报刊累计份数(万份) Total Number of Newspaper and Magazine Subscribed (10000 copies)	特快专递(万件) Express Mail Services (10000 pieces)	长途电话通话时长(万分钟) Communication time by long - distance Telephone Call (10000 minutes)	市话年末户数(户) Number of Urban Telephone Subscribers at Year end (Subscriber)	农话年末户数(户) Number of Rural Telephone Subscribers at Year end (Subscriber)
1978	6851	11663	52264			42043	32919
1979	7832	14236	52264			46141	34120
1980	8991	16466	58538			51230	36838
1981	9970	18039	64945			57610	38749
1982	10834	19123	67993			65931	41513
1983	12477	23155	7373			75314	44677
1984	14879	28517	89384			89805	50487
1985	18837	33742	101657			104430	58012
1986	20564	34729	103759			121240	62935
1987	24878	39847	116953			145987	72806
1988	31300	42035	116694			188547	88729
1989	37020	36577	64557			234081	106895
1990	45396	34879	67183			280232	125783
1991	114607	32219	68849			355000	156500
1992	165815	33649	80349			486400	222100
1993	275148	39190	77457			782464	346685
1994	429179	38617	81515			1188163	585589
1995	630167	38678	85226	289	168588	1666979	936297
1996	865336	37785	90955	390	212709	1997814	1219930
1997	1129657	34186	98207	392	263562	2392544	1631650
1998	1577157	33133	102761	436	312660	2809491	2213890
1999	2190000	29439	107683	537	497232	3409993	3249300
2000	3240800	30643	106807	654	619793	4197800	4645000
2001	2799000	34839	116156	824	755690	5477000	5739000
2002	3634295	37862	114707	866	965782	7153572	6664178
2003	5047179	74901	116953	1014	1426075	9373773	7191544
2004	6771657	73462	110417	1164	1780713	11881841	7865948
2005	8303851	69844	112417	1256	2144549	14215278	8101240
2006	9720807	73349	117573	1440	2401231	15665856	8241649
2007	13270593	74475	124782	1737	1594861	16014157	8044271
2008	15454226	75528	131296	2357	3186834	14823869	8152032
2009	16663726	83625	137328	3225	3279205	13137656	8048195

注：1. 邮电业务总量 1978—2000 年按 1990 年不变价计算,2001 年开始按 2000 年不变价计算。
Business volume of post and telecommunications from 1978 to 2000 were calculated at constant price of 1990, at constant price of 2000
2. 按最新统计口径,自 2003 年函件包括邮送广告。
The letters include advertisements sent by post according to new statistical scope since 2003.
3. 2007 年起,长途电话通话时长按新口径统计,后表同。
Since 2007, the statistic scope of communication time by long - distance telephone call has been changed. Following tables are the same.

9-8 邮电企业主要指标(2006-2009年)
Principal Indicators of Post and Telecommunications Enterprises(2006-2009)

指标		Item		2006	2007	2008	2009
邮电线路长度		**Length of Postal Routes**					
邮路总长度	(公里)	Length of Postal Routes	(km)	174237	198935	212595	236647
农村投递路线总长度	(公里)	Rural Delivery Routes	(km)	143793	150651	157968	167932
长途电话电路总数	(2M)	Total Long distance Telephone Circuits	(2M)	23088	13511	9197	6624
邮运通信工具		**Telecommunications Facilities**					
火车邮厢	(辆)	Postal Railway Carriage	(unit)	7	7	7	7
邮政汽车	(辆)	Postal Cars	(unit)	2811	2995	3261	3320
公用电话	(万部)	Public Telephone	(10000 units)	251	244	228	235
长途自动交换机	(路端)	Long distance Switchboard	(terminal circuit)	642281	812601	869294	918625
本地电话交换机容量	(万门)	Urban Switchboard	(10000 lines)	3093	3246	3199	3110
移动电话交换机	(万户)	Mobile Switchboard	(10000 users)	4194	5903	7901	7973
移动电话	(万户)	Mobile Telephone	(10000 users)	3012	3529	3977	4436
DDN 用户	(户)	User of DDN	(user)	16613	16642	12025	9696
帧中继用户	(户)	User of ChinaFrn	(user)	5256	5094	4469	2785
互联网用户	(万户)	Users of International Computer Network	(10000 users)	574	681	805	891
宽带用户	(万户)	Wide Band	(10000 users)	453	562	692	821
长途光缆线路长度	(公里)	Length of Long Distance Optical Fibre Cable	(km)	25562	25790	24145	23235

9-9 邮电通信水平(2006-2009年)
Level of Post and Telecommunications Services(2006-2009)

指标		Item		2006	2007	2008	2009
邮电通信水平		**Level of Postal and Telecommunications Services**					
每百人平均函件量	(件/百人)	Average Number of Letters Mailed per 100 Persons	(Pieces/100 persons)	1496.0	1498.0	1505.2	1644.7
每百人平均累计订阅报刊量	(份/百人)	Average Number of Newspaper Subscribed per 100 Persons	(copies/100 persons)	2360.0	2470.0	2564.0	2651.0
每百人平均包件	(件/百人)	Average Number of Parcels per 100 Persons	(Pieces/100 persons)	11.8	12.2	10.3	8.5
每百人平均汇票量	(张/百人)	Average Number of Money Order per 100 Persons	(Pieces/100 persons)	25.9	32.2	40.8	40.2
每百人长话量	(分钟/百人)	Number of Long distance Telephone per 100 Persons	(Minutes/100 persons)	48217	31519	62243	63305
固定电话普及率	(部/百人)	Popularization Rate of Fixed Telephone	(set/100 persons)	48.0	47.5	44.9	40.9
移动电话普及率	(部/百人)	Popularization Rate of Mobile Telephone	(set/100 persons)	60.5	69.7	77.7	85.6
人均邮政、电信费用支出(按合计总量算)	(元/人)	Per Capital Expenditure of Telecommunications	(yuan/person)	970	1107	1185	1220
已通电话的乡镇	(个)	Number of Townships with Telephone Communication	(unit)	1215	1203	1193	1180
已通电话的行政村	(个)	Number of Villages with Telephone Communication	(unit)	32976	31060	30068	29974
已通邮的行政村(个)	(个)	Number of Villages with Posal Communication	(unit)	34473	31041	30065	29972
设有局所的乡(镇)比重	(%)	Percentage of Townships with Postal Offices	(%)	79.8	78.9	78.1	75.1
按固定班期投递邮件的乡镇	(个)	Townships with Regularly Delivering Letters	(unit)	1218	1201	1217	1179

注：2004年开始固定电话普及率计算口径已作调整。
The statistical coverage of popularization rate of fixed telephone was adjusted since 2004.

浙/江/统/计/年/鉴

主要统计指标解释

■ 铁路营业里程

又称营业长度,指办理客货运输业务的铁路正线总长度。凡是全线或部分建成双线及以上的线路,以第一线的实际长度计算;复线、站线、段管线、岔线和特殊用途线以及不计算运费的联络线都不计算营业里程。铁路营业里程是反映铁路运输业基础设施发展水平的重要指标,也是计算客货周转量、运输密度和机车车辆运用效率等指标的基础资料。

■ 公路里程

指在一定时期内实际达到《公路工程技术标准JTJ01-88》规定的等级公路,并经公路主管部门正式验收交付使用的公路里程数。其计算单位为:km。它包括大中城市的郊区公路以及通过小城镇街道部分的公路里程,也包括桥梁、渡口的长度,但不包括大中城市的街道、厂矿、林区生产用道和农业生产用道的里程。两条或多条公路共同经由同一路段,只计算一次,不得重复计算里程长度。公路里程是反映公路建设发展规模的重要指标,也是计算运输网密度等指标的基础资料。

■ 内河航道里程

也称"内河通航里程",是反映内河水运网规模、水平和发展情况的主要指标;是指在一定时期内,能通航运输船舶及排筏的天然河流、湖泊水库、运河及通航渠道的长度。包括全年季节性通航累计三个月以上的航道,但不包括仅供零散流放竹、木排的河道。

■ 货(客)运量

指在一定时期内,各种运输工具实际运送的货物(旅客)数量。是反映运输业为国民经济和人民生活服务的数量指标,也是制定和检查运输生产计划,研究运输发展规模和速度的重要指标。货运按吨计算,客运按人计算。货物不论运输距离长短,货物类别,均按实际重量统计;旅客不论行程远近或票价多少,均按一人一次作为客运量统计。半价票、小孩票也按一人统计。

■ 货物(旅客)周转量

指在一定时期内,由各种运输工具运送的货物(旅客)数量与其相应运输距离的乘积之总和,是反映运输业生产总成果的重要指标,也是编制和检查运输生产计划,计算运输效率、劳动生产率以及核算运输单位成本的主要基础资料。通常以吨公里和人公里为计算单位。计算货物周转量通常按发出站与到达站之间的最短距离,也就是计费距离计算。

■ 沿海主要港口货物吞吐量

指由水运进出沿海主要港区范围,并经过装卸的货物数量,包括邮件及办理托运手续的行李、包裹以及补给运输船舶的燃、物料和淡水。其计量单位为吨。货物吞吐量的货种分类及其主要流向流量,反映了港口在国内外物资交流和对外贸易运输中的地位和作用。吞吐量可以分为进口、出口,又可以分为国内贸易和对外贸易。

■ 邮电业务总量

指以货币表现的邮电部门用于传递信息和提供其他邮电服务的总数量。它综合反映了一定时期邮电工作的总成果,是研究邮电业务量构成和发展趋势的重要指标。它用各种邮电分类业务量,如函件件数、长途电话业务量、市内电话和农村电话的年均户数、订销报刊累计份数等,分别乘以相应的平均单价(不变价),加总后再加上出租电路和设备的收入、代用户维护电话交换机和线路等设备的收入、其他业务收入求得。

ZHEJIANG STATISTICAL YEARBOOK

Explanatory Notes on Main Statistical Indicators

□ Length of Railways in Operation

refers to the total length of the trunk line under passenger and freight transportation. The calculation is based on the actual length of the first line even if this line has a full or partial double track or more tracks, excluding double tracks, stationsidings, tracks under the charge of stations; branch lines, specialpurpose lines and the non-payable connecting lines. The length of railways in operation is an important indicator to show the development of the intra - structure for the railway transport, and also the essential data to calculate volume of passenger freight transport, traffic density and utilization efficiency of the locomotives and carriages.

□ Length of Highways

refers to the length of highways which are built in conformity with the grades specified by the highway engineering standard formulated by the Ministry of Communications, and have been formally checked and accepted by the departments of highways and put into use. The length of highways includes that of the suburb highways at large and medium - sized cities, highways passing through streets at small cities and towns, and also the length of bridges and ferries. It does not include the length of streets in big and medium - sized cities and highways built for the production purpose at factories, mines, forest areas and agricultural areas. If two or more highways go the same section of the way, the length of the section is only calculated for once and no duplication is allowed. The length of highways is an important indicator to show the development of the highway construction and to provide essential information to calculate the transport network density.

□ Length of Navigable Inland Waterways

refers to the length of the natural rivers, lakes, reservoirs, canals, and ditches open to navigation during a given period, which enables the transport by ships and rafts. It includes the channels open to navigation for over 3 months accumulatively in a year, yet this does not include the river courses which are only used to float odd logs and bamboo rafts.

□ Length of Civil Aviation Routes

refers to the length of all routes for regular civil aviation flights. There are usually two ways to calculate the distance between airports connected by the route length: One is to put the length of all air routes together, called duplicated calculation of the length of the routes; the other is not to allow the duplication in calculation when two or more routes passing the same section. The latter is usually used, as it can precisely show the size of the civil aviation network and indicate the extent of civil aviation serving the national economy and the people.

□ Freight (Passenger) Traffic

refers to the volume of freight (passenger) transported with various means. Freight transport is calculated in tons and passenger traffic is calculated in the number of persons. Despite the type of freight and travelling distance, the freight transport is calculated by the principle that one person can be counted only once in one travel. The passenger who travel with a half - price ticket or a child ticket is also calculated as one person. The freight (passenger) traffic provides a quantitative measure to show how the transport industry serves the national economy and people, and is also an important indicator for planning the transport industry and for studying the development scale and speed of the transport industry.

□ Freight Ton-kilometers(Passenger - kilometers)

refer to the sum of the products of the volume of transported cargo (passengers) multiplying by the transport distance, usually using ton - kilometre and passenger - kilometre

EXPLANATORY NOTES ON MAIN STATISTICAL INDICATORS

as units for measurement. Normally, the shortest distance between the departure station and the destination station (i. e., the payable distance) is the basis to calculate the freight ton – kilometres. This is an important indicator to show the total results of the transport industry, to prepare and examine the transport plan and to measure the efficiency, the labour productivity and the unit cost of transport.

□ Volume of Freight Handled in Major Coastal Ports

refers to the volume of cargo passing in and out the harbor area of the major coastal ports and having been loaded and unloaded. The volume includes that of the postal matters, registered luggages and fuels, materials and fresh water as supplies of the ships. The volume of freight handled may be classfied as import, export, or as domestic trade and foreign trade. The volume of freight handled by type of cargo and by main flow direction reflects the position and function of the ports in the inflow of Chinese and foreign commodities and in the transportation for foreign trade.

□ Business Volume of Post and Telecommunications

refers to the total amount of the imformation delivered and other post and telecommunications services provided by the post and telecommunications departments for the customers. It is derived by first multiplying the business volume of different types, such as number of letters, telegrams, long distance calls, city and rural telephone subscribers and accumulated number of newspapers and journals subscribed and sold, etc. by their respective average unit price (fixed price) and then adding these products together: plus the income from maintenance of telephone exchanges and lines, and the income from other business operations. The business volume of post and telecommunications indicates the total achievements made by the post and telecommunications department during a given period of time in a comprehensive way, and is an important indicator to study the composition and development of the post and telecommunications business.

2010

浙江统计年鉴

ZHEJIANG STATISTICAL YEARBOOK

CHAPTER 10

批发、零售贸易和餐饮业

Wholesale and Retail Sale Trade and Catering Trade

10－1 社会消费品零售总额(1978－2009年)
Total Retail Sales of Consumer Goods(1978－2009)

单位:亿元(100 million yuan)

年份 Year	社会消费品零售总额 Total Retail Sales of Consumer Goods	按地区分 By Region			按行业分 By Secter		
		市 Cities	县 Counties	县以下 Under County Level	批发和零售业 Wholesale and Retail Trade	餐饮业 Catering Services	其他 Others
1978	46.86	9.75	14.46	22.65	43.57	1.84	1.45
1979	58.97	11.56	17.68	29.73	55.06	2.28	1.63
1980	74.87	14.99	21.68	38.20	69.62	2.86	2.39
1981	85.99	23.76	17.59	44.64	79.98	3.21	2.80
1982	93.77	25.01	19.57	49.19	86.78	3.45	3.54
1983	104.24	28.06	23.10	53.08	96.93	3.87	3.44
1984	125.82	35.66	27.96	62.20	116.37	4.98	4.47
1985	172.27	55.99	40.74	75.54	157.44	6.56	8.27
1986	203.49	67.15	44.71	91.63	185.26	7.90	10.33
1987	242.58	87.80	45.29	109.49	220.40	9.73	12.45
1988	325.88	132.28	51.23	142.37	298.19	12.55	15.14
1989	346.01	141.80	51.91	152.30	316.71	14.06	15.24
1990	353.75	153.27	48.55	151.93	321.45	15.90	16.40
1991	404.00	184.56	55.79	163.65	366.65	19.07	18.28
1992	493.87	230.23	73.72	189.92	442.64	25.04	26.19
1993	772.11	371.59	112.72	287.80	722.81	40.09	9.21
1994	1133.18	615.40	115.15	402.63	1013.18	55.24	64.76
1995	1472.66	791.45	142.73	538.48	1360.01	85.92	26.73
1996	1776.67	950.80	181.68	644.19	1610.94	115.02	50.71
1997	1951.96	1054.90	193.40	703.66	1759.87	129.88	62.21
1998	2120.78	1150.81	203.92	766.05	1896.93	149.33	74.52
1999	2305.86	1257.49	223.54	824.83	2041.43	188.31	76.12
2000	2553.59	1394.29	250.36	908.94	2235.01	237.67	80.91
2001	2839.59	1594.35	275.10	970.14	2478.04	277.97	83.57
2002	3166.15	1816.22	315.53	1034.40	2736.10	340.34	89.72
2003	3511.26	2224.23	366.42	920.61	2998.92	399.14	113.20
2004	4055.50	2573.23	452.89	1029.38	3525.14	452.78	77.58
2005	4645.85	3056.03	462.00	1127.83	4033.32	534.85	77.69
2006	5357.97	3540.56	522.60	1294.80	4687.61	613.63	56.73
2007	6271.32	4155.19	610.31	1505.83	5488.43	724.04	58.85
2008	7533.30	5021.44	735.99	1775.86	6678.37	804.09	50.85
2009	8622.26	5770.67	839.12	2012.47	7668.98	901.16	52.12

注：2004年、2008年数据按经济普查资料测算,1993－2003年、2005－2007年数据根据经济普查数据调整。
The data in 2004 and 2008 are calculated from Economic Census, while the data are adjusted by Economic Census from 1993 to 2003 and 2005 to 2007.

10－2 按登记注册类型分限额以上批发零售贸易业基本情况
Basic Conditions of Enterprises Above Designated Size in Wholesale and Retail Trades by Types of Registration

指标	Item	法人企业(个) Number of Corporation (unit)		从业人员(人) Persons Employed (person)	
		2008	2009	2008	2009
总计	**Total**	**9316**	**8990**	**430536**	**452545**
批发业合计	**Wholesale Trade**	**6767**	**6416**	**214088**	**218180**
#国有及国有控股企业投资	State－owend and State Holding Enterprises	445	372	41683	40015
内资企业	Domestic Funded Enterprises	6711	6349	210750	213261
国有企业	State－owned Enterprises	222	176	21282	20343
集体企业	Collective Owned Enterprises	65	48	1964	1749
股份合作企业	Cooperative Enterprises	30	34	1297	984
联营企业	Joint Ownership Enterprises	13	13	548	436
国有联营企业	State Joint Ownership Enterprises	5	4	410	268
集体联营企业	Collective Joint Ownership Enterprises	2	2	45	42
国有与集体联营企业	State－collective Joint Enterprises	3	3	58	66
有限责任公司	Limited Liability Corporations	1612	1491	68457	70038
国有独资公司	State Sole Funded Corporations	43	43	4579	5486
其他有限责任公司	Other Limited Liability Corporations	1569	1448	63878	64552
股份有限公司	Share－holding Corporations Ltd.	164	157	16026	17202
私营企业	Private Enterprises	4581	4410	99571	100915
私营独资企业	Private Funded Enterprises	125	109	2487	2297
私营合伙企业	Private Partnership Corporations	79	73	1047	959
私营有限责任公司	Private Limited Liability Corporations	4239	4099	91647	93322
私营股份有限公司	Private Share－holding Corporations Ltd.	138	129	4390	4337
港、澳、台商投资企业	Enterprises With Funds From Hong Kong,Macao and Taiwan	16	27	1488	2371
合资经营企业	Joint－venture Enterprises	6	13	915	1207
独资经营企业	Enterprises with Sole Investment	8	13	357	964
外商投资企业	Foreign Funded Enterprises	40	40	1850	2548
中外合资经营企业	Joint－venture Enterprises	14	12	408	506
中外合作经营企业	Cooperation Enterprises				
外资企业	Enterprises With Sole Foreign Investment	22	23	1366	1942
外商投资股份有限公司	Foreign Invesment Share－holding Corporations Ltd.	4	5	76	100

续表 Continued

指标	Item	法人企业(个) Number of Corporation (unit)		从业人员(人) Persons Employed (person)	
		2008	2009	2008	2009
零售业合计	**Retail Sale Trade**	**2549**	**2574**	**216448**	**234365**
#国有及国有控股	State - owend and State Holding Enterprises	278	267	23488	23981
内资企业	Domestic Funded Enterprises	2482	2494	197118	212044
国有企业	State - owned Enterprises	82	81	5453	6178
集体企业	Collective Owned Enterprises	62	65	3156	3247
股份合作企业	Cooperative Enterprises	19	23	461	640
联营企业	Joint Ownership Enterprises	24	17	381	276
国有联营企业	State Joint Ownership Enterprises	10	7	180	130
国有与集体联营企业	Joint State - collective Enterprises	10	7	151	108
其他联营企业	Other Joint Ownership Enterprises	2	1	29	16
有限责任公司	Limited Liability Corporations	784	779	86642	92314
国有独资公司	State Sole Funded Corporations	42	43	2378	2455
其他有限责任公司	Other Limited Liability Corporations	742	736	84264	89859
股份有限公司	Share - holding Corporations Ltd.	72	71	20118	21333
私营企业	Private Enterprises	1423	1445	79936	87417
私营独资企业	Private Funded Enterprises	77	79	2555	3325
私营合伙企业	Retail Sale	30	31	3832	3841
私营有限责任公司	Private Limited Liability Corporations	1260	1283	69997	77656
私营股份有限公司	Private Share - holding Corporations Ltd.	56	52	3552	2595
港、澳、台商投资企业	Enterprises With Funds From Hong Kong, Macao and Taiwan	25	30	6245	7698
合资经营企业	Joint - venture Enterprises From Hong Kong, Macao and Taiwan	8	8	1202	1283
合作经营企业	Cooperation Enterprises From Hong Kong, Macao and Taiwan	1	1	495	495
港、澳、台商独资经营企业	Enterprises with Sole Hong Kong, Macao and Taiwan	14	20	4454	5847
港、澳、台商投资股份有限公司	Share - holding Corporations Ltd. with Funds From Hong Kong, Macao and Taiwan	2	1	94	73
外商投资企业	Foreign Funded Enterprises	42	50	13085	14623
中外合资经营企业	Joint - venture Enterprises	18	18	8470	8363
中外合作经营企业	Cooperation Enterprises	3	2	481	410
外资企业	Enterprises With Sole Foreign Investment	20	29	4047	5746

10－3 分行业限额以上批发零售贸易基本情况
Basic Conditions of Enterprises Above Designated Size in Wholesale and Retail Trade by Types of Registration

指标	Item	法人企业（个）Number of Corporation (unit)		从业人员（人）Persons Employed (person)	
		2008	2009	2008	2009
总计	**Total**	**9316**	**8990**	**430536**	**452545**
批发业	**Wholesale**	**6767**	**6416**	**214088**	**218180**
农畜产品批发	Agricultural and Animal Products	80	71	3243	2673
食品、饮料及烟草制品批发	Food, Beverages, Tobacoo and Its Products	425	389	33802	34838
#米、面制品及食用油批发	Rice, Flour and Its Products, Edible Oil	67	65	4341	4584
烟草制品批发	Tobacoo and Its Products	77	46	11341	11405
纺织、服装及日用品批发	Textile, Garments and Articles for Daily Use	1446	1442	49732	52677
#服装批发	Garments	416	414	20349	20459
文化、体育用品及器材批发	Culture, Sports Articles and Equipment	181	168	6395	6024
医疗及医疗器材批发	Medicines and Medical Appliances	189	189	15052	16754
矿产品、建材及化工产品批发	Mineral Products, Building Materials and Chemical Products	3064	2890	60723	60165
#煤炭及制品批发	Coal and Related Products	305	301	4616	5021
石油及制品批发	Petroleurn and Related Products	289	284	13347	13406
金属及金属矿批发	Metal Materials and Mineral	1392	1324	21071	20445
建材批发	Building Materials	178	179	4825	4783
化肥批发	Fertilizer	58	51	1929	1989
机械设备、五金交电及电子产品批发	Machinery Equipment, Hardware and Electric Products	1075	1016	39102	39853
#汽车、摩托车及零配件批发	Motor Vehicles, Motorcycles and Parts	173	158	6128	5984
家用电器批发	Household Appliances	141	138	7260	7316
计算机、软件及辅助设备批发	Computers, Software and Auxiliary Equipment	91	81	2452	2565
贸易经纪与代理	Manage and Agencies in Trade	1	20	34	485
其他批发	Others	306	231	6005	4711

续表　Continued

指标	Item	法人企业(个) Number of Corporation (unit) 2008	2009	从业人员(人) Persons Employed (person) 2008	2009
零售业	**Retail Sale**	**2549**	**2574**	**216448**	**234365**
综合零售	Synthesizs	355	376	94376	108604
#百货零售	Consumer Goods	121	135	26397	30887
超级市场零售	Supermarkets	194	193	63282	72676
食品、饮料及烟草制品专门零售	Food, Beverages, Tobacoos and Its Products	72	60	6581	5763
纺织、服装及日用品专门零售	Textile Garments and Articles for Daily Use	92	98	9826	11849
#服装零售	Garments Articles	45	52	7550	9207
文化、体育用品及器材专门零售	Culture, Sports Articles and Equipment	146	146	8591	8958
#体育用品零售	Sports Articles	6	6	265	191
#图书零售	Books	77	83	5085	5357
医药及医疗器材专门零售	Medicines and Medical Appliances	165	153	17828	17701
#药品零售	Medicines	160	152	17758	17695
汽车、摩托车、燃料及零配件专门零售	Motor Vehicles Motorcycles Fuel	1215	1248	51743	56145
汽车零售	Motor Vehicles	833	845	39643	43751
机动车燃料零售	Fuel for Motor Vehicles Use	307	334	10741	11000
家用电器及电子产品专门零售	Household Appliance Electric Products	348	344	22484	21004
#家用电器零售	Household Appliance	189	190	14044	14134
计算机、软件及辅助设备零售	Computer, Software and Auxiliary Equipment	100	99	4079	3063
通信设备零售	Communication Equipment	52	48	3935	3410
五金、家具及室内装修材料专门零售	Hardware Furniture Decoration Indoors	53	51	1800	1447
无店铺及其他零售	Non－shop and Other Retail Sale	103	98	3219	2894
#邮购及电子销售	Mail Order and Electron Vendition	2	1	367	324

10－4 按登记注册类型分限额以上批发零售贸易业商品销售总额
Total Sales of Enterprises Above Designated Size in Wholesale and Retail Trade by Types of Registration

单位:亿元(100 million yuan)

指标	Item	合计 Total 2008	合计 Total 2009	批发 Wholesale 2008	批发 Wholesale 2009	零售 Retail Sale 2008	零售 Retail Sale 2009
总计	**Total**	**18267.53**	**17085.65**	**15469.42**	**13724.87**	**2798.11**	**3360.78**
批发业合计	**Wholesale Trade**	**15432.02**	**13887.98**	**15114.17**	**13344.67**	**317.84**	**543.31**
#国有及国有控股企业投资	State－owend and State Holding Enterprises	4001.96	3156.67	3809.04	2855.63	192.92	301.05
内资企业	Domestic Funded Enterprises	15298.96	13737.44	14981.91	13198.81	317.05	538.64
国有企业	State－owned Enterprises	1634.54	1333.22	1610.28	1314.05	24.26	19.17
集体企业	Collective Owned Enterprises	153.73	87.84	152.72	85.63	1.01	2.21
股份合作企业	Cooperative Enterprises	46.46	47.18	42.64	46.94	3.82	0.24
联营企业	Joint Ownership Enterprises	59.93	43.77	59.85	43.47	0.08	0.30
国有联营企业	State Joint Ownership Enterprises	38.67	23.67	38.67	23.67		
集体联营企业	Collective Joint Ownership Enterprises	10.43	5.76	10.43	5.76		
国有与集体联营企业	Joint State－collective Enterprises	1.68	2.52	1.60	2.22	0.08	0.30
有限责任公司	Limited Liability Corporations	5455.21	4991.97	5352.24	4859.14	102.97	132.82
国有独资公司	State Sole Funded Corporations	105.73	101.02	104.76	99.81	0.97	1.22
其他有限责任公司	Other Limited Liability Corporations	5349.48	4890.94	5247.48	4759.34	102.00	131.60
股份有限公司	Share－holding Corporations Ltd.	1448.69	1398.01	1313.86	1099.38	134.84	298.63
私营企业	Private Enterprises	6463.80	5756.43	6414.11	5671.72	49.68	84.71
私营独资企业	Private Funded Enterprises	148.87	98.59	145.87	97.01	3.00	1.58
私营合伙企业	Private Partnership Corporations	49.17	42.84	49.15	42.03	0.02	0.81
私营有限责任公司	Private Limited Liability Corporations	6039.77	5384.20	5996.20	5306.00	43.57	78.20
私营股份有限公司	Private Share－holding Corporations Ltd.	225.99	230.80	222.89	226.67	3.09	4.13
其他企业	Other Enterprises	36.61	79.01	36.21	78.48	0.40	0.54
港澳台商投资企业	Enterprises With Funds From Hong Kong, Macao and Taiwan	53.25	70.42	52.57	69.50	0.68	0.92
合资经营企业	Joint－venture Enterprises	8.61	12.76	7.93	12.09	0.68	0.67
独资经营企业	Enterprises with Sole Investment	25.58	36.37	25.58	36.13		0.25
外商投资企业	Foreign Funded Enterprises	79.81	80.12	79.70	76.36	0.11	3.75
中外合资经营企业	Joint－venture Enterprises	29.87	38.87	29.76	36.72	0.11	2.15
中外合作经营企业	Cooperation Enterprises						
外资企业	Enterprises With Sole Foreign Investment	40.99	36.10	40.98	34.49		1.60
外商投资股份有限公司	Foreign Investment Share－holding Corporation Ltd.	8.95	5.15	8.95	5.15		

续表 Continued 单位:亿元(100 million yuan)

指标	Item	合计 Total 2008	合计 Total 2009	批发 Wholesale 2008	批发 Wholesale 2009	零售 Retail Sale 2008	零售 Retail Sale 2009
零售业合计	**Retail Trade**	**2835.51**	**3197.68**	**355.24**	**380.20**	**2480.27**	**2817.47**
#国有及国有控股企业投资	State - owend and State Holding Enterprises	614.39	614.40	156.37	148.13	458.01	466.28
内资企业	Domestic Funded Enterprises	2537.50	2854.87	328.12	350.29	2209.38	2504.58
国有企业	State - owned Enterprises	75.30	85.74	7.32	4.10	67.98	81.64
集体企业	Collective owned Enterprises	41.14	45.98	9.86	12.96	31.28	33.02
股份合作企业	Cooperative Enterprises	4.75	7.27	0.82	0.17	3.92	7.10
联营企业	Joint Ownership Enterprises	12.36	9.10	1.13	0.63	11.23	8.47
国有联营企业	State Joint Ownership Enterprises	5.79	4.93	0.72	0.50	5.07	4.44
国有与集体联营企业	Joint State - collective Enterprises	5.15	3.40	0.36	0.14	4.79	3.26
其他联营企业	Other Joint Ownership Enterprises	0.78	0.33			0.78	0.33
有限责任公司	Limited Liability Corporations	966.11	1167.66	93.52	134.37	872.58	1033.29
国有独资公司	State Sole Funded Corporations	21.09	21.25	2.68	2.74	18.41	18.51
其他有限责任公司	Other Limited Liability Corporations	945.02	1146.41	90.85	131.62	854.17	1014.78
股份有限公司	Share - holding Corporations Ltd.	521.68	457.98	156.90	118.71	364.78	339.27
私营企业	Private Enterprises	901.42	1065.41	56.87	77.87	844.56	987.54
私营独资企业	Private Funded Enterprises	26.72	29.05	2.04	0.82	24.68	28.23
私营合伙企业	Private Partnership Corporations	18.58	23.39	1.53	3.21	17.05	20.18
私营有限责任公司	Private Limited Liability Corporations	799.54	965.14	50.78	71.53	748.76	893.61
私营股份有限公司	Private Share - holding Corporations Ltd.	56.58	47.83	2.51	2.31	54.07	45.52
港澳台商投资企业	Enterprises With Funds From Hong Kong, Macao and Taiwan	81.61	92.04	2.30	3.11	79.31	88.94
合资经营企业	Joint - venture Enterprises	21.86	22.18	1.37	1.40	20.49	20.77
合作经营企业	Cooperation Enterprises	6.27	6.26			6.27	6.26
独资经营企业	Enterprises with Sole Investment	52.84	63.11	0.93	1.70	51.91	61.40
港、澳、台商投资股份有限公司	Share - holding Corporations Ltd. with Funds From Hong Kong, Macao and Taiwan	0.64	0.50			0.64	0.50
外商投资企业	Foreign Funded Enterprises	216.40	250.76	24.82	26.81	191.58	223.95
中外合资经营企业	Joint - venture Enterprises	141.02	137.37	23.10	18.56	117.92	118.81
中外合作经营企业	Cooperation Enterprises	2.47	2.08			2.47	2.08
外资企业	Enterprises With Sole Foreign Investment	70.10	108.56	1.73	8.25	68.37	100.32

10－5 分行业限额以上批发零售贸易业销售总额
Total Sales of Enterprises Above Designated Size in Wholesale and Retail Sale Trade by Sector

单位:亿元(100 million yuan)

指标	Item	销售总额 Sales 合计 Total 2008	2009	批发 Wholesale 2008	2009	零售 Retail Sale 2008	2009
总计	**Total**	**18267.53**	**17085.65**	**15469.42**	**13724.87**	**2798.11**	**3360.78**
批发业	**Wholesale**	**15432.02**	**13887.98**	**15114.17**	**13344.67**	**317.84**	**543.31**
农畜产品批发	Agricultural and Animal Products	122.86	113.72	122.59	113.31	0.27	0.40
食品、饮料及烟草制品批发	Food, Beverages, Tobacoo and Its Products	1413.04	1348.89	1402.21	1338.49	10.83	10.40
#米、面制品及食用油批发	Rice, Flour and Its Products, Edible Oil	129.71	102.20	126.62	99.69	3.09	2.51
烟草制品批发	Tobacoo and Its Products	823.00	712.08	820.18	710.83	2.82	1.25
纺织、服装及日用品批发	Textile, Garments and Articles for Daily Use	2425.53	2124.04	2418.91	2101.22	6.62	22.82
#服装批发	Garments	748.29	689.60	743.88	678.37	4.41	11.23
文化、体育用品及器材批发	Culture, Sports Articles and Equipment	242.55	227.99	240.43	223.59	2.12	4.40
医药及医疗器材批发	Medicines and Medical Appliances	445.16	554.61	352.93	381.15	92.24	173.46
矿产品、建材及化工产品批发	Mineral Products, Building Materials and Chemical Products	8238.25	7463.67	8067.25	7183.23	171.00	280.44
#煤炭及制品批发	Coal and Related Products	515.63	496.64	514.71	494.47	0.92	2.16
石油及制品批发	Petroleurn and Related Products	1496.71	1442.49	1331.34	1191.01	165.36	251.47
金属及金属矿批发	Metal Materials and Mineral	4190.80	3716.10	4188.21	3705.23	2.58	10.87
建材批发	Building Materials	411.09	338.88	409.30	334.09	1.79	4.79
化肥批发	Fertilizer	101.25	86.83	101.04	85.40	0.21	1.43
机械设备、五金交电及电子产品批发	Machinery Equipment, Hardware and Electric Products	1840.03	1691.91	1806.39	1641.43	33.64	50.48
#汽车、摩托车及零配件批发	Motor Vehicles, Motorcycles and Parts	287.91	320.88	271.24	294.84	16.67	26.04
家用电器批发	Household Appliances	259.21	264.95	252.27	257.23	6.94	7.72
计算机、软件及辅助设备批发	Computers, Software and Auxiliary Equipment	99.46	113.40	94.92	109.72	4.53	3.67
贸易经纪与代理	Manage and Agencies in Trade		23.94		23.94		
其他批发	Others	704.60	339.20	703.48	338.30	1.12	0.90

续表 Continued 单位:亿元(100 million yuan)

指标	Item	销售总额 Sales 合计 Total 2008	2009	批发 Wholesale 2008	2009	零售 Retail Sale 2008	2009
零售业	**Retail Sale**	**2835.51**	**3197.68**	**355.24**	**380.20**	**2480.27**	**2817.47**
综合零售	Synthesizs	669.90	747.70	58.29	66.85	611.61	680.86
#百货零售	Consumer Goods	269.77	282.71	22.15	16.47	247.63	266.24
超级市场零售	Supermarkets	383.70	440.01	32.53	45.78	351.17	394.23
食品、饮料及烟草制品专门零售	Food, Beverages, Tobacoos and Its Products	41.26	35.28	4.13	6.53	37.12	28.75
纺织、服装及日用品专门零售	Textile Garments and Articles for Daily Use	61.47	74.92	13.10	17.06	48.36	57.86
#服装零售	Garments Articles	45.28	60.44	8.67	13.95	36.60	46.48
文化、体育用品及器材专门零售	Culture, Sports Articles and Equipment	59.33	67.56	3.41	5.72	55.93	61.83
#体育用品零售	Sports Articles	2.03	2.34	0.03	0.46	2.00	1.87
图书零售	Books	32.07	35.18	1.09	1.33	30.99	33.85
医药及医疗器材专门零售	Medicines and Medical Appliances	184.34	143.75	37.15	16.67	147.19	127.08
#药品零售	Medicines	183.34	143.69	37.15	16.67	146.19	127.01
汽车、摩托车、燃料及零配件专门零售	Motor Vehicles Motorcycles Fuel	1548.03	1857.56	215.09	225.76	1332.94	1631.79
#汽车零售	Motor Vehicles	1044.98	1356.47	59.29	81.39	985.69	1275.08
机动车燃料零售	Fuel for Motor Vehicles Use	490.81	476.50	154.52	141.89	336.29	334.61
家用电器及电子产品专门零售	Household Appliance Electric Products	220.30	223.63	19.76	28.22	200.54	195.40
#家用电器零售	Household Appliance	158.12	162.42	10.62	15.28	147.50	147.15
计算机、软件及辅助设备零售	Computer, Software and Auxiliary Equipment	40.64	39.69	7.93	10.00	32.71	29.68
通信设备零售	Communication Equipment	19.36	19.23	1.06	2.94	18.30	16.29
五金、家具及室内装修材料专门零售	Hardware Furniture Decoration Indoors	14.12	10.95	1.16	1.78	12.96	9.17
无店铺及其他零售	Non-shop and Other Retail Sale	36.75	36.34	3.14	11.61	33.61	24.73
#邮购及电子销售	Mail Order and Electron Vendition	6.10	4.81	0.27	1.26	5.83	3.55

10－6 限额以上批发零售贸易业商品分类销售额
Total Sales in Wholesale and Retail Sale Trade Above Designated Size by Commodity

单位:亿元(100 million yuan)

商品分类	Commodity	合计 Total			
		2006	2007	2008	2009
食品、饮料、烟酒类	Food, Beverage, Tobacco and Liquor	1174.89	1344.41	1781.97	1940.37
肉禽蛋类	Meat, Poultry and Eggs	45.51	55.98	65.62	69.84
其他食品类	Other Food	314.97	372.28	505.44	522.05
饮料类	Beverages	58.65	75.64	297.77	378.57
烟酒类	Tobacco and Liquor	755.76	840.52	913.14	969.91
服装鞋帽、针、纺织品类	Garments, Shoes, Hats, Knit and Textile Goods	1161.27	1268.06	2013.01	1630.50
服装类	Garments	544.73	580.00	802.38	759.50
鞋帽类	Shoes and Hats	130.36	146.89	187.01	195.80
针、纺织品类	Knit and Textile Goods	486.19	541.17	1023.62	675.20
化妆品类	Cosmetics	41.67	47.60	40.26	66.80
金银珠宝类	Jewelry	19.38	26.34	53.43	57.00
日用品类	Articles For Daily Use	314.43	390.87	607.33	507.27
洗涤用品类	Washing	36.36	43.97	131.51	126.43
儿童玩具类	Toy For Children	9.86	14.86	19.61	15.51
五金、电料类	Hardware & Electric Materials	219.29	247.44	391.69	263.84
体育、娱乐用品类	Sports and Recreation	27.32	29.62	39.66	27.84
书报杂志类	Newspapers and Magazines	44.03	50.45	56.87	58.98
电子出版物及音像制品类	Electronic Publication and Audiovisual Products	4.76	4.61	10.88	5.24
家用电器及音像器材类	Household Appliances and Audiovisual Equipment	366.87	441.64	500.24	553.42
中西药品类	Traditional Chinese & Western Medicines	369.16	428.75	552.55	626.78
西药	Western Medicines	276.16	319.57	403.28	469.03
中草药及中成药	Chinese Herbal Medicine and Other Traditional Chinese Medicine	79.20	89.73	106.11	123.80
文化办公用品类	Culture and Official Articles	178.16	195.97	287.64	263.55
家具类	Furniture	25.54	33.48	43.24	38.72
通讯器材类	Communication Appliances	164.47	145.15	148.90	105.92
煤炭及制品类	Coal and Related Products	180.77	223.62	515.35	461.69
木材及制品类	Timber and Related Products	31.38	42.69	53.18	59.91
石油制品及类	Oil and Related Products	1403.76	1539.13	2125.86	2048.51
化工材料及制品及类	Chemical Materials and Related Products	736.60	893.71	1629.70	1375.54
化肥类	Fertilizer	64.23	69.19	110.19	91.32
金属材料类	Metal Materials	1835.30	2405.40	4179.73	3604.93
建筑及装潢材料类	Building and Decoration Materials	65.38	84.20	200.49	180.16
机电成品及设备类	Mechanical and Electrical Products and Appliances	370.75	435.82	660.20	553.44
农机类	Agricutural Mechanical Products	3.16	4.38	12.21	8.77
汽车类	Motor Vehicles	637.77	790.72	1333.90	1652.27
种子饲料类	Seed and Forage	11.95	12.34	21.68	19.77
棉麻类	Cotton & Ambery	53.59	65.52	41.30	52.32
其他类	Others	546.84	580.94	978.48	617.62

续表 1 Continued 单位:亿元(100 million yuan)

商品分类	Commodity	批发额 Wholesale			
		2006	2007	2008	2009
食品、饮料、烟酒类	Food, Beverage, Tobacco and Liquor	937.64	1056.79	1481.16	1578.26
肉禽蛋类	Meat, Poultry and Eggs	16.30	19.99	32.27	32.69
其他食品类	Other Food	180.49	211.18	326.23	301.73
饮料类	Beverages	31.03	42.43	264.89	338.11
烟酒类	Tobacco and Liquor	709.82	783.19	857.77	905.73
服装鞋帽、针、纺织品类	Garments, Shoes, Hats, Knit and Textile Goods	1002.12	1070.80	1801.21	1343.56
服装类	Garments	434.56	441.23	653.22	549.80
鞋帽类	Shoes and Hats	103.30	112.13	148.69	147.22
针、纺织品类	Knit and Textile Goods	464.26	517.44	999.30	646.54
化妆品类	Cosmetics	10.99	11.95	12.04	18.34
金银珠宝类	Jewelry	0.73	0.88	11.81	8.51
日用品类	Articles For Daily Use	256.32	311.64	531.65	397.49
洗涤用品类	Washing	14.87	18.62	103.74	94.19
儿童玩具类	Toy For Children	6.86	10.52	15.63	9.84
五金、电料类	Hardware & Electric Materials	212.91	240.80	383.08	252.38
体育、娱乐用品类	Sports and Recreation	19.09	20.69	28.21	17.33
书报杂志类	Newspapers and Magazines	20.36	22.98	24.87	24.21
电子出版物及音像制品类	Electronic Publication and Audiovisual Products	2.78	2.54	8.32	2.81
家用电器及音像器材类	Household Appliances and Audiovisual Equipment	217.63	255.31	305.42	333.72
中西药品类	Traditional Chinese & Western Medicines	201.67	225.82	318.41	332.60
西药	Western Medicines	149.05	163.93	228.13	238.47
中草药及中成药	Chinese Herbal Medicine and Other Traditional Chinese Medicine	45.32	49.77	63.47	67.18
文化办公用品类	Culture and Official Articles	156.54	169.21	239.64	218.81
家具类	Furniture	23.96	31.61	36.41	33.76
通讯器材类	Communication Appliances	134.12	112.50	115.70	78.39
煤炭及制品类	Coal and Related Products	180.69	223.25	512.15	459.44
木材及制品类	Timber and Related Products	31.12	42.49	53.18	59.91
石油制品及类	Oil and Related Products	1172.95	1252.42	1599.62	1591.61
化工材料及制品及类	Chemical Materials and Related Products	735.51	892.71	1629.70	1375.54
化肥类	Fertilizer	64.23	69.19	110.19	91.32
金属材料类	Metal Materials	1834.08	2403.92	4179.73	3604.93
建筑及装潢材料类	Building and Decoration Materials	60.49	76.70	192.60	174.49
机电成品及设备类	Mechanical and Electrical Products and Appliances	363.28	426.70	653.13	543.58
农机类	Agricutural Mechanical Products	3.16	4.38	12.21	8.77
汽车类	Motor Vehicles	224.22	214.95	325.48	390.87
种子饲料类	Seed and Forage	11.95	12.34	21.68	19.77
棉麻类	Cotton & Ambery	53.59	65.52	41.30	52.32
其他类	Others	535.30	569.90	962.92	596.41

续表 2 Continued

单位:亿元(100 million yuan)

商品分类	Commodity	零售额 Retail Sale			
		2006	2007	2008	2009
食品、饮料、烟酒类	Food, Beverage, Tobacco and Liquor	237.24	287.62	300.81	362.12
肉禽蛋类	Meat, Poultry and Eggs	29.20	35.99	33.35	37.15
其他食品类	Other Food	134.47	161.10	179.21	220.33
饮料类	Beverages	27.62	33.21	32.88	40.46
烟酒类	Tobacco and Liquor	45.94	57.33	55.37	64.18
服装鞋帽、针、纺织品类	Garments, Shoes, Hats, Knit and Textile Goods	159.16	197.25	211.80	286.93
服装类	Garments	110.17	138.77	149.17	209.70
鞋帽类	Shoes and Hats	27.06	34.76	38.32	48.58
针、纺织品类	Knit and Textile Goods	21.93	23.73	24.32	28.65
化妆品类	Cosmetics	30.68	35.65	28.23	48.46
金银珠宝类	Jewelry	18.65	25.46	41.61	48.49
日用品类	Articles For Daily Use	58.11	79.22	75.68	109.78
洗涤用品类	Washing	21.49	25.35	27.78	32.24
儿童玩具类	Toy For Children	3.01	4.34	3.97	5.67
五金、电料类	Hardware & Electric Materials	6.38	6.64	8.62	11.46
体育、娱乐用品类	Sports and Recreation	8.23	8.93	11.45	10.51
书报杂志类	Newspapers and Magazines	23.67	27.47	32.00	34.77
电子出版物及音像制品类	Electronic Publication and Audiovisual Products	1.98	2.08	2.55	2.43
家用电器及音像器材类	Household Appliances and Audiovisual Equipment	149.24	186.32	194.82	219.70
中西药品类	Traditional Chinese & Western Medicines	167.49	202.93	234.14	294.19
西药	Western Medicines	127.11	155.64	175.15	230.57
中草药及中成药	Chinese Herbal Medicine and Other Traditional Chinese Medicine	33.84	39.96	42.64	56.62
文化办公用品类	Culture and Official Articles	21.62	26.76	48.00	44.74
家具类	Furniture	1.57	1.87	6.83	4.96
通讯器材类	Communication Appliances	30.36	32.65	33.19	27.53
煤炭及制品类	Coal and Related Products	0.07	0.36	3.20	2.25
木材及制品类	Timber and Related Products	0.27	0.21		
石油制品及类	Oil and Related Products	230.81	286.72	526.24	456.90
化工材料及制品及类	Chemical Materials and Related Products	1.09	1.00		
化肥类	Fertilizer				
金属材料类	Metal Materials	1.22	1.48		
建筑及装潢材料类	Building and Decoration Materials	4.89	7.51	7.88	5.67
机电成品及设备类	Mechanical and Electrical Products and Appliances	7.46	9.12	7.07	9.86
农机类	Agricutural Mechanical Products				
汽车类	Motor Vehicles	413.55	575.77	1008.42	1261.40
种子饲料类	Seed and Forage				
棉麻类	Cotton & Ambery				
其他类	Others	11.54	11.04	15.56	21.21

10-7 限额以上批发零售贸易企业财务状况
Financial Conditions of Wholesale and Retail Sale Trade Above Designated Size

单位:亿元(100 million yuan)

指标	Item	2002	2003	2004	2005	2006	2007	2008	2009
法人企业数(个)	Corporation Units(unit)	2110	2244	4134	3852	4249	4716	9316	8990
从业人员(人)	Employed Persons(person)	200965	196689	268351	276276	295790	363920	422631	447634
流动资产合计	Total Circulating Assets	1035.1	1409.3	2042.9	2368.7	2674.2	3520.0	5137.4	5926.7
固定资产合计	Total Fixed Assets	262.20	281.26	301.10	452.50	495.56	580.61	594.87	555.61
资产总计	Total Assets	1476.4	1905.5	2762.6	3126.6	3556.4	4546.4	6608.0	7661.5
负债合计	Total Liabilities	1011.6	1352.7	1896.4	2170.1	2592.5	3423.3	4926.9	5728.6
商品销售收入净额	Net Value of Sales Revenue	3475.8	4593.3	7389.7	7923.8	9266.1	11419.9	16248.4	15171.8
商品销售成本	Cost of Sales	3225.7	4282.4	6955.1	7466.2	8741.6	10765.7	15339.7	14232.1
经营费用	Business Expenses	100.21	125.02	187.28	193.53	227.80	276.74	411.31	424.92
商品销售税金及附加费	Tax and Extra Charges on Goods Sales	5.58	5.81	11.99	9.48	10.33	13.35	21.70	41.64
主营业务利润	Profits of Major Management	145.14	180.02	422.56	429.90	514.17	640.77	886.94	897.11
管理费用	Management Expenses	73.00	84.30	112.62	122.24	135.27	164.59	223.48	241.54
财务费用	Financial Expenses	15.75	19.01	23.43	26.69	31.65	48.92	87.20	65.87
利润总额	Total Profits	84.10	113.14	156.16	146.98	191.22	238.93	274.49	308.82
本年应付工资总额	Total Wages Payable in the Year	38.55	46.00	59.29	64.69	74.89	113.82	130.02	144.49
本年应付福利费总额	Total Welfare Expenses Payable in the Year	6.19	7.24	8.29	10.19	11.04	8.39	8.72	8.55

10－8 按登记注册类型分限额以上批发零售贸易企业资产及负债情况(2009 年)
Assets and Liabilities of Enterprises Above Designated Size in Wholesale and Retail Trade by Types of Registration(2009)

单位:亿元(100 million yuan)

指标	Item	资产合计 Total Assets	固定资产 Fixed	流动资产 Circulating	负债合计 Total Liabilities	所有者权益合计 Total Creditor's Equity
批发和零售贸易业合计	**Total**	**7661.45**	**555.61**	**5926.73**	**5728.56**	**1932.89**
批发企业合计	**Wholesale Trade**	**6236.57**	**318.54**	**4960.68**	**4658.53**	**1578.04**
#国有及国有控股	State－owend and State Holding Enterprises	1057.12	100.74	763.62	564.09	493.03
内资企业	Domestic Funded Enterprises	6161.14	309.87	4901.61	4605.31	1555.83
国有企业	State－owned Enterprises	534.77	51.40	408.58	217.44	317.33
集体企业	Collective owned Enterprises	57.71	1.99	42.18	39.07	18.64
股份合作企业	Cooperative Enterprises	13.34	1.13	10.93	9.93	3.41
联营企业	Joint Ownership Enterprises	16.75	0.59	15.50	12.95	3.80
国有联营企业	State Joint Ownership Enterprises	4.83	0.37	4.26	3.19	1.64
集体联营企业	Collective Joint Ownership Enterprises	7.65	0.03	7.26	7.04	0.61
国有与集体联营企业	Joint State－collective Enterprises	0.40	0.01	0.39	0.25	0.15
有限责任公司	Limited Liability Corporations	2178.54	94.93	1705.11	1702.60	475.94
国有独资公司	State Sole Funded Corporations	75.41	9.19	55.83	53.80	21.61
其他有限责任公司	Other Limited Liability Corporations	2103.12	85.75	1649.28	1648.80	454.32
股份有限公司	Share－holding Corporations Ltd.	557.04	48.36	331.47	353.97	203.07
私营企业	Private Enterprises	2773.23	110.65	2362.91	2250.48	522.75
私营独资企业	Private Funded Enterprises	38.24	1.32	36.13	32.08	6.15
私营合伙企业	Private Partnership Corporations	13.20	0.52	12.31	10.48	2.72
私营有限责任公司	Private Limited Liability Corporations	2578.28	101.73	2196.42	2087.77	490.51
私营股份有限公司	Private Share－holding Corporations Ltd.	143.52	7.08	118.05	120.15	23.37
港澳台商投资企业	Enterprises With Funds From Hong Kong,Macao and Taiwan	48.32	6.70	34.82	33.00	15.32
与港澳台合资经营企业	Joint－venture	11.81	0.78	8.07	5.16	6.64
港澳台商独资企业	Enterprises with Sole Hong Kong, Macao and Taiwan	17.90	1.32	15.11	11.08	6.82
港澳台股份有限公司	Share－holding Corporations Ltd. with Funds From Hong Kong,Macao and Taiwan	18.61	4.59	11.65	16.75	1.86
外商投资企业	Foreign Funded Enterprises	27.11	1.97	24.25	20.22	6.89
中外合资经营企业	Joint－venture Enterprises	13.95	1.05	12.65	11.27	2.68
外商企业	Foreign Sole Funded Enterprises	10.82	0.80	9.48	7.31	3.51
外商投资股份有限企业	Foreign Invesment Share－holding Corporations Ltd.	2.33	0.11	2.11	1.64	0.69

续表 Continued

单位:亿元(100 million yuan)

指标	Item	资产合计 Total Assets	固定资产 Fixed	流动资产 Circulating	负债合计 Total Liabilities	所有者权益合计 Total Creditor's Equity
零售企业总计	**Retail Sale**	**1424.88**	**237.07**	**966.05**	**1070.03**	**354.85**
#国有及国有控股	State - owend and State Holding Enterprises	196.96	49.04	105.29	106.12	90.83
内资企业	Domestic Funded Enterprises	1276.25	202.83	873.47	962.94	313.30
国有企业	State - owned Enterprises	49.06	8.39	24.00	25.27	23.79
集体企业	Collective owned Enterprises	15.24	3.19	10.62	11.32	3.92
股份合作企业	Cooperative Enterprises	2.85	0.16	2.38	2.44	0.40
联营企业	Joint Ownership Enterprises	0.84	0.19	0.45	0.21	0.63
国有联营企业	State Joint Ownership Enterprises	0.49	0.12	0.25	0.09	0.40
集体联营	Collective Joint Ownership Enterprises	0.06		0.01	0.05	0.01
国有与集体联营企业	Joint State - collective Enterprises	0.17	0.07	0.09	0.02	0.15
其他联营企业	Other Joint Ownership Enterprises	0.12	0.01	0.10	0.05	0.07
有限责任公司	Limited Liability Corporations	552.12	77.76	390.70	425.83	126.29
国有独资公司	State Sole Funded Corporations	22.63	5.86	11.78	10.29	12.34
其他有限责任公司	Other Limited Liability Corporations	529.49	71.89	378.92	415.55	113.95
股份有限公司	Share - holding Corporations Ltd.	176.30	42.70	87.37	106.42	69.87
私营企业	Private Enterprises	474.26	69.94	353.34	386.71	87.54
私营独资企业	Private Funded Enterprises	12.57	2.23	9.02	9.58	2.99
私营合伙企业	Private Partnership Corporations	10.49	2.00	6.69	8.94	1.56
私营有限责任公司	Private Limited Liability Corporations	434.91	63.71	326.25	355.60	79.31
私营股份有限公司	Private Share - holding Corporations Ltd.	16.29	2.01	11.37	12.60	3.69
港澳台商投资企业	Enterprises With Funds From Hong Kong, Macao and Taiwan	38.69	11.48	20.62	27.76	10.93
与港澳台商合资经营	Joint - venture Enterprises From Hong Kong, Macao and Taiwan	6.53	0.93	5.16	4.85	1.68
与港澳台商合作经营	Cooperation Enterprises From Hong Kong, Macao and Taiwan	2.25	0.39	1.09	0.22	2.02
港澳台独资企业	Enterprises with Sole Hong Kong, Macao and Taiwan	29.75	10.09	14.27	22.61	7.14
港澳台商股份有限公司	Share - holding Corporations Ltd. with Funds From Hong Kong, Macao and Taiwan	0.17	0.07	0.10	0.08	0.09
外商投资企业	Foreign Funded Enterprises	109.94	22.76	71.96	79.33	30.62
中外合资经营企业	Joint - venture Enterprises	37.41	12.15	19.23	26.94	10.47
中外合作经营企业	Cooperation Enterprises	1.30	0.90	0.29	0.39	0.91
外商企业	Foreign Sole Funded Enterprises	70.80	9.66	52.06	51.80	19.00
外商投资股份有限公司	Foreign Invesment Share - holding Corporations Ltd.	0.44	0.05	0.38	0.20	0.24

10－9 分行业限额以上批发零售贸易企业资产及负债情况(2009 年)
Assets and Liabilities of Enterprises Above Designated Size in Wholesale and Retail Sale Trade by Sector(2009)

单位:亿元(100 million yuan)

指标	Item	资产合计 Total Assets	固定资产 Fixed	流动资产 Circulating	负债合计 Total Liabilities	所有者权益合计 Total Creditor's Equity
批发企业合计	**Wholesale**	**6236.57**	**318.54**	**4960.68**	**4658.53**	**1578.04**
农畜产品批发	Agricultural and Animal Products	124.41	6.34	77.42	87.32	37.10
食品、饮料及烟草制品批发	Food, Beverages, Tobacoo and Its Products	603.19	61.75	426.27	303.91	299.28
米、面制品及食用油批发	Rice, Flour and Its Products, Edible Oil	106.23	17.20	71.26	79.98	26.26
烟草制品批发	Tobacoo and Its Products	242.00	30.44	203.02	24.40	217.60
纺织、服装及日用品批发	Textile, Garments and Articles for Daily Use	1031.14	49.47	850.51	798.29	232.86
服装批发	Garments	274.21	13.90	226.97	208.36	65.85
文化、体育用品及器材批发	Culture, Sports Articles and Equipment	150.82	10.52	106.05	96.64	54.18
医药及医疗器材批发	Medicines and Medical Appliances	216.38	11.88	185.02	169.88	46.51
矿产品、建材及化工产品批发	Mineral Products, Building Materials and Chemical Products	3215.82	137.82	2562.94	2512.42	703.40
#煤炭及制品批发	Coal and Related Products	299.32	10.85	222.12	219.11	80.21
石油及制品批发	Petroleurn and Related Products	399.95	51.70	247.34	256.90	143.05
金属及金属矿批发	Metal Materials and Mineral	1733.82	44.37	1435.16	1421.86	311.96
建材批发	Building Materials	158.57	6.52	140.07	127.77	30.81
化肥批发	Fertilizer	62.67	3.15	43.99	40.33	22.34
机械设备、五金交电及电子产品批发	Machinery Equipment, Hardware and Electric Products	794.06	36.76	661.63	606.94	187.12
#汽车、摩托车及零配件批发	Motor Vehicles, Motorcycles and Parts	147.46	4.82	119.49	92.78	54.68
家用电器批发	Household Appliances	142.62	5.44	129.31	122.80	19.81
计算机、软件及辅助设备批发	Computers, Software and Auxiliary Equipment	29.72	0.45	28.01	24.60	5.12
贸易经纪与代理	Manage and Agencies in Trade	11.89	0.45	11.02	10.08	1.81
其他批发	Others	88.84	3.57	79.81	73.06	15.78

续表　Continued　　单位:亿元(100 million yuan)

指标	Item	资产合计 Total Assets	固定资产 Fixed	流动资产 Circulating	负债合计 Total Liabilities	所有者权益合计 Total Creditor's Equity
零售业合计	**Retail Sale**	**1424.88**	**237.07**	**966.05**	**1070.03**	**354.85**
综合零售	Synthesizs	499.94	117.60	295.62	399.37	100.57
#百货零售	Consumer Goods	255.85	63.20	138.06	190.22	65.63
超级市场零售	Supermarkets	234.16	52.56	150.89	200.33	33.83
食品、饮料及烟草制品专门零售	Food, Beverages, Tobacoos and Its Products	17.42	3.55	10.00	8.36	9.06
纺织、服装及日用品专门零售	Textile Garments and Articles for Daily Use	58.32	3.43	41.07	49.14	9.19
#服装零售	Garments Articles	49.82	2.08	34.44	42.42	7.40
文化、体育用品及器材专门零售	Culture, Sports Articles and Equipment	68.99	15.68	41.65	36.71	32.28
#体育用品零售	Sports Articles	0.98	0.10	0.61	0.89	0.09
图书零售	Books	50.13	14.27	25.71	22.82	27.31
医药及医疗器材专门零售	Medicines and Medical Appliances	59.94	6.18	49.84	48.11	11.84
#药品零售	Medicines	59.91	6.18	49.82	48.09	11.82
汽车、摩托车、燃料及零配件专门零售	Motor Vehicles Motorcycles Fuel	582.08	76.32	416.61	421.33	160.75
汽车零售	Motor Vehicles	455.64	53.36	359.95	362.62	93.02
机动车燃料零售	Fuel for Motor Vehicles Use	117.58	22.09	49.88	52.15	65.43
家用电器及电子产品专门零售	Household Appliance Electric Products	109.06	7.03	94.49	85.65	23.41
#家用电器零售	Household Appliance	82.20	5.27	72.25	67.22	14.98
计算机、软件及辅助设备零售	Computer, Software and Auxiliary Equipment	17.32	0.44	14.38	11.18	6.14
通信设备零售	Communication Equipment	8.89	1.22	7.33	6.75	2.14
五金、家具及室内装修材料专门零售	Hardware Furniture Decoration Indoors	13.64	2.90	9.22	12.68	0.96
无店铺及其他零售	Non - shop and Other Retail Sale	15.48	4.39	7.56	8.67	6.81
#邮购及电子销售	Mail Order and Electron Vendition	1.39	0.15	1.20	0.80	0.59

10－10 按登记注册类型分限额以上批发零售贸易企业主要财务指标情况(2009年)
Main Financial Indicators of Enterprises Above Designated Size in Wholesale and Retail Trade by Types of Registration(2009)

单位:亿元(100 million yuan)

指标	Item	主营业务收入 Revenue in Main Business	主营业务成本 Cost in Main Business	主营业务税金及附加 Tax and Extra Changes in Main Business	主营业务利润 Profits in Main Business	营业费用 Management Cost
批发和零售贸易业合计	**Total**	**15171.75**	**14232.14**	**41.64**	**897.11**	**424.92**
批发企业合计	**Wholesale Trade**	**12363.73**	**11663.70**	**34.17**	**665.14**	**284.42**
#国有及国有控股	State－owend and State Holding Enterprises	2706.54	2465.72	22.50	218.17	45.02
内资企业	Domestic Funded Enterprises	12225.49	11537.06	34.07	653.64	279.03
国有企业	State－owned Enterprises	1171.23	997.70	20.82	152.56	14.96
集体企业	Collective owned Enterprises	79.66	78.81	0.30	0.55	1.30
股份合作企业	Cooperative Enterprises	43.18	41.45	0.09	1.64	0.70
联营企业	Joint Ownership Enterprises	40.12	37.60	0.05	2.46	0.60
国有联营企业	State Joint Ownership Enterprises	20.99	19.56	0.04	1.39	0.38
集体联营企业	Collective Joint Ownership Enterprises	5.76	5.65		0.11	
国有与集体联营企业	Joint State－collective Enterprises	2.18	2.05		0.13	0.04
有限责任公司	Limited Liability Corporations	4517.33	4307.67	5.26	204.36	114.10
国有独资公司	State Sole Funded Corporations	98.53	91.82	0.28	6.43	2.30
其他有限责任公司	Other Limited Liability Corporations	4418.80	4215.85	4.98	197.93	111.80
股份有限公司	Share－holding Corporations Ltd.	1149.09	1070.90	1.39	76.80	37.93
私营企业	Private Enterprises	5156.20	4936.31	6.09	213.27	108.71
私营独资企业	Private Funded Enterprises	89.34	85.24	0.18	3.91	1.80
私营合伙企业	Private Partnership Corporations	39.49	37.71	0.06	1.72	0.74
私营有限责任公司	Private Limited Liability Corporations	4818.91	4611.65	5.48	201.26	101.13
私营股份有限公司	Private Share－holding Corporations Ltd.	208.46	201.71	0.37	6.38	5.04
港、澳、台商投资企业	Enterprises With Funds From Hong Kong,Macao and Taiwan	62.62	58.09	0.07	4.45	1.99
港澳台商合资企业	Joint－venture Enterprises From Hong Kong,Macao and Taiwan	11.57	10.19	0.04	1.34	0.48
港澳台商独资经营企业	Enterprises with Sole Hong Kong,Macao and Taiwan	32.45	30.30	0.02	2.12	0.63
港澳台商投资股份有限公司	Share－holding Corporations Ltd. with Funds From Hong Kong,Macao and Taiwan	18.60	17.60	0.01	0.99	0.88
外商投资企业	Foreign Funded Enterprises	75.62	68.55	0.03	7.04	3.41
中外合资经营企业	Joint－venture Enterprises	36.95	35.17	0.02	1.76	0.82
外商企业	Foreign Sole Funded Enterprises	33.98	28.95	0.01	5.02	2.50
外商投资股份有限公司	Foreign Invesment Share－holding Corporations Ltd.	4.69	4.43		0.26	0.08

续表 Continued　单位：亿元(100 million yuan)

指标	Item	主营业务收入 Revenue in Main Business	主营业务成本 Cost in Main Business	主营业务税金及附加 Tax and Extra Changes in Main Business	主营业务利润 Profits in Main Business	营业费用 Management Cost
零售企业总计	**Retail Sale**	**2808.02**	**2568.45**	**7.47**	**231.97**	**140.50**
#国有及国有控股	State - owend and State Holding Enterprises	532.47	491.95	1.14	39.37	18.32
内资企业	Domestic Funded Enterprises	2513.34	2306.67	6.97	199.57	118.98
国有企业	State - owned Enterprises	74.30	67.36	0.20	6.74	2.84
集体企业	Collective owned Enterprises	40.45	37.74	0.08	2.61	1.16
股份合作企业	Cooperative Enterprises	6.65	5.97	0.03	0.63	0.34
联营企业	Joint Ownership Enterprises	7.80	7.24	0.01	0.55	0.17
国有联营企业	State Joint Ownership Enterprises	4.22	3.90	0.01	0.31	0.08
集体联营企业	Collective Joint Ownership Enterprises	0.39	0.36		0.03	0.02
国有与集体联营企业	Joint State - collective Enterprises	2.90	2.73		0.17	0.06
其他联营企业	Other Joint Ownership Enterprises	0.29	0.25		0.03	0.01
有限责任公司	Limited Liability Corporations	1019.64	926.45	3.13	90.07	59.75
国有独资公司	State Sole Funded Corporations	17.80	14.74	0.09	2.97	1.50
其他有限责任公司	Other Limited Liability Corporations	1001.84	911.71	3.03	87.10	58.25
股份有限公司	Share - holding Corporations Ltd.	409.51	379.28	1.14	29.09	14.20
私营企业	Private Enterprises	941.13	869.62	2.36	69.05	40.10
私营独资企业	Private Funded Enterprises	25.63	23.35	0.06	2.20	1.88
私营合伙企业	Private Partnership Corporations	21.09	19.39	0.08	1.63	1.54
私营有限责任公司	Private Limited Liability Corporations	854.66	790.12	2.14	62.31	35.57
私营股份有限公司	Private Share - holding Corporations Ltd.	39.75	36.77	0.08	2.91	1.11
其他企业	Others	13.85	13.00	0.02	0.83	0.42
港澳台商投资企业	Enterprises With Funds From Hong Kong,Macao and Taiwan	80.97	72.18	0.06	8.73	4.82
与港澳台商合资经营	Joint - venture Enterprises From Hong Kong,Macao and Taiwan	20.53	18.40	0.01	2.11	0.91
与港澳台商合作经营	Cooperation Enterprises From Hong Kong,Macao and Taiwan	5.35	4.72		0.63	0.18
港澳台商独资企业	Enterprises with Sole Hong Kong, Macao and Taiwan	54.66	48.78	0.04	5.84	3.69
港澳台商投资股份有限公司	Share - holding Corporations Ltd. with Funds From Hong Kong, Macao and Taiwan	0.43	0.27		0.16	0.04
外商投资企业	Foreign Funded Enterprises	213.72	189.60	0.45	23.67	16.70
中外合资经营企业	Joint - venture Enterprises	115.18	104.03	0.21	10.94	9.98
中外合作经营企业	Cooperation Enterprises	1.80	1.27		0.52	0.51
外商企业	Enterprises With Sole Foreign Investment	94.40	82.17	0.22	12.01	6.16
外商投资股份有限公司	Foreign Invesment Share - holding Corporations Ltd.	2.34	2.13	0.01	0.20	0.05

10-11 分行业限额以上批发零售贸易企业主要财务指标情况(2009年)
Main Financial Indicators of Enterprises Designated Size in Wholesale and Retail Trade by Sector(2009)

单位:亿元(100 million yuan)

指标	Item	管理费用 Manage-ment Expenses	财务费用 Financial Expenses	利润总额 Profits	本年应付工资总额 Total Wages Pagable in the Year	本年应付福利费总额 Total Welfare funds in the year	本年应交增值税 Value Added Tases payable in the year
批发企业合计	**Wholesale**	**165.79**	**51.41**	**256.29**	**89.28**	**5.59**	**98.92**
农畜产品批发	Agricultural and Animal Products	2.69	2.06	2.72	1.11	0.08	0.23
食品、饮料及烟草制品批发	Food,Beverages,Tobacoo and Its Products	37.11	-0.76	120.21	22.09	1.96	33.33
#米、面制品及食用油批发	Rice,Flour and Its Products, Edible Oil	2.91	1.32	2.61	1.45	0.11	0.37
烟草制品批发	Tobacoo and Its Products	24.90	-3.94	109.99	12.94	1.51	26.92
纺织、服装及日用品批发	Textile,Garments and Articles for Daily Use	33.78	10.69	35.75	19.76	0.75	9.75
#服装批发	Garments	12.87	2.99	11.82	8.58	0.30	1.27
文化、体育用品及器材批发	Culture,Sports Articles and Equipment	3.68	0.39	2.96	1.98	0.13	1.19
医药及医疗器材批发	Medicines and Medical Appliances	9.21	2.24	8.80	5.93	0.34	5.15
矿产品、建材及化工产品批发	Mineral Products,Building Materials and Chemical Products	51.84	29.29	63.84	22.78	1.49	6.26
#煤炭及制品批发	Coal and Related Products	5.40	4.11	2.52	1.85	0.15	3.77
石油及制品批发	Petroleurn and Related Products	8.78	3.78	14.34	4.78	0.54	-14.89
金属及金属矿批发	Metal Materials and Mineral	20.46	14.60	15.12	7.43	0.41	11.48
建材批发	Building Materials	2.71	1.21	2.46	1.83	0.06	1.16
化肥批发	Fertilizer	0.93	0.74	3.01	0.66	0.03	0.02
机械设备、五金交电及电子产品批发	Machinery Equipment,Hardware and Electric Products	24.87	5.24	22.32	14.45	0.79	11.29
#汽车、摩托车及零配件批发	Motor Vehicles,Motorcycles and Parts	3.11	0.41	1.79	1.80	0.08	1.79
家用电器批发	Household Appliances	2.93	1.07	2.96	2.02	0.14	1.76
计算机、软件及辅助设备批发	Computers,Software and Auxiliary Equipment	1.30	0.11	0.55	0.74	0.03	0.38
贸易经纪与代理	Manage and Agencies in Trade	0.50	0.09	0.57	0.12	0.01	0.01
其他批发	Others	2.11	2.17	-0.88	1.06	0.05	31.70

续表 Continued 单位:亿元(100 million yuan)

指标	Item	管理费用 Manage - ment Expenses	财务费用 Financial Expenses	利润总额 Profits	本年应付工资总额 Total Wages Pagable in the Year	本年应付福利费总额 Total Welfare funds in the year	本年应交增值税 Value Added Tases payable in the year
零售企业合计	**Retail Sale**	**75.75**	**14.46**	**52.53**	**55.22**	**2.97**	**44.67**
综合零售	Synthesizs	30.40	4.29	14.33	21.66	1.08	15.47
#百货零售	Consumer Goods	16.36	3.26	9.72	7.04	0.42	6.44
超级市场零售	Supermarkets	13.06	0.90	4.60	13.68	0.63	8.68
食品、饮料及烟草制品专门零售	Food, Beverages, Tobacoos and Its Products	1.48	0.12	1.16	1.29	0.06	0.57
纺织服装及日用品专门零售	Textile Garments and Articles for Daily Use	3.76	1.07	0.78	2.59	0.05	1.43
#服装零售	Garments Articles	2.94	0.99	0.69	2.02	0.04	1.22
文化、体育用品及器材专门零售	Culture, Sports Articles and Equipment	4.15	0.37	2.16	2.84	0.24	1.44
#体育用品零售	Sports Articles	0.06	0.04		0.06	0.01	0.03
图书零售	Books	2.65	-0.01	1.67	1.90	0.19	0.84
医药及医疗器材专门零售	Medicines and Medical Appliances	4.31	0.60	2.71	3.98	0.23	1.99
#药品零售	Medicines	4.31	0.60	2.71	3.98	0.23	1.99
汽车、摩托车、燃料及零配件专门零售	Motor Vehicles Motorcycles Fuel	25.21	7.14	28.36	17.04	1.09	19.97
#汽车零售	Motor Vehicles	20.28	6.17	17.51	13.56	0.80	12.52
机动车燃料零售	Fuel for Motor Vehicles Use	4.34	0.84	10.44	3.18	0.28	7.28
家用电器及电子产品专门零售	Household Appliance Electric Products	4.79	0.60	2.71	4.74	0.13	3.28
#家用电器零售	Household Appliance	3.27	0.41	2.17	3.26	0.10	2.72
计算机、软件及辅助设备零售	Computer, Software and Auxiliary Equipment	0.69	0.05	0.41	0.70	0.02	0.26
通信设备零售	Communication Equipment	0.71	0.12	0.13	0.68	0.01	0.27
五金、家具及室内装修材料专门零售	Hardware Furniture Decoration Indoors	0.55	0.18	-0.17	0.34	0.01	0.16
无店铺及其他零售	Non - shop and Other Retail Sale	1.10	0.10	0.47	0.74	0.06	0.34
#邮购及电子销售业	Mail Order and Electron Vendition	0.21	-0.01	-0.03	0.05	0.01	0.10

10－12 按登记注册类型分限额以上批发零售贸易企业主要指标情况(2009 年)
Main Financial Indicators of Enterprises Above Designated Size in Wholesale and Retail Trade by Types of Registration(2009)

单位:亿元(100 million yuan)

指标	Item	管理费用 Manage－ment Expenses	财务费用 Financial Expenses	利润总额 Profits	本年应付工资总额 Total Wages Pagable in the Year	本年应付福利费总额 Total Welfare funds in the year	本年应交增值税 Value Added Tases payable in the year
批发和零售贸易业合计	**Total**	**241.54**	**65.87**	**308.82**	**144.49**	**8.55**	**143.59**
批发企业合计	**Wholesale Trade**	**165.79**	**51.41**	**256.29**	**89.28**	**5.59**	**98.92**
#国有及国有控股企业投资	State－owend and State Holding Enterprises	49.81	1.87	140.61	28.75	2.86	15.17
内资企业	Domestic Funded Enterprises	162.67	50.87	252.26	87.22	5.55	98.11
国有企业	State－owned Enterprises	32.00	－2.22	115.64	17.07	1.93	28.20
集体企业	Collective owned Enterprises	1.16	0.78	2.51	0.60	0.03	3.08
股份合作企业	Cooperative Enterprises	0.53	0.26	0.30	0.24	0.03	0.24
联营企业	Joint Ownership Enterprises	0.39	0.16	1.49	0.20	0.02	0.16
国有联营企业	State Joint Ownership Enterprises	0.21	0.04	0.82	0.14	0.02	0.13
集体联营企业	Collective Joint Ownership Enterprises	0.01	0.04	0.17	0.01		
国有与集体联营企业	Joint State－collective Enterprises	0.01		0.07	0.02		0.01
有限责任公司	Limited Liability Corporations	47.90	17.20	64.61	34.26	1.48	33.38
国有独资公司	State Sole Funded Corporations	3.42	0.55	3.13	1.72	0.14	0.98
其他有限责任公司	Other Limited Liability Corporations	44.48	16.65	61.48	32.54	1.34	32.40
股份有限公司	Share－holding Corporations Ltd.	16.74	7.93	18.88	8.16	0.66	－14.08
私营企业	Private Enterprises	63.36	26.48	48.35	26.26	1.39	46.80
私营独资企业	Private Funded Enterprises	1.23	0.41	0.82	0.56	0.03	1.66
私营合伙企业	Private Partnership Corporations	0.45	0.13	0.56	0.24	0.01	0.34
私营有限责任公司	Private Limited Liability Corporations	58.81	24.96	44.96	23.90	1.24	43.00
私营股份有限公司	Private Share－holding Corporations Ltd.	2.88	0.99	2.01	1.57	0.11	1.80
港、澳、台商投资企业	Enterprises With Funds From Hong Kong,Macao and Taiwan	1.14	0.47	2.14	0.74	0.02	0.33
与港澳台商合资企业	Joint－venture Enterprises From Hong Kong,Macao and Taiwan	0.54	0.03	0.43	0.36	0.01	0.05
港澳台商独资经营企业	Enterprises with Sole Hong Kong,Macao and Taiwan	0.53	0.38	1.66	0.33	0.01	0.25
港、澳、台商投资股份有限公司	Share－holding Corporations Ltd. with Funds From Hong Kong, Macao and Taiwan	0.07	0.06	0.05	0.06		0.04
外商投资企业	Foreign Funded Enterprises	1.98	0.07	1.89	1.31	0.02	0.48
中外合资经营企业	Joint－venture Enterprises	0.34	0.07	0.56	0.23	0.01	0.20
外商企业	Foreign Sole Funded Enterprises	1.54	0.02	1.18	1.02	0.01	0.27
外商投资股份有限公司	Foreign Invesment Share－holding Corporations Ltd.	0.10	－0.01	0.15	0.07		0.01

续表　Continued　单位:亿元(100 million yuan)

指标	Item	管理费用 Manage－ment Expenses	财务费用 Financial Expenses	利润总额 Profits	本年应付工资总额 Total Wages Pagable in the Year	本年应付福利费总额 Total Welfare funds in the year	本年应交增值税 Value Added Tases payable in the year
零售企业总计	**Retail Trade**	**75.75**	**14.46**	**52.53**	**55.22**	**2.97**	**44.67**
#国有及国有控股企业投资	State－owend and State Holding Enterprises	11.06	0.54	14.63	7.89	0.74	6.33
内资企业	Domestic Funded Enterprises	65.83	12.73	45.54	48.97	2.57	39.33
国有企业	State－owned Enterprises	2.51	0.07	2.02	1.98	0.14	0.90
集体企业	Collective owned Enterprises	1.23	0.03	0.80	0.73	0.05	0.42
股份合作企业	Cooperative Enterprises	0.14	0.02	0.20	0.15		0.09
联营企业	Joint Ownership Enterprises	0.02		0.35	0.07		0.08
国有联营企业	State Joint Ownership Enterprises	0.01		0.23	0.03		0.05
国有与集体联营企业	Joint State－collective Enterprises	0.01		0.10	0.03		0.03
其他联营企业	Other Joint Ownership Enterprises			0.02			
有限责任公司	Limited Liability Corporations	26.87	4.68	22.48	22.41	1.22	17.95
国有独资公司	State Sole Funded Corporations	1.17	－0.01	0.89	0.80	0.09	0.39
其他有限责任公司	Other Limited Liability Corporations	25.70	4.69	21.59	21.62	1.13	17.56
股份有限公司	Share－holding Corporations Ltd.	8.04	1.52	10.35	5.81	0.40	9.32
私营企业	Private Enterprises	26.74	6.36	9.22	17.63	0.75	10.42
私营独资企业	Private Funded Enterprises	1.06	0.16	－0.24	0.55	0.03	0.26
私营合伙企业	Private Partnership Corporations	0.68	0.12	0.23	0.40		0.22
私营有限责任公司	Private Limited Liability Corporations	23.46	5.89	8.39	16.07	0.67	9.61
私营股份有限公司	Private Share－holding Corporations Ltd.	1.54	0.19	0.82	0.60	0.04	0.33
港澳台商投资企业	Enterprises With Funds From Hong Kong,Macao and Taiwan	4.04	0.49	1.22	2.16	0.09	1.35
合资经营企业(港或澳、台资)	Joint－venture Enterprises From Hong Kong,Macao and Taiwan	0.57	0.15	0.57	0.47	0.02	0.31
港澳台商独资经营企业	Enterprises with Sole Hong Kong,Macao and Taiwan	2.92	0.32	0.41	1.52	0.05	0.89
港、澳、台商投资股份有限公司	Share－holding Corporations Ltd. with Funds From Hong Kong, Macao and Taiwan	0.12			0.01		0.03
外商投资企业	Foreign Funded Enterprises	5.88	1.25	5.77	4.10	0.31	3.99
#中外合资经营企业	Joint－venture Enterprises	2.10	0.16	2.08	2.19	0.18	1.50
外资企业	Cooperation Enterprises	3.70	1.08	3.56	1.73	0.13	2.37
外商投资股份有限公司	Foreign Invesment Share－holding Corporations Ltd.	0.05	0.01	0.11	0.04		0.06

10－13 分行业限额以上批发零售贸易企业主要财务指标情况(2009 年)
Main Financial Indicators of Enterprises Designated Size in Wholesale and Retail Trade by Sector (2009)

单位：亿元(100 million yuan)

指标	Item	管理费用 Manag－ement Expenses	财务费用 Financial Expenses	利润总额 Profits	本年应付工资总额 Total Wages Pagable in the Year	本年应付福利费总额 Total welfare funds in the year	本年应交增值税 Value Added Taxes Payable in the year
批发企业合计	**Wholesale**	**165.79**	**51.41**	**256.29**	**89.28**	**5.59**	**98.92**
农畜产品批发	Agricultural and Animal Products	2.69	2.06	2.72	1.11	0.08	0.23
食品、饮料及烟草制品批发	Food, Beverages, Tobacoo and Its Products	37.11	－0.76	120.21	22.09	1.96	33.33
#米、面制品及食用油批发	Rice, Flour and Its Products, Edible Oil	2.91	1.32	2.61	1.45	0.11	0.37
烟草制品批发	Tobacoo and Its Products	24.90	－3.94	109.99	12.94	1.51	26.92
纺织、服装及日用品批发	Textile, Garments and Articles for Daily Use	33.78	10.69	35.75	19.76	0.75	9.75
#服装批发	Garments	12.87	2.99	11.82	8.58	0.30	1.27
文化、体育用品及器材批发	Culture, Sports Articles and Equipment	3.68	0.39	2.96	1.98	0.13	1.19
医药及医疗器材批发	Medicines and Medical Appliances	9.21	2.24	8.80	5.93	0.34	5.15
矿产品、建材及化工产品批发	Mineral Products, Building Materials and Chemical Products	51.84	29.29	63.84	22.78	1.49	6.26
#煤炭及制品批发	Coal and Related Products	5.40	4.11	2.52	1.85	0.15	3.77
石油及制品批发	Petroleurn and Related Products	8.78	3.78	14.34	4.78	0.54	－14.89
金属及金属矿批发	Metal Materials and Mineral	20.46	14.60	15.12	7.43	0.41	11.48
建材批发	Building Materials	2.71	1.21	2.46	1.83	0.06	1.16
化肥批发	Fertilizer	0.93	0.74	3.01	0.66	0.03	0.02
机械设备、五金交电及电子产品批发	Machinery Equipment, Hardware and Electric Products	24.87	5.24	22.32	14.45	0.79	11.29
#汽车、摩托车及零配件批发	Motor Vehicles, Motorcycles and Parts	3.11	0.41	1.79	1.80	0.08	1.79
家用电器批发	Household Appliances	2.93	1.07	2.96	2.02	0.14	1.76
计算机、软件及辅助设备批发	Computers, Software and Auxiliary Equipment	1.30	0.11	0.55	0.74	0.03	0.38
贸易经纪与代理	Manage and Agencies in Trade	0.50	0.09	0.57	0.12	0.01	0.01
其他批发	Others	2.11	2.17	－0.88	1.06	0.05	31.70

续表 Continued 单位：亿元(100 million yuan)

指标	Item	管理费用 Manag－ement Expenses	财务费用 Financial Expenses	利润总额 Profits	本年应付工资总额 Total Wages Pagable in the Year	本年应付福利费总额 Total welfare funds in the year	本年应交增值税 Value Added Taxes Payable in the year
零售企业合计	**Retail Sale**	**75.75**	**14.46**	**52.53**	**55.22**	**2.97**	**44.67**
综合零售	Synthesizs	30.40	4.29	14.33	21.66	1.08	15.47
#百货零售	Consumer Goods	16.36	3.26	9.72	7.04	0.42	6.44
超级市场零售	Supermarkets	13.06	0.90	4.60	13.68	0.63	8.68
食品、饮料及烟草制品专门零售	Food, Beverages, Tobacoos and Its Products	1.48	0.12	1.16	1.29	0.06	0.57
纺织、服装及日用品专门零售	Textile Garments and Articles for Daily Use	3.76	1.07	0.78	2.59	0.05	1.43
#服装零售	Garments Articles	2.94	0.99	0.69	2.02	0.04	1.22
文化、体育用品及器材专门零售	Culture, Sports Articles and Equipment	4.15	0.37	2.16	2.84	0.24	1.44
#体育用品零售	Sports Articles	0.06	0.04		0.06	0.01	0.03
图书零售	Books	2.65	-0.01	1.67	1.90	0.19	0.84
医药及医疗器材专门零售	Medicines and Medical Appliances	4.31	0.60	2.71	3.98	0.23	1.99
#药品零售	Medicines	4.31	0.60	2.71	3.98	0.23	1.99
汽车、摩托车、燃料及零售	Motor Vehicles Motorcycles Fuel	25.21	7.14	28.36	17.04	1.09	19.97
#汽车零售	Motor Vehicles	20.28	6.17	17.51	13.56	0.80	12.52
机动车燃料零售	Fuel for Motor Vehicles Use	4.34	0.84	10.44	3.18	0.28	7.28
家用电器及电子产品专门零售	Household Appliance Electric Products	4.79	0.60	2.71	4.74	0.13	3.28
#家用电器零售	Household Appliance	3.27	0.41	2.17	3.26	0.10	2.72
计算机、软件及辅助设备零售	Computer, Software and Auxiliary Equipment	0.69	0.05	0.41	0.70	0.02	0.26
通信设备零售	Communication Equipment	0.71	0.12	0.13	0.68	0.01	0.27
五金、家具及室内装修材料专门零售	Hardware Furniture Decoration Indoors	0.55	0.18	-0.17	0.34	0.01	0.16
无店铺及其他零售	Non-shop and Other Retail Sale	1.10	0.10	0.47	0.74	0.06	0.34
#邮购及电子销售业	Mail Order and Electron Vendition	0.21	-0.01	-0.03	0.05	0.01	0.10

10－14 限额以上住宿餐饮业基本情况(2009 年)
Main Indicators in Hotels and Catering Services Above Designated Size(2009)

单位:亿元(100 million yuan)

指标	Item	法人企业(个) Number of Corporation (unit)	从业人员数(人) Persons Employed (person)	营业额 Business Volume
总计	**Total**	**2001**	**261882**	**374.21**
住宿业	**Hotels**	**1123**	**156138**	**207.71**
#国有及国有控股	State－owend and State Holding Enterprises	187	32079	45.33
按登记注册类型分组	**by Registration**			
内资企业	Domestic Funded Enterprises	1065	136698	176.28
国有企业	State－owned Enterprises	130	18590	26.26
集体企业	Collective owned Enterprises	48	5528	7.19
股份合作企业	Cooperative Enterprises	8	587	0.80
联营企业	Joint Ownership Enterprises	4	643	0.64
国有联营企业	State Joint Ownership Enterprises			
集体联营企业	Collective Joint Ownership Enterprises	2	395	0.34
国有与集体联营企业	Joint State－collective Enterprises	2	248	0.29
有限责任公司	Limited Liability Corporations	289	44835	57.54
国有独资公司	State Sole Funded Corporations	11	2141	2.29
其他有限责任公司	Other Limited Liability Corporations	278	42694	55.25
股份有限公司	Share－holding Corporations Ltd.	24	6383	8.79
私营企业	Private Enterprises	552	59101	73.78
私营独资企业	Private Funded Enterprises	78	5758	6.12
私营合伙企业	Private Partnership Corporations	47	3807	5.36
私营有限责任公司	Hotels	409	47709	60.03
私营股份有限公司	Private Share－holding Corporations Ltd.	18	1827	2.27
其他企业	others	10	1031	1.28
港、澳、台商投资企业	Enterprises With Funds From Hong Kong, Macao and Taiwan	31	12391	21.59
合资经营企业	Joint－venture Enterprises From Hong Kong, Macao and Taiwan	20	8841	15.84
合作经营企业	Cooperation Enterprises From Hong Kong, Macao and Taiwan	1	55	0.08
独资经营企业	Enterprises with Sole Hong Kong, Macao and Taiwan	8	2817	4.62
外商投资企业	Foreign Funded Enterprises	27	7049	9.85
中外合资经营企业	Joint－venture Enterprises	14	4643	6.78
外资企业	Enterprises With Sole Foreign Investment	10	2186	2.65
外商投资股份有限公司	Foreign Invesment Share－holding Corporations Ltd.	1	20	0.04
按住宿行业中类分组	**by Category**			
旅游饭店	Restaurant for Tourism	866	138492	187.53
一般旅馆	Ordinary Hotels	252	17067	19.56
其他住宿服务	Others	5	579	0.62

续表 Continued

单位:亿元(100 million yuan)

指标	Item	法人企业(个) Number of Corporation (unit)	从业人员数(个) Number of Economic Active (unit)	营业额 Business volume
餐饮业	**Catering Services**	**878**	**105744**	**166.49**
#国有及国有控股	State – owend and State Holding Enterprises	23	4855	5.95
按登记注册类型分组	**by Registration**			
内资企业	Domestic Funded Enterprises	846	83699	129.73
国有企业	State – owned Enterprises	16	2084	2.54
集体企业	Collective owned Enterprises	5	292	0.29
股份合作企业	Cooperative Enterprises	12	1378	1.57
有限责任公司	Limited Liability Corporations	118	12441	22.22
国有独资公司	State Sole Funded Corporations	1	111	0.15
其他有限责任公司	Other Limited Liability Corporations	117	12330	22.07
股份有限公司	Share – holding Corporations Ltd.	10	3271	4.16
私营企业	Private Enterprises	677	63407	97.80
私营独资企业	Private Funded Enterprises	127	7860	9.81
私营合伙企业	Private Partnership Corporations	58	4502	5.91
私营有限责任公司	Private Limited Liability Corporations	465	43227	65.95
私营股份有限公司	Private Share – holding Corporations Ltd.	27	7818	16.14
其他	Others	8	826	1.15
港、澳、台商投资企业	Enterprises With Funds From Hong Kong, Macao and Taiwan	15	1242	1.76
合资经营企业	Joint – venture Enterprises From Hong Kong, Macao and Taiwan	9	846	1.23
合作经营企业	Cooperation Enterprises From Hong Kong, Macao and Taiwan			
独资经营企业	Enterprises with Sole Hong Kong, Macao and Taiwan	6	396	0.53
外商投资企业	Foreign Funded Enterprises	17	20803	35.01
中外合资经营企业	Joint – venture Enterprises	7	18571	30.44
中外合作经营企业	Cooperation Enterprises	1	1335	3.30
外资企业	Enterprises With Sole Foreign Investment	8	806	1.06
按餐饮行业中类分组	**by Category**			
正餐服务	Dinner Services	786	78901	123.50
快餐服务	Snack Services	39	22468	36.56
饮料及冷饮服务	Beverages and Cold Drink Services	24	1935	3.61
其他餐饮服务	Others	29	2440	2.82

10-15 限额以上餐饮企业财务状况(2003-2009年)
Financial Conditions of Catering Trade Above Designated Size(2003-2009)

单位:亿元(100 million yuan)

指标	Item	2003	2004	2005	2006	2007	2008	2009
法人企业数(个)	Corporation (Unit)	401	518	492	541	595	946	878
从业人员(人)	Employed (Person)	82637	113075	81287	79531	90643	99629	102056
流动资产合计	Total Circulating Assets	21.83	23.96	27.56	29.66	45.99	54.89	69.04
固定资产合计	Total Fixed Assets	40.97	33.22	44.13	50.37	62.51	42.20	45.17
资产总计	Total Assets	76.98	74.90	81.80	91.96	118.93	123.15	152.29
负债合计	Total Liabilities	49.45	50.83	56.26	65.22	82.83	85.65	112.02
主营业务收入	Businese Income	57.72	79.05	82.98	94.05	112.47	150.22	165.46
主营业务成本	Business Cost	28.46	41.73	43.22	48.07	56.33	79.44	87.44
营业费用	Business Expenses	17.11	22.58	24.28	29.06	32.41	42.15	47.22
主营业务税金及附加	Sale Tax and Extra Charges of Major Management	2.86	4.26	4.51	5.06	6.04	8.08	8.87
主营业务利润	Profits of Major Management	9.29	33.06	34.86	40.92	50.09	62.71	69.22
管理费用	Management Expenses	5.96	7.26	8.82	9.45	12.37	14.55	15.59
财务费用	Financial Expenses	1.12	1.12	1.23	1.39	1.95	2.27	2.47
利润总额	Total Profits	2.73	3.40	2.33	2.22	4.62	6.49	6.45
本年应付工资总额	Total Wages Payable in this year	5.87	8.62	8.89	10.20	12.39	16.76	18.71
本年应付福利费总额	Total Welfare Expenses Payable in this year	0.78	0.94	1.25	1.60	1.07	0.91	0.89

10－16 限额以上住宿餐饮企业资产负债情况(2009 年)
Main Finacial Indicators of Enterprises Above Designated Size in Hotels and Catering Services(2009)

单位:亿元(100 million yuan)

指标	Item	资产合计 Total Assets	固定资产 Fixed Assets	流动资产 Circu Assets	负债合计 Total Liabilities	所有者权益合计 Total Creditor's Equity
总计	**Total**	**754.01**	**326.95**	**266.61**	**542.49**	**211.52**
住宿业	**Hotels**	**601.72**	**281.78**	**197.58**	**430.48**	**171.25**
#国有及国有控股	State－owend and State Holding Enterprises	134.21	61.11	45.86	83.02	51.18
按登记注册类型分组	**by Registration**					
内资企业	Domestic Funded Enterprises	469.04	210.45	155.01	338.14	130.90
国有企业	State－owned Enterprises	50.97	29.01	13.60	25.34	25.63
集体企业	Collective owned Enterprises	16.82	10.27	3.86	11.95	4.87
股份合作企业	Cooperative Enterprises	1.07	0.62	0.21	0.66	0.42
联营企业	Joint Ownership Enterprises	1.07	0.54	0.34	0.54	0.52
国有联营企业	State Joint Ownership Enterprises					
集体联营企业	Collective Joint Ownership Enterprises	0.46	0.22	0.07	0.47	－0.01
国有与集体联营企业	Joint State－collective Enterprises	0.61	0.32	0.28	0.07	0.54
有限责任公司	Limited Liability Corporations	175.27	78.27	54.46	121.36	53.91
国有独资公司	State Sole Funded Corporations	16.28	4.33	1.61	11.59	4.69
其他有限责任公司	Other Limited Liability Corporations	158.99	73.94	52.85	109.78	49.22
股份有限公司	Share－holding Corporations Ltd	17.96	8.73	7.51	9.76	8.21
私营企业	Private Enterprises	203.52	81.87	74.14	166.94	36.58
私营独资企业	Private Funded Enterprises	15.42	7.63	4.94	10.99	4.43
私营合伙企业	Private Partnership Corporations	15.12	6.52	7.56	13.04	2.08
私营有限责任公司	Private Limited Liability Corporations	166.13	64.02	60.00	135.74	30.40
私营股份有限公司	Private Share－holding Corporations Ltd	6.84	3.69	1.64	7.17	－0.32
其他企业	Others Enterprises	2.36	1.16	0.88	1.59	0.77
港澳台商投资企业	Enterprises With Funds From Hong Kong, Macao and Taiwan	98.51	52.49	34.28	65.72	32.79
合资经营企业	Joint－venture Enterprises From Hong Kong, Macao and Taiwan	65.66	29.95	27.73	45.90	19.76
合作经营企业	Cooperation Enterprises From Hong Kong, Macao and Taiwan	0,20	0.10	0.05	0.12	0.08
独资经营企业	Enterprises with Sole Hong Kong,Macao and Taiwan	30.40	21.66	5.35	19.44	10.96
外商投资企业	Foreign Funded Enterprises	34.18	18.84	8.29	26.62	7.56
中外合资经营企业	Joint－venture Enterprises	25.41	15.57	6.36	20.42	4.99
外资企业	Enterprises With Sole Foreign Investment	7.58	2.95	1.29	5.29	2.29
外商投资股份有限公司	Foreign Invesment Share－holding Corporations Ltd.	0.01				0.01

续表 1 Continued 单位:亿元(100 million yuan)

指标	Item	资产合计 Total Assets	固定资产 Fixed Assets	流动资产 Circu Assets	负债合计 Total Liabilities	所有者权益合计 Total Creditor's Equity
按住宿行业中类分组	**by Category**					
旅游饭店	Restaurant for Tourism	544.33	251.87	182.78	388.40	155.93
一般旅馆	Ordinary Hotels	56.96	29.79	14.58	41.73	15.23
其他住宿服务	Others	0.43	0.12	0.22	0.34	0.09
餐饮业	**Catering Services**	**152.29**	**45.17**	**69.04**	**112.02**	**40.27**
#国有及国有控股	State - owend and State Holding Enterprises	9.64	2.69	3.55	3.14	6.49
按登记注册类型分组	**by Registration**					
内资企业	Domestic Funded Enterprises	137.52	41.05	64.55	102.51	35.01
国有企业	State - owned Enterprises	2.61	1.11	0.91	1.10	1.51
集体企业	Collective owned Enterprises	0.05	0.01	0.05	0.15	-0.10
股份合作企业	Cooperative Enterprises	2.26	0.54	1.05	1.51	0.75
有限责任公司	Limited Liability Corporations	30.09	12.27	10.97	24.00	6.10
国有独资公司	State Sole Funded Corporations	0.07	0.01	0.07	-0.07	0.14
其他有限责任公司	Other Limited Liability Corporations	30.02	15.84	10.90	24.07	5.95
股份有限公司	Share - holding Corporations Ltd.	7.14	1.46	2.95	2.15	4.99
私营企业	Private Enterprises	93.68	24.97	47.70	72.56	21.12
私营独资企业	Private Funded Enterprises	6.88	2.38	3.63	4.11	2.77
私营合伙企业	Private Partnership Corporations	4.20	1.91	1.83	3.00	1.19
私营有限责任公司	Catering Services	76.02	18.94	38.23	61.95	14.06
私营股份有限公司	Private Share - holding Corporations Ltd.	6.59	1.74	4.01	3.49	3.10
其他	Others	1.68	0.69	0.94	1.03	0.65
港澳台商投资企业	Enterprises With Funds From Hong Kong, Macao and Taiwan	1.15	0.24	0.72	1.15	0.01
合资经营企业	Joint - venture Enterprises From Hong Kong, Macao and Taiwan	0.99	0.21	0.61	0.93	0.06
独资经营企业	Enterprises with Sole Hong Kong, Macao and Taiwan	0.17	0.02	0.10	0.22	-0.05
外商投资企业	Foreign Funded Enterprises	13.62	3.88	3.77	8.37	5.25
中外合资经营企业	Joint - venture Enterprises	10.70	2.75	3.09	3.73	6.96
中外合作经营企业	Cooperation Enterprises	1.91	0.82	0.25	3.73	-1.82
外商独资企业	Enterprises With Sole Foreign Investment	0.85	0.31	0.31	0.86	
按餐饮行业中类分组	**by Category**					
正餐服务	Dinner Services	134.39	40.35	62.51	101.29	33.10
快餐服务	Snack Services	12.81	3.73	3.24	8.14	4.66
饮料及冷饮服务	Beverages and Cold Drink Services	2.56	0.29	1.83	1.01	1.55
其他餐饮服务	Others	2.54	0.80	1.46	1.58	0.96

续表 2 Continued

单位:亿元(100 million yuan)

指标	Item	主营业务收入 Revenue in Main Business	主营业务成本 Cost in Main Business	主营业务税金及附加 Tax and Extra Changes in Main Business	营业费用 Management Cost
总计	**Total**	**406.80**	**182.33**	**20.65**	**116.48**
住宿业	**Hotels**	**241.34**	**94.89**	**11.78**	**69.26**
#国有及国有控股	State - owend and State Holding Enterprises	78.65	39.52	2.59	16.60
按登记注册类型分组	**by Registration**				
内资企业	Domestic Funded Enterprises	177.97	60.88	10.00	58.80
国有企业	State - owned Enterprises	26.63	7.74	1.37	9.04
集体企业	Collective owned Enterprises	7.00	2.51	0.40	2.44
股份合作企业	Cooperative Enterprises	0.76	0.28	0.05	0.26
联营企业	Joint Ownership Enterprises	0.72	0.19	0.04	0.22
国有联营企业	State Joint Ownership Enterprises				
集体联营企业	Collective Joint Ownership Enterprises	0.34	0.07	0.02	0.13
国有与集体联营企业	Joint State - collective Enterprises	0.38	0.12	0.02	0.09
有限责任公司	Limited Liability Corporations	58.96	19.06	3.28	19.98
国有独资公司	State Sole Funded Corporations	2.15	0.71	0.12	0.77
其他有限责任公司	Other Limited Liability Corporations	56.81	18.35	3.16	19.20
股份有限公司	Share - holding Corporations Ltd	8.88	3.06	0.50	3.50
私营企业	Private Enterprises	73.78	27.72	4.29	23.07
私营独资企业	Private Funded Enterprises	6.07	2.75	0.36	1.78
私营合伙企业	Private Partnership Corporations	5.37	2.29	0.30	1.26
私营有限责任公司	Private Limited Liability Corporations	60.06	21.86	3.49	19.18
私营股份有限公司	Private Share - holding Corporations Ltd	2.28	0.82	0.14	0.86
其他企业	Others Enterprises	1.25	0.34	0.07	0.28
港澳台商投资企业	Enterprises With Funds From Hong Kong, Macao and Taiwan	53.56	30.79	1.27	6.94
合资经营企业	Joint - venture Enterprises From Hong Kong, Macao and Taiwan	47.79	28.99	0.97	5.35
合作经营企业	Cooperation Enterprises From Hong Kong, Macao and Taiwan	0.08	0.04		0.03
独资经营企业	Enterprises with Sole Hong Kong,Macao and Taiwan	4.64	1.43	0.24	1.25
外商投资企业	Foreign Funded Enterprises	9.81	3.22	0.51	3.53
中外合资经营企业	Joint - venture Enterprises	6.78	2.24	0.35	2.32
外资企业	Enterprises With Sole Foreign Investment	2.62	0.86	0.14	1.10
外商投资股份有限公司	Foreign Invesment Share - holding Corporations Ltd.	0.04			0.04

续表 3 Continued 单位:亿元(100 million yuan)

指标	Item	主营业务收入 Revenue in Main Business	主营业务成本 Cost in Main Business	主营业务税金及附加 Tax and Extra Changes in Main Business	营业费用 Management Cost
按住宿行业中类分组	**by Category**				
旅游饭店	Restaurant for Tourism	221.11	88.98	10.65	60.78
一般旅馆	Ordinary Hotels	19.57	5.75	1.09	8.13
其他住宿服务	Others	0.67	0.16	0.04	0.35
餐饮业	**Catering Services**	**165.46**	**87.44**	**8.87**	**47.22**
#国有及国有控股	State－owend and State Holding Enterprises	6.36	3.33	0.30	1.74
按登记注册类型分组	**by Registration**				
内资企业	Domestic Funded Enterprises	128.88	74.05	6.99	31.18
国有企业	State－owned Enterprises	2.60	1.43	0.14	0.53
集体企业	Collective owned Enterprises	0.29	0.15	0.02	0.08
股份合作企业	Cooperative Enterprises	1.55	1.07	0.08	0.23
有限责任公司	Limited Liability Corporations	22.22	11.83	1.24	5.81
国有独资公司	State Sole Funded Corporations	0.15	0.11	0.01	
其他有限责任公司	Other Limited Liability Corporations	22.07	11.72	1.23	5.81
股份有限公司	Share－holding Corporations Ltd.	4.50	2.42	0.20	1.21
私营企业	Private Enterprises	96.57	56.47	5.25	23.06
私营独资企业	Private Funded Enterprises	9.80	5.80	0.52	2.05
私营合伙企业	Private Partnership Corporations	5.86	3.43	0.31	1.20
私营有限责任公司	Catering Services	64.74	35.84	3.65	17.31
私营股份有限公司	Private Share－holding Corporations Ltd.	16.17	11.39	0.76	2.50
其他	Others	1.15	0.69	0.07	0.24
港澳台商投资企业	Enterprises With Funds From Hong Kong, Macao and Taiwan	1.73	0.73	0.09	0.70
合资经营企业	Joint－venture Enterprises From Hong Kong, Macao and Taiwan	1.22	0.53	0.06	0.44
独资经营企业	Enterprises with Sole Hong Kong,Macao and Taiwan	0.51	0.20	0.03	0.26
外商投资企业	Foreign Funded Enterprises	34.85	12.66	1.79	15.34
中外合资经营企业	Joint－venture Enterprises	30.36	10.84	1.56	13.16
中外合作经营企业	Cooperation Enterprises	3.30	1.21	0.17	1.76
外商独资企业	Enterprises With Sole Foreign Investment	0.98	0.43	0.05	0.41
按餐饮行业中类分组	**by Category**				
正餐服务	Dinner Services	122.58	70.43	6.69	29.84
快餐服务	Snack Services	36.44	13.57	1.89	15.48
饮料及冷饮服务	Beverages and Cold Drink Services	3.64	1.83	0.18	1.30
其他餐饮服务	Others	2.80	1.61	0.11	0.60

续表 4 Continued　　单位:亿元(100 million yuan)

指标	Item	管理费用 Management Expenses	财务费用 Financial Expenses	利润总额 Profits	本年应付工资总额 Total Wages Pagable in the year	本年应付福利费总额 Total Welfare Funds in the year
总计	**Total**	**76.30**	**13.67**	**8.32**	**52.32**	**3.00**
住宿业	**Hotels**	**60.72**	**11.20**	**1.87**	**33.61**	**2.11**
#国有及国有控股	State - owend and State Holding Enterprises	14.79	1.47	6.73	9.09	0.65
按登记注册类型分组	**by Registration**					
内资企业	Domestic Funded Enterprises	47.70	8.61	-1.90	27.97	1.78
国有企业	State - owned Enterprises	7.54	0.49	0.96	4.88	0.28
集体企业	Collective owned Enterprises	2.07	0.16	-0.34	1.23	0.08
股份合作企业	Cooperative Enterprises	0.20	0.02	0.08	0.11	0.01
联营企业	Joint Ownership Enterprises	0.32		-0.05	0.13	
国有联营企业	State Joint Ownership Enterprises					
集体联营企业	Collective Joint Ownership Enterprises	0.16		-0.04	0.09	
国有与集体联营企业	Joint State - collective Enterprises	0.16	-0.01		0.05	
有限责任公司	Limited Liability Corporations	16.18	2.98	-0.29	9.17	0.70
国有独资公司	State Sole Funded Corporations	0.92	0.14	-0.34	0.56	0.12
其他有限责任公司	Other Limited Liability Corporations	15.26	2.84	0.05	8.61	0.58
股份有限公司	Share - holding Corporations Ltd	1.28	0.31	0.75	1.51	0.11
私营企业	Private Enterprises	19.64	4.64	-3.12	10.71	0.57
私营独资企业	Private Funded Enterprises	1.24	0.25	-0.19	0.93	0.03
私营合伙企业	Private Partnership Corporations	1.26	0.49	-0.20	0.69	0.03
私营有限责任公司	Private Limited Liability Corporations	16.53	3.80	-2.60	8.76	0.49
私营股份有限公司	Private Share - holding Corporations Ltd	0.61	0.10	-0.12	0.34	0.02
其他企业	Others Enterprises	0.47	0.02	0.10	0.22	0.03
港澳台商投资企业	Enterprises With Funds From Hong Kong, Macao and Taiwan	10.17	1.72	4.57	4.05	0.23
合资经营企业	Joint - venture Enterprises From Hong Kong, Macao and Taiwan	6.83	1.19	6.21	3.11	0.18
合作经营企业	Cooperation Enterprises From Hong Kong, Macao and Taiwan	0.04		-0.02	0.01	
独资经营企业	Enterprises with Sole Hong Kong, Macao and Taiwan	3.05	0.54	-1.76	0.79	0.05
外商投资企业	Foreign Funded Enterprises	2.85	0.86	-0.80	1.59	0.11
中外合资经营企业	Joint - venture Enterprises	2.06	0.61	-0.49	1.11	0.05
外资企业	Enterprises With Sole Foreign Investment	0.70	0.19	-0.32	0.43	0.05
外商投资股份有限公司	Foreign Invesment Share - holding Corporations Ltd.					

续表 5 Continued 单位:亿元(100 million yuan)

指标	Item	管理费用 Management Expenses	财务费用 Financial Expenses	利润总额 Profits	本年应付工资总额 Total Wages Pagable in the year	本年应付福利费总额 Total Welfare Funds in the year
按住宿行业中类分组	**by Category**					
旅游饭店	Restaurant for Tourism	54.26	10.18	4.09	30.37	1.94
一般旅馆	Ordinary Hotels	6.31	1.01	-2.19	3.14	0.16
其他住宿服务	Others	0.15	0.01	-0.02	0.10	0.01
餐饮业	**Catering Services**	**15.59**	**2.47**	**6.45**	**18.71**	**0.89**
#国有及国有控股	State - owend and State Holding Enterprises	1.16	0.02	1.35	1.22	0.02
按登记注册类型分组	**by Registration**					
内资企业	Domestic Funded Enterprises	14.15	2.20	2.77	14.86	0.54
国有企业	State - owned Enterprises	0.54		0.06	0.42	0.02
集体企业	Collective owned Enterprises	0.07		-0.02	0.06	0.01
股份合作企业	Cooperative Enterprises	0.07	0.03	0.09	0.22	
有限责任公司	Limited Liability Corporations	2.90	0.35	0.22	2.74	0.12
国有独资公司	State Sole Funded Corporations			0.03	0.02	
其他有限责任公司	Other Limited Liability Corporations	2.90	0.35	0.18	2.72	0.12
股份有限公司	Share - holding Corporations Ltd.	0.62	0.02	1.45	0.83	
私营企业	Private Enterprises	9.85	1.76	0.96	10.49	0.39
私营独资企业	Private Funded Enterprises	1.01	0.11	0.28	1.28	0.04
私营合伙企业	Private Partnership Corporations	0.70	0.09	0.15	0.75	0.03
私营有限责任公司	Catering Services	7.59	1.49	-0.39	7.28	0.31
私营股份有限公司	Private Share - holding Corporations Ltd.	0.55	0.07	0.91	1.18	0.01
其他	Others	0.09	0.04	0.02	0.10	
港澳台商投资企业	Enterprises With Funds From Hong Kong,Macao and Taiwan	0.44	0.04	-0.24	0.25	0.01
合资经营企业	Joint - venture Enterprises From Hong Kong,Macao and Taiwan	0.38	0.03	-0.22	0.15	
独资经营企业	Enterprises with Sole Hong Kong,Macao and Taiwan	0.05	0.01	-0.02	0.09	0.01
外商投资企业	Foreign Funded Enterprises	1.00	0.23	3.92	3.61	0.34
中外合资经营企业	Joint - venture Enterprises	0.66	0.05	4.12	3.18	0.32
中外合作经营企业	Cooperation Enterprises	0.12	0.17	-0.13	0.10	0.02
外商独资企业	Enterprises With Sole Foreign Investment	0.20	0.01	-0.06	0.31	
按餐饮行业中类分组	**by Category**					
正餐服务	Dinner Services	13.69	2.22	2.01	14.26	0.52
快餐服务	Snack Services	1.17	0.22	4.26	3.41	0.28
饮料及冷饮服务	Beverages and Cold Drink Services	0.35	0.01	0.05	0.64	0.08
其他餐饮服务	Others	0.38	0.02	0.13	0.42	0.01

10－17 商品交易市场情况(1978－2009 年)
Basic Conditions of Business Markets of Commodity(1978－2009)

年份	交易市场(个) Business Markets (unit)	10 亿元以上(个) Above 1000 Million Yuan (unit)	100 亿元以上(个) Above 10000 Million Yuan (unit)	商品市场成交额(亿元) Transaction (100 million Yuan)
1978	1051			8.6
1979	1322			11.3
1980	1415			12.2
1981	1656			14.7
1982	1736			18.1
1983	1788			21.6
1984	2241			26.9
1985	2345			44.0
1986	3653			59.1
1987	3706			80.9
1988	3632			96.3
1989	3669			149.0
1990	3797			161.9
1991	3802			204.6
1992	3865			321.3
1993	4127			651.2
1994	4207			1480.5
1995	4349			2165.7
1996	4388	57	3	2545.3
1997	4488	57	2	2798.0
1998	4619	58	2	3209.6
1999	4347	69	3	3606.0
2000	4348	68	4	4023.0
2001	4278	78	6	4652.0
2002	4193	77	6	4997.0
2003	4036	93	9	5591.0
2004	4049	114	9	6384.0
2005	4008	120	10	7173.0
2006	4064	125	13	8247.0
2007	4096	133	15	9325.0
2008	4087	139	15	9794.0
2009	4194	180	18	10744.9

10－18 亿元以上商品交易市场成交情况
Basic Conditions of Business Markets of Commodity Above 100 Million Yuan

单位：万元（10000 yuan）

指标	Item	摊位数量（个） Number of Stall (unit)			成交额 Value		
		2007	2008	2009	2007	2008	2009
总计	**Total**	**363637**	**366332**	**392455**	**82106752**	**89533284**	**96471284**
食品、饮料、烟酒类	Food, Beverage, Tobacco and Liquor	126909	122989	127219	17834292	19314800	21269723
服装鞋帽、针、纺织品类	Garments, Shoes, Hats, Knit and Textile Goods	109419	108418	117338	21028222	19022987	20768942
化妆品类	Cosmetics	2522	2849	2159	268766	486917	321422
日用品类	Articles For Daily Use	29187	17176	22623	3541801	3191200	3657595
五金、电料类	Hardware & Electric Materials	13582	16301	16669	2714048	3382353	3482829
电子出版物及音像制品类	Electronic Publication and Audiovisual Products	356	1051	135	145575	71528	16486
家用电器和音像器材类	Household Appliances and Audiovisual Equipment	3817	2948	3677	685970	383150	520894
中西药品类	Traditional Chinese & Western Medicines	768	3886	930	80364	394305	148623
#中草药及中成药	Chinese Herbal Medicine and Other Traditional Chinese Medicine	356	841	918	62243	122188	146689
文化办公用品类	Culture and Official Articles	8749	6097	8516	1128363	1120589	1345855
家具类	Furniture	5303	5813	6231	799538	804642	955319
煤炭及制品类	Coal and Related Products	64	74	73	468714	727219	700414
木材及制品类	Timber and Related Products	3792	4487	4219	1275774	1368879	1333206
化工材料及制品类	Chemical Materials and Related Products	4748	6980	5784	5220833	8429172	8252335
金属材料类	Metal Materials	13340	11012	14432	13723383	15855283	15878530
建筑及装潢材料类	Building and Decoration Materials	15637	17881	20300	2387951	3291403	3625052
机电成品及设备类	Mechanical and Electrical Products and Appliances	5360	5426	6518	1903265	1913342	2211993
#农机类	Agricutural Mechanical Products	2		11	46		2300
汽车类	Motor Vehicles	4665	5227	6153	4051688	4667540	6063596
其他类	Others	10543	27717	24191	2031534	5107975	3625677

10－19 个体经济发展情况
Developments of Individual Economy

项目	Item	2007	2008	2009
户数(户)	**Number of Households(household)**	**1807377**	**1899705**	**1986913**
农、林、牧、渔业	Farming, Forestry, Animal Husbandry and Fishery	12463	14057	16332
采矿业	Ming and Quarrying	1178	1077	859
制造业	Manufacturing	322063	337818	355088
电力、燃气及水的生产和供应业	Production and Supply of Electricity ,Gas and Water	810	832	767
建筑业	Construction	3227	4259	4647
交通运输、仓储和邮政业	Transpor, Storage and Post	106733	97900	83448
信息传输、计算机服务和软件业	Information Transmission, Computer Service and Software	4719	5234	4838
批发和零售业	Wholesale and Retail Sale Trade	1034187	1110160	1179936
住宿和餐饮业	Hotels and Catering Services	111498	118055	123034
房地产业	Real Estate	2894	3298	5145
租赁和商务服务业	Leasing and Services and Other Services	19601	20603	20849
居民服务和其他服务业	Resident Services and Other Services	162264	165301	171947
卫生、社会保障和社会福利业	Health Care, Social Securities and Social Welfare	1933	2002	2069
文化、体育和娱乐业	Culture, Sports and Recreation	12029	12699	13022
其他行业	Others	11778	6410	4932
从业人员(人)	**Number of Employed Persons(Person)**	**3912991**	**3966174**	**4294888**
农、林、牧、渔业	Farming, Forestry, Animal Husbandry and Fishery	37523	38476	67838
采矿业	Ming and Quarrying	5948	4869	4079
制造业	Manufacturing	1075749	1115239	1141722
电力、燃气及水的生产和供应业	Production and Supply of Electricity ,Gas and Water	1885	1641	1562
建筑业	Construction	26597	12613	14717
交通运输、仓储和邮政业	Transpor, Storage and Post	135619	120860	111487
信息传输、计算机服务和软件业	Information Transmission, Computer Service and Software	9159	9160	8710
批发和零售业	Wholesale and Retail Sale Trade	1833603	1902396	2077648
住宿和餐饮业	Hotels and Catering Services	349089	325177	341228
房地产业	Real Estate	5881	5652	20976
租赁和商务服务业	Leasing and Services and Other Services	38120	37405	40296
居民服务和其他服务业	Resident Services and Other Services	333690	339704	417053
卫生、社会保障和社会福利业	Health Care, Social Securities and Social Welfare	4885	4372	4628
文化、体育和娱乐业	Culture, Sports and Recreation	29019	30801	31623
其他行业	Others	26224	17809	11321

10－20 私营经济发展情况
Developments of Private－owned Economy

项目	Item	2007	2008	2009
户数(户)	**Number of Households(household)**	**450304**	**517852**	**566595**
农、林、牧、渔业	Farming,Forestry,Animal Husbandry and Fishery	6086	6658	7627
采矿业	Ming and Quarrying	1231	1134	1051
制造业	Manufacturing	228414	242572	255687
电力、燃气及水的生产和供应业	Production and Supply of Electricity,Gas and Water	1544	1915	2041
建筑业	Construction	12967	17414	19989
交通运输、仓储和邮政业	Transpor,Storage and Post	8347	10082	11305
信息传输、计算机服务和软件业	Information Transmission,Computer Service and Software	14374	15510	16857
批发和零售业	Wholesale and Retail Sale Trade	111809	138898	155331
住宿和餐饮业	Hotels and Catering Services	4902	5918	6476
房地产业	Real Estate	7413	10252	12245
租赁和商务服务业	Leasing and Services and Other Services	26916	35303	41528
居民服务和其他服务业	Resident Services and Other Services	13167	14631	15028
卫生、社会保障和社会福利业	Health Care,Social Securities and Social Welfare	665	711	748
文化、体育和娱乐业	Culture,Sports and Recreation	2169	2397	2613
其他行业	Others	10300	14457	18069
从业人员(人)	**Number of Employed Persons(person)**	**7590869**	**7574798**	**7984910**
农、林、牧、渔业	Farming,Forestry,Animal Husbandry and Fishery	80430	66748	72473
采矿业	Ming and Quarrying	21682	18590	22417
制造业	Manufacturing	4732103	4423332	4557519
电力、燃气及水的生产和供应业	Production and Supply of Electricity,Gas and Water	25810	28071	29419
建筑业	Construction	367526	463567	481910
交通运输、仓储和邮政业	Transpor,Storage and Post	110315	118363	123516
信息传输、计算机服务和软件业	Information Transmission,Computer Service and Software	457451	122999	147716
批发和零售业	Wholesale and Retail Sale Trade	1058752	1429807	1562931
住宿和餐饮业	Hotels and Catering Services	87567	92926	96871
房地产业	Real Estate	102257	118579	131428
租赁和商务服务业	Leasing and Services and Other Services	259688	390339	430234
居民服务和其他服务业	Resident Services and Other Services	127645	124747	120781
卫生、社会保障和社会福利业	Health Care,Social Securities and Social Welfare	8194	7887	8392
文化、体育和娱乐业	Culture,Sports and Recreation	21338	23540	25799
其他行业	Others	130111	145303	173504

10-21 个体和私营经济发展情况(2009年)
Developments of Individual and Private-owned Economy(2009)

项目	Item	个体 Individuals	#城镇 Urban Areas	私营 Privates	#城镇 Urban Areas
户数(户)	**Number of Households(household)**	**1986913**	**1243406**	**566595**	**329682**
农、林、牧、渔业	Farming, Forestry, Animal Husbandry and Fishery	16332	6083	7627	2713
采矿业	Ming and Quarrying	859	310	1051	284
制造业	Manufacturing	355088	152543	255687	102702
电力、燃气及水的生产和供应业	Production and Supply of Electricity, Gas and Water	767	300	2041	679
建筑业	Construction	4647	2392	19989	14109
交通运输、仓储和邮政业	Transpor, Storage and Post	83448	42085	11305	7383
信息传输、计算机服务和软件业	Information Transmission, Computer Service and Software	4838	3489	16857	14113
批发和零售业	Wholesale and Retail Sale Trade	1179936	794458	155331	110777
住宿和餐饮业	Hotels and Catering Services	123034	85446	6476	4967
房地产业	Real Estate	5145	4532	12245	9035
租赁和商务服务业	Leasing and Services and Other Services	20849	16231	41528	35044
居民服务和其他服务业	Resident Services and Other Services	171947	120863	15028	11075
卫生、社会保障和社会福利业	Health Care, Social Securities and Social Welfare	2069	1680	748	568
文化、体育和娱乐业	Culture, Sports and Recreation	13022	9685	2613	2021
其他行业	Others	4932	3309	18069	14212
从业人员(人)	**Number of Employed (person)**	**4294888**	**2585662**	**7984910**	**4312767**
农、林、牧、渔业	Farming, Forestry, Animal Husbandry and Fishery	67838	16630	72473	26499
采矿业	Ming and Quarrying	4079	1385	22417	4761
制造业	Manufacturing	1141722	531214	4557519	1717899
电力、燃气及水的生产和供应业	Production and Supply of Electricity, Gas and Water	1562	639	29419	11558
建筑业	Construction	14717	7753	481910	311693
交通运输、仓储和邮政业	Transpor, Storage and Post	111487	60118	123516	84521
信息传输、计算机服务和软件业	Information Transmission, Computer Service and Software	8710	6322	147716	129131
批发和零售业	Wholesale and Retail Sale Trade	2077648	1307984	1562931	1256906
住宿和餐饮业	Hotels and Catering Services	341228	264868	96871	79204
房地产业	Real Estate	20976	19762	131428	105390
租赁和商务服务业	Leasing and Services and Other Services	40296	31433	430234	326834
居民服务和其他服务业	Resident Services and Other Services	417053	299994	120781	95346
卫生、社会保障和社会福利业	Health Care, Social Securities and Social Welfare	4628	3891	8392	6570
文化、体育和娱乐业	Culture, Sports and Recreation	31623	24469	25799	19269
其他行业	Others	11321	9200	173504	137186

浙/江/统/计/年/鉴

主要统计指标解释

■ 社会消费品零售总额

指各种经济类型的批发零售贸易业、餐饮业和除制造业和农业外的其他行业对城乡居民和社会集团的消费品零售额。这个指标反映通过各种商品流通渠道向居民和社会集团供应的生活消费品来满足他们生活需要，是研究人民生活，社会消费品购买力、货币流通等问题的重要指标。社会消费品零售总额包括：(1)售给城乡居民作为生活用的商品和修建房屋用的建筑材料；(2)售给社会集团的各种办公用品和公用消费品；(3)售给机关、团体、学校、部队、企业、事业单位的职工食堂和旅店（招待所）附设专门供本店旅客食用，不对外营业的食堂的各种食品、燃料；企业、单位和国营农场直接售给本单位职工和职工食堂的自己生产的产品；(4)售给部队干部、战士生活用的粮食、副食品、衣着品、日用品、燃料；(5)售给来华的外国人、华侨、港澳（台）同胞的消费品；(6)居民自费购买的中、西药品、中药材及医疗用品；(7)报社、出版社直接售给居民和社会集团的报纸、图书、杂志、集邮公司出售的新、旧纪念邮票、特种邮票、首日封、集邮册、集邮工具等；(8)旧货寄售商店自购、自销部分的商品；(9)煤气公司、液化石油气站售给居民和社会集团的煤气灶具和罐装液化石油气。不包括售给国民经济各部门企业、事业单位（包括国有经济的农场）生产经营用的各种原材料、燃料、设备、工具等和售给批发零售贸易业、餐饮业作为转卖用的商品、旧货寄售商店受托寄售卖出的商品、服务业的营业收入、邮局出售邮票的收入、自来水、电力、煤气生产（供应）单位的产品供应收入。

■ 商品销售总额

指对本企业（单位）以外的单位和个人出售（包括对国（境）外直接出口）的商品。这个指标反映批发零售贸易业在国内市场上销售商品以及出口商品的总量。商品销售总额包括：(1)售给城乡居民和社会集团消费用的商品；(2)售给工业、农业、建筑业、运输邮电业、批发零售贸易业、餐饮业、服务业等作为生产、经营使用的商品；(3)售给批发零售贸易业作为转卖或加工后转卖的商品；(4)对国（境）外直接出口的商品。不包括：出售本企业（单位）自用的废旧包装用品，未通过买卖行为付出的商品，经本单位介绍，由买卖双方直接结算，本单位只收取手续费的业务，购货退回的商品以及商品损耗和损失等。

■ 消费品市场成交额

指在全国消费品交易市场成交的全部商品金额。消费品市场包括农副产品市场和工业消费品市场。

■ 亿元商品交易市场成交额

年成交额达到亿元以上，经工商部门批准，专门从事商品批发、零售业务活动的市场，其市场所有摊位销售总额称为亿元商品交易市场成交额。

■ 连锁企业（或称连锁店、连锁公司）

指在核心企业或总店的领导下，由分散的、经营同类商品或服务的企业或活动单位，采取共同方针，实行集中采购和分散销售的有机结合，通过规范化经营，实行集中采购和分散销售的有机结合，通过规范化经营，实现规模效益的经济联合组织形式。一般连锁店应由若干个分店组成。其经营特征：(1)经营同类商品；(2)使用统一商号；(3)统一采购配送，采购与销售相分离（部分商品可根据物流合理和保质保鲜原则，由供应商直接送货到门店，其余均由总部统一配送）。

连锁门店包括下列两种形式：

直营连锁：指正规连锁。连锁门店均由总部独资或控股开设，在总部的直接领导下统一经营。

加盟连锁：指特许连锁。各连锁门店（被特许人）通过合同形式，取得使用总部（特许人）商标、商号、经营技术和销售总部开发的商品的特许权，各加盟连锁门店为独立法人，在总部指导下统一经营。

ZHEJIANG STATISTICAL YEARBOOK

Explanatory Notes on Main Statistical Indicators

□ Total Retail Sales of Consumer Goods

refer to the sum of retail sales of consumer goods by the establishments in wholesale trade, retail sale trade, catering trade and other industries except manufacturing and agriculture of different types of ownership, to urban and rural residents and social groups. This indicator is used to show the supply of consumers goods through various channels to households and institutions to meet their demands, and is therefore very important for the study of the issues on people's livelihood, on the purchasing power of consumer goods and on the circulation of money. The retail sales of consumer goods include: (1) commodities sold to urban and rural residents for residential use and building materials sold to them for the construction or repair of houses; (2) food and fuels sold to canteens of institutions, enterprises, schools, military units and to canteens of hotels and hostels that only serve their guests, and commodities produced by enterprises, institutions or state farms and sold directly to their employees or their canteens; (3) grain and non-staple food, clothing, daily articles and fuels sold to military personnel; (4) consumer goods sold to foreigners, overseas Chinese, and Chinese compatriots from Taiwan, Hong Kong and Macao during their stay in the mainland of China; (5) Chinese and western medicines, herbs and medical facilities purchased by residents; (6) newspapers, books and magazines directly sold to residents and social groups by publishers, new and old commemorative stamps, special stamps, first-day covers, stamp albums and other stamp-collection articles sold by stamp companies; (7) consumer goods purchased and then sold by second-hand shops; (8) stoves and other heating facilities and liquified gas sold by gas companies to households and institutions. Excluded under this heading are: raw materials, fuels, equipment, tools sold to enterprises, institutions and state farms for production purpose; commodities sold to trade establishments for re-selling; commissioned sales at second-hand shops; operational income of urban public utilities; stamps sold at post offices; income of water, power, gas production and supply establishments from the supply of their products.

□ Total Sales of Commodities

refer to selling of commodities by the establishments to other establishments and individuals (including direct export). This indicator is used to show the total value of sales of commodities at domestic markets and export. The total sales include: (1) commodities sold to urban and rural residents and social groups for their consumption; (2) commodities sold to establishments in industry, agriculture, construction, transportation, post and telecommunications, wholesale and retail trades, catering trade and public utility for their production and operation; (3) commodities sold to wholesale and retail establishments for re-selling, with or without further processing; and (4) commodities for direct export to other countries. Excluded are selling of waste packaging materials used by the establishments (units) themselves, commodities transferred without buying or selling procedures, commission income from brokerage in transactions whose settlement is directly handled by buyers and sellers, rejected commodities in the purchase, loss in commodities, etc.

□ Volume of Transaction at Consumer Goods Markets

refers to the value of transaction of all goods at consumer goods markets in the country, including both markets for farm and sideline products and for industrial consumption goods.

□ Volume of Transaction at Large Commodity Markets (with transaction value over 100 million yuan)

refers to markets approved by the industrial and commercial administration departments, which specialize in

EXPLANATORY NOTES ON MAIN STATISTICAL INDICATORS

wholesale and retail of modities with transaction value over 100 million yuan. The stall of sales of all sellers in the markets makes up the transaction value of the markets.

□ Chain Enterprises (also called chain stores or called corporations)

refer to a form of joint economic entities unit which scattered enterprises or establishments engaged in pithing homogeneous commodities or services, with the central leadership of core enterprise or headquarters and guided by policies, conduct centralized purchase and distributed selling commodities, in order to gain better efficiency through standardized operation. Consisting of a number of branch stores the chain stores have in general following features: (1) homogeneous commodities, (2) unique name of stores, (3) centralized purchase and delivery which is separated from the headquarters cept some items which, from logistics, quality or considerations, might be delivered by the suppliers directy.

Chain stores have two categories:

(a) Chain stores under direct management: These are chain stores invested or controlled by the headquarters operate under the direct and unified management from the headquarters.

(b) Chain stores through license arrangement: These are contracts, chain stores (their owners) obtain licenses from the headquarters to use designated trade marks, names, operates know - how, and to sell the commodity developed by the headquarters. Under this arrangement. Each store in the chairs an independent legal entity and operates under the guidance the headquarters.

2010

浙江统计年鉴

ZHEJIANG STATISTICAL YEARBOOK

CHAPTER 11

对外经济贸易和旅游

Foreign Economy and Trade, Tourism

11－1 进出口总值(1986－2009 年)
Total Value of Imports and Exports(1986－2009,Custom Statistics)

单位:万美元(USD 10000)

年份 Year	进出口总值 Total Value of Imports and Exports	出口 Export	#一般贸易 Ordinary Trade	进口 Import	#一般贸易 Ordinary Trade
1986	129291	109128		20163	
1987	149984	123406		26578	
1988	198628	149004		49624	
1989	251387	187222		64165	
1990	277342	218881		58461	
1991	385052	290628		94424	
1992	499907	357127	258763	142780	48230
1993	673269	432313	326388	240956	78690
1994	899144	608657	474070	290487	75292
1995	1151230	769782	593336	381448	92160
1996	1254126	804147	572545	449979	102558
1997	1427732	1011113	739172	416619	106496
1998	1485382	1086623	820244	398759	148712
1999	1830540	1287125	1001423	543415	314525
2000	2783265	1944279	1540108	838986	528135
2001	3279969	2297747	1825752	982222	635302
2002	4195650	2941102	2426940	1254548	859007
2003	6141083	4159499	3418932	1981584	1361717
2004	8521312	5814638	4674761	2706674	1665622
2005	10739123	7680353	6023916	3058770	1858590
2006	13914686	10089427	7731170	3825259	2143288
2007	17685633	12827293	9935900	4858341	2922772
2008	21110927	15426700	12185303	5684227	3440144
2009	18773488	13301032	10664403	5472456	3744581

11－2 出口总值分类表(2003－2009 年)
Total Value of Exports by Category(2003－2009)

单位:万美元(USD 10000)

项目	Item	2003	2004	2005	2006	2007	2008	2009
出口总值	**Total**	**4159499**	**5814638**	**7680353**	**10089427**	**12827293**	**15426700**	**13301032**
#机电产品	Electrical and Mechanical Products	1431975	2170159	3026157	4236303	5557980	6804800	5550552
总值中:	**Among Total**							
国有企业	State－owned Enterprises	1329950	1466064	1629362	1767742	1896622	1993053	1497457
三资企业	Foreign Funded Enterprises	1304773	1964667	2726282	3795210	4725567	5426543	4477847
集体企业	Collective owned Enterprises	726222	887728	993168	1058855	1178304	1238192	899306
私营企业	Private Enterprises	793444	1493303	2328331	3459464	5009210	6738201	6393095
其他企业	Others	5110	2876	3210	8156	17589	30712	33327
总值中:	**Among Total**							
工业制成品	Manufactured Goods	3914504	5493975	7299176	9643687	12342087	14868136	12831464
初级产品	Primary Goods	244995	320663	381177	445740	485206	558564	469568

11－3 进口总值分类表(2003－2009 年)
Total Value of Imports by Category(2003－2009)

单位:万美元(USD 10000)

项目	Item	2003	2004	2005	2006	2007	2008	2009
进口总值	**Total**	**1981584**	**2706674**	**3058770**	**3825259**	**4858341**	**5684227**	**5472456**
#机电产品	Electrical and Mechanical Products	797903	1002151	921646	1237456	1379370	1502351	1189665
总值中:	**Among Total**							
国有企业	State－owned Enterprises	629195	695255	671497	785943	852194	846188	894294
三资企业	Foreign Funded Enterprises	887827	1297388	1512129	1931689	2389784	2933865	2451898
集体企业	Collective owned Enterprises	253098	350723	369722	331969	389369	397254	434019
私营企业	Private Enterprises	210802	357233	505364	774810	1221395	1495030	1686184
其他企业	Others	662	6075	58	848	5599	11889	6061
总值中:	**Among Total**							
工业制成品	Manufactured Goods	1665903	2190694	2457096	3025605	3832578	4221124	4092752
初级产品进	Primary Goods	315681	515980	601674	799654	1025762	1463103	1379704

11－4 浙江省与各国(地区)的进出口总额
Zhejiang's Foreign Trade with Related Countries (Regions)

单位:万美元(USD 10000)

国别(地区)	Country(Region)	出口 Exports			进口 Imports		
		2007	2008	2009	2007	2008	2009
总值	**Total**	**12827293**	**15426700**	**13301032**	**4858341**	**5684227**	**5472456**
#亚太经济合作组织	APEC	6218954	7062182	6069592	3583793	4119906	3775403
亚洲	**Asia**	**4243984**	**4967863**	**4417541**	**3165041**	**3637609**	**3237144**
#中国香港	Hong Kong,China	511460	520528	450080	38312	29184	22012
日本	Japan	882306	996067	890519	777302	894307	790825
中国台湾	Taiwan,China	157439	173115	131978	732836	902859	774312
韩国	Korea Rep	404129	449650	355359	604226	686238	584230
东南亚联盟	The Association of Southeast Asian Nations	708666	873587	803964	484392	508497	444148
非洲	**Africa**	**714156**	**883210**	**813347**	**104350**	**172047**	**153878**
欧洲	**Europe**	**4042365**	**5082080**	**4162844**	**689898**	**785229**	**861414**
#欧洲联盟	EU	3406956	4264754	3607047	593325	656355	643603
#英国	United Kingdom	431836	500153	474045	50909	55848	52474
德国	Germany	722081	893499	800941	213344	243048	218939
意大利	Italy	418400	521431	426582	71344	75759	71804
法国	France	304625	363465	329277	55190	62597	62656
比利时	Belgium	164008	212629	180967	44891	46548	51165
#俄罗斯	Russia	313219	426641	282163	44650	65750	121363
拉丁美洲	**Latin America**	**830820**	**1177982**	**1010584**	**233421**	**329437**	**471358**
北美洲	**North America**	**2720033**	**2954200**	**2562336**	**515908**	**555052**	**498821**
#美国	United States	2463691	2654181	2305265	393061	430741	404192
加拿大	Canada	256314	299902	256891	122683	124311	94608
大洋洲	**Oceania**	**275934**	**361366**	**334379**	**149533**	**204695**	**249787**
#澳大利亚	Australia	234873	295126	279973	100643	163923	211145

11－5 进出口货物分贸易方式总值表
Total Value of Imports and Exports by Type

单位:万美元(USD 10000)

贸易方式	Type	出口 Exports				进口 Imports			
		2006	2007	2008	2009	2006	2007	2008	2009
总值	**Total**	**10089427**	**12827293**	**15426700**	**13301032**	**3825259**	**4858341**	**5684227**	**5472456**
一般贸易	Ordinary Trade	7731170	9935900	12185303	10664403	2143288	2922772	3440144	3744581
补偿贸易	Compensation Trade				6768				2982
来料加工装配贸易	Processing and Assembling Raw Material Supplied by Foreign Firms	185628	201022	228043	245707	156294	125481	165771	139648
进料加工贸易	Processing Imported Raw Materials	2077128	2529704	2856500	2245295	862159	1112696	1336141	1036271
外商投资企业作为投资进口的设备	Imported Equipment as Investment of Foreign Enterprises					167268	143748	149113	97199
出料加工贸易	Processing Exported Raw Materials	195	53	192	2	205	179	207	
保税仓库进出境货物	Import & Export Commodities in Protective Tariff Zone	49969	79826	108107	85757	373405	384597	414374	325690
保税区仓储转口货物	Transit Goods in Protective Tariff Zone	13279	22725	19862	39565	85331	140185	133075	112253
国家间、国际组织无偿援助和赠送物资	Assistant Goods From International Organization	193	277	287	159	1		198	
华侨、港澳台同胞、外籍华人捐赠物资	Assistant Goods From Overseas Chinese Compatriots from Hong Kong, Macao and Taiwan					4	1	13	17
来料加工装配进口的设备	Assembling Imported Equipment					2876	2176	1743	1897
对外承包工程出口货物	Exported Commodities for Contracted Projects	231	723	6045	8649				
其他	Others	31634	57061	22361	4727	34428	26506	43448	11918

11-6 出口主要商品情况
Statistics on Export of Commodities

单位:万美元(USD 10000)

项目名称	Item	2006	2007	2008	2009
机电产品	Electrical and Mechanical Products	4236303	5557980	6804800	5550552
高新技术产品	High-tech Products	1016226	1017360	1371880	987404
农副产品	Farm Products	667890	722936	768496	673752
服装及衣着附件	Garments and Related Products	1592516	1859328	2157999	2073888
纺织纱线、织物及制品	Spinning,Textile and Related Products	1381340	1700570	2066532	1901720
鞋类	Shoes	321311	383975	430475	440849
家具及其零件	Furniture and Related Parts	306771	428998	532036	504529
塑料制品	Plastic Articles	194582	194183	204849	223595
自动数据处理设备及其部件	Automatic Data Processing Equipment and Related Parts	173314	172954	144620	87461
灯具、照明装置及类似品	Lamps & Lanterns and Lighting Installation	137086	173954	197926	167486
旅行用品及箱包	Travelling Articles and Bags	127189	166472	205288	177738
汽车零件	Parts of Moter Vehicles	165914	239266	307348	247372
电话机	Mobile Telephone on Hand or Car	437487	318092	157891	38309
床垫、寝具及类似品	Mattress and Bedding	120221	154161	153864	145073
船舶	Seawater Aquatic Products	81082	175039	324575	434872
医药品	Medical and Pharmaceutical Products	84849	109820	173650	162856
电线和电缆	Electric Wire and Cables	122012	162613	191263	142106
摩托车	Motorcycle	59372	64869	83647	40168
通断及保护电路装置	Equipment for Switching or Protecting Electrical Circuits	98565	130477	150626	131958
钢铁或铜制标准紧固件	Standard Parts Made by Iron & Steel or Copper	105283	152434	217990	107858

注：2008 年起高新技术产品口径调整。High-tech products are adjusted since 2008.

11－7 进口主要商品情况
Statistics on Import of Commodities

单位:万美元(USD 10000)

商品名称	Item	2006	2007	2008	2009
机电产品	Electrical and Mechanical Products	1237456	1379370	1502351	1189665
高新技术产品	High－tech Products	674404	534856	865412	617492
农副产品	Farm Products	267682	384388	475013	370054
钢材	Steed Products	96821	110558	143008	148938
初级形状的塑料	Plastics of Primary Forms	246056	308917	361898	499839
对苯二甲酸	Telephthatic Acid	272766	286769	255477	218599
集成电路及微电子组件	Integrated Circuits and Microelectric Module	246674	275576	234710	148899
纺织机械及零件	Textile Machinery and Related Parts	79021	113369	80201	65315
废铜	Waste Copper	200757	311639	281873	160001
自动数据处理设备及其部件	Automatic Data Processing Equipment and Related	49820	19977	22786	18812
电视、收音机及无线电讯设备的零件附件	Parts of TV sets,Radio Sets and Radio Communications Equipment	168473	11273	10297	5075
原油	Crude Oil	142292	98619	118404	160902
液化石油气及其他烃类气	Liquefied Petroleum Gas and Other Hydrocarbon Gases	49802	30410	24143	22877
苯乙烯	Styrene	51223	81699	84734	78107
铁矿砂及其精矿	Iron ore in Sand Form and Refined ore	73603	110256	310919	357769
橡胶或塑料机械零件	Machinery Parts for Processing Rubber and Plastics	19313	21911	27630	15886
金属加工机床	Processing Machine Tools	29401	37758	41614	31150
纸浆	Paper Pulp	55040	75346	97100	124778
通断及保护电路装置	Electrical Apparatus for Switching or Protection Electrical Circuits	42799	42928	47640	38841
原木	Log	45790	65568	63847	49022
计量检测分析自控仪器及器具	Automatic Instruments for Measurement Examination Analysis	32422	35072	44277	40282
成品油	Processed Oil	18660	43466	69466	57855

注：2008 年起高新技术产品口径调整。High－tech products are adjusted since 2008.

11-8 利用外资协议合同(项目)和金额(1979-2009年)
Total Amount of Foreign Capital Utilized Through the Signed Agreements and Contracts(1979-2009)

年份 Year	协议合同(项目)(个) Projects(unit)			协议金额(万美元) Value(USD 10000)		
	合计 Total	对外借款 Foreign Loans	外商直接投资 Direct Foreign Investment	合计 Total	对外借款 Foreign Loans	外商直接投资 Direct Foreign Investment
1979				1120		
1980	4		4	620		138
1981	1	1		749	385	
1982	1		1	552		1
1983	2		2	440		94
1984	25	2	23	8506	4005	3955
1985	58	3	55	9154	4352	3650
1986	33	3	30	5224	2414	2307
1987	68	29	39	14291	7745	4525
1988	185	33	152	26815	14865	11326
1989	226	41	185	37107	23910	12212
1990	296	2	294	24792	11274	13313
1991	592	7	585	37480	5634	31728
1992	2343	5	2338	324084	32076	290922
1993	4497	10	4487	404330	29274	374562
1994	2537	9	2528	321573	27839	289317
1995	1861	25	1836	422153	92950	325031
1996	1243	35	1208	429083	107750	312866
1997	888	36	852	486522	294123	121008
1998	1013	48	965	225795	41999	183390
1999	1154	41	1113	302839	85528	214793
2000	1742	100	1642	306977	56029	250948
2001	2311	1	2310	717502	209462	501588
2002	3364		3364	720846	38453	678912
2003	4442		4442	1317478	108301	1205014
2004	3824		3824	1567591	106407	1456066
2005	3396		3396	1858137	209649	1612667
2006	3583		3583	2175249	192344	1910261
2007	2919		2919	2585485	271271	2040043
2008	1858		1858	2115422	290101	1781995
2009	1738		1738	1761290	142406	1601785

11－9 实际利用外资金额(1984－2009 年)
Amount of Foreign Capital Actually Used(1984－2009)

单位:万美元(USD 10000)

年份 Year	合计 Total	对外借款 Foreign Loans	外商直接投资 Direct Foreign Investment	其他投资 Others
1984	4887	4005	252	630
1985	6452	4352	1634	466
1986	4891	2414	1853	624
1987	11360	7745	2337	1278
1988	18124	14419	2957	748
1989	26918	21503	5181	234
1990	16235	11305	4844	86
1991	17186	7947	9162	77
1992	40971	10496	29398	1077
1993	121991	18226	103271	494
1994	137073	22038	114449	586
1995	153965	27692	125775	498
1996	238313	77825	152021	8467
1997	306641	84905	150345	71391
1998	241656	109448	131802	406
1999	252499	97036	153262	2201
2000	248919	87022	161266	631
2001	451934	223301	221162	7471
2002	469547	148515	316002	5030
2003	757824	207160	544936	5728
2004	974631	298657	668128	7846
2005	1393826	582049	772271	39506
2006	1450582	486127	888935	75520
2007	1432049	119126	1036576	276347
2008	1244995	192632	1007294	45069
2009	1087685	74715	993974	18996

11－10 利用外资情况
Utilization of Foreign Capital

项目	Item	利用外资协议(合同) Signed Contracts(Agreements) for Utilization of Foreign Capital 项目(个) Projects (unit) 2008	2009	2009年止累计 Accumu－lation up to 2009	金额(万美元) Value (USD 10000) 2008	2009	2009年止累计 Accumu－lation up to 2009	实际利用外资(万美元) Amount of Foreign Capita Actually Used (USD 10000) 2008	2009	2009年止累计 Accumu－lation up to 2009
总计	**Total**	**1858**	**1738**	**46204**	**2115422**	**1761290**	**18209206**	**1244995**	**1087685**	**11114441**
对外借款	**Foreign Loans**			**431**	**290101**	**142406**	**2410546**	**192632**	**74715**	**2941045**
外国政府贷款	Foreign Government Loans			66		2255	174547		688	64395
境外非金融机构贷款	Loans from Overseas Non－Financial Organizations			59			228613	138758	59353	623276
境外金融机构贷款	Loans from Overseas Financial Organizations			282	67669	15804	621833	51770	14539	435152
贸易信贷	Credit in Trade			24			221781			1189760
其它	Others				222432	124347	1163772	2104	135	628462
外商直接投资	**Direct Foreign Investment**	**1858**	**1738**	**45773**	**1781995**	**1601785**	**15234417**	**1007294**	**993974**	**7599268**
合资企业	Joint Enterprises	500	409	25714	273416	216698	4373041	253767	253428	2703591
合作企业	Cooperative Enterprises	14	13	1190	16175	14283	438564	9143	958	187993
独资企业	Foreign Enterprises	1340	1315	18817	1472179	1365826	10365720	738922	725556	4660435
股份制企业	Share－system Enterprises	4	1	52	20225	4978	57092	5462	14032	47249
外商其他投资	**Others**				**43326**	**17099**	**564243**	**45069**	**18996**	**574128**
补偿贸易	Compensation Trade						12189			8724
加工装配	Processing and Assembling						8045	1743	1897	21395
对外发行股票	Stocks to Froeign Countries				43326	17099	543664	43326	17099	543664
其它	Others						345			345

11－11 按行业分的外商直接投资
Foreign Direct Investment

指标	Item	项目(个) Number of Projects (unit)		合同外资(万美元) Compact of Foreign Capital (USD 10000)		实际利用外资(万美元) Foreign Investments Actually Used (USD 10000)	
		2008	2009	2008	2009	2008	2009
总计	**Total**	**1858**	**1738**	**1781995**	**1601785**	**1007294**	**993974**
第一产业	Primary Industry	30	26	23918	18978	4549	7997
第二产业	Secondary Industry	1163	1008	1223510	1010868	697245	645654
#制造业	Manufacturing	1141	997	1188810	998839	682897	628290
纺织业	Textile Industry	90	59	94682	44437	57993	46516
化学原料及化学制品制造业	Raw Chemical Materials and Chemical Products	38	27	75791	52935	51029	47862
医药制造业	Medical and Pharmaceutical Products	15	12	27809	19633	6748	13768
通用设备制造业	Ordinary Machinery	138	105	133665	86120	53834	58238
专用设备制造业	For Special Purpose equipment Manufacturing	93	80	84777	59872	35996	36221
通信设备、计算机及其他电子设备制造业	Telecommunications Equipment, Computer and Other Electronic Equipment	101	94	143833	113907	64308	62551
#电力、燃气及水的生产和供应业	Production and Supply of Electricity, Gas and Water	17	6	26740	2583	12183	8296
#建筑业	Construction	5	4	7022	8958	1238	8826
第三产业	Tertiary Industry	665	704	534567	571939	305500	340322
#交通运输、仓储和邮政业	Transpor, Storage and Post	31	13	55252	20534	20800	20984
信息传输、计算机服务和软件业	Information Transmission, Computer Service and Software	72	102	91058	108218	58918	25268
批发和零售业	Wholesale & Retail Sale Trade	300	305	84337	72326	20979	51672
住宿和餐饮业	Accommodations and Catering	33	26	31810	14801	10320	16999
金融业	Banking	1	3	2	6480	336	782
房地产业	Real Estate	26	29	132525	130918	115248	143452
租赁和商务服务业	Renting and Business Service	94	141	62841	116941	61967	56817
科学研究、技术服务和地质勘查业	Scientific Research, Technic Services and Geological Prospecting	79	61	51708	78159	12482	19212
水利、环境和公共设施管理业	Water Conservancy, Environment and Public Facilities Management	7	7	5799	14572	1111	3292
居民服务和其他服务业	Resident Services and Other Services	9	5	7772	2325	1661	393
教育	Education	3	1	107	1	429	42
卫生、社会保障和社会福利业	Health Care, Social Securities and Social Welfare	1	1	2500	3363	183	
文化、体育和娱乐业	Culture, Sports and Recreation	8	10	8855	3301	1066	1409

11 - 12 按国别(地区)分的外商直接投资
Foreign Direct Investment by Country(Region)

国别(地区)	Country(Region)	2009年末实有企业 Number of Enterprises at the End of 2009 个数 Number	外方注册资本(万美元) Foreign Registered Capital (USD 10000)	项目(个) Number of Projects (unit) 2008	2009	合同外资金额(万美元) Agreements of Foreign Capital (USD 10000) 2008	2009	实际利用外资(万美元) Foreign Capital Actually Used (USD 10000) 2008	2009
总计	**Total**	**21604**	**7222033**	**1858**	**1738**	**1781995**	**1601785**	**1007294**	**993974**
#中国香港	Hong Kong, China	8493	3506571	793	835	1135279	1044367	479564	579717
中国台湾	Taiwan, China	2041	202661	133	139	84800	42865	17757	13570
日本	Japan	1549	398446	85	72	46704	30690	28523	38395
新加坡	Singapore	413	189734	43	36	42709	41059	31302	32126
韩国	Korea Rep	713	145216	87	54	40454	40279	14063	15986
英国	United Kingdom	364	124420	48	40	23674	13790	8865	8371
法国	France	275	76935	16	18	11014	1875	8066	7292
德国	Germany	347	69380	38	23	11128	14345	9078	6716
意大利	Italy	460	87803	51	23	12880	15751	9624	8149
美国	United States	2113	423202	159	127	91581	86201	41189	38643
加拿大	Canada	364	46899	24	39	11525	20401	7138	3921
澳大利亚	Australia	400	65969	44	35	20828	26835	7267	7942
维尔京群岛	Virgin Islands	1096	827069	61	60	68357	70707	172322	102013

注：年末实有企业指在工商行政管理部门登记注册的外商投资企业。
The number of Foreign - invested enterprises at year - end refer to the enterprises registered at Industry and Commerce Administrative Department.

11 - 13 对外经济合作情况(2003 - 2009年)
Economic Cooperation with Foreign Countries and Regions(2003 - 2009)

项目	Item	2003	2004	2005	2006	2007	2008	2009
新签对外承包工程和劳务合作合同额 (万美元)	Amount of Newly Signed Contracts (USD 10000)	122250	168000	173433	181163	174753	336265	247103
对外承包工程和劳务合作营业额 (万美元)	Business Income (USD 10000)	125056	152510	176000	203847	208451	209313	239345
对外承包工程和劳务合作在年底在外人数 (人)	Population in Foreign Countries and Regions (person)	25228	26387	27728	26978	24462	25054	23504
境外投资企业数 (个)	Number of Enterprises Investing Abroad (unit)	301	378	435	425	420	427	475
境外企业中方投资额 (万美元)	Amount of Investing Abroad (USD 10000)	8513	15175	16776	30044	60606	86088	123491

11－14 国际旅游发展情况(1979－2009年)
Development of International Tourism(1979－2009)

单位：人(person)

年份 Year	入境旅游者人数 International Tourists	#外国人 Foreigners	#港澳台同胞 Compatriots from Hong Kong, Macao and Taiwan, China	旅游创汇收入(万美元) Foreign Exchange Earning (USD 10000)
1979	93094	49021	42901	
1980	138877	68583	68218	
1981	171710	102088	67005	
1982	180271	109309	67972	
1983	184287	114524	64618	1458
1984	213098	131977	73916	1900
1985	272870	178282	84621	2519
1986	293968	190695	90501	4175
1987	330062	206192	104005	4289
1988	392672	169782	182901	5624
1989	294062	84800	187607	3568
1990	496218	116429	342248	5440
1991	554091	176605	351881	7489
1992	685367	234282	403458	10210
1993	728408	289559	393251	11679
1994	612689	329529	261226	18055
1995	672717	366491	283353	23591
1996	729012	412970	293000	29184
1997	811468	453449	328430	34495
1998	819615	414273	364074	36122
1999	947788	506650	408454	41009
2000	1125898	643840	482058	51397
2001	1469502	818686	650816	70693
2002	2041761	1214635	827126	92763
2003	1817986	1069318	748668	87249
2004	2766680	1776392	990288	130047
2005	3480089	2329202	1150887	171623
2006	4268328	2813700	1454628	213270
2007	5111789	3436358	1675431	270821
2008	5396682	3661293	1735389	302408
2009	5706385	3776024	1930361	322358

注：1979－1999年旅游者人数中包括华侨。
Total Tourists number from 1979－1999 in this table inculded Overseas Chinese.

11－15 旅游事业发展情况(2003－2009年)
Development of Tourism(2003－2009)

项目	Item	2003	2004	2005	2006	2007	2008	2009
国内旅游	**Domestic Tourism**							
人数(万人次)	Number of Touris (10000 person－times)	8429	10600	12758	16149.1	19100	20900	24410
收入(亿元)	Earnings(100 million yuan)	695.3	1012.5	1239.7	1519.6	1820	2040	2424
入境旅游	**International Tourism**							
人数合计(人次)	International Tourists (person－time)	1817986	2766680	3480089	4268328	5111789	5396682	5706385
#外国人	Foreigners	1069318	1776392	2329202	2813700	3436358	3661293	3776024
港澳同胞	Compatriots from Hong Kong and Macao,China	321491	456517	510490	695118	785905	820554	906547
台湾同胞	Compatriots from Taiwan, China	427177	533771	640397	759510	889526	914835	1023814
创汇收入(万美元)	**Foreign Exchange Earnings(USD 10000)**	**87249**	**130047**	**171623**	**213270**	**270821**	**302408**	**322358**

11－16 接待入境旅游者人数(2003－2009年)
Number of International Tourists(2003－2009)

单位:人次(person－time)

国别(地区)	Country(Region)	2003	2004	2005	2006	2007	2008	2009
日本	Japan	223193	348246	422076	529579	655671	661465	655722
韩国	Korea Rep	202786	297199	454544	508447	614454	661668	623905
马来西亚	Malaysia	81371	151475	177855	163041	175444	177103	197084
美国	United States	75062	129821	176730	214944	271406	272776	270430
新加坡	Singapore	57257	99754	108603	112612	129356	135770	128438
泰国	Thailand	32983	67780	78977	89080	100585	103423	100083
德国	Germany	27608	55083	71959	84217	100991	111433	117846
意大利	Italy	26982	44095	62354	74959	97688	96407	103074
法国	France	22383	41136	55926	66371	86619	94438	95883
印度尼西亚	Indonesia	24009	37798	42598	48610	58673	62860	62639
澳大利亚	Australia	20190	34590	45936	61168	75528	77793	73816
英国	United Kingdom	19927	30685	43622	57902	68323	81024	83805
印度	India	16738	30656	35691	45222	60830	61419	70565
菲律宾	Philippines	14345	28946	29125	30491	38019	42903	46148
加拿大	Canada	19716	28742	40741	56790	71301	78835	75366
西班牙	Spain	11801	21970	42064	55409	68525	69117	68112
荷兰	Netherlands	11371	20498	25742	31915	44003	49240	46033
俄罗斯	Russia	9686	18712	28136	40300	50790	61761	81844
瑞典	Sweden	5785	8761	10907	15032	21018	25380	25704
瑞士	Switzerland	4378	6975	8989	11483	18544	22486	23136
新西兰	New Zealand	4289	6074	8081	12675	15359	19165	21757
中国香港	Hong Kong, China	289378	409385	451130	608233	687738	700548	742035
中国澳门	Macao, China	32113	47132	59360	86885	98167	120006	164512
中国台湾	Taiwan, China	427177	533771	640397	759510	889526	914835	1023814

浙/江/统/计/年/鉴

主要统计指标解释

■ 利用外资

指我国各级政府、部门、企业和其他经济组织通过对外借款、吸收外商直接投资以及用其他方式筹措的境外现汇、设备、技术等。

■ 对外借款

指通过对外正式签订借款协议，从境外筹措的资金，包括外国政府贷款、国际金融组织贷款、外国银行商业贷款、出口信贷以及对外发行债券等。1996 年及以前还包括对外发行股票。

■ 外商直接投资

是指外国企业和经济组织或个人（包括华侨、港澳台胞以及我国在境外注册的企业）按我国有关政策、法规，用现汇、实物、技术等在我国境内开办外商独资企业、与我国境内的企业或经济组织共同举办中外合资经营企业、合作经营企业或作合作开发资源的投资（包括外商投资收益的再投资）。

■ 外商其他投资

指除对外借款和外商直接投资以外的各种利用外资的形式。包括企业在境内外股票市场公开发行的以外币计价的股票（目前主要是在香港证券市场发行的 H 股和在境内证券市场发行的 B 股）发行价总额，国际租赁进口设备的应付款，补偿贸易中外商提供的进口设备、技术、物料的价款，加工装配贸易中外商提供的进口设备、物料的价款。

■ 对外劳承包工程及劳务合作

包括对外承包工程、对外劳务合作及对外设计咨询。其中对外承包工作指各对外承包公司以招标议标承包方式承揽的下列业务：(1)承包国外工程建设项目，(2)承包我国对外经援项目，(3)承包我国驻外机构的工程建设项目，(4)承包我国境内利用外资进行建设的工程项目，(5)与外国承包公司合营或联合承包工程项目时我国公司分包部分，(6)对外承包兼营的房屋开发业务。对外承包工程的营业额是以货币表现的本期内完成的对外承包工程的工作量，包括以前年度签订的合同和本年度新签订的合同在报告期内完成的工作量。对外劳务合作指以收取工资的形式向业主或承包商提供技术和劳动服务的活动。我国对外承包公司在境外开办的合营企业，中国公司同时又提供劳务的，其劳务部分也纳入劳务合作统计。劳务合作营业额按报告期内向雇主提交的结算数（包括工资、加班费和奖金等）统计。对外设计咨询指以服务成果向业主收费的技术服务项目。包括承担地形地貌测绘，地质资源勘探与普查，建设区域规划，提供设计文件、图纸、生产工艺技术资料和工程技术经济咨询，工程项目的可行性考察、研究和评估，进行技术指导和培训人员等；也包括承担国（境）内利用外资进行建设的工程项目的上述规定的设计咨询项目的收取外币部分。

■ 旅游人数

指来我国参观、访问、旅行、探亲、访友、休养、考察、参加会议和从事经济、科技、文化、教育、体育、宗教等活动的外国人、华侨、港澳和台湾同胞的人数。不包括外国在我国的常住机构，如领使馆、通讯社、企业办事处的工作人员；来我国常驻的外国专家、留学生以及在岸逗留不过夜人员。

■ 国际旅游（外汇）收入

指入境旅游的外国人、华侨、港澳台同胞在中国大陆旅游过程中发生的一切旅游支出。

ZHEJIANG STATISTICAL YEARBOOK

Explanatory Notes on Main Statistical Indicators

□ Utilization of Foreign Capital

refers to remittance, equipment and technology financed from abroad, by loans, foreign direct investment and other forms undertaken by the Chinese governments at all levels, by various departments, enterprises and other economic units.

□ Foreign Borrowings

refer to funds borrowed from abroad through formal signing of borrowing agreements with foreign institutions, including loans of foreign governments, loans of international financial institutions, commercial loans of foreign banks, export credit, and funds raised by Chinese bonds (and shares before 1996) issued abroad.

□ Foreign Direct Investment

refers to the investments inside China by foreign enterprises and economic organizations or individuals (including overseas Chinese, compatriots from Hong Kong and Macao, and Chinese enterprises registered abroad), following the relevant policies and laws of China, for the establishment of ventures exclusively with foreign own investment, si no - foreign joint ventures and cooperative enterprises or for co - operative exploration of resources with enterprises or economic organizations in China. It includes the re - investment of the foreign entrepreneurs with the profits gained from the investment.

□ Other Foreign Investment

refers to all forms of utilization of foreign capitals other than foreign borrowings and foreign direct investment. It includes the total value of stock shares in foreign currencies issued by enterprises at domestic or foreign stock exchanges (now mainly consisting of H shares issued at Hong Kong Security Market and B shares issued at domestic security markets), rent payable for the imported equipment through international leasing arrangement, cost of imported equipment, technology and materials provided by foreign counterparts in compensation trade and processing and assembly trade.

□ Overseas Contracted Project and Overseas Labour Services

It includes Overseas Contracted Project 、Overseas Labour Services and Overseas Design and Consultation Services. Overseas Contracted Project refers to projects undertaken by Chinese contractors (project contracting companies) through bidding process. They include: (1) overseas civil engineering construction projects financed by foreign investors; (2) overseas projects financed by the Chinese government through its foreign aid programs; (3) construction projects of Chinese diplomatic missions, trade offices and other institutions stationed abroad; (4) construction projects in China financed by foreign investment; (5) sub - contracted projects to be taken by Chinese contractors through a joint umbrella project with foreign contractor(s); (6) housing development projects. The business income from international contracted projects is the work volume of contracted projects completed during the reference period, expressed in monetary terms, including completed work on projects signed in previous years. Overseas Labour Services refer to the activities of providing technology and labour services to employers or contractors in the forms of receiving salaries and wages. Labour services providing by contractual joint ventures of Chinese international contracting corporations should be included in the statistics of service co - operation with foreign countries. The business income of labour service cooperation is the income in the form of wages and salaries, overtime pay, bonuses and other remuneration received from the employers during the reference period. Overseas Design and Consultation Services refer to projects with income for technical services provided to overseas operators. It includes geographic and topographic mapping, geological resource prospecting and survey, planning of construction areas, provision of design documents, blueprints, materials on production process and techniques, as well as engineering, technical and economic consultation, and feasibility study, research and evaluation of projects. Also included under this category are the above - mentioned services of foreign - financed projects in China that are paid in foreign currencies.

EXPLANATORY NOTES ON MAIN STATISTICAL INDICATORS

□ Number of Tourists

refers to the number of foreigners, overseas Chinese, and compatriots from Hong Kong, Macao and Taiwan coming to China for sightseeing, visits, tours, family reunions, vacations, study tours and other activities of an economic, scientific and technological, cultural, physical culture and religious nature. This does not include the number of employees of foreign organizations stationed in China such as embassies, consulates, news agencies, the offices of corporations and enterprises and foreign experts and students residing in China and the persons staying briefly in China but not for passing the night .

□ Foreign Exchange Earnings from International Tourism

refer to the total expenditures of the foreigners, overseas Chinese, compatriots from Hong Kong, Macao and Taiwan in the process of their tourism in the mainland of China.

2010

浙江统计年鉴

ZHEJIANG STATISTICAL YEARBOOK

CHAPTER 12

财政、金融和保险

Public Finance, Banking and Insurance

12-1 一般预算总收入和总支出(1978-2009年) Total Financial Budgetary Revenue and Expenditure(1978-2009)

单位:亿元(100 million yuan)

年份	总收入 Total Revenue	#地方 The Local	总支出 Total Expenditure	#一般公共服务支出 Expenditure on Public Service	#教育支出 Expenditure on Education	#城乡社区事务支出 Expenditure Urban and Lural Community Affairs	#农林水事务支出 Expenditure on Agriculture, Forestry and Land Reclamation, and Water Conservancy Affairs
1978	27.45		17.43				
1979	25.87		17.74				
1980	31.13		17.34				
1981	34.34		17.12				
1982	36.64		18.88				
1983	41.79		21.94				
1984	46.67		28.80				
1985	58.25		37.40				
1986	68.61		50.96				
1987	76.36		51.24				
1988	85.55		63.14				
1989	98.21		74.77				
1990	101.59		80.23				
1991	108.94		88.43				
1992	118.36		95.31				
1993	166.64		125.04				
1994	209.39	94.63	153.03				
1995	248.50	116.82	180.29				
1996	291.75	139.63	213.71				
1997	340.52	157.33	240.16				
1998	401.80	198.10	286.81				
1999	477.40	245.47	344.04				
2000	658.42	342.77	431.30				
2001	917.76	418.00	597.30				
2002	1166.58	566.85	749.90				
2003	1468.89	706.56	896.77				
2004	1805.16	900.99	1062.94				
2005	2115.36	1066.60	1265.53				
2006	2567.66	1298.2	1471.86	272.88	310.77	127.37	114.03
2007	3239.89	1649.5	1806.79	328.91	383.89	154.63	142.15
2008	3730.06	1933.39	2208.58	372.46	453.99	193.95	177.42
2009	4122.04	2142.51	2653.35	397.69	519.33	224.61	236.08

12 - 2 地方一般预算收入和支出
The Local Financial Budgetary Revenue and Expenditure

单位:亿元(100 million yuan)

项目		2006	2007	2008	2009
一般预算收入合计	**The Amount of Tax Revenue**	**1298.20**	**1649.50**	**1933.39**	**2142.51**
税收收入小计	The Amount of Tax Revenue	1184.24	1535.35	1792.09	1983.81
国内增值税(25%部分)	Value —added Taxe(25%)	248.63	306.22	348.92	368.55
营业税	Business Taxes	386.87	495.05	574.30	663.62
企业所得税	Company Income Tax	204.23	274.56	303.10	295.06
个人所得税	Personal Income Tax	80.98	102.50	115.71	124.11
城市维护建设税	City Maintenance Taxes	77.09	98.37	110.47	114.13
房产税	Tax on Real Estates	39.95	49.49	60.12	68.63
契税	Contract Tax	78.14	108.12	117.10	154.42
其它地方各税	others	68.35	101.04	162.37	195.29
非税收入小计	The Amount of Non Tax Revenue	113.96	114.14	141.30	158.7
排污费收入	Fee on Sewage Treatment	9.30	9.81	10.71	9.42
教育费附加收入	Ectra Charge for Education	36.35	45.87	52.19	54.97
行政事业性收费收入	Adiministrative Fees Income	38.39	29.37	33.10	41.94
罚没收入	Penalty and Confiscatory Income	59.08	63.84	71.01	78.97
其它收入	Other	14.13	16.56	22.69	20.46
国有企业计划亏损补贴	Subsidies to Loss-making State-owned Enterprises	-43.29	-51.31	-48.42	-47.06
一般预算支出合计	**The Local Financial Budgetary Expenditure**	**1471.86**	**1806.79**	**2208.58**	**2653.35**
一般公共服务	Public Service	272.88	328.91	372.46	397.69
公共安全	Public Safe	146.53	173.79	199.62	216.98
教育	Education	310.77	383.89	453.99	519.33
科学技术	Science and Technology	54.93	71.54	86.79	99.30
文化体育与传媒	Culture, Physical Culture and the Media	39.47	49.35	63.76	64.09
社会保障和就业	Social Security and Employment	88.30	107.98	141.52	153.08
医疗卫生	Medical and Health Sevice	88.23	112.28	142.87	177.05
环境保护	Environment Protect	20.32	29.75	46.52	55.42
城乡社区事务	Urban and Lural Community Affairs	127.37	154.63	193.95	224.61
农林水事务	Agriculture, Forestry and Land Reclamation, and Water Conservancy Affairs	114.03	142.15	177.42	236.08
交通运输	Transportation	38.15	45.07	59.42	246.36
工业商业等事务	Industarial and Business Affairs	103.91	132.63	172.03	162.32
其他支出	Others	66.98	74.81	98.22	101.03

12－3 金融机构存贷款年末余额(1978－2009 年)
Deposits and Loans of Financial Institutions(year－end,1978－2009)

单位:亿元(100 million yuan)

年份 Year	全部金融机构本外币存款余额 Deposits	全部金融机构人民币存款余额 RMB Deposits	城乡居民本外币储蓄存款年末余额 Savings Deposits	城乡居民人民币储蓄存款年末余额 RMB Savings Deposits	全部金融机构本外币贷款余额 Loans	全部金融机构人民币贷款余额 RMB Loans
1978		35.79		7.73		48.90
1979		44.92		11.79		54.91
1980		60.74		16.95		73.30
1981		74.26		21.47		85.85
1982		88.20		28.52		97.88
1983		108.14		37.34		109.42
1984		143.17		49.58		161.39
1985		185.66		67.73		210.81
1986		248.68		97.92		288.97
1987		306.44		129.12		365.87
1988		354.26		144.03		433.41
1989		441.13		214.98		505.48
1990		606.01		306.74		618.14
1991		789.64		402.09		749.93
1992		1036.72		514.44		972.09
1993		1316.53		664.64		1247.76
1994		1910.98		990.26		1627.87
1995		2623.60		1377.22		2103.65
1996		3400.19		1844.74		2584.09
1997		4297.07		2293.55		3273.73
1998		5264.21		2847.29		3897.12
1999		6273.15		3261.34		4650.50
2000		7299.57		3594.65		5423.52
2001		8823.12		4262.38		6482.22
2002	11899.34	11242.84	5700.77	5233.73	8791.38	8612.81
2003	15415.67	14758.15	6889.28	6452.21	12418.6	12014.28
2004	17855.05	17236.62	7741.65	7364.06	14982.54	14350.75
2005	21117.94	20494.16	9123.12	8746.02	17122.14	16557.67
2006	25005.92	24413.94	10801.7	10473.47	20757.83	20153.94
2007	29030.34	28504.46	11381.16	11160.73	24939.89	24144.42
2008	35481.20	34806.43	14804.54	14501.49	29649.22	28958.36
2009	45112.01	44336.49	18169.41	17833.44	39223.91	37997.98

注：2008 年起含外资金融机构。
Data of this table include foreign financial institutions since 2008.

12-4 金融机构人民币信贷收支表(资金来源,2003-2009年)
Credit Funds Balance Sheet of Financial Institution(RMB, Sources of Funds, 2003-2009)

(年末余额)单位:亿元(year-end)(100 million yuan)

项目	Item	2003	2004	2005	2006	2007	2008	2009
资金来源合计	**All Sources**	**13112.52**	**15565.89**	**21523.80**	**24975.06**	**28823.18**	**34872.15**	**44008.27**
各项存款	Deposits	14758.15	17236.62	20494.16	24413.94	28504.46	34806.43	44336.49
企业存款	Deposits of Enterprise	5714.55	6558.11	7088.27	8376.87	10184.09	11152.34	16398.00
财政存款	Deposits of Finance	214.95	316.75	375.30	442.45	716.27	775.67	1030.99
机关团体存款	Deposits of Government Department & Organizations	483.54	541.04	759.45	1054.97	1201.96	1390.31	1919.00
储蓄存款	Savings Deposits	6452.21	7364.06	8746.02	10473.47	11160.73	14501.49	17833.44
农业存款	Agricultural Deposits	637.76	678.30	699.77	826.79	1031.27	986.14	1364.88
信托存款	Trusted Deposits	39.85	106.20	120.81				
委托存款	Commission Deposits	102.65	96.26	115.36	114.09	130.77	206.75	248.27
其他存款	Other Deposits	1112.64	1575.90	2589.18	3125.30	4079.37	5793.73	5541.90
金融债券	**Bonds**	**-88.43**	**-159.52**		**15.08**	**23.63**	**38.73**	**105.01**
应付及暂收款	**Account Payable and Collecting of Money for the Time Being**	**224.26**	**275.17**	**407.49**	**472.27**	**909.12**	**1126.58**	**1061.83**
同业往来	**Interbank Fund Transfer**	**146.16**	**107.14**	**92.64**	**186.84**	**595.82**	**390.38**	**614.57**
各项准备	**All Reserves**	**91.89**	**175.91**	**170.33**	**217.97**	**265.54**	**400.54**	**516.98**
所有者权益	**Creditor's Equity**	**253.67**	**447.95**	**606.04**	**713.57**	**1034.83**	**1256.14**	**1523.69**
其他	**Others**	**-2273.18**	**-2517.38**	**-246.86**	**-1044.61**	**-2510.22**	**-3146.65**	**-4150.30**

注:2008年起含外资金融机构。
Data of this table include foreign financial institutions since 2008.

12－5 金融机构人民币信贷收支表(资金运用,2003－2009 年)
Credit Funds Balance Sheet of Financial Institution(RMB,Use of Funds,2003－2009)

(年末全余额)单位:亿元(year－end)(100 million yuan)

项目	Item	2003	2004	2005	2006	2007	2008	2009
资金运用合计	**All Uses**	**13112.52**	**15565.89**	**21523.80**	**24975.06**	**28823.18**	**34872.15**	**44008.27**
各项贷款	**Loans**	**12014.28**	**14350.75**	**16557.67**	**20153.94**	**24144.42**	**28958.36**	**37997.98**
短期贷款	Short－term Loans	7036.28	8118.14	9283.91	11808.26	14600.36	17057.62	21382.81
工业贷款	Industrial Loans	1620.47	2079.64	2795.09	4206.54	5424.71	6333.41	7455.08
商业贷款	Commercial Loans	932.51	843.39	816.50	968.12	1156.80	1340.95	1608.96
建筑业贷款	Construction Loans	264.45	310.50	363.78	444.39	438.97	534.45	632.23
农业贷款	Agricultural Loans	586.55	692.15	842.11	1008.88	1275.59	1512.64	1847.38
乡镇企业贷款	Loans to Township Enterprises	1125.59	1240.47	1366.13	1387.31	1621.42	1835.18	2240.83
三资企业贷款	Loans to Sino－foreign Joint Venture and Cooperative Enterprises and Foreign－funded Enterprise	206.79	227.42	260.92	256.23	325.12	377.15	384.53
私营企业及个体贷款	Loans to Private Enterprises and Individuals	423.74	623.75	645.68	885.29	1239.77	1423.26	2006.62
其他短期贷款	Other Short－term Loans	1876.18	2100.82	2193.70	2651.50	3117.98	3700.58	5207.18
中期流动资金贷款	Medium－term Circulating Funds Loans	279.58	293.36					
中长期贷款	Medium－term & Long－term Loans	4031.40	5202.22	6237.66	7420.18	8886.43	10610.95	15100.77
基本建设贷款	Capital Construction	2200.63	2806.44	3285.75	3851.89	4173.76	4863.51	6387.23
技术改造贷款	Technical Innovation	89.33	107.71	106.35	89.68	85.89	98.20	127.46
其他中长期贷款	Other Medium－term & Long－term Loans	1741.44	2291.07	2845.56	3478.61	4626.78	5649.24	8586.07
信托贷款	Trusted Loans	21.27	93.16	107.63				

续表 Continued (年末全余额)单位:亿元(year – end)(100 million yuan)

项目	Item	2003	2004	2005	2006	2007	2008	2009
融资租赁	Circulating Funds Tenancy	44.56	39.39	16.33	32.98	81.12	141.57	210.00
委托贷款	Commission Loans	102.61	95.81	109.38	94.86	75.36	78.83	113.46
票据融资	Circulating Funds of Bills	493.31	502.35	798.61	794.60	495.97	1046.89	1152.61
其他类贷款	Other Loans							
各项垫款	Paying in Advance	7.18	5.27	3.32	4.15	5.18	22.50	38.33
有价证券及投资	**Securities & Investment**	**563.45**	**598.51**	**735.09**	**932.56**	**998.57**	**1074.64**	**1654.94**
应收及预付款	**Collectable Account and Advance Payment**	**97.61**	**106.14**	**85.02**	**118.66**	**462.53**	**577.60**	**583.50**
同业往来	**Interbank Fund Transfer**	**11.06**	**9.16**	**12.26**	**19.33**	**26.76**	**47.25**	**38.27**
系统内资金往来	**Current of bankroll in system**					**2341.30**	**3475.39**	
二级准备金	**Secondary Reserve Against Deposits**			**1896.19**	**1761.32**			
行内资金往来	**Inside – bank Transaction**			**1607.82**	**1327.70**			**2975.53**
证券业务占款	**Funding of Securities Purchase**							
委托投资	**Consigned Investments**	**12.89**	**18.59**	**10.57**				
金银占款	**Purchase of Gold & Silver**	**0.06**						
固定资产	**Fitness Assets**	**260.52**	**318.37**	**394.34**	**413.70**	**375.55**	**432.79**	**489.82**
外汇占款	**Purchase of Foreign Exchanges**	**13.86**	**20.59**	**17.06**	**28.05**	**33.32**	**57.10**	**-1.75**
库存现金	**Storage Cash**	**130.26**	**164.90**	**174.14**	**203.78**	**252.89**	**247.02**	**269.97**

注：2008 年起含外资金融机构。
Data of this table include foreign financial institutions since 2008.

12－6 金融机构现金收入(2003－2009 年)
Cash Income of Financial Institutions(2003－2009)

单位:亿元(100 million yuan)

项目	Item	2003	2004	2005	2006	2007	2008	2009
收入合计	**Total Income**	**49898.58**	**63695.26**	**70701.64**	**81174.43**	**94491.16**	**89150.79**	**90094.69**
商品销售收入	Commodity Sales	5136.70	6468.18	6846.86	7583.65	8268.26	8094.27	8468.92
服务业收入	Service Trade	1473.00	1738.37	1807.58	1984.99	2239.82	2141.68	2000.15
税款收入	Taxes	224.01	268.30	283.01	296.27	397.92	399.37	392.42
城乡个体经营收入	Urban and Rural Individual Business	3535.45	4363.61	4549.39	4630.66	4517.64	4264.62	3944.21
储蓄存款收入	Savings Deposits	33736.06	43581.51	49265.18	58205.86	68502.54	64561.94	65307.40
其他金融机构收入	Other Financial Institutions	91.20	129.34	134.16	122.73	126.00	94.14	161.41
居民归还贷款收入	Repayment of Loans by Residents	1055.58	1371.43	1491.19	1642.74	1092.41	712.43	727.90
汇兑收入	Remittances	419.81	501.64	520.91	550.97	689.88	575.40	367.28
有价证券收入	Securities	78.74	76.04	83.09	74.51	86.34	54.85	45.85
其他收入	Other Income	4148.03	5196.84	2720.27	7072.85	8570.35	8252.09	8679.16

12－7 金融机构现金支出(2003－2009 年)
Cash Expenditures of Financial Institutions(2003－2009)

单位:亿元(100 million yuan)

项目	Item	2003	2004	2005	2006	2007	2008	2009
支出合计	**Total Expenditure**	**50282.05**	**64098.42**	**71199.54**	**81730.24**	**95131.90**	**89792.74**	**90687.67**
工资性支出	Wages	1919.53	2530.29	2843.45	3380.37	3899.11	3899.30	4069.08
农副产品采购支出	Purchases of Agricultural and Sideline Products	1165.29	1426.32	1582.19	1485.50	1365.09	1145.79	1026.82
工矿及其他产品采购支出	Purchases of Industrial and Mineral Products	1632.57	2002.44	2156.99	2351.68	2065.81	1559.30	1193.01
行政企事业管理费支出	Government and Enterprises Management Funds	1582.24	1887.80	1937.22	2117.57	2406.60	2299.28	1948.43
城乡个体经营支出	Individual Business	4640.02	5356.40	5508.25	5823.27	5538.92	4860.70	4513.68
储蓄存款支出	Savings Deposits	33849.91	44388.40	50198.78	59141.01	71687.36	69192.58	70889.12
其他金融机构支出	Other Financial Institutions	99.81	92.88	108.67	121.82	108.13	77.72	81.77
居民提取贷款支出	Loans by Residents	773.11	707.81	621.24	620.58	399.12	299.71	408.86
汇兑支出	Remittances	210.97	253.81	277.10	317.05	304.72	228.91	167.33
有价证券支出	Securities	70.98	68.83	59.62	52.96	82.45	56.33	36.56
其他支出	Other Expenditure	4337.62	5383.44	5906.03	6854.27	7274.59	6173.12	6353.01
投放(+)回笼(−)	**Monetary Issues(+)Cash Withdrawn(−)**	**383.47**	**403.16**	**497.90**	**555.79**	**640.74**	**641.95**	**592.97**

12-8 农村合作机构人民币存贷款年末余额(2003-2009年) Deposits and Loans of Rural Credit Cooperatives(RMB,year-end,2003-2009)

单位:亿元(100 million yuan)

项目	Item	2003	2004	2005	2006	2007	2008	2009
各项存款	**Deposits**	**2399.62**	**2731.70**	**3170.60**	**3761.56**	**4335.26**	**5182.75**	**6416.68**
#企业存款	Deposits of Enterprises	160.63	206.49	235.14	261.25	328.11	359.67	442.70
储蓄存款	Savings Deposits	1573.63	1806.04	2121.81	2487.57	2708.02	3498.09	4189.78
活期储蓄存款	Current Deposits	459.70	577.39	745.94	908.57	1026.25	1252.16	1557.74
定期储蓄存款	Fixed Deposits	1113.93	1228.65	1375.87	1579.00	1681.77	2245.93	2632.04
农业存款	Agricultural Deposits	609.18	653.29	675.92	819.61	1021.99	977.81	1348.56
其他存款	Other Deposits	39.52	37.29	98.10	147.04	228.04	304.29	381.29
各项贷款	**Loans**	**1802.87**	**1998.31**	**2310.36**	**2764.94**	**3195.91**	**3674.53**	**4565.97**
#短期贷款	Short-term Loans	1679.35	1879.82	2205.00	2616.96	3054.44	3460.50	4228.72
#农业贷款	Agricultural Loans	548.57	665.85	820.67	977.38	1248.82	1480.87	1739.28
乡镇企业贷款	Loans to Township Enterprises	876.04	967.78	1141.00	1364.37	1601.25	1810.55	2210.43
其他短期贷款	Other Short-term Loans	254.74	246.19	243.21	275.21	204.37	169.08	279.01
中长期贷款	Medium-term & Long-term Loans	65.03	72.58	64.25	82.48	90.75	110.37	218.37

注:2005年起农村信用社是指农村合作机构,具体包括农村信用社和农村合作银行两部分。
The Rural Credit Cooperatives include Rural Credit Cooperatives and Rural Cooperative Bank Since 2005.

12－9 保险公司分支机构情况(2009 年底)
Basic Statistics on Institution of Insurance Corporations(End of 2009)

单位:个(unit)

城市	City	人寿保险 Life Insurance					财产保险 Property Insurance				
		分公司 Companies at City Level	中心支公司 Centers	支公司 Business Branches	营业部 Business Division	营销服务部 Service Division of Busines	分公司 Companies at City Level	中心支公司 Centers	支公司 Business Branches	营业部 Business Division	营销服务部 Service Division of Business
合 计	**Total**	**42**	**124**	**228**	**118**	**1048**	**41**	**166**	**603**	**156**	**1313**
杭州市	Hangzhou	31	3	32	22	170	25	2	93	41	248
宁波市	Ningbo	11	4	34		107	16	10	122	3	284
温州市	Wenzhou		14	23	15	109		20	68	18	175
嘉兴市	Jiaxing		16	25	2	131		21	56	4	92
绍兴市	Shaoxing		15	14	21	83		23	52	21	102
湖州市	Huzhou		14	19	13	75		15	25	14	66
金华市	Jinhua		13	23	14	117		22	64	17	113
台州市	Taizhou		16	27	17	85		22	57	15	97
衢州市	Quzhou		13	11	14	66		11	20	16	31
丽水市	Lishui		8	10		64		10	33	7	49
舟山市	Zhoushan		8	10		41		10	13		56

12－10 保险公司主要业务经济技术指标(2003－2009 年)
Economic Technical Indicators of Insurance Companies(2003－2009)

单位:亿元(100 million yuan)

项目	Item	2003	2004	2005	2006	2007	2008	2009
保费收入	**Premium**	**260.33**	**291.08**	**313.33**	**363.02**	**441.94**	**576.35**	**645.54**
财产险	Property Insurance	71.85	93.10	110.91	135.69	175.48	203.39	247.41
#机动车辆保险	Motor Vehicle Insurance	46.25	64.54	78.37	102.33	136.16	156.56	196.29
人身意外伤害险	Unforeseen Human Injury Insurance	7.83	9.16	10.81	12.85	14.57	14.75	16.74
健康险	Health Insurance	13.87	16.46	17.12	19.70	18.63	29.09	29.07
寿险	Life Insurance	166.79	172.37	174.49	194.77	233.27	329.13	352.31
各项赔款和给付	**Settled Claim and Payment**	**60.00**	**88.54**	**94.53**	**105.05**	**173.66**	**212.99**	**220.07**
财产险	Property Insurance	36.58	60.15	68.25	72.66	90.19	128.74	128.71
#机动车辆保险	Motor Vehicle Insurance	27.31	38.49	43.04	51.74	69.71	96.10	104.83
人身意外伤害险	Unforeseen Human Injury Insurance	2.19	3.09	3.31	3.68	4.49	3.76	3.67
健康险	Health Insurance	4.27	5.29	5.59	6.32	5.82	8.92	12.30
寿险	Life Insurance	16.95	20.01	17.38	22.39	73.16	71.58	75.39
退保金	**Insurance Withdrawn**	**13.58**	**23.95**	**45.99**	**38.95**	**48.88**	**73.78**	**76.17**
手续费及佣金支出	**Service Charges and Expenditure for Commission**	**18.18**	**19.78**	**21.45**	**28.93**	**37.22**	**50.94**	**57.51**

浙/江/统/计/年/鉴

主要统计指标解释

■ 财政收入

包括:(1) 各项税收　包括增值税、营业税、消费税、土地增值税、城市维护建设税、资源税、城市土地使用税、印花税、固定资产投资方向调节税、个人所得税、企业所得税、农牧业税和耕地占用税等。

(2)专项收入　包括征收排污费、征收城市水资源费收入、教育费附加收入等。

(3) 其他收入　包括基本建设贷款归还收入、国家能源交通重点建设基金收入、国家预算调节基金等。

(4) 国有企业计划亏损补贴　这项为负收入,冲减财政收入。

■ 财政支出

国家财政将筹集起来的资金进行分配使用,以满足经济建设和各项事业的需要,主要包括:

(1) 一般公共服务
(2) 公共安全
(3) 教育
(4) 科学技术
(5) 文化体育传媒
(6) 社会保障和就业
(7) 医疗卫生
(8) 环境保护
(9) 城乡社区事务
(10)农林水事务
(11)交通运输
(12)工业商业等事务

■ 信贷资金

指金融机构以信用方式积聚和分配的货币资金。金融机构信贷资金的来源有各项存款、金融债券发行、应付及暂收款、对国际金融机构负债、流通中货币、各项准备、所有者权益和其他项目等;信贷资金的运用有各项贷款、有价证券及投资、应收入预付款、委托投资、金银占款、外汇占款、库存现金、财政借款及在国际金融机构中的资产等。

■ 存款

指企业、机关、团体或居民根据资金必须收回的原则,把货币资金存入银行或其他信贷机构保管并取得一定利息的一种信用活动形式。根据存款对象或性质的不同可划分为企业存款、财政存款、机关团体存款、基本建设存款、储蓄存款、农村存款、委托存款、其他存款等科目。它是银行信贷资金的主要来源。

■ 贷款

指银行或其他信贷机构根据资金必须归还的原则,按一定利率,为企业、个人等提供资金的一种信用活动形式。我国银行贷款分为短期贷款、中期流动资金贷款、中长期贷款、信托贷款、融资租赁,委托贷款、票据融资、各项垫款等。

■ 保险公司

在中国境内的、经过保险监督管理部门批准设立,并依法登记注册的各类商业保险公司。

■ 保险金额

指保险人承担赔偿或者给付保险责任的最高限额。

■ 保费

指投保人为取得保险人在约定范围内所承担赔偿责任而支付给保险人的费用。

■ 赔款

指保险人根据保险合同的规定,向被保险人支付的赔偿保险责任损失的金额。

■ 给付

包括死伤医疗给付和满期给付。死伤医疗给付是指保险人根据人寿保险及长期健康保险合同的规定,因被保险人在保险期内发生保险责任范围内的保险事故支付给被保险人(或受益人)的金额。满期给付是指被保险人生存期满,保险人按人寿保险合同规定支付给被保险人的满期保险金额。

ZHEJIANG STATISTICAL YEARBOOK

Explanatory Notes on Main Statistical Indicators

□ Financial Revenue

It includes the following main items:

(1) Various tax revenues, including value added tax, business tax, consumption tax, land value added tax, tax on city maintenance and construction, resources tax, tax on use of urban land, stamp tax, tax on adjustment of the orientation of investment in fixed assets, personal income tax, enterprise income tax, tax on agriculture and animal husbandry and tax on occupancy of cultivated land, etc.

(2) Special revenues, including revenue collected from imposing fee on sewage treatment, revenue collected from imposing fee on urban water resources, and extra - charges for education, etc.

(3) Other revenues, including revenue from the repayment of capital construction loan, the funds for the state key construction projects in energy industry and transportation, and the funds for state budget adjustment, etc.

(4) Planned subsidies for the losses of the state - owned enterprises. This is an item of negative revenue, used to eat up part of the government revenue.

□ Financial Expenditure

refers to the distribution and use of the funds the government finance has raised, so as to meet the needs of economic construction and various causes. It includes the following main items:

(1) Public Service

(2) Pubic Safe

(3) Education

(4) Science and Technology

(5) Culture, Physical Culture and the Media

(6) Social Security and Employment

(7) Medical and Health Service

(8) Environment Protect

(9) Urban and Rural Community Affairs

(10) Agriculture, Forestry and Land Reclamation, and Water Conservancy Affairs

(11) Transportation

(12) Industrial and Business Affairs

□ Credit Funds

refer to the funds issued as loans by banking institutions. The sources of credit funds of the banking institutions included deposits, issue of financial bonds , account - pay - able and temporary gathering, liabilities to international financial institutions, currency in circulation, various reserves, owners' rights and interests and other items. The credit funds can be used in forms of loans, securities and investment, account receivable and advance payment, entrusted investment, gold, foreign exchange, cash on hand, government debt and assets in the international financial institutions.

□ Deposit

is a form of credit by which enterprises, institutions, organizations or households can put money into banks and other credit institutions for safekeeping and interest earning under the principle of free withdrawal. According to different depositors, deposits are divided into enterprise deposits, treasury deposits, deposits of government agencies and organizations, capital construction deposits, savings deposits, rural saving deposits, entrusted deposits and other deposits. Deposits are major sources of the credit funds of banks.

□ Loan

is a form of credit by which banks and other creditinstitutions provide funds at certain interest rate to enterprises and individuals in the light of the principle of unconditional repayment. Loans from Chinese banks include circulating capital loans, fixed assets loans, loans to urban and rural individuals engaged in industrial and commercial

EXPLANATORY NOTES ON MAIN STATISTICAL INDICATORS

business and agricultural loans.

□ Insurance Companies

refer to commercial insurance companies of various forms registered by law and established in China with the approval of insurance regulatory agencies.

□ Amount Insured

refers to the maximum that the insurant will get for the claim of the case insured.

□ Premium

is the fee paid by the insurant to the insurer to obtain the obligation of compensation from the insurance within the agreed terms.

□ Settled Claim

is the compensation paid by the insurer to the insurant in accordance with the insurance contract.

□ Payment

includes payment fordeath, injury or medical teatment and mature payment. Payment for death, injury or medical treatment refers to the money paid to the insurant (or the beneficiary) in accordance with the life or health insurance contract when the insurant encounters accidents within the insured period covered in the contract. Mature payment refers to the mature payment to the insurant in accordance with the life insurance contract at the end of the insured period.

2010

浙江统计年鉴

ZHEJIANG STATISTICAL YEARBOOK

CHAPTER 13

城市建设和环境保护

City Construction and Environment

13－1 城市公用事业(2003－2009年)
Urban Public Utilities(2003－2009)

项目	Item	2003	2004	2005	2006	2007	2008	2009
自来水全年供水总量（万吨）	**Annual Supply of Tap Water (10000 tons)**	**237136**	**242488**	**261613**	**265807**	**265542**	**267864**	**269809**
#生活用水量	Water Consumption for Residential Use	111291	110032	119831	117597	120314	124350	129393
人均日生活用水量（升）	Daily Water Consumption for Residential Use Per Capita (Litres)	236.32	228.06	243.93	230.68	189.28	194.22	201.55
用水普及率（%）	Percentage of Population with Access to Tap Water (%)	98.24	98.86	99.10	99.40	99.58	99.70	99.81
公共车辆总数（辆）	**Number of Public Transportation Vehicles (unit)**	**13244**	**15115**	**15981**	**17173**	**18712**	**21836**	**19889**
平均每万人拥有量	Number of Public Transportation Vehicles Owned Per 10000 Population	9.91	11.09	11.71	13.08	11.34	13.24	12.24
城市道路面积（万平方米）	**Area of Paved Roads (10000 sq. m)**	**16743**	**18777**	**21774**	**24040**	**25534**	**26736**	**28244**
人均拥有道路面积（平方米）	Areas of Paved Roads Per Capita (sq. m)	12.75	14.04	16.03	17.11	14.60	15.20	16.03
排水道长度（公里）	**Length of Sewer Pipelines (km)**	**15331**	**16942**	**18607**	**21217**	**22064**	**23522**	**24456**
液化石油气供气总量（万吨）	**LPG (10000 tons)**	**118.52**	**105.07**	**106.06**	**105.76**	**93.83**	**93.70**	**90.95**
液化石油气家庭用量（万吨）	Consumption of LPG for Residential Use (10000 tons)	65.87	65.66	67.13	56.07	68.46	59.22	57.75
用气普及率（%）	Percentage of Population with Access to LPG (%)	96.85	98.22	98.47	98.30	97.78	97.72	97.93
城市绿化覆盖面积（公顷）	**Afforestation in Cities (hectare)**	**51174**	**56563**	**64892**	**69732**	**75090**	**81007**	**85854**
园林绿地面积（公顷）	Green Areas in Gardens (hectare)	42846	47976	54980	57759	63303	69621	74362
#公园绿地面积	Public Green Areas	9836	11252	12648	13751	15379	16882	18969
人均公园绿地（平方米）	Public Green Areas Per Capita (sq. m)	7.49	8.42	9.31	9.79	8.79	9.60	10.76
公园个数（个）	Number of Parks (unit)	525	626	748	711	764	842	893
公园面积（公顷）	Areas of Parks (hectare)	4113	4869	5943	10155	11378	12291	13727
环境卫生	**Environmental Sanitation**							
污水处理率(%)	**Sewage Treatment Rate (%)**	**45.90**	**53.44**	**59.46**	**61.50**	**70.08**	**75.10**	**78.88**
生活垃圾清运量（万吨）	Volume of Living Garbage Disposal (10000 tons)	675	705	763	688	772.04	806.78	925.60

13－2 自然资源
Natural Resources

项目		Item		2007	2008	2009
人口		**Population**				
年末人口总数	（万人）	Year－end Population	（10000 persons）	4659.34	4687.85	4716.18
人口密度	（人/平方公里）	Density of Population	（person/sq. km）	458	460	463
土地		**Land**				
土地面积	（万平方公里）	Land Area	（10000 sq. km）	10.18	10.18	10.18
山区面积	（%）	Mountains Area	（%）	70.4	70.4	70.4
平原面积	（%）	Plains Area	（%）	23.2	23.2	23.2
河流湖泊面积	（%）	Rivers Area	（%）	6.4	6.4	6.4
气候（主要城市）		**Climate（Main Cities）**				
年平均降雨量	（毫米）	Total Precipitation	（millimeter）	1374.3	1353.5	1419.4
年平均气温	（摄氏度）	Average Tempreature	（℃）	18.6	17.8	18.0
森林		**Forest**				
林地面积	（万公顷）	Area of Afforetated Land	（10000 hectares）	668.86	668.86	668.86
森林覆盖率	（%）	Forest－coverage Rate	（%）	60.65	60.65	60.65
林木蓄积量	（万立方米）	Total Standing Stock Volume	（10000 cu. m）	20500	20500	20500
水资源		**Water Resources**				
水资源总量	（亿立方米）	Hydropower Resources	（100 million cu. m）	892.15	855.23	931.35
总供水量	（亿立方米）	Total Amount of Water Supply	（100 million cu. m）	210.98	216.62	217.07
用水量构成	（%）	Component of Water Use	（%）			
农田灌溉		Farmlands Irrigation		41.4	39.0	38.3
农牧渔畜		Agriculture，Animal Husbandry and Fishery		7.0	7.6	7.3
工业		Indrstry		30.4	28.2	25.5
居民生活		Consumption for Life		10.8	10.9	11.6
城镇公共用水		Urban Public Consumption		4.4	4.8	5.0
生态环境补水		Supplement for Ecological Environment		6.0	9.5	12.3
淡水已养殖面积	（千公顷）	Cultivated Freshwater Area	（1000 hectares）	214.92	212.02	219.50
海水已养殖面积	（千公顷）	Cultivated Seawater Area	（1000 hectares）	105.72	96.14	94.51
海岸线总长度	（公里）	Length of Mainland Coastline	（km）	6486	6486	6486
矿产资源（保有储量）	**（万吨）**	**Mineral Resources（Ensured Reserves）**	**（10000 tons）**			
铁矿石		Iron Ore		3255	3204	3625
煤		Coal		9433	9433	9433
沸石（矿石）		Zelite		12704	12704	12704
叶蜡石（矿石）		Pyrophylite		3393	3355	3345
普通萤石		Fluorite		1981	1886	1793
明矾石		Alumstone		9787	9798	9781
水泥用灰岩		Cement Limestone		263675	272212	263340

13－3 各市水资源总量(2003－2009 年)
Total Amount of Water Resource by City(2003－2009)

单位:亿立方米(100 million cu. m)

城市	City	2003	2004	2005	2006	2007	2008	2009
合　计	**Total**	**574.48**	**675.67**	**1014.35**	**903.59**	**892.15**	**855.23**	**931.35**
杭州市	Hangzhou	102.65	85.28	90.64	109.82	104.13	154.38	141.50
宁波市	Ningbo	29.31	67.96	92.60	55.31	83.20	71.60	87.48
温州市	Wenzhou	80.76	111.31	196.69	173.97	179.92	111.70	140.86
嘉兴市	Jiaxing	4.69	9.01	12.23	13.45	17.86	27.31	26.48
湖州市	Huzhou	21.35	23.41	29.63	28.63	33.64	46.85	46.71
绍兴市	Shaoxing	30.82	44.25	52.80	42.18	58.94	56.55	65.78
金华市	Jinhua	57.37	54.25	84.30	75.99	72.31	79.14	80.48
衢州市	Quzhou	81.50	64.84	87.05	89.64	62.71	86.54	80.73
舟山市	Zhoushan	1.70	5.86	8.53	5.50	5.33	8.08	7.11
台州市	Taizhou	36.30	80.23	141.00	86.63	102.25	67.75	83.96
丽水市	Lishui	128.03	129.27	218.88	222.45	171.86	145.34	170.28

13－4 各市供水总量(2003－2009 年)
Total Amount of Water Supply by City(2003－2009)

单位:亿立方米(100 million cu. m)

城市	City	2003	2004	2005	2006	2007	2008	2009
合　计	**Total**	**205.98**	**207.78**	**209.91**	**208.26**	**210.98**	**216.62**	**217.07**
杭州市	Hangzhou	44.72	48.95	49.29	48.73	49.36	56.70	54.29
宁波市	Ningbo	18.08	19.56	20.17	20.33	20.82	21.12	22.57
温州市	Wenzhou	17.87	17.30	16.62	17.28	18.08	19.00	20.90
嘉兴市	Jiaxing	28.36	26.21	26.77	23.57	22.98	20.05	20.04
湖州市	Huzhou	17.64	18.41	17.76	18.80	18.38	17.67	17.21
绍兴市	Shaoxing	20.26	19.41	19.59	20.25	21.90	21.34	22.08
金华市	Jinhua	18.83	17.94	19.11	19.19	19.02	19.63	19.90
衢州市	Quzhou	15.94	14.86	15.45	14.95	14.81	14.59	13.17
舟山市	Zhoushan	1.46	1.40	1.41	1.35	1.39	1.28	1.26
台州市	Taizhou	15.39	16.11	15.36	15.42	15.55	16.34	17.05
丽水市	Lishui	7.43	7.63	8.38	8.40	8.69	8.88	8.61

13－5 主要城市平均气温(2009 年)
Average Temperature in Major Cities(2009)

单位:0.1 摄氏度(0.1℃)

城市名称	City	1月 Jan.	2月 Feb.	3月 Mar.	4月 Apr.	5月 May	6月 June	7月 July	8月 Aug.	9月 Sep.	10月 Oct.	11月 Nov.	12月 Dec.	年平均 Annual Average
杭 州	Hangzhou	44	95	111	176	229	268	296	284	255	206	108	67	178
宁 波	Ningbo	45	101	113	166	220	261	290	285	257	206	121	71	178
温 州	Wenzhou	78	125	123	178	218	257	288	286	270	218	145	102	191
嘉 兴	Jiaxing	34	88	105	162	218	260	288	279	248	202	108	60	171
湖 州	Huzhou	29	86	106	168	222	265	287	279	249	199	97	55	170
绍 兴	Shaoxing	42	96	114	177	232	274	300	288	257	207	111	68	181
金 华	Jinhua	51	110	121	185	233	272	298	288	263	210	121	76	186
衢 州	Quzhou	47	106	116	177	224	265	289	283	261	204	115	70	180
舟 山	Zhoushan	51	94	103	152	204	243	271	278	253	207	132	77	172
丽 水	Lishui	60	132	127	189	230	267	303	290	266	206	127	87	190
临 海	Linhai	60	118	120	175	222	264	292	287	265	214	133	86	186

注：本表由省气象局整理提供。表 13－6 至 13－7 同。
The data on this table are provided by Provincial Meteorological Bureau. Table from 13－6 to 13－7 are the same.

13－6 主要城市降水量(2009 年)
Precipitation in Major Cities(2009)

单位:0.1 毫米(0.1millimeters)

城市名称	City	1月 Jan.	2月 Feb.	3月 Mar.	4月 Apr.	5月 May	6月 June	7月 July	8月 Aug.	9月 Sep.	10月 Oct.	11月 Nov.	12月 Dec.	全年 Annual Total
杭 州	Hangzhou	363	1907	1176	1179	770	856	2277	2130	1137	180	1866	698	14539
宁 波	Ningbo	369	1270	1165	1035	633	1335	1639	3018	1171	696	1734	555	14620
温 州	Wenzhou	476	224	1830	1026	1073	1713	1387	3359	2136	40	1159	471	14894
嘉 兴	Jiaxing	380	1420	989	1009	498	1129	2617	1916	922	91	1346	551	12868
湖 州	Huzhou	363	1739	1038	736	407	1452	2191	1585	463	112	1583	681	12350
绍 兴	Shaoxing	398	2291	1042	1167	738	766	2167	2438	724	255	2010	625	14621
金 华	Jinhua	354	1136	1832	1103	1501	1247	1240	2625	640	92	1386	486	13642
衢 州	Quzhou	420	1574	2033	1720	1359	1294	1386	1410	521	57	1364	610	13748
舟 山	Zhoushan	262	1099	1117	1236	880	1516	1286	2833	1132	1058	1883	549	14851
丽 水	Lishui	361	408	1718	873	1118	1774	929	2624	1925	75	1241	328	13374
临 海	Linhai	307	308	1640	971	1100	1373	2019	3462	1949	183	1173	326	14811

13－7 主要城市日照时数(2009年)
Sunshine Hours in Major Cities(2009)

单位:0.1小时(0.1hours)

城市名称	City	1月 Jan.	2月 Feb.	3月 Mar.	4月 Apr.	5月 May	6月 June	7月 July	8月 Aug.	9月 Sep.	10月 Oct.	11月 Nov.	12月 Dec.	全年 Annual Total
杭　州	Hangzhou	1283	652	1096	1915	2188	1684	2047	1143	1190	1762	865	1274	17099
宁　波	Ningbo	1332	742	1082	1431	2335	1466	1858	1492	1332	2160	713	1393	17336
温　州	Wenzhou	1422	597	740	1590	1726	1319	1776	1632	1356	1604	893	1218	15873
嘉　兴	Jiaxing	1379	665	1312	2165	2378	1886	2116	1537	1343	2023	921	1430	19155
湖　州	Huzhou	1452	548	1395	2003	2291	1788	2061	1459	1443	2110	1183	1448	19181
绍　兴	Shaoxing	1395	793	1240	2189	2524	1996	2515	1801	1538	2116	1014	1482	20603
金　华	Jinhua	1099	726	1010	1924	2222	2009	2325	1944	1544	1876	945	1054	18678
衢　州	Quzhou	1360	664	1113	1850	2182	2040	2161	1584	1731	2101	1128	1007	18921
舟　山	Zhoushan	1309	692	1164	1908	2644	1825	2023	1730	1683	2151	681	1535	19345
丽　水	Lishui	1213	790	1013	1975	1833	1716	2205	1777	1300	1541	819	916	17098
临　海	Linhai	1115	516	1065	1700	1885	1264	1728	1410	1224	1791	772	1076	15546

13－8 环境保护机构和人员情况(2009 年)
Institutions and Personnel on Environmental Protection(2009)

项目	Item	合计 Total	环保局 Environ－ment Protection Bureau	监测站 Monitoring Station	监理所 Control Station	科研所 Research Insti－tutions	其他 Others
机构数(个)	**Number of Institutions(unit)**	**586**	**102**	**84**	**99**	**7**	**294**
年末实有人数(人)	Number of Personnel(person)	6450	1365	2022	1467	201	1395
科技人员	Scientific and Technical Personnel	3298	119	1576	732	158	713
#高级职称	Senior Titles	626	26	382	72	87	59
中级职称	Medium Titles	1259	53	629	278	58	241

13－9 废水排放及处理利用情况(2003－2009 年)
Discharging and Using of Industrial Waste Water(2003－2009)

单位:万吨(10000 tons)

项目	Item	2003	2004	2005	2006	2007	2008	2009
废水排放总量	**Waste Water Discharged**	**270262**	**281326**	**313196**	**330694**	**338101**	**350377**	**365017**
生活及其他	For Living and Others	102174	116052	120770	131101	136890	149889	161575
工业	Industry	168088	165274	192426	199593	201211	200488	203441
工业废水排放达标量	**Volume of Industrial Waste Water up to the Dischange Standards**	**163387**	**158556**	**185978**	**172414**	**173220**	**182094**	**193847**
工业重复用水率 (%)	**Rate of Water Utilized Repeatedly in Industry (%)**	**36.38**	**37.92**	**37.95**	**48.36**	**63**	**62.2**	**60.6**

13-10 工业废气排放及处理利用情况(2003-2009年) Discharging and Using of Industrial Waste Gas(2003-2009)

项目		Item		2003	2004	2005	2006	2007	2008	2009
工业废气排放总量	**(亿标立方米)**	**Total Volume of Industrial Waste Gas Discharged**	**(100 million cu.m)**	**10432**	**11749**	**13025**	**14702**	**17467**	**17633**	**18860**
燃料燃烧废气排放总量	(万吨)	Waste Gas in the Process of Fuel Burning	(10000 tons)	7208	8223	8148	9216	11542	8881	11913
生产工艺废气排放量	(万吨)	Volume of Waste Gas from the Process of Production	(10000 tons)	3224	3526	4877	5486	5925	6143	6947
二氧化硫排放量	**(万吨)**	**Volume of Industrial SO2 Discharged**	**(10000 tons)**	**73.4**	**81.4**	**86.0**	**85.9**	**79.7**	**74.1**	**70.1**
烟尘排放总量	**(万吨)**	**Volume of Industrial Soot Discharged**	**(10000 tons)**	**20.5**	**21.9**	**21.2**	**20.6**	**18.2**	**17.5**	**18.8**
粉尘排放总量	**(万吨)**	**Volume of Industrial dust Discharged**	**(10000 tons)**	**31.7**	**33.3**	**23.1**	**22.0**	**20.3**	**17.1**	**16.8**

13-11 工业固体废物排放及处理利用情况(2003-2009年) Discharging and Treatment of Industrial Solid Wastes(2003-2009)

单位:万吨(10000 tons)

项目	Item	2003	2004	2005	2006	2007	2008	2009
工业固体废物生产量	**Volume of Industrial Solid Wastes Produced**	**1976**	**2318**	**2514**	**3096**	**3613**	**3785**	**3907**
工业固体废物排放量	Volume of Industrial Solid Wastes Discharged	4.44	4.43	5.64	5.18	1.44	1.67	0.76
工业固体废物综合利用量	Volume of Industrial Solid Wastes Utilized	1722	2037	2336	2855	3334	3498	3584
工业固体废物贮存总量	Volume of Industrial Solid Wastes Accumulated	33.82	15.52	24.61	90.15	101.06	222.53	255.40

浙/江/统/计/年/鉴

主要统计指标解释

■ 工业废水排放量

指经过企业厂区所有排放口排到企业外部的工业废水量 。包括生产废水、外排的直接冷却水、超标排放的矿井地下水和与工业废水混排的厂区生活污水，不包括外排的间接冷却水(清污不分流的间按冷却水应计算在内)。

■ 工业废水排放达标量

指各项指标都达到国家或地方排放标准的外排工业废水量，包括未经处理外排达标的和经过处理后外排达标的两部分。国家排放标准见 GB8978-88。

■ 工业废气排放量

指企业厂区内燃料燃烧和生产工艺过程中产生的各种排入空气的含有污染物的气体的总量，以标准状态(273K，101325Pa)计。

■ 工业固体废物产生量

指企业在生产过程中产生的固体状、半固体状和高浓度液体状废弃物的总量，包括危险废物、冶炼废渣、粉煤灰、炉渣、煤矸石、尾矿、放射性废物和其他废物等；不包括矿山开采的剥离废石和掘进废石(煤矸石和呈酸性或碱性的废石除外)。酸性或碱性废石是指采掘的废石其流经水、雨淋水的 pH 值小于 4 或 pH 值大于 10.5 者 。

■ 工业固体废物综合利用量

指通过回收、加工、循环、交换等方式，从固体废物中提取或者使其转化为可以利用的资源、能源和其他原材料的固体废物量(包括当年利用往年的工业固体废物累计贮存量)。如用作农业肥料、生产建筑材料、筑路等。综合利用量由原产生固体废物的单位统计。

ZHEJIANG STATISTICAL YEARBOOK

Explanatory Notes on Main Statistical Indicators

□ Volume of Industrial Waste Water Discharged

refers to the volume of industrial waste water discharged, through all outlets, to the outside of industrial enterprises, including waste water produced, direct – cooling water, underground water from mines that does not meet the standard of discharge, and the domestic sewage mixed up with industrial waste water when discharged, but excluding discharged indirect – cooling water.

□ Volume of Waste Water up to the Standard for Discharge

refers to the volume of discharged industrial waste water that, with or without treatment, has come up to the national or local standards for discharge.

□ Volume of Waste Gas Emission

refers to waste gas emitted from burning of fuels and from production process in the area of the factory, and is measured by 10000 standard cubic metres each year under normal condition.

□ Volume of Industrial Solid Wastes Produced

refers to the total volume of solid, semi – solid or highconcentration liquid residue produced by industrial enterprises in their production process, including dangerous wastes, residues from melting, slag, powdered coal ash, gangue, chemical residues, tailings, radioactive residues and other residues, but excluding stripped or dug stones in mining (except gangue and acid or alkali stones which are stones washed or soaked by water with a pH value smaller than 4 or larger than 10.5.)

□ Volume of Industrial Solid Wastes Utilized in a Comprehensive Way

refers to the volume of solid wastes from which useful materials can be extracted or which can be changed to be utilizable resources, energy or other materials, including the volume of industrial solid wastes stored up in the previous years and utilized in the current year, such as the solid wastes utilized as fertilizers, building materials, for making roads or for other purpose. Statistical data on utilization of industrial solid wastes are collected by solid wastes producing units.

2010

浙江统计年鉴

ZHEJIANG STATISTICAL YEARBOOK

CHAPTER 14

教育、科技、专利、测绘和标准计量

Education,Science,Patent,Surveying and Mapping and Standard Calculating

14－1 高等学校基本情况(1978－2009年)
Basic Statistics on Institutions of Higher Education(1978－2009)

年份 Year	学校数(所) Number of Schools (Unit)	招生数(人) New Students Enrollment (person) 本专科 Regular College Course and Specialized Subject	研究生 Postgraduates	在校学生数(人) Students Enrollment (person) 本专科 Regular College Course and Specialized Subject	研究生 Postgraduates	毕业生数(人) Graduates (person) 本专科 Regular College Course and Specialized Subject	研究生 Postgraduates	教职员工数(人) Number of School Staff and Workers (person)	#专任教师 Teachers
1978	20	14241		24223		3743		11961	5389
1979	20	9498		32227		1013		13889	6275
1980	22	9387		37815		3710		15619	6886
1981	22	9208		41020		5852		16365	6933
1982	22	10162		36088		14968		18181	7701
1983	24	12750		39008		10411		19274	8219
1984	27	15030		44883		9002		20431	8690
1985	35	19026		52688		11044		22497	9908
1986	37	17877		57352		13027		24723	10804
1987	37	18190		60072		15017		25620	11223
1988	37	19364		60419		18712		26472	11578
1989	37	18270		61045		17323		26772	11574
1990	37	18264		60327		18417		26787	11578
1991	36	18651		59822		18175		27004	11208
1992	35	21217		62226		18267		27821	11105
1993	36	27716		73586		15971		27898	11148
1994	37	30482		87428		17895		28212	11345
1995	37	28094		92857		22443		28194	11491
1996	36	30541		96480		27133		28107	11530
1997	35	33145		102302		26386		28123	11595
1998	32	36668	2155	113543	5991	24296		28327	11816
1999	36	59300	3216	151318	7460	30561	1578	30532	13140
2000	35	93516	4130	212375	9895	32477	1600	40037	18981
2001	38	120195	5577	293078	13237	37230	1882	44347	22168
2002	60	152470	6111	393145	16297	48431	2645	48481	25993
2003	64	173519	6863	484639	19269	78685	3514	48691	29945
2004	68	195617	8029	572759	22062	103123	4858	60833	35766
2005	67	215362	9577	651307	25637	133051	5558	58924	38402
2006	68	237157	10996	719869	27125	162531	8731	69730	42143
2007	77	249749	12326	777982	31409	183863	7387	73704	45622
2008	77	265696	13691	832224	35812	203203	8944	75986	47795
2009	78	261361	16184	866496	43381	218226	7941	77852	49516

14－2 普通高等教育分类情况(2009 年)
Institutions of Higher Education by Type(2009)

分类	Item	学校数(所) Number of Schools (unit)	本、专科学生(人) Regular College and Specialized Course Subject (person)			教职员工数(人) Number of Schools Staff and Workers (person)	
			毕业生数 Graduates	招生数 New Students Enrollment	在校学生数 Students Enrollment		#专任教师 Teachers
总计	**Total**						
普通本科	**Institutions of Higher Education**	**30**	**99008**	**132758**	**496068**	**54270**	**34160**
#民办本科	Private Schools of Higher Education	3	42632	55865	210977	13723	10426
#独立学院	Indenpendency Institutions	22	35607	42761	169654	10209	7889
普通专科学校	**Technological Academies**	**4**	**18785**	**13092**	**43155**	**2451**	**1544**
#民办	Private Schools of Technological Academies		3226	1753	6078		
高等职业学院	**Higher Professional Institutes**	**44**	**100433**	**115511**	**327273**	**21131**	**13812**
#民办	Private Schools of Higher Professional Institutions	9	21078	24124	68145	3537	2484
广播电大举办普专班	**The Regular Junior College Classes of Radio and TV Universities**						

14－3 中等职业学校基本情况(1978－2009 年)
Basic Statistics on Secondary Professional Schools(1978－2009)

年份 Year	学校数(所) Number of Schools (Unit)	招生数(万人) New Students Enrollment (10000 person)	在校学生数(万人) Students Enrollment (10000 person)	毕业生数(万人) Graduates (10000 person)	教职员工数(万人) Staff and Workers (10000 person)	#专任教师 Teachers
1978	73	1.29	2.79	0.14	0.54	0.24
1979	75	1.24	3.42	0.61	0.55	0.30
1980	81	1.13	3.10	1.44	0.67	0.33
1981	83	1.16	2.67	1.59	0.75	0.35
1982	92	1.19	2.77	1.08	0.85	0.39
1983	96	1.30	3.07	0.98	0.87	0.41
1984	104	1.64	3.66	1.16	0.96	0.44
1985	119	1.99	4.36	1.29	1.12	0.49
1986	130	2.14	5.22	1.27	1.25	0.58
1987	134	2.26	5.79	1.66	1.34	0.65
1988	136	2.31	6.31	1.81	1.40	0.70
1989	140	2.31	6.61	2.02	1.49	0.72
1990	141	2.23	6.67	2.12	1.50	0.73
1991	141	2.41	6.77	2.29	1.52	0.72
1992	142	2.72	7.20	2.27	1.54	0.72
1993	144	3.59	8.48	2.28	1.55	0.72
1994	155	4.92	10.87	2.32	1.58	0.74
1995	158	6.00	13.91	2.9	1.61	0.78
1996	161	7.30	17.72	3.44	1.63	0.80
1997	151	5.68	15.74	3.99	1.64	0.81
1998	150	5.65	16.70	4.58	1.60	0.79
1999	149	5.16	16.52	5.08	1.49	0.78
2000	86	3.54	14.80	5.08	0.97	0.53
2001	82	3.10	12.93	4.77	0.57	0.31
2002	62	4.22	12.25	4.67	0.59	0.34
2003	57	4.67	12.07	4.12	0.60	0.36
2004	53	4.33	12.81	3.22	0.57	0.37
2005	51	4.36	12.94	3.83	0.55	0.37
2006	49	3.39	11.36	4.1	0.5	0.37
2007	402	21.38	63.13	20.56	3.36	2.69
2008	392	21.09	59.36	20.84	3.32	2.69
2009	377	22.81	59.02	19.21	3.32	2.72

注：2007 数据口径调整为职业高中和普通中等专业学校
The data scope has been adjusted since 2007, including the vocational high schools and the general secondary specialized schools.

14－4 各级成人教育基本情况
Adult Education by Level

类别	Item	学校数(所) Schools (Unit)			毕(结)业生数(万人) Graduates (10000 person)			在校学生数(万人) Students Enrollment (10000 person)		
		2007	2008	2009	2007	2008	2009	2007	2008	2009
成人高等学历教育	**Adult Higher Education**	**11**	**11**	**10**	**8.37**	**10.26**	**12.85**	**30.92**	**30.79**	**26.93**
广播电视大学	Radio and TV Universities	2	2	2	0.19	0.31	0.53	1.17	1.43	1.47
职工高等学校	Schools of Higher Education for Staff and Workers	5	5	4	0.41	0.43	0.51	1.54	1.55	0.63
教育学院	Pedagogical Colleges	4	4	4	0.49	0.74	0.34	1.27	0.72	0.60
普通高校	Institutions of Higher Education	67	68	72	7.28	8.78	11.48	26.94	27.08	24.22
成人中等学历教育	**Secondary Education for Adults**	**70**	**66**	**59**	**1.34**	**1.44**	**1.43**	**3.76**	**3.81**	**3.75**
成人中学	**Secondary Schools for Adults**	**349**	**335**	**394**	**14.92**	**15.43**	**16.19**	**11.46**	**11.22**	**11.59**
成人技术培训学校	**Technical Training Schools for Adults**	**6139**	**6788**	**5794**	**428.61**	**460.49**	**388.60**	**398.66**	**428.42**	**358.62**
成人初等学校	**Primary Schools for Adults**	**141**	**101**	**105**	**1.69**	**0.62**	**0.37**	**11.46**	**0.69**	**0.45**

14－5 技工学校基本情况（1980－2009 年）
Basic Statistics on Technical Schools（1980－2009）

年份 Year	学校数 （所） Number of Schools （Unit）	在校学生数 （人） Students Enrollment （person）	毕业生数 （人） Graduates （person）	招生数 （人） New Students Enrollment （person）	教职员工数 （人） Staff and Workers （person）
1980	140	17093	5895	5139	2709
1981	139	12180	8718	4115	4462
1982	141	9386	5798	3813	3987
1983	142	8536	3935	4260	4266
1984	101	11152	2696	6110	4673
1985	94	14065	4138	6790	5146
1986	94	17122	3529	6717	5936
1987	92	19006	4663	6907	5960
1988	91	18243	6121	6125	5881
1989	94	17323	6377	6060	4464
1990	96	16365	5815	6176	5826
1991	94	18230	5083	7489	6131
1992	98	21663	5414	9480	6373
1993	99	31998	7523	14204	6541
1994	102	38658	10523	17603	6993
1995	104	15149	12140	20852	7273
1996	107	49246	15415	20438	7335
1997	107	56633	13709	24026	6758
1998	106	62052	17268	23916	6560
1999	99	63128	18081	22681	6197
2000	95	60968	21029	22630	7204
2001	97	59068	20410	23983	5914
2002	96	62572	17684	27123	5774
2003	87	70650	15933	33494	5616
2004	83	88652	19062	40536	6335
2005	79	97783	21954	39406	5441
2006	76	101968	25444	39318	7128
2007	72	95295	22940	35323	6348
2008	71	97072	23944	35621	6316
2009	68	103862	26374	37892	5785

14-6 特殊教育情况(1980-2009 年)
Basic Statistics on Special Education(1980-2009)

年份 Year	学校数 (所) Number of Schools (Unit)	在校学生数 (人) Students Enrollment (person)	毕业生数 (人) Graduates (person)	招生数 (人) New Students Enrollment (person)	教职员工数 (人) Staff and Workers (person)	#专任教师 Teachers
1980	7	1293	73	203	174	116
1981	7	1347	109	204	177	117
1982	7	1407	118	224	186	136
1983	8	1478	129	271	225	162
1984	11	1668	81	340	258	186
1985	13	1784	150	380	311	231
1986	15	1979	125	412	334	242
1987	18	2303	128	553	410	294
1988	24	2621	201	641	507	370
1989	32	2985	135	594	600	435
1990	43	3443	222	832	729	555
1991	46	3963	142	784	847	639
1992	47	6907	346	918	963	735
1993	53	13202	548	4288	1081	824
1994	55	18038	1172	2774	1291	1003
1995	56	23690	1791	2831	1433	1130
1996	60	22691	1778	2261	1462	1169
1997	61	23919	2190	2306	1419	1154
1998	63	22812	3086	2486	1453	1172
1999	62	21840	3315	2437	1382	1120
2000	62	19749	3701	2445	1396	1139
2001	64	19358	2783	2593	1385	1068
2002	64	16484	2603	2158	1424	1122
2003	63	15357	2561	1947	1445	1133
2004	62	14195	2124	1663	1475	1194
2005	62	12889	1782	1465	1531	1233
2006	63	12160	1717	1535	1576	1281
2007	63	12993	1567	1612	1603	1326
2008	64	12924	1603	1864	1680	1413
2009	64	12268	1649	1751	1605	1351

14－7 普通中学基本情况(1978－2009 年)
Basic Statistics on Regular Secondary Schools(1978－2009)

年份 Year	学校数（所）Number of Schools (unit)	招生数（万人）New Students Enrollment (10000 persons)	在校学生数（万人）Students Enrollment (10000 persons)	毕业生数（万人）Graduates (10000 persons)	教职员工数（万人）Workers and Staff (10000 persons)	#专任教师 Teachers
1978	4097	83.92	214.65	83.59	12.29	9.94
1979	3680	72.29	181.12	80.45	11.04	9.04
1980	3391	64.67	170.04	49.05	11.45	8.53
1981	3243	61.03	155.75	50.75	10.88	8.07
1982	3115	59.93	151.08	44.01	10.34	7.89
1983	3161	61.28	154.91	39.43	10.44	7.90
1984	3199	61.95	166.13	39.50	10.56	7.87
1985	3235	63.29	177.46	41.84	10.94	8.24
1986	3296	65.09	184.04	47.49	11.14	8.41
1987	3346	62.41	182.95	50.19	11.26	8.56
1988	3389	54.34	169.74	52.04	11.53	8.83
1989	3384	58.19	163.34	52.09	11.76	8.95
1990	3353	64.78	169.62	49.92	11.59	8.98
1991	3381	66.01	180.75	46.02	11.87	9.24
1992	3283	66.14	188.38	49.55	12.17	9.53
1993	3259	63.08	185.02	55.67	12.36	9.73
1994	3315	72.82	194.02	56.88	12.72	10.12
1995	3255	80.67	210.54	58.84	13.37	10.77
1996	3240	75.03	223.64	57.41	14.15	11.55
1997	3186	71.92	222.74	68.10	14.74	12.19
1998	3128	76.23	217.67	75.49	15.11	12.52
1999	2995	85.72	228.15	69.91	15.78	13.14
2000	2940	92.51	249.55	66.83	16.52	13.93
2001	2900	89.34	263.00	71.57	17.70	14.73
2002	2781	92.10	270.30	81.36	18.25	15.33
2003	2695	90.99	270.07	88.09	18.78	15.83
2004	2609	84.72	266.14	86.48	19.17	16.29
2005	2524	86.45	261.08	89.71	19.49	16.69
2006	2459	91.93	262.32	88.6	19.82	17.01
2007	2404	90.14	266.55	82.99	20.05	17.34
2008	2377	90.4	269.8	83.4	20.36	17.76
2009	2353	85.47	262.27	87.73	20.56	18.02

14－8 小学基本情况(1978－2009年)
Basic Statistics on Primary Schools(1978－2009)

年份 Year	学校数 (万所) Number of Schools (10000 unit)	招生数 (万人) New Students Enrollment (10000 persons)	在校学生数 (万人) Students Enrollment (10000 persons)	毕业生数 (万人) Graduates (10000 persons)	教职员工数 (万人) Workers and Staff (10000 persons)	#专任教师 Teachers	小学学龄儿童入学率 (%) Percentage of Schollage Children Enrolled(%)
1978	4.45	104.85	501.43	81.56	18.07	17.35	97.60
1979	4.26	86.44	486.77	72.47	18.38	17.54	97.40
1980	4.17	83.58	482.42	71.07	18.45	17.26	97.00
1981	4.10	74.19	459.83	78.66	17.66	16.50	97.20
1982	3.94	70.63	430.59	81.06	17.09	15.94	97.00
1983	3.82	70.20	407.20	83.03	16.44	15.25	97.40
1984	3.75	70.10	395.46	76.47	16.08	14.82	97.80
1985	3.65	67.78	384.91	75.34	16.09	14.62	98.10
1986	3.56	69.38	378.09	72.15	15.84	14.42	98.30
1987	3.45	57.33	365.15	67.32	15.55	14.16	98.60
1988	3.36	63.19	366.04	58.54	15.78	14.39	98.90
1989	3.27	72.30	375.73	60.16	16.11	14.65	99.10
1990	3.18	64.60	372.43	65.81	14.88	13.46	99.30
1991	2.97	57.85	362.64	65.64	14.97	13.50	99.30
1992	2.73	57.90	355.21	63.74	15.10	13.63	99.40
1993	2.53	64.74	359.23	59.33	15.23	13.77	99.50
1994	2.37	72.71	366.15	66.20	15.46	13.98	99.70
1995	2.26	66.19	362.98	70.01	15.84	14.34	99.70
1996	2.14	63.84	363.80	63.90	16.30	14.85	99.80
1997	1.97	61.39	368.57	57.72	16.84	15.40	99.88
1998	1.69	56.19	365.23	59.59	17.17	15.69	99.92
1999	1.38	65.46	363.31	67.83	17.53	16.00	99.95
2000	1.18	61.58	353.76	71.58	17.57	16.04	99.93
2001	1.00	58.45	346.28	66.66	17.64	15.99	99.97
2002	0.90	57.78	343.75	64.48	17.65	16.01	99.99
2003	0.77	52.45	340.29	59.78	17.54	15.91	99.98
2004	0.67	51.42	344.31	53.24	17.61	16.01	99.99
2005	0.61	48.96	342.40	55.25	17.79	16.22	99.99
2006	0.55	52.99	339.43	62.04	17.98	16.38	99.99
2007	0.48	54.85	335.46	62.81	18.12	16.56	99.99
2008	0.44	55.78	332.28	62.48	18.28	16.78	99.99
2009	0.41	53.91	325.14	57.24	18.45	17.01	99.99

14－9 幼儿园基本情况(1979－2009 年)
Basic Statistics on Kindergartens(1979－2009)

年份 Year	园数 (所) Number of Kindergartens (unit)	班数 (个) Number of Classes (unit)	在园幼儿数 (万人) Number of Children Enrollment (10000 persons)	教职员工数 (人) Staff and Workers (person)	#专任教师 Teachers
1979	3100	8908	28.34	13400	10095
1980	7067	14951	43.39	20601	17473
1981	5235	14605	41.97	20737	17473
1982	6409	14916	44.52	22209	18212
1983	6120	15440	47.19	23198	18839
1984	11511	20043	60.65	28735	24074
1985	12468	21902	65.41	30801	26180
1986	12375	24286	71.90	34210	29012
1987	13366	25980	81.25	37548	31680
1988	12590	26048	80.32	38205	32261
1989	12153	26277	74.85	38955	32703
1990	11824	26684	75.16	39859	33556
1991	11242	28308	85.72	41706	34425
1992	9860	29035	94.30	41052	34024
1993	9179	29396	97.63	43522	35887
1994	11705	31178	99.33	48006	39453
1995	11794	31530	99.43	49377	40220
1996	11915	32654	98.95	50389	40678
1997	12920	34637	100.21	54459	43503
1998	14068	37270	105.90	58867	46500
1999	14864	38637	108.38	61549	47902
2000	15073	41271	112.45	67773	51168
2001	12501	43167	115.13	72593	48195
2002	11920	44483	117.61	75000	49442
2003	11560	44651	117.96	83022	54056
2004	11367	46490	127.85	91772	58732
2005	11472	47153	132.22	98629	62679
2006	11437	48666	138.91	106202	67046
2007	10411	51048	147.78	115965	73164
2008	10212	53755	159.34	127635	79741
2009	10067	55922	167.06	139977	87271

14－10 各级学校女学生和女教师数(2004－2009年)
Female Students and Teachers by Level of Schools(2004－2009)

类别	Category	2004	2005	2006	2007	2008	2009
女学生数 (万人)	**Number of Female Students (10000 persons)**	**350.25**	**352.00**	**352.13**	**353.63**	**354.29**	**349.60**
普通高等学校	Institutions of Higher Education	27.69	33.15	37.21	40.40	43.15	45.17
中等职业学校	Specialized Secondary Schools	37.05	36.98	34.45	32.62	30.42	30.10
普通中学	Regular Secondary Schools	125.08	123.13	124.04	126.55	128.52	125.26
小学	Primary Schools	160.43	158.74	156.43	154.06	152.21	149.07
女学生占学生总数 (%)	**Percentage of Female Students to Total Students (%)**	**47.39**	**47.56**	**47.36**	**47.36**	**47.34**	**47.45**
普通高等学校	Institutions of Higher Education	49.67	52.38	51.69	51.93	51.85	52.13
中等职业学校	Specialized Secondary Schools	50.85	50.46	49.43	48.77	48.16	47.95
普通中学	Regular Secondary Schools	47.00	47.16	47.29	47.48	47.63	47.76
小学	Primary Schools	46.59	46.36	46.09	45.92	45.81	45.85
女教师数 (万人)	**Number of Female Teachers (10000 persons)**	**20.78**	**21.58**	**22.36**	**23.08**	**23.83**	**24.45**
普通高等学校	Institutions of Higher Education	1.50	1.62	1.79	1.97	2.08	2.17
中等职业学校	Specialized Secondary Schools	1.51	1.60	1.63	1.61	1.59	1.58
普通中学	Regular Secondary Schools	7.80	8.12	8.43	8.73	9.11	9.36
小学	Primary Schools	9.97	10.24	10.51	10.77	11.06	11.34
女教师占教师总数 (%)	**Percentage of Female Teachers to Total Teachers (%)**	**53.25**	**53.96**	**54.72**	**55.43**	**56.16**	**56.81**
普通高等学校	Institutions of Higher Education	41.90	42.22	42.47	43.20	43.53	43.84
中等职业学校	Specialized Secondary Schools	48.09	49.23	50.24	50.63	51.16	51.63
普通中学	Regular Secondary Schools	47.88	48.65	49.57	50.35	51.27	51.94
小学	Primary Schools	62.27	63.14	64.15	65.04	65.86	66.67

14－11 每万人口中在校学生数和构成(1979－2009年)
Students Enrollment Per 10 Thousand Population and Its Composition(1979－2009)

年份 Year	各级学校在校学生占全省人口(%) Students Enrollment as Percentage of Total Population(%)	平均每万人口中 Number of Students Per 10000 Population			大、中、小学生占学生总数(%) Students of Different Level as Percentage of Total Students(%)		
		大学生(人) University and College Students (person)	中学生(人) Secondary School Students (person)	小学生(人) Primary School Students (person)	大学生 University and College Students	中学生 Secondary School Students	小学生 Primary School Students
1979	17.79	8.50	486.60	1283.56	0.5	27.4	72.2
1980	17.27	9.88	456.50	1260.71	0.6	26.4	73.0
1981	16.11	10.60	412.65	1187.73	0.7	25.6	73.7
1982	15.01	9.20	394.84	1097.23	0.6	26.3	73.1
1983	14.43	9.84	405.18	1027.48	0.7	28.1	71.2
1984	14.38	11.24	436.36	990.36	0.8	30.3	68.9
1985	14.37	13.08	469.11	955.22	0.9	32.6	66.5
1986	14.29	14.09	486.19	928.95	1.0	34.0	65.0
1987	13.80	14.58	479.78	886.03	1.1	34.8	64.2
1988	13.36	14.49	443.83	877.83	1.1	33.2	65.7
1989	13.32	14.50	424.92	892.71	1.1	31.9	67.0
1990	13.33	14.25	439.14	879.43	1.1	32.9	66.0
1991	13.29	14.04	463.63	850.99	1.1	34.9	64.0
1992	13.25	14.52	481.58	828.79	1.1	36.3	62.6
1993	13.28	17.06	477.71	832.84	1.3	36.0	62.7
1994	13.72	20.14	508.46	843.42	1.5	37.0	61.5
1995	14.07	21.25	554.97	830.70	1.5	39.5	59.0
1996	14.37	21.93	588.29	826.80	1.5	41.0	57.5
1997	14.48	23.13	591.39	833.44	1.6	40.8	57.6
1998	14.34	25.52	587.47	821.32	1.8	41.0	57.2
1999	14.58	33.87	611.26	813.24	2.3	41.9	55.8
2000	14.86	47.19	554.41	785.92	3.2	43.9	52.9
2001	14.71	62.39	671.88	737.19	4.3	45.2	50.5
2002	15.08	83.10	698.64	726.63	5.5	46.3	48.2
2003	15.30	101.74	712.76	714.38	6.7	46.6	46.7
2004	15.49	119.24	713.13	716.79	7.7	46.0	46.3
2005	15.26	132.97	681.65	699.06	9.1	44.6	46.3
2006	15.13	144.55	687.18	681.59	9.6	45.4	45.0
2007	14.93	159.96	670.37	662.96	10.7	44.9	44.4
2008	14.8	169.54	661.84	648.98	11.5	44.7	43.8
2009	14.44	175.65	640.29	627.69	12.2	44.3	43.5

注：从2001年起按常住人口算
The data in this table were calculated by resident population.

14－12 学校教师负担学生数(1979－2009 年)
Student－teachers Ratio by Level of Schools(1979－2009)

年份 Year	高等学校 Institutions of Higher Education		中等学校 Secondary Schools		小学 Primary Schools	
	教师数 (万人) Number of Teachers (10000 persons)	平均每个教师负担学生 (人) Student－Teacher Ratio (person)	教师数 (万人) Number of Teachers (10000 persons)	平均每个教师负担学生 (人) Student－Teacher Ratio (person)	教师数 (万人) Number of Teachers (10000 persons)	平均每个教师负担学生 (人) Student－Teacher Ratio (person)
1979	0.63	5.10	9.34	19.80	17.54	27.80
1980	0.69	5.50	8.95	19.50	17.26	28.00
1981	0.69	5.90	8.51	18.80	16.50	27.90
1982	0.77	4.70	8.35	18.60	15.94	27.00
1983	0.82	4.70	8.45	19.00	15.25	26.70
1984	0.87	5.20	8.54	20.40	14.82	26.70
1985	0.99	5.30	9.12	20.70	14.62	26.30
1986	1.08	5.30	9.45	20.90	14.42	26.20
1987	1.12	5.40	9.71	20.40	14.16	25.80
1988	1.16	5.20	10.12	18.30	14.39	25.40
1989	1.16	5.30	10.28	17.40	14.65	25.60
1990	1.16	5.20	10.36	18.00	13.46	27.70
1991	1.12	5.30	10.62	18.60	13.50	26.90
1992	1.11	5.60	10.97	18.80	13.63	26.10
1993	1.11	6.60	11.27	18.30	13.77	26.10
1994	1.13	7.70	11.75	18.80	13.98	26.20
1995	1.15	8.10	12.57	19.30	14.34	25.30
1996	1.15	8.40	13.43	19.30	14.85	24.50
1997	1.16	8.80	13.46	19.40	15.40	23.93
1998	1.18	9.60	14.66	17.80	15.69	23.28
1999	1.31	11.55	15.40	17.73	16.00	22.71
2000	1.90	11.17	14.83	18.24	16.04	22.05
2001	2.22	13.20	17.08	18.48	15.99	21.66
2002	2.60	15.12	18.01	18.35	16.01	21.47
2003	2.99	16.21	18.82	18.04	15.91	21.39
2004	3.58	16.00	19.57	17.50	16.01	21.51
2005	3.84	17.60	19.36	17.04	16.22	21.11
2006	4.21	17.10	20.26	16.40	16.38	20.70
2007	4.56	17.74	20.02	16.47	16.56	20.26
2008	4.78	18.16	20.82	16.28	16.78	19.8
2009	4.95	18.38	21.32	15.56	17.01	19.11

14－13 科技活动经费投入情况(1990－2008年)
Basic Statistics on Scientific and Technoligical Activities Funds(1990－2008)

单位:亿元(100 million yuan)

年份 Year	科技活动经费 Scientific and Technoligical Activities Funds	研究与试验发展经费支出 Expenditure on R&D	按执行部门分 By Sector				按经费来源分 By Source			
			研究机构 Research and Development Institutions	高等院校 Colleges and Universities	工业企业 Enterprises	其他部门 Others	政府资金 Government Appropriation Funds	企业资金 Selfraisd Funds by Enterprises	国外资金 Overseas Capital	其他资金 Other
1990	8.60	2.04	0.96	0.51	0.52	0.05				
1991	9.86	2.27	0.87	0.69	0.64	0.06				
1992	14.12	3.46	1.21	1.25	0.90	0.09				
1993	17.93	4.43	1.48	1.77	1.04	0.13				
1994	23.21	7.88	1.33	1.82	4.52	0.21				
1995	32.57	9.14	1.85	2.42	4.63	0.24				
1996	37.96	10.50	2.23	2.43	5.56	0.29				
1997	51.33	15.19	2.96	3.04	7.85	1.34				
1998	60.89	19.70	3.10	3.00	11.80	1.80				
1999	76.78	27.05	3.04	3.71	17.80	2.50				
2000	104.89	36.59	3.21	3.33	26.54	3.51	5.73	26.93	0.53	3.40
2001	124.29	44.74	3.32	5.09	32.04	4.29	6.59	32.73	0.64	4.78
2002	150.03	57.65	2.97	6.58	42.58	5.52	6.77	42.20	0.17	8.51
2003	185.20	77.76	4.35	7.88	59.62	5.91	9.46	57.70	0.32	10.28
2004	243.85	115.55	4.62	13.33	91.10	6.50	13.78	97.42	0.63	3.72
2005	321.42	163.29	11.58	13.90	130.41	7.40	24.12	134.74	0.55	3.88
2006	407.85	224.03	12.38	15.99	183.39	12.27	28.00	190.28	1.12	4.63
2007	516.78	286.32	13.63	18.18	235.55	18.96	30.94	246.39	2.50	6.49
2008	619.52	345.76	13.89	19.15	283.73	28.99	37.08	296.46	4.39	7.83

14－14 县级以上政府部门属研究与开发机构情况(1986－2009 年)
Basic Statistics on Research and Development Organizations Attached to Government at County Level and Above(1986－2009)

年份 Year	机构数(个) Institutions (unit)	从事科技活动人员数(人) Specialized Technical Persons (Person)	经费收入(万元) Income (10000 yuan)	政府拨款 Government Appropriations	经费支出(万元) Expenditures (10000 yuan)	#人员费用 Charge for Person
1986	153		14015	8877	12580	3067
1987	152		17721	10431	15234	3001
1988	156		18920	14073	27715	4065
1989	161		24889	11974	25070	4026
1990	163		33801	15801	29169	5123
1991	164		29623	9330	26494	5001
1992	165		40512	14410	37017	6156
1993	162		47139	14289	45206	9001
1994	161		53069	18251	48025	13993
1995	161		62021	11784	59248	15589
1996	161		72172	25110	63407	18189
1997	162		91503	31795	83434	20806
1998	164		126704	47919	107580	23018
1999	160		126740	50194	113565	28392
2000	146		120587	54365	108129	27263
2001	127		89248	51719	82109	26341
2002	110	5470	89540	54571	80771	28286
2003	104	5095	115029	65770	97981	38157
2004	92	4792	116542	80373	102949	34213
2005	99	5798	144821	109676	120907	31646
2006	99	6178	176610	128341	142664	38853
2007	100	6677	211682	155461	167207	44752
2008	98	7123	247818	177210	203732	51972
2009	97	7517	259300	188672	217138	57000

14－15 县级以上政府部门属研究与开发机构课题情况
Basic Statistics on Topics in Research and Development Organizations Attached to Government at County Level and Above

分类	Item	课题数(项) Topics (unit)			投入人员(人年) Persons (person－year)			投入经费(万元) Funds (10000 yuan)		
		2007	2008	2009	2007	2008	2009	2007	2008	2009
总计	**Total**	**3539**	**3151**	**3132**	**4372**	**4542**	**4457**	**82918**	**92146**	**101017**
按活动类型分	**By Type**									
基础研究	Fundational Research	121	116	129	133	134	149	2673	3545	3618
应用研究	Applied Research	237	313	254	504	564	439	14473	15633	14478
试验发展	Experimental Development	834	972	1104	1225	1304	1581	21772	28324	33148
R&D 成果应用	Applying in R&D Results	837	901	849	1232	1342	1182	17603	17605	20305
科技服务	Technology Senices	1510	849	796	1279	1199	1106	26397	27040	29469

14－16 县级以上政府部门属研究与机构科学论文与科技著作
Basic Statistics on Papers in Research and Development Organizations Attached to Government at County Level and Above

单位:篇(paper)

项目	Item	科学论文 Papers of Science			#国外发表 Publishing Abroad			科技著作 Works of Science and Technology		
		2007	2008	2009	2007	2008	2009	2007	2008	2009
合计	**Total**	**2868**	**3270**	**3192**	**191**	**307**	**301**	**86**	**107**	**102**
国务院部门属	Attaching to the Sate Council	489	734	712	62	163	146	14	22	19
省属	Attaching to Province	1849	1881	1905	121	115	136	57	64	68
市属	Attaching to City	530	655	575	8	29	19	15	21	15

14-17 县级以上政府部门属研究与开发机构情况(2009年)
Basic Statistics on Research and Development Organizations Attached to Government at County Level and Above(2009)

项目	Item	机构数(个) Institutions (unit)	从事科技活动人员数(人) Specialized Technical Persons (Person)	经费收入(万元) Income (10000 yuan)	#政府拨款 Government Appropriations	经费支出(万元) Expenditures (10000 yuan)	#科技费用 Charge of science
总计	**Total**	**97**	**6555**	**315769**	**202051**	**268860**	**217138**
按隶属关系分	**By Relationship of Subordination**						
中央	Central Enterprises	9	1330	88995	74247	72959	66735
地方	Local Governments	88	5225	226774	127804	195901	150402
按机构地域分	**By Region**						
杭州市	Hangzhou	38	4417	232753	147832	196284	163820
宁波市	Ningbo	10	541	26046	20663	21644	19970
温州市	Wenzhou	15	676	25124	12888	20636	12568
嘉兴市	Jiaxing	2	137	7808	2133	6505	3336
湖州市	Huzhou	4	160	8269	7185	7727	5864
绍兴市	Shaoxing	2	59	1431	1341	1232	909
金华市	Jinhua	7	144	2900	2401	2492	2034
衢州市	Quzhou	5	37	763	714	778	619
舟山市	Zhoushan	7	157	4046	2132	4988	3001
台州市	Taizhou	4	126	4718	2901	4741	3185
丽水市	Lishui	3	101	1911	1861	1833	1833

14-18 县级以上政府部门属研究与开发机构课题情况(1986-2009 年)
Basic Statistics on Research and Development Organizations Attached to Government at County Level and Above(1986-2009)

年份	课题数 (项) Number of Topics (topic)	投入人员 (人年) Persons (person-year)	投入经费 (万元) Funds (10000 yuan)	人均经费 (元/人年) Funds per Capital (yuan/person-year)	课题平均经费 (元/项) Funds per Topic (yuan/topic)
1986	2568	6506	3590	5518	13980
1987	3272	6892	4467	6481	13652
1988	3066	7053	5180	7344	16895
1989	3134	7405	5644	7622	18009
1990	3120	6276	5551	8845	17792
1991	3457	5506	4720	8572	13653
1992	3452	5533	6772	12239	19618
1993	2941	4948	7418	14992	25223
1994	2540	4401	9262	21045	36465
1995	2453	4301	10058	23385	41003
1996	2315	4331	12792	29536	55257
1997	2440	4390	17798	40542	72943
1998	2534	5568	25194	45248	99424
1999	2558	5070	26927	53110	105266
2000	1989	4040	29664	73426	149140
2001	1790	2818	21663	76874	121022
2002	1746	2812	23329	89262	133614
2003	1700	2944	30816	104674	181271
2004	1540	2769	42463	153351	275734
2005	2121	3383	58242	172161	274597
2006	2834	3787	65945	174135	232392
2007	3539	4372	82918	189657	234298
2008	3151	4542	92146	202875	292434
2009	3132	4457	101017	226648	322532

14－19 高等学校科技活动情况(1986－2009 年)
Basic Statistics on Scientific Technological Activities on Higher Education(1986－2009)

年份 Year	科技活动机构数(个) Institutions (unit)	科技活动人员(人) Persons Engaged in Scientific and Technological Activities (person)	经费拨入总额(万元) Funds (10000 yuan)	#政府拨款 Government Appropriations	经费支出总额(万元) Expenditures (10000 yuan)	#仪器设备费 Expenditures for Instrument and Equipment
1986	31	16086	2760	2061	2191	943
1987	32	15363	2954	1836	2557	823
1988	45	19874	3167	1789	2757	639
1989	44	20166	4514	2039	3926	884
1990	45	20267	5320	2773	4068	881
1991	43	20251	6442	3234	5505	1101
1992	58	20597	11083	5250	9996	2128
1993	234	20940	26974	9129	26563	4917
1994	262	20933	25766	8965	24830	3449
1995	259	21098	28731	7522	24805	3067
1996	259	22111	32341	7404	29516	3417
1997	295	22247	38327	10791	34538	4497
1998	433	23092	45677	11598	45008	4592
1999	365	23869	58749	13654	51850	3035
2000	430	28555	81153	23554	74714	8225
2001	534	34716	108576	37059	90486	11448
2002	405	19659	150651	61506	112630	17339
2003	421	21763	178362	67396	136090	19425
2004	203	29031	209249	90951	178960	27796
2005	191	25077	271011	136055	203204	37122
2006	160	25436	314684	170843	257099	53033
2007	161	26496	350014	178132	261104	41679
2008	169	28594	398755	225555	297278	51504
2009	575	53160	449992	242782	391720	72279

14－20 高等学校自然科学领域研究与发展课题情况(1986－2009年)
Basic Statistics on Topics of Natural Scientific Research and Development in Institutions of Higher Education(1986－2009)

年份 Year	课题数 (项) Number of Topics (topic)	投入人员 (人年) Persons (Person－year)	投入经费 (万元) Funds (10000 yuan)	课题平均经费 (元/项) Funds per Topic (yuan/tipic)
1986	1684		2295	13569
1987	1849		2681	14500
1988	2163		2616	12094
1989	2285		3848	16840
1990	2925		4667	15956
1991	3400		5053	14862
1992	4083		7905	19361
1993	4263		12961	30403
1994	4398		17082	38840
1995	4264		16211	38018
1996	4415		17900	40544
1997	4713		23901	50713
1998	5173		24912	48158
1999	5412		25385	46905
2000	5268		29482	55964
2001	6375	3821	40110	62918
2002	8736	4295	37511	42938
2003	13385	6363	90175	67370
2004	16003	8354	154804	96734
2005	18789	8676	133346	70970
2006	19896	8844	126763	63713
2007	19945	8966	150157	75286
2008	21657	9687	192980	89107
2009	22235	9581	210106	94493

14－21 高等学校自然科学领域研究与发展课题情况
Basic Statistics on Topics of Natural Scientific Research and Development in Institutions of Higher Education

项目	Item	课题数(项) Number of Topics (topic)		投入人员(人年) Persons (person)		投入经费(万元) Funds (10000 yuan)		课题平均经费(元) Funds per Topic (yuan)	
		2008	2009	2008	2009	2008	2009	2008	2009
总计	**Total**	**21657**	**22235**	**9687**	**9581**	**192980**	**210106**	**89107**	**94493**
按活动类型分	**By type of Activities**								
基础研究	Fundational Research	6251	6887	2624	3106	42000	36607	67189	53154
应用研究	Applied Research	9277	9339	4369	4330	83582	77818	90096	83326
试验发展	Experimental Development	1904	2324	921	895	19099	31095	100310	133801
研究与试验发展成果应用	Applying in R&D Results	1788	1673	802	689	25541	31282	142847	186983
科技服务	Technology Senices	2437	2012	972	562	22758	33303	93385	165524

14－22 高等学校自然科学领域研究与发展机构科技著作
Scientific and Technical Works of Research and Development Organizations in Institutions of Higher Education

项目	Item	出版科技专著(部) Science and Technology Workers Pulished (work)			发表学术论文(篇) Academic Papers Published (paper)			#国外及全国性学术刊物 Published in Foreign Academic Publications		
		2007	2008	2009	2007	2008	2009	2007	2008	2009
合计	**Total**	**87**	**110**	**111**	**30438**	**29906**	**31187**	**6739**	**7806**	**10039**
自然科学	Natural Sciences	14	24	12	5846	5816	6823	1941	2061	2814
工程与技术	Engineering and Technology	32	31	38	13077	12545	12423	3157	3397	4027
农业科学	Agricultural Sciences	28	46	46	8679	9163	9269	838	1461	2110
医学科学	Medical Sciences	13	9	15	2836	2382	2672	803	887	1088

14－23 规模以上工业企业科技活动情况(2003－2008年)
Basic Statistics on Scientific and Technological Activities of Enterprises above Designated Size by Industrial Sector(2003－2008)

单位:亿元(100 million yuan)

项目		Item		2003	2004	2005	2006	2007	2008
企业数	(个)	Number of Enterprises	(Number)	5916	8129	9690	11489	13039	57886
#有科技活动企业数	(个)	Number of Enterprises with Scientific and Technological Activities	(Number)	4807	6419	7434	8961	10700	12897
企业有科技机构	(个)	Number of Research Intitutions	(Number)	1686	2492	3171	4094	4881	5748
从业人员年平均人数	(万人)	Average Number of Employed Person	(10000 persons)	238.15	293.66	370.05	412.7	457.95	811.26
生产经营用机器设备原价		The Total Cost Price of Machines		2684.10	3560.93	4444.08	5437.93	6048.14	8876.60
#微电子控制		Micro－electronics Apparatus		317.27	463.02	954.81	1021.41	1052.6	1346.22
科技活动人员	(万人)	Persons with Scientific and Technoligical Activities	(10000 persons)	12.80	14.26	19.15	23.53	26.75	31.19
#高中级职称人员	(万人)	Persons with Senior or Middle Titles	(10000 persons)	3.91	3.74	5.33	6.08	6.78	7.27
无高中级职称的大本以上人员	(万人)	Bachelors of the Above with Non Senior or Middle Titles	(10000 persons)	3.63	3.92	5.94	7.09	8.62	10.34
科技活动经费筹集额		Funding for S&T Activities		151.70	202.29	296.96	376.59	471.69	552.64
#来自政府部门的资金		Govenment Appropiation Funds		3.98	6.50	8.02	10.76	11.52	11.88
企业资金		Self－raised Funds by Enterprises		126.13	171.38	256.66	329.26	413.88	494.23
金融机构贷款		Loans From Finance Institutions		17.56	21.05	28.85	31.13	39.82	40.19
科技活动经费内部支出		Internal Expenditures on S&T Activities		116.22	166.5	240.41	308.48	396.95	467.69
#劳务费		Service Fees		30.48	44.03	61.68	81.65	103.12	132.06
原材料费		Material Costs		37.59	55.77	87.72	106.27	136.24	159.48
#新产品开发经费支出		Expenditure on New Product Developmet		75.90	104.04	208.12	266.97	353.00	408.06
用于科研的基建经费支出		Expenditure on Infrastructure Developments for R&D		10.25	15.58	18.46	19.59	22.86	24.66
委托外单位开发经费支出		Expenditure on Entrustment		13.83	12.81	24.58	20.31	27.51	33.98
研究与试验发展人员	(万人)	Persons Engaged in R&D	(10000 persons)	5.48	5.84	7.68	10.50	13.29	16.03
研究与试验发展经费支出		Expenditure on R&D		55.49	87.25	127.34	180.08	231.19	274.13
新产品产值		Output of New Product		1365.95	2125.21	3057.73	4016.1	5406.18	6753.24
新产品销售收入		Sales income of New Porduct		1299.49	2052.61	2871.83	3783.92	5147.00	6408.15
#出口		Export		295.72	596.14	782.32	1120.91	1548.6	1970.85
专利申请数	(项)	Patent Application	(nape)	5639	8275	10528	17285	24148	33652
#发明专利	(项)	Patent of Invention	(nape)	1239	2115	2548	3436	4413	6107
拥有发明专利数	(项)	Owning Invention Patent	(nape)	1925	4032	4405	5876	7456	11098
技术改造经费支出		Expenditure for Technology Transform		206.03	281.87	304.41	302.44	344.36	389.16
技术引进经费支出		Expenditure for Acquisition of Foreign Technology		49.63	20.54	21.11	22.72	20.28	22.67
#引进设计、图纸、工艺、配方、专利的支出		Expenditure for Acquisition of Foreign Design, Technics and Patent		3.23	3.61	5.60	6.66	9.37	9.13
消化吸收经费支出		Expenditure for Acquisition of Technology		2.51	4.56	6.13	10.67	12.43	10.96
购买国内技术经费支出		Expenditure for Purchasing of Domestic Technology		4.44	6.07	12.01	11.68	12.22	16.67

注:2008年统计范围为全部规模以上工业企业,其余年份统计范围为全部大中型工业企业及有科技投入的规模以上小型工业企业。
The Data in 2008 refer to industrial enterprises above designated size, others refer to Large－sized, medium－sized industrial enterprises, as well as small－sized industrial enterprises which expended on technological activities.

14－24 大中型工业企业科技活动情况(2003－2008 年)
Basic Statistics on Science and Technology Activities of Large and Medium－sized Industrial Enterprises(2003－2008)

单位:亿元(100 million yuan)

项目	Item	2003	2004	2005	2006	2007	2008
企业数 (个)	Number of Enterprises (unit)	1939	3043	3220	3851	4295	4516
#有科技活动企业数 (个)	Number of Enterprises with Scientific and Technoligical Activities (unit)	1192	1349	1734	2085	2468	2602
企业有科技机构 (个)	Number of Research Intitutions (unit)	660	947	1261	1603	1861	2102
从业人员年平均人数 (万人)	Average Number of Employed Person (10000 persons)	178.24	224.66	270.26	311.49	347.82	353.30
生产经营用机器设备原价	The Total Cost Price of Machines	1999.44	3102.89	3545.14	4398.01	4876.74	5380.05
#微电子控制	Micro－electronics Apparatus	274.14	381.54	825.54	885.15	917.60	993.70
科技活动人员 (万人)	Persons with Scientific and Technoligical Activities (10000 persons)	7.82	7.95	11.35	13.96	15.47	17.86
#高中级职称人员 (万人)	Persons with Senior or Middle Titles (10000 persons)	2.32	2.13	3.22	3.68	4.01	4.31
无高中级职称的大本以上人员 (万人)	Bachelors of the Above with Non Senior or Middle Titles (10000 persons)	2.23	2.39	3.79	4.37	5.24	6.10
科技活动经费筹集额	Funding for S&T Activities	99.45	123.92	197.76	253.41	320.12	366.37
#来自政府部门的资金	Govenment Appropiation Funds	1.92	3.84	4.79	7.16	7.01	6.98
企业资金	Self－raised Funds by Enterprises	83.89	108.36	174.13	224.90	282.25	332.78
金融机构贷款	Loans From Finance Institutions	11.40	10.67	17.34	18.19	26.66	22.71
科技活动经费内部支出	Internal Expenditures on S&T Activities	74.97	106.17	161.24	207.82	266.82	311.47
#劳务费	Service Fees	19.64	28.67	42.69	56.97	70.18	89.78
原材料费	Material Costs	23.57	35.64	58.97	71.22	90.31	105.49
#新产品开发经费支出	Expenditure on New Product Developmet	48.79	65.20	140.90	180.59	239.09	273.89
用于科研的基建经费支出	Expenditure on Infrastructure Developments for R&D	6.30	8.81	11.05	11.97	13.35	13.94
委托外单位开发经费支出	Expenditure on Entrustment	10.20	9.51	18.75	14.41	20.69	25.85
研究与试验发展人员 (万人)	Persons Engaged in R&D (10000 persons)	3.45	3.66	4.88	6.63	8.16	9.84
研究与试验发展经费支出	Expenditure on R&D	36.93	61.72	91.74	125.85	161.76	192.52
新产品产值	Output of New Product	1076.92	1580.12	2277.59	3122.75	4190.21	4958.88
新产品销售收入	Sales income of New Porduct	1014.60	1529.78	2149.78	2946.83	4016.58	4767.36
#出口	Export	232.12	456.12	598.19	904.12	1265.22	1521.87
专利申请数 (项)	Patent Application (item)	3201	4078	5479	8752	13669	15897
#发明专利 (项)	Patent of Invention (item)	600	1049	1206	1761	2154	2643
拥有发明专利数 (项)	Owning Invention Patent (item)	753	1953	1967	3032	3661	4756
技术改造经费支出	Expenditure for Technology Transform	221.45	232.82	245.47	253.53	296.06	306.62
技术引进经费支出	Expenditure for Acquisition of Foreign Technology	41.00	15.17	16.00	17.52	15.76	16.16
#引进设计、图纸、工艺配方、专利的支出	Expenditure for Acquisition of Foreign Design,Technics and Patent	2.72	3.12	4.76	5.21	7.53	6.66
消化吸收经费支出	Expenditure for Acquisition of Technology	1.97	3.51	4.60	7.65	9.71	7.35
购买国内技术经费支出	Expenditure for Purchasing of Domestic Technology	3.52	4.07	9.52	8.64	9.61	12.10

14－25 大中型工业企业科技活动情况(2008 年)
Basic Statistics on Scientific and Technological Activities in Large and Medium sized Industrial Enterprises(2008)

项目	Item	企业办科技机构(个) Institutions Found by Enterprises (unit)	企业科技活动人员数(人) Persons Engaged in S&T Activities (person)	#科学家工程师 Engineering	R&D人员 Persons Engaged in R&D	科技活动经费筹集总额(万元) Funding for S&T Activities (10000 yuan)	#政府资金 Government Appropriation Funds
总计	**Total**	**2102**	**178640**	**104189**	**98402**	**3663687**	**69757**
按企业规模分	**By Scale**						
大型企业	Large－sized Enterprises	252	46859	27997	27484	1220660	20678
中型企业	Medium－sized Enterprises	1850	131781	76192	70918	2443027	49079
按登记注册类型分	**By Status of Registration**						
国有	State－owned Enterprises	24	4247	2864	1705	99744	1200
集体	Collective owned Enterprises	6	339	201	61	4463	16
股份合作	Cooperative Enterprises	19	1019	560	646	14908	766
国有联营	State Joint Ownership Enterprises		26	26	26	811	100
国有与集体联营	Joint State－collective Enterprises	1	46	17	15		
其他联营	Other Joint Ownership Enterprises	20	1531	1192	909	41556	2083
国有独资公司	State Sole Funded Corporations	437	35588	21446	19312	705743	13692
其他有限责任公司	Other Limited Liability Corporations	245	30351	18499	18342	594087	17984
股份有限公司	Share－holding Corporations Ltd.	15	741	391	491	12824	79.00
私营独资	Private Funded Enterprises	3	188	140	98	3768	
私营合伙	Private Partnership Corporations	682	44128	23996	23891	805964	10751
私营有限责任公司	Private Limited Liability Corporations	49	5758	2930	3179	205895	7375
私营股份有限公司	Private Share－holding Corporations Ltd.	14	759	303	487	13780	81
与港澳台商合资经营	Joint－venture Enterprises From Hong Kong,Macao and Taiwan	176	12499	6835	6048	256704	3079
与港澳台商合作经营	Cooperation Enterprises From Hong Kong,Macao and Taiwan	5	527	314	385	3801	60
与港澳台商合作经营	Enterprises with Sole Hong Kong, Macao and Taiwan	78	10245	6913	6406	225244	1852
港澳台商投资股份有限公司	Share－holding Corporations Ltd. with Funds From Hong Kong, Macao and Taiwan	6	1103	1055	1044	65252	20
中外合资经营	Joint－venture Enterprises	200	18843	10790	8987	423690	7970
中外合作经营	Cooperation Enterprises	8	482	178	252	7062	33
外商独资	Enterprises With Sole Foreign Investment	92	7936	4344	4938	131046	1028
外商投资股份有限公司	Foreign Invesment Share－holding Corporations Ltd.	22	2284	1195	1180	47347	1589
按隶属关系分	**Share－holding Corporations Ltd.**						
中央企业	Central Enterprises	21	3122	2398	1489	77956	1260
省属企业	Provincial Enterprises	27	3260	2166	1573	70543	2311
地属企业	Municipal Enterprises	55	6045	3572	4239	94212	3784
县及县以下	County and Below County Level	1999	166213	96053	91101	3420976	62403

续表 Continued

项目	Item	科技活动经费内部支出(万元) Internal Expenditures on S&T Activities (10000 yuan)	R&D 支出 Expenditure on R&D	#新产品开发经费支出 Expenditure on New Product Development	委托外单位开发经费支出(万元) Expenditure on Entrustment (10000 yuan)	用于科研基建经费支出(万元) Expenditure on Infrastructure Developments for R&D (10000 yuan)	发明专利申请数(项) Patent Applications Accepted (Item)
总计	**Total**	**3114717**	**1925197**	**2738907**	**258487**	**139366**	**2643**
按企业规模分	**By Scale**						
大型企业	Large - sized Enterprises	990411	695559	903168	151529	31702	904
中型企业	Medium - sized Enterprises	2124306	1229639	1835740	106959	107664	1739
按登记注册类型分	**By Status of Registration**						
国有	State - owned Enterprises	57512	35361	33145	33825	9591	37
集体	Collective owned Enterprises	3863	824	3735	28		5
股份合作	Cooperative Enterprises	12931	8306	9112	966	592	17
国有联营	State Joint Ownership Enterprises	811	811	811			
国有与集体联营	Joint State - collective Enterprises	325	149	320	25		
其他联营	Other Joint Ownership Enterprises	31758	22463	27131	4137	1137	17
国有独资公司	State Sole Funded Corporations	573149	337385	502797	34076	34755	420
其他有限责任公司	Other Limited Liability Corporations	542440	376437	493277	33822	16373	436
股份有限公司	Share - holding Corporations Ltd.	12285.00	9221	11689	500	1431	27
私营独资	Private Funded Enterprises	2553	1740	2553	1207		
私营合伙	Private Partnership Corporations	694967	393537	611195	42744	32914	653
私营有限责任公司	Private Limited Liability Corporations	135712	83448	126710	52046	2231	50
私营股份有限公司	Private Share - holding Corporations Ltd.	14629	11759	13695	232	279	3
与港澳台商合资经营	Joint - venture Enterprises From Hong Kong, Macao and Taiwan	226655	129801	191412	6857	7550	177
与港澳台商合作经营	Cooperation Enterprises From Hong Kong, Macao and Taiwan	4092	3061	3968	50	150	3
与港澳台商合作经营	Enterprises with Sole Hong Kong, Macao and Taiwan	191317	141561	177244	21797	8738	470
港澳台商投资股份有限公司	Share - holding Corporations Ltd. with Funds From Hong Kong, Macao and Taiwan	65024	64998	64666	245	95	20
中外合资经营	Joint - venture Enterprises	378767	196474	334725	22573	15090	198
中外合作经营	Cooperation Enterprises	6827	4931	6560	139	250	8
外商独资	Enterprises With Sole Foreign Investment	120114	75906	87387	2483	3290	79
外商投资股份有限公司	Foreign Invesment Share - holding Corporations Ltd.	38986	27025	36777	735	4902	23
按隶属关系分	**Share - holding Corporations Ltd.**						
中央企业	Central Enterprises	33546	17493	19415	34218	7808	30
省属企业	Provincial Enterprises	61370	45137	43424	3757	4058	49
地属企业	Municipal Enterprises	88372	63886	77140	4066	3708	57
县及县以下	County and Below County Level	2931429	1798681	2598928	216446	123793	2507

14－26 “星火”计划项目情况
Basic Statistics on “Sparkle Plan” Programmes

项目	Item	验收项目数（项） Programmes (item)			新增经济效益（万元） Newly Added Economic Efficiency (10000 yuan) 新增产值 Newly Added Output Value			新增利税 Newly Added Profits and Taxes		
		2007	2008	2009	2007	2008	2009	2007	2008	2009
合计	**Total**	**412**	**269**	**231**	**629174**	**639644**	**791809**	**97933**	**99938**	**124016**
国家级	Country Level	48	59	62	288457	470662	606304	49478	69696	97990
省级	Province Level	44	33	35	137370	50747	52000	18955	7246	7350
市县级	City and County Level	320	177	134	203347	118235	133505		22996	18676

14－27 “星火”计划项目情况（1986－2009 年）
Basic Statistics on “Sparkle Plan” Programmes (1986－2009)

单位：项（item）

年份 Year	国家级 Country Level 立项 Programmmes	国家级 验收 Checked and Accepted	省级 Province Level 立项 Programmmes	省级 验收 Checked and Accepted	市县级 City and County Level 立项 Programmmes	市县级 验收 Checked and Accepted
1986	29	7	70	188	203	44
1987	33	3	71	11	191	21
1988	38		66	2	185	2
1989	10		71	3	208	6
1990	28	8	79	44	298	102
1991	37	9	81	66	343	159
1992	37	26	89	65	413	161
1993	44	40	149	78	246	124
1994	43	14	152	34	302	100
1995	45	19	165	54	379	175
1996	58	17	119	38	509	165
1997	74	26	144	37	587	193
1998	82	35	144	35	636	200
1999	79	42	143	75	656	285
2000	80	54	171	83	540	261
2001	88	39	156	61	665	303
2002	100	35	84	45	785	535
2003	115	58	138	65	831	498
2004	118	65	116	51	493	330
2005	107	40	131	49	591	244
2006	147	55	132	36	495	339
2007	165	48	23	44	537	320
2008	177	59	13	33	491	177
2009	13	62	13	35	269	134

注：1. 从 2007 年，我省“星火”计划项目管理口径发生变化.
The data of “Sparkle Plan” Programmes by province level are adjusted since 2007.
2. 09 年国家星火只安排了重点项目，没有设立一般项目。
The data of “Sparkle Plan” Programmes by country level includes key projects, except general projects in 2009.

14－28 科协系统科技活动情况
Basic Statistics on Scientific and Technological Activities

项目		Item		科协合计 Total Associations for Science and Technology System 2008	2009	省科协 Associations at province Level 2008	2009	市科协 Associations at City level 2008	2009	县级科协 Associations at County Level 2008	2009
机构数	**(个)**	**Institutions**	**(unit)**	**102**	**102**	**1**	**1**	**11**	**11**	**90**	**90**
人员数	**(人)**	**Personnel**	**(person)**	**1175**	**1197**	**140**	**162**	**352**	**315**	**683**	**720**
学术活动		**Academic Activities**									
学术会议		Academic Meetings									
次数	(次)	Number	(time)	1679	1510	41	29	592	449	1046	1032
参加人数	(人)	Participants	(person)	214803	194645	10850	2150	85140	94760	118813	97735
科技培训		Training									
办培训班	(个)	Training Classes	(class)	8175	8396	76	78	646	2407	7453	5911
培训人次	(人次)	Persons Trained	(person－time)	724009	618380	4500	4800	49368	203869	670141	409711
科普活动		Activities for Popular Science									
讲座次数	(次)	Lectures	(time)	8167	7733	35	10	1464	1721	6668	6002
听讲人数	(人次)	Participants	(person－time)	2204749	1755041	14500	5600	773390	323157	1416859	1426284
展览次数	(次)	Exhibitions	(time)	3246	2988	14	10	221	283	3011	2695
参观人数	(人次)	Participants	(person－time)	5209441	4605394	47000	419700	739554	713390	4422887	3472304
咨询活动		Consultative Activities									
完成合同	(项)	Consultative Contracts Completed	(kind)	2305	1229	1165	179	747	692	393	358
合同实现金额	(千元)	Funds of Contracts Completed	(1000 yuan)	313663	251373	129000	11565	83896	58029	100767	181779
技术交易额	(千元)	Transaction Value of Technology	(1000 yuan)	280192	170890	121000	11565	83896	55779	75296	103546
出版		**Publications**									
编著科技图书	(种)	Books Edited	(kind)	104	17			27	4	77	13
年发行总量	(册)	Number of Annual Published	(copy)	935970	240000			289200	153000	646770	87000

14－29 科协系统省级学会情况(2003－2009年)
Basic Statistics on Academy in Science System(2003－2009)

项目		Item		2003	2004	2005	2006	2007	2008	2009
机构数	**(个)**	**Institutions**	**(Number)**	**144**	**147**	**149**	**149**	**153**	**156**	**157**
会员数	**(人)**	**Personnel**	**(person)**	**135243**	**132062**	**148298**	**158427**	**155008**	**156523**	**169856**
学术活动		**Academic Activities**								
学术会议		Domestic Academic Meetings								
次数	(次)	Number	(Times)	486	517	567	634	652	621	637
参加人数	(人)	Participants	(person)	48904	58954	66100	76158	70349	82543	81493
交流论文数	(篇)	Papers Presented	(Chapter)	16904	14092	22988	2115	33617	26074	23475
科技培训		Training								
办培训班	(个)	Training Class	(Number)	326	350	286	460	440	435	335
培训人次	(人次)	Persons Trained	(Times)	24910	25754	20625	45929	56007	46892	29666
科普活动		Activities for Popular Science								
讲座次数	(次)	Lectures	(Times)	328	588	696	668	674	588	613
听讲人数	(人次)	Participants	(Times)	65740	77955	117214	322887	208156	153174	235496
展览次数	(次)	Exhibitions	(Times)	105	88	118	71	72	66	87
参观人数	(人次)	Participants	(Times)	307790	326814	445843	153108	268860	220432	1496979
青少年科技竞赛次数	(次)	Teenagers Participating in Science technology Competitions	(Times)	30	30	33	41	50	20	25
咨询活动		Consultative Activities								
完成合同	(项)	Consultative Contracts Completed	(nape)	283	309	319	245	211	289	148
合同实现金额	(千元)	Funds of Fulfillment Contracts	(Mille yuan)	11549	12591	38009	8057	52289	10793	8798
技术交易额	(千元)	Transaction Value of Technology	(Mille yuan)	7437	2573	2682	3178	51024	1160	5670
出版		**Publications**								
主办科技期刊	(种)	Journals by held	(Species)	51	51	42	46	42	46	48
年发行总数	(册)	Number of Copies Distributed	(tome)	1712535	999100	1052500	1382500	1448900	817295	1518030
编著科技图书	(种)	Academic Newspaper	(Species)	178	21	24	36	32	36	20
年发行总量	(册)	Number of Copies Distributed	(tome)	306800	95000	160500	91500	130800	121001	142500

14－30 专利申请量和授权量(2004－2009 年) Patent Applications Accepted and Approved(2004－2009)

项目	Item	2004	2005	2006	2007	2008	2009
申请量合计(项)	**Number of Patent Applications Accepted(item)**	**25294**	**43221**	**52975**	**68933**	**89965**	**108563**
发明	Inventions	3578	6776	8328	9532	12063	15655
实用新型	Utility Models	9021	12723	15929	19270	25168	40436
外观设计	Outward Designs	12695	23722	28718	40131	52734	52472
授权量合计(项)	**Number of Patent Applications Approved(item)**	**15249**	**19056**	**30968**	**42069**	**52955**	**79945**
发明	Inventions	785	1110	1423	2213	3269	4818
实用新型	Utility Models	5492	6778	10489	16108	20002	25295
外观设计	Outward Designs	8972	11168	19056	23748	29684	49832

14－31 测绘部门主要指标完成情况(2003－2009 年) Major Indicators of Surveying and Mapping Department(2003－2009)

项目	Item	2003	2004	2005	2006	2007	2008	2009
测绘工作产值 (万元)	Gross Output Value (10000 yuan)	55357	73011	78758	91092	98634	114235	128316
年末测绘人数 (人)	Personnel (person)	5637	6616	7324	7741	7796	8682	9686
劳动生产率 (元/人)	Overall Labor Productivity (yuan/person)	98202	110355	107534	117675	126500	131577	132475
地形图测图 (幅)	Mapping (map)	54061	65111	68210	54628	57855	72328	50951
各等级三角导线，GPS 测量 (点)	Trigonometrical Survey (points)	14747	11811	11801	12155	11915	11766	14764
各等级水准测量 (公里)	Level Survey (km)	18719	13736	14712	21611	15065	11142	12067
编制各种专题图 (副)	Maps of Special Subject (map)	396	2028	3001	9334	7602	10685	13502
提供各种比例尺地形图 (张)	Topographic Maps of All Kinds (Piece)	20392	17362	20721	33564	68443	86603	72404
提供大地控制点成果 (点)	Geodesic Results (points)	3562	1525	1455	3011	14368	3195	4336

14－32 标准计量、质量监督机构和人员数(2003－2009 年)
Institutions and Personnel Engaged in Standard Measuring and Quality Supervising(2003－2009)

项目		Item		2003	2004	2005	2006	2007	2008	2009
质量技术监督行政部门及其技术机构	(个)	Number of Institutions Engaged in Standard Measuring	(unit)	186	190	186	192	190	191	250
省级机构数	(个)	Institutions at Province Level	(unit)	14	14	14	15	15	15	15
市级机构数	(个)	Institutions at City Level	(unit)	56	55	52	51	51	52	51
县(市、区)级机构数	(个)	Institutions at County Level	(unit)	116	121	120	126	124	124	184
产品质量监督检验机构数	(个)	Number of Institutions Engaged in Quality Supervising	(unit)	176	810	943	987	1024	1116	1122
省级院	(所)	Institutions at Province Level	(unit)	68	144	151	121	125	132	128
市级院	(所)	Institutions at City Level	(unit)	44	418	507	392	406	410	429
县级院	(所)	Institutions at County Level	(unit)	64	248	285	474	493	574	565
年末职工总数	(人)	Number of Staff anf Workers year－end	(person)	4552	4761	4903	5133	5295	5747	5732
专业技术人员	(人)	Specialized Technological Personnel	(person)	2190	2224	2330	2433	2545	2777	2718
业务管理人员	(人)	Professional Management Personnel	(person)	587	655	668	774	701	884	895
行政人员	(人)	Administrative Porsonnel	(person)	1429	1515	1471	1544	1621	1761	1874
工人	(人)	Workers	(person)	346	367	434	382	428	325	245
已建省级社会公用计量标准	(大类)	Social Public Measurement Standard Established at Province Level	(kind)	10	10	10	10	10	10	15
已建市级社会公用计量标准	(大类)	Social Public Measurement Standard Establishcd at City Level	(kind)	10	10	10	10	10	10	58
已开展强制检定工作计量器具	(项)	Measurement Implement Tested Compulsively	(kind)	48	683	41	43	42	41	41

续表 Continued

项目		Item		2003	2004	2005	2006	2007	2008	2009
强制检定计量器具实际检出数	（万台件）	Actual Quantity Checked by Measurement Implement Tested Compulsively	(10000 units)	76	58	61	96	140.77	216.07	586.35
计量仪器检定	（万台件）	Quantity Checked by Measurement Implement	(10000 units)	107	143	135	135	150.20	217.09	613.65
产品质量监督检验受检企业数	（个）	Number of Enterprises Passed Quality Check	(unit)	22780	17113	19999	25612	25101	22844	28617
本年度财政拨款	（万元）	Financial Allocations	(10000 yuan)	26134	43060	51823	59348	85812	94233	102674
#省级机构拨款		Province Level		3578	8154	9353	11118	22704	19809	31298
市级机构拨款		City Level		9306	13985	16967	19605	25263	32541	30947
县级机构拨款		County Level		13250	20920	25502	28625	37845	41883	40429
固定资产总值	（万元）	Total Value of Fixed Assets	(10000 yuan)	68268	74754	87220	116160	138284	166794	193566
省级固定资产	（万元）	Province Level	(10000 yuan)	13979	15263	19049	18729	24988	29247	28597
市级固定资产	（万元）	City Level	(10000 yuan)	21473	24213	27863	43790	53829	64919	88730
县级固定资产	（万元）	County Level	(10000 yuan)	32816	35278	40308	53641	59466	72628	76239
现有工作用房	（万平方米）	Floor Space of Working Houses	(10000 sq. m)	26.99	35.37	31.32	34.48	33.44	34.41	36.55
标准馆藏总量	（万件）	Volume of Standard Measurement Implement Collected	(10000 pieces)	20	20	20	20	25	35	41
国内标准		Domestic Standard		12.4	16	15	13	13.5	13	15.2
国外标准		Foreign Standard		7.6	4	5	7	11.5	22	25.8
打击假冒伪劣案件立案数	（个）	Cases of Imitions and Poor Guantity Products Registered	(case)	11085	10667	9889	11000	10310	8778	6260

14－33 按行业分的事业单位专业技术人员(2009 年)
Specialized Technical Personnel in Enterprises by Sector(2009)

单位:人(person)

项目	Item	总数 Total	按职务分 By Post				
			高级职务 Senior	#正高级职务 Chief Senior	中级职务 Medium	初级职务 Junior	未聘任专业技术职务 Not Appointed
总数	**Total**	**760408**	**92353**	**8969**	**331771**	**299503**	**36781**
农林牧渔业	Farming, Forestry, Animal Husbandry and Fishery	26330	2024	112	10793	12372	1141
交通运输仓储及邮电通讯业	Transpor, Storage and Post	8913	956	16	3620	4100	237
信息传输、计算机服务和软件业	Information Transmission, Computer Service and Software	1074	94	3	394	465	121
批发和零售业	Wholesale and Retail Sale Trade	57	6		28	23	
住宿和餐饮业	Hotels and Catering Services	359	14		140	183	22
金融保险业	Finance	584	23		245	313	3
房地产业	Real Estate	2054	129	2	926	955	44
租赁和商务服务业	Leasing and Services and Other Services	1061	39	1	396	534	92
科学研究技术服务和地质勘查业	Scientific Research, Technic Services and Geological Prospecting	14879	3653	276	6589	4081	556
水利环境和公共设施管理业	Water Conservancy, Environment and Public Facilities Management	16993	1745	29	6821	7623	804
居民服务和其他服务业	Resident Services and Other Services	2717	326	15	1151	1121	119
教育	Education	444704	59426	4325	217384	151190	16704
卫生、社会保障和社会福利业	Health Care, Social Securities and Social Welfare	182368	18844	3527	60913	90246	12365
文化体育和娱乐业	Culture, Sports and Recreation	28729	3743	627	11383	11986	1617
其他行业	Others	29586	1331	36	10988	14311	2956

续表 Continued 单位:人(person)

项目	Item	按专业分 By Occupation					
		#工程技术人员 Engine - ering	#农业技术人员 Agricu - lature	#科学技术人员 Scientific Research	#卫生技术人员 Medical Professionals	#教学人员 Teaching	#其他专技人员 Others
总数	**Total**	**56622**	**17594**	**6425**	**168870**	**431594**	**79303**
农林牧渔业	Farming, Forestry, Animal Husbandry and Fishery	7460	14228	91	149	187	4215
交通运输仓储及邮电通讯业	Transpor, Storage and Post	4374	7		8	46	4478
信息传输、计算机服务和软件业	Information Transmission, Computer Service and Software	735		2	4	4	329
批发和零售业	Wholesale and Retail Sale Trade	4					53
住宿和餐饮业	Hotels and Catering Services	162	2		7		188
金融保险业	Finance	23			2		559
房地产业	Real Estate	839	2		4	1	1208
租赁和商务服务业	Leasing and Services and Other Services	190	9	2	14	20	826
科学研究技术服务和地质勘查业	Scientific Research, Technic Services and Geological Prospecting	9988	738	1821	232	85	2015
水利环境和公共设施管理业	Water Conservancy, Environment and Public Facilities Management	12490	441	16	62	73	3911
居民服务和其他服务业	Resident Services and Other Services	1096	42	6	32	29	1512
教育	Education	3152	82	4148	3175	425639	8508
卫生、社会保障和社会福利业	Health Care, Social Securities and Social Welfare	2560	201	249	163186	3867	12305
文化体育和娱乐业	Culture, Sports and Recreation	4833	38	51	184	995	22628
其他行业	Others	8716	2164	39	1811	648	16208

14－34　按行业分的企业单位专业技术人员(2009 年)
Specialized Technical Personnel in Enterprises by Sector(2009)

单位:人(person)

项目	Item	总数 Total	按职务分 By Post				
			高级职务 Senior	#正高级职务 Chief Senior	中级职务 Medium	初级职务 Junior	未聘任专业技术职务 Not Appointed
总数	**Total**	**103079**	**5960**	**108**	**28539**	**52728**	**15852**
农林牧渔业	Farming, Forestry, Animal Husbandry and Fishery	1023	32		266	715	10
采矿业	Ming and Quarrying	1098	74		390	619	15
制造业	Manufacturing	21894	1547	33	6419	10873	3055
电力、燃气及水的生产和供应业	Production and Supply of Electricity, Gas and Water	10979	749	1	3400	5765	1065
建筑业	Construction	11060	882	1	3461	5705	1012
交通运输仓储及邮电通讯业	Transpor, Storage and Post	15693	735		4662	8823	1473
信息传输、计算机服务和软件业	Information Transmission, Computer Service and Software	901	37		129	263	472
批发和零售业	Wholesale and Retail Sale Trade	16058	395	2	3052	7862	4749
住宿和餐饮业	Hotels and Catering Services	1268	17		205	735	311
金融保险业	Finance	5879	136		1486	2988	1269
房地产业	Real Estate	3781	321	1	1371	1323	766
租赁和商务服务业	Leasing and Services and Other Services	2046	48	1	415	1380	203
科学研究、技术服务和地质勘查业	Scientific Research, Technic Services and Geological Prospecting	2600	404	2	775	1049	372
水利环境和公共设施管理业	Water Conservancy, Environment and Public Facilities Management	3526	186	2	995	1953	392
居民服务和其他服务业	Resident Services and Other Services	2579	90	1	665	1469	355
教育	Education	391	41	4	146	174	30
卫生、社会保障和社会福利业	Health Care, Social Securities and Social Welfare	308	19		111	146	32
文化体育和娱乐业	Culture, Sports and Recreation	1995	247	60	591	886	271

续表 Continued 单位:人(person)

项目	Item	按专业分 By Occupation					
		#工程技术人员 Engineering	#农业技术人员 Agriculature	#科学技术人员 Scientific Research	#卫生技术人员 Medical Professionals	#教学人员 Teaching	#其他专人员 Others
总数	**Total**	**46319**	**898**	**152**	**3520**	**745**	**51445**
农林牧渔业	Farming, Forestry, Animal Husbandry and Fishery	286	272		16	1	448
采矿业	Ming and Quarrying	387			191	1	519
制造业	Manufacturing	12078	3	96	1022	258	8437
电力、燃气及水的生产和供应业	Production and Supply of Electricity, Gas and Water	6970	1		21	12	3975
建筑业	Construction	8714	8	4	62	8	2264
交通运输仓储及邮电通讯业	Transpor, Storage and Post	6543	12	1	140	79	8918
信息传输、计算机服务和软件业	Information Transmission, Computer Service and Software	525		27	1	7	341
批发和零售业	Wholesale and Retail Sale Trade	2029	577	5	1072	8	12367
住宿和餐饮业	Hotels and Catering Services	187			4	1	1076
金融保险业	Finance	220		1	1	4	5653
房地产业	Real Estate	1799	1	2	3	5	1971
租赁和商务服务业	Leasing and Services and Other Services	280	1		693	5	1067
科学研究、技术服务和地质勘查业	Scientific Research, Technic Services and Geological Prospecting	2413		13	1	1	172
水利环境和公共设施管理业	Water Conservancy, Environment and Public Facilities Management	2094	18	1	5	4	1404
居民服务和其他服务业	Resident Services and Other Services	1332	5	1	7	6	1228
教育	Education	8			3	342	38
卫生、社会保障和社会福利业	Health Care, Social Securities and Social Welfare	9			278		21
文化体育和娱乐业	Culture, Sports and Recreation	445		1		3	1546

浙/江/统/计/年/鉴

主要统计指标解释

■ 普通高等学校

指按照国家规定的设置标准和审批程序批准举办,通过国家统一招生考试,招收高中毕业生为主要培养对象,实施高等教育的全日制大学、独立设置的学院和高等专科学校、短期职业大学。

■ 成人高等学校

指按照国家有关规定审批,招收通过全国成人高教统一招生考试的具有高中毕业或同等学历的在职从业人员利用脱产、半脱产、业余或函授等多种形式对其实施高等学历教育,培养高等教育专科或本科毕业水平的专门人才,修业年限、课程设置和总学时数均按高等学历教育要求付诸实施的学校。包括广播电视大学、职工高等学校、农民高等学校、管理干部学院、教育学院、独立设置的函授学院等。

■ 小学学龄儿童入学率

指调查范围内已入小学学习的学龄儿童占校内外学龄儿童总数(包括弱智儿童在内,但不包括盲聋哑儿童)的比重。计算公式

$$\text{小学学龄儿童入学率} = \frac{\text{已入学的小学学龄儿童数}}{\text{校内外小学学龄儿童总数}} \times 100\%$$

■ 独立研究与开发机构

指有明确的任务和研究方向,有一定学术水平的业务骨干和一定数量的研究人员,具有研究、开发、开展学术工作的基本条件,主要进行科学研究与技术开发活动,并且在行政上有独立的组织形式,财务上独立核算盈亏,有权与其他单位签订合同,在银行有单独户头的单位。包括国务院各部门、中国科学院、中国社会科学院和各省、自治区、直辖市以及地(市)以上(含地,市)各部门所属的国有独立的科学研究与技术开发机构。

■ 科学家和工程师

指具有大学本科及以上学历的和不具备上述学历但有高、中级职称的人员。

ZHEJIANG STATISTICAL YEARBOOK

Explanatory Notes on Main Statistical Indicators

□ Regular Institutions of Higher Education

refer to educational establishments set up according to the government evaluation and approval procedures, enrolling graduates from senior secondary schools and providing higher education courses and training for senior professionals. They include full-time universities, colleges, high professional schools and short-term professional universities.

□ Institutions of Higher Education for Adults

refer to educational establishments, set up in line with relevant rules approved by the government, enrolling staff and workers with senior secondary school or equivalent education, and providing higher education courses in many forms of full-time, part-time, spare-time, or correspondence for adults. Professionals thus trained receive a qualification equivalent to graduates studying regular courses at regular universities, colleges and professional colleges. Institutions of higher learning for adults include Radio and TV universities, schools of high education for staff and workers and peasants, colleges for management cadres, pedagogical colleges, independent correspondence colleges.

□ Enrollment Rate of Primary School-age Children

refers to the proportion of school-age children enrolled at schools to the total number of school-age children both in and outside schools (including retarded children, but excluding blind, deaf and mute children). The formula is:

$$\text{Enrollment Rate of Primary School-age Children} = \frac{\text{Total Primary School-age Children at Schools}}{\text{Total Primary School-age Children Both at and Outside Schools}} \times 100\%$$

□ Independent Research and Development Institutions

refer to the state-owned insitutions which have direct mission and research purpose, a certain number of core member with higher research level and a certain number of research personnel, favorable conditions for R&D and engaging in scientific rese arch and technological development. The institutions also have their own indepen dent organization and finance, authority to sign contracts with other units, with their own accounts in banks. Independent research and development institutions include the institutions attached to central government agencies, Chinese Acade my of Sciences. Chinese Academy of Social Sciences and the institutions attached to local governments.

□ Scientists and Engineers

refer to persons who have completed university or higher education or obtained titles of senior and middle-level professional positions.

2010

浙江统计年鉴

ZHEJIANG STATISTICAL YEARBOOK

CHAPTER 15

文化、体育和卫生

Culture, Sports and Public Health

15－1 文化、艺术、文物事业单位数(1978－2009 年)
Number of Institutions for Culture, Art and Culture Relic(1978－2009)

单位:个(unit)

年份	电影放映单位 Film Projection Units	艺术表演团体 Art Performance Troupes	文化馆、站 Cultural Centers, Stations	#文化馆 Cultural Centers	公共图书馆 Public Libraries	博物馆 Museums
1978	4375	128	1125	76	63	19
1979	4320	161	1332	79	69	17
1980	4218	170	1659	79	69	19
1981	4126	147	1753	79	70	20
1982	4095	135	2124	82	73	20
1983	4625	131	2954	86	73	20
1984	5242	133	3607	91	74	21
1985	5592	126	3598	93	76	21
1986	5375	122	3617	95	78	35
1987	5089	112	3619	93	80	40
1988	4896	98	3501	87	80	45
1989	4673	90	3547	87	80	47
1990	4580	90	3554	85	80	51
1991	4436	91	3695	85	80	55
1992	4050	89	2065	84	80	55
1993	3600	89	2033	84	81	58
1994	3327	87	2010	84	82	58
1995	3029	83	1974	83	81	59
1996	2817	85	2114	83	81	61
1997	2766	86	2014	83	81	63
1998	2723	82	2016	83	82	68
1999	2381	82	1956	84	83	69
2000	2129	79	1932	84	83	65
2001	1868	80	1640	86	83	69
2002	1984	80	1676	86	83	70
2003	83	77	1650	87	83	70
2004	1758	71	1634	87	84	73
2005	1505	68	1592	87	90	73
2006	1829	68	1593	87	92	72
2007	1626	71	1582	87	93	75
2008		71	1593	87	94	81
2009	100	72	1613	88	96	90

注：2003 年电影放映单位为发行机构数,2009 年为电影院线数。
The film projection units in 2003 had bean changed to publishing institutions, as it was the data of movie theater line number in 2009.

15－2 文化事业机构和人员数(2009 年)
Number of Cultural Institutions and Persons(2009)

单位:个、人(unit,person)

类别	Category	总计 Total		文化部门 Cultural Department			
				国有单位 State－owned Units		集体单位 Collective－owned Units	
		机构数 Institutions	人数 Persons	机构数 Institutions	人数 Persons	机构数 Institutions	人数 Persons
总计	**Total**	**2240**	**20269**	**2192**	**19975**	**4**	**11**
艺术事业	Art Institutions	141	5167	134	4975	1	3
公共图书馆	Public Libraries	96	2646	96	2646		
群众文化事业	Mass Culture	1613	5602	1613	5602		
艺术教育事业	Art and Education	5	624	5	624		
文艺科研	Culture, Art and Science Research	7	102	7	102		
其他文化事业	Other Cultural Institutions	143	1919	140	1911	3	8
文物业	Cultural Relic	235	4209	197	4115		

15－3 电影放映情况(2003－2009 年)
Conditions of Film Projection(2003－2009)

项目	Item	2003	2004	2005	2006	2007	2008	2009
放映单位 (个)	**Projection Units (Number)**	**83**	**1758**	**1505**	**1829**	**1626**		**100**
放映场次 (万场)	Number of Projection (10000 shows)	19	24	25	27	33	38	43
观众人数 (万人次)	Number of Audiences (10000 person－times)	496	557	588	600	871	915	1299
放映收入 (万元)	Projection Income (10000 yuan)	8832	12166	13115	14000	21000	27300	42144

注：2009 年为电影院线数。The data of film projection units refers to the data of movie theater line number in 2009.

15－4 群众艺术馆、文化馆(站)业务活动和经费情况
Basic Statistics on Activities and Expenditures of Mass Art Centers Cultural Centers

单位:亿元(100 million yuan)

项目		Item		总计 Total 2007	2008	2009	群众艺术馆 Mass Art Centers 2007	2008	2009
单位数	**(个)**	**Number of Units**	**(unit)**	**1582**	**1593**	**1613**	**12**	**12**	**12**
举办展览	(个)	Number of Exhibitions	(unit)	6160	6510	6979	171	168	144
组织文艺活动	(次)	Entertainment Activities	(Times)	40427	27235	34159	539	705	1663
举办训练班班次	(次)	Number of Training Classes	(Times)	19129	21965	19726	850	1347	1155
结业人次	(千人次)	Persons Completing Courses	(1000 person－times)	861	1141	1047	14	55	47
群众艺术馆、文化馆负责指导单位		**Units Responsible for Guiding Mass Art Centers and Cultural Centers**							
农村集镇文化中心	(个)	Cultural Centers in Towns	(unit)	1012	1023		118	117	
基层文化示范点文化俱乐部(室)	(个)	Cultural Clubs	(unit)						
文化户	(户)	Households Specializing in Cultural Activities	(household)	26301	30115		220	223	
群众业余演出团队	(个)	Part time Art Groups	(unit)	5817	7736	27151	153	595	397
总支出	**(万元)**	**Total Expenditures**	**(10000 yuan)**	**60163**	**66412**	**75511**	**6460**	**7868**	**8926**
#事业支出		Operating Expenditures		56431	64638	71463	6389	7816	8894

续表 Continued 单位:亿元(100 million yuan)

项目	Item	文化馆 Cultural Centers			国办文化站 Cultural Stations Run by State - Owned		
		2007	2008	2009	2007	2008	2009
单位数 (个)	**Number of Units (unit)**	**87**	**87**	**88**	**1483**	**1494**	**1513**
举办展览 (个)	Number of Exhibitions (unit)	676	677	749	5313	5665	6086
组织文艺活动 (次)	Entertainment Activities (Times)	6728	5258	6978	33160	21272	25518
举办训练班班次 (次)	Number of Training Classes (Times)	3352	3312	3829	14927	17306	14742
结业人次 (千人次)	Persons Completing Courses (1000 person - times)	98	148	189	749	937	811
群众艺术馆、文化馆负责指导单位	**Units Responsible for Guiding Mass Art Centers and Cultural Centers**						
农村集镇文化中心 (个)	Cultural Centers in Towns (unit)	894	906				
基层文化示范点文化俱乐部(室) (个)	Cultural Clubs (unit)						
文化户 (户)	Households Specializing in Cultural Activities (household)	4499	5168		21582	24724	
群众业余演出团队 (个)	Part time Art Groups (unit)	5664	7141	4492	824		22262
总支出 (万元)	**Total Expenditures (10000 yuan)**	**18575**	**21516**	**22711**	**35128**	**37029**	**43875**
#事业支出	Operating Expenditures	17647	21058	21044	32396	35764	41525

15－5 博物馆、文物保护管理单位基本情况
Basic Statistics on Museums and Cultural Relic Protection & Management Agencies

项目		Item		博物馆 Museums			文物保护管理单位 Protection & Management Agencies		
				2007	2008	2009	2007	2008	2009
单位数	**(个)**	**Number of Units**	**(unit)**	**75**	**81**	**90**	**91**	**93**	**93**
藏　品	**(件)**	**Number of Collections**	**(case)**	**549879**	**630885**	**640913**	**76353**	**75343**	**66304**
#一级品		Grade One		1650	1740	1802	271	284	258
业务活动		**Vocational Activities**							
陈列、展览	(个)	Number of Displays(Exhibitions)	(unit)	583	656	911	104	131	141
参观人数	(万人次)	Number of Visitors	(10000 person－times)	1101	1140	1671	1812	787	881
本年收入	**(万元)**	**Total Income**	**(10000 yuan)**	**28698**	**37941**	**58987**	**39179**	**43132**	**60691**
经费支出	**(万元)**	**Total Expenditure**	**(10000 yuan)**	**23432**	**33252**	**48797**	**28811**	**32647**	**53227**
#维修费	(万元)	Maintenance Expenses	(10000 yuan)	950	1337		3676	1401	
固定资产原值	**(万元)**	**Original Value of Fixed Assets**	**(10000 yuan)**	**59414**	**59449**	**64011**	**26591**	**34651**	**37265**

15－6 公共图书馆基本情况(2003－2009年)
Basic Statistics on Public Libraries(2003－2009)

项目		Item		2003	2004	2005	2006	2007	2008	2009
单位数	**(个)**	**Number of Units**	**(unit)**	**83**	**84**	**90**	**92**	**93**	**94**	**96**
从业人员	(人)	Staff and Workers	(Person)	1932	1999	2122	2433	2332	2526	2646
藏　书	**(万册)**	**Total Collections**	**(10000 volumes)**	**1918**	**2087**	**2324**	**2497**	**2699**	**3180**	**3552**
发放借书证数	(万个)	Number of Library Cards Distributed	(10000 units)	48	59	63	83	97	129	139
书刊外借人次	(万人次)	Number of Persons Borrowing Books	(10000 person－times)	614	641	672	815	981	1180	1214
书刊外借册次	(万册次)	Number of Books Bo－rrowed by the Readers	(10000 volume－times)	1087	1099	1233	1612	1919	2303	2785
经费总支出	**(万元)**	**Total Expenditure**	**(10000 yuan)**	**16506**	**18951**	**22905**	**25951**	**31151**	**38113**	**45058**
本年新购图书	(万册)	Number of Books Purchased During the Year	(10000 volumes)	76	102	142	191	202	448	321
固定资产原值	**(万元)**	**Original Value of Fixed Assets**	**(10000 yuan)**	**59006**	**69211**	**70028**	**82918**	**93057**	**105130**	**119547**
建筑面积	**(万平方米)**	**Floor Space of Buildings**	**(10000 sq.m)**	**30**	**36**	**41**	**45**	**47**	**55**	**56**
阅览室座席数	**(千个)**	**Seating Capacity of Reading Rooms**	**(1000 seats)**	**20**	**21**	**25**	**28**	**28**	**31**	**35**

15-7 报纸和杂志出版数量
Number of Newspapers and Magazines Published

项目	Item	种数(种) Number of Publications (kind)			总印量 (万册、万份) Total Printed Copies (10000 Copies)			总印张 (千印张) Total Printed Sheets (1000 sheets)		
		2007	2008	2009	2007	2008	2009	2007	2008	2009
报 纸	**Newspaper**	**70**	**70**	**70**	**291048**	**298677**	**314033**	**12917060**	**11977337**	**13589502**
综合报	Synthetical Newspapers	47	47	44	247279	250871	262586	11308617	10558279	11714135
专业报	Special Newspapers	23	23	26	43769	47806	51447	1608443	1419058	1875367
杂 志	**Magazines**	**218**	**219**	**218**	**8082**	**7407**	**7596**	**327935**	**299882**	**310658**
综 合	Synthesis	49	23	24	1402	16	18	102602	1576	1651
哲学、社会科学	Philosophy and Social Science	32	46	46	908	1641	1487	34083	72942	72733
自然科学技术	Natural Science and Technology	104	106	104	462	531	492	25010	29487	27374
文化教育	Culture and Education	13	29	28	940	4140	4491	33250	118427	159929
文学艺术	Literature and Arts	11	15	15	567	1079	904	36130	77450	44544
画 刊	Pictorial	2			398			7992		
#少年儿童读物	Books for Children	6		1	3405		204	88868		4427

15-8 图书出版数量
Number of Books Published

项目	Item	本版图书种数 (种) Number of Publications (kind)		租型图书种数 (种) Number of Publications for Lease (kind)		总印数 (万册、万份) Total Printed Copies (10000 Copies)		总印张 (千印张) Total Printed Sheets (1000 sheets)	
		2008	2009	2008	2009	2008	2009	2008	2009
图书总计	**Total**	**7282**	**7835**	**289**	**286**	**29564**	**31221**	**1818335**	**2059221**
使用《中国标准书号》部分合计	Publications with"China Standard Book Number"	6718	7684	286	286	28923	31135	1784110	2021661
#哲学	Philosophy	78	60			85	66	8735	6962
社会科学总论	General Social Science	102	156			55	52	6762	9383
文化、科学、教育、体育	Culture, Science, Education and Sports	3385	3912	235	286	24496	26129	1425058	1629343
文学	Literature	708	890			1083	1419	92655	117938
艺术	Arts	645	698	49		1629	1468	83056	57153
自然科学总论	General Natura Science	11	14			4	5	523	897
不使用《中国标准书号》部分合计	Publications without"China Standard Book Number"	564	150	3		641	85	29377	37530

15－9 电视节目制作情况(2003－2009年)
Prodiction of Television Programs(2003－2009)

项目		Item		2003	2004	2005	2006	2007	2008	2009
基本情况		**Basic Statistics**								
省市级电视台	(座)	Television Station	(set)	12	12	12	12	12	12	12
电视节目套数	(套)	Sets of Television Programs	(set)	104	108	111	111	114	114	114
电视发射台及转播台	(座)	Number of TV Transmission Stations and Relaying Stations at 1 kw and Higher Level	(set)	42	624	526	128	117	110	104
播出时间	(小时)	Broadcasting Hours (Hour/per week)	(hour)	10157	531526	593373	608806	659073	679332	700188
新闻资讯节目		News and Information Programs				64183	64457	74528	75456	75452
专题服务节目		News and Information Programs				61198	53100	58954	63925	64751
综艺益智节目		News and Information Programs				36392	31509	32278	33734	32120
影视剧节目		News and Information Programs				292007	299631	302255	302801	313022
广告节目		Advertisement				83309	92017	101530	109865	122910
其他节目		News and Information Programs				56283	68088	89526	93551	91931
电视人口覆盖率	(%)	Viewer Rating	(%)	98.14	98.69	98.84	98.95	99.07	99.13	99.27
中央电视台(一套节目)	(%)	CCTV －1	(%)	95.88	97.18	96.60	97.24	97.53	98.34	98.42
浙江电视台(一套节目)	(%)	ZJTV－1	(%)	97.03	97.94	95.28	98.12	97.53	98.47	98.60
有线电视入户率	(%)	Rate of Households with Cable Television	(%)	52.55	56.37	58.97	63.72	66.69	66.93	69.61

15－10 广播节目制作情况(2003－2009 年)
Production of Broadcasting Programs(2003－2009)

项目		Item		2003	2004	2005	2006	2007	2008	2009
基本情况		**Basic Statistics**								
省市级广播电台	(座)	Broadcasting Stations	(set)	12	12	12	12	12	12	12
广播节目套数	(套)	Sets of Broadcasting Programs	(set)	98	103	104	104	106	106	106
中短波广播发射台和转播台	(座)	Number of Broadcasting Transmi－ssion Stations and Relaying Stations	(set)	36	36	36	36	36	36	37
县级广播电视台	(个)	Number of Broadcast Stations at County and Higher Level	(unit)	62	66	66	66	66	66	66
广播人口综合覆盖率	(%)	Listener Rating	(%)	97.34	98.18	98.37	98.56	98.73	98.92	99.09
中央人民广播电台第一套节目	(%)	Channel 1, Central People Broadcasting Station	(%)	95.71	96.00	97.30	97.64	97.84	98.05	98.13
浙江电台第一套节目	(%)	Zhejiang Channel 1	(%)	95.84	95.88	94.11	98.17	97.73	98.31	98.45
全年公共广播节目播出时间	(小时)	Broadcasting Hours Per Day	(hours)		622907	637577	657249	672587	687024	694857
新闻咨讯类节目		News Programs			108455	105668	118522	130482	127897	127753
专题服务类节目		Special Subject Programs			139588	156482	143389	153390	147620	145694
综艺类节目		Programs of Entertainment			168823	174263	177122	162042	161767	177756
广播剧类节目		Educational Programs			21803	22372	20235	21285	23859	24279
广告类		Advertisement			69163	63072	77989	71196	78723	76959
其他类节目		Service Programs			115073	115719	119992	134188	147158	142413

15－11 体委系统职工人数(2009年)
Number of Staff and Workers in Sports Commissions(2009)

单位:人

类别	Category	总计 Total	体育行政机关 Sports Commis－sion Organizations	运动项目管理部门 Sports Manag－ement	职业运动技术学院 Professional Sports and Technical Colleges	体育运动学校 Physical Education and Sports Schools	竞技(业余)体校 Amateur Sports Schools	体育场所 Public Sports Places	训练基地 Training bases	体育科研机构 Sports Science Research Institutions	其他事业单位 Others
总计	**Total**	**5980**	**1167**	**1170**	**529**	**394**	**1116**	**894**	**29**	**21**	**660**
公务员	Government Office Worker	712	712								
运动员	Athletes	889		853	18		11				7
专职教练员(教练员)	Full-time Coaches	781	40	194	8	94	392	22			31
专职教师(文化教师)	Full-time Teachers	400		1	63	120	207				9
科研人员	Scientific and Technical Personnel	39		2	8	8	3			16	2
医务人员	Medical Personnel	73		2	55	7	8				1
管理人员	Administrative Personnel	1451	263	101	147	74	227	385	3	4	247
工勤人员	workers	729	87	9	230	34	91	156	12		110
其他人员	Others	906	65	8		57	177	331	14	1	253

注：业余体校包括重点业余体校和普通业余体校。
Sparetime sports schools included key and ordinary spare schools.

15－12 等级运动员、裁判员人数
Number of Athletes and Referees in Grades

单位:人(person)

项目	Item	2007	2008	2009
等级运动员	**Number of Athletes in Grades**	**1874**	**2469**	**2408**
国际级健将	International Master of Sports	13	4	4
国家级健将	National Master of Sports	71	45	39
一级	First Grade Sportsmen	166	251	277
二级	Second Grade Sportsmen	1624	2169	2088
等级裁判员	**Number of Referees in Grades**	**1733**	**1510**	**2196**
国际裁判	International Referees		10	
国家级	National Referees	17	8	
一级	First Grade Referees	371	337	390
二级	Second Grade Referees	1345	1155	1806

15 – 13 运动员分项获奖情况
Awards Won by Athletes by Item

单位:项(item)

项目	Item	世界冠军世界冠军 Workd Championships				亚洲冠军 Asia Championships				全国冠军 National Championships			
		2006	2007	2008	2009	2006	2007	2008	2009	2006	2007	2008	2009
合计	**Total**	**13**	**2**	**12**	**11**	**29**	**12**	**12**	**23**	**99**	**96**	**101**	**59**
举重	Weightlifting									1		6	1
游泳	Swimming	2			2				11	13		14	9
田径	Track and Field					13		2	1	6	10	12	5
棋类	Chess	1		2	2				1		3	3	4
羽毛球	Badminton	1			1					3			2
射击	Shooting	1	1		1	3		4	1	1	3	12	
拳击	Boxing										1	5	
体操	gymnastics			5								6	1
皮划艇	Canoe/Kayak			5				2	9			8	15
其他	Others	8	1		5	13	12	4		75	79	35	22

15 – 14 群众体育活动和新建体育场地情况
Basic Statistics on Activities of Mass Sports and Newly – built Sports Ground

项目		Item		2008	2009
群众体育活动		**Activities of Mass Sports**			
#省级	(次)	Provincial Level	(unit)	71	62
参加人数	(万人)	Number of active persons	(10000 persons)	170	35
#市级	(次)	City level	(item)	2126	591
参加人数	(万人)	Number of active	(10000 persons)	120.8	48.5
#县级	(次)	County level	(item)	5102	6647
参加人数	(万人)	Number of active	(10000 persons)	169.6	212.6
国民体质监测		**Monitor Wational constitution**			
站点数	(个)	Sites	(unit)	700	759
累计受测人员数	(万人)	Accumulative persons involved monitoring	(10000 persons)	31.9	43.9
本年受测人员数	(万人)	Persons involved monitoring this year	(10000 persons)	7.8	11.7
测试达标人员数	(万人)	Number of persons reached the Standards	(10000 persons)	6.8	10.2
测试达标率	(%)	Attainment rate	(%)	87.4	87.1
体育俱乐部		**Sport Club**			
个数	(个)	Number of Sport Club	(unit)	976	1044
#国家级	(个)	National level	(unit)	101	
#省级	(个)	Provincial level	(unit)	423	508
教练员	(人)	Coach	(person)	1090	1572
会员数	(万人)	Club members	(10000 persons)	8.2	13.4
年组织活动参加人数	(万人)	Number of active persons	(10000 persons)	37.4	113.8
政府命名群众体育场地		**Sports Ground**			
数量	(个)	Number of Newly – built Sports Ground	(unit)	661	288
占地面积	(千平方米)	Area of Slports Ground	(1000 sq.m)	1052.8	677.0
场地面积	(千平方米)	Space of sports	(1000 sq.m)	663.2	564.1

15－15 卫生事业情况(2004－2009年)
Statistics on Health Undertakings(2004－2009)

项目	Item	2004	2005	2006	2007	2008	2009
卫生机构数合计(个)	**Total Number of Health Institutions (unit)**	**11937**	**12555**	**14230**	**15870**	**15291**	**15618**
医院	Hospital	519	555	606	636	635	652
疗养院	Sanatoriam	17	16	18	17	15	13
社区服务中心(站)	Centers of Community Service	1880	2345	3484	5113	5191	5313
卫生院	Commune Hospital	2400	2339	2188	2031	1849	1821
门诊部	Clinics	450	446	549	620	632	620
诊所医务室卫生所	Consulting Room	5934	6135	6773	6831	6357	6581
专科防治所站	Specialized Prevention Station	27	27	28	29	27	25
疾控中心防疫站	Sanitation and Antiepidemic Institutions	97	98	97	98	100	101
#卫生防疫站	Sanitation Station	3	3	1	2	2	1
妇幼保健机构	Maternity and Child Care Institutions	88	87	87	87	87	87
卫生监督所	Sanitation Supervisory Station	100	102	95	97	98	99
医学科学研究机构	Research Institutions of Medical Science	9	9	9	10	9	8
医学在职培训机构	Training Institutions	50	45	47	44	48	47
其他卫生机构	Others	366	351	249	257	243	251
床位合计数(张)	**Total Beds(bed)**	**135139**	**141221**	**148584**	**155622**	**161203**	**170187**
#医院	Hospital	102295	108958	116666	123355	129844	137512
社区服务中心(站)	Centers of Community Service	1637	1862	1772	2216	3690	3526
卫生院	Commune Hospital	22936	22154	21636	21206	19784	20365
门诊部	Clinics	400	373	435	519	471	502
妇幼保健机构	Maternity and Child Care Institutions	4136	4259	4372	4597	4640	5092
专科防治所站	Specialized Prevention Station	462	607	727	724	732	687
其他卫生机构	Others	3273	3008	2976	3005	2042	2503
卫生人员合计(人)	**Persons Engaged in Health Institutions (person)**	**221539**	**236197**	**255057**	**275047**	**288344**	**309451**
卫生技术人员	Medical Technical Personnel	185376	198148	214622	230452	242912	260028
医生	Doctors	83052	88050	94524	100423	101897	107930
其他技术人员	Others	9008	10719	10555	11204	11927	12683
管理人员	Management Personnel	12277	12181	12781	13531	13127	13660
工勤人员	Logistics Workers	14878	15149	17099	19860	20378	23080
在卫生技术人员中	Among them						
执业医师	Licenced Doctors	65213	69549	75169	81293	83387	89712
执业助理医师	Licenced Assistant Doctors	17839	18501	19355	19130	18510	18218
注册护士	Registered Nurses	54874	60259	66615	72008	78284	87843
药剂人员	Medical Pharmacists	15748	16359	17236	17311	17212	17996
检验人员	Laboratory Technicians	9077	9478	10277	10691	13887	14440
其他	Others	22625	24002	25970	30019	31682	31819
平均每千人口拥有卫生技术人员	Number of Medical Technical Personnel Per 1000 Population	3.86	4.05	4.31	4.55	4.74	5.02
#医生	Doctors	1.74	1.80	1.9	1.98	1.99	2.08

注：平均每千人口拥有卫生技术人员、医生按常住人口计算。
Numbers of Medical Technical Personnel and Doctors Per 1000 population are calculated at permanent residence

15-16 医院诊疗次数和入院人数(2009年)
Number of Hospital Patients(2009)

类别	Type	机构数(个) Number of Institu-tions (unit)	诊疗人次数(万人次) Total Number of Patients Treate (10000 person-times)	#门、急诊 Out-Patients and Emer-gency Patients	入院人数(人) Hospital Admiss-ions (person)	每百门急诊次入院人数(人) Hospital Admiss-ions Per 100 Patient-time (person)
医院合计	**Hospitals**	**652**	**14163.76**	**14042.42**	**3852826**	**2.7**
综合医院	**General Hospitals**	**353**	**10108.14**	**10044.00**	**2999584**	**3.0**
中医医院	**Hospitals of Chinese Medicine**	**103**	**2644.86**	**2623.28**	**502043**	**1.9**
中西医结合医院	**Hospitals which Integrate Traditional Chinese Therapeutics with Western Therapeutics**	**13**	**259.02**	**257.74**	**37939**	**1.5**
专科医院	**Specialized Hospitals**	**178**	**1151.55**	**1117.20**	**313260**	**2.8**
传染病院	Hospitals for Infectious Diseases	5	47.65	47.36	19622	4.1
精神病院	Mental Hospitals	34	198.51	197.50	44730	2.3
肿瘤医院	Tumor Hospitals	2	20.81	20.81	38180	18.4
眼科病院	Ophthalmology Hospitals	9	59.88	59.88	14154	2.3
妇幼保健院	**Hospitals for Maternity and Children Care**	**87**	**1032.15**	**1007.67**	**243460**	**2.4**
社区卫生服务中心	**Center of Community Service**	**185**	**2865.22**	**2664.85**	**31568**	**0.1**
卫生院	**Rural Hospitals**	**1821**	**8296.69**	**8064.96**	**340058**	**0.4**
门诊部	**Clinics**	**620**	**551.48**	**547.05**	**6236**	**0.1**

15-17 医院机构病床使用情况(2009年)
Utilization of Hospital Beds(2009)

类别	Type	入院人数(人) Hospital Admissions (person)	治愈率(%) Care Rate (%)	病床使用率(%) Utilization Rate of Beds (%)	病床周转次数(次) Turnover of Beds (time)	出院者平均住院日(日) Average Hospitalization Period (day)
合计	**Total**	**4533800**	**53.99**	**85.36**	**28.2**	**10.8**
医院	Health Departments	3852826	50.20	93.45	29.1	11.5
社区卫生服务中心	Center of Community Service	31568	55.53	55.7	10.0	19.2
卫生院	Rural Hospitals	340058	70.3	37.79	18.2	6.9
门诊部	Clinics	6236	97.71	28.23	17	5.8

15－18 城市和农村前十位疾病死亡原因和构成(2009 年) Main 10 Diseases of Death in Urban and Rural Areas(2009)

2008				2009			
位次 No.	城市死因	Cause of Death in Urban Area	占死亡总数(%) As % of Total Death	位次 No.	城市死因	Cause of Death in Urban Area	占死亡总数(%) As % of Total Death
1	恶性肿瘤	Malignant Tumour	26.58	1	恶性肿瘤	Malignant Tumour	30.02
2	脑血管病	Cerebrovasular Disease	18.04	2	脑血管病	Cerebrovasular Disease	17.88
3	呼吸系统疾病	Respiratory Disease	17.86	3	呼吸系统疾病	Respiratory Disease	15.62
4	损伤和中毒外部原因	Trauma and Toxicosis	11.09	4	心脏病	Heart Trouble	11.01
5	心脏病	Heart Trouble	9.69	5	损伤和中毒外部原因	Trauma and Toxicosis	9.12
6	消化系统疾病	Disease of Digestion System	2.32	6	内分泌、营养和代谢的其他疾病	Other Diseases of Endocrine, Nutrilion and Supersession	2.88
7	内分泌、营养和代谢的其他疾病	Other Diseases of Endocrine, Nutrilion and Supersession	1.75	7	消化系统疾病	Disease of Digestion System	2.27
8	神经系统疾病	Mental Disease	1.59	8	传染病(不包括呼吸道结核)	Infections and Paraise Disease	1.55
9	传染病(不包括呼吸道结核)	Infections and Paraise Disease	1.44	9	神经系统疾病	Mental Disease	1.32
10	泌尿生殖系统疾病	Urinary Disease	1.35	10	泌尿生殖系统疾病	Urinary Disease	1.3
	合计	Total	91.71		合计	Total	92.97
位次 No.	农村死因	Cause of Death in Rural Area	占死亡总数(%) As % of Total Death	位次 No.	农村死因	Cause of Death in Rural Area	占死亡总数(%) As % of Total Death
1	恶性肿瘤	Malignant Tumour	27.43	1	恶性肿瘤	Malignant Tumour	27.23
2	脑血管病	Cerebrovasular Disease	17.97	2	脑血管病	Cerebrovasular Disease	17.68
3	呼吸系统疾病	Respiratory Disease	17.06	3	呼吸系统疾病	Respiratory Disease	17.66
4	损伤和中毒外部原因	Trauma and Toxicosis	10.46	4	损伤和中毒外部原因	Trauma and Toxicosis	10.96
5	心脏病	Heart Trouble	9.89	5	心脏病	Heart Trouble	10.26
6	消化系统疾病	Disease of Digestion System	2.33	6	消化系统疾病	Disease of Digestion System	2.45
7	内分泌、营养和代谢的其他疾病	Other Diseases of Endocrine, Nutrilion and Supersession	2.2	7	神经系统疾病	Mental Disease	1.9
8	神经系统疾病	Mental Disease	1.44	8	内分泌、营养和代谢的其他疾病	Other Diseases of Endocrine, Nutrilion and Supersession	1.84
9	传染病(不包括呼吸道结核)	Infections and Paraise Disease	1.44	9	传染病(不包括呼吸道结核)	Infections and Paraise Disease	1.42
10	泌尿生殖系统疾病	Urinary Disease	1.31	10	泌尿生殖系统疾病	Urinary Disease	1.36
	合计	Total	91.53		合计	Total	92.76

15－19 县(区)村卫生室基本情况
Basic Conditions of Rual Clinics on Country

项目		Item		总计 Total 2007	总计 Total 2008	村办 Villiage－run 2007	村办 Villiage－run 2008
机构数	(个)	Number of Institutions	(unit)	14991	14207	11636	10755
执业(助理)医师	(个)	Licensed (Assistant) Doctors	(unit)	5330	5827	4177	4452
乡村医生和卫生员	(人)	Rural Doctors and Health Workers	(person)	12341	10835	9496	8172
乡村医生数	(人)	Rural Doctors	(person)	11889	10640	9171	8014
#大专及以上学历		College and Above		589	591	422	379
中专学历及中专水平		The Level on Special Secondary School		5986	5190	4644	3927
在职培训合格者		Persons Passed Training		5231	4122	4042	3106
卫生员	(人)	Health Workers	(person)	452	195	325	158
年总收入	(千元)	Total Income	(1000 yuan)	844873	2229073	582302	2074013.4
#上级补助收入		Subsidies of the Higher Level		1812	22217	1383	22139
村或集体补助收入		Subsidies of Villiage		3072	5182	1174	4969
业务收入		Business Income		786913	2193782	552726	2040351.3
年总支出	(千元)	Total Expenditure	(1000 yuan)	786243	2064352	556528	1891467.1
#人员经费		Persons Expenditure		272708	699976	214008	635777
药品支出		Medicines Expenditure		452399	1342040	314433	1235191.6
诊疗人次数	(万人)	Medicines Expenditure	(10000 person－times)	3090.0	3015.0	2383.2	2353.6
孕产妇检查人次数	(人)	Patients Treated	(person)	22033		17327	
儿童疫苗接种人次数	(人)	Number of Deliver Children	(person)	15122		8441	

按设置/主办单位分 by Ownership								按行医方式分 by Type					
乡卫生院设点 Township - run		联合办 Combination		私人办 Privata - run		其他 Others		西医为主 Taking Western Medicine as The Dominant Type		中医为主 Taking Chinese Medicine The Dominant Type		中西医结合 Combining Chinese Medicine With Western Medicine	
2007	2008	2007	2008	2007	2008	2007	2008	2007	2008	2007	2008	2007	2008
321	380	239	215	2532	2524	263	333	14203	13307	259	159	529	741
98	107	211	190	777	959	67	119	4843	5419	218	114	269	294
304	311	62	22	2239	2071	240	259	11865	10152	77	69	399	614
292	298	60	22	2187	2052	179	254	11419	9966	75	68	395	606
6	4	10	6	149	168	2	34	556	547	6	10	27	34
135	227	22	12	1074	908	111	116	5725	4849	29	35	232	306
149	55	27	4	952	868	61	89	5064	3935	33	20	134	167
12	13	2		52	19	61	5	446	186	2	1	4	8
27223	2653.4	29706	2014	194650	146175	10992	4217	800562	2106020	16221	2911	28090	120143
27	1.8	9		304	71	89	6	1770	21902	27	6	15	310
20	0.4	4		954	20	920	194	2934	5177	61		77	6
24774	2541.7	27497	1919	173529	145016	8387	3955	745868	2071386	15018	2754	26027	119643
26131	2569.2	29197	2471	166005	163643	8382	4201	744747	1951443	15131	2821	26365	110088
10121	1075	9946	609	35845	60134	2788	2382	256755	656216	6065	1265	9888	42495
15316	1434.3	18306	1279	99084	102534	5260	1601	429352	1275468	8196	1404	14851	65168
90.9	85.6	81.1	43.7	491.0	480.5	43.7	51.6	2923.8	2825.1	53.8	31.5	112.5	158.4
1124				3582				21933				100	
				6681				15122					

浙/江/统/计/年/鉴

主要统计指标解释

■ 文化事业机构

指从事专业文化工作和为专业文化工作服务的独立建制的单独核算的单位。不包括这些单位另外举办独立核算的其他机构和各部门的业余文化组织。

■ 艺术表演团体

指从事戏曲、音乐、舞蹈、杂技等专业艺术表演,有独立帐户,实行单独核算的团体。不包括半工半艺、半农半艺和民间职业剧团。

■ 电影放映单位

指具有放映机器设备、固定或不固定的放映场所与专职或兼职的放映技术人员,经有关部门登记批准,经常为一定的观众对象放映电影的机构。包括经批准对外开放进行营业,并与电影发行放映管理机构分帐的专用放映单位和军委系统租片单位。

■ 等级运动员人数

指经考核正式批准授予等级运动员称号的人数。运动员等级分为国际级运动健将、运动健将、一级运动员、二级运动员、三级运动员、少年级运动员 。

■ 等级裁判员人数

指经考核正式批准授予等级裁判员称号的人数。裁判员等级分为国际裁判、国家级裁判、一级裁判、二级裁判、三级裁判。

■ 医院

指名称为医院,设有固定床位能收容病人住院并能为病人提供医疗、护理服务的医疗机构。包括县及县以上医院、农村乡卫生院、其他医院三部分。按所属性质分为卫生部门、工业及其他部门,集体经济单位三类。其中县及县以上医院按业务性质分为综合医院和专科医院。

■ 卫生技术人员

指卫生事业机构支付工资的全部固定职工和合同制职工中现任职务为卫生技术工作的专业人员。包括中医师、西医师、中西医结合高级医师、护师、中药师、西药师、检验师、其他技师、中医士、西医士、护士、助产士、中药剂士、西药剂士 、检验士、其他技士、其他中医、护理员、中药剂员、西药剂员、检验员,其他初级卫生技术人员。

■ 医生

指领取职业医生证书,从事医疗工作的专业人员。分为中医医生、西医医生和助理中西医医生。

ZHEJIANG STATISTICAL YEARBOOK

Explanatory Notes on Main Statistical Indicators

□ Cultural Institutions

refer to units which have their own organizational system and independent accounting system and specialize in or serve cultural development. They exclude other establishments run by these cultural institutions and amateur cultural groups established by various departments.

□ Art Troupe

refers to the troupe which is engaged in drama, opera, music, dance, acrobatics or other art performance, opens independent accounts with banks and has self - supporting accounting system; excluding the troupes which are engaged partly in industrial or agricultural activities, partly in art performance and the professional troupes organized by the people.

□ Film Projection Units

refer to units with film projection equipment, full or part - time projectionists, permanent or non - permanent places, approved by related administrative departments to show films regularly for certain groups of audience, including those film projection units which have been approved to give commercial shows and run business with independent accounting system as well as those film - renting units of the military system.

□ Number of Athletes in Grades

refers to the number of at athletes who have been given titles through examination. The titles of athletes include international masters of sports, masters of sports, first - grade, second - grade and third - grade sportsmen and young athletes.

□ Number of Referees in Grades

refers to the number of referees who have been given titles after examination. They are classified as international referees, national referees and referees of the first, second and third grades.

□ Hospitals

refer to medical institutions named as "hospital" with permanent hospital beds, which are able to take in patients and provide them with medical and nursing services. Hospitals are classified into three categories: hospitals at or above the county level, hospitals of rural townships, and other hospitals. According to their ownership, hospitals can be classified into three categories: hospitals under the public health departments, hospitals under industrial and other departments and Collective Owned hospitals. Hospitals at or above county level are divided into comprehensive and specialized hospitals.

□ Medical Technical Personnel

refers to all permanent medical staff and workers employed by medical institutions, including doctors of Chinese and Western medicine, senior doctors who integrate traditional Chinese thrapeutics with Western thrapeutics in practice, senior nurses, pharmacists of Chinese and Western medicine, laboratory specialists, other specialists, paramedics of Chinese and Western medicine, nurses, midwives, druggists in Chinese and Western medicine, laboratory technicians, other technicians, other practitioners of Chinese medicine, nursing attendants, pharmacological workers of Chinese and Western medicine, laboratory workers, and other primary medical personnel.

□ Doctors

refer to qualified professional medical workers approved to practice by public health departments. They are classified into doctors of Chinese medicine, doctors of Western medicine, Assistant Doctors.

2010

浙江统计年鉴

ZHEJIANG STATISTICAL YEARBOOK

CHAPTER 16

档案、司法、社会福利和工会组织

Archives, Judicature, Social Welfare and Labour Union

16－1 档案事业机构和人员数
Number of Persons and Instituions of Archives

项目	Item	机构数（个）Number of Institutions (unit)		专职人员数（人）Full－time Persons (person)		#女性 Female		#大专以上文化程度 College and Higher Level	
		2008	2009	2008	2009	2008	2009	2008	2009
总计	**Total**	**512**	**544**	**1922**	**2126**	**1043**	**1235**	**1715**	**1924**
档案行政管理部门	Administrative Department of ArchivesDepartment of Archives	99	100	1061	1052	485	473	940	963
档案馆	Archives	114	114	397	411	193	200	357	375
档案室(处、科)	Archive Offices(Sections)	299	330	464	663	365	562	418	586

16－2 档案馆档案资料馆藏和利用情况(2003－2009年)
Conditions of Files Stored and Used in the Archives(2003－2009)

项目	Item	2003	2004	2005	2006	2007	2008	2009
馆藏档案	**Archives Stored**							
全　宗　（个）	Whole Volume (unit)	16366	16446	16954	17377	17772	17888	18260
案　卷　（万卷）	Files (10000 volumes)	681	709	825	915	1066	1118	1173
录音录像影片　（盘）	Records,Films on Videotape (copy)	17198	13195	14568	14020	16824	17801	23855
照　片　（万张）	Pictures (10000 pieces)	47	45	53	103	134.99	144.94	158.87
馆藏资料　（万册）	**Number of Material Stored (10000 volumes)**	**100**	**101**	**102**	**107**	**114.08**	**116.53**	**124.75**
档案馆面积（平方米）	**Areas of Archives (sq. m)**	**164637**	**165096**	**202277**	**222319**	**268856**	**298709**	**318659**
#库房建筑面积	Areas of Storerooms	90537	88185	98140	99403	120018	126447	127168
档案资料利用	**Use of Archive Material**							
利用人次　（万人次）	Number of Persons Using Material (10000 person－times)	10	14	16	20	20.41	21.85	26.36
利用档案　（万卷、次）	Number of Archives Used (10000 volume－times)	31	50	51	56	63.36	74.75	56.09
利用资料　（万册、次）	Number of Material Used (10000 volume－times)	3	3	1.1	2.9	3.59	2.69	3.69
复　制　（万页）	Copies (10000 pages)	63	51	57	126	79.63	90.66	87.27
开放档案	**Opening Archives**							
全　宗　（个）	Whole Volume (unit)	9045	9572	9756	9961	10240	10517	10580
案　卷　（万卷）	Files (10000 volumes)	153	154	193	227	233.21	256.22	282.83

16-3 律师、公证及调解工作基本情况(2003-2009年)
Basic Statistics on Lawyers, Notarization and Mediation(2003-2009)

项目		Item		2003	2004	2005	2006	2007	2008	2009
律师工作		**Lawyers**								
律师事务所	(个)	Number of Law Offices	(unit)	499	530	547	585	609	700	787
律师工作人员	(人)	Number of Lawyers	(person)	7137	7851	8285	8688	9575	10441	11917
聘请担任常年法律顾问单位	(处)	Number of Units with Permanent Legal Advisors	(unit)	20186	21398	23218	25122	26589	27727	28144
民事诉讼代理	(件)	Agent of Civil Cases	(case)	65020	75706	83372	90353	150701	140515	168615
刑事辩护及代理	(件)	Defending and Agent of Criminal Cases	(case)	24059	28488	28132	26480	45662	44836	24813
非诉讼法律事务	(件)	Agent of Non litigious Legal Affairs	(case)	39052	30398	26217	30892	21949	18212	14541
解答法律咨询	(人次)	Legal Advisory Services	(person-times)	225211	210090	271562	244914	219773	203023	245373
代写法律事务文书	(件)	Agent of Legal Document Written on Behalf of Clients	(case)	45663	47393	56887	48054	25515	34102	22374
公证工作		**Notarization**								
公证处	(个)	Number of Notary Offices	(unit)	97	97	97	90	92	93	92
公证人员	(人)	Notarial Personnel	(person)	757	830	860	915	916	940	957
#公证员		Notaries		300	296	313	347	346	346	365
公证员助理		Assistant Notaries		129	534	255	273	291	321	306
办理国内公证文书	(件)	Number of Domestic Notarized Documents	(case)	491120	458630	402627	369093	387855	360655	447429
#经济合同公证	(件)	Notarized Business Contracts	(case)	271151	241123	199176	168964	164283	134058	167300
人民调解工作		**People's Mediation**								
专职司法助理员	(人)	Number of Full time Judicial Assistants	(person)	1953	1927	2384	2378	2875	3051	3269
人民调解委员会	(个)	Number of People's Mediation Committees	(unit)	49195	48316	46989	47077	46636	47779	47056
调解人员	(人)	Number of Mediators	(person)	166576	171351	166264	172722	168914	175616	175849
调解民事纠纷	(件)	Number of Civil Disputes Mediated	(case)	161419	178127	190274	198738	238795	295042	357388
法律援助机构	(个)	Assistance Institution of Law	(unit)	100	100	102	102	102	102	102
工作人员	(人)	Staff and Workers	(person)	384	401	449	454	454	461	461
承办案件总数	(件)	Number of Cases Accepted	(case)		12365	17244	20861	24125	28408	37730
受援人总数	(人)	Number of Persons Being Assisted	(person)		17399	21412	31100	34422	45263	44509

16－4 涉外公证文书分类(2003－2009年)
Foreign-related Notarial Documents by Type(2003－2009)

单位:件(case)

项目	Item	2003	2004	2005	2006	2007	2008	2009
合　计	**Total**	**178765**	**184389**	**212931**	**203417**	**220712**	**211895**	**210341**
收养子女	Children Adoption	64	87	110	90	61	51	113
遗　嘱	Testaments	6	4	2	7	3	8	20
出　生	Births	29977	33832	40832	38671	42665	38897	39385
死　亡	Deaths	386	455	740	541	490	683	739
生存、居住	Survival and Residence	623	745	738	840	1195	618	692
学　历	Schooling	8530	5984	5615	6494	7904	6750	6372
经　历	Personal Histories	2066	1716	1404	1521	1158	1177	1064
婚姻状况	Marriages	19496	19912	19167	15266	13435	13779	14983
亲属关系	Kinship	17679	21399	22883	19233	20340	19122	19354
继承权	Rights of Inheritance	9	94	114	558	250	769	530
受、未受刑事处分	Criminal Records & Uncriminal Records	34236	32864	39301	28916	32189	27131	27883
声明书	Declarations	3718	8108	9292	6357	5095	5540	5069
委托书	Trust Deeds	1184	1669	2265	2811	3011	2976	3689
文本相符	Confirmation of Copies and Photo-offset Copies to Originals	11899	14244	20710	24720	25400	29910	27685
签名印鉴属实	Confinnation of Signatures and Seals						32726	30301
其　他	Others	48892	43276	49758	57302	67516	31758	32462

16－5 调解民间纠纷分类(2003－2009年)
Civil Disputes Mediated by Type(2003－2009)

单位:件(case)

分类	Item	2003	2004	2005	2006	2007	2008	2009
合　计	**Total**	**161419**	**74655**	**190274**	**198738**	**238795**	**295042**	**357388**
婚　姻	Marriages	23820	9558	28232	28986	31767	32962	40078
邻　里	Neighbor Disputes	27793	13376	41829	42165	51827	64030	75971
合　同	Contracts			8132	10229	9956	11631	14176
损害赔偿	Compensation for Damages	20983	11389	28246	33032	39192	69230	91245
劳　动	Labour Dispates			18796	21579	26017	29201	31620
村务管理	Management of Rural Business			3040	3032	3360	4659	4750
土地承包	Contracts of Land			7553	7486	9034	9634	10643
征地拆迁	Land Expropriating and Rehouse			8174	8125	10350	10556	12570
计划生育	Family Planning			1068	853	1177	1321	1329
施工扰民	Fazing Civilian with Construction			2668	2274	2518	3010	3482
房屋、宅基地	Housing and Housing Sites	14821	7327	13676	13042	14586	15877	20355
其　他	Others	74002	33005	28860	27935	39011	42931	51169

16－6 国内公证文书分类(2003－2009 年)
Domestic Notarial Documents by Type(2003－2009)

单位:件(case)

分类	Item	2003	2004	2005	2006	2007	2008	2009
总计	**Domestic Notarial Documents**	**484490**	**458630**	**402627**	**369093**	**387855**	**360655**	**447429**
经济公证	**Notarized Documents on Economic Affairs**	**271151**	**241123**	**199176**	**168964**	**164283**	**134058**	**167300**
购　销	Purchases and Sales of Products	1079	920	961	746	235	274	181
联　营	Joint Business	328	207	141	83	116	296	4
拍　卖	Auctions	5686	10949	1973	4545	3234	2768	3956
贷　款	Loans	190875	168643	124692	100157	98029	78866	103315
担　保	Guarantees	1883	947	1314	1799	1443	691	218
招标、投标	Bidding	20426	10410	10748	20493	17312	8728	9908
科技协作	Coordination of Science and Technology	7	1	171	1	8	1	85
供用电	Supply and Use of Electric Power	137		1	31			
劳务合同	Labor Contracts	2468	2453	1150	632	559	316	154
建筑工程承包	Construction Project Contracts	3027	2830	1738	1355	1522	1300	863
工商服务业承包	Industrial and Commercial Service Contracts	739	356	157	75	108	697	1041
农林牧副渔业承包	Farming, Forestry, Animal Husbandry, Sideline Production and Fishery Contracts	645	445	753	517	725	260	266
财产租赁	Property Leases	2128	819	1398	290	461	312	73
企业租赁	Enterprise Leases	87	37	15	19	7	12	8
资产经营责任制	System of Asset Business Responsibility	1499	38	6	12	2		
还款协议	Repayment Agreement					866	673	509
土地使用权出让转让	Transferring or Renting the Use Right of Land					5272	4059	4274
其他经济合同	Other Business Contracts	9158	8557	5086	4882	4544	5207	4980
法人(代表人)资格	Legal Person (Agent) Identification	734	783	1049	456	464	311	508
法人委托书	Legal Person Trust Deeds	4199	5919	7004	8322	9642	10430	14059
公司章程	Corporation Constitutions	185	229	86	153	268	86	85
执行许可证明	Operating Permits	1829	2301	3839	1751	777	810	879
其　他	Others	24032	24279	36894	22645	18689	17961	21934

续表 Continued

单位:件(case)

分类	Item	2003	2004	2005	2006	2007	2008	2009
民事公证	**Notarized Documents on Civil Relations**	**213339**	**217507**	**203451**	**200129**	**223572**	**226597**	**280129**
收　养	Child Adoption	96	97	70	62	57	58	373
解除收养	Adoption Renouncements	39	12	5	2	8	281	8
继承权	Rights of Inheritance	13715	14107	14819	17743	21809	22868	30123
遗　嘱	Testaments	4938	4619	4813	4796	5001	5851	6322
产　权	Property Rights	7929	7909	6458	5421	6553	4251	2240
亲属关系	Kinship	4851	2347	2189	1297	1390	1131	1327
死　亡	Death Certificates	38	47	93	37	54	81	100
房屋买卖	Purchases and Sales Of Houses	13375	15316	11890	9894	9713	6103	13061
房屋租赁	House Leases	1123	825	872	554	255	343	232
留学协议	Foreign Study Contracts	340	185	236	392	191	143	71
遗赠扶养协议	Donations and Family Fostering	373	325	353	277	229	180	543
委托书	Trust Deeds	26511	56301	49534	55963	71647	60208	108375
赠与书	Presentation Documents	5507	4851	4987	4488	4689	4681	6005
声明书	Declarations	5524	8878	7461	8737	8677	10002	15881
现场监督	Field Supervision	11805	15758	31894	21625	14936	38285	12545
文本相符	Confirmation of Copies and Photo－offset Copies to Originals	1697	1710	2495	2487	4694	3834	8457
签名印鉴属实	Confinnation of Signatures and Seals	1697	1710	2495	2487	4694	5828	4165
宅基地使用权	Rights to Housing Site	1425	1278	1334	830	1686	1137	572
证据保全	Evidence Preservation	3766	5074	4396	4731	6969	9873	10307
拆迁协议	Housing Demolition Agreements						5243	6259
计划生育协议	Birth Control Contracts	7909	3902	3514	2038	2215	24	16
夫妻财产协议	Property Agreements Between Sporses						3626	5976
其他民事协议	Other Civil Agreements	22856	23781	13581	12651	31606	12824	12318
其　他	Others	79522	50185	42457	46104	31193	29742	34853

16－7 社会福利事业单位基本情况(2003－2009 年)
Basic Statiatics on Social Welfare Institutions(2003－2009)

项目	Item		2003	2004	2005	2006	2007	2008	2009
收养性社会福利单位(个)	**Adoptive Social Welfare Institutions**	**(unit)**	**1794**	**1615**	**1636**	**1654**	**1641**	**1591**	**1633**
床位数(万张)	**Hospital Beds**	**(10000 bed)**	**7.38**	**9.88**	**11.92**	**12.89**	**14.78**	**15.49**	**17.25**
收养人数(万人)	**Number of Persons Adopted**	**(10000 persons)**	**5.46**	**7.15**	**8.24**	**8.86**	**10.53**	**9.87**	**10.40**
福利企业单位(个)	**Number of Social Welfare Enterprises and Institutions**	**(unit)**	**3615**	**3345**	**3251**	**3240**	**2926**	**2771**	**2769**
福利企业单位全部职工人数(万人)	**Total Number of Staff and WorkersEngaged in Welfare Institutions**	**(10000 persons)**	**24.36**	**23.69**	**21.74**	**23.95**	**25.90**	**26.67**	**26.53**
#残疾人数	Number of Disabled Persons		10.69	10.46	9.81	9.62	10.04	10.34	10.00
殡葬事业单位(个)	**Funeral and Interment Services Institutions**	**(unit)**	**185**	**190**	**195**	**204**	**208**	**220**	**226**

16－8 享受国家抚恤、补助及救济人员情况(2003－2009 年)
Pensons Enjoying Subsidy and Commiseration of Country(2003－2009)

单位:人、户(person,household)

项目	Item	2003	2004	2005	2006	2007	2008	2009
享受定期抚恤人数	Number of Persons Receiving Periodical Commiseration	6490	6385	6114	5808	5669	5486	5478
革命伤残人员抚恤人数	Number of Persons Receiving Disability Commiseration	21373	21346	21300	21398	22141	22458	22255
享受定期补助优抚对象数	Number of Persons Receiving Periodical Subsidies	79304	77966	74783	72742	95090	91379	90299
#在乡复员军人数	Rural Demobilized Soldier	48055	44712	43577	41762	39321	36447	33972
在乡退伍军人数	Rural Veteran	30161	30831	30646	30474	29507	29995	29543
社会困难户得到国家临时救济人数	Number of Persons in Poor Households Receiving Temporary Government Relief Funds	228090	420595	620592	212734	163460	166894	182088
精减退职老弱残职工得到救济人数	Number of Laid off,Retired,Elderly and Disabled Staff and Workers Receiving Relief Funds	11734	10527	11588	10605	10655	10243	9712
享受原工资 40%救济人数	Persons Receiving 40% of Their Original Wages	2964	2619	2573	2433	2237	2098	1955
享受定期定量救济人数	Persons Receiving Periodical and Fixed Relief Funds	14972	14091	13664	9890	9472	11287	9377

16－9 最低生活保障和救济情况(2003－2009年)
Basic Statistics of Lowest Cost－of－Living and Relief(2003－2009)

项目		Item		2003	2004	2005	2006	2007	2008	2009
最低生活保障人数	（万人）	Number of Person Receiving Lowest Cost－of－Living	(10000 persons)	55.24	62.80	61.50	62.90	65.16	70.08	70.40
#城镇		Urban		8.07	8.85	8.90	8.93	9.02	9.28	9.33
#农村		Rural		47.17	53.96	52.60	53.97	56.14	60.80	61.08
保障资金总额	（亿元）	Amount of Security Money	(100 million yuan)	3.24	4.69	5.62	6.52	7.69	10.68	12.15
#城镇		Urban		1.08	1.35	1.61	1.60	1.97	2.73	2.97
#农村		Rural		2.16	3.34	4.01	4.92	5.72	7.95	9.18
医疗救助支出	（亿元）	Expenditure of Medical Care Relief	(100 million yuan)				2.30	3.26	4.19	5.10
自然灾害救济支出	（亿元）	Expenditure of Natural Disasters Relief	(100 million yuan)	1.08	2.04	2.65	4.82	1.97	1.55	1.28

注：农村最低生活保障人数中包含了农村五保供养人数。
Number of Persons Receiving Lowest Cost－of－Living in Rural Areas include Number of persons with Livlihood Guaranteed in Five Aspects.

16－10 内地居民婚姻登记情况(2003－2009年)
Marriages of Interior Residents(2003－2009)

项目		Item		2003	2004	2005	2006	2007	2008	2009
准予登记结婚数	**（对）**	**Registered Marriages**	**(couple)**	**356910**	**399211**	**353040**	**413213**	**381227**	**413774**	**427614**
初婚数	（人）	First Marriages	(person)	658873	721680	641745	758086	687337	750003	755950
恢复结婚人数	（人）	Resume Marriages	(person)	2052	2792	3387	3451	3550	4670	5856
再婚数	（人）	Remarriages	(person)	54947	67730	64335	74816	75117	77545	99278
男	（人）	Male	(person)	26368	31593	35329	37517	37772	36021	47832
女	（人）	Female	(person)	28579	36137	29006	37299	37345	41524	51446
准予登记离婚数	**（对）**	**Divorces Approved**	**(couple)**	**32248**	**46424**	**52055**	**60306**	**66901**	**73689**	**82902**

16－11 工会工作情况(2003－2009 年)
Basic Statistics on Unions(2003－2009)

项目		Item		2003	2004	2005	2006	2007	2008	2009
工会情况		**Basic Statistics on Unions**								
基层工会组织数	**(个)**	**Number of Grass Roots Unions**	**(unit)**	**56429**	**63683**	**71168**	**80774**	**91203**	**102339**	**110416**
全省已建立工会组织的基层单位职工和会员人数		**Membership and Number of Staff and Workers in Grass Roots Unions**								
在岗职工人数	(万人)	Number of Staff and Workers	(10000 persons)	721.05	783.56	888.83	1050.43	1194.84	1306.58	1415.99
#女职工		Female		312.36	349.41	396.15	464.95	525.16	580.08	624.35
会员人数	(万人)	Membership	(10000 persons)	643.06	704.09	803.77	959.27	1078.60	1190.04	1307.32
#女会员		Female		271.75	307.35	346.69	407.97	476.09	537.75	583.74
工会专职干部	(万人)	Full－time Cadres	(10000 persons)	0.74	0.67	0.60	1.10	1.27	1.34	1.56
提出合理化建议	**(万件)**	**Advanced Rationa－lization Proposals**	**(10000 cases)**	**28.50**	**19.00**	**24.86**	**25.95**	**22.98**	**29.31**	**27.39**
建立劳动保护监督检查委员会	**(个)**	**Commissions for Labour protection Supervising and inspecting**	**(unit)**						**38637**	**42657**
建立了工会劳动法律监督组织	**(个)**	**Organization of Labor Law Supervision Established by Grass Roots Unions**	**(unit)**	**8179**	**11274**	**14461**	**19118**	**22540**	**29542**	**38657**
建立劳动争议调解委员会	**(个)**	**Labour dispute mediation Committee**	**(unit)**						**35812**	**46005**
劳动争议调解委员会调解成功劳动争议	**(件)**	**Disputes resolved through mediation by the committees**	**(unit)**						**10411**	**9653**
妇联工作情况		**Condition of the Women Federation**								
妇联的基层组织数	(个)	Number of Grass Roots Women Federation	(unit)	43914	43922	45410	35995	34955	33604	34503
接受技术培训人数	(万人)	Number of Women Participating in Technical Training	(10000 persons)	79.56	79.56	90.14	69.90	57.80	75.30	53.30
巾帼文明示范岗		**The Demonstration Posts of Women Civilization**								
巾帼文明示范岗数	(个)	Number of Posts	(unit)		4891	4423	3491	2961	2891	2665
评选巾帼建功标兵数	(人)	Number of Persons	(person)	308	970	898	1036	721	1078	814
来信来访处理情况		**Treatment of the Letters From the People and the Persons Coming to Visit**								
女职工劳动保护信访案件	(件)	Petition Letter and Visit Cases about Women Laber Protection	(Piece)				1587	1241	678	897
侵犯妇女财产权利信访案件	(件)	Petition Letter and Visit Cases about Woman's Property Right be Violated	(Piece)				2821	4351	3136	1581
五好文明家庭	**(户)**	**Civilized Families**	**(door)**	**2360108**	**2360108**	**3055408**	**1364448**	**1568083**	**1507932**	**467578**

浙/江/统/计/年/鉴

主要统计指标解释

■ 社会福利事业单位

指集中收养社会孤老,残,幼的机构。包括由民政部门管理的社会福利院、儿童福利院、精神病人福利院和城镇集体办的福利院,以及农村集体举办的敬老院。

■ 社会福利事业单位收养人数

包括民政部门管理和城镇及农村集体举办的社会福利事业单位中收养的老人,少年儿童,缺乏生活自理能力的残疾人员和精神病人。

■ 社会福利企业单位

指以安置城镇有一定劳动能力的盲,聋,哑和肢体残疾人员就业为目的,享受国家减免税待遇的国有或集体经济性质的企业。包括福利工厂、福利商业服务业、假肢厂和安置农场等单位。

■ 律师

指受聘参加法律顾问处工作,提任法律顾问、刑(民)事代理人、刑事辩护人、办理非诉讼事件、解答法律询问、代定法律事务文书等主要从事律师业务的专职法律工作者和兼职律师。

■ 公证人员

指在国家公证机关依法办理公证事务的司法人员。包括公证员、助理公证员和在公证员和在公证处工作的其他人员。

■ 办理公证文书

指公证处在一定时期内办结的公证文书件数。公证文书系按司法部规定或批准的格式制作。包括国内公证和涉外公证两部分。其中国内公证分为经济合同公证和民事法律关系公证两大类。

■ 调解人员

在人民调解委员会担负调解民间一般民事纠纷和轻微违法行为所引起和纠纷的工作人员。包括调解委员会的委员和调解小组的调解员。

■ 调解民间纠纷

指调解委员会依照法律规定,根据自愿原则,用说服教育的方法调解民间发生的有关民事权利和义务的争执,促成当事双方达到协议和谅解,解决纠纷。包括婚姻家庭纠纷,财产权益纠纷等。不包括法院受理调解的民事案件数。

■ 受理劳动争议案件数

是指劳动争议仲裁委员会根据国家有关规定,对劳动争议当事人的申请予以审查,符合受理条件而正式立案,准备处理的劳动争议案件数。

■ 离休、退休、通职人员

指正式办理了离休、退休、退职手续,并享受相应的离休、退休、退职待遇的人员。

■ 保险福利费用

指企业、事业、机关单位在工资以外实际支付给职工和离休、退休、退职人员个人以及用于集体的劳动保险和福利费用。

ZHEJIANG STATISTICAL YEARBOOK

Explanatory Notes on Main Statistical Indicators

□ Social Welfare Institutions

refer to institutions taking care of old people without children, handicapped people and orphans. They include social welfare institutions run by civil affairs departments, children' s welfare institutions social welfare institutions for mental patients, and Collective Owned old people' s homes in tual areas.

□ Number of People Taken in by Social Welfare Institutions

refers to the number of old people, children, totally dependent handicapped people and mental patiens taken in by scoial welfare institutions run by civil affairs departments and those run by collective units in urban and rural aress.

□ Social Welfare Enterprises

are Collective Owned enterprises which employ the blind, deaf-mute, and other handicapped people who are able to work in cities and towns and enjoy exemption from state taxes, including welfare plants, welfare commercial services, artificial limb plants and farms, etc.

□ Lawyers

are legal workers who are employed full-time by legal counseling firms to act as legal advisres, agents in criminal or civil lawsuits, or defenders in criminal lawsuits, or to handle non-litigious legal affairs, to advise on matters of law or to write legal papers for others. Both full-time and part-time lawyers are included.

□ Notary Personnel

refers to judicial workers of the state notary offices handing notarization work according to law. They include notaries, assistant notaries, and other people working for notary offices.

□ Notarized Documents

refer to the documents settled by notary offices in a year. The notarial documents are drawn up in accordance with the regulations of the Ministry of Justice, including domestic documents and foreign-related documents. Domestic documents are divided into two major categoriees, documents on economic contracts and documents on civil legal relations.

□ Mediators

refer to workers on people' s mediation committees responsible for mediating in civil dispites and cases of slight infraction of the law. They include members of the mediation committees and mediators of mediation groups.

□ Mediation of Civil Disputes

refers to mediation committees' work in mediating in civi ldisputes concerning civil rights and duties through persuasion and education in accordance with the provisions of law on a voluntary basis, so as to solve disputes by helping the parties involved come to an agreement and understanding. These disputes include divorce cases and disputes over property ownership, but exclude the civil cases to be handled by the court.

□ Number of Labour Dispute Cases Accepted

refers to the number of cases of labour dispute submitted that, after being reviewed by the labour dispute arbitration committees in line with the relevant state regulations, are accepted and registered for trearment.

□ Retired or Resigned Personnel

refers to the persons who have formally gone through the formalities for their retorement or quitting work and enjoy the corresponding treatments.

□ Insurance and welfare funds

refers to labour insurance and welfare fund paid by enterprises, organizations and institutions to their staff and workers as well as retired and resigned in addition to their wages and salaries.

2010

浙江统计年鉴

ZHEJIANG STATISTICAL YEARBOOK

CHAPTER 17

各市、县国民经济主要经济指标

Major Indicators of National Economy by City, Prefecture and County

17－1 各市土地面积和行政区划(2009 年)
Land Area and Administrative Divisions by City (2009)

城市	City	土地面积 (平方公里) Land Area (sq. km)	市辖区 (个) Districts Under City Administration (unit)	县(县级市) (个) Counties (Cities) (unit)	建制镇 (个) Towns (unit)	乡 (个) Townships (unit)	村 (个) Villages (unit)
浙东北	**Eastern and Northern Region**	**45617**	**21**	**25**	**368**	**83**	**9115**
杭州市	Hangzhou	16596	8	5	99	31	2113
宁波市	Ningbo	9817	6	5	78	11	2595
嘉兴市	Jiaxing	3915	2	5	47		862
湖州市	Huzhou	5818	2	3	44	15	992
绍兴市	Shaoxing	8031	1	5	79	15	2209
舟山市	Zhoushan	1440	2	2	21	11	344
浙西南	**Western and Southern Region**	**58279**	**11**	**33**	**367**	**362**	**20859**
温州市	Wenzhou	11788	3	8	119	143	5404
金华市	Jinhua	10941	2	7	76	36	4807
衢州市	Quzhou	8841	2	4	47	46	2168
台州市	Taizhou	9411	3	6	64	28	5028
丽水市	Lishui	17298	1	8	61	109	3452

17－2 各市国民经济主要指标(2009 年)
Main Indicators of National Economy by City (2009)

城 市	City	年末总人口(万人) Total Population by year－end (10000 persons)	生产总值(亿元) Gross Domestic Product (100 million yuan)	第一产业 Primary Industry	第二产业 Secondary Industry	#工业 Industry
浙东北	**Eastern and Northern Region**	**2387.68**	**15251.50**	**747.22**	**8040.65**	**7120.23**
杭州市	Hangzhou	683.38	5098.66	190.25	2434.89	2157.10
宁波市	Ningbo	571.02	4214.60	183.85	2247.75	2006.55
嘉兴市	Jiaxing	339.60	1918.03	107.51	1112.51	985.54
湖州市	Huzhou	259.17	1111.50	89.74	617.76	554.24
绍兴市	Shaoxing	437.74	2375.46	124.45	1379.50	1233.05
舟山市	Zhoushan	96.77	533.26	51.41	248.25	183.75
浙西南	**Western and Southern Region**	**2328.51**	**7478.82**	**422.02**	**3845.67**	**3399.72**
温州市	Wenzhou	779.11	2527.88	79.89	1287.75	1163.66
金华市	Jinhua	463.68	1765.94	92.13	920.74	806.50
其中:义乌市	Yiwu	73.02	519.53	14.60	227.33	190.99
衢州市	Quzhou	249.86	617.50	60.02	337.24	279.65
台州市	Taizhou	578.47	2025.47	131.91	1039.01	929.18
丽水市	Lishui	257.39	542.02	58.06	260.93	220.72

续表 1 Continued

城 市	City	第三产业 Tertiary Industry	人均生产总值(元) Per Capita GDP (yuan)	全社会从业人员年末数(万人) Total Employed Persons by year－end (10000 persons)	社会消费品零售总额(亿元) Total Retail Sales of Consumer Goods (100 million yuan)
浙东北	**Eastern and Northern Region**	**6463.63**		**1943.58**	**5271.06**
杭州市	Hangzhou	2473.52	74924	597.47	1804.93
宁波市	Ningbo	1783.00	73998	443.86	1429.68
嘉兴市	Jiaxing	698.01	56607	308.07	694.30
湖州市	Huzhou	404.00	42942	199.24	442.57
绍兴市	Shaoxing	871.51	54309	328.99	717.90
舟山市	Zhoushan	233.59	55106	65.95	181.69
浙西南	**Western and Southern Region**	**3211.13**		**1539.33**	**3346.47**
温州市	Wenzhou	1160.24	32595	546.92	1264.72
金华市	Jinhua	753.07	38179	330.30	780.99
其中:义乌市	Yiwu	277.60	71457	87.49	244.90
衢州市	Quzhou	220.24	24764	133.96	250.25
台州市	Taizhou	854.55	35148	378.55	817.88
丽水市	Lishui	223.03	21139	149.60	232.62

续表 2　Continued

城 市	City	全社会固定资产投资(亿元) Total Investment in Fixed Assets (100 million yuan)	出口总额(亿美元) Exports (USD 100 million)	财政总收入(亿元) Total Financial Revenue (100 million yuan)	地方财政收入(亿元) Local Financial Revenue (100 million yuan)
浙东北	**Eastern and Northern Region**	**7623.66**	**1017.48**	**2787**	**1384**
杭州市	Hangzhou	2291.65	271.80	1019	520
宁波市	Ningbo	2004.22	386.51	966	432
嘉兴市	Jiaxing	1233.41	123.41	279	141
湖州市	Huzhou	638.69	40.76	146	80
绍兴市	Shaoxing	1055.03	157.61	298	160
舟山市	Zhoushan	400.66	37.39	76	48
浙西南	**Western and Southern Region**	**3001.62**	**312.65**	**984**	**536**
温州市	Wenzhou	837.78	109.36	360	195
金华市	Jinhua	635.16	85.98	232	129
其中:义乌市	Yiwu	178.13	21.36	70	38
衢州市	Quzhou	415.40	7.30	62	37
台州市	Taizhou	834.10	100.67	263	136
丽水市	Lishui	279.19	9.35	65	37

续表 3　Continued

城 市	City	地方财政支出(亿元) Local Financial Expenditure (100million yuan)	城乡居民储蓄存款年末余额(亿元) Savings Deposits of Urban and Rural Residents (100 million yuan)	城镇居民人均可支配收入(元) Per Capita Disposable Income of Urban Residents (yuan)	农村居民人均纯收入(元) Per Capita Net Income of Rural Residents (yuan)
浙东北	**Eastern and Northern Region**	**1518**	**11326.00**		
杭州市	Hangzhou	490	4286.92	26171	11822
宁波市	Ningbo	506	2901.76	27237	12641
嘉兴市	Jiaxing	161	1385.62	24693	12685
湖州市	Huzhou	108	688.33	23280	11745
绍兴市	Shaoxing	169	1707.01	26874	12026
舟山市	Zhoushan	82	356.36	24082	12612
浙西南	**Western and Southern Region**	**801**	**6843.41**		
温州市	Wenzhou	251	2752.78	24467	10100
金华市	Jinhua	165	1718.21	22915	9001
其中:义乌市	Yiwu	35	733.24	30841	12899
衢州市	Quzhou	95	371.18	19539	7336
台州市	Taizhou	175	1449.72	24429	10006
丽水市	Lishui	112	551.51	19018	5703

17-3 全社会从业人员数(2009 年底)
Total Employed Persons (End of 2009)

单位:万人(10000 persons)

城市	City	全社会从业人员数 Total Employed Persons	第一产业 Primary Industry	第二产业 Secondary Industry	第三产业 Tertiary Industry
浙东北	**Eastern and Northern Region**	**1943.58**	**284.27**	**991.30**	**668.01**
杭州市	Hangzhou	597.47	80.21	277.98	239.28
宁波市	Ningbo	443.86	69.43	239.07	135.36
嘉兴市	Jiaxing	308.07	36.47	186.97	84.63
湖州市	Huzhou	199.24	35.04	87.33	76.87
绍兴市	Shaoxing	328.99	52.21	171.92	104.86
舟山市	Zhoushan	65.95	10.91	28.03	27.01
浙西南	**Western and Southern Region**	**1539.33**	**358.43**	**649.10**	**531.80**
温州市	Wenzhou	546.92	86.01	262.49	198.42
金华市	Jinhua	330.30	75.00	148.84	106.46
其中:义乌市	Yiwu	87.49	9.45	52.11	25.93
衢州市	Quzhou	133.96	56.42	38.82	38.72
台州市	Taizhou	378.55	78.12	162.12	138.31
丽水市	Lishui	149.60	62.88	36.83	49.89

17-4 各市年末单位从业人员数(2009 年)
Employed Persons by City (End of 2009)

单位:万人(10000 persons)

城市	City	年末单位从业人员数 Total Employed Persons by Unit	农、林、牧、渔业 Agriculture	采矿业 Mining and Quarrying	制造业 Manufac-turing	电力、煤气及水的生产和供应业 Electricity, Gas and Water Production and Supply	建筑业 Construction	交通运输仓储及邮电通信业 Transport, Storage, Post & Telecom-munication
浙东北	**Eastern and Northern Region**	**557.11**	**0.52**	**1.24**	**239.20**	**7.63**	**106.79**	**17.15**
杭州市	Hangzhou	204.36	0.17	0.23	71.54	2.19	38.86	7.92
宁波市	Ningbo	132.26	0.14	0.03	59.38	1.72	26.56	4.78
嘉兴市	Jiaxing	76.01	0.11		49.68	1.46	2.14	1.14
湖州市	Huzhou	33.95	0.02	0.55	17.15	0.57	3.47	0.64
绍兴市	Shaoxing	94.74	0.04	0.23	37.18	1.20	34.26	1.48
舟山市	Zhoushan	15.79	0.04	0.20	4.27	0.49	1.50	1.19
浙西南	**Western and Southern Region**	**252.39**	**0.97**	**0.42**	**93.57**	**4.58**	**49.06**	**6.78**
温州市	Wenzhou	107.64	0.10	0.22	51.08	1.43	21.04	2.77
金华市	Jinhua	48.11	0.10	0.05	13.04	0.90	9.47	1.58
其中:义乌市	Yiwu	7.88			1.11	0.10	0.86	0.50
衢州市	Quzhou	16.33	0.04	0.04	5.86	0.44	0.70	0.50
台州市	Taizhou	64.24	0.49	0.01	20.40	1.02	17.06	1.32
丽水市	Lishui	16.07	0.24	0.10	3.19	0.79	0.79	0.61

续表 1 Continued 单位:万人(10000 persons)

城市	City	信息传输、计算机服务和软件业 Information Transmission, Computer Services and Software	批发和零售贸易 Wholesale and Retail Sale Trade	住宿、餐饮业 Hotels and Catering Services	金融业 Finance	房地产业 Real Estate	租赁和商业服务 Leasing and Commercial Services	科学研究、技术服务和地质勘查 Technic and Geological Prospecting
浙东北	**Eastern and Northern Region**	**7.82**	**21.16**	**11.88**	**17.76**	**7.99**	**15.60**	**8.29**
杭州市	Hangzhou	5.54	10.83	7.21	6.83	3.97	7.66	5.24
宁波市	Ningbo	0.89	4.60	1.90	5.18	1.68	3.40	1.25
嘉兴市	Jiaxing	0.43	2.19	0.82	1.92	1.23	1.92	0.72
湖州市	Huzhou	0.25	0.88	0.53	1.31	0.37	0.34	0.37
绍兴市	Shaoxing	0.49	2.19	0.99	1.92	0.50	1.17	0.53
舟山市	Zhoushan	0.22	0.47	0.43	0.60	0.24	1.11	0.18
浙西南	**Western and Southern Region**	**2.22**	**6.91**	**3.05**	**10.21**	**2.40**	**4.53**	**2.18**
温州市	Wenzhou	0.53	2.50	1.20	2.83	1.24	1.26	0.68
金华市	Jinhua	0.59	1.71	0.69	2.09	0.44	1.31	0.47
其中:义乌市	Yiwu	0.05	0.24	0.20	0.53	0.14	0.46	0.13
衢州市	Quzhou	0.20	0.41	0.12	1.29	0.05	0.17	0.16
台州市	Taizhou	0.58	1.92	0.87	3.09	0.57	1.33	0.61
丽水市	Lishui	0.32	0.37	0.17	0.91	0.10	0.46	0.26

续表 2 Continued 单位:万人(10000 persons)

城市	City	水利、环境和公共设施管理业 Water Conservancy, Environment and Public Facilities Management	居民服务和其他服务业 Resident Services and Other Services	教育 Education	卫生、社会保障和社会福利业 Health Care, Social Security and Social Welfare	文化、体育和娱乐业 Culture Sports and Recreation	公共管理和社会组织 Public Management and Social Organization
浙东北	**Eastern and Northern Region**	**5.60**	**1.29**	**33.75**	**18.22**	**4.02**	**31.18**
杭州市	Hangzhou	2.27	0.83	12.78	6.72	2.07	11.49
宁波市	Ningbo	1.08	0.30	7.20	4.34	0.85	6.99
嘉兴市	Jiaxing	0.73	0.08	4.68	2.43	0.39	3.93
湖州市	Huzhou	0.47	0.02	2.73	1.38	0.22	2.68
绍兴市	Shaoxing	0.77	0.04	5.08	2.52	0.34	3.81
舟山市	Zhoushan	0.28	0.02	1.28	0.83	0.15	2.28
浙西南	**Western and Southern Region**	**2.71**	**0.29**	**24.07**	**11.59**	**1.88**	**24.97**
温州市	Wenzhou	0.39	0.08	8.29	3.75	0.76	7.49
金华市	Jinhua	1.20	0.03	5.28	2.69	0.37	6.11
其中:义乌市	Yiwu	0.30	0.01	0.94	0.49	0.05	1.77
衢州市	Quzhou	0.15	0.02	2.13	0.95	0.18	2.92
台州市	Taizhou	0.67	0.14	5.67	2.91	0.34	5.23
丽水市	Lishui	0.30	0.02	2.70	1.29	0.23	3.22

17 – 5 各市农、林、牧、渔业总产值(2009 年)
Gross Output Value of Farming, Forestry, Animal Husbandry and Fishery by City(2009)

单位:亿元(100 million yuan)

城市	City	农、林、牧、渔业总产值 Total Output Value	农业产值 Farming	林业产值 Forestry	牧业产值 Animal Husbandry	渔业产值 Fishery	农林牧渔业服务业产值 Services
浙东北	**Eastern and Northern Region**	**1205.03**	**562.30**	**81.45**	**255.50**	**279.21**	**26.57**
杭州市	Hangzhou	289.74	149.74	36.23	64.29	32.56	6.92
宁波市	Ningbo	286.78	134.64	8.85	47.87	90.82	4.60
嘉兴市	Jiaxing	182.97	84.28	0.55	69.74	21.14	7.26
湖州市	Huzhou	153.09	67.61	18.88	33.88	26.42	6.30
绍兴市	Shaoxing	190.06	118.12	16.68	35.61	18.33	1.32
舟山市	Zhoushan	102.39	7.91	0.26	4.11	89.94	0.17
浙西南	**Western and Southern Region**	**697.54**	**334.76**	**31.93**	**153.83**	**167.23**	**9.79**
温州市	Wenzhou	132.66	55.76	3.17	27.75	43.82	2.16
金华市	Jinhua	146.20	81.90	4.44	47.79	8.39	3.68
其中:义乌市	Yiwu	21.48	11.64	0.39	8.27	1.01	0.17
衢州市	Quzhou	101.13	48.42	7.24	41.41	3.38	0.68
台州市	Taizhou	227.40	87.13	4.09	23.82	109.81	2.55
丽水市	Lishui	90.15	61.55	12.99	13.06	1.83	0.72

17 – 6 各市播种面积(2009 年)
Sown Area by City (2009)

城市	City	农作物播种面积(千公顷) Swon Area of Farm Crop (1000 hectares)	#粮食 Grain	#谷物 Cereal	#油料 Oilbearing Crops	#棉花 Cotton	#蔬菜 Vegetable	果用瓜 Melo used as Fruit
浙东北	**Eastern and Northern Region**	**1646.22**	**869.81**	**672.81**	**154.22**	**12.05**	**376.70**	**66.77**
杭州市	Hangzhou	396.31	188.99	127.50	42.74	0.75	98.93	12.89
宁波市	Ningbo	321.72	148.14	104.27	17.52	6.53	86.76	23.09
嘉兴市	Jiaxing	343.42	201.32	170.73	33.81	2.23	77.68	11.35
湖州市	Huzhou	231.52	135.01	112.40	32.43	0.12	37.48	6.81
绍兴市	Shaoxing	326.94	183.84	152.63	25.59	2.36	67.01	10.53
舟山市	Zhoushan	26.32	12.52	5.29	2.14	0.06	8.84	2.11
浙西南	**Western and Southern Region**	**1202.19**	**721.41**	**529.08**	**98.42**	**8.05**	**242.16**	**43.46**
温州市	Wenzhou	256.00	163.57	126.01	14.08	0.06	56.67	10.34
金华市	Jinhua	272.83	159.38	119.52	25.62	5.82	42.56	10.43
其中:义乌市	Yiwu	31.07	18.56	12.17	1.58	0.03	7.34	1.28
衢州市	Quzhou	218.01	129.57	104.59	36.07	1.56	32.80	5.00
台州市	Taizhou	271.54	158.65	110.34	11.28	0.59	66.77	14.49
丽水市	Lishui	183.81	110.24	68.62	11.37	0.02	43.35	3.20

17－7 各市主要农产品产量(2009 年)
Output of Major Farm Products by City (2009)

单位:吨(ton)

城市	City	粮食 Grain	#谷物 Cereal	油菜籽 Rapeseeds	棉花 Cotton	水果 Fruit	#柑桔 Citrus	茶叶 Tea	蚕茧 Silkworm Cocoons
浙东北	**Eastern and Northern Region**	**5451494**	**4694250**	**307093**	**14672**	**3674610**	**498637**	**110712**	**62347**
杭州市	Hangzhou	1072434	848438	80081	959	772678	159829	30204	17870
宁波市	Ningbo	863176	701374	27978	7495	1390053	251947	18802	24
嘉兴市	Jiaxing	1358631	1238810	82878	3386	560971	38877	129	27158
湖州市	Huzhou	914187	820017	69988	265	261008	968	11184	13836
绍兴市	Shaoxing	1183742	1053647	43204	2496	597220	18396	50295	3459
舟山市	Zhoushan	59324	31964	2964	71	92680	28620	98	
浙西南	**Western and Southern Region**	**4011156**	**3298569**	**147860**	**13407**	**3449535**	**1476745**	**56699**	**5949**
温州市	Wenzhou	938477	790192	19898	98	401514	49876	4641	1
金华市	Jinhua	901873	759005	39747	9892	578615	143132	18749	1854
其中:义乌市	Yiwu	110561	80583	2160	38	83653	24045	1142	41
衢州市	Quzhou	761040	669452	55632	2613	899654	724738	7250	1830
台州市	Taizhou	846018	·660502	16269	779	1165807	372652	4159	401
丽水市	Lishui	563748	419418	16314	25	403945	186347	21900	1863

续表 Continued

单位:吨(ton)

城市	City	生猪年末存栏头数(万头) Year-end Hogs (10000 heads)	牛年末存栏头数(头) Year-end Cattle (head)	羊年末存栏只数(万只) Year-end Sheep and Goats (10000 heads)	肉产量(吨) Output of Meat (ton)	#猪肉 Pork (ton)	禽蛋产量(吨) Poultry Eggs (ton)	牛奶产量(吨) Cow Milk (ton)	水产品产量(吨) Output of Aquatic Products (ton)
浙东北	**Eastern and Northern Region**	**782.70**	**67930**	**142.72**	**1247672**	**908036**	**444683**	**82840**	**2883864**
杭州市	Hangzhou	178.61	23389	15.27	309219	232475	143146	39297	202802
宁波市	Ningbo	94.66	20109	8.01	191173	130006	102947	16749	939512
嘉兴市	Jiaxing	300.89	4182	75.91	383489	301887	90217	11946	175387
湖州市	Huzhou	85.81	6542	30.48	180528	101925	55263	9659	239019
绍兴市	Shaoxing	106.08	12868	11.25	163019	124701	45486	4733	89325
舟山市	Zhoushan	16.65	840	1.80	20244	17042	7624	456	1237819
浙西南	**Western and Southern Region**	**617.27**	**194305**	**44.89**	**790747**	**623084**	**175656**	**123791**	**2070575**
温州市	Wenzhou	84.66	48206	17.84	130104	91443	49225	26176	605179
金华市	Jinhua	157.48	51264	8.91	214440	166612	49525	83323	61309
其中:义乌市	Yiwu	27.43	894	1.18	39467	30662	6005	1004	3450
衢州市	Quzhou	241.31	24454	4.49	249761	221074	24974	2975	44747
台州市	Taizhou	78.32	29741	5.67	109039	84080	43758	10953	1340491
丽水市	Lishui	55.50	40640	7.98	87403	59875	8174	364	18849

17－8 各市农业现代化情况(2009 年)
Agricultural Modernization by City (2009)

城市	City	农业机械总动力(万千瓦) Total Power of Agricultural Machinery (10000 million kw)	农村用电量(万千瓦小时) Electricity Consumed in Rural Area (10000 million kw. h)	农用化肥施用量(折纯)(吨) Consumption of Chemical Fertilizers (pure) (ton)	机耕面积(千公顷) Area Ploughed by Tractors (1000 hectares)	有效灌溉面积(千公顷) Irrigated Area (1000 hectares)	旱涝保收面积(千公顷) Stable Yields Ensured Despite Disasters (1000 hectares)
浙东北	**Eastern and Northern Region**	**1374.74**	**5237462**	**503393**	**615.78**	**856.21**	**695.11**
杭州市	Hangzhou	323.53	989818	118918	130.27	162.63	131.07
宁波市	ningbo	322.85	1475820	113349	134.41	188.07	145.17
嘉兴市	jiaxing	159.75	796674	105991	123.23	198.43	176.86
湖州市	huzhou	161.86	337989	57076	102.11	134.20	123.88
绍兴市	shaoxing	233.93	1531553	103021	118.41	160.00	107.55
舟山市	zhoushan	172.82	105608	5038	7.35	12.88	10.58
浙西南	**Western and Southern Region**	**1072.08**	**1856614**	**432566**	**381.09**	**590.16**	**397.95**
温州市	wenzhou	228.33	660414	87332	79.85	127.10	73.77
金华市	jinhua	240.05	359014	110412	103.31	158.81	118.82
其中:义乌市	yiwu		91600	12588	13.80	21.16	15.09
衢州市	quzhou	156.13	86144	81614	58.45	92.72	69.98
台州市	taizhou	346.97	706158	91545	107.19	127.67	85.34
丽水市	lishui	100.60	44884	61663	32.29	83.86	50.04

17－9 各市规模以上工业企业单位数(2009年)
Number of Industrial Enterprises Above Designated Size by City(2009)

单位:个(unit)

城市	City	工业企业单位数 Number of Enterprises	内资企业 Domestic－funded Enterprises	港澳台商投资企业 Enterprises with Investment from Hong Kong, Macao and Taiwan	外商投资企业 Enterprises with Foreign Investment
浙东北	**Eastern and Northern Region**	**38143**	**30387**	**3749**	**4007**
杭州市	Hangzhou	10032	8418	709	905
宁波市	Ningbo	12059	9033	1536	1490
嘉兴市	Jiaxing	6819	5389	623	807
湖州市	Huzhou	3371	2764	286	321
绍兴市	Shaoxing	5266	4234	580	452
舟山市	Zhoushan	596	549	15	32
浙西南	**Western and Southern Region**	**21839**	**20491**	**515**	**833**
温州市	Wenzhou	7636	7220	119	297
金华市	Jinhua	5312	4938	146	228
其中:义乌市	Yiwu	1185	1121	35	29
衢州市	Quzhou	1230	1162	31	37
台州市	Taizhou	6210	5764	206	240
丽水市	Lishui	1451	1407	13	31

17－10 各市规模以上工业总产值(2009年)
Gross Output Value of Industry by City Above Designated Size(2009)

单位:亿元(100 million yuan)

城市	City	工业总产值 Gross Output Value of Industry	内资企业 Domestic－funded Enterprises	港澳台商投资企业 Enterprises with Investment from Hong Kong, Macao and Taiwan	外商投资企业 Enterprises with Foreign Investment
浙东北	**Eastern and Northern Region**	**30035.12**	**20686.63**	**4324.33**	**5024.16**
杭州市	Hangzhou	9390.73	6683.88	1050.43	1656.42
宁波市	Ningbo	8272.85	4794.54	1890.21	1588.10
嘉兴市	Jiaxing	3863.99	2513.51	451.18	899.30
湖州市	Huzhou	2198.09	1702.40	243.05	252.64
绍兴市	Shaoxing	5518.91	4314.02	680.32	524.56
舟山市	Zhoushan	790.56	678.27	9.15	103.14
浙西南	**Western and Southern Region**	**10892.51**	**9894.03**	**365.18**	**633.30**
温州市	Wenzhou	3648.71	3361.22	66.77	220.72
金华市	Jinhua	2673.66	2409.39	109.76	154.51
其中:义乌市	Yiwu	485.80	426.31	33.14	26.35
衢州市	Quzhou	832.59	764.41	37.25	30.93
台州市	Taizhou	2869.88	2524.85	144.80	200.23
丽水市	Lishui	867.67	834.16	6.60	26.90

17－11 各市工业企业经济指标(2009 年)
Main Indicators of Industrial Enterprises by City(2009)

单位:亿元(100 million yuan)

城市	City	从业人员平均人数(万人) Average Number of Employed Persons (10000 persons)	流动资产年平均余额 Annual Average Balance of Circulating Assets	固定资产净值年平均余额 Annual Average Balance of Net Value of Fixed Assets	主营业务收入 Revenues in Main Business
浙东北	**Eastern and Northern Region**	**515.75**	**15953.65**	**9791.57**	**28766.64**
杭州市	Hangzhou	127.74	4968.21	2385.17	9026.32
宁波市	Ningbo	168.67	4399.75	3111.66	7824.88
嘉兴市	Jiaxing	92.01	1969.08	1741.56	3725.26
湖州市	Huzhou	33.54	872.31	609.01	2098.00
绍兴市	Shaoxing	84.75	3201.25	1594.61	5438.72
舟山市	Zhoushan	9.04	543.05	349.57	653.45
浙西南	**Western and Southern Region**	**271.49**	**6029.65**	**3221.35**	**10540.20**
温州市	Wenzhou	100.70	2112.87	981.82	3541.32
金华市	Jinhua	65.32	1595.24	903.11	2580.78
其中:义乌市	Yiwu	14.97	336.14	194.28	470.07
衢州市	Quzhou	13.90	358.94	300.94	863.41
台州市	Taizhou	75.42	1581.16	742.38	2719.48
丽水市	Lishui	16.15	381.44	293.09	835.23

续表 Continued

单位:亿元(100 million yuan)

城市	City	利税总额 Total Profits and Taxes	产品销售税金及附加 Sales Tax and Extra Charges	本年应交增值税 Tax Payable of Value Added	利润总额 Total Profits
浙东北	**Eastern and Northern Region**	**2738.85**	**377.93**	**755.27**	**1605.65**
杭州市	Hangzhou	882.61	129.30	242.34	510.97
宁波市	Ningbo	867.35	200.14	205.10	462.11
嘉兴市	Jiaxing	331.02	13.22	114.89	202.91
湖州市	Huzhou	174.98	12.36	57.48	105.14
绍兴市	Shaoxing	446.52	21.20	126.84	298.48
舟山市	Zhoushan	36.35	1.70	8.61	26.04
浙西南	**Western and Southern Region**	**885.32**	**59.15**	**312.55**	**513.62**
温州市	Wenzhou	314.73	18.77	114.42	181.54
金华市	Jinhua	204.79	14.18	71.41	119.20
其中:义乌市	Yiwu	39.42	3.07	9.99	26.36
衢州市	Quzhou	76.31	7.67	22.03	46.61
台州市	Taizhou	231.06	14.84	83.59	132.63
丽水市	Lishui	58.41	3.68	21.09	33.64

17－12 各市客运量和货运量(2009 年)
Passenger Traffic and Freight Traffic by City(2009)

城市	City	客运量(万人) Passenger Traffic (10000 persons)				货运量(万吨) Freight Traffic (10000 tons)		
		铁路 Railways	公路 Highways	水运 Waterways	航空 Civil Aviation	铁路 Railways	公路 Highways	水运 Waterways
浙东北	**Eastern and Northern Region**	**5242.84**	**104252**	**3397.05**	**840.42**	**2967.46**	**52342**	**42815.46**
杭州市	Hangzhou	2494.38	26454	372.28	795.59	426.75	16536	5396.24
宁波市	Ningbo	1700.20	31545	142.00	0.04	2377.00	15594	11050.00
嘉兴市	Jiaxing	575.19	11056	43.97		25.71	3394	7363.22
湖州市	Huzhou		9735	16.80			6332	10021.00
绍兴市	Shaoxing	473.07	17025	63.00		138.00	7612	916.00
舟山市	Zhoushan		8437	2759.00	44.80		2874	8069.00
浙西南	**Western and Southern Region**	**1909.07**	**99885**	**288.11**	**350.24**	**1244.10**	**35564**	**9883.56**
温州市	Wenzhou	450.13	33260	53.53	254.87	231.84	7325	2922.30
金华市	Jinhua	1083.32	27865	8.50	55.29	244.59	6821	212.00
其中:义乌市	Yiwu	518.30	8572		55.29	55.01	1545	
衢州市	Quzhou	210.27	10747	3.55	12.84	637.42	6013	7.32
台州市	Taizhou	39.85	22398	193.00	27.24		8859	6524.00
丽水市	Lishui	125.50	5615	29.53		130.25	6546	217.94

17－13 各市公路里程、邮电通信和用电量情况(2009 年)
Length of Highways, Posts and Telecommunications and Electricity Consumption by City(2009)

城市	City	境内公路里程(公里) Length of Highways (km)	#高速公路 Expressway	民用汽车拥有量(辆) Civil Motor Vehicles (unit)	固定电话用户(万户) Telephone Subscribers (10000 subscribers)	年末移动电话用户数(万户) Number of Mobile Telephones Subscribers (10000 subscribers)
浙东北	**Eastern and Northern Region**	**47538.59**	**1818.36**	**2494312**	**1257.62**	**3035.45**
杭州市	Hangzhou	14265.88	503.28	993019	390.38	1011.93
宁波市	Ningbo	9271.55	370.05	655113	301.41	866.87
嘉兴市	Jiaxing	6984.90	350.06	283968	170.21	424.67
湖州市	Huzhou	6951.92	263.97	167741	112.52	245.50
绍兴市	Shaoxing	8536.00	331.00	347628	226.28	378.52
舟山市	Zhoushan	1528.34		46843	56.82	107.96
浙西南	**Western and Southern Region**	**49178.95**	**1448.10**	**1772163**	**880.04**	**2322.55**
温州市	Wenzhou	7566.00	292.00	637431	356.02	858.75
金华市	Jinhua	11295.64	309.78	465386	211.10	527.59
其中:义乌市	Yiwu	1286.48	54.12	154976	55.65	170.62
衢州市	Quzhou	7039.00	244.00	94961	68.08	153.44
台州市	Taizhou	10671.00	274.00	457161	189.95	567.19
丽水市	Lishui	12607.31	328.32	117224	54.89	215.58

续表 Continued

城市	City	国际互联网用户数(户) Users of International Computer Network (subscriber)	电信业务收入(万元) Telecom Business Income (10000 yuan)	全年用电量(亿千瓦小时) Total Electricity Consumption (100 million kw. h)	#工业用电 Industrial Consumption	#城乡居民生活用电 Residential Consumption
浙东北	**Eastern and Northern Region**	**5131082**		**1527.59**	**1173.95**	**158.11**
杭州市	Hangzhou	1783282	1261713	459.70	322.57	56.40
宁波市	Ningbo	1360000		400.25	310.15	42.50
嘉兴市	Jiaxing	646741	622905	250.86	208.40	18.92
湖州市	Huzhou	394934	252537	123.06	95.79	13.15
绍兴市	Shaoxing	732847	431476	258.87	215.20	22.04
舟山市	Zhoushan	213278	122251	34.86	21.84	5.09
浙西南	**Western and Southern Region**	**3138459**	**2543838**	**772.83**	**559.30**	**122.30**
温州市	Wenzhou	1260817	993362	266.77	182.04	52.44
金华市	Jinhua	758157	554009	194.11	144.90	24.15
其中:义乌市	Yiwu	256923	190454	49.24	32.40	6.61
衢州市	Quzhou	173538	243471	89.63	75.27	7.25
台州市	Taizhou	752645	595634	171.88	121.45	30.26
丽水市	Lishui	193302	157362	50.43	35.64	8.21

17-14 各市固定资产投资(2009 年)
Total Investment in Fixed Assets by City (2009)

单位:亿元(100 million yuan)

城市	City	全社会固定资产投资 Total Investment in Fixed Assets	限额以上固定资产投资 Investment in Fixed Assets Above Designated Size	第一产业 Primary Industry	第二产业 Secondary Industry	第三产业 Tertiary Industry
浙东北	**Eastern and Northern Region**	**7623.66**	**7112.22**	**34.27**	**2981.77**	**4096.18**
杭州市	Hangzhou	2291.65	2195.17	3.13	611.55	1580.49
宁波市	Ningbo	2004.22	1860.45	13.00	716.64	1130.81
嘉兴市	Jiaxing	1233.41	1123.02	9.79	661.81	451.41
湖州市	Huzhou	638.69	592.59	1.13	314.16	277.30
绍兴市	Shaoxing	1055.03	952.37	6.28	538.24	407.85
舟山市	Zhoushan	400.66	388.63	0.94	139.37	248.32
浙西南	**Western and Southern Region**	**3001.62**	**2677.21**	**22.94**	**1258.86**	**1395.41**
温州市	Wenzhou	837.78	724.48	1.63	241.26	481.59
金华市	Jinhua	635.16	585.39	1.04	300.55	283.80
其中:义乌市	Yiwu	178.13	163.28	0.30	44.34	118.63
衢州市	Quzhou	415.40	380.96	10.49	217.82	152.64
台州市	Taizhou	834.10	729.78	2.06	408.99	318.72
丽水市	Lishui	279.19	256.61	7.71	90.24	158.65

续表 Continued

单位:亿元(100 million yuan)

城市	City	#房地产开发投资 Real Estate Development	#住宅 Residential Buildings	新增固定资产 Newly Incresaed Fixed Assets	商品房屋销售面积(万平方米) Floor Space of Commercial Houses Sold (10000 sq. m)	商品房屋销售额 Total Value of Commercial Houses Sold
浙东北	**Eastern and Northern Region**	**1637.12**	**1125.83**	**4250.71**	**4023.06**	**3241.36**
杭州市	Hangzhou	704.68	509.64	997.95	1456.38	1537.22
宁波市	Ningbo	374.51	237.64	1450.87	815.18	732.98
嘉兴市	Jiaxing	187.18	127.69	637.42	681.40	340.64
湖州市	Huzhou	111.30	75.75	311.32	432.28	219.77
绍兴市	Shaoxing	210.46	139.99	697.44	476.45	302.99
舟山市	Zhoushan	48.99	35.12	155.71	161.37	107.76
浙西南	**Western and Southern Region**	**617.15**	**455.49**	**1601.00**	**1515.14**	**1092.62**
温州市	Wenzhou	253.34	174.29	465.94	313.96	426.54
金华市	Jinhua	132.64	108.49	296.02	420.14	229.18
其中:义乌市	Yiwu	46.90	42.00	87.40	75.70	53.00
衢州市	Quzhou	37.59	28.70	312.71	231.30	86.15
台州市	Taizhou	152.27	114.14	357.29	422.36	271.54
丽水市	Lishui	41.30	29.87	169.04	127.38	79.22

17－15 各市国内贸易情况(2009 年)
Domestic Trade by City(2009)

城市	City	社会消费品零售总额(亿元) Total Retail Sales of Consumer Goods (100 million yuan)	限额以上批发、零售贸易业商品销售总额(亿元) Total Sales of Wholesale and Retailsale Trade Above Designated Size (100 million yuan)	限额以上批发零售企业数(个) Number of Wholesale and retail enterprises above the Designated Size (unit)	零售 Retail
浙东北	**Eastern and Northern Region**	**5271.06**	**13804.98**	**6594**	**1637**
杭州市	Hangzhou	1804.93	7805.37	3034	551
宁波市	Ningbo	1429.68	3658.73	1824	481
嘉兴市	Jiaxing	694.30	822.64	668	207
湖州市	Huzhou	442.57	447.20	279	121
绍兴市	Shaoxing	717.90	821.72	626	218
舟山市	Zhoushan	181.69	249.32	163	59
浙西南	**Western and Southern Region**	**3346.47**	**3251.14**	**2348**	**920**
温州市	Wenzhou	1264.72	1350.52	974	289
金华市	Jinhua	780.99	647.20	468	228
其中:义乌市	Yiwu	244.90	124.73	98	57
衢州市	Quzhou	250.25	236.12	164	78
台州市	Taizhou	817.88	807.47	558	220
丽水市	Lishui	232.62	209.83	184	105

17－16 各市外贸及利用外资情况(2009 年)
Foreign Trade and Utilization of Foreign Capital by City (2009)

城市	City	进口总额(亿美元) Total imports (100 million USD)	出口总额(亿美元) Total exports (100 million USD)	外国和港澳台地区在华直接投资 Foreign Funded Enterprises and Enterprises Funded by Entrepreneurs from Hong Kong, Macao & Taiwan	
				新签项目(合同)数(个) Newly Signed Contracts(unit)	实际使用外资金额(万美元) Amount of Foreign Capital Actually Use (USD 10000)
浙东北	**Eastern and Northern Region**	**490.36**	**1017.48**	**1772**	**928178**
杭州市	Hangzhou	132.40	271.80	554	401370
宁波市	Ningbo	221.62	386.51	403	220541
嘉兴市	Jiaxing	48.64	123.41	255	133460
湖州市	Huzhou	7.57	40.76	374	81095
绍兴市	Shaoxing	47.29	157.61	174	81117
舟山市	Zhoushan	32.84	37.39	12	10595
浙西南	**Western and Southern Region**	**56.82**	**312.65**	**167**	**91581**
温州市	Wenzhou	23.43	109.36	21	23448
金华市	Jinhua	7.45	85.98	93	40034
其中:义乌市	Yiwu	2.00	21.00	40	8049
衢州市	Quzhou	4.54	7.30	20	6380
台州市	Taizhou	19.65	100.67	25	18806
丽水市	Lishui	1.76	9.35	8	2913

17－17 各市国际旅游事业情况(2009 年)
International Tourism by City (2009)

城市	City	海外游客人数(人) Total Number of International Tourists (person)	#外国人 Foreigners	#港澳台同胞 Compatriots from Hong Kong Macao and Taiwan, China	国际旅游收入(万美元) Total International Income From Tourism (USD 10000)
浙东北	**Eastern and Northern Region**	**4599186**	**2909060**	**1690126**	**242309**
杭州市	Hangzhou	2304045	1572838	731207	137995
宁波市	Ningbo	800548	464598	335950	48650
嘉兴市	Jiaxing	556708	357762	198946	19182
湖州市	Huzhou	282690	121087	161603	10286
绍兴市	Shaoxing	431713	270243	161470	14818
舟山市	Zhoushan	223482	122532	100950	11378
浙西南	**Western and Southern Region**	**1138460**	**865139**	**269921**	**80426**
温州市	Wenzhou	329764	254612	75152	17797
金华市	Jinhua	531852	413257	118595	30423
其中:义乌市	Yiwu	374839	304543	70296	24885
衢州市	Quzhou	85262	43661	38201	4231
台州市	Taizhou	86514	59066	27448	4964
丽水市	Lishui	105068	94543	10525	23011

17－18 各市财政收支情况(2009 年)
Total Financial Revenve and Expenditure by City (2009)

单位:万元(10000 yuan)

城市	City	财政总收入 Total Financial Revenue	地方财政预算内收入 Total Local Government Budgetary Financial Revenue	地方财政预算内支出 Total Local Government Financial Expenditures	#一般性公共服务支出 Expenses for Public Service	#教育支出 Expenses for Education
浙东北	**Eastern and Northern Region**	**27872074**	**13845143**	**15183766**	**2312526**	**2685688**
杭州市	Hangzhou	10194264	5207899	4903983	710542	862769
宁波市	Ningbo	9662169	4328003	5060788	766461	771087
嘉兴市	Jiaxing	2793539	1417039	1611135	265182	348888
湖州市	Huzhou	1466856	800106	1085102	161050	215076
绍兴市	Shaoxing	2985319	1604310	1695366	265150	382071
舟山市	Zhoushan	769927	487786	827392	144141	105797
浙西南	**Western and Southern Region**	**9844395**	**5362146**	**8011342**	**1360990**	**1950534**
温州市	Wenzhou	3607243	1956445	2515604	407474	685935
金华市	Jinhua	2326315	1292755	1653599	272222	417280
其中:义乌市	Yiwu	708147	386255	356885	77716	89471
衢州市	Quzhou	623398	378521	953945	151817	182005
台州市	Taizhou	2631616	1360227	1759524	332279	449578
丽水市	Lishui	655823	374198	1128670	197198	215736

17－19 各市金融保险情况(2009 年)
Finance and Insurance by City (2009)

单位:亿元(100 million yuan)

城市	City	金融机构年末存款余额 Deposits	城乡居民储蓄年末余额 Residents' Savings Deposits	金融机构年末贷款余额 Loans	保费 Premium	赔款、给付 Settled Claim
浙东北	**Eastern and Northern Region**	**31911.01**	**11326.00**	**28476.38**	**414.29**	**122.56**
杭州市	Hangzhou	14284.21	4286.92	13113.30	159.69	49.89
宁波市	Ningbo	8241.43	2901.76	7715.91	107.44	36.29
嘉兴市	Jiaxing	2904.21	1385.62	2278.65	51.73	9.41
湖州市	Huzhou	1397.69	688.33	1150.71	31.45	6.35
绍兴市	Shaoxing	4139.54	1707.01	3363.79	47.54	13.41
舟山市	Zhoushan	943.93	356.36	854.02	16.43	7.21
浙西南	**Western and Southern Region**	**13200.99**	**6843.41**	**10814.36**	**230.86**	**70.27**
温州市	Wenzhou	5352.44	2752.78	4486.68	80.27	22.18
金华市	Jinhua	3220.83	1718.21	2510.35	60.24	18.76
其中:义乌市	Yiwu	1253.97	733.24	867.20		
衢州市	Quzhou	755.09	371.18	626.98	16.40	3.54
台州市	Taizhou	2935.61	1449.72	2518.06	57.51	20.79
丽水市	Lishui	937.03	551.51	672.30	16.45	5.01

17－20 各市社会保险福利情况(2009年)
Basic Statistics on Social Insurance & Welfare by City(2009)

单位:万人(10000 persons)

城市	City	基本养老保险参保人数 Persons Participating in the Basic Retirement Security Program	基本医疗保险参保人数 Persons Participating in the Basic Health Care Program	失业保险人数 Persons Participating in the Unemployment Insurance Program
浙东北	**Eastern and Northern Region**	**1030.20**	**843.88**	**577.46**
杭州市	Hangzhou	342.24	298.31	215.68
宁波市	Ningbo	344.28	251.84	173.21
嘉兴市	Jiaxing	135.80	117.64	70.07
湖州市	Huzhou	55.03	49.15	34.61
绍兴市	Shaoxing	124.82	105.05	68.91
舟山市	Zhoushan	28.03	21.89	14.98
浙西南	**Western and Southern Region**	**411.54**	**278.77**	**208.91**
温州市	Wenzhou	171.17	105.86	69.50
金华市	Jinhua	81.56	62.53	51.80
其中:义乌市	Yiwu	18.73	15.24	10.12
衢州市	Quzhou	37.93	32.59	16.39
台州市	Taizhou	90.07	53.05	56.20
丽水市	Lishui	30.81	24.73	15.02

续表 Continued

单位:万人(10000 persons)

城市	City	社会福利院数(个) Social Welfare Homes(unit)	社会福利院床位数(张) Beds of Social Welfare Homes(bed)	社区服务设施数(个) Number of Community Service Facilities Established in Urban Areas (unit)	居民最低生活保障线以下人数(人) Residents under Minimum Life Guarantee Relief (person)
浙东北	**Eastern and Northern Region**	**769**	**90714**	**15940**	**62197**
杭州市	Hangzhou	208	22430	8598	17510
宁波市	Ningbo	166	26865	2406	14619
嘉兴市	Jiaxing	95	11336	2107	7579
湖州市	Huzhou	80	8995	370	10378
绍兴市	Shaoxing	177	17947	1931	9619
舟山市	Zhoushan	43	3141	528	2492
浙西南	**Western and Southern Region**	**847**	**85637**	**17518**	**32026**
温州市	Wenzhou	380	36530	15769	13705
金华市	Jinhua	99	16507	172	4705
其中:义乌市	Yiwu	17	3256	32	192
衢州市	Quzhou	94	10695	544	4625
台州市	Taizhou	203	15574	952	4401
丽水市	Lishui	71	6331	81	4590

17－21 各市各类学校在校学生数(2009 年)
Student Enrollment by Type of School and by City(2009)

城市	City	高等学校(人) Institutions of Higher Education (person)	中等职业学校(人) Vocational Secondary Schools (person)	普通中学(万人) Regular Secondary Schools (10000 persons)	小学(万人) Primary Schools (10000 persons)
浙东北	**Eastern and Northern Region**	**667813**	**341704**	**137.55**	**163.04**
杭州市	Hangzhou	394087	96544	36.00	44.51
宁波市	Ningbo	135098	81293	33.29	45.03
嘉兴市	Jiaxing	38932	54504	21.57	22.48
湖州市	Huzhou	24409	33554	14.93	16.31
绍兴市	Shaoxing	52898	66678	27.76	30.02
舟山市	Zhoushan	22389	9131	4.00	4.69
浙西南	**Western and Southern Region**	**223420**	**304855**	**124.92**	**162.11**
温州市	Wenzhou	74239	90157	44.56	56.57
金华市	Jinhua	75429	79070	26.39	34.21
其中:义乌市	Yiwu	7794	10789	4.82	7.17
衢州市	Quzhou	10186	36356	12.67	14.72
台州市	Taizhou	29164	67761	28.91	41.08
丽水市	Lishui	34402	31511	12.39	15.53

17－22 各市专利申请(2009 年)
Patent Application by City (2009)

城市	City	专利申请受理量(项) Patent Application Accepted (item)	专利申请授权量(项) Patent Application Approved (item)	#发明 Invention
浙东北	**Eastern and Nortern Region**	**77675**	**55423**	**3865**
杭州市	Hangzhou	26075	15507	2535
宁波市	Ningbo	22738	15837	803
嘉兴市	Jiaxing	7661	5234	149
湖州市	Huzhou	6030	5165	92
绍兴市	Shaoxing	14768	13423	266
舟山市	Zhoushan	403	257	20
浙西南	**Western and Soutern Region**	**30880**	**24482**	**949**
温州市	Wenzhou	9570	7214	375
金华市	Jinhua	9552	7030	272
其中:义乌市	Yiwu	2526	1827	46
衢州市	Quzhou	1370	1102	54
台州市	Taizhou	8806	8145	225
丽水市	Lishui	1582	991	23

17－23 各市文化和卫生事业主要指标(2009 年)
Main Indicators of Culture and Public Healthy by City(2009)

城市	City	体育场馆数(个) Number of Sports Grounds and Gymnasiums (unit)	剧场、影剧院数(个) Number of Theaters and Music Halls (unit)	公共图书馆图书藏量(千册件) Total Collections of Books in Public Libraries (1000 copies)	医院卫生院数(个) Number of Health Institutions (unit)	医院卫生院床位数(张) Number of Beds in Health Institutions (bed)	医生数(人) Doctors (person)
浙东北	**Eastern and Northern Region**	**334**	**147**	**27137**	**1148**	**98128**	**63796**
杭州市	Hangzhou	103	34	12210	324	34832	22753
宁波市	Ningbo	81	31	6330	250	22843	16160
嘉兴市	Jiaxing	39	39	3521	119	12842	7525
湖州市	Huzhou	37	6	2029	129	9304	5690
绍兴市	Shaoxing	61	31	2356	244	14552	9298
舟山市	Zhoushan	13	6	691	82	3755	2370
浙西南	**Western and Southern Region**	**185**	**100**	**10088**	**1372**	**63115**	**48317**
温州市	Wenzhou	32	22	3044	427	20380	16156
金华市	Jinhua	67	18	3015	254	14148	10188
其中:义乌市	Yiwu	22	5	382	25	2696	1905
衢州市	Quzhou	11	10	1135	162	6618	5968
台州市	Taizhou	54	36	1691	239	15455	11237
丽水市	Lishui	21	14	1203	290	6514	4768

17－24 各市、县国民经济主要指标(2009 年) Main Indicators of National Economy by City and County(2009)

市县名称	City and County	土地面积(平方公里) Land Area (sq. km)	年末总人口(万人) Total Population by year－end (10000 persons)	生产总值(亿元) Gross Domestic Product (100 million yuan)	第一产业 Primary Industry	第二产业 Secondary Industry	#工业 Industry
杭州市区	Hangzhou District	3068	429.44	4065.02	87.28	1842.03	1613.35
富阳市	Fuyang	1808	64.67	356.40	24.89	214.70	202.12
临安市	Linan	3124	52.59	236.49	24.78	133.13	122.98
建德市	Jiande	2364	51.34	165.86	19.13	95.74	88.36
桐庐县	Tonglu	1780	40.07	171.56	14.47	106.12	96.60
淳安县	Chunan	4452	45.27	103.32	19.71	43.18	33.69
宁波市区	Ningbo District	2462	221.83	2121.36	42.15	992.39	898.04
余姚市	Yuyao	1501	83.25	500.69	29.61	286.63	269.48
慈溪市	Cixi	1361	103.52	626.24	31.39	372.14	351.47
奉化市	Fenhua	1268	48.21	196.83	18.95	94.43	85.06
象山县	Xiangshan	1382	53.71	237.11	36.57	115.54	96.98
宁海县	Ninghai	1843	60.50	235.55	25.20	131.65	119.70
温州市区	Wenzhou District	1187	144.77	1054.35	9.31	514.81	453.45
瑞安市	Ruian	1271	118.75	383.24	12.36	194.04	182.89
乐清市	Yueqing	1174	122.49	418.60	14.58	253.61	240.91
洞头县	Dongtou	104	12.74	33.34	3.40	11.18	8.67
永嘉县	Yongjia	2674	93.45	179.71	6.29	109.27	99.61
平阳县	Pingyang	1051	86.26	171.91	9.31	82.32	72.67
苍南县	Cangnan	1272	127.59	219.26	17.15	100.15	89.33
文成县	Wenchen	1293	37.37	33.59	3.64	11.13	8.45
泰顺县	Taishun	1762	35.69	34.00	4.10	12.32	8.12
嘉兴市区	Jiaxing District	968	83.12	482.25	22.85	247.99	211.00
平湖市	Pinghu	537	48.51	283.72	13.87	180.55	169.56
海宁市	Haining	668	65.50	375.26	17.81	226.88	196.33
桐乡市	Tongxiang	727	67.10	340.27	20.22	186.91	163.30
嘉善县	Jiashan	507	38.29	226.36	17.55	132.71	118.82
海盐县	Haiyan	508	37.07	210.23	15.19	136.40	125.44
湖州市区	Huzhou District	1567	108.56	509.92	33.34	283.46	256.54
德清县	Deqing	936	42.85	202.40	16.10	123.84	111.01
长兴县	ChangXing	1430	62.05	242.32	22.17	135.22	121.22
安吉县	Anji	1886	45.71	159.52	18.13	77.27	67.28
绍兴市区	Shaoxing District	362	64.90	407.46	6.44	194.43	160.99
诸暨市	Zhuji	2311	106.67	527.51	31.48	317.58	289.81
上虞市	Shangyu	1403	77.42	368.00	26.18	219.09	190.63

续表 1 Continued

市县名称	City and County	土地面积(平方公里) Land Area (sq. km)	年末总人口(万人) Total Population by year-end (10000 persons)	生产总值(亿元) Gross Domestic Product (100 million yuan)	第一产业 Primary Industry	第二产业 Secondary Industry	#工业 Industry
嵊州市	Shengzhou	1790	73.37	231.18	23.28	126.63	114.05
绍兴县	shaoxing	1177	71.78	655.26	23.96	408.18	370.84
新昌县	Xinchang	1213	43.59	187.06	13.12	104.82	97.76
金华市区	Jinhua District	2044	92.70	338.91	21.80	157.76	134.50
兰溪市	Lanxi	1313	65.97	147.76	14.90	88.36	83.42
东阳市	Dongyang	1739	81.62	248.84	11.66	131.67	108.90
义乌市	Yiwu	1105	73.02	519.53	14.60	227.33	190.99
永康市	Yongkang	1049	56.82	257.36	6.99	167.21	154.71
武义县	Wuyi	1577	33.63	103.25	9.78	58.96	53.13
浦江县	Pujiang	915	38.95	109.64	6.28	67.44	63.24
磐安县	Panan	1199	20.96	40.65	6.12	22.01	17.63
衢州市区	Quzhou District	2354	82.18	254.15	20.32	134.90	110.81
江山市	Jiangshan	2019	59.38	140.91	15.10	80.40	71.29
常山县	Changshan	1096	32.93	62.96	5.73	35.06	26.28
开化县	Kaihua	2228	35.06	59.10	8.96	29.72	22.74
龙游县	Longyou	1144	40.31	97.88	9.92	56.21	48.31
舟山市区	District	1028	69.66	373.51	27.91	165.02	134.78
岱山县	Daishan	327	19.14	102.35	14.88	54.52	41.91
嵊泗县	Shengsi	86	7.97	57.39	8.62	28.65	7.00
台州市区	Taizhou District	1536	153.77	737.86	26.01	358.23	320.00
温岭市	Wenling	836	118.45	498.73	36.07	261.19	239.52
临海市	Linhai	2171	115.47	275.62	23.59	145.21	126.79
玉环县	Yuhuan	378	41.47	243.32	16.38	151.91	143.24
三门县	Sanmen	1072	42.60	86.63	13.42	37.54	27.51
天台县	Tiantai	1426	57.50	101.96	7.67	45.98	40.83
仙居县	Xianju	1992	49.21	82.95	8.75	36.97	32.38
丽水市区	Lishui District	1502	38.46	143.19	10.92	59.16	49.10
龙泉市	Longquan	3059	28.71	51.03	8.70	21.84	16.97
青田县	Qingtian	2484	49.86	94.17	4.85	56.67	49.28
云和县	Yunhe	978	11.26	27.71	3.09	14.05	11.31
庆元县	Qingyuan	1898	20.24	25.95	4.63	10.89	8.59
缙云县	Jinyun	1482	45.02	89.08	6.39	52.94	48.90
遂昌县	Suichang	2539	23.12	47.86	6.43	22.06	18.99
松阳县	Songyang	1406	23.69	38.90	8.52	14.89	11.76
景宁自治县	Jingning	1950	17.02	23.13	4.03	8.31	5.79

续表 2 Continued

市县名称	City and County	第三产业 Tertiary Industry	人均生产总值（元） Per - capita GDP (yuan)	社会消费品零售总额（亿元） Total Retail Sales of Consumer Goods (100 million yuan)	全社会固定资产投资（亿元） Total Investment in Fixed Assets (100 million yuan)	财政总收入（亿元） Total Financia Revenue (100 million yuan)
杭州市区	Hangzhou District	2135.72	95229	1549.90	1817.24	896.58
富阳市	Fuyang	116.80	55251	73.49	168.07	50.11
临安市	Linan	78.59	44945	62.08	90.34	25.51
建德市	Jiande	51.00	32312	40.02	66.92	20.03
桐庐县	Tonglu	50.98	42902	51.60	88.20	17.64
淳安县	Chunan	40.43	22858	27.84	60.88	9.57
宁波市区	Ningbo District	1086.82		761.90	1362.84	710.92
余姚市	Yuyao	184.46	60031	184.30	173.13	72.65
慈溪市	Cixi	222.71	60610	245.80	215.97	91.00
奉化市	Fenhua	83.45	40847	68.73	69.91	27.17
象山县	Xiangshan	85.01	44230	91.20	92.44	30.01
宁海县	Ninghai	78.70	39075	77.74	89.94	34.46
温州市区	Wenzhou District	530.23	73316	683.76	393.16	176.05
瑞安市	Ruian	176.84	32441	151.65	108.66	51.01
乐清市	Yueqing	150.41	34397	131.72	108.37	58.94
洞头县	Dongtou	18.76	26277	9.29	19.01	4.29
永嘉县	Yongjia	64.15	19356	60.72	52.54	23.58
平阳县	Pingyang	80.28	20000	83.57	48.06	17.73
苍南县	Cangnan	101.96	17256	113.38	73.74	21.80
文成县	Wenchen	18.82	9009	16.21	18.53	3.69
泰顺县	Taishun	17.58	9554	14.43	15.71	3.64
嘉兴市区	Jiaxing District	211.41	58217	196.89	373.48	88.14
平湖市	Pinghu	89.30	58529	77.98	184.90	43.70
海宁市	Haining	130.57	57471	153.91	184.91	48.39
桐乡市	Tongxiang	133.14	50800	138.00	163.62	44.45
嘉善县	Jiashan	76.10	59182	75.08	146.82	33.38
海盐县	Haiyan	58.65	56826	52.44	179.68	21.30
湖州市区	Huzhou District	193.13	46980	226.49	317.88	66.11
德清县	Deqing	62.46	47328	65.41	105.39	28.38
长兴县	ChangXing	84.92	39132	91.15	146.18	33.89
安吉县	Anji	64.13	34978	59.52	69.25	18.31
绍兴市区	Shaoxing District	206.60	62783	189.39	229.12	74.75
诸暨市	Zhuji	178.45	49509	144.01	227.75	54.69
上虞市	Shangyu	122.73	47568	114.30	165.91	43.96

续表 3 Continued

市县名称	City and County	第三产业 Tertiary Industry	人均生产总值(元) Per - capita GDP (yuan)	社会消费品零售总额(亿元) Total Retail Sales of Consumer Goods (100 million yuan)	全社会固定资产投资(亿元) Total Investment in Fixed Assets (100 million yuan)	财政总收入(亿元) Total Financia Revenue (100 million yuan)
嵊州市	Shengzhou	81.27	31499	100.04	93.36	20.83
绍兴县	shaoxing	223.12	91491	105.89	272.07	81.20
新昌县	Xinchang	69.13	42925	64.27	66.83	23.10
金华市区	Jinhua District	159.35	36622	189.08	145.54	52.65
兰溪市	Lanxi	44.50	22444	59.30	49.20	17.18
东阳市	Dongyang	105.50	30555	108.19	73.74	25.55
义乌市	Yiwu	277.60	71457	244.90	178.13	70.81
永康市	Yongkang	83.16	45438	78.88	86.42	33.69
武义县	Wuyi	34.51	30775	39.70	42.07	14.37
浦江县	Pujiang	35.92	28200	47.50	40.86	13.17
磐安县	Panan	12.53	19408	13.44	19.19	5.20
衢州市区	Quzhou District	98.93	30991	95.90	160.85	33.09
江山市	Jiangshan	45.41	23817	48.14	86.78	10.77
常山县	Changshan	22.17	19164	25.08	57.69	5.66
开化县	Kaihua	20.42	16874	27.51	37.04	4.89
龙游县	Longyou	31.75	24283	53.62	73.04	7.93
舟山市区	District	180.58	53650	140.51	231.29	63.18
岱山县	Daishan	32.95	53394	28.21	66.05	9.32
嵊泗县	Shengsi	20.12	71911	12.97	103.32	4.49
台州市区	Taizhou District	353.62	48144	346.62	279.39	112.24
温岭市	Wenling	201.48	42260	202.51	181.54	47.55
临海市	Linhai	106.83	23953	93.80	132.30	32.95
玉环县	Yuhuan	75.04	58938	64.17	52.18	37.01
三门县	Sanmen	35.66	20413	32.59	111.60	11.63
天台县	Tiantai	48.31	17827	43.53	43.10	12.44
仙居县	Xianju	37.23	16927	34.66	33.99	9.34
丽水市区	Lishui District	73.12	37322	71.06	83.20	23.26
龙泉市	Longquan	20.49	17855	22.15	31.17	4.07
青田县	Qingtian	32.65	19022	36.38	47.31	11.48
云和县	Yunhe	10.57	24669	11.04	18.45	3.29
庆元县	Qingyuan	10.43	12860	13.39	14.05	2.15
缙云县	Jinyun	29.75	19842	31.74	30.13	9.01
遂昌县	Suichang	19.36	20735	19.63	19.28	5.89
松阳县	Songyang	15.49	16462	16.11	20.19	3.61
景宁自治县	Jingning	10.79	13659	11.12	15.42	2.81

续表 4 Continued

市县名称	City and County	地方财政收入（亿元）Local Financial Revenue (100 million yuan)	地方财政支出（亿元）Local Financial Expendi－ture (100 million yuan)	城乡居民储蓄存款年末余额（亿元）Savings Deposits of Urban and Rural Residents (100 million yuan)	城镇居民人均可支配收入（元）Per Capita Disposable Income of Urban Residents (yuan)	农村居民人均纯收入（元）Per Capita Net Income of Rural Residents (yuan)
杭州市区	Hangzhou District	453.52	400.03	3783.78	26864	
富阳市	Fuyang	27.57	27.35	166.95	23422	11851
临安市	Linan	14.04	18.95	101.75	22011	10735
建德市	Jiande	10.57	14.60	93.16	20756	8879
桐庐县	Tonglu	9.50	14.27	86.44	21791	10411
淳安县	Chunan	5.59	15.19	54.84	18144	6511
宁波市区	Ningbo District	295.63	349.59	1755.91	27368	13182
余姚市	Yuyao	39.03	39.24	343.35	26868	12148
慈溪市	Cixi	49.10	50.07	507.46	28311	13538
奉化市	Fenhua	14.42	20.44	116.49	25952	11881
象山县	Xiangshan	16.71	23.16	90.58	26432	11159
宁海县	Ninghai	17.91	23.58	87.98	25946	11367
温州市区	Wenzhou District	98.96	104.74	1462.87	28021	12854
瑞安市	Ruian	27.40	27.02	382.36	27837	11060
乐清市	Yueqing	27.23	32.52	341.46	27143	12269
洞头县	Dongtou	2.27	6.39	10.86	18339	7724
永嘉县	Yongjia	11.59	19.37	157.15	20264	7621
平阳县	Pingyang	9.95	18.31	135.61	20900	8254
苍南县	Cangnan	12.93	21.77	159.82	20190	7799
文成县	Wenchen	2.68	10.92	70.02	16853	5312
泰顺县	Taishun	2.63	10.52	32.63	14432	5190
嘉兴市区	Jiaxing District	47.51	55.51	409.43	22730	12643
平湖市	Pinghu	20.82	22.49	173.10	25907	12532
海宁市	Haining	23.95	26.30	264.12	25675	12781
桐乡市	Tongxiang	22.57	25.09	249.37	25211	12609
嘉善县	Jiashan	15.97	18.13	152.30	25180	12751
海盐县	Haiyan	10.88	13.60	137.30	26270	12582
湖州市区	Huzhou District	36.17	49.65	376.01	23242	11865
德清县	Deqing	14.82	18.91	121.68		12002
长兴县	ChangXing	18.47	22.70	109.52		11751
安吉县	Anji	10.54	17.25	81.12		11326
绍兴市区	Shaoxing District	43.01	40.58	498.72	25418	
诸暨市	Zhuji	29.57	32.29	289.67	27896	12762
上虞市	Shangyu	22.76	26.75	260.30	26513	11945

续表 5 Continued

市县名称	City and County	地方财政收入（亿元）Local Financial Revenue (100 million yuan)	地方财政支出（亿元）Local Financial Expendi－ture (100 million yuan)	城乡居民储蓄存款年末余额（亿元）Savings Deposits of Urban and Rural Residents (100 million yuan)	城镇居民人均可支配收入（元）Per Capita Disposable Income of Urban Residents (yuan)	农村居民人均纯收入（元）Per Capita Net Income of Rural Residents (yuan)
嵊州市	Shengzhou	10.86	14.59	143.01	26597	10087
绍兴县	shaoxing	43.58	42.06	423.10	28496	14682
新昌县	Xinchang	10.64	13.27	92.20	24987	9965
金华市区	Jinhua District	31.48	46.03	286.13	22915	8833
兰溪市	Lanxi	9.02	14.86	85.50	16593	6793
东阳市	Dongyang	15.15	18.82	206.76		10039
义乌市	Yiwu	38.63	35.69	733.24	30841	12899
永康市	Yongkang	17.72	19.24	231.81		9744
武义县	Wuyi	7.34	12.74	66.59		6725
浦江县	Pujiang	7.21	10.09	80.66	20435	8288
磐安县	Panan	2.72	7.90	27.52		5518
衢州市区	Quzhou District	19.21	40.45	158.34	19539	7279
江山市	Jiangshan	6.59	16.61	83.62	18224	8294
常山县	Changshan	3.81	11.98	33.44		7126
开化县	Kaihua	3.25	13.41	37.99		6562
龙游县	Longyou	5.00	12.94	57.79	16795	7720
舟山市区	District	39.98	62.23	289.55	24939	
岱山县	Daishan	5.11	12.39	46.55	21978	12791
嵊泗县	Shengsi	3.69	8.12	20.26	21487	12018
台州市区	Taizhou District	59.01	63.71	622.22	25889	11421
温岭市	Wenling	25.02	28.90	351.88	25966	11313
临海市	Linhai	17.34	24.85	172.58	21912	9595
玉环县	Yuhuan	16.56	19.13	126.75	28454	12192
三门县	Sanmen	6.61	14.10	41.56	19850	7863
天台县	Tiantai	6.54	12.94	65.43	19775	7590
仙居县	Xianju	4.94	12.33	69.30	18222	6976
丽水市区	Lishui District	12.82	29.03	145.24	20446	7047
龙泉市	Longquan	2.49	9.89	33.92	19825	5805
青田县	Qingtian	7.39	20.00	206.24	20345	5836
云和县	Yunhe	1.90	6.89	17.31	18180	5560
庆元县	Qingyuan	1.29	7.30	17.69	16398	5278
缙云县	Jinyun	4.45	12.51	61.10	19051	5828
遂昌县	Suichang	3.19	9.50	28.91	19508	5800
松阳县	Songyang	2.19	8.82	25.93	17421	5258
景宁自治县	Jingning	1.70	8.96	15.18	16157	5409

17－25 各市、县全社会从业人员数(2009 年底)
Total Employed Persons by City and County(End of 2009)

单位:万人(10000 persons)

市县名称	City and County	全社会从业人员数 Total Employed Persons	第一产业 Primary Industry	第二产业 Secondary Industry	第三产业 Tertiary Industry
杭州市区	Hangzhou District	435.49	26.97	209.76	198.76
富阳市	Fuyang	46.92	10.93	23.42	12.57
临安市	Linan	38.35	9.12	19.18	10.05
建德市	Jiande	31.62	10.71	12.27	8.64
桐庐县	Tonglu	30.74	7.09	16.46	7.19
淳安县	Chunan	24.41	12.30	6.49	5.62
宁波市区	Ningbo District	173.76	19.42	99.31	55.03
余姚市	Yuyao	64.37	9.94	31.04	23.39
慈溪市	Cixi	94.80	11.30	56.10	27.40
奉化市	Fenhua	34.43	7.28	17.51	9.64
象山县	Xiangshan	37.40	11.59	17.31	8.50
宁海县	Ninghai	39.10	9.90	17.80	11.40
温州市区	Wenzhou District	195.54	6.63	117.41	73.37
瑞安市	Ruian	70.43	8.55	38.22	23.66
乐清市	Yueqing	71.23	11.75	30.05	29.43
洞头县	Dongtou	5.02	1.64	1.71	1.67
永嘉县	Yongjia	55.75	14.32	15.20	26.23
平阳县	Pingyang	51.79	12.87	24.61	14.31
苍南县	Cangnan	54.41	17.82	21.46	15.13
文成县	Wenchen	17.24	6.44	4.71	6.09
泰顺县	Taishun	25.51	7.86	9.12	8.53
嘉兴市区	Jiaxing District	70.18	9.22	37.60	23.35
平湖市	Pinghu	48.07	4.25	32.93	10.88
海宁市	Haining	60.08	6.59	38.42	15.06
桐乡市	Tongxiang	63.65	6.47	39.47	17.71
嘉善县	Jiashan	38.84	5.06	21.98	11.79
海盐县	Haiyan	27.27	4.87	16.56	5.83
湖州市区	Huzhou District	66.05	11.33	34.09	20.63
德清县	Deqing	27.51	4.56	11.61	11.34
长兴县	ChangXing	40.42	7.60	18.52	14.30
安吉县	Anji	29.65	6.83	12.43	10.39
绍兴市区	Shaoxing District				
诸暨市	Zhuji	71.88	12.34	42.25	17.29

续表 Continued 单位:万人(10000 persons)

市县名称	City and County	全社会从业人员数 Total Employed Persons	第一产业 Primary Industry	第二产业 Secondary Industry	第三产业 Tertiary Industry
上虞市	Shangyu	57.74	12.18	35.06	10.50
嵊州市	Shengzhou	52.66	10.72	27.79	14.15
绍兴县	shaoxing	62.84	6.23	38.63	17.98
新昌县	Xinchang	26.98	8.06	12.09	6.83
金华市区	Jinhua District	62.00	16.20	26.05	19.75
兰溪市	Lanxi	34.99	14.97	14.15	5.87
东阳市	Dongyang	56.12	9.30	30.80	16.02
义乌市	Yiwu	87.49	9.45	52.11	25.93
永康市	Yongkang	47.52	7.80	25.90	13.82
武义县	Wuyi	21.11	5.02	11.26	4.83
浦江县	Pujiang	28.45	6.04	16.53	5.88
磐安县	Panan	11.70	5.20	5.10	1.40
衢州市区	Quzhou District	46.26	19.08	13.04	14.14
江山市	Jiangshan	27.83	10.35	9.46	8.02
常山县	Changshan	17.23	6.95	5.65	4.63
开化县	Kaihua	16.64	8.50	4.34	3.80
龙游县	Longyou	22.75	8.85	7.73	6.17
舟山市区	District	47.41	6.54	21.63	19.24
岱山县	Daishan	14.06	3.11	5.51	5.44
嵊泗县	Shengsi	4.48	1.26	0.89	2.33
台州市区	Taizhou District	111.69	16.49	59.65	35.55
温岭市	Wenling	84.54	15.87	36.78	31.89
临海市	Linhai	71.39	16.89	27.60	26.90
玉环县	Yuhuan	35.82	4.03	17.23	14.56
三门县	Sanmen	23.68	6.95	10.00	6.73
天台县	Tiantai	31.52	10.44	9.65	11.43
仙居县	Xianju	27.20	7.48	9.23	10.49
丽水市区	Lishui District	25.06	7.64	7.19	10.23
龙泉市	Longquan	17.60	8.12	3.24	6.24
青田县	Qingtian	18.61	8.11	4.91	5.59
云和县	Yunhe	8.47	2.77	3.21	2.39
庆元县	Qingyuan	9.87	4.98	2.82	2.07
缙云县	Jinyun	24.67	11.24	8.17	5.14
遂昌县	Suichang	14.56	6.86	3.50	4.20
松阳县	Songyang	12.78	7.66	2.81	2.31
景宁自治县	Jingning	9.22	4.25	2.03	2.94

17－26 各市、县年末单位从业人员数(2009 年底)
Employed Persons by City and County(End of 2009)

单位:万人(10000 persons)

市县名称	City and County	年末单位从业人员数 Total Employed Persons by Unit	农、林、牧、渔业 Agriculture	采矿业 Mining and Quarrying	制造业 Manufac－turing	电力、煤气及水的生产和供应业 Electricity, Gas and Water Production and Supply	建筑业 Construction	交通运输仓储及邮电通信业 Transport, Storage, Post & Telecom munication
杭州市区	Hangzhou District	178.24	0.09	0.08	59.51	1.42	37.31	7.29
富阳市	Fuyang	8.44	0.01	0.02	4.28	0.27	0.63	0.17
临安市	Linan	6.80		0.10	3.67	0.15	0.39	0.12
建德市	Jiande	3.76	0.01	0.03	1.24	0.13	0.29	0.16
桐庐县	Tonglu	4.36		0.01	2.41	0.17	0.12	0.06
淳安县	Chunan	2.76	0.06		0.44	0.05	0.12	0.12
宁波市区	Ningbo District	78.98	0.04	0.03	44.11	0.97	3.20	4.10
余姚市	Yuyao	6.64	0.02		2.30	0.20	0.29	0.09
慈溪市	Cixi	8.61	0.06		4.43	0.13	0.07	0.28
奉化市	Fenhua	6.07			3.44	0.06	0.48	0.15
象山县	Xiangshan	26.64			2.35	0.10	22.42	0.03
宁海县	Ninghai	5.33	0.02		2.74	0.26	0.11	0.12
温州市区	Wenzhou District	40.47	0.01		16.13	0.55	8.18	1.71
瑞安市	Ruian	12.92	0.01		7.49	0.07	1.61	0.22
乐清市	Yueqing	22.17	0.01		15.70	0.35	2.06	0.25
洞头县	Dongtou	0.86			0.22	0.03	0.04	0.05
永嘉县	Yongjia	10.00	0.03		5.89	0.15	1.62	0.15
平阳县	Pingyang	7.12	0.01		3.30	0.06	1.40	0.13
苍南县	Cangnan	7.85	0.01	0.18	2.16	0.08	2.46	0.17
文成县	Wenchen	1.80	0.02		0.14	0.08	0.61	0.04
泰顺县	Taishun	4.45	0.01	0.03	0.05	0.08	3.06	0.05
嘉兴市区	Jiaxing District	21.94	0.03		12.87	0.26	0.54	0.48
平湖市	Pinghu	13.44	0.01		10.16	0.29	0.04	0.13
海宁市	Haining	12.73	0.01		8.78	0.17	0.09	0.20
桐乡市	Tongxiang	11.02	0.04		6.86	0.16	0.44	0.12
嘉善县	Jiashan	10.34			7.91	0.07	0.11	0.09
海盐县	Haiyan	6.54	0.02		3.11	0.52	0.91	0.12
湖州市区	Huzhou District	16.49		0.11	7.89	0.25	1.78	0.38
德清县	Deqing	5.73		0.10	3.68	0.09	0.01	0.06
长兴县	ChangXing	6.99		0.32	3.34	0.17	0.97	0.13
安吉县	Anji	4.73	0.01	0.01	2.24	0.05	0.71	0.07
绍兴市区	Shaoxing District	29.00	0.01	0.20	7.99	0.35	13.48	0.69
诸暨市	Zhuji	24.83	0.01	0.03	7.07	0.16	12.89	0.17

续表 1 Continued 单位:万人(10000 persons)

市县名称	City and County	年末单位从业人员数 Total Employed Persons by Unit	农、林、牧、渔业 Agriculture	采矿业 Mining and Quarrying	制造业 Manufac - turing	电力、煤气及水的生产和供应业 Electricity, Gas and Water Production and Supply	建筑业 Construction	交通运输仓储及邮电通信业 Transport, Storage, Post & Telecom munication
上虞市	Shangyu	12.64			6.32	0.12	3.20	0.12
嵊州市	Shengzhou	5.57	0.01		2.86	0.08	0.40	0.18
绍兴县	shaoxing	17.93	0.01		10.53	0.43	3.84	0.23
新昌县	Xinchang	4.75			2.42	0.07	0.45	0.09
金华市区	Jinhua District	15.28	0.04		3.45	0.27	4.31	0.54
兰溪市	Lanxi	4.58	0.02	0.02	2.03	0.15	0.38	0.09
东阳市	Dongyang	9.48	0.01	0.02	4.13	0.11	1.88	0.20
义乌市	Yiwu	7.88			1.11	0.10	0.86	0.50
永康市	Yongkang	4.02			0.87	0.09	0.25	0.09
武义县	Wuyi	1.84	0.02		0.29	0.08	0.06	0.07
浦江县	Pujiang	2.56			1.00	0.06	0.08	0.09
磐安县	Panan	2.47			0.16	0.03	1.66	
衢州市区	Quzhou District	8.52		0.04	3.49	0.21	0.22	0.28
江山市	Jiangshan	2.65	0.01		0.99	0.10	0.10	0.03
常山县	Changshan	1.25			0.19	0.03	0.06	0.03
开化县	Kaihua	1.19	0.03		0.19	0.05	0.01	0.08
龙游县	Longyou	2.73			1.00	0.04	0.31	0.08
舟山市区	Zhoushan District	13.00	0.04	0.02	3.94	0.34	1.12	1.04
岱山县	Daishan	1.84		0.15	0.26	0.09	0.33	0.10
嵊泗县	Shengsi	0.94		0.03	0.06	0.06	0.05	0.05
台州市区	Taizhou District	29.85	0.07		11.49	0.42	6.83	0.59
温岭市	Wenling	8.68	0.25		1.73	0.09	2.72	0.16
临海市	Linhai	9.54	0.02		2.92	0.20	2.66	0.29
玉环县	Yuhuan	4.68			2.04	0.07	0.44	0.10
三门县	Sanmen	2.69	0.06		0.10	0.06	1.30	0.05
天台县	Tiantai	4.13	0.01		0.56	0.10	1.60	0.09
仙居县	Xianju	4.68	0.07	0.01	1.57	0.08	1.50	0.06
丽水市区	Lishui District	5.37	0.04		1.06	0.15	0.51	0.26
龙泉市	Longquan	1.62	0.04	0.07	0.26	0.08	0.13	0.05
青田县	Qingtian	1.91	0.01	0.01	0.41	0.10		0.08
云和县	Yunhe	1.00			0.19	0.11	0.05	0.04
庆元县	Qingyuan	0.83	0.03		0.03	0.07		0.03
缙云县	Jinyun	1.70	0.02		0.35	0.07	0.03	0.05
遂昌县	Suichang	1.77	0.06		0.81	0.07		0.04
松阳县	Songyang	0.91	0.02		0.01	0.06	0.04	0.02
景宁自治县	Jingning	0.96	0.03	0.01	0.07	0.09	0.04	0.03

续表 2 Continued 单位:万人(10000 persons)

市县名称	City and County	信息传输、计算机服务和软件业 Information Transmission, Computer Services and Software	批发和零售贸易 Wholesale and Retail Sale Trade	住宿、餐饮业 Hotels and Catering Services	金融业 Finance	房地产业 Real Estate	租赁和商业服务 Leasing and Commercial Services	科学研究、技术服务和地质勘查 Technic and Geological Prospecting
杭州市区	Hangzhou District	5.35	9.91	6.77	6.21	3.56	7.00	4.98
富阳市	Fuyang	0.06	0.25	0.03	0.21	0.08	0.18	0.07
临安市	Linan	0.03	0.22	0.05	0.09	0.16	0.15	0.04
建德市	Jiande	0.04	0.08	0.05	0.14	0.04	0.21	0.04
桐庐县	Tonglu	0.04	0.11	0.07	0.10	0.06	0.04	0.05
淳安县	Chunan	0.03	0.25	0.25	0.09	0.08	0.09	0.06
宁波市区	Ningbo District	0.65	3.40	1.34	4.36	1.52	2.94	1.05
余姚市	Yuyao	0.09	0.52	0.15	0.21	0.06	0.10	0.04
慈溪市	Cixi	0.04	0.47	0.10	0.28	0.06	0.14	0.07
奉化市	Fenhua	0.05	0.10	0.16	0.12	0.03	0.08	0.04
象山县	Xiangshan	0.02	0.05	0.15	0.09	0.01	0.01	0.01
宁海县	Ninghai	0.04	0.06		0.12	0.01	0.14	0.04
温州市区	Wenzhou District	0.31	1.73	0.69	1.96	0.86	0.63	0.47
瑞安市	Ruian	0.04	0.14	0.12	0.18	0.17	0.16	0.03
乐清市	Yueqing	0.05	0.30	0.16	0.19	0.05	0.30	0.04
洞头县	Dongtou	0.01	0.04		0.02	0.02	0.02	0.01
永嘉县	Yongjia	0.03	0.09	0.09	0.11	0.05		0.04
平阳县	Pingyang	0.03	0.06	0.03	0.11	0.05	0.03	0.04
苍南县	Cangnan	0.03	0.06	0.06	0.14	0.04	0.04	0.02
文成县	Wenchen	0.01	0.03	0.01	0.07	0.01	0.01	0.01
泰顺县	Taishun	0.01	0.04	0.04	0.05	0.02	0.06	0.02
嘉兴市区	Jiaxing District	0.36	0.98	0.28	0.82	0.75	0.50	0.41
平湖市	Pinghu	0.03	0.21	0.06	0.23	0.11	0.41	0.03
海宁市	Haining	0.02	0.27	0.20	0.28	0.13	0.39	0.07
桐乡市	Tongxiang		0.33	0.15	0.26	0.11	0.30	0.06
嘉善县	Jiashan		0.19	0.08	0.18	0.05	0.17	0.10
海盐县	Haiyan	0.01	0.21	0.07	0.16	0.08	0.15	0.04
湖州市区	Huzhou District	0.23	0.62	0.33	1.15	0.22	0.08	0.27
德清县	Deqing		0.06	0.06	0.05	0.03	0.14	0.04
长兴县	ChangXing	0.01	0.16	0.09	0.06	0.07	0.07	0.02
安吉县	Anji		0.05	0.04	0.05	0.05	0.05	0.03
绍兴市区	Shaoxing District	0.30	0.95	0.48	0.76	0.21	0.40	0.29
诸暨市	Zhuji	0.08	0.57	0.18	0.28	0.09	0.10	0.07

续表 3 Continued 单位:万人(10000 persons)

市县名称	City and County	信息传输、计算机服务和软件业 Information Transmission, Computer Services and Software	批发和零售贸易 Wholesale and Retail Sale Trade	住宿、餐饮业 Hotels and Catering Services	金融业 Finance	房地产业 Real Estate	租赁和商业服务 Leasing and Commercial Services	科学研究、技术服务和地质勘查 Technic and Geological Prospecting
上虞市	Shangyu	0.06	0.33	0.16	0.27	0.07	0.23	0.05
嵊州市	Shengzhou		0.08	0.07	0.16	0.02	0.05	0.03
绍兴县	shaoxing	0.03	0.12	0.06	0.30	0.07	0.21	0.05
新昌县	Xinchang	0.03	0.13	0.04	0.16	0.04	0.18	0.03
金华市区	Jinhua District	0.34	0.94	0.14	0.74	0.18	0.09	0.18
兰溪市	Lanxi	0.05	0.12	0.03	0.12	0.05	0.03	0.03
东阳市	Dongyang	0.03	0.18	0.15	0.17	0.03	0.54	0.04
义乌市	Yiwu	0.05	0.24	0.20	0.53	0.14	0.46	0.13
永康市	Yongkang	0.06	0.13	0.09	0.27	0.01	0.15	0.04
武义县	Wuyi	0.05	0.06	0.07	0.11	0.01	0.01	0.02
浦江县	Pujiang	0.01	0.03		0.11	0.01	0.02	0.02
磐安县	Panan		0.02	0.01	0.04		0.02	0.01
衢州市区	Quzhou District	0.15	0.22	0.03	0.84	0.02	0.14	0.09
江山市	Jiangshan	0.01	0.05	0.02	0.15	0.01	0.02	0.02
常山县	Changshan	0.01	0.02	0.03	0.09	0.01	0.01	0.01
开化县	Kaihua	0.01	0.02	0.01	0.09	0.01		0.02
龙游县	Longyou	0.02	0.09	0.03	0.13		0.01	0.02
舟山市区	Zhoushan District	0.20	0.39	0.41	0.53	0.21	0.95	0.16
岱山县	Daishan	0.01	0.04	0.01	0.03	0.01	0.07	0.01
嵊泗县	Shengsi	0.01	0.03	0.01	0.03	0.02	0.09	0.01
台州市区	Taizhou District	0.42	1.05	0.39	2.15	0.33	0.55	0.29
温岭市	Wenling	0.05	0.19	0.01	0.36	0.08	0.46	0.09
临海市	Linhai	0.04	0.34	0.18	0.17	0.07	0.04	0.05
玉环县	Yuhuan	0.02	0.11	0.15	0.16	0.03	0.09	0.02
三门县	Sanmen	0.01	0.04	0.03	0.07		0.03	0.02
天台县	Tiantai	0.02	0.06	0.06	0.10	0.02	0.12	0.08
仙居县	Xianju	0.01	0.13	0.06	0.08	0.03	0.05	0.04
丽水市区	Lishui District	0.19	0.11	0.06	0.47	0.03	0.30	0.15
龙泉市	Longquan	0.01	0.04	0.03	0.06	0.02	0.01	0.02
青田县	Qingtian	0.03	0.04	0.01	0.10	0.01	0.04	0.01
云和县	Yunhe	0.01	0.02		0.03	0.01	0.03	
庆元县	Qingyuan	0.02	0.02	0.01	0.04		0.01	0.01
缙云县	Jinyun	0.01	0.05	0.03	0.08	0.02	0.03	0.01
遂昌县	Suichang	0.01	0.03	0.03	0.05	0.01	0.01	0.02
松阳县	Songyang	0.01	0.02		0.05	0.01		0.02
景宁自治县	Jingning	0.02	0.04		0.03	0.01	0.04	0.02

续表 4 Continued 单位:万人(10000 persons)

市县名称	City and County	水利、环境和公共设施管理业 Water Conservancy, Environment and Public Facilities Management	居民服务和其他服务业 Resident Services and Other Services	教育 Education	卫生、社会保障和社会福利业 Health Care, Social Security and Social Welfare	文化、体育和娱乐业 Culture, Sports and Recreation	公共管理和社会组织 Public Management and Social Organization
杭州市区	Hangzhou District	1.81	0.81	9.98	5.45	1.87	8.86
富阳市	Fuyang	0.13	0.01	0.88	0.36	0.08	0.73
临安市	Linan	0.08	0.01	0.66	0.29	0.03	0.57
建德市	Jiande	0.08	0.01	0.46	0.27	0.03	0.46
桐庐县	Tonglu	0.11		0.39	0.19	0.02	0.43
淳安县	Chunan	0.07		0.41	0.16	0.05	0.43
宁波市区	Ningbo District	0.66	0.24	4.27	2.42	0.57	3.53
余姚市	Yuyao	0.12	0.01	0.90	0.48	0.05	1.03
慈溪市	Cixi	0.17	0.01	0.94	0.58	0.10	0.70
奉化市	Fenhua	0.05	0.04	0.04	0.25	0.04	0.52
象山县	Xiangshan	0.01		0.46	0.29	0.04	0.59
宁海县	Ninghai	0.08	0.01	0.59	0.32	0.05	0.62
温州市区	Wenzhou District	0.20	0.05	2.53	1.69	0.38	2.41
瑞安市	Ruian	0.04	0.01	1.10	0.55	0.02	0.97
乐清市	Yueqing	0.06	0.01	1.12	0.46	0.09	0.96
洞头县	Dongtou	0.01		0.13	0.04	0.01	0.21
永嘉县	Yongjia	0.04		0.79	0.22	0.05	0.66
平阳县	Pingyang	0.02	0.01	0.82	0.26	0.07	0.70
苍南县	Cangnan		0.01	1.14	0.31	0.09	0.85
文成县	Wenchen	0.01		0.25	0.11	0.01	0.36
泰顺县	Taishun	0.02		0.41	0.10	0.03	0.39
嘉兴市区	Jiaxing District	0.12	0.03	1.34	0.86	0.14	1.18
平湖市	Pinghu	0.09		0.63	0.30	0.07	0.64
海宁市	Haining	0.10	0.01	0.86	0.44	0.05	0.66
桐乡市	Tongxiang	0.23	0.01	0.91	0.40	0.06	0.56
嘉善县	Jiashan	0.11	0.01	0.49	0.24	0.04	0.50
海盐县	Haiyan	0.08	0.01	0.46	0.20	0.03	0.38
湖州市区	Huzhou District	0.20		1.14	0.65	0.13	1.06
德清县	Deqing	0.11	0.01	0.49	0.26	0.05	0.49
长兴县	ChangXing	0.09		0.67	0.25	0.03	0.53
安吉县	Anji	0.07		0.43	0.23	0.03	0.60
绍兴市区	Shaoxing District	0.16	0.02	1.11	0.60	0.15	0.88
诸暨市	Zhuji	0.29	0.01	1.27	0.64	0.05	0.87

续表 5 Continued 单位:万人(10000 persons)

市县名称	City and County	水利、环境和公共设施管理业 Water Conservancy, Environment and Public Facilities Management	居民服务和其他服务业 Resident Services and Other Services	教育 Education	卫生、社会保障和社会福利业 Health Care, Social Security and Social Welfare	文化、体育和娱乐业 Culture, Sports and Recreation	公共管理和社会组织 Public Management and Social Organization
上虞市	Shangyu	0.11		0.77	0.34	0.02	0.48
嵊州市	Shengzhou	0.08	0.01	0.68	0.29	0.06	0.52
绍兴县	shaoxing	0.06		0.84	0.45	0.05	0.65
新昌县	Xinchang	0.07	0.01	0.41	0.20	0.02	0.40
金华市区	Jinhua District	0.24	0.01	1.46	0.75	0.15	1.45
兰溪市	Lanxi	0.11		0.58	0.26	0.04	0.46
东阳市	Dongyang	0.14		0.73	0.39	0.06	0.67
义乌市	Yiwu	0.30	0.01	0.94	0.49	0.05	1.77
永康市	Yongkang	0.24	0.01	0.62	0.37	0.02	0.71
武义县	Wuyi	0.06		0.37	0.17	0.01	0.38
浦江县	Pujiang	0.09		0.40	0.19	0.03	0.43
磐安县	Panan	0.03		0.18	0.07	0.02	0.25
衢州市区	Quzhou District	0.09	0.01	0.91	0.38	0.10	1.31
江山市	Jiangshan	0.02		0.44	0.20	0.01	0.46
常山县	Changshan	0.02		0.24	0.11	0.02	0.37
开化县	Kaihua	0.01		0.23	0.12	0.02	0.30
龙游县	Longyou	0.02		0.32	0.14	0.02	0.49
舟山市区	Zhoushan District	0.22	0.01	0.99	0.67	0.12	1.63
岱山县	Daishan	0.02		0.19	0.11	0.02	0.38
嵊泗县	Shengsi	0.04		0.10	0.06	0.01	0.27
台州市区	Taizhou District	0.29	0.10	1.66	1.03	0.15	2.02
温岭市	Wenling	0.12	0.01	1.14	0.54	0.04	0.63
临海市	Linhai	0.09	0.01	1.14	0.53	0.05	0.73
玉环县	Yuhuan	0.03		0.42	0.24	0.02	0.72
三门县	Sanmen	0.03		0.35	0.15	0.03	0.36
天台县	Tiantai	0.07		0.58	0.23	0.04	0.39
仙居县	Xianju	0.02	0.01	0.39	0.19	0.01	0.37
丽水市区	Lishui District	0.09	0.01	0.64	0.48	0.09	0.76
龙泉市	Longquan	0.05		0.28	0.11	0.02	0.32
青田县	Qingtian	0.03		0.40	0.14	0.04	0.44
云和县	Yunhe	0.03		0.14	0.07	0.01	0.24
庆元县	Qingyuan	0.01		0.19	0.07		0.29
缙云县	Jinyun	0.03		0.43	0.12	0.02	0.36
遂昌县	Suichang	0.03		0.22	0.11	0.02	0.27
松阳县	Songyang	0.01		0.24	0.11	0.02	0.28
景宁自治县	Jingning	0.02		0.17	0.08	0.01	0.26

17－27 各市、县农、林、牧、渔业总产值(2009 年)
Gross Output Value of Farming, Forestry, Animal Husbandry and Fishery by City and County(2009)

单位:万元(10000 yuan)

市县名称	City and County	农、林、牧、渔业总产值 Total Output Value of Agriculture	农业产值 Farming	林业产值 Forestry	牧业产值 Animal Husbandry	渔业产值 Fishery	农林牧渔业服务业产值 Services
杭州市区	Hangzhou District	1377081	724017	61937	295282	248395	47450
建德市	Jiande	300276	166879	14857	95202	16418	6920
桐庐县	Tonglu	216701	127297	18982	51366	14974	4082
富阳市	Fuyang	363583	205513	49735	84708	21027	2600
临安市	Linan	359660	107401	175011	66453	4830	5965
淳安县	Chunan	280070	166255	41795	49881	19982	2157
宁波市区	Ningbo District	637174	404905	18723	134163	63227	16156
余姚市	Yuyao	457723	288021	21425	101906	42080	4291
慈溪市	Cixi	459289	296585	3061	60063	83993	15587
奉化市	Fenhua	306430	127628	27963	59570	86948	4321
象山县	Xiangshan	653433	120338	4531	62376	462492	3696
宁海县	Ninghai	353756	108874	12819	60593	169503	1967
温州市区	Wenzhou District	158079	86713	942	57997	11297	1130
瑞安市	Ruian	205970	93349	2549	28565	78070	3437
洞头县	Dongtou	78556	1224	1276	1078	74779	199
乐清市	Yueqing	222361	80530	1419	45381	86295	8736
永嘉县	Yongjia	103192	57615	4421	36084	3444	1628
平阳县	Pingyang	165514	68301	5429	45037	45038	1709
苍南县	Cangnan	276608	92702	6491	35371	138461	3583
文成县	Wenchen	54504	34454	2690	15931	514	915
泰顺县	Taishun	61820	42697	6442	12094	327	260
嘉兴市区	Jiaxing District	464388	154362	490	235424	62744	11368
海宁市	Haining	270442	106657	1385	108911	40984	12505
平湖市	Pinghu	209986	106195	911	54821	34456	13603
嘉善县	Jiashan	362578	226656	106	87772	41001	7043
海盐县	Haiyan	221382	109867	1683	81562	17376	10894
桐乡市	Tongxiang	300876	139035	926	128942	14803	17170
湖州市区	Huzhou District	565187	195363	22843	173952	139699	33330
德清县	Deqing	289848	48533	50132	93814	77997	19372
长兴县	ChangXing	400803	260820	44209	51124	37633	7017
安吉县	Anji	275069	171472	71598	19899	8858	3242
绍兴市区	Shaoxing District	99846	52992	936	28743	15780	1395
诸暨市	Zhuji	484596	266349	63267	99660	51996	3324
上虞市	Shangyu	434114	279308	23983	63117	63839	3867

续表 Continued　　　　单位:万元(10000 yuan)

市县名称	City and County	农、林、牧、渔业总产值 Total Output Value of Agriculture	农业产值 Farming	林业产值 Forestry	牧业产值 Animal Husbandry	渔业产值 Fishery	农林牧渔业服务业产值 Services
嵊州市	Shengzhou	344347	240619	31055	67687	3751	1235
绍兴县	shaoxing	358037	203925	29700	77573	45112	1727
新昌县	Xinchang	179673	138030	17857	19292	2852	1642
金华市区	Jinhua District	388096	179443	8970	154434	29968	15281
兰溪市	Lanxi	254540	120558	1595	100423	26656	5308
东阳市	Dongyang	175618	125730	6111	32840	5050	5887
义乌市	Yiwu	214799	116376	3939	82681	10078	1725
永康市	Yongkang	96934	55778	3274	28527	6319	3036
武义县	Wuyi	149771	91393	6816	45034	3078	3450
浦江县	Pujiang	88106	58880	1833	23506	2517	1370
磐安县	Panan	94136	70836	11894	10463	171	772
衢州市区	Quzhou District	351832	146197	24822	167863	11667	1283
江山市	Jiangshan	266037	127167	11322	120674	5474	1400
常山县	Changshan	88417	51739	12351	18742	3624	1961
开化县	Kaihua	131561	97484	13140	18067	1719	1151
龙游县	Longyou	173460	61598	10732	88815	11305	1010
舟山市区	Zhoushan District	541799	63829	1594	32854	442121	1401
岱山县	Daishan	319206	14399	840	7030	296787	150
嵊泗县	Shengsi	162918	933	180	1168	160537	100
台州市区	Taizhou District	428951	222492	3572	47350	151181	4356
玉环县	Yuhuan	304670	40710	699	12692	246341	4228
三门县	Sanmen	258238	62043	3443	19639	172973	140
天台县	Tiantai	115589	82858	7903	21484	2667	677
仙居县	Xianju	134034	89809	12174	28083	3059	909
温岭市	Wenling	650643	175309	501	58868	402305	13660
临海市	Linhai	381893	198126	12641	50080	119496	1550
丽水市区	Lishui District	172117	124447	13501	27819	4620	1730
龙泉市	Longquan	136631	90881	29614	14322	1214	600
青田县	Qingtian	74156	49294	7891	11358	4740	873
云和县	Yunhe	48550	37462	3343	4039	2006	1700
庆元县	Qingyuan	71865	45895	18352	6163	1197	258
缙云县	Jinyun	100969	64920	9213	25024	1222	590
遂昌县	Suichang	106222	65199	23886	15661	909	567
松阳县	Songyang	128636	93630	14126	18972	1698	210
景宁县	Jingning	62315	43768	9997	7202	646	702

17－28 各市、县农作物播种面积(2009 年) Sown Area by City and County(2009)

单位:千公顷(1000 hectares)

县市名称	City and County	农作物播种面积(千公顷) Sown Area of Farm Crops (1000 hectares)	#粮食 Grain	#谷物 Cereal	#油料 Oilbearing Crops	#棉花 Cotton	#蔬菜 Vegetable	#果用瓜 Melon Used as Fruit
杭州市区	Hangzhou District	188.92	83.02	60.71	10.61	0.41	61.66	4.90
建德市	Jiande	40.18	20.20	13.07	6.25	0.20	7.28	2.77
桐庐县	Tonglu	34.19	17.03	10.52	6.94		6.06	1.40
富阳市	Fuyang	52.65	25.98	18.31	8.20		10.03	2.01
临安市	Linan	34.41	16.43	10.91	3.12		5.93	0.92
淳安县	Chunan	45.96	26.33	13.98	7.62	0.14	7.97	0.89
宁波市区	Ningbo District	91.58	38.58	32.89	1.75	0.18	22.82	8.72
余姚市	Yuyao	64.55	32.55	26.12	4.49	1.72	18.20	1.94
慈溪市	Cixi	79.87	26.61	9.34	7.79	3.77	28.91	6.99
奉化市	Fenhua	23.53	13.14	11.38	0.49		2.78	1.08
象山县	Xiangshan	31.23	16.62	10.81	1.31	0.07	9.17	2.40
宁海县	Ninghai	30.97	20.65	13.73	1.69	0.80	4.89	1.96
温州市区	Wenzhou District	24.92	10.13	7.93	0.89	0.01	11.88	0.75
瑞安市	Ruian	40.02	22.74	20.15	3.42		10.04	2.56
洞头县	Dongtou	1.28	0.86	0.10	0.17		0.24	0.01
乐清市	Yueqing	39.58	27.27	22.84	2.46	0.04	6.71	1.35
永嘉县	Yongjia	31.06	20.60	14.82	3.20	0.01	5.02	1.43
平阳县	Pingyang	35.76	25.40	20.24	1.42		5.64	1.95
苍南县	Cangnan	44.48	33.06	28.04	0.86		7.76	1.72
文成县	Wenchen	20.10	11.53	5.09	0.64		5.40	0.51
泰顺县	Taishun	18.81	11.98	6.80	1.02		3.99	0.07
嘉兴市区	Jiaxing District	88.05	51.63	43.23	7.08	0.32	21.57	3.95
海宁市	Haining	51.17	29.05	21.74	6.03	0.17	10.29	1.34
平湖市	Pinghu	53.86	35.63	33.66	9.69	0.44	6.71	1.11
嘉善县	Jiashan	49.19	28.81	25.43	1.01		15.62	2.15
海盐县	Haiyan	45.50	30.11	26.13	5.62	0.89	7.34	1.21
桐乡市	Tongxiang	55.65	26.08	20.54	4.38	0.42	16.14	1.59
湖州市区	Huzhou District	81.91	52.16	40.87	11.43	0.02	14.23	0.99
德清县	Deqing	20.28	14.30	11.40	1.16	0.09	3.15	0.76
长兴县	ChangXing	88.42	42.38	39.54	16.04	0.02	13.75	3.78
安吉县	Anji	40.91	26.16	20.59	3.80	0.01	6.36	1.28
绍兴市区	Shaoxing District	14.78	8.80	8.01	1.25	0.01	2.73	0.42

续表 Continued 单位:千公顷(1000 hectares)

县市名称	City and County	农作物播种面积(千公顷) Sown Area of Farm Crops (1000 hectares)	#粮食 Grain	#谷物 Cereal	#油料 Oilbearing Crops	#棉花 Cotton	#蔬菜 Vegetable	#果用瓜 Melon Used as Fruit
诸暨市	Zhuji	89.51	54.56	45.72	4.88	0.02	14.89	2.58
上虞市	Shangyu	85.78	48.25	40.49	7.79	2.05	19.68	3.82
嵊州市	Shengzhou	56.66	28.95	21.79	4.02	0.14	13.08	1.55
绍兴县	shaoxing	52.16	29.53	27.16	3.08	0.02	11.46	1.49
新昌县	Xinchang	28.05	13.74	9.47	4.58	0.11	5.17	0.67
金华市区	Jinhua District	56.40	30.55	24.98	5.69	1.55	8.39	2.32
兰溪市	Lanxi	46.68	23.62	17.57	9.76	4.03	5.33	1.57
东阳市	Dongyang	49.10	33.07	24.84	2.11	0.10	5.87	1.41
义乌市	Yiwu	31.07	18.56	12.17	1.58	0.03	7.34	1.28
永康市	Yongkang	17.74	11.94	9.94	0.76		3.13	0.96
武义县	Wuyi	30.18	19.42	15.66	2.78	0.01	5.15	1.12
浦江县	Pujiang	23.38	13.85	9.20	2.48	0.10	3.91	0.96
磐安县	Panan	18.30	8.38	5.17	0.47		3.45	0.81
衢州市区	Quzhou District	62.06	34.74	25.74	7.19	0.02	13.11	2.55
江山市	Jiangshan	57.94	35.27	29.88	10.08	0.51	7.99	0.64
常山县	Changshan	21.37	13.03	11.09	3.57	0.06	3.32	0.45
开化县	Kaihua	30.93	16.26	10.51	6.66	0.06	4.89	0.54
龙游县	Longyou	45.70	30.28	27.37	8.59	0.91	3.49	0.83
舟山市区	Zhoushan District	21.61	10.32	4.45	1.72	0.06	7.08	1.80
岱山县	Daishan	4.47	2.16	0.84	0.42		1.57	0.30
嵊泗县	Shengsi	0.24	0.04				0.19	0.01
台州市区	Taizhou District	54.20	26.32	18.58	0.53	0.05	19.77	3.70
玉环县	Yuhuan	10.29	4.97	2.27	0.24	0.16	4.03	0.70
三门县	Sanmen	26.98	17.50	10.59	1.73	0.17	4.93	1.89
天台县	Tiantai	37.84	27.10	21.34	1.27	0.05	5.97	0.47
仙居县	Xianju	34.81	20.32	13.78	5.50		4.98	1.03
温岭市	Wenling	55.34	29.50	19.74	0.59	0.09	14.97	4.09
临海市	Linhai	52.09	32.94	24.04	1.42	0.08	12.13	2.61
丽水市区	Lishui District	26.73	12.34	6.13	1.43		10.56	1.15
龙泉市	Longquan	29.50	18.50	13.13	1.89		5.57	0.23
青田县	Qingtian	19.87	13.51	8.78	0.71	0.01	4.25	0.49
云和县	Yunhe	7.65	5.39	3.08	0.18		1.53	0.21
庆元县	Qingyuan	16.33	11.97	9.08	0.10		2.83	0.13
缙云县	Jinyun	21.31	11.67	8.52	2.34	0.01	5.21	0.47
遂昌县	Suichang	25.88	15.01	8.47	2.64		4.62	0.22
松阳县	Songyang	19.79	11.79	6.22	1.75		4.73	0.12
景宁县	Jingning	16.75	10.08	5.20	0.32		4.05	0.17

17－29 各市、县主要农产品产量(2009 年)
Output of Major Farm Products by City and County (2009)

单位:吨(ton)

县市名称	City and County	粮食 Grain	#谷物 Cereal	油菜籽 Rapeseeds	棉花 Cotton	水果 Fruit	#柑桔 Citrus	茶叶 Tea	蚕茧 Silkworm Cocoons
杭州市区	Hangzhou District	491979	423865	20801	626	240014	1143	11197	912
建德市	Jiande	105867	83623	12104	172	164757	85884	3506	928
桐庐县	Tonglu	101449	70598	11204		96584	8411	1653	3625
富阳市	Fuyang	163993	125587	17389		119954	4549	4983	2080
临安市	Linan	96698	71335	5863	4	41950	1002	2112	2737
淳安县	Chunan	112448	73430	12720	157	109419	58840	6753	7588
宁波市区	Ningbo District	260606	232991	2218	203	456581	72256	6978	
余姚市	Yuyao	211236	183125	9207	2209	185443	2090	5449	10
慈溪市	Cixi	110580	57323	13123	3994	294101	5817	191	
奉化市	Fenhua	74573	69324	413		102252	18860	1640	1
象山县	Xiangshan	100102	74559	1310	75	190034	96009	1438	10
宁海县	Ninghai	106079	84052	1707	1014	161642	56915	3106	3
温州市区	Wenzhou District	63066	52226	1428	16	65130	21729	36	
瑞安市	Ruian	145368	134420	4208	6	74706	3525	79	
洞头县	Dongtou	2755	643	173		203			
乐清市	Yueqing	165609	148065	3604	55	64817	9194	212	
永嘉县	Yongjia	106211	82039	4583	19	60186	6720	540	1
平阳县	Pingyang	143088	124454	2127		51948	1829	737	
苍南县	Cangnan	190717	174835	1325		47351	5986	696	
文成县	Wenchen	58024	30857	998		28871	572	175	
泰顺县	Taishun	63639	42653	1452	2	8302	321	2166	
嘉兴市区	Jiaxing District	349246	314851	16316	437	193181	140		2744
海宁市	Haining	189166	161974	14376	261	76040	16441		8015
平湖市	Pinghu	248499	240304	25398	660	38390	742		3
嘉善县	Jiashan	189863	177569	2251		92162	4288		10
海盐县	Haiyan	195575	181444	14475	1124	81818	17058	129	3139
桐乡市	Tongxiang	186282	162668	10062	904	79380	208		13247
湖州市区	Huzhou District	380389	330732	28720	20	40793	222	323	7267
德清县	Deqing	103788	88456	2568	212	32557	185	1778	3355
长兴县	ChangXing	274982	265530	31939	27	137459	463	4498	1291
安吉县	Anji	155028	135299	6761	6	50199	98	4585	1923
绍兴市区	Shaoxing District	62585	59555	2434	17	16022	60	510	
诸暨市	Zhuji	376150	332002	7568	34	139794	5015	12282	520
上虞市	Shangyu	285814	259794	16175	2080	225199	1956	3286	1115

续表 1　Continued

单位:吨(ton)

县市名称	City and County	粮食 Grain	#谷物 Cereal	油菜籽 Rapeseeds	棉花 Cotton	水果 Fruit	#柑桔 Citrus	茶叶 Tea	蚕茧 Silkworm Cocoons
嵊州市	Shengzhou	172925	145304	4959	155	112246	9197	18554	956
绍兴县	shaoxing	209332	196365	5927	41	67292	146	9509	48
新昌县	Xinchang	76936	60627	6141	169	36667	2022	6154	820
金华市区	Jinhua District	177474	155123	8316	2398	166102	60992	3405	28
兰溪市	Lanxi	131917	111350	16972	7187	100095	28605	1234	601
东阳市	Dongyang	181036	159627	3170	134	64232	8601	2172	198
义乌市	Yiwu	110561	80583	2160	38	83653	24045	1142	41
永康市	Yongkang	74039	67479	1233	1	60684	11855	76	94
武义县	Wuyi	110146	98403	4112	14	49869	7307	7523	496
浦江县	Pujiang	77243	57714	3506	120	40078	1570	1149	79
磐安县	Panan	39457	28726	278		13902	157	2048	317
衢州市区	Quzhou District	194962	163317	9880	23	553177	473594	981	76
江山市	Jiangshan	219317	198582	14668	735	57129	27060	2052	16
常山县	Changshan	76759	70092	5397	80	157916	138885	116	43
开化县	Kaihua	93491	70382	12000	65	26299	10419	1593	1692
龙游县	Longyou	176511	167079	13687	1710	105133	74780	2508	3
舟山市区	Zhoushan District	47836	26951	2407	71	81225	25326	56	
岱山县	Daishan	11320	5013	557		11087	3158	42	
嵊泗县	Shengsi	168				368	136		
台州市区	Taizhou District	152376	124505	655	64	285824	86980	58	1
玉环县	Yuhuan	27995	14865	270	286	49061	15577	5	
三门县	Sanmen	86440	60177	2853	208	127570	49247	743	
天台县	Tiantai	121970	105472	1470	37	63249	26232	1900	73
仙居县	Xianju	105550	79942	8162	2	80275	10480	591	134
温岭市	Wenling	170437	129384	563	89	262393	21837	62	
临海市	Linhai	181250	146157	2296	93	297435	162299	800	193
丽水市区	Lishui District	61994	38930	1697	1	180673	96436	1412	1
龙泉市	Longquan	104228	85959	2614		12327	2310	1162	
青田县	Qingtian	68348	49704	844	7	76050	43581	150	
云和县	Yunhe	26735	18373	281		9383	1399	712	
庆元县	Qingyuan	57333	48083	106		12390	7405	557	
缙云县	Jinyun	66649	53497	3894	13	46466	3955	2135	1787
遂昌县	Suichang	72093	51641	3795		10634	2274	6448	
松阳县	Songyang	56288	38337	2741	4	47382	25769	8725	75
景宁县	Jingning	50080	34894	342		8640	3218	599	

续表 2 Continued 单位:吨(ton)

县市名称	City and County	生猪年末存栏头数(万头) Year-end Hogs (10000 heads)	牛年末存栏头数(头) Year-end Cattle (head)	羊年末存栏只数(万只) Year-end Sheep and Goats (10000 heads)	肉产量(吨) Output of Meat (ton)	#猪肉(吨) Pork (ton)	禽蛋产量(吨) Poultry Eggs (ton)	牛奶产量(吨) Cow Milk (ton)	水产品产量(吨) Output of Aquatic Products (ton)
杭州市区	Hangzhou District	98.04	8292	7.48	164670	121193	31596	27600	153428
建德市	Jiande	16.19	3022	1.12	28830	18477	87701	523	12490
桐庐县	Tonglu	12.80	2867	1.37	21069	17734	4973	440	7287
富阳市	Fuyang	16.55	3357	3.22	47264	32475	8351	5914	9530
临安市	Linan	18.18	3638	1.81	31738	28046	6744	4820	3831
淳安县	Chunan	16.85	2213	0.27	15648	14550	3781		16236
宁波市区	Ningbo District	30.92	5660	1.09	57904	45902	27984	10033	55382
余姚市	Yuyao	18.01	1691	2.02	47388	24467	6669	1790	29220
慈溪市	Cixi	10.94	807	1.26	21880	13280	7884	1300	42618
奉化市	Fenhua	11.56	3418	1.05	21518	16667	24760	1406	101574
象山县	Xiangshan	11.09	1558	1.59	20774	14195	13742		573491
宁海县	Ninghai	12.14	6975	1.00	21709	15495	21908	2220	137227
温州市区	Wenzhou District	13.98	5560	0.42	29883	20312	6428	9988	7752
瑞安市	Ruian	11.03	6632	1.03	13207	10070	6928	4517	105455
洞头县	Dongtou	0.36	62	0.26	471	367	174		150641
乐清市	Yueqing	14.32	6987	1.36	18283	12703	16661	4799	79515
永嘉县	Yongjia	13.79	13740	5.45	20126	14047	3747	304	3103
平阳县	Pingyang	8.96	4976	1.85	14971	10921	4401	3665	58158
苍南县	Cangnan	9.26	5129	3.94	16970	11998	9159	1726	199585
文成县	Wenchen	9.31	2937	1.69	9734	6796	1269	199	596
泰顺县	Taishun	3.65	2183	1.84	6459	4229	458	978	374
嘉兴市区	Jiaxing District	86.14	764	6.86	143285	124495	13835	2588	54908
海宁市	Haining	27.26	2447	23.71	47716	23903	5351	6550	36585
平湖市	Pinghu	47.45	760	1.22	30944	26118	10004	2128	32938
嘉善县	Jiashan	51.49	190	1.74	59568	51636	19904	425	27758
海盐县	Haiyan	64.93	3	8.15	46083	39770	1998		12369
桐乡市	Tongxiang	23.62	18	34.23	55893	35965	39125	255	10829
湖州市区	Huzhou District	28.72	201	17.66	96049	39039	24745		123774
德清县	Deqing	43.31	1349	5.19	56836	46976	16440	3345	69134
长兴县	ChangXing	8.89	2486	6.40	18507	10868	12401	4294	37695
安吉县	Anji	4.89	2506	1.23	9136	5042	1677	2020	8416
绍兴市区	Shaoxing District	3.96	43	0.07	10371	5291	7397	21	9479
诸暨市	Zhuji	27.98	2591	1.56	46979	34833	18099	38	15150
上虞市	Shangyu	25.57	1944	3.47	40301	29605	3811	580	34479

续表 3　Continued　　单位:吨(ton)

县市名称	City and County	生猪年末存栏头数(万头) Year-end Hogs (10000 heads)	牛年末存栏头数(头) Year-end Cattle (head)	羊年末存栏只数(万只) Year-end Sheep and Goats (10000 heads)	肉产量(吨) Output of Meat (ton)	#猪肉(吨) Pork (ton)	禽蛋产量(吨) Poultry Eggs (ton)	牛奶产量(吨) Cow Milk (ton)	水产品产量(吨) Output of Aquatic Products (ton)
嵊州市	Shengzhou	20.45	5453	3.65	25840	21696	4094	2509	3640
绍兴县	shaoxing	23.38	533	1.88	33773	28836	10363	1585	24002
新昌县	Xinchang	4.74	2304	0.62	5755	4440	1722		2575
金华市区	Jinhua District	54.86	36712	1.85	66879	51773	9266	80167	16206
兰溪市	Lanxi	29.11	4622	1.49	36962	29330	20721	1044	17516
东阳市	Dongyang	9.24	1776	1.50	18508	14805	3981	18	9515
义乌市	Yiwu	27.43	894	1.18	39467	30662	6005	1004	3450
永康市	Yongkang	5.70	787	0.47	9678	7260	1782		7282
武义县	Wuyi	15.01	3560	1.22	24177	16308	2250	1079	3013
浦江县	Pujiang	11.70	1074	0.29	14099	12509	4366		4097
磐安县	Panan	4.43	1839	0.91	4670	3965	1154	11	230
衢州市区	Quzhou District	101.47	8682	1.91	103529	95966	7198	2067	14571
江山市	Jiangshan	66.78	6300	0.81	68470	58931	3679	872	9810
常山县	Changshan	12.06	2431	0.58	13037	10354	1820	36	4423
开化县	Kaihua	9.42	2471	0.18	9701	8836	675		2573
龙游县	Longyou	51.58	4570	1.01	55024	46987	11602		13370
舟山市区	Zhoushan District	14.20	687	1.00	16466	13866	6809	446	642985
岱山县	Daishan	2.16	141	0.65	3139	2591	774	10	309167
嵊泗县	Shengsi	0.29	12	0.15	639	585	41		285667
台州市区	Taizhou District	13.48	4459	0.22	22033	17069	12255	7036	291663
玉环县	Yuhuan	3.06	633	0.44	6012	3071	1435	1	260443
三门县	Sanmen	4.41	2235	0.94	6814	5426	7935	115	182777
天台县	Tiantai	13.53	7246	0.83	11354	8156	2748	15	2723
仙居县	Xianju	9.79	7489	1.09	13330	11055	2301	1385	3746
温岭市	Wenling	14.63	2025	0.53	29711	20844	10240	826	489176
临海市	Linhai	19.42	5654	1.62	19785	18459	6844	1575	109963
丽水市区	Lishui District	10.35	4596	0.66	18680	11302	1954	144	4299
龙泉市	Longquan	8.15	4002	0.70	10331	9304	334	93	2300
青田县	Qingtian	6.34	8823	2.05	9202	7521	512		2452
云和县	Yunhe	1.97	2457	0.20	4055	1682	124		3016
庆元县	Qingyuan	3.89	2262	0.71	3524	2942	305		1250
缙云县	Jinyun	5.79	2488	1.57	14889	5661	3218	82	1933
遂昌县	Suichang	7.91	6304	0.53	9204	7871	580		1105
松阳县	Songyang	7.94	3596	0.18	13011	10082	990	45	1536
景宁县	Jingning	3.16	6112	1.38	4507	3510	157		958

17－30 各市、县农业现代化情况(2009 年)
Agricultural Modernization by City and County (2009)

市县名称	City and County	农业机械总动力(千瓦) Total Power of Agricultural Machinery (kw)	农村用电量(万千瓦小时) Electricity Consumed in Rural Areas (10000 kw. h)	农用化肥施用量(折纯)(吨) Consumption of Chemical Fertilizers (pure) (ton)	机耕面积(千公顷) Area Ploughed by Tractors (1000 hectares)	有效灌溉面积(千公顷) Irrigated Area (1000 hectares)	旱涝保收面积(千公顷) Stable Yields Ensured Despite Disasters (1000 hectares)
杭州市区	Hangzhou District	1622946	482018	57119	69.43	90.28	79.75
建德市	Jiande	272482	18957	17682	12.88	14.14	11.16
桐庐县	Tonglu	247115	59997	8439	10.87	11.860	9.00
富阳市	Fuyang	407543	329944	7426	15.67	19.630	13.71
临安市	Linan	424041	89339	20844	13.57	17.67	11.120
淳安县	Chunan	261113	9563	7408	7.85	9.05	6.33
宁波市区	Ningbo District	682746	496025	30487	38.91	56.97	38.52
余姚市	Yuyao	557585	261399	12411	26.96	36.73	26.67
慈溪市	Cixi	456614	506571	26971	29.74	40.60	36.00
奉化市	Fenhua	434067	99305	19813	12.70	25.00	21.97
象山县	Xiangshan	811215	44161	13032	14.02	16.28	13.81
宁海县	Ninghai	286312	68359	10635	12.08	12.49	8.20
温州市区	Wenzhou District	170703	263425	8840	9.15	13.09	6.21
瑞安市	Ruian	399667	92820	15353	18.21	20.61	15.26
洞头县	Dongtou	162783	2410	142	0.06	0.11	0.03
乐清市	Yueqing	273435	98243	14527	16.62	22.29	11.02
永嘉县	Yongjia	182929	62071	12160	3.56	13.55	5.67
平阳县	Pingyang	288384	61134	14880	13.60	22.64	11.42
苍南县	Cangnan	682079	65078	8346	14.06	22.47	18.76
文成县	Wenchen	72377	8588	5985	2.34	5.71	2.29
泰顺县	Taishun	50888	6645	7099	2.25	6.63	3.11
嘉兴市区	Jiaxing District	307733	132534	28163	26.94	41.76	34.47
海宁市	Haining	267132	135549	8622	18.93	33.14	26.80
平湖市	Pinghu	284400	172751	23473	22.26	30.98	28.29
嘉善县	Jiashan	257630	97759	10923	20.13	28.90	24.90
海盐县	Haiyan	161965	71580	18131	13.77	25.04	24.43
桐乡市	Tongxiang	318576	186501	16679	21.20	38.61	37.97
湖州市区	Huzhou District	592212	147924	16853	36.21	47.40	45.85
德清县	Deqing	339666	114471	5954	11.18	20.71	19.22
长兴县	ChangXing	349123	52752	19934	36.07	44.86	44.86
安吉县	Anji	337556	22842	14335	18.65	21.23	13.95
绍兴市区	Shaoxing District	96539	141225	5787	7.59	7.44	6.72
诸暨市	Zhuji	814932	402421	34214	33.66	39.00	29.40
上虞市	Shangyu	543899	131038	34595	29.40	42.52	22.92

续表 Continued

市县名称	City and County	农业机械总动力（千瓦）Total Power of Agricultural Machinery (kw)	农村用电量（万千瓦小时）Electricity Consumed in Rural Areas (10000 kw. h)	农用化肥施用量（折纯）（吨）Consumption of Chemical Fertilizers (pure) (ton)	机耕面积（千公顷）Area Ploughed by Tractors (1000 hectares)	有效灌溉面积（千公顷）Irrigated Area (1000 hectares)	旱涝保收面积（千公顷）Stable Yields Ensured Despite Disasters (1000 hectares)
嵊州市	Shengzhou	386136	71000	11050	14.68	36.79	20.11
绍兴县	shaoxing	344947	752849	7676	27.93	21.70	20.40
新昌县	Xinchang	152893	33020	9699	5.15	12.55	8.00
金华市区	Jinhua District	557720	49219	26642	17.35	38.170	31.590
兰溪市	Lanxi	281327	91383	27547	17.93	28.62	15.00
东阳市	Dongyang	463306	50500	11285	19.05	23.17	21.35
义乌市	Yiwu	274313	91600	12588	13.80	21.16	15.09
永康市	Yongkang	313275	36298	9619	14.70	16.85	13.41
武义县	Wuyi	187767	14755	14091	11.20	14.75	10.58
浦江县	Pujiang	127591	22215	4935	7.36	10.94	9.10
磐安县	Panan	195164	3044	3705	1.92	5.15	2.70
衢州市区	Quzhou District	561770	31050	28029	14.18	26.33	20.73
江山市	Jiangshan	353233	21058	15745	13.26	22.98	15.88
常山县	Changshan	159571	15815	11171	8.42	10.98	6.70
开化县	Kaihua	163501	4721	7461	8.53	10.08	8.87
龙游县	Longyou	323251	13500	19208	14.06	22.35	17.80
舟山市区	Zhoushan District	945493	96228	4545	6.66	11.02	9.68
岱山县	Daishan	535069	6710	467	0.67	1.82	0.87
嵊泗县	Shengsi	247738	2670	26	0.01	0.04	0.03
台州市区	Taizhou District	776871	241055	27425	29.500	34.590	21.180
玉环县	Yuhuan	310089	90000	2983	3.02	4.56	2.40
三门县	Sanmen	306491	26660	6701	9.21	9.77	0.60
天台县	Tiantai	150131	26346	7037	6.90	13.24	9.98
仙居县	Xianju	190019	17581	4624	11.73	12.80	6.31
温岭市	Wenling	1125244	209542	18987	24.53	29.51	23.20
临海市	Linhai	610905	94974	23788	22.31	23.200	21.67
丽水市区	Lishui District	147827	4471	13190	4.19	10.97	7.58
龙泉市	Longquan	221700	5778	7749	6.55	15.16	11.09
青田县	Qingtian	67196	12039	2713	1.13	10.83	3.86
云和县	Yunhe	58037	1682	609	1.39	4.00	1.95
庆元县	Qingyuan	85604	2383	7478	3.21	10.03	6.19
缙云县	Jinyun	159559	6826	6512	7.09	10.07	7.99
遂昌县	Suichang	90825	2688	8673	5.45	7.93	3.63
松阳县	Songyang	102229	6109	11331	1.79	8.190	5.65
景宁县	Jingning	72999	2908	3408	1.49	6.68	2.10

17－31 各市、县规模以上工业企业单位数(2009 年)
Number of Industrial Enterprises Above Designated Size by City and County(2009)

单位:个(unit)

市县名称	City and County	工业企业单位数 Number of Enterprises	内资企业 Domestic－Funded Enterprises	港澳台商投资企业 Enterprises with Investment from Hong Kong, Macao and Taiwan	外商投资企业 Enterprises with Foreign Investment
杭州市区	Hangzhou District	6477	5242	518	717
富阳市	Fuyang	1125	972	72	81
临安市	Linan	862	798	28	36
建德市	Jiande	714	684	16	14
桐庐县	Tonglu	694	573	74	47
淳安县	Chunan	160	149	1	10
宁波市区	Ningbo District	5915	4132	894	889
余姚市	Yuyao	1679	1241	250	188
慈溪市	Cixi	1863	1512	198	153
奉化市	Fenhua	1000	840	59	101
象山县	Xiangshan	698	562	56	80
宁海县	Ninghai	904	746	79	79
温州市区	Wenzhou District	2539	2311	52	176
瑞安市	Ruian	1465	1412	10	43
乐清市	Yueqing	1779	1727	23	29
洞头县	Dongtou	40	35	4	1
永嘉县	Yongjia	639	613	10	16
平阳县	Pingyang	534	495	15	24
苍南县	Cangnan	549	537	5	7
文成县	Wenchen	54	53		1
泰顺县	Taishun	37	37		
嘉兴市区	Jiaxing District	1379	1052	126	201
平湖市	Pinghu	820	606	63	151
海宁市	Haining	1636	1393	120	123
桐乡市	Tongxiang	1367	1100	138	129
嘉善县	Jiashan	930	630	137	163
海盐县	Haiyan	687	608	39	40
湖州市区	Huzhou District	1353	1139	91	123
德清县	Deqing	697	478	120	99
长兴县	ChangXing	760	676	34	50
安吉县	Anji	561	471	41	49
绍兴市区	Shaoxing District	787	515	143	129
诸暨市	Zhuji	1155	971	99	85
上虞市	Shangyu	882	721	94	67

续表 Continued 单位:个(unit)

市县名称	City and County	工业企业单位数 Number of Enterprises	内资企业 Domestic-Funded Enterprises	港澳台商投资企业 Enterprises with Investment from Hong Kong, Macao and Taiwan	外商投资企业 Enterprises with Foreign Investment
嵊州市	Shengzhou	674	548	68	58
绍兴县	shaoxing	1438	1190	156	92
新昌县	Xinchang	330	289	20	21
金华市区	Jinhua District	795	695	44	56
兰溪市	Lanxi	558	509	17	32
东阳市	Dongyang	742	700	15	27
义乌市	Yiwu	1185	1121	35	29
永康市	Yongkang	760	733	9	18
武义县	Wuyi	576	557	3	16
浦江县	Pujiang	492	437	19	36
磐安县	Panan	204	186	4	14
衢州市区	Quzhou District	345	322	10	13
江山市	Jiangshan	374	355	8	11
常山县	Changshan	137	130	5	2
开化县	Kaihua	118	114	2	2
龙游县	Longyou	256	241	6	9
舟山市区	Zhoushan District	487	455	9	23
岱山县	Daishan	86	73	4	9
嵊泗县	Shengsi	23	21	2	
台州市	Taizhou District	1886	1766	53	67
温岭市	Wenling	1727	1642	36	49
临海市	Linhai	650	568	48	34
玉环县	Yuhuan	1105	1022	36	47
三门县	Sanmen	223	207	5	11
天台县	Tiantai	306	289	6	11
仙居县	Xianju	313	270	22	21
丽水市区	Lishui District	244	233	2	9
龙泉市	Longquan	211	207	2	2
青田县	Qingtian	191	177	2	12
云和县	Yunhe	94	94		
庆元县	Qingyuan	95	93	1	1
缙云县	Jinyun	321	316	4	1
遂昌县	suichang	95	88	2	5
松阳县	Songyang	134	134		
景宁自治县	Jingning	66	65		1

17-32 各市、县规模以上工业总产值(2009年)
Gross Output Value of Industry Above Designated Size by City and County(2009)

单位:亿元(100 million yuan)

市县名称	City and County	工业总产值 Gross Output Value of Industry	内资企业 Domestic-Funded Enterprises	港澳台商投资企业 Enterprises with Investment from Hong Kong, Macao and Taiwan	外商投资企业 Enterprises with Foreign Investment
杭州市区	Hangzhou District	7405.98	5034.81	870.44	1500.73
富阳市	Fuyang	905.54	760.87	85.13	59.54
临安市	Linan	382.08	321.54	24.16	36.38
建德市	Jiande	269.90	254.67	4.93	10.29
桐庐县	Tonglu	302.83	199.39	64.27	39.17
淳安县	Chunan	124.41	112.61	1.49	10.31
宁波市区	Ningbo District	5356.31	2831.38	1326.77	1198.17
余姚市	Yuyao	839.10	522.36	200.14	116.60
慈溪市	Cixi	1045.35	708.36	198.32	138.67
奉化市	Fenhua	311.08	183.96	84.50	42.62
象山县	Xiangshan	349.67	248.55	45.49	55.62
宁海县	Ninghai	371.34	299.94	34.99	36.42
温州市区	Wenzhou District	1426.71	1272.51	33.76	120.43
瑞安市	Ruian	569.46	531.81	9.95	27.70
乐清市	Yueqing	888.47	841.22	7.82	39.43
洞头县	Dongtou	34.89	33.26	1.50	0.13
永嘉县	Yongjia	304.64	294.17	6.42	4.05
平阳县	Pingyang	183.48	150.71	6.09	26.69
苍南县	Cangnan	204.75	201.48	1.22	2.04
文成县	Wenchen	22.50	22.24		0.26
泰顺县	Taishun	13.83	13.83		
嘉兴市区	Jiaxing District	921.06	599.06	102.12	219.88
平湖市	Pinghu	635.72	344.77	72.16	218.79
海宁市	Haining	736.83	502.00	77.09	157.75
桐乡市	Tongxiang	690.86	498.76	93.41	98.68
嘉善县	Jiashan	500.59	246.49	82.29	171.82
海盐县	Haiyan	378.93	322.42	24.12	32.39
湖州市区	Huzhou District	1018.02	846.32	78.73	92.97
德清县	Deqing	458.18	286.17	86.52	85.49
长兴县	ChangXing	461.90	363.11	56.09	42.70
安吉县	Anji	259.99	206.81	21.71	31.47
绍兴市区	Shaoxing District	822.56	511.11	178.86	132.59
诸暨市	Zhuji	1294.50	1125.41	115.07	54.02
上虞市	Shangyu	775.81	636.80	83.57	55.44

续表 Continued 单位:亿元(100 million yuan)

市县名称	City and County	工业总产值 Gross Output Value of Industry	内资企业 Domestic - Funded Enterprises	港澳台商投资企业 Enterprises with Investment from Hong Kong, Macao and Taiwan	外商投资企业 Enterprises with Foreign Investment
嵊州市	Shengzhou	288.85	208.04	44.80	36.01
绍兴县	shaoxing	2046.17	1563.81	243.74	238.62
新昌县	Xinchang	291.01	268.85	14.28	7.88
金华市区	Jinhua District	492.92	424.24	36.94	31.74
兰溪市	Lanxi	371.96	343.36	7.14	21.47
东阳市	Dongyang	257.06	231.70	7.27	18.09
义乌市	Yiwu	485.80	426.31	33.14	26.35
永康市	Yongkang	567.90	535.53	6.02	26.35
武义县	Wuyi	230.34	220.48	1.66	8.20
浦江县	Pujiang	225.41	192.89	15.37	17.15
磐安县	Panan	42.26	34.87	2.23	5.16
衢州市区	Quzhou District	383.64	347.38	25.32	10.94
江山市	Jiangshan	204.01	191.05	1.69	11.27
常山县	Changshan	60.60	58.20	2.01	0.39
开化县	Kaihua	57.61	52.29	2.26	3.06
龙游县	Longyou	126.73	115.49	5.97	5.27
舟山市区	Zhoushan District	587.95	526.00	4.71	57.24
岱山县	Daishan	196.37	146.43	4.05	45.90
嵊泗县	Shengsi	6.23	5.85	0.39	
台州市区	Taizhou District	1074.97	965.12	48.93	60.93
温岭市	Wenling	640.52	570.23	32.69	37.60
临海市	Linhai	411.03	352.91	25.87	32.25
玉环县	Yuhuan	411.82	344.67	27.28	39.87
三门县	Sanmen	121.27	115.03	0.55	5.69
天台县	Tiantai	124.88	109.34	2.16	13.38
仙居县	Xianju	85.38	67.54	7.33	10.51
丽水市区	Lishui District	237.44	230.66	0.12	6.67
龙泉市	Longquan	58.27	56.79	0.27	1.21
青田县	Qingtian	169.59	156.85	0.18	12.56
云和县	Yunhe	32.44	32.44		
庆元县	Qingyuan	25.80	23.96	1.16	0.67
缙云县	Jinyun	192.53	185.86	4.30	2.38
遂昌县	suichang	84.25	80.73	0.58	2.94
松阳县	Songyang	55.90	55.90		
景宁自治县	Jingning	11.44	10.97		0.48

17-33 各市、县工业企业经济指标(2009年)
Main Indicators of Industrial Enterprises by City and County(2009)

单位:亿元(100 million yuan)

市县名称	City and County	从业人员平均人数(万人) Average Number of Employed Persons (10000 persons)	流动资产合计 Circulating Assets	固定资产净值合计 Net Value of Fixed Assets	主营业务收入 Revenues in Main Business
杭州市区	Hangzhou District	97.45	4018.13	1909.34	7161.22
富阳市	Fuyang	11.15	479.69	210.23	851.99
临安市	Linan	8.17	193.78	104.65	354.66
建德市	Jiande	4.13	116.40	64.42	257.30
桐庐县	Tonglu	5.36	124.94	71.30	285.01
淳安县	Chunan	1.47	35.27	25.23	116.15
宁波市区	Ningbo District	89.22	2569.03	2127.02	5095.86
余姚市	Yuyao	20.06	511.05	219.96	801.52
慈溪市	Cixi	28.77	638.86	279.57	954.07
奉化市	Fenhua	12.16	192.63	94.39	294.29
象山县	Xiangshan	7.78	226.89	159.67	328.08
宁海县	Ninghai	10.68	261.29	231.06	351.06
温州市区	Wenzhou District	41.36	701.59	391.51	1370.01
瑞安市	Ruian	17.49	352.20	135.05	544.68
乐清市	Yueqing	20.40	631.27	237.71	864.94
洞头县	Dongtou	0.40	14.59	7.87	48.04
永嘉县	Yongjia	9.34	181.41	78.63	302.09
平阳县	Pingyang	6.02	88.41	45.34	178.60
苍南县	Cangnan	4.96	124.44	68.45	200.05
文成县	Wenchen	0.35	11.65	8.57	21.03
泰顺县	Taishun	0.38	7.30	8.70	11.88
嘉兴市区	Jiaxing District	19.41	484.53	441.56	905.21
平湖市	Pinghu	20.18	333.27	290.83	614.46
海宁市	Haining	17.91	431.71	257.72	711.46
桐乡市	Tongxiang	14.42	311.82	264.24	653.82
嘉善县	Jiashan	11.52	223.32	145.38	469.18
海盐县	Haiyan	8.57	184.43	341.83	371.13
湖州市区	Huzhou District	12.92	408.01	248.60	945.54
德清县	Deqing	8.22	173.52	114.73	433.32
长兴县	ChangXing	6.92	187.88	167.14	468.97
安吉县	Anji	5.49	102.89	78.54	250.17
绍兴市区	Shaoxing District	14.08	466.31	316.55	834.45
诸暨市	Zhuji	17.47	650.00	262.73	1287.99
上虞市	Shangyu	13.38	558.18	218.18	752.91

续表 Continued 单位:亿元(100 million yuan)

市县名称	City and County	从业人员平均人数(万人) Average Number of Employed Persons (10000 persons)	流动资产合计 Circulating Assets	固定资产净值合计 Net Value of Fixed Assets	主营业务收入 Revenues in Main Business
嵊州市	Shengzhou	7.28	173.20	78.17	276.61
绍兴县	shaoxing	26.26	1133.21	619.34	1996.59
新昌县	Xinchang	6.29	220.36	99.64	290.18
金华市区	Jinhua District	9.88	277.30	209.67	486.91
兰溪市	Lanxi	5.49	162.71	153.32	362.54
东阳市	Dongyang	9.02	194.36	91.84	243.41
义乌市	Yiwu	14.97	336.14	194.28	470.07
永康市	Yongkang	11.18	358.04	127.27	547.81
武义县	Wuyi	6.69	131.01	55.40	213.22
浦江县	Pujiang	6.34	111.29	58.47	215.77
磐安县	Panan	1.76	24.39	12.86	41.04
衢州市区	Quzhou District	5.65	185.35	162.04	425.31
江山市	Jiangshan	3.45	64.61	53.35	201.63
常山县	Changshan	1.39	22.68	28.05	56.13
开化县	Kaihua	0.86	27.98	17.26	52.50
龙游县	Longyou	2.55	58.32	40.24	127.83
舟山市区	Zhoushan District	7.36	378.77	212.17	479.92
岱山县	Daishan	1.51	160.47	133.29	167.61
嵊泗县	Shengsi	0.18	3.82	4.11	5.91
台州市区	District	23.33	637.58	311.13	1020.13
温岭市	Wenling	17.77	259.90	106.73	621.67
临海市	Linhai	10.37	227.61	101.70	372.05
玉环县	Yuhuan	14.44	246.11	94.93	388.66
三门县	Sanmen	2.83	95.60	40.96	115.58
天台县	Tiantai	2.93	68.39	63.43	120.52
仙居县	Xianju	3.75	45.97	23.51	80.86
丽水市区	Lishui District	3.68	124.28	80.48	273.02
龙泉市	Longquan	1.60	23.19	20.24	51.74
青田县	Qingtian	2.81	72.78	80.13	149.81
云和县	Yunhe	1.09	9.48	11.86	27.98
庆元县	Qingyuan	0.91	9.51	12.69	24.00
缙云县	Jinyun	3.52	69.32	37.57	176.00
遂昌县	Suichang	1.30	42.68	21.86	69.27
松阳县	Songyang	0.84	24.74	17.90	52.90
景宁自治县	Jingning	0.39	5.46	10.37	10.52

17－34 各市、县客运量和货运量(2009 年)
Passenger Traffic and Freight Traffic by City and County(2009)

市县名称	City and County	客运量(万人) Passenger Traffic (10000 persons)			货运量(万吨) Freight Traffic (10000 tons)		
		铁路 Railways	公路 Highways	水运 Waterways	铁路 Railways	公路 Highways	水运 Waterways
杭州市区	Hangzhou District	2493.78	13901	146.51	336.30	12595	4292.84
富阳市	Fuyang		3536	3.37		1046	506.95
临安市	Linan		2445	27.58		1320	39.02
建德市	Jiande	0.59	2550	14.50	53.60	646	371.00
桐庐县	Tonglu		2649	9.31		620	135.54
淳安县	Chunan	0.02	1373	171.01	36.84	309	50.89
宁波市区	Ningbo District	1368.60	18015	50.51	2221.40	8914	8279.00
余姚市	Yuyao	331.60	3060		122.30	1810	27.00
慈溪市	Cixi		3550		33.30	1890	13.00
奉化市	Fenghua		2520			1060	291.00
象山县	Xiangshan		2190	78.00		860	1719.00
宁海县	Ninghai		2210	13.49		1060	721.00
温州市区	Wenzhou District	406.17	11830		231.84	2603	817.70
瑞安市	Ruian	4.70	4622	4.31		1079	191.33
乐清市	Yueqing	9.56	5593			1156	1068.47
洞头县	Dongtou		615	33.24		142	459.04
永嘉县	Yongjia	4.50	3095			672	117.99
平阳县	Pingyang	12.00	2865	13.72		661	69.17
苍南县	Cangnan	13.20	3327			709	195.55
文成县	Wenchen		750			128	
泰顺县	Taishun		563	2.26		174	3.05
嘉兴市区	Jiaxing District	391.44	3103	43.97	13.03	1018	1425.26
平湖市	Pinghu		1545			837	912.65
海宁市	Haining	147.80	2745		5.24	381	994.50
桐乡市	Tongxiang		1333			411	1548.47
嘉善县	Jiashan	35.95	1706		7.44	394	1408.63
海盐县	Haiyan		624			353	1073.71
湖州市区	Huzhou District		5345	0.08		2231	3098.00
德清县	Deqing		1289	9.31		1271	763.00
长兴县	ChangXing		1481	7.41		1388	4302.00
安吉县	Anji		1620			1442	1858.00
绍兴市区	Shaoxing District	207.74	2744	3.00	111.00	902	138.00
诸暨市	Zhuji	155.57	4063	25.00	16.00	1957	268.00
上虞市	Shangyu	109.76	2463		6.00	1096	268.00

续表 Continued

市县名称	City and County	客运量(万人) Passenger Traffic (10000 persons)			货运量(万吨) Freight Traffic (10000 tons)		
		铁路 Railways	公路 Highways	水运 Waterways	铁路 Railways	公路 Highways	水运 Waterways
嵊州市	Shengzhou		2434	1.00		1088	80.00
绍兴县	shaoxing		3440	33.00	5.00	1728	162.00
新昌县	Xinchang		1881	1.00		841	
金华市区	Jinhua District	467.71	4375		152.31	1505	
兰溪市	Lanxi	12.26	1738		18.52	507	212.00
东阳市	Dongyang		4650	8.50		689	
义乌市	Yiwu	518.30	8572		55.01	1545	
永康市	Yongkang	59.32	3998		8.13	1567	
武义县	Wuyi	24.16	1669		9.34	325	
浦江县	Pujiang	1.57	1660		1.28	284	
磐安县	Panan		1194			399	
衢州市区	Quzhou District	139.64	3731		105.26	2837	
江山市	Jiangshan	44.30	2595	0.56	380.99	1215	
常山县	Changshan		1107			602	
开化县	Kaihua		1650			595	
龙游县	Longyou	26.33	1664		151.17	763	7.32
舟山市区	District		6820	2195.69		2393	5265.70
岱山县	Daishan		1340	440.31		352	1848.30
嵊泗县	Shengsi		278	123.00		129	955.00
台州市区	Taizhou District	20.56	9023	8.00		4128	3956.00
温岭市	Wenling	14.76	4601			1984	876.00
临海市	Linhai	2.30	2432			695	338.00
玉环县	Yuhuan		3017	185.00		575	937.00
三门县	Sanmen	2.23	1084			418	417.00
天台县	Tiantai		1047			672	
仙居县	Xianju		1194			387	
丽水市区	Lishui District	71.50	1692	6.46	83.00	3031	55.00
龙泉市	Longquan		581	4.00		523	1.00
青田县	Qingtian	28.30	1103	1.21	16.25	542	159.90
云和县	Yunhe		232	12.55		180	1.62
庆元县	Qingyuan		182			408	
缙云县	Jinyun	25.70	885		31.00	459	
遂昌县	Suichang		468	3.14		462	
松阳县	Songyang		266			769	
景宁自治县	Jingning		207	1.80		172	0.40

17－35 各市、县公路里程、邮电通信和用电量情况(2009 年)
Length of Highways, Posts and Telecommunications, Electricity Consumption by City and County (2009)

市县名称	City and County	境内公路里程(公里) Length of Highways (km)	#高速公路 Expressway	民用汽车拥有量(辆) Civilb Motor Vehicles (unit)	固定电话用户(万户) Telephone Subscribers (10000 subscribers)	年末移动电话用户数(万户) Number of Mobile Telephones Subscribers (10000 subscribers)
杭州市区	Hangzhou District	4611.26	235.97	842776	307.09	805.47
富阳市	Fuyang	1858.92	37.30	52049	22.76	62.77
临安市	Linan	2158.95	103.99	47398	20.67	51.30
建德市	Jiande	1760.29	83.14	17598	14.70	33.03
桐庐县	Tonglu	1553.99	29.33	23910	13.50	35.74
淳安县	Chunan	2322.47	13.55	9288	11.66	23.62
宁波市区	Ningbo District	2707.31	139.83	353380	135.85	435.07
余姚市	Yuyao	1572.66	41.99	90300	42.00	109.85
慈溪市	Cixi	1299.80	80.54	107379	59.56	141.50
奉化市	Fenghua	1178.80	56.77	33977	21.02	60.19
象山县	Xiangshan	1111.72		32747	20.66	66.28
宁海县	Ninghai	1401.26	50.92	37330	22.32	53.98
温州市区	Wenzhou District	1042.00	51.00	233230	127.00	344.91
瑞安市	Ruian	1080.00	15.00	135025	60.11	125.49
乐清市	Yueqing	1028.00	66.00	82444	52.98	119.65
洞头县	Dongtou	135.00		4840	4.20	8.19
永嘉县	Yongjia	1160.00	108.00	78780	28.76	66.76
平阳县	Pingyang	615.00	27.00	33163	26.27	62.45
苍南县	Cangnan	704.00	24.00	50530	41.52	100.18
文成县	Wenchen	836.00		9701	7.99	13.77
泰顺县	Taishun	966.00		9718	7.18	17.36
嘉兴市区	Jiaxing District	1374.76	115.62	94522	49.72	129.28
平湖市	Pinghu	1007.23	44.59	30604	22.76	59.81
海宁市	Haining	1243.37	73.74	42965	31.45	68.72
桐乡市	Tongxiang	1760.57	44.19	53297	28.43	80.29
嘉善县	Jiashan	711.60	36.97	36641	21.14	51.00
海盐县	Haiyan	887.37	34.95	25939	16.71	35.57
湖州市区	Huzhou District	2090.55	120.60	77673	54.88	119.25
德清县	Deqing	1065.01	42.87	28681	18.15	38.25
长兴县	Changxing	1815.61	88.70	32604	21.50	38.81
安吉县	Anji	1980.76	11.80	28783	17.98	49.20
绍兴市区	Shaoxing District	419.00	10.00	75262	43.29	101.61
诸暨市	Zhuji	2328.00	106.00	94474	50.13	83.01
上虞市	Shangyu	1166.00	58.00	48255	36.64	51.96

续表 1 Continued

市县名称	City and County	境内公路里程(公里) Length of Highways (km)	#高速公路 Expressway	民用汽车拥有量(辆) Civilb Motor Vehicles (unit)	固定电话用户(万户) Telephone Subscribers (10000 subscribers)	年末移动电话用户数(万户) Number of Mobile Telephones Subscribers (10000 subscribers)
嵊州市	Shengzhou	2041.00	100.00	36511	29.60	44.57
绍兴县	Shaoxing	1409.00	17.00	70780	47.54	68.16
新昌县	Xinchang	1173.00	40.00	22346	19.08	29.21
金华市区	Jinhua District	2329.18	73.40	80921	46.39	102.77
兰溪市	Lanxi	1219.22	14.72	23226	20.89	34.49
东阳市	Dongyang	2199.74	82.26	56300	28.22	66.90
义乌市	Yiwu	1286.48	54.12	154976	55.65	170.62
永康市	Yongkang	1015.21	27.47	94004	26.22	73.94
武义县	Wuyi	1322.97	25.90	19674	12.42	29.51
浦江县	Pujiang	805.15	13.13	29209	15.63	36.85
磐安县	Panan	1117.69	18.80	7076	5.67	12.51
衢州市区	Quzhou District	2059.00	39.00	39177	28.90	68.99
江山市	Jiangshan	1612.00	76.00	24056	12.51	32.52
常山县	Changshan	855.00	49.00	8070	7.37	14.99
开化县	Kaihua	1283.00		10790	7.40	13.82
龙游县	Longyou	1230.00	80.00	12868	11.90	23.11
舟山市区	Zhoushan District	1079.09		40270	44.49	82.83
岱山县	Daishan	299.75		4933	8.69	17.20
嵊泗县	Shengsi	149.50		1640	3.64	7.94
台州市区	Taizhou District	2203.00	21.00	200615	68.03	203.96
温岭市	Wenling	1639.00	11.00	103595	41.78	131.00
临海市	Linhai	2089.00	74.00	53793	25.77	83.00
玉环县	Yuhuan	542.00		46079	23.51	65.00
三门县	Sanmen	1074.00	21.00	13480	9.25	26.00
天台县	Tiantai	1504.00	42.00	20970	11.83	29.00
仙居县	Xianju	1619.00	106.00	18629	9.76	29.00
丽水市区	Lishui District	1240.76	68.29	46916	15.72	60.83
龙泉市	Longquan	2223.26	32.46	11013	4.78	22.33
青田县	Qingtian	1570.81	67.30	14747	9.30	35.13
云和县	Yunhe	805.27	43.24	4529	2.09	11.75
庆元县	Qingyuan	1313.79		4506	2.59	12.15
缙云县	Jinyun	1151.67	35.27	15384	8.49	30.67
遂昌县	Suichang	1502.00	28.99	6787	4.74	16.72
松阳县	Songyang	1265.49	52.78	7368	4.88	15.46
景宁自治县	Jingning	1534.26		3852	2.30	10.54

续表 2 Continued

市县名称	City and County	电信业务收入（万元）Telecom Business Income (10000 yuan)	全年用电量（万千瓦小时）Total Electricity Consumption (10000 kw.h)	#工业用电 Industrial Consumption	#城乡居民生活用电 Residential Consumption
杭州市区	Hangzhou District	1067902	3469277	2302033	453118
富阳市	Fuyang	62705	526657	459128	37301
临安市	Linan	48278	227505	177569	27789
建德市	Jiande	30606	190932	161582	16462
桐庐县	Tonglu	34472	119720	82514	20921
淳安县	Chunan	17750	62896	42882	8450
宁波市区	Ningbo District	1432166	2237757	1715773	208897
余姚市	Yuyao	102578	517085	419574	51366
慈溪市	Cixi	140735	764152	627490	82565
奉化市	Fenghua	54459	185888	140789	26717
象山县	Xiangshan	57800	125312	75376	24939
宁海县	Ninghai	58564	172326	122522	30537
温州市区	Wenzhou District	432272	1022082	661223	188384
瑞安市	Ruian	141528	488030	363581	84531
乐清市	Yueqing	141593	350054	227614	86223
洞头县	Dongtou	8250	14037	4534	6596
永嘉县	Yongjia	70231	175709	122607	33874
平阳县	Pingyang	64535	192524	137705	37622
苍南县	Cangnan	106344	377754	278482	72432
文成县	Wenchen	12248	27605	16644	6644
泰顺县	Taishun	16360	19943	7985	8077
嘉兴市区	Jiaxing District	178340	634418	509462	50703
平湖市	Pinghu	89979	334523	281818	24322
海宁市	Haining	104900	442950	369548	32311
桐乡市	Tongxiang	123343	516684	440454	37480
嘉善县	Jiashan	75258	305687	253077	25572
海盐县	Haiyan	51086	261345	222259	18839
湖州市区	Huzhou District	132367	522405	387682	61153
德清县	Deqing	38175	236757	192212	21396
长兴县	Changxing	45413	352555	295839	28252
安吉县	Anji	36582	118862	82179	20727
绍兴市区	Shaoxing District	125609	423091	311058	46453
诸暨市	Zhuji	88702	559365	468863	54897
上虞市	Shangyu	56846	292751	226289	31176

续表 3 Continued

市县名称	City and County	电信业务收入（万元）Telecom Business Income (10000 yuan)	全年用电量（万千瓦小时）Total Electricity Consumption (10000 kw. h)	#工业用电 Industrial Consumption	#城乡居民生活用电 Residential Consumption
嵊州市	Shengzhou	43158	148379	103629	27867
绍兴县	Shaoxing	89245	1026363	932355	42129
新昌县	Xinchang	27916	118377	89410	17874
金华市区	Jinhua District	134834	305179	190923	52021
兰溪市	Lanxi	30263	381183	347267	19306
东阳市	Dongyang	59827	218437	156747	35923
义乌市	Yiwu	190454	492396	324044	66078
永康市	Yongkang	69331	240662	188670	31638
武义县	Wuyi	25190	124370	101873	11688
浦江县	Pujiang	34499	142350	110867	20093
磐安县	Panan	9611	20965	13073	4783
衢州市区	Quzhou District	101442	480679	418240	29535
江山市	Jiangshan	42177	171694	142266	15546
常山县	Changshan	31241	84743	71808	7577
开化县	Kaihua	32929	45258	32247	6980
龙游县	Longyou	35681	110158	84435	12823
舟山市区	Zhoushan District	97477	271355	172520	40794
岱山县	Daishan	16623	51918	39261	7098
嵊泗县	Shengsi	8151	25295	6591	3044
台州市区	Taizhou District	243203	671955	478449	106998
温岭市	Wenling	130822	373509	258501	72438
临海市	Linhai	72460	206979	139732	39733
玉环县	Yuhuan	72822	255964	198129	41293
三门县	Sanmen	24382	70337	46530	12698
天台县	Tiantai	26783	68866	43329	16197
仙居县	Xianju	25162	49633	28977	13202
丽水市区	Lishui District	54292	123290	76656	21091
龙泉市	Longquan	14443	28303	14454	8088
青田县	Qingtian	25221	97613	69036	17030
云和县	Yunhe	7576	28856	21117	4813
庆元县	Qingyuan	7401	13867	7573	3708
缙云县	Jinyun	19854	109616	90333	12081
遂昌县	Suichang	11758	47247	37047	6059
松阳县	Songyang	9510	25422	15905	5749
景宁自治县	Jingning	7307	11373	5548	3496

17－36 各市、县固定资产投资(2009 年)
Total Investment in Fixed Assets by City and County(2009)

单位:亿元(100 million yuan)

市县名称	City and County	全社会固定资产投资 Total Investmen in Fixed Assets	限额以上固定资产投资 Investment in Fixed Assets Above Designated Size			
				第一产业 Primary Industry	第二产业 Secondary Industry	第三产业 Tertiary Industry
杭州市区	Hangzhou District	1817.24	1779.78	0.67	384.37	1394.74
富阳市	Fuyang	168.07	153.44	0.62	87.48	65.34
临安市	Linan	90.34	76.37	0.64	46.63	29.10
建德市	Jiande	66.92	57.54	0.72	34.25	22.57
桐庐县	Tonglu	88.20	73.84	0.29	40.77	32.78
淳安县	Chunan	60.88	54.20	0.19	18.05	35.96
宁波市区	Ningbo District	1362.84	1286.13	6.85	429.28	845.60
余姚市	Yuyao	173.13	152.69	0.88	68.08	88.14
慈溪市	Cixi	215.97	193.01	0.30	115.23	77.47
奉化市	Fenghua	69.91	61.97	1.12	25.12	35.73
象山县	Xiangshan	92.44	85.06	1.66	34.29	49.11
宁海县	Ninghai	89.94	81.60	2.18	44.65	34.76
温州市区	Wenzhou District	393.16	366.25	0.45	77.83	287.97
瑞安市	Ruian	108.66	89.35		32.26	57.08
乐清市	Yueqing	108.37	89.62		48.54	41.07
洞头县	Dongtou	19.01	17.15	0.34	4.71	12.10
永嘉县	Yongjia	52.54	41.90	0.05	22.85	19.00
平阳县	Pingyang	48.06	34.58	0.39	16.48	17.71
苍南县	Cangnan	73.74	59.26	0.07	29.82	29.36
文成县	Wencheng	18.53	13.86	0.30	4.09	9.47
泰顺县	Taishun	15.71	12.52	0.04	4.67	7.82
嘉兴市区	Jiaxing District	373.48	352.03	4.25	148.48	199.30
平湖市	Pinghu	184.90	173.95	0.64	117.22	56.09
海宁市	Haining	184.91	158.79		92.76	66.03
桐乡市	Tongxiang	163.62	136.25	3.28	80.86	52.11
嘉善县	Jiashan	146.82	133.95	0.68	95.00	38.28
海盐县	Haiyan	179.68	168.04	0.95	127.49	39.60
湖州市区	Huzhou District	317.88	292.42	1.08	133.28	158.07
德清县	Deqing	105.39	98.22		62.67	35.55
长兴县	Changxing	146.18	137.32	0.06	73.79	63.47
安吉县	Anji	69.25	64.63		44.42	20.21
绍兴市区	Shaoxing District	229.12	216.69	0.62	84.66	131.41
诸暨市	Zhuji	227.75	208.77	1.48	138.92	68.37
上虞市	Shangyu	165.91	139.56	1.13	77.65	60.78

续表 1 Continued

单位:亿元(100 million yuan)

市县名称	City and County	全社会固定资产投资 Total Investmen in Fixed Assets	限额以上固定资产投资 Investment in Fixed Assets Above Designated Size	第一产业 Primary Industry	第二产业 Secondary Industry	第三产业 Tertiary Industry
嵊州市	Shengzhou	93.36	77.68	1.01	48.39	28.28
绍兴县	Shaoxing	272.07	256.46	1.98	150.31	104.16
新昌县	Xinchang	66.83	53.21	0.05	38.30	14.85
金华市区	Jinhua District	145.54	140.18	0.45	73.79	65.93
兰溪市	Lanxi	49.20	44.45	0.03	30.18	14.24
东阳市	Dongyang	73.74	65.30	0.02	46.85	18.44
义乌市	Yiwu	178.13	163.28	0.30	44.34	118.63
永康市	Yongkang	86.42	76.06		46.17	29.89
武义县	Wuyi	42.07	39.45	0.11	27.68	11.65
浦江县	Pujiang	40.86	38.80	0.13	24.10	14.57
磐安县	Panan	19.19	17.86		7.43	10.43
衢州市区	Quzhou District	160.85	151.44	2.05	79.00	70.39
江山市	Jiangshan	86.78	78.37	1.25	48.03	29.09
常山县	Changshan	57.69	51.76	4.50	30.04	17.22
开化县	Kaihua	37.04	31.21	0.55	16.80	13.86
龙游县	Longyou	73.04	68.18	2.14	43.95	22.09
舟山市区	Zhoushan District	231.29	228.52	0.07	92.43	136.02
岱山县	Daishan	66.05	57.74		46.02	11.71
嵊泗县	Shengsi	103.32	102.37	0.86	0.92	100.58
台州市区	Taizhou District	279.39	255.44		130.94	124.50
温岭市	Wenling	181.54	143.41	1.88	70.95	70.58
临海市	Linhai	132.30	121.63		76.89	44.74
玉环县	Yuhuan	52.18	41.47		18.40	23.08
三门县	Sanmen	111.60	106.27	0.08	80.29	25.90
天台县	Tiantai	43.10	34.97	0.03	17.86	17.08
仙居县	Xianju	33.99	26.58	0.07	13.66	12.84
丽水市区	Lishui District	83.20	80.07	0.13	16.26	63.68
龙泉市	Longquan	31.17	28.93	1.20	12.50	15.23
青田县	Qingtian	47.31	42.92	0.81	19.95	22.16
云和县	Yunhe	18.45	17.20	1.00	6.20	10.00
庆元县	Qingyuan	14.05	11.34	1.17	4.18	5.99
缙云县	Jinyun	30.13	26.25	0.92	15.20	10.13
遂昌县	Suichang	19.28	17.00	1.12	5.54	10.34
松阳县	Songyang	20.19	18.57	0.38	8.09	10.10
景宁自治县	Jingning	15.42	14.33	0.98	2.32	11.03

续表 2 Continued 单位:亿元(100 million yuan)

市县名称	City and County	#房地产开发投资 Real Estate	#住宅 Residential Buildings	新增固定资产 Newly Incresaed Fixed Assets	商品房屋销售面积(万平方米) Floor Space of Commercial Houses Sold (10000 sq. m)	商品房屋销售额 Total Value of Commercial Houses Sold
杭州市区	Hangzhou District	626.16	445.82	718.33	1207.09	1381.42
富阳市	Fuyang	26.33	21.33	101.09	80.02	61.48
临安市	Linan	14.25	11.39	38.49	57.61	31.15
建德市	Jiande	6.59	4.38	35.57	28.25	13.34
桐庐县	Tonglu	14.21	11.95	67.87	58.36	24.87
淳安县	Chunan	17.14	14.77	36.60	25.05	24.96
宁波市区	Ningbo District	259.20	156.80	1112.99	552.20	587.87
余姚市	Yuyao	33.31	21.05	89.45	94.41	6.15
慈溪市	Cixi	28.17	19.74	122.65	65.67	51.96
奉化市	Fenghua	13.48	9.22	36.79	27.93	20.37
象山县	Xiangshan	26.23	21.58	31.32	50.30	48.74
宁海县	Ninghai	14.12	9.25	57.68	24.67	17.89
温州市区	Wenzhou District	139.15	90.17	265.82	131.90	287.06
瑞安市	Ruian	39.71	27.52	36.48	29.11	42.14
乐清市	Yueqing	26.35	20.35	24.48	40.74	34.30
洞头县	Dongtou	3.19	2.73	16.84	12.11	6.71
永嘉县	Yongjia	9.81	8.03	51.68	7.94	8.27
平阳县	Pingyang	11.73	9.83	21.67	41.90	20.34
苍南县	Cangnan	16.82	11.01	29.35	37.48	21.94
文成县	Wencheng	3.19	2.28	9.37	3.76	1.84
泰顺县	Taishun	3.38	2.37	10.25	9.02	3.94
嘉兴市区	Jiaxing District	87.93	62.96	144.44	329.02	165.09
平湖市	Pinghu	22.65	16.09	104.28	77.86	38.79
海宁市	Haining	20.08	13.53	153.79	97.64	53.65
桐乡市	Tongxiang	24.01	12.79	67.96	72.27	32.01
嘉善县	Jiashan	14.02	8.98	123.07	64.06	32.90
海盐县	Haiyan	18.49	13.32	43.88	40.55	18.20
湖州市区	Huzhou District	63.09	39.40	170.34	232.79	117.12
德清县	Deqing	15.24	12.32	46.31	61.75	34.17
长兴县	Changxing	22.70	15.66	53.99	83.69	44.85
安吉县	Anji	10.27	8.37	40.68	54.05	23.62
绍兴市区	Shaoxing District	65.57	44.77	125.10	118.37	83.69
诸暨市	Zhuji	27.07	17.22	189.30	89.55	52.59
上虞市	Shangyu	35.99	23.37	135.13	100.06	58.97

续表 3　Continued　　单位:亿元(100 million yuan)

市县名称	City and County	#房地产开发投资 Real Estate	#住宅 Residential Buildings	新增固定资产 Newly Incresaed Fixed Assets	商品房屋销售面积(万平方米) Floor Space of Commercial Houses Sold (10000 sq. m)	商品房屋销售额 Total Value of Commercial Houses Sold
嵊州市	Shengzhou	8.64	7.01	42.01	33.96	13.91
绍兴县	Shaoxing	61.42	38.92	163.43	107.47	82.02
新昌县	Xinchang	11.77	8.70	42.47	27.05	11.82
金华市区	Jinhua District	35.93	27.02	67.88	170.38	79.00
兰溪市	Lanxi	8.73	6.34	25.67	44.32	15.82
东阳市	Dongyang	11.18	8.41	45.02	36.24	18.45
义乌市	Yiwu	46.90	42.00	87.40	75.70	53.00
永康市	Yongkang	16.63	14.24	21.47	44.56	34.85
武义县	Wuyi	3.75	3.23	30.39	25.54	9.77
浦江县	Pujiang	8.17	6.80	10.01	19.13	12.06
磐安县	Panan	1.35	0.45	8.18	4.27	6.23
衢州市区	Quzhou District	16.91	13.76	101.51	120.10	45.71
江山市	Jiangshan	9.72	7.06	57.03	46.00	17.71
常山县	Changshan	2.39	0.91	45.36	10.40	3.25
开化县	Kaihua	3.81	2.89	29.34	30.40	8.74
龙游县	Longyou	4.75	4.08	79.47	24.30	10.74
舟山市区	Zhoushan District	41.01	28.33	107.34	123.24	94.59
岱山县	Daishan	6.39	5.60	21.82	29.85	13.17
嵊泗县	Shengsi	1.59	1.18	26.54	8.28	
台州市区	Taizhou District	75.82	55.76	97.48	154.64	122.64
温岭市	Wenling	26.62	21.01	97.60	106.56	68.42
临海市	Linhai	18.13	13.48	71.74	53.94	26.78
玉环县	Yuhuan	8.29	6.84	33.69	28.61	19.31
三门县	Sanmen	11.03	5.79	25.03	20.19	8.77
天台县	Tiantai	8.17	7.32	15.41	31.58	15.54
仙居县	Xianju	4.21	3.94	16.34	26.83	10.09
丽水市区	Lishui District	25.89	18.45	34.96	59.38	47.28
龙泉市	Longquan	1.57	1.27	20.39	8.37	3.32
青田县	Qingtian	10.49	7.23	31.59	27.90	16.20
云和县	Yunhe	0.67	0.47	7.39	5.92	2.15
庆元县	Qingyuan	0.20	0.20	3.72	0.75	0.27
缙云县	Jinyun	0.28	0.26	8.35	1.77	0.69
遂昌县	Suichang	1.22	1.16	18.10	6.94	2.66
松阳县	Songyang	0.81	0.70	40.15	7.10	3.02
景宁自治县	Jingning	0.16	0.12	4.38	9.24	3.63

17－37 各市、县国内贸易情况(2009 年)
Domestic and Foreign Trade by City and County(2009)

市县名称	City and County	社会消费品零售总额(亿元) Total Retail Sales of Consumer Goods (100 million yuan)	限额以上批发、零售贸易业商品销售总额(亿元) Total Sales of Wholesale and Retailsale Trade Above Designated Size(100 million yuan)	限额以上批发零售企业数(个) Number of Wholesale and retail enterprises above Designaged Size(unit)	#零售 Retail
杭州市区	Hangzhou District	1549.90	7532.33	2791	447
富阳市	Fuyang	73.49	133.47	89	27
临安市	Linan	62.08	46.10	56	34
建德市	Jiande	40.02	29.20	33	11
桐庐县	Tonglu	51.60	32.55	43	17
淳安县	Chunan	27.84	31.73	22	15
宁波市区	Ningbo District	761.90	3067.60	1360	291
余姚市	Yuyao	184.30	237.78	151	58
慈溪市	Cixi	245.80	211.94	139	65
奉化市	Fenhua	68.73	40.59	48	25
象山县	Xiangshan	91.20	69.19	82	22
宁海县	Ninghai	77.74	31.63	44	20
温州市区	Wenzhou District	683.76	1032.73	615	161
瑞安市	Ruian	151.65	133.48	119	35
乐清市	Yueqing	131.72	60.11	94	40
洞头县	Dongtou	9.29	23.74	8	3
永嘉县	Yongjia	60.72	38.62	28	11
平阳县	Pingyang	83.57	17.90	26	9
苍南县	Cangnan	113.38	39.73	67	20
文成县	Wenchen	16.21	3.10	13	7
泰顺县	Taishun	14.43	1.11	4	3
嘉兴市区	Jiaxing District	196.89	404.07	243	71
平湖市	Pinghu	77.98	95.77	68	20
海宁市	Haining	153.91	144.30	138	35
桐乡市	Tongxiang	138.00	85.69	127	47
嘉善县	Jiashan	75.08	38.07	41	17
海盐县	Haiyan	52.44	54.74	51	17
湖州市区	Huzhou District	226.49	280.16	130	54
德清县	Deqing	65.41	92.91	65	22
长兴县	ChangXing	91.15	41.43	58	26
安吉县	Anji	59.52	32.71	26	19
绍兴市区	Shaoxing District	189.39	288.35	170	78
诸暨市	Zhuji	144.01	179.82	124	53
上虞市	Shangyu	114.30	75.91	67	29

续表 Continued

市县名称	City and County	社会消费品零售总额（亿元）Total Retail Sales of Consumer Goods (100 million yuan)	限额以上批发、零售贸易业商品销售总额（亿元）Total Sales of Wholesale and Retailsale Trade Above Designated Size(100 million yuan)	限额以上批发零售企业数（个）Number of Wholesale and retail enterprises above Designaged Size(unit)	#零售 Retail
嵊州市	Shengzhou	100.04	27.51	32	20
绍兴县	shaoxing	105.89	220.34	196	19
新昌县	Xinchang	64.27	29.79	37	19
金华市区	Jinhua District	189.08	275.32	165	67
兰溪市	Lanxi	59.30	54.71	50	22
东阳市	Dongyang	108.19	53.01	37	26
义乌市	Yiwu	244.90	124.73	98	57
永康市	Yongkang	78.88	102.35	62	25
武义县	Wuyi	39.70	13.88	23	16
浦江县	Pujiang	47.50	18.12	26	10
磐安县	Panan	13.44	5.09	7	5
衢州市区	Quzhou District	95.90	181.89	100	39
江山市	Jiangshan	48.14	21.98	26	16
常山县	Changshan	25.08	2.45	8	6
开化县	Kaihua	27.51	2.34	12	10
龙游县	Longyou	53.62	27.47	18	7
舟山市区	Zhoushan District	140.51	234.21	139	49
岱山县	Daishan	28.21	7.47	15	8
嵊泗县	Shengsi	12.97	7.64	9	2
台州市区	Taizhou District	346.62	561.73	293	97
温岭市	Wenling	202.51	103.51	98	42
临海市	Linhai	93.80	50.48	50	26
玉环县	Yuhuan	64.17	64.12	69	24
三门县	Sanmen	32.59	9.14	14	6
天台县	Tiantai	43.53	6.28	19	14
仙居县	Xianju	34.66	12.23	15	11
丽水市区	Lishui District	71.06	147.98	80	55
龙泉市	Longquan	22.15	8.84	9	7
青田县	Qingtian	36.38	13.45	17	5
云和县	Yunhe	11.04	5.95	12	6
庆元县	Qingyuan	13.39	1.85	5	3
缙云县	Jinyun	31.74	18.41	25	11
遂昌县	Suichang	19.63	7.29	22	10
松阳县	Songyang	16.11	2.59	8	6
景宁自治县	Jingning	11.12	3.47	6	2

17－38 各市、县外贸及利用外资情况(2009 年)
Foreign Trade and Utlization of Foreign Captial by City and County(2009)

市县名称	City and County	进口总额(万美元) Total imports (USD 10000)	出口总额(万美元) Total exports (USD 10000)	外国和港澳台地区在华直接投资 Foreign Funded Enterprises and Enterprises Funded by Entrepreneurs from Hong Kong, Macao & Taiwan	
				新签项目(合同)数(个) Newly Signed Contracts (unit)	实际使用外资金额(万美元) Amount of Foreign Capital Actually Use (USD 10000)
杭州市区	Hangzhou District	1226166	2479648	483	355179
富阳市	Fuyang	59993	56165	22	15516
临安市	Linan	9322	61133	11	10463
建德市	Jiande	18189	59281	10	572
桐庐县	Tonglu	7240	52824	15	10470
淳安县	Chunan	3121	8918	13	9170
宁波市区	Ningbo District	1935721	2594738	303	160769
余姚市	Yuyao	133134	372295	21	7534
慈溪市	Cixi	93608	505776	36	38153
奉化市	Fenhua	37099	140148	7	3547
象山县	Xiangshan	8892	124228	18	6506
宁海县	Ninghai	7748	127888	18	4032
温州市区	Wenzhou District	144588	694942	13	12673
瑞安市	Ruian	35313	160227	1	1116
乐清市	Yueqing	15347	123002	7	3196
洞头县	Dongtou	19591	4568		2860
永嘉县	Yongjia	7624	42243		1473
平阳县	Pingyang	7568	33229		803
苍南县	Cangnan	3795	31587		1312
文成县	Wenchen		2898		
泰顺县	Taishun	459	869		15
嘉兴市区	Jiaxing District	116302	363910	100	33183
平湖市	Pinghu	161675	240578	32	21387
海宁市	Haining	67922	249927	30	24101
桐乡市	Tongxiang	62277	141340	29	16899
嘉善县	Jiashan	59973	154585	44	27887
海盐县	Haiyan	18209	83778	20	10003
湖州市区	Huzhou District	54347	149008	145	38970
德清县	Deqing	14141	90348	127	15068
长兴县	ChangXing	3378	56790	48	15856
安吉县	Anji	3863	111409	54	11201
绍兴市区	Shaoxing District	88994	312961	31	13766
诸暨市	Zhuji	79467	321264	22	23225

续表 Continued

市县名称	City and County	进口总额（万美元）Total imports (USD 10000)	出口总额（万美元）Total exports (USD 10000)	外国和港澳台地区在华直接投资 Foreign Funded Enterprises and Enterprises Funded by Entrepreneurs from Hong Kong, Macao & Taiwan	
				新签项目（合同）数（个）Newly Signed Contracts (unit)	实际使用外资金额（万美元）Amount of Foreign Capital Actually Use (USD 10000)
上虞市	Shangyu	45672	163165	65	25229
嵊州市	Shengzhou	7866	93244	21	6616
绍兴县	shaoxing	244422	598692	33	10230
新昌县	Xinchang	6477	86824	2	2051
金华市区	District	10942	126143	22	13586
兰溪市	Lanxi	13172	41372	5	9472
东阳市	Dongyang	7024	107050	6	2315
义乌市	Yiwu	2	21	40	8049
永康市	Yongkang	14262	207302	5	2064
武义县	Wuyi	2200	103050	6	2013
浦江县	Pujiang	4660	46643	5	2023
磐安县	Panan	454	14675	4	512
衢州市区	District	36309	32579	6	3261
江山市	Jiangshan	2111	17101	7	839
常山县	Changshan	350	7114	1	281
开化县	Kaihua	1702	5142	2	467
龙游县	Longyou	4925	11030	4	1532
舟山市区	District	262878	265068	11	9262
岱山县	Daishan	52292	108136	1	833
嵊泗县	Shengsi	13241	714		500
台州市区	District	162996	398931	13	6636
温岭市	Wenling	10205	181556	1	2476
临海市	Linhai	8792	132468	2	4138
玉环县	Yuhuan	10283	195770	2	4055
三门县	Sanmen	2346	31920	1	846
天台县	Tiantai	1539	34220	6	312
仙居县	Xianju	308	31818		343
丽水市区	District	11170	17838	3	582
龙泉市	Longquan	107	9969	1	
青田县	Qingtian	3931	16574	2	1770
云和县	Yunhe	9	4486		
庆元县	Qingyuan	22	3828		
缙云县	Jinyun	821	27176		
遂昌县	Suichang	1485	8770	2	268
松阳县	Songyang	1	4459		
景宁自治区	Jingning	15	393		293

17－39 各市、县财政收支情况(2009 年)
Total Financial Revenue and Expenditure by City and County(2009)

单位:亿元(100 million yuan)

市县名称	City and County	财政总收入 Total Financial Revenue	地方财政预算内收入 Total Local Government Budgetary Financial Revenue	地方财政预算内支出 Total Local Government Financial Expenditures	一般性公共服务支出 Expenses for Public Service	#教育事业费 Expenses for Education
杭州市区	Hangzhou District	896.58	453.52	400.03	57.32	63.34
富阳市	Fuyang	50.11	27.57	27.35	3.62	8.16
临安市	Linan	25.51	14.04	18.95	3.34	4.63
建德市	Jiande	20.03	10.57	14.60	2.20	3.62
桐庐县	Tonglu	17.64	9.50	14.27	2.06	2.95
淳安县	Chunan	9.57	5.59	15.19	2.52	3.57
宁波市区	Ningbo District	710.92	295.63	349.59	48.82	44.58
余姚市	Yuyao	72.65	39.03	39.24	7.75	7.88
慈溪市	Cixi	91.00	49.10	50.07	8.45	10.63
奉化市	Fenghua	27.17	14.42	20.44	3.75	4.52
象山县	Xiangshan	30.01	16.71	23.16	3.93	4.99
宁海县	Ninghai	34.46	17.91	23.58	3.94	4.51
温州市区	Wenzhou District	176.05	98.96	104.74	16.97	21.95
瑞安市	Ruian	51.01	27.40	27.02	5.18	8.29
乐清市	Yueqing	58.94	27.23	32.52	4.17	12.03
洞头县	Dongtou	4.29	2.27	6.39	1.40	1.20
永嘉县	Yongjia	23.58	11.59	19.37	3.08	6.33
平阳县	Pingyang	17.73	9.95	18.31	2.71	6.00
苍南县	Cangnan	21.80	12.93	21.77	3.74	7.50
文成县	Wenchen	3.69	2.68	10.92	1.89	2.65
泰顺县	Taishun	3.64	2.63	10.52	1.62	2.65
嘉兴市区	Jiaxing District	88.14	47.51	55.51	8.79	9.14
平湖市	Pinghu	43.70	20.82	22.49	4.45	4.78
海宁市	Haining	48.39	23.95	26.30	4.69	6.29
桐乡市	Tongxiang	44.45	22.57	25.09	3.36	6.82
嘉善县	Jiashan	33.38	15.97	18.13	2.73	3.97
海盐县	Haiyan	21.30	10.88	13.60	2.50	3.89
湖州市区	Huzhou District	66.11	36.17	49.65	6.41	9.33
德清县	Deqing	28.38	14.82	18.91	3.87	3.38
长兴县	ChangXing	33.89	18.47	22.70	3.39	5.10
安吉县	Anji	18.31	10.54	17.25	2.44	3.70
绍兴市区	Shaoxing District	74.75	43.01	40.58	7.55	8.27
诸暨市	Zhuji	54.69	29.57	32.29	4.52	8.16
上虞市	Shangyu	43.96	22.76	26.75	3.75	6.04

续表 Continued 单位:亿元(100 million yuan)

市县名称	City and County	财政总收入 Total Financial Revenue	地方财政预算内收入 Total Local Government Budgetary Financial Revenue	地方财政预算内支出 Total Local Government Financial Expenditures	一般性公共服务支出 Expenses for Public Service	#教育事业费 Expenses for Education
嵊州市	Shengzhou	20.83	10.86	14.59	2.75	5.05
绍兴县	shaoxing	81.20	43.58	42.06	5.66	7.54
新昌县	Xinchang	23.10	10.64	13.27	2.28	3.14
金华市区	Jinhua District	52.65	31.48	46.03	6.52	9.64
兰溪市	Lanxi	17.18	9.02	14.86	1.82	4.05
东阳市	Dongyang	25.55	15.15	18.82	3.07	5.67
义乌市	Yiwu	70.81	38.63	35.69	7.77	8.95
永康市	Yongkang	33.69	17.72	19.24	3.01	5.63
武义县	Wuyi	14.37	7.34	12.74	2.14	3.10
浦江县	Pujiang	13.17	7.21	10.09	1.64	2.98
磐安县	Panan	5.20	2.72	7.90	1.26	1.72
衢州市区	Quzhou District	33.09	19.21	40.45	6.60	6.92
江山市	Jiangshan	10.77	6.59	16.61	2.70	3.65
常山县	Changshan	5.66	3.81	11.98	1.82	2.40
开化县	Kaihua	4.89	3.25	13.41	2.09	2.33
龙游县	Longyou	7.93	5.00	12.94	1.97	2.90
舟山市区	Zhoushan District	63.18	39.98	62.23	10.90	8.03
岱山县	Daishan	9.32	5.11	12.39	1.89	1.55
嵊泗县	Shengsi	4.49	3.69	8.12	1.63	0.99
台州市区	Taizhou District	112.24	59.01	63.71	12.65	14.61
温岭市	Wenling	47.55	25.02	28.90	5.01	7.64
临海市	Linhai	32.95	17.34	24.85	3.80	7.48
玉环县	Yuhuan	37.01	16.56	19.13	4.01	4.49
三门县	Sanmen	11.63	6.61	14.10	3.09	3.28
天台县	Tiantai	12.44	6.54	12.94	2.74	3.82
仙居县	Xianju	9.34	4.94	12.33	1.93	3.64
丽水市区	Lishui District	23.26	12.82	29.03	5.21	5.00
龙泉市	Longquan	4.07	2.49	9.89	1.82	1.99
青田县	Qingtian	11.48	7.39	20.00	3.41	3.34
云和县	Yunhe	3.29	1.90	6.89	1.48	1.13
庆元县	Qingyuan	2.15	1.29	7.30	1.27	1.54
缙云县	Jinyun	9.01	4.45	12.51	1.76	3.34
遂昌县	suichang	5.89	3.19	9.50	1.60	1.77
松阳县	Songyang	3.61	2.19	8.82	1.48	1.93
景宁自治县	Jingning	2.81	1.70	8.96	1.69	1.54

17-40 各市、县金融业、社会保险、福利情况(2009年)
Basic Statistics on Finance and Social Insurance and Welfare by City and County(2009)

市县名称	City and County	金融机构年末存款余额(亿元) Deposits in Financial Institutions (100 million yuan)	#城乡居民储蓄存款年末余额(亿元) Savings Deposits of Urban and Rural Residents (100 million yuan)	金融机构年末贷款余额(亿元) Loans in Financial Institutions (100 million yuan)	基本养老保险参保人数(万人) Persons Participating in the Basic Retirement Security Program (10000 persons)	基本医疗保险参保人数(万人) Persons Participating in the Basic Health Care Program (10000 persons)	失业保险人数(万人) Persons Participating in the Unemployment Insurance Program (10000 persons)
杭州市区	Hangzhou District	13180.02	3783.78	12147.35	279.83	255.12	189.78
富阳市	Fuyang	404.42	166.95	395.61	21.51	9.52	9.89
临安市	Linan	229.14	101.75	213.35	12.48	11.28	3.65
建德市	Jiande	177.32	93.16	134.38	11.66	7.86	5.52
桐庐县	Tonglu	170.39	86.44	133.92	9.91	8.15	3.93
淳安县	Chunan	122.92	54.84	88.68	6.85	6.38	2.91
宁波市区	Ningbo District	5822.33	1755.91	5363.05	224.75	176.06	122.97
余姚市	Yuyao	762.59	343.35	679.69	37.80	23.29	14.76
慈溪市	Cixi	1008.97	507.46	852.55	42.11	22.61	16.07
奉化市	Fenhua	213.45	116.49	235.82	13.87	10.53	5.88
象山县	Xiangshan	228.01	90.58	296.30	12.19	8.79	6.97
宁海县	Ninghai	206.08	87.98	288.50	13.56	10.56	6.57
温州市区	Wenzhou District	3101.65	1462.87	2666.38	72.04	50.40	33.01
瑞安市	Ruian	683.10	382.36	586.35	29.00	19.91	8.90
乐清市	Yueqing	644.41	341.46	544.84	22.80	10.61	9.75
洞头县	Dongtou	27.34	10.86	22.22	1.83	1.06	0.57
永嘉县	Yongjia	265.79	157.15	187.79	13.48	6.35	4.82
平阳县	Pingyang	200.00	135.61	142.09	13.22	5.90	4.95
苍南县	Cangnan	278.45	159.82	262.16	14.00	7.50	5.51
文成县	Wenchen	95.65	70.02	41.01	1.95	2.01	0.98
泰顺县	Taishun	56.05	32.63	33.84	2.86	2.12	1.02
嘉兴市区	Jiaxing District	1019.50	409.43	812.80	44.43	38.03	19.05
平湖市	Pinghu	371.79	173.10	292.35	19.74	17.78	10.50
海宁市	Haining	511.65	264.12	373.99	21.40	21.50	12.66
桐乡市	Tongxiang	449.33	249.37	329.37	22.16	18.90	12.69
嘉善县	Jiashan	303.42	152.30	225.04	14.81	11.86	7.35
海盐县	Haiyan	248.52	137.30	245.10	13.26	9.57	7.82
湖州市区	Huzhou District	764.97	376.01	608.50	25.34	22.64	16.95
德清县	Deqing	223.92	121.68	178.20	10.92	11.27	7.60
长兴县	ChangXing	253.77	109.52	218.14	10.20	9.51	5.47
安吉县	Anji	155.03	81.12	145.88	8.57	5.74	4.59
绍兴市区	Shaoxing District	1496.50	498.72	1253.95	34.59	31.25	19.43
诸暨市	Zhuji	626.86	289.67	508.04	21.01	13.56	11.65

续表 1 Continued

市县名称	City and County	金融机构年末存款余额（亿元）Deposits in Financial Institutions (100 million yuan)	#城乡居民储蓄存款年末余额（亿元）Savings Deposits of Urban and Rural Residents (100 million yuan)	金融机构年末贷款余额（亿元）Loans in Financial Institutions (100 million yuan)	基本养老保险参保人数（万人）Persons Participating in the Basic Retirement Security Program (10000 persons)	基本医疗保险参保人数（万人）Persons Participating in the Basic Health Care Program (10000 persons)	失业保险人数（万人）Persons Participating in the Unemployment Insurance Program (10000 persons)
上虞市	Shangyu	557.50	260.30	438.69	21.98	18.45	11.17
嵊州市	Shengzhou	248.17	143.01	246.22	13.35	14.04	7.97
绍兴县	shaoxing	1030.21	423.10	794.94	24.09	16.39	12.04
新昌县	Xinchang	180.29	92.20	121.95	9.80	11.36	6.65
金华市区	Jinhua District	641.12	286.13	569.25	20.17	17.96	14.09
兰溪市	Lanxi	156.59	85.50	136.10	7.44	6.28	6.04
东阳市	Dongyang	368.16	206.76	246.27	13.93	8.19	7.50
义乌市	Yiwu	1253.97	733.24	867.20	18.73	15.24	10.12
永康市	Yongkang	464.20	231.81	393.30	10.56	7.00	6.51
武义县	Wuyi	143.91	66.59	131.82	5.24	3.40	3.14
浦江县	Pujiang	142.55	80.66	134.57	4.14	3.10	3.25
磐安县	Panan	50.33	27.52	31.84	1.35	1.35	1.16
衢州市区	Quzhou District	366.64	158.34	324.01	20.51	17.30	8.22
江山市	Jiangshan	150.13	83.62	130.99	6.39	5.14	2.79
常山县	Changshan	60.98	33.44	43.32	3.47	3.03	1.48
开化县	Kaihua	69.52	37.99	43.94	2.70	2.76	1.46
龙游县	Longyou	107.81	57.79	84.72	4.85	4.36	2.43
舟山市区	Zhoushan District	801.52	289.55	753.46	21.92	17.59	12.46
岱山县	Daishan	98.34	46.55	70.86	4.44	3.07	1.50
嵊泗县	Shengsi	44.08	20.26	29.70	1.67	1.22	1.02
台州市区	Taizhou District	1432.82	622.22	1270.86	33.98	21.91	23.33
温岭市	Wenling	589.57	351.88	438.69	17.04	9.37	10.10
临海市	Linhai	330.78	172.58	230.19	15.05	8.25	9.94
玉环县	Yuhuan	247.58	126.75	258.73	9.28	4.80	4.80
三门县	Sanmen	88.52	41.56	132.35	4.19	2.61	2.11
天台县	Tiantai	123.38	65.43	107.04	5.97	3.88	3.14
仙居县	Xianju	122.97	69.30	80.20	4.57	2.23	2.78
丽水市区	Lishui District	313.82	145.24	285.98	8.74	8.40	4.56
龙泉市	Longquan	56.50	33.92	48.21	3.68	2.41	1.63
青田县	Qingtian	264.29	206.24	115.66	3.10	2.68	1.63
云和县	Yunhe	31.35	17.31	21.69	1.74	1.53	0.83
庆元县	Qingyuan	33.57	17.69	20.09	1.81	1.29	0.91
缙云县	Jinyun	103.00	61.10	70.84	4.35	3.24	1.61
遂昌县	Suichang	51.30	28.91	55.30	3.36	2.30	1.74
松阳县	Songyang	48.52	25.93	34.63	2.36	1.54	1.12
景宁自治县	Jingning	34.67	15.18	19.91	1.67	1.33	0.99

续表 2 Continued

市县名称	City and County	社会福利院数（个）Social Welfare Homes (unit)	社会福利院床位数（张）Beds of Social Welfare Homes (bed)	社区服务设施数（个）Number of Community Service Facilities Established in Urban Areas (unit)	居民最低生活保障线以下人数（人）Residents under Minimum Life Guarantee Relief (person)
杭州市区	Hangzhou District	111	15057	7925	13743
富阳市	Fuyang	23	1428	97	475
临安市	Linan	26	2107	150	311
建德市	Jiande	15	1523	186	702
桐庐县	Tonglu	12	1281	162	1148
淳安县	Chunan	21	1034	78	1131
宁波市区	Ningbo District	75	13284	1599	9658
余姚市	Yuyao	23	3223	520	1245
慈溪市	Cixi	18	3448	49	1530
奉化市	Fenhua	16	2738	182	973
象山县	Xiangshan	20	1968	52	766
宁海县	Ninghai	14	2204	4	447
温州市区	Wenzhou District	62	9471	6273	8805
瑞安市	Ruian	137	14619	1734	1511
乐清市	Yueqing	31	1073	2316	483
洞头县	Dongtou	7	314	380	109
永嘉县	Yongjia	25	1172	832	628
平阳县	Pingyang	34	3701	280	757
苍南县	Cangnan	51	4648	3586	562
文成县	Wenchen	20	682	88	316
泰顺县	Taishun	13	850	280	534
嘉兴市区	Jiaxing District	27	3063	528	2050
平湖市	Pinghu	12	1435	288	1937
海宁市	Haining	19	2209	301	1315
桐乡市	Tongxiang	16	1892	706	608
嘉善县	Jiashan	12	1807	214	1017
海盐县	Haiyan	9	930	70	652
湖州市区	Huzhou District	28	3985	180	4337
德清县	Deqing	14	1885	20	697
长兴县	ChangXing	19	2065	142	3710
安吉县	Anji	19	1060	29	1634
绍兴市区	Shaoxing District	32	3324	620	3166
诸暨市	Zhuji	33	3633	510	640

续表 3　Continued

市县名称	City and County	社会福利院数（个）Social Welfare Homes (unit)	社会福利院床位数（张）Beds of Social Welfare Homes (bed)	社区服务设施数（个）Number of Community Service Facilities Established in Urban Areas (unit)	居民最低生活保障线以下人数（人）Residents under Minimum Life Guarantee Relief (person)
上虞市	Shangyu	27	3734	293	2025
嵊州市	Shengzhou	51	3646	33	597
绍兴县	shaoxing	23	2687	410	2947
新昌县	Xinchang	11	923	65	244
金华市区	Jinhua District	21	3403	37	1903
兰溪市	Lanxi	18	2197	22	1320
东阳市	Dongyang	18	3718	14	124
义乌市	Yiwu	17	3256	32	192
永康市	Yongkang	10	1190	17	250
武义县	Wuyi	6	1222	19	283
浦江县	Pujiang	4	1170	16	293
磐安县	Panan	5	351	15	340
衢州市区	Quzhou District	29	2869	404	980
江山市	Jiangshan	21	2955	50	747
常山县	Changshan	17	2259	23	948
开化县	Kaihua	17	1510	32	874
龙游县	Longyou	10	1102	35	1076
舟山市区	Zhoushan District	30	2484	511	1829
岱山县	Daishan	8	440	10	367
嵊泗县	Shengsi	5	217	7	296
台州市区	Taizhou District	29	2116	444	1081
温岭市	Wenling	55	3861	39	969
临海市	Linhai	44	3965	211	871
玉环县	Yuhuan	22	1805	35	592
三门县	Sanmen	15	742		191
天台县	Tiantai	24	1570	212	397
仙居县	Xianju	14	1515	11	300
丽水市区	Lishui District	9	872	23	1063
龙泉市	Longquan	10	720	11	844
青田县	Qingtian	14	1227	13	556
云和县	Yunhe	2	405	6	276
庆元县	Qingyuan	5	568	5	535
缙云县	Jinyun	12	925	6	85
遂昌县	Suichang	7	580	7	243
松阳县	Songyang	6	534	6	358
景宁自治县	Jingning	6	500	4	630

17－41 各市、县各类学校在校学生数(2009 年)
Student Enrollment by Type of School, City and County(2009)

市县名称	City and County	高等学校(人) Institutions of Higher Education (person)	中等职业学校(人) Specialized Secondary Schools (person)	普通中学(万人) Regular Secondary Schools (10000 persons)	小学(万人) Primary Schools (10000 persons)
杭州市区	Hangzhou District	375075	61639	21.85	30.33
富阳市	Fuyang		9673	4.01	4.33
临安市	Linan	19012	6636	2.81	2.86
建德市	Jiande		5456	2.84	2.55
桐庐县	Tonglu		7799	2.17	2.27
淳安县	Chunan		5341	2.33	2.17
宁波市区	Ningbo District	135098	38390	13.95	19.53
余姚市	Yuyao		10989	4.97	6.39
慈溪市	Cixi		11955	6.25	8.50
奉化市	Fenghua		6088	2.69	3.20
象山县	Xiangshan		6130	2.40	3.25
宁海县	Ninghai		7741	3.04	4.15
温州市区	Wenzhou District	74239	30047	9.87	14.62
瑞安市	Ruian		11436	5.77	9.27
乐清市	Yueqing		11808	7.03	9.48
洞头县	Dongtou		603	0.50	0.57
永嘉县	Yongjia		7876	5.14	6.30
平阳县	Pingyang		11970	4.76	4.94
苍南县	Cangnan		13491	8.48	8.03
文成县	Wenchen		1143	1.15	1.40
泰顺县	Taishun		1783	1.86	1.97
嘉兴市区	Jiaxing District	38932	15072	5.73	5.72
平湖市	Pinghu		7656	3.04	2.93
海宁市	Haining		11051	3.59	4.22
桐乡市	Tongxiang		11277	4.31	4.68
嘉善县	Jiashan		4718	2.43	2.49
海盐县	Haiyan		4730	2.47	2.44
湖州市区	Huzhou District	24409	10949	6.04	6.97
德清县	Deqing		5415	2.51	2.73
长兴县	ChangXing		10534	3.79	3.99
安吉县	Anji		6656	2.59	2.62
绍兴市区	Shaoxing District	52898	15947	4.02	5.23
诸暨市	Zhuji		15290	8.13	7.43
上虞市	Shangyu		8880	4.64	4.76

续表 Continued

市县名称	City and County	高等学校（人）Institutions of Higher Education (person)	中等职业学校（人）Specialized Secondary Schools (person)	普通中学（万人）Regular Secondary Schools (10000 persons)	小学（万人）Primary Schools (10000 persons)
嵊州市	Shengzhou		7163	3.76	4.02
绍兴县	shaoxing		14668	5.10	6.02
新昌县	Xinchang District		4730	2.11	2.57
金华市区	Jinhua	53856	36049	5.24	6.24
兰溪市	Lanxi		5295	3.73	3.49
东阳市	Dongyang	13779	9558	4.52	5.55
义乌市	Yiwu	7794	10789	4.82	7.17
永康市	Yongkang		6299	3.17	5.22
武义县	Wuyi		3194	1.58	2.30
浦江县	Pujiang		5950	2.31	3.01
磐安县	Panan		1936	1.02	1.23
衢州市区	Quzhou District	10186	17548	4.68	5.15
江山市	Jiangshan		7484	3.06	3.68
常山县	Changshan		2329	1.36	1.80
开化县	Kaihua		2170	1.49	1.86
龙游县	Longyou		6825	2.09	2.24
舟山市区	Zhoushan District	22389	7965	3.01	3.61
岱山县	Daishan		787	0.67	0.77
嵊泗县	Shengsi		379	0.32	0.32
台州市区	Taizhou District	18990	17501	8.25	12.17
温岭市	Wenling		11666	5.58	8.35
临海市	Linhai	10174	17572	6.08	7.87
玉环县	Yuhuan		4147	1.84	3.08
三门县	Sanmen		4240	1.70	2.39
天台县	Tiantai		8227	2.89	3.53
仙居县	Xianju		4408	2.58	3.68
丽水市区	Lishui District	34402	9153	2.27	2.86
龙泉市	Longquan		2965	1.42	1.87
青田县	Qingtian		3325	2.22	2.79
云和县	Yunhe		1715	0.56	0.74
庆元县	Qingyuan		2085	0.87	1.16
缙云县	Jinyun		6884	2.43	2.68
遂昌县	suichang		2143	1.04	1.26
松阳县	Songyang		2367	1.01	1.34
景宁自治县	Jingning		874	0.57	0.82

17－42 各市、县专利申请(2009 年)
Patent Application by City and County(2009)

市县名称	City and County	专利申请受理量(项) Patent Application Accepted (item)	专利申请授权量(项) Patent Application Approved (item)	#发明 Invention
杭州市区	Hangzhou District	21543	12285	2400
富阳市	Fuyang	1578	986	32
临安市	Linan	1320	798	64
建德市	Jiande	560	480	22
桐庐县	Tonglu	874	846	12
淳安县	Chunan	200	112	5
宁波市区	Ningbo District	11301	7894	504
余姚市	Yuyao	4083	2643	90
慈溪市	Cixi	4525	3274	133
奉化市	Fenghua	806	591	26
象山县	Xiangshan	568	267	29
宁海县	Ninghai	1455	1168	21
温州市区	Wenzhou District	3924	3056	164
瑞安市	Ruian	1168	1007	67
乐清市	Yueqing	2659	1787	100
洞头县	Dongtou	29	10	2
永嘉县	Yongjia	620	468	6
平阳县	Pingyang	578	534	20
苍南县	Cangnan	515	309	15
文成县	Wencheng	35	34	1
泰顺县	Taishun	42	9	
嘉兴市区	Jiaxing District	1749	1245	59
平湖市	Pinghu	1176	834	10
海宁市	Haining	1664	1253	26
桐乡市	Tongxiang	1275	849	21
嘉善县	Jiashan	1095	590	23
海盐县	Haiyan	702	463	10
湖州市区	Huzhou District	2573	1914	48
德清县	Deqing	1155	1173	15
长兴县	Changxing	1451	1399	19
安吉县	Anji	851	679	10
绍兴市区	Shaoxing District	2524	4701	53
诸暨市	Zhuji	2670	2359	41
上虞市	Shangyu	2448	1947	74

续表 Continued

市县名称	City and County	专利申请受理量（项）Patent Application Accepted (item)	专利申请授权量（项）Patent Application Approved (item)	#发明 Invention
嵊州市	Shengzhou	825	1123	19
绍兴县	Shaoxing	4428	2674	40
新昌县	Xinchang	1873	619	39
金华市区	Jinhua District	1619	955	42
兰溪市	Lanxi	590	402	17
东阳市	Dongyang	1118	521	47
义乌市	Yiwu	2526	1827	46
永康市	Yongkang	2336	1951	28
武义县	Wuyi	467	543	78
浦江县	Pujiang	710	743	11
磐安县	Panan	186	88	3
衢州市区	Quzhou District	618	529	34
江山市	Jiangshan	345	294	7
常山县	Changshan	98	65	2
开化县	Kaihua	152	99	5
龙游县	Longyou	157	115	6
舟山市区	Zhoushan District	292	151	15
岱山县	Daishan	85	70	2
嵊泗县	Shengsi	26	36	3
台州市区	Taizhou District	3558	3745	82
温岭市	Wenling	1383	1264	18
临海市	Linhai	1423	1010	27
玉环县	Yuhuan	1428	1333	84
三门县	Sanmen	187	240	6
天台县	Tiantai	626	343	2
仙居县	Xianju	201	210	6
丽水市区	Lishui District	286	150	7
龙泉市	Longquan	196	102	2
青田县	Qingtian	81	55	
云和县	Yunhe	362	142	
庆元县	Qingyuan	149	104	1
缙云县	Jinyun	208	154	4
遂昌县	Suichang	181	177	7
松阳县	Songyang	48	42	1
景宁自治县	Jingning	71	65	1

17－43 各市、县文化和卫生事业主要指标(2009 年)
The Culture and Public Health by City and county(2009)

市县名称	City and County	体育场馆数(个) Number of Sports and Gymnsiums (Unit)	剧场和影剧院数(个) Number of Theaters and Music Halls (Unit)	公共图书馆图书藏量(千册件) Total Collections of Books in Public Libraries (1000 copies)	医院卫生院数(个) Number of Health Institutions (Unit)	医院卫生院床位数(张) Number of Beds in Health Institutions (bed)	医生数(人) Doctors (person)
杭州市区	Hangzhou District	73	29	11124	160	28590	17996
富阳市	Fuyang	8	1	209	35	1527	1325
临安市	Linan	12	2	308	52	1528	1082
建德市	Jiande	3		173	35	1546	951
桐庐县	Tonglu	3	1	282	16	832	744
淳安县	Chunan	4	1	115	26	809	655
宁波市区	Ningbo District	57	25	4770	106	13760	9038
余姚市	Yuyao	5	1	390	27	2291	1722
慈溪市	Cixi	7	1	460	35	2546	2474
奉化市	Fenhua	6	1	180	29	1700	995
象山县	Xiangshan	2	1	290	21	1314	817
宁海县	Ninghai	4	2	240	32	1232	1114
温州市区	Wenzhou District	12	10	1793	87	10634	6308
瑞安市	Ruian	4	1	244	55	2485	2252
乐清市	Yueqing	5	5	274	44	2296	2260
洞头县	Dongtou	2	1	99	8	149	168
永嘉县	Yongjia	1		187	44	941	1296
平阳县	Pingyang	4	1	142	41	1255	1555
苍南县	Cangnan		2	169	60	1772	1579
文成县	Wenchen	4	1	85	49	403	326
泰顺县	Taishun		1	49	39	445	412
嘉兴市区	Jiaxing District	9	7	1319	25	5053	2701
平湖市	Pinghu	6	5	396	14	1367	966
海宁市	Haining	7	8	549	24	2033	1347
桐乡市	Tongxiang	7	11	715	20	2242	1157
嘉善县	Jiashan	5	4	248	19	1297	760
海盐县	Haiyan	5	4	293	17	850	594
湖州市区	Huzhou District	14	2	769	41	4698	2735
德清县	Deqing	10	2	324	19	1096	866
长兴县	ChangXing	10	1	565	35	2212	1168
安吉县	Anji	3	1	371	34	1298	921
绍兴市区	Shaoxing District	13	5	866	14	3771	2048
诸暨市	Zhuji	9	5	241	102	2838	2290
上虞市	Shangyu	7	8	241	26	1864	1236

续表　Continued

市县名称	City and County	体育场馆数（个）Number of Sports and Gymnsiums (Unit)	剧场和影剧院数（个）Number of Theaters and Music Halls (Unit)	公共图书馆图书藏量（千册件）Total Collections of Books in Public Libraries (1000 copies)	医院卫生院数（个）Number of Health Institutions (Unit)	医院卫生院床位数（张）Number of Beds in Health Institutions (bed)	医生数（人）Doctors (person)
嵊州市	Shengzhou	6	5	469	56	1883	1224
绍兴县	shaoxing	22	6	380	25	2820	1770
新昌县	Xinchang	4	2	159	21	1376	730
金华市区	Jinhua District	14	4	1583	62	4130	2864
兰溪市	Lanxi	3	1	116	49	1322	1159
东阳市	Dongyang	10	2	245	23	2013	1547
义乌市	Yiwu	22	5	382	25	2696	1905
永康市	Yongkang	12	2	251	20	1620	1086
武义县	Wuyi	1	1	169	22	821	597
浦江县	Pujiang	1	2	177	25	1018	674
磐安县	Panan	4	1	92	28	528	356
衢州市区	Quzhou District	5	5	615	55	3109	2521
江山市	Jiangshan	3		147	26	1302	1065
常山县	Changshan	1	1	171	18	546	581
开化县	Kaihua	1	3	135	25	668	916
龙游县	Longyou	1	1	68	38	993	885
舟山市区	Zhoushan District	10	3	449	55	2959	1834
岱山县	Daishan	2	2	153	18	470	368
嵊泗县	Shengsi	1	1	89	9	326	168
台州市区	Taizhou District	16	7	487	66	4990	3681
温岭市	Wenling	8	13	371	35	3465	2223
临海市	Linhai	10	6	388	49	3032	2103
玉环县	Yuhuan	2	4	164	14	1203	783
三门县	Sanmen	5	2	70	35	617	643
天台县	Tiantai	9	1	83	18	1240	984
仙居县	Xianju	4	3	128	22	908	820
丽水市区	Lishui District	9	2	228	27	2495	1527
龙泉市	Longquan	2	1	184	42	493	483
青田县	Qingtian	2	2	143	35	518	525
云和县	Yunhe	1	1	170	20	252	227
庆元县	Qingyuan	1	2	68	42	348	297
缙云县	Jinyun	2	3	150	49	1156	686
遂昌县	Suichang	1	1	98	22	551	457
松阳县	Songyang	2	1	124	27	444	361
景宁自治县	Jingning	1	1	40	26	257	205

2010

浙江统计年鉴

ZHEJIANG STATISTICAL YEARBOOK

CHAPTER 18

附 录

Appendix

附表1 企业家信心指数和企业景气指数(2006－2009年)

行业	1季度				2季度			
	2006年	2007年	2008年	2009年	2006年	2007年	2008年	2009年
企业家信心指数	**138.6**	**149.2**	**135.3**	**97.9**	**132.3**	**150.1**	**122.4**	**109.7**
工业	138.7	152.8	129.5	94.6	132.6	152.1	115.3	105.2
建筑业	141.4	150.8	139.1	105.9	141.8	154.6	136.2	124.7
交通运输、仓储及邮政业	136.2	149.5	133.9	77.6	128.8	143.6	125.9	85.5
批发和零售业	129.0	136.6	135.0	95.6	116.7	134.3	115.5	96.1
房地产业	111.1	112.0	126.9	86.6	103.1	131.2	110.1	122.5
社会服务业	155.0	148.8	146.8	113.2	151.4	164.1	142.1	125.5
信息传输、计算机服务和软件业	181.5	172.5	169.6	131.2	174.8	177.1	161.1	153.0
住宿和餐饮业	138.5	153.2	151.9	102.0	143.7	142.4	141.1	107.9
企业景气指数	**133.1**	**148.8**	**133.2**	**107.5**	**138.4**	**154.8**	**131.5**	**120.8**
工业	129.0	147.3	126.3	100.3	138.5	157.3	127.7	116.8
建筑业	150.6	151.3	146.5	124.2	156.6	156.9	144.2	141.6
交通运输、仓储及邮政业	136.8	151.1	126.1	85.7	131.3	139.6	129.0	100.7
批发和零售业	130.9	153.0	144.9	115.5	129.4	149.3	125.4	120.0
房地产业	127.7	131.7	119.5	108.3	123.6	132.1	120.3	120.4
社会服务业	136.7	145.0	145.4	115.3	146.8	153.9	141.2	133.2
信息传输、计算机服务和软件业	169.6	181.2	168.1	154.4	161.1	185.4	168.4	150.4
住宿和餐饮业	134.4	138.3	136.0	110.2	136.7	148.4	135.9	115.6

续表 Continued

行业	3 季度				4 季度			
	2006 年	2007 年	2008 年	2009 年	2006 年	2007 年	2008 年	2009 年
企业家信心指数	**137.2**	**146.2**	**112.0**	**118.9**	**146.7**	**145.2**	**88.9**	**131.2**
工业	136.3	145.4	107.6	115.9	147.9	141.9	79.8	131.1
建筑业	143.3	154.5	123.0	139.6	143.0	157.3	115.3	143.3
交通运输、仓储及邮政业	129.9	138.8	119.2	95.2	141.7	136.2	86.2	98.2
批发和零售业	116.8	138.1	102.3	109.5	125.1	131.2	84.8	121.9
房地产业	100.5	141.5	77.5	132.7	111.6	135.2	66.1	145.6
社会服务业	158.2	158.4	132.6	133.5	167.7	167.6	121.3	137.9
信息传输、计算机服务和软件业	177.0	170.7	151.3	150.5	178.1	182.8	133.6	156.7
住宿和餐饮业	137.2	137.8	130.5	110.1	148.0	152.4	106.7	124.6
企业景气指数	**143.8**	**150.9**	**124.3**	**126.7**	**151.8**	**148.4**	**108.0**	**134.6**
工业	143.3	149.1	120.3	123.2	155.9	143.1	98.4	132.3
建筑业	157.7	163.3	151.7	147.8	166.4	170.5	140.2	153.6
交通运输、仓储及邮政业	135.5	140.2	113.9	107.4	137.3	145.4	94.1	110.6
批发和零售业	134.3	152.7	119.4	121.0	125.9	142.9	107.4	131.8
房地产业	111.1	140.4	110.2	129.9	132.8	139.3	91.5	134.4
社会服务业	147.0	152.3	128.3	145.5	150.2	156.0	137.2	136.6
信息传输、计算机服务和软件业	179.0	186.5	160.0	161.2	173.9	182.8	160.1	162.2
住宿和餐饮业	131.9	135.9	130.3	113.9	149.3	157.9	118.1	137.9

注：历年指数均按新国民经济行业分类标准作同口径调整，下同。

附表2 各季企业景气指数(2009 年)

指标	1 季度	2 季度	3 季度	4 季度
按企业登记注册类型分				
国有企业	110.5	127.8	127.0	135.3
集体企业	84.8	90.0	116.8	101.7
股份合作企业	77.3	118.2	109.1	109.1
联营企业	160.0	180.0	180.0	180.0
有限责任公司	104.1	117.3	125.2	136.3
股份有限公司	119.0	135.0	135.2	143.2
私营企业	100.1	114.9	106.1	124.2
其它内资企业	100.0	100.0	100.0	100.0
外商及港、澳、台投资企业	114.1	117.0	129.6	132.4
附:上市公司	125.0	135.8	152.9	160.3
按企业规模分				
大型	126.6	140.2	145.7	147.2
中型	93.9	120.1	125.1	135.0
小型	101.3	103.8	109.6	122.2
按主要行业大类分				
工业	100.3	116.8	123.2	132.3
农副食品加工业	88.0	112.8	87.5	114.0
食品制造业	120.7	95.7	123.1	117.1
饮料制造业	127.4	141.6	141.6	130.2
烟草制品业	150.0	200.0	100.0	100.0
纺织业	103.0	112.6	119.6	129.7
纺织服装、鞋、帽制造业	122.9	140.2	150.2	157.2
皮革、毛皮、羽毛(绒)及其制品业	92.8	135.8	120.8	168.8
木材加工及木、竹、藤、棕、草制品业	40.0	100.0	75.4	124.6
家具制造业	100.0	88.9	122.2	133.3
造纸及纸制品业	89.4	119.4	147.0	132.4
印刷业和记录媒介的复制	90.9	90.9	109.1	109.1
文教体育用品制造业	49.4	102.5	115.0	113.3
石油加工、炼焦及核燃料加工业	100.0	150.0	100.0	
化学原料及化学制品制造业	111.1	120.6	99.9	114.5
医药制造业	117.5	149.5	148.5	159.6

续表 Continued

指标	1 季度	2 季度	3 季度	4 季度
化学纤维制造业	74.1	125.7	124.9	152.0
橡胶制品	168.2	172.6	197.6	197.6
塑料制品业	86.1	107.6	107.6	130.3
非金属矿物制品业	85.1	101.4	92.0	133.2
黑色金属冶炼及压延加工业	77.0	140.5	132.9	124.6
有色金属冶炼及压延加工业	77.9	85.7	100.0	122.3
金属制品业	122.9	153.0	149.4	153.3
通用设备制造业	80.1	107.9	137.5	147.4
专用设备制造业	98.2	111.5	115.6	137.5
交通运输设备制造业	144.5	125.2	151.7	153.5
电气机械及器材制造业	108.8	126.4	131.4	144.5
通信设备、计算机及其他电子设备	89.6	105.0	134.0	132.2
仪器仪表及文化、办公用机械制造业	115.3	111.8	123.5	141.2
工艺品及其他制造业	127.6	111.3	138.4	108.4
废弃资源和废旧材料回收加工业	100.0	100.0	100.0	100.0
电力、热力的生产和供应业	104.9	118.4	130.0	136.7
建筑业				
房屋和土木工程建筑业	123.5	142.1	149.7	153.9
交运、仓储、邮政业				
道路运输业	102.0	104.0	104.0	113.0
城市公共交通业	119.7	100.0	100.0	114.3
仓储业	140.0	180.0	180.0	180.0
邮政业	133.3	66.7	133.3	100.0
批发和零售业				
批发业	111.7	117.0	118.4	128.7
零售业	134.8	131.4	134.9	148.2
房地产业				
社会服务业				
信息传输和计算机服务及软件业				
住宿和餐饮业				
住宿业	98.1	112.4	106.3	137.3
餐饮业	129.6	120.0	132.0	136.0

附表3 各季企业家信心指数(2009年)

指标	1季度	2季度	3季度	4季度
按企业登记注册类型分				
国有企业	107.6	112.7	126.6	139.7
集体企业	97.2	101.0	113.0	124.2
股份合作企业	85.0	122.7	136.4	136.4
联营企业	120.0	180.0	160.0	160.0
有限责任公司	92.1	106.0	115.2	128.9
股份有限公司	106.1	110.6	124.4	139.4
私营企业	91.1	104.8	110.3	120.8
其它内资企业	100.0	100.0	100.0	100.0
外商及港、澳、台投资企业	101.0	111.8	117.8	129.4
附:上市公司	98.5	115.2	138.2	155.8
按企业规模分				
大型	108.9	117.8	129.6	148.0
中型	90.7	106.0	116.0	127.1
小型	87.4	101.1	110.5	122.0
按主要行业大类分				
工业	94.6	105.2	115.9	131.1
农副食品加工业	88.0	118.4	119.1	117.5
食品制造业	105.3	111.1	124.8	101.7
饮料制造业	136.1	142.1	142.1	128.1
烟草制品业	200.0	200.0	200.0	200.0
纺织业	87.0	92.4	103.3	119.4
纺织服装、鞋、帽制造业	87.0	113.1	109.4	156.2
皮革、毛皮、羽毛(绒)及其制品业	88.4	88.8	113.1	139.0
木材加工及木、竹、藤、棕、草制品业	40.0	60.0	124.6	124.6
家具制造业	77.8	66.7	111.1	111.1
造纸及纸制品业	90.9	85.4	123.3	115.8
印刷业和记录媒介的复制	90.9	90.9	109.1	109.1
文教体育用品制造业	79.0	102.5	102.5	124.5
石油加工、炼焦及核燃料加工业	100.0	100.0	150.0	150.0
化学原料及化学制品制造业	106.0	112.4	113.5	123.0
医药制造业	129.7	142.0	157.4	154.5

续表 Continued

指标	1 季度	2 季度	3 季度	4 季度
化学纤维制造业	74.3	103.6	94.3	128.0
橡胶制品业	165.2	147.6	100.0	197.6
塑料制品业	99.5	116.7	121.2	130.3
非金属矿物制品业	98.1	97.3	97.3	126.6
黑色金属冶炼及压延加工业	48.7	83.0	108.3	125.0
有色金属冶炼及压延加工业	79.9	71.4	85.7	126.0
金属制品业	109.1	130.2	162.5	162.5
通用设备制造业	73.1	78.2	108.6	138.0
专用设备制造业	105.6	112.9	120.8	122.7
交通运输设备制造业	101.2	111.5	141.3	156.4
电气机械及器材制造业	101.7	132.1	122.7	144.6
通信设备、计算机及其他电子设备	102.9	109.0	129.1	133.1
仪器仪表及文化、办公用机械制造业	99.8	94.1	111.8	141.2
工艺品及其他制造业	121.7	108.3	123.7	102.3
废弃资源和废旧材料回收加工业	100.0	100.0	100.0	100.0
电力、热力的生产和供应业	105.7	116.5	121.6	150.3
建筑业				
房屋和土木工程建筑业	105.9	125.5	140.2	144.9
交运、仓储、邮政业				
道路运输业	82.4	93.0	96.0	97.0
城市公共交通业	119.7	100.0	128.6	128.6
仓储业	120.0	120.0	120.0	120.0
邮政业	133.3	133.3	133.3	133.3
批发和零售业				
批发业	90.8	90.8	108.0	120.5
零售业	111.9	119.6	122.9	131.3
房地产业				
社会服务业				
信息传输和计算机服务及软件业				
住宿和餐饮业				
住宿业	89.0	102.7	106.3	125.2
餐饮业	121.7	116.0	116.0	120.0

附表4 各行业企业生产经营状况景气指数(2009年)

指标	1季度	2季度	3季度	4季度
工业				
生产成本	105.6	85.3	74.5	67.7
生产总量	81.6	130.0	124.1	130.8
产品订货	82.9	107.1	113.2	123.9
其中:国外订货	79.4	83.1	94.9	100.6
产品销售量	72.5	125.4	125.4	127.8
产品销售价格	77.2	96.7	106.7	116.0
产成品库存	116.9	120.9	125.4	136.3
盈利(亏损)变化	84.1	116.7	121.0	128.5
流动资金	105.1	112.3	114.5	119.2
企业融资	107.1	112.3	112.7	115.8
货款拖欠	101.8	95.1	96.3	103.1
劳动力需求	88.9	108.4	118.8	118.2
固定资产投资	89.6	107.2	113.3	116.9
科技创新	110.3	116.5	121.4	121.8
原材料及能源购进价格	120.2	78.3	66.7	58.0
原材料及能源供应	142.6	141.6	138.0	137.3
建筑业				
工程合同签订	66.7	125.1	136.2	133.7
其中:来自国(境)外的	91.5	97.8	92.0	93.5
建筑工程量	74.4	135.8	139.6	142.1
新开工工程量	78.0	115.6	127.5	124.2
技术设备能力	155.8	161.7	157.6	157.5
工程进度	83.4	135.6	144.4	159.1
工程结算收入	80.1	114.3	134.6	147.7
建筑材料购进价格	131.5	91.2	68.2	70.3
工程结算成本	98.2	81.9	73.3	63.4
盈利(亏损)变化	106.5	117.8	121.7	130.0
流动资金	99.2	103.5	106.2	117.8
企业融资	85.3	89.3	93.5	95.5
货款拖欠	79.0	79.2	78.4	71.8
劳动力需求	80.2	134.2	136.8	130.5
固定资产投资	87.8	106.1	106.9	111.2
交通运输、仓储及邮政业				
业务预订	78.1	101.8	105.5	97.2
业务量	86.5	96.0	105.9	107.7
业务收费价格	91.7	78.5	102.7	100.3
业务成本	80.3	84.4	52.2	61.1
盈利(亏损)情况	82.6	87.7	99.9	92.6
流动资金	89.4	97.3	97.2	94.8
企业融资	105.9	96.7	106.5	104.7
货款拖欠	108.7	95.2	87.3	92.9
劳动力需求	91.1	100.2	106.1	97.0
固定资产投资	86.0	112.5	112.4	116.1

续表 1 Continued

指标	1 季度	2 季度	3 季度	4 季度
批发和零售业				
购货合同	89.8	101.7	98.1	115.2
商品购进价格	106.3	82.4	91.9	71.1
商品销售额	66.9	94.1	116.2	131.1
其中:出口	68.7	83.9	93.5	99.0
商品销售价格	74.6	100.5	108.5	131.6
商品库存	115.7	120.5	125.5	130.3
经营费用	99.3	91.9	79.9	64.0
竞争能力	133.2	132.4	137.4	128.9
盈利(亏损)变化	93.0	105.9	118.8	136.0
流动资金	125.5	136.2	128.7	139.7
企业融资	127.9	125.1	121.5	121.0
货款拖欠	107.4	109.4	100.6	101.9
劳动力需求	91.7	96.3	106.0	110.8
固定资产投资	95.4	104.5	106.9	114.9
房地产业				
土地开发	83.6	99.8	97.0	112.0
完成投资	95.8	115.6	116.3	126.1
新开工面积	75.9	79.3	93.9	100.9
房屋竣工面积	77.1	99.1	97.4	96.4
商品房预售面积	86.3	109.6	106.0	83.8
商品房销售面积	80.9	122.9	100.1	101.5
商品房销售价格	83.7	108.2	130.1	138.2
空置商品房面积	121.0	146.8	153.4	148.4
盈利(亏损)变化	71.2	98.8	121.4	125.3
流动资金	82.7	95.6	99.8	110.5
企业融资	66.2	91.6	84.8	92.8
货款拖欠	100.9	115.0	120.3	119.9
劳动力需求	79.5	94.1	96.6	92.9
固定资产投资	83.3	94.9	103.9	103.7
社会服务业				
服务预订	95.7	113.9	119.0	108.6
竞争能力	157.8	158.0	159.4	154.2
旅游客源	96.4	100.2	132.6	88.9
收费(服务)价格	79.7	85.5	98.6	83.4
业务量	104.1	118.2	128.3	107.8
营业成本	84.0	56.5	79.0	85.5
盈利(亏损)变化	83.6	103.6	114.5	105.4
流动资金	109.7	115.0	115.0	130.3
企业融资	109.7	101.6	95.8	109.0
货款拖欠	106.6	96.2	105.6	112.1
劳动力需求	114.7	102.3	119.0	103.0
固定资产投资	103.1	110.0	112.1	112.9

续表 2　Continued

指标	1 季度	2 季度	3 季度	4 季度
信息、计算机服务、软件业				
产品销售	126.6	126.9	124.1	148.0
产品订货	103.3	111.1	117.4	128.1
竞争能力	162.9	170.5	151.9	160.2
销售(收费)价格	62.8	93.1	76.6	78.1
营业收入	107.0	129.9	117.3	144.5
营业成本	72.9	80.7	56.0	69.1
盈利(亏损)变化	120.6	143.8	125.9	128.6
流动资金	141.9	132.8	136.2	155.2
企业融资	125.0	121.9	129.1	118.2
货款拖欠	107.3	83.9	100.8	102.0
劳动力需求	123.7	117.3	120.0	123.2
固定资产投资	117.1	137.3	151.2	150.5
住宿和餐饮业				
业务预订	62.0	81.5	93.9	128.3
业务量	67.9	75.8	89.3	123.8
竞争能力	136.5	130.9	124.4	134.1
客房出租	75.6	90.8	87.5	91.7
收费(服务)价格	74.3	82.6	91.4	95.0
营业收入	60.4	78.4	90.1	131.0
营业成本	88.5	87.4	88.8	76.6
盈利(亏损)变化	73.1	88.8	85.3	120.5
流动资金	109.8	117.2	117.9	121.0
企业融资	113.1	111.7	110.2	111.9
货款拖欠	96.6	105.7	96.2	109.8
劳动力需求	95.1	91.9	116.0	132.2
固定资产投资	107.1	110.5	115.0	110.0

附表 5 全省企业集团基本情况(2009 年)

指标	单位数（个）	资产合计（万元）	营业收入（万元）	从业人员（人）	劳动报酬总额（万元）
总计	**438**	**195188787**	**191133787**	**2556294**	**7359184**
#国家重点	**14**	**15878693**	**20303299**	**117968**	**476325**
按审批部门分					
国务院	3	7605459	15800950	52119	229851
国务院主管部门	10	4952539	5293402	100724	261265
省级人民政府	76	40808873	35354808	281643	885488
省级政府主管部门	69	27171648	29851701	371207	1051241
其他	280	114650268	104832926	1750601	4931339
按母公司主营行业类别分					
采矿业	2	213637	153564	1656	6545
制造业	311	110091338	117622602	1185662	3294687
电气水的生产和供应业	5	10785349	4404767	16333	124457
建筑业	55	20307889	33825756	1179126	3234506
交通运输、仓储和邮政业	8	15473691	2697211	40257	175255
批发和零售业	38	17387444	26683047	92897	385335
住宿和餐饮业	2	1231079	381246	14263	33732
房地产业	13	17657553	4832349	19457	77546
其他	4	2040807	533245	6643	27121
按母公司登记注册类型分					
国有企业	7	4880721	6435740	41537	154278
国有独资公司	27	41521994	30971735	162499	781377
其他有限责任公司	290	90245412	99636963	1626719	4418979
股份有限公司	77	37638457	34127494	593045	1617733
中外合资企业	4	1942280	922878	12899	31082
外商投资股份有限公司	2	6229555	1364121	6748	30093
港澳台合资企业	6	1924885	1458282	19934	45168
其他	25	10805483	16216574	92913	280474
按母公司控股情况分					
国有控股	56	55763525	42785181	274085	1179673

续表 Continued

指标	单位数（个）	资产合计（万元）	营业收入（万元）	从业人员（人）	劳动报酬总额（万元）
集体控股	48	22042648	18925015	216651	592150
私人控股	328	109046760	126567378	2034790	5495600
港澳台商控股	2	1451187	1130036	12807	28600
外商控股	4	6884667	1726177	17961	63161
按成立时间分					
1992 年及以前	53	34016565	34812290	319087	960421
1993 年	44	14021887	15467787	134732	370455
1994 年	62	21395481	23171415	412938	1213816
1995 年	52	29689663	32374502	214118	673855
1996 年	26	5505338	5628890	121251	268568
1997 年	20	6191743	4735191	97619	282785
1998 年	17	3937586	4340714	134974	336252
1999 年	21	6160889	7879332	231344	599419
2000 年	27	38247313	17535111	311418	978992
2001 年	24	10246668	14749976	172887	433782
2002 年	34	9416230	9159070	86761	259332
2003 年	27	6351946	6023369	110780	299610
2004 年	8	1510220	2157378	41239	87724
2005 年	8	3029163	3935966	47992	118445
2006 年	13	5120255	8776639	115714	463403
2007 年	1	163679	301003	2393	9196
2008 年	1	184161	85154	1047	3129
按资产总计分					
50 亿元及以上	96	133536282	114949430	1169899	3767930
40－50 亿元	11	4950888	5500889	90281	200983
30－40 亿元	42	14284597	18619157	254679	747323
20－30 亿元	67	16295094	17236867	306426	813754
10－20 亿元	141	20796533	27971764	606414	1526101
5－10 亿元	64	4839699	6378501	120089	284773
5 亿元以下	17	485694	477179	8506	18320

附表6 企业集团财务指标

单位:万元

指标	2006	2007	2008	2009
年末资产总计	**110421889**	**144065344**	**164408022**	**195188787**
固定资产净值		43054279	40154908	42692218
累计折旧	11177598	13586742	15687519	18003505
#本年折旧	2162697	2753831	2981266	3296359
累计对外投资	5706855	8749255	9846202	10736138
#本年对外投资	1112145	1986620	2081291	2582669
#本年对境外投资	27967	43295	105529	42879
存货	21644156	29053041	34496143	38962646
流动资产年平均余额	55863767	74996379	89177547	105148062
应收帐款	9064075	11845429	12301359	13816532
年末负债合计	69843699	92201378	105607149	125914175
流动负债	55891980	74631624	84388418	97142020
#银行借款	25507413	36635974	39201555	43053722
年末股东(所有者)权益合计	40578190	51863966	58800873	69274612
#年末少数股东权益	7684110	10973869	12208156	13951916
股本(实收资本)	12742188	15034907	16550739	17175167
营业收入	127573779	157498695	179607778	191133787
#营业成本		136855159	157680139	166034248
#营业税金及附加		1830679	2052539	2537093
新产品销售收入	15929941	20964106	24649365	27986620
出口销售总额	20033307	21692737	23416661	20413651
销售费用		4076543	4648771	5353903
管理费用	3707709	4403715	5018563	5507086
#税金	196943	215789	301421	359037
劳动、待业保险费	243524	267111	414552	392232
职工教育费	43075	55306	62355	73896
财务费用	1582045	2204981	2914889	2582374
#利息支出	1498278	2118233	2788604	2501250
投资收益	385702	1356927	1332086	1872257
利润总额	6382206	9619917	8575039	11979589
应交所得税	1762010	2324139	1859630	2339569
应缴增值税	2116401	2563142	2835516	2895093
固定资产投资完成额	5171318	5136493	6043674	7891493
研究开发费用	1104317	1379809	1600340	1825680

附表7 开发区(园区)主要经济指标

指标	2009	上年同期
工业总产值(亿元)	18225.3	17585.5
工业增加值(亿元)	4064.7	3504.3
资产合计(亿元)	16865.1	14497.7
产品销售收入(亿元)	17501.2	16927.7
#新产品销售收入	3601.3	3264.3
外资及港澳台企业销售收入	6847.4	7044.6
出口交货值(亿元)	3810.0	4414.8
利税总额(亿元)	1790.9	1229.8
#利润总额	1021.3	685.1
研究开发费用(亿元)	206.2	178.4
#高新技术企业	128.4	122.9
技术成果引进费用(亿元)	36.1	32.7
企业用水总量(亿吨)	24.6	23.9
企业用电总量(亿千瓦时)	497.5	445
从业人员年末人数(万人)	355.3	331.7
#直接从事研究开发人员	12.3	10.2
大专及以上学历或高中级技术职称人员	59.6	51.7
从业人员劳动报酬(亿元)	834.7	722.3

附表 8 开发区(园区)基本建设情况

指标	2009	累计
投资		
基础建设投入(亿元)	545.1	3515.8
拆迁安置补偿款(亿元)	128.1	835.0
入园企业投资额(亿元)	2230.0	15897.9
引进外资		
实际到位外资(亿美元)	62.4	469.2
引进项目		
入园企业(个)	7989	69504
#工业企业	3265	40146
外资及港澳台	684	9498
高新技术企业	171	2292
投产企业	5610	50708

附表 9 旅游度假区基本建设情况

指标	2009	累计
投资		
基础建设投入(亿元)	56.0	201.6
拆迁安置补偿款(亿元)	21.7	87.9
入园企业投资额(亿元)	58	366.8
引进外资		
实际到位外资(亿美元)	1.5	10.0
引进项目		
入园企业数(个)	114	945

附表10　浙江省投入产出表(2007年)

（按生产者价格计算）　　　　单位:万元

产出 投入	中间使用						
	农林牧渔业	煤炭开采和洗选业	石油和天然气开采业	金属矿采选业	非金属矿及其他矿采选业	食品制造及烟草加工业	纺织业
农林牧渔业	1089739	158	0	1	6	4404704	1780600
煤炭开采和洗选业	3310	0	0	3980	10797	95903	280219
石油和天然气开采业	0	732	0	20	166470	579	8803
金属矿采选业	0	0	0	194774	0	0	0
非金属矿及其他矿采选业	0	2	0	271	25807	1618	589
食品制造及烟草加工业	1233664	0	0	4	5001	4369397	3666
纺织业	2301	0	0	341	93	6212	21559467
纺织服装鞋帽皮革羽绒及其制品业	0	686	0	1227	515	17911	1173165
木材加工及家具制造业	111655	6	0	635	35	6061	235002
造纸印刷及文教体育用品制造业	88985	34	0	608	33386	366497	409890
石油加工、炼焦及核燃料加工业	562966	103	0	4545	57916	29256	87197
化学工业	710108	2076	0	10169	650657	640385	6147838
非金属矿物制品业	86264	28	0	1903	4348	32167	19178
金属冶炼及压延加工业	63945	102	0	3128	3925	2698	39535
金属制品业	51548	195	0	4985	7786	164261	84969
通用、专用设备制造业	57893	485	0	36489	32000	21708	150898
交通运输设备制造业	51966	123	0	1122	7348	8689	29779
电气机械及器材制造业	0	340	0	3751	8162	8637	52160
通信设备、计算机及其他电子设备制造业	0	10	0	191	5893	4360	28493
仪器仪表及文化办公用机械制造业	0	23	0	2019	7225	5528	20188
工艺品及其他制造业	0	12	0	656	4083	15438	57830
废品废料	0	0	0	0	0	0	33837
电力、热力的生产和供应业	241978	542	0	24402	177202	249184	1497123
燃气生产和供应业	568	15	0	169	10699	15388	24827
水的生产和供应业	425	69	0	220	2423	18092	42023
建筑业	0	23	0	893	1466	25207	48777
交通运输及仓储业	165375	145	0	18730	247459	296064	612603
邮政业	0	5	0	46	4757	4522	7130
信息传输、计算机服务和软件业	40139	42	0	4336	23519	33715	139851
批发和零售业	291058	241	0	8995	51472	619648	1936810
住宿和餐饮业	18147	28	0	1173	8977	38491	74073
金融业	211772	51	0	2435	27561	132085	579382
房地产业	0	16	0	135	282	11407	141162
租赁和商务服务业	170769	43	0	582	61585	473638	159902
研究与试验发展业	0	0	0	257	0	7994	14649
综合技术服务业	197588	37	0	2634	433	11054	93271
水利、环境和公共设施管理业	36398	0	0	214	28099	897	4998
居民服务和其他服务业	317010	4	0	195	5880	12740	39374
教育	34794	8	0	468	110	3508	12035
卫生、社会保障和社会福利业	59886	954	0	10305	8277	34863	238538
文化、体育和娱乐业	354	11	0	370	8098	8806	26806
公共管理和社会组织	205658	0	0	10	60	386	860
中间投入合计	**6106263**	**7349**	**0**	**347388**	**1699812**	**12199698**	**37897497**
劳动者报酬	9451894	3527	0	41901	176141	1200290	3225454
生产税净额	-238230	600	0	12784	9350	1347810	860129
固定资产折旧	646579	860	0	9104	140022	520025	1187172
营业盈余	0	4202	0	141063	84604	1760192	5506836
增加值合计	**9860243**	**9189**	**0**	**204852**	**410117**	**4828317**	**10779591**
总投入	**15966506**	**16538**	**0**	**552240**	**2109929**	**17028015**	**48677088**

续 1

投入 \ 产出	中间使用						
	纺织服装鞋帽皮革羽绒及其制品业	木材加工及家具制造业	造纸印刷及文教体育用品制造业	石油加工、炼焦及核燃料加工业	化学工业	非金属矿物制品业	金属冶炼及压延加工业
农林牧渔业	410028	737392	11479	5	694525	45	28
煤炭开采和洗选业	99392	17955	232239	1887	563170	875180	315493
石油和天然气开采业	4505	811	6306	8201044	72233	154064	16518
金属矿采选业	0	0	0	0	33429	54764	601452
非金属矿及其他矿采选业	336	758	2895	138	324296	799911	6368
食品制造及烟草加工业	124349	11164	48167	20	337107	766	214
纺织业	8292721	345631	305085	144	1351484	20989	1076
纺织服装鞋帽皮革羽绒及其制品业	6711994	776657	123302	3221	253737	32141	14295
木材加工及家具制造业	184891	2810036	158081	1559	44738	20435	7830
造纸印刷及文教体育用品制造业	470133	188808	6420561	3109	772727	113783	27589
石油加工、炼焦及核燃料加工业	72735	59100	72691	32415	2564480	313262	231583
化学工业	1731417	1687850	2356150	12261	34198167	651809	144372
非金属矿物制品业	10577	569880	10166	4905	172869	2618809	49080
金属冶炼及压延加工业	24433	748044	226959	2976	380036	470181	16153970
金属制品业	150863	308382	363932	4077	259004	583940	1042408
通用、专用设备制造业	75379	21651	105372	18707	260307	180722	161633
交通运输设备制造业	13840	7424	46277	5469	48448	30183	12186
电气机械及器材制造业	23157	28062	95253	9706	128793	42359	34841
通信设备、计算机及其他电子设备制造业	13637	2721	73262	2526	69974	7780	3036
仪器仪表及文化办公用机械制造业	9130	3260	16726	10695	118554	28066	20615
工艺品及其他制造业	396739	39749	80242	1880	70030	66571	11226
废品废料	7649	5963	781576	0	251867	159528	2648265
电力、热力的生产和供应业	342761	180153	412373	38578	2222413	873243	1016298
燃气生产和供应业	15124	8345	23493	1382	74756	116290	24151
水的生产和供应业	18249	8003	8622	494	46675	12427	9181
建筑业	10947	40755	12114	5236	67861	11950	7380
交通运输及仓储业	401631	289290	323079	30145	1219104	542065	424087
邮政业	10580	2299	3904	584	13949	4149	3485
信息传输、计算机服务和软件业	118008	49636	49192	9330	221489	51001	38999
批发和零售业	1073238	443506	542522	286675	2864321	499154	928111
住宿和餐饮业	64567	24658	33056	4889	126136	51049	30398
金融业	229390	169175	224045	56048	796064	236679	298165
房地产业	194293	45975	50250	87	47484	13465	6859
租赁和商务服务业	385086	145551	136539	10677	526557	127617	91886
研究与试验发展业	6770	6095	7938	2314	104138	10168	10087
综合技术服务业	31302	20735	62406	2602	242757	17642	111275
水利、环境和公共设施管理业	2112	775	6977	313	9886	2115	1190
居民服务和其他服务业	16142	2918	16299	1978	87718	56022	29085
教育	10071	3711	5829	1059	21864	8617	4879
卫生、社会保障和社会福利业	176772	37587	82505	7139	153277	21442	44024
文化、体育和娱乐业	20350	7332	10395	1565	37628	18911	8255
公共管理和社会组织	708	370	339	49	1718	415	275
中间投入合计	**21956006**	**9858167**	**13548598**	**8777888**	**51855770**	**9899709**	**24592148**
劳动者报酬	4497063	1007853	1338351	111923	3312296	948506	791854
生产税净额	721617	319552	359641	250994	1458628	195677	331766
固定资产折旧	531532	298454	573623	120592	2070044	609174	477129
营业盈余	1124719	853952	1125789	－17155	6697899	1444340	2737971
增加值合计	**6874931**	**2479811**	**3397404**	**466354**	**13538867**	**3197697**	**4338720**
总投入	**28830937**	**12337978**	**16946002**	**9244242**	**65394637**	**13097406**	**28930868**

续2

产出 投入	中间使用						
	金属制品业	通用、专用设备制造业	交通运输设备制造业	电气机械及器材制造业	通信设备、计算机及其他电子设备制造业	仪器仪表及文化办公用机械制造业	工艺品及其他制造业
农林牧渔业	2686	3713	107	2320	114	22	30770
煤炭开采和洗选业	57425	57716	25972	6096	7743	10997	32754
石油和天然气开采业	31447	65928	66520	3471	1789	13168	5079
金属矿采选业	45684	128514	2564	84133	24720	72219	467
非金属矿及其他矿采选业	48	6546	858	5903	7490	668	15180
食品制造及烟草加工业	484	5130	419	1316	10919	93	4573
纺织业	6245	52158	62889	1140032	17755	2108	1196590
纺织服装鞋帽皮革羽绒及其制品业	56563	93905	162075	217570	23061	18784	52262
木材加工及家具制造业	13287	106446	58417	41460	12709	5839	473054
造纸印刷及文教体育用品制造业	271528	419455	213347	423184	213699	94016	330849
石油加工、炼焦及核燃料加工业	122181	350947	199799	184456	53151	11850	51973
化学工业	1327343	1578880	1375031	3008620	919393	461159	1326545
非金属矿物制品业	650748	51580	159649	359095	171327	41017	34268
金属冶炼及压延加工业	7137437	9190555	5743831	7706760	1537146	345455	1046292
金属制品业	2766920	5691785	2872892	1865492	1585415	579829	776438
通用、专用设备制造业	304264	5418880	2173775	975662	188851	77582	35076
交通运输设备制造业	49215	338682	2960707	82303	22059	10510	4507
电气机械及器材制造业	204642	2500953	1350804	4274122	416773	194913	41000
通信设备、计算机及其他电子设备制造业	26682	496059	160125	885961	8046602	480840	22681
仪器仪表及文化办公用机械制造业	19118	287268	122552	140571	193393	200915	3087
工艺品及其他制造业	61687	363712	165203	222770	319261	149429	222216
废品废料	262661	411738	38644	10180	3053	0	1284
电力、热力的生产和供应业	728315	1337240	400495	387282	307311	83038	251891
燃气生产和供应业	20925	45698	15620	14715	6723	3834	10873
水的生产和供应业	15271	26507	19962	14095	14216	4227	7630
建筑业	10945	72756	59853	65754	13949	3113	10249
交通运输及仓储业	441130	918655	463712	592437	381469	88006	167392
邮政业	5217	19551	11119	10188	5922	2428	3802
信息传输、计算机服务和软件业	57833	233480	118795	153079	94751	26450	40033
批发和零售业	631055	1409860	846983	1128058	848959	142794	276986
住宿和餐饮业	63880	148053	89268	94931	63008	15719	35560
金融业	266193	515340	330348	335554	189985	60616	119841
房地产业	19735	85405	62987	25852	31411	3248	4033
租赁和商务服务业	105701	460671	285654	429165	208410	51799	117843
研究与试验发展业	5278	75703	44977	57279	38709	12221	11979
综合技术服务业	29749	245645	72256	155538	96090	23186	26846
水利、环境和公共设施管理业	3478	9199	2021	1831	606	116	376
居民服务和其他服务业	26740	26826	25868	21053	10810	1993	4245
教育	15210	32324	13014	15886	10342	2623	7856
卫生、社会保障和社会福利业	54034	221122	195672	85456	140168	12077	61827
文化、体育和娱乐业	22671	46547	32352	23385	14495	4305	12596
公共管理和社会组织	966	2397	982	1246	859	208	525
中间投入合计	**15942621**	**33553529**	**21008118**	**25254261**	**16254616**	**3313414**	**6879328**
劳动者报酬	1791487	4403004	2872796	2043084	1638995	477487	1080676
生产税净额	481964	984999	625574	686648	63436	68458	250733
固定资产折旧	412756	1283634	625478	544960	512248	119758	238338
营业盈余	1655868	4097523	2030165	2457020	1717000	380575	580703
增加值合计	**4342075**	**10769160**	**6154013**	**5731712**	**3931679**	**1046278**	**2150450**
总投入	**20284696**	**44322689**	**27162131**	**30985973**	**20186295**	**4359692**	**9029778**

续 3

投入＼产出	中间使用						
	废品废料	电力、热力的生产和供应业	燃气生产和供应业	水的生产和供应业	建筑业	交通运输及仓储业	邮政业
农林牧渔业	6	53	1	1	238971	69632	0
煤炭开采和洗选业	806	4769360	0	84	138602	721	20
石油和天然气开采业	2783	134749	399391	0	0	0	0
金属矿采选业	0	0	0	0	0	0	0
非金属矿及其他矿采选业	8	448	1	13	1173672	1672	0
食品制造及烟草加工业	23	207	2	6	753	19943	1073
纺织业	324	2370	5	35	123634	131993	4
纺织服装鞋帽皮革羽绒及其制品业	1403	57194	303	4908	189050	81710	9877
木材加工及家具制造业	371	6805	51	336	1488027	23297	931
造纸印刷及文教体育用品制造业	2654	44262	240	2127	98031	120786	26789
石油加工、炼焦及核燃料加工业	8436	298083	1141	2157	288764	3002155	14848
化学工业	49593	71139	160	84992	1813520	340852	900
非金属矿物制品业	7245	33217	180	830	8518275	1781	366
金属冶炼及压延加工业	77763	4758	37	150	12895815	35944	0
金属制品业	1505	124913	561	16444	1240248	488291	440
通用、专用设备制造业	1691	235960	739	2286	1008681	110429	3006
交通运输设备制造业	1120	8970	173	1282	223298	1031485	5327
电气机械及器材制造业	297998	206072	56	868	1876133	85963	1095
通信设备、计算机及其他电子设备制造业	448	14815	90	678	39267	45751	962
仪器仪表及文化办公用机械制造业	722	30559	136	1515	135876	33828	1015
工艺品及其他制造业	1394	22264	432	1560	182414	8882	0
废品废料	1481262	0	0	0	0	0	0
电力、热力的生产和供应业	53957	7826357	957	150714	1309456	184622	5096
燃气生产和供应业	6745	12272	153576	1273	27253	7352	14
水的生产和供应业	2297	6668	112	10581	124035	17778	573
建筑业	2450	21273	282	760	123172	206169	8034
交通运输及仓储业	26501	201599	6175	3471	964284	746129	53744
邮政业	428	5330	34	300	22396	13340	21524
信息传输、计算机服务和软件业	5653	68837	678	4078	62088	79347	13018
批发和零售业	97863	382183	14326	5797	1916997	188382	17858
住宿和餐饮业	3882	29364	824	2771	58689	141934	1574
金融业	21317	404073	1419	29756	176236	1537833	2273
房地产业	3633	6142	19	104	11554	99307	10912
租赁和商务服务业	13964	80979	1735	1400	374676	228832	18069
研究与试验发展业	6806	4003	3	19	65331	418	66
综合技术服务业	2448	18557	288	768	408046	23400	23
水利、环境和公共设施管理业	1119	16195	70	67405	61456	2635	0
居民服务和其他服务业	425	468005	71	12665	29367	148548	1177
教育	1427	8725	110	1076	5	45066	1151
卫生、社会保障和社会福利业	147	38254	4	9718	550	333	0
文化、体育和娱乐业	1802	11083	310	1280	22205	51675	5331
公共管理和社会组织	56	498	6	13	930	753	163
中间投入合计	**2190475**	**15676595**	**584698**	**424221**	**37431757**	**9358968**	**227253**
劳动者报酬	108532	640406	15480	85742	7481040	2124648	304325
生产税净额	18001	158164	-11527	2464	1288296	600629	21975
固定资产折旧	27185	2492164	43993	142730	541627	1514549	47665
营业盈余	259599	2227932	14577	88517	1110711	3032286	-8411
增加值合计	**413317**	**5518666**	**62523**	**319453**	**10421674**	**7272112**	**365554**
总投入	**2603792**	**21195261**	**647221**	**743674**	**47853431**	**16631080**	**592807**

续 4

投入＼产出	中间使用						
	信息传输、计算机服务和软件业	批发和零售业	住宿和餐饮业	金融业	房地产业	租赁和商务服务业	研究与试验发展业
农林牧渔业	20	5691	1452066	178	343404	264	84275
煤炭开采和洗选业	0	0	4186	0	0	0	0
石油和天然气开采业	0	0	5550	0	0	0	0
金属矿采选业	0	0	0	0	0	0	0
非金属矿及其他矿采选业	4	0	0	0	2	8	7
食品制造及烟草加工业	76	71174	1863335	700	220	1038	88
纺织业	120	14273	73168	3965	871	955	33
纺织服装鞋帽皮革羽绒及其制品业	30756	134067	54200	144568	18272	29457	430
木材加工及家具制造业	2570	7169	11485	20265	3198	1126011	340
造纸印刷及文教体育用品制造业	34912	99769	89973	271108	174075	168776	7412
石油加工、炼焦及核燃料加工业	2428	30343	159757	160227	58264	477700	17941
化学工业	1092	96730	199544	49569	13191	452812	2263
非金属矿物制品业	145	22	5406	0	22	106	95
金属冶炼及压延加工业	3	57	3973	0	2	7	7
金属制品业	9097	19849	11310	14347	16257	705271	138807
通用、专用设备制造业	6980	7843	20045	9313	3497	5430	10945
交通运输设备制造业	11416	202555	58542	20224	5512	13836	27
电气机械及器材制造业	157238	55507	15705	3233	42482	703978	169
通信设备、计算机及其他电子设备制造业	2008745	43504	16730	31189	35999	188769	1661
仪器仪表及文化办公用机械制造业	22927	3258	14692	32290	3481	9287	483
工艺品及其他制造业	62551	14750	191251	16625	9469	23797	2150
废品废料	0	0	0	0	0	0	0
电力、热力的生产和供应业	249149	170200	505096	91244	41458	122525	10704
燃气生产和供应业	6171	3391	83871	423	1076	14652	226
水的生产和供应业	3230	6082	34584	4741	8936	13340	1835
建筑业	162849	173873	102317	80715	181403	149320	556
交通运输及仓储业	36343	2264899	46950	294071	37914	275632	12720
邮政业	3573	14527	25472	42751	19864	29526	1697
信息传输、计算机服务和软件业	153907	37334	66642	634806	45776	109294	14559
批发和零售业	164890	3214	146786	39664	21393	239822	3817
住宿和餐饮业	72462	331363	94998	292508	122587	496120	17514
金融业	45002	856327	175026	28055	130483	1501096	5561
房地产业	102436	431592	238751	135857	30968	176310	3455
租赁和商务服务业	689770	1349054	406970	756537	135375	610865	9713
研究与试验发展业	4846	4337	11	860	0	0	2617
综合技术服务业	131674	92054	1104	71	0	0	215
水利、环境和公共设施管理业	1067	259	1920	12260	177	119627	1059
居民服务和其他服务业	7282	198826	87718	27178	15895	25813	4678
教育	10925	45050	10359	49037	3824	45066	3134
卫生、社会保障和社会福利业	548	10977	2623	9337	1644	172	1557
文化、体育和娱乐业	18426	87011	48107	24658	58750	53601	4934
公共管理和社会组织	94	1937	295	26289	1494	54830	109
中间投入合计	**4215724**	**6888868**	**6330518**	**3328863**	**1587235**	**7945113**	**367793**
劳动者报酬	1191849	3252019	1461695	2609381	1554016	1217775	181809
生产税净额	313364	3976211	514462	1978062	1080818	407419	23407
固定资产折旧	1311924	602220	364926	344144	5285925	805177	18931
营业盈余	1732520	9295331	756346	6354284	2457626	1112320	64312
增加值合计	**4549657**	**17125781**	**3097429**	**11285871**	**10378385**	**3542691**	**288459**
总投入	**8765381**	**24014649**	**9427947**	**14614734**	**11965620**	**11487804**	**656252**

续 5

投入＼产出	中间使用						
	综合技术服务业	水利、环境和公共设施管理业	居民服务和其他服务业	教育	卫生、社会保障和社会福利业	文化、体育和娱乐业	公共管理和社会组织
农林牧渔业	90656	130855	73856	358	19	31	721
煤炭开采和洗选业	0	0	0	0	0	0	0
石油和天然气开采业	0	0	0	0	0	0	0
金属矿采选业	0	0	0	0	0	0	0
非金属矿及其他矿采选业	118	394	2	971	1933	325	816
食品制造及烟草加工业	631	104	116	1404	74	53975	2830
纺织业	686	12235	2945	16	1	26	32
纺织服装鞋帽皮革羽绒及其制品业	23990	54692	36341	8379	138	5305	58643
木材加工及家具制造业	6338	10184	36210	20357	39723	6839	17574
造纸印刷及文教体育用品制造业	76010	16291	28308	219530	41065	40874	439879
石油加工、炼焦及核燃料加工业	21606	23961	56838	42517	3488	12377	353394
化学工业	9571	9016	70413	21897	1271358	16428	21425
非金属矿物制品业	1598	5307	22	13074	26018	4373	10978
金属冶炼及压延加工业	109	363	2	896	1783	299	753
金属制品业	513207	3564	342734	7438	14741	10794	6283
通用、专用设备制造业	2063	820	8940	609866	1572328	18779	1303
交通运输设备制造业	6721	3812	22353	3306	6580	2448	2776
电气机械及器材制造业	30681	8252	22376	19508	38824	24717	16380
通信设备、计算机及其他电子设备制造业	224712	5206	32947	13467	7617	147981	69644
仪器仪表及文化办公用机械制造业	13589	8954	3676	10370	7297	4792	10809
工艺品及其他制造业	12608	2865	4583	1547	225	1430	4193
废品废料	0	0	0	0	0	0	0
电力、热力的生产和供应业	31106	80021	39977	139476	60371	63768	231096
燃气生产和供应业	1609	1218	2733	5815	2993	2600	6141
水的生产和供应业	2923	4938	6891	13845	5858	3607	19067
建筑业	16063	39859	30402	26970	52758	11106	37587
交通运输及仓储业	71785	23743	55018	128468	38461	19999	337719
邮政业	13847	1545	5735	10948	2009	7390	112467
信息传输、计算机服务和软件业	72662	54232	56386	198577	91821	48663	750707
批发和零售业	37078	8859	31419	23359	145555	10361	17163
住宿和餐饮业	90865	32245	41981	102052	13828	38576	2075789
金融业	40226	52735	36996	14606	4862	57103	174749
房地产业	44404	716	74474	323617	127795	31556	44375
租赁和商务服务业	58080	207887	53449	39941	24559	123174	68389
研究与试验发展业	3690	0	0	0	0	17680	0
综合技术服务业	45731	30005	0	13215	17843	4840	421548
水利、环境和公共设施管理业	112	1314	55	9786	34	1651	3252
居民服务和其他服务业	8899	9847	35520	22809	17196	9200	201127
教育	8271	6567	6571	14941	24289	4880	247993
卫生、社会保障和社会福利业	3726	4810	344	54012	85143	1853	104463
文化、体育和娱乐业	22892	10682	8243	14391	4304	91532	91158
公共管理和社会组织	1760	408	1615	4947	230	2208	3497
中间投入合计	**1610623**	**868506**	**1230471**	**2156676**	**3753121**	**903540**	**5966720**
劳动者报酬	684063	481792	1013570	4449169	1829606	561788	6233896
生产税净额	107523	42840	108832	25061	3119	75615	20911
固定资产折旧	88841	151827	186867	433335	132998	144514	173612
营业盈余	434918	234183	374631	392337	580605	244214	25221
增加值合计	**1315345**	**910642**	**1683900**	**5299902**	**2546328**	**1026131**	**6453640**
总投入	**2925968**	**1779148**	**2914371**	**7456578**	**6299449**	**1929671**	**12420360**

续 6

投入 \ 产出	中间使用小计	最终使用				
		农村居民	城镇居民	居民消费小计	政府消费	最终消费合计
农林牧渔业	**11659500**	790330	3377652	4167982	73370	**4241352**
煤炭开采和洗选业	**7612007**	11742	7756	19498	0	**19498**
石油和天然气开采业	**9361960**	0	0	0	0	**0**
金属矿采选业	**1242720**	0	0	0	0	**0**
非金属矿及其他矿采选业	**2380076**	0	0	0	0	**0**
食品制造及烟草加工业	**8174225**	2769525	5093360	7862885	0	**7862885**
纺织业	**34731012**	123029	373454	496483	0	**496483**
纺织服装鞋帽皮革羽绒及其制品业	**10676754**	620745	3045957	3666702	0	**3666702**
木材加工及家具制造业	**7120257**	289851	331165	621016	0	**621016**
造纸印刷及文教体育用品制造业	**12865059**	62481	596623	659104	0	**659104**
石油加工、炼焦及核燃料加工业	**10099031**	164082	954508	1118590	0	**1118590**
化学工业	**63536695**	759701	1646020	2405721	0	**2405721**
非金属矿物制品业	**13676918**	379772	323730	703502	0	**703502**
金属冶炼及压延加工业	**63850129**	134567	48031	182598	0	**182598**
金属制品业	**22851222**	123457	44661	168118	0	**168118**
通用、专用设备制造业	**13938278**	0	13699	13699	0	**13699**
交通运输设备制造业	**5362600**	503558	2239003	2742561	0	**2742561**
电气机械及器材制造业	**13025663**	51074	524985	576059	0	**576059**
通信设备、计算机及其他电子设备制造业	**13261015**	389312	938498	1327810	0	**1327810**
仪器仪表及文化办公用机械制造业	**1558489**	4680	129058	133738	0	**133738**
工艺品及其他制造业	**2813724**	306268	743420	1049688	0	**1049688**
废品废料	**6097507**	0	0	0	0	**0**
电力、热力的生产和供应业	**22139172**	661846	1303320	1965166	0	**1965166**
燃气生产和供应业	**774999**	175746	145545	321291	0	**321291**
水的生产和供应业	**560732**	26977	160944	187921	0	**187921**
建筑业	**1897146**	359420	0	359420	0	**359420**
交通运输及仓储业	**13268203**	361572	1222397	1583969	608192	**2192161**
邮政业	**468340**	17491	67381	84872	0	**84872**
信息传输、计算机服务和软件业	**4072743**	564991	2689753	3254744	0	**3254744**
批发和零售业	**18347232**	1259189	2503550	3762739	4920	**3767659**
住宿和餐饮业	**5047987**	627305	3188738	3816043	0	**3816043**
金融业	**10076463**	850065	3684798	4534863	3408	**4538271**
房地产业	**2642063**	2130934	3830526	5961460	0	**5961460**
租赁和商务服务业	**9203093**	27172	788390	815562	700004	**1515566**
研究与试验发展业	**527243**	0	0	0	189009	**189009**
综合技术服务业	**2654876**	0	0	0	233998	**233998**
水利、环境和公共设施管理业	**413054**	9165	138415	147580	1071314	**1218894**
居民服务和其他服务业	**2035146**	213548	575251	788799	0	**788799**
教育	**742675**	1046807	2859874	3906681	3184222	**7090903**
卫生、社会保障和社会福利业	**1976140**	553823	558036	1111859	3211450	**4323309**
文化、体育和娱乐业	**937607**	119501	375620	495121	368849	**863970**
公共管理和社会组织	**320163**	0	0	0	12100197	**12100197**
中间投入合计	**433999918**	**16489726**	**44524118**	**61013844**	**21748933**	**82762777**
劳动者报酬	**77897183**					
生产税净额	**19547776**					
固定资产折旧	**25776636**					
营业盈余	**65167325**					
增加值合计	**188388920**					
总投入	**622388838**					

续7

投入＼产出	最终使用				
	固定资本形成总额	存货增加	**资本形成总额合计**	调出省外	出口
农林牧渔业	1764137	0	**1764137**	605077	241585
煤炭开采和洗选业	0	108	**108**	5298	7
石油和天然气开采业	0	0	**0**	8392	299263
金属矿采选业	0	37010	**37010**	1070429	0
非金属矿及其他矿采选业	0	234	**234**	24861	36657
食品制造及烟草加工业	0	66679	**66679**	4636102	1452546
纺织业	0	200324	**200324**	7129834	17395953
纺织服装鞋帽皮革羽绒及其制品业	0	123368	**123368**	6496481	8995467
木材加工及家具制造业	328364	92191	**420555**	1284266	4874444
造纸印刷及文教体育用品制造业	0	29119	**29119**	3081455	2641469
石油加工、炼焦及核燃料加工业	0	60851	**60851**	11514221	210115
化学工业	0	375350	**375350**	12985409	9374942
非金属矿物制品业	0	9991	**9991**	1409017	635309
金属冶炼及压延加工业	0	337119	**337119**	3778490	3693692
金属制品业	938500	249853	**1188353**	1484369	5103124
通用、专用设备制造业	16837684	440468	**17278152**	8602279	10883528
交通运输设备制造业	2489953	680114	**3170067**	12289389	4432919
电气机械及器材制造业	3906970	324261	**4231231**	8652458	9345602
通信设备、计算机及其他电子设备制造业	3010581	-271465	**2739116**	2039757	4906994
仪器仪表及文化办公用机械制造业	520149	37736	**557885**	1615967	2414386
工艺品及其他制造业	0	65443	**65443**	2784928	2808154
废品废料	0	45220	**45220**	229287	10686
电力、热力的生产和供应业	0	0	**0**	736383	0
燃气生产和供应业	0	0	**0**	0	0
水的生产和供应业	0	0	**0**	0	0
建筑业	45596865	0	**45596865**	0	0
交通运输及仓储业	388628	45468	**434096**	2512502	1896864
邮政业	0	0	0	**49795**	18534
信息传输、计算机服务和软件业	1255100	0	**1255100**	239856	72742
批发和零售业	751177	163433	**914610**	3886525	3286182
住宿和餐饮业	0	0	**0**	3083429	425044
金融业	0	0	**0**	0	0
房地产业	3362097	0	**3362097**	0	0
租赁和商务服务业	0	0	**0**	882892	136327
研究与试验发展业	0	0	**0**	20000	0
综合技术服务业	37094	0	**37094**	0	0
水利、环境和公共设施管理业	0	0	**0**	422983	53131
居民服务和其他服务业	0	0	**0**	199181	41186
教育	0	0	**0**	72000	124000
卫生、社会保障和社会福利业	0	0	**0**	0	0
文化、体育和娱乐业	0	0	**0**	505517	90693
公共管理和社会组织	0	0	**0**	0	0
中间投入合计	**81187299**	**3112875**	**84300174**	**104338829**	**95901545**
劳动者报酬					
生产税净额					
固定资产折旧					
营业盈余					
增加值合计					
总投入					

续8

产出 投入	最终使用合计	调入省内	进口	总产出
农林牧渔业	**6852151**	1891005	654140	**15966506**
煤炭开采和洗选业	**24911**	7620198	182	**16538**
石油和天然气开采业	**307655**	8943963	725652	**0**
金属矿采选业	**1107439**	288974	1508945	**552240**
非金属矿及其他矿采选业	**61752**	282435	49464	**2109929**
食品制造及烟草加工业	**14018212**	4121954	1042468	**17028015**
纺织业	**25222594**	10325599	950919	**48677088**
纺织服装鞋帽皮革羽绒及其制品业	**19282018**	810699	317136	**28830937**
木材加工及家具制造业	**7200281**	1339434	643126	**12337978**
造纸印刷及文教体育用品制造业	**6411147**	1612376	717828	**16946002**
石油加工、炼焦及核燃料加工业	**12903777**	13044203	714363	**9244242**
化学工业	**25141422**	11848338	11435142	**65394637**
非金属矿物制品业	**2757819**	3258514	78817	**13097406**
金属冶炼及压延加工业	**7991899**	40597664	2313496	**28930868**
金属制品业	**7943964**	10196262	314228	**20284696**
通用、专用设备制造业	**36777658**	3157074	3236173	**44322689**
交通运输设备制造业	**22634936**	579981	255424	**27162131**
电气机械及器材制造业	**22805350**	2138131	2706909	**30985973**
通信设备、计算机及其他电子设备制造业	**11013677**	2930134	1158263	**20186295**
仪器仪表及文化办公用机械制造业	**4721976**	104126	1816647	**4359692**
工艺品及其他制造业	**6708213**	315553	176606	**9029778**
废品废料	**285193**	367978	3410930	**2603792**
电力、热力的生产和供应业	**2701549**	3645460	0	**21195261**
燃气生产和供应业	**321291**	449069	0	**647221**
水的生产和供应业	**187921**	4979	0	**743674**
建筑业	**45956285**	0	0	**47853431**
交通运输及仓储业	**7035623**	2932124	740622	**16631080**
邮政业	**153201**	21995	6739	**592807**
信息传输、计算机服务和软件业	**4822442**	114079	15725	**8765381**
批发和零售业	**11854976**	4382608	1804951	**24014649**
住宿和餐饮业	**7324516**	2712721	231835	**9427947**
金融业	**4538271**	0	0	**14614734**
房地产业	**9323557**	0	0	**11965620**
租赁和商务服务业	**2534785**	230215	19859	**11487804**
研究与试验发展业	**209009**	80000	0	**656252**
综合技术服务业	**271092**	0	0	**2925968**
水利、环境和公共设施管理业	**1695008**	305731	23183	**1779148**
居民服务和其他服务业	**1029166**	131970	17971	**2914371**
教育	**7286903**	118000	455000	**7456578**
卫生、社会保障和社会福利业	**4323309**	0	0	**6299449**
文化、体育和娱乐业	**1460180**	390478	77638	**1929671**
公共管理和社会组织	**12100197**	0	0	**12420360**
中间投入合计	**367303325**	**141294024**	**37620381**	**622388838**
劳动者报酬				
生产税净额				
固定资产折旧				
营业盈余				
增加值合计				
总投入				

附表11 浙江省投入产出直接消耗系数表(2007年)

投入＼产出	农林牧渔业	煤炭开采和洗选业	石油和天然气开采业	金属矿采选业	非金属矿及其他矿采选业	食品制造及烟草加工业	纺织业
农林牧渔业	0.0682516	0.0095538	0.0000000	0.0000018	0.0000028	0.2586740	0.0365798
煤炭开采和洗选业	0.0002073	0.0000000	0.0000000	0.0072070	0.0051172	0.0056321	0.0057567
石油和天然气开采业	0.0000000	0.0442617	0.0000000	0.0000362	0.0788984	0.0000340	0.0001808
金属矿采选业	0.0000000	0.0000000	0.0000000	0.3526981	0.0000000	0.0000000	0.0000000
非金属矿及其他矿采选业	0.0000000	0.0001209	0.0000000	0.0004907	0.0122312	0.0000950	0.0000121
食品制造及烟草加工业	0.0772657	0.0000000	0.0000000	0.0000072	0.0023702	0.2566005	0.0000753
纺织业	0.0001441	0.0000000	0.0000000	0.0006175	0.0000441	0.0003648	0.4429079
纺织服装鞋帽皮革羽绒及其制品业	0.0000000	0.0414802	0.0000000	0.0022219	0.0002441	0.0010519	0.0241010
木材加工及家具制造业	0.0069931	0.0003628	0.0000000	0.0011499	0.0000166	0.0003559	0.0048278
造纸印刷及文教体育用品制造业	0.0055732	0.0020559	0.0000000	0.0011010	0.0158233	0.0215232	0.0084206
石油加工、炼焦及核燃料加工业	0.0352592	0.0062281	0.0000000	0.0082301	0.0274493	0.0017181	0.0017913
化学工业	0.0444749	0.1255291	0.0000000	0.0184141	0.3083786	0.0376077	0.1262984
非金属矿物制品业	0.0054028	0.0016931	0.0000000	0.0034460	0.0020607	0.0018891	0.0003940
金属冶炼及压延加工业	0.0040049	0.0061676	0.0000000	0.0056642	0.0018603	0.0001584	0.0008122
金属制品业	0.0032285	0.0117910	0.0000000	0.0090269	0.0036902	0.0096465	0.0017456
通用、专用设备制造业	0.0036259	0.0293264	0.0000000	0.0660745	0.0151664	0.0012748	0.0031000
交通运输设备制造业	0.0032547	0.0074374	0.0000000	0.0020317	0.0034826	0.0005103	0.0006118
电气机械及器材制造业	0.0000000	0.0205587	0.0000000	0.0067923	0.0038684	0.0005072	0.0010716
通信设备、计算机及其他电子设备制造业	0.0000000	0.0006047	0.0000000	0.0003459	0.0027930	0.0002560	0.0005853
仪器仪表及文化办公用机械制造业	0.0000000	0.0013907	0.0000000	0.0036560	0.0034243	0.0003246	0.0004147
工艺品及其他制造业	0.0000000	0.0007256	0.0000000	0.0011879	0.0019351	0.0009066	0.0011880
废品废料	0.0000000	0.0000000	0.0000000	0.0000000	0.0000000	0.0000000	0.0006951
电力、热力的生产和供应业	0.0151554	0.0327730	0.0000000	0.0441873	0.0839848	0.0146338	0.0307562
燃气生产和供应业	0.0000356	0.0009070	0.0000000	0.0003060	0.0050708	0.0009037	0.0005100
水的生产和供应业	0.0000266	0.0041722	0.0000000	0.0003984	0.0011484	0.0010625	0.0008633
建筑业	0.0000000	0.0013907	0.0000000	0.0016171	0.0006948	0.0014803	0.0010021
交通运输及仓储业	0.0103576	0.0087677	0.0000000	0.0339164	0.1172831	0.0173869	0.0125850
邮政业	0.0000000	0.0003023	0.0000000	0.0000833	0.0022546	0.0002656	0.0001465
信息传输、计算机服务和软件业	0.0025140	0.0025396	0.0000000	0.0078517	0.0111468	0.0019800	0.0028730
批发和零售业	0.0182293	0.0145725	0.0000000	0.0162882	0.0243951	0.0363899	0.0397889
住宿和餐饮业	0.0011366	0.0016931	0.0000000	0.0021241	0.0042546	0.0022605	0.0015217
金融业	0.0132635	0.0030838	0.0000000	0.0044093	0.0130625	0.0077569	0.0119026
房地产业	0.0000000	0.0009675	0.0000000	0.0002445	0.0001337	0.0006699	0.0029000
租赁和商务服务业	0.0106955	0.0026001	0.0000000	0.0010539	0.0291882	0.0278152	0.0032850
研究与试验发展业	0.0000000	0.0000000	0.0000000	0.0004654	0.0000000	0.0004695	0.0003009
综合技术服务业	0.0123752	0.0022373	0.0000000	0.0047697	0.0002052	0.0006492	0.0019161
水利、环境和公共设施管理业	0.0022796	0.0000000	0.0000000	0.0003875	0.0133175	0.0000527	0.0001027
居民服务和其他服务业	0.0198547	0.0002419	0.0000000	0.0003531	0.0027868	0.0007482	0.0008089
教育	0.0021792	0.0004837	0.0000000	0.0008475	0.0000521	0.0002060	0.0002472
卫生、社会保障和社会福利业	0.0037507	0.0576853	0.0000000	0.0186604	0.0039229	0.0020474	0.0049004
文化、体育和娱乐业	0.0000222	0.0006651	0.0000000	0.0006700	0.0038380	0.0005171	0.0005507
公共管理和社会组织	0.0128806	0.0000000	0.0000000	0.0000181	0.0000284	0.0000227	0.0000177
中间投入	**0.3824420**	**0.4443705**	**0.0000000**	**0.6290526**	**0.8056252**	**0.7164486**	**0.7785490**
劳动者报酬	0.5919826	0.2132664	0.0000000	0.0758746	0.0834820	0.0704891	0.0662623
生产税净额	-0.0149206	0.0362801	0.0000000	0.0231494	0.0044314	0.0791525	0.0176701
固定资产折旧	0.0404960	0.0520015	0.0000000	0.0164856	0.0663634	0.0305394	0.0243887
营业盈余	0.0000000	0.2540815	0.0000000	0.2554379	0.0400980	0.1033704	0.1131299
增加值	**0.6175580**	**0.5556295**	**0.0000000**	**0.3709474**	**0.1943748**	**0.2835514**	**0.2214510**
总投入	**1.0000000**	**1.0000000**	**0.0000000**	**1.0000000**	**1.0000000**	**1.0000000**	**1.0000000**

续1

投入 \ 产出	纺织服装鞋帽皮革羽绒及其制品业	木材加工及家具制造业	造纸印刷及文教体育用品制造业	石油加工、炼焦及核燃料加工业	化学工业	非金属矿物制品业	金属冶炼及压延加工业
农林牧渔业	0.0142218	0.0597660	0.0006774	0.0000005	0.0106205	0.0000034	0.0000010
煤炭开采和洗选业	0.0034474	0.0014553	0.0137046	0.0002041	0.0086119	0.0668209	0.0109051
石油和天然气开采业	0.0001563	0.0000657	0.0003721	0.8871516	0.0011046	0.0117629	0.0005709
金属矿采选业	0.0000000	0.0000000	0.0000000	0.0000000	0.0005112	0.0041813	0.0207893
非金属矿及其他矿采选业	0.0000117	0.0000614	0.0001708	0.0000149	0.0049591	0.0610740	0.0002201
食品制造及烟草加工业	0.0043130	0.0009048	0.0028424	0.0000022	0.0051550	0.0000585	0.0000074
纺织业	0.2876327	0.0280136	0.0180034	0.0000156	0.0206666	0.0016025	0.0000372
纺织服装鞋帽皮革羽绒及其制品业	0.2328053	0.0629485	0.0072762	0.0003484	0.0038801	0.0024540	0.0004941
木材加工及家具制造业	0.0064129	0.2277550	0.0093285	0.0001686	0.0006841	0.0015602	0.0002706
造纸印刷及文教体育用品制造业	0.0163065	0.0153030	0.3788835	0.0003363	0.0118164	0.0086874	0.0009536
石油加工、炼焦及核燃料加工业	0.0025228	0.0047901	0.0042896	0.0035065	0.0392154	0.0239179	0.0080047
化学工业	0.0600541	0.1368012	0.1390387	0.0013263	0.5229506	0.0497663	0.0049902
非金属矿物制品业	0.0003669	0.0461891	0.0005999	0.0005306	0.0026435	0.1999487	0.0016965
金属冶炼及压延加工业	0.0008475	0.0606294	0.0133931	0.0003219	0.0058114	0.0358988	0.5583645
金属制品业	0.0052327	0.0249945	0.0214760	0.0004410	0.0039606	0.0445844	0.0360310
通用、专用设备制造业	0.0026145	0.0017548	0.0062181	0.0020236	0.0039806	0.0137983	0.0055869
交通运输设备制造业	0.0004800	0.0006017	0.0027309	0.0005916	0.0007409	0.0023045	0.0004212
电气机械及器材制造业	0.0008032	0.0022744	0.0056210	0.0010500	0.0019695	0.0032342	0.0012043
通信设备、计算机及其他电子设备制造业	0.0004730	0.0002205	0.0043233	0.0002733	0.0010700	0.0005940	0.0001049
仪器仪表及文化办公用机械制造业	0.0003167	0.0002642	0.0009870	0.0011569	0.0018129	0.0021429	0.0007126
工艺品及其他制造业	0.0137609	0.0032217	0.0047352	0.0002034	0.0010709	0.0050828	0.0003880
废品废料	0.0002653	0.0004833	0.0461216	0.0000000	0.0038515	0.0121801	0.0915377
电力、热力的生产和供应业	0.0118887	0.0146015	0.0243345	0.0041732	0.0339846	0.0666730	0.0351285
燃气生产和供应业	0.0005246	0.0006764	0.0013863	0.0001495	0.0011432	0.0088789	0.0008348
水的生产和供应业	0.0006330	0.0006486	0.0005088	0.0000534	0.0007137	0.0009488	0.0003173
建筑业	0.0003797	0.0033032	0.0007149	0.0005664	0.0010377	0.0009124	0.0002551
交通运输及仓储业	0.0139306	0.0234471	0.0190652	0.0032609	0.0186423	0.0413872	0.0146586
邮政业	0.0003670	0.0001863	0.0002304	0.0000632	0.0002133	0.0003168	0.0001205
信息传输、计算机服务和软件业	0.0040931	0.0040230	0.0029029	0.0010093	0.0033870	0.0038940	0.0013480
批发和零售业	0.0372252	0.0359464	0.0320147	0.0310112	0.0438005	0.0381109	0.0320803
住宿和餐饮业	0.0022395	0.0019985	0.0019507	0.0005289	0.0019288	0.0038976	0.0010507
金融业	0.0079564	0.0137117	0.0132211	0.0060630	0.0121732	0.0180707	0.0103061
房地产业	0.0067390	0.0037263	0.0029653	0.0000094	0.0007261	0.0010281	0.0002371
租赁和商务服务业	0.0133567	0.0117970	0.0080573	0.0011550	0.0080520	0.0097437	0.0031761
研究与试验发展业	0.0002348	0.0004940	0.0004684	0.0002503	0.0015925	0.0007763	0.0003487
综合技术服务业	0.0010857	0.0016806	0.0036826	0.0002815	0.0037122	0.0013470	0.0038462
水利、环境和公共设施管理业	0.0000733	0.0000628	0.0004117	0.0000339	0.0001512	0.0001615	0.0000411
居民服务和其他服务业	0.0005599	0.0002365	0.0009618	0.0002140	0.0013414	0.0042773	0.0010053
教育	0.0003493	0.0003008	0.0003440	0.0001146	0.0003343	0.0006579	0.0001686
卫生、社会保障和社会福利业	0.0061313	0.0030464	0.0048687	0.0007723	0.0023439	0.0016371	0.0015217
文化、体育和娱乐业	0.0007058	0.0005943	0.0006134	0.0001693	0.0005754	0.0014439	0.0002853
公共管理和社会组织	0.0000246	0.0000300	0.0000200	0.0000053	0.0000263	0.0000317	0.0000095
中间投入	**0.7615433**	**0.7990099**	**0.7995159**	**0.9495519**	**0.7929667**	**0.7558526**	**0.8500315**
劳动者报酬	0.1559805	0.0816870	0.0789774	0.0121073	0.0506509	0.0724194	0.0273706
生产税净额	0.0250293	0.0258999	0.0212228	0.0271514	0.0223050	0.0149401	0.0114675
固定资产折旧	0.0184362	0.0241899	0.0338500	0.0130451	0.0316546	0.0465110	0.0164920
营业盈余	0.0390108	0.0692133	0.0664339	-0.0018557	0.1024228	0.1102768	0.0946384
增加值	**0.2384567**	**0.2009901**	**0.2004841**	**0.0504481**	**0.2070333**	**0.2441474**	**0.1499685**
总投入	**1.0000000**	**1.0000000**	**1.0000000**	**1.0000000**	**1.0000000**	**1.0000000**	**1.0000000**

续 2

投入 \ 产出	金属制品业	通用、专用设备制造业	交通运输设备制造业	电气机械及器材制造业	通信设备、计算机及其他电子设备制造业	仪器仪表及文化办公用机械制造业	工艺品及其他制造业
农林牧渔业	0.0001324	0.0000838	0.0000039	0.0000749	0.0000056	0.0000050	0.0034076
煤炭开采和洗选业	0.0028310	0.0013022	0.0009562	0.0001967	0.0003836	0.0025224	0.0036273
石油和天然气开采业	0.0015503	0.0014875	0.0024490	0.0001120	0.0000886	0.0030204	0.0005625
金属矿采选业	0.0022521	0.0028995	0.0000944	0.0027152	0.0012246	0.0165652	0.0000517
非金属矿及其他矿采选业	0.0000024	0.0001477	0.0000316	0.0001905	0.0003710	0.0001532	0.0016811
食品制造及烟草加工业	0.0000239	0.0001157	0.0000154	0.0000425	0.0005409	0.0000213	0.0005064
纺织业	0.0003079	0.0011768	0.0023153	0.0367919	0.0008796	0.0004835	0.1325160
纺织服装鞋帽皮革羽绒及其制品业	0.0027885	0.0021187	0.0059669	0.0070216	0.0011424	0.0043086	0.0057877
木材加工及家具制造业	0.0006550	0.0024016	0.0021507	0.0013380	0.0006296	0.0013393	0.0523882
造纸印刷及文教体育用品制造业	0.0133859	0.0094637	0.0078546	0.0136573	0.0105863	0.0215648	0.0366398
石油加工、炼焦及核燃料加工业	0.0060233	0.0079180	0.0073558	0.0059529	0.0026330	0.0027181	0.0057557
化学工业	0.0654357	0.0356224	0.0506231	0.0970962	0.0455454	0.1057779	0.1469078
非金属矿物制品业	0.0320807	0.0011637	0.0058776	0.0115890	0.0084873	0.0094082	0.0037950
金属冶炼及压延加工业	0.3518631	0.2073555	0.2114647	0.2487177	0.0761480	0.0792384	0.1158713
金属制品业	0.1364043	0.1284170	0.1057683	0.0602044	0.0785392	0.1329977	0.0859864
通用、专用设备制造业	0.0149997	0.1222597	0.0800296	0.0314872	0.0093554	0.0177953	0.0038845
交通运输设备制造业	0.0024262	0.0076413	0.1090013	0.0026561	0.0010928	0.0024107	0.0004991
电气机械及器材制造业	0.0100885	0.0564260	0.0497311	0.1379373	0.0206463	0.0447080	0.0045405
通信设备、计算机及其他电子设备制造业	0.0013154	0.0111920	0.0058952	0.0285923	0.3986171	0.1102922	0.0025118
仪器仪表及文化办公用机械制造业	0.0009425	0.0064813	0.0045119	0.0045366	0.0095804	0.0460847	0.0003419
工艺品及其他制造业	0.0030411	0.0082060	0.0060821	0.0071894	0.0158157	0.0342751	0.0246092
废品废料	0.0129487	0.0092896	0.0014227	0.0003285	0.0001512	0.0000000	0.0001422
电力、热力的生产和供应业	0.0359047	0.0301706	0.0147446	0.0124986	0.0152237	0.0190468	0.0278956
燃气生产和供应业	0.0010316	0.0010310	0.0005751	0.0004749	0.0003330	0.0008794	0.0012041
水的生产和供应业	0.0007528	0.0005980	0.0007349	0.0004549	0.0007042	0.0009696	0.0008450
建筑业	0.0005396	0.0016415	0.0022035	0.0021221	0.0006910	0.0007140	0.0011350
交通运输及仓储业	0.0217469	0.0207265	0.0170720	0.0191195	0.0188974	0.0201863	0.0185378
邮政业	0.0002572	0.0004411	0.0004094	0.0003288	0.0002934	0.0005569	0.0004211
信息传输、计算机服务和软件业	0.0028511	0.0052677	0.0043736	0.0049403	0.0046938	0.0060669	0.0044334
批发和零售业	0.0311099	0.0318090	0.0311825	0.0364054	0.0420562	0.0327532	0.0306747
住宿和餐饮业	0.0031492	0.0033403	0.0032865	0.0030637	0.0031213	0.0036055	0.0039381
金融业	0.0131228	0.0116270	0.0121621	0.0108292	0.0094116	0.0139037	0.0132718
房地产业	0.0009729	0.0019269	0.0023189	0.0008343	0.0015561	0.0007450	0.0004466
租赁和商务服务业	0.0052109	0.0103936	0.0105166	0.0138503	0.0103243	0.0118813	0.0130505
研究与试验发展业	0.0002602	0.0017080	0.0016559	0.0018485	0.0019176	0.0028032	0.0013266
综合技术服务业	0.0014666	0.0055422	0.0026602	0.0050196	0.0047602	0.0053183	0.0029731
水利、环境和公共设施管理业	0.0001715	0.0002075	0.0000744	0.0000591	0.0000300	0.0000266	0.0000416
居民服务和其他服务业	0.0013182	0.0006052	0.0009524	0.0006794	0.0005355	0.0004571	0.0004701
教育	0.0007498	0.0007293	0.0004791	0.0005127	0.0005123	0.0006016	0.0008700
卫生、社会保障和社会福利业	0.0026638	0.0049889	0.0072039	0.0027579	0.0069437	0.0027701	0.0068470
文化、体育和娱乐业	0.0011176	0.0010502	0.0011911	0.0007547	0.0007181	0.0009875	0.0013949
公共管理和社会组织	0.0000476	0.0000541	0.0000362	0.0000402	0.0000426	0.0000477	0.0000581
中间投入	**0.7859433**	**0.7570283**	**0.7734341**	**0.8150224**	**0.8052303**	**0.7600110**	**0.7618491**
劳动者报酬	0.0883172	0.0993397	0.1057648	0.0659358	0.0811935	0.1095231	0.1196791
生产税净额	0.0237600	0.0222234	0.0230311	0.0221600	0.0031425	0.0157025	0.0277673
固定资产折旧	0.0203481	0.0289611	0.0230276	0.0175873	0.0253760	0.0274694	0.0263947
营业盈余	0.0816314	0.0924475	0.0747425	0.0792946	0.0850577	0.0872940	0.0643098
增加值	**0.2140567**	**0.2429717**	**0.2265659**	**0.1849776**	**0.1947697**	**0.2399890**	**0.2381509**
总投入	**1.0000000**	**1.0000000**	**1.0000000**	**1.0000000**	**1.0000000**	**1.0000000**	**1.0000000**

续3

投入＼产出	废品废料	电力、热力的生产和供应业	燃气生产和供应业	水的生产和供应业	建筑业	交通运输及仓储业	邮政业
农林牧渔业	0.0000023	0.0000025	0.0000015	0.0000013	0.0049938	0.0041869	0.0000000
煤炭开采和洗选业	0.0003095	0.2250201	0.0000000	0.0001130	0.0028964	0.0000434	0.0000337
石油和天然气开采业	0.0010688	0.0063575	0.6170860	0.0000000	0.0000000	0.0000000	0.0000000
金属矿采选业	0.0000000	0.0000000	0.0000000	0.0000000	0.0000000	0.0000000	0.0000000
非金属矿及其他矿采选业	0.0000031	0.0000211	0.0000015	0.0000175	0.0245264	0.0001005	0.0000000
食品制造及烟草加工业	0.0000088	0.0000098	0.0000031	0.0000081	0.0000157	0.0011991	0.0018100
纺织业	0.0001244	0.0001118	0.0000077	0.0000471	0.0025836	0.0079365	0.0000067
纺织服装鞋帽皮革羽绒及其制品业	0.0005388	0.0026984	0.0004682	0.0065997	0.0039506	0.0049131	0.0166614
木材加工及家具制造业	0.0001425	0.0003211	0.0000788	0.0004518	0.0310955	0.0014008	0.0015705
造纸印刷及文教体育用品制造业	0.0010193	0.0020883	0.0003708	0.0028601	0.0020486	0.0072627	0.0451901
石油加工、炼焦及核燃料加工业	0.0032399	0.0140637	0.0017629	0.0029005	0.0060343	0.1805147	0.0250469
化学工业	0.0190465	0.0033564	0.0002472	0.1142866	0.0378974	0.0204949	0.0015182
非金属矿物制品业	0.0027825	0.0015672	0.0002781	0.0011161	0.1780076	0.0001071	0.0006174
金属冶炼及压延加工业	0.0298653	0.0002245	0.0000572	0.0002017	0.2694857	0.0021613	0.0000000
金属制品业	0.0005780	0.0058934	0.0008668	0.0221118	0.0259176	0.0293601	0.0007422
通用、专用设备制造业	0.0006494	0.0111327	0.0011418	0.0030739	0.0210786	0.0066399	0.0050708
交通运输设备制造业	0.0004301	0.0004232	0.0002673	0.0017239	0.0046663	0.0620215	0.0089861
电气机械及器材制造业	0.1144477	0.0097226	0.0000865	0.0011672	0.0392058	0.0051688	0.0018471
通信设备、计算机及其他电子设备制造业	0.0001721	0.0006990	0.0001391	0.0009117	0.0008206	0.0027509	0.0016228
仪器仪表及文化办公用机械制造业	0.0002773	0.0014418	0.0002101	0.0020372	0.0028394	0.0020340	0.0017122
工艺品及其他制造业	0.0005354	0.0010504	0.0006675	0.0020977	0.0038119	0.0005341	0.0000000
废品废料	0.5688865	0.0000000	0.0000000	0.0000000	0.0000000	0.0000000	0.0000000
电力、热力的生产和供应业	0.0207225	0.3692503	0.0014786	0.2026614	0.0273639	0.0111010	0.0085964
燃气生产和供应业	0.0025905	0.0005790	0.2372853	0.0017118	0.0005695	0.0004421	0.0000236
水的生产和供应业	0.0008822	0.0003146	0.0001730	0.0142280	0.0025920	0.0010690	0.0009666
建筑业	0.0009409	0.0010037	0.0004357	0.0010220	0.0025739	0.0123966	0.0135525
交通运输及仓储业	0.0101778	0.0095115	0.0095408	0.0046674	0.0201508	0.0448635	0.0906602
邮政业	0.0001644	0.0002515	0.0000525	0.0004034	0.0004680	0.0008021	0.0363086
信息传输、计算机服务和软件业	0.0021711	0.0032478	0.0010476	0.0054836	0.0012975	0.0047710	0.0219599
批发和零售业	0.0375848	0.0180315	0.0221346	0.0077951	0.0400598	0.0113271	0.0301245
住宿和餐饮业	0.0014909	0.0013854	0.0012731	0.0037261	0.0012264	0.0085343	0.0026552
金融业	0.0081869	0.0190643	0.0021925	0.0400122	0.0036828	0.0924674	0.0038343
房地产业	0.0013953	0.0002898	0.0000294	0.0001398	0.0002414	0.0059712	0.0184073
租赁和商务服务业	0.0053629	0.0038206	0.0026807	0.0018825	0.0078297	0.0137593	0.0304804
研究与试验发展业	0.0026139	0.0001889	0.0000046	0.0000255	0.0013652	0.0000251	0.0001113
综合技术服务业	0.0009402	0.0008755	0.0004450	0.0010327	0.0085270	0.0014070	0.0000388
水利、环境和公共设施管理业	0.0004298	0.0007641	0.0001082	0.0906378	0.0012843	0.0001584	0.0000000
居民服务和其他服务业	0.0001632	0.0220806	0.0001097	0.0170303	0.0006137	0.0089320	0.0019855
教育	0.0005480	0.0004116	0.0001700	0.0014469	0.0000001	0.0027097	0.0019416
卫生、社会保障和社会福利业	0.0000565	0.0018048	0.0000062	0.0130676	0.0000115	0.0000200	0.0000000
文化、体育和娱乐业	0.0006921	0.0005229	0.0004790	0.0017212	0.0004640	0.0031071	0.0089928
公共管理和社会组织	0.0000215	0.0000235	0.0000093	0.0000175	0.0000194	0.0000453	0.0002750
中间投入	**0.8412634**	**0.7396274**	**0.9033978**	**0.5704395**	**0.7822168**	**0.5627396**	**0.3833507**
劳动者报酬	0.0416823	0.0302146	0.0239176	0.1152951	0.1563324	0.1277517	0.5133627
生产税净额	0.0069134	0.0074622	-0.0178100	0.0033133	0.0269217	0.0361149	0.0370694
固定资产折旧	0.0104405	0.1175812	0.0679721	0.1919255	0.0113185	0.0910674	0.0804056
营业盈余	0.0997004	0.1051146	0.0225224	0.1190266	0.0232107	0.1823265	-0.0141884
增加值	**0.1587366**	**0.2603726**	**0.0966022**	**0.4295605**	**0.2177832**	**0.4372604**	**0.6166493**
总投入	**1.0000000**	**1.0000000**	**1.0000000**	**1.0000000**	**1.0000000**	**1.0000000**	**1.0000000**

续 4

投入 \ 产出	信息传输、计算机服务和软件业	批发和零售业	住宿和餐饮业	金融业	房地产业	租赁和商务服务业	研究与试验发展业
农林牧渔业	0.0000023	0.0002370	0.1540172	0.0000122	0.0286992	0.0000230	0.1284187
煤炭开采和洗选业	0.0000000	0.0000000	0.0004440	0.0000000	0.0000000	0.0000000	0.0000000
石油和天然气开采业	0.0000000	0.0000000	0.0005887	0.0000000	0.0000000	0.0000000	0.0000000
金属矿采选业	0.0000000	0.0000000	0.0000000	0.0000000	0.0000000	0.0000000	0.0000000
非金属矿及其他矿采选业	0.0000005	0.0000000	0.0000000	0.0000000	0.0000002	0.0000007	0.0000107
食品制造及烟草加工业	0.0000087	0.0029638	0.1976395	0.0000479	0.0000184	0.0000904	0.0001341
纺织业	0.0000137	0.0005943	0.0077608	0.0002713	0.0000728	0.0000831	0.0000503
纺织服装鞋帽皮革羽绒及其制品业	0.0035088	0.0055827	0.0057489	0.0098919	0.0015270	0.0025642	0.0006552
木材加工及家具制造业	0.0002932	0.0002985	0.0012182	0.0013866	0.0002673	0.0980180	0.0005181
造纸印刷及文教体育用品制造业	0.0039829	0.0041545	0.0095432	0.0185503	0.0145479	0.0146918	0.0112944
石油加工、炼焦及核燃料加工业	0.0002770	0.0012635	0.0169450	0.0109634	0.0048693	0.0415832	0.0273386
化学工业	0.0001246	0.0040280	0.0211652	0.0033917	0.0011024	0.0394168	0.0034484
非金属矿物制品业	0.0000165	0.0000009	0.0005734	0.0000000	0.0000018	0.0000092	0.0001448
金属冶炼及压延加工业	0.0000003	0.0000024	0.0004214	0.0000000	0.0000002	0.0000006	0.0000107
金属制品业	0.0010378	0.0008265	0.0011996	0.0009817	0.0013586	0.0613930	0.2115148
通用、专用设备制造业	0.0007963	0.0003266	0.0021261	0.0006372	0.0002923	0.0004727	0.0166780
交通运输设备制造业	0.0013024	0.0084346	0.0062094	0.0013838	0.0004607	0.0012044	0.0000411
电气机械及器材制造业	0.0179385	0.0023114	0.0016658	0.0002212	0.0035503	0.0612805	0.0002575
通信设备、计算机及其他电子设备制造业	0.2291680	0.0018116	0.0017745	0.0021341	0.0030085	0.0164321	0.0025310
仪器仪表及文化办公用机械制造业	0.0026156	0.0001357	0.0015583	0.0022094	0.0002909	0.0008084	0.0007360
工艺品及其他制造业	0.0071361	0.0006142	0.0202855	0.0011376	0.0007914	0.0020715	0.0032762
废品废料	0.0000000	0.0000000	0.0000000	0.0000000	0.0000000	0.0000000	0.0000000
电力、热力的生产和供应业	0.0284242	0.0070873	0.0535743	0.0062433	0.0034648	0.0106657	0.0163108
燃气生产和供应业	0.0007040	0.0001412	0.0088960	0.0000289	0.0000899	0.0012754	0.0003444
水的生产和供应业	0.0003685	0.0002533	0.0036682	0.0003244	0.0007468	0.0011612	0.0027962
建筑业	0.0185787	0.0072403	0.0108525	0.0055229	0.0151604	0.0129981	0.0008472
交通运输及仓储业	0.0041462	0.0943132	0.0049799	0.0201215	0.0031686	0.0239934	0.0193828
邮政业	0.0004076	0.0006049	0.0027018	0.0029252	0.0016601	0.0025702	0.0025859
信息传输、计算机服务和软件业	0.0175585	0.0015546	0.0070686	0.0434360	0.0038256	0.0095139	0.0221851
批发和零售业	0.0188115	0.0001338	0.0155692	0.0027140	0.0017879	0.0208762	0.0058164
住宿和餐饮业	0.0082668	0.0137984	0.0100762	0.0200146	0.0102449	0.0431867	0.0266879
金融业	0.0051341	0.0356585	0.0185646	0.0019196	0.0109048	0.1306687	0.0084739
房地产业	0.0116864	0.0179720	0.0253238	0.0092959	0.0025881	0.0153476	0.0052647
租赁和商务服务业	0.0786925	0.0561763	0.0431663	0.0517654	0.0113137	0.0531751	0.0148007
研究与试验发展业	0.0005529	0.0001806	0.0000012	0.0000588	0.0000000	0.0000000	0.0039878
综合技术服务业	0.0150221	0.0038332	0.0001171	0.0000049	0.0000000	0.0000000	0.0003276
水利、环境和公共设施管理业	0.0001217	0.0000108	0.0002036	0.0008389	0.0000148	0.0104134	0.0016137
居民服务和其他服务业	0.0008308	0.0082794	0.0093040	0.0018596	0.0013284	0.0022470	0.0071284
教育	0.0012464	0.0018759	0.0010988	0.0033553	0.0003196	0.0039229	0.0047756
卫生、社会保障和社会福利业	0.0000625	0.0004571	0.0002782	0.0006389	0.0001374	0.0000150	0.0023726
文化、体育和娱乐业	0.0021021	0.0036232	0.0051026	0.0016872	0.0049099	0.0046659	0.0075185
公共管理和社会组织	0.0000107	0.0000807	0.0000313	0.0017988	0.0001249	0.0047729	0.0001661
中间投入	**0.4809516**	**0.2868611**	**0.6714630**	**0.2277745**	**0.1326496**	**0.6916129**	**0.5604448**
劳动者报酬	0.1359723	0.1354181	0.1550385	0.1785445	0.1298734	0.1060059	0.2770414
生产税净额	0.0357502	0.1655744	0.0545678	0.1353471	0.0903270	0.0354654	0.0356677
固定资产折旧	0.1496711	0.0250772	0.0387068	0.0235477	0.4417594	0.0700897	0.0288472
营业盈余	0.1976548	0.3870692	0.0802238	0.4347862	0.2053906	0.0968262	0.0979989
增加值	**0.5190484**	**0.7131389**	**0.3285370**	**0.7722255**	**0.8673504**	**0.3083871**	**0.4395552**
总投入	**1.0000000**	**1.0000000**	**1.0000000**	**1.0000000**	**1.0000000**	**1.0000000**	**1.0000000**

续5

投入 \ 产出	综合技术服务业	水利、环境和公共设施管理业	居民服务和其他服务业	教育	卫生、社会保障和社会福利业	文化、体育和娱乐业	公共管理和社会组织
农林牧渔业	0.0309833	0.0735492	0.0253420	0.0000480	0.0000030	0.0000161	0.0000580
煤炭开采和洗选业	0.0000000	0.0000000	0.0000000	0.0000000	0.0000000	0.0000000	0.0000000
石油和天然气开采业	0.0000000	0.0000000	0.0000000	0.0000000	0.0000000	0.0000000	0.0000000
金属矿采选业	0.0000000	0.0000000	0.0000000	0.0000000	0.0000000	0.0000000	0.0000000
非金属矿及其他矿采选业	0.0000403	0.0002215	0.0000007	0.0001302	0.0003069	0.0001684	0.0000657
食品制造及烟草加工业	0.0002157	0.0000585	0.0000398	0.0001883	0.0000117	0.0279711	0.0002279
纺织业	0.0002345	0.0068769	0.0010105	0.0000021	0.0000002	0.0000135	0.0000026
纺织服装鞋帽皮革羽绒及其制品业	0.0081990	0.0307406	0.0124696	0.0011237	0.0000219	0.0027492	0.0047215
木材加工及家具制造业	0.0021661	0.0057241	0.0124246	0.0027301	0.0063058	0.0035441	0.0014149
造纸印刷及文教体育用品制造业	0.0259777	0.0091566	0.0097132	0.0294411	0.0065188	0.0211818	0.0354160
石油加工、炼焦及核燃料加工业	0.0073842	0.0134677	0.0195027	0.0057019	0.0005537	0.0064140	0.0284528
化学工业	0.0032711	0.0050676	0.0241606	0.0029366	0.2018205	0.0085134	0.0017250
非金属矿物制品业	0.0005461	0.0029829	0.0000075	0.0017534	0.0041302	0.0022662	0.0008839
金属冶炼及压延加工业	0.0000373	0.0002040	0.0000007	0.0001202	0.0002830	0.0001549	0.0000606
金属制品业	0.1753973	0.0020032	0.1176014	0.0009975	0.0023400	0.0055937	0.0005059
通用、专用设备制造业	0.0007051	0.0004609	0.0030676	0.0817890	0.2495977	0.0097317	0.0001049
交通运输设备制造业	0.0022970	0.0021426	0.0076699	0.0004434	0.0010445	0.0012686	0.0002235
电气机械及器材制造业	0.0104858	0.0046382	0.0076778	0.0026162	0.0061631	0.0128089	0.0013188
通信设备、计算机及其他电子设备制造业	0.0767992	0.0029261	0.0113050	0.0018061	0.0012092	0.0766872	0.0056072
仪器仪表及文化办公用机械制造业	0.0046443	0.0050327	0.0012613	0.0013907	0.0011584	0.0024833	0.0008703
工艺品及其他制造业	0.0043090	0.0016103	0.0015726	0.0002075	0.0000357	0.0007411	0.0003376
废品废料	0.0000000	0.0000000	0.0000000	0.0000000	0.0000000	0.0000000	0.0000000
电力、热力的生产和供应业	0.0106310	0.0449771	0.0137172	0.0187051	0.0095835	0.0330460	0.0186062
燃气生产和供应业	0.0005499	0.0006846	0.0009378	0.0007798	0.0004751	0.0013474	0.0004944
水的生产和供应业	0.0009990	0.0027755	0.0023645	0.0018567	0.0009299	0.0018692	0.0015351
建筑业	0.0054898	0.0224034	0.0104318	0.0036169	0.0083750	0.0057554	0.0030262
交通运输及仓储业	0.0245338	0.0133452	0.0188782	0.0172288	0.0061055	0.0103639	0.0271908
邮政业	0.0047325	0.0008684	0.0019678	0.0014682	0.0003189	0.0038297	0.0090551
信息传输、计算机服务和软件业	0.0248335	0.0304820	0.0193476	0.0266311	0.0145760	0.0252183	0.0604416
批发和零售业	0.0126720	0.0049793	0.0107807	0.0031327	0.0231060	0.0053693	0.0013818
住宿和餐饮业	0.0310547	0.0181238	0.0144048	0.0136862	0.0021951	0.0199910	0.1671279
金融业	0.0137479	0.0296406	0.0126943	0.0019588	0.0007718	0.0295921	0.0140696
房地产业	0.0151758	0.0004024	0.0255541	0.0434002	0.0202867	0.0163530	0.0035728
租赁和商务服务业	0.0198498	0.1168464	0.0183398	0.0053565	0.0038986	0.0638316	0.0055062
研究与试验发展业	0.0012611	0.0000000	0.0000000	0.0000000	0.0000000	0.0091622	0.0000000
综合技术服务业	0.0156294	0.0168648	0.0000000	0.0017723	0.0028325	0.0025082	0.0339401
水利、环境和公共设施管理业	0.0000383	0.0007386	0.0000189	0.0013124	0.0000054	0.0008556	0.0002618
居民服务和其他服务业	0.0030414	0.0055347	0.0121879	0.0030589	0.0027298	0.0047677	0.0161933
教育	0.0028268	0.0036911	0.0022547	0.0020037	0.0038557	0.0025289	0.0199667
卫生、社会保障和社会福利业	0.0012734	0.0027035	0.0001180	0.0072435	0.0135159	0.0009603	0.0084106
文化、体育和娱乐业	0.0078237	0.0060040	0.0028284	0.0019300	0.0006832	0.0474340	0.0073394
公共管理和社会组织	0.0006015	0.0002293	0.0005542	0.0006634	0.0000365	0.0011442	0.0002816
中间投入	**0.5504582**	**0.4881584**	**0.4222081**	**0.2892313**	**0.5957856**	**0.4682353**	**0.4803983**
劳动者报酬	0.2337903	0.2707993	0.3477834	0.5966771	0.2904391	0.2911315	0.5019094
生产税净额	0.0367478	0.0240789	0.0373432	0.0033609	0.0004951	0.0391854	0.0016836
固定资产折旧	0.0303629	0.0853369	0.0641192	0.0581145	0.0211126	0.0748905	0.0139780
营业盈余	0.1486407	0.1316265	0.1285461	0.0526162	0.0921676	0.1265573	0.0020306
增加值	**0.4495418**	**0.5118416**	**0.5777919**	**0.7107687**	**0.4042144**	**0.5317647**	**0.5196017**
总投入	**1.0000000**	**1.0000000**	**1.0000000**	**1.0000000**	**1.0000000**	**1.0000000**	**1.0000000**

附表 12 浙江省投入产出完全消耗系数表(2007 年)

产 出 投 入	农林牧渔业	煤炭开采和洗选业	石油和天然气开采业	金属矿采选业	非金属矿及其他矿采选业	食品制造及烟草加工业	纺织业
农林牧渔业	0.1132786	0.0223360	0.0000000	0.0082654	0.0222391	0.3945163	0.0910832
煤炭开采和洗选业	0.0164899	0.0292161	0.0000000	0.0511810	0.0633555	0.0299533	0.0522841
石油和天然气开采业	0.0523623	0.0790661	0.0000000	0.0430930	0.1796321	0.0415731	0.0495709
金属矿采选业	0.0022546	0.0050777	0.0000000	0.5522013	0.0050433	0.0029312	0.0034860
非金属矿及其他矿采选业	0.0016239	0.0027116	0.0000000	0.0026925	0.0172336	0.0021423	0.0037300
食品制造及烟草加工业	0.1195742	0.0075444	0.0000000	0.0051084	0.0161496	0.3916970	0.0180241
纺织业	0.0128350	0.0515915	0.0000000	0.0209896	0.0457615	0.0203339	0.8595845
纺织服装鞋帽皮革羽绒及其制品业	0.0062993	0.0626198	0.0000000	0.0133669	0.0162747	0.0102559	0.0701366
木材加工及家具制造业	0.0152519	0.0061332	0.0000000	0.0074523	0.0117840	0.0144047	0.0197204
造纸印刷及文教体育用品制造业	0.0245266	0.0212090	0.0000000	0.0179090	0.0551908	0.0651219	0.0490080
石油加工、炼焦及核燃料加工业	0.0563326	0.0338962	0.0000000	0.0420493	0.0992891	0.0418012	0.0481231
化学工业	0.1556172	0.3657242	0.0000000	0.1531665	0.7613137	0.2167358	0.5821358
非金属矿物制品业	0.0116620	0.0087566	0.0000000	0.0140984	0.0117811	0.0115563	0.0088578
金属冶炼及压延加工业	0.0567359	0.1248376	0.0000000	0.1823427	0.1145503	0.0729082	0.0797574
金属制品业	0.0256728	0.0445647	0.0000000	0.0643513	0.0457519	0.0410651	0.0316697
通用、专用设备制造业	0.0122876	0.0617959	0.0000000	0.1382073	0.0375579	0.0137336	0.0228937
交通运输设备制造业	0.0078240	0.0133546	0.0000000	0.0124779	0.0192321	0.0083097	0.0091843
电气机械及器材制造业	0.0091339	0.0403198	0.0000000	0.0370080	0.0282872	0.0151035	0.0184618
通信设备、计算机及其他电子设备制造业	0.0090793	0.0118700	0.0000000	0.0183649	0.0243225	0.0111630	0.0146389
仪器仪表及文化办公用机械制造业	0.0012915	0.0037979	0.0000000	0.0087384	0.0074879	0.0020871	0.0034299
工艺品及其他制造业	0.0017547	0.0042624	0.0000000	0.0056957	0.0062993	0.0036352	0.0060586
废品废料	0.0175044	0.0351693	0.0000000	0.0474382	0.0397371	0.0263388	0.0321884
电力、热力的生产和供应业	0.0543410	0.1018435	0.0000000	0.1546376	0.2133593	0.0768490	0.1501335
燃气生产和供应业	0.0011611	0.0027839	0.0000000	0.0022558	0.0093896	0.0030146	0.0032271
水的生产和供应业	0.0007521	0.0051854	0.0000000	0.0016342	0.0028849	0.0023250	0.0028643
建筑业	0.0027403	0.0046093	0.0000000	0.0063727	0.0075362	0.0057814	0.0063657
交通运输及仓储业	0.0299503	0.0347025	0.0000000	0.0800347	0.1651543	0.0533254	0.0617152
邮政业	0.0006840	0.0008742	0.0000000	0.0007969	0.0034764	0.0011220	0.0011244
信息传输、计算机服务和软件业	0.0086615	0.0090390	0.0000000	0.0189925	0.0225730	0.0100426	0.0139697
批发和零售业	0.0439017	0.0547385	0.0000000	0.0602430	0.0882647	0.0844930	0.1224793
住宿和餐饮业	0.0087452	0.0068816	0.0000000	0.0093042	0.0152505	0.0117830	0.0111246
金融业	0.0306036	0.0238533	0.0000000	0.0316634	0.0610821	0.0411396	0.0531550
房地产业	0.0038490	0.0059198	0.0000000	0.0052113	0.0072752	0.0061048	0.0117389
租赁和商务服务业	0.0267445	0.0179382	0.0000000	0.0181631	0.0598137	0.0605770	0.0310283
研究与试验发展业	0.0005631	0.0011094	0.0000000	0.0017179	0.0018508	0.0013531	0.0019387
综合技术服务业	0.0163670	0.0063411	0.0000000	0.0114789	0.0065870	0.0086910	0.0092808
水利、环境和公共设施管理业	0.0030646	0.0009877	0.0000000	0.0012843	0.0149576	0.0020617	0.0013743
居民服务和其他服务业	0.0253444	0.0051791	0.0000000	0.0065943	0.0125118	0.0130870	0.0099398
教育	0.0034711	0.0016062	0.0000000	0.0025183	0.0019965	0.0023374	0.0020097
卫生、社会保障和社会福利业	0.0069201	0.0633643	0.0000000	0.0350774	0.0120584	0.0081406	0.0159968
文化、体育和娱乐业	0.0013037	0.0020735	0.0000000	0.0027158	0.0067996	0.0023951	0.0030937
公共管理和社会组织	0.0145754	0.0004630	0.0000000	0.0003321	0.0007914	0.0055228	0.0015122

续1

投入 \ 产出	纺织服装鞋帽皮革羽绒及其制品业	木材加工及家具制造业	造纸印刷及文教体育用品制造业	石油加工、炼焦及核燃料加工业	化学工业	非金属矿物制品业	金属冶炼及压延加工业
农林牧渔业	0.0658042	0.1087208	0.0242396	0.0010118	0.0416026	0.0140875	0.0099509
煤炭开采和洗选业	0.0408593	0.0467094	0.0651902	0.0028816	0.0583232	0.1392292	0.0769786
石油和天然气开采业	0.0444740	0.0608411	0.0599858	0.8932105	0.1085350	0.1067609	0.0576692
金属矿采选业	0.0036620	0.0117306	0.0082641	0.0004278	0.0059144	0.0178191	0.0818305
非金属矿及其他矿采选业	0.0030692	0.0084949	0.0044467	0.0001883	0.0121893	0.0798086	0.0027075
食品制造及烟草加工业	0.0221183	0.0218655	0.0175119	0.0008208	0.0241261	0.0088001	0.0063330
纺织业	0.7184441	0.1576267	0.1024092	0.0018338	0.1010261	0.0347929	0.0236762
纺织服装鞋帽皮革羽绒及其制品业	0.3370573	0.1229001	0.0327821	0.0014650	0.0231923	0.0207131	0.0141897
木材加工及家具制造业	0.0256238	0.3072449	0.0290844	0.0010924	0.0105035	0.0111113	0.0079496
造纸印刷及文教体育用品制造业	0.0654875	0.0625216	0.6385367	0.0021918	0.0558026	0.0404218	0.0229281
石油加工、炼焦及核燃料加工业	0.0434345	0.0587704	0.0563851	0.0062977	0.1106244	0.0748825	0.0521673
化学工业	0.4477129	0.5392286	0.6069173	0.0100471	1.2134321	0.3087455	0.1558964
非金属矿物制品业	0.0087818	0.0860249	0.0132508	0.0013692	0.0132697	0.2606167	0.0178938
金属冶炼及压延加工业	0.0881939	0.3147603	0.2130497	0.0102217	0.1102738	0.2650657	1.5030659
金属制品业	0.0386212	0.0831324	0.0825191	0.0037773	0.0401379	0.1082512	0.1379200
通用、专用设备制造业	0.0217756	0.0232753	0.0327016	0.0036304	0.0241514	0.0441615	0.0408287
交通运输设备制造业	0.0088840	0.0108493	0.0143707	0.0017402	0.0102071	0.0148611	0.0109229
电气机械及器材制造业	0.0185172	0.0292383	0.0563136	0.0029652	0.0240750	0.0366487	0.0906051
通信设备、计算机及其他电子设备制造业	0.0150196	0.0156710	0.0281859	0.0022224	0.0176347	0.0167717	0.0172765
仪器仪表及文化办公用机械制造业	0.0030535	0.0035867	0.0051008	0.0014202	0.0060540	0.0061056	0.0048351
工艺品及其他制造业	0.0225032	0.0099103	0.0122978	0.0005552	0.0054422	0.0105235	0.0050212
废品废料	0.0336753	0.0856297	0.2298329	0.0027390	0.0515084	0.1033501	0.5410144
电力、热力的生产和供应业	0.1124576	0.1249317	0.1461548	0.0102258	0.1564890	0.2110523	0.2012220
燃气生产和供应业	0.0032068	0.0047242	0.0060249	0.0003323	0.0047594	0.0174398	0.0060649
水的生产和供应业	0.0025755	0.0025159	0.0025523	0.0001457	0.0025963	0.0029884	0.0024292
建筑业	0.0058061	0.0096117	0.0066024	0.0011980	0.0066100	0.0063556	0.0058220
交通运输及仓储业	0.0627002	0.0811284	0.0773225	0.0082937	0.0727169	0.1006434	0.0785193
邮政业	0.0014253	0.0013017	0.0014047	0.0001695	0.0012925	0.0015313	0.0012556
信息传输、计算机服务和软件业	0.0153189	0.0159598	0.0151147	0.0019156	0.0147605	0.0150815	0.0130997
批发和零售业	0.1190722	0.1174651	0.1194166	0.0336052	0.1267212	0.1005403	0.1323350
住宿和餐饮业	0.0124023	0.0129960	0.0130394	0.0017087	0.0122342	0.0141479	0.0119020
金融业	0.0492672	0.0592319	0.0598732	0.0095797	0.0547808	0.0597062	0.0593535
房地产业	0.0170734	0.0125531	0.0119958	0.0010452	0.0078448	0.0077200	0.0075498
租赁和商务服务业	0.0437120	0.0450903	0.0411842	0.0046952	0.0392271	0.0383421	0.0331397
研究与试验发展业	0.0017098	0.0023528	0.0029204	0.0003250	0.0041240	0.0023033	0.0031154
综合技术服务业	0.0077324	0.0096495	0.0122489	0.0006748	0.0116392	0.0068309	0.0139909
水利、环境和公共设施管理业	0.0013466	0.0015559	0.0019007	0.0001288	0.0015285	0.0023916	0.0013146
居民服务和其他服务业	0.0082421	0.0095100	0.0091189	0.0009378	0.0101186	0.0140625	0.0103695
教育	0.0021068	0.0023088	0.0023016	0.0002983	0.0021095	0.0024549	0.0022052
卫生、社会保障和社会福利业	0.0172842	0.0124140	0.0162619	0.0011669	0.0113045	0.0142068	0.0124310
文化、体育和娱乐业	0.0033737	0.0034033	0.0035719	0.0004522	0.0032492	0.0044791	0.0032477
公共管理和社会组织	0.0012475	0.0018367	0.0007267	0.0000648	0.0009324	0.0005815	0.0004924

续2

产出 投入	金属制品业	通用、专用设备制造业	交通运输设备制造业	电气机械及器材制造业	通信设备、计算机及其他电子设备制造业	仪器仪表及文化办公用机械制造业	工艺品及其他制造业
农林牧渔业	0.0125926	0.0127998	0.0134125	0.0186360	0.0145933	0.0162170	0.0358402
煤炭开采和洗选业	0.0655391	0.0537270	0.0494887	0.0512916	0.0444089	0.0488276	0.0538564
石油和天然气开采业	0.0593536	0.0555934	0.0570257	0.0585650	0.0493486	0.0557165	0.0585700
金属矿采选业	0.0407994	0.0351769	0.0313948	0.0358550	0.0237575	0.0469169	0.0169043
非金属矿及其他矿采选业	0.0055563	0.0031915	0.0036372	0.0048117	0.0047190	0.0048010	0.0062164
食品制造及烟草加工业	0.0081461	0.0081335	0.0083917	0.0100902	0.0103640	0.0100406	0.0135109
纺织业	0.0310621	0.0361129	0.0418675	0.1169456	0.0395899	0.0497783	0.2947649
纺织服装鞋帽皮革羽绒及其制品业	0.0174729	0.0167813	0.0224650	0.0269095	0.0156220	0.0208974	0.0352402
木材加工及家具制造业	0.0091993	0.0130349	0.0130218	0.0132632	0.0127943	0.0143748	0.0810304
造纸印刷及文教体育用品制造业	0.0471920	0.0436187	0.0419324	0.0544112	0.0553248	0.0701103	0.0923377
石油加工、炼焦及核燃料加工业	0.0531864	0.0509845	0.0518647	0.0562467	0.0470985	0.0499168	0.0556106
化学工业	0.2908561	0.2452666	0.2822946	0.4029623	0.3109848	0.4189516	0.5393726
非金属矿物制品业	0.0582557	0.0208732	0.0268012	0.0328184	0.0339952	0.0324865	0.0226305
金属冶炼及压延加工业	1.0965853	0.8671500	0.8919626	0.9020770	0.5701861	0.5450371	0.4757650
金属制品业	0.2392377	0.2459924	0.2269569	0.1639307	0.2160994	0.2449741	0.1549451
通用、专用设备制造业	0.0478501	0.1703343	0.1323045	0.0692689	0.0444808	0.0517257	0.0291608
交通运输设备制造业	0.0133445	0.0197819	0.1330066	0.0140887	0.0123879	0.0132707	0.0101345
电气机械及器材制造业	0.0675590	0.1226944	0.1164503	0.2090210	0.0765027	0.0958421	0.0380850
通信设备、计算机及其他电子设备制造业	0.0188964	0.0430140	0.0334321	0.0745949	0.6851285	0.2132141	0.0205767
仪器仪表及文化办公用机械制造业	0.0049548	0.0117180	0.0098260	0.0100228	0.0201365	0.0541294	0.0039033
工艺品及其他制造业	0.0081804	0.0152452	0.0132444	0.0147251	0.0322629	0.0452907	0.0303852
废品废料	0.2805576	0.2244367	0.2107618	0.2095201	0.1389622	0.1366765	0.1226346
电力、热力的生产和供应业	0.1872826	0.1648179	0.1431747	0.1461780	0.1347977	0.1402697	0.1544044
燃气生产和供应业	0.0058610	0.0051288	0.0046194	0.0046787	0.0039585	0.0047325	0.0050243
水的生产和供应业	0.0026841	0.0024312	0.0026165	0.0024352	0.0027717	0.0028776	0.0027697
建筑业	0.0058908	0.0072154	0.0079616	0.0081920	0.0066662	0.0063315	0.0067814
交通运输及仓储业	0.0814901	0.0776305	0.0754506	0.0813972	0.0829052	0.0781261	0.0729672
邮政业	0.0013639	0.0016005	0.0015903	0.0015559	0.0015812	0.0017563	0.0015182
信息传输、计算机服务和软件业	0.0140828	0.0168589	0.0162189	0.0174431	0.0182320	0.0183848	0.0158793
批发和零售业	0.1191908	0.1144433	0.1168923	0.1295984	0.1362263	0.1157470	0.1137408
住宿和餐饮业	0.0136892	0.0143006	0.0144620	0.0149379	0.0158980	0.0150979	0.0144913
金融业	0.0594978	0.0564167	0.0578170	0.0596670	0.0570859	0.0585699	0.0575975
房地产业	0.0079960	0.0091729	0.0098365	0.0087811	0.0100544	0.0082084	0.0084493
租赁和商务服务业	0.0341572	0.0401695	0.0412922	0.0470958	0.0460268	0.0435141	0.0427525
研究与试验发展业	0.0024504	0.0039756	0.0040363	0.0043975	0.0049340	0.0052610	0.0033044
综合技术服务业	0.0102830	0.0143899	0.0116435	0.0148138	0.0149038	0.0140289	0.0107806
水利、环境和公共设施管理业	0.0014245	0.0014356	0.0013203	0.0013909	0.0013036	0.0013184	0.0013903
居民服务和其他服务业	0.0104142	0.0088346	0.0088783	0.0090865	0.0084647	0.0082707	0.0088905
教育	0.0026756	0.0026979	0.0024617	0.0025696	0.0027125	0.0026145	0.0027350
卫生、社会保障和社会福利业	0.0123634	0.0144383	0.0169991	0.0127076	0.0191808	0.0130714	0.0166811
文化、体育和娱乐业	0.0040089	0.0039965	0.0042166	0.0038514	0.0039980	0.0040106	0.0041986
公共管理和社会组织	0.0005676	0.0006063	0.0006039	0.0007093	0.0006649	0.0006673	0.0009128

续3

投入 \ 产出	废品废料	电力、热力的生产和供应业	燃气生产和供应业	水的生产和供应业	建筑业	交通运输及仓储业	邮政业
农林牧渔业	0.0128740	0.0129396	0.0013865	0.0203308	0.0211265	0.0147302	0.0089022
煤炭开采和洗选业	0.0444227	0.3733208	0.0019323	0.0910041	0.0717432	0.0171740	0.0136702
石油和天然气开采业	0.0525966	0.0700038	0.8154005	0.0415266	0.0658314	0.1865095	0.0523548
金属矿采选业	0.0167012	0.0043795	0.0003878	0.0038369	0.0301851	0.0054069	0.0028187
非金属矿及其他矿采选业	0.0029875	0.0017925	0.0001628	0.0025673	0.0414167	0.0017762	0.0014440
食品制造及烟草加工业	0.0078576	0.0056411	0.0012254	0.0085373	0.0086835	0.0089855	0.0079356
纺织业	0.0447243	0.0294381	0.0022284	0.0318835	0.0412067	0.0319805	0.0255412
纺织服装鞋帽皮革羽绒及其制品业	0.0154149	0.0319474	0.0018294	0.0255133	0.0229507	0.0146746	0.0293668
木材加工及家具制造业	0.0093368	0.0067684	0.0013995	0.0085894	0.0496005	0.0091007	0.0116265
造纸印刷及文教体育用品制造业	0.0288834	0.0204855	0.0025747	0.0245339	0.0311757	0.0272652	0.0870398
石油加工、炼焦及核燃料加工业	0.0443887	0.0456846	0.0068098	0.0355738	0.0561965	0.2066158	0.0565944
化学工业	0.2469434	0.1785965	0.0083438	0.3357220	0.2713141	0.1168500	0.0796028
非金属矿物制品业	0.0213684	0.0097528	0.0012244	0.0094403	0.2381932	0.0096621	0.0082820
金属冶炼及压延加工业	0.4485402	0.1082487	0.0099044	0.0920210	0.8461937	0.1445485	0.0728100
金属制品业	0.0697947	0.0469923	0.0048311	0.0555161	0.1165657	0.0688609	0.0266099
通用、专用设备制造业	0.0294942	0.0477748	0.0028084	0.0246061	0.0542009	0.0238488	0.0151555
交通运输设备制造业	0.0106522	0.0090724	0.0021050	0.0075938	0.0164972	0.0766855	0.0204694
电气机械及器材制造业	0.3355205	0.0403388	0.0020043	0.0205780	0.0904707	0.0249379	0.0170366
通信设备、计算机及其他电子设备制造业	0.0293035	0.0147019	0.0021871	0.0161840	0.0200400	0.0173997	0.0208097
仪器仪表及文化办公用机械制造业	0.0047878	0.0047927	0.0005037	0.0052180	0.0072768	0.0044675	0.0034938
工艺品及其他制造业	0.0070403	0.0048636	0.0012430	0.0055890	0.0099119	0.0037050	0.0028622
废品废料	1.4238398	0.0296300	0.0027091	0.0277520	0.1970987	0.0378579	0.0270034
电力、热力的生产和供应业	0.1507518	0.6399326	0.0069714	0.3793752	0.1753867	0.0565798	0.0437378
燃气生产和供应业	0.0104012	0.0028602	0.3112622	0.0041639	0.0068828	0.0019535	0.0011602
水的生产和供应业	0.0034543	0.0027897	0.0003341	0.0159829	0.0045912	0.0019332	0.0017583
建筑业	0.0076233	0.0054722	0.0013457	0.0070275	0.0081819	0.0164138	0.0184822
交通运输及仓储业	0.0714209	0.0407055	0.0177615	0.0334301	0.0860084	0.0693211	0.1165013
邮政业	0.0014009	0.0011641	0.0001880	0.0013494	0.0016849	0.0017150	0.0383429
信息传输、计算机服务和软件业	0.0150562	0.0128488	0.0022646	0.0175700	0.0128206	0.0141662	0.0283429
批发和零售业	0.1470286	0.0616330	0.0316840	0.0484842	0.1231102	0.0449245	0.0548405
住宿和餐饮业	0.0135954	0.0086826	0.0029997	0.0126618	0.0123372	0.0161696	0.0095372
金融业	0.0566627	0.0498262	0.0075106	0.0697740	0.0508092	0.1158516	0.0309654
房地产业	0.0101578	0.0059803	0.0011548	0.0055066	0.0074089	0.0110258	0.0239204
租赁和商务服务业	0.0418354	0.0228101	0.0072223	0.0318702	0.0387928	0.0332671	0.0487062
研究与试验发展业	0.0079055	0.0010573	0.0000783	0.0010333	0.0034178	0.0008510	0.0007513
综合技术服务业	0.0090290	0.0051919	0.0009819	0.0064978	0.0167233	0.0044453	0.0027631
水利、环境和公共设施管理业	0.0021992	0.0019508	0.0002787	0.0930506	0.0031996	0.0010197	0.0009141
居民服务和其他服务业	0.0078621	0.0389539	0.0008882	0.0289470	0.0101729	0.0128993	0.0056816
教育	0.0029523	0.0018867	0.0004315	0.0031187	0.0019275	0.0039865	0.0031023
卫生、社会保障和社会福利业	0.0070929	0.0269340	0.0003383	0.0220318	0.0098309	0.0036846	0.0027750
文化、体育和娱乐业	0.0041933	0.0024903	0.0009734	0.0040867	0.0036000	0.0048845	0.0113679
公共管理和社会组织	0.0005945	0.0004597	0.0000859	0.0006420	0.0006583	0.0006502	0.0007358

续 4

投入＼产出	信息传输、计算机服务和软件业	批发和零售业	住宿和餐饮业	金融业	房地产业	租赁和商务服务业	研究与试验发展业
农林牧渔业	0.0118274	0.0111836	0.2598125	0.0102815	0.0366117	0.0327372	0.1566211
煤炭开采和洗选业	0.0280264	0.0093732	0.0373030	0.0092041	0.0057095	0.0271392	0.0279592
石油和天然气开采业	0.0268075	0.0286030	0.0564653	0.0238392	0.0116067	0.0755981	0.0561912
金属矿采选业	0.0083000	0.0020641	0.0033541	0.0017678	0.0012319	0.0084082	0.0106473
非金属矿及其他矿采选业	0.0024937	0.0009370	0.0021011	0.0008398	0.0009194	0.0032204	0.0019462
食品制造及烟草加工业	0.0083801	0.0117884	0.3003486	0.0089993	0.0078590	0.0218548	0.0275323
纺织业	0.0233377	0.0146648	0.0405334	0.0162957	0.0063549	0.0427813	0.0165830
纺织服装鞋帽皮革羽绒及其制品业	0.0139799	0.0127747	0.0178907	0.0176539	0.0044290	0.0268625	0.0092706
木材加工及家具制造业	0.0178787	0.0114145	0.0178035	0.0121672	0.0044402	0.1428282	0.0095785
造纸印刷及文教体育用品制造业	0.0299709	0.0177893	0.0442510	0.0388950	0.0281324	0.0538917	0.0388870
石油加工、炼焦及核燃料加工业	0.0250370	0.0303381	0.0498718	0.0251138	0.0119230	0.0786881	0.0578968
化学工业	0.1267409	0.0555395	0.1759118	0.0561256	0.0323735	0.2426014	0.1269463
非金属矿物制品业	0.0162491	0.0053085	0.0112862	0.0046469	0.0052144	0.0218999	0.0168812
金属冶炼及压延加工业	0.2035424	0.0544083	0.0853358	0.0439507	0.0323151	0.2171353	0.2822011
金属制品业	0.0762391	0.0233552	0.0354405	0.0185734	0.0103863	0.1185802	0.2824713
通用、专用设备制造业	0.0182502	0.0074064	0.0154179	0.0060977	0.0036470	0.0180756	0.0363603
交通运输设备制造业	0.0072869	0.0184149	0.0131152	0.0050861	0.0021023	0.0097150	0.0073303
电气机械及器材制造业	0.0531744	0.0147913	0.0193028	0.0117811	0.0094655	0.0960789	0.0245830
通信设备、计算机及其他电子设备制造业	0.4037200	0.0121288	0.0172513	0.0267820	0.0101117	0.0500028	0.0238537
仪器仪表及文化办公用机械制造业	0.0086556	0.0014149	0.0035846	0.0034729	0.0008992	0.0042294	0.0030895
工艺品及其他制造业	0.0170767	0.0026437	0.0240038	0.0037767	0.0019608	0.0082314	0.0074443
废品废料	0.0509768	0.0150843	0.0263087	0.0149022	0.0107345	0.0589779	0.0750552
电力、热力的生产和供应业	0.0990696	0.0324305	0.1361531	0.0311366	0.0182643	0.0851393	0.0921758
燃气生产和供应业	0.0028448	0.0011291	0.0135451	0.0010158	0.0006613	0.0044358	0.0027565
水的生产和供应业	0.0016513	0.0009066	0.0050284	0.0008849	0.0010635	0.0027072	0.0040198
建筑业	0.0235591	0.0113379	0.0156953	0.0089726	0.0163781	0.0200606	0.0050207
交通运输及仓储业	0.0388302	0.1105767	0.0369671	0.0324635	0.0101746	0.0649079	0.0511826
邮政业	0.0014804	0.0013817	0.0037705	0.0035807	0.0019895	0.0042072	0.0035202
信息传输、计算机服务和软件业	0.0267622	0.0076305	0.0158041	0.0479689	0.0061889	0.0249364	0.0303237
批发和零售业	0.0682580	0.0164168	0.0607367	0.0188722	0.0111798	0.0735797	0.0503609
住宿和餐饮业	0.0194799	0.0211213	0.0199921	0.0260272	0.0126665	0.0575770	0.0347858
金融业	0.0402054	0.0612103	0.0509521	0.0197471	0.0181700	0.1697425	0.0374436
房地产业	0.0182516	0.0223798	0.0311615	0.0133088	0.0042552	0.0244831	0.0108793
租赁和商务服务业	0.1048271	0.0709583	0.0737413	0.0663894	0.0177116	0.0893055	0.0366774
研究与试验发展业	0.0021593	0.0005673	0.0009083	0.0004445	0.0002624	0.0013223	0.0049900
综合技术服务业	0.0207533	0.0054684	0.0064987	0.0021883	0.0014002	0.0055284	0.0063244
水利、环境和公共设施管理业	0.0016981	0.0010338	0.0023439	0.0017703	0.0004831	0.0121454	0.0030509
居民服务和其他服务业	0.0058940	0.0113744	0.0201357	0.0041331	0.0031477	0.0086137	0.0152085
教育	0.0028019	0.0029796	0.0029740	0.0041586	0.0007341	0.0061093	0.0064309
卫生、社会保障和社会福利业	0.0068291	0.0022072	0.0064342	0.0024721	0.0012792	0.0057232	0.0077679
文化、体育和娱乐业	0.0045494	0.0052835	0.0073732	0.0029675	0.0056519	0.0077636	0.0098799
公共管理和社会组织	0.0008084	0.0007107	0.0038871	0.0023105	0.0007318	0.0060017	0.0024979

续5

投入 \ 产出	综合技术服务业	水利、环境和公共设施管理业	居民服务和其他服务业	教育	卫生、社会保障和社会福利业	文化、体育和娱乐业	公共管理和社会组织
农林牧渔业	0.0519021	0.0980084	0.0408880	0.0094158	0.0155266	0.0266954	0.0501398
煤炭开采和洗选业	0.0275215	0.0302805	0.0217309	0.0172462	0.0331331	0.0271216	0.0215747
石油和天然气开采业	0.0386160	0.0411403	0.0425228	0.0213743	0.0436996	0.0315506	0.0510693
金属矿采选业	0.0113112	0.0038471	0.0073079	0.0043007	0.0114274	0.0051598	0.0028452
非金属矿及其他矿采选业	0.0023833	0.0025912	0.0020443	0.0011970	0.0045926	0.0019776	0.0013437
食品制造及烟草加工业	0.0188180	0.0202719	0.0117406	0.0071801	0.0090985	0.0521489	0.0541530
纺织业	0.0268737	0.0505553	0.0268894	0.0117808	0.0348169	0.0196179	0.0206164
纺织服装鞋帽皮革羽绒及其制品业	0.0207083	0.0510662	0.0250192	0.0068254	0.0119500	0.0128067	0.0150115
木材加工及家具制造业	0.0128506	0.0303682	0.0239534	0.0082402	0.0161447	0.0196114	0.0101703
造纸印刷及文教体育用品制造业	0.0659353	0.0344658	0.0325494	0.0577404	0.0375376	0.0553588	0.0760461
石油加工、炼焦及核燃料加工业	0.0377030	0.0412874	0.0431237	0.0205497	0.0422101	0.0301063	0.0525589
化学工业	0.1444504	0.1172083	0.1438924	0.0709447	0.5398612	0.1197552	0.0939912
非金属矿物制品业	0.0188107	0.0162121	0.0140006	0.0073372	0.0172801	0.0126603	0.0077129
金属冶炼及压延加工业	0.2930318	0.0958609	0.1922836	0.1060707	0.2749474	0.1267929	0.0715139
金属制品业	0.2564387	0.0403765	0.1670870	0.0338638	0.0825561	0.0539683	0.0340528
通用、专用设备制造业	0.0199291	0.0128831	0.0167126	0.1025293	0.3046864	0.0244850	0.0135688
交通运输设备制造业	0.0105255	0.0079107	0.0143145	0.0051030	0.0101470	0.0067672	0.0071382
电气机械及器材制造业	0.0406008	0.0283356	0.0277551	0.0204453	0.0481630	0.0385239	0.0164995
通信设备、计算机及其他电子设备制造业	0.1528737	0.0328936	0.0353844	0.0215613	0.0256143	0.1565013	0.0475563
仪器仪表及文化办公用机械制造业	0.0086325	0.0074286	0.0033699	0.0033594	0.0060384	0.0060440	0.0032933
工艺品及其他制造业	0.0113092	0.0060496	0.0052913	0.0033356	0.0060887	0.0066214	0.0072371
废品废料	0.0794201	0.0272450	0.0515374	0.0328401	0.0769140	0.0365906	0.0258019
电力、热力的生产和供应业	0.0866185	0.1140893	0.0709549	0.0608953	0.1005071	0.0986922	0.0781957
燃气生产和供应业	0.0032669	0.0026808	0.0029637	0.0022173	0.0033716	0.0036311	0.0038394
水的生产和供应业	0.0023762	0.0039291	0.0033654	0.0025377	0.0023797	0.0030901	0.0030398
建筑业	0.0104950	0.0279138	0.0143374	0.0069339	0.0133078	0.0109282	0.0094546
交通运输及仓储业	0.0612081	0.0390421	0.0445225	0.0333033	0.0490437	0.0373513	0.0492713
邮政业	0.0059490	0.0020655	0.0027554	0.0020452	0.0012466	0.0051556	0.0107007
信息传输、计算机服务和软件业	0.0342890	0.0401609	0.0259911	0.0313328	0.0240836	0.0353543	0.0700834
批发和零售业	0.0634058	0.0389294	0.0462123	0.0254570	0.0863806	0.0420406	0.0316114
住宿和餐饮业	0.0406557	0.0304747	0.0212050	0.0182384	0.0106793	0.0310470	0.1763772
金融业	0.0458373	0.0659497	0.0361589	0.0170194	0.0333022	0.0604754	0.0376259
房地产业	0.0219243	0.0077588	0.0303589	0.0468502	0.0264017	0.0232774	0.0141423
租赁和商务服务业	0.0449116	0.1437556	0.0361334	0.0180868	0.0287375	0.0912684	0.0335111
研究与试验发展业	0.0026160	0.0007762	0.0008442	0.0006575	0.0020690	0.0106378	0.0007462
综合技术服务业	0.0215255	0.0215553	0.0038841	0.0047063	0.0100619	0.0067734	0.0383579
水利、环境和公共设施管理业	0.0012011	0.0031444	0.0010655	0.0019501	0.0010060	0.0024971	0.0012990
居民服务和其他服务业	0.0092519	0.0124771	0.0169675	0.0061211	0.0085515	0.0101366	0.0226326
教育	0.0044475	0.0054681	0.0033984	0.0027444	0.0053564	0.0041034	0.0213918
卫生、社会保障和社会福利业	0.0073736	0.0073796	0.0042377	0.0103782	0.0207735	0.0059414	0.0123098
文化、体育和娱乐业	0.0106425	0.0085122	0.0046634	0.0033064	0.0030262	0.0518792	0.0103792
公共管理和社会组织	0.0016531	0.0023585	0.0013746	0.0009426	0.0005153	0.0021432	0.0012499

附表 13　浙江省乡级以上统计行政区划代码

代码	名称
330000000000	浙江省
330100000000	杭州市
330101000000	市辖区
330102000000	上城区
330102001000	清波街道
330102003000	湖滨街道
330102004000	小营街道
330102008000	南星街道
330102009000	紫阳街道
330102010000	望江街道
330103000000	下城区
330103001000	长庆街道
330103002000	武林街道
330103003000	天水街道
330103005000	潮鸣街道
330103006000	朝晖街道
330103007000	文晖街道
330103008000	东新街道
330103009000	石桥街道
330104000000	江干区
330104005000	凯旋街道
330104006000	采荷街道
330104007000	闸弄口街道
330104008000	四季青街道
330104009000	白杨街道
330104010000	下沙街道
330104102000	彭埠镇
330104103000	笕桥镇
330104104000	丁桥镇
330104105000	九堡镇
330105000000	拱墅区
330105001000	米市巷街道
330105002000	湖墅街道
330105003000	小河街道
330105004000	和睦街道
330105005000	拱宸桥街道
330105007000	大关街道
330105008000	上塘街道
330105009000	祥符街道
330105102000	康桥镇
330105103000	半山镇
330106000000	西湖区
330106002000	北山街道
330106004000	西溪街道
330106005000	翠苑街道
330106007000	古荡街道
330106008000	西湖街道
330106009000	留下街道
330106010000	转塘街道
330106011000	蒋村街道
330106012000	灵隐街道
330106013000	文新街道
330106109000	三墩镇
330106110000	双浦镇
330108000000	滨江区
330108001000	西兴街道
330108002000	长河街道
330108003000	浦沿街道
330109000000	萧山区
330109001000	城厢街道
330109002000	北干街道
330109003000	蜀山街道
330109004000	新塘街道
330109005000	靖江街道
330109006000	南阳街道
330109007000	义蓬街道
330109008000	河庄街道
330109009000	新湾街道
330109010000	临江街道
330109011000	前进街道
330109100000	楼塔镇
330109101000	河上镇
330109102000	戴村镇
330109103000	浦阳镇
330109104000	进化镇
330109105000	临浦镇
330109106000	义桥镇
330109107000	所前镇
330109108000	衙前镇
330109109000	闻堰镇
330109110000	宁围镇
330109111000	新街镇
330109112000	坎山镇
330109113000	瓜沥镇
330109114000	党山镇
330109115000	益农镇
330109120000	党湾镇
330109401000	萧山经济开发区
330109501000	围垦区
330110000000	余杭区
330110001000	临平街道
330110002000	南苑街道
330110003000	东湖街道
330110004000	星桥街道
330110005000	五常街道
330110100000	乔司镇
330110101000	运河镇
330110102000	塘栖镇
330110103000	崇贤镇
330110104000	仁和镇
330110105000	良渚镇
330110106000	闲林镇
330110107000	仓前镇
330110108000	余杭镇
330110109000	径山镇
330110110000	瓶窑镇
330110111000	鸬鸟镇
330110112000	百丈镇
330110113000	黄湖镇
330110200000	中泰乡
330122000000	桐庐县
330122001000	桐君街道
330122002000	旧县街道
330122101000	富春江镇
330122102000	横村镇
330122107000	凤川镇
330122109000	分水镇
330122110000	瑶琳镇
330122112000	百江镇
330122113000	江南镇
330122201000	莪山畲族乡
330122202000	钟山乡
330122204000	新合乡
330122210000	合村乡
330127000000	淳安县
330127100000	千岛湖镇
330127101000	文昌镇
330127102000	石林镇
330127103000	临岐镇
330127104000	威坪镇
330127106000	姜家镇
330127107000	梓桐镇
330127108000	汾口镇
330127109000	中洲镇
330127110000	大墅镇
330127111000	枫树岭镇
330127200000	里商乡
330127201000	金峰乡
330127202000	富文乡
330127203000	左口乡
330127205000	屏门乡
330127206000	瑶山乡
330127208000	王阜乡
330127210000	宋村乡
330127211000	鸠坑乡
330127212000	浪川乡
330127214000	界首乡
330127216000	安阳乡
330182000000	建德市
330182001000	新安江街道
330182002000	洋溪街道
330182003000	更楼街道
330182101000	莲花镇
330182102000	乾潭镇
330182104000	梅城镇
330182105000	杨村桥镇
330182106000	下涯镇
330182107000	大洋镇
330182108000	三都镇
330182109000	寿昌镇
330182110000	航头镇
330182111000	大慈岩镇
330182112000	大同镇
330182113000	李家镇

330182202000　钦堂乡
330183000000　富阳市
330183001000　富春街道
330183002000　春江街道
330183004000　鹿山街道
330183005000　东洲街道
330183100000　万市镇
330183101000　洞桥镇
330183103000　渌渚镇
330183105000　永昌镇
330183108000　里山镇
330183109000　常绿镇
330183110000　场口镇
330183111000　常安镇
330183112000　龙门镇
330183113000　高桥镇
330183114000　受降镇
330183115000　新登镇
330183116000　胥口镇
330183117000　大源镇
330183118000　灵桥镇
330183200000　新桐乡
330183201000　上官乡
330183204000　环山乡
330183205000　湖源乡
330183206000　春建乡
330183207000　渔山乡
330185000000　临安市
330185001000　锦城街道
330185002000　玲珑街道
330185003000　青山湖街道
330185005000　锦南街道
330185100000　三口镇
330185101000　横畈镇
330185102000　高虹镇
330185103000　太湖源镇
330185104000　於潜镇
330185105000　藻溪镇
330185106000　太阳镇
330185107000　潜川镇
330185108000　昌化镇
330185109000　河桥镇
330185110000　龙岗镇
330185111000　湍口镇
330185112000　清凉峰镇
330185113000　岛石镇
330185114000　大峡谷镇
330185200000　板桥乡
330185201000　西天目乡
330185202000　千洪乡
330185203000　横路乡
330185204000　乐平乡
330185205000　马啸乡
330185206000　新桥乡
330200000000　宁波市
330201000000　市辖区
330203000000　海曙区
330203001000　南门街道
330203002000　江厦街道
330203003000　西门街道
330203004000　月湖街道
330203005000　鼓楼街道
330203006000　白云街道
330203007000　段塘街道
330203008000　望春街道
330204000000　江东区
330204001000　百丈街道
330204002000　东胜街道
330204003000　明楼街道
330204004000　白鹤街道
330204005000　东柳街道
330204006000　东郊街道
330204007000　福明街道
330204008000　新明街道
330205000000　江北区
330205001000　中马街道
330205002000　白沙街道
330205003000　孔浦街道
330205004000　文教街道
330205005000　甬江街道
330205006000　庄桥街道
330205007000　洪塘街道
330205103000　慈城镇
330206000000　北仑区
330206001000　大榭街道
330206002000　新碶街道
330206003000　小港街道
330206004000　大碶街道
330206005000　霞浦街道
330206006000　柴桥街道
330206007000　戚家山街道
330206105000　白峰镇
330206107000　春晓镇
330206201000　梅山乡
330206401000　保税区
330211000000　镇海区
330211001000　招宝山街道
330211002000　蛟川街道
330211003000　骆驼街道
330211004000　庄市街道
330211100000　澥浦镇
330211101000　九龙湖镇
330212000000　鄞州区
330212001000　下应街道
330212002000　钟公庙街道
330212003000　石碶街道
330212004000　梅墟街道
330212005000　中河街道
330212006000　首南街道
330212100000　瞻岐镇
330212101000　咸祥镇
330212102000　塘溪镇
330212103000　东钱湖镇
330212104000　东吴镇
330212105000　五乡镇
330212106000　邱隘镇
330212108000　云龙镇
330212109000　横溪镇
330212110000　姜山镇
330212113000　高桥镇
330212114000　横街镇
330212115000　集仕港镇
330212116000　古林镇
330212118000　洞桥镇
330212119000　鄞江镇
330212120000　章水镇
330212200000　龙观乡
330225000000　象山县
330225001000　丹东街道
330225002000　丹西街道
330225003000　爵溪街道
330225101000　石浦镇
330225102000　西周镇
330225103000　鹤浦镇
330225104000　贤庠镇
330225105000　墙头镇
330225106000　泗洲头镇
330225107000　定塘镇
330225108000　涂茨镇
330225109000　大徐镇
330225110000　新桥镇
330225200000　东陈乡
330225201000　晓塘乡
330225202000　黄避岙乡
330225203000　茅洋乡
330225204000　高塘岛乡
330226000000　宁海县
330226001000　跃龙街道
330226002000　桃源街道
330226003000　梅林街道
330226004000　桥头胡街道
330226101000　长街镇
330226102000　力洋镇
330226104000　一市镇
330226105000　岔路镇
330226106000　前童镇
330226107000　桑洲镇
330226108000　黄坛镇
330226109000　大佳何镇
330226110000　强蛟镇
330226111000　西店镇
330226112000　深甽镇
330226200000　胡陈乡
330226201000　茶院乡

330226202000	越溪乡	330282120000	长河镇	330302206000	岙底乡	330324107000	巽宅镇
330281000000	余姚市	330282121000	周巷镇	330303000000	龙湾区	330324108000	岩头镇
330281001000	梨洲街道	330282123000	龙山镇	330303001000	永中街道	330324109000	枫林镇
330281002000	凤山街道	330282400000	慈溪市农垦场	330303002000	蒲州街道	330324110000	岩坦镇
330281003000	兰江街道	330282401000	慈溪市林场	330303003000	海滨街道	330324111000	沙头镇
330281004000	阳明街道	330282402000	慈东工业区	330303004000	永兴街道	330324200000	西溪乡
330281005000	低塘街道	330283000000	奉化市	330303005000	海城街道	330324201000	徐岙乡
330281006000	朗霞街道	330283001000	锦屏街道	330303101000	状元镇	330324202000	昆阳乡
330281100000	临山镇	330283002000	岳林街道	330303102000	瑶溪镇	330324203000	茗岙乡
330281101000	黄家埠镇	330283003000	江口街道	330303103000	沙城镇	330324204000	山坑乡
330281102000	小曹娥镇	330283004000	西坞街道	330303104000	天河镇	330324205000	应坑乡
330281103000	泗门镇	330283005000	萧王庙街道	330303105000	灵昆镇	330324206000	大岙乡
330281106000	马渚镇	330283100000	溪口镇	330304000000	瓯海区	330324207000	溪下乡
330281108000	牟山镇	330283103000	尚田镇	330304001000	景山街道	330324208000	界坑乡
330281109000	丈亭镇	330283104000	莼湖镇	330304002000	梧田街道	330324209000	西岙乡
330281110000	三七市镇	330283106000	裘村镇	330304003000	南白象街道	330324210000	石染乡
330281111000	河姆渡镇	330283107000	大堰镇	330304004000	茶山街道	330324211000	五(鹅)乡
330281112000	大隐镇	330283108000	松岙镇	330304005000	娄桥街道	330324212000	表山乡
330281113000	陆埠镇	330300000000	温州市	330304006000	新桥街道	330324213000	东皋乡
330281114000	梁弄镇	330301000000	市辖区	330304007000	三垟街道	330324214000	鹤盛乡
330281115000	大岚镇	330302000000	鹿城区	330304103000	瞿溪镇	330324215000	西源乡
330281116000	四明山镇	330302002000	洪殿街道	330304105000	郭溪镇	330324216000	岭头乡
330281201000	鹿亭乡	330302006000	五马街道	330304106000	潘桥镇	330324217000	溪口乡
330282000000	慈溪市	330302007000	蒲鞋市街道	330304108000	泽雅镇	330324218000	鲤溪乡
330282002000	宗汉街道	330302013000	莲池街道	330304109000	丽岙镇	330324219000	张溪乡
330282003000	坎墩街道	330302014000	广化街道	330304110000	仙岩镇	330324220000	黄南乡
330282004000	浒山街道	330302015000	水心街道	330322000000	洞头县	330324221000	潘坑乡
330282005000	白沙路街道	330302016000	南浦街道	330322100000	北岙镇	330324222000	陡门乡
330282006000	古塘街道	330302018000	南门街道	330322101000	大门镇	330324223000	花坦乡
330282104000	掌起镇	330302019000	江滨街道	330322102000	东屏镇	330324224000	渠口乡
330282107000	观海卫镇	330302020000	黎明街道	330322200000	元觉乡	330324225000	下寮乡
330282108000	附海镇	330302021000	绣山街道	330322201000	霓屿乡	330324400000	县特产场场区
330282109000	桥头镇	330302022000	黄龙街道	330322202000	鹿西乡	330324401000	四海山林场
330282110000	匡堰镇	330302101000	双屿镇	330324000000	永嘉县	330324402000	正江山林场
330282111000	逍林镇	330302102000	藤桥镇	330324100000	上塘镇	330326000000	平阳县
330282112000	新浦镇	330302103000	临江镇	330324101000	瓯北镇	330326100000	昆阳镇
330282113000	胜山镇	330302104000	七都镇	330324102000	桥头镇	330326101000	鳌江镇
330282114000	横河镇	330302202000	南郊乡	330324103000	乌牛镇	330326102000	水头镇
330282116000	崇寿镇	330302203000	仰义乡	330324104000	桥下镇	330326103000	萧江镇
330282118000	庵东镇	330302204000	双潮乡	330324105000	大若岩镇	330326104000	麻步镇
330282119000	天元镇	330302205000	上戍乡	330324106000	碧莲镇	330326105000	腾蛟镇

代码	名称
330326106000	钱仓镇
330326107000	山门镇
330326108000	顺溪镇
330326109000	南雁镇
330326110000	凤卧镇
330326111000	鹤溪镇
330326112000	宋桥镇
330326113000	宋埠镇
330326114000	榆垟镇
330326115000	郑楼镇
330326116000	南麂镇
330326202000	西湾乡
330326204000	梅溪乡
330326205000	梅源乡
330326206000	桃源乡
330326207000	凤巢乡
330326208000	龙尾乡
330326209000	南湖乡
330326210000	朝阳乡
330326211000	闹村乡
330326212000	晓坑乡
330326213000	怀溪乡
330326214000	青街畲族乡
330326215000	维新乡
330326216000	吴垟乡
330326400000	第一农场
330327000000	苍南县
330327100000	灵溪镇
330327101000	龙港镇
330327103000	宜山镇
330327104000	钱库镇
330327105000	芦浦镇
330327106000	望里镇
330327107000	金乡镇
330327108000	舥艚镇
330327109000	炎亭镇
330327110000	大渔镇
330327112000	藻溪镇
330327113000	桥墩镇
330327114000	莒溪镇
330327115000	观美镇
330327116000	矾山镇
330327117000	赤溪镇
330327118000	马站镇
330327119000	霞关镇
330327120000	沿浦镇
330327121000	南宋镇
330327202000	云岩乡
330327203000	仙居乡
330327204000	新安乡
330327205000	括山乡
330327206000	石砰乡
330327207000	凤池乡
330327209000	浦亭乡
330327210000	五凤乡
330327211000	腾垟乡
330327213000	昌禅乡
330327214000	中墩乡
330327215000	龙沙乡
330327216000	凤阳畲族乡
330327217000	蒲城乡
330327218000	岱岭畲族乡
330327219000	渔寮乡
330327400000	县良种场
330327401000	桥墩茶场
330327402000	县林场
330327403000	鹤顶山茶场
330327404000	马站水果场
330328000000	文成县
330328100000	大峃镇
330328101000	百丈漈镇
330328102000	南田镇
330328103000	西坑畲族镇
330328104000	黄坦镇
330328105000	珊溪镇
330328106000	巨屿镇
330328107000	玉壶镇
330328200000	樟台乡
330328201000	金炉乡
330328202000	龙川乡
330328203000	里阳乡
330328204000	二源乡
330328205000	黄寮乡
330328206000	十源乡
330328207000	石垟乡
330328208000	下垟乡
330328209000	岭后乡
330328210000	富岙乡
330328211000	云湖乡
330328212000	仰山乡
330328213000	桂山乡
330328214000	峃口乡
330328215000	金垟乡
330328216000	双桂乡
330328217000	周山畲族乡
330328218000	公阳乡
330328219000	平和乡
330328220000	周壤乡
330328221000	上林乡
330328222000	东溪乡
330328223000	金星乡
330328224000	朱雅乡
330329000000	泰顺县
330329100000	罗阳镇
330329101000	司前畲族镇
330329102000	百丈镇
330329103000	筱村镇
330329104000	泗溪镇
330329105000	彭溪镇
330329106000	雅阳镇
330329107000	仕阳镇
330329108000	龟湖镇
330329109000	三魁镇
330329110000	西旸镇
330329200000	岭北乡
330329201000	仙稔乡
330329202000	南院乡
330329203000	碑排乡
330329204000	竹里畲族乡
330329205000	黄桥乡
330329206000	峰门乡
330329207000	包垟乡
330329208000	新浦乡
330329209000	联云乡
330329210000	翁山乡
330329211000	凤垟乡
330329212000	横坑乡
330329213000	九峰乡
330329214000	峰文乡
330329215000	月湖乡
330329216000	松垟乡
330329217000	柳峰乡
330329218000	雪溪乡
330329219000	万排乡
330329220000	东溪乡
330329221000	大安乡
330329222000	垟溪乡
330329223000	洲岭乡
330329224000	下洪乡
330329400000	乌岩岭自然保护区
330381000000	瑞安市
330381001000	安阳街道
330381002000	玉海街道
330381003000	锦湖街道
330381004000	东山街道
330381005000	上望街道
330381006000	潘岱街道
330381101000	塘下镇
330381109000	莘塍镇
330381111000	汀田镇
330381114000	飞云镇
330381115000	仙降镇
330381116000	马屿镇
330381118000	曹村镇
330381120000	陶山镇
330381121000	碧山镇
330381122000	湖岭镇
330381123000	龙湖镇
330381124000	平阳坑镇
330381201000	荆谷乡
330381202000	梅屿乡
330381203000	顺泰乡
330381204000	大南乡
330381205000	桐浦乡

代码	名称
330381207000	永安乡
330381208000	桂峰乡
330381209000	芳庄乡
330381210000	林溪乡
330381211000	金川乡
330381212000	潮基乡
330381213000	鹿木乡
330381214000	高楼乡
330381215000	营前乡
330381216000	东岩乡
330381217000	宁益乡
330381218000	枫岭乡
330381219000	北麂乡
330381220000	北龙乡
330382000000	乐清市
330382100000	乐成镇
330382101000	大荆镇
330382102000	仙溪镇
330382103000	湖雾镇
330382104000	雁荡镇
330382105000	芙蓉镇
330382106000	清江镇
330382107000	南塘镇
330382108000	虹桥镇
330382109000	南岳镇
330382110000	蒲岐镇
330382111000	淡溪镇
330382112000	石帆镇
330382113000	白石镇
330382114000	柳市镇
330382115000	北白象镇
330382116000	象阳镇
330382117000	翁垟镇
330382118000	磐石镇
330382119000	七里港镇
330382120000	黄华镇
330382200000	智仁乡
330382201000	镇安乡
330382202000	福溪乡
330382203000	双峰乡
330382204000	龙西乡
330382205000	雁湖乡
330382206000	岭底乡
330382207000	四都乡
330382208000	天成乡
330382209000	城北乡
330400000000	嘉兴市
330401000000	市辖区
330402000000	南湖区
330402007000	建设街道
330402008000	解放街道
330402009000	新嘉街道
330402010000	南湖街道
330402011000	新兴街道
330402012000	城南街道
330402013000	东栅街道
330402100000	凤桥镇
330402101000	余新镇
330402103000	新丰镇
330402104000	七星镇
330402105000	大桥镇
330411000000	秀洲区
330411002000	新城街道
330411003000	嘉北街道
330411004000	塘汇街道
330411005000	高照街道
330411101000	王江泾镇
330411103000	油车港镇
330411104000	新塍镇
330411105000	王店镇
330411106000	洪合镇
330421000000	嘉善县
330421001000	魏塘街道
330421002000	罗星街道
330421003000	嘉善经济开发区(惠民街道)
330421102000	大云镇
330421103000	西塘镇
330421105000	干窑镇
330421107000	陶庄镇
330421111000	姚庄镇
330421112000	天凝镇
330424000000	海盐县
330424100000	武原镇
330424101000	沈荡镇
330424102000	百步镇
330424103000	于城镇
330424104000	秦山镇
330424105000	澉浦镇
330424106000	通元镇
330424107000	西塘桥镇
330481000000	海宁市
330481001000	硖石街道
330481002000	海洲街道
330481003000	海昌街道
330481004000	马桥街道
330481101000	许村镇
330481103000	长安镇
330481105000	周王庙镇
330481106000	丁桥镇
330481107000	斜桥镇
330481108000	黄湾镇
330481110000	盐官镇
330481112000	袁花镇
330481400000	尖山新区
330482000000	平湖市
330482001000	当湖街道
330482002000	钟埭街道
330482003000	曹桥街道
330482101000	乍浦镇
330482102000	新埭镇
330482103000	新仓镇
330482104000	黄姑镇
330482105000	全塘镇
330482106000	广陈镇
330482107000	林埭镇
330483000000	桐乡市
330483001000	梧桐街道
330483002000	龙翔街道
330483003000	凤鸣街道
330483100000	乌镇镇
330483101000	濮院镇
330483102000	屠甸镇
330483103000	石门镇
330483104000	河山镇
330483105000	洲泉镇
330483106000	大麻镇
330483107000	崇福镇
330483108000	高桥镇
330500000000	湖州市
330501000000	市辖区
330502000000	吴兴区
330502001000	月河街道
330502002000	朝阳街道
330502003000	爱山街道
330502004000	飞英街道
330502005000	龙泉街道
330502006000	凤凰街道
330502007000	康山街道
330502008000	仁皇山街道
330502009000	滨湖街道
330502100000	织里镇
330502101000	八里店镇
330502102000	妙西镇
330502103000	杨家埠镇
330502104000	埭溪镇
330502105000	东林镇
330502200000	道场乡
330502201000	环渚乡
330503000000	南浔区
330503100000	南浔镇
330503101000	双林镇
330503102000	练市镇
330503103000	善琏镇
330503104000	旧馆镇
330503105000	菱湖镇
330503106000	和孚镇
330503107000	千金镇
330503108000	石淙镇
330521000000	德清县
330521100000	武康镇
330521101000	乾元镇
330521102000	新市镇
330521103000	洛舍镇
330521104000	钟管镇

330521105000	莫干山镇	330602000000	越城区	330624104000	回山镇	330682002000	曹娥街道
330521110000	雷甸镇	330602001000	塔山街道	330624106000	大市聚镇	330682003000	东关街道
330521113000	禹越镇	330602002000	府山街道	330624107000	小将镇	330682100000	道墟镇
330521114000	新安镇	330602003000	蕺山街道	330624108000	沙溪镇	330682101000	长塘镇
330521201000	筏头乡	330602004000	北海街道	330624109000	镜岭镇	330682102000	上浦镇
330521202000	三合乡	330602005000	城南街道	330624110000	儒岙镇	330682103000	汤浦镇
330522000000	长兴县	330602006000	稽山街道	330624200000	城南乡	330682104000	章镇镇
330522100000	雉城镇	330602007000	迪荡街道	330624201000	东茗乡	330682105000	下管镇
330522101000	洪桥镇	330602100000	东湖镇	330624203000	双彩乡	330682106000	丰惠镇
330522102000	李家巷镇	330602101000	灵芝镇	330624205000	新林乡	330682107000	永和镇
330522103000	夹浦镇	330602102000	东浦镇	330624206000	巧英乡	330682108000	梁湖镇
330522104000	林城镇	330602103000	鉴湖镇	330681000000	诸暨市	330682109000	驿亭镇
330522105000	泗安镇	330602104000	皋埠镇	330681001000	暨阳街道	330682110000	小越镇
330522106000	虹星桥镇	330602105000	马山镇	330681002000	浣东街道	330682111000	谢塘镇
330522107000	和平镇	330602106000	斗门镇	330681003000	陶朱街道	330682112000	盖北镇
330522108000	小浦镇	330621000000	绍兴县	330681101000	大唐镇	330682113000	崧厦镇
330522109000	煤山镇	330621001000	柯桥街道	330681102000	应店街镇	330682114000	沥海镇
330522200000	水口乡	330621002000	柯岩街道	330681103000	次坞镇	330682200000	岭南乡
330522201000	二界岭乡	330621003000	华舍街道	330681104000	店口镇	330682201000	陈溪乡
330522202000	吕山乡	330621004000	湖塘街道	330681105000	阮市镇	330682202000	丁宅乡
330522203000	吴山乡	330621100000	齐贤镇	330681106000	直埠镇	330683000000	嵊州市
330522204000	白岘乡	330621101000	钱清镇	330681107000	江藻镇	330683001000	剡湖街道
330522205000	槐坎乡	330621102000	孙端镇	330681108000	山下湖镇	330683002000	三江街道
330523000000	安吉县	330621103000	福全镇	330681109000	枫桥镇	330683003000	鹿山街道
330523100000	递铺镇	330621104000	马鞍镇	330681110000	赵家镇	330683004000	浦口街道
330523101000	梅溪镇	330621105000	平水镇	330681111000	马剑镇	330683100000	甘霖镇
330523102000	良朋镇	330621106000	安昌镇	330681112000	五泄镇	330683101000	长乐镇
330523103000	鄣吴镇	330621107000	王坛镇	330681113000	草塔镇	330683102000	崇仁镇
330523104000	杭垓镇	330621108000	兰亭镇	330681114000	王家井镇	330683103000	黄泽镇
330523105000	孝丰镇	330621109000	稽东镇	330681115000	牌头镇	330683104000	三界镇
330523106000	报福镇	330621110000	杨汛桥镇	330681116000	同山镇	330683105000	石璜镇
330523107000	章村镇	330621111000	漓渚镇	330681117000	安华镇	330683106000	谷来镇
330523108000	天荒坪镇	330621112000	富盛镇	330681118000	街亭镇	330683107000	仙岩镇
330523109000	高禹镇	330621113000	陶堰镇	330681119000	璜山镇	330683108000	金庭镇
330523200000	昆铜乡	330621114000	夏履镇	330681120000	陈宅镇	330683109000	北漳镇
330523201000	溪龙乡	330624000000	新昌县	330681121000	岭北镇	330683110000	下王镇
330523204000	皈山乡	330624001000	羽林街道	330681122000	浬浦镇	330683200000	贵门乡
330523205000	上墅乡	330624002000	南明街道	330681124000	东白湖镇	330683201000	里南乡
330523206000	山川乡	330624003000	七星街道	330681201000	东和乡	330683202000	竹溪乡
330600000000	绍兴市	330624101000	澄潭镇	330682000000	上虞市	330683203000	雅璜乡
330601000000	市辖区	330624102000	梅渚镇	330682001000	百官街道	330683204000	王院乡

330683205000	通源乡
330683400000	嵊州经济开发区
330700000000	金华市
330701000000	市辖区
330702000000	婺城区
330702001000	城东街道
330702002000	城中街道
330702003000	城西街道
330702004000	城北街道
330702005000	江南街道
330702006000	三江街道
330702007000	西关街道
330702008000	秋滨街道
330702009000	新狮街道
330702100000	罗店镇
330702101000	雅畈镇
330702102000	安地镇
330702103000	白龙桥镇
330702104000	琅琊镇
330702105000	蒋堂镇
330702106000	汤溪镇
330702107000	罗埠镇
330702108000	洋埠镇
330702201000	乾西乡
330702202000	竹马乡
330702203000	长山乡
330702204000	箬阳乡
330702205000	沙畈乡
330702206000	塔石乡
330702207000	岭上乡
330702208000	莘畈乡
330702209000	苏孟乡
330703000000	金东区
330703001000	多湖街道
330703002000	东孝街道
330703101000	孝顺镇
330703102000	傅村镇
330703103000	曹宅镇
330703104000	澧浦镇
330703105000	岭下镇
330703106000	江东镇
330703107000	塘雅镇
330703108000	赤松镇
330703200000	源东乡
330723000000	武义县
330723001000	白洋街道
330723002000	壶山街道
330723003000	熟溪街道
330723100000	柳城畲族镇
330723101000	履坦镇
330723102000	桐琴镇
330723103000	泉溪镇
330723104000	新宅镇
330723105000	王宅镇
330723106000	桃溪镇
330723107000	茭道镇
330723200000	大田乡
330723201000	白姆乡
330723202000	俞源乡
330723203000	坦洪乡
330723204000	西联乡
330723205000	三港乡
330723206000	大溪口乡
330726000000	浦江县
330726001000	浦南街道
330726002000	仙华街道
330726003000	浦阳街道
330726101000	黄宅镇
330726102000	白马镇
330726103000	郑家坞镇
330726104000	郑宅镇
330726105000	岩头镇
330726106000	檀溪镇
330726107000	杭坪镇
330726200000	大畈乡
330726201000	中余乡
330726202000	前吴乡
330726203000	花桥乡
330726204000	虞宅乡
330727000000	磐安县
330727100000	安文镇
330727101000	新渥镇
330727102000	尖山镇
330727103000	仁川镇
330727104000	大盘镇
330727105000	方前镇
330727106000	玉山镇
330727107000	尚湖镇
330727108000	冷水镇
330727200000	深泽乡
330727201000	双峰乡
330727203000	双溪乡
330727205000	窈川乡
330727206000	盘峰乡
330727207000	高二乡
330727208000	维新乡
330727209000	胡宅乡
330727210000	万苍乡
330727211000	九和乡
330781000000	兰溪市
330781001000	兰江街道
330781002000	云山街道
330781004000	永昌街道
330781005000	赤溪街道
330781006000	女埠街道
330781007000	上华街道
330781102000	游埠镇
330781104000	诸葛镇
330781106000	黄店镇
330781108000	香溪镇
330781109000	马涧镇
330781111000	梅江镇
330781112000	横溪镇
330781200000	灵洞乡
330781203000	水亭畲族乡
330781209000	柏社乡
330782000000	义乌市
330782001000	稠城街道
330782002000	江东街道
330782003000	稠江街道
330782004000	北苑街道
330782005000	后宅街道
330782006000	城西街道
330782007000	廿三里街道
330782100000	佛堂镇
330782101000	赤岸镇
330782102000	义亭镇
330782104000	上溪镇
330782105000	苏溪镇
330782106000	大陈镇
330783000000	东阳市
330783001000	吴宁街道
330783003000	南市街道
330783004000	白云街道
330783005000	江北街道
330783006000	城东街道
330783007000	六石街道
330783106000	巍山镇
330783107000	虎鹿镇
330783108000	歌山镇
330783109000	佐村镇
330783110000	东阳江镇
330783112000	湖溪镇
330783114000	马宅镇
330783116000	千祥镇
330783118000	南马镇
330783122000	画水镇
330783123000	横店镇
330783201000	三单乡
330784000000	永康市
330784001000	东城街道
330784002000	西城街道
330784003000	江南街道
330784105000	石柱镇
330784106000	前仓镇
330784107000	舟山镇
330784108000	古山镇
330784109000	方岩镇
330784110000	龙山镇
330784111000	西溪镇
330784112000	象珠镇
330784113000	唐先镇
330784114000	花街镇
330784115000	芝英镇

330800000000	衢州市	330803219000	黄坛口乡	330825109000	溪口镇	330902100000	金塘镇
330801000000	市辖区	330822000000	常山县	330825110000	横山镇	330902101000	小沙镇
330802000000	柯城区	330822104000	白石镇	330825111000	塔石镇	330902102000	岑港镇
330802005000	新新街道	330822108000	招贤镇	330825201000	罗家乡	330902103000	双桥镇
330802006000	府山街道	330822109000	青石镇	330825203000	庙下乡	330902104000	白泉镇
330802007000	荷花街道	330822111000	球川镇	330825207000	石佛乡	330902105000	干览镇
330802008000	信安街道	330822112000	天马镇	330825209000	社阳乡	330902106000	马岙镇
330802009000	白云街道	330822113000	辉埠镇	330825211000	大街乡	330902200000	长白乡
330802010000	双港街道	330822114000	芳村镇	330825212000	沐尘畲族乡	330902201000	册子乡
330802011000	花园街道	330822200000	何家乡	330825213000	模环乡	330902202000	北蝉乡
330802100000	石梁镇	330822211000	同弓乡	330881000000	江山市	330903000000	普陀区
330802101000	航埠镇	330822213000	大桥头乡	330881001000	双塔街道	330903001000	沈家门街道
330802205000	黄家乡	330822217000	宋畈乡	330881002000	虎山街道	330903002000	勾山街道
330802209000	七里乡	330822219000	新昌乡	330881102000	四都镇	330903003000	东港街道
330802210000	九华乡	330822220000	新桥乡	330881104000	清湖镇	330903004000	朱家尖街道
330802211000	沟溪乡	330822221000	东案乡	330881105000	坛石镇	330903005000	展茅街道
330802212000	华墅乡	330824000000	开化县	330881106000	大桥镇	330903100000	六横镇
330802213000	姜家山乡	330824106000	桐村镇	330881108000	淤头镇	330903102000	虾峙镇
330802214000	万田乡	330824107000	杨林镇	330881109000	新塘边镇	330903104000	桃花镇
330802215000	石室乡	330824108000	苏庄镇	330881112000	廿八都镇	330903105000	东极镇
330803000000	衢江区	330824109000	齐溪镇	330881113000	长台镇	330903106000	普陀山镇
330803001000	樟潭街道	330824110000	城关镇	330881116000	上余镇	330903200000	蚂蚁岛乡
330803002000	浮石街道	330824111000	华埠镇	330881117000	贺村镇	330903201000	登步乡
330803100000	上方镇	330824112000	马金镇	330881118000	凤林镇	330903202000	白沙乡
330803101000	峡川镇	330824113000	村头镇	330881119000	峡口镇	330921000000	岱山县
330803103000	莲花镇	330824114000	池淮镇	330881120000	石门镇	330921100000	高亭镇
330803109000	全旺镇	330824202000	中村乡	330881201000	大陈乡	330921101000	东沙镇
330803110000	大洲镇	330824205000	长虹乡	330881203000	碗窑乡	330921102000	岱东镇
330803111000	后溪镇	330824206000	张湾乡	330881207000	保安乡	330921103000	岱西镇
330803112000	廿里镇	330824208000	何田乡	330881211000	双溪口乡	330921105000	长涂镇
330803113000	湖南镇	330824209000	塘坞乡	330881212000	张村乡	330921106000	衢山镇
330803114000	高家镇	330824216000	林山乡	330881213000	塘源口乡	330921200000	秀山乡
330803115000	杜泽镇	330824217000	音坑乡	330900000000	舟山市	330922000000	嵊泗县
330803200000	灰坪乡	330824218000	大溪边乡	330901000000	市辖区	330922100000	菜园镇
330803202000	太真乡	330824219000	金村乡	330902000000	定海区	330922101000	嵊山镇
330803203000	双桥乡	330825000000	龙游县	330902001000	解放街道	330922102000	洋山镇
330803206000	周家乡	330825001000	龙洲街道	330902002000	昌国街道	330922200000	五龙乡
330803207000	云溪乡	330825002000	东华街道	330902003000	环南街道	330922201000	黄龙乡
330803209000	横路乡	330825101000	湖镇镇	330902004000	城东街道	330922202000	枸杞乡
330803213000	举村乡	330825102000	小南海镇	330902005000	盐仓街道	330922203000	花鸟乡
330803218000	岭洋乡	330825106000	詹家镇	330902006000	临城街道	331000000000	台州市

代码	名称
331001000000	市辖区
331002000000	椒江区
331002001000	海门街道
331002002000	白云街道
331002003000	葭沚街道
331002004000	洪家街道
331002005000	三甲街道
331002006000	下陈街道
331002007000	前所街道
331002008000	章安街道
331002101000	大陈镇
331002400000	椒江农场
331003000000	黄岩区
331003001000	东城街道
331003002000	南城街道
331003003000	西城街道
331003004000	北城街道
331003005000	新前街道
331003006000	澄江街道
331003007000	江口街道
331003008000	高桥街道
331003101000	宁溪镇
331003102000	北洋镇
331003103000	头陀镇
331003107000	院桥镇
331003108000	沙埠镇
331003200000	屿头乡
331003201000	上郑乡
331003202000	富山乡
331003203000	茅畲乡
331003204000	上垟乡
331003205000	平田乡
331004000000	路桥区
331004001000	路南街道
331004002000	路桥街道
331004003000	路北街道
331004004000	螺洋街道
331004005000	桐屿街道
331004006000	峰江街道
331004103000	新桥镇
331004104000	横街镇
331004106000	金清镇
331004107000	蓬街镇
331021000000	玉环县
331021001000	玉城街道
331021002000	坎门街道
331021003000	大麦屿街道
331021101000	清港镇
331021102000	楚门镇
331021103000	干江镇
331021105000	沙门镇
331021106000	芦浦镇
331021200000	龙溪乡
331021201000	鸡山乡
331021202000	海山乡
331022000000	三门县
331022100000	海游镇
331022101000	沙柳镇
331022102000	珠岙镇
331022103000	亭旁镇
331022104000	六敖镇
331022105000	健跳镇
331022106000	横渡镇
331022107000	浬浦镇
331022108000	花桥镇
331022109000	小雄镇
331022200000	高枧乡
331022203000	沿赤乡
331022204000	泗淋乡
331022205000	蛇蟠乡
331023000000	天台县
331023001000	赤城街道
331023002000	始丰街道
331023003000	福溪街道
331023101000	白鹤镇
331023102000	石梁镇
331023104000	街头镇
331023105000	平桥镇
331023106000	坦头镇
331023107000	三合镇
331023108000	洪畴镇
331023200000	三州乡
331023203000	龙溪乡
331023204000	雷峰乡
331023207000	南屏乡
331023209000	泳溪乡
331024000000	仙居县
331024001000	安洲街道
331024002000	南峰街道
331024003000	福应街道
331024101000	横溪镇
331024102000	埠头镇
331024103000	白塔镇
331024104000	田市镇
331024105000	官路镇
331024106000	下各镇
331024107000	朱溪镇
331024200000	安岭乡
331024201000	溪港乡
331024202000	湫山乡
331024203000	淡竹乡
331024204000	皤滩乡
331024205000	上张乡
331024206000	步路乡
331024207000	广度乡
331024209000	大战乡
331024210000	双庙乡
331081000000	温岭市
331081001000	太平街道
331081002000	城东街道
331081003000	城西街道
331081004000	城北街道
331081005000	横峰街道
331081100000	泽国镇
331081101000	大溪镇
331081102000	松门镇
331081103000	箬横镇
331081104000	新河镇
331081105000	石塘镇
331081106000	滨海镇
331081107000	温峤镇
331081108000	城南镇
331081109000	石桥头镇
331081110000	坞根镇
331082000000	临海市
331082001000	古城街道
331082002000	大洋街道
331082003000	江南街道
331082004000	大田街道
331082005000	邵家渡街道
331082100000	汛桥镇
331082101000	东塍镇
331082103000	汇溪镇
331082104000	小芝镇
331082105000	河头镇
331082106000	白水洋镇
331082107000	括苍镇
331082108000	永丰镇
331082109000	尤溪镇
331082110000	涌泉镇
331082111000	沿江镇
331082112000	杜桥镇
331082113000	上盘镇
331082114000	桃渚镇
331100000000	丽水市
331101000000	市辖区
331102000000	莲都区
331102001000	紫金街道办事处
331102002000	岩泉街道办事处
331102003000	万象街道办事处
331102004000	白云街道办事处
331102005000	水阁街道办事处
331102006000	富岭街道办事处
331102100000	碧湖镇
331102101000	联城镇
331102102000	大港头镇
331102103000	老竹畲族镇
331102104000	雅溪镇
331102200000	太平乡
331102201000	仙渡乡
331102202000	峰源乡
331102203000	高溪乡
331102204000	丽新畲族乡
331102205000	双黄乡

331102206000 黄村乡
331121000000 青田县
331121100000 鹤城镇
331121101000 温溪镇
331121102000 东源镇
331121103000 高湖镇
331121104000 船寮镇
331121105000 海口镇
331121106000 腊口镇
331121107000 北山镇
331121108000 山口镇
331121109000 仁庄镇
331121200000 万山乡
331121201000 黄垟乡
331121202000 季宅乡
331121203000 高市乡
331121204000 海溪乡
331121205000 章村乡
331121206000 祯旺乡
331121207000 祯埠乡
331121208000 舒桥乡
331121209000 巨浦乡
331121210000 岭根乡
331121211000 万阜乡
331121212000 方山乡
331121213000 汤垟乡
331121214000 贵岙乡
331121215000 小舟山乡
331121216000 吴坑乡
331121217000 仁宫乡
331121218000 章旦乡
331121219000 阜山乡
331121220000 石溪乡
331122000000 缙云县
331122100000 五云镇
331122101000 壶镇镇
331122102000 新建镇
331122103000 舒洪镇
331122105000 大洋镇
331122106000 东渡镇
331122107000 东方镇
331122108000 大源镇
331122203000 七里乡
331122206000 前路乡
331122207000 三溪乡
331122208000 溶江乡
331122209000 双溪口乡
331122210000 胡源乡
331122211000 方溪乡
331122212000 石笕乡
331123000000 遂昌县
331123100000 妙高镇
331123101000 云峰镇
331123102000 新路湾镇
331123103000 北界镇
331123104000 金竹镇
331123105000 大柘镇
331123106000 石练镇
331123107000 王村口镇
331123108000 黄沙腰镇
331123200000 三仁畲族乡
331123201000 濂竹乡
331123202000 应村乡
331123203000 高坪乡
331123204000 湖山乡
331123205000 蔡源乡
331123206000 焦滩乡
331123207000 龙洋乡
331123208000 柘岱口乡
331123209000 西畈乡
331123210000 垵口乡
331124000000 松阳县
331124100000 西屏镇
331124101000 古市镇
331124102000 玉岩镇
331124103000 象溪镇
331124104000 大东坝镇
331124200000 望松乡
331124201000 叶村乡
331124202000 斋坛乡
331124203000 三都乡
331124204000 竹源乡
331124205000 四都乡
331124206000 赤寿乡
331124207000 新兴乡
331124208000 樟溪乡
331124209000 谢村乡
331124210000 新处乡
331124211000 枫坪乡
331124212000 板桥畲族乡
331124213000 裕溪乡
331124214000 安民乡
331125000000 云和县
331125100000 云和镇
331125101000 石塘镇
331125102000 紧水滩镇
331125103000 崇头镇
331125201000 雾溪畲族乡
331125202000 安溪畲族乡
331125203000 云坛乡
331125204000 朱村乡
331125205000 大源乡
331125206000 赤石乡
331125207000 黄源乡
331125208000 大湾乡
331125209000 沙铺乡
331125210000 云丰乡
331126000000 庆元县
331126100000 松源镇
331126101000 黄田镇
331126102000 竹口镇
331126103000 屏都镇
331126104000 荷地镇
331126105000 左溪镇
331126106000 贤良镇
331126200000 岭头乡
331126201000 五大堡乡
331126202000 淤上乡
331126203000 安南乡
331126204000 张村乡
331126205000 隆宫乡
331126206000 举水乡
331126207000 江根乡
331126208000 合湖乡
331126209000 龙溪乡
331126210000 百山祖乡
331126211000 官塘乡
331126212000 四山乡
331127000000 景宁畲族自治县
331127100000 鹤溪镇
331127101000 渤海镇
331127102000 东坑镇
331127103000 英川镇
331127104000 沙湾镇
331127201000 大均乡
331127202000 澄照乡
331127203000 梅岐乡
331127205000 郑坑乡
331127208000 大漈乡
331127209000 景南乡
331127210000 雁溪乡
331127211000 葛山乡
331127212000 鸬鹚乡
331127213000 梧桐乡
331127214000 标溪乡
331127215000 毛垟乡
331127216000 秋炉乡
331127217000 大地乡
331127218000 家地乡
331127219000 九龙乡
331181000000 龙泉市
331181001000 龙渊街道
331181002000 西街街道
331181003000 剑池街道
331181100000 八都镇
331181101000 上垟镇
331181102000 小梅镇
331181103000 查田镇
331181104000 安仁镇
331181105000 锦溪镇
331181106000 住龙镇
331181107000 屏南镇
331181200000 兰巨乡
331181201000 豉石乡
331181202000 宝溪乡
331181203000 竹垟畲族乡
331181204000 道太乡
331181205000 岩樟乡
331181206000 城北乡
331181207000 龙南乡

浙/江/统/计/年/鉴

主要统计指标解释

■ 景气指数

又称景气度，是对企业景气调查中定性指标的定量描述，以直观地反映经济所处的状态。景气指数的数值介于0和200之间，100为景气指数的临界值。当景气指数大于100点时，表明经济状况趋于上升或改善，处于景气状态；当景气指数小于100点时，表明经济状况趋于下降或恶化，处于不景气状态。

■ 企业家信心指数

亦称宏观经济景气指数，是根据企业决策者对企业外部市场经济环境与宏观政策的认识、看法、判断与预期（对“乐观”、“一般”、“不乐观”的选择）而编制的指数，反映企业决策者对国家宏观经济发展的信心和预期，是企业决策者对当前宏观经济状况及未来走势的一种感受、体验与期望。

■ 企业景气指数

亦称企业综合生产经营景气指数，是根据企业决策者对本企业当前生产经营情况的判断及未来企业生产经营状况的预期（对“好”、“一般”、“不佳”的选择）而编制的指数，是企业决策者对企业生产经营现状及未来景气动向的一种综合评价和判断。

■ 企业生产经营状况景气指数

是在企业生产经营状况的各指标，如生产、销售、产品订货、利润等名称之后加“景气指数”的方法，如“产品订货”指标称之为“产品订货景气指数”，其余类推。

■ 总产出

是我省常住单位在一定时期内生产的所有货物和服务的价值，既包括新增价值，也包括转移价值。它反映常住单位生产活动的总规划。总产出按生产者价格计算。常住单位是指在我国的经济领土内具有经济利益中心的单位。

■ 中间使用

指常住单位在本期生产活动中消耗和使用的非固定资产货物和服务的价值，其中包括国内生产和国外进口的各类货物和服务的价值。

■ 最终使用

指已退出或暂时退出本期生产活动而为最终需求所提供的货物和服务。

■ 总投入

指一定时期内我省常住单位进行生产活动所投入的总费用。

■ 中间投入

指常住单位在生产或提供货物和服务过程中，消耗和使用的所有非固定资产货物和服务的价值。

■ 增加值

指常住单位生产过程创造的新增价值和固定资产的转移价值。它包括固定资产折旧、劳动者报酬、生产税净额和营业盈余。

■ 直接消耗系数

也称为投入系数，记为 a_{ij}（$i,j=1,2,\cdots,n$），它是指在生产经营过程中第j部门（或产品）的单位总产出所直接消耗的第i部门（或产品）的数量。直接消耗系数的计算主法为：用第j部门的总投入 X_j 去除该部门生产经营中所直接消耗的第i部门的货换或服务的数量 χ_{ij}，用公式表示为：

$$a_{ij}=\frac{\chi_{ij}}{X_j}\qquad(i,j=1,2,\cdots,n)$$

■ 完全消耗系数

通常记为 b_{ij}，它是指第j部门每提供一个单位最终使用时，对第i部门货物或服务的直接消耗和间接消耗之和。利用直接消耗系数矩阵A计算完全消耗系数矩阵B的公式为：

$$B=(I-A)^{-1}-I$$

2009年浙江省部分大企业集团名录

单位名称	法人代表	电话号码	邮政编码
杭州老板实业集团有限公司	任建华	0571－86187079	311100
东港工贸集团有限公司	王云友	0576－88897645	318000
浙江中南建设集团有限公司	吴建荣	0571－86624507	310052
江山虎集团有限公司	徐位吉	0570－4061035	324100
亚太机电集团有限公司	黄来兴	0571－82764000	311203
浙江绿源木业股份有限公司	徐　兵	0578－8196557	323300
开元旅业集团	陈妙林	0571－82888283	311202
浙江舜江建设集团有限公司	李金奎	0575－82111671	312300
浙江中成控股集团有限公司	王永泉	0575－88260888	312000
浙江宏磊控股集团有限公司	戚建萍	0575－87387567	311800
浙江华鼎集团有限公司	丁幸儿	0571－86259008	311100
浙江菱化实业股份有限公司	金桂方	0572－3942330	313018
浙江正大控股集团有限公司	羊少剑	0571－63151966	311421
宁波建工股份有限公司	徐文卫	0574－87066666	315040
鼎立建设集团股份有限公司	许明景	0579－86815115	322100

2009年全省部分大中型工业企业基本情况

单　位	法人代表	联系电话	邮政编码	网　址	生产主要产品
浙江贝因美科工贸股份有限公司	谢　宏	0571－28911000	310007	www.beingmate.com	婴幼儿食品(奶粉、米粉等)、用品、服饰
杭州鸿雁电器有限公司	俞长铭	0571－85899739	310007	www.honyar.com.cn	电工、照明、智能、管业、线缆
杭州萧山供水有限公司	朱　明	0571－82895666	311203		自来水
杭州杭发发电设备有限公司	诸水龙	0571－82810292	311201	www.chinaheew.com	"杭发"牌水轮发电机组、汽轮发电机、电动机,获"浙江省名牌产品"称号
杭州福莱特塑料开发有限公司	曹永泉	0571－82186581	311227	www.zj－sqm.com	沐浴房、卫生洁具
杭州泛亚卫浴股份有限公司	叶如君	0571－64250639	311500	www.hz－panasia.com	高档水龙头
宏丰实业集团有限公司	王金法	0571－63205888	311422	www.zjhongfeng.com	H型重钢
浙江孙氏纸业集团有限公司	李新霞	0571－63558832	311418	www.sunshipaper.com	涂布白板纸制造、销售
临安振有电子有限公司	詹有根	0571－63730888	311300		碳膜印制板、双面印制板
临安钱氏照明电器有限公司	钱文元	0571－63777788	311307	www.qszm.net	节能灯
浙江红剑集团有限公司	周凤剑	0571－57159999	311234	www.cn－hongjian.com	涤纶丝POY、FDY、DTY,切片,LED节能灯,不饱和树脂,纸管,纸箱
杭州钢铁集团公司	童云芳	0571－88144380	310022	www.hzsteel.com	棒材、线材、型材、窄钢带等
杭州萧山林芬纺织有限公司	徐小芬	0571－82759956	311209		生产加工全棉、粘胶、TR等高档麻灰纱、色纱系列
富阳市水务有限公司	何　琳	0571－61776888	311400		自来水
杭州华东医药集团有限公司	李邦良	0571－89903001	310011		百令胶囊、新赛斯平、赛可平、赛莫司、卡博平、卡司平、泮立苏等
宁波韵升高科磁业有限公司	曹国平	0574－27862203	315040		钕铁硼
宁波永祥铸造有限公司	张贤铭	0574－86228866	315800		铸造
宁波金源电气有限公司	胡元成	0574－62538888	315400	www.jinyuan.com	稳压电源、调压器、变压器、逆变电源、转换电源、UPS、国际通用插座、功放、电动车、卫星接收天线、新能源等

单　　位	法人代表	联系电话	邮政编码	网　　址	生产主要产品
宁波美培林轴承有限公司	徐爱美	0574－63549687	315323	www. wtbearing. com	
宁波兴业盛泰电子金属材料有限公司	胡长源	0574－63073380	315336	www. xingyecopper. com	铜加工压延产品
宁波跃进汽车前桥有限公司	俞建伟	0574－27910022	315021	www. nbnafa. com	系列车桥、系列扭杆、系列转向节
浙江金牛工贸有限公司	叶　亮	0577－89795555	325000	www. chinajinniu. com. cn	金属工艺礼品、纪念册等
温州市爱好笔业有限公司	南月梅	0577－86558608	325000	www. aihao. com	笔、文具
温州环球合成革有限公司	孙　坚	0577－86635985	325000		合成革
盛宇集团有限公司	曾上教	0577－64839121	325800	www. shengyu. cn	床上用品
南艺礼品有限公司	倪孟宣	0577－62662888	325600	www. southartware. com	铁艺烛台、风灯、工艺灯饰和铁木家具等
浙江兴达电子线缆有限公司	张仁建	0577－62329088	325608	www. wzxd. com	电线电缆
人民电器集团有限公司	郑元豹	0577－62731555	325604	www. chinapeple. com	高低压电器、套电气电缆、电线电缆、防爆电器、建筑电器、仪器仪表、高压及超高压变电设备
浙江浙能温州发电有限公司	朱松强	0577－51107777	325602		生产和销售电力电量及相关派生的副业(牵涉国家前置审批的项目须经审批后方可经营)
万控集团有限公司	木晓东	0577－62879011	325603	www. chinawankong. com	高低压开关柜柜体、高压真空断路器
浙江森马服饰股份有限公司	邱光和	0577－88098600	325006	www. semirbiz. com	休闲服、童装
核电秦山联营有限公司	王　敏	0573－86381722	314300		电
浙江敦奴联合实业股份有限公司	吴　凌	0573－87266258	314400	www. dunnu. com	女式精品时装
浙江浙能嘉兴发电有限公司	仲建中	0573－82428305	314201		电能
浙江中顺纸业有限公司	刘欲武	0573－85583958	314201		“洁柔”纸巾
浙江合盛硅业有限公司	罗立国	0573－85589210	314201	www. heshenggroup. com	八甲基环四氯硅烷(D4)、环体混合物(DMC)、一甲基三氯硅烷(Mel)、三甲基一氯硅烷(Mel3)、一甲基二氯硅烷(MelH)、80%硫酸(副产)、31%盐酸(副产)、一氯甲烷、硅橡胶

单　　位	法人代表	联系电话	邮政编码	网　　址	生产主要产品
日本电产(浙江)有限公司	浜口泰男	0573－85090777	314200		以电脑磁盘驱动装置的微型马达为中心的精密小型马达
浙江珍贝有限公司	邱金元	0572－3239088	313008	www.zhenbei.com	羊绒制品、羊毛制品
浙江升华拜克生物股份有限公司	沈德堂	0572－8401258	313220	www.biok.com	阿维菌素、麦草畏、硫酸粘杆菌素、盐霉素、色氨酸、锆系列产品
湖州华润纺织有限公司	赵卓英	0755－82691884	313000		窗帘、丝绸
绍兴县华南纺织印染有限公司	王仙花	0575－85629166	312072	hnfzssj@tom.com	化纤布印染加工
浙江阳光集团股份有限公司	陈森洁	0575－82218580	312300		一体化电子节能灯、T5 灯具、节能灯管
浙江达成凯悦纺织服装有限公司	钱达军	0575－83109502	312400		纺织服装、面料、领带及服饰品
东伟集团有限公司	周天宝	0575－87100878	311800	www.dongweigroup.com	西裤
兆山集团有限公司	黄新华	0575－87391378	311832	www.zhaoshangroup.com	水泥
浙江金圆水泥有限公司	赵璧生	0579－83200805	321021		"金圆水泥"牌 P.O 42.5、P.C 32.5
浙江浦江亚盛磁电有限公司	张育成	0579－84201678	322200		磁性材料、电子产品、电器产品、电源产品、电机产品、金属纤维毡及金属制品、过滤器材、水处理设备、粘胶带及粘胶产品的制造、销售及进出口业务
浙江鑫鸿拉链有限公司	吴高云	0579－85795980	322000		拉链
浙江红叶制伞有限公司	虞成荣	0579－85261058	322000	www.hongyesan.com	晴雨伞
浙江义乌华统肉制品有限公司	朱俭军	0579－85815777	322005	www.huatongmeat.com	火腿、鲜肉、酱卤熟食
浙江能达利集团有限公司	陈溪见	0579－85995138	322011	www.chinandl.cc	衬衫、西裤、西服、茄克等服装
浙江凯文磁钢有限公司	卢杨成	0579－86720168	322105	www.kaiven.com	永磁铁氧体产品
浙江雪舫工贸有限公司	吴荣仁	0579－86731158	322105	www.xuefang.cn	火腿及小包装火腿
浙江新亚实业有限公司	金常青	0579－86299918	322121	www.newasia.com.cn	休闲服装
凯丰集团有限公司	楼高东	0579－87066326	321307	www.chinakaifeng.com	电子衡器、室内木门、反光材料、车辆内胎、ATV 轮胎

单　　位	法人代表	联系电话	邮政编码	网　　址	生产主要产品
巨化集团公司	杜世源	0570－3096339	324004	www. juhua. com. cn	四烷氯化物、氟致冷剂 HFC－134a、HFC－22、聚四氟乙烯、聚全氟乙丙烯、聚氯乙烯、环己酮、己内酰胺、甲醇、尿素、离子膜碱、偏氯乙烯单体等氟化学制品和基本化工原料 17 大类 200 多种产品
常山南方水泥有限公司	姜丰顺	0570－5096666	324209		"光宇"牌 32.5 复合硅酸盐水泥、42.5、52.5 普通硅酸盐水泥
海力生集团有限公司	马震洲	0580－2085279	316021		化学药品制剂制造、水产加工品制造、罐头制造、保健食品等
浙江兴业集团有限公司	马永均	0580－3696068	316101	www. xingye－seafood. com. cn	鱿鱼系列制品、鱼糜系列制品、模拟蟹肉系列制品、海洋调味品系列制品
星星集团有限公司	叶仙玉	0576－88022888	318015	www. xingxing. com	家用电冰箱、冷藏冷冻箱、厨卫电器、液晶显示器和光电子元器件等
临海市百特日用品制造有限公司	朱伯明	0576－85197901	317000	www. betterhomechina. com	晾衣架等
中捷控股集团有限公司	蔡开坚	0576－87358828	317604	www. zojegroup. com	缝纫机、厨卫洁具、金属物流加工
浙江鸿利锁业有限公司	贾君鑫	0578－2952958	323000	www. hooply. com	机械门锁
浙江五洲实业有限公司	张　才	0578－2695888	323000	www. wuzhouleather. com	pu、pvc、纳米合成革(服装革、箱包革、沙发革、汽车革、装饰革、鞋革系列)
浙江青山钢铁有限公司	姜海洪	0578－6067888	323903	www. zjqingshan. cn	特种钢锭、钢棒、不锈钢荒管、成品管
浙江瑞浦机械有限公司	项炳和	0578－6072999	323903		机械制造、不锈钢线材加工与销售,轧钢、钢锭、钢棒等
浙江不知慢运动服饰有限公司	林国富	0578－2988299	323006	www. buzhifashion. com	针织内衣、不知慢运动休闲服、运动服

2009 年部分建筑业企业基本情况

单　　位	法人代表	资质等级	邮政编码	电　话	建筑业总产值（万元）
杭　州　市					
浙江省建工集团有限责任公司	沈德法	总承包特级	310012	88393396	1091731
五洋建设集团股份有限公司	陈志樟	总承包特级	310002	87234888	706317
广厦建设集团有限责任公司	楼　明	总承包特级	310013	13388608875	612496
歌山建设集团有限公司	何品苏	总承包特级	310004	85366535	526259
浙江省一建建设集团	吴沈平	总承包特级	310013	85127302	427261
杭州萧宏建设集团有限公司	俞先富	总承包特级	310052	87391635	235280
浙江宝盛建设集团有限公司	诸黎明	总承包一级	311203	82815169	488028
浙江东冠建设工程有限公司	章方祥	总承包一级	310053	81993079	180600
杭州二建建设有限公司	李宝良	总承包一级	310005	88079640	169363
浙江杭州湾建筑集团有限公司	黄妙福	总承包一级	310021	85141608	162320
中铁二十四局集团浙江工程有限公司	沈志明	总承包一级	310009	56723247	152630
杭州通达集团有限公司	胡乃生	总承包一级	310019	28130666	150671
浙江省第一水电建设集团有限公司	蒋文龙	总承包一级	310051	86682251	150327
浙江利越路桥建设集团有限公司	葛德法	总承包一级	310053	86688267	126629
浙江宝华建设集团有限公司	张忠华	总承包一级	310030	88953124	122610
杭州市交通工程集团有限公司	吴伟荣	总承包一级	310007	87963330	119367
浙江萧峰建设集团有限公司	应关水	总承包一级	311203	81673816	107855
浙江省水电建筑安装有限公司	余乐平	总承包一级	310051	28876067	94178
中天建设集团浙江安装工程有限公司	王祖龙	总承包一级	310015	28807678	85949
浙江银力建设集团有限公司	郦　琪	总承包一级	310009	87171298	79168
杭州兴宇建设有限公司	李德洪	总承包一级	311115	88552843	73100
浙江交工路桥建设有限公司	陈继禹	总承包一级	310051	13575470976	67966
浙江振丰建设有限公司	徐祖雷	总承包一级	311121	88609918	67867
杭州市设备安装有限公司	来连毛	总承包一级	310005	85176331	65918
杭州之江市政建设有限公司	谢佰叶	总承包一级	310024	87640060	61682
浙江省交通工程建设集团第三交通工程有限公司	武可爽	总承包一级	310051	87984778	61000
杭州林森建设集团有限公司	章关根	总承包一级	311221	82110656	52678
远杨控股集团股份有限公司	陈道义	总承包一级	310005	88806600	47204
浙江奔腾建设工程有限公司	江春威	总承包一级	311400	63392731	40438
浙江大立建设有限公司	傅宝剑	总承包一级	311215	82592518	38155
杭州恒鼎建设集团有限公司	陈灿松	总承包一级	310052	87001509	35060
杭州市工程承包有限公司	虞振羽	总承包一级	310018	88887056	30366

单　　位	法人代表	资质等级	邮政编码	电　话	建筑业总产值（万元）
浙江方汇建筑工程有限公司	厉新勇	总承包一级	311100	86222094	21401
浙江圣大建设集团有限公司	陈萧耿	总承包一级	311201	13738194509	13800
浙江江南春建设集团有限公司	沈关宝	总承包二级	311243	82589980	51780
浙江耀圣建设有限公司	俞云梅	总承包二级	311201	82198588	43588
浙江萧山运发建筑工程有限公司	汤筱珍	总承包二级	311241	82572813	37053
杭州余杭永盛建筑有限公司	章一良	总承包二级	311121	15906671177	25781
浙江中鹰建筑有限公司	陈　卫	总承包二级	311502	64618511	24653
浙江广济建设工程有限公司	朱夏香	总承包二级	311106	86382368	20353
富阳市水利建筑工程有限公司	何文强	总承包二级	311400	13567130616	15658
杭州江成建设工程有限公司	童妙兴	总承包二级	311201	13777559018	11250
杭州华楼建设工程有限公司	吕国华	总承包二级	310014	85227268	10939
浙江尚坤建设有限公司	郦政为	总承包二级	310013	87207855	8617
杭州交联电气工程有限公司	王建明	总承包二级	310011	88409212	7540
武林建筑工程有限公司	于利生	专业承包一级	310020	86007123	80586
浙江伟达园林工程有限公司	陈剑鹰	专业承包一级	311203	82381972	27860
杭州华电华源环境工程有限公司	叶水泉	专业承包一级	310030	88056488	27786
杭州中艺园林工程有限公司	吴　劼	专业承包一级	310019	86944401	16332
浙江江能建设有限公司	黄文杰	专业承包一级	310020	86090700	11354
浙江银湖市政园林工程有限公司	柳　建	专业承包二级	311400	61706028	19808
浙江天润建设有限公司	姜平平	专业承包二级	310000	88833008	12500
浙江高明幕墙装潢有限公司	高尔明	专业承包二级	311101	89191017	4025
宁　波　市					
宏润建设集团股份有限公司	郑宏舫	总承包一级	200235	64081888	571630
浙江天元建设(集团)股份有限公司	戴万成	总承包一级	201108	64978595	206158
浙江大荣建设有限公司	徐正荣	总承包一级	315194	28856022	125180
华锦建设股份有限公司	乐伟康	总承包一级	201906	56188199	117496
浙江东航建设集团有限公司	吉忠达	总承包一级	315300	63987982	70638
浙江万华建设有限公司	张龙棋	总承包一级	315175	88006997	70078
慈溪市第二建筑工程有限公司	冯永泉	总承包一级	315300	63072505	48765
中亿建业集团有限公司	李国定	总承包一级	315200	86371881	32086
慈溪城关建筑有限公司	胡培能	总承包一级	315300	63808535	27929
宁波市新亚建设有限公司	杨菊素	总承包一级	315040	87899753	11250
宁波华宁圆海工程有限公司	邵自德	总承包二级	315600	65220098	38508
浙江九峰建设有限公司	谭文武	总承包二级	315807	86903066	28565

单　位	法人代表	资质等级	邮政编码	电　话	建筑业总产值（万元）
宁波锦虹建设有限公司	陈友祥	总承包二级	315016	56872028	24875
浙江省水电建设公司	陈国平	总承包二级	315010	27788390	21980
宁波飞龙建设工程有限公司	戴照飞	总承包二级	315700	65758003	20437
宁波市华欣建设工程有限公司	华　明	总承包二级	315206	86551839	16500
宁波市鄞州市政工程有限公司	张　弥	总承包二级	315104	88207158	15878
宁波鼎立建设有限公司	赵竑涫	总承包二级	315600	65220113	14637
浙江省二建钢结构有限公司	蒋　莹	专业承包一级	315207	86368888	37247
浙江天鸿钢结构有限公司	甘明根	专业承包一级	315336	63299802	27196
浙江中安安装有限公司	欧东海	专业承包一级	315040	87740507	20972
宁波万成钢结构有限公司	屠学义	专业承包一级	315327	63487737	6023
浙江大丰建筑装饰工程有限公司	丰　华	专业承包一级	315400	62888776	5994
浙江一帆钢结构有限公司	杨月煊	专业承包一级	315336	63299988	5419
浙江恒荣建设工程有限公司	沈永东	专业承包二级	315800	26888862－89	4139
温　州　市					
方泰建设集团有限公司	黄胜芬	总承包一级	325005	88551517	110085
浙江新邦建设有限公司	陈　锵	总承包一级	325027	88853572	55015
浙江锐信建设工程公司	陈光明	总承包一级	325005	88539219	45980
建桥建设集团有限公司	周建华	总承包一级	325600	61609028	43812
展宇建设有限公司	虞小浦	总承包一级	325011	86520886	34186
瑞安市建筑工程有限公司	柴剑峰	总承包一级	325200	65008080	30348
温州市建筑工程公司	张贤华	总承包一级	325000	88196838	20468
乐清市路桥工程有限公司	蔡齐福	总承包二级	325600	62588418	45118
浙江交建路桥工程有限公司	朱千明	总承包二级	325000	88999157	24623
永嘉县交通工程公司	朱国成	总承包二级	325102	67333921	24396
浙江成泰建筑工程有限公司	夏高岗	总承包二级	325600	61607203	22671
浙江东城建筑工程有限公司	朱建敏	总承包二级	325600	62587871	19379
浙江旭新建设有限公司	汪一新	总承包二级	325014	86751739	18218
乐清市水利水电建筑工程有限公司	卓剑辉	总承包二级	325600	27810997	17668
浙江中盛建设工程有限公司	张世乾	总承包二级	325000	88669803	13674
永嘉县建筑工程公司	黄天松	总承包二级	325100	67256220	12604
平阳市第三建筑安装工程公司	黄益艺	总承包二级	325405	63879889	11315
温州鹿城第三建筑工程公司	戴锦林	总承包二级	325000	88196140	10020
乐清市城镇建设工程公司	胡定辉	总承包二级	325608	62327596	8743
温州市金舟建筑工程有限公司	周体枢	总承包二级	325805	64578526	8484

单　位	法人代表	资质等级	邮政编码	电　话	建筑业总产值（万元）
浙江一洲建筑装饰工程有限公司	王龙洲	专业承包一级	325088	88380548	4111
温州市圣夏装饰设计工程有限公司	张　锵	专业承包二级	325000	88355005	5373
嘉　兴　市					
浙江鸿翔建设集团有限公司	姚岳良	总承包一级	314400	87216607	282612
浙江中元建设股份有限公司	章锡根	总承包一级	314001	82083928	209205
浙江正益建设发展有限公司	陈正财	总承包一级	314031	82721360	78322
浙江永联建设工程股份有限公司	张永春	总承包一级	314033	82228056	76013
浙江恒力建设有限公司	左建平	总承包一级	314400	87077596	58086
浙江华洋建设有限公司	张金华	总承包一级	314200	85930028	30260
浙江亿达建设有限公司	陆高良	总承包二级	314000	82625018	35349
浙江嘉宇建设有限公司	朱雪明	总承包二级	314009	83167241	25800
浙江鑫达建设有限公司	马保龙	总承包二级	314214	85562886	23426
桐乡市立信建设有限公司	谭松坤	总承包二级	314512	88619733	20800
海盐秦山交通建设有限公司	余中明	总承包二级	314300	86972268	16636
浙江港城建设有限公司	朱勤华	总承包二级	314200	85109300	14208
平湖市南桥建筑工程有限公司	李金龙	总承包二级	314200	85112283	13568
浙江嘉旺建设有限公司	李金良	总承包二级	314012	83303667	13209
嘉兴市嘉源管道工程有限公司	陈玉林	总承包二级	314033	82032193	6496
海宁市金隆古建筑有限责任公司	张志高	专业承包一级	314412	87688172	12367
浙江鹏飞绝热安装有限公司	顾丹青	专业承包一级	314011	83244701	8908
嘉兴市方舟装饰工程有限公司	陈锡明	专业承包一级	314000	82075333	4896
浙江嘉顺金属结构有限公司	沈学恩	专业承包二级	314112	84648180	12260
浙江兴土桥梁建设有限公司	朱兴土	专业承包二级	314000	83972662	6000
湖　州　市					
浙江天力建设集团有限公司	杨虎麟	总承包一级	313000	2820500	150806
恒德控股集团有限公司	郑仁明	总承包一级	313200	8066723	71213
浙江新屹建设有限公司	邹新建	总承包一级	313000	2073165	25333
浙江华盛达建设集团股份有限公司	袁建华	总承包一级	313200	8082912	20924
湖州集全交通建筑工程有限公司	钱大伟	总承包二级	313000	2859520	29375
浙江旭昱建设有限公司	金中平	总承包二级	313300	5126788	12492
绍　兴　市					
浙江中成建工集团有限公司	王永泉	总承包特级	312000	88260888	1454213
浙江宝业建设集团有限公司	王荣富	总承包特级	312028	84574483	1391756
浙江八达建设集团有限公司	王昌培	总承包特级	311800	87217165	855983

单　　位	法人代表	资质等级	邮政编码	电　话	建筑业总产值（万元）
中设建工集团有限公司	陈永根	总承包特级	312072	85106716	797548
中厦建设集团有限公司	杨学夫	总承包特级	312050	85763777	766587
长业建设集团有限公司	杨长甫	总承包特级	312000	85131693	682585
华升建设集团有限公司	杭飞龙	总承包特级	312365	82665716	620528
浙江暨阳建设集团有限公司	赵光明	总承包一级	311800	87013160	320161
浙江中安建设有限公司	陈忠安	总承包一级	312065	85181338	255399
浙江鸿富建设有限公司	冯肖华	总承包一级	312352	82059888	115856
浙江禹建建设集团有限公司	凌月根	总承包一级	312000	88686666	111035
永业建工集团有限公司	傅永忠	总承包一级	311800	87138266	65357
浙江三鼎建设集团有限公司	王乐平	总承包一级	312000	88686850	46357
浙江鼎盛交通建设有限公司	丁润贤	总承包一级	312069	85190861	45123
浙江盛业建设有限公司	徐月萍	总承包一级	312072	85101203	36442
浙江诚通市政建设有限公司	邢苗灿	总承包一级	312400	83267838	24209
绍兴市水联建设工程有限责任公司	沈安龙	总承包一级	312001	85172304	22132
浙江广昌建筑有限公司	许友夫	总承包二级	311800	87225273	76023
彩建控股集团有限公司	梁上炎	总承包二级	312500	86289280	34563
浙江暨东建设有限公司	吴美良	总承包二级	311800	87284187	30421
浙江金衢交通工程有限公司	徐建水	总承包二级	312300	82126221	21896
浙江越达交通工程有限公司	朱晓德	总承包二级	312500	86097566	21113
浙江名源龙盛建设有限公司	张再良	总承包二级	312400	83113031	20592
浙江华宇建设有限公司	王敏华	总承包二级	312032	84381121	20318
浙江省水电建筑基础工程有限公司	陈和中	总承包二级	312000	13757519208	20284
浙江华辰建工有限公司	陈伟强	总承包二级	312000	85143382	17820
绍兴大明电力建设有限公司	张立平	总承包二级	312008	88392171	17432
上虞市兴财建筑工程有限公司	郎银标	总承包二级	312300	82022256	8038
浙江林厦建设工程有限公司	桑君林	总承包二级	312365	82666266	5900
华升建设集团浙江消防工程有限公司	罗其洋	专业承包一级	312300	82602775	26573
浙江嘉华装饰有限公司	李文龙	专业承包一级	312000	85203000	24318
绍兴炫境装饰工程有限公司	陈海田	专业承包二级	312000	85220796	5285
上虞市罗力体育设施工程有限公司	骆　军	专业承包二级	312300	13515859973	4660
浙江孚泰机电设备安装有限公司	阮志江	专业承包二级	312000	88647118	3161
金　华　市					
晟元集团有限公司	应金良	总承包一级	321001	82686898	272007
新世纪建设集团有限公司	黄建华	总承包一级	321001	82343178	221360

单　位	法人代表	资质等级	邮政编码	电　话	建筑业总产值（万元）
浙江创业建设工程有限公司	项予平	总承包一级	322200	88188878	135021
浙江金城建设集团有限公司	傅桂丰	总承包一级	321017	83189655	53965
浙江天恒建设有限公司	经德善	总承包一级	322000	85335669	31696
浙江明远建设有限公司	俞琰香	总承包一级	322000	85330568	24672
浙江宏宇建筑有限责任公司	张　益	总承包二级	322300	84662060	42876
金华市展望建设有限公司	方　勇	总承包二级	321000	82453338	28979
浙江景鸿建设有限公司	周宝芳	总承包二级	322000	83819166	23329
浙江金顺路桥建设有限公司	郑宝玉	总承包二级	322100	86625274	21566
浙江东宇建设有限公司	倪跃晓	总承包二级	321017	82160558	18900
浙江三德建设有限公司	陈长征	总承包二级	322300	84665118	16701
浙江咏合市政建设工程有限公司	杨其生	总承包二级	321017	82398777	16443
义乌市水电建筑工程有限公司	王甚民	总承包二级	322000	85430962	15194
浙江龙厦建设工程有限公司	陈兴龙	总承包二级	321100	88927803	13279
浙江锦辉建设工程有限公司	金永华	总承包二级	320000	80901669	13107
浙江省浦江金龙建设有限公司	郑元基	总承包二级	322200	84108677	10876
浙江王宅建设有限公司	叶关富	总承包二级	322000	85524071	8503
大奥建设集团有限公司	张鑫林	总承包二级	322000	85230708	8400
浙江宇华装饰有限公司	蔡一红	专业承包一级	322100	86671609	6559
浙江东辉建筑装饰有限公司	赵东平	专业承包一级	322000	85366088	4219
浙江泰成建设有限公司	张仙伦	专业承包二级	322300	84664415	21538
金华市艺隆装饰工程有限公司	俞红华	专业承包二级	321000	82315688	4106
衢　州　市					
浙江凌云市政工程有限公司	姚志云	总承包一级	324300	6023400	17996
浙江龙游通衢水电建筑有限公司	徐松标	总承包二级	324400	7845826	18562
浙江盛华建筑安装工程有限公司	应旭敏	总承包二级	324302	13750708329	12054
浙江龙建建设有限公司	江益龙	总承包二级	324400	7881736	10215
浙江金瑞建筑装饰工程有限公司	张卫平	专业承包二级	324000	3078203	3015
舟　山　市					
浙江隆图建设有限公司	吴蓬苗	总承包一级	316041	2060830	26521
浙江康腾建设有限公司	刘飞杰	总承包二级	316102	6870655	23017
台　州　市					
方远建设集团股份有限公司	陈方春	总承包特级	318000	88816962	521028
台州建筑安装工程公司	钱荣标	总承包一级	317000	85113657	219533
浙江五联建设有限公司	郑道南	总承包一级	318000	88221567	38451

单　　位	法人代表	资质等级	邮政编码	电　话	建筑业总产值（万元）
浙江鼎兴建设有限公司	陈建军	总承包二级	317500	86122789	102945
台州蓝盾工程建设有限公司	应汉林	总承包二级	317000	85283068	46354
浙江天环交通建设有限公司	许碧海	总承包二级	317200	83899377	45815
浙江鼎盛建筑工程有限公司	黄开良	总承包二级	317600	87233969	31225
台州市环宇市政工程有限公司	王兆胖	总承包二级	317100	83356037	25013
临海市第七建筑工程有限公司	王祖腾	总承包二级	317000	85225160	21029
台州鑫洋市政建筑有限公司	叶未蓬	总承包二级	317100	83368838	15137
浙江国力建设工程有限公司	郑良贵	总承包二级	318020	84112769	11816
浙江兴业土木建筑有限公司	任保桂	总承包二级	318050	82438876	11493
温岭市长虹建筑工程有限公司	王文君	总承包二级	317500	86132351	9799
台州市鼎鑫建设工程有限公司	卓建军	总承包二级	318020	84005050	8846
浙江宝龙幕墙装饰有限公司	郑连福	专业承包一级	317513	86688779	4976
台州蓝盾消防安全实业有限公司	张继跃	专业承包一级	317000	85281755	3868
浙江点一装饰工程有限公司	陈瑱瑶	专业承包二级	317500	86137690	5944
浙江唐臣空间设计工程有限公司	颜传赞	专业承包二级	318000	88505266	3044
丽　水　市					
浙江中信建筑工程有限公司	黄小毛	总承包一级	323000	2176983	32730
丽水市正达建筑工程有限公司	蒋卫权	总承包一级	323000	2131681	20126
丽水市中立建筑工程有限公司	周国强	总承包二级	323000	2675618	52125
浙江中邦建设工程有限公司	蔡发远	总承包二级	323400	8064379	15031
丽水市建安工程有限公司	余荣和	总承包二级	323000	2177002	15008
浙江国光建筑工程有限公司	吴爱萍	总承包二级	323700	7125095	9063

2009 年浙江省部分金融保险证券单位名录

单位名称	法人代表	电话号码	邮政编码
上海浦东发展银行杭州分行	杨绍红	0571－87366096	310006
中国建设银行股份有限公司浙江省分行	余静波	0571－85313034	310003
中国保险监督管理委员会宁波监管局	邓俊辉	0574－87848586	315041
中国人寿保险股份有限公司宁波市分公司	张忠平	0574－87317151	315010
恒丰银行股份有限公司杭州分行	杨林茂	0571－85086006	310004
浙商银行股份有限公司	张达洋	0571－87659918	310006

部分高新技术企业基本情况

单位名称	法人代表	电话号码	邮政编码	主要高新技术产品名称
浙江康恩贝制药股份有限公司	胡季强	88901515	321109	普乐安片,普乐安胶囊,银杏叶片,盐酸左氧氟沙星注射液,葛根素注射液,养血当归胶囊
浙江三锋工具制造有限公司	黄金飞	87228382	321300	电链锯,油锯,切割机,高枝锯
浙江努奥罗散热器有限公司	陈国华	85389192	325060	钢制管式散热器,铜铝复合散热器,钢铝复合散热器,纯铜管散热器
浙江东明不锈钢制品股份有限公司	蔡清东	82203125	314003	节能型盖型盲孔内螺纹联接件,防辐射不锈钢微丝高精度磨光棒,加长节能型外螺纹联接件,超强耐腐蚀不锈钢螺纹联接件,新型不锈钢全金属防松内螺纹联接件
浙江联强数控机床股份有限公司	章燕儿	88276033	321100	NMC 加工中心,NC 数控铣床,NBC 龙门加工中心,NTC 镗铣中心,LK 数控车床
达利(中国)有限公司	费建明	28839805	311231	高色牢度可机洗的真丝织物,易洗免烫真丝织物,双组份高色牢度含丝织物,可水洗多元纤维织物
浙江华友钴业股份有限公司	陈雪华	88588329	314500	氯化钴,硫酸钴,草酸钴,硝酸钴,钴粉,四氧化三钴,氧化亚钴,碳酸钴,氧化钴
宁波惠康实业有限公司	陈越增	62131866	315470	地源热泵,风冷/水冷机组,高精度油冷却机等,中央空调机组及特种精密制冷设备
嘉兴恒威电池有限公司	朱墨农	82222505	314018	无汞碱性电池
方圆阀门集团有限公司	叶春年	67988876	325105	管线平板闸阀,双隔中枢阀门,双作用节流截止阀,楔式平板闸阀
浙江升华拜克生物股份有限公司	沈德堂	8401388	313220	阿维菌素,硫酸粘杆菌素,麦草畏,莫能菌素,泰妙菌素
人和光伏科技有限公司	励国庆	63578128	315322	光伏接线盒、连接器、线缆等,PV - RH0501 太阳能电池组件接线盒,PV - RH0502 太阳能电池组件接线盒,PV - RH0503 太阳能电池组件接线盒,太阳能电池组件连接器 05 - 1,PV = RH701 太阳能电池组件接线盒
浙江建德建业有机化工有限公司	冯　烈	64149288	311604	乙基胺,异丙基胺,正丁基胺,正丙基胺等
浙江中鼎纺织有限公司	朱惠林	88228888	314511	牛奶丝/棉莫代尔(MODAL)混纺针织绒,牛奶丝/羊绒/天丝混纺针织绒
浙江大华技术股份有限公司	傅利泉	28002137	310053	数字硬盘录像机,车载影音系统,网络视频服务器等,安防监控系统产品
宣达实业集团有限公司	叶际宣	67987001	325102	耐高温、耐腐蚀阀门、泵
浙江万马集团特种电子电缆公司	王一群	63819177	311305	同轴电缆
卧龙电气集团股份有限公司	王建乔	82176689	312300	电机及控制装置,变压器,蓄电池
浙江乐祥铝业有限公司	金祥龙	88246088	312000	“乐祥”牌铝合金建筑型材,铝合金门窗,幕墙和铝合金工业型材
温州市东启汽车零部件制造有限公司	陈　集	63473713	325700	带可调式比例阀的制动主缸,汽车方向盘左右置通用液压制动主缸,双膜片助力器,拖车连接器,真空助力器控制阀总成,赛车制动主缸,带制动解除装置的拖车连接器,带减振器的拖车连接器,导套密封式液压离合器主缸,汽车液压制动整体式主缸体(Ⅰ型)、(Ⅱ型)、(Ⅲ型)
浙江圣达药业有限公司	洪　爱	83881111		2% D(+)生物素,维生素 H

单位名称	法人代表	电话号码	邮政编码	主要高新技术产品名称
凤凰科技集团有限公司	高文枢	57126636	325604	高压电气,电力金具,电气化铁路接触网配件,电缆附件,变压器
瑞立集团有限公司	张晓平	65609900	325200	ABS 总成(ECU、传感器、阀体),电涡流缓速器,电器类专利产品,离合器分离缸等关键液压制动元件,转向油泵,电动燃油泵,弹簧制动气室等关键气制动元件
浙江海翔药业股份有限公司	罗煜竑	88828009	318000	阿托伐醌,盐酸曲马多,盐酸克林霉素,盐酸克林霉素棕榈酸酯,克林霉素磷酸酯,氟苯尼考,西司他汀酸,甲砜霉素,布帕伐醌,盐酸阿莫罗芬,联苯双酯,美托洛尔琥珀盐酸,布美他尼,伏格列波糖,瑞格列奈及其中间体,卡洛芬,2-氯代烟酸,督基苯乙酮系列产品,3-乙酰氧基苯乙酮,3-[3-(4-氟苯基)-1-(1-甲基乙基)-1H-吲哚-2-基]-(e)-2-丙烯醛(FMP),氯吡格雷,吗氯贝胺,氟伐他汀,氟尼辛葡甲胺盐,亚胺培南中间体 KETO,培南类抗生素关键中间体 4-AA,羟基苯乙酮系列产品[包括 3-羟基苯乙酮、3.5 二羟基苯乙酮、ALPHA-(N-甲基-N-苄基)-氨参-3-羟基苯乙酮(BAH)]
振石集团恒石纤维基业有限公司	张毓强	88136702	314500	三轴向玻璃纤维复合毡 E-TLX1800/±80°0°,游艇专用玻璃纤维复合毡 E-BXMC1708
浙江万胜电力仪表有限公司	周　华	83999688	317200	单、三相静止式电能表系列,单、三相费控智能电能表系列,用电现场服务与管理系统,低压电力线载波抄表系统
杭州龙山化工有限公司	阮伟祥	86617638-8837	311228	
捷马化工股份有限公司	王　文	7855384	324400	草甘膦
浙江南都电源动力股份有限公司	王海光	28827029	311305	阀控式密封铅酸蓄电池、锂电池
杭州诺贝尔集团有限公司	骆水根	88680863	311122	ROTOCOLOR,仿天然石材高镜面釉面砖,无皓镁质高白瓷质砖,数码喷墨墙地砖,干式压釉仿石瓷质砖,微晶玻璃陶瓷复合板,大规格瓷质有釉通体砖,450*900 毫米超大规格釉面砖,三度烧配件,塞尚.印象现代复古瓷质砖,塞尚.印象现代复古陶质砖
浙江吉奥汽车有限公司	缪雪中	82628129	318055	轻型货车系列-皮卡、轻型客车系列-SUV,轻型客车系列-微面三大类产品
浙江华孚色纺有限公司	孙伟挺	82187666	312300	功能性纤维混纺系列色纺纱,特种纤维混纺系列色纺纱
杭州民生药业有限公司	朱福江	88085858	310005	
宁波奥克斯空调有限公司	何锡万	88072507	315191	空调
金华市春光橡塑软管有限公司	陈正明	82236227	321017	
浙江海正药业股份有限公司	白　骅	88827890	318000	表柔比星,伊达比星,美洛培南,辛伐他汀
浙江濠泰机械有限公司	蒋光明	87865088	311815	滑移转向装载机和铰接式多功能装载机
万安集团有限公司	陈利祥	87662235	311835	汽车电子控制系统(ABS、EBS 等),汽车制动系统模块(乘用车、商用车),乘用车前、后桥及副车架模块

2009 年部分高等院校基本情况

单　　位	法人代表	电话号码	邮政编码	主要专业名称
浙江理工大学科技与艺术学院	裘松良	0571－85857028	311121	国际经济与贸易、经济学、工商管理、工程管理、会计学、人力资源管理、市场营销、电子商务、信息管理与信息系统、公共事业管理、英语、汉语言文学、法学、信息与计算科学、电子信息科学与技术；艺术设计（服装艺术、视觉传达、环境艺术、染织、人物造型）、广告学、动画、工业设计；服装设计与工程、建筑学、土木工程、电子信息工程、通信工程、自动化、工业工程、纺织工程（纺织品贸易）、轻化工程、建筑环境与设备工程；计算机科学与技术、材料科学与工程。
浙江工业大学	张立彬	0571－88320114	310014	设有化学工程与工艺、国际经济与贸易、机械工程及自动化、制药工程、生物工程、应用化学等63个本科专业，学科涵盖理、工、文、法、农、哲学、经济、医药、管理、教育十大门类。
浙江水利水电专科学校	符宁平	0571－86929120	310018	水利水电建筑工程、水利工程、工程测量技术、给排水工程技术、水信息技术、城市水利、机电一体化技术、汽车技术服务与营销、数控技术、模具设计与制造、汽车电子技术、电子商务、电子商务（商务英语）、市场营销、市场营销（中外合作）、工商企业管理、建筑工程管理、工程造价、物流管理、计算机信息管理、计算机信息管理（中外合作）、计算机网络技术、软件技术、软件技术（软件 ACCP）、计算机应用技术、数字媒体技术、建筑工程技术、建筑装饰工程技术、道路桥梁工程技术、建筑设备工程技术、发电厂及电力系统、发电厂及电力系统（风力发电）、电子信息工程技术、电气自动化技术、电子测量技术与仪器、供用电技术。
浙江交通职业技术学院	王怡民	0571－88481868	311112	道路桥梁工程技术、道路桥梁工程技术（公路工程检测）、工程监理、市政工程技术、工程造价、铁道工程技术、钢结构建造技术、汽车运用技术、汽车技术服务与营销、汽车电子技术、市场营销、航海技术、轮机工程技术、轮机工程技术（船舶电气工程）、船舶工程技术（船舶机械制造与维修、船体修造、船舶制造安全管理）、船机制造与维修、机电一体化技术、机电设备维修与管理、楼宇智能化工程技术、应用电子技术、计算机网络技术、通信技术、计算机信息管理、商务英语、人力资源管理、国际航运业务管理、集装箱运输管理、物流管理、公路运输与管理（交通旅游）、交通动营管理。
杭州万向职业技术学院	高创宽	0571－87171806	310023	会计、国际贸易实务、工商企业管理、酒店管理、商务英语、房地产经营与估价、城市轨道交通动营管理、工业设计、机电一体化技术、汽车检测与维修、环境监测与评价、服装工艺技术、园艺技术、绿色食品生产与检验、生物技术及应用等。

单　　位	法人代表	电话号码	邮政编码	主要专业名称
浙江金融职业学院	周建松	0571－86739080	310018	金融管理与实务、保险实务、会计、工商企业管理、国际贸易实务、计算机信息管理、财务管理、市场营销、房地产经营与估价、投资与理财。
浙江建设职业技术学院	丁夏君	0571－82607613	311231	建筑工程技术、工程监理、钢结构建造技术、建筑工程管理、建设经济管理、房地产经营与估价、会计、计算机应用技术、文秘、市政工程技术、建筑设备工程技术、环境监测与治理技术、给排水工程技术、建筑电气工程技术、楼宇智能化工程技术、地籍测绘与土地管理信息技术、建筑装饰工程技术、园林工程技术、建筑设计技术、环境艺术设计、城镇规划、园林技术。
浙江纺织服装职业技术学院	王梅珍	0574－86328000	315211	机电一体化技术（城轨机电自动化）、应用电子技术（城轨通信）、数控技术、模具设计与制造、计算机网络技术、计算机应用技术（动漫）、计算机信息管理、新型纺织机电技术、现代纺织技术（纺织工艺与贸易）、纺织品检验与贸易、现代纺织技术（纺织品设计）、精细化学品生产技术（染料助剂）、染整技术、纺织品装饰艺术设计、服装工艺技术、服装设计、装饰艺术设计（服饰品设计）、针织技术与针织服装、市场营销、国际贸易实务、物流管理、连锁经营管理、会计电算化、投资与理财、包装技术与设计、产品造型设计、应用英语、应用日语、建筑装饰工程技术、艺术设计（展示设计）、人物形象设计、美术、服装表演（服装表演与营销）、表演艺术。
浙江工商职业技术学院	谢一风	0574－87422077	315012	市场营销、计算机应用技术、投资与理财、应用电子技术、模具设计与制造、环境艺术设计、国际商务、国际商务（中澳合作）、会计（中澳合作）、会计、物流管理、报关与国际货运、金融保险、应用英语、应用日语、计算机网络技术、软件技术、计算机信息管理、数控技术、机电一体化技术、计算机辅助设计与制造、电气自动化技术、建筑装饰工程技术、建筑工程技术、工程造价、楼宇智能化工程技术、工业设计、产品造型设计、广告设计与制作、影视动画、动漫设计与制作、电子商务、工商企业管理、旅游管理、国际贸易实务。

单　位	法人代表	电话号码	邮政编码	主要专业名称
宁波第二高级技工学校	王伟明	0574－87488090	315010	模具设计、电气自动化设备安装与维修、机电工程、数控加工、电子商务、计算机广告制作、建筑装饰等。
宁波工程学院	高浩其	0574－87616023	315211	国际经济与贸易、汉语言文学、英语、日语、德语、广告学、信息与计算科学、机械设计制造及其自动化、汽车服务工程、电子信息工程、计算机科学与技术、电子科学与技术、建筑学、网络工程、化学工程与工艺、油气储运工程、材料成型及控制工程、电气工程及其自动化、建筑环境与设备工程、土木工程、交通运输、工程管理、市场营销、会计学、物流管理、国际商务、工业设计、生物工程、材料科学与工程。
浙江医药高等专科学校	王自勇	0574－88222726		医药营销、中药、国际贸易实务(医药)、经济信息管理(医药)、食品药品监督管理(医药)、食品加工技术、食品检测及管理、药品质量检测技术、生物制药技术、药学(药房)、药物制剂技术、市场开发与营销(医疗器械维护与经营)、中药制剂技术、化学制药技术、医疗器械制造与维护。
宁波大红鹰学院	孙惠敏	0574－88052202	315175	计算机科学与技术、信息管理与信息系统、财务管理、国际经济与贸易、市场营销、英语、日语、机械设计制造及其自动化、电气工程及其自动化、工业设计、动画广播电视新闻学。
宁波外事学校	俞　毅	0574－87661988	315020	学前教育、商务德语、商务英语、应用法语、商务日语、商务韩语、涉外金融、音乐、舞蹈表演、影视表演、越剧。
温州大学	蔡袁强	0577－86596000	325035	化学、汉语言文学、数学与应用数学、体育教育、艺术设计(鞋靴设计)、物理学、生物科学、应用化学、机械工程及自动化、教育技术学、电子信息科学与技术、土木工程、国际经济与贸易、思想政治教育、信息与计算科学、历史学、网络工程、法学、小学教育、工商管理、工业工程、环境科学、服装设计与工程。

单　位	法人代表	电话号码	邮政编码	主要专业名称
浙江东方职业技术学院	郑念鸿	0577－86533903	325011	物业管理、电气自动化技术、计算机应用技术、计算机信息管理、应用电子技术、包装技术与设计、印刷技术、财务管理、会计、国际经济与贸易、市场开发与营销、电子商务、工商企业管理、酒店管理、物流管理、商务英语、旅游英语、文秘、新闻采编与制作、装潢艺术设计。
温州机电技师学院	章振周	0577－88606121	325027	数控机械加工、模具制造与设计、机电设备安装与维修、财务会计与电子商务、电脑美术设计、网络技术应用、汽车维修等。
浙江科技工程学校	王雪亘	0573－82752692	310018	数控技术应用、机电技术应用、旅游服务与管理、酒店服务与管理、会计电算化、国际商务、商务英语、市场营销与策划、商品经营与管理、计算机网络技术、电子商务、物流。
浙江工业职业技术学院	杜时贵	0575－88009012	312000	学校现有主要专业共29个，其中数控技术为国家级教改试点专业，现代纺织技术、建筑工程技术等3个为省级重点专业，机电一体化技术、会计、电气自动化等5个为省级特色专业，模具设计与制造、计算机应用技术等5个为绍兴市重点专业。
丽水职业技术学院	汪建云	0578－2276010	323000	园艺技术、绿色食品生产与检验、林业技术、园林技术、商品花卉、生物技术及应用、工程测量与监理、建筑装饰工程技术、室内设计技术、园林工程技术、建筑工程技术、工程监理、数控技术、模具设计与制造、计算机辅助设计与制造、机电一体化技术、汽车检测与维修技术、汽车技术服务与营销、计算机网络技术、计算机信息管理、电子信息工程技术、投资与理财、会计、国际经济与贸易、市场营销、物流管理、旅游管理、旅行社经营管理、商务英语、文秘、社会体育、装潢艺术设计、音乐表演。

2009 年部分医疗机构基本情况

单　　位	法人代表	电话号码	邮政编码	重点学科名称
宁波开发区中心医院	余剑伟	0574－86877176	315800	妇产科、骨科、手足外科、神经外科、肝胆外科、儿科、内科
慈溪市人民医院	许信龙	0574－63929008	315300	医院耳鼻喉科、骨科、妇产科、神经外科为慈溪市级重点学科，儿科、呼吸内科、口腔科为慈溪市级重点后备学科，其中耳鼻喉科、骨科 2010 年 1 月被评审为浙江省县级龙头学科
温州医学院附属眼视光医院（浙江省眼科医院）	瞿　佳	0577－88068822	325027	屈光手术专科、白内障专科、视光学专科、眼底内科
温州医学院附属口腔医院	麻健丰	0577－88855488	325027	口腔正畸学、口腔修复学（校级精品课程）、牙体牙髓病学（院级精品课程）
温州市第三人民医院（温州市妇幼保健院）	余建敏	0577－88089906	325000	拥有九个省市重点学科：血液内科、心血管内科、消化内科、神经内科、骨科、普外科、妇科、麻醉科、围产医学重点学科群
温州市龙湾区第一人民医院	章华真	0577－86886021	325024	市级重点专科：中西医结合骨伤科
温州市鹿城区人民医院	庄建华	0577－88776322	325005	妇产科、骨（手外）科、血透科、康复科
平阳县人民医院	高修旭	0577－63722354	325400	消化内科、脑外科、心内科
浙江长兴骨科医院	周海艇	0572－6037825	313100	骨科、手外科、颈肩腰腿痛专科
湖州市南浔人民医院	吕建蓉	0572－3036330	313009	普通外科（腹腔镜）、呼吸内科
浙江长广（集团）有限责任公司职工医院	陆永明	0572－6295508	313117	职业病防治、骨伤科、精神病治疗分析
嵊州市人民医院	张飞鹏	0575－83032041	312400	创伤外科、脑外科、神经内科、肿瘤科、妇产科、肾内科、泌尿外科、心血管内科
东阳市人民医院（浙中肿瘤专科医院）	应争先	0579－86698352	322100	金华市级重点学科：骨科、心内科、肝胆外科、肿瘤科、感染科。东阳市级重点学科有：消化内科、妇产科、呼吸内科、儿科、神经内科等 10 个
义乌復元私立医院	王福元	0579－85316419	322000	消化内科、骨科、手足外科

续表

单　　位	法人代表	电话号码	邮政编码	重点学科名称
衢州中心医院(衢州市人民医院)	徐周佳	0570－3055102	324000	专科特色:血管外科诊疗技术、心内介入诊疗技术、心胸外科诊疗技术、骨关节疾病手术、肿瘤综合诊疗技术、妇科诊疗技术、微创手术、眼后段手术、神经外科手术、普外大手术等,重点学科:血管外科为浙江省医学扶植重点学科;骨科、普外科、神经外科、心内科、泌尿外科、麻醉科、放射科、肿瘤外科、妇科、肝胆外科为市重点学科
丽水市第二人民医院	王乐波	0578－2139524	323000	普通精神科、老年科、心身科、心理咨询

2009年浙江省部分开发区(园区)名录

单位名称	法人代表	电话号码	邮政编码
浙江省温州鹿城轻工产业园区	陈增斌	0577－86411111	325019
浙江省磐安工业园区	卢关荣	0579－84793208	322312
浙江省德清工业园区	沈生章	0572－8180001	313201
浙江省乍浦经济开发区	王马青	0573－85588010	314201
浙江省湖州经济技术开发区	杨六顺	0572－2114296	313000
浙江省新昌工业园区	杨雨平	0575－86590655	312580
浙江省义乌经济开发区	金益民	0579－85793076	322000
浙江省诸暨市经济开发区	吴利民	0575－87383879	311800

杭州歌德大酒店

地　　址:浙江省杭州市西湖大道19号

总 经 理:高启先

联系电话:0571－87188888

传真号码:0571－87827758

邮政编码:310009

杭州歌德大酒店是一家五星级的豪华商务酒店,酒店坐落于西湖的东面距西湖2分钟车程,景色如画的西湖在面湖客房尽收眼底;处于铁路、地铁、汽车的中转互通区,距萧山国际机场25分钟车程,交通便捷,地理位置优越。

欧陆风格的主体建筑,配有230多个车辆泊位,拥有196间设计精巧的客房及套房供您下榻,房间布置典雅舒适,可享受宽带快速上网,尽览国内外电视等112个频道并有多媒体中心系统,全天候HVAC,可随意调整室温,配备私人保险箱,卫生间五件套卫浴设施及生饮水系统。

酒店拥有功能齐全,设备一流的大小不等,类型不同的多个会议室和宴会厅,无论是商务谈判、产品展示、时装表演、新闻发布会,还是中西宴会,都能满足不同的重要商务活动的需要,是政务、商务和对外交流的重要活动场所。其中位于酒店六楼最大的歌德厅,面积为410㎡,整个大厅华丽中透露出庄重,大厅能容纳120人－150人的会议或宴会;位于酒店三楼的金色阳光大厅,面积800㎡,庭高24米,全玻璃穹顶,大厅中间的旋转舞台上配有大红色的法拉里钢琴,整个大厅完美大气,在这里适宜举办各类不同风格的婚宴、中、西宴会、展览、时装表演、冷餐会、鸡尾酒会,加之优美的钢琴演奏,给您带来如沐春风的温馨感受。

酒店拥有提供多种风味与创新风格的天韵轩中餐厅,GH33西餐厅和粤式茶餐厅。

GH33的西餐厅坐拥杭城制高点,一览西湖美景,置身璀璨夜空。爵士风情歌舞表演以及精致西式佳肴,华贵高雅,情调醉人;餐厅西面临湖,觥筹观景,品酒赏月,亦有昔日文人墨客挥洒文骚之别趣雅致,所谓葡萄美酒夜光杯,欲饮琵琶马上催,即便是手中握着的是高脚杯,也能感受出独特的江南风味。

天韵轩中餐厅位于酒店5楼,为您提供优雅的环境和杭州美食,是家人和朋友聚会,商务叙餐的首选之地。

粤式茶餐厅位于酒店3、4楼,为您提供正宗潮粤美食。不论是卤味,烧腊还是海鲜都是原汁原味。

大堂吧设于酒店一楼大厅,东测是绿色的园林,西侧是欧式风格的大堂,在钢琴优雅动听的音乐中,享受咖啡、茗茶的香醇,是您与朋友叙谈、休闲小憩最佳场所。

雪茄吧设于大堂东北位置,品种繁多,集世界雪茄精品之大成,满足您对于雪茄一切的独特要求。

酒店的娱乐休闲设施齐全,设于酒店五楼的歌德PURE SPA为您提供超越时空的身心体验;棋牌室设于酒店四楼,设施齐全; KTV设于酒店2层,是杭城夜晚最令人贪恋的CLUB。桑拿中心设于酒店地下一层,全城最豪华瑰丽的热带雨林阳光浴场,令人不胜回味。

杭州歌德大酒店可以满足宾客的多层次需求,是商务、会议、旅游和休息的最佳选择。

浙江宾馆有限责任公司

地　　址:浙江省杭州市三台山路278号

法人代表:沈和生

联系电话:0571－87180808

邮政编码:310007

主要经营范围:客房、供应(饮食业)、咖啡厅、大堂吧业务、停车服务等。

温州华侨饭店

地　　址:浙江省温州市信河街1号
法人代表:吴聘真
联系电话:0577—88088888
传真号码:0577—88082888
网　　址:www. ochwz. com
E - mail:hotel@ ochwz. com
免费预订热线:8008577001

温州华侨饭店位于温州市商业区的黄金地段——信河街与人民路的交汇处,座落在绿色葱笼的松台山畔和佛风古韵的妙果寺旁,是温州首家国家五星级饭店,总建筑面积达五万平方米,高二十三层,拥有各种类型的客房303间,包括豪华房184间,行政商务客房91间,套房28间(包括复式套房4间,以及目前温州最大的总统套房楼层)。饭店设有中西餐厅、行政酒廊、大堂酒吧和各类风味餐厅共7个,豪华包厢41间,可同时容纳1400人就餐。饭店拥有各类会议场所7个,其中4楼会议厅配备4种语言的同声传译、多媒体投影仪等先进会议设备。饭店设有商务中心,为客人提供宽带上网等各种商务服务,同时还配备有全国一流的国际名品广场、健身房、桑拿中心、卡拉OK、游泳池等设施。

温州华侨饭店素以"服务为本,宾客至上"为宗旨,委托浙江世贸君澜酒店管理有限公司进行管理,并以其一流的硬件设施和完美的服务品质为来自八方的商旅客人营造一个温馨如家、流连忘返的胜境。

金华市中宇物流有限公司

地　　址:浙江省金华市环城西路2350号
法人代表:邵振荣
联系电话:0579 - 82367636　82365038
传真号码:0579 - 82360032
网　　址:www. jhszy. cn
E - mail:jhzy@ zjzl. cn
邮政编码:321007

金华市中宇物流有限公司是金华一家综合性物流企业,具有AAA级综合服务型和三级货运经营资质,是浙江省物流龙头企业。公司在2006年通过ISO9001:2000质量管理体系认证,是省现代物流发展重点联系企业、省交通厅道路货运重点联系企业、金华市本级物流业骨干企业。

公司主要从事金华至长江三角洲各主要城市的区域物流配送;直达全国各地的普通货物、危化货物、长大笨重货物运输;办理铁路集装箱到达、发送和门到门运输;国际货物运输代理业务;起重吊装、交通培训、车辆检测业务;并为广大客户提供低成本、高效率的仓储、中转、装卸、货运信息与配载、物流方案设计与论证等物流服务项目。

公司总部地处环城西路,毗邻火车西站、长途汽车西站,地理环境优越,交通十分便利。公司注册资金3200万元,总资产近九千万元,下属五个专业分公司和五个全资、控股、参股子公司。拥有各类营运车辆300余辆,各式叉车、装载机等专用机械19台,大型龙门式起重机1台,大型起重车6台,大型作业场地4处,土地面积17万平方米,铁路专用线3股,各类仓储用房1.8万平方米。

经过几年的发展,公司在规模及信誉等各方面都不断提升,并先后荣获浙江省联运物流行业先进企业、浙江省道路运输行业创建省级文明行业先进单位,金华市优秀诚信企业,金华市商贸粮食服务行业诚信企业、金华市企业文化建设先进单位、金华市思想政治工作优秀单位、金华市安全生产管理示范企业等荣誉称号。

中宇物流将本着"诚信为本、服务至上"的经营理念,以"安全高效、方便及时"的服务宗旨,竭诚为您提供快捷、安全、优质、高效的物流服务。网点(分支机构)分布:

集装箱运输分公司	0579 - 82343922	联运分公司	0579 - 82520832
货运分公司	0579 - 82342345	危险品运输公司	0579 - 82521653
货配中心	0579 - 82361999	铁联601货场	0579 - 82526047
国际货运代理分公司	0579 - 82368288	甬金国际集装箱公司	0579 - 82977028

浙江省八达物流有限公司

地　　址:浙江省杭州市建国中路 27 号 6 楼

法人代表:于珏霖

联系电话:0571 - 87706695

邮政编码:310009

浙江省八达物流有限公司创建于 1984 年,注册资本 8000 万元。下设控股公司浙江兴达石化运输有限公司、浙江八达仓前物流有限公司,分公司浙江省八达物流有限公司储运分公司。拥有集到发、仓储、配送于一体的物流基地和辐射全国的物流网络;拥有各种铁路自备车近四百辆以及大型铁路交通运输电子商务网站。凭借雄厚的实力、先进的经营理念、完善的配套设施以及优质的服务,公司已跻身国内领先的第三方物流企业行列,并开始涉足国际物流领域,能为广大客户提供全方位的物流服务。

公司与宁波港集团、镇海炼化、中石化浙江石油分公司、巨化集团、海螺集团等知名企业,以及杭钢集团、浙江元立等十余家国内大型钢铁集团建立了战略合作伙伴关系,年物流量超过 1600 万吨。公司已通过 ISO9001:2008 认证,是浙江省首批现代物流发展重点联系企业和浙江省重点流通企业,是浙江省第一家国家 AAAA 级综合型物流企业和全国首批物流企业信用评价 AAA 级信用企业,自 2005 年起连续五年入选"中国 50 强物流企业",2006、2008、2009 年位居"中国物流百强企业",并被评为"中国物流最具影响力品牌"、"浙江省著名商标"、"浙江省知名商号"和"浙江省名牌产品"。

八达物流秉承"培养和依靠一支训练有素、富有使命感、注重团队精神和创新精神的员工队伍,贯彻精益管理原则,诚信正直,使之成为面向未来的学习型的有竞争力的一流的物流公司"的公司宗旨,以战略创新为基础、以理念创新为先导、以组织创新为保障、以服务创新为手段、以市场创新为目标,团结进取,开拓创新,搏击市场经济大浪潮。

浙江川山甲物资供应链有限公司

地　　址:浙江省杭州市滨江区江南大道 288 号康恩贝大厦 B 座 7 - 8 楼

法人代表:许建华

联系电话:0571 - 86791167

邮政编码:310052

浙江川山甲物资供应链有限公司是在 2004 年 10 月成立的浙江川山甲物流有限公司的业务基础上,为进一步扩大规模和吸纳新投资者而与数家风险投资企业于 2008 年 11 月共同新设立的,专业从事供应链服务业务的开发和管理营运,总部设于杭州市滨江区高新技术开发区内。公司是"浙江供应链协会"的发起人和常务副主席单位,"浙江物流与采购协会"常务理事单位,被浙商大会组委会评为"2009 年浙商最具投资潜力企业",公司的商业模式被《浙商》杂志评为 2009 度浙商"十佳新商业模式",已被中国物流与采购联合会评定为国家 AAAA 级物流企业。

截止到 2010 年 5 月,公司注册资金为 6150 万元,实际投资总额为 1.2 亿元。公司 2009 年度经营规模为 3.5 亿元,计划 2010 年经营规模达到 10 亿元,2011 年达到 30 亿元。公司以"和文化"的经营理念,不仅吸纳了一大批优秀的高端业务和技术人才,也使得服务的客户数量、业务量等经营指标均以每年 200% 的速度快速递增。公司计划于 2012 年启动上市。

供应链优化设计和供应链运营管理是现代物流服务领域的高端业务,它以现行供应链业务的运营方式和总运营成本为经营标的,达到:1. 对原有供应链的运营方案进行全程的重新优化设计,从源头上解决有形商品在流动过程中的资源总体消耗为最小;2. 对供应链优化设计方案的运营采用企业内部管理的高效运作方式,从过程上降低不同企业间的交易成本和管理成本。在此基础上,公司所承揽的业务在降低客户现有运营成本、扩大其经营规模和效益的同时,也为川山甲带来了良好的服务收益,因此本公司业务不仅满足各企业在其经营活动中对降低成本的内在长期需求,也符合当前全球范围内对低碳经济的追求和企业的社会责任。

公司以制造业、商贸流通企业和金融机构为目标客户群,围绕钢材、煤炭、纸张等商品为供应链的服务产品,开展供应链优化设计和一站式供应链总包管理的运营服务,目标是通过长期不懈的努力,背靠浙江省龙头经济对供应链管理业务的起步和带动,先追溯到大宗产品供应链的上游链群企业建立完善的干线供应体系,再逐步辐射到长三角地区的中游用户群及其市场服务体系,最终形成全国性的服务网络,并通过产品的进出口与国际间的供应和结算服务接轨,成为中国乃至世界一流的供应链业务优化和集成管理运营服务商。

浙江美浓丝网印刷有限公司

地　　址:杭州市西湖区三墩镇西园三路 6 号
法人代表:虞樟良
电　　话:0571—88308031
邮　　编:310030

浙江美浓丝网印刷有限公司是一家中港合资的现代化包装企业,公司创建于 1993 年,专业从事烟标等各类包装产品的设计、印刷、制作和服务工作。经过十多年的创业和发展,公司凭借"一流的创意、一流的技术、一流的服务",逐步发展成为国内印刷行业颇具影响力,尤其是烟标印刷界最具规模企业。

公司现有胶印设备海德堡六色、五色、三菱五色、四色胶印机十台套,赛鲁迪九色卷凹机和单凹机、双凹机共五台套,全自动丝印机十台套,是国内最大的丝印生产线,博斯特全自动烫金、模切机十六台套,年生产能力 120 万大箱(烟标),企业综合竞争实力在全国同行中名列前茅。

公司主营业务是烟标印刷,凭借"新、奇、特"的产品定位,一流的设计策划,先进的工艺和过硬的产品质量,赢得了巨大的市场空间,先后成功开发"红塔山"、"云烟"、"红梅"、"庐山"、"骄子"、"利群"、"五一"、"红金龙"、"七匹狼"等著名品牌。多年来,公司与国内大型烟草集团如云南红塔集团、红云集团,各大省市烟草工业公司如江西、四川、浙江、山东、福建、湖北、江苏、河南、湖南等建立了长期的合作关系,并在全国烟标印刷界树立了美浓良好的品牌声誉和企业形象。

为进一步拓展市场和深化产业链延伸,公司先后独资或控股成立了美浓投资、亚欣纸业、美浓涂料、美浓标牌、美浓进出口、新华彩印等分支机构,逐步发展成为集各种印刷、设计策划、纸张加工、油墨生产、标牌制作、进出口业务于一体的综合性企业集团。公司产品除主业的烟标印刷外,还有各类印刷油墨、涂料、镭射定位转移纸、镭射定位复合纸、模内注塑标牌、水晶滴塑标牌及全息镭射定位膜等等,产品遍布国内各大市场;而书刊杂志、样本画册、纸盒包装等产品,在立足国内市场的同时,进一步拓展国外业务,产品远销亚洲、欧洲、美洲等国际市场。

公司产品多次荣获中国包装印刷产品质量评比金奖,还被浙江省科学技术协会等权威机构推荐为"浙江省优秀科技产品"。"全息镭射定位防伪技术及防伪烟包"通过浙江省高新技术产品鉴定,公司被浙江省科技厅认定为"浙江省高新技术企业",被浙江省经贸委和浙江省环保局确定为"浙江省绿色企业"。2009 年公司销售收入超 6 亿元,利税总额超 1 亿元。

（京）新登字 041 号

图书在版编目（CIP）数据

浙江统计年鉴. 2010/浙江省统计局，国家统计局浙江调查总队 编.
—北京：中国统计出版社，2010.7
ISBN 978-7-5037-5980-2/C.2349
Ⅰ. ①浙…
Ⅱ. ①浙… ②国…
Ⅲ. ①统计资料 — 浙江省 — 2010— 年鉴
Ⅳ. ①C832.55-54

中国版本图书馆 CIP 数据核字(2010)第 132585 号

浙江统计年鉴 —— 2010

作　　者／浙江省统计局　国家统计局浙江调查总队
责任编辑／叶礼奇
执行编辑／胡　东
E — mail／yearbook@stats.gov.cn
责任校对／胡　东
封面设计／王美福
出版发行／中国统计出版社
通讯地址／北京市西城区三里河月坛南街 57 号　中国统计出版社
邮　　编／100826
电　　话／(010)63376907
印　　刷／浙江新中商务印刷有限公司
经　　销／新华书店
开　　本／890×1240 毫米　1/16
字　　数／147 万
印　　张／43.75
印　　数／1 — 4500 册
版　　别／2010 年 7 月第 1 版
版　　次／2010 年 7 月第 1 次印刷
书　　号／ISBN 978-7-5037-5980-2/C.2349
定　　价／380.00 元

中国统计出版社最新图书简目

（仅供参考，以最后出书为准）

统计资料

中国统计年鉴－2010
中国统计摘要－2010
国际统计年鉴－2010
2010 中国发展报告
中国第三产业统计年鉴－2010
中国区域经济统计年鉴－2010
中国劳动统计年鉴－2010
中国社会统计年鉴－2010
中国城市统计年鉴－2009
中国建筑业统计年鉴－2010
中国人口和就业统计年鉴－2010
中国工业经济统计年鉴－2010
中国商品交易市场统计年鉴－2010
中国房地产统计年鉴－2010
中国能源统计年鉴－2010
中国民政统计年鉴－2010
中国贸易外经统计年鉴－2010
2010 中国地区经济监测报告
中国科技统计年鉴－2010
中国农村统计年鉴－2010
中国农产品价格调查年鉴－2010
中国高技术产业统计年鉴－2010
中国教育经费统计年鉴－2009
中国农村贫困监测报告－2010
全国农产品成本收益资料汇编－2010
中国科学技术协会统计年鉴－2010
工业企业科技活动资料－2010
第二次全国残疾人抽样调查资料系列
中国棉花年鉴－2008/2009
中国城市(镇)生活与价格年鉴－2010
中国县(市)社会经济调查年鉴－2010
中国农村住户调查年鉴－2010(中、英文)
中国农村全面建设小康监测报告－2010
中国国内生产总值核算历史资料(1952－2004)
中国季度国内生产总值核算历史资料(1992－2005)
中国零售和餐饮业连锁企业统计年鉴－2010
大中型批发零售和住宿餐饮企业统计年鉴－2010
2005 年中国 1% 人口抽样调查系列资料

2010 年省级综合统计年鉴系列

北京 天津 河北 山西 内蒙古
辽宁 吉林 黑龙江 上海 江苏
浙江 安徽 福建 江西 山东
河南 湖北 湖南 广东 广西
海南 重庆 四川 贵州 云南
西藏 陕西 甘肃 青海 宁夏
新疆 新疆生产建设兵团

2010 年市(县)级综合统计年鉴系列

天津滨海新区
石家庄 唐山 邯郸 太原 大同
长治 阳泉 晋城 朔州 晋中
运城 忻州 临汾 呼和浩特
包头 沈阳 大连 长春 吉林市
四平 延吉 哈尔滨 齐齐哈尔
黑龙江垦区 上海浦东新区
苏州 无锡 常州 徐州 南通
盐城 镇江 江阴 丹阳 杭州
宁波 绍兴 台州 舟山 温州
金华 嘉兴 衢州 安庆 福州
福州经济技术开发区
厦门经济特区 南昌 上饶
济南 青岛 潍坊 东营 郑州
洛阳 三门峡 南阳 武汉 宜昌
十堰 荆州 黄冈 长沙 广州
东莞 惠州 深圳 桂林 南宁
柳州 来宾 河池 海口 成都
贵阳 昆明 西安 庆阳 银川
乌鲁木齐 吐鲁番

“十一五”规划教材

非参数统计　医学统计学
概率论与数理统计　统计学
现代金融投资统计分析
多元统计分析　经济计量学教程
应用时间序列分析
统计指数理论及应用
统计数据处理概论
质量管理统计方法　社会统计学
多元统计分析实验
企业经营管理统计
市场调查与预测
统计学原理(非统计专业使用)
统计学:从数据到结论
国民经济核算教程(国民经济统计学)
概率论与数理统计(经济、管理类专业使用)

重点图书

新中国六十年
挑大学选专业 2010—高考志愿填报指南
挑大学选专业 2010—考研择校指南

欲购以上图书请与中国统计出版社发行部联系
电话:(010)63376907,63376908　同椇行书店电话:68783171,68783172
通讯地址:北京市西城区三里河月坛南街 57 号　邮政编码:100826

浙江省地质勘查局

▲ 2010年省地勘工作会议

▲ 国土资源部部长、党组书记、国家土地总督察徐绍史视察工作

▲ 华宣奎局长与西澳州矿产和石油部地质调查局官员洽谈合作事宜

2009年，面对历史罕见的国际金融危机冲击，省地质勘查局在省委、省政府的正确领导下，深入贯彻落实科学发展观，坚持地质立局，深化体制改革、机制创新，努力构建“和谐地勘”，圆满完成了全年各项工作任务，地勘事业继续保持又好又快发展。全局实现生产增加值101113万元，同比增长10.98%；实现利润总额23616万元，同比增长10.48%；国有资产增值10.87%。

地勘产业发展取得明显成效。2009年，省地质勘查局切实培育地质勘查主导产业，积极优化产业结构。地质找矿取得重要突破，目前，全局拥有矿权236个，其中2009年新增探矿权30个，提供可进一步勘查和开发的矿产资源基地10余处，查明银、铜、铅、锌、钼等中型矿床4处，大型非金属萤石矿床2处，进一步增强了资源保障能力。积极开展矿业权的市场运作，矿业权转让收入超过亿元，初步构建了地质找矿的良性循环自主投入机制。启动了迄今为止我省最大的中央地勘基金项目《浙江省诸暨市芙蓉山——铜岩山地区金铀铜铅锌矿普查》，拉开了我省地勘队伍强强联合、整装勘查的序幕。认真履行为生态省建设提供地质环境技术保障的重要职责，承接地质环境类项目2495项，完成产值10384万元。不断提升支柱产业竞争能力，工勘施工测绘业保持平稳健康发展。其他产业呈现良好的发展态势。

着力构建可持续发展的保障机制。深入开展“地质找矿改革发展大讨论”活动，稳妥推进产权多元化改革，完善人事制度和分配管理制度，进一步理顺投资关系和管理体制。完善找矿工作机制，探索建立知识、技术、管理等要素按贡献参与勘查开发项目收益分配新机制，研究出台《矿业权转让管理与收益奖励办法》，使收入分配向野外一线职工倾斜，为促进矿产勘查和开发提供制度保障；积极申报基金项目、争取财政资助项目、引入社会投资项目，全方位探索风险勘探投资新路子，搭建宽广的产业发展平台，逐步建立矿产资源地质勘查投入良性循环机制，迈出“地质勘查开发一体化”步伐。加强科技工作和人才队伍建设，努力启动《浙江省成矿构造环境与金属矿床找矿方向研究》项目，并依托重大地质勘查和科技攻关项目培养地质勘查人才，为地质找矿工作可持续发展提供有效保障。

扎实推进“和谐地勘”建设。坚持把改善民生作为扎实推进和谐地勘的重要举措，全局职工收入稳定增长，离退休干部职工福利待遇稳步提高，困难职工的基本生活得到较好的保障，收入分配更趋合理。质量和安全工作形势良好，精神文明建设得到进一步深化，地勘队伍凝聚力、向心力不断增强。

2010年，是省地质勘查局“十一五”发展规划的收官之年，也是谋划和制定“十二五”发展规划之年。新的一年里，我们将以科学发展观为统领，深入贯彻国务院《关于进一步加强地质工作的决定》，认真落实全省经济工作会议精神，全面加强地质工作，实现地质找矿新突破，进一步转型升级、深化改革，积极构建和谐地勘，为促进地勘经济又好又快发展而努力奋斗。

详细地址：杭州市体育场路498号
法定代表人：华宣奎
邮政编码：310007
联系电话：0571－87059207

中国人民财产保险股份有限公司

PICC 中国人保

中国2010年上海世博会全球合作伙伴 Global Partner of Expo 2010 Shanghai China

倾情守护六十年

中国人保财险浙江省分公司
为我省经济建设支付赔款达400多亿元

中国人民财产保险股份有限公司前身为中国人民保险公司。中国人保成立于1949年10月，六十年风雨历程，为中国保险业发展作出了开创性的贡献。2003年6月，公司股票在香港联交所上市交易，成为中国内地大型国有金融企业海外上市“第一股”。凭借综合实力，公司相继成为北京2008年奥运会、2010年上海世博会保险合作伙伴，为北京奥运和上海世博会提供全面保险服务。

作为中国人民保险公司的省级分公司，中国人保财险浙江省分公司于1949年12月1日在浙江正式营业。在60年的发展过程中，特别是改革开放30年来，人保财险浙江省分公司在浙江省委、省政府、省保监局和上级公司的正确领导下，以科学发展观为统领，秉承“人民保险造福于民”的企业使命，始终坚持以发展为主题，以服务浙江经济社会为已任，积极组织经济补偿，参与新农村建设，较好地发挥了在浙江财产保险市场的主渠道作用。截止目前，已开办财产保险、机动车辆保险、船舶货运保险、责任信用保险、意外健康保险、农业保险等险种，承保了秦山核电、浙江电力、浙江移动等省内众多重大工程或项目，承担了浙江省府组织的政策性涉农保险，为全省40万多家企业、城乡1000多万户家庭和190多万辆机动车新农村建设提供了坚实的保险保障，承担各类风险责任5万多亿元。20年来累计赔款达430亿元。为浙江经济建设、改革开放和社会稳定作出了积极贡献，被浙江省政府授予金融机构支持浙江经济发展一等奖。

荣获浙江省政府颁发的金融机构支持浙江经济发展一等奖荣誉

作为国有控股公众公司，我们将铭记使命和责任，牢记“人民保险为人民”的庄严承诺，坚持以客户为中心、以市场为导向，弘扬“求实、诚信、拼搏、创新”的企业精神，积极履行保险职能，勇担企业社会责任，为社会各界的财产安全和经济发展提供更加及时、广泛、优质的保险服务。

ICBC
中国工商银行

中国石化加油卡
加油快捷：插卡即可加油，免去现金找零。
方便充值：已推广使用加油充值卡，可在浙江省600余个中石化充值点充值。
车队管理：一张主卡管理多张副卡，可限车号、限油站、限油品加油。
全国通用：一卡在手，可在中国石化遍布全国的3万座加油卡联网站消费。
积分回馈：持卡加油累计积分，可兑换精美礼品和享受增值服务。
中国石化
SINOPEC
加油卡
加油卡客服电话：95105888、95105988；积分网址：www.saclub.com.
中国石化 SINOPEC

宁波市

宁波国际贸易展览中心总体鸟瞰图

宁波简称“甬”，是我国首批对外开放的沿海港口城市和计划单列市，也是全国15个副省级城市之一。全市陆域面积9817平方公里，海域面积9758平方公里，户籍人口571万人，其中市区人口222万人。现辖海曙、江东、江北、鄞州、镇海、北仑6个区，余姚、慈溪、奉化3个县级市，宁海、象山2个县。

宁波历史悠久，文化璀璨，人杰地灵，有“港城、商城、名城、绿城”之称。宁波是“海上丝绸之路”的始发地之一，宁波港拥有1200余年历史，2009年港口吞吐量达到3.8亿吨，居大陆第2、全球第4位，集装箱吞吐量超过1000万标箱，居大陆第4、全球第8位。宁波素有“无宁不成市”的美誉，现有30多万海外侨胞旅居世界64个国家和地区，形成了享誉海内外的“宁波帮”。宁波名胜古迹众多，拥有7000年历史的河姆渡文化遗址，全国最古老的藏书楼天一阁等。

近些年来，宁波经济社会发展取得显著成效，城市综合竞争力不断增强，连续两次被评为全国文明城市，连续三次荣获“全国最具幸福感城市”。特别是面对国际金融危机的巨大冲击，全市上下坚决贯彻中央和省委的重大决策部署，全力促进经济平稳较快发展。2009年全市生产总值达到4215亿元，同比增长8.6%；财政一般预算收入达到966亿元，其中地方财政收入433亿元，分别同比增长19.2 %和10.9%；市区居民人均可支配收入达到27368元，增长9.2%，农村居民人均纯收入达到12641元，增长10.4%，连续6年保持两位增长。2010年1-2月，全市实现工业总产值1611亿元，其中规模以上工业产值1361亿元，同比分别增长42.6%和49.9%；外贸进出口总额114.8亿美元，其中出口70.8亿美元，分别增长61.9 %和41.7%；财政一般预算收入226亿元，其中地方财政收入106亿元，分别增长27.7%和20.9%。

宁波国际金融中心效果图

桐庐县

▲ 桐庐

▲ 表彰奖励外来务工人员

桐庐县辖2个街道、7个镇、4个乡、186个行政村、9个社区、7个居民区，总面积1825平方公里。

2009年，全县实现地区生产总值176.78亿元，比上年增长7.5%。财政收入17.64亿元，其中地方财政收入9.50亿元，分别增长10.2%、15.5%。全社会固定资产投资88.20亿元，增长13.1%。城镇居民人均可支配收入21791元，农村居民人均纯收入10410元，分别增长9.1%、10.2%。

实现农业总产值21.56亿元，增长5.3%。深入实施农业产业发展三年行动计划，建成农业主导产业基地1.87万亩，三大林业特色产业基础2.6万亩。新增市级以上农业示范区3个，示范性农民专业合作社15个、农业龙头企业6家、建成省级森林食品基地2个、市级粮食生产功能区8个。“蜂之语”被评为中国驰名商标、“万事吉”被评为省著名商标。27个农产品通过无公害认证。成功举办浙江省第九届兰博会、桐庐县届山花节。

▲ 企业

▲ 游泳

▲ 群众文艺调演

详细地址：杭州市桐庐县城迎春南路298号
法定代表人：陈国妹
邮政编码：311500
联系电话：0571－64219908

余杭区塘栖镇

▲ 塘栖百姓居住的新环境之一

▲ 江南水乡塘栖古镇“美人靠”

塘栖镇位于杭州市北部，与湖州市的德清县接壤，距市区中心约20公里，距区政府所在地临平约13公里，著名的京杭大运河穿镇而过，塘栖是千年古镇，因运河而立，因运河而盛。始建北宋，元代出名，明清鼎盛。塘栖尊为“江南十大名镇”之首，又有“江南佳丽之地”的美誉。塘栖境内有“十里香雪海”之称的超山风景区，是中国著名赏梅胜地之一。塘栖枇杷，有1400年栽培史，闻名遐迩。2009年，全镇共辖27个建制村、7个社区（居委会），镇区总面积为79平方公里，年末总户数26267户，户籍总人口93139人。

全年实现农村经济总收入195.01亿元，比上年增长13.31%。农业总产值5.80亿元。工业总产值126.74亿元，其中规模以上企业实现工业总产值100.01亿元，销售产值96.13亿元，利润4.21亿元，比上年增长27.90%，实现外贸出口交货值9.02亿元。全年实现地区生产总值35.05亿元。其中第一产业增加值3.39亿元，同比增长17.19%；第二产业增加值22.67亿元，同比增长0.57%；第三产业增加值8.99亿元，同比增长16.91%；社会消费品零售总额13.58亿元，同比增长18.5%。完成固定资产投资额5.69亿元，同比增长20.09%。财政总收入7.68亿元，同比增长22.83%。农村居民人均纯收入15223元，同比增长8.29%。

2010年是全面实施“十一五”规划的最后一年，是深入贯彻落实科学发展观和十七届四中全会精神的重要一年，也是“塘栖新城”建设的关键之年，攻坚之年，机遇之年。在2010年，全镇将全面贯彻落实党的十七届四中全会和区委十二届八次、九次全会精神，以科学发展观统领全局，转变发展方式，深化结构调整，全面实施新城引领、项目带动、环境支撑三大战略，坚持五“力”促五“兴”，加快推进“一城一体”建设，努力把塘栖打造成最具人文特色，最宜创业、居住、旅游的江南佳丽之地。

▲ 休闲生态农庄——琵琶湾生态农庄

▲ 塘栖超山风景区“宋梅”

详细地址：杭州市余杭区塘栖镇人民路300号
法定代表人：俞建新
邮政编码：311106
联系电话：0571－86380469

余杭区崇贤镇

▲ 崇贤新城住宅区

▲ 崇贤镇政府大楼

▲ 整治后的河道环境

▲ 农民住宅区

详细地址：杭州市余杭区崇贤镇府新街105号
法定代表人：蔡海涛
邮政编码：311108
联系电话：0571－89270650

余杭区崇贤镇

▲ 崇贤新城

崇贤镇，地处杭州北郊，西贴京杭大运河，杭州绕城公路、申嘉湖杭高速、320国道穿镇而过，申嘉湖杭高速崇贤出口已启用，水陆交通十分便捷。以纺织工业为主导的工业强镇，规上工业企业达到144家。全镇下辖11个建制村，1个社区（居委会）；年末总户数10965户，总人口42940人，其中非农业人口13563人；行政区域面积38.62平方公里。

2009年全镇实现生产总值（GDP）23.01亿元，可比增长5.9%，其中三产增加值4.22亿元，增长14.7%；工农业总产值88.85亿元，其中农业总产值3.25亿元，增长5.4%；工业总产值85.6亿元，其中规模以上工业产值70.05亿元，下降4.8%；自营出口20730万美元，下降6.4%；完成限上投资5.95亿元，其中工业投资5.22亿元，增长20.5%。社会消费品零售总额2.9亿元，增长20.4%；一般预算财政总收入2.06亿元，同比增长0.2%；农村居民人均纯收入14323元，增长9.8%。

2010年，崇贤镇深入学习实践科学发展观，认真贯彻党的十七大、十七届四中全会和区委十二届八次、九次全会精神，进一步解放思想、坚定信心，紧密围绕在“四最”工程主线，继续坚持产业强镇、环境立镇、平安乡镇、人文兴镇战略，加快推进“项目建设三年行动计划”，扎实开展“三力提升”活动，努力构建“3+1”现代产业体系，着力推进全镇经济社会全面发展。

▲ 崇杭街

杭州市余杭区

▲ 良渚博物院

元，增长22.9%；工业总产值1322.72亿元，增长1.2%，其中规模以上工业产值1047.89亿元，增长2.5%；社会消费品零售总额149.94亿元，增长16.5%；完成全社会固定资产投资296.13亿元，增长19.9%；合同利用外资7.19亿美元，实际利用外资3.57亿美元，分别增长10.5%、3.8%；城镇居民人均可支配收入和农村居民人均纯收入达到26087元、13956元，分别增长10.2%、11.2%。

2010年是实施“十一五”规划的收官之年，也是为“十二五”规划开局打好基础的关键之年。全区上下将以科学发展观为统领，坚持六大发展战略，坚持强化项目建设和管理，加快构建现代产业体系，合力建设最适宜居住的“品质之城、美丽之洲”。

▲ 塘栖水北街

▲ 华立集团总部大楼

▲ 城市建设

详细地址： 杭州市余杭区临平街道西大街33号
法定代表人： 姜　军
邮政编码： 311100
联系电话： 0571－86240647

杭州市余杭区

▲ 杭徽高速

余杭，地处浙江省北部，位于杭嘉湖平原和京杭大运河的南端，是长江三角洲的圆心地，是“中华文明之光”——良渚文化的发祥地，素称“鱼米之乡，丝绸之府，花果之地，文化之邦”。全区总面积1223.73平方公里，辖14个镇、1个乡、5个街道，户籍人口84.84万人。2006年列全国县域经济综合发展百强县（市、区）第15位。

余杭历史源远流长。余杭之名，春秋时已见诸史籍，属吴、越领地，战国中期属楚；南宋时期，余杭作为京畿之地，成为全国经济文化最发达的地区。余杭山水如画，钟灵毓秀，自然人文景观极为丰富。有“茶圣”陆羽、大诗人苏东坡、金石书画家吴昌硕等名家留下的踪迹，有江南三大探梅胜地之一的超山、佛教圣地径山、东明山森林公园、黄鹤山天都城等风景名胜，有良渚博物院、杨乃武与小白菜奇案遗迹等人文景观。余杭交通便利、环境优越、区位优势明显，穿境而过的两条铁路（沪杭、宣杭）、两条国道（320、104国道）、七条高速公路（沪杭高速、杭宁高速、杭徽高速、绕城高速、杭浦高速、申嘉沪杭高速以及在建的杭长高速），建设中的沪杭高铁、杭宁高铁、杭州地铁一号线，及相互贯通的东苕溪、京杭大运河、钱塘江，仅20分钟车程的杭州萧山国际机场，共同构成了水公铁空一体的现代交通网络，把余杭和长江三角洲各大城市紧紧相连。

近年来，余杭区围绕加快建设“品质之城，美丽之洲”的战略目标，大力实施工业强区、服务业大区、城市化工业化两轮驱动、环境立区、民主民生等战略，以科学发展观为统领，一心一意谋发展，聚精会神搞建设，持之以恒抓创新，克难攻坚求突破，全区经济社会实现平稳较快发展。2009年，全区实现生产总值532.46亿元，可比增长8.8%，按户籍人口计算，人均GDP为63172元，按当年平均汇率计算达到9269美元；实现财政总收入100.07亿元，增长20.1%，成为全省第三个财政总收入超百亿县区，其中地方财政收入59.67亿

▲ 南苑新城

▲ 杭州农副产品物流中心

▲ 杭州大学城项目

萧山区临浦镇

▲镇中

临浦镇位于钱塘江上游、主要支流浦阳江穿镇而过，镇域面积42.48平方公里，户籍人口54253人，登记外来人口32575人，下辖20个行政村、14个居民社区。近年来，随着经济社会快速发展，临浦先后被确定为全国小城镇综合改革试点镇、杭州六大城市组团中心镇之一、萧山浦阳江生态经济区城市功能区、杭州临浦新城核心区。

临浦地理位置优越，是杭州南部交通枢纽，杭金衢高速公路、03省道、03省道复线、杭甬运河等铁路、公路、水运干线穿镇而过，距杭州萧山国际机场仅30分钟车程，杭金衢高速公路设临浦出口，浙赣铁路临浦镇白鹿塘货运站场、杭甬运河临浦散货码头正在规划兴建。

临浦历史悠久、文化积淀丰厚、商贸发达，是古越文化发祥地之一，是古代四大美女之一的西施故里，是近代历史演义作家蔡东藩教书育人的桑梓之地，也是近代浙江商贸“四大名镇”和“六大米市”，素有“小上海”的美誉。

近年来，临浦镇深入实施小城镇向小城市转型战略，城镇建成区面积达到6平方公里、建设面积12平方公里，综合实力不断增强，各项社会事业协调快速发展。2004年以来，先后举办了世界杯乒乓球赛、亚洲男子排球赛、世界华人篮球赛、全国女排联赛、全国乒乓球超级联赛和全国第二届特色文化广场展示颁奖活动，获得了国家卫生镇、全国群众体育先进镇、浙江省教育强镇、浙江省生态镇、杭州市现代化标志性教育强镇等国家、省市荣誉。

2009年，全镇实现生产总值24.67亿元，镇本级财政可用资金2.31亿元，工企业总产值107.44亿元，农业总产值2.43亿元，三产增加值7.05亿元，农村居民人均纯收入13250元，综合实力位居全国乡镇500强第95位。

▲城镇

▲灯火阑珊临浦夜

详细地址： 杭州市萧山区临浦镇人民政府
法定代表人： 吴　波
邮政编码： 311251
联系电话： 0571－82483393

萧山区瓜沥镇

▲ 板式高层

▲ 多层透视

瓜沥，地处萧山东片萧绍边界地带，与绍兴柯桥、安昌古镇构成黄金三角。镇域面积42.5平方公里，其中建成区面积6.2平方公里，辖23个村、5个社区，常住人口10万人，人口总量、城镇规模、经济实力位居全省全市全区前列。1997年以来，先后被列为浙江省首批小城镇综合改革试点镇、省级中心镇、杭州市六大组团之一和萧山三大副城区之一。先后荣膺全国文明镇、全国重点镇、全国创建文明村镇工作先进镇、浙江省"百强乡镇"、省文明镇、省卫生镇、杭州市现代化标志性教育强镇、市生态镇等各级各类荣誉称号。瓜沥已从一个古老的集镇发展成为区域特色明显的中心城镇并勾勒出富有现代化气息的小城市雏形。

文明之古镇。瓜沥历史悠久，建镇于北宋太平兴国三年，自古商贸繁华、人文荟萃，航坞山上的千年古刹白龙寺建于宋代，清代著名的绍兴师爷汪辉祖、海派画家任伯年都在瓜沥留下了许多文化古迹。组团之中心。2001年，瓜沥被列为杭州大都市一主三副六组团发展战略中瓜沥组团中心镇。瓜沥抢抓千载难逢的发展机遇，提出了"建设省级一流中心镇、打造现代化锦绣新城"的奋斗目标，全面推进城镇新一轮开发建设，道路、通讯、电力、供水、排污、绿化等基础设施不断完善，境内工商、税务、社保、公安、交警、城管等各类区级派出机构健全，金融、证券、保险机构齐全，中国银行、工商银行、中信银行等11家知名金融机构先后入驻瓜沥，城镇综合服务功能不断增强。经济之强镇。目前已形成轻纺印染、信息技术、环保材料、轻工机械、建筑建材、家用电器等六大支柱产业群，企业总数达673家，规模以上企业达到150家。航民集团列入中国制造业500强，航民股份、友成机工成功登陆资本市场。占地3000亩的镇工业园区（临港工业园区）作为萧山经济技术开发区的配套园区，吸引了包括日本、香港、台湾等国家和地区的20多家知名企业投资落户。三产服务业在工业化和城镇化进程中同步推进、蓬勃发展，摩托车、小商品、水果批发等六大专业市场购销两旺，境内拥有航民宾馆、明日宾馆两家四星级宾馆，肯德基等知名商业品牌纷纷落户，拥有千年历史人文底蕴的"航坞听梵"景点被评为"萧山十景"之一。农业结构调整步伐加快，经营方式向集约化、产业化方向发展，形成了板块农业、品牌农业、高效农业、休闲农业齐头并进的良好发展态势。2009年全镇实现地区生产总值47.7亿元，完成财政总收入5亿元，实现地方财政收入2.04亿元。交通之枢纽。全镇地处杭嘉湖中心地带，水陆空交通十分便捷，毗邻现代化航空港——杭州萧山国际机场，104国道、沪杭甬高速公路穿境而过，沪杭甬高速公路设有瓜沥出入口，杭甬运河依境而流，并设有作业码头。

详细地址：杭州市萧山区瓜沥镇航坞路220号
法定代表人：黄国钧
邮政编码：311241
联系电话：0571－82551524

萧山区衙前镇

▲ 杭州港衙前作业区

▲ 年生产各类化纤丝146万吨

▲ 杭州市首个外来人口集中居住社区成立

▲ 休闲观光农业

详细地址：杭州市萧山区衙前镇衙前村东
法定代表人：周吾灿
邮政编码：311209
联系电话：0571－82768038

萧山区衙前镇

▲ 衙前老集镇夜景

萧山区衙前镇，地处萧绍平原腹地，距萧山城区14公里，距杭州萧山国际机场8公里。104国道、杭金衢高速公路、杭甬运河穿境而过，有“吴越通衢”之称，交通便捷。全镇区域面积19.8平方公里，下辖11个行政村和2个居民社区，全镇本地户籍人口24765人。

衙前历史悠久，人文荟萃，革命传统光荣。有文字记载历史上千年，境内有省市区文物保护单位20多处，为浙江省首批历史文化名镇。20世纪20年代初，衙前成为浙江和东南地区引人注目的政治活动中心。1921年9月27日，这里爆发了彪炳史册的衙前农民运动，开创了中国近代革命史上的“四个第一”。

近几年来，衙前坚持以科学发展观为统领，紧紧围绕“建新兴工业重镇，兴历史文化名镇，绘新型人居城镇”总体目标，统筹经济社会发展，创业创新，走在前列。先后获得“浙江省级生态镇”、“浙江省级卫生强镇”、“浙江省体育强镇”和“杭州市标志性教育强镇”等荣誉。镇党委被命名为“浙江省五好乡镇党委”。

衙前产业集聚，产能庞大，生产集中度高，上下游关联度大，形成了从熔体直纺、加弹、棉纺、产业用布、工业用布，到家纺面料、服装面料的化纤纺织品生产链，以及从钢结构、网架工程设计、施工，到配套板材制造的产业链，被命名“中国化纤名镇”和“国家钢结构产业化基地”。近年来，衙前产业转型升级步伐加快，金属板材、风电齿轮等产业异军突起。2009年，全镇实现工业总产值381.71亿元，其中规模以上企业销售产值321.79亿元，实现商品市场销售额185亿元，农业总产值1.05亿元，农村居民人均纯收入17600元。综合经济实力位居“浙江百强乡镇”前十强、全市乡镇第二位。

依托产业与区位优势，衙前境内建立杭州港衙前综合作业区与萧山区四大百亿市场之一的中国纺织采购博览城。其中，杭州港衙前综合作业区按照“专业化、规模化、现代化”要求进行规划建设，规划总规模为一期建设500吨级泊位16个，二期工程拟建集装箱泊位5个，年吞吐量为380万吨。正实施以“一城（中国纺织采购博览城）、一港（杭州港衙前综合作业区）、一游（凤凰山红色旅游）”建设为中心的三产培育工程。

一个日益开放、包容的衙前热诚欢迎世界各地的朋友前来开展商务活动和旅游。

杭州市萧山区

萧山是浙江交通之枢纽。萧山临江近海，地理位置优越。拥有排名全国十大机场之一的杭州萧山国际机场。境内铁路和公路交通路网稠密，已形成了区内40分钟交通圈和20分钟上高速的便捷交通网。

萧山是浙江经济之首富。改革开放以来，萧山生产总值以年均 20%的速度递增，综合经济实力连续5年列全国百强县（市）第7位、浙江省县（市）首位。拥有“全国十大财神县（市）”称号等。2009年，全区实现生产总值1044.85亿元，第三产业比重达到33.4%；完成财政总收入137.08亿元，其中地方财政收入69.53亿元。作为工业强区的萧山，近年来以休闲旅游业、物流业、商贸业为主的现代服务业迅速崛起，先进制造业和现代服务业“双轮驱动”的发展模式正在逐步形成。

萧山是浙江休闲之胜地。萧山休闲旅游业已成为杭州这一“东方休闲之都”的重要组成部分。先后获得了“浙江省十大旅游休闲城市”、“华东地区十大旅游休闲风情城市”、“浙江省旅游经济强区”等荣誉。规划建设中的大江东新城、空港新城、钱江世纪城、浦阳江生态经济区等规划科学，有机地将资源利用、经济发展、生态保护及城市化发展结合在一起，将进一步确立“浙江休闲之胜地”的地位。

萧山是浙江民生之乐园。萧山社会事业与经济实现了同步发展，相继被评为全国计划生育、文化、体育、科技先进县（市、区），荣获“国家卫生城市”、“全国明星县（市）”、“首批省示范文明城区”。率先在全省实现养老保险全覆盖，新型农村合作医疗保险率达98%。2009年，城镇居民人均可支配收入达到29229元、农村居民人均纯收入达到14390元，继续位居全省县(市、区)前列。

滚滚钱江潮养育了这方热土，悠悠岁月见证了她的变迁。我们将继续发扬“奔竞不息、勇立潮头”的萧山精神，贯彻落实科学发展观，努力把萧山建设成为创新之都、富裕之区、和谐之地、友好之城。

详细地址：杭州市萧山区行政中心综合楼
法定代表人：盛阅春
邮政编码：311202
联系电话：0571－82898969

杭州市萧山区

萧山——东海之滨，钱塘江畔的鱼米之乡，历来是物华天宝、人杰地灵之地。

萧山区辖17个镇、11个街道办事处。全区411个行政村、151个社区。区域总面积1420平方公里。2009年末，全区户籍总人口120.99万人。

萧山是浙江文明之源头。早在新石器时代，这里就有人类繁衍生息，境内“跨湖桥文化遗址”距今有8000年的历史。春秋霸主越王勾践在这里留下了“卧薪尝胆”的立志典故；唐代著名大诗人贺知章为后人留下了“少小离家老大回，乡音无改鬓毛衰”的名句。

中国光大银行杭州分行

▲ 大楼照

中国光大银行杭州分行是在1999年3月18日接收原中国投资银行杭州分行债权、债务和同城6个营业网点的基础上，于2000年11月28日正式成立的。

作为一家全国性国有控股股份制商业银行的省级分行，杭州分行自成立以来，在总行的领导下，在浙江省各级党委、政府、各监管部门的大力支持下，始终坚持“以发展为主题，以提高资产质量为基础，以增加经济效益为目标，强化风险防范，严格内部管理”的经营思路，不断健全和完善科学、高效的决策、激励和约束机制；始终秉承“以市场为导向，以客户为中心”的经营和服务理念，锐意创新，积极进取，努力为客户提供优质的产品和服务；始终致力于打造以“诚信为本、服务至上，开拓创新、稳健经营，团队合作、活泼精干”为核心的企业文化，塑造企业良好形象。在为广大个人和社会提供优质金融服务的同时，综合竞争实力和整体规模稳步提升，各项业务实现了持续健康发展。

▲ 理财博览会展台

▲ 新春芭蕾舞会

经过十年的发展和调整，杭州分行业务已遍及浙江省范围内除宁波以外的所有区域，目前，辖内共有16个营业网点，其中同城网点14个，台州、绍兴异地网点两个。温州二级分行筹建工作也已进入实质性推进阶段。在未来三年机构发展规划中，作为总行重点支持的地区，杭州分行将逐步形成辐射全省的业务网络与机构分布格局，更好地支持全省各地区经济发展。

面对新的发展机遇和挑战，中国光大银行杭州分行将以高效的管理机制、先进的技术手段和健康的企业文化，突出市场定位，形成核心竞争力，努力为客户提供差异化和个性化的综合服务，向“精品银行”的愿景目标奋勇前进。

详细地址：杭州市庆春路200号
法定代表人：郑学筠
邮政编码：310006
联系电话：0571－87895551

国家开发银行浙江省分行

▲2009年2月23日，浙江省人民政府陈敏尔常务副省长与国家开发银行郑之杰副行长代表双方签署《开发性金融合作协议》

▲2009年6月，浙江中小企业促进中心台州分中心正式成立，国家开发银行浙江省分行中小企业融资"抱团增信"模式得到推广

2009年，国家开发银行浙江省分行坚持以科学发展观为指导，认真贯彻落实中央和省委、省政府保增长、扩内需、调结构的各项政策措施，运用开发性金融的方法，积极应对国际金融危机带来的挑战，贷款发放、评审承诺等主要指标均创历史最高水平，被省政府授予"2009年度浙江省金融机构金融改革创新奖"和"2009年度金融机构支持浙江经济发展二等奖"。截止2009年12月末，分行（含宁波）表内外中长期信贷资产总额1604亿元，当年累计发放表内贷款648亿元，连续34个季度保持本息回收100%。一是加快项目开发和贷款发放，全力保证全省重点项目资金需求。分行认真履行省政府与总行签订的第三轮省级开发性金融合作协议，积极支持杭州地铁、两龙高速公路、甬台温铁路等一批重点项目和省公路局、万向集团、巨石集团、菲达环保等一批重点客户，有效配合省委省政府一系列投资计划和产业振兴规划的实施。二是坚持运用平台模式，大力支持中小企业发展。分行全年累计发放基层金融业务贷款166.14亿元，其中新农村建设贷款105.78亿元，中小企业贷款30.52亿元，低收入住房贷款29.84亿元。在小企业贷款方面，探索构筑了以批量支持地方中小企业为导向的投融资公司类平台合作模式、利用政府投融资平台合作的中小企业周转金贷款模式，并加快"抱团增信"模式在省内的复制推广，积极推动"区域性组团"的组建。三是加强金融合作，努力推动银团贷款业务。全年牵头新签直接银团贷款合计金额达66.3亿元，累计发放39.35亿元。四是积极开展创新研发工作，提高客户服务水平。特别是利用国际金融危机中境外银行资金紧张的契机，成功推动秦山三期核电站外汇转贷款债务重组工作，涉及金额7亿美元，大大降低了客户融资成本。

2010年，分行将根据总行的统一部署，紧紧围绕省委、省政府"创业富民、创新强省"总战略和推进"全面小康六大行动计划"、坚持调结构促转型谋发展、抓统筹惠民生保稳定的各项工作部署，认真履行省政府与总行第三轮《开发性金融合作协议》，大力推进规划先行和开发性金融合作，积极应对复杂形势变化，进一步加大信贷支持力度，努力提升创新能力和竞争能力，切实防范经营风险，为全省经济社会实现又好又快发展做出新的贡献。重点抓好以下几方面工作：

（一）千方百计支持重大项目建设。优化贷款规模资源配置，把握信贷投向和节奏，坚持有保有控，有先有后，优先保证重点项目、重点客户用款需求，支持大平台大产业大项目大企业建设和培育。

（二）积极参与地方规划编制工作。加强与省发改委和省发展规划研究院合作，充分运用科研院校和行内外专家资源，建立规划合作支持体系，积极参与省重点区域规划编制和省市县"十二五"规划编制，开展战略客户规划编制工作，促进科学发展。

（三）深入推进基层金融业务。继续支持新农村建设、中小企业、低收入住房、节能减排等领域的项目。积极支持嘉兴市统筹城乡综合配套改革试点工作，促进城乡一体化发展。深化平台合作模式，完成中小企业"抱团增信"模式温州、台州组团的各项实施工作。

（四）加强国际合作业务和外汇业务，支持浙江企业"走出去"。加强重大国际合作项目的统筹协调、管理和推动，积极开启境外人民币贷款业务，全力支持浙江企业"走出去"。

（五）加大金融合作力度，加快推进银团贷款。积极发挥分行作为浙江省银团贷款主任委员行的作用，进一步加大工作力度，争取两龙、杭千高速等在谈项目组建银团取得突破性进展。

（六）积极开展投融资业务，推进"投贷债租"业务协同发展。加强与国银租赁、国开金融公司的合作，提供更加多元化、多种创新型的金融产品服务，满足客户需求。

详细地址：杭州市环城西路108号
法定代表人：徐　勇
邮政编码：310006
联系电话：0571－85786089

杭州娃哈哈集团有限公司

▲2009年8月21日，娃哈哈集团董事长宗庆后送别支教志愿者

【勇克时艰　逆势飞扬】

在金融危机背景下，娃哈哈积极贯彻落实党中央关于“保增长、保民生、保稳定”的号召，逆境飞扬、稳步前进，不仅在从容应对金融危机冲击时避免了伤害，而且还从“危机”中抓住了发展的机遇。2009年实现营业收入432.14亿元，同比增长31.62%；实现利税125.67亿元，增长82.61%，上交税金38.01亿元。公司饮料产量、销售收入、利润、利税等指标连续第12年位居中国饮料行业首位。公司荣列2009中国企业500强第185名，中国制造业企业500强第93名，中国企业效益200佳第44名，饮料加工业第1名，大企业竞争力500强第45位。在全国上规模百强民营企业中，娃哈哈营业收入位居全国第十，利润第二，纳税第五位。

公司被评为“勇克时艰杰出企业”、“2008年度促进就业工作先进单位”、“2008年度工业兴市功勋企业”、“2008年度浙江省最佳雇主”等荣誉称号，被中国企业家联合评为“‘保增长，促发展’中国企业特别贡献奖”。

【产品创新　品牌提升】

2009年，娃哈哈自主研制开发的娃哈哈牵手快线、娃哈哈果粒果汁、娃哈哈凤梨椰香复合果汁、娃哈哈金银花凉茶等新饮品成功上市，获得消费者的热捧，企业综合竞争力和品牌得到不断提升。2009年，娃哈哈获得人民网等单位评选的“2009年度10大风云品牌”、“共和国60年最具影响力品牌60强”、“新中国60周年60个杰出品牌”、“年度中国最具品牌价值企业”、“广告人·实战案例奖”全场大奖。公司董事长宗庆后也因此获得“2009年度十大风云浙商”、“2009品牌中国年度人物”等多项荣誉。

【成功举办22周年庆典】

2009年11月5日，娃哈哈集团22周年成立庆典大会在杭州萧山体育中心隆重举行。来自全国各地的900多位党政领导、9000多名经销商和供应商、5000余名娃哈哈员工共同见证了大会庆典。原浙江省委常委、杭州市委书记王国平，全国人大常委会法制工作委员会副主任王胜明，中国轻工业协会会长潘蓓蕾、浙江省商务厅厅长金永辉、杭州市副市长沈坚、杭州市人大常委会副主任于辉达、上城区区委书记徐祖荨、上城区区长陈红英等领导和嘉宾亲临现场，向娃哈哈送上生日的祝福。庆典大会期间，娃哈哈健康操、民族舞蹈表演、职工运动会等活动充分展示了娃哈哈人积极向上的精神风貌，王力宏、李雯、张杰、谢娜等娃哈哈形象代言人也到场献唱祝福。

【奉献社会 履行责任】

2009年元月，在浙江省慈善总会等单位的倡议下，娃哈哈向“彩虹行动”捐赠100万元，向我省贫困地区困难群众伸出援手，为困难群众送去文化大餐。

2009年6月，娃哈哈出资200万元启动“接过爱心教鞭，托起明天希望”大型爱心支教公益行动，招募100名志愿者支援川、黔贫困地区教育发展。

在杭州市第十次春风行动中，娃哈哈再次慷慨捐赠500万元，连续三年创下单笔捐赠最高纪录。截止2009年，娃哈哈已累计向杭州市春风行动捐助总计约1500万元。

在董事长宗庆后的推动下，2009年娃哈哈注资1000万元成立“娃哈哈慈善基金”，标志着娃哈哈建立起系统、稳固、长效的公益慈善机制，并将履行企业责任、热心公益慈善纳入公司的长期规划中，为娃哈哈更好地履行社会责任提供了强有力的保障。

娃哈哈的义举得到了社会各界的肯定和高度赞扬，公司也因此获得“2009年度人民社会责任奖”、“2009中国饮料行业实践社会责任优秀企业”等多项荣誉。

详细地址：杭州市清泰街160号
法定代表人：宗庆后
邮政编码：310009
联系电话：0571－87880432

宁波市

▲ 建设中的宁波东部新区

▲ 梅山保税港区国际商贸区规划图

▲ 宁波老外滩

▲ 宁波三江口

▲ 宁波国际集装箱码头

详细地址：宁波市县前街61号
法定代表人：毛光烈
邮政编码：315000
联系电话：0574－87182200

鄞州区集士港镇

鄞州区集士港镇是全国小城镇综合改革试点镇、浙江省百强镇、宁波市中心镇，地处宁波西郊、鄞西腹地，紧邻宁波市中心城区，是鄞州乃至宁波市的古镇、重镇，多年来一直是鄞西地区的政治、经济、文化和贸易中心。在历届党委、政府的带领下，全镇人民不懈努力，连续获得了全国社区教育示范镇、浙江省文明镇、浙江省生态镇、浙江省体育强镇、宁波市卫生镇等一系列荣誉称号。

集士港镇区位条件优越。全镇紧邻宁波市区，镇内联丰路延伸段、集古公路、集高公路、望童公路等县级以上公路纵横贯穿，仅十五分钟车程可达宁波中心城区。处于杭甬、绕城、甬金三大高速出入交界口，经杭州湾跨海大桥两小时可达上海。此外，集士港镇距离宁波栎社国际机场只有五公里路程，宁波市郊三大主要河流之一的中塘河穿境而过，水陆空交通条件极为便捷。

集士港镇经济快速发展。2009年全镇地区生产总值31.3亿元，同比增长11%；完成预算内财政收入2.8亿元，同比增长19.6%，实际增收4659万元。全镇已初步形成以农业为基础、工业为支柱、外向型经济为先导的新型经济格局，目前拥有各种经济类型企业1326家，其中规模以上企业176家。已经形成以塑胶工艺品、汽车配件、五金机械、纺织服装、模具产业为主体，轻纺印染、化工塑料、电子组件等为骨干的多门类、多品种的

鄞州区集士港镇

经济体系。

近年来，集士港镇加快了服务业发展的步伐，2009年，累计完成服务业投资额3.6亿元，限额以上商贸企业实现销售额10.7亿元，社会消费品零售总额达5.3亿元。镇内重大商贸商务项目不断涌现，华府伯豪大酒店即将竣工；利时购物广场、兴旺商务大楼顺利结顶；繁荣路美食街全面完成建设规划、即将破土动工；绿岛商贸商业中心完成初步设计，全镇商贸商务经济展现出强劲的发展潜力。

集士港镇城乡统筹协调发展。民生事业优化发展，实现新型农村养老保险18周岁以上群体全覆盖，参保人数达16208人。全镇稳步推进医保、低保城乡接轨，农村医保户覆盖率达99%。全民健身运动得到广泛开展，文体阵地建设得到显著加强，全镇体育路径增至58条，篮球场达到22个，场地总面积达到7.6万平方米。镇村建设统筹推进，累计已完成旧房拆迁11.5万平方米，2009年全镇完成新建面积22.1万平方米，完成总投资7.4亿元。全镇房地产开发有序推进，半岛华府、格兰春城、迪赛缘园等众多品质楼盘相继建成，全镇人居环境极大改善提高。

2009年11月，集士港成为宁波首批卫星城市，规划建成区面积从7平方公里扩大到12平方公里，新增人口4万人，新增住宅开发面积200万平方米。到2015年，集士港镇将建设成为鄞州西部片区兼具现代城市风韵和地域文化底蕴的“新城市”、宁波中心城区西部兼具新型产业特色和江南水乡魅力的“新门户”。

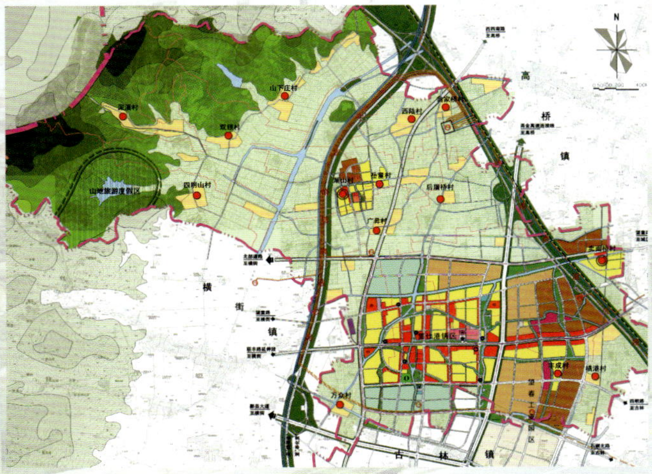

余姚市泗门镇

▲ 魅力泗门

泗门镇地处宁绍平原中部，北临杭州湾，紧靠杭州湾跨海大桥，全镇总面积66.3平方公里，辖16个行政村、4个社区，常住人口6.3万人，外来人口4万人左右。泗门镇的基本情况可以用以下五方面来概括：

——**较强的综合实力**。作为全国小城镇发展改革试点镇和省“十一五”期间重点培育的中心镇，近年来，泗门镇抢抓发展机遇，解放思想，开拓创新，经济社会取得了长足的发展。2009年全镇实现工农业总产值242.77亿元，同比增长7.0%；财政总收入6.30亿元，同比增长3.6%；农村居民人均纯收入16628元，同比增长8.8%。先后获得了全国文明镇、国家卫生镇、全国小城镇发展改革试点镇、全国优秀乡镇、全国环境优美乡镇等十多个国家级荣誉称号。

——**合理的产业结构**。初步建立了以新型工业化和现代服务业为支撑、现代农业为补充的产业体系。现代农业方面，建立了宁波市级万亩加工型蔬菜基地，余姚市级以上农业龙头企业15家、农民专业合作社13个，依托“企业+农户+基地”生产经营模式，经营了全镇80%以上的土地，带动全镇70%以上的农户。新型工业化方面，规模以上企业产值达到89.8亿元，产值超亿元以上企业达到20家。国家高新技术企业7家，初步形成了电源线、灯具及其附件、机械电器、食品加工、自行车童车等优势特色产业，拥有中国驰名商标23件，中国名牌产品1件。现代服务业方面，建成区多条特色商业街已基本形成，传统服务业与新型服务业态融合互动发展的趋势逐步显现，1800亩的商贸园区建设顺利推进。

▲ 政府大楼

余姚市泗门镇

吉祥喜庆的元宵灯展

——**良好的人居环境**。修订和完善了《泗门镇总体规划》以及其他各类规划，拉开了新老城区联动发展的城市框架，建成区面积已经拓展到12.4平方公里，建成区人口达5万人。全镇已经建成5纵6横的大通道，形成10分钟的交通圈，公交车实现村村通。完成日供水8万吨级的自来水厂扩建工程和22万伏变电所建设。城乡统筹发展力度不断加大，宁波市级以上全面小康村已占全部行政村的一半以上，宁波文明村实现了全覆盖。生态文明深入推进，绿化面积达53.9万平方米，绿化覆盖率34.68%，是首批“浙江省森林城镇”。

——**发达的社会事业**。优化学校布局，全镇现有中等职业中学1所，初级中学2所，小学5所，民工子女学校1所。建成镇计划生育、生殖健康指导站，社区卫生服务站10家，上海仁济医疗集团余姚医院落户泗门。村落文化宫实现了全覆盖，且达到宣传文化阵地“六个一”标准。建立了城乡一体化培训就业、社会保障、社会救助体系，2009年，培训就业1478人，新增养老保险、医疗保险、生育保险、失业保险、工伤保险5361人，4811人享受基础养老金，切实解决群众老有所靠、老有所养、病有所医等问题，实现了社会的和谐。

——**深厚的文化底蕴**。泗门镇是一座具有800多年历史的浙东古镇，素有“名邦之源”、“阁老故里”之誉。现有2个余姚市级历史文化保护区，2个余姚市级文物保护单位，4个余姚市级文物保护点，7个余姚市级重要文物古迹，古建筑面积位居余姚市各乡镇的首位。编制了文化保护专项规划，修复谢家祠堂、状元楼等人文古迹，犴舞、木偶摔跤列入浙江省非物质文化遗产保护名录。26支文体团队、97户文化中心户活跃在农村舞台。去年被文化部命名为第一批“中国民间文化艺术之乡”。

美丽和谐的公园夜景

详细地址：宁波市余姚市泗门镇府前路1号
法定代表人：毛丕显
邮政编码：315470
联系电话：0574-62151319

温州市瓯海区

▲ 铁路温州南站（2009年9月28日投入运营）

▲ 人居环境（西景佳园）

温州市瓯海区辖7个街道、6个镇，16个社区、12个居委会、251个行政村，总面积467平方公里。2009年末户籍人口40.66万人。

2009年，瓯海区实现生产总值230.11亿元，同比增长8.2%。其中第一产业实现增加值4.86亿元，增长0.1%；第二产业实现增加值145.17亿元，增长5.9%；第三产业实现增加值80.08亿元，增长13.5%。三次产业比重为2.1：63.1：34.8。财政总收入28亿元，其中地方财政收入13.08亿元，分别增长7.6%、14.9%。城镇居民人均可支配收入26185元，农村居民人均纯收入12732元，分别增长5.8%、7.2%。年末金融机构存款余额405.47亿元，贷款余额305.03亿元，分别增长23.1%、33.1%。新增企业贷款28亿元。

2009年，瓯海区农林牧渔业总产值7.97亿元，粮食生产超额完成任务。新增农民专业合作社29家、市级以上农业龙头企业2家，土地经营权流转面积达3.57万亩。完成2个村的农电网、38个村的饮用水改造，创建村庄整治合格村32个、全面小康示范村3个、农村社区综合服务中心63个。

2009年，瓯海区工业总产值577.7亿元，同比增长5.4%。其中规模以上工业企业产值305.67亿元，占工业总产值的52.9%。新增企业集团2家、规模以上企业40家，规模以上企业总数达到774家，18家企业跨入温州市工业百龙企业行列。其中森马集团缴纳税费突破5亿元。完成工业性投资26.89亿元，工业园区基础配套项目建成11个、新开工20个。电镀基地基本建成，投产企业项目126个。建筑业完成施工产值114.35亿元，增长17%，总量和增幅均居温州市首位。

2009年，瓯海区社会消费品零售总额90.71亿元，同比增长18.4%。瓯海新城商务中心一期12个地块顺利出让，站前商贸区、潘桥国际物流基地、南湖商住广场等项目前期工作全面铺开，瓯海总部经济园建设步伐加快。温州南进城口商贸业发展规划启动编制，温州装饰材料市场完成改扩建。改造农贸市场10个。实现旅游总收入15.68亿元，增长14.8%，其中国内旅游总收入14.52亿元，同比增长14.1%。实现海外创汇1647万美元，同比增长12.8%。泽雅镇水碓坑村入选中国景观村落。

外贸进出口总额12.08亿美元，同比下降0.7%。其中外贸出口总额11.04亿美元，下降1.5%。实际利用外资1753万美元、实际到位内资4.86亿元，现代服务业引资比重达到68%。

全社会固定资产投资101.67亿元，同比增长43.1%。全年安排重点工程29个，年度投资18.12亿元，完成

温州市瓯海区

▲ 整治后的会昌河

年度计划100.01%。瓯海历史上投资最大的国家重点工程——温福、甬台温铁路和温州南站工程按期建成投用，宁波路、福州路、大连路等通站道路一期如期建成通车。瓯海大道西段快速路提前完成征地拆迁任务，温瑞大道仙岩段工程建设进度加快，六虹桥路延伸段、福州路二期、吹台山隧道等项目全面启动。行政管理中心大楼、站前广场等工程加速实施，检察院大楼、“四馆两中心”等项目相继启动。

2009年，瓯海区实施国家级企业技改财政补助计划项目3个、科研项目6个，新增高新技术企业8家、省级科技型中小企业9家、市级以上企业技术研发中心15个，专利授权量增长28.9%。省级科技强区通过复评。温州中小服装企业发展服务平台投入运营，3家企业参与11项国家和行业标准制订，新增注册商标1959枚。万元生产总值能耗下降4.8%，化学需氧量和二氧化硫排放量分别下降0.9%、14.8%。移膜革行业和开发区污染整治通过市级验收，新增清洁生产企业10家，新增市级以上生态镇（街道）2个。

全区财政支出增量的95.3%用于民生。提前实现“三分之一的行政村建有标准文化活动室”的目标，“一月一节庆”活动蓬勃开展，中国传统造纸技术传承与展示示范基地落户瓯海。中小学校舍安全工程启动实施，义务教育学校教师绩效工资制度全面落实。创建标准化社区卫生服务机构16个，新型农村合作医疗参合率达99.3%。新增省级小康体育村51个，成功跨入省体育强区行列，区体育局被评为全国群众体育工作先进集体。镇、街道慈善分会实现全覆盖，新桥街道被评为全国和谐社区建设示范街道，全国白内障无障碍区顺利创成。拆迁安置房开工17.7万平方米、建成3.8万平方米。

▲ 瓯海经济开发区三溪工业园

详细地址：温州市将军桥兴海路50号
法定代表人：厉秀珍
邮政编码：325005
联系电话：0577－88526377

永嘉县

中国经济重镇瓯北

永嘉县总面积2674.3平方公里，下辖12个镇、26个乡，906个行政村，全县总人口93.45万人。2009年全年实现生产总值179.71亿元，同比增长6.8%，其中第一产业增加值6.29亿元，增长0.8%；第二产业增加值109.27亿元，增长5.8%；第三产业增加值64.15亿元，增长9.2%。三次产业占生产总值比重由上年的3.5：62.1：34.4调整为3.5：60.8：35.7；全县人均生产总值19356元，增长5.6%；全县财政总收入23.58亿元，其中地方财政收入11.59亿元，同比分别增长8.3%和7.3%；完成全社会固定资产投资52.54亿元，同比增长2.5%。

农业产业化进程加快。深入实施农业产业提升六大行动计划，实现农、林、牧、渔业总产值10.32亿元，扣除价格因素，比上年实际增长0.6%。粮食播种面积30.90万亩，比上年增加3.05万亩，增长11.0%。全年粮食总产量10.88万吨，同比增长8.4%。特色生态农业得到持续发展，新建农业产业化基地4348亩、标准化示范基地12个，新增农民专业合作社146家、农业社会化服务组织5个、市级农业龙头企业3家，通过有机食品、无公害农产品认证15个，跨入全国重点产茶县行列，新添“中国早香柚之乡”金名片，桥下镇被评为“中国兰花名镇”。

工业结构调整稳步推进。全年实现工业总产值417.77亿元，与上年基本持平，其中规模以上工业产值302.03亿元，占工业总产值比重达到72.3%。产值超亿元的企业64家，完成工业总产值197.67亿元。四大支柱产业实现工业总产值224.69亿元，比上年增长2.9%。深入开展工业项目“一联二挂四促”活动，促成工业项目开工26个、竣工45个，建成标准厂房4.33万平方米，完成工业性投资25.65亿元。大力实施“创新强工、品牌强县”战略，全面推动科技强县创建，建成省级泵阀产品检测中心，列入国家创新基金、重点新产品、火炬计划、星火计划等项目6项，省重大科技攻关项目2项，创建省、市级企业技术研发中心5家，新认定国家高新技术企业17家，高新技术产业增加值占规模以上工业增加值的比重达到17%。全社会企业科技活动经费投入5.4亿元，同比增长12.8%，占全县生产总值比重达到3.0%。积极推动企业整合重组和主辅分离，新组建企业集团7家，二三产分离试点企业12家。大力实施技改升级工程，新备案技改项目68个，计划总投资22.75亿元，列入省、市重点技改项目23个。大力推动节能减排，制定实施固定资产投资项目节能评估和审查制度，基本完成工业园区生态化改造，规模以上工业企业单位产值能耗同比下降11.3%，化学需氧量、二氧化硫排放量分别下降2.0%、6.0%；全县工业废水排放总量比上年下降1.7%；工业废水排放达标量比上年增长29.8%；工业烟尘去除量比上年增长3.8%；工业固体废物综合利用率97.12%，比上年提高3.29个百分点。

大自然高档住宅区

高速公路瓯北枢纽中心

茗岙梯田

永嘉县

现代服务业发展势头良好。启动省级旅游经济强县创建，成功举办中国旅游城市·楠溪江第二届全能定向越野赛，全年共接待游客181万人次，旅游总收入11.7亿元，其中门票收入1150万元，同比分别增长20.2%、19.5%和16.1%，楠溪江古村落群获得"中国景观村落群"称号。大力发展农家乐休闲旅游，新增省、市级农家乐特色村（点）3个。加快发展商贸流通业，扎实推进瓯北商务中心等一批服务业项目前期工作，成功组建2家新型物流企业集团，获得"中国超市文化示范县"称号。积极推动政银企对接，率先设立地方扶持中小企业专项信用贷款，完成农村合作银行和全市首家村镇银行组建，新建小额贷款公司1家，新设股份制银行分支机构1家，新增贷款同比增长193.6%，中小企业融资难问题有所缓解。

城乡一体化建设扎实推进。深入开展"项目突破年"活动，累计完成重点工程投资28.87亿元，完成年度计划的103.6%。加大县城建设力度，加快上塘永建路北段A区旧城改造，开工建设县前西路、永兴路北向延伸工程、县前东路（浦东段）、环城东路，成功组建县水务集团。启动瓯江北岸城市带建设，成立三江片开发建设指挥部，完成沿江五个建制镇总体规划修编，永嘉火车站建成运营，三江片标准堤塘建设前期工作顺利推进。深入开展新农村"星级创建"和示范片建设活动，扎实推进新一轮"十百"和农村道路联网工程，创建星级新农村70个、提升村10个，新农村电气化乡镇8个、电气化村148个，村庄整治合格村134个，农村公路通村率、硬化率分别达到99%和97%。大力实施低收入农户"共享小康六大行动"，落实各类扶持项目1730个、资金2940万元。不断夯实农村基层基础，第一次全面完成村委会换届选举工作，上塘城南社区被评为全国免灾减灾先进单位。加快省级生态县建设，成功创建省级生态乡镇4个、市级生态乡镇2个，建成农村生活污水治理工程111个。完成县域森林公园规划编制，新建生态公益林2万亩、特色景观林9000亩。

社会事业全面协调发展。全面落实义务教育学校绩效工资制度，启动实施中小学校舍安全工程，开工建设县实验中学二期工程，完成永嘉电大二期工程，改造农村薄弱学校32所，创建现代化学校4所。成功组建县职业中学、永嘉电大两大职教集团，创建省、市级实训基地和示范专业6个。完善公共卫生服务体系，启动建设全县卫生数据中心，新建省、市级规范化社区卫生服务中心（站）6个。深化文化大县建设，开工建设乡镇综合文化站4个，基本完成农村广播电视网络体系建设，第三批"非遗"保护代表性名录工作被评为省、市先进。积极开展首个"全民健身日"系列活动，创建省级体育强乡强镇3个。深入开展"人口计生基础年"系列活动，率先成立县流动人口服务管理局，实行村级计生服务员公开选聘，优生"两免"工作走在全市前列。建立健全城乡统筹的就业服务体系，新增城镇就业岗位7205个，实现大学生就业1102人。扎实推进社会保险扩面工作，新增五项社会保险参保人数4万人次，城乡居民医疗保险参保率98.4%，受益人数达到75.5万人次。深入实施农民饮用水工程，解决10.27万人安全饮水问题。加大保障性住房建设力度，完成农村住房改造3008户、农村困难群众住房救助258户，净增住房公积金缴存人数1193人。

城乡居民生活水平继续提高。2009年，全县城镇居民人均可支配收入20265元，同比增长5.3%，扣除价格因素，实际增长6.4%；全县农村居民人均纯收入7621元，同比增长9.5%，扣除价格因素，实际增长10.6%；全年实现新增城镇就业岗位7205个，帮助下岗失业人员再就业1617人，年末城镇登记失业率为3.65%。加强社会救助体系建设，实施医疗救助1406人，农村五保和城镇"三无"对象集中供养率分别达到97.7%和100%。慈善事业进一步发展，全年慈善总会共募集资金421万元，累计支出救助金600万元。

▲狮子岩风光

详细地址：温州市永嘉县上塘镇县前路94号
法定代表人：张加波
邮政编码：325100
联系电话：0577－67222678

瑞安市塘下镇

一、镇情特点

塘下镇镇域面积83平方公里，下辖5个办事处89个行政村，户籍人口16.47万人，外来人口15.25万多人；是全国小城镇综合改革试点镇、浙江省中心镇、温州市小城市综合改革建设试点镇和强镇扩权试点镇，是全国汽摩配产业的主要基地，也是瑞安市的人口大镇、工业重镇和经济强镇。2009年全镇实现工农业总产值233.93亿元，财政总收入12.95亿元。主要特点：一是区位优势明显。塘下镇处于温州大都市区的核心圈内和温州沿海产业带的发展主轴上，不仅是瑞安城市北部组团中心，而且是瑞安市“三线联动，接轨温州”战略实施的主力军和桥头堡，在城市化和承接温州产业转移中具有明显的区位优势。二是产业集聚度高。经过多年发展，全镇已形成汽摩配、通用机械、电气机械三大主导产业，实现工业总产值232.36亿元，拥有民营企业2061家（其中规模以上企业536家、产值160.04亿元）、销售产值超亿元企业29家、无区域企业集团15家，带动人口就业12.5万人。其中尤以汽摩配行业发展势头最好，已成为拥有生产企业755家、销售产值超亿元企业23家、产值110亿元的产业集群。三是人民生活富足。农村居民人均纯收入13949元，生活总体比较富裕，居民消费能力很强，对小轿车、住房等大宗商品需求高。四是侨乡地位突出。塘下镇是浙江省重点侨乡之一，拥有华侨华人（含港、澳、台）17200多人、归侨侨眷22800多人，并有37人在欧洲各地担任华侨华人联合会等社团副会长以上职务。五是发展空间幅地大。全镇拥有海岸线3.4公里，滩涂资源十分丰富，可围垦海涂面积达5.1平方公里以上，向大海要地的潜力非常大；温州沿海产业带塘下段用地面积达23.6平方公里，是塘下镇下步经济发展的增长极所在。

二、当前和今后一段时期推进经济社会发展的措施

第一，大力实施产业集聚提升战略，全力打造国际汽摩配产业基地。深入实施产业提升行动，着力构筑经济发展三大平台，即：积极做好东区与沿海产业带规划衔接，推进汽摩配总部经济园筹建工作，加快完善北区基础设施配套；引导企业创新体制机制，推进企业上市工作。深入实施项目推进行动，狠抓工业项目“四率”，北区累计投产企业123家，在建企业65家，实现产值54亿元。深入实施企业帮扶行动，落实各项帮扶措施，为企业解决了一批发展难题。深入实施名牌战略，引导企业加大创名牌力度，拥有中国驰名商标6个。致力打造区域性商贸中心。积极发展新型商业业态，致力打造区域性的汽车贸易中心、美食餐饮中心、休闲娱乐中心、商贸购物中心、物流配送中心，努力提高服务业的总量和水平。2009年实现第三产业增加值21.46亿元。致力发展效益农业。以农村合作“三位一体”为平台，加大政策惠农、科技支农和设施强农力度，形成了粮食、蔬菜、养殖、畜禽等4大效益农业基地，农业总产值1.57亿元。

第二，大力实施城市化带动战略，全力打造温南瑞北区域中心小城市。加快拉开小城市框架。以“中心突破、东扩西拓、南联北接”为方针，推进主次干道连接联网，进一步拉开小城市框架，加快接轨大温州、融入

瑞安市塘下镇

人民生活

城市建设

新瑞安步伐，初步形成了“一心二轴五组团、拥心融合大发展”的格局。全力提速中心区建设。目前，新建主干道6条，其中竣工投用3条，预计今年将形成路网；成功挂牌出让7个商住项目并陆续开工建设，启动便民服务中心、中心区小学、市民广场、人防工程等一批公建项目建设。切实加快旧村改造。以新农村建设“二十字方针”为要求，按照“示范引路、突出重点、加强指导、逐步推进”的思路，大力抓好旧村改造工作。加强城镇管理。深入开展环境卫生、占道经营、户外广告、交通秩序四项整治，购置环卫清扫车等一批环卫设施，进一步扩大环卫专业管理范围，主要街道实现全天候清扫保洁。

第三，大力实施基础设施先导战略，切实增强小城市承载功能。 全力建设交通网。其中总投资4.6亿元、全长5.8公里的塘下大道完成征地任务并全线开工建设，已建成3.3公里，在建2.5公里，有望在今年实现南塘大道瓯海段对接。全速建设供水网。全力加快供水工程建设，累计完成66个村改水任务，受惠群众达到23万多人。同时，着力加快建设污水收集网、公交网、垃圾收集网、供电网、防灾减灾网建设，扩建塘下人民医院、鲍田中学，做好市民文化活动中心、体育中心筹建工作，推进社会事业大发展。

第四，大力实施生态环境立镇战略，不断改善人居环境。加强居住环境整治。按照“中心突破，沿线扩展”的思路，以建成区和主要道路为重点，持续深入开展环境综合整治活动，促进人居环境不断改善。目前，全镇拥有的瑞安市、温州市、浙江省村庄整治合格村分别达到56个、4个、6个。推进温瑞塘河综合治理。大力实施塘河沿线景观绿化美化工程，采取综合措施，已整治支流河道12条，今后每年都要抓好若干条河道整治。强化山体保护管理。突出做好“保护、整治”两篇文章，对霞林山、新居山等山体开展环境和功能定位规划设计，并按照规划进行保护和开发，着力改善山体生态环境。

第五，大力实施和谐塘下构建战略，不断促进社会和谐稳定。强化维稳信访。注重维稳机制建设，完善矛盾纠纷“排摸、预警、稳控、化解”机制，做到矛盾纠纷早发现、早报告、早处置，实现“小事不出村、大事不出镇、矛盾不上交”，确保了社会面稳定。强化治安防控。大力推进社区治安防控体系建设，深入开展平安示范村创建活动，有力夯实了创平安、保稳定的根基。集中开展了社会治安重点整治专项活动，刑事发案率明显下降，群众安全感逐步增强。强化消防安全。调整安监执法管理体制，运用综合执法手段，着力推进重点行业和重点领域特别是居住出租房综合整治，取得了一定成效。

详细地址：温州市瑞安市塘下镇塘川南街40号
法定代表人：陈世尧
邮政编码：325204
联系电话：0577-65387805

乐清市北白象镇

▲ 党委书记：潘云夫

▲ 镇长：刘寅豹

北白象镇位于乐清市西部，距乐清市区14.5公里，东邻柳市，南濒瓯江，西连温州市区，北枕中雁荡山，是浙南地区的工贸重镇和浙江省电器工业专业区。104国道、甬台温高速公路、甬台温铁路和乐琯运河横贯其中，地理位置优越，水陆交通便捷。全镇总面积63.62平方公里，辖94个行政村、3个居委会，常住人口119963人，外来人口约8余万人，基层党组织236个，党员4052名。

相传已有600多年的北白象，历史悠久，人文荟萃。象山之巅有建于宋代的古塔——白象塔，清道光丙戌（1826年）改“白塔”为“白象”，并以此名镇；1992年区划调整，三山、茗屿、万家、洪渡桥四乡拼入，成现北白象镇。明嘉靖刑部尚书高友玑墓群为全国重点文物保护单位，细纹刻纸入选世界非物质文化遗产保护项目，特产白象公记香糕、茗山早茶，饮誉瓯江南北。

改革开放后，北白象民营企业逢勃发展，成了温州经济模式的发祥地。全镇现有企业2995家，其中规模以上279家，形成了以低压电器、服装工艺、家电家具等为主导的六大支柱产业和铁皮、建材、家电、服装、摩托车、螺丝标准件等十大专业市场，工业经济总量居乐清市第2位。

近年来，北白象镇认真贯彻落实科学发展观，在全面建设小康社会进程中取得了喜人的成绩，综合经济实力跻身全国千强镇、浙江省百强乡镇和温州市三十强乡镇。相继被命名为浙江省卫生镇、省教育强镇、省科普示范镇、省“东海文化明珠”、省绿色小城镇、温州市三星级文明镇，先后获得全国亿万农民健身活动先进乡镇、省级社会治安综合治理、吸戒毒、经济普查等先进单位，温州市禁毒、老干部工作先进集体，乐清市新农村建设、平安建设先进单位等荣誉称号。

2009年，北白象镇积极应对金融危机，坚持科学发展，全力以赴保发展，改善民生促和谐，全镇经济社会保持良好的发展态势。全镇实现工农业总产值183.65亿元，税收入库总额10.47亿元，农村居民人均纯收入达到15352元，同比增长8.14%。工农业经济持续增长。实现工业总产值182.28亿元，自营出口2.25亿美元，实际利用外资3196万美元，实际到位内资1.2亿元。正泰电器首发主板和金龙机电首发创业板上市，新增浙江省名牌2项、温州市名牌13项。农业总产值达1.39亿元，同比增长20%；粮食全年总产达19824吨，发展各类经济作物13214亩。镇村面貌显著改观。温州绕城高速北线建成通车，楠溪江引水工程等重点项目不断突破；交通市政网络

▲ 温州大桥工业园

乐清市北白象镇

▲ 2006年 北白象镇

日趋完善，坂塘岭改造工程完工，自强桥建成通车，象西桥即将竣工；新农村建设蓬勃开展，村庄环境整治扎实开展，全年镇财政投入建设补助资金407万元，商量桥等8个村通过了浙江省待整治村的验收，城田等6个村通过了温州市村庄整治合格村的验收，人居环境得到有效改善。社会事业协调发展。教育基础设施不断完善，完成茗屿中心小学综合楼、镇三小风雨操场建设，镇二小、茗西中心小学工程主体迁扩建；扎实推进科普村镇创建和新型农村合作医疗工作，“文明百村行动”和文明单位创建活动不断深化，莲池头村被评为浙江省文化示范村。平安建设积极推进。深入开展综治基层基础建设、社会治安打击整治、政法队伍建设“三个年”活动，矛盾纠纷和不稳定因素得到及时化解，社会总体保持和谐稳定，深入实施“平安村企创建”，大力推进反“两抢一盗”、打黑除恶、禁毒等专项斗争和治安乱点排查整治；布建网络视频监控219个，视频监控中心建成运转，社会治安防控体系逐步健全。自身建设不断加强。以深入学习实践科学发展观活动为载体，积极推进学习型机关建设，以“六型机关”和“四好科室”创建为抓手，切实加强干部作风建设，深入推进机关效能建设，狠抓廉洁自律各项规定的落实。大力推进依法行政，进一步深化政府信息公开，加强行政执法监督，“法治白象”建设全面推进。

现今，北白象镇坚持以科学发展观为指导，围绕全面建设“新兴、文明、平安、和谐”北白象总目标，切实把调结构、稳增长、重民生、促稳定作为首要任务，以改革创新的办法破解难题、促进发展，切实转变发展方式，推进创业创新，全力争创科学发展先行区。

繁花似锦，遍地风流。敢为天下先的北白象人，正以崭新的姿态，把北白象建设成一个经济发达、文化繁荣、社会进步、人民富裕的现代化新北白象。

▲ 前西岑村

▲ 北白象镇第二届全民运动会

详细地址：温州乐清市北白象镇象南西路39号
法定代表人：刘寅豹
邮政编码：325603
联系电话：0577-27890078

永嘉县瓯北镇

▲ 瓯北镇双塔路

瓯北镇地处温州北岸，于楠溪江与瓯江交汇处、与温州隔江相望，镇域面积136.3平方公里，下辖73个行政村、12个社区、2个办事处、1个工业园区，户籍人口13.3万人，外来人口19万人。近年来，先后获得“中国泵阀之乡”、“中国乌牛早茶之乡”、“浙江省品牌强镇”等荣誉称号。现在，全镇拥有中国驰名商标29枚，中国名牌产品5个，浙江省著名商标26枚，浙江名牌产品23个，是温州市的第二经济强镇。还被评为省级教育强镇、省级体育强镇、省级文明镇、省级卫生镇。

经济保持平稳发展。全年实现工业总产值294.4亿元，同比增长1.6%，外贸出口交货值28.5亿元，全年财政总收入16.9亿元，同比增长14%，农村居民人均纯收入17018元，同比增长6.3%，工业性投资15.53亿元，2009年取得高新技术企业15家，省品牌2个，市品牌6个。完成早晚稻种植面积17558亩，总产大约8187吨。全镇现有经济特产类种植面积2.55万亩，其中茶园面积1.5万亩，产值4500万元。积极推进新农村建设，切实做好村庄环境整治工作，2010年对全镇37个村（社区）65个工程项目予以立项建设，总投资2500万元。金融服务等第三产业加快发展。新建村镇银行、小额贷款公司各1家，招商银行和浦发银行相继在瓯北设立网点，中小企业融资难问题有所缓解。商贸、餐饮业、房地产、物流业和交通运输业保持稳定发展。

城乡建设不断推进。104国道瓯北段、甬台温铁路瓯北段、荣新路一期工程实现通车；诸永高速、温州绕城高速、41省道岭下段改建工程进展顺利，瓯北西段标准堤及阳光大道工程、瓯北大道（江北街-三桥路）工程、江北街北段、王家坞路北段工程等项目建设加快推进；瓯北镇污水处理厂达标运行，疏通污雨水管道41.5公里，新建污水管道1400米；开工建设110万伏五中变电所，做好22万伏江东变前期工作；2009年学校基建投入资金近5000万元，竣工瓯北四小、中心小学校舍建筑面积18851平方米，在建黄田中学等四所学校建筑

永嘉县瓯北镇

面积22317平方米。

社会事业协调发展。大力开展爱国卫生运动，抓好健康教育宣传，加强行业卫生管理和除害灭病工作，增强了市民的健康观念和卫生参与意识，提高了全镇人民的健康水平。共投入改水改厕经费680多万元；投资10.53万元，开展除“四害”工作；抓好新型农村合作医疗，2009年瓯北镇新型农村合作医疗共参保人数96354人，参加健康体检5.8万人，报销金额1321.6万元；全镇新增重残疾人生活补助和最低生活保险对象150人，发放重病社会救助金计68人，43万元；加强城市环境整治，开展严管街创建，市容市貌有所改善；阵地文化丰富多彩，举办了庆祝建镇20周年系列文化体育活动12项以及庆“三八”广场文艺汇演、庆“五四”青年节90周年青年歌手大奖赛，极大丰富广大群众文化生活。

瓯北镇镇委、镇政府高度重视本辖区内各行各业的发展，为建设瓯北、发展瓯北，更好地为瓯北经济建设服务，做出更大的贡献。

▲ 瓯北镇滨江路

详细地址：温州市永嘉县瓯北镇双塔路1024号
法定代表人：徐孟鹤
邮政编码：325102
联系电话：0577－67328166

平阳县鳌江镇

▲ 瓯南大桥

百年商埠鳌江，旧称“古鳌头”，是温州市南部中心城镇和平阳县经济中心。作为温福走廊的璀璨明珠、浙南闽北的实力城镇、鳌江流域的中心城镇、长三角与海西经济区的重要节点，鳌江的区位优势日益凸显。宽敞明亮的动车站、笔直畅通的昆鳌大道和火车站大道、雄跨两岸的瓯南大桥让一马平川的鳌江冲积平原成为城市发展的核心腹地。鳌江不仅拥有着丰富的山海旅游资源、深厚的人文素养，同时蕴含着巨大的发展潜力。

一、经济发展态势良好

2009年全镇实现工农业总产值110亿元，同比增长6.28%；财政收入8.87亿元，同比增长12.76%，全镇经济各项指标占全县的1/3左右。城市居民人均可支配收入20028元，农村居民人均纯收入11352元，同比分别增长9.75%和6.32%，工业性投资稳步增长，企业技改投入力度加大，江滨商业广场、西洋装潢精品街等专业市场趋向成熟，浙南物流园、五星级皇家大酒店项目按期推进，服务业所占国民经济比重进一步提升，经济综合实力位居浙江省综合实力百强镇和温州市三十强镇前列。

二、基础设施逐步完善

鳌江是温州到福州400多公里海岸线上最理想的港口城市，是连接瓯南闽东北地区的重要枢纽。随着温福铁路、高速公路、瓯南大桥等一批重点交通基础设施工程的建成，鳌江镇水陆立体交通网络初步形成。墨城工业小区水、电、路配套工程建设加快，110KV墨城变基本完成，进一步拓展工业经济发展空间。近年来城市基础设施建设日趋完善，全镇拥有12个大中型水库，淡水资源超过3000万立方米，已建成的引供水工程和鳌江两个水厂日供水量可达10万吨以上，全镇有6座变电所，日供电能力可达100万千瓦。

▲ 首趟动车进鳌江站

▲ 中国雁峰

平阳县鳌江镇

鳌江之畔

三、强镇改革卓有成效

鳌江镇被温州市委、市政府确定为全市首批5个强镇扩权试点镇之一，在精简高效的原则下，逐步建立“小政府大服务”的管理体制和运行机制。优化整合镇内设机构和所属单位，形成“四办七局一大队”的机构设置。扩大经济社会管理权限，原则上县职能部门能放的管理、审批权限，要下放到在鳌江镇的派驻部门，实行分局审批、县局备案。逐步建立增强小城市发展活力的财政管理体制，完善镇级财政功能，其中土地出让金收入，除提取省、市规费和县专项提留资金外，全额用于鳌江镇经济社会事业发展。

四、文化事业成绩显著

鳌江镇在推进发展过程中，始终坚持协调可持续发展战略。精神文明建设硕果累累，成为浙江省文明村镇示范点、全国创建文明村镇先进镇。教育事业蓬勃发展，创建国家级重点示范学校2所，省、市示范性学校9所，创办了11所机制灵活的现代民营学校，在全市率先组建了2家教育集团，呈现出幼教、普教、成职教同步发展，民办教育和公办教育协调互补的良好态势，成为温州市社会力量办学的一个窗口。同时深入挖掘乡土文化精粹，2009年鳌江大龙获评浙江省非物质文化遗产普查十大新发现之首，有力推动了非物质文化遗产发掘保护工作。

江滨商业广场

民间抬大龙

详细地址：温州市平阳县鳌江镇吉祥路60号
法定代表人：苏立盛
邮政编码：325401
联系电话：0577-63637389

平阳县萧江镇

▲ 萧江高速公路夜景

▲ 萧江高速路口

萧江，位于温州市平阳县南部，鳌江流域中部，与温州市苍南县接壤，全镇总面积38平方公里，户籍人口6.5万人，外来人口2万多人，辖4个社区、56个行政村。

萧江是改革开放初期温州市场经济最具活力的地方之一，萧江人扮演"弄潮儿"的角色，使萧江塑编市场成为20世纪80年代著名的温州十大专业市场之一，是全国最大的塑编生产基地，经济综合实力跻身温州三十强镇之列。1999年被中国地区开发促进会正式命名为"中国塑编城"、"中国塑编第一镇"，2002年获得"中国塑编之都"称号。经过近30年的发展，萧江塑编产业经历了数次量的变化和质的飞跃，形成了以塑编为中心，塑料机械、复合、彩印、电雕制版、软包装等配套产业共同发展的产业链，逐步走上了多元化、规模化的发展轨道，产品远销全国各地，并进入欧美、东南亚等国际市场。2009年，全镇实现工业总产值56.5亿元，同比增长7.3%。

萧江以塑编起家，以诚信持家，尤其是社会、企业和居民信用"三个零"尤为突出："零欠税"、"零不良贷款率"、"电费收缴零欠费"。2003年被中国信用工作学会列为首个城镇（地方）信用体系建设重点调研镇，成为"信用温州"建设中的重要组成部分。

萧江交通区位优势明显，地理辐射平苍文泰等地及闽北，为温州南部交通枢纽中心，104国道、温福高铁贯穿全境，57省道及其复线在萧江与104国道相连，高速公路在萧江开口。据统计，萧江高速互通车流量是同为温州三十强镇的昆阳、灵溪的2—3倍。

详细地址：温州市平阳县萧江镇永乐路53号
法定代表人：胡立左
邮政编码：325402
联系电话：0577－63659510

苍南县

▲ 瓯南大桥

▲ 中国礼品城

▲ 温福铁路苍南站

苍南县于1981年建县，地处浙江省最南端，东与东南濒临东海，西南毗连福建省福鼎市，西邻泰顺县，北与平阳、文成两县接壤，素有浙江“南大门”之称，是温州模式的主要发祥地、全国首批沿海对外开放县之一，也是全国县域经济基本竞争力百强县之一。全县现辖20个镇、16个乡、876个行政村居，总人口127.59万人，陆域面积1261.08平方公里，内海及领海面积3780多平方公里。

苍南处于大陆黄金海岸线的中段，交通通信便捷，基础设施完善，104国道、同三（甬台温）高速公路和建设中的温福铁路横贯境内，霞关、舥艚、炎亭等七个港口连接内外。78省道、龙金大道、世纪大道、环海公路等四通八达。电力、水利、通信等公共事业建设日臻完善。

苍南傍浩瀚烟波，依苍山林海，风光秀丽，气候宜人，属中亚热带海洋性季风气候区。冬夏季风交替显著，四季分明，气候温和，年平均气温在14℃-18℃左右，年平均无霜期为208天-288天，年平均降雨量1670.1毫米。

苍南山海并利，资源比较丰富，特别是海洋资源和旅游经济开发潜力大，前景看好。全县海岸线长达168.88公里，可利用滩涂14.6万亩，境内拥有“蒲壮所城”国家级文保单位，“玉苍山”国家级森林公园、“滨海－玉苍山”省级风景名胜区，沿海有霞关、舥艚、炎亭等多个深水良港，沿海沙滩、岛屿众多，其中渔寮大沙滩是亚洲大陆架上最大的沙滩之一。

苍南块状经济优势比较明显，集聚效应日益凸现。全县包装印刷和塑编行业的年产值分别约占全国的15%和20%，礼品行业年销售额约占全国的10%，已形成和拥有“中国印刷城”、“中国礼品城”、“中国塑编之都”等13张“国字号”金名片。苍南还是省际县，边贸经济历来非常活跃，目前已有水产品、副食品、商务礼品等80多个专业市场，辐射浙南闽北地区，年成交额达94多亿元。

2009年，全县实现地区生产总值（GDP）219.26亿元，财政总收入21.8亿元。按照县委“坚持科学发展，构建和谐苍南，为实现后发崛起、全面跨越战略目标努力奋斗”的总体要求和战略部署，苍南将全力打造“浙闽区际经贸中心、新兴先进制造基地、山海风情生态乐园、鳌江流域港口地市”。一座极具活力的现代化商贸中心地市将屹立于浙南闽东北。

正在“蓄势后发，奋力崛起”的苍南，将以崭新的面貌、开放的姿态、宽阔的胸襟、文明的礼遇，诚迎四海宾朋，广邀名流贤达，共铸小康伟业！

详细地址： 温州市苍南县行政中心314号
法定代表人： 黄寿龙
邮政编码： 325800
联系电话： 0577－68881692

平湖市

▲ 东湖日景

▲ 莫氏庄园建筑

平湖地处浙江省东北部杭嘉湖平原腹地，北接上海市，南濒杭州湾，素有“鱼米之乡、瓜灯之城、文化之邦”的美称。全市陆地面积537平方公里，海域面积1086平方公里，海岸线长27公里。下辖6镇3街道，户籍人口48.5万人，外来新居民近30万人。2009年实现生产总值289亿元，人均生产总值59627元（8729美元），三次产业结构比为4.8：64.2：31。财政总收入43.7亿元，地方财政收入20.8亿元；城市居民人均可支配收入25907元，农村居民人均纯收入12532元。

平湖文化底蕴深厚。早在7000多年前就有了先祖活动的足迹，历经马家浜文化、良渚文化，并形成了以西瓜灯、钹子书、九彩龙等为代表的传统民间民俗文化；以李叔同、陆维钊、赵孟坚为代表的名人文化；以莫氏庄园为代表的名园文化；以南河头省级历史文化保护区、东湖景区为代表的水乡文化；以九龙山为代表的名景文化；以平湖糟蛋为代表的饮食文化。

平湖产业特色鲜明。在全国百强县中列第28位，是浙江省17个扩大经济管理权限的强县（市）之一，也是中国出口服装制造名城、全国三大箱包生产基地之一、中国“西瓜之乡”、国家级商品粮油基地、国家级无公害农产品生产示范基地县和长三角最具投资价值县市。光机电、服装、箱包等特色产业优势明显，临港工业、生物医药等新兴产业加快发展。平湖经济开发区是国家级火炬计划光机电产业基地、浙江省最大的日商投资基地，独山港区拥有浙北独一无二的港口岸线资源，已成为临港产业的投资热土。

平湖区位条件优越。地处上海、杭州、苏州、宁波四大城市组成的菱形对角“黄金节点”，距沪、杭、苏、甬各1小时车程，是浙江接轨上海的第一站，杭州湾大桥的桥头堡和长三角的交通枢纽城市。杭浦高速、乍嘉苏高速、杭州湾跨海大桥北接线穿境而过和正在建设中的沪杭高铁。境内水域航运发达，拥有浙北唯一的国家一类进出口海港——乍浦港，已建成万吨级深水泊位20个，千吨级泊位10个，年货物吞吐能力在2800万吨以上。

平湖城乡统筹协调发展。2006年城乡统筹发展水平居全省第二。2008年荣获浙江新魅力之城荣誉称号。近年来平湖城乡建设日新月异，新农村建设有序推进，人民收入不断增加，社会保障日益健全，社会事业协调发展，科技综合实力不断增强。

▲ 东方大港乍浦港

详细地址：嘉兴市平湖市当湖街道环城南路18号
法定代表人：翁建荣
邮政编码：314200
联系电话：0573－85012331

嘉善县西塘镇

西塘镇位于江浙沪交界，东临上海、北接苏州、西靠杭州，自古以来就有“吴根越角”之称，是古代吴越文化的发祥地之一，是一个具有深厚文化底蕴的千年历史古镇，也是一个新型工业化、新型城市化齐头并进的现代市镇。作为嘉善县副中心城的西塘地理位置优越，交通便捷，东距上海90公里，西距杭州110公里，北距苏州85公里。全镇总面积82.92平方公里，建成区面积7.8平方公里，耕地面积7.96万亩，户籍人口5.77万人，外来人口1.87万人。辖18个行政村、4个社区和1个水产养殖场。2009年全年实现地区生产总值22.4亿元，完成财政总收入3.31亿元，同比增长0.62%，其中地方财政收入1.24亿元。完成全社会固定资产投资11.2亿元，其中工业生产性投入6.4亿元。规上工业企业产值达到21.3亿元，实现利税2.5亿元，其中实现利润1.4亿元。实现旅游票房收入3010万元，旅游相关行业收入2.4亿元。农村居民人均纯收入达到12883元。先后获得首批中国十大历史文化名镇、世界遗产保护杰出成就奖、全国文明镇、全国环境优美乡镇、中国钮扣之乡、国家AAAA级旅游风景区、浙江省旅游经济强镇、浙江省十大江南经典小镇等荣誉称号。

农业经济健康发展。2009年全年实现农业总产值5.45亿元，同比增长1.22%，重视提高粮食综合生产能力，完成粮食复种面积9.1万亩，产量4.1万吨，积极推广优良品种，全镇良种覆盖率达到98%，镇南圩区1万亩的国家农综开发项目有序实施。工业经济稳步发展。2009年企业运行总体平稳，规上工业企业产值达到21.3亿元，同比增长6.3%，实现利税2.5亿元，其中实现利润1.4亿元。全年完成工业总产值130.9亿元，同比分别增长7.4%。以数码电子和钮扣两大产业为重点，开展招商引资、项目推进与平台建设，目前，嘉兴出口加工区B区落户西塘，富士康项目取得实质性进展，嘉善县电子信息产业园西塘大舜服装辅料创业园平台建设顺利推进。三产服务业蓬勃发展。2009年西塘景区全年累计接待游客200万人次，同比增长24%，在旅游业的持续带动下，西塘镇的第三产业发展呈现全面起势情况。民生事业顺利发展。西塘镇立足民生民本，教育、就业、公共卫生等各项社会事业同步发展，人民安居乐业，社会和谐美好。

详细地址：嘉兴市嘉善县西塘镇南苑路58号
法定代表人：郁伟华
邮政编码：314102
联系电话：0573－84560616

德清县钟管镇

▲ 工业园区

▲ 行政中心

钟管镇位于德清县东北部，交通便利，东临申嘉杭高速，西连104国道、杭宁高速公路，规划中的杭州二绕将穿越我境。全镇区域面积78平方公里，总人口4.2万人，辖19个行政村、1个社区。2009年实现工农业总产值89.49亿元，财政总收入2.98亿元，农村居民人均纯收入13320元。

近年来钟管镇在科学发展观指引下，大力实施“工业富民强镇、城乡一体化发展”战略，务实创新、争先创优，经济社会得到持续平稳较快发展。工业上已形成了生物医药、精细化工、家具家装、机械电子、保温材料、新型纺织为主导的产业结构，现有各类企业600余家，其中规模企业74家，拥有中国制造业500强企业——升华集团、湖州市首家上市公司——浙江升华拜克生物股份有限公司、华东最大的镁钙砖生产企业——浙江金磊高温材料有限公司等一批知名企业。2009年实现工业总产值86.44亿元,销售收入84.6亿元，税利完成6.5亿元,自营出口1.88亿美元。农业上，钟管镇首创“股票田”形式流转土地，大力发展现代生态高效农业，形成了以特种水产和禽畜养殖为主导的现代农业格局，现有农业企业、专业合作社50余家，建有全县面积最大的农业示范园区——面积12000亩的新港现代农业示范园区、10万羽蛋鸭养殖基地、千头奶牛饲养基地等多个较大种养殖基地，2009年实现农业总产值3.05亿元。在城镇建设上，坚持高起点规划、大手笔投入，邀请同济大学对规划进行修编，先后投资近3亿元，形成了“四横四纵四环”的道路框架，建成区面积已达4.5平方公里，绿化覆盖率达到30.7%，供水、供汽、供电及垃圾、污水处理等设施不断完善，城镇人口超过2万人，城市化率近50%。新农村建设得到快速推进，全镇19个行政村已有13个村跻身省、市级全面建设小康示范村。各项事业的协调发展，教育上形成了普教、职教、成教、幼教四位一体的格局，基本普及十五年教育；医疗卫生服务网络设置完备，实行“五统一”镇村一体化的管理新模式；社会保障体系日渐完善，

德清县钟管镇

几年来农村新型合作医疗参保率均在100%以上，在湖州市率先开展了城乡居民养老保险试点工作。文体活动丰富多彩，每三年举办一届农民运动会，连续三届举办财富文化节，村落、企业、老年文化各具特色，有“浙北书画之乡”、“门球之乡”的美誉。深化平安创建，社会保持和谐稳定，群众安居乐业，连续五年获湖州市“平安乡镇”称号。2008年以来，相继获得全国文明镇、国家卫生镇、浙江省幸福小城镇样板镇、湖州市新农村建设实验示范镇等荣誉。

勇于创新攀高峰，永不满足争一流。在十七大精神指引下，钟管镇将全面贯彻科学发展观，继续解放思想，坚持改革开放，推进创业创新，克难攻坚、决战决胜，全力打造湖州市工业强镇、和美家园示范区，加快向建设全省一流乡镇目标迈进。

▲ 新农村建设

▲ 钟管街景

▲ 民间文艺

▲ 生态公园

详细地址：湖州市德清县钟管镇环城北路838号
法定代表人：沈保梁
邮政编码：313220
联系电话：0572－8401801

德清县新市镇

▲ 标准新市中心公园

▲ 古镇风景

▲ 西湖啤酒

新市镇是著名的江南水乡古镇，至今已有1700多年历史，是浙北地区经济、商贸、文化重镇，不仅经济发达，而且历史悠久、人文荟萃。镇内河道纵横、古桥林立、小桥流水人家、粉墙黛瓦，一派江南水乡风情。

新市镇位于杭嘉湖平原、长江三角洲腹地，德清县东部，距杭州、湖州、嘉兴均50公里，离宣杭铁路、杭宁高速、沪杭甬高速均为30公里，距萧山国际机场80公里、上海浦东机场220公里，申嘉湖（杭）高速公路建成通车，并设有新市互通区，上海至莫干山风景区的高标准一级公路穿境而过，黄金水道京杭大运河绕镇达10余公里，交通便捷，地理区位极佳。全镇总区域面积92平方公里，常住人口7.1万人，辖24个行政村，4个社区，1个居委会。

近年来，新市镇紧紧围绕建设“经济强镇、文化名镇”和打造“德清东部区域经济中心”这个目标，经济社会各项事业协调发展，综合实力进一步增强。相继被确定为全国重点镇，全国小城镇综合发展千强镇，全国环境优美乡镇，中国历史文化名镇，浙江省中心镇、百强镇、文明镇、卫生镇、历史文化村镇、民间艺术之乡、体育强镇，湖州市十强乡镇，德清县副中心城市，2003年被省政府列入杭州湾城市体系规划。2009年，全镇完成工业总产值160亿元，增长11.8%；其中规模企业完成产值65亿元，增长2.5%；规模企业完成税利3.86亿元，增长16.8%；财政总收入3.5亿元，增长10.6%，其中地方财政收入1.11亿元，增长19%；农业总产值3.8亿元，农村居民人均纯收入12172元，增长9%。

坚持“工业强镇、旅游富民”战略，扎实推进新农村建设，一、二、三产协调发展，形成了独具特色的产业支柱，产业结构日趋完善。目前，全镇共有各类工业企业1829家，汇聚粮油食品、新型建材、丝绸纺织、服装面料、新型化工、皮革塑料、包装纸业、电子电缆等八大主要行业上千种产品，产值千万元以上企业91家。2006年，新市工业园区被国家发改委重新核定为省级德清工业园区，批准规划总面积5平方公里。农业经济特色明显。已形成以特种水产、蚕桑生产、湖羊生猪、蛇类繁殖、蔬菜瓜果种植为主的产业格局。全镇拥有各类农业企业60家、农业专业合作社13家、绿色农产品6个、省级初级水产品信得过单位7家、省级绿化示范村2个、专业特色村6个。三产发展更加繁荣。编制了新市镇西河口以南区域旅游专项规划，修复完成了西河口一条街、文史馆、木雕馆、民间艺术馆等景点，2007年9月28日新市古镇正式对外开放。同时，商贸经济和特色专业市场繁荣，镇内有大润发、上海华联等大型超市和摩托车市场、木业市场等各类特色市场。

按照全国重点镇、省级中心镇的建设要求，1983年开始编制城镇建设总体规划，2004年进行了第三次城镇总体规划的修编。加大了旧城拆迁改造力度，建成中心广场商贸城、宝盛万安广场、汇华兰亭苑，居住环境进一步改善。积极实施城市西扩战略，高档住宅小区项目、文昌路延伸工程的开工以及规划建设新市客运服务中心、供电、国税大楼，城镇框架逐渐拉大，城镇品位进一步提升。

坚持科教兴镇战略，学校布局得到了合理调整，资源得到了有效整合。目前，全镇共有2所高级中学、3所初级中学、3所小学、3所幼儿园和1所外来民工子弟学校。每年举办蚕花庙会、羊肉黄酒节等民俗活动，丰富了群众文化生活。拥有1所县级人民医院和1所镇级卫生院。新市镇预防保健中心的建立，以及新市镇文化体育中心即将开工建设，社会各项事业全面推进，社会和谐稳定，人民安居乐业。

详细地址： 湖州市德清县新市镇文昌路148号
法定代表人： 沈生章
邮政编码： 313201
联系电话： 0572－8180001

长兴县

▲ 长兴经济开发区

▲ 长兴大唐贡茶院

▲ 长兴“百叶龙”

长兴，地处长三角中心腹地，隶属湖州市。全县下辖10镇6乡和2个街道，面积1430平方公里，总人口62万人。先后获得了国际花园城市金奖和环境可持续发展第一名、国家园林城市、国家卫生城市、浙江省森林城市、浙江省文明城市等荣誉。

长兴历史悠久，文化底蕴深厚。1700多年前，晋武帝开始在长兴建县。陈朝开国皇帝陈霸先就生长于长兴；“茶圣”陆羽在长兴写就我国第一部茶叶专著《茶经》；明代归有光、吴承恩共治长兴。意境唯美的“百叶龙”是我国首批非物质文化遗产，并参加了国庆60周年广场文艺演出。

长兴经济活跃，发展势头强劲。长兴在本世纪初，创造了两年翻一番的“长兴速度”，全国县域经济基本竞争力排名从2002年第97位上升至2009年第46名。2009年，全县实现地区生产总值242.3亿元，财政收入33.9亿元。长兴经济开发区连续六年名列浙江省“十强开发区”，并连续两届进入“长三角最具投资价值开发区”行列。

长兴生态和谐，人民生活幸福。目前，长兴城市化率已达到58%，城市绿地率、绿化覆盖率、人均公共绿地三项指标分别达到40%、45%和15平方米。2009年农村居民人均纯收入11751元，年均增长15.01%；城镇居民人均可支配收入23614元，年均增长14.7%。

详细地址： 湖州市长兴县行政中心广场路1号
法定代表人： 章根明
邮政编码： 313100
联系电话： 0572－6022148

诸暨市店口镇

▲ 城镇新貌

店口镇位于浙江省诸暨市北部，区域面积105.7平方公里，其中建成区面积12平方公里，辖17个行政村和6个社区，常住人口6.1万人，外来建设者5万人。交通便利，距杭金衢高速公路互通立交口10公里，离杭州国际机场43公里，诸湄公路、03省道东复线、浦阳江水道穿镇而过，是诸暨北部的交通枢纽。2009年，全镇实现国内生产总值69.23亿元，财政收入8.7亿元，农村居民人均纯收入25880元。综合经济实力位居绍兴市第1位，浙江省“百强镇”前3位，全国“千强镇”前20强。是“联合国开发计划署试点城镇”、“全国发展改革试点镇”、“国家级星火计划现代示范镇”、“浙江省中心镇”、“浙江省小城镇综合改革试点镇”、“浙江省现代示范建设试点镇”，是华东地区首个乡镇级金融安全小区。

产业集群发展塑就产业名城。全镇拥有工业企业4018家，年销售额500万元以上企业300多家，超亿元企业27家，超10亿元企业5家，超100亿元企业2家，上市企业2家。已形成以大企业大集团为龙头、中小企业为骨干、千家万户为基础的强大企业群，初步构筑铜加工、汽车零部件、制冷配件、中央空调、新型管材管件、绢丝纺织、电线电缆等为主导的多元化产业格局。

城乡一体建设造就现代新城。建设诸北新城是店口的主要发展目标。镇域内生活、工业、商贸功能区坐落有序。城西发展拓宽产业主导空间，“一主两副二片四街”商贸发展格局初步构建。华东汽配水暖城、铭仕广场、一百万利来广场、茂阳商厦已经开业，店口商贸城正在建设中，城市气息日渐浓郁。交通设施齐全，道路运输畅捷，垃圾焚烧厂运营，污水处理厂在建，卫生专业保洁，城市建管并举，城市功能更加完善。2010——2030年总体规划已经绘就，中心镇建设美誉度不断提高，一个开放、活力、宜居的精致城市即将成为现实。

坚持以人为本成就和谐金城。优先发展教育，全国乡镇首推高中阶段免费教育。深化新型农村合作医疗工作，持续提高门诊报销比例。注重人才资源战略地位，百万资金实施“三百人才”培训工程。深入“长治久安”工程，社会运行态势平稳。“外警协管外口”、“爱心服务一证通”，构建店口特色外来建设者服务管理模式。

今日店口，经济充满活力，社会和谐稳定。店口镇将在科学发展观的指引下，求真务实，锐意进取，力争到2020年，建设成建成区面积18.4平方公里，常住人口16万人，城市化率达到65%的现代化生态型工贸城市。

▲ 白塔湖湿地旅游开发

诸暨市店口镇

▲ 盾安福抵小区

▲ 华东汽配水暖城

▲ 店口无害化垃圾处理中心

▲ 海亮集团生产车间

▲ 新农村

▲ 铭仕广场文化商旅综合体

详细地址：诸暨市店口镇中央路388号
法定代表人：孙嘉江
邮政编码：311814
联系电话：0575－87060080

诸暨市

西施故里旅游区

诸暨是越国古都、西施故里，区域面积2311平方公里，户籍人口106.67万人，现辖27个镇乡（街道），468个行政村，67个城镇社区(居委会)。位于长江三角洲南翼、浙江省中北部，浙赣铁路、杭金衢高速公路、诸永高速公路和规划建设中的铁路杭长客运专线、诸暨至绍兴高速公路贯穿全境，距上海200公里，杭州90公里，萧山国际机场60公里，是规划中的杭州都市经济圈大城市。境内山川秀丽，有著名的国家级风景名胜区——浣江-五泄风景区，是中国优秀旅游城市。

诸暨民营经济发达，产业集群特色明显，共有工商登记注册的企业和个体工商户11万余家，形成了“国际袜都”、“国际淡水珍珠产加销中心”两大国际化中心和以铜加工（含五金管业）、环保装备、提花布（贡缎）、服装、包装材料为主体的五大全国性制造业基地。2009年，全市实现生产总值527.50亿元，财政总收入54.69亿元，全社会固定资产投资227.75亿元，消费品零售总额144.01亿元，城镇居民人均可支配收入27897元，农村居民人均纯收入12762元。

诸暨先后被命名为“中国袜业之都”、“中国香榧之都”、“中国珍珠之都”、“中国无公害茶叶之乡”、“中国名品衬衫之乡”、“中国民间文化艺术之乡”和“浙江省建筑之都”、浙江省首批“教育强市”、浙江省首批“科技强市”、浙江省首批“体育强市”、浙江省首批“卫生强市”、浙江省首批生态县市、浙江省旅游经济强市，荣获“全国基础教育先进县市”、“全国科技进步工作先进县市”、“全国计划生育优质服务先进县市”、“全国农村中医工作先进县市”、“全国粮食生产工作先进县市”、“全国环境综合整治优秀市”、“全国卫生先进城市”、“全国社区建设示范市”、“国家园林城市”、“国家卫生城市”、“国家环保模范城市”、“中国优秀旅游城市”、“中国金融生态市”，以及“福布斯中国大陆最佳商业城市”、“长三角最具投资价值县市”等称号。

东白湖

城市广场

五泄风光

详细地址：诸暨市红旗路26号
法定代表人：钱三雄
邮政编码：311800
联系电话：0575－87029007

常山县

东明湖公园

鸟瞰常山

常山县位于浙江省西部，钱塘江源头。全县总面积1099.1平方公里，辖7镇7乡，342个行政村，人口33万人。

古县新城、平安福地。东汉建安二十三年（公元218年）建县，始称定阳，已有1800年的建县史，历史文化积淀深厚。近年来，围绕打造“生态之城、宜居之城、创业之城”，加快旧城改造和新区拓展，县城面貌日新月异，形成了“山水相融、城在园中”的特色城市风格，是浙江省文化先进县、文明县城、卫生县城和园林城市。民风淳朴，善良诚信，开放包容，素有热情好客的优良传统；社会平安稳定，和谐祥瑞，连续四年被评为省级“平安县”，群众安全感满意度位居全省前列。处于江南黄金旅游线的中枢位置，环绕四周有黄山、武夷山、三清山、千岛湖等国家和省级旅游胜地星罗棋布，生活创业养生在常山可享尽大自然的美好风光；赣浙首站、交通枢纽。地处闽、浙、赣、皖四省边际，为浙江对内开放的主要门户，是江西通往浙江的首站和中西部通往长三角地区的首站，也是长三角、泛珠三角和海西三大经济区的重要交汇点。县域综合交通优势明显，高速公路、国道、省道纵横交错，四通八达，是国家公路规划网中浙江境内的重要交通枢纽；规划建设中的九景衢铁路通江达海，是浙江连接中西部地区的“黄金通道”；常山江航运开发西起鄱阳湖东连杭州湾，建设规划已通过评审；县城距衢州机场仅半小时车程；西气东输二期工程贯经常山；**资源富县、生态大县**。矿产资源丰富，已探明的矿产资源有25个品种，其中石灰石、石煤、莹石矿储量和品位均居浙江省首位。青石、花石、砚瓦石等特色石资源品质优良，有华东地区最大的青石花石专业市场，是“中国观赏石之乡”。地质遗迹极具科考旅游价值，有中国第一枚“金钉子”剖面，被誉为“地质史上的活教材”。境内生态环境优越，森林覆盖率达72.8%。土地资源丰富，可利用土地面积32万亩。水资源总量13亿立方，地表水水质基本保持在Ⅱ类水标准，常年空气质量保持在二级以上，为国家级生态示范区和浙江省重要的生态屏障。良好的生态环境孕育了众多名特优新农产品，享有“中国常山胡柚之乡”、“中国食用菌之乡”、“中国油茶之乡”等美誉；**创业之城、投资热土**。近年来，深入实施“工业立县”主战略，全面落实“实干兴县、项目强县”总要求，牢固确立“只有企业发展才有常山发展”的理念，以精简审批事项、提高服务效能为目标，全面实行企业“绿卡”保护制度，免除新办企业行政事业性收费，营造“成本最低、服务最好、回报最佳”的创业环境。省级工业开发区初具规模，吸引了包括世界500强、国内500强企业在内的一大批外来企业纷纷落户，发展活力不断增强，常山作为长三角地区交通枢纽、资源富地、投资洼地的战略地位不断突出，发展前景极为广阔，是海内外有识之士的投资热土。

2009年，常山县面对国际金融危机带来的严峻挑战和极其复杂的宏观形势，认真落实中央和省、市各项决策部署，深入学习实践科学发展观，大力实施“工业立县”战略，全面落实“实干兴县、项目强县”总要求，围绕“保增长、保民生、保稳定”，着力解决突出矛盾和问题，最大限度地减轻了国际金融危机的影响，有效遏制了经济增速下滑的势头，确保了全县经济平稳较快发展与社会和谐稳定。全年实现生产总值62.9亿元，增长10.5%；人均生产总值19160元，增长10%；财政总收入5.7亿元，增长2.7%，其中地方财政收入3.8亿元，增长7.1%；全社会固定资产投资57.7亿元，增长16.4%；社会消费品零售总额25.1亿元，增长15.9%；外贸进出口总额7464万美元，下降18.5%；城镇居民人均可支配收入15050元，增长12.3%；农村居民人均纯收入7126元，增长7.4%；城镇登记失业率为3.7%，控制在4.5%以内；人口自然增长率为4.98‰；万元生产总值综合能耗下降4%；二氧化硫排放量下降1%；化学需氧量排放量下降4%。

详细地址：衢州市常山县天马镇胜利街29号
法定代表人：徐焕凤
邮政编码：324200
联系电话：0570－5022852

义乌市

▲ 义乌国际商贸城

义乌历史悠久，建县于公元前222年，1988年撤县建市。义乌名人辈出，先后涌现“初唐四杰”之一骆宾王、宋代名将宗泽、金元四大名医之一朱丹溪及现代教育家陈望道、文艺理论家冯雪峰、历史学家吴晗等历史名人。

义乌是一个有着诸多出众特质的城市——全国18个改革开放典型地区之一，综合竞争力名列浙江省县级市首位，中国县级城市十大活力城市，中国最具潜力的会展城市，国家卫生城市，国家园林城市，中国优秀旅游城市，国家环保模范城市，和谐的移民城市……

2009年全市实现地区生产总值519.5亿元，按可比价格计算，同比增长9%，增速比全省高出0.1个百分点，与金华市持平。2009年底，全市共有户籍人口730183人，人均GDP71457元。其中第一产业实现增加值14.6亿元，增长5%；第二产业实现增加值227.3亿元，增长5.8%；第三产业实现增加值277.6亿元，增长11.1%。产业层次得到提升，三次产业比重由上年的3.1：45.3：51.6调整为2.8：43.8：53.4，服务业比重比上

▲ 义乌市绣湖广场全景

义乌市

▲ 工业生产车间

▲ 共建和谐社会——老有所乐

年提高1.8个百分点。

农业保持平稳发展，粮食生产形势稳定。全年实现农业总产值21.5亿元，增长4.7%，粮食总产量达到11.1万吨，同比增长3.7%。生猪出栏43万头，与上年持平。

2009年实现全部工业总产值972亿元，同比增长4.7%，其中规模以上工业总产值487.2亿元，同比增长4%，比2月份最低值回升13.5个百分点。规模以上工业实现销售产值468.5亿元，同比增长4.3%，产销率为96. 2%。全年工业用电量也呈稳步回升态势，从1—2月份的最低值-18.9%逐月回升到全年工业用电量增长8%。

让我们在中共义乌市委的正确领导下，振奋精神，齐心协力，扎实推进全民大创业，全面大创新，为又好又快建设国际性商贸城市而努力奋斗。

▲ 新农村建设

详细地址：金华市义乌市县前街21号
法定代表人：何美华
邮政编码：322000
联系电话：0579-85522174